KB177564

하이데거(1889~1976)

▲프라이부르크 대
학교
하이데거는 이 대학
에서 후설로부터 철
학을 배웠고, 그의
현상학적 방법을 이
어 나갔다. 하이데
거는 후설에게 헌정
한 《존재와 시간》에
서 이 방법을 주요
골자로 삼았다.

◀나치에 협력한 하
이데거
실존주의를 이끈
주요 인물이었던 하
이데거는 지성계에
여전히 중요한 영향
을 끼치고 있지만,
나치를 지지했던 전
력으로 명예에 오
점을 남겼다.

후설(1859~1938) 후설은 의식적으로 경험되는 것이 무엇인가에 관심을 두는 현상학의 창시자로 여겨진다. 현상학적 영향은 과학철학, 언어철학, 종교철학, 사회과학 등에까지 두루 미친다. 하이데거는 후설 밑에서 현상학적 접근을 스스로 연구했다.

하인리히 리케르트(1863~1936) 독일의 철학자. 빈델반트와 함께 신칸트학의 서남독일학파의 대표자이다. 프라이부르크대학교에서 철학의 길을 걷기로 결심한 하이데거는 리케르트의 지도를 받았다.

▲하이데거 생가의 명판   생가 왼쪽 창문 아래에 붙어 있다.

◀《존재와 시간》 표지   1927.

하이데거의 무덤   독일, 바덴주 메스키르히

Martin Heidegger
SEIN UND ZEIT

존재와 시간

마르틴 하이데거/전양범 옮김

동서문화사

존재와 시간
차례

서론

존재의미를 묻는 물음의 제시

제1장
존재문제의 필요성과 구조 그리고 우위(優位)

1 존재를 묻는 물음을 감히 명시적으로 되풀이하는 것이 필요

우리시대 '형이상학'을 다시 긍정해야 하는 것이 진보의 표상이라 하더라도, 앞에서 언급한 존재에 대한 물음은 오늘날 망각 속에 빠져 있다. 하지만 '존재를 둘러싼 거인들의 싸움'에 새로 불을 지피려는 사람들의 노력이 어느 틈엔가 커지고 있다. 그러나 여기에서 제기되는 물음은 어디서나 볼 수 있는 것이 아니다. 그것은 플라톤과 아리스토텔레스가 쉬지 않고 치열하게 매달리며 탐구했던 존재에의 물음이었지만 그 뒤 침묵해 버리고 말았다. 그러면서도 현실적인 탐구에 대한 주제적 물음은 계속되었다. 플라톤과 아리스토텔레스가 얻어낸 학문적 결과들은 여러 변경과 채색을 거듭하면서 살아남아 헤겔의 '논리학'에 이르게 된다. 그리하여 여러 현상들을 보고 온갖 심혈을 기울여 사유를 한 끝에 얻어낸 것들은 단편적이고 기초적인 사실들이라 하여 이미 오래전부터 진부한 것으로 여겨져 왔다.

그뿐만 아니라 존재에 대한 그리스식 해석에서 시작한 하나의 독단적인 시류가 형성되었다. 이 독단이 존재의 의미에 대한 물음은 불필요하다고 선언하고 나아가 이 물음을 소홀히 해도 좋다고 시인하는 추세였다. 그들에 따르면 존재는 가장 보편적인 동시에 가장 공허한 개념이라는 것이다. 따라서 어떠한 개념 정의의 시도도 거부한다. 가장 보편적이므로 정의될 수 없는 이 개념에 대해 새삼스럽게 정의를 내릴 필요는 없다. 왜냐하면 누구나 이 개념을 끊임없이 사용하고 있으며, 그때마다 이 개념이 무엇을 뜻하는지 이미 알고 있기 때문이다. 사람들은 이렇게 말한다―예전에는 숨겨진 것으로서 고대 그리스인의 철학적 사색을 불안정하게 만들고 끊임없는 동요 속에 우리를 묶어두었던 그 존재의 물음에 대한 답은 너무나도 확연히 보편적으로 드러나게 되었다. 아직도 그 점에 대해 의문을 갖는 사람은 방법적인 과오를 저질렀다 하여 비난받을 정도이다.

존재에 대한 물음은 불필요하다는 신념을 끊임없이 심어주고 키워온 온갖 선입견에 대해, 이러한 탐구를 시작하기도 전에 자세히 논의할 필요는 없다. 그러한 선입견은 고대의 존재론 자체에 뿌리를 두고 있다. 이 고대의 존재론 자체도—그 존재론적 기본개념이 어떤 토대에서 만들어졌는지, 그러한 범주의 입증방법이 적절한지, 또한 그 범주가 빠짐없이 제시되어 있는지—먼저 존재에 대한 물음을 해명하고 해답을 얻은 뒤에, 이것을 실마리로 해야 비로소 제대로 된 해석을 하게 될 것이다. 따라서 여기에서는 선입견에 관한 토론을 하되, 존재의 의미에 대한 물음을 되풀이할 필요가 있다는 것을 이해시키는 지점까지 나아가고 그곳에서 멈추기로 하자. 선입견에는 다음 세 가지가 있다.

1. '존재'는 '가장 보편적인' 개념이다. 다시 말하면 '존재는 모든 것 가운데서 가장 보편적이다.'[1] '맨 먼저 파악하게 되는 것이 존재이다. 존재에 대한 이해는 사람이 보통 파악하는 모든 사물 안에 담겨져 있다.'[2] 그러나 '존재'의 '보편성'은 유(類)개념으로서의 보편성이 아니다. 존재하는 것이 유와 종에 관해 개념적으로 분류되는 단계에서는 '존재'란 존재하는 것의 최상위 영역을 정의하는 것이 아니다. '존재는 유개념이 아니다.'[3] 존재의 '보편성'은 모든 유개념에 속하는 보편성을 모두 초월한다. '존재'는 중세존재론의 명칭에 따르면 하나의 '초월하는 자'가 된다. 사상적 실질을 갖춘 최상위 종개념은 다양한데, 이 같은 초월적 '보편'이 같다는 것은 아리스토텔레스가 이미 '유비(類比)의 단일성'으로 인식하고 있었다. 그의 이런 발견으로 플라톤의 존재론적인 문제설정에 있어서의 의존관계에도 불구하고, 존재문제를 근본적으로 새로운 토대로 옮겨놓았다. 그러나 아리스토텔레스도 이들 범주의 연관성에 대한 것을 밝혀내지 못했다. 중세존재론도 이 문제를 특히 토마스 학파와 스코투스 학파의 계통 안에서 거듭 토론했지만, 원리적인 해명을 찾지는 못했다. 그리고 마지막으로 헤겔이 '존재'를 '무규정적이며 직접적인 사물 자체'로 규정하고, 이 규정을 그의 《논

---

1) 아리스토텔레스 《형이상학》 제3권 제4장 1001 a 21.
2) 토마스 아퀴나스 《신학대전》 21 제94문(問) a 2.
3) 아리스토텔레스 《형이상학》 제3권 제3장 998 b 22.

리학》속에서 펼쳐지는 모든 범주적 전개의 기초로 삼았을 때에도, 그의 시선은 고대의 존재론과 같은 쪽을 향하고 있었다. 단지 그는 이미 아리스토텔레스가 제기한 사상적 실질을 갖추고 있는 다양한 '범주'들 사이에서 존재가 지닌 통일성만을 포기한 점이 다를 뿐이다. 따라서 사람들이 '존재'는 가장 보편적인 개념이라고 말할 때, 그것은 이 개념이 가장 뚜렷하고 더 이상의 어떠한 논의도 필요로 하지 않음을 뜻하는 것은 아니다. '존재'라는 개념은 오히려 가장 어두운 개념이다.

2. '존재'라는 개념은 정의될 수 없다. 이 점은 이 개념에 있어 가장 보편적인 생각에서 추론된 것이다.[4] '정의는 최근류(最近類)와 종차(種差)에 따라 추론되어 이루어진다'는 규정을 세워보면, 정말로 그렇다. 실제로 '존재'를 존재하는 것으로 파악할 수는 없다. '존재에는 어떠한 성질도 덧붙일 수 없다.' 다시 말하면 존재는 그 존재에 여러 가지 성질을 귀속시키는 형태로는 규정될 수 없기 때문이다. 존재의 정의를 실제 그 존재보다 상위개념으로부터 이끌어 내거나 그보다 하위개념으로 서술하거나 할 수는 없다. 하지만 이 점으로부터 '존재'에 대해 더 이상 어떤 문제도 제기할 수 없다고 결론 내릴 수 있을까? 단연코 그렇지 않다. 정의가 불가능하다고 귀결하는 것은, '존재'란 무언가 존재하는 것이 아닌 것이 될 뿐이다. 전통적인 논리학은 그 자체가 고대의 존재론에 뿌리를 두고 있는데, 이 논리학에서 말하는 정의란 존재하는 것을 규정하는 방식이다. 그런 까닭에 이것이 일정 범주 내에서는 정당해도 이것을 존재에 적용시킬 수 없다. 여기서 존재에 대한 정의가 불가능하다는 말은, 존재의 의미에 대한 물음을 우리가 그만두어야 한다는 말이 아니라 도리어 그 물음을 독촉하려는 것이다.

3. '존재'는 뻔한 개념이다. 무엇을 인식하고 무엇을 언명하든, 존재자에게 어떻게 행동하고 또 자기 자신에게 어떻게 관여하든 그 모든 사물에는 '존재'라

---

[4] 파스칼 《팡세 및 다른 소품들》(브랑슈비크 제6판, 파리, 1912년) 169쪽 참조. "존재(……이다)를 정의하려는 시도는 부조리에 빠질 수밖에 없다. 어떤 단어를 정의하려는 시도는 '이것은 …… 이다'라는 말에서—이를 말로 표현하든 암묵적으로 이해하든—출발해야 하기 때문이다. 따라서 존재(……이다)를 정의할 때에도 '이것은 ……이다'라고 말해야 하는데, 이때 우리는 정의되어야 할 단어를 그 정의 속에 사용하게 된다."

는 말이 어떻게든 이용되고 있으며, 그리고 이 말은 거기에서 '시시하게' 이해되고 있다. 누구나 '하늘이 파랗다(파래져 있다)' '나는 기쁘다(기뻐하고 있다)'는 이해한다. 그러나 아무렇지 않게 이해한다는 것은 모른다는 것을 입증할 뿐이다. 이것은 존재자로서 존재자에게 관계되는 모든 교섭적 존재 속에 하나의 수수께끼가 선험적으로 숨어 있음을 나타내는 것이다. 우리는 이미 늘 어떤 존재적 이해 속에 살고 있으며, 더구나 존재의 의미가 어두움에 싸여 있다는 사실은 '존재'의 의미에 대한 질문을 다시 제기해야 할 근본적인 필연성을 입증하는 것이다.

'뻔한 원리', 바로 '통속적 이성의 은밀한 판단'(칸트)이 철학적 분석론의 명확한 주제(바로 칸트가 말하는 '철학자들의 일')가 되어야 한다. 이 주장이 계속되어야 한다면, 철학적 근본개념의 범주 안에서 이른바 '존재'의 개념을 염두에 두면서 자명성을 인용하려는 태도는 '존재'하는 개념에 관해 의심하는 편법이다.

하지만 그 선입견들을 고찰해 보면서 확실해진 점, 존재의 물음에는 단순히 답이 부족할 뿐 아니라, 물음 그 자체도 불투명하며 방향을 잃고 있다는 것이다. 따라서 존재문제를 다시 제기하는 일은, 먼저 문제 제기와 설정을 완전한 형태로 만들어 나가야 함을 의미한다.

2 존재에 대한 물음의 형식적 구조

존재의 의미에 대한 물음을 제기하고자 한다. 이 물음이 하나의 기초적인 물음 그 자체라고 한다면 또한 가장 기본적인 물음이라고 한다면, 그 물음에는 그에 어울리는 투명한 통찰력이 필요할 것이다. 그런 이유로 여기에서는 일반적인 물음에 무엇이 포함되어 있는지 간단히 논의하고, 거기에서부터 존재문제가 각별한 물음이라는 사실을 이해시켜야 한다.

모든 물음은 곧 탐구이다. 모든 탐구는 탐구되는 대상으로부터 미리 방향성이 결정되어 있다. 물음이란 존재하는 사물을 그 사물이 존재한다는 사실, 그리고 그것이 실제로 존재하는 상태에 관해 인식하기 위한 탐구이다. 인식하면서 탐구하는 일은 물음이 향하고 있는 미지의 사실들을 드러내고 그 무엇인가를 규정하는 작업이라는 의미에서 '연구적인 고찰'이 된다. 요컨대 물음이란 무엇인가를 묻는 것, 물음을 탐구하는 것이므로 그 물음에 의해 물음받는 대상이 있다. 또한 무엇인가를 묻는 것은 모두 어떤 형태로 어떤 것인가에 물음을 던지는 것이다. 따라서 묻는 것에는 물음을 받는 대상 말고도 물음을 받게 되는 어떤 시작지점(Befragtes)이 있다. 연구적인 물음, 특히 이론적인 물음에서는 물음을 받게 되는 것(시작지점)이 규정되고 개념으로 표명되어야 한다. 물음을 받고 있는 것 속에는 근본적으로 지향되는 것으로서, 추궁될 사항(Erfragtes)이 내포되어 있으며, 이 추궁 사항에 다다랐을 때 물음은 그 목적을 이루는 셈이다. 묻는다는 행위는 어떤 존재자, 즉 묻는 사람의 행위이므로 고유의 존재성격을 갖추고 있다. 똑같은 물음이라도 '그냥 물어본다'는 식으로 행해지기도 하고, 또 명시적인 물음을 제기하는 형태로 이루어지기도 한다. 후자의 경우 물음의 특색은, 물음 자체가 지닌 위의 모든 구성적 성격에 따라 예측된다는 점에 있다.

존재의 의미가 무엇인가에 대한 물음이 제기되어야 한다. 이로써 우리는 지금 말한 모든 구조계기들의 관점에서 존재문제를 논의할 필요성이 절실한 것이다.

물음은 곧 탐구이므로 탐구되는 쪽으로부터 미리 지도를 받아야 한다. 그러면 존재의 의미는 이미 어떤 형태로 우리 주변에 알려져 있어야 한다. 우리는 늘 어떤 존재이해 속에 있음을 앞에서도 시사했다. 이 존재이해 속에서 존재의미에 대한 명확한 물음과 존재의 개념에 다다르려는 경향이 나타난다. 우리는 '있다', '존재'가 무엇을 의미하는지 모른다. 하지만 '존재'란 무엇인가? 물을 때 우리는 '있다', '존재'에 대한 어떤 이해 속에 있으며 그것에 의거하여 입증하려 한다. 다만 이 '있다'가 무엇을 의미하는지 개념적으로 확정할 수 없으면서도 그것이 무엇인지는 알고 있다. 우리는 그 의미를 어떤 지평에서 파악하고 확정하면 좋은지, 그 지평조차 모르고 있다. 이러한 엉성하고 모호한 존재이해에는 하나의 현실적 사실(Faktum)이 있을 뿐이다.

이 존재이해는 분명치 않고 막연하며, 그저 단순하게 단어만 알고 있는 것과 큰 차이가 없을지도 모른다. 그러나 언제든 손 닿는 곳에 있는 존재이해가 애매한 것은 그 자체가 적극적인 현상이며, 이것을 해명할 필요가 있다. 그렇다고 존재의미를 주제로 하는 탐구의 시작부터 그 해명을 시도하기란 어려운 일일 것이다. 대략적인 존재이해를 해석하기 위해서는 존개개념이 생겨야 비로소 얻을 수 있을 것이다. 존재의 개념과 그 속에 포함된 여러 형태의 명확한 존재이해 그 명백성에 의거하여, 어둡게 가려진 또는 아직 밝혀지지 않은 존재이해가 무엇을 뜻하는지, 존재의미를 어둡게 가리는 그림자나 그 가치를 새로이 해명하는 데 가로막고 있는 장애가 어떤 것이 있을 수 있는지, 또는 필요한지를 확인할 수 있을 것이다. 덧붙여서 이 평균적인 막연한 존재이해 속에는 존재에 관한 전통적인 학설이나 견해가 다양하게 투영되어 있는데도, 평소 우리는 이들 학설이 지배적인 존재이해의 원천이라는 것을 느끼지 못하는 경우도 있다. 요컨대 존재에 대한 물음에서 요구되는 답은, 설령 당면 문제로 파악되지 않는다 해도 전혀 미지라고 할 수 없다.

　여기서 완성되어야 하는 물음에 대해 물음을 받는 대상은 존재이다. 존재하는 것을 존재하는 것으로서 규정하고 있다. 존재하는 것을 논할 때 어떻게 논해지건 반드시 그곳에는 이미 어떤 바람을 보이며, 그 무엇인가를 기반으로 그 존재하는 것이 이해되고 있다. 그 무엇인가가 여기서 물음을 받는 존재이다. 존재하는 것의 존재, 있는 것이 있다란 그 자체가 하나의 존재하는 것, 있는 것으로 '있다'가 아니다. 존재문제를 이해함에 있어서 철학적인 첫걸음은 '무언가 신화5)를 말하는 것'이 아니며, '이야기를 말하지 않는 것'에 있다. 즉 존재자를 존재자로 규정함에 있어서, 마치 그 존재가 존재자로서 어떤 성격을 갖고 있기라도 한 것처럼 존재자를 다른 존재자로 환원함으로써 그 유래부터 설명하려는 태도를 접어야 한다는 것이다. 그렇지 않으면 있다, 존재하는 것이 마치 어떤 하나의 존재자로서 성격을 갖게 되어버린다. 그러므로 물음에 대해 물음을 받는 존재 대상을 분명히 하기 위해서는 존재자를 발견하는 양식과 본질적으로 다른 독특한 방식이 요구된다. 마찬가지로 물음받는 것인 존재의 의미에 대해서도 그것을 파악하려면 존재하는 것을 각각에 함유된 뜻이 확실하게 드러나도록 규정해 갈 때의 개념과는 본질적으로 다른 독특한 개념구성이 필요하게 될 것이다.

　존재는 물음을 받는 대상물이며 존재자의 존재라고 한다면, 존재의 물음에서 물음을 받는 대상은 당연히 존재자 그 자신이 된다. 이 존재자가, 말하자면

---

5) 플라톤 〈소피스테스〉 242 c.

스스로의 존재에 대해 물음을 던지는 것이다. 자신의 존재성격을 거짓 없이 제시하려면, 먼저 그 존재자 스스로가 있는 그대로의 자기 모습에 접근할 수 있어야 할 것이다. 존재에 대한 물음은 그 물음을 묻는 상대에 관해, 그 존재자에 대한 적절한 접근법을 획득하여 그것을 미리 확보해 두어야 한다.

하지만 우리는 많은 것을, 더구나 다양한 의미에서 그것을 '존재하고 있다'고 말한다. 우리가 화제로 삼는 대상, 우리가 생각하는 대상, 우리가 이러저러한 태도로 대하는 대상 이들 모두가 존재하고 있다. 우리들 자신이 무엇이건, 어떻게 있는 것인가 하고 말한 이상, 우리 또한 존재하고 있다. 존재, 있다는 것은 이 '있다'에도 '이다'에도 내재되어 있다. 실재, 사물이 주변에 있는 것, 존재, 타당, 현재성 또는 '주어져 있는 것' 그 모든 속에도 존재는 내재되어 있다. 존재하는 것 가운데 어디에 입각해서 존재의 의미를 읽어내야 좋을까? 어떤 존재자로부터 존재를 개시(開示)해야 좋을까? 출발점은 임의로 정해도 되는가? 아니면 존재문제를 마무리하는 데 어떤 특정한 존재자가 우위를 차지하게 되는 걸까? 그렇다고 한다면 이 본보기적인 존재자는 어떤 것이며, 또한 그것이 어떠한 의미에서 우위를 차지하게 될까?

존재를 묻는 물음을 다시 제기하고, 그 물음 자체에 대해 전면적으로 꿰뚫어 볼 만한 형태로 그것을 제기하려는 것이므로 이 물음의 마지막 공정은 지금까지 해왔던 여러 가지 설명에 의해 존재를 바라보는 방법, 의미의 이해와 개념적인 파악 방법의 규명, 모범적 존재자를 올바르게 선택하기 위한 준비, 이 존재자에 다다르는 방법의 정선(精選) 등을 필요로 한다. 사물을 바라보고, 사실을 이해하여 개념적으로 밝히고, 뭔가를 선택하여 그것에 접근한다는 행위는 물음을 구성하는 활동이기 때문에, 그것은 바로 어떤 특정한 존재자 다시 말해 물어보는 한 사람 한 사람이 그 당사자인 존재자 본연의 모습이기도 하다. 그렇다고 본다면 존재의 물음을 완성한다는 것은, 묻는 자인 하나의 존재자가 어떻게 있는가에 대해 꿰뚫어보는 것을 의미한다. 이 물음을 묻는 것은 존재하는 자신의 존재양식으로서 존재자에게 물어지고 있는 것 바로 존재로부터 본질적으로 규정되어 있는 우리 저마다의 본질 그것이다. 그리고 물음이라는 존재가능성을 지닌 존재자를 우리는 술어적으로 현존재(Dasein)라 부르기로 한다. 존재의 의미에 대한 분명하고 투명한 문제설정으로, 이렇게 존재자

(바로 현존재)의 존재 그 자체에 관하여 적절하고 확실하게 해둘 필요가 있다.

그러나 이러한 시도는 우리를 뚜렷한 순환 속으로 빠져들게 하지는 않을까? 먼저 존재자를 그것이 어떻게 있는지에 대해 규정하면서, 이 규정에 기초하여 천천히 그 있다고 하는 것, 존재를 묻는 물음을 제기하고자 하므로 이것이 순환이 아니고 무엇이겠는가? 이 존재의 물음에 대한 해답이 처음부터 이미 '전제되어' 있는 것은 아닐까? 하지만 원리 탐구 영역에서 늘 지루하게 이어지는 '순환논증'과 같은 형식적인 이의제기는 연구에 대한 구체적인 방법을 생각하는 동안에는 아무런 도움이 되지 않는다. 이러한 이의는 존재의 이해에 도움이 되기는커녕, 오히려 연구 영역의 진출을 가로막을 뿐이다.

그러나 앞서 말한 문제 제기에는 처음부터 순환이 포함되어 있지 않다. 존재자는 존재의 의미에 관한 뚜렷한 개념이 먼저 정리되지 않아도 존재하는 것이 어떻게 있는가에 대해 규정하는 일이 가능하다. 그렇지 않다면 지금까지 존재론적인 인식이 하나도 없었다는 것이 될지도 모르는데, 이러한 인식이 사실로서 성립되어 있음을 부정할 수 없다. 분명히 '존재'는 지금까지의 모든 존재론 속에서 '전제되고' 있었다. 하지만 그것은 정비되어 쉽사리 사용할 수 있는 개념으로, 우리가 탐구하고 있는 모습으로 전제되어 있지는 않았다. 존재를 '전제한다'는 것은 존재에 대해 예측한다는 성격을 띤다. 존재에 대한 예측에 의거하여 미리 주어져 있는 존재자를 그 존재에 대해 잠정적으로 구별하여 논술할 수 있을 것이다. 존재에 대한 이러한 주도적인 예측은 평균적인 존재이해 속에서 생겨난다. 언제나 이미 우리 안에서 움직이고 있는 바로 그 평균적인 이해는 현존재 자신의 본질적인 체제의 일부이다. 여기에서 논술한 '전제'의 의미는, 어떤 근본명제를 내걸고 거기에서 일련의 명제를 연역적으로 이끌어 내는 설정과는 아무런 관계도 없다. 존재의 의미에 대한 물음을 설정하는 탐구과정 안에는 '순환논증'이 있을 수 없다. 왜냐하면 이 물음에 대한 대답에서 목적으로 삼아야 하는 것은 연역적 논증이 아니라 근거를 거시적으로 밝혀 제시하는 것이기 때문이다.

존재의 의미에 대한 물음 속에는 '순환논증'은 포함되어 있지 않다. 그럼에도 물어지는 대상(존재)이 어떤 다른 존재자의 존재양상으로서의 물음과 '회귀적 또는 선행적으로 연관되어 있다'는 것은 포함되어 있다. 물음이 생겨나는 바에 의해서 본질적으로 관련되는 사항이 존재문제가 지닌 가장 고유한 의미이다. 이것은 현존재라는 성격을 가진 존재자는 존재문제 자체와 어떤—아마도 각별한—연관을 가지고 있다는 말이다. 하지만 이것만으로 특정 존재자에 관하여 그들 존재의 우위가 입증될까? 그리고 이 존재자가 존재문제에서 일차적으로 물음을 받아야 하는 역할을 완수할 본보기적 존재자로 결정될 수 있을까? 지금까지의 논의로부터 현존재의 우위가 입증되지는 않으며, 또한 일차적으로 물어져야 할 존재자로서 현존재가 할 수 있는—더구나 해야 할—기능에 관해서도 결론이 내려지지 않았다. 그럼에도 현존재의 우위는 슬쩍 엿보아 왔다.

3 존재문제의 존재론적 우위

이상에서 물음 속에 포함된 형식적 구조를 실마리로 존재에 대한 물음의 성격을 부각시키려 시도했다. 그 결과 이 물음이 독특하다는 사실, 더구나 그 물음을 진전시키거나 해결하기 위해서는 일련의 기본적 고찰이 필요하다는 사실이 명료해졌다. 하지만 존재에 대한 물음이 각별하다는 특질은, 이 물음의 기능이나 의도, 물음이 제기되기에 이른 여러 동기를 포함해서, 이 물음의 윤곽이 정확하게 묘사된 시초로서 흐림 없이 밝게 될 것이다.

지금까지 이 물음을 왜 되풀이해야 했는지의 동기는, 먼저 그 물음들의 유래가 고귀하고, 특히 그 물음들에 대한 명확한 답이 없다는 점, 심지어 충분한 문제제기조차 되지 않았다는 데 있다. 그러나 사람들은 이 물음이 도대체 어디에 도움이 되는지 알고 싶어 할 것이다. 그것은 가장 보편적인 일반론에 관한 허공 잡는 사변에 지나지 않을까, 아니면 가장 원리적이면서도 동시에 가장 구체적인 물음일까? 하고 자문하기도 한다.

존재란 언제나 어떤 존재자의 존재이다. 존재하는 모든 것은 다양한 방면과 범주마다 저마다의 사상(事象)영역을 드러내거나 한정하는 장(場)이 된다. 이들 사상영역은 역사, 자연, 공간, 생명, 현존재, 언어처럼 각각의 영역에 따라 학문적 연구 속에서 대상으로 주제가 된다. 이러한 사상영역은 학문적 연구에 의해 다른 것에서 분리되고, 우선은 소박하고 거칠게 잘라내어 저마다의 사상영역으로 확정해 간다. 각각의 영역을 다양한 기초개념 속에서 명확히 하는 일은, 학문 이전의 경험과 존재영역—사상영역 자체가 제한되는 범위—의 해석으로 이미 어느 정도 이루어지고 있다. 이렇게 생긴 '기초개념'은 이 영역 탐구의 구체적 개시를 위한 기초적인 실마리가 되고 있다. 연구의 중점은 늘 이러한 실증성에 있다고 할 수 있다. 이 연구의 진정한 진보는 이렇게 하여 선택된 실증적 연구 성과를 쌓아 '사전'에 수록, 간직하는 일로 이루어지는 것이 아니다. 오히려 연구의 진정한 진보는, 이러한 사상에 대한 지식이 증대되면 그 반동으로 모든 영역의 기본적인 체제에 대한 의문과 물음이 쏟아져 나오는데 이러한 물음들에 의해 이루어진다.

과학 및 학문의 본래 '운동'이란, 기초가 되는 다양한 개념에 대해 그 깊음과 얕음이야 제각각이면서 근본적인 재검토, 게다가 그 당사자조차 예상치 못했던 재검토와 수정이 더해지는 형태로 연출된다. 학문의 수준은 저마다의 근본 개념이 얼마나 위기에 잘 견디어 내는가에 따라 결정된다. 과학과 학문의 이러한 내적인 위기 속에서 실증적 연구에 의한 물음이 물음 받게 된 사상 그 자체가 지닌 관계마저 뒤흔들리게 된다. 오늘날에는 다양한 학문 분야에서 그 연구를 새로운 기초 위에 다시 올려놓으려는 경향이 두드러지고 있다.

수학처럼 보기에는 가장 엄밀하고 가장 굳건해 보이는 학문조차도 '기초설정의 위기'에 빠져 있다. 형식주의와 직관주의의 물음에 대한 논쟁은, 이 학문의 대상이 되어야 할 사물에 대한 일차적 접근법의 획득과 그 확보를 둘러싸고 벌어지고 있다. 물리학의 상대성이론은, 자연 고유의 관련을 '그 자체에 두고' 성립되어 있는 그대로 도출해 내려는 기운에서 생겨났다. 자연 그 자체에 다가가는 여러 조건에 대한 이론으로 모든 상대성의 규정을 통하여 운동법칙의 불변을 확증하는 데 힘을 쏟는 학문이다. 그와 함께 물리학에 우선적으로 주어진 사상영역의 구조에 대한 물음, 즉 물질이라는 문제에 맞닥뜨리게 된다. 생물학에서는 기계론이나 생기(生氣)론이 제시한 유기체와 생명에 관한 규정의 배후를 물어 생명체 그 자체의 존재양식을 새롭게 규정하려는 기운이 싹트고 있다. 역사학적 정신과학에서는 전승과 그 서술, 전통을 잇는 역사적 현실 그 자체로 다가가려는 경향이 강해졌다. 예를 들면 사람들은 문학사를 문제사(問題史)로 만들고자 한다. 신학은 신에 대한 인간의 존재에 관해, 신앙 그 자체의 본뜻에 입각해 어디까지나 신앙 내부에 머물려는 근원적인 해석을 모색하고 있다. 신학의 교의체계 전체에 입각한 '기반'의 주된 연원이 일차적으로 신앙자의 물음 속에서 나오지 않고 기초에 의존하며, 그 개념구성도 신학적 문제영역에 맞지 않을 뿐 아니라 오히려 그 실제적인 신학적 문제들을 은폐하고 왜곡하려는 경향이 있다는 루터의 통찰을 서서히 이해하기 시작하고 있다.

근본개념이란 각 학문의 모든 주제적 대상의 밑바탕에 있는 사상영역에 관한 규정이며, 이 사상영역은 실증적 연구에 앞서 이러한 규정 속에서 미리 이해되고, 이 이해에 따라 모든 실증적 연구를 선도하게 된다. 그렇다고 한다면 그 여부를 검증하거나 '근거가 되는 이유를 열거'하는 것도, 사상영역 그 자체도 앞서 진행된 모색과 탐구에 따를 수밖에 없게 된다. 하지만 이들 사상영역은 각각 존재자 그 자체의 영역에서 얻을 수 있으므로, 여기에서 논술한 형태로 근본개념을 이용하는 선행적인 연구란, 이 존재자를 그 존재의 근본구성에 입각해 해석할 수밖에 없다. 그러한 탐구는 실증적 학문보다 반드시 먼저 행해져야만 한다. 플라톤과 아리스토텔레스가 이를 입증하고 있다. 이런 의미에서 이루어지는 과학·학문의 기초설정은, 하나의 학문이 위치하는 현상을 조사해 그때그때의 '방법'을 밝히며 뒤쫓아 가는 '논리학'과는 원리적으로 구별되어야 한다. 그 학문적 기초설정이란 특정 존재영역의 가운데로 자진해서 뛰어들어 그 영역의 존재구성틀에서 가장 처음으로 밝혀 얻어진 여러 구조들을, 물음이라는 투명한 지침으로 실증적인 학문에 제공한다는 의미에서 선도적인 논리학이다. 예를 들어 철학적 주된 요건은 어떤 역사학의 기본개념 형성에 대한 이론이나 역사학적 인식에 대한 이론이 아니다. 또한 역사학적 대상으로서의 역사이론도 아니다. 본래 의미에서 역사적으로 존재하는 것을 그 역사성에 맞춰 해석하고 검토하는 일이 중요하다. 마찬가지로 칸트의 《순수이성비판》에서 얻어진 적극적 수확도, 본래 자연물 일반에 속하는 사실들을 발굴하는 작업에 착수하는 일이었으며 하나의 '인식론' 같은 것이 아니었다. 칸트의 초월적 논리학은 자연이라는 존재영역의 선험적(경험적)인 사상논리학이다.

존재론이란 어떤 특정 존재론적인 방향과 경향에 쏠리지 않으면서 가장 넓은 의미에서 생각하는 탐구방식이다. 바로 그 존재론은 위에 논술한 바와 같은 문제설정을 가리킨다. 하지만 이러한 존재론적 물음에는 그 자체로 역시 또 다른 하나의 지침이 필요하다. 존재론적인 물음은 개개의 실증적인 과학이 제기하는 존재적인 물음에 비해 더 근원적이다. 그렇지만 존재론적인 물음이 특정한 존재자의 존재를 물으면서 존재 일반의 의미를 검토하지 않은 채 방치한다면 그 자체도 소박함과 불투명성을 벗어나지 못한다. 그리고 존재론적 과제를 수행함에 있어서 존재의 다양한 가능적 양태 상황들을 연역적 구성의 덧붙임 없이 추론해 나가 그 계보를 분명히 하려 한다면, 더더욱 "'존재'라는 이 말을 이용해 우리가 근본적으로 진정 무엇을 말하고자 하는지" 미리 이해해 둘 필요가 있다.

그러므로 존재에 대한 물음은 단순히 과학·학문을 가능하게 하기 위한 선험적인 조건만을 지향해서는 안 된다. 존재자를 대충 이러이러한 존재자로서 연구하는 학문은 어떤 존재이해 속에서 언제나 이미 움직이고 있다. 다양한 존재론은 존재하는 형상의 과학·학문에 앞서 그것들의 기초가 되고 있다. 이러한 존재론 그 자체가 가능해지기 위한 조건, 이것이 존재의 물음이 지향해야 하는 바이다. 존재론이 아무리 풍부하고 견고한 범주 체계를 갖추고 있다 해도 그에 앞서 존재에 대한 의미를 분명하게 밝히고 해명해야 한다. 이것이 바로 우리의 기본적 과제임을 자각하지 않는 한, 근본적으로 여전히 맹목적일 수밖에 없으며 자기가 가졌던 본래 의도에서도 벗어나게 된다.

존재문제는 단순히 유서 깊은 전통의 계승이나 지금까지 불투명했던 문제의 추진이라는 이유에서뿐만 아니라, 존재론적 탐구 자체를 바르게 이해한다면 이 탐구 자체가 존재문제에 그 존재론적 우위가 주어지는 것이다. 그러나 존재문제가 지니고 있는 우위성은 모두 이 사상 자체에 뿌리를 둔 학문상의 우위에만 한정되는 것이 아니다.

4 존재문제의 존재적 우위

학문은 일반적으로 명제에 대한 논증 과정을 통해 규정된다. 그러나 이렇게 몇 가지 명제를 정의하여 추론해 가는 정의는 완전하지 못하다. 또한 학문을 그 본위로서 표현하지도 못한다. 과학과 학문은 인간 행위의 하나이므로 인간이라는 존재자 본연의 모습을 지니고 있다. 이 존재자를 우리는 술어적으로 현존재라고 지칭한다. 학문적 연구는 이 존재자의 유일한 존재양식도 아니며, 또한 이 존재자에 가장 근접한 존재양태의 하나도 아니다. 현존재 자신은 다른 존재자와 다른 각별한 성격을 지닌다. 이 성격을 먼저 알아내는 일이 중요하다. 우리의 논술은 뒤로 미루고 여기에서 처음으로 제시되는 몇 가지 분석을 먼저 보기로 하자.

현존재는 단순히 다른 존재자들 사이에 섞여 출현하는 존재자가 아니다. 현존재는 오히려 나라는 존재와 관련되어 있으며 이 나라는 존재 자체와 관계함으로써 존재적으로 구별된다. 그렇다고 본다면 현존재의 존재구성은 그것이 나라는 존재이며, 이 나라는 존재에 대해 어떤 존재관계를 가진다는 말이다. 이것은 또한 현존재는 나라는 존재로서 어떤 양식과 명확성을 가지고 자신에 대해 이해하고 있음을 의미한다. 이 현존재는, 나라는 존재와 더불어 나라는 존재를 통하여 나라는 존재가 나 자신에게 열려 있는 그러한 존재이다. 존재이해는 그 자체로 현존재의 존재규정이다. 현존재가 존재론적인 것, 이것이 현존재가 존재적으로 각별한 점이다.

여기에서 존재론이라 해도 아직 '존재론을 형성한다'는 의미는 아니다. 따라서 존재론이라는 명칭을 존재자의 존재를 미리 이론적인 물음으로 나타내기 위해 갖고 있다면, 앞에서 이야기한 현존재의 존재론적 존재는 전(前) 존재론적인 존재라고 지칭해야 할 것이다. 하지만 이것은 우리가 단순히 존재자로서 존재함을 의미하지 않고, 존재를 이해하는 어떤 방식으로 존재함을 의미한다.

현존재가 그 자신에 대해 이러이러한 모양으로 관계할 수 있는, 그리고 현존재가 늘 어떤 형태로 관여하게 되는 존재 그 자체를 우리는 실존이라 부르기로 한다. 그리고 이 존재자의 본질규정은 어떤 구체적 내실을 열거하면 되는 것이 아니라, 오히려 현존재의 본질은 자기라는 존재를 자기 것으로 존재시켜야만 하기 때문에, 현존재라는 호칭은 이 존재자를 나타내는 순수한 존재의 표현으로 선택된다.

현존재는 늘 자기 자신을 자기라는 실존을 통해 이해한다. 바로 그것은 내가 지금 나 자신으로서 존재하는가, 그렇지 않으면 나 자신이 아닌 존재로서 존재하는가 하는 자기 자신의 가능성으로부터 자기를 이해한다. 이 가능성들을 현존재는 스스로 선택했는가, 아니면 그 가능성들 안으로 우연히 빠져들었는가, 그것도 아니면 이미 처음부터 그 안에서 성장하고 있었는가 등 이 가운데 어느 하나이리라. 실존은 내 것으로 장악하든 또는 그것을 지워 없애버리든 오로지 그때의 현존재에 의해 결정된다. 실존의 문제는 언제나 오직 실존 자체에 의해서만 결론지을 수 없다. 이 경우 현존재를 이끄는 자기 이해를 우리는 실존적 이해라 부르기로 한다. 실존에 대한 물음은 현존재의 존재적 '현안'에 대한 물음이다. 그렇다고 그에 대처하기 위해 실존의 존재론적 구조에 관한 이론적 투명성이 꼭 필요한 것은 아니다. 이 존재론적인 구조를 묻는 물음은 실존을 구성하는 것을 풀고 해명하는 일을 목표로 한다. 이들 구조의 연관을 우리는 실존론성이라 부르기로 한다. 이들 실존론의 분석작업은 실존적 이해가 아니라 실존론적 이해라는 성격을 띤다. 현존재의 실존론적 분석작업이라는 과제는, 이 과제의 가능성과 필연성에 관하여 이미 현존재의 존재적 구조 안에 밑그림으로 그려져 있다.

현존재가 실존이라는 특성을 갖는 한, 이 존재자를 존재론적으로 분석하는 작업은 언제나 그 실존성에 대한 예측을 필요로 한다. 그러나 실존론성이란 실존하는 존재자의 존재체제로 이해한다. 이러한 존재작업의 이념 속에는 이미 존재의 이념이 포함되어 있다. 그렇다고 본다면 현존재의 분석작업을 수행할 수 있는 가능성은 어떻게 하면 주어질까? 그것은 존재 일반의 의미를 제대로 물어 완성시키는 일에 달려 있다 할 수 있다.

과학과 학문은 현존재의 존재양태에 대한 설명이다. 현존재는 존재양태를 통해 반드시 현존재 자신으로 한정되지 않는 존재자들과도 교섭한다. 그러나 현존재는 본질적으로 '어떤 세계 안에 존재한다'라는 것이 내포되어 있다. 따라서 현존재에 속하는 존재이해는 '세계'라고 하는 이해와 세계내부에서 접할 수 있는 존재자의 존재와도 근원적으로 관련된다. 그러기에 현존재와는 다른 존재 성격의 존재자를 주제로 하는 각종 존재론은 전 존재론적 존재이해라는 특성을 갖는 현존재 자신의 존재적 구조를 그 기반과 동기로 삼게 된다.

따라서 다른 모든 존재론의 발원이 될 수 있는 기초적 존재론은 현존재의 실존론적 분석작업에서 찾을 수밖에 없다.

이렇게 현존재는 다른 모든 존재자에 비해 여러 가지 우위를 차지한다. 첫 번째는 존재적 우위인데, 이 존재자는 그 존재가 실존에 의해 규정된다. 두 번째는 존재론적 우위인데, 현존재는 실존이라는 특성을 지니므로 그 자체로 '존재론적'이다. 그런데 현존재에는 그것과 동일근원적으로 실존이해를 구성하는 요건으로 현존재적이지 않은 모든 다른 존재자의 존재를 이해하는 면을 갖추고 있다. 다시 말해 현존재의 세 번째 우위로서, 모든 존재론이 가능하기 위한 존재상의 조건인 동시에 존재론적 조건이 갖추어져 있다. 이렇게 하여 현존재가 다른 모든 존재자에 우선하며, 존재론적으로 일차적으로 물어져야 할 존재자임이 판명되었다.

실존론적 분석작업을 해보면 결국 실존적인 존재적인 것에 뿌리를 두고 있다. 다시 말해서 실재적 존재를 근거로 한다. 철학적으로 탐구하는 물음은, 저마다 실존하는 현존재의 존재가능성으로서 실존적으로 선택받았을 때에만 실존의 실존론성을 밝힐 수 있는 가능성이 성립하며, 더 나아가 충분할 만큼 기초를 받쳐주는 존재론적 문제설정의 일반적 착수도 가능해진다. 이로써 존재에 대한 물음의 존재상 우위도 분명해진다.

현존재의 존재적·존재론적 우위는 벌써부터 인정되고 있었다. 하지만 현존재 자신이 고유의 존재론적 구조로서 다루어졌던 적은 없었다. 그것을 목표로 문제 삼은 적조차 없었다. 아리스토텔레스는 '인간의 마음은 어떤 의미에서 존재자이다'[6]라고 했다. 인간의 존재를 형성하는 마음은 그 존재양태인 감각과 사유로서 모든 존재자를 저마다의 실제존재와 상태존재와 관련되어 있는 그대로의 모습으로 발견함을 의미한다. 파르메니데스의 존재론적 테제에서 유래한 이 명제를, 토마스 아퀴나스는 그답게 한 가지 특징적인 논의 속에서 받아들였다. 마음이란 '초월범주', 바로 존재자에 대해 있을 수 있는 어떤 구체적인 유적(類的) 규정성을 초월하는 모든 특수적 존재양태를 넘어서는 존재이며, 어떠한 존재에도 필연적으로 귀속하는 본질적·보편적 존재성격을 이끌어 내려는 과제 속에서 진리도 그러한 초월범주 가운데 하나임을 입증하려고 한 것이다. 토마스는 그것의 존재양식에 맞는, 어떠한 존재자와도 '합치할 수 있는' 특성을 갖춘 존재자를 예로 내세우고 있다. 이 각별한 존재자, 즉 '모든 존재자와 합치할 수 있는 본성을 갖춘 존재자'는 바로 마음(anima)[7]이다. 여기서는 존재

---

6) 아리스토텔레스《영혼론》제3권 제8장 431 b 21과, 같은 책 제3권 제5장 430 a 14 이하 참조.

7) 토마스 아퀴나스《진리에 대하여》제1문 1 c 참조. 또한 부분적으로는 보다 엄밀하지만, 위와 다른 방식으로 수행되는 '초월개념'의 '도출'에 관해서는 그의 소논문《유(類)의 본성에 대하여》참조.

론적으로 명확하게 정리되지 않은 채, 현존재가 다른 모든 존재자에 대해 갖는 우위가 표면화되고 있다. 하지만 이 우위는 존재자 전체를 나쁜 의미에서 주관화하는 그런 우위와는 분명히 다르다.

존재문제의 존재적·존재론적으로 두드러지는 입증은 현존재의 존재적·존재론적 우위를 먼저 잠정적으로 시사한 서술에서 근거를 찾을 수 있다. 하지만 존재문제 그 자체의 구조분석(제2절)은 이미 문제제기 그 자체 안에서 이 존재자의 뛰어난 역할에 부딪힌다. 이 경우, 현존재가 이 문제를 투명하게 묻기 위해 미리 존재론적으로 정비되고 개발되어야 한다는 점이 분명해진다. 하지만 지금은 현존재의 존재론적 분석작업 자체가 기초존재론을 이루고 있으며, 따라서 현존재가 원칙적으로 먼저 그 존재에 관련해 물음을 받아야 할 존재자로서의 역할을 해야 한다.

존재의 의미 해석이 과제가 될 경우, 현존재는 일차적으로 물음을 받아야 하는 존재자일 뿐 아니라 물음을 받는 것에 대해, 자기 자신과 서로 관계를 맺고 있는 존재자이다. 그렇다면 존재에 대한 물음이란 현존재 자신에게 속해 있는 본질적인 존재경향, 바로 나의 전(前) 존재론적인 존재이해를 그 근본까지 철저하게 탐구할 수밖에 없다.

제2장
존재문제를 검토할 경우의 이중과제, 고찰방법과 개요

5 존재 일반의 의미 해석 지평을 개척하기 위한 현존재의 존재론적 분석작업

존재문제를 '제기'하는 데 포함되는 몇몇 과제를 열거할 때 분명히 해두어야 할 점은, 일차적으로 물음을 받는 대상으로서 기능해야 하는 존재자의 확정이 필요하다는 점이다. 그뿐만 아니라 이러한 존재자에 대한 정당한 접근법을 분명히 파악하고 확보하는 것도 필요하다. 존재문제라는 틀 안에서 어떤 존재자가 그런 우월적인 역할을 맡게 되는지에 대해서는 이미 논했다. 그럼 이 존재자인 현존재에게 어떤 방법으로 접근하고 그 현존재를 어떻게 이해해야 할까? 또한 현존재의 어디에 초점을 맞추어 해석하면 좋을까?

현존재는 존재적·존재론적 근거에 입각하기 때문에 우위에 있다고 확인했는데, 여기에서 잘못하면 다음과 같은 의견에 끌려가게 될지도 모른다. 즉 이 존재자는 존재자로서 '직접' 손에 닿는 곳에 있을 뿐 아니라, 그 존재양식 또한 이미 '직접' 주어졌다는 의미에서 존재적·존재론적으로도 일차적으로 주어져 있다는 견해를 갖게 될 수 있다. 현존재는 존재적으로 가깝다기보다 가장 가까운 곳에 있다. 우리들 한 사람 한 사람이 바로 그 현존재이다. 그럼에도 불구하고 오히려 그렇기 때문에, 현존재는 존재론적으로는 나에게서 가장 멀리 있다. 분명히 현존재가 자기 존재에 관하여 어떤 이해를 가지고 있으며, 이미 자기 존재에 관한 맞춤식 해석을 자기 존재 방법으로 갖고 있다는 말이다. 이것은 현존재 자신이 고유의 존재라는 의미이다. 그렇다고 자신의 가장 고유한 존재체제에 관한 주제적 존재론적 성찰에서 발원한다고 속단하여, 현존재 자신의 전(前) 존재론적 존재해석을 적절한 실마리로서 받아들여도 좋다는 말은 결코 아니다. 오히려 현존재는 자신에게 속해 있는 존재양식에 맞게 자기 자신의 존재를 '세계'의 측면에서, 즉 현존재가 본질상 언제나 가장 먼저 관계를 맺는 다른 존재자 쪽에서 이해하려는 경향을 가진다. 현존재 자신 안에, 그리고 현존재에 고유하는 존재이해 속에는, 우리가 마침내 세계 이해가 현존재 해석에 되반영되어 존재론적으로 제시할 사항이 숨어 있다.

그러므로 현존재의 존재적·존재론적 우위는, 현존재에 고유한 '범주적' 구조의 의미로 이해되는 현존재의 존재구성이 도리어 현존재에게 은폐되고 있다는 근거가 된다. 곧 현존재는 현존재 자신에게는 존재적(직접적 존재이해)으로 가장 가까우며, 존재론적(이론적 존재이해)으로는 가장 멀고 더구나 전(前)존재론적으로는 남의 일이 아니다.

이상의 사실로 보아 이 존재자에 대한 해석이 특유의 곤란함에 맞닥뜨리게 되리라는 점이 예고된다. 이런 곤란함은 주제적인 대상과 그 대상을 주제로 하는 행동관계와의 존재양상 때문에 생겨나지, 우리의 인식능력 부족에서라든가 쉽게 보완할 수 있는 적절한 개념조직의 결여 같은 것에서 기인하지는 않는다.

하지만 현존재에게는 존재이해가 속해 있을 뿐 아니라, 이 존재이해가 현존재 자신의 그때그때의 존재양식과 함께 형성되거나 붕괴되기도 한다. 따라서 현존재는 주어진 기존의 해석을 충분히 구비하기도 한다. 바로 이 현존재에 대한 연구는, 철학적 심리학, 인간학, 윤리학, 정치학, 시, 전기, 역사기술이 저마다 다른 길을 걸으며 다양한 규모로 현존재의 행동, 능력, 세력, 가능성, 운명을 추적해 왔다. 그러나 이들의 해석이 실존적으로 근원적이었다 해도, 이 학문들이 실존론적 견지에서와 마찬가지로 철저히 근원적으로 이루어졌는지는 어디까지나 의문이다. 실존적인 동시에 근원적인 관점, 이 두 가지 관점은 합치하지도 않지만 그렇다고 서로를 배척하지도 않는다. 만약 철학적 인식이 그들의 가능성과 필연성에 의해서만 파악된다면 실존적 해석이 들고일어나 실존론적 분석론을 요구할 수도 있다. 현존재의 근본구조가 존재문제를 명확한 지침으로 하는 분석에 의해 명시적인 해명을 받고 나면 현존재 해석에 관한 그동안의 성과도 비로소 실존론적인 정당성을 얻게 될 것이다.

따라서 존재의 물음에서의 첫 번째 관건 또한 현존재를 근본적으로 분석하는 분석론이다. 이렇게 하여 현존재의 선도적인 접근법을 획득하고 확보하는 문제가 마침내 절실하게 다가오게 되었다. 부정적인 표현을 이용하자면, 존재나 현실적 당면 이념이 아무리 '뻔한' 현실이라 할지라도 이 존재자에게 구성적으로나 독단적으로 대응시켜서는 안 되며, 그러한 이념을 원형으로 본뜬 어떠한 '범주'도, 존재론적으로 검사도 하지 않은 채 현존재에 강요해서는 안 된다. 현존재에 대한 접근양식과 해석양식은 존재자가 정해야 한다. 자기 자신에게 맞게 자기 자신 편에서 자기를 나타낼 수 있는 형태로 선택되어야 한다. 즉 이 접근과 해석양식은 그 존재자가 존재하는 상태, 바로 그 존재자(인간)의 평균적인 일상성에서 보이는 것이 중요하다. 이 일상성에 입각하여 이끌어 내야 할 사항은, 임의의 우연적인 구조가 아닌 현사실적 현존재의 어떠한 존재양상 속에서도 존재를 규정하는 성격으로서 일관된 본질적인 구조들이다. 이렇게 이끌어 낸 현존재 일상성의 기본구조를 참고로 하여, 이 존재자의 존재를 예비적으로 표면에 드러낼 수 있게 된다.

이와 같이 해석된 현존재의 분석론은 오로지 존재문제의 완성이라는 주도적인 과제를 풀기 위해 탐구된다. 이런 과정에서 분석론이 갖는 한계도 저절로 결정되어 드러나게 되는데, 분석론은 현존재의 존재론을 완벽한 형태로 제공하지 못하기 때문이다. '철학적' 인간을 철학적으로 충분한 토대 위에 놓고자 한다면 이러한 현존재의 존재론이 완비되어 있어야 한다. 하지만 이렇게 구상된 인간학 또는 그것의 존재론적 기초설정을 지향하고자 하는 의도에서 본다면, 이하의 해석은 단지 몇 개의 본질적인 '단편'을 주는 일에 지나지 않는다. 그러나 현존재의 분석 또한 불완전할 뿐만 아니라 잠정적이다. 분석론은 이 존재자의 존재를 부각시키고 있을 뿐, 아직 그 존재의 의미해석에까지는 이르지 못하고 있다. 그 분석의 목표는 오히려 가장 근원적인 존재해석을 위한 지평을 준비하는 일이다. 이 지평을 얻고 나서야 비로소 예비적 분석론은 더 고차적이고 본래적인 존재론적 토대 위에서 그 반복을 요구받게 될 것이다.

우리가 현존재라고 이름붙인 존재자의 존재의미로서 제시된 요소는 시간성인데, 이 제안에 의해 현존재의 여러 구조를 다시 한번 시간성이라는 양태로 해석하여 음미해 보아야 한다. 하지만 이렇게 현존재를 시간성으로 해석한다 해도, 그것만으로 존재 일반의 의미를 지향하는 주도적인 물음에 답이 주어지지는 않는다. 그럼에도 이 대답을 얻기 위한 토대는 아무튼 준비되어 있다.

이미 암시적으로 표현했지만, 현존재에는 그 존재적 구성으로서 전(前) 존재론적 존재가 속해 있다. 현존재는 스스로 존재하면서 그 존재함에 대해 이해하는 상태로 존재한다. 그리고 이 맥락을 확고하게 견지하면서 현존재가 일반적으로 존재함을 암암리에 이해하고 해석하려면 시간(Zeit)이라는 것을 보여주어야 한다. 이 시간이 모든 존재이해와 모든 존재의미의 지평임을 분명히 밝히고 확실히 파악해야 한다. 이것을 확인하기 위해서는 존재이해의 지평으로서의 시간을, 존재이해적인 현존재의 존재로서의 시간성에서 근원적으로 구명(究明)하는 일이 필요하다. 그와 동시에 이 과제 전체 안에는, 이렇게 얻어진 시간개념을 통속적인 시간이해로부터 구별하라는 요구가 포함되어 있다. 이 통속적인 시간이해가 바로 아리스토텔레스로부터 베르그송을 넘어 견지되고 있는 전통적인 시간개념 속에 정착된 시간해석에서 명시적으로 드러나 있다. 이때 이 전통적 시간개념과 통속적 시간이해가 시간성에서 발원한다는 사실과 그 경위를 명확히 해야 한다. 그러면 이 설명으로 통속적 시간개념에도 그 나름의 정당한 근거가 있다는 것을―이 개념이 지향하는 시간은 공간이라는 베르그송의 테제와 어긋나지만―확인할 수 있게 된다.

존재자의 다양한 영역을 구분짓기 위해 이루어진 소박한 시도로서의 '시간'은 오랜 옛날부터 존재론적인―이라기보다 오히려 존재적인―척도로 기능해 왔다. 사람들은 '시간적인' 존재자(자연현상이나 역사적 사건)를 '비시간적인' 존재자(공간이나 수의 여러 관계)로부터 구별하여 경계짓고, '무시간적'인 명제의 의미에 의해 명제언명의 '시간적' 흐름을 구분시키고 있다. 그 밖에도 사람들은 '시간적' 존재와 '초시간적' 영원한 존재 사이에 '단절'을 인정하고 나서, 다시 이들 사이에 다리를 놓으려 한다. 이 경우에 '시간적'이란 '시간 속에 존재한다'는 정도의 의미이지만 여전히 불투명한 규정이다.

요컨대 '시간 속에 존재한다'는 의미에서의 시간은 다양한 존재영역의 분할 척도로서 작용한다. 이것은 이미 정해진 일이다. 시간이 어떻게 이 각별한 존재론적 기능을 하게 되었는지, 특히 시간이 어떤 권리로 그러한 척도로서 작용하는지, 더구나 이렇게 소박한 존재론적인 형태로 시간이 이용되고 있는 시간의 용도 안에 시간의 본래 존재론적 함축이 과연 충분히 표현되고 있는지 등 이런 문제는 지금까지 물음으로 제기되지도 검토되지도 않았다. '시간'은 통속적인 시간이해의 지평에 놓여 있으면서, '저절로' 이런 '당연한' 존재론적 기능 속에 끼어들어가 오늘날까지 그 존재론 속에 머물러 있다.

그에 반해 먼저 존재의 의미에 대한 물음을 완성하고 그 토대 위에 보여주어야 할 점은, 올바로 확인되고 올바로 해명되는 시간의 현상 속에 모든 존재론의 중심적인 문제조직이 뿌리내리고 있다는 사실이다.

존재가 시간으로 파악되고, 존재의 다양한 양태와 파생태가 그 변형과 파생에 있어 실제로 시간과 관련하여 예측되고 이해될 수 있다면, 그로써 또한 존재 자체가—이를테면 '시간 속에 존재하는' 것으로서의 존재자뿐 아니라—즉 그 존재의 '시간적' 성격이 제시되는 것이다. 그러나 그때 '시간적'이라는 말은, 이미 '시간 속에서 존재하는' 일만을 의미하지는 않는다. '비시간적'이라든가 '초시간적'이라는 말도 각각의 존재에게는 '시간적'인 의미이다. 그리고 그것도 '시간 속에서' 존재하는 의미로서의 '시간적인 것'에 대한 결여의 양식으로 '시간적'인 것이 아니라, 어떤 적극적인 의미에서—그 의미는 앞으로 밝혀나가야 한다—'시간적'인 의미이다. '시간적(zeitlich)'이라는 전(前) 철학적이자 철학적인 용어법은 앞에서 서술한 의미로 쓰이고 있으며, 이 말은 이하의 연구에서 또 다른 의미로 이용되기 때문에 우리는 존재와 그 성격 및 양태의 근원적인 의미를 시간으로부터 규정할 때 그것을 존재의 일시적인 규정성(temporale Bestimmtheit)이라고 명명하기로 한다. 따라서 존재 그 자체를 해석하는 기초 존재론적 과제에는, 그 안에 존재의 존재일시성의 해명이라는 의미가 포함된다. 존재일시성의 문제조직을 개진했을 때에야 비로소 존재의미에 대한 물음에 구체적인 답이 주어지게 된다.

존재는 언제나 시간에 대한 관점으로부터만 파악되기 때문에 존재문제에 대한 대답은 격리된 맹목적 명제 속에서는 얻을 수 없고, 또한 명제라는 형식으로 언명하고 있는 말을 그대로 받아들여도 그것만으로 존재문제의 답이 얻어지지는 않는다. 더구나 이 대답이 종래의 취급법과 얼마쯤 동떨어진 '입장'을 단순하게 소개하기 위한 유동적 결론의 형태로서, 사람에서 사람으로 전달되는 형식이라면 말할 것도 없다. 그 대답이 새로운지 아닌지는 중요하지 않다. 그것은 외면적인 대답일 뿐이기에 그렇다. 그 존재문제에 대한 대답의 긍정적 의의는 어디에서 찾느냐 하면, 우리가 그것으로 '선조들'이 준비해 준 갖가지 가능성을 파악할 방법을 배울 수 있을 만큼 오래되었다는 점에서 찾아야 한다. 그 대답은, 본연의 취지에서 말하자면 구체적인 존재론적 연구를 그 지평 내부에서 타개한 탐구적인 물음에 착수하기 위한 지침을 주는 것이며, 그리고 오직 이 지침만을 줄 뿐이다.

이와 같이 존재문제에 대한 대답이 탐구의 실마리가 되면 거기에는 다음과 같은 사실이 놓여 있다. 즉 그 대답도 기존 존재론의 특유한 존재양식이나 그 물음과 발견, 좌절의 역사적 운명이 현존재에게 필연적이었다는 사실이 확인 되어야 비로소 제대로 된 존재문제의 형태가 주어진다는 것이다.

6 존재론 역사의 해체 그 과제

모든 연구는—중심적인 존재문제를 둘러싸고 이루어지는 연구—현존재의 존재적 가능성이다. 이 현존재는 자신의 의미를 시간성 안에서 찾아낸다. 하지 만 시간성은 동시에 현존재 자신을 시간적인 존재양식으로 존재하게 함으로써 역사성을 가능하게 하는 조건이다. 그리고 이 시간성은 현존재가 어떻게 지금 시간 속에서 존재하는가 하는 문제와는 관계가 없다. 역사성이라는 규정은 사 람들이 역사(세계사적인 사건)라고 부르는 의미보다 앞서는 것이다.

역사성이란 현존재에게만 있는 현존재의 '경력적' 존재구성을 가리키는 말 이며, 이 경력에 기초하면 세계사라든가 세계사에 역사적으로 개입한다는 말 도 가능해진다. 현존재는 이미 존재하고 있던 모습으로, 그 존재가 이미 존재 하고 있던 바로 그곳에서, 그 무렵의 현사실적 존재로서 그대로 계속 존재한 다. 현존재는 명확히 지금 현실적으로 그렇건 그렇지 않건 상관없이 자신의 과 거로서 존재한다. 그리고 현존재의 과거는 현존재의 바로 등 뒤를 따라오며 현 존재가 지나가 버린 것을 현존하는 성질로서 가지고 있고, 이것이 지금도 가 끔씩 현존재 속에서 영향을 미친다는 식의 의미만을 갖는 것은 아니다. 현존 재가 "나의 과거는 존재한다"고 말했다고 하자. 그러면 이 '존재'는 현존재의 고 유한 존재양상을 의미하며, 이 존재는 대략적으로 그때마다 현존재의 미래에 서도 '일어나는' 존재이다. 현존재는 그때마다의 존재양상에 따라 또한 그것에 맞는 존재이해로서 어떤 종래적인 현존재해석 속에서 성장하고 그 안에서 자 라온 것이다. 현존재는 자기를 이러한 식의 해석에 기초하여 이해하며, 어떤 범 위 안에서는 늘 이 해석 안에 머무른다. 이러한 이해가 현존재의 다양한 존재가능성을 개시하고 규제한다. 현존재 자신의 과거는―이것은 언제나, 그 '세대'의 과거이지만, 그 과거는―현존재의 뒤에 따라다니는 것이 아니라 언제나 현존재에 선행한다.

이러한 현존재의 근본적인 역사성은 현존재 자신에게 현재에는 모습을 드러내지 않은 채로 남아 있을 수 있다. 그러나 그것은 뭔가의 양식으로서 발견되기도 하고 확보되기도 한다. 그러니까 현존재가 있으므로 전통을 발견하고 확보하고 새로이 그 뒤를 추구해 나갈 수 있는 것이다. 전통의 발견과 전통이 '전수하는' 일, 전수하는 양식, 이들을 다시 형이상학적 차원에서 재개할 수 있느냐 없느냐가 독자적인 과제로서 채택될 수 있다. 그때, 현존재는 역사학적으로 묻고 탐구하는 존재양상 속으로 나아가게 되는 것이다. 그럼에도 역사학이―정확하게 말하면 역사학적 인식태도가―물음을 설정하는 현존재의 존재양상으로서 가능한 까닭은 현존재가 존재의 뿌리에 역사성으로 규정되어있기 때문이다. 이 역사성이 현존재의 바로 등 뒤에 계속 숨은 채로 있다고 한다면 그리고 그것이 숨겨진 채로 있는 동안은, 역사를 역사학적으로 문제 삼고 발견할 가능성도 현존재에게는 열리지 않는다. 어떤 시대에 역사인식이 없다는 것은 현존재의 역사성에 대한 증명이 아니라, 이러한 현존재의 내적 존재구성이 결여적 양태에 있다는 말로서 지금 역사성이 그 결여된 존재에 되반영되고 있다는 증례이다. 그 시대가 비역사적일 수 있는 것은 상대적으로 그 시대가 '역사적'이기 때문이다.

한편 현존재 속에 있는 것은 자기라는 예측 가능한 실존과 실존성 자체의 의미를 묻는, 바꾸어 말하면 존재 일반의 의미를 묻는 것이기도 하다. 하지만 현존재가 그러한 가능성을 파악하고 있을 때, 그리고 이와 같은 역사적 존재 일반의 물음에 대해 현존재의 본질적 역사성의 눈이 열려 있을 때 존재적·존재론적 필연성에 관해 제시된 존재에 대한 물음이 역사성에 의해 성격 지어지게 된다는 통찰은 피할 수 없다. 이렇듯 존재문제가 완성되려면, 하나의 역사적 영위인 이상, 이 작업은 이 물음 자체의 고유한 존재의미에서 그대의 역사를 구하라, 즉 역사학적이라도 그러한 것으로 과거를 적극적으로 자기 것으로 만듦으로써 가장 본래적인 물음의 가능성을 완전하게 자기 소유로 하라는 지시를 받아들여야 한다. 존재의미에 대한 물음은, 먼저 현존재를 그 시간성과 역사성으로 해명하는 절차를 밟지만, 그 특성의 구성으로 보아 이 물음은 스스로를 역사학적인 물음으로 규명해야 인식이 가능해진다.

현존재가 역사적으로 존재한다는 것은 가까운 평균적인 존재양태 차원에서 존재한다는 말이다. 하지만 이 일상적 존재양태에 관한 현존재의 기본적인 구조들을 예비적으로 해석하다 보면 다음 사항들이 분명해진다. 곧 현존재는 자칫하면 그 안에 있는 자기 세계에 의지하여, 이 세계로부터 반사되는 모습으로 자기를 해석하는 경향이 있을 뿐 아니라, 그것과 축을 같이하여 자기 전통에 빠져 그것에 의지한다는 사실이다. 전통이 저마다의 경우 얼마간 명시적으로 파악하고 있는 것은 일단 제의하는데, 이 전통 때문에 현존재는 자기 임의대로 묻고 선택하는 자주적 주도권을 빼앗겨 버린다. 존재론적 이해는 현존재의 가장 고유한 존재에 근거하는 근본적 이해인데, 위의 사항은 특히 이 존재론적 이해와 그 발달 가능성에 관해서도 똑같이 적용된다.

여기에서 지배권을 잡은 전통은, 대개 그 전통이 '전수'하는 것에 접근하지 못하게 가로막으면서 오히려 그것을 감춘다. 전통은 본래 관습을 당연한 것으로 답습하도록 사람들에게 맡기며, 일찍이 전통적인 범주나 개념이 조금이나마 진정한 방법으로 근원적인 '원천'으로 가려는 통로도 막아버린다. 전통은 이러한 유래까지도 사람들이 잊게 만들며, 이렇게 원천으로 되돌아가려는 필요성조차도 이해하려 들지 않는 풍조가 만연하게 되었다. 전통 때문에 오히려 역사성을 뿌리째 뽑혀버릴 수 있는 현존재는 겨우 철학이 가능한 유형, 경향, 관점의 다양성에 흥미와 관심을 가지고, 가장 동떨어진 또는 가장 인연이 먼 문화 속에서 움직이려 애를 쓴다. 그리고 이러한 먼 문화에 대한 흥미와 관심으로 자기의 뿌리 없음을 숨기려 한다. 그 결과 현존재는, 각종 역사학적 관심과 문헌학적 '견실'한 해석에만 여념이 없을 뿐만 아니라, 과거를 생산적으로 자기 것으로 만든다는 의미에서 과거로 적극적으로 돌아가야 유일하게 가능해지는 가장 기본적인 조건조차 이해하지 못하게 된다.

앞에서도(제1절에서) 제시했지만 존재의 의미에 대한 물음은 아직 해결되지 않았을 뿐 아니라, '형이상학'에 대한 높은 관심에도 불구하고 물음 자체는 잊히고 있다. 다양한 계통분화와 복잡한 상황을 거쳐 오늘날 다시 철학의 개념 조직을 규정한 그리스적 존재론과 그 역사는 이러한 사실들을 증명한다. 즉 현존재가 자기 자신과 존재 일반을 '세계'로부터 받아들여 이해하고 있다는 것이다. 이렇게 생성된 존재론은 전통에 의지하여 존재론을 뻔한 것으로서, (헤겔이 그런 것처럼) 그저 새롭게 가공해야 할 소재로 전락시켜 버렸다. 이렇게 하여 뿌리를 잃어버린 그리스적 존재론은 중세에 고정적인 교학조직이 된다. 그 체계 구조는 계승된 여러 단편을 하나의 건축물로 짜 맞춘 구조와는 다른 것이다. 그리스적인 기본 존재파악을 교의적으로 계승한 전통적 정신 안에서는, 발전적 계승이라는 면이 두드러지지 않은 형태로 제거되지 않은 채 여전히 많이 남아 있다.

그리스적 존재론은, 스콜라철학에 각인되고 본질적으로 수아레즈의《형이상학 토론집》을 거쳐 근세의 '형이상학'과 초월론적 철학 속으로 옮아갔고, 헤겔 '윤리학'의 기초와 목표까지도 규정하고 있다. 이 역사의 흐름 속에서 특정의 뛰어난 존재영역이 주목받게 되고, 그 뒤 주로 이 영역이 계속하여 문제설정을 주도하게 된다. 데카르트의 '나는 생각한다', 주관, 자아, 이성, 정신, 인격 등이 그에 해당한다. 그러나 여기서도 존재문제에 대한 물음이 한결같이 소홀하게 다뤄 왔던 것과 축을 같이하여 그러한 존재영역이 존재와 그들의 존재구조에 대해 묻지 않았다. 오히려 전통적 존재론이 지닌 범주조직이 이따금 적당하게 형식화되고, 또한 저건 아니다, 이건 아니다 하며 오직 부정적인 제약만 덧붙여서 이 존재자의 해석에 적용했다. 또는 주관의 실체성의 존재론적 해석으로 해석하려는 의도에서 변증법이 채용되게 되었다.

존재문제 그 자체를 위해 그 물음의 역사에 대해 투명성이 획득되어야 한다면, 고정화된 전통을 풀고 그 전통이 만들어 놓은 다양한 은폐를 없애야 한다. 이 과제를 우리는 존재문제를 푸는 실마리로 하여 전승되어 온 고대존재론의 실태를 해체하는 작업으로 이해해야 한다. 그 과정 속에서 존재론의 자산은 가장 초기의 여러 존재규정, 그 뒤에 주도적으로 있어 왔던 존재규정을 획득할 수 있는 온갖 근원적인 경험으로 분해되어 가게 된다.

존재론의 기본개념 유래를 검증하는 이 작업은, 그들 개념의 출처를 조사하여 그 '출생증명서'를 발행하려는 것이지, 다양한 존재론적 관점을 분별하여 보여주는 나쁜 상대화와는 아무런 연관이 없다. 또한 이 해체작업은 존재론의 전통을 잘라내는 부정적인 의미를 갖지 않는다. 그 반대로 이 작업은 전통의 적극적인 가능성 그 당연한 한계를 표시하려는 것이다. 마침 그때 문제가 어떻게 제기되는가에 따라 어떠한 영역과 분야가 고찰의 대상이 될 수 있는가 도 미리 결정되는데, 전통의 가능성과 그 한계도 그와 같은 제기 방식과 영역 에 의해 이미 결정된 사실로 주어져 버린다. 해체작업을 할 때 과거에 대해 부 정적인 태도를 취할 필요는 없다. 해체가 비판하려는 것은 '오늘'에 향해 있다. 그곳에 만연해 있는 존재론의 역사에 대한 자세이다. 학설사적이든, 정신사적 이든, 또한 문제사적이든, 따르는 수법이 그 어떤 것이든지 똑같이 비판의 도 마 위에 올려놓는다. 그러나 해체작업 자체의 의도는 과거사를 허무함 속에 묻 으려는 것이 아니다. 그 해체작업에는 어떤 적극적인 의도가 있다. 해체작업의 부정적인 태도는 어디까지나 눈에 띄지 않는 간접적인 것밖에 없다.

존재문제의 원칙적 완성을 목표로 삼고 있는 존재론을 위한 역사의 해체작 업은 존재문제의 제기라는 본질적인 문제설정 테두리 안에 머물 수밖에 없다. 존재문제를 원리적인 지점에서 발본적으로 완성하는 것을 목표로 하는 이 책 의 틀 속에서는, 이 역사의 원리적이고 결정적인 지점만 해체할 수 있다.

해체작업의 긍정적 경향에 따라 먼저 제기되어야 할 문제는, 존재론 전반의 역사 흐름에서 존재의 해석이 과연, 그리고 어느 정도까지 시간의 현상과 주제 적으로 결부되어 왔는가 하는 점이다. 또 여기에 필요한 존재일시성을 둘러싼 문제구조가 뚜렷한 윤곽을 취할 때까지 발본적으로 완성되었는가, 그것은 가 능했는가 하는 문제이다. 고찰해 가는 중에 존재일시성의 차원에 다다르는 방 향으로 이끌고 간, 또는 다양한 현상 자체에 떠밀린 채 그쪽으로 밀려들어간 처음이자 유일한 사람이 칸트이다. 마침내 존재일시성의 문제영역이 확정되자, 비로소 그의 도식론에 드리워져 있던 어두움에 빛이 들어오게 되었을 것이다. 그러나 그곳을 향해 가면서 칸트가 왜 이 영역 본래의 차원과 그것의 중심적 움직임으로서의 존재론적 기능이 닫힌 채로 머물러 있을 수밖에 없었는지 하 는 점도 명확히 볼 수 있었을 것이다. 칸트 자신도 자기가 예측할 수 없는 분야 로 발을 들여놓았음을 깨달았다.

"현상과 그 순수한 형식에 관해 우리 지성에 갖추어져 있는 이 도식론의 작 용은 인간의 마음 깊은 곳에 숨어 있는 기술이며, 이 기술의 참다운 조작법을 우리가 언젠가 자연으로부터 습득하여 남김없이 뚜렷하게 눈앞에서 펼쳐 보이기란 어려운 일이다"[1]라고, 그는 말하고 있다. 여기서 무엇을 눈앞에서 펼쳐놓는다는 것일까. '존재'라는 말이 검증을 견딜 수 있을 만큼의 의미를 갖는 것이라면, 이 칸트를 쩔쩔매게 만드는 것을 주제상으로나 원칙적으로 밝혀내야 한다. 바로 '통속적 이성'의 가장 은밀한 부분에 숨어 있는 판단을 분석하는 일을 칸트는 '철학자들의 업무'라 규정하고 있다. 결국 이하의 분석에서 '존재일시성'이라는 이름 아래 채택되었던 여러 현상을 비밀스럽게 판단할 수밖에 없다.

존재일시성을 둘러싼 문제구조를 실마리로 하여 이에 따라 해체라는 과제를 진행시켜 나가는 가운데, 도식론의 장(章)을, 그리고 그에 기초하여 칸트의 시간론을 해석해 나갈 것이다. 그와 함께 거기에서 왜 칸트가 존재일시성의 문제구조에 대한 통찰에 눈을 뜨지 못했는지 밝혀지게 된다. 두 가지 사태가 이 통찰을 가로막았다. 하나는 그가 인간 내부의 일반적 존재문제를 등한시하여 현존재의 주제적 존재론, 칸트적으로 말하면 주관의 주관성을 존재론적으로 분석하는 분석론을 빠뜨리고 있었다는 점이다. 칸트는 그 대신에 데카르트의 관점에서 다양한 본질적인 쇄신과 개정을 더해 나가며 역시 그의 관점을 독단적으로 답습하고 있다. 다른 하나는, 그의 시간분석이 이 시간이라는 현상을 주관 속으로 받아들이면서 여전히 전통적인 통속적 시간이해를 따르고 있다는 것이다. 이 때문에 '초월론적 시간규정'이라는 현상을 마무리하여, 그 고유의 구조와 기능으로 검토하는 일에 방해를 받은 것이다. 이처럼 두 가지의 전통적인 영향에 사로잡힌 탓에 '시간'과 '나는 생각한다' 사이의 결정적인 관련은 완전히 어둠에 싸여 더 이상 문제화조차도 되지 못했다.

데카르트의 존재론적 관점을 계승한 점에서 칸트는 근본적인 모습을 잃어버린 것을 계승하게 된다. 현존재의 존재론을 소홀히 했던 것이다. 그가 소홀히 한 것은 데카르트 스스로가 처음부터 지향했던 방향에서 보면 결정적인 소홀이다. 사람들은 데카르트가 '나는 생각한다, 고로 나는 존재한다(cogito, ergo sum)'에 의해 철학에 새롭고 확실한 토대를 정비하려 했다고 일컫는다. 그러나 그의 이 '근원적'인 개시를 무규정적으로 방치한 것은, 생각하는 자(res cogitans)의 존재양식이었다. 더 정확히 말하면 '나는 존재한다(sum)'의 존재의미

---

1) 칸트 《순수이성비판》(제2판) 180쪽 이하.

이다. '나는 생각한다. 나는 존재한다'라는 테제를 떠받치고 있는 명시화되지 않은 존재론적 기초를 분명히 드러내는 것은, 존재론 역사를 해체해 나가는 과정의 제2의 지점에 머물러 있는 우리의 임무이다. 이 해석은 데카르트가 존재에 대한 물음을 소홀히 할 수밖에 없었던 증거를 나타낼 뿐만 아니라, 그가 '나는 생각한다'의 절대적인 '확실존재'를 얻음으로써 이 존재자의 존재의미에 대한 물음을 면제받았다고 생각하게 된 이유도 제시한다.

하기야 데카르트는 단순히 이 소홀과, 그와 관련하여 '정신·마음으로 생각하는 자'를 존재론적으로 아무 규정도 부여하지 않은 채로 방치한 것으로 고치지 않았다. 데카르트는 그의 《성찰》의 기본적 고찰을 수행함에 있어서, 그가 흔들리지 않는 기초(fundamentum inconcussum)로 세운 존재자에게 중세적 존재론을 전용하는 방법을 취하고 있다. '생각하는 자'는 존재론적으로 하나의 존재자(ens)로 규정되며, 또한 이 존재자의 존재의미에 대해서도 존재자란 '창조되어 있는 것', 피조물이라는 중세존재론의 이해에 사로잡혀 있다. '무한한 존재자(ens infinitum)'로서의 신은 '창조된 것이 아닌 존재하는 것'이다. 하지만 피조성, 말하자면 창조되어 있다는 것은, 뭔가로부터 만들어졌다고 하는 가장 넓은 의미로는 고대 존재개념의 본질적인 구조계기가 된다. 보기에 철학적 사색의 새로운 시작처럼 보이는 것도 실은 하나의 치명적인 선입견을 그저 심어놓은 것에 지나지 않다는 것이 드러난다. 이 선입견에 기초를 두었기 때문에 이후의 시대는, 존재문제를 지침으로 하는 '심성(Gemüt)'의 주제적 존재론적 분석을 소홀히 하고, 아울러 전승적인 고대존재론과의 비판적 대결로서의 분석론을 등한히 한 것이다.

데카르트가 중세의 스콜라 철학에 '의거'하고 있으며, 그 용어법을 따르고 있다는 사실은 중세에 관심이 많은 사람이라면 누구나 알 것이다. 그러나 이것을 '발견'한 지점에서 철학적으로 얻은 것은 아무것도 없다. 중세의 존재론이 레스 코기탄스(생각하는 자)에 대한 존재론적 규정 또는 무규정에 미친 영향이 후대에게 어떠한 원칙적 의의를 갖는지 분명히 하지 않는 한 그러하다. 먼저 고대존재론의 의미와 한계를 존재문제로 자리매김하여 밝혀두지 않는 한 그 영향이 얼마나 미치게 되는지 헤아릴 수가 없다. 바꾸어 말하면 해체작업은 존재일시성을 둘러싼 문제구조에 비추어 고대존재론의 토대를 해석하는 과제에 맞닥뜨리게 된다. 그리고 여기에서 분명해지는 것은 존재자의 존재에 대한 고대인의 해석이 '세계' 또는 가장 넓은 의미로서의 '자연'을 지침으로 하고 있다는 점과 그 해석이 실제로 존재의 이해를 '시간'에서 찾고 있다는 점이다. 그 것을 엿볼 수 있는 외적 증거는—이것은 어디까지나 외적 증거에 지나지 않지만—고대존재론에서 존재의 의미를 파루시아(임재) 또는 우시아(현재)라고 규정한 것이다. 그것은 존재론적인 동시에 존재일시적으로 '임재성'을 의미한다. 즉 존재자는 '현재'라는 어떤 특정한 시간양태에 비추어 이해되고 있는 것이다.

그리스적 존재론의 문제조직도 모든 존재론과 마찬가지로, 현존재 자신으로부터 그 실마리를 취할 수밖에 없다. 현존재, 곧 인간의 존재는 통속적인 정의뿐 아니라 철학적인 정의에서도 언어(로고스)를 지닌 생명체로서, 즉 그것의 존재가 말할 수 있다는 의미에 의해 본질적으로 규정되는 생명체로서 정의되어 있다. 말하다(레게인)는 것을 계기로, '무엇무엇을……' 하는 식으로 말하는 형태로 화제 삼거나, '어떻게 해서 이러하다'고 서술하면서 드러나는 존재자의 존재구조를 획득한다(제7절 B참조). 플라톤이 완성한 고대존재론이 말에 의한 변증법이 된 까닭은 그 때문이다. 존재론적인 수단 그 자체, 즉 로고스(말)의 '해석학'이 하나씩 완성되어 감에 따라 존재문제의 근원적인 표명 가능성이 만들어졌다. 철학적으로는 문자 그대로 궁여지책이었던 '변증법'은 필요 없는 것이 되었다. 아리스토텔레스가 변증법에 대해 '이미 어떤 이해도 보여주지 못했던' 까닭은 그가 그것을 더한층 근원적인 토대 위로 옮겨놓고 지양했기 때문이다. 레게인, 곧 말하는 일 자체 내지는 노에인(이성적 인식)—어떤 존재하는 것을 그 순수한 현재성으로 지각하는 일—이것은 이미 파르메니데스가 존재의 해석을 위해 지침으로 삼았던 것으로, 어떤 것을 순수하게 '현재화'시키고자 하는 존재일시적 구조로 되어 있다. 그렇다면 이 순수하게 현재화시키는 활동 속에서, 동시에 그 활동에 대해 모습을 나타내는 진정한 존재자로서 이해되는 존재자는 현재에 비추어 해석되게 된다. 즉 그것은 현전성(우시아)으로 파악된다.

하지만 이 그리스적 존재해석은, 거기에서 쓰이고 있는 지침을 조금도 깨닫지 못하고 기초가 되는 시간의 존재론적 기능에 대한 식별도 이해도 없이, 그리고 이러한 기능을 가능케 하는 근거에 대한 통찰도 없이 행해지고 있었다. 오히려 그 반대로, 시간 그 자체도 다른 존재자와 나란히 어떤 존재자로서 해석되고 있으며, 존재이해를 깨닫지 못한 채 소박하게 시간으로 자리매김되었는데, 그 존재이해의 지평에서 시간 그 자체의 존재구조를 이해하려는 시도가 이루어지고 있었다.

존재문제를 원리적으로 완성하려는 이하의 고찰 틀 안에서는 고대존재론, 특히 그것이 학문적으로 최고인 가장 순수한 단계에 다다른 아리스토텔레스의 존재론, 그 기초를 상세하게 검토한 존재일시적 해석을 전할 수가 없다. 그 대신 여기에서는 고대존재론의 기반과 한계를 알기 위한 판별 척도로서 선택할 수 있는 아리스토텔레스의 시간론[2] 해석을 소개하기로 한다.

아리스토텔레스의 이 시간론은 시간이라는 현상에 관해 우리에게 전승되고 있는 최초의 상세한 학문적 해석이다. 그 이후에 이어지는 모든 시간 파악은 본질적으로 그의 이 논고에 의해 규정되고 있으며, 그 점에서 베르그송도 예외는 아니다. 아리스토텔레스의 시간개념을 분석하면, 거꾸로 칸트의 시간 파악도 아리스토텔레스가 이끌어 낸 여러 구조의 범위 안에서 움직이고 있을 뿐, 거기서 한 발자국도 나가지 못했음을 동시에 밝힐 수 있게 된다. 이것은 칸트의 존재론의 기본적인 방향성이 새로운 물음을 수반하는 다양한 차이점을 지녔음에도 불구하고, 여전히 그리스적인 것이었음을 의미한다.

존재론적 전통의 해체를 수행하는 동안, 존재문제도 본격적으로 구체화된다. 이 구체화로, 존재문제는 존재의 의미에 대한 물음이 반드시 있어야 한다는 불가피성을 여지없이 증명하며, 이 물음의 '반복'이 의미하는 바를 실증하기에 이른다.

'사상(事象) 자체가 깊이 감싸여 은폐되어 있는'[3] 이 영역에서, 어떠한 고찰도 자기 성과에 대해 과대평가하는 일은 없을 것이다. 이러한 물음은 계속되어 '존재'란 무엇인가, 라는 물음에 대한 대답을 얻을 수 있는 한층 근원적이고 한층 보편적인 지평을 개척할 가능성이 있다면, 그것을 만날 때까지 끊임없이 자기를 밀고 가야 하기 때문이다. 그러한 가능성에 관해 뭔가 적극적인 성과가

---

2) 아리스토텔레스 《자연학》 제4권 제10장 271 b 29-14, 224 a 17.

3) 칸트 《순수이성비판》(제2판) 121쪽.

기대되는 형태로서 논의를 계속하기 위해서라도, 다시 한번 존재에 대한 물음을 상기시켜 서로 조절할 수 있는 대결의 영역을 획득해두어야 하겠다.

7 고찰의 현상학적 방법

논술의 고찰이 주제로 삼는 대상(존재자의 존재 내지는 존재 일반의 의미)의 특질에 대해 먼저 서술한 점에서, 이 고찰 방법의 구도도 이미 밑그림이 완성된 것처럼 보인다. 존재론의 과제는 존재자에 입각하여 존재를 표면화하는 일이다. 또한 존재 그 자체를 해명하는 일이다. 하지만 존재론과 그와 유사한 방법은 역사적으로 전승되어온 다양한 존재론의 시도를 참고로 하는 한, 가장 의심스러운 방법일 수밖에 없다. 우리가 우리 존재에 대한 고찰을 위해 쓰는 존재론이란 용어는, 형식상 보다 넓은 뜻으로 쓰이므로 존재론의 역사를 추적하면서 우리의 고찰을 밝히는 방식은 스스로 금지했다.

존재론이라는 용어를 사용한다고 해서, 어떤 철학에 관한 여러 학과목이 서로 관련되어 있다고 해서 그중 특정한 것을 옹호하고자 한다고 생각할지 모르나 그렇지 않다. 이미 주어진 어떤 전문분야의 과제를 성취하는 것이 존재론의 목적이 아니라, 그 반대로 전문분야와 같은 특정한 물음을 물을 수밖에 없는 사상적(事象的) 필연성과 '사상 그 자체'에서 요구되는 취급방법으로 단련을 받으면서 저절로 형성된다.

존재의 의미에 대한 선도적인 물음을 행하는 이 존재의 고찰은 철학 일반의 기본적인 물음의 근원이 된다. 이 물음은 현상학적 방법으로 다루어진다. 그렇다고 해서 이 논술은 다른 어떤 '관점'이나 '방향'을 후원하려는 것은 아니다. 왜냐하면 현상학이란 무엇인가를 구별할 수 있는 한 이들 가운데 어느 것도 아니며, 또한 어떤 것도 될 수 없기 때문이다. 현상학이란 하나의 방법개념을 의미한다. 현상학은 철학적 탐구 대상이 무엇인지를 실질적으로 규정짓는다기보다, 그 탐구가 어떻게 행해지는가를 나타낸다. 방법개념이 어디까지 자기 진가를 발휘하고 어떤 학문의 원리적인 필법을 광범위하게 규정해 감에 따라, 그 방법개념이 근원적으로 사상 그 자체와의 대결 속에 뿌리를 내리고 있는가와는 모순 관계에 있다. 그 방법개념이 순조롭게 행해지면, 이론적인 학과목 속에 많이 보이는 기법과 농간으로 불리는 부류에서 차츰 멀어지게 된다.

'현상학'이라는 명칭은 하나의 준칙을 나타내는 말이며, 이 준칙은 '사상(事象) 그 자체로'라는 말로 정식화될 수 있다. 그 취지는 모든 어중간한 구성이나 우연한 발견을 배척하고, 또한 보기에 실증밖에 거치지 않은 개념을 그대로 답습하는 것을 배척하며, 때로 몇 세대에 걸쳐 문제로서 널리 받아들여졌던 그럴듯한 물음을 배척한다. 하지만 사람들은 이 준칙은 너무나 당연하며 모든 학문적 인식의 원리일 뿐이라고 말할 것이다. 사람들은 왜 하나의 탐구를 나타내는 명칭 속에 새로운 하나의 연구명칭으로 당연한 것을 채용하려 하는지 이해하지 못한다. 실제로 이 방법의 요점은 어떤 '당연한 사실들'이며, 우리는 이하의 논술 방향을 명확히 하는 데 중요하다고 생각되는 범위에서 이 당연한 사실들을 고찰해 보려 한다. 그저 현상학에 대한 예비개념에 지나지 않지만 이것을 제시해 둔다.

현상학(페노메놀로기)이라는 말은 현상(페노멘)과 이성적 학문(로고스)라는 두 가지 요소로 이루어진다. 이 어휘는 파이노메논과 로고스라는 그리스어에서 파생되었다. 표면적으로 보면 현상학은 신학, 생물학, 사회학 등을 본떠서 만들어진 학문인데, 이들은 각각 신의 학문, 생명체의 학문, 사회적 공동체의 학문이라고 바꿔 말할 수 있다. 이렇게 보면 현상학이란 현상의 학문이다. 여기에서는 현상학의 예비개념을 이끌어 내기 위해 '현상'과 '로고스'라는 명칭이 지니는 두 가지 요소의 의미가 어떠한지 명확히 하고, 이들 요소가 합체하여 만들어 낸 이름이 뜻하는 바를 확정하기로 한다. 현상학이라는 말 자체는 볼프 학파에서 성립되었다고 추정되지만 그 역사는 여기에서 중요하지 않다.

A. 현상의 개념

'현상'이라는 용어의 어원인 그리스어 파이노메논은 '자기를 나타낸다'는 의미의 동사 파이네스타이의 명사형이다. 따라서 파이노메논이란 '자기를 나타내는 것' '스스로를 보여주는 것' '분명히 드러내는 것'이라는 의미이다. 그리고 파이네스타이라는 동사 자체는, '백일하에 드러내다' '표면에 드러내다'를 뜻하는 파이노의 중간 동사형(中間態)이다. 그리고 동사 파이노는 포스와 마찬가지로 어간 '파'에 속하는데, '빛' '밝음' 바꾸어 말하면 '거기에서 뭔가 분명하게 밝혀지는 것, 그 자신에 대해 분명하게 보여지는 것'을 뜻한다. 따라서 '현상'이라는 말의 의의는, '있는 그대로 자기를 나타내는 것' '분명히 드러내는 것'임을 확인할 수 있다. 그리고 파이노메나, 즉 '여러 현상'이란 '백일하에 드러내는 것' '밝은 곳으로 내놓는 것'의 총체이며, 이것을 그리스 사람은 온타(존재자)와 동일시하고 있었다. 존재자는 그것에 어떻게 접근하느냐에 따라서 다양한 방법으로 자기를 보일 수 있다. 존재자는 자신이 아닌 상태로서도 자신을 보일 수 있다. 이런 식으로 자기를 나타낼 때, 그 존재자는 '마치 무엇인 것처럼 보인다.' 무엇인가가 이 같은 형태로 그 모습을 보여주는 것을 우리는 '처럼 보이게 하다'라고 부른다. 그래서 그리스어에서도 파이노메논(현상)이라는 말은, '(정말)……처럼 보인다' '외형적인 것' '가상'이라는 의미를 갖는다. 예를 들면 파이노메논·아가톤은 '정말 좋아 보이지만, 실질적으로 그것이 꾸며내는 모습처럼 좋은 것은 아니다.' 현상개념을 더 깊이 이해하기 위해서는, 지금 파이노메논의 두 가지 의의(자기를 나타내는 것으로서의 '현상'과 가상으로서의 '현상')가 그 구조에서 서로 어떻게 연관되어 있는가를 확인하는 일이 무엇보다 중요하다. 어떤 것이 겉으로 드러내 보이는 모습을 현상이라 한다면, 그렇지 않은 무엇인가로 그 모습을 나타내거나, '그냥 무엇인 것처럼 보여지도록 하는' 일도 일어날 수 있다. 가상으로서의 파이노메논(자기를 나타내는 것)의 의미 속에는 이를 뒷받침하는 이 말의 '근원적 의의'가 함축되어 있다. 이것이 가상이라는 제2의 의미기반이 된다. 우리는 '현상'이라는 명칭을 파이노메논의 적극적이고 근원적인 의미에 맞추어 부여하고, 현상을 현상의 결여적 변양태, 즉 가상으로서의 현상과 구별하기로 한다. 본래 이 두 가지 용어가 나타내는 것은, '현상'뿐만 아니라 '단순히 나타내고 있을 뿐인 것'으로 불리는 것과는 다르다.

예를 들면 '질병현상'이라 표현하는데, 이 경우 '현상'이란 오히려 '나타나는' 것이다. 여기서 나타나고 있는 것은 신체에 인정되는 변화이며, 그 변화가 모습을 보이는 것이다. 더구나 모습을 보여주는 것으로 모습을 드러냄으로써, 자기 모습은 보여주지 않은 어떤 무엇인가를 '표시'하고 있다.

그러한 변화가 출현하여 모습을 보여줄 때, 더불어 그곳에는 스스로 그 모습을 보여주지 않는 장애나 불균형이 주변에 있음을 알려준다. 그렇다고 본다면 이처럼 '어떤 사물의 현상'이라는 의미에서의 현상은 자신을 나타내지 않는 부분을 지니고 있다. 도리어 모습을 보여주는 요소들을 매개로, 자신이 나타내고 있지 않은 무엇인가를 스스로의 모습을 통해 알리고 있음을 의미한다. '현상'이란, 모습을 보여주지 않는 것이다. 이 보여주지 않는'을, 결코 가상의 구조를 규정짓는 결여적인 '않는'과 혼동해서는 안 된다. 나타나는 것과 마찬가지로 스스로 그 모습을 내보이지 않는 것은 애초부터 나타날 수 없다. '지시' '서술' '징후' '상징' 등은, 저마다 서로 다르지만 지금 들었던 모든 '현상'이라는 형식적인 근본구조를 갖는다.

'나타나다'라는 것은 현상이라는 의미에서 스스로 모습을 내보여주는 것이 아니지만 그래도 무엇인가 어떤 것이 그 모습을 보여주어야 그것에 의거해서 나타내는 것도 가능해진다. 무엇인가가 모습을 보여줌으로써 나타내는 것도 부수적으로 가능하지만, 그 모습을 보여주는 것은 '현상' 그 자체가 아니다. '현상'은 자기를 나타내는 자신의 일부를 매개로 자신을 알린다(das Sich-melden durch etwas, was sich zeigt). 그렇다고 본다면 '현상'이라는 말로 우리가 가리키는 바는 이러하다. 즉 '어떤 사물이 자신 안의 본질은 나타내지 않으면서 그것을 통해서 나타내는 그 어떤 것이라 한다면, 그에 의해 현상의 개념이 정의되는 것이 아니라 단지 그곳에 전제되어 있을 뿐이다. 그러나 이 전제는 언제나 우리에게 은폐된 채 겉으로 나오지 않고 있을 뿐이다. 왜냐하면 '현상'의 규정 속에 '나타내다'라는 말이 이중 의의로 이용되고 있기 때문이다. '어떤 사물이 거기에서 '나타내 보이는 것'이란, '어떤 사물이 자기 일을 (즉 자기를 나타내지 않고) 알려주는 것'이라는 의미이다. 그리고 '자신은 나타내지 않고'라는 말에 함유되어 있는 '현상'은 '자기 모습을 보여주는' 것을 의미한다. 하지만 자기 현시란 '어떤 것으로' 자기 모습이 알려질 때 그 '어떤 것'에 대해 말할 수 있다. 따라서 현상이란 결코 '나타남'이 아니다. 다만 어떠한 나타남도 현상에 의존한다. 현상을 정의하는 데에 아직 명확하지 않은 '나타남'의 개념을 채용한다면, 모든 것이 엉망이 될 터이며 더구나 이것을 바탕으로 현상학을 비판하는 것은 실로 기묘한 일이 될 것이다.

'나타남'이라는 말 자체 또한 이중 의의를 가질 수 있다. 하나는 '자기를 나타내지 않고 자기를 알리는 의미에서의 현상'을 의미하며, 다른 하나는 '그것을 알리는 그 자체, 바로 자기를 보여주지 않고 자신의 일을 알리려는 것'을 의미할 수 있다. 또한 나타낸다란 말은 스스로 그 모습을 보여줌으로써 현상의 진정한 의미를 표현하고자 할 때도 쓰인다. 이들 서로 다른 세 가지 사태를 '나타냄'이라 부른다면 혼란은 피할 수 없게 된다.

본래 '나타남'은 또 다른 의미를 담고 있으므로 혼란은 더욱 심해진다. 바로 자기를 나타내면서 겉으로 드러나지 않은 뭔가가 존재함을 알리는 통지자(현상된 일부 요소들)를, 겉으로 드러나지 않는 요소들 앞에 나서서 표면에 내보내며 등장하는 것으로 파악하고, 그때 그 겉으로 드러나지 않는 것은 본질상 겉으로 드러날 수 없는 것이라고 생각한다면, 그때의 '나타남'은 표출 내지 표출된 것을 의미한다. 더구나 이 표출된 것은 표출하는 것 본래의 존재를 구성하는 것이 아니라, 어디까지나 '단순한 나타남'의 의미로 일컬어지는 것이다.

표출된 것으로 알려진 것은, 그 모습을 보여주는 것, 자기를 드러내는 것이므로 그 점을 자체적으로 끊임없이 감추어 버린다. 그러나 이처럼 은폐해서 보이지 않게 하는 것 또한 겉모습, 가상이 아니다. 칸트는 '현상'이라는 용어를 이렇듯 양쪽에 걸친 형태로 이용하고 있다. 칸트에 의하면 '현상'이란 한편으로 '경험적 직관의 대상'이며, 이 직관 안에서 자기를 나타내는 것이다. 이처럼 자기를 현시하는 것(진정한 근원적 의미에서의 현상)은, 동시에 '현상'에서 모습을 감추는 실제의 뭔가를 지시적으로 밖으로 흘려보낸다는 의미에서의 '현상'이라는 것이다.

'자기를 나타내는 것을 개입시켜 자기를 시각적으로 통지한다'는 의의에서의 '현상'일 때에는 뭔가의 현상이 구성조건이 되며, 이 현상을 결여적인 가상으로 바꿀 수 있기 때문에, 따라서 '현상'도 단순한 가상이 될 수 있다. 예를 들어 조명을 받고 누군가 볼이 빨갛게 되었으면, 그처럼 나타나는 붉은 기운은 열이 있음을 알려주는 표시로 받아들여지고, 이것이 다시 체내의 고장 징후로 여겨지는 경우가 있다.

현상—자기를 있는 그대로 나타내 보이는 것—은 무언가 어떤 사물과의 탁월한 만남을 의미한다. 그에 대해 '현상'은, 존재자 그 자체 속에 있는 지시관계, 그 자체가 하나의 존재자라는 관계를 가리키고 있다. 여기서 그때 지시(알려지는 것)하는 쪽은 그 자신이 있는 그대로의 자기를 나타낼 때에만, 바로 현상일 때에만 그 가능한 기능을 다할 수 있다. 나타남과 가상은, 저마다 다른 방법으로 현상에 기초한다. '현상'은 현상, 가상, '나타남', '단순한 나타남'이라는 이름으로 불리는 다양함 때문에 헷갈리기 쉽다. 처음부터 '있는 그대로 자기를 현시하는 것'이라는 현상개념을 이해해 두지 않으면 혼란을 피할 수 없게 된다.

현상개념을 이렇게만 파악해서는 어떤 존재자를 현상이라고 불러야 하는지 아직 규정할 수 없으며, 본래 자기를 나타내 보이는 것이 어떤 존재자인지, 아니면 존재자의 존재성격인지조차 결정되지 않는다. 그렇게 되면 이 체제에서 얻을 수 있는 것은 형식적인 현상개념에 지나지 않는다. 하지만 거기에서, 즉 그 사물이 나타내 보여지는 일에서 자기를 나타내 보이는 존재자는 예를 들면 칸트적인 의미에서 경험적 직관에 의해 접할 수 있는 존재자라고 생각하면, 이 경우에는 형식적 현상개념이 그 나름대로 합법적으로 적용된 것이다. 현상이라는 말을 이렇게 이용하면 우리가 의도한 현상은 통속적 현상개념의 의미에 딱 들어맞는다. 그러나 사실상 이러한 통속적 현상개념은 현상학적 현상개념이 아니다. 그렇다면 어떤 것이 현상학적으로 본 현상인가? 이 문제에 대한 답을 구하기 위해서 다른 구별은 나중으로 미룬 다음, 칸트적 문제설정의 틀 안에서 다음과 같이 예시할 수 있다. 바로 통속적 의미로 이해되는 '현상' 속에서 늘 선행적으로 나를 현시하는 요소, 또는 서로 동반하여, 그러나 비주제적으로 나를 현시하는 요소, 이들을 주제적으로 자기 현시로서 유치할 수 있다면, 그 자체로 자기를 나타내는 것(칸트의 '직관의 형식')이 바로 현상학이 말하는 현상이다. 왜냐하면 칸트가 '공간은 어떤 질서가 그 속에서 보여질 수 있는 선험적 장소'라고 말하면서 그것이 사상에 뿌리를 둔 초월론적인 언명이라 칭할 때, 공간과 시간은 분명히 이러한 방법에 따라 자기를 나타내기 때문이다. 즉 현상이 될 수밖에 없기 때문이다.

하지만 어떻게 하면 모습을 보여주는 것을 더욱 엄밀하게 규정할지는 잠시 접어두고, 본연의 현상학적 현상개념을 이해하기 원한다면, 이를 위해서는 형식적 현상개념과 그런 개념의 통속적 의미로 이해되는 합법적 적용의 의미를 통찰하는 일이 필수 전제조건이다. 현상학의 예비개념을 확정하기 전에, 본래 현상학이 어떤 의미에서 '현상의 학문'이 될 수 있는지를 명확히 하기 위해서 로고스의 의미를 확실히 정의해 두자.

B. 로고스의 개념

로고스라는 개념을 플라톤과 아리스토텔레스는 다의적으로 썼다. 내용이 제각각이라 그것들을 적극적으로 이끌 하나의 근본적인 내용이라는 것이 없다. 실제로 이것은 그렇게 보일 뿐이다. 해석이 근본적 의의를 일차적인 내용으로서 적절하게 파악하지 못하는 한 계속된다. 지금 우리가 로고스의 근본적 의의를 '이야기〔言〕'라고 정한다면, 이러한 직역은 이야기 그 자체가 뜻하는 바를 규정하지 않는 한, 그 직역도 확고한 타당성을 지니지 못한다. 이야기가 본래 무엇을 의미하는지는 처음부터 질리도록 밝혀왔다. 로고스라는 말〔言〕의 후대 역사, 특히 후세의 철학이 이 로고스라는 말에 덧붙인 다양한 자의적 해석은 말의 분명한 본래 의의를 지금까지 일관되게 은폐하고 있다. 로고스는 늘 이성, 판단, 개념, 정의, 근거, 관계 등으로 '번역되어 왔다'. 그리고 늘 그렇게 이해되어 왔다. 로고스가 여기에 나열한 모든 것을 다 의미한다면, 더구나 학문적인 언어사용 범위 속에서 이만큼을 의미하게 된다면 '이야기〔言〕'는 도대체 어떤 식으로 바뀔 수 있을까? 로고스를 언명이라는 의미로 이해하고, 또 언명이 곧 '판단'이라고 이해되어도, 언뜻 보기에 정당한 것처럼 보이는 번역은 로고스의 기본적 의의에서 벗어나 버릴 우려가 있다. 특히 판단이라는 것이, 뭔가 오늘날의 '판단론'에 의해 생각될 수 있는 것으로 받아들인다면 더욱 그렇다. 판단을 '결합'이나(시인이냐 부인이냐 하는) '태도표명'으로 이해하는 한 그런 로고스는 판단이 아니다. 적어도 본래 의미하는 판단이 아니다.

이야기〔言〕로서의 로고스란, 오히려 이야기 안에서 화제가 되고 있는 사항을 분명히 밝히는 것, 델룬 정도의 의미이다. 아리스토텔레스는 이야기〔言〕의 이 기능을 더 예리하게 해명했는데, 그는 그것을 아포파이네스타이로 받아들였다.[4] 로고스는 무엇인가 어떤 것을 보여주려 한다(파이네스타이). 어떤 사물에 관하여 이야기되는 바를 말하는 사람 자신에게(동사 파이네스타이가 중간태라는 것은 그 때문이다), 혹은 서로 말하는 사람들을 향해 보이도록 하는 것이다. 이야기는 '아포(경험의 대상)', 바로 화제가 되고 있는 그 자체부터 '보여주려고 한다.' 이야기가 진정한 것인 한, 이야기(아포판시스)에서 이야기되는 내용은 화제

---

4) 아리스토텔레스 《해석론》 제1장~제6장 참조. 그 밖에 《형이상학》 제7권, 《니코마코스 윤리학》 제6권도 참조.

가 되는 대상에서 건져 올려야 한다. 따라서 이야기에 의한 전달이 그 이야기 내용이 가리키는, 바로 그 화제를 분명히 밝혀 남에게 접근할 수 있도록 해야 한다. 이것이 아포판시스로서의 로고스 구조이다. 이처럼 드러내어 보여야 한다는 의미에서 드러내는 상태를 모든 '이야기'가 잘 표현하는 것은 아니다. 예를 들면 원한다는 뜻의 '에우케'도 드러내고 싶다는 말이기는 하지만 그 모습은 다르다.

이야기(보여주려 한다)를 구체적으로 수행할 경우, 그 이야기는 말한다, 즉 말로 소리 내어 말하는 성격을 갖는다. 로고스는 포오네(목소리)이며, 상세하게 말하면 포오네 메타 판타시아스(모습을 수반하는 목소리)이다. 목소리를 내는 것, 말할 때마다 무언가가 간파되는 것이다.

그리고 아포판시스(이야기)로서 로고스의 기능이 어떤 대상을 거시적으로 보이게 하는 것이라면, 로고스는 신테시스 즉 종합이라는 구조형식을 갖게 된다. 여기에서 종합이란, 다양한 표상을 결합시키거나 이어서 하나로 붙이거나 또는 다양한 심적 사상을 조합하는 것이 아니다. 이들의 결합이 내면적인 것임에도 어떻게 바깥쪽의 물적인 사물에 합치할 수 있는가 하는 '문제'가 발생한다. 신테시스의 신(syn-, 포함해서)은, 로고스적 의미에서는 어디까지나 명제적인 의의를 지니며, 어떤 사물이 어떤 사물과 '같이 섞여 있는' 상태 그대로 보이도록 나타내어진 어떤 현상을 그대로 그 섞여진 현상으로서 보게 하는 것을 의미한다.

또한 로고스가 '보이도록 하는 것'이므로, 로고스는 진짜이기도 하며 가짜일 수도 있다. 이때 무엇보다 중요한 것은 진리가 '일치'라고 하는 어색하고 작위적인 진리개념에 사로잡히지 않는 것이다. 이 생각은 결코 '알레테이아(진리)'의 개념에 포함된 본뜻은 아니다. 알레테웨인, 곧 진리를 이야기하는 로고스의 '진짜' 일이란, 그 진리에 관해 이야기하고 있는 존재자를 아포파이네스타이로서의 레게인, 다시 말해 이야기하는 일에 의해 그 실재 존재자의 숨겨진 비밀에서 어떤 요소를 꺼내어 드러내(알레테에스) 보이는 것, 요컨대 '발견한다'는 것이다. 마찬가지로 '거짓'을 의미하는 프로우데스타이란, '은폐한다'는 의미로서의 기만, 즉 어떤 것을 어떤 것 앞에—보이게 하는 방법으로—놓고서, 그 어떤 것이 그것이 아닌 다른 것이라고 속이는 것을 일컫는다.

'진리'란 바로 이런 의미이다. 로고스는 보이도록 하는 대상의 특정한 상태이 므로, 로고스야말로 진리의 일차적인 거처라고 부를 수는 없다. 오늘날의 진리 는, '본래는' 판단으로 돌아가는 것이라 규정하고 그 위에 이 테제의 논거로서 아리스토텔레스가 인용되기도 한다. 그러나 이렇게 아리스토텔레스를 내세우 는 것 또한 잘못으로, 그래서는 특히 그리스적인 진리개념이 오해를 받게 된다. 그리스적인 의미에서는 더구나 앞에서 말한 로고스보다 더욱 근원적으로 어 떤 것을 있는 그대로 감성적으로 인지하는 의미에서의 감각(아이스테시스)이야 말로 '진실'이다. 아이스테시스가 저마다 고유의 이데아를 향하는 한, 예를 들 면 보는 것이 직관적으로 색채를 향하듯이 이 특정의 아이스테시스를 통해 그 것으로 가까이 갈 수 있는 존재자로 향하는 한 이런 인지는 언제나 진짜이다. 바로 시각은 언제나 색채를, 청각은 언제나 소리를 발견하는 것이다. 이러한 아 이스테시스적, 즉 감성적이고 근원적인 인지는 가장 순수하고 가장 근원적인 의미에서의 '진짜'이며, 결코 은폐할 수 없다는 의미에서의 모든 발견적인 것 은 순수한 노에인(이성적 인식)이다. 모든 존재자의 가장 단순한 존재규정을 단 적으로 바라보면서 감각하는 작용이다. 이 노에인은 절대로 감출 수 없고 절대 로 가짜일 수 없다. 그것은 '감각하지 못하는' 상태에 머무는 경우가 있을 뿐이 고, 오직 정확하게 끌어내는 데까지 다다르지 못했을 뿐이다.

하지만 이처럼 오로지 시각적으로 보이도록 하는 형태를 취하지 않고, 무엇 인가를 부각시키는 데 어떤 다른 사물을 참조하여 늘 뭔가를 어떤 모습으로 보이게 하는 경우에는, 이 종합적 구조 때문에 무언가가 가려져 은폐되어 있 다는 가능성을 받아들이게 된다. 그리고 '판단의 진리성'이란, 이 은폐에 대항 하는 경우에 얻게 되는 진리에 지나지 않으며, 바로 진리현상으로서 거듭하여 기초가 성립된 파생적인 것이다. 그리스적 진리개념에 기초하지 않고서는 '이 데아론'과 같은 것이 철학적 인식이 될 수 있는지가 이해되지 않지만, 실존론도 관념론도 마찬가지로 이 그리스적 진리개념의 의미를 모르거나 철저하게 놓쳐 버린다.

그리고 로고스의 기능이 어떤 사물을 단적으로 보이도록 하는, 바로 존재 자를 인지시킨다는 점에 있기 때문에, 로고스는 감지하는 작용으로서의 이성 이라는 의미를 가질 수 있다. 또한 로고스는 레게인(존재자의 비밀을 이야기 전개를 통해 발견하는 일)의 의미로 이용될 뿐 아니라 동시에 레고메논, 즉 제시된 것 그 자체의 의미로도 이용되기 때문에, 그리고 거시된 그 자체는 그것을 화제로 하고 그것에 관하여 평론하는 이야기에 있어서 늘 이미 현존하는 것으로서 밑바닥에 놓여져 있는 것, 바로 히포케이메논(근원적 실체)이기 때문에 레고메논으로서의 로고스는 라티오(기초·근거)를 의미하게 된다. 마지막으로 레고메논으로서의 로고스는, 또한 어떤 사물 자체로서 불려지는 것, 어떤 사물과의 관계에서 보여진 대로의 것, '관계'에 있는 것이라는 의미도 있기 때문에 로고스는 관계라든가 대비라는 의미를 갖게 된다.

이상 명제적인 이야기에 관해 해석했다. 로고스의 일차적인 기능을 분명히 하는 일이 목적이라면 이로써 충분할 것이다.

C. 현상학의 예비개념

'현상'과 '로고스'에 대한 학문적인 해석에 있어 미리 뚜렷하고 구체적으로 상기해 볼 때, 이 두 명칭이 표시하는 사항들의 내적 연관이 금방 눈에 들어온다. 현상학이라는 표현은 그리스어로 쓰면 레게인 타 파이노메나이므로, 현상학이란 아포파이네스타이 타 파이노메나, 즉 '스스로 드러내는 것을, 그 자신으로부터 드러나는 그대로, 그 자신으로부터 보이게 함'을 말한다. 이것이 스스로 현상학이라고 일컫는 연구의 형식적 의미이다. 이렇게 표현되는 것은 앞에서 표명한 '사태 그 자체로!'라는 기본 규칙이다.

그렇다면 현상학이라는 명칭은 그 의미에서 보면 신학 그 밖의 명칭과 다른 성격을 지니게 된다. 신학 등의 명칭은 각각의 학문 대상을 각각의 실질적 내용에 대해 지칭하고 있다. '현상학'은 그 연구의 대상을 지칭하지 않으며, 또한 이 명칭은 그 연구의 사상적 내용을 규정짓지도 않는다. 현상학이라는 말은, 이 학문에서 논하고자 하는 것을 어떻게 부각시키느냐, 논술하느냐에 관하여 시사하는 데 지나지 않는다. 현상'에 대한' 학문이란, 대상에 관하여 깊이 있게 논해야 할 모든 사항을 직접 제시와 증시라는 태도로 논술하는 대상파악 방법을 의미한다. '서술적 현상학'이란 동어반복적인 표현인데, 이 표현도 같은 의미가 있다. 여기에서 서술이란 식물형태 등의 방법을 본뜬 방법이 아니다. 서술이라는 이 명칭 또한, 검증되지 않는 모든 규정을 멀리한다고 하는 하나의 금지적인 의미를 갖는다. 서술 그 자체의 성격, 로고스 각각의 고유의미는 각각의 학문에서 '서술되어야' 할 것, 바로 현상으로 만나는 방법으로 학문적으로 규정되어야 할 것의 '사상성'에 입각해 비로소 확정될 수 있다. 형식적으로 말하면, 형식적이고 통속적인 현상개념의 의의에서 보고, 존재자를 존재자가 스스로 나타내는 그대로 제시하는 어떠한 태도도 현상학이라고 칭할 권리가 있는 것이다.

이 형식적인 현상개념에서 형식성을 없애고, 현상학적인 현상개념으로 이끌어 가기 위해서는 어떤 점에 주목하면 좋을까? 그리고 이 현상학적 현상개념은 어떤 점에서 통속적인 현상개념으로부터 구별되는가? 현상학이 '보이려는' 것은 무엇인가? 각별한 의미에서 '현상'이라고 부를 수밖에 없는 것은 무엇인가? 그것의 본질상, 필연적으로 특별히 제시의 주제가 되어야 하는 것은 무엇인가? 그것은 분명히, 당장은 오히려 자기를 나타내지 않는 것, 당장은 자기를 나타내는 것에 대해 숨은 것, 당장은 동시에 대개 자기를 나타내는 것의 일부로서 그것에 본질적으로 속해 있으며, 그것이 의미와 근거를 이루는 것이다.

하지만 각별한 의미에서 숨은 채로 있거나, 은폐상태 속으로 전락하거나, 또는 단순히 '위장'으로밖에 보여주지 못하는 것은 존재자가 아니라 지금까지의 고찰에서 나타났듯이 존재자의 존재이다. 이 존재자의 존재는 잊히고, 그 존재와 그 존재의 의미를 묻는 물음이 제기되지 않을 만큼 심하게 은폐되기도 한다. 따라서 각별한 의미로 그 존재 고유의 실질적 내용에서 말하고 현상되기를 요구함으로써, 현상학은 그 대상을 고유적 주제적으로 파악하게 된다.

현상학이란, 존재론의 주제가 되어야 할 사항에 접근하는 방법이며, 그것을 증명하면서 규정하는 양식이다. 존재론은 현상학으로써만 가능하다. 현상학적인 현상개념이 지향하는, '자기를 나타내는 모습'은 존재자의 존재이며, 그 존재의 의미이자 그 존재의 변양태와 파생태이다. 그리고 그것이 '자기를 나타낸다'는 것은 뭔가 적당한 하나의 일이 아니며, 더구나 '현상'과 같은 의미도 아니다. 존재자의 존재는, '그 배후에' 뭔가 다른 현상하지 않는 것이 숨어 있는 것도 결코 아니다.

현상학에서 말하는 현상의 '배후에는' 본질적으로 그와 다른 뭔가가 숨어 있지 않다. 하지만 현상되어야 하는 것이 은폐되어 있을 수 있다. 그리고 이들 현상이 분명하게 주어지지 않기 때문에 현상학이 필요한 것이다. 은폐상태에 있는 것은 '현상'의 반대개념이다.

현상이 어떻게 은폐되어 있는가는 다양한 양태로 생각할 수 있다. 어떤 현상은 본래 발견되지 않았다는 의미에서 은폐되는 경우가 있다. 따라서 그 현상된 존재에 관한 지식도 인식도 없다. 또 어떤 현상은 매몰되어 버리기도 한다. 이것은 이전에 한 번 발견되었지만 다시 은폐상태에 빠졌다는 것이 포함되어 있다. 전면적인 은폐일 수도 있지만, 보통은 이전에 발견되었던 것이 아직 보이기는 하지만 겉모습뿐인 모습, 가상으로밖에 보이지 않는다는 의미이다. 하지만 가상이 있으면 그만큼 진짜 '존재'도 있다. 이 은폐양태는 '위장'이며, 여기에는 착오와 착각의 가능성이 특히 뿌리 깊게 작용하고 있기 때문에, 가장 빈번하며 가장 위험한 것이다. 친숙한 존재구조나 그에 따르는 일련의 개념은 가까이에 있는 반면, 본래 어떠한 토양 위에서 구축되었는지 이미 은폐되어 알 수 없게 된다. 그것은 어떤 하나의 체계 속에서 그 나름의 '정당성'을 주장할지도 모른다. 하나의 체계 속에서 그 구조로서 서로 확실하게 조합되어 있기 때문에, 그 이상의 해석이 필요 없는 '뚜렷한' 것이라고 생각되며, 그런 까닭에 연역적인 고찰을 진행할 때 연역의 근거로 작용하게 된다.

은폐상태는 미발견이라든가 매몰이라든가 위장과 같은 다양한 의미로 이해될 수 있으며, 또한 두 가지 가능성을 가지고 있다. 바로 은폐에는 우연적인 은폐(보여지지 않음)와 필연적인 은폐가 있다. 필연적 은폐는 발견되는 것의 존립양상에 따른 은폐이다. 아무리 근원적인 개념에서 이어져 내려온 현상학적인 개념이나 명제라 하더라도, 전달된 언명이라는 형태를 취하면 변질할 가능성을 띤다. 그들은 실질이 없는 상태로 이해되고 전해져 그 최초의 토착성을 잃고, 이렇게 흐지부지한 테제가 되는 경우가 있다. 근원적으로 '반응'이 있었던 것이 고정화되어 반응을 잃고 퇴화되어 간다는 가능성은 현상학 자체의 구체적인 일 안에도 숨어 있다. 그리고 이 전승된 개념을 연구하는 어려움은 실로 자기 존재에 대해 적극적인 의미에서 비판적이 될 때 겪게 된다.

존재 및 여러 가지 존재구조와 현상의 모습이 서로 만나게 되는 방법은 현상학의 대상에 접할 때마다 이들에게서 쟁취되어야만 한다. 따라서 분석의 출발점도, 현상에 대한 접근법도, 지배적인 은폐를 헤쳐 나가는 진행도 저마다

고유의 방법적 확보를 요구하게 한다. 여러 현상을 '원초적으로' '직관적으로' 파악하고 전개한다는 이념 속에는 우연한 '직접적인' 무분별한 '직관'이라는 소박함과는 정반대의 것이 숨어 있다.

현상학의 예비개념을 정의하고 그것을 기초로 하여, '현상적'이라든가 '현상학적'이라는 용어도 각각의 의의를 확정지을 수 있었다. 현상이 우리와 만나는 방법으로 주어져서 해명될 수 있는 사실을 '현상적'이라 부른다. '현상적 구조'라 말하는 것도 그 때문이다. '현상학적'이란, 지시와 전개 방법에 따름을 뜻하며 또한 이러한 방법적 연구에서 요구되는 개념조직을 이루는 모든 것을 가리킨다.

현상학적 의미에서 이해되는 현상이란 어디까지나 존재의 구성사항이며, 존재는 존재자의 존재이기 때문에 존재의 전시를 목적으로 하기 위해서는, 먼저 존재자 자신을 적절하게 제시할 필요가 있다. 이 존재자 또한 자신에게 합당한 접근 방법으로 자기를 그대로 나타내야 한다. 이렇게 해서 통속적인 현상개념도 현상학적인 관점에서 중요한 의의를 갖게 된다. 본래적 분석작업으로 들어가기 전에 그를 위한 출발점으로서 본보기적 존재자를 '현상학적으로' 확정하는 예비적인 과제는, 이미 그 본격적인 분석작업의 목표에 기초해 그 바탕에 그려져 있다.

구체적인 주제에 관해 보면 현상학이란 존재자의 존재에 관한 학문, 바로 존재론이다. 존재론의 과제에 관한 앞의 해설 속에서 기초존재론의 필연성이 분명해졌다. 이 기초존재론은 현존재라고 하는 존재론적·존재적으로 구별되는 존재자를 주제로 삼음으로써, 존재 전반의 의미에 대한 물음이라는 핵심적 문제에 마주치려 하는 학문이다. 다음의 연구적인 고찰에서 판명되겠지만, 현상학적 기술의 방법적 의미는 '해석(Auslegung)'하는 일이다. 현존재의 현상학의 로고스란 곧 헤르메네웨인, 즉 해석하는 일을 뜻한다. 바로 이 작업에 의해서, 현존재 자신에게 속해 있는 존재이해를 통해 존재의 본래 의미와 현존재 자신의 존재의 근본적 여러 구조가 알려지게 된다는 성격을 지니고 있다. 이렇듯 헤르메네웨인이란 본래 해석하는 일을 가리키는 말이다. 현존재의 현상학은 이 근원적인 어의(語義)에서 해석학(Hermeneutik)이다. 하지만 존재의 의미와 현존재의 근본구조를 밝힘으로써, 현존재가 아닌 존재자에 관한 모든 존재론적 탐구의 지평이 뚜렷해지기 때문에, 이 해석학은 동시에 모든 존재론적 탐구의 가능조건(기초조건)을 완성한다는 의미에서의 '해석학'이 된다. 그리고 마지막으로 현존재가 다른 모든 존재자에 대해—실존의 가능성 안에서는 현존재자로서—존재론적 우위를 가지는 한, 현존재의 존재해석에 의한 해석학은 자신으로 인한 다른 제3의 실존의 실존성 분석작업이라는 특수한 의미를 갖는다. 철학적으로 보면 일차적인 의미를 띠게 된다. 이 분석론은 현존재의 역사성이 존재론적으로 타당한가를 탐구하려는 방법론이다. 이 해석학이 역사연구의 존재상의 가능조건으로서 역사성을 존재론적으로 완성하려면, 단순히 파생적 의미에서 '해석학'이라고 불릴 수 있는 데 지나지 않는 사학적 정신과학의 방법론은 이 해석학에 뿌리를 내리게 된다.

철학의 근본주제인 존재는, 존재자의 어떠한 유(類)도 아니다. 더구나 그것은 모든 존재자에 관계하는 하나의 존재이다. 그 철학적·근본적 존재의 '보편성'은 유(類)보다 더 높은 곳에서 찾아야 한다. 존재와 존재구조는 모든 존재자를 넘어 존재자의 모든 존재적 규정성을 넘어서는 곳에 위치한다. 존재는 단적으로 초월(das transcendens schlechthin)하는 것이다. 현존재의 존재의 초월은 그 안에서 가장 근본적인 개체화 가능성과 필연성이 숨어 있는 한, 가장 두드러지는 초월이다. 초월(transcendens)로서의 존재를 개시하는 일이 모든 초월론적 인식이다. 현상학적 진리성(존재의 개시성)은 초월론적 진리이다.

존재론과 현상학은, 철학에 속하는 다른 여러 전문분야에 대립되는 전문분야가 아니다. 이 두 명칭은, 철학 자체를 그 대상과 취급방법의 견지에서 규정짓는 뜻이 명칭 자체에 내포되어 있다. 철학은 보편적인 현상학적 존재론이라고 할 수 있다. 철학이란 현존재의 해석학에서 출발하는데, 이 해석학은 실존의 분석론으로서 모든 철학적인 물음을 이끌고 가는 수단이 되는 실의 끝을 그 물음의 발원지, 곧 되돌아가야 하는 곳에 단단히 묶어놓았다.

다음에 이어지는 연구는 에드문트 후설이 쌓아올린 기반 위에서만 가능했다. 그의 《논리학 연구》에 의해, 현상학의 돌파구가 처음으로 열린 것이다. 위에서 현상학의 예비개념 해설을 보면 알 수 있겠지만, 현상학의 본성은 철학의 한 유파로서 현실성을 갖는 데 있는 것이 아니다. 현실성보다 높은 곳에 가능성이 자리하고 있다. 현상학의 이해는 오로지 현상학을 가능성으로서 포착하

는 데 있다.[5]

이하의 분석 안에서 이용되는 어색하고 서툰 표현에 대해 한 가지 덧붙여 말해 두고 싶은 것이 있다. 존재자에 대해 이야기하고 보고(報告)하는 일과 존재자를 그것이 어떻게 존재하는가에 대한 그 존재로서 받아들이는 일은 전혀 다른 사항이라는 점이다. 후자의 과제를 수행하기 위해 그 존재를 위한 말이 결여되어 있을 뿐 아니라, 특히 '문법'도 결여되어 있다. 그 수준에 있어 비길 데 없는 존재분석을 시도한 옛날의 모든 존재분석적 연구를 언급하는 일이 허용된다면, 플라톤의《파르메니데스》에 포함되어 있는 존재론적인 장과 절이나 아리스토텔레스의《형이상학》제7권 제4장 등을, 투키디데스의 이야기 한 절과 비교해 보기 바란다. 그러면 그 철학자들이 그리스 사람들에게 강요한 언어표현이 얼마나 원시적인 것이었는지를 알게 될 것이다. 밝히고 개척해야 할 존재영역이 애초부터 역량이 큰 것에 기가 죽어 그리스 사람의 눈앞에 있었던 실물보다 존재론적으로 훨씬 곤란했다고 본다면, 그리스 철학자들의 개념형성의 번거로움과 표현의 생소함은 더 심해졌으리라.

8 논술의 짜임

존재의 의미에 대한 물음은 가장 보편적이면서 가장 공허하다. 그러나 이렇게 존재의미에 대해 물음으로써 그 자신이 자신의 현존재에 대해 가장 철저하고 예리하게 개별화될 수 있는 가능성이 내재하게 된다. '존재'에 대한 기본적 개념을 획득하고 그것이 요구하는 존재론적 개념조직과 그 필연적 변화형태를 예시하기 위해서는, 어떤 구체적인 지침이 필요하다. 존재의 개념이 보편적이라는 말은 근본적인 탐구가 전문적으로 '특수화'되는 일과 모순되지 않는다. 즉 우리의 근본적인 탐구는 현존재라는 특정 존재자에 관한 특수한 해석을 통해 존재라는 개념으로 접근하려는 것이며, 더구나 존재의 이해와 가능적 해석이 향하는 목적의 지평을 이 현존재에 대한 해석에서 얻으려는 것이다. 그러나 이

---

5) 다음의 탐구가 '사태 자체'를 열어 보이는 일에서 어느 정도 진전을 보인다면, 나는 그 공로를 에드문트 후설에게 돌리겠다. 그는 프라이부르크에서 공부하던 시절의 나에게, 세밀한 개인 지도 및 미발표된 연구를 아낌없이 제공해 주었다. 그 덕분에 나는 현상학적 연구의 매우 다양한 분야들에 친숙해질 수 있었다.

존재자 자신은 그 스스로에 근거해 '역사적'이기 때문에, 존재자 자신의 존재론적 조명은 필연적으로 자기 '사학적' 해석이 될 수밖에 없다.

이리하여 존재문제의 완성은 두 방면으로 나뉜다. 그에 따라 우리의 논고 구성도 두 가지로 나뉘게 된다.

제1부 현존재를 시간성으로 해석하고, 존재에 대한 물음의 초월적(선경험적) 지평으로서 시간을 밝힌다.

제2부 시간성을 둘러싼 문제조직을 지침으로 하여 존재론을 역사 현상학적으로 해체하는 개요를 보인다.

제1부는 3편으로 구분된다.

1. 현존재에 대한 준비적인 기초분석.

2. 현존재와 시간성.

3. 시간과 존재.

제2부도 3편으로 구분된다.

1. 칸트의 도식론 및 시간론은 존재일시성을 둘러싼 문제설정의 전 단계이다.

2. 데카르트의 '나는 생각한다·나는 존재한다'의 존재론적 기초와 '생각하는 자'의 문제영역에 대한 중세존재론의 계승.

3. 고대존재론의 현상적인 기초와 그 한계를 판별하는 척도로서의 아리스토텔레스의 시간론.

제1부

현존재를 시간성으로 해석하고,
존재에 대한 물음의 초월적 지평으로서 시간을 밝힌다

제1편
현존재에 대한 준비적인 기초분석

존재에 대한 물음에서 일차적으로 논의해야 하는 것은 현존재라는 성격을 지닌 존재자에 대해서이다. 그래서 현존재에 대해 준비적인 실존론적 분석론을 마련하려면 그 특성에 맞는 소묘적인 제시가 필요하며, 또한 그 소묘와 함께하는 듯 보이는 다양한 연구적 고찰의 차이점을 분명히 구별해야 한다(제1장). 다음으로는 우리가 고찰을 진행해 갈 방향성으로서 확정적인 발단을 굳건히 하며 현존재에 관해 세계-내-존재라고 하는 기초구조를 분명하게 보여야 한다(제2장). 현존재의 해석에서 대전제가 되는 '선천적(a priori) 원리'가 되는 구조는 개개의 부분을 이어붙인 규정이 아니라, 근원적이면서 늘 전체로서 갖추어져 있는 구조이다. 우리는 그것을 구성하는 여러 계기를 몇 가지 관점에서 주목할 수 있다. 언제나 앞서는 이 구조 전체로부터 한눈팔지 말고 이들 여러 계기를 현상적으로 부각시켜야 한다. 이렇게 본편에서는 세계를 그 세계성에서(제3장), 세계-내-존재를 공동존재 및 자기존재로서(제4장), 내-존재를 그 자체로서 내세워(제5장) 순차분석을 하게 된다. 이 기초구조의 분석을 거치면 우리는 현존재의 존재(현상된 존재 또는 감추어진 존재)를 알리기 위한 기반을 얻게 된다. 현존재의 존재의 실존론적 의미는 바로 존재에 대한 깊은 관심에 있다(제6장).

제1장

현존재에 대한 준비적 분석과제의 제시

9 현존재의 분석작업 주제

어떠한 존재자에 대해 분석하려면 그 과제로서 바로 우리 자신을 택할 수 있다. 이 존재자의 존재는 각각 나의 존재이다. 이 존재자는 존재로서 스스로 자기존재와 관계를 맺는다. 이처럼 존재하고 있는 존재자로서 그는 자기 자신이라는 존재에 맡겨진다. 존재한다는 일은 이러한 존재자 자신에게 그때마다 관계하고 있다. 현존재의 성격을 이렇게 기술하면 다음과 같은 두 가지 점이 분명해진다.

1. 이 존재자의 '본질'은 이 존재자가 관계를 맺는 존재 속에 숨어 있다. 만일 이 존재자의 본질이 무엇인지(에센티아, essentia)에 대해 말할 수 있다면, 그 존재자가 존재하는 실존을 근거로 하여 이해되어야 한다. 그렇다고 우리가 이 존재자의 존재를 나타내기 위해 실존(엑시스텐티아, existentia)이라는 말을 선택한다고 해도 이 명칭은 존재론적으로는 전통적인 엑시스텐티아라는 용어와 같은 의미는 아니다. 또한 그러한 의미를 지닐 수 없다는 것을 보여주는 일이 바로 존재론적 과제이다. 전통에 따르면 이 실존이란 존재론적으로는 객체적 존재 정도의 의미로, 현존재라는 자신의 성격을 지닌 존재자에게는 본질상 적용되지 않는다. 이 점에서 혼란을 피하기 위해 우리는 엑시스텐티아(실존)라는 명칭 대신 이 명칭을 해석한 객체적 존재라는 표현을 이용해, 실존을 현존재의 존재성격 표시로 보완하는 게 좋겠다.

현존재의 '본질'은 그 실존에 있다. 따라서 이 존재자에게서 이끌어 낼 수 있는 성격은, 이러저러한 '겉모습'으로서의 '형상'을 띠는 비근한 존재자에게 갖춰져 있는 그 어떤 객체적 '속성' 같은 것이 아니라, 그때마다 현존재에게 있을 수 있는 존재 방법이며 또한 그것뿐이다. 이 존재자에 관하여 '이러저러하다'고 일컬어지는 말은 모든 존재와 일차적, 직접적으로 관계한다. 따라서 이 존재자를 나타내기 위해 이용하는 '현존재'라는 명칭은 책상이나 집, 나무와 같이 그 사물이 무엇인지를 표현하는 것이 아니라 그 존재를 표현하고 있다.

2. 이 존재자가 존재로서 관계하는 존재는 각각 나라는 존재, 내가 있다는 것이다. 따라서 현존재를 존재론적으로 객체적이라는 의미에서의 존재자의 유(類)의 사례나 표본으로 보는 한, 현존재는 결코 존재론적으로 파악할 수 없다. 객체적이라는 방식에서 존재자는 자기존재에 '무관심'하다. 더 정확히 관찰하면 그러한 존재자는 자기존재에 관심을 갖지도, 무관심하지도 않은 '본연의 모습'을 하고 있다. 그와 반대로 현존재에게는 각자성이라는 성격이 있으므로, 이 존재자를 부를 때에는 언제나 '나는 있다' '네가 있다'와 같이 인칭대명사를 붙여 말해야 한다.

현존재는 나의 현존재라 해도, 그 자신 또한 이런 모습, 저런 모습처럼 각기 다른 모습이 그때마다 자기의 것이다. 현존재가 그때마다 어떤 방법으로 자기 것인지는 사실상 이미 결정되어 있다. 스스로 존재하면서 존재 그 자신에게 관여하고 있는 이 현존재는 자기라는 존재를 고유한 가능성으로서, 단지 객체적인 속성으로서 부수적으로 '가지고 있지' 않고, 본질상 늘 자기의 가능성을 지니고 있다. 따라서 그 가능성을 갖고 있기 때문에 이 존재자는 자기 자신을 '선택하고', 획득하고, 또는 자기를 잃고, 또는 그냥 '겉모양만으로' 자기를 얻을 뿐, 한 번도 진정으로 얻지 못하는 경우도 있다. 그리고 자기를 잃거나 아직 획득하지 못했다고 할 수 있는 이유도, 현존재가 그 본질상 잠재적으로 본래적인 것, 바로 자기 영역에 속해 있기 때문이다. 본래성과 비본래성이 있는데, 이 두 가지 존재상태는—이 두 가지 표현은 술어로 엄밀하게 선택되었지만—현존재가 본래 각자성에 따라 규정된다는 것에 기초한다. 그렇다고는 하나 현존재가 비본래적이라 해서 그 존재가 '부족한' 존재라거나 그 존재의 정도가 '낮다'라는 의미는 아니다. 오히려 비본래적이라는 규정은, 현존재가 바쁘고 활기로 차 있으며, 무슨 일에 관심을 보이거나 즐기려 하는 등, 그 구체성을 가장 충실하게 보여주는 모습을 가리킬지도 모른다.

우리는 여기에서 현존재에 관해 첫째로는 에센티아(본질)에 대한 '엑시스텐티아(실존)'의 우위, 둘째로는 각자성, 이 두 가지 성격을 그려보았다. 이 두 가지 성격만으로도 이 존재자를 분석하려면 어떤 독특한 현상적 경지에 맞닥뜨리게 되었음을 알 수 있다. 이 존재자는 세계내부에서 객체적으로 단순히 존재하는 존재양식을 갖지 못하며 또한 결코 가질 수 없다. 따라서 그 객체적 존재들을 눈앞에서 찾아내는 방법으로 그 객관적 존재자를 주제로 제출할 수는 없다. 이 현존재자를 분석하기 위해 객체적 존재자로 적절히 제출하는 방법은 결코 분명하다고 할 수 없으며, 오히려 어떤 식으로 해서 그렇게 할지를 결정하는 것 자체가 이 존재자를 분석하는 작업의 가장 본질적인 요점 가운데 하나가 된다. 이 존재자를 바르게 제출하는 일을 착실하게 집행할 수 있느냐 없느냐에 따라 이 존재자의 존재를 이해할 수 있느냐 없느냐가 결정된다. 그런 까닭에 분석이 아무리 우선적이라 해도, 분석을 위해서는 처음부터 올바른 단서를 확보해 두어야 한다.

현존재는 그때그때마다 뭔가 가능성을 가지며 자기존재에서 이 가능성을 어떤 식으로든 이해한다. 하지만 현존재는 늘 이 가능성에 기초해 자기를 존재자로서 규정한다. 이것이 현존재의 실존 체제의 형식적 의미이다. 그런데 여기서 이 존재자를 존재론적으로 해석하려 한다면, 그 존재자의 존재에 관한 문제영역을, 그 존재자의 실존의 실존론적 구조에서 전개하라는 암시가 내포되어 있다. 그러나 실존에 관한 뭔가 구체적인 이념에 기초해 현존재를 '구축'한다는 것은 결코 아니다. 우리는 분석의 출발점에서 현존재를 특정한 실존적 차별상으로 해석하지 않고 무어라 말할 수 없는 특징적이지 않는 모습 그대로 현존재를 드러내려는 것이다. 현존재의 일상적 불특정성이란, 아무것도 아니라 말하는 것이 아니며, 이 존재자의 적극적 현상적 성격의 하나이다. 모든 실존은 이러한 존재양상들 속에서 나온다. 그리고 그 안으로 되돌아가는 형태로 존재한다. 이와 같은 현존재의 일상적 불특정성을 우리는 평균성이라 부르기로 하자.

평균적 일상성은 이 존재자가 존재적으로 우선했기 때문에, 현존재의 이론적 해명은 예전부터 걸핏하면 다음으로 미루어져 왔으며, 지금도 그것이 되풀이되고 있다. 존재적으로 가깝고 잘 알려져 있는 것이, 존재론적으로는 가장 먼 것, 아직 인식되지 않은 것이며, 그 존재론적 의의가 끊임없이 간과되고 있는 것이다. 아우구스티누스는 '하지만 나에게 나 자신보다 가까운 것이 있을까?' 묻고, '나는 진실로 이 문제에 대해 고민하고 있으며 나 자신 안에서 괴로워하고 있다. 나는 많은 고통과 땀을 필요로 하는 밭이 되었다'라고 대답할 수밖에 없었지만,[1] 이것은 현존재가 존재적, 전(前) 존재론적으로만 적용되는 말이 아니다. 이 존재자를 현상적으로 가장 가까운 존재양식에서 파악해야 할 뿐만 아니라, 그것이 갖추고 있는 적극적인 성격 그대로 접근하려는 존재론적 과제에도 해당된다.

그러나 현존재의 평균적 일상성을 하나의 단순한 '겉모습'으로 여겨서는 안된다. 평균적인 일상성에는 비본질성의 양태에서조차 실존성의 선험적인 구조가 포함되어 있다. 거기에서도 현존재는 특정한 방법으로 자기존재에 관계하고 있으며, 평균적 일상성의 양태로 현존재는 자기존재와 관련되어 있다. 아무리 그 일상으로부터 도피하거나 그 일상을 망각한 양태라도 말이다.

하지만 현존재성에서 해명하는 것에서 얻을 수 있는 것은, 단지 불투명한 무규정적 의미에서의 평균적 구조뿐이 아니다. 존재적으로 보면 평균성의 양상으로 존재하는 것이, 존재론적으로 본 현존재의 본래적 존재의 존재론적 모든 규정과 구조상으로 구별되지 않을 수 있다.

현존재의 분석작업을 통해 구명된 모든 성과는, 현존재의 실존구조를 예측해 얻은 성과들이다. 그것들은 실존론성에 기초해 규정되어 있기 때문에, 우리는 현존재의 존재성격을 실존규정이라 부르기로 한다. 그것들은 우리가 범주라 부르는, 현존재가 아닌 존재자의 존재규정과는 분명히 구별되어야 한다. 한편 범주라는 말은 본래 지니고 있던 존재론적 의미로 받아들이고 확고하게 잡아야 한다. 고대존재론은 자신의 존재해석을 위한 본보기적 토대로, 세계의 내부에서 마주하게 되는 존재자를 선택했다. 그러한 존재자에게 이르는 길로 여겨지는 것이 노에인(감지하는 작용) 내지 로고스였다. 이 로고스 안에서 존재자는 마주하게 된다. 이러한 존재자의 존재는 이 존재가 처음부터 어떤 존재자에게도 이미 있었던 그대로의 것으로 이해되어야 하며, 각별한 이야기(보이도록 하는 것)로 받아들여져야 한다. 존재자에 관하여 말하는 설명(로고스) 안에는 늘 존재를 부르는 호칭이 포함되어 있다. 이 호칭이 카테고레이스타이이다. 이

---

1) 아우구스티누스 《고백록》 제10권 제16장.

그리스어는 공적으로 호소함, 모두의 앞에서 누군가를 뭔가에 대해 논하는 것을 의미한다. 존재론의 용어로 사용할 경우 존재자를 말하면 이것이 이미 존재자로서 있음을 논하는 것으로, 존재자를 있는 그대로 모두에게 보여주려는 것을 의미한다. 그렇게 봄으로써 보여지고 드러나는 것이 카테고리아, 즉 다양한 범주이다. 범주는 로고스에서 다양한 방법으로 불리고 설명되는 존재자의 선험적인 규정들을 포괄한다. 실존 규정과 범주란 존재성격으로 생각할 수 있는 두 가지 기본적인 양태이다. 거기에 해당하는 존재자는 일차적으로 물음을 받을 때에 각각 다른 양식을 요구한다. 한쪽은 누군가로 불리는 존재자인데, 그 존재는 실존이다. 다른 한쪽은 무엇인가로 불리는 존재자로, 그 존재는 가장 넓은 의미에서의 객체성이다. 이 두 가지 존재성격의 양태 사이에 어떠한 연관이 있는지 먼저 존재문제의 지평을 분명히 해야만 논할 수 있다.

서론에서 이미 시사한 바처럼, 현존재의 실존론적 분석작업에서는 존재문제에 못지않은 또 다른 하나의 중요한 과제 달성에 힘을 쏟게 되었다. 그것은 바로 '인간이란 무엇인가' 하는 물음을 철학적으로 설명하기 위한 선험적 원리를 분명히 밝히는 과제이다. 현존재의 실존론적 분석작업은 어떠한 심리학, 인간학, 더구나 생물학보다도 먼저 존재한다. 그러나 이들 학과도 현존재를 근본적으로 탐구하므로 우리의 분석론을 이들과 구별하면 분석론의 주제가 더욱 뚜렷하게 윤곽을 드러낸다. 그리고 그와 함께 분석작업의 필연성도 더 깊게 설득력을 갖게 된다.

10 인간학·심리학·생물학에 대한 현존재 분석작업의 경계설정

도대체 무엇을 하면 안 되는가 하고 논의한다면, 그러한 논의는 대부분 그렇게 큰 성과를 얻지 못한다. 고찰의 주제에 관해 무엇을 행해야 할지를 먼저 적극적으로 그려보았다면, 그에 이어서 주제에 관해 무엇이 허용되지 않는지 금지적 규정도 마찬가지로 중요하다. 이하에서 나타내고자 하는 것은, 현존재를 목표로 행해 온 여러 가지 문제설정이나 고찰은 구체적인 사항에 관해 그 나름의 풍성한 성과를 얻었음에도 불구하고 본래의 철학적 문제를 놓치고 있다는 점이다. 그리고 이렇게 빗나간 방책에 구애되는 한 그들이 근본적으로 지향하는 것을 완수할 수 없게 된다는 사실이다. 여기에서 우리는 인간학, 심리학, 생물학에 대한 실존론적 분석작업의 경계를 분명히 해야 한다. 이러한 학문들은 오로지 원리적이고 존재론적인 물음과 관계가 있으므로 경계가 분명해야 한다. '과학이론'의 관점에서 보면 우리의 경계확정은 필연적으로 불충분하다. 왜냐하면 무엇보다도 위에 기술한 여러 과학의 학문적 구조가―이것은 결코 그들이 추진하며 종사해 온 학자의 '학문적 태도'가 아니다―오늘날에는 뿌리서부터 흔들리며 의심스러운 것이 되었으며 존재론적인 문제설정에서 새로운 충동이 일어나야 할 필요성이 있기 때문이다.

실존론적 분석작업의 의도를 철학사적으로 해석하면, 다음과 같이 말할 수 있다. 데카르트는 근세철학적 물음의 출발 토대가 되는 '코기토 숨(나는 생각한다. 고로 나는 존재한다)'를 발견한 사람이다. 그는 '나는' '생각한다'에 대해 그것이 어떤 한계 안에서이기는 하나, 근본적으로 사유하고 탐구했다. 하지만 숨(나는 존재한다)은 그것이 코기토(나는 생각한다)와 같이 근원적인 위치에 놓여 있음에도 불구하고 전혀 검토된 적이 없었다. 우리의 분석작업은 이 숨(나는 존재한다)의 존재에 대한 존재론적인 물음을 제기하는 것이다. 이 존재가 규정되어야만 다양한 사유의 존재양상도 파악할 수 있게 되는 것이다.

분석작업의 의도를 이렇게 철학사로 예시하면, 어쩌면 사람들의 생각을 잘못으로 이끌지도 모른다. 맨 처음에 자아나 주관이 주어졌다고 생각한다면, 현존재의 현상적 실태를 근본에서부터 놓치게 된다. 이 사실을 입증하는 일이 분석작업의 맨 처음 과제 가운데 하나가 될 것이다. 어떠한 형태이건 '주관'을 상정하는 발상은, 이를테면 그 주관이 존재론적 근본규정에 의해 일반적으로 순화되어 있지 않은 한, 존재적으로 아무리 활발하게 '심적 실체'나 '의식의 사물화'로부터 자기를 지킨다고 해도 존재론적으로는 기체(基體, 히포케이메논)라는 단서를 늘 동반하고 있다. 주관, 마음, 의식, 정신, 인격 등이 사물화되어서는 안 되는 존재라 해도, 그럼 도대체 거기서 적극적으로 무엇을 이해해야 좋을지를 물을 수 있기 위해서는 먼저 사물의 물성 자체를 그 존재론적 유래에 대해 증명해 둘 필요가 있다. 이러한 명칭은 모두 '성형 가능한' 특정의 현상영역을 지칭하지만, 이러한 명칭을 이용할 때에는 언제나 그렇게 부를 수 있는 존재자의 존재를 묻지 않아도 좋다는 기묘한 확신이 늘 동반되고 있다. 그런고로 우리가 우리 자신인 존재자를 나타내기 위해서, 그러한 명칭인 '삶'이나 '인간'

과 같은 표현을 피하는 것은, 결코 용어상으로 고집하기 위한 것은 아니다.

'삶의 철학'은 마치 '초목의 식물학' 같은 느낌인데, 학문적으로 진지한 '삶의 철학'이 총체적으로 깃들어 있는 경향을 바르게 이해한다면 거기에 현존재의 존재이해를 지향하는 경향이 겉으로 드러나지 않은 채 작용하고 있음을 알게 된다. 그럼에도 눈에 띄는 것은, 이 철학에서 '삶' 그 자체를 하나의 존재양상으로서 존재론적으로 문제 삼지 않는다는 점이다. 이것이 실로 '삶의 철학'의 원리적 결함이다.

빌헬름 딜타이의 다양한 연구 활동은 '삶'을 묻는 물음으로 숨 돌릴 겨를도 없다. 그는 이 '삶'의 '다양한 체험'을 그 구조와 발전의 연관에 따라 삶 그 자체의 전체에서 이해하려고 애쓴다. 그의 '정신과학적 심리학'은, 심적인 요소나 원자에서 실마리를 찾으려 하지 않고 또 심적 생활을 이들의 요소로부터 조성하려고 하지 않는, 오히려 '삶 전체'나 '형태'를 지향하고 있다. 그러나 그의 심리학의 철학적인 중요성은 그 점에 있지 않고, 이들 모두를 통해 그가 무엇보다 '삶'에 대한 물음의 길 위에 서 있다는 점에 있다.

물론 그곳에는 또 그의 문제구조나 그가 말로 표현할 수밖에 없었던 개념구성 등의 한계가 뚜렷하게 나타난다. 하지만 이러한 한계는 딜타이나 베르그송에게서만 보이는 것이 아니며, 그들의 영향을 받은 모든 '인격주의'적 운동이나 철학적 인간학에 대한 경향에서 공통적으로 나타난다. 현상학에서 이루어지는 인격성의 해석은 원리적으로는 한층 철저하고 투명한 것이었지만, 이들도 현존재의 존재를 향하는 물음의 차원에는 들어가지 못한다. 후설[2]과 셸러

---

2) 에드문트 후설의 '인격성'에 관한 연구는 지금까지 공표된 바 없다. 그가 문제설정에 대해 취했던 원칙적인 태도는 이미 〈엄밀한 학문으로서의 철학〉이라는 논문(《로고스》 제1권[1910년] 319쪽)에서 드러나고 있다. 이 연구는 그 뒤 《순수 현상학 및 현상학적 철학의 이념들》 가운데 간행되지 않은 제2부에서 더욱 깊이 추진되었다. 이 책의 제1부(《철학 및 현상학 탐구 연보》 제1권[1913년] 참조)는 모든 실재성의 구성에 대한 탐구 토대로서 '순수 의식'의 문제구성을 서술하고 있다. 한편 제2부는 상세한 구성분석을 수행하고 있으며, 다음 세 가지를 3편으로 나눠 논술하고 있다. 첫째, 물질적 자연의 구성. 둘째, 동물적 자연의 구성. 셋째, 정신적 세계의 구성(자연주의적 태도와 대립하는 인격주의적 태도). 이 논술 첫머리에서 후설은 이렇게 말했다. "딜타이는 목표가 될 만한 문제들과 수행해야 할 연구방향들을 파악하고는 있었다. 그러나 그는 결정적인 문제 표명 및 방법적으로 올바른 해결의 영역까지 파고들지는 못했다." 이 연구가 처음 정리된 뒤에도 후설은 그 문제들을 더욱 깊이 연구했으며, 그중 주요한 부분을 프라

는 각각의 문제설정이나 수행방식, 세계관적 태도라는 점에서 많은 차이가 있지만, 그들에 의한 인격성의 해석은 부정적인 점에서 일치하고 있다. 그들의 해석은 '인격존재' 자체를 묻는 물음을 이미 제기하지 않는다. 우리는 그 예로서 셸러의 해석을 선택하는데, 그것은 이 해석이 단순히 문헌적으로 접근하기 쉽기 때문이 아니라,[3] 셸러가 인격존재를 분명하게 그 자체로서 강조하고 행동의 특수한 존재를 모든 '심적인 것'과 구별하는 방법으로 인격존재를 규정하려 했기 때문이다. 셸러에 따르면 우리는 결코 인격을 사물이나 물체로서 생각해서는 안 된다. 인격이란 '오히려 직접적으로 함께 겪게 되는 체험의 통일이지, 직접 체험된 것의 배후나 밖에 있는 사고된 산물이 아니다.'[4] 인격은 사물적이거나 실체적인 존재가 아니다. 더욱이 인격의 존재는 일정한 법칙성을 갖춘 이성작용의 주체로서 존재하는 데에 그치는 것이 아니다.

인격은 사물도 실체도 대상도 아니다. 셸러가 삶에 대해 물으면서 이렇게 인격문제에서의 한계를 역설한 것은 후설[5]이 인격의 통일성에 대해 자연물의 통일성과는 본질적으로 다른 구성을 요구할 때에 시사한 바와 같다. 셸러는 인격에 관하여 논술한 것을 행위에 대해서도 다음과 같이 말한다. '행위는 결코 대상이 아니다. 왜냐하면 행위존재의 본질에 단지 행위 수행 그 자체에서만 체험되고 반성적으로 주어지는 것이 포함되기 때문이다.'[6] 행위는 비심리적인 어떤 것이다. 인격의 본질에는 인격이 오로지 지향하는 행위를 수행할 때만 실존한다는 조건이 포함된다. 따라서 인격은 본질상 하나의 대상이 아니다. 그러므로 모든 심리적인 객관화는, 곧 행위를 어떤 심리적인 것으로 파악하는 것은 모두 비인격화하는 셈이나 같다. 어쨌든 인격은 한 가지 의미의 통일성에 의해 결속되는 지향적 행위의 수행자로서 주어진다. 따라서 심리적인 존재는 인격존재와는 아무 관계가 없다. 행위는 수행되는 것이며, 인격은 행위수행자이다. 그러나 '수행한다'의 존재론적 의미는 어떤 것인가? 인격의 존재양식을 존재론적으

이부르크 대학교 강의에서 사람들에게 전해 주었다.

3) 《철학 및 현상학 탐구 연보》 제1권 2(1913년)와 제2권(1916년), 특히 242쪽 이하를 참조.

4) 같은 책 제2권 243쪽.

5) 《로고스》 제1권, 위의 논문 참조.

6) 같은 책 246쪽.

로는 어떻게 규정하면 좋은가? 비판적인 물음은 여기에 머물러 있을 수 없다. 행위의 수행과 인격 존재양식에 대한 물음은 일반적으로 신체적, 심리적, 정신적 통일체로서 파악되는 전체적 인간의 존재에 대해 제기되고 있다. 신체, 마음, 정신은 다시금 현상영역(일시적)들을 지칭하고 있으며, 이들은 특정한 연구를 할 때, 그것만으로도 주제적으로 분리될 수 있는 것들이다. 따라서 일정한 한계 내에서는 그 현상영역들이 존재론적으로 규정되지 않아도 그리 중요한 일이 아닐지도 모른다. 하지만 우리가 인간의 존재를 물을 때, 이 존재는 신체, 마음, 정신 등 다시 규정되어야 하는 존재양상에 입각해 그들로부터 통계로서 산출될 수는 없다. 만약 이러한 통계적 시도를 따라야 한다면 존재론적으로 그들 전체의 존재이념이 전제되어야 할 것이다. 그러나 현존재의 존재를 묻는 원리적인 물음을 잘못 설정하거나 또는 잘못 이끄는 까닭은, 이러한 통계적 시도가 일관적으로 고대적 그리스도교적 인간학을 기준으로 하고 있기 때문이다. 이 인간학의 존재론적 기초가 충분하지 않은 점을 인격주의도 삶의 철학도 모두 간과하고 있다. 이 전통적 인간학 속에는 다음의 두 가지 요소가 포함되어 있다.

1. 인간이 '로고스를 지닌 동물'로 정의되고, 그것이 '이성적 동물'이라는 형태로 해석되고 있는 점. 여기서 말하는 '동물'이라는 존재양식은, 객체적으로 존재하고 출현하는 것이라는 의미로 이해되고 있다. 로고스는 이 이성적 동물이 가지고 있는 한 단계 높은 자질로서, 이 자질의 존재양식은 그것을 받아들인 존재자의 존재양식과 마찬가지로 모호한 상태로 머물러 있다.

2. 인간의 존재와 본질을 규정하기 위한 또 하나의 지침은, 신학적인 수단이다. 하느님은 말씀하셨다. '우리 모습을 닮은 사람을 만들자.'[7] 그리스도교 신학의 인간학은 이에 기초하여 고대적인 인간의 정의를 채용하면서, 우리가 인간이라 부르는 존재자의 해석을 여기서 얻었다. 하지만 존재론적으로 신의 존재가 고대존재론을 이용하여 해석되었듯이, 그렇게 유한한 존재자의 존재가 해석된다. 그리스도적인 정의는 근세가 지남에 따라 비신학화 되었다. 그렇지만 '초월'이라는 발상, 바로 인간이란 자기를 넘어서는 존재라는 이념은, 본래 그리

---

7) 〈창세기〉 제1절 26장.

스도교의 교의학에 뿌리를 두고 있다. 이 교의학이 지금까지 인간의 존재를 그때마다 존재론적으로 문제 삼아왔다고 주장하지는 못할 것이다. 인간이란 단순한 오성적(지성적) 존재 그 이상이라는 이 초월의 발상은 여러 가지 변화를 거치며 영향을 미쳐왔다. 그 유래는 다음과 같은 인용에서 명확히 읽어낼 수 있다. '이성, 지성, 사려, 판단력은 이 지상의 생활을 바르게 이끌어 가는 데 충분할 뿐 아니라, 그것으로 인간은 신과 영원한 행복에 이를 때까지 초월해 갈 수 있게 되었고, 인간의 지위는 이러한 눈부신 자질에 의해 더욱 뛰어나게 되었다.'[8] '인간이 하느님과 그의 말씀을 찬양한다는 사실은 인간이 그 본성에 있어서 신에 가깝게 태어났으며, 신의 모습을 닮았으며, 신에 대해 애착을 갖는 존재라는 사실을 암시한다. 그리고 이 모든 사실들은 의심의 여지없이 인간이 신의 모습을 본떠 만들어졌다는 것에서 온다.'[9]

전통적 인간학에서 중요한 의의가 있는 이들 원천—바로 그리스적인 정의와 그리스도교적인 지침—은 사람들이 지금까지 '인간'이라는 존재자의 본질을 규정하기에 바빠서 그만 그 자신의 존재의미에 대해 묻기를 망각해 왔고, 그리고 이 존재는 오히려 '당연한 것'으로 여겨지고 다른 피조물의 객체적 존재와 같은 의미로서 파악되어 왔다고 말하고 있다. 이 두 가지(그리스적, 그리스도교적) 지침은 근세의 인간학에서는 레스 코기탄스 즉 사유하는 자, 의식, 체험의 연관에서 출발하여 인간을 연구하려는 방법적 태도와 서로 뒤엉켜 있다. 그러나 사유행위가 존재론적으로 규정되지 않고 남아 있는 한, 또한 다시금 묵시적으로 '당연한 것'처럼 그 사유적 행위 '존재'가 어떠한 물음 아래에도 놓이지 않는 그런 '주어진' 어떤 존재로 간주되는 한 인간학의 문제구조는 그 결정적인 존재론적 기초에서 규정되지 않은 채 남아 있게 된다.

똑같은 것이 '심리학'에도 적용된다. 인간학과 심리학을 어떤 일반생물학 속에 끼워넣는다고 해서, 애당초 없는 존재론적 기초가 보완되는 것은 아니다. 뭔가의 파악이나 해석의 순서에서 볼 때, '생명에 대한 학문'으로서의 생물학은 현존재의 존재론 속에—유일하지는 않지만—그 기초를 두고 있다. 생명은 그 나름의 독자적인 존재양상을 띠지만, 본질상 현존재 속에서밖에 접할 수가 없

---

8) 칼뱅 《그리스도교 강요》 제1권 15, 제8절.
9) 츠빙글리 《하느님 말씀의 명료성과 확실성》, 독일어 저서 제1권 56.

다. 생명에 대한 존재론은 어떤 결여적 해석방법으로 수행되는데, 바로 '단지 살아 있을 뿐이다'가 성립되기 위한 필요조건이 된다는 점에서 그렇다. 삶과 생명은 단순한 객체적 존재가 아니다. 그렇다고 현존재도 아니다. 반대로 현존재도 먼저 그것을 삶으로서 선정한 뒤에─존재론적으로 규정하지 않고─다시 뭔가를 덧붙이는 식으로는 결코 존재론적으로 규정될 수 없다.

우리 자신이 존재자의 존재양상을 물을 때, 인간학이나 심리학, 생물학 속에는 존재론적으로 충분한 근거가 되는 일차적 해답이 빠져 있다고 지적해 왔다고 해서, 그것이 이들 학문분야의 실증적 연구 활동에 관하여 어떤 단정을 내리는 것은 아니다. 단지 그 반면에 기억해 두어야 할 것은 이들 존재론적 기초가 추가적 경험적 자료에 기초해 가설적으로 추정될 수 없다는 사실이다. 오히려 이러한 경험적 자료가 수집되고 있을 때조차 언제나 이미 거기에 존재하고 있다는 사실을 확실히 마음에 새겨둘 필요가 있다. 실증적 연구 활동에서 이들 기초를 보지 않고 그들을 뻔한 것으로 여길 때는 그들의 기초가 근저에 있음을 부인하거나, 실증적인 학문에 의한 어떤 테제보다도 그들의 기초 쪽이 훨씬 근본적인 의미에서 문제성을 잉태하고 있음을 부정할 수 없다.[10]

11 실존론적 분석작업과 원시적 현존재의 해석. '자연적 세계개념'을 얻는 어려움들

현존재를 일상적으로 있는 그대로의 모습으로 해석하는 일은 인류학이 지식을 경험적으로 전달하는 현존재의 미개단계를 서술하는 것과 같지 않다. 일상성과 미개와는 서로 겹치지 않는다. 오히려 현존재가 고도로 발달하고 세분화된 문화 속에서 생활할 때, 바로 그때의 일상성이 현존재의 한 존재양상이 된다. 반면 미개한 현존재도 그 나름의 비일상적 존재의 양태를 지니며, 또한 특유의 일상성을 갖는다. 현존재의 분석에서 '미개민족의 생활'을 참고로 하는

---

10) 하지만 아프리오리한 원리를 열어 보인다는 것은 '선험주의적인 구성'은 아니다. 에드문트 후설 덕분에 우리는 모든 진정한 철학적 '경험'들의 의미를 새로이 이해하는 법뿐만 아니라, 이에 필요한 도구의 사용법도 배웠다. 철학이 자기 자신을 이해하는 이상, '선험주의'는 곧 모든 학문적 철학의 방법이다. 하지만 이것은 '구성'과는 전혀 다르므로, 선험적인 원리를 연구하려면 아무래도 현상적인 터전의 적절한 준비가 필요하다. 현존재의 분석론에 대해 말하자면, 우리는 이를 위해 준비해야 할 최초의 지평을 현존재의 평균적인 일상성 안에서 구할 수 있다.

것이 방법상 적극적인 의의를 지닌 까닭은, '미개 현상'에는 해당 현존재에 의한 자기해석으로 은폐되거나 복잡화되는 일이 비교적 적기 때문이다. 미개한 현존재는 (전[前] 현상학적인 의미에서) '현상'에 근원적으로 녹아들어가 그 안에서 직접 발언하는 경우가 많다. 그들이 이용하는 개념구조는 우리에게는 아무런 도움이 되지 않지만, 여러 현상의 존재론적 구조를 정확하게 부각시켜 적극적으로 파악을 할 때에는 도움이 되기도 한다.

그러나 지금까지 미개인에 관한 지식은 민속학을 통해 제공되어 왔다. 그리고 민속학은 자료의 첫 수집이나 그 선별·정리 단계에서, 이미 인간적 현존재 일반에 관한 특정의 예비개념 해석 속에서 움직이고 있다. 민속학자에게 있는 상식적인 심리학은 물론 학문적인 심리학이나 사회학 등이, 탐구되어야 할 여러 현상에 대한 적절한 길을 열어주고 그것을 해석하고 전달하는 데에 과연 학문적 보증을 주고 있는지 어떤지는 불확실하다. 이 점에서도 앞의 절에서 논한 여러 학문분야와 같은 사태를 엿볼 수 있다. 민속학은 그 자체가 이미 현존재에 대한 어떤 충분한 분석작업이 실마리로서 전제되어 있다. 하지만 실증적인 학문은 철학의 존재론적 작업을 기다리고 있을 수 '없고', 또 기다려야 할 이유도 없으므로, 연구의 진행은 존재적인 발견의 '진보'라는 형태를 취하지 못한다. 단지 존재적으로 발견된 것을 존재론적으로 더 투명하게 순화해 가는 반복 형태로 수행될 뿐이다.[11]

존재론적 문제구조를 존재적 존재 연구에 대비시켜 형식적으로 설정하는 일이 아무리 쉽다고 하더라도, 현존재의 실존론적 분석작업을 수행하는 일, 특

---

11) 최근 에른스트 카시러는 신화적 현존재를 철학적인 해석의 주제로 삼았다. 《상징형식의 철학》 제2부 《신화적 사유》(1925년)를 참조하라. 이 연구를 통해서 민속학적 연구에 좀 더 광범위한 실마리들이 제공되었다. 하기야 철학적 문제설정이라는 점에서는 다음과 같은 의문들이 남지만 말이다. 과연 그 해석의 기초는 충분히 투명한가? 특히 칸트의 《순수이성비판》의 설계 방법과 그것의 체계적인 내용이 애초에 그런 과제에 대한 윤곽을 제공해 줄 수 있는가? 차라리 여기서 한층 근원적인 새로운 실마리를 잡아야 하는 것은 아닌가? 카시러 자신도 이런 과제들의 가능성을 인정했다. 이 사실은 16쪽 이하의 주석에서, 후설이 열어 보인 현상학적 지평을 그가 지적하고 있다는 점을 봐도 알 수 있다. 1923년 12월 칸트 학회의 함부르크 지부에서 나는 '현상학적 연구과제 및 방법'이라는 제목으로 강연을 했는데, 이때 카시러와 의견을 나눌 기회가 있었다. 그 대화에서 이미 카시러는, 앞서 언급한 강연에서 다루어진 실존론적 분석론이 요구된다는 점에 동의했다.

히 이 분석작업의 단서를 잡는 일에는 여전히 어려움이 있다. 이 작업이 다룰 과제 속에는, 철학이 오랫동안 몇 번이나 해결하고자 고민하면서도 이루지 못한 하나의 숙제가 포함되어 있다. 그것은 '자연적 세계개념'이라는 이념을 개발하는 문제이다. 오늘날에는 아무리 다양하고 아무리 멀리 떨어져 있는 문화권이나 현존재 형태에 대해서도 풍부한 지식을 구사할 수 있기 때문에, 이 세계개념 과제를 다루는 일이 더 유리해 보인다. 그러나 그것은 단순히 그렇게 보일 뿐이다. 이렇게 넘치는 지식은 본질의 문제를 잘못 보게 하는 근본적인 유혹이 된다. 모든 것을 비교하고 유형별로 분류한다고 해서 진정한 본질인식이 자연스럽게 나오지는 않는다. 잡다한 자연 현상들을 일람표로 만들어 봐도 그 속에 배열되어 있는 사항들이 진정으로 이해되지는 않는다. 배열의 원리가 진정 가치 있는 원리라면 그것은 이미 고유한 사상적 실질을 포함할 것이다. 그리고 이 실질은 분류하고 정리하는 작업을 통해 발견되는 것이 아니라, 본래 거기에 이미 전제되어 있다. 이렇게 다양한 세계상을 분류하는 데에 있어서도 세계 '일반'의 이념을 분명히 해야 한다. 그리고 '세계' 자체가 현존재의 한 구성요소라면, 세계라는 현상을 개념적으로 개발하기 위해서는 현존재의 근본구조에 대한 통찰이 요구된다.

우리는 이 장에서, 실존론적 분석작업이란 어떠한 것인지 그 성격을 이야기하는 한편, 어떠한 것이 없었는지 검토해 보았다. 이러한 목적은 이하의 해석경향과 문제의식에 관한 이해를 제대로 된 궤도에 올려놓기 위한 것이다. 기존의 실증적인 학문분야를 추진하기 위해서 존재론은 간접적으로밖에 기여하지 못한다. 존재를 묻는 물음이 존재자에 관한 직관적 정보를 얻는 것에서 멈추지 않고, 그것을 넘어 모든 학문적 탐구의 자극이 된다면, 존재론은 그것 자체만으로도 하나의 독립된 목적을 갖춘 셈이다.

제2장
현존재의 근본틀로서의 세계-내-존재 일반

12 내-존재(안에-있음) 그 자체를 길잡이 삼아 세계-내-존재를 그림

우리는 예비적인 검토(제9절)를 통해 현존재에 고유한 존재성격들을 이미 부각시켜 놓았다. 이들은 고찰의 앞길을 밝힐 등불이 되어줄 것이다. 그와 함께 그 존재성격들 자체도 고찰을 통해 그 구조가 구체적으로 살찌게 된다. 현존재란 스스로 존재하면서 스스로 존재에 대해 이해하려는 존재자이다. 이렇게 실존의 형식적 개념이 알려졌다. 바로 현존재는 실존한다. 현존재란 한 사람 한 사람이 자기 자신인 존재자이다. 실존하는 현존재에는 각자성이 있으며 이 특성은 본래적으로 있는가, 비본래적으로 있는가 하는 것이 가능해지기 위한 조건이 되고 있다. 현존재란 언제나 이들 두 가지 양태 가운데 어느 하나이며, 또는 상태에 따라 둘 다 무차별의 모습으로 언제나 실존한다.

그러나 현존재의 이러한 존재규정은 무엇보다 먼저 우리가 세계-내-존재라 부르는 존재구성에 의거해 여겨지고 이해되어야 한다. 현존재 분석작업의 올바른 실마리는 이 존재구성을 해석하는 일에 달려 있다.

'세계-내-존재'라는 합성적 표현은 이미 만들어진 형태로 알 수 있듯이 어떤 통일적인 현상을 가리킨다. 이러한 일차적 실상은 전체로서 파악되어야만 한다. 이 존재구성은 서로 조합된 상태로 있어서 각 부분으로 분해할 수가 없다. 물론 그것을 구성하는 구조계기에 여러 요소들이 섞여 있음을 배제하는 것은 아니다. 이 '세계-내-존재'라는 표현에서 나타나는 현상적 소견은 사실상 삼중의 관점에서 검토할 수 있다. 현상 전체를 선행적으로 확실하게 파악하면서 그 소견을 추적한다면 다음의 세 가지 관점을 이끌어 낼 수 있다.

1. '세계 안에서.' 이 계기와 관련하여 '세계'의 존재론적 구조를 밝히고 세계성 자체의 이념을 규정한다는 과제가 생겨난다.(본편 제3장 참조)

2. 각각 세계–내–존재라는 방식에 의해 존재하는 존재자. 이 존재자에 대해서 우리가 '누구'라는 말로 물을 필요가 있다. 현존재의 평균적 일상성의 여러 모습들 가운데 누구인가를 현상학적인 실증에 입각해 미리 규정해야 한다.(본편 제4장 참조)

3. 내–존재 그 자체. 내(內)라고 하는 그 자체의 존재론적 구성이 밝혀져야 한다.(본편 제5장 참조)

이들 세 가지 구성계기 중 어느 하나만을 채택해도 그것은 다른 모든 계기를 함께 채택하는 셈이 된다. 바로 그것은 언제나 저마다의 방식으로 현상 전체를 본다는 의미이다. 세계–내–존재는 현존재 성립에 있어서 무엇보다 앞서는 필연적인 체제인데, 그것만으로 이 존재들을 자세히 규정하기에는 아직 불충분하다. 앞에 들었던 세 가지 현상을 하나하나 주제적으로 분석하기에 앞서, 앞으로의 지침이 되도록 마지막에 언급한 구성계기(존재자의 구조)의 성격이 규정지어져야 한다.

내–존재란 무엇을 의미하는가? 우리는 일단 이 표현을 보완하여 '세계 안에서'의 존재로 이해하고, 이 내–존재를 '……속의 존재'로 이해하려 한다. 이 어법이 가리키는 것은 컵 '안'의 물이라든가 장롱 '안'의 옷처럼, 다른 어떤 것 '안'에 있는 존재자의 존재양식이다. 우리가 이 '안'이라는 말로 생각하는 것은, 공간 '안'에서 어떤 넓이를 지닌 두 존재자가 이 공간 속에서 차지하는 장소와 관련된 서로 간의 존재관계이다. 물과 컵, 옷과 장롱은, 함께 공간 '안'의 어떤 '위치'에 '있어서' 같은 상태로 존재하고 있다. 이러한 존재관계를 넓혀, 예를 들면 강당 안의 의자, 대학 안의 강당, 도시 안의 대학 등에서 '우주공간 안'의 의자에 이르기까지 확장할 수 있다. 이처럼 서로가 '안'에 있는 이들 존재자는 모두 세계의 '내부에' 나타나는 사물로서 객체적 존재라는 같은 존재양상을 지닌다. 어떤 객체의 '안'에 객체적으로 존재하는 것, 그와 같은 존재양상을 가지는 어떤 것과 함께 객체적으로 존재하는 것, 이들 모두가 특정한 위치관계의 의미로서 거론되는 존재관계는, 우리가 범주적이라고 부르는 존재론적 성격이다. 현존재와 다른 존재양식을 지닌 존재자에게 귀속하는 존재론적 성격이다.

이에 비해 내–존재란 현존재의 존재구성을 가리키며, 하나의 실존규정이다. 그렇다면 내–존재(안에–있음)라는 말로 생각할 수 있는 것은, 인간의 신체라는 하나의 물체가 어떤 객체적 존재가 '안'에 객체적으로 존재하고 있다고 말할 수 없다는 사실이다. 내-존재란 공간적인 의미에서 한편이 다른 편의 '안'에 있다는 사태를 가리키는 말이 아니다. 더구나 '안'은 그런 공간적 관계를 의미하지 않는다. '내(in)'는 'innan'에서 파생한 말로, 이것은 '살다(habitare)' '거주한다'는 의미이며,[1] '에서(an)'는 '……에 익숙하다' '……에 친숙하다' '……를 돌보다'로 habito(살다)나 diligo(애착을 갖다)의 의미를 포함한 colo(경작하다)라는 뜻을 지닌다. 이러한 의미의 내-존재를 갖춘 존재자를 우리는 늘 자기 자신이라는 존재자로서 성격지어 두었다. '내가 있다'를 의미하는 'bin'이라는 말은 '……의 곁에서' 'bei'와 관계가 있으며, '나는 있다' 'ich bin'도 '나는 ……의 곁에 산다, 머물고 있다'를 의미하는데, 어디에 머물고 있는가 하면, 바로 '이렇게 저렇게 익숙해져서 세상 곁에서'라는 뜻이다. '나는 있다' 'ich bin'의 부정형으로서의 존재를 실존규정으로 이해하면, '……의 곁에서 살고 있다' '……와 친숙하다'를 의미한다. 그렇다면 내-존재란, 세계-내-존재라는 본질적 구성을 갖는 현존재의 존재를 나타내는 형식적이며 실존론적인 표현이다.

세계의 '곁에 있다'는 말을 좀 더 깊이 해석하면, 세계에 관계하고 세계에 융화되어 있다는 의미로 이용된다. 이것은 내-존재에 기초를 둔 하나의 실존규정이다. 앞으로의 분석에서는 현존재의 근원적인 존재구조를 확인하는 일이 중요하며, 존재개념도 그 구조의 현상적 내실에 입각해 분해되어야만 한다. 그리고 이 구조는 본래의 존재론적 범주에서는 원리적으로 파악할 수 없는 것이므로, 지금 언급한 '……의 곁에 있는 존재'도 더욱 면밀하게 검토할 필요가 있다. 여기에서도 언어적으로는 같은 표현을 쓰지만, 존재론적으로는 본질적으로 다른 존재관계, 바로 범주적 관계에 대한 차이점이 두드러진다. 이러한 기본적인 존재론적 차별을 이처럼 현상에 입각해 더욱 뚜렷하게 그려 보이기 위해서는 '당연한 것'을 논한다는 위험을 무릅쓰고라도 이 차이점을 분명하게 확인해 두어야 한다. 하지만 존재론적 분석작업의 현 단계를 보니, 우리는 이러한 당연한 사항을 여전히 충분히 '파악하지' 못하고 있으며 그에 대한 존재의미도 해석하지 못하는 상황이다. 더구나 그에 걸맞는 확실한 윤곽을 갖추고

---

1) 야코프 그림 《소론집(小論集)》 제7권 247쪽 참조.

적절하게 표현할 수 있는 구조개념을 보유하고 있다고도 말할 수 없다.

하나의 실존규정인 세계 '곁에 있는' 존재들은, 그곳에 출현하는 사물들이 한곳에 늘어서 있는 듯한 객체적 존재를 결코 의미하지 않는다. '현존재'라는 이름의 존재자가 '세계'라는 이름의 다른 하나의 존재자와 '나란히 서 있는' 사태는 존재하지 않는다. 분명 우리는 두 가지의 객체적 존재자가 한곳에 늘어서 있는 것을 언어적으로 표현할 때에, 예를 들면 '책상이 문 '곁'(옆)에 있다' '의자가 벽에 '닿아' 있다'고 말한다. 하지만 엄밀히 말하면 '닿았다'고는 절대 말할 수 없다. 자세히 들여다보면 의자와 벽 사이에서 틈을 확인할 수 있기 때문이 아니라, 틈이 전혀 없다고 해도 책상은 원리적으로 벽에 닿을 수 없기 때문이다. '닿을' 수 있기 위해서는, 벽이 의자와 '마주하며' 만날 수 있어야 함이 전제조건이다. 존재자가 다른 세계내부적인 객체적 존재자와 닿을 수 있으려면, 오직 그 존재자가 본성상 내-존재의 존재양식을 가져야 한다. 즉 그가 그 세계에 있으면서 세계와 같은 어떤 것이 그와 함께 발견되어야 하고, 그 세계로부터 존재자가 세계와 접촉하는 가운데 드러날 수 있을 때에만, 그 존재자가 그의 눈앞에 있게 되며 접근 가능하게 될 것이다. 세계내부에 객체적으로 존재하면서 그 자체로 '무세계적'인 두 존재자는 결코 '서로 닿을' 수 없다. 한쪽이 다른 한쪽의 '곁에서' 존재할 수 없다. 여기에서 존재라고 말할 때는 무세계적으로 존재한다는 보충 설명을 놓쳐서는 안 된다. 무세계적이 아닌 존재자, 예를 들면 현존재 자신도 세계 '안'에서는 객체적으로 존재한다. 더 자세히 말하면, 어떤 일정 범위 내에서는 현존재자도 단순한 객체적 존재자로서밖에 존재하지 않는다. 그러므로 내-존재라는 실존론적 체제를 전면적으로 외면하거나, 그 존재 안의 구성을 완전히 무시해 버릴 필요가 있다. 이와 같이 하여 '현존재'를 어떤 객체적 존재자, 단순히 객체적으로밖에 존재하지 않는 것으로 여길 수는 있다. 하지만 이러한 견해와 현존재에 본래 속해 있는 '객체성'을 혼동해서는 안 된다. 현존재의 본래 '객체성'은 현존재에게 고유한 여러 구조를 외면해서는 접근할 수가 없다. 처음부터 이 현존재 고유의 구조를 이해해야만 비로소 그 현존재의 본래 객체성에 접근할 수 있는 것이다. 현존재는 자기의 가장 고유한 존재를 이해해야만 한다는 이야기이다. 어떤 의미에서 하나의 '사실로서 주변에 존재하고 있다'는 뜻으로 이해하는 것이다.[2] 그러나 스스로가 현존재로 있다는 사실의 '사실로서의 존재양태'는, 존재론적으로 보면 예를 들어 암석류가 하나의 사실로서 '출현'하는 경우와는 근본적으로 다르다. 각각의 현존재가 그때그때마다 사실로서 존재한다는 의미에서 현존재라는 사실의 '존재양태'를 우리는 현존재의 사실성이라 부른다. 이 존재규정의 복잡한 구조가 처음 문제로서 받아들이기 위해서라도 현존재의 존재론적인 근본적 구성을 먼저 내세워 그 빛 아래에서 파악해야만 한다. 사실성의 개념에는 '세계내부'에 있는 하나의 존재자가 세계 안에 있으며, 더구나 이 존재자는 자신의 고유 세계내부에서 자기를 만나는 존재자의 존재와 '운명'으로 굳게 결부되어 있다고 이해할 수 있다는 것이 내포되어 있다.

우리는 실존규정으로서의 내―존재와 범주로서의 다른 객체적 존재자의 상호 '내측' 사이에 있는 존재론적 차별성을 간파해야 한다. 우리가 내―존재를 다른 범주로부터 구별한다 해도 현존재의 모든 종류의 '공간성'이 부정되는 것은 아니다. 오히려 그 반대로, 현존재는 자기 자신의 고유한 '공간―내―존재'를 가지고 있으며, 그것은 또한 세계―내―존재 일반에 근거하고 있어야만 비로소 가능하다. 따라서 누군가가, 세계 내의 내―존재란 인간의 정신적 속성이며, 인간의 '공간성'이란 그 신체성의 성질로, 이것은 또한 늘 물체적인 속성에 '근거한다'는 식으로 존재적으로 성격을 부여하는 한, 내―존재를 존재론적으로 명확히 할 수 없다. 이러한 설명은, 어떤 세계 안에서의 내―존재는 하나의 정신적 고유성이지만 인간의 '공간성'은 인간의 육체에 바탕을 두고 있다고 말함으로써 사람들은 그 같은 성질을 지닌 하나의 정신사물과 하나의 물체사물이, 함께 사물적으로 존재한다는 그 점에 또다시 머물러 있게 되는데, 그처럼 정신과 물체가 합성되자마자 그런 존재는 더욱더 불투명한 채 남게 된다. 현존재의 본질구조로서 세계―내―존재가 이해되기 시작해야 비로소 현존재의 실존론적 공간성에 대한 이해가 가능해지게 된다. 세계―내―존재라는 구조를 이해하면, 이 공간성의 구조를 놓치지 않을 수 있고, 처음부터 그 공간 인식을 아예 없던 일로 배제하는 오류가 방지된다. 이러한 배제는 어떤 존재론적인 동

---

2) 본서 제29절 참조.

기에 뿌리를 둔 것이 아니라, 인간은 먼저 정신적인 사물이며, 그 정신적 존재가 나중에 공간 '속'으로 옮겨지게 되었다는 소박한 생각에 의한 '형이상학적'인 동기에 뿌리를 두고 있다.

현존재의 세계-내-존재는 그 사실성 때문에 저마다 이미, 내-존재의 다양한 특정 양태로 확산 또는 단편화하고 있다. 이러한 내-존재양식의 다양한 모습들은 다음과 같이 예를 들 수 있다. 즉 '뭔가와 관계를 갖는다' '뭔가를 제작한다' '뭔가를 정돈하고 손질한다' '뭔가를 사용한다' '뭔가를 버리거나 없앤다' '기획한다' '해낸다' '찾는다' '묻는다' '고찰한다' '논한다' '규정한다' 하는 등의 모습으로 있다. 이러한 내-존재 양태에는 배려한다(Besorgen)라는 존재양상이 갖추어져 있는데 이에 대해 더 깊이 파고들어 그 특성을 논해야 한다. 배려 양식에는 '그만둔다' '게으름 피운다' '체념한다' '쉰다'와 같은 결여적 상태뿐 아니라 다양한 배려의 가능성에 대응하여 '그저 ……할 뿐인' 모습도 있다. '배려'한다는 존재양식의 명칭은 학문적인 것 이전의 의미로 이용되며, '뭔가를 실행한다' '정리한다' '처리한다'라는 의미를 지닐 수 있다. 또한 이 말에는 '뭔가를 조달한다'라는 뜻으로, '자신을 위해 뭔가를 배려한다'는 의미가 있다. 다시 말해 우리는 이 말을 독특한 형태로 이용하면서, '나는 이 기획이 실패하지 않을까 걱정한다'고 말할 때가 있다. 여기에서는 '배려한다'란 '걱정하다(befürchten)' 정도의 의미이다. 이와 같은 학문 이전의 존재적인 다양한 말뜻과 별도로, 우리는 여기서의 고찰에서는 '배려한다'라는 단어를 존재론적 용어(실존규정)로서 뭔가의 세계-내-존재의 상태를 가리키기 위해 이용한다. 이 배려라는 명칭을 존재론적 의미에서 선택한 까닭은 현존재가 당장, 그리고 경제적으로 크게 '실천적'이기 때문이 아니라, 현존재 자신의 존재를 관심(Sorge, 걱정)으로서 드러내기 위해서이다. 이 관심이라는 표현 또한 존재론적인 구조개념으로서 채택해야 할 것이다.(본편 제6장 참조) 그것은 어떤 현존재에서도 존재적으로 발견되는 '고통' '우수' '생활의 걱정' 등과는 전혀 별개이다. 그들이 존재적으로 가능한 까닭은 그 반대의 '고통을 모른다' '유쾌함' 등과 마찬가지로, 현존재가 존재론적으로 해석한 의미에서 관심이기 때문이다. 현존재에는 본질상 세계-내-존재가 속해 있기 때문에 그것이 세계로 관련된 존재양태는 본질상 배려적인 관심의 존재인 것이다.

지금까지 논술한 바와 같이, 내-존재는 현존재가 때로는 갖고 때로는 갖지 않을 수도 있는 '속성'이 아니라는 사실, 즉 그것이 있든 없든 상관없이 현존재가 존재할 수 있는 '속성'이 아니라는 사실이 분명해졌다. 인간이 먼저 '존재'하고, 그 위에 기회 있을 때마다 부가적으로 '세계'에 대한 존재관계가 이루어지는 것이 아니라는 말이다. 현존재가 '처음에는' 이른바 내-존재가 없는 존재자였다가 때로 변덕을 부려 세계와 '관계'를 맺는 것도 아니다. 이러한 형태로 세계와 '관계'를 맺을 수 있는 까닭도, 현존재가 본래 세계-내-존재로서 존재하고 있기 때문이다. 이 세계-내-존재라는 존재체제는, 현존재라는 성격의 존재자 말고도 다른 존재자가 객체적으로 존재하고 있어 현존재가 이 존재와 만남으로 비로소 성립하게 되는 것이 아니다. 이 존재자가 현존재와 만날 수 있는 까닭은, 그것이 본래 어떤 세계내부에서 스스로 자신을 나타낼 수 있기 때문이다.

  오늘날에는 '인간은 고유의 환경세계를 가진다'는 말을 자주 한다. 이 말에서 이 '가진다'는 말이 규정되지 않는 한 존재론적으로는 의미가 없다. 이 '가진다'는 말은, 그 가능성으로 본다면 내-존재라는 실존론적 체제에 기초하고 있다. 현존재는 본질상 이런 상태로 존재하는 까닭에, 환경적으로 만나는 존재자를 발견하고 알고 지도하는 의미에서 '세계'를 가질 수 있다. '환경을 가진다'는 것은 존재적으로 당연한 이야기지만, 존재론적으로는 문제가 된다. 이 문제를 해결하기 위해 요구되는 것은, 먼저 현존재의 존재를 존재론적으로 충분히 규정해 두는 일이다. 환경을 가진다(즉 주위환경이 내 존재구성 속에 있다)는 존재체제는 특히 칼 에른스트 폰 베어 이래 생물학에서 다시 쓰이게 되었지만, 그것을 우리가 철학적으로 사용할 때에도 '생물학주의'라고 추론해서는 안 된다. 왜냐하면 생물학도 실증과학인 이상, 결코 이 구조를 스스로 발견하여 규정할 수 없기 때문이다. 생물학은 오히려 그것을 전제로 하여 끊임없이 이용할 수밖에 없다. 그러나 또한 이 구조를 생물학의 주제적 대상인 선천적(아프리오리)인 원리로서 철학적으로 해명하기 위해서는 그것을 먼저 현존재의 구조로서 이해해야 한다. 이렇게 이해된 존재론적 구조를 지침으로 이와 비교해 무엇이 아직 결여되어 있는지 밝히는 절차를 통해 비로소 '생명'이라는 존재구성이 선천적(아프리오리)인 윤곽을 드러내는 것이다. 존재적으로 봐도, 존재론적으로 봐도 배려로서의 세계-내-존재가 우위를 차지한다. 현존재의 분석작업에서는 이 구조에 근본적인 해석이 더해지게 된다.

그러나 우리가 이 존재체제에 대하여 지금까지 해온 규정이 너무나도 부정적인 언명에 그쳤던 것은 아닐까? 우리가 들어온 설명은, 늘 이렇게 기초적이라고 하면서 내-존재가 무엇무엇이 '아니'라는 것뿐이었다. 사실 바로 그렇다. 하지만 이 부정적인 형용이 전면에 나오는 것은 우연이 아니다. 그것은 오히려 이 현상의 특이성을 뒷받침하며, 이로써 이 현상 자체는 적절하고 진정한 의미에서 적극적이 된다. 세계-내-존재를 현상학적으로 미리 제시하는 것으로 왜곡이나 은폐를 물리치는 성격을 띤다. 이것은 이 세계-내-존재라는 현상이 온갖 현존재에 있어서 어떠한 방식으로든 언제나 눈앞에 직접 '보이기' 때문이다. 그리고 이 현상은 현존재의 근본체제를 구성하고 있으며, 그 존재와 더불어 그 존재이해를 위해 언제나 이미 열어 보이기 때문이다. 하지만 그 현상은 대체적으로 늘 근본적으로 철저하게 오해받고 있으며, 존재론적으로 불충분한 형태로 해석되고 있다. 이것은 현존재 자신이 어떤 존재체제에 기초하고 있다는 말이다. 현존재는 이 세계-내-존재라는 존재체제에 맞추어 자기 자신을 이해하고 있다. 나아가서는 자기 세계-내-존재를 존재론적으로 자기 이외의 존재자, 말하자면 자기 자신은 아니지만 자기 세계 '내부'에서 만나게 되는 존재자와 그 존재의 측면에서 이해하고 있고, '어느 정도는 보고 있지만 대략적으로 오해하고 있다'는 것도 다름 아닌 현존재 자신의 이 존재체제에 뿌리를 두고 있다.

현존재 자신은 현존재 자신 안에, 이 존재체제가 언제나 이미 어떤 방식으로 있음을 알고 있다. 그런데 이것을 새삼스럽게 인식해야 한다면, 이러한 과제에서 표면화된 '인식'은 그대로 '자기 자신'을 세계인식으로서 세계에 대한 '마음'의 규범적인 관계로 이해하게 된다. 따라서 세계를 인식하는 것(노에인, 단순한 존재규정을 그대로 감각하는 작용), 또는 세계에 대해 이야기하며 토론하는 것(로고스)이, 세계-내-존재의 일차적인 모습으로서의 기능을 맡게 되고, 이 세계-내-존재 자체는 이해받지 못하는 것이다. 그러나 이 존재구조는 존재론적으로 결코 밝혀지지 않고 있으며 더구나 존재적으로는 세계라는 존재자와 마음이라는 존재자 사이의 '관계'에서 경험되기 때문에, 그리고 존재자란 세계내부적인 존재로서의 존재자, 존재론적인 실마리로서 이해되기 때문에 앞에서 언급한 두 존재자 사이의 관계는 이들 존재자를 기초로 하여, 또한 그들 존재자의 존재라는 의미에서 즉 객체적 존재로서의 파악이 시도되고 있다. 이렇게 세계-내-존재는 전(前) 현상적 바탕에서 경험되고 숙지되고 있다. 그럼에도 불구하고 존재론적으로 부적절한 해석방법에 의해서는 보이지 않을 것이다. 사람들은 현존재의 체제를—다시 말해 어떤 뻔한 것을—부적절한 해석으로 특징짓고는 겨우 알았다고 말하곤 한다. 이러한 형태로 파악한 이 체제는, 이윽고 인식이론과 '인식의 형이상학'의 여러 문제를 전개하기 위한 '명증적' 출발점이 되는 것이다. 왜냐하면 '주관'이 '객관'에 관계해 어떤 사실을 인식할 때, 그리고 그 반대되는 경우에 인식하는 사실들 말고 더 또렷한 것은 없기 때문이다. 이 '주관-객관 관계'는 어떻게 해서든 전제되어야 한다. 누구라도 이 관계의 사실성을 부정할 수는 없다. 이 전제에 대해 존재론적 필연성이 밝혀지지 않는다면, 특히 그 존재론적 의미가 밝혀지지 않는 한, 몹시 불행한 전제로 남게 될 것이다.

일차적으로 세계인식은 대부분 내-존재라는 현상을 범례적으로 대표하고 있으며, 그것은 단순히 인식이론에 대해서만 말하는 것이 아니다. 그리고 실천적 행동은 '비(非)이론적' 또는 '무(無)이론적'인 태도로 이해되기 때문에, 또한 인식의 우위에 의해 가장 자기다운 존재양상에 대한 이해가 잘못으로 인도되기 때문에 세계인식에 관한 세계-내-존재가 더욱 날카롭게 강조되어야 하며, 또한 세계인식 자체가 내-존재의 실존론적 '양상'으로서 분명해져야만 하는 것이다.

13 기초 잡힌 하나의 상태로 이루어지는 내-존재의 예시. 세계인식

세계-내-존재가 현존재의 근본체제 가운데 하나이고, 그 안에서 현존재가 단지 움직이고 있을 뿐 아니라, 특히 일상성의 양상으로 움직이고 있다면, 현존재 또한 언제나 이미 존재적으로 경험되고 있어야 한다. 더욱이 현존재는 자기 자신에 대한 존재이해를 갖고 있으며, 이 이해가 아무리 막연한 형태로 작용하고 있다고 해도 세계-내-존재가 전적으로 완전히 감춰진 채 남아 있다고 생각할 수는 없을 것이다. 하지만 '세계인식의 현상' 자체가 파악되기 무섭게 그 세계 현상은 다시 '외면적인' 형식적인 해석 안으로 빠져들어가 버렸다. 그것을 나타내는 지표는 오늘날에도 이루어지고 있듯이 인식을 '주관과 객관의 관계'에서 선정하는 설정이다. 그러나 이것은 '진리'이긴 해도 참으로 공허한 설정이다. 주관과 객관은 결코 현존재와 세계에 들어맞지 않으니 말이다.

내—존재를 존재론적으로 규정하기 위해, 인식적 세계—내—존재가 만약 허락된다고 해도, 그 세계—내—존재에 내재되어 일차적으로 요구되는 과제는 세계 안에서 세계를 향해 관계하는 존재양상으로서의 인식을 현상적으로 특징짓는 일일 것이다. 하지만 이 존재관계에 관하여 반성할 때 먼저 주어지는 반성 대상은, 인식되는 것으로서의 자연이라는 이름의 존재자이다. 이 자연의 존재자에서는 아무리 봐도 인식이라는 작용 자체가 보이지 않는다. 인식하는 바가 본래 '존재하고 있다'면 그것은 다름 아닌 인식되는 존재자에 딸려 있어야 한다. 하지만 이 물체적 인간에게는 인식한다는 작용이 객체적 형태로 존재하지 않는다. 어쨌든 그것은 신체적 속성처럼 외면적으로 확인할 수 있는 것이 아니다. 인식작용이 이 존재자에 속해 있으며 더구나 그것은 외면적 성질이 아니라고 한다면 그것은 '내면'에 있음이 분명하다. 이렇게 인식작용이란 본래 '내면'에 있으며, 그뿐 아니라 총제적으로 신체적이든 심리적이든 존재자의 존재양식 같은 것은 존재하지 않는다고 확실하게 견지하면 할수록, 그만큼 더 사람들은 인식의 본질에 대한 물음에서도 주체와 객체 관계에 대한 해명에서도 자기는 어떤 전제 없이 고찰을 진행하고 있다고 믿는다. 왜냐하면 이리하여 비로소 하나의 문제다운 문제가 성립되기 때문이다. 그것은 바로 '이 인식하는 주관은 어떻게 그 내적 '영역'에서 나와 '다른 외적 영역'에 이르는가?' 하는 물음이다. 또는 '인식작용은 본래 어떻게 하여 대상을 가지는가?' '주관이 일부러 다른 영역으로 비약하는 모험을 감행하지 않고도 최종적으로 대상을 인식할 수 있기 위해서, 대상 그 자체를 어떻게 생각하면 좋은가?'라 말해도 좋다. 이러한 물음의 설정은 다양하기는 해도, 이 발상으로는 당면한 인식주체의 존재양상은 한 번도 물은 적이 없다. 주체에 의한 인식을 논할 때, 그 존재양상을 암암리에 주체 안에 포함시키고 있어도 그 주체의 존재양태가 늘 이미 주제 속에 내재되어 있으므로 이 물음은 다시 묻지 않는 것이다. 주관의 내면이나 '내적 영역'은 결코 '상자'나 '용기'와 같이 생각되어서는 안 된다고 빈번히 강조해 말한다. 하지만 그 주관 안에 갇혀 있던 인식, 내재된 '내면'은 적극적으로 무엇을 의미하는지, 또 인식이라는 '내면존재'의 존재성격이 어떠한 형태로 주관의 존재양식에 근거하고 있는지 알고 싶어 물어봐도 대답은 들을 수 없다. 그러나 이 내면 영역에 대하여 어떠한 해석이 이루어지든 '인식의 작용이 어떻게 해서 그 안으로부터 '밖으로 나와' 초월(선험)'하게 되는지'라는 물음만이 제기되고 있는 것을 보면, 사람들에게 그러한 수수께끼를 던져주는, 본래 우리 안에 내재해 있던 인식작용이란 도대체 어떻게 존재하고 또 무엇인가 하는 것을 미리 해명도 않은 채 우리 존재의 인식을 문제시하고 있다는 것이 분명해진다.

이와 같은 설정으로 인식현상이 더없이 잠정적이라고 주제화할 때에도, 이미 암암리에 함축되어 있는 사항, 즉 현존재가 '인식하는 현상은 세계−내−존재로서의 현존재의 존재양태 가운데 하나이며, 존재적으로 이 존재구성에 근거를 두고 있다'는 사실에 주목하지 않는다. 인식작용이란 세계−내−존재의 존재양식의 하나라는 이 현상적 소견으로 주의를 환기시키면, 사람들은 이에 대해 말한다. '그런 식으로 인식작용을 해석해 버리면 인식문제는 허무하게 끝나버리지 않을까? 인식작용은 주관의 초월로 비로소 세계에 다다르게 되는 것인데 그것이 처음부터 자기 세계의 근거에 있다고 전제를 해버리면, 도대체 그 이상 무엇을 문제 삼으면 좋겠는가?' 하는 이의가 나올지도 모른다. 이 뒷부분에서 표명된 이의 속에서, 현상적으로 검증된 것도 아닌데 작위적으로 만들어진 '입각점'은 도대체 무엇이겠냐고 문제시한 점은 제쳐두어도 남는 물음은 이것이다. 본래 인식문제라는 것이 존립할 수 있는가? 그것이 어떠한 의미에서 존립해야 하는가? 과연 인식 그 자체의 현상, 그리고 인식하는 자의 존재양상을 무시하고 어떠한 판결이 내려질 수 있다는 말인가?

인식작용의 현상적 실상에서 무엇이 인식되고 있는가 물어보면, 인식 그 자체는 '세계의 근간에 이미 있는 존재'에 기반을 두고 있다는 것이 확인된다. 현존재의 존재는 본질적으로 그러한 하나의 세계 근간에 있고 그것에 관련된 존재로 규정되어 있지만, 이 '……의 근간에 이미 있는 (선행적) 존재'란, 당장 눈앞에 존재하는 객체를 멍청하게 바라보는 것만을 의미하지는 않는다. 세계−내−존재는 배려로서 그것이 배려하는 세계에 마음을 빼앗기고 있다. 인식이란 객체적 존재자를 고찰하면서 규정하는 것인데, 이것이 가능하기 위해서는, 그보다 먼저 세계와 서로 관련하는 것으로 어떤 결여가 발생할 필요가 있다. 모든 공작이나 조작 등을 멈출 때, 배려는 아직 남겨져 있는 단 하나의 내―존재의 양상, 바로 '……의 근간에 멍하니 서 있다'는 양상에서 물러난다. 이처럼 세계에 관계하는 존재양상은, 세계의 내부에서 만나는 존재자를 불과 얼마 되지 않는 순전한 형상으로 맞이할 뿐이다. 하지만 이 존재양상에 근거하다 보면, 그 존재양상의 한 모습으로서 이와 같이 눈앞에 불쑥 나타나는 것을 미리 가만히 바라볼 수가 있는 것이다. 이렇게 주목하는 일은 그때그때마다 객체적 존재자를 향한 특정한 관심과 지향이며, 그 객체적 존재자에게 조준하는 태도이다. 그것은 자기가 만나는 존재자에게서 처음부터 어떤 '관점'을 받아든다. 이 같은 주목은, 세계내부적 존재자의 근원에 머무는 양상으로도 옮겨간다. 모든 조작이나 이용을 삼가게 하는 의미에서, 이런 종류의 '보류'에서는 객체적 존재자에 대한 지각이 이루어진다. 이러한 지각은 어떤 것을 이러이러한 것으로 부르는 한편 그에 관하여 논술하는 수행양식을 갖춘다. 이 가장 넓은 의미에서의 해석이라는 터전 위에서, 지각은 규정하는 작용을 한다. 지각되고 규정된 바가 명제로서 언명되고, 이처럼 언명된 말로서 기억되고 보존될 수 있다. 뭔가를 이와 같이 지각하고, 언명을 지각적으로 기억하는 일도 그 자체로 세계―내―존재의 한 양상이기 때문에, 이것을 마치 하나의 주관이 뭔가에 대한 표상을 손에 넣기 위한 '과정'쯤으로 해석하거나, 그렇게 취득된 표상은 '내면'에 보관되어, 그 뒤 언젠가 기회 있을 때마다 그들 표상이 왜 현실과 '일치'하는지에 대한 물음이 제기되기도 할 것이라고 생각하는 일은 허락되지 않는다.

현존재는 자기 내면 영역 안에 갇혀 있다가 뭔가 일정한 방향을 지향하고 포착하게 될 때야 비로소 거기로부터 빠져나오는 것이 아니다. 오히려 현존재는 그 본래의 존재양식으로 언제나 '밖으로 나와 있다.' 이미 발견되어 있는 세계에서 자기가 만날 수 있는 존재가 곁에 그것과 관련되어 있다. 또한 자기가 인식하려는 존재자를 규정하기 위해 그 존재자 곁에서 머물러 있는 존재양식도 말하자면 내면 영역에서 빠져나와 있는 것이다. 이처럼 '밖으로 나와' 대상 곁에 있을 때도, 현존재는 바르게 이해된 의미에서 '안에' 있다. 다시 말해서 그것은 세계―내―존재로서 인식하는 현존재 자신이며 역시 '안에' 있는 것이다.

또한 감지하고 인식한다는 것도 그것을 파악하기 위해서 밖으로 나갔다가 획득한 먹이를 가지고 의식의 '둥지' 안으로 돌아오는 것이 아니다. 인지함, 보존함, 기억함에서도 인식하는 현존재는 어디까지나 현존재로서 밖으로 나온다는 말이다. 존재자에 대한 존재연관을 '단지 신경 쓰고 있다'거나 그것을 '그저 표상하고 있다'거나, '다만 머릿속에 떠올릴' 때에도 나는 이른바 원초적으로 파악할 때 못지않게 바깥 세계 안에서 존재자의 기초에 서 있다. 어떤 것을 잊어버릴 때에는, 전에 보아 알고 있던 것에 대한 모든 존재교섭이 지워지는 듯이 보이지만 이 망각조차도 근원적인 내–존재의 한 변모된 모습으로서 파악되어야 한다. 모든 착오와 오류 또한 마찬가지이다.

세계를 인식하는 작용을 구성하는 세계–내–존재의 여러 양태가 각각 무엇에 어떻게 뿌리내리고 있는지 그 관련에 초점을 맞춰왔다. 그것으로 명료해진 바는, 현존재는 인식작용에서 현존재 안에서 이미 발견되어 있는 세계에 대하여 새로운 존재 자세를 획득한다는 것이다. 이 새로운 존재가능성은 독립해서 강화되거나, 독자적 과제가 되고, 그리고 학문이라는 형태로 세계–내–존재에 대한 지도적 역할을 떠맡게 된다. 하지만 인식작용에 의해 무엇보다 먼저 주관과 '세계'와의 교제를 만들어 내는 것도 아니며, 또한 이 '교제'는 세계가 주관에 미치는 영향으로 생기는 것도 아니다. 인식이란 세계–내–존재에 기초한 현존재의 한 상태이다. 그런 까닭에 먼저 세계–내–존재를 근본체제로서 미리 해석해 두어야 하는 것이다.

제3장
세계의 세계성

14 세계 일반의 세계성 이념

우리는 먼저 세계-내-존재를 그러한 존재들의 '세계'라는 구조계기에 주목해 명확히 하고자 한다. 이 과제는 간단히 실행될 듯이 보이고, 평범하다고 생각되기 때문에, 사람들은 지금이라도 이 일은 그냥 넘어가도 된다고 생각한다. 도대체 '세계'를 현상으로서 기술한다는 것은 어떤 뜻일까? 그것은 세계내부에서 나타나는 '존재자'의 모습을 미리 보이게 하는 일이다. 그 첫걸음은 세계 '안'에 주어져 있는 존재들, 집이나 나무, 인간, 산, 별 등을 목격한다는 뜻이다. 우리는 이들 존재자의 '형상'을 묘사하고, 그들에게 일어나는 사건을 이야기할 수 있다. 그러나 그것들은 분명히 현상학 이전의 '일'로서, 현상학적으로 보면 아무리 봐도 중요한 안건일 수가 없다. 그 기술(記述)은 존재자에게 얽매어 있다. 그것은 존재적인 기술이다. 그럼에도 요구되는 대상은 어디까지나 존재이다. 현상학적 의미에서 '현상'이란 형식적으로 규정된 바와 같이 존재 및 존재 구조로서 나타나는 현상이어야 한다.

그렇다고 본다면 '세계'를 현상학적으로 기술하는 것은 세계내부에 존재하고 있는 존재자의 존재를 또다시 불러일으키고, 그것을 범주적 개념으로 확정하는 일일 것이다. 세계내부에서 존재하는 것이란 사물, 즉 자연적 사물과 '가치를 띤' 사물이다. 이들 사물이 사물인 까닭에 사물성이 문제가 된다. 그리고 '가치를 띤' 사물의 사물성에는 자연사물의 사물성 위에 입각해 있으므로, 자연사물의 존재인 자연 그 자체가 가장 먼저 주제가 된다. 이처럼 모든 것의 기초가 되는 자연사물, 실체의 존재성격은 실체성이다. 그것의 존재론적 의미는 무엇인가? 이렇게 물음으로 인해 우리의 근본적 탐구는 명확한 물음의 방향으로 향할 수 있게 된다.

그러나 우리는 존재론적으로 '세계'에 대해 묻고 있을까? 지금 표명한 문제 설정은 의심의 여지도 없이 존재론적이다. 하지만 우리가 수학적 자연과학에서 자연이라는 존재자에 관하여 논술할 수 있는 근본적 언명에 맞게 자연의 존재를 아무리 순수하게 해명할 수 있게 되었다고 해도 이 존재론은 결코 '세계'라는 현상을 만나지 못한다. 자연 그 자체도 세계내부에서 만나게 되는, 그리고 다양한 방법과 단계에서 발견될 수 있는 한 존재자에 지나지 않는다.

그러면 우리는 그에 앞서 '가치를 띤' 사물이라는 존재자들 곁에 머물러 있으므로 이들에게서 단서를 찾아야만 하는가? 이 가치를 띤 사물들이 '본래'의 지점, 바로 우리의 내적세계를 '정말로' 보이고 있는 것은 아닐까? 분명히 그들은 '세계'라는 것을 더한층 인상적으로 보여주고 있을 것이다. 그러나 이들 사물 또한 세계내부에 있는 존재자이다.

그렇다면 세계내부적 존재자에 대한 존재적 묘사도, 또한 이 존재자의 존재에 대한 존재론적 해석도 '세계'라는 현상과 합치된다고 할 수는 없다. '객관적 존재'로 다가가는 이 두 가지 접근법에 '세계'는 이미 서로 다른 형태로 '전제'되고 있다.

'세계'는 앞에서 거론한 존재자의 규정이라고 부를 수 없는 것일까? 그러나 우리는 이들 존재자가 세계내부에 있다고 말한다. '세계'는 현존재의 존재성격의 하나인가? 그리고 '당장은' 어떤 현존재든 저마다 자기 세계를 가지게 되는 것일까? 그렇다면 '세계'가 어떤 '주관적인 것'이 된다는 말일까? 그럴 경우 우리가 그 '안'에 존재하고 있는 한 하나의 '공동의' 세계내부라는 것이 어떻게 가능한가? '세계'를 향해 물음을 제기할 때에 우리는 어떤 세계를 생각하고 있는가? 이런저런 세계가 아닌, 세계 일반의 세계성이 바로 우리가 목적하는 바이다. 어떤 길로 가야 이 보편적 현상을 만나게 되는가?

'세계성'은 하나의 존재론적 개념이며 세계-내-존재를 구성하는 한 계기구조를 가리킨다. 하지만 세계-내-존재는 이미 알려져 있듯이 현존재의 실존론적 규정의 하나이다. 따라서 세계성이라는 것도 그 자신이 하나의 실존규정이다. 존재론적으로 '세계'에 대해 물을 때에도, 우리는 결코 현존재의 분석작업의 주제적 영역에서 벗어나서는 안 된다. 현존재에서 바라보면, '세계'는 존재론적으로는 그 본질상의 현존재가 아니며, 존재자의 규정이 아니며, 현존재 자체의 한 성격이다. 그러나 '세계'라는 현상을 탐구하는 과정에서 세계내부적 존재자와 존재를 경유할 필요성이 없다는 말은 아니다. 세계에 대해 현상학적으로 '서술'해야 하는 과제가 무엇인지 분명하게 드러나지 않으므로, 그 과제에 대해 충분한 규정을 하기 위해서라도 본질적인 존재론적 해명이 요구된다.

위에서 말한 바와 같이 그 안에서 자주 쓰이는 '세계'라는 말을 살펴보면 그 속에서 눈에 띄는 것이 이 언어의 다의성이다. 이 세계의 다의성을 뚜렷하게 함으로써 다양한 의미로 지목되고 있는 여러 현상과 그들 사이의 연관을 제시할 수 있을 것이다.

1. 세계는 존재적 개념으로 이용되며, 세계내부에서 존재할 수 있는 존재자의 총체를 의미한다.

2. 세계는 존재론적 용어로서 기능하며, 이 경우에는 1에서 언급한 존재자의 존재를 의미한다. 이 의미의 '세계'는 저마다 다양한 존재자를 포섭하는 영역의 명칭이 되기도 한다. 예를 들면 수학자의 '세계'라는 말은 세계와 수학의 대상이 될 수 있는 모든 영역을 의미한다.

3. 세계는 무엇이든 존재적인 의미에서 이해된다. 이 경우 본질적인 현존재와 달리 세계내부에서 만날 수 있는 그런 존재자가 아니라, 현사실적인 현존재가 현존재로서 '그 안에서' '살고 있는' 그런 세계를 뜻한다. 그러므로 세계는 전(前) 존재론적·실존적 의미를 지닌다. 이에 관한 다양한 가능성이 있으며 세계는 '우리'의 '공적인' 세계를 지목하기도 하고, '자기만의' 세계와 가까운 (가정적인) 주변 세계를 의미하기도 한다.

4. 마지막으로 세계는 세계성이라는 존재론적·실존론적 개념을 나타내고 있다. 세계성은 그 자체가 다양하고 특수한 '세계' 각각의 구조 전체로 변화될 수 있다. 그러나 그 자체 안에 세계성 일반이라는 '선험적' 토대를 포함하고 있다. 우리는 세계라는 말을 3(전 존재론적, 실존적 세계)에서 확정한 의미로 표현하기 위해 이용하기로 한다. 때로 1(존재적 개념의 세계)에서 언급한 의미로 이용할 때에는 이 말의 뜻에 인용부호를 달기로 한다.

그러면 세계에서 파생한 '세계적'이라는 표현은, 우리 용어법에서는 현존재의 존재양식을 가리키는 말로, 결코 세계 '안'에 있는 객체적 존재자의 존재양식을 가리키는 표현이 아니다. 이러한 현존재자를 우리는 세계에 귀속한다거나 세계의 내부에 있다고 표현한다.

지금까지의 존재론을 되돌아보면 세계-내-존재라는 현존재의 구성을 놓치고 있었을 뿐 아니라 세계성이라는 현상을 그냥 지나쳐 왔음을 알 수 있다. 그 대신에 세계내부에서 객체적으로 존재하는, 게다가 결코 발견되지 않는 존재자, 바로 자연을 기초로 하는 이 존재자의 존재로부터 세계를 해석하려고 노력하고 있다. 존재론적·범주적에서 자연이란 세계내부에 있을 수 있는 존재자의 존재의 한계적인 사례이다. 이러한 의미의 자연으로서의 존재자를, 현존재는 오직 그의 세계-내-존재의 특정한 모습에서 발견할 수 있을 뿐이다. 그리고 이러한 자연인식은, 특정 형태에서 세계의 탈세계화라는 성격을 가진다. 따라서 세계내부에서 만나는 특정한 존재자의 존재구조의 범주적 총괄개념으로서의 '자연'으로는 결코 세계성을 이해할 수 없다. 그러나 예를 들면 낭만파의 자연개념이라는 의미의 '자연'현상도 세계개념과 더불어, 다시 말해 현존재의 분석작업에 의거해야 비로소 존재론적으로 파악될 수 있다.

세계의 세계성을 존재론적으로 분석하는 문제를 고려해 볼 때, 전수된 존재론은—본래 이 문제를 알고 있었다고 해도—미궁 속에서 헤매고 있다. 한편 현존재의 세계성에 대한 해석 및 그 세계화(일반화)의 여러 가능성과 여러 다른 종류의 해석은, 도대체 왜 현존재가 세계인식이라는 방식에서 존재적으로도 존재론적으로도 세계성이라는 현상을 뛰어넘는지를 반드시 밝혀야 할 것이다. 그러나 이러한 사실 안에는 그와 함께 세계성이라는 현상으로 가는 길을 위한 올바른 현상적 출발점—이 출발은 건너뛰는 탐구를 막아야 한다—을 획득하기 위해 특별한 조치가 필요하다는 지적이 내포되어 있다.

그것을 위한 방법적 지침은 이미 주어져 있다. 우리는 그 지침을 따라 세계-내-존재를, 나아가 세계를 현존재의 가장 가까운 존재양식으로서 평균적 일상성의 지평에서 분석작업의 주제로 삼는다. 즉 우리는 일상적인 세계-내-존재를 추적해야 하며, 거기에서 현상적 실마리를 찾으면서 세계라는 것을 목격해야 한다.

일상적 현존재의 가장 가까운 세계는 환경세계이다. 우리의 고찰은 이 평균적인 세계-내-존재의 실존론적 성격인 환경세계에서 출발해 세계성 일반의 이념으로 나아가게 된다. 그리고 환경 내부에서 가장 가깝게 만나는 존재자를 존재론적으로 해석함으로써 환경세계가 갖는 세계성(환경세계 고유의 세계성)을 찾는다. 환경이라는 말 속에는 '주변'이라는 공간성에 대한 지시가 이미 포함되어 있으므로 환경세계를 구성하는 '주변 환경'은 일차적인 '공간적' 의미가 아니다. 환경세계가 어떤 공간적 성격을 지니고 있음은 부정할 수 없지만, 이것은 오히려 세계성이라는 구조를 기초로 해야 비로소 해명되는 것이다. 이로부터 제12절에서 언급한 현존재의 공간성도 현상으로 보이게 된다. 하지만 지금까지의 존재론은 바로 공간성으로부터 '세계'의 존재를 '레스 엑스텐사(res extensa, 연장하는 사물)'로서 해석하려고 시도해 왔다. '세계'를 이렇게 해석하려는 존재론의 가장 극단적인 경향은 데카르트에게서 볼 수 있다. 그는 '연장하는 사물'을 레스 코기탄스(사유하는 것)에 대립하는 방향에서 찾고자 하지만, 이 레스 코기탄스는 존재적으로도 존재론적으로도 현존재와는 일치하지 않았다. 지금까지의 존재론적 경향과의 차이점을 명확히 하면, 우리가 여기에서 시도하는 세계성에 대한 분석의 취지가 더욱 또렷해질 것이다. 이 분석은 다음 세 가지 단계로 나누어 수행된다.

A. 환경세계 고유의 세계성과 세계성 전반의 분석.

B. 세계성 분석을 데카르트의 세계존재론과 대조하는 해설.

C. 환경세계의 환경성과 현존재의 공간성(즉 현존재의 주변).

A. 환경세계 고유의 세계성과 세계성 전반의 분석

15 환경세계 안에서 만나는 존재자의 존재

가장 가깝게 만나는 존재자의 존재를 현상학적으로 제시함에 있어서, 우리는 일상적인 세계—내—존재를 지침으로 한다. 이 일상적인 세계—내—존재를 우리는 또한 세계 안에서 세계내부적인 존재자에 서로 관여하는 교섭이라 부른다. 교섭은 이미 다양한 배려의 양식으로 확산되었다. 교섭의 가장 가까운 양식은, 앞에서 제시된 바와 같이 단순히 인지하기만 하는 인식행위가 아니라, 자기의 고유한 '인식'을 가지고 있는, 뭔가를 다루고 그것을 이용하는 배려이다. 이것에는 그 나름의 '인식'이 있다. 현상학적인 물음은 먼저 이러한 배려에서 만나게 되는 존재자의 사려 깊은 존재로 향해진다. 여기에서 필요하게 되는

'견해'를 확실히 하기 위해서는 한 가지 방법적 주의가 요구된다.

존재를 드러내고 해명할 때에, 존재자는 그때마다 드러난 모습일 뿐인 예비주제 또는 부주제가 된다. 하지만 본래 주제는 존재 자체이다. 당면한 분석의 범위 안에서 그처럼 예비주제로 자리매김된 존재자는 환경세계적인 배려에서 나타나는 존재자이다. 이때 드러난 존재자의 모습은 이론적으로 '세계'를 인식하게 해줄 수 있는 원리적 대상으로서가 아니라, 사용된 사물 및 제작된 사물 등으로서의 존재이다. 그것은 이런 모습으로서 만나는 존재자이기 때문에, '인식'이라는 시점에서 예비적 주제가 되며, 그것의 인식작용은 현상학적 인식으로서 무엇보다 먼저 존재 자체를 목표로 하고, 존재의 이러한 주제화를 기초로 하여 그 존재자를 주제화한다. 우리의 분석은 현상학적 분석이기 때문에, 일차적으로는 존재를 바로 보고, 그리고 이렇게 존재를 주제화함으로 그때마다의 존재자를 부주제로 삼는 것이다. 하지만 이러한 '인식'의 시선에 예비주제로서 들어오는 것은 지금 논술한 존재양식에서 만나게 되는 존재자이다. 따라서 우리가 행하는 현상학적 해석은 존재자의 존재적 성질을 인식하는 것이 아니라 그 존재자의 존재구조를 규정하는 것이다. 그 존재구조는 존재의 근본적 탐구를 위해, 사실 이미 현존재에 갖추어져 있으며 다른 존재자와의 어떠한 교섭에서도 '생생하게' 작용하고 있는 존재이해를 독자적으로 뚜렷이 실행하게 된다. 현상학적으로 예비주제가 되는 존재자는 여기에서는 사용 중이거나 제작 중인 상태로 있다. 이러한 배려 속으로 자기를 옮겨놓아야 그들에게 가까이 다가갈 수 있다. 엄밀히 말해서 몸을 옮겨놓는다는 말은 오해의 여지가 있다. 왜냐하면 우리는 이러한 배려적 상호 교섭이라는 존재방식으로 우리 자신을 옮겨놓을 필요가 없기 때문이다. 일상적 현존재는 언제나 이런 상태로 존재하는 것이다. 예를 들면 문을 열 때 손잡이를 사용하는 방법이 그러한데, 그렇게 만나는 존재자(사물)에게 이르는 현상학적 통로를 획득함으로써, 직접적 상호관계가 밀고 들어와, 함께 관계하는 해석의 경향을 밀어내는 데에 있다. 이와 같은 해석의 경향은, 이러한 '배려'라는 직접적 감각 현상을 숨겨버리고 그와 동시에 그에 대한 배려로 자기 자신이 만나는 존재자조차도 은폐한다. 이 방심할 수 없는 착오가 무엇인지는, 지금 우리가 근본적 탐구를 진행해 어떠한 존재자의 드러난 모습을 예비주제로 해야 하는지, 그리고 전(前) 현상학적 기초로서 세우면 좋은지를 물으면 분명해질 것이다.

사람들은 이 예비주제를 사물이라고 대답한다. 그러나 이러한 뻔한 해답으로도 우리가 찾는(보이지 않는) 전(前) 현상학적 토대는 이미 놓쳐버렸는지도 모른다. 존재자를 이 '사물(res)'이라는 이름으로 부르는 것 안에, 이미 그것의 존재론적 성격을 암암리에 예측케 하는 규정이 숨겨져 있다. 이런 존재자를 기초로 해 존재에 대해 따져 물어가다 보면, 분석은 사물성과 실제성에 부딪치게 된다. 이렇게 진행해 나가는 존재론적 해명은 실체성, 물질성, 연장성, 병존성 등과 같은 존재성격을 찾아낸다. 그러나 배려 속에서 만나고 있는 존재자는, 이 상태에서 그 존재가 전 존재론적으로 우선 은닉되어 있다. 그렇다면 '우선 주어진' 존재자를 사물이라고 칭함으로써, 존재적으로는 그와 다른 어떤 것을 생각하더라도 존재론적으로는 엉뚱한 말을 했다는 것이 된다. 정말로 말하고자 하는 사실은, 어떤 규정도 받지 못하고 불특정인 그대로 멈춘다. 아니면 사람들은 이들의 '사물'을 '가치를 띤' 사물로서 규정짓기도 한다. 그러나 존재론적으로, 가치란 무엇인가? 가치를 '띤다'거나 가치가 '따라온다'는 것은, 범주적으로는 어떻게 받아들여야 좋은가? 가치를 띤다는 이 구조가 명료하지는 못하지만, 배려적 교섭에서 만나는 사물의 현상적인 존재성격이 그러한 구조에 의해 해명될 수 있겠는가?

그리스인들은 '사물'을 적절히 표현하는 언어를 가지고 있었다. 그것은 프라그마타, 즉 사람들이 배려적 교섭(프락시스)에서 관계 맺고 있는 그러한 사물이다. 하지만 존재론적으로는 실로 프라그마틱한, 즉 '실용적' 성격을 그리스인들은 분명히 해두지 않고 이들을 '우선' '단순한 사물'이라고 규정한다. 우리는 배려에 있어서 상호적으로 만나는 존재자를 도구(道具)라고 부른다. 교섭 안에서 볼 수 있는 것은 필기구, 재봉도구, 작업도구, 운전도구, 측정도구 등이다. 이들 도구의 존재양상을 밝히는 일이 과제이다. 그 사물들에는 먼저 도구를 도구로 나타내는 것, 바로 도구성에 대한 윤곽을 분명히 하는 것을 지침으로 해야 한다.

엄밀한 의미에서, 도구는 결코 혼자서 '존재'하지 않는다. 도구가 존재하기 위해서는, 하나의 도구 전체 속에 있어야 한다. 이 도구가 실로 이 도구일 수 있는 바탕은 이러한 도구들 전체에 걸쳐서이다. 도구라는 것은 본질상 '……을 하기 위해 있는 것(etwas, um zu …)'이다. 이렇게 '……하기 위해 있다'는 것은 유용성,

유효성, 사용 가능성, 편리성과 같은 다양한 상태가 개입된다는 말이다. 바로 이들이 하나의 도구 전체를 구성한다. '······하기 위해 있다'라는 구조 안에는 '뭔가를 어떤 것에 대해 지시한다'는 뜻이 포함되어 있다. 이 칭호가 지시하는 현상이 존재론적으로 어떻게 발생하는지는, 이하의 여러 분석에서 비로소 그 존재론적인 기원을 확인할 수 있게 된다. 여기에서 무엇보다 중요한 점은, 다양한 지시관계를 현상적으로 눈에 익혀두는 일이다. 도구란—그 도구성에 따라—언제나 다른 도구에 귀속하고, 그것을 기초해 존재한다. 필기구, 펜, 잉크, 종이, 책받침, 책상, 램프, 가구, 창, 문, 방은 서로에게 속한다. 이들 '사물'이 먼저 개별적으로 나타나 이윽고 실존적인 존재사물의 총화로서 방 하나를 채운다고 봐서는 안 된다. 기하학적 공간의 의미에서 '네 벽 사이'의 사물들이 아니라 살기 위한 도구로서의 사물이다. 이 방 안에 구비되어 있는 도구에서 '실내 장식'이 나타나고, 이 구비되어 있는 도구에 앞서 이미 도구 하나하나의 전체성이 발견된다.

도구가 그 존재로서 있는 그대로 자신을 내보일 수 있는 것은, 예를 들면 망치질은 각각의 도구에 호흡을 맞춘 교섭이지만, 그와 같은 교섭은 그 존재자를 사물로서 주제적으로 파악하고 있지 않으므로, 도구 구조 자체의 사용도 모르고 있는 것이다. 망치질을 할 때에는, 망치가 지닌 도구적 성격에 관한 단순한 지식을 바탕으로 할 뿐이다. 이와 같은 교섭으로 도구를 사용하면서, 배려는 각각의 도구를 구성한다. 말하자면 '사물, 너는 ······하기 위해 있다'는 지시에 복종하는 것이다. 망치가 단순한 사물로서 비쳐지는 것이 아니라, 그 망치가 현실에 빨리 사용될수록 망치에 대한 관계는 그만큼 근원적이 되며, 망치는 그만큼 있는 그대로의 모습으로 즉 도구로서 만나게 된다. 망치질을 함으로써, 스스로 망치에게서 특유한 편리함('손에 익음')을 발견하는 것이다. 이처럼 도구가 그들 자체의 측면에서 자신을 내보이는 존재양상을 우리는 도구존재성(용재성)이라고 부른다. 도구에는 이와 같은 도구의 '자체 존재'가 속해 있으며, 도구는 갑작스럽게 나타나는 것이 아니다. 그 도구존재 자체는 가장 넓은 의미에서 우리의 손에 익을 수 있고 마음대로 쓰일 수 있다. 이러이러한 상태의 사물 '형상'을 아무리 숙지하고 있다 해도, 그것을 단지 바라보고만 있어서는 도구적 존재자 자체의 진정한 모습을 발견할 수 없다. 사물을 단순히 '이론적으로' 쳐다보고만 있는 것으로는 도구존재성이 이해되지 않기 때문이다. 한편 도구를 쓰고 조작하는 교섭은 맹목적이지 않다. 그 배려적 교섭에는 고유한 견해가 있으며, 이 견해가 조작을 이끌고, 그 도구에 특유한 확실성을 준다. 도구와의 교섭은 '……하기 위해 있다'는 다양한 지시관계에 예속되어 있다. 거기에 갖추어진 견해는 주변을 '둘러보는' 견해이다.

만일 '비관상적'이라는 것이 시각이 없음을 의미한다면, 시각적인 '실천적' 태도는 '비관상적'이 아니다. 그리고 관상적·이론적 태도가 구별되는 것은, 한쪽은 관상하고 다른 한쪽은 행동한다는 것이다. 그리고 행동이 맹목적인 것에 그치지 않기 위해 이론적 인식을 적용한다기보다, 행동에도 고유의 시각이 있듯이 관상도 근원적으로 하나의 배려이다. 관상적 태도란 유심히 둘러보는 것이 아니라, 그저 바라보는 것이다. 이처럼 바라보는 것도 무규칙적이지는 않다. 유심히 둘러보지 않는다고 해서 무규칙적인 것은 아니며, 바라보면서 자신의 규범을 방법이라는 형태로 만드는 것이다.

도구적 존재자는 본래 이론적으로 파악되어 있지도 않으며, 그 자체가 둘러볼 때에 우선적으로 둘러보게 되는 제1의 주제가 되지도 않는다. 오히려 가까운 도구적 존재자의 특색은 그 도구성 속에서, 말하자면 제1주제적, 원리적 자기를 숨기고 사물적인 부수적 속성을 드러냄으로써 진정한 도구로 존재할 수 있다는 점에 있다. 일상적 교섭이 우선 머물고 있는 그곳도 공작도구 자체가 아니라 오히려 작품, 바로 그때마다 제작되어야 하는 사물, 주로 배려되는 기능성, 따라서 또한 도구적 존재자가 존재하는 것이다. 도구가 그 내부에서 만나는 지시관계의 전체성을 간직하고 있다면, 그 도구는 작품이다.

망치나 대패, 못이 '……을 위해' 쓰이는 것은, 제작되는 작품으로서이며 이것도 그 나름의 존재양식을 갖는다. 제작되는 구두는 신기 위한 것이고, 완성된 시계는 시간을 보기 위한 것이다. 배려적 교섭에서 주로 만나게 되는 작품이란 제작 중인 것이지만, 이 미완성품은 본질상 고유하게 귀속되는 사용성을 갖추고 있으며, 그 점에서 이미 그것이 무엇을 위해 이용되는지 어렴풋이 눈앞에 나타나게 된다. 주문된 물품 또한 그것의 사용과 이 사용에서 발견되는 다양한 존재자의 지시 관련에 기초해 존재하는 것이다.

그러나 제작되어야 하는 작품이 '……을 위해' 사용될 수 있는 것만은 아니다. 제작하는 것 자체가, 본래 어떤 사물을 뭔가를 위해 쓰이게 되어 있는 구조이다. 따라서 작품 안에는 동시에 '재료'에 대한 용도 지시가 포함되어 있다. 작품은 가죽, 실, 못 등 재료에 의존한다. 그리고 가죽은 또한, 짐승의 가죽으로 제조된 것이다. 그 짐승의 가죽은 타인들이 기른 동물에서 벗겨내었다. 동물은 사육되지 않아도 세계내부에서 생겨나고, 또 이 존재자는 사육되는 경우에도 어떤 의미에서 자기생산을 한다. 그렇다면 환경세계 안에서는 그 자체로서 생산될 필요 없이, 언제나 이미 도구적으로 존재하는 존재자에게도 접할 수 있는 것이다. 망치나 대패, 못은 그 자체로 강철이나 철, 광석이나 암석, 목재를 (재료로서) 지시한다. 곧 이들로 이루어진다. 이렇게 사용되는 도구에서, 사용을 통해 눈에 보이는 천연산물이라는 '자연'과 함께 발견되는 것이다.

그러나 여기에서 자연을 그저 단순한 객체에 지나지 않는다고만 이해해서는 안 된다. 대자연의 힘이라는 의미로 이해하는 것 역시 다르다. 숲은 산림이며, 산은 채석장이며, 강은 수력이며, 바람은 '돛을 부풀리는' 공기의 흐름이다. 발견되는 '환경세계'와 더불어 만나는 것은 이러한 형태로 발견되는 '자연'이다. 그 존재는 도구적이다. 이 도구적 존재양상을 무시하고 자연 그 자체를 그저 단순한 객체성으로 발견하고 규정해 나갈 수도 있다. 하지만 그러한 자연발견의 태도로는, '살아 움직이는 것'으로서의 자연, 우리를 두려움에 떨게 하는 자연, 아름다운 풍경으로서 우리를 사로잡는 자연에는 접할 수 없다. 식물학자의 식물은 호숫가에 피는 꽃이 아니며, 지리학자가 확정한 강의 '수원지'는 '계곡의 샘'이 아니다.

제작된 작품은 그 용도와 원료를 지시하는 데 그치지 않는다. 단순한 수공업적 단계에서는, 동시에 착용자나 이용자에 대한 지시가 포함되어 있다. 제품은 그 사람의 길이에 맞게 재단되며, 그는 제품의 완성에 '참가하고 있는' 것이다. 물품이 다량으로 제작될 경우에도 이러한 구성적인 지시는 결코 빠질 수가 없다. 그 지시는 단지 규정되지 않았을 뿐, 임의의 다수인 평균을 나타낸다. 따라서 제품과 함께 도구적으로 존재하는 존재자뿐만 아니라, 현존하는 존재양식을 지닌 존재자도 모두 함께 만나게 된다. 제작된 물건은 이 존재자의 배려 담긴 관심 속에서 이 존재자에게 도구적으로 존재하기에 이른다. 이와 함께 세계를 만나게 되는데, 이 세계 속에서 착용자나 소비자가 생활하고 있으며, 이 세계는 동시에 우리의 세계이기도 하다. 그때마다 배려적이 되는 제품들은, 작업장이라는 가정적 세계에서만 도구적으로 존재하는 것이 아니라 '공공적 세계'에서도 도구적으로 존재한다. 이 공공적 세계와 함께 '환경세계적 자연'이 드러나서 누구나 접근할 수 있는 도구가 된다. 도로라든지 시가지라든지 교량이라든지 건물이라든지, 자연은 이렇게 배려적인 관심을 통해 특정 방향에서 발견된다. 지붕 있는 플랫폼은 비가 올 때를 감안했으며, 공공의 조명설비는 어두운 밤을, 바꾸어 말하면 낮의 태양 위치를 고려하고 있다. 시계에는 우주계의 일정한 별자리가 계산에 넣어져 있다. 우리가 시계를 볼 때, 실은 천문대가 시간측정의 공식 통제 기준으로 삼고 있는 '태양의 높이'를 모르고 이용하고 있는 것이다. 시계와 같이 언제나 가까이에 있는 도구를 사용할 때에도 그러한 환경적 자연이 이렇게 작용하고 있는 것이다. 우리가 아주 가까운 작업세계에서 그때마다 배려적으로 몰입하는 것에는 이러한 발견의 기능이 구비되어 있다. 그리고 이 발견 기능에는 그때마다 몰입하는 방법에 맞게 작품(바로 그 작품의 구성적 지시관계)에서 이끌려 나오는 다양한 세계내부적 존재자가 다양한 명확도로, 또한 다양한 시야의 넓이로 언제라도 볼 수 있는 상태에 놓인다는 기능이 본질적으로 속해 있다.

  이들 존재자의 존재양상은 도구성이지만, 이 도구성이 우리 쪽에서 단순히 수용하는 것으로서 이해되어서는 안 된다. 가까이에서 만나는 '존재자'에게 우리가 이런 식으로 억지 '관점'을 강요하게 되면, 처음에는 본래 객체적으로 존재하던 세계 물질이 이렇게 '주관적으로 물들게' 될 것이다. 그러나 이러한 해석은 존재자가 먼저 단순한 객체적 존재자로서 이해되고 발견되어야 한다는 것, 그리고 그 객체적 존재자를 발견하고 취득하는 '세계' 교섭(도구의 사용)의 순서에서 말하자면 존재자가 그 형태로 우위와 지도성을 가져야 한다는 점을 놓치고 있다. 하지만 이와 같이 주관적 생각에 빠져 객체 존재자를 소홀히 한다면 이미 인식이라는 존재론적 의미로 돌아가는 것이다. 인식은 우리가 이미 제시했듯이 세계-내-존재의 근거가 되는 상태이다. 인식은 배려가 지닌 도구적 존재자를 통과한 뒤에야 비로소, 객체적으로 존재하는 존재자만을 드러내는 쪽으로 나아가는 것이다. 도구성은 그 '자체로' 있는 그대로의 존재자에게 갖추어져 있는 존재론적 범주적 규정이다. 그러나 사람들은 도구적인 것이란 객체적인 사물을 기초로 할 때에만 '주어지는' 것이 아닌가 라고 말할 것이다. 하지만 이 테제를 만약 인정한다고 해도, 이것에서 과연 도구성은 존재론적으로 객체성에 근거한다는 결론이 나올까?

그러나 존재론적 해석을 더 이끌고 나가, 세계내부적으로 발견되는 실제 존재자의 존재양상이 곧 도구성과 일치한다고 확증된다 하더라도 무슨 도움이 될까? 그리고 단순한 객체성에 대한 도구성의 근원성을 입증할 수 있어도 도대체 무슨 도움이 될까? 객체적 도구들에 대한 지금까지의 해명으로 세계현상의 존재론적 이해에 조금이라도 득이 되는 것이 있을까? 우리가 이들 세계내부적 존재자들을 해석할 경우에, 세계라는 공간은 언제나 처음부터 '전제되어' 버린 것이다. 이들 존재자를 긁어모아 봐도 그 총화로서 '세계'라는 것이 나오지는 않는다. 그렇다면 도대체 이들 존재자의 존재에서 세계현상의 거시로 통하는 길이 열려 있긴 한 것일까?[1]

16 세계내부적인 존재자로부터 환경세계의 세계 적합성을 살피다

세계는 세계내부적인 존재자의 하나가 아니다. 그러한 존재자를 강하게 규정하고 있다. 그 존재자들이 만나거나 발견되는 존재자로서 자기 존재에게 자신을 나타내 보일 수 있는 것은 사실 세계가 그곳에 '주어졌기' 때문이다. 그렇다면 세계는 어떻게 '주어지는' 것일까? 현존재는 세계—내—존재로 구성된 존재자이며, 그 존재에게 현존재인 자기에 관한 존재이해가 본질적으로 구비되어 있다면, 이 존재이해가 아무리 무규정적이라 해도 현존재는 세계에 대해 이해—아직 명확한 존재론적 통찰을 빠뜨리고 있고 또 빠뜨릴 수 있는 전(前) 존재론적인 이해이지만—하고 있지는 않을까? 세계내부에서 만나게 되는 존재자와 함께, 다시 말하면 이 존재자의 세계내부성과 함께 배려하는 세계—내—존재에 대해, 뭔가 세계와 같은 어떤 것이 자신을 내보이고 있지는 않을까? 세계라는 이 현상이 어떤 전(前) 현상학적 시야 안에 들어와 있지 않을까? 존재론적인 것을 주제로 하는 해석을 요구하진 않지만, 이미 이 현상이 시야 안에 머물러 있지는 않을까? 현존재가 손에 쥐어져 있는 도구를 배려하며

---

[1] 필자는 1919~1920년 겨울 학기 이래, 환경세계에 대한 분석과 현존재의 '사실성의 해석학'을 강의에서 계속 가르쳐 왔다.

몰입하는 경우에도, 배려 받는 세계내부적 존재자와 더불어, 존재자가 갖춘 세계성을 어떤 형태로 희미하게 보여주는 그와 같은 하나의 존재가능성을 현존재가 지닌 것은 아닐까?

만일 현존재의 그러한 세계성을 빛낼 존재가능성을 배려적 상호 교섭을 통해서 제시할 수 있다면, 희미하게 빛나는 그 현상을 추적해 그것을 '세우고' 그것으로 현존재 자체를 나타내는 모든 구조에 대해 따져 물어볼 길이 열리는 것이다.

세계-내-존재의 일상성을 구성하는 배려의 양태 속에는, 세계내부적인 것의 세계적 합성(세계적 원리가 가려져 있는 합성사물)이 표면화된 상태에서 배려되는 존재자(사물)들을 접하는 양상이 있다. 예를 들면 가까운 사물에 관계하는 사이, 그들의 도구적 존재자 가운데 하나가 쓰이지 못하게 되었음을 알고, 그 특정한 용도에 어울리지 않는 것을 만나게 되는 경우가 있다. 공작도구가 파손되든가, 재료가 쓸모없어졌다든가 하는 경우이다. 이러한 경우에도 도구는 아무튼 곁에 있음에 틀림이 없다. 이처럼 사용 불가능함을 발견하는 것은 그들의 사물 속성을 바라보고 확인하는 태도에 의해서가 아니라 사용하는 교섭 과정을 둘러봄으로써이다. 그것의 사용 불가능성을 발견할 때에, 그 도구가 눈에 띄게 된다. 이 눈에 띄는 도구는 도구적 존재자를 어떤 의미의 비(非)도구성으로 나타내 보인다. 도움이 되지 않는 도구가 그저 거기에 있는 것이다. 그것은 어떤 모양을 취하고 있으며, 그 도구적 존재에 있어서도 처음부터 계속 그러한 모습으로 존재하던 도구사물이다. 여기에서 이 도구에 단순한 객체성이 싹트게 된다. 하지만 그 도구는 배려받는, 즉 수리 중인 것으로서 도구성 안으로 숨어들어가 있다. 도움되지 않는 도구가 띠는 이러한 단순 객체성은, 아직 모든 의미의 도구성을 완전히 잃는 것은 아니고, 또한 이러한 상태에서 객체적이 된 도구는, 아직 어딘가에 존재하는 사물 같은 것도 아니다. 도구의 파손은 아직 순전한 물질적 변화—어떤 객체적 존재에서 생기는 속성의 교환—와 같은 것이 아니다.

배려적 교섭은 그때그때마다 이미 곁에 존재하는 것의 범위 안에서 사용 불가능한 것만을 만나게 되는 게 아니라 부재하는 것, 단지 '걸맞지 않을' 뿐 아니라 본래 '손에 닿은 적 없는' 것을 깨달을 수도 있다. 이러한 부재의 발견도 역시 뭔가 기능을 갖추지 않음을 알게 되는 것이므로, 도구적 존재자를 어떤 의미에서 단순한 객체적 존재로서 발견하게 된다. 곁에 도구가 없음을 깨닫게 되면, 재촉하는 듯한 양상을 띤다. 곁에 없는 것이 급히 필요하게 되고, 그 도구가 정말로 그 부재성이 커질수록 그만큼 재촉하게 되어, 마침내 그것은 도구성이라는 성격을 잃게 된다. 다시 말해 도구성은 지금 도구가 없는 상태이기 때문에 아무것도 아니고 아무 일도 할 수 없는 것, 단순히 객체적으로만 존재하는 모습으로 나타난다. 어찌할 바를 모르고 아무 기능도 행사하지 못한 채로 그 앞에 서게 되는 것은 배려의 결여적 상태로서, 도구적 존재자에게서 '단지 존재할 뿐'이라는 객체성을 발견하는 것이다.

상호 배려하고 있는 '세계'의 교섭 속에서 곁에 없는 것이 드러나는데, 그것은 단순히 사용 불가능한 도구라든가, 곁에 없는 도구라는 의미의 비도구적인 사물들을 만날 뿐 아니라, 부재도 사용 불가능도 아닌 상태로 도리어 배려의 '방해가 되는' 의미에서의 비도구적인 사물들도 만날 수 있다. 배려가 그 사물에 상관할 수 없고, 그 사물에 매달릴 '여유가 없는' 것, 이런 것은 그 장소에 어울리지 않고 아직 정돈되지 않았다는 점에서 비도구적인 사물들이다. 이 의미에서 비도구적인 사물은, 평정을 찾고 당장 먼저 돌보아야만 하는 일의 번거로움을 떠올리게 한다. 이 번거로움과 함께 도구적 존재자의 객체성이—언제나 우리 앞에 가로놓여 귀찮은 사항의 상태로서—처리를 요구하는 존재로서 통고된다.

눈에 띔(현저성), 재촉(강요성), 번거로움(반발성)과 같은 양상들은, 아무 일도 하지 않는 단순한 객체성의 성격을 도구적 존재자에게 부각시키는 기능을 한다. 그러나 그 경우 도구적 존재자는 고작 단순한 객체적인 것으로서만 고찰되거나 응시되지 않고, 거기에서 싹터오는 객체성도 여전히 도구의 도구성이라는 존재양상 속에 갇혀 있다. 그들 도구는 모습을 감추고 아직 사물이 되는 지점까지는 이르지 못했다. 이러한 도구란 말에는 치워버리고 싶어지는 물건이라는 의미도 있지만, 도구는 여기서 문자 그대로 그와 같은 대용물이 된다. 그러나 이처럼 치우고 싶은 마음이 드는 도구적 존재자는, 그 어쩔 수 없는 객체성 때문에 더욱 손안에 갖추어져 있는 것으로서 나타나게 된다.

하지만 세계현상의 해명이라는 목적에서 볼 때, 도구적 존재자와 만나는 모습이 몇 번 변화하는 것으로 그 객체성을 노골적으로 드러내고 있다고 지적한들, 그것이 무슨 도움이 될까. 이들의 변화된 모양을 분석할 때에도 우리는 아직도 세계내부적 존재자의 존재 앞에 멈춰서서, 세계라는 현상 자체에 아직 접근하지 못했다. 이 현상은 아직 파악되지 않았다. 하지만 지금 우리는 세계라는 현상을 목격하는 가능성 안으로 한 걸음 들어와 있다.

　눈에 띔, 재촉, 번거로움이 있을 때, 도구적 존재자는 어떤 의미에서 그 도구성을 잃어간다고 한다. 하지만 이 도구성은 이해 속에 머물러 있다. 존재자와의 교섭 안에서 비록 비주제적이기는 하지만, 이미 이해되고 있다. 따라서 그 사물의 도구성은 단순히 소멸되지는 않는다. 예를 들면 사용 불가능한 사물로서 두드러짐으로써, 자기 자신을 벗겨내는 것이다. 즉 도구성은 한 번 더 모습을 나타내는데, 그때 도구적 존재자의 세계 적합성(조립상태의 사물)도 나타난다.

　도구로서 도구적 존재자의 존재구조는, 뭔가가 다른 뭔가를 지시하는 관계에 의해 규정되고 있다. 가까운 '사물'의 독특하고 뻔한 '자체 형상'이 만나는 것은 배려이다. 그 사물들을 사용하면서도 사물에 명확하게 주목하지 않음으로써 때로 사용 불가능한 현실에 부딪히기도 하는 배려이다. 어떤 도구가 도움이 되지 않는다는 것은 '……하기 위해 있다'는 그 용도에 대한 구성적 지시관계가 방해를 받고 있기 때문이다. 이러한 지시맥락 자체는 평소 그 사물로 보이는 데 있지 않고, 그 보이는 현상들에 배려적으로 따라가는 태도로써 '현실에' 존재한다. 하지만 어디어디에는 사용하지 않는다는 형태로 지시관계가 방해를 받게 되면, '……에 도움이 안 된다'는 이유로 맥락 그 자체가 표면화된다. 하지만 이 경우에도 아직 존재론적인 구조로서 떠오르는 것이 아니라, 도구의 파손에 직면해서 주변을 둘러보기 때문에 존재적으로 표면화되는 것에 지나지 않는다. 이처럼 각각의 용도에 대한 지시관계가 주변을 둘러봄으로써 일깨워짐과 동시에 그 용도가, 그리고 나아가 작품과 관련되는 '작업장' 전체가 ― 배려가 처음부터 있었던 곳 ― 눈에 들어오게 된다. 도구 연관은, 아직 본 적 없는 사물이 눈에 들어오는 것이 아니라, 주변을 둘러보고서 처음부터 끊임없이 염두에 두고 있었던 전체로서 희미하게 모습을 드러내는 것이다. 그리고 이 전체와 함께 슬쩍 엿보는 세계임에 틀림없다.

　마찬가지로 일상 속에서 너무나도 당연하게 존재하고 있었기에 새삼스럽게 마음에 두지도 않았던 도구적 존재자가 어느 순간 보이지 않게 되는 때가 있다. 그것은 둘러봄에서 발견되는 지시 맥락이 끊어졌기 때문이다. 주변을 둘러보지만 도구가 가리키는 목표가 끊겨, 이제야 비로소 없어진 도구가 무엇을 위해서 무엇과 함께 존재하고 있었는지 알게 된다. 여기에서도 환경세계를 슬쩍 엿보게 된다. 이러한 형태로 희미하게 빛나는 도구는 다른 다양한 도구적 존재자 사이에 있는 도구적 존재자가 아니다. 더구나 곁에 있는 어떤 도구에 기초를 두는 객체적 존재자와도 다르다. 그것은 어떠한 확인과 고찰에 앞서서 '거기에' 있다. 둘러보는 대상이 언제나 존재자인 한, 주변을 둘러보아도 파손된 뒤에 오히려 그 필요성이 드러난 도구에 이제는 접근할 수 없다. 하지만 둘러보면 본래부터 이미 열어 보여지고 있다. '열어 보인다' 든가 '열어 보여진다', '개시성'이라는 말은 독자적인 용어로 쓰이며, '열다' '열려 있다'는 의미이다. 따라서 여기서 '열어 보인다'고 할 때 그것은 보통의 용법처럼 '추론을 거듭하여 결론을 획득한다'와 같은 의미가 아니다.

이는 세계가 도구적 존재자들로 '성립하지 않는다'는 사실과, 우리가 해석해 온 배려의 여러 모습에서 세계를 희미하게 보여주는 동시에 도구적 존재자의 탈세계화가 일어나고, 거기에 단순한 객체적 존재자가 부각되는 사실로 알 수 있다. '환경세계'의 일상적 배려에서 곁에 있는 도구 자체의 모습으로 만나기 위해서는, '둘러보는 행위'가 '몰입해 있는' 지시관계나 그들의 전체적 연관이 주관적이 되지 않을 것—더구나 둘러보더라도 '주관적' 파악의 대상이 되지 않을 것—이 필요조건이다. 도구적 존재자가 그 눈에 띄지 않는 존재양상에서 비어져 나오지 않게 하려면, 세계를 슬쩍 들여다보지 말아야 한다. 그리고 이 눈에 띄지 않음에서 이 존재자의 자체 존재의 현상적 구조가 구성되는 것이다.

'눈에 띄지 않음' '재촉하지 않음' '성가시지 않음' 같은 결여적인 표현은 사실 가까운 도구적 존재자의 존재에 갖춰져 있는 하나의 적극적인 현상적 성격을 가리킨다. 이들 '……하지 않는다'는, 도구적 존재자가 자기를 삼가는 모습을 가리킨다. 이것은 우리가 '그 자체 존재'라는 표현을 염두에 둔 것이지만, 그것을 우리는 성격 부여 방식으로, '우선' 주체적으로 확정 가능한 것으로서 도구적 존재의 특성을 간주하기 쉽다. 주로 도구적인 존재를 기준으로 삼거나, 오로지 그것으로써만 방향을 잡아서는 '그 자체'는 존재론적으로 결코 해명될 수 없다. 그럼에도 '그 자체'라는 말이 존재론적으로 어떤 중요성을 지녀야 한다면, 거기에는 어떤 해석이 당연히 요구된다. 이 존재 그 자체로서의 양상이 인용된 것은 대부분 존재론적으로 역점을 둔 경우이며, 현상적으로 잘못되어 있는 것은 아니다. 다만 그와 같이 존재자를 불러내는 존재적 논의를 하면서, 그것으로 어떤 존재론적 명제를 말할 생각이라면 그러한 존재 이론적 언명의 자격은 채워지지 못한다. 지금까지의 분석으로 뚜렷해진 점은 세계내부적 존재자의 자체 존재는, 세계라는 현상의 터전 위에서 비로소 이해된다는 것이다.

그런데 세계가 어떤 상태로 희미하게 보이려면 세계는 이미 열려 있어야 한다. 둘러보는 배려로써 세계의 내부에서 어떤 도구적 존재자에게 접근할 수 있게 되면, 언제나 이미 세계는 열어 보이고 있는 것이다. 그렇다면 세계란, 현존재가 존재자로서 언제나 이미 '그 세계 안에서' 존재해 온 것이며, 현존재가 어떤 형태로 지향해 왔다 해도 언제나 그 세계로 되돌아갈 수밖에 없다.

지금까지 우리가 해석한 바에 따르면 세계―내―존재(세계 안의 존재)란, 도구 전체의 도구적 존재에 있어서 그 구성적인 기능을 지시하는 여러 가지 지시관계 속으로 비주제적으로, 그리고 주변을 둘러보는 행위에 의해 몰입하는 존재이다. 배려가 그때그때마다 배려의 형태로 존재하는 것은, 이미 세계와의 어떤 친밀함을 기반으로 하고 있다. 이 친밀함 속에서 현존재는 세계내부에서 만나는 존재를 알아차리기도 하고 자기를 잃어버리기도 한다. 이 현존재가 이렇게 친밀한 관계에 있는 그 존재는 무엇일까? 어째서 세계내부적 존재가 세계에 응하며 희미하게 빛을 발하는 것일까? 또한 '움직이며' 둘러보다가 그때의 탐구가 단절되면 존재자의 객체성이 부각되는, 이러한 지시연관의 전체성을 어떻게 이해해야 하는가?

이들 물음은 세계성의 현상과 그 현상의 문제를 탐구하여 그 윤곽을 드러내는 것을 목적으로 한다. 하지만 이들에게 해답을 주기 위해서는, 이들 물음이 향하고 있는 구성의 틀을 탐색하려는 일련의 구조를 더욱 구체적으로 분석할 필요가 있다.

17 지시와 기호

앞에서 도구적 존재자(도구)의 존재구조를 예비적으로 해석했을 때, 지시관계라는 현상이 드러났다. 하지만 그 현상은 아직 대략적인 윤곽일 뿐으로, 우리는 일단 시사한 것에 지나지 않는 이 지시관계라는 현상을 그 존재론적 유래에 대해 표면화할 필요가 있다고 강조했다. 또한 지시와 지시 전체성이 어떤 의미에서 세계성 그 자체를 구성하는 기능을 담당하는지에 대해서도 분명히 해왔다. 지금까지 세계가 도구적 존재자를 어떤 특정방식으로 환경세계에서 배려할 때, 또한 그러한 방식에서만 희미하게 보여주고, 더구나 이 도구적 존재자의 도구성을 수반해야 희미하게 모습을 보였다. 그런 이유로 세계내부적 존재자의 존재에 대해 좀 더 깊이 이해한다면, 세계 현상을 밝게 드러내기 위한 현상적 토대도 그만큼 폭넓고 흔들리지 않는 것이 된다.

여기에서도 도구적 존재자의 존재에서 출발해 보자. 이번에는 지시관계의 현상 그 자체를 더욱 명확히 파악하는 것에 주안점을 두기로 하자. 이를 위해 몇 가지 의미에서 '지시관계'를 지닌 도구에 대해 그 존재론적 분석을 시도하기로 한다. 이 조건에 맞는 '도구'로 '기호'를 예로 들 수 있다. 갖가지 기호를 가리킬 뿐 아니라 '……를 나타내는 기호다'라는 존재방식 자체가 보편적인 관계양식으로서 형식화되어 있고, 그 결과 기호구조 자체가 모든 존재자 일반의 '성격을 규정하기' 위한 존재론적인 지침이 되기도 한다.

그러나 기호란 그 자체로 도구이다. 그 특유한 도구성격이 있는 데 지나지 않다. 이러한 기호는 여정표, 밭의 경계표, 항해용 선박에 폭풍을 경고하기 위한 기구, 신호, 깃발, 상장(喪章) 등이다. 표시는 지시의 '한 종류'로 여겨진다. 그리고 지시란 극단적이고 형식적으로 말하면 관계맺기의 하나이다. 그러나 관계는 이를테면 '각종' 지시에 대해 상위 종류로 기능하며, 지시는 또 기호, 상징, 표현, 의의 등으로 세분화하지는 않는다. 관계란 구체적인 내실이나 존재양식에 상관없이, 모든 연관양식에 대해 '형식화'하는 방식으로 읽을 수 있다.[2]

모든 지시는 하나의 관계다. 그러나 모든 관계는 하나의 지시라 할 수 없다.

---

2) 에드문트 후설 《순수 현상학 및 현상학적 철학의 이념들》 제1부(《철학 및 현상학 탐구 연보》 제1권 제10절 이하) 참조. 이전의 것으로는 《논리학 연구》 제1권 제11장 참조. 기호와 의미의 분석에 대해서는 같은 책 제2권 제1연구 참조.

또 모든 '표시'는 하나의 지시라 할 수 있지만, 모든 지시는 하나의 표시라고 할 수 없다. 따라서 모든 '표시'는 하나의 관계로 볼 수 있지만, 모든 관계는 하나의 표시라고 할 수 없다. 이것으로 관계의 형식적 보편성이 확연해진다. 지시나 기호, 의의와 같은 현상을 고찰할 때, 그것을 관계로 규정짓게 되면 아무런 이득이 없다. 최종적으로는 오히려 그 반대로 '관계' 자체가 그 형식적 보편성을 지니므로 그 존재론적 근원을 지시하고 있음을 밝혀야 하는 것이다.

지금의 분석은 기호를 지시하는 현상에서 구별되는 기호의 해석으로 범위를 제한하지만, 이렇게 제한된 범위 안에서도 다양한 기호를 남김없이 적절하게 조사할 수는 없다. 기호 안에는 징후, 예시, 흔적, 잊지 않으려는 표시, 부호 등이 있으며, 일상생활에서 어떤 표시가 이들 기호로서 이용되는가 하는 구별은 일단 제쳐두고라도 저마다의 기호가 무엇을 어떻게 표시하고 있는지도 제각각이다. 이들 '기호'에서 구별되어야 할 것에는 흔적, 유적, 기념물, 기록, 증서, 상징, 표현, '증상', 의의 등이 있다. 이런 현상은 그들의 형식적 관계 성격에 기초해 쉽게 형식화될 수 있는 부류이다. 오늘날에는 이러한 '관계'를 수단으로 뭔가에 붙어 있는 모든 존재자에게 '해석'을 붙이려는 경향이 강해졌다. 그러한 해석이 언제나 '맞는' 것은—'형식과 내용'이라는 손쉬운 도식과 마찬가지로—근본에 근거해서는 아무것도 이야기하지 않기 때문이다.

우리는 기호의 본보기로서 나중의 분석에서 다른 관점으로 본보기로 기능할 수 있는 도구를 선택하기로 한다. 최근 자동차에 아래위로 회전 가능한 붉은 화살이 부착되었다. 화살 표시는 그것이 어느 쪽을 향하는가에 따라 움직임이 그때마다, 예를 들면 교차로에서 자동차의 진로를 표시한다. 화살의 방향 상태는 운전자가 조작한다. 이 기호는 하나의 도구이긴 하지만, 운전자의 배려 (운전) 용도로 준비된 것만은 아니다. 동승하지 않는 사람들도 이것을 이용한다. 바로 그 사람들이 이 도구를 보고 알맞게 피하거나 멈춰서기도 한다. 이 기호는 세계내부에서 다양한 교통수단이나 교통규칙의 도구 연관 전체 속에서 도구적으로 존재한다. 이 표시도구는 하나의 도구로서 지시관계에 따라 구성되어 있다. 곧 그것은 '……하기 위해 있다'는 성격, 특정한 유용성을 갖추고 있다. 그것은 무엇인가를 표시하기 위해 있다. 기호에 갖춰져 있는 이 표시하는 기능은 하나의 '지시하는' 기능으로 받아들일 수 있다. 그때 주의해야 할 점은,

이 표시라는 의미에서 '지시'는, 기호가 도구로서 가지고 있는 존재론적 구조를 가리키지는 않는다는 점이다.

표시라는 '지시' 기능은, 오히려 도구의 존재구조로서의 유용성에 기초한다. 유용하다 해서 그것만으로 하나의 존재자는 아직 기호가 될 수 없다. 예를 들면 '망치'라는 도구도 유용성으로 구성되어 있지만 그렇다고 해서 망치가 기호가 되는 것은 아니다. 표시로서의 '지시' 기능은 어떤 유용적인 용도를 존재적으로 구체화한 것이며, 어떤 도구를 이 특정의 용도로 규정한다. 그에 반해 '어떤 용도에 대한 유용성'이라는 의미에서의 지시는, 도구로서 도구에 갖추어져 있는 존재론적 범주적 성격이다. 유용성의 용도가 표시라는 형태로 구체화되는 것은, 도구 자체에서는 우연에 불과하다. 대략적인 형태로는, 이미 이 기호에서 유용성으로서의 지시와 표시로서의 지시와의 차이가 분명해진다. 이 양자는 결코 일치하지 않는다. 오히려 양자가 통일되어야 비로소 기호라고 하는 특정 종류의 도구에 대한 구체화가 가능해진다. 이처럼 표시는 도구체제로서의 지시 기능과는 원리적으로 다르다. 반면에 기호가 그때마다 환경적으로 존재하고 있는 도구의 전체적 존재양상과 그 세계 적합성에 대해, 어떤 독특하고 특별한 연계를 갖고 있음 또한 부정할 수 없다. 표시를 위한 도구는 배려적 교섭에서 각별한 방법으로 쓰이지만, 이 사실을 그저 확인하는 것만으로는 존재론적으로 불충분하다. 이 각별한 사용법의 근거와 의미를 분명히 할 필요가 있다.

하나의 기호가 뭔가를 표시한다는 것은 무슨 의미일까? 이에 대한 해답을 얻기 위해서 표시의 도구와 적절하게 교섭하는 태도를 먼저 규정해 두어야 한다. 그 도구와 교섭하는 과정 안에서 기호 고유의 도구성에 있는 존재양상도 정확하게 파악할 수 있다. 어떻게 하면 기호에 어울리는 형태로 관계를 맺을 수 있을까? 앞에 들었던 예(자동차의 방향등)를 근거로 말해 보면 거기에서 만나는 기호에 맞는 태도(존재)는, 그 방향등을 넣고, 달리는 자동차에 대해 '길을 피하'거나, '멈춰서'게 하는 행위라고 해야 한다. 길을 피하는 것은 어떤 방향으로 나아가는 것으로, 이런 행위는 본질상 현존재의 세계-내-존재에 속한다. 현존재는 세계-내-존재로서 언제나 어느 쪽인가의 방향을 향해 이동하는 도중이다. 멈춰서는 행위와 그 자리에서 떠나지 않는 행위는 일정한 방향을 향해 이동하고 있는 극단적인 사례에 지나지 않는다. 이렇게 기호는 특유의 '공간성'인 존재양상에 초점을 맞추고 세계-내-존재를 향해 있다. 이 화살표를 물끄러미 응시하고 거기에서 얻은 표시물로 확인해서는 도리어 그 기호의 본래 의미를 이해하지 못한다. 화살표가 표시하는 쪽을 좇고, 그 표시하는 쪽에 존재하는 사물을 바라보는 경우에도 우리는 기호에 아직 본래적으로 접하지 못하고 있다. 기호가 배려적 교섭을 하라고, 그리고 둘러보라고 호소한다. 그 화살표의 지도에 따라 둘러보면, 이렇게 반응하면서 환경세계의 그때마다의 '주변'을 미리 전망할 수 있게 된다. 이 '둘러봄'의 전망으로 도구적 존재자가 파악되는 것이 아니다. 오히려 환경세계의 내부에서 방향을 잡는다. 이러한 도구를 경험하는 또 하나의 경우는, 어디까지나 방향등은 자동차에 붙어 있는 도구로 만나게 된다. 이 경우 방향등이 갖춘 이 도구 고유의 성격을 나타낼 필요는 없다. 이것이 무엇을 어떻게 표시하는지 확실하게 드러나 있지도 않다. 그렇게 만나는 것은 결코 단순한 사물이 아니다. 이와 같이 많은 점에서 분명하지 않은 다양한 도구의 집합이 순간적으로 눈에 들어왔던 혼란스런 경험에 비추어 보면, 사물을 단순한 물건으로 경험하기 위해서는 그 사물 나름의 명확함이 요구된다.

지금까지 논해 온 기호는 도구적 존재자를 만나게 한다. 더 정확히 말하면 도구적 존재자가 하나의 연관성을 보여주며 배려하는 교섭이 주변 사정을 받아들이고 명확해지게 만든다. 기호란 다른 사물과 표시 관계에 있는 그런 사물이 아니라, 하나의 도구 전체를 새삼스럽게 '둘러봄'으로써 부각시키고 동시에 도구적 존재자의 세계 적합성을 들여다보게 하는 도구이다. 징후나 신호를 보면, '이윽고 올 것'이 거기에 '표시'되어 있다. 그러나 그것은 단순히 발생해서 지금까지 이미 존재하고 있던 것에 덧붙여지는 객체적인 것이라는 의미에서가 아니다. '이윽고 올 것'이란, 우리가 그것에 대비하거나 또는 이제까지와는 전혀 다른 것에만 정신이 팔려 있을 뿐 '대비하지 못했던' 것이다. 흔적을 보면서 무슨 일이 일어나고 무엇이 행해지고 있는지 '둘러봄'으로써 밝혀진다. 신호 표시는 각자가 그때그때마다 무엇에 관련되어 있는지를 표시한다. 이들 기호는, 원칙적으로는 언제나 우리가 생활하고 있는 '장면'을, 배려가 몸 두고 있는 '주변'을, 사물의 취향을 표시한다.

기호에 특유한 도구성격은 특히 '기호설정'에서 한층 더 또렷해진다. 이 기호의 도구성격은 언제 어느 때나 주변을 둘러보는 예측 속에서, 한편 이 전망에 기초해 기호라는 것이 만들어졌다. 곧 저마다의 환경세계를 수시로 돌아보고 알려야 할 필요가 있지만, 이 일을 가능하게 하기 위해서는 모든 도구적 존재자가 그 알리는 일을 행할 수 있도록 꾸며져 있어야 한다. '둘러봄'에 의한 예측은, 이와 같은 용도로 구비되는 가능성을 필요로 한다. 하지만 세계내부에 가까이 존재하고 있는 존재에게는 위에 기술한 것처럼, 자기를 삼가 드러내지 않는 성격이 있다. 이런 까닭에 환경세계내부에서 둘러보면서 행하는 교섭에는 그 도구성격상 도구적 존재자를 눈에 띄게 하는 역할을 받아들이는 도구적 존재자가 필요하다. 이러한 도구(기호)의 제작에 즈음해 그 도구를 사람의 눈길을 끌 수 있게 고안할 필요가 있다. 그러나 이와 같이 사람의 눈을 끄는 기호로도 그저 엉터리로 존재하게 할 것이 아니라, 특정 방법으로 사람의 눈을 끌기 쉽게 '부착되어야' 한다.

　그러나 기호 설정은, 아직 전혀 존재하지도 않은 도구를 제작하는 방법으로 이루어질 필요는 없다. 이미 존재하는 도구적인 것을 '기호로서 받아들여' 기호로 성립시키는 경우도 있다. 그리고 이 상태에서 기호설정은 더한층 근원적인 의미를 나타낸다. 기호로서 받아들여진 것이 이미 표시도구로서 존재하고 있는 도구 전체와 환경세계 전반은 그 자체로서 이미 존재할 뿐, 주변을 돌아보고 예측할 수 있는 가능성을 띠지는 못한다. 어떤 것을 기호로 받아들이는 기호설정은, 어떤 것을 처음부터 발견할 수 있게도 한다. 곧 기호로서 받아들여진 것은 이로써 도구성을 획득하고, 우리는 이것으로 비로소 그 기호의 의미나 지시에 가까이 갈 수 있게 된다. 예를 들면 농경에서 남풍이 비를 예고하는 징후라고 한다면, 이 남풍의 '의의'라든가 이 남풍이 '지닌 가치'는 그 자체로 존재하며 이미 객체적으로 존재하고 있는 기류나 특정한 지리학적 방위에 덤으로서 따라오지는 않는다. 기상학적으로 연구하면, 그저 자연현상에 지나지 않는다는 의미에서 기류를 밝힐 수도 있지만, 남풍은 처음부터 그러한 것으로서 객체적으로 존재하고 있었던 것이지 나중에 우연히 비의 예고로서의 역할을 받아들인 것이 아니다. 오히려 농경생활 속에서 '주변을 둘러보고' 고려하는 방법에 의해 비로소 남풍을 그 존재로서 발견한 것이다.

그러나 사람들은 기호로 취해지는 존재자에 대해 접근 가능하고, 또 기호 설정에 앞서 존재자가 파악되고 있었던 것은 아닐까, 반문할 것이다. 그렇다, 말 그대로 그것은 이미 어떤 방법으로 발견되고 있었을 것이다. 문제는 단지 이와 같은 선행적(先行的)인 만남에서 그 존재자가 어떠한 상태로 발견되었는지이다. 과연 단순하게 발생하는 사물로서였는지, 그렇지 않으면 오히려 이유를 알 수 없는 도구로서였는지, 다시 말해서 사람들이 지금까지 그 존재자(또는 사물)를 가지고 '어떻게 시작해야 할지를 전혀 몰랐던' 도구적 존재자로서, 우리가 둘러보았을 때 은폐되어 있었는지가 문제라는 말이다. 사람들은 여기에서도 주변을 둘러보고, 아직 발견하지 못한 도구적 존재자의 은폐된 도구성격을 불과 얼마 안 되는 객체적 존재들을 파악하기 위해 주어진 단순한 사물성쯤으로만 해석해서는 안 된다.

일상적 교섭에서 주변에 있는 여러 기호는 다양한 의도와 형태로 사람들의 눈에 띄게 작성되어 있다. 실제로 사람의 눈을 끄는 것도 있지만, 기호가 사람의 눈을 끄는 것은 일상성 속에서 '당연한 것'으로 주변에 있는 도구 전체가 거의 사람의 눈에 띄지 않기 때문이며, 기호 자체가 그것에 입각하고 있음을 알 수 있다. 예를 들어 기억의 표시로 잘 알려져 있는 '손수건의 매듭'이 그러하다. 이 손수건이 표시하는 것은, 일상성을 둘러볼 때 그때마다 배려를 필요로 하는 것이다. 이 기호는 대부분 다양한 것을 표시한다. 이러한 기호가 나타내는 범위는 매우 넓다. 반면에 그 나타내는 바를 이해하고 사용할 수 있는 사람의 범위는 좁다. 왜냐하면 기호로서는 '설정자'의 용도에 맞추어 구비되었을 뿐이기 때문이다. 그뿐만 아니라 그 기호가 그 자신에게조차 이유를 알 수 없는 것이 되며 그것을 주변에서 볼 수 있는 표시로서 유용하게 쓰기 위해서는, 또 다른 하나의 표시가 필요하게 되기도 한다. 기호로서 사용되지 않게 된 매듭이 그렇다고 기호라는 성격을 잃어버린 것이 아니라, 가까이에 있는 도구적 존재자에게만 기분 나쁘게 강요하는 점만이 더욱 부각되게 된다.

일상적 배려에서 다양한 기호가 세계이해 그 자체를 위해 각별한 역할을 하고 있는 예들을 보다 보면, 원시적 현존재에서 '기호'의 쓰임이 잦다는 점에서, 예를 들면 페티시즘(물신숭배)이나 주술을 예시하고 싶어질지도 모른다. 분명, 이와 같은 기호사용에서 기초적으로 해야 하는 기호설정은 이론적 목적이나 이론적 사변의 방법으로 이루어지지 않는다. 이 기호를 사용하는 일은, 아직 전적으로 '직접적인' 세계-내-존재의 내부에 머물러 있다. 그러나 조금 더 깊이 들어가 조사해 보면, 기호 일반의 이념을 실마리로 하여 페티시즘이나 주술을 해석하는 태도로 원시세계 안에서 만나는 존재자의 '도구적 존재' 양상을 파악하는 데에는 충분하지 않다는 것이 분명해진다. 곧 기호현상에 관해서는 다음과 같은 해석을 내릴 수 있을 것이다. 원시인들에게 기호는 그들이 표시하는 바와 합치한다. 기호 그 자체가 표시하는 것을 대표한다는 의미에서뿐 아니라, 기호는 언제나 자기 자신을 표시하는 그 자체라는 의미에서도 그것을 대리한다. 기호와 원시인들이 표시하는 바의 의미가 이와 같이 합치하는 것은 주목할 만한 현상이지만, 그것은 기호작용을 하는 사물이 이미 얼마간 '객관화'되어 있으며, 단순한 사물로서 경험되고 그것이 표시하는 바와 같은 객체적 존재영역으로 이동되기 때문이 아니다. 그 '합치'는 처음에 분리되어 있던 것이 동일화되는 것이 아니라, 기호가 본래 그 원시인이 표시하고자 하는 바로부터 아직 해방되지 않았던 것이다. 즉 그러한 기호 사용은 존재에 완전히 몰입해 들어가는 것이며, 기호가 본래 기호로서 거기로부터 분리되지 않은 것이다. 이 합치는 어떤 초보적인 객관화에 기초하는 것이 아니라 그러한 객관화의 전면적 결여에 기초하고 있다. 이것은 기호가 아직 존재하는 도구로서 발견되지 않았으며, 나아가 일반적인 세계내부적인 '도구적 존재자'가 아직 도구라는 존재양식을 갖추지 못했음을 의미한다. 아마도 이(도구성과 도구라는) 존재론적인 실마리를 가지고 있다고 해도 원시세계의 해석에는 효과가 없을 것이다. 더군다나 이렇다고 한다면 사물성의 존재론 등에서도 도움이 되지 않는다. 그러나 원시적 현존재나 원시세계에도 어떤 존재이해가 갖추어져 있다고 한다면, 그것은 '형식적'인 세계성의 개념을 마무리해 그 윤곽을 부각시키는 것이 긴급한 과제가 된다. 또는 어떤 현상을 정리 작업해 얻은 존재이해라고 할 수 있다. 그 현상은 모든 존재론적 발언이 앞서 주어져 있을 때 이것에 현상을 연관시켜서 어떤 것이 아직 그 현상이 아니든, 또는 더 이상 그 현상이 아니든 무엇도 아닌 바로 그 상태로부터 하나의 긍정적인 현상적 의미를 얻게 되는 식으로 변화 가능하다.

지금까지 논술해 온 기호의 해석은, 우리가 존재의 성격방향을 가리켜 주는 지시관계의 성격을 나타낼 때 필요하게 되는 현상적 실마리(사물이 지닌 어떤 특징적 표시)를 얻기 위한 것이다. 기호와 지시(방향지시)의 관계는 세 가지로 나누어 생각할 수 있다. 첫째, 표시는 유용성의 '무엇 때문에'라는 용도를 어떤 식으로 구체화한 상징적 도구이며, 도구구조 일반에 즉 '……하기 위해 있다'는 것(지시)에 기초하고 있다. 둘째, 기호가 행하는 표시는 어떤 도구적 존재자의 도구성격이며, 어떤 도구 하나의 전체성인 지시적(특징적) 연관에 속해 있다. 셋째, 기호는 다른 도구와 함께 도구적으로 존재할 뿐 아니라, 그 도구성은 각각의 환경세계를 둘러볼 때마다 접근 가능해진다. 이렇게 기호는 어떤 존재적인 도구적 존재자이면서 이처럼 특정한 도구이며, 동시에 도구성, 지시관계의 전체성 및 세계성의 존재론적 구조를 엿볼 수 있게 해주는 어떤 기능을 할 수 있다. 이 도구적 존재자가, 주변에서 보이도록 배려된 환경세계의 내부에서 차지한 특별한 위치는 이 점(세계성)에 뿌리를 두고 있다. 그렇다면 지시관계 그 자체는 존재론적으로 기호의 기초를 이루기 때문에, 그 지시 자체는 존재자 없이는 기호로서 파악될 수 없다는 것이다. 지시관계는 도구성 그 자체를 지시하기 때문에, 그것이 어떤 도구적 존재자의 존재적인 규정이 아니라는 것은 당연하다. 그렇다면 지시관계가 도구적 존재자의 존재론적 '전제'라는 것은 어떤 의미에서일까? 또한 그러한 존재론적 기초인 동시에 세계성 일반의 구성계기는 무엇일까?

18 취향성과 유의의성, 세계의 세계성

도구적 존재자들은 세계내부에서 만난다. 따라서 이 존재자의 존재인 도구성은, 세계 및 세계성과 어떤 존재론적 관련을 맺고 있다. 세계는 모든 도구적인 것에 대해서 이미 항상 '현존'하고 있다. 그 세계에서 무엇을 만나는가에 관련해서도 세계는 그에 앞서, 비주제적이긴 하지만 이미 발견되어 나타나 있다. 그리고 세계는 또한 환경적 교섭에 대해 어떤 방식에서도 희미하게 빛을 발할 수 있다. 세계란 도구적인 것이 그 세계 안에서 도구적으로 존재하는 그런 세계를 말한다. 세계는 어떻게 하여 도구적인 것을 만날 수 있는가? 지금까지의 분석으로 알게 된 바로는, 세계내부에서 만나게 되는 도구적 존재들이 배려적으로 그 주변환경에게 그 존재를 자유롭게 내보여 준다. 이와 같이 우리가 만나는 도구적 존재가 언제나 이미 자신의 존재자 자체에게 내보여 준다는 의미는 무엇일까? 그리고 어떻게 그것을 세계의 존재론적 특징으로 이해할 수 있을까? 세계의 세계성을 물을 때 우리는 어떤 문제에 맞닥뜨리게 될까?

도구적 존재자에게 구비되어 있는 도구로서의 체제를 우리는 앞에 지시관계로서 소개했다. 세계는 어떻게 그러한 존재양식으로 존재하는 존재자를, 그것의 존재와 관련해 내보여 줄 수 있는가? 우리가 언제나 먼저 이러한 존재자를 만나는 까닭은 왜일까? 특정 지시관계로서 우리는 사용용도, 유해성, 유용성 등의 예를 들었다. 어디에 도움이 되는지, 무엇에 쓰이는지, 이러한 용도는 저마다 지시관계가 구체화되는 기초를 이룬다. 하지만 기호에서 '표시'나, 망치로 '망치질을 하는 것' 등은 존재자의 속성이라고 할 수 없다. 만약 속성이라는 명칭으로 사물이 이러이러한 것으로 규정될 수 있는 존재론적 구조를 표현하려 한다면, 지금 열거한 '표시'나 '망치질' 등은 아무런 속성도 없다. 도구적 존재자에게는 고작 적합성과 부적합성이 갖추어져 있을 뿐이며, 그 진정한 '속성'은 은폐되어 있다. 마치 눈앞에 있는 기능이 하나의 도구적 존재자의 가능한 존재양식으로 있다가 그 도구적 존재자에게서 느닷없이 사라져 버리듯이, 이러한 도구적 적합성과 부적합성에 결부되어 있다. 그러나 도구의 존재구조로서의 유용성(지시관계)은, 존재자에게 갖추어져 있는 속성과 다르며 오히려 존재자가 다양한 적합성에 의해 규정되고 존재할 수 있기 위해 존재상의 가능조건을 이루고 있는 것이다. 그렇다면 여기서 지시관계의 역할은 도대체 무엇인가? 도구적 존재자의 존재는 지시관계라는 구조로 되어 있다. 이것은 그 존재 자체에서 지시되는 성격을 지닌다. 그 존재자는 존재자로서 존재하는 그 상태에서, 어떤 것을 지시하고 있다는 점에서 발견된다. 그 존재는 그 성격을 어디에 사용하게 된다는 취향성을 지닌다. 도구적 존재자의 존재성격은 취향성이다. 취향성에는, 어떤 것을(무엇을) 가지고 어떤 것에(어디에) 사용하도록 함이 함축되어 있다. '어떤 것을 가지고 어디에'라는 연관이 지시라는 용어로써 제시되어야 한다.

취향성은 세계내부적 존재자의 존재방법이며, 그러한 존재자의 존재는 이미 이 취향성을 가지고 그 취향성을 즉시 내보여 주고 있다. 존재자인 이상, 각각의 존재는 각각의 취향을 지닌다. 이렇게 하나의 취향성을 지닌다는 것은 이들 존재자의 존재에 관여하는 존재론적인 규정이지 그 존재자에 관한 존재적인 언명은 아니다. 그들 취향이 향하는 곳은 그것이 무엇을 위해 도움이 되는지, 무슨 용무에 쓰이는지 하는 점이다. 하지만 어떤 것이 그 용도를 위해 도움이 된다고 불리는 용도에도 그 나름대로 또 하나의 (용도적) 취향이라는 것이 있다. 예를 들면 우리가 망치라고 부르는 도구에는 그 이름이 나타내는 것처럼 망치를 친다는 취향이 있지만, 이 망치를 친다는 것에는 두드려 고정시키는 취향이 있다. 그리고 고정시키는 것 또한 비바람으로부터 지킨다는 취향이 있다. 비바람을 막는 일은 현존재가 비바람을 피하기 위한 일, 곧 현존재의 존재가능성 때문에 있는 일이다. 이와 같이 어떤 도구적 존재자에 대해 어떤 특정한 취향이 있다는 것은, 그때그때마다 취향 전체성에 기초해 사전에 윤곽이 지어져 있다. 이 취향의 전체성은 예를 들면 하나의 일터에 갖추어져 있는 모든 도구적인 존재자들을 각각의 도구성으로 구성하고 있다. 그 일터는 개개의 도구보다 '앞선 것'이다. 마찬가지로 갖가지 가재도구를 갖추고 있는 저택의 취향 전체성도 이들 개개의 가구들'보다 앞서는 것'이다. 하지만 취향 전체성을 규명해 보면 어떠한 취향도 갖지 않는 '……을 위해'로 귀착된다. 이 '……을 위해' 있는 그 자신은 세계내부에 갖추어져 있는 도구적인 상태로 존재하는 것이 아니라 그 자신의 존재가 세계-내-존재로서 규정되어 있어서, 세계성 그 자체를 자신의 존재구성으로서 갖추고 있는 존재자이다. 이 일차적인 '……을 위해'는 어떤 취향을 갖기 위한 용도가 아니라 '……때문에'이다. 그리고 이 '……때문에'는 언제나 그 존재자가 자신의 존재를 문제시하는, 즉 현존재의 존재에만 상관된다. 여기에서 암시한 것처럼 취향성의 구조에서 본래적이고 '……때문에'라는 생각에서 현존재가 자신을 존재로 이끄는 이 제시된 연관을 더 이상 추적할 수는 없다. 그보다 먼저 취향성에 포함되어 있는 '쓰게 한다'를 다시 한번 해명하고, 세계성의 현상을 한 단계 뚜렷한 형태로 올려놓고, 이 현상에 관한 처음 문제를 설정할 필요가 있다.

'쓰게 한다'는 것은 존재적인 어법으로, 어떤 사실적 배려의 범위 안에 어떤 도구적인 사물을 그 사물이 현실에 존재하는 그대로의 상태로, 그 취향 그대로 사용케 한다, 존재케 한다는 의미를 갖는다. 이와 같이 '취향을 바꾸지 않고 그대로' '존재하게 한다(그대로 둔다)'는 존재적인 의미를 우리는 원리상 존재론적으로 이해한다. 이리하여 우리는 주변에 있는 세계내부적인 도구적 존재자의 선행적인 내보여 줌의 의미를 해석하려는 것이다. 선행적으로 '존재하게 한다'는 말은 미리 지금까지 없었던 무엇인가를 제작해 존재하는 상태로 이끌어 내는 것이 아니라, 그때그때마다 이미 '존재하는' 것을 그것의 도구적 성격으로 발견하고, 존재성격을 가지는 존재자로서 만나고 맞이한다는 말이다. 이 '선험적인' 조치(쓰게 함)는, 도구적 존재자를 그러한 존재로서 만날 가능조건이며, 이 조건 아래에서 도구적 존재자를 만날 때에만 현존재는 그 도구적 존재와의 존재적인 교섭에서 그 도구적 존재를 (앞에 논술한 것처럼) 존재적인 의미로 쓰게 할 수 있다. 이에 반해 존재론적인 의미에서 '쓰게 할' 때는 각각의 도구적인 존재를 도구적인 존재로서 내보여 주는 것에 관여한다. 따라서 이것은 그 도구적 존재자가 존재적인 의미에서 '상용되고' (즉 그대로의 상태로 방치되고) 있거나, 그렇지 않으면 반대로 (파손된 채) 방치되고 있지 않고 대개 배려되고 있다. 다시 말해 발견된 존재자로서 그것이 그대로 '존재'하도록 하지 못하고 수정되고 수선되고 또는 파기되지만, 이러한 차이에는 관여하지 않는다.

취향성에게 맡겨서 늘 처음부터 쓰게 한 것은 현존재 존재양식의 특징을 이루는 '선험적 완료'태이다. 쓰게 한다는 말은 존재론적인 의미로 존재자를 환경 내부의 도구성에 선행적으로 내어준다는 뜻이다. 쓰게 하되, 그 취향성을 '어디에서' 쓰게 하는가로부터 '그 취향성을 가지고'가 자유롭게 내어지게 된다. '그것을 가지고'는 배려함에 있어 그러한 도구적 존재자로서 만나는 것이다. '그 취향성을 가지고' 존재자가 자신을 내보이는 이상, 다시 말해서 그 존재자가 그 취향성의 존재에서 발견된 이상 그것은 처음부터 환경세계적인 도구적 존재자이며 그저 객체적으로 존재하기만 하는 '우주물질'이 아니다.

도구적 존재로서의 취향성 그 자체는, 언제나 취향 전체성에 앞서 발견되고 있는 것에 기초해 발견된다. 그렇다면 발견되는 취향성 안에는, 즉 우리를 만나는 도구적인 것 안에는 앞에서 도구적인 것의 세계 적합성이라고 이름붙인 성격이 미리 발견되어 있는 것이다. 이와 같이 미리 발견된 취향 전체성은 그 안에 세계에 대한 존재론적 관련을 간직하고 있다. 존재자를 취향 전체성으로 내어주는 일, 곧 쓰게 하는 일에서는, 그것이 그리로 자유롭게 내어질 때 그것 (취향 전체성)을 어떻게든 밝히고 있어야 한다. 환경세계의 도구적 존재자가 비로소 처음으로 환경 내부적인 존재자로서 접근 가능해질 만큼, 그렇게 자유롭게 내어지는 그것(지평)은 이렇게 발견된 존재양식의 존재자의 하나로 파악될 수는 없다. 우리가 앞으로 발견되어 있는 사항을, 모든 현존재적이지 않은 존재자의 존재가능성을 가리키는 용어로서 확정한다면, 그 지평은 본질적으로 발견될 수 있을까? 그렇지 않다.

그렇다면 세계내부적 존재자가 자유롭게 맡겨지는 지평이 선행적으로 밝혀져야 한다는 것은 어떻게 해야 한다는 말인가? 현존재의 존재에는 자신에 대한 존재이해가 갖추어져 있다. 이해는 존재의 이해라는 작용 속에서 이루어진다. 현존재에게 세계-내-존재라는 존재양식이 본질적으로 갖추어져 있다면, 현존재의 존재이해의 본질적인 구성요소에는 세계-내-존재를 이해하는 작용이 포함된다. 세계내부에서 만나게 되는 존재자를 내어줄 지평을 선행적으로 열어 보여주는 일은 바로 세계에 대해 이해하는 일이다. 이 세계에 대해서 현존재는 존재자로서 언제나 이미 관계를 맺고 있다.

'어디에서 무엇을 가지고'라는 선행적 조치는, 취향성의 '어디에서'와 취향성의 '무엇을 가지고'를 이해하는 데에 있다. 이런 이해와, 더 나아가 그 이해의 근저에 놓여 있는 것, 이를테면 취향성이 거기에서 쓰이는 '그것을 위하여'와 궁극적으로 모든 '그것을 위하여'가 그리로 귀착되는, 즉 '그 때문에' 등 이 모든 것은 어떤 이해 가능성 속에서 알기 쉽게 선행적으로 열어 보여져야 한다. 그렇다면 세계 안에서 현존재가 세계-내-존재로서 자신을 전(前) 존재론적(선험적)으로 이해하고 있다는 말은 무슨 뜻일까? 지금 논술한 여러 가지 연락관계를 이해하는 데 있어서 현존재는 명확하게 선택된 본래적 또는 비본래적인 존재가능으로부터—현존재 자신은 존재가능하기 때문에 존재하지만—'⋯⋯하기 위한' 것으로 자신을 향하게 한다. 이 존재가능이 하나의 '⋯⋯하기 위한'을 그려 보이고, 이 그림의 취향 작용을 가능하게 하는 범위 안에서, 현존재의 존재가능에서 취향성의 '그것을 가지고' 나타나게 되는 것이다. 다시 말해 현존재는 자신이 존재하는 한, 존재자를 언제나 이미 도구적 존재자로서 만나게 되는 것이다. 현존재가 '그 안에서' 자신에게 지시하는 형태로 미리 자신이 어떻게 하면 좋을지 이해하는 '그곳이' 곧 존재자가 미리 만나게 하는 지평이 된다. 취향성이라는 존재양식 안에서 존재자를 만나게 하는 작용의 기초가 되는 것으로서의 자기 지시적인 이해작용이 행해지는 것, 바로 그것이 세계라고 하는 현상이다. 따라서 현존재가 자신을 그리로 지향하게 하는 기초가 되는 것의 구조가 곧 세계의 세계성을 구성한다.

현존재는 자기가 이와 같은 방법으로 이미 자신을 이해하고 있다는 점과 근원적으로 친숙하다. 이 세계와의 친숙함은 반드시 세계를 세계로서 구성하고 있는 여러 가지 연관들에 대한 이론적 통찰이 요구되지는 않는다. 물론 이러한 연관들을 표면화하여 존재론적·실존론적으로 해석할 가능성은, 현존재에게 구성적인 의의를 가지고 있는 세계와의 '친밀'에 기초한다. 그리고 이 세계와의 상호 친밀함에 의해 현존재의 존재이해가 함께 형성된다. 지금 언급한 가능성은 현존재 자신이 자기 존재 및 그 가능성(무엇을 위해, 무엇 때문에 존재하느냐의 가능성)의 근원적인 해석, 또는 오히려 존재일반 의미의 근원적인 해석을 과제로서 스스로 정하는 한 분명하게 장악될 수 있다.

지금까지의 분석에서는, 세계 및 세계성과 같은 것이 탐구되어야 할 시야가 겨우 열린 데에 지나지 않는다. 고찰이 더 나아가기 위해서는 현존재의 자기 지시 연관이 존재론적으로 어떻게 연결되어야 하는지 더욱 명확히 할 필요가 있다.

이해(존재이해)에 관해서는 뒤(제31절 참조)에서 더 자세한 분석을 시도하겠지만, 위에서 언급한 갖가지 연관관계를 미리 열어놓은 상태를 유지하고 있다. 그 안에 친숙하게 머물면서, 이해는 그들의 연관관계를 그 안에서 스스로의 지시가 작용하는 장소로서 자기에게 제시하고 있다. 이 이해는 이들 연관관계 안에서, 또는 그 연관관계에 이끌려 자신의 지시를 받는다. 열어 보여진 이러한 연관들의 연관성격을 의미부여라고 이해한다. 즉 이들 연관관계의 친밀함 속에서 현존재는 자기 자신에게 '의미부여를 한다.' 즉 세계-내-존재에 대해 자기 존재와 존재가능을 스스로에게 이해시키려는 것이다. '그 때문에'는 하나의 '……하기 위한'을, 이것은 또한 '용도'를 그리고 이 용도가 취향성의 귀추를, 다시 이 귀추가 취향성의 소재를 의미부여한다. 이들 연관관계는 서로 간에 근원적인 전체성으로서 서로 얽혀 있으며, 이들은 본래 현존재가 그 안에서 미리 자기가 세계-내-존재임을 스스로에게 이해시키는 의미부여로서 존재하고 있는 것이다. 이 의미부여의 연관 전체를 우리는 유의의성(有意義性)이라고 부른다. 이것은 세계의, 즉 현존재가 현존재로서 언제나 이미 세계 속에 존재해 있는 세계의 구조를 형성한다. 현존재는 자신의 유의의성에 친숙한 상태에서, 존재자가 발견될 수 있는 존재적인 가능조건이 되며, 하나의 세계 안에서 취향성이라는 존재양식(도구성)으로서 만나게 되고 이러한 존재방법으로 그 자체 모습을 고백할 수 있다. 현존재는 현존재인 한, 언제나 이러한 존재자이다. 곧 그것이 존재함과 동시에, 본질적으로 이미 한 쌍의 도구적인 연관이 발견된다. 현존재는 현실적으로 존재하는 한, 언제나 이미 만나는 '세계'에 자기를 의존하고 있다. 현존재의 존재에는, 본질적으로 이렇게 자기를 세계에 맡기고 있는 의존성이 있다.

한편 현존재가 언제나 이미 친밀하게 지향하고 있는 자신의 유의의성은, 이해자인 동시에 또 해석자로서의 현존재가 스스로 '뜻'을 열어 보일 수 있는 존재론적 가능조건을 가지며, 그리고 이들 '뜻'은 낱말과 언어상의 존재가 가능함을 기초로 한다.

열어 보여진 현존재의 유의의성은, 현존재의 세계-내-존재의 실존론적 구조로서 취향 전체성이 발견될 수 있게 하는 존재적 가능조건이다.

이처럼 도구적 존재자의 존재(취향성)뿐만 아니라, 세계의 세계성 자체를 하나의 지시연관으로 규정한다면, 세계내부적 존재자의 '실체적 존재'가 하나의 관계체계가 되어 사라져 버리는 것은 아닐까? 그리고 관계라는 것이 언제나 '사유된 것(관념적인 것)'인 한, 세계내부적 존재자의 존재가 '순수사유' 속으로 사라져 버리는 것은 아닐까?

당면한 탐구분야의 범위 안에서는, 존재론적 문제영역의 구조와 차원에 대해 거듭 확인해 둔 몇 가지 차이를 원칙적으로 구별해야 한다. 그 차이는 (1) 주변에서 만나게 되는 세계내부적인 존재자의 존재(도구성), (2) 주변에서 만나게 되는 존재자를 통하여 독자적 발견적 태도로 개척해 나가면서 발견되고 규정 가능하게 되는 존재자의 존재(객체성), (3) 세계내부적 존재자 자체를 발견할 수 있는 존재적 가능조건(무엇을 위해, 무엇 때문에 존재하느냐)의 존재, 바로 세계의 세계성, 이 세 가지이다. 맨 마지막에 언급한 존재는 세계-내-존재, 바로 현존재의 실존론적 규정이다. 다른 두 존재개념들은 범주이며, 현존재적이라기보다 존재양식을 가지는 존재자에 해당한다. 존재의 유의의성으로서 세계성을 구성하는 지시연관을 형식적으로 보면 세계성의 의미란 그 관계체계가 있기 때문에 주어짐을 이해할 수 있다. 하지만 그때 주의해야 할 것은 이러한 형식화 절차가 당면한 여러 현상을 대폭 평준화시키므로 본래의 현상적인 함축성이 사라져 버린다는 점이다.

그리고 이것은 유의의성 안에 포함되어 있는 '단순한' 연관관계화에서 특히 심하다. '······을 하기 위해', '······때문에'에 기초한 취향성에서 '그것(취향성)을 가지고'와 같은 '관계'나 '관계항'은 각각의 현상적 내용으로 보아, 어떠한 수학적 함수화도 거부한다. 그것은 또한 '사유' 속에서 비로소 관계로서 정립된다는 의미의 그런 '사유'가 아니라, 배려하여 '주변을 둘러볼' 때 본래 처음부터 그 주변세계 안에 있었던 그런 연관관계이다. 세계성의 구성계기로서의 이러한 '관계체계'는, 세계내부에 존재하는 도구적인 사물의 존재를 사라져 버리게 하지 않으며, 도리어 세계의 세계성이라는 근거가 있어야 비로소 이 존재자가 그 '실체적인' '자체 모습'에서 의미 있는 모습을 발견할 수 있게 되는 것이다. 그리고 세계내부에서 다른 존재자를 만날 수 있어야만 이 존재자 전체의 영역에서 단순히 객체적으로 존재할 뿐인 존재자 자체에 접근할 가능성도 생긴다. 이 존재자는 그저 객체적으로밖에 존재하지 않는 그 성격을 근거로 하여, 각각의 '속성'과 관련지어 수학적으로 '함수개념'으로 규정될 수 있다. 하지만 이런 종류의 함수개념이 존재론적으로 가능한 것은, 그들 존재를 순수한 실체성이라는 존재성격을 갖는 존재자와 연관지어야만 가능하다. 함수개념은 어디까지나 형식화된 실체개념으로서만 가능하기 때문이다.

세계성을 둘러싼 특유한 존재론적 문제영역을 부각시키기 위해서라도, 여기에서 분석을 서두르기에 앞서 세계성의 해석을 한 극단적인 반대 경우(은폐되어 있는 존재, 또는 전[前] 존재)에 대조해 가며 명확하게 해야 한다.

B. 세계성 분석을 데카르트의 세계존재론과 대조하는 해설

세계성의 개념과 이 현상에 포함되어 있는 다양한 내적 구조는 탐구를 통해 차근차근 확인해 나갈 수밖에 없다. 세계에 대한 해석을 먼저 세계내부적 존재자를 단서로 하여 시작하면, 세계라는 현상이 전혀 눈에 들어오지 않게 된다. 그러므로 우리는 이러한 과정을, 그것이 수행된 가장 극단적인 형태에서 예로 들어 존재론적으로 분명히 해보도록 하자. 우리는 아래에서 데카르트의 '세계'존재론 개요를 간단히 서술할 뿐 아니라, 그것이 어떤 것을 전제로 하는지를 묻고, 그 전제를 우리의 지금까지의 성과에 비추어 특징지어 보도록 한다. 이러한 논의의 의도는 데카르트 이전은 물론 데카르트 이후에 나타난 세계 해석이, 어떤 원칙적으로 논의되지 않은 '기초' 위에 서서 이루어져 왔는지 확인시켜 줄 것이다.

데카르트가 본 바에 따르면 존재론적으로 본 세계의 근본적 규정은 엑스텐시오(extensio, 연장)이다. 연장은 공간성 구성계기의 하나일 뿐 아니라, 데카르트에 의하면 공간성(공간구조)과 동일하기까지 하다. 그리고 이 공간성이 어떤 의미에서건 세계에 대해 구성적이라는 사실은 인정해야만 한다. 따라서 데카르트의 '세계'존재론을 구명해 보면, 이와 함께 환경세계와 현존재 자신의 공간성을 적극적으로 해명하기 위한 소극적 단서를 얻을 수 있다. 이로써 데카르트의 존재론에 대해 다음의 세 가지 점을 논술한다.

1. 연장(res extensa)으로서의 '세계'규정(제19절)
2. '세계'에 대한 존재론적 규정의 모든 기초(제20절)
3. 데카르트의 '세계'존재론에 대한 해석학적 논의(제21절)

이하의 고찰의 상세한 기초설정은 '코기토 숨(cogito sum, 나는 생각한다 나는 존재한다)'의 현상학적 해체를 통해 비로소 얻을 수 있다.

19 연장으로서의 '세계'규정

데카르트는 '나는 생각한다(ego cogito)'를 물체적인 '사물(res corporea)'로부터 구별하고 있다. 이 구별은 이윽고 존재론적으로 '자연과 정신'의 대비가 되고, 또 그런 종류의 대비를 지속적으로 규정하게 된다. 이 대립이 아무리 많은 내용적 변형을 거치고 존재적으로 확정된다고 해도 이 대립이 낳은 그 존재론적 기초와 대립항 자체는 명확해지지 않는다. 그리고 이 자연과 정신이라는 두 대립항 자체가 뚜렷해지지 못하는 이유는, 데카르트가 행한 구별 안에서 찾을 수 있다. 도대체 어떠한 존재이해의 범위 안에서 데카르트는 이들 두 존재자의 존재를 규정했을까? 존재하는 사물 자체를 나타내는 명칭은 실체(substantia)이다.

이 말은 어떤 때는 실체로서 존재하고 있는 존재, 바로 실체성(substanzialität)을 가리키며, 어떤 때는 그 존재자 자체, 바로 하나의 실체(substanz)를 가리킨다. 실체에게 갖추어져 있는 이러한 이중 의미는, 이미 고대의 우시아라는 개념에도 있었던 것으로, 우연이 아니다.

물체적인 사물을 존재론적으로 규정하기 위해서는 이 존재자의 실체를 해명할 필요가 있다. 곧 하나의 실체로서 이 존재자의 실체성을 밝히는 것이다. 물체적인 사물의 본래성, 그 실체라는 존재는 무엇인가? 도대체 하나의 실체를 실체로서 이해하는 일, 즉 그 실체성을 이해하기 위해서는 어떻게 해야 하는가? '실체는 어느 속성에서나 인식되고 있다. 그리고 어떤 실체에도 하나의 두드러진 속성이 있고, 이것이 이 실체의 본질을 구성하고 있고, 다른 모든 속성은 이것을 토대로 읽어낼 수 있다.'[3] 다시 말해서 실체는 그 '속성'으로 알 수 있으며, 아직 어느 실체나 하나의 각별한 속성을 갖고 그곳에서 실체성의 본질을 읽어낼 수 있다는 것이다. 그럼 물체적인 사물에서의 속성은 무엇인가? '바로 길이, 폭, 깊이에 있어서의 연장(延長)이 우리가 '세계'라고 부르는 물체적인 실체의 본래적 존재를 이루고 있다.'[4] 왜 이러한 두드러진 속성의 지위가 연장에 주어진 것일까? '왜냐하면 물체에 속할 수 있는 존재자의 존재구성들, 이들은 모든 다른 존재규정에 앞서 미리 '존재하고 있지' 않으면 각각의 존재규정으로서 '존재할' 수 없기 때문이다.'[5] 따라서 연장은 물체적인 사물에 일차적 속성으로서 '할당'되어야만 한다. 이에 따라 연장과 그 연장된 속성에 의해 규정지어지는 '세계'의 실체성에 대한 증명도, 이 실체에 속하는 다른 모든 규정성, 특히 분할, 형태, 운동은 연장의 상태로서만 개념 파악이 되는지를 보여주며, 그 반면에 연장이 형태나 운동 없이도 이해 가능하다는 사실을 알려준다.

'이렇게 동일한 물체적인 사물이 자신의 총연장을 유지하면서 다양한 상태로 존재하고, 그 총연장의 배분을 연장차원에서 할당하고 바꿔가면서 다양한 형태를 하고서도 하나의 동일한 사물로서 자신을 표현할 수 있다.'[6]

---

3) 데카르트 《철학의 원리》 제1부 53절 25쪽(애덤-태너리판(版) 전집 제8권).
4) 같은 곳.
5) 같은 곳.
6) 같은 책 제1부 64절 31쪽.

형태는 연장의 한 양태이며 운동 또한 그러하다. 왜냐하면 운동은 '우리가 오로지 장소적 이동만을 생각하고, 거기에 운동을 일으킨 힘 같은 것은 문제 삼지 않는 경우에'만[7] 포착되기 때문이다. 즉 운동이 물체적인 사물의 존재적 속성이라고 한다면, 그것을 그 존재에서 경험할 수 있도록 하기 위해 우리는 운동을 이 존재자 자체의 존재, 곧 연장으로부터 이해해야 한다. 이것은 운동을 순수한 장소의 변화로 이해하는 것이다. '힘'과 같은 것은 이 존재자의 존재를 규정하는 데에 아무런 관여를 하지 않는다. 딱딱함, 무게, 색과 같은 규정을 물질에서 제거해도 물질은 여전히 물질임에 변함이 없다. 이들 규정(딱딱함, 무게, 색)은 물질의 본래적 존재를 형성하지 않으며 그들이 존재한다 해도 그러한 규정은 그 본래적 존재의 연장 상태에 지나지 않는다. 이것을 데카르트는 '딱딱함'과 관련지어 상세하게 보여주려 한다.

데카르트의 말은 이렇다. '왜냐하면 딱딱함에 대해서 우리의 감각이 우리에게 고하는 것은, 우리의 손이 누를 때 딱딱한 물질의 여러 부분이 손의 운동에 저항해 온다는 사실뿐이다. 한 부분에 대한 우리 손의 운동에서 거기에 있는 모든 물체가 손이 앞으로 나아가는 속도와 같은 속도로 물러선다면, 우리는 아무런 딱딱함도 느낄 수 없을 것이다. 하지만 이렇게 물러서는 물체가 이 누름 때문에 물체의 본성을 상실하게 될 어떠한 근거도 가지고 있지 않다.' 딱딱함은 만지는 것으로 경험된다.[8] 딱딱한 감촉은 우리에게 무엇을 알려주는가? 딱딱한 사물은 그것을 누르는 손의 운동에 '저항'한다. 그러나 딱딱해서 눌러지지 않는 물체가, 물체를 '누르는' 손의 장소의 변화가 일어나는 것과 동일한 속도로 그 장소를 바꾸어 간다면 양자는 결코 접촉하지 못할 것이며, 딱딱함은 경험되지 않고 따라서 결코 존재하는 일도 없을 것이다. 하지만 이를테면 이러한 속도로 물러서는 물체가 그 누르는 손에 의해 그것의 물체존재를 조금이라도 상실하게 되리라고는 도저히 이해가 안 된다. 물체의 눌리는 속도가 손이 누르는 속도에 따라 저항 없이 함께 변화하고, 그래서 '딱딱함'이 불가능하게 되는 경우에도 물체가 그 물체존재를 여전히 보유한다고 하자. 그러나 딱딱함은 더 이상 이 존재자의 존재에는 속하지 않는다.

7) 같은 책 제1부 65절 32쪽.
8) 같은 책 제2부 4절 42쪽.

'같은 방법으로 무게나 색깔 그 밖의 물체적 물질에서 감각되는 이런 종류의 모든 성질은, 그것이 물질로부터 제거되더라도 바로 그 물질 자체는 그대로 존속할 것임을 보여줄 수 있다. 따라서 연장의 본성은 그러한 연장적 성질의 어느 것에도 의존하지 않는다는 결론을 얻게 된다.'[9] 따라서 물체적인 사물의 존재를 구성하는 것은 연장이다. 이것은 '온갖 방식에 의해 분할, 형성, 운동할 수 있는 것', 즉 분할 가능성, 조형, 운동과 같은 어느 방식으로도 변화할 수 있는 것, '다양하게 변화할 수 있는 것', 그것으로 '이들 모든 변화를 통해 유지되는 것'이다. 물체적인 사물에서 그러한 지속적인 머무름이 만족될 때, 바로 그 사물이 그 물체에 있어서의 진정한 존재자이며, 이것으로 이 실체의 실체성이 규정지어진다.

20 '세계'에 대한 존재론적 규정의 모든 기초

데카르트가 연장된 사물을 존재론적으로 규정짓기 위해 의지한 존재이념은 실체성이다. '우리는 자신의 실체 아래 스스로 존재하기 위해 다른 어떤 존재자도 필요로 하지 않는 방식으로 실존하는 그런 사물을 이해할 수 있다.'[10] '실체'란 존재하기 위해 아무것도 필요로 하지 않음에 의해 규정지어진다. 그 존재가 어떤 의미로도 다른 존재자를 필요로 하지 않을 때, 진정한 의미에서 실체의 이념이 만족된다. 이 존재자는 가장 완전한 존재자이다. '어떠한 물체도 필요로 하지 않는 실체는 단 하나, 신(神) 말고는 생각할 수 없다.'[11] 여기에서 '신'이란 완전한 존재자로 이해되는 순수한 존재론적 명칭이다. 동시에 신이라는 개념과 더불어 '당연하게' 생각되는 이 존재자가 실체성의 구성적 계기—아무것도 필요로 하지 않는 실체적 계기—에 관한 하나의 존재론적 해석을 가능하게 한다. 곧 '신이 아닌 모든 존재자는, 존재하기 위해 더 넓은 의미에서 제작되고 유지될 필요가 있다.'[12] 현존하는 것의 제작, 또는 제작의 불필요성이 '존재'가 이해되는 지평을 형성한다. 신이 아닌 어떤 존재자도 창조된 존재자이

---

9) 같은 곳.
10) 같은 책 제1부 51절 24쪽.
11) 같은 곳.
12) 같은 곳.

다. 이들과 신 사이에는 쌍방의 존재에 대한 '무한한' 차별이 있음에도 불구하고 우리는 피조물도 창조주도 마찬가지로 존재자라고 부른다. 우리는 우리의 존재를 그 의미가 '무한한' 차별(여러 가지 모습들)까지도 포용할 만큼 넓은 범위로 이용하고 있다. 그래서 일정한 권리만을 가지고 창조된 존재자를 실체라고 부른다면, 이 실체라는 존재자 역시 신의 손에서 만들어졌고 유지될 필요가 있지만, 창조된 존재자의 영역 내부에, 즉 창조된 존재자라는 의미의 '세계' 내부에 창조된 제작과 유지를 연관지어 볼 때—예를 들면 인간의 제작이나 유지—'다른 존재자를 필요로 하지 않고' 존재하는 존재이다. 이러한 실체에는 두 종류가 있는데, 바로 사유하는 사물과 연장된 사물이 그것이다.

그 사물의 탁월한 고유함이 연장이라고 표현되는 그 실체의 존재는, 따라서 이 세 실체들, 곧 하나의 무한한 (사유적) 실체와 두 개의 유한한 실체들에 '공통적인' 존재의 의미가 설명될 때, 비로소 존재론적 관점에서 원칙적으로 규정이 가능하다. 하지만 '스콜라학파의 표현을 빌리면, 실체라는 명칭은 신과 그 밖의 다른 사물들에게 같은 의미로 쓰기에 적합하지 않다[13]—즉 신과 피조물에게 공통적인 의미로서 부적합하다'는 말이다. 데카르트가 여기에서 언급하는 문제는 중세존재론에서 자주 논의되었던, 곧 존재라는 말의 뜻은 그때마다 존재라고 불리는 것을 어떤 상태로 의미짓는가 하는 문제이다. '신은 존재한다' '세계는 존재한다'는 언명으로 우리는 존재를 언명하고 있지만, 이 '존재한다'라는 말은 이 두 가지 존재자 사이에 존재상의 무한한 차별이 있기 때문에, 각각의 존재자는 같은 의미를 가리킬 수 없다. 만약 여기에서처럼 신과 같게 '존재한다'는 말의 의미를 가리킨다면 피조물은 창조되지 않았다는 의미가 되며, 창조되지 않은 것이 창조된 것으로 격하되는 것이다. 그렇지만 '존재'는 단순히 같은 이름으로 이용 가능하다는 말이 아니라, 그 두 경우 '존재'는 '유비적(類比的)' 의미로 이해되고 있다. 이 문제는 그리스적 존재론 일반의 발단과 아리스토텔레스에게서 각각 그 원형을 볼 수 있지만, 스콜라학파는 아리스토텔레스를 따라 (신과 세계 사이의) 다양한 유비 형태를 확정하고, 그에 맞는 존재 의미 부여 기능의 해석 면에서 몇몇 학파와 구별되고 있다. 데카르트는 이 문제의

---

13) 같은 곳.

존재론적 정론이라는 점에서는, 스콜라학파보다 훨씬 뒤처져 있다.[14] 그뿐 아니라 데카르트는 이 문제를 회피하고 있다. '이 실체라는 명칭의 의미 안에서 신과 피조물에게 공통된 의의를 분명하게 이해하기란 어려운 일이다'[15]라고 그는 말하고 있다. 데카르트가 이렇게 회피하는 까닭은, 그가 실체성이라는 이념 안에 포함되어 있는 존재의 의미와 이 의의의 '보편성'의 성격을 밝혀내지 못했기 때문이다. 하지만 존재 그 자체란 무엇인가, 하는 것은 중세의 존재론도 고대의 존재론도 모두 추구하지 않았다. 따라서 존재의 의미부여 방식을 따져 묻는 문제가 한 걸음도 앞으로 더 나아가지 못한 것에 대해 놀랄 것까지는 없다. 의의가 '밖으로 내보이는' 존재의 의미를 명확히 하지 않은 채 존재의 의미를 근거 삼아 고찰되는 한, 이 문제는 한 걸음도 진전되지 않을 것이다. 존재의 의미가 해명되지 않았던 것은 사람들이 단순히 그 존재만으로도 '명료하다'고 단정했기 때문이다.

데카르트는 실체성에 대한 존재론적인 물음을 막연하게 회피하고만 있지는 않다. 또한 실체 그 자체가, 다시 말해서 실체성이 선행적으로 그 자체에서 그 자체에게 접근 불가능하다고 분명하게 강조하고 있다. '그렇다고 실체를 그 실체가 실재한다는 사실 하나만으로 인식할 수는 없다. 왜냐하면 그것만으로는 우리를 촉발하지 못하기 때문이다.'[16] 우리는 '존재' 그 자체만으로는 '촉발'되지 않는다. 그래서 그 실체는 지각될 수 없다. 이것을 칸트의 말로 바꾸면 '존재는 실질적인 술어가 아니다'가 되는데, 이는 사실 데카르트 명제의 반복에 지나지 않는다. 이것으로 데카르트는 원칙적으로, 존재를 모습 그대로 순수하게 묻는 문제설정의 가능성을 단념하고, 그 대신에 한 가지 피할 길을 찾게 된다. 궁여지책으로 내놓은, 위에서 논술한 실체에 대한 여러 규정은 이런 과정에서 얻게 된 것이다. 분명히 '존재'를 존재자로서 규명할 수 없기 때문에, 존재는 각각의 존재자가 지닌 존재적인 규정, 즉 속성으로써 표현되게 된다. 그렇다고는 하나 임의의 속성에 의해서가 아니라, 역시 암암리에 전제되

---

14) 이 점에 관해서는 카예타누스(Thomae de Vio Cajetani)가 쓴 《소론집》(레이덴, 1580년) 제3권 제5논문 〈명칭 유비(類比)의 비교 및 고찰〉 211~219쪽 참조.

15) 데카르트 《철학의 원리》 제1부 51절 24쪽.

16) 같은 책 제1부 52절 25쪽.

고 있는 존재 및 실체성의 의미를 가장 순수하게 충족시키는 속성에 의해서이다. 물체적 사물인 유한한 실체에게 우선 필연적으로 '할당되는' 것은 연장이다. '실제로 사유한다거나 연장된다거나 하는 것이 배제된 단순한 실체만을 이해하기보다, 연장시키는 실체라든가 사유하는 실체라든가를 이해하는 것이 더 쉽다.'[17] 왜냐하면 실체성이란 이성적 부류이기 때문이다. 그리고 실체적인 존재자 자체와 같이 실제로 그것만을 끄집어내어 눈앞에서 보여줄 수 있는 것이 아니라, 단순하게 추상적으로 분리되고 발견되는 것에 불과하기 때문이다.

이상에서 연장된 사물로서의 '세계'에 대한 규정에 있어 존재론적 기초가 실체성의 미해명 이념이라는 점이 확실해졌다. 이 실체성의 이념은 그 존재의미에 관해 명쾌한 형태로 정리되지 않았을 뿐 아니라, 그 존재의미의 해명이 불가능하다고 주장되고, 그 대신 각각의 실체에게 갖추어져 있는 가장 탁월한 실체적 속성이라는 우회로를 거쳐 존재의미가 서술되었다. 실체가 실체적 (곧 신적·초월적이 아닌) 존재자에 의해 규정되고 있지만, 실체라는 용어의 이중의미성의 근거가 여기에 숨어 있다. 실체성이 의도되고 있다고 해도 이 실체성은 실체가 존재하는 속성으로 이해되고 있다. 존재론적인 사항의 근저에 존재적인 사항이 놓여 있기 때문에, 실체라는 어휘는 때로 존재론적인 의미로 또는 존재적인 의미로, 그러나 대체적으로는 막연한 존재적 존재론적인 의미로서 그 기능을 수행하게 된다. 하지만 이렇듯 사소하게 의미적으로 구별을 하는 배후에는, 사실 원칙적인 존재문제가 해결되지 않은 채 남아 있는 사태가 숨겨져 있다. 이 문제를 다룸에 있어서 제대로 된 방법으로 다의성을 '추적해 나갈' 것이 요구된다. 이러한 시도를 감행하는 사람은 '단순하게 말의 의미'를 찾는 데에 '얽매이지' 말고, 그러한 '말의 느낌' 차이를 분명히 하기 위해서 '사상 그 자체'의 가장 근원적인 문제영역으로 과감히 들어가야 한다.

21 데카르트 '세계'존재론에 대한 해석학적 논의

여기에서 비판적인 물음이 생긴다. 이 '세계'에 대한 존재론은 도대체 세계라는 현상을 탐구하고 있는가? 만약 그렇지 않다면, 세계내부적 존재자를 규정

---

17) 같은 책 제1부 63절 31쪽.

해 그 세계 적합성을 확인할 수 있도록 하고 있는가? 그 어느 쪽의 물음도 부정되어서는 안 된다. 데카르트가 존재론적이고 원리적인 연장성을 가지고 파악하려 시도한 존재자는, 사실 오히려 주변 가까이에서 도구적으로 존재하는 세계내부적 존재자를 먼저 통과함으로써 발견 가능해지는 존재자이다. 그렇다 해도 데카르트가 선택한 특정한 존재자(자연)의 존재론적 성격부여가—실체성의 이념이나 그것의 정의로서 받아들여지는—'존재하다'나 '존재하기 위한'의 의미까지도 결국 어둠으로 이끈다고 하자. 그러나 여하튼 데카르트의 경우처럼 신, 자아, '세계'와 같은 근원적 분할에 기초한 존재론이라면, 세계를 둘러싼 존재론적 문제는 어떤 의미에서든 설정하고 추진할 가능성이 있지 않았을까? 하지만 이 가능성조차 없다고 한다면, 데카르트는 세계에 대하여 존재론적으로 잘못된 규정을 하고 있을 뿐만 아니라 그의 해석과 이 해석의 기초가 세계 현상과 주변 가까이 존재하는 세계내부에 존재자의 존재를 그냥 지나치게 하는 경향에서 이루어졌음을 미리 입증할 필요가 있다.

앞서(제14절) 세계성에 대한 문제를 제시했을 때, 이 세계 현상에 접근하는 적절한 통로를 얻는 일이 얼마나 중요한지 지적했다. 따라서 지금 데카르트의 문제설정을 비판적으로 논의함에 있어서도 우리는 다음과 같이 물어야 한다. 데카르트가, 문제의 존재자의 존재를 여러 가지 연장된 속성을 지닌 존재로서 파악하고 이 연장된 존재가 곧 '세계'의 존재(사물들)라고 했을 때, 그는 현존재의 어떠한 존재방식(모습)을 그 존재자에게 가까이 가는 적절한 통로로서 규정하고 있었는가? 그에 의하면 이 존재자에게 가까이 가는 유일하고 진정한 통로는 인식, 그것도 수학적=물리학적 의미에서의 인식이다. 수학적 인식은 존재자를 파악하면서 거기에서 파악할 수 있었던 존재자의 존재가 분명히 파악되고 있는지 언제라도 정확하게 알 수 있는 파악양식이다. 수학적 인식에서 규명되는 존재에 그 존재방식이 일치할 때 비로소 진정한 의미에서 존재한다는 것이다. 이처럼 존재하는 것은 언제나 있다. 따라서 세계 안에서 경험되는 존재자에게 다양한 변화를 받아들이면서도 유지되는 것으로서 계속 존속하는 성격을 갖추고 있음을 보일 수 있는 것이 이 존재자의 진정한 존재를 이룬다. 진정한 의미에서의 존재는 영속적으로 머문다. 수학은 그러한 것을 인식한다. 수학을 통해 존재자로서 규명되는 것이 이 존재자의 존재를 이루는 것이다. '세계'라는 존재는 실체성이라는 개념 안에 싸여 있는 특정한 존재개념과, 이렇게 존재들을 인식하는 특정한 인식이념에 기초해, 말하자면 '세계'에 선고된다. 세계 안에 있는 존재자의 존재는, 이 존재자 자신 쪽에서 스스로 모습을 제시해도 되는데도, 데카르트는 이 모습을 그대로 받아들이지 않고 대신, 이른바 세계에 그것의 '본래적' 존재를 명했다. 더구나 그것은 그 근원에서 드러나지 않고 그 정당성으로 입증되지 않은 한 가지 존재이념(존재란 계속적으로 객체적 존재라는 이념)에 기초하여 이루어졌다. 그렇다고 본다면 이 세계존재론의 규정은 일차적으로 봤을 때 수학이라는 우연한 파도가 특별하게 존중한 학문에 의존한 것이 아니라, 오히려 늘 존재하는 객체성으로서의 존재를 원리적이고 존재론적인 기준으로 삼았으며, 수학은 이 존재를 파악하는 데에 특별히 들어맞았던 것에 지나지 않는다. 그렇게 보면 데카르트의 업적은, 철학적으로는 전통적 존재론의 영향력을 근세 수학적 물리학으로, 그리고 이 학문에 의해 초월적 기초로 변환하는 작업을 명확하게 이룬 일이다.

데카르트는 세계내부적 존재자에게 접근하려면 어떠한 통로가 적절한가를 먼저 문제 삼을 필요가 없었다. 전통적인 존재론의 지배력이 쇠약해지지 않고 우세했기 때문에, 진정한 의미에서 존재하는 사물들을 파악하는 진정한 파악양식에 대해서는 처음부터 결정이 내려져 있었던 것이다. 그것은 노에인(즉 가장 넓은 의미에서의 '직관')이며, 디아노에인(즉 '사유')은 그것에 근거된 수행양식에 지나지 않는다. 그리고 데카르트는 이와 같은 원리적인 존재론적 규모로부터 존재자에게 접근하기 위한 그 밖의 직관적이며 인지적인 접근양식에 자신의 '비판'을 더하고 있다.

데카르트는, 존재자는 처음에는 그 진정한 존재로 나타나게 된 것이 아니라는 사실을 충분히 파악하고 있었다. '처음'에 주어진 존재는 특정한 색깔과 맛을 띤, 딱딱하고 차가운, 치면 울리는 밀랍 조각이다. 그러나 이 존재는, 곧 일반적으로 감각이 제공하는 표면적인 현상들은 존재론적으로 중요하지 않다. '감각적 지각은 오로지 신체와 정신과의 결합관계에 지나지 않으며, 통상적으로는 외적물체가 그 결합에서 어떠한 이득을 얻거나 해를 입을 수 있는지를 우리에게 보여주는 것에 지나지 않음을 지적해 두면 충분할 것이다.'[18] 존재자가 어떻게 존재하는가에 대해 감각이 인식시키는 것이 아니라, 신체를 감싸고 있는 인간존재에 대해 '외부'의 세계내부적 사물이 갖춘 유익성과 유해성을 알리는 데에 지나지 않는다. '감각은 물체가 그것들 자체로는 어떤 식으로 실존하고 있는지를 우리에게 가르쳐 주지 않는다.'[19] 감각을 통해서는 존재자가 어떻게 존재하는지에 관해 우리는 아무것도 배울 수 없다. '이렇게 우리는 물질의 본성, 즉 일반적으로 물체의 본성은 그것이 딱딱한 물건이라든가 무거운 물건이라든가 색을 띠고 있다든가 그 밖의 무엇인가의 방식으로 감관을 촉발한다든가 하는 점에 있지 않고, 오로지 길이와 폭과 깊이라는 속성 연장에 있다는 사실을 인정하게 될 것이다.'[20]

감각 안에서 나타나는 것 자체를 그 고유한 존재양상으로 만나고 그것에 입각해 이 존재양상을 규정하는 것을 데카르트는 도저히 할 수 없었다. 이것은 단단함과 저항의 경험에 대해 그가 행한 해석을 비판적으로 분석해 보면 명료해진다.(제19절 참조)

단단함은 저항으로 파악되고 있다. 그러나 이 저항도 단단함도, 현상적인 의미에서—곧 그 저항 자체로 경험되고, 그러한 경험으로 규정될 수 있는 것으로서—이해되지 않는다. 데카르트에게 저항이란 그 장소에서 비키지 않는, 즉 위치 변화를 하지 않는다는 정도의 의미이다. 따라서 어느 사물이 저항한다는 것은 위치를 차츰 바꿔가는 다른 사물에 대해 대조적으로 일정한 위치에 머무는 일, 또는 그러한 사물에게 '따라잡힐' 정도의 속도로만 위치를 바꾸는 일을 의미한다. 단단함의 경험을 이렇게 해석하면 감성적 지각의 존재양식은 말살되고 그로써 이렇게 지각으로 만나게 되는 존재자를 그 존재자의 존재 실상 그대로라고 파악할 수 있는 가능성도 모두 사라져 버린다. 데카르트는 지각하는 본연의 자세를, 자신이 알고 있는 단 하나의 존재양식이라고 해석한다. 다시 말해서 지각은 객체적으로 연장된 두 개의 사물이 특정한 방식으로 늘어서서 객체적으로 존재하는 모습으로 바꿀 수 있다. 이 양자 간의 운동관계 그 자체도 본래 물체적인 사물의 객체성을 규정짓는 연장의 한 형태이다. 만지는 작용

---

18) 같은 책 제2부 3절 41쪽.

19) 같은 곳.

20) 같은 책 4절 42쪽.

이 실현되기 위해서는 만질 수 있는 것이 아주 '가까운 곳'에 있어야 한다. 그러나 그것은 접촉—그 안에서 그렇게 알려진 단단함—이 존재론적으로 볼 때 두 물체적 사물의 속도 차이에 있다는 의미는 아니다. 단단함이나 저항은, 현존재라는 존재양식 또는 적어도 생명 있는 존재의 존재양식을 갖춘 존재자가 존재하지 않는 한 절대 드러나지 않는다.

이렇게 해서 데카르트의 세계내부적인 존재자에게 접근하는 통로에 관한 논의는, 이런 생명 있는 존재자 그 자체의 특정영역으로부터 읽어낸 존재이념에 압도당하게 된다.

즉 존재를 항상적 객체성으로 해석하는 이념만으로는, 데카르트가 세계내부적 존재자의 존재를 극단적으로 규정해, 이 존재자와 세계 일반을 동일시했다. 그뿐만 아니라 그 이념은 현존재의 여러 태도 및 행위들을 존재론적으로 이념과 일치하는 적절한 방법으로 시야에 넣는 일을 저지한다. 이렇게 되면 감각과 오성에 의한 지각이 끝까지 세계-내-존재에 뿌리를 둔 파생적인 성격을 갖춘 것으로 파악하여, 그들을 세계-내-존재의 상태로서 이해하는 방법은 결국 막혀버린다. 그래서 세계-내-존재라는 근본적 구성을 갖춘 '현존재'라는 존재가 어떻게 되는지, 데카르트는 이것을 연장된 사물이라는 존재와 같은 의미로서, 곧 실체로서 포착하게 된다.

그러나 우리가 여기에서 하고 있는 비판적 연구는, 전적으로 데카르트의 시야 밖에 있는 문제를 그의 과제라고 바꿔치기 하게 될지도 모른다. 게다가 그가 그것을 해결하지 못했다고 '지적'하는 것은 아닐까? 데카르트가 세계라는 현상과 내세계성(세계 속의 관계적 존재)이라는 것을 파악하지 못했다고 한다면, 그가 특정 존재자와 그 존재가 곧 세계적 일반존재라고 말한 데 대해서는 어떻게 논해야 하는가?

원리원칙과 관련하여 근본적으로 논쟁을 벌일 경우에는 학술지에 기록되는 테제만으로 논의를 제한해서는 안 된다. 오히려 구체적인 경향에서 문제설정의 실마리를 파악해야 한다. 그래서 설령 그 문제가 통속적인 표명의 영역을 넘지 못하는 경우에도, 거기에 담겨 있는 사상적 경향을 요점으로 삼아야 한다. 그런데 데카르트는 사유하는 사물과 사유적으로만 연장된 사물로써 '자아와 세계'의 문제를 제기하려 했을 뿐 아니라, 이 문제를 근본적으로 해결했다고 자부했다. 그 이유는 그의 '성찰'(특히 제1성찰과 제6성찰)을 보면 알 수 있다. 그가 존재론적으로 어떤 적극적인 비판도 덧붙이지 않고 근본적으로 전통적 관점에 따랐기 때문에 현존재와 관련된 근원적인 존재론적 문제영역을 타개할 수 없었고, 세계라는 현상을 바라보아야 하는 시선도 차단할 수밖에 없었다는 것, 그리고 '세계'존재론(일반존재)을 하나의 특정 세계내부적 존재자의 존재론 속으로 밀어넣었다는 것—이것이 위에 기술한 논의에서 우리가 입증하려고 한 바이다.

그러나 사람들은 이렇게 반론할지도 모른다. '세계에 대한 문제와 환경적으로 가까이에서 만나게 되는 존재자의 존재가 은폐된 채로 있을지도 모른다. 하지만 데카르트는 물질적인 자연이라는 세계내부에 있으며, 그런 존재에 의해서 다른 모든 존재자의 기초를 이루는 그러한 존재자의 존재론적인 성격을 규정하기 위한 기초를 마련하지 않는가' 하고 말이다. 이러한 물질적 자연이 기초를 이룬 그 위로 여타의 세계내부 현실의 나머지 각층이 구축된다. 당장 질적으로 겉으로 나타나는 모든 규정은 연장시키는 사물 그 자체에 기초를 두기 때문에, 이 규정 또한 '기본적으로' 연장 상태의 양적인 변화들이다. 그리고 이들은 여전히 본질적 실체로 환원 가능한 여러 성질에 기초한 채 아름답다, 추하다, 적합하다, 적합하지 않다, 사용할 수 있다, 사용할 수 없다는 특수적인 성질이 나타난다. 이러한 성질들은 사물성을 기본적 표준으로 삼아 정량화시킬 수는 없다. 그 성질의 정량화는 가치적 술어로 표현되어야 한다. 이 가치기술에 의해서 처음에 그저 단순히 물질적으로 존재하던 사물은 하나의 재화로 각인받게 된다. 이렇게 몇 번을 거듭해 나가다 보면 결국 우리는 존재론적으로 성격을 규정해 두었던 존재(가상적 사물)를 도구적 존재자(실제 사물)에게 다다르게 한다. 이렇게 '세계'에 관한 데카르트의 분석은 비로소 도구적 존재자의 구조를 확실하게 구성하게 된다. 이 일은 자연사물을 사용해 보충해 나가기만 하면 되기 때문에, 손쉽게 행할 수 있을 것이다.

하지만 여기에서 특히 세계를 주제로 한 문제는 잠시 접어둔다고 해도, 세계 내부에서 가깝게 만나게 되는 존재에게 존재론적으로 도달할 수 있을까? 먼저 물질적인 자연을 기초에 두어야만 암묵적으로 영속적인 사물적 객체성이라는 존재가 설정되는 것은 아닐까? 그리고 이렇게 짐작하는 경우에는, 존재자에게 가치적 술어를 붙여봐도 그 존재는 존재론적으로 보완된다기보다, 오히려 이들 가치성격 자체가 사물이라는 존재방식으로 존재하는 존재자의 존재적 여러 규정에 머물러 있지 않을까? 다양한 가치적 술어를 부가해도 재물의 존재에 관해서는 조금도 새로운 정보를 얻을 수 없다. 도리어 그 재물을 성립시키기 위해 단순한 객체성이라는 존재양식을 또다시 전제하게 된다. 가치란 어떤 사물이 지니고 있는 객체적 규정이다. 존재론적으로 가치란, 미리 사물적 현실을 기초로 하여 생각하는 설정이 있어야 생겨난다는 발상에 지나지 않는다. 하지만 어떤 사물로서 생각하는 존재자에 관해 전(前) 현상학적인 경험으로도, 사물성에 따르는 것만으로는 이해할 수 없는 무엇인가가 거기에 있음을 느끼게 한다. 따라서 사물적 존재에는 뭔가 보충이 필요하다. 도대체 존재론적으로 볼 때 가치의 존재라든가, 일찍이 로체가 '긍정'의 한 상태로 파악한 가치의 '타당성'이란 어떤 것일까? 이들 가치가 사물에 '붙어 있다'는 것은 존재론적으로 어떤 의미인가? 이 규정들이 어두움에 놓여 있는 한, 자연사물과 더불어 사용물을 재구성하려는 시도는 문제설정의 원리적인 잘못이라는 점을 완전히 불문에 붙인다고 해도, 존재론적으로는 의심스러운 작업이다. 그리고 사용물을 먼저 껍질을 벗긴 뒤에 그것을 다시 새롭게 구성한다고 해도, 이 작업은 이미 재구성에 의해 하나의 전체로서 회복하려는 현상을 처음부터 적극적으로 확인해야 하지 않을까? 하지만 이 현상의 가장 고유한 존재구성이 먼저 적절하게 해명되지 않는다면 그 재구성은 설계도 없는 건축이 되는 것이 아닐까? 분명 이 재구성이나 '세계'에 관한 전통적 존재론에 보충을 하다 보면, 어찌됐든 그 결과는 도구 전체성 및 취향 전체성의 분석에서 우리가 출발점으로 삼았던 존재자와 같은 존재자에 이르게 한다. 그것은 마치 실제로 그 존재자의 존재가 해명된 듯이 보인다. 또는 겉으로만 문제가 된 듯한 인상을 일으킨다. 하지만 데카르트가 고유한 속성으로서의 연장을 파악했지만 실체의 존재를 적중시키지 못했듯이, '가치적인' 성질에 도움을 청해 봐도 도구성으로서의 존재를 존재론적으로 주제화하기는커녕, 그 실체의 존재를 볼 수조차 없다.

가깝게 만날 수 있는 세계내부적 존재자를 자연적 사물로 간주하고, 이 자연적 사물의 사물성에 대한 물음을 세계에 대한 (보편적) 물음으로 좁혀나가는 경향은 데카르트에 의해 더욱 극심해졌다. 그는 존재자에 관한 가장 엄밀한 존재적 인식이, 동시에 그러한 인식에서 발견되는 존재자의 원의적인 존재로의 통로이기도 하다는 견해를 강화시켰다. 그러나 동시에 사물존재론을 '보충'하는 연구도 원칙적으로는 데카르트와 같이 엄밀한 실제 존재에 근거하는 독단적인 기초 위에서 행해지고 있다는 사실을 통찰하는 일이 중요하다.

우리가 이미 (제14절에서) 시사한 대로 세계, 그리고 가깝게 만나게 되는 존재자를 무시해 버리는 일은 우연도, 쉽게 되돌릴 수 있는 실수도 아니다. 바로 현존재 그 자체의 본질적인 존재양상을 몰라보고 놓치는 것이다. 현존재의 분석작업이 이러한 문제설정의 틀 안에서 가장 중요한 현존재의 주요 구조를 투명하게 할 때, 그리고 존재 일반의 개념에 그 이해를 가능하게 하는 지평이 지정될 때 도구성이나 객체성도 존재론적이며 근원적으로 이해할 수 있게 될 것이다. 이러한 과제가 정리되어야 비로소 데카르트의 세계존재론이나, 원리적으로는 오늘날 더욱 일반적으로 행해지는 세계존재론에 대해 우리가 덧붙인 비판도 그 철학적 근거를 분명히 하게 된다.

이를 위해 다음 요점이 제시되어야 한다.(제1부 제3편[21] 참조)

1. 파르메니데스에서는 확실한 모습을 보였지만, 우리에게 결정적인 존재론적 전통의 발단에서 세계의 현상은 왜 무시당했는가? 그리고 이 사물의 표면적 현상을 무시하는 일이 끊임없이 되풀되는 것은 어디에서 유래하는가?

2. 어떤 이유로 무시당한 현상 대신에 세계내부적인 존재자 자체가 존재론의 주제로서 다루어지게 되었는가?

3. 무슨 이유에서 이 (본질적) 존재자가 먼저 '자연' 속에서 발견되는가?

4. 그러한 세계존재론을 보충할 필요가 있다고 생각되는 단계에서는 그러한 세계적 존재의미의 보충이 어떤 이유에서 가치현상의 도움을 빌려 수행되는가?

우리가 이들 문제에 대한 답을 얻어야 마침내 세계라는 문제영역의 적극적인 이해를 얻게 된다. 또한 이것을 파악하지 못했던 까닭도 명확해지며, 그 문

---

21) 제1부 제3편은 한 번도 출간된 적이 없다.

제설정이 누락된 근거가 제시되고, 전통적인 세계존재론을 거부하는 정당한 근거가 있다는 것도 입증된다.

우리가 데카르트에 대해 거듭해 온 고찰에서 분명히 하려 한 점은 다음과 같다. 곧 세계 속의 사물로부터 출발한다는 하나의 태도는 당연해 보이지만, 그러한 출발점은 존재자에 대한 가장 엄밀한 인식으로 생각된 쪽으로 방향지어진 것은 아니라는 점이다. 세계나 현존재, 세계내부적인 존재자의 가장 친근한 존재론적 구성과 현상적으로 찾아낼 수 있는 터전의 획득을 보증하지는 않는다는 점이다.

그러나 공간성이 세계내부적인 존재자를 함께 구성한다는 점을 상기한다면, 데카르트가 행한 '세계'에 대한 분석도 '명예 회복'을 하지 않을까? 데카르트는 '물체적 사물'이 어떠한 규정성을 갖추고 있건, 모든 규정성에 그 '전제'로서 '연장'이 있다는 사실을 근본적으로 밝혀냈다. 이것을 칸트는 더욱 깊이 들어가 그 내실을 확정한 하나의 선험적(초월적) 원리의 이해에 대한 준비작업을 했다. 이러한 연장에 대한 분석은, 연장하는 존재자의 존재에 대한 제1의 주제적인 해석을 데카르트가 소홀히 한 것과는 어느 정도 다르다. 세계의 공간성도, 환경세계 속에서 만나게 되는 존재자 가까이에서 발견되는 공간성도, 그리고 현존재 자신의 공간성도 존재론적으로 이해할 수 없다고 하더라도, 발견된 연장을 '세계'의 근본적 규정으로 정립하는 것은 그 나름의 현상적 정당성을 갖는다.

C. 환경세계의 환경성과 현존재의 공간성

처음에 내(內)–존재들의 소묘를 시도했을 때(제12절 참조), 우리는 그 그림과 관련해 현존재를 공간 속에 있는 존재양식의 하나로서 구별할 수밖에 없었다. 이 현존재의 존재양식은 내부성이라고 불리는 것이다. 즉 자신의 연장된 속성을 도구적 존재모습으로 내보이는 존재자가, 연장 한계(다른 존재자들)에 의해 포위되어 있다는 것이다. 내부에서 존재하는 것과 그것을 포위하는 것들은 모두 공간 속에 객체적으로 각각 존재한다. 우리는 현존재가 이런 존재양식으로 공간이라는 하나의 그릇 내부에 존재한다는 견해를 배격했지만, 그것은 현존재로부터 모든 공간성을 배제하기 위한 것은 아니었다. 우리는 오히려 현존재가 상호관계에 의해 스스로 구성적인 의의를 깨닫게 하는 공간성을 확인할 방법을 그것으로 비워두려고 했던 것뿐이다. 따라서 이 공간성을 부각시킬 필요가 있다. 하지만 세계내부적인 존재자는 또한 공간 속에도 존재하고 있기 때문에, 이와 같은 존재자의 공간성은 존재론적으로 세계와 연관되어 있을 것이다. 우리는 세계가 세계-내-존재(세계-안에-있음)의 구조계기로서 성격지어진 것을 염두에 두면서 공간이 어떠한 의미에서 세계의 구성계기인가를 규정해야만 한다. 좀 더 깊이 들어가 환경세계의 '신변'적 성격, 바로 환경세계에서 만나는 존재자의 특수적인 공간성이 실은 그 자신, 세계의 세계성에 의해 기초를 이루며, 그 반대로 세계가 바로 그 공간 속에서 존재하는 것은 아닌가 하는 존재양식을 보일 필요가 있다. 현존재의 공간성과 세계의 공간적 성격에 관해 세계내부에서 공간 속에 존재하는 도구적 존재들의 분석에서부터 출발, 다음 3단계를 거쳐 고찰해 보자.

1. 세계내부적인 도구적 존재자의 공간성(제22절).
2. 세계-내-존재의 공간성(제23절).
3. 현존재의 공간성과 공간(제24절).

22 세계내부적인 도구적 존재자의 공간성

존재자들의 공간이 세계를 구성하고 있다면, 먼저 세계를 구성하는 계기가 무엇을 의미하는가에 관해 규정할 필요가 있다. 우리가 앞에서 세계내부적인 존재자의 존재 특성을 존재론적으로 성격규정을 하면서, 세계내부적인 존재를 내부공간에 상호존재하는 존재들로서 주목할 수밖에 없었다고 해도 하나도 이상할 것이 없다. 지금까지 도구적 존재자의 이러한 공간성이 엄밀한 현상으로서는 분명하게 파악되지 않았고, 또한 그 엄밀한 공간성이 이 도구적 존재자의 존재구조와 서로 얽혀 있다고 하는 점도 제시되지 않았다. 이것이 바로 우리의 과제이다.

우리는 이미 도구적인 존재들의 성격을 규정할 때 어느 정도까지 이들 공간성(사물적 속성)을 만난 것일까? 우리는 그곳에서 주변의 가까운 도구적 존재자(나라는 존재자의 존재, 즉 내가 볼 수 있는 내 모습)라고 말했다. 그것은 그때그때마다 다른 존재자들에 앞서 가장 먼저 만나는 존재자를 말할 뿐 아니라, 동시에 '가까운 곳에 있는' 존재자란 의미이다. 일상적 배려와 관련 있는 도구적 존재자에게는 가까움이라는 성격이 있다. 자세히 보면 이러한 도구의 가까움은 그 존재를 표현하고 있는 '도구성'이라는 용어 속에도 암시되어 있다. 도구적인 것이란 '손안에 있는' 존재자들을 말한다. 그런 존재자들에는 저마다 다른 가까움이 있지만, 각각의 가까움은 거리 측정에 의해 확인할 수 있는 것이 아니라, 주변을 둘러보고 서로 비교하는 의미에서의 '계산에 넣는' 조작이나 사용으로 규정된다. 배려적인 '둘러봄'은 이러한 방식으로 가까이에 있는 도구를 확정하고, 동시에 그 도구가 언제든지 접근 가능한 방향에 관해서도 확정한다. 도구가 짐작이 가는 가까이에 있다는 것은, 그것이 어딘가에 객체적으로 존재하고 공간 속에서 위치를 가지고 있을 뿐 아니라, 도구로서 본질상 일정한 장소에 설치되어 보관되고 조립되고 정돈되어 있음을 의미한다. 도구는 자신의 장소를 가지고 있든지 아니면 '주위에 흩어져 있든지' 한다. 이것은 임의의 공간적 위치에 단순히 출현하는 것과는 원칙적으로 구별해야 한다. 각각의 장소는 '무엇을 하기 위해' 이 도구가 갖게 되는 장소로써, 환경적으로 존재하는 도구적 연관성에 의해 상호 배당받았던 장소 전체를 기초로 하여 규정된다. 이같이 장소와 장소의 다양성을, 사물이 객체적으로 존재하는 임의적 장소라고 해석해서는 안 된다. 장소는 언제나 하나의 도구가 귀속하는 특정한 '저기' 또는 '거기'이다. 귀속성은 그때마다 도구적 존재자의 도구 성격에 상응한다. 다시 말하면 어떤 도구 전체의 취향적 소속성에 대응한다. 그리고 도구전체가 위치하는 장소 성질상의 적당성의 근저에는, 다시 그것의 가능성의 조건으로서 전반적인 '소속'이 있으며, 도구적 연관성은 이 '소속' 안에서 하나의 장소를 할당받게 된다. 이와 같이 도구로서 적당한 장소상의 성질 전체는, 배려적 교섭에서 먼저 주변을 둘러보고서 어디에 넣을지 눈에 들어오게 되지만, 이 소속성 전반을 우리는 '방면'이라고 부른다.

'……방면'이라는 것은, 단순히 '……방향으로'만을 말하는 것이 아니다. 그와 동시에 그 방향에 있는 '사물의 주변에'를 말한다. 방향과 거리―가까움은 거리의 한 상태일 뿐이다―로 구성되는 장소는 처음부터 어떤 방면으로 향하고, 이 방면 내부에서 서로를 향해 마주하게 된다. 주변을 '둘러보고' 멀리 내다볼 수 있는 도구 전체성 속에서, 도구의 다양한 자리들이 배치되거나 발견될 수 있기 위해서는, 그에 앞서 뭔가 방면이라는 것이 발견되어야 한다. 이렇게 도구적인 것이 차지하는 다양한 장소가 방면적으로 방향지어지는 것이, 환경세계적으로 가장 가까이에서 만나게 되는 다양한 존재자에게 있는 '환경'적 성격을 이루고, 그러한 것이 '우리 주변'을 이룬다. 먼저 가능적 위치(잠재적 모습)라는 삼차원적 다양성이 주어지고 그 다양성이 나중에 객체적 사물의 모습을 하고서 채워지는 것은 결코 아니다. 이러한 공간의 삼차원성(잠재적 모습)은 도구적인 것의 공간성 안에 아직 은폐되어 있다. '위쪽'이란 '천장에'라는 것이며, '아래쪽'이란 '바닥에'라는 것이고, '뒤에'란 '문 옆에'이다. 어느 '어디'이든 모두 일상적 교섭에 의해 발견되고 둘러보면 이해되는 것이지, 관찰하는 공간 측정으로 확인되고 기록되는 것은 아니다.

다양한 방면(배치 방면)은 객체적 사물이 모여야 비로소 만들어지는 것이 아니다. 개개의 장소에 언제나 이미 도구적으로 존재하고 있다. 그리고 이들 장소 그 자체는 배려의 '둘러봄'에 의해 도구적 존재자에게 할당되거나 발견된다. 언제나 도구적으로 존재하는, 언제나 둘러보는 세계-내-존재가 처음부터 계산에 넣고 있는 것은, 자신을 위한 고유의 장소를 마련하는 일이다. 그것이 있는 장소는 배려의 계산에 넣어지며, 그 밖의 다른 도구적 존재자를 위하여 정해져 있다. 예를 들면 태양은 그 빛과 따뜻함을 날마다 제공하고 있다. 따라서 그 태양이 베푸는 것에 대한 이용 가능성의 변화를 기초로 하여, 주변을 둘러보고 발견된 몇 가지 특유한 장소를 갖는다. 해돋이, 한낮, 해넘이, 한밤중이 그 특유한 장소이다. 이와 같이 변화하면서도 끊임없이 한 가지로 존재하는 도구적인 것의 장소는 그들이 포함되어 있는 장소의 '지표'가 된다. 이러한 여러 방향들은 지리학적 의미를 띨 필요는 없지만, 천체의 방위는 다양한 장소로서 위치를 갖는 모든 방위의 특수한 형태를 위해, 그에 앞서 '어디로'가 미리 주어진다. 집에는 햇빛이 드는 남쪽과 비바람을 막는 북쪽이 있다. 이들 남쪽과 북쪽을 생각하여 갖가지 '공간'의 '분할'(방의 배치)이 결정되며, 또한 그들 방의 내부에서는 다시 '가구'들이 저마다 도구의 성격에 따라 배치된다. 예를 들면 교회나 묘지는 해돋이와 해넘이—탄생과 죽음 방면—에 맞추어 설계된다. 현존재 자신이 자기의 가장 자기적인 존재가능성(잠재성)에 관하여 세계 안에서 다른 존재들에 의해 결정되는 것, 이러한 방위로부터, 세계 안에서 다른 누구도 아닌 자신에 대해 규정되고 있다. 자기 자신의 존재 자체를 문제시하는 현존재는, 배려에 의해 선행적으로 자신이 그때마다 한번씩 결정적으로 사용하는 그러한 구역들을 발견한다. 다양한 방위에서의 선행적 발견이란 곧 도구적 존재자와 우리가 만나게 되는 일로, 그것은 취향 전체성에 의해서도 규정되고 있다.

우리는 앞에서 도구적 존재자의 존재가 눈에 띄지 않는 성격을 지닌다고 지적했다. 하지만 각각의 방면에서 그때마다 선행적으로 근처에 있음으로 해서, 그보다 더욱 근원적인 의미에서, 눈에 띄지 않는 친숙함이라는 성격을 지닌다. 도구적 존재자가 도구적 존재로서 눈에 띄는 것은, 단지 도구적 존재자가 '둘러봄'에 의해 발견됨으로써, 더 자세히 말하면 배려의 결여적 양상 속에서 더욱 눈에 띄는 존재상태로서이다. 어떤 것을 그 장소에서 찾지 못할 때, 그 장소의 구역이 때로는 비로소 표면화되어 더욱 알려지게 되는 경우도 자주 있다. 주변을 둘러보게 되는 세계-내-존재에 있어서 도구 전체의 공간성으로서 발견되는 공간은 본래 그 도구 전체의 장소로서, 동시에 각각의 존재자에게 속하는 것이다. 단순히 공간이라는 것은 아직 은폐되어 있다. 공간은 다양한 장소에 흩어져 있다. 이 공간성은 공간적으로 존재하는 도구적인 것에 함유된 세계적합적인 취향 전체성에 의해 고유의 통일성을 갖는다. 미리 하나의 세계가 주어져 있고, 그 공간 안에서 '환경세계'가 마련되는 것이 아니다. 환경세계의 특수한 세계성이 둘러보고 배정된 자리들의 전체성을 취향적으로 연관시켜 환경세계의 유의의성 안에서 분류하고 파악한다. 각각의 세계는 그때마다 그것이 소속되어 있는 공간의 공간성을 발견한다. 도구적인 것을 그 고유의 환경세계적인 공간에서 만나게 해주는 일이 존재적으로 가능한 까닭은, 현존재 자체가 그의 세계-내-존재라는 점에서 볼 때 '공간적'이기 때문이다.

23 세계-내-존재의 공간성

우리가 '현존재'에 공간성을 귀속시킨다면, 이 '공간 안에 있다'는 것은 분명히 이 존재자의 존재양식에 기초해 이해되어야 한다. 현존재는 본질적으로 어떠한 객체적 존재자도 아니기 때문에, 현존재의 공간성은 '우주 공간' 안의 어떤 위치에서 나타난다거나, 어떤 장소에서 도구적으로 존재함을 의미할 수 없다. 이 도구적 존재들은 모두 세계내부에서 만나게 되는 존재자의 존재양상이다. 현존재가 세계 '안에' 존재한다는 것은 세계내부에서 만나게 되는 존재자와 친밀한 관계를 맺으며, 그와 배려적으로 교섭한다는 의미에서이다. 그렇다면 현존재에게 어떤 의미에서 공간성이 갖추어져 있다고 한다면, 그것은 이러한 내-존재(안에-있음)에 기초할 때에만 가능하다. 그리고 이 내-존재의 공간성은 거리 없앰(Ent-fernung)과 방향 부여(Ausrichtung)라는 성격을 지닌다.

현존재와 세계-내-존재의 접촉과 관련하여, 그 존재양식 가운데 하나를 거리 없앰이라고 부를 때, 우리는 이 거리를 길이 또는 간격이라는 의미에서 생각하지 않는다. 우리는 거리 없앰이라는 표현을, '거리를 두다'라는 능동적이고 타동사적인 의미에서 사용하기로 한다. 이것은 현존재의 존재양식의 하나로, 이런 관점에서는 멀리한다, 격리한다는 것도 단지 하나의 특정한 현사실적 양태에 지나지 않는다. 격리하다란 본래 어떤 사물의 멂(원격성)을 없애고 오히려 가까이함을 의미한다. 현존재는 본질상 거리를 없애며 존재한다. 즉 현존재는 어떤 장소의 존재자인 이상, 언제나 존재자를 가까이에서 스스로 만나게 한다. 거리를 없앤다는 일은 사물의 원격성, 거리를 발견하는 일이다. 이 원격성은 거리와 마찬가지로, 현존재가 아닌 존재자에 대한 범주적 규정이다. 이에 대해 거리를 없애야만 실존범주에 들게 할 수 있다는 사실을 명기해야 한다. 어떤 존재자가 그것의 현존재에 대해 멀다는 사실이 발견되고 있다면, 세계내부적인 존재자와 그 밖의 다른 존재자들 사이에 '거리'나 간격을 인정할 수 있다. 두 개의 점도 두 개의 사물처럼 서로로부터 멀리 떨어져 있는 것이 아니다. 왜냐하면 이들 존재자 어느 것도, 그 존재양상에서 볼 때 거리를 없앨 수 없기 때문이다. 그들 사이에는 거리를 없앰으로써 발견하거나 측량할 수 있는 간격이 있을 뿐이다.

거리를 없애는 작용은, 우선 대개는 '주변을 둘러봄'으로써 가깝게 함, 즉 조달하거나 정비해 두거나 주변에 있는 형태로 가까이 모으는 일이다. 하지만 존재자를 순수하게 인식적인 태도로 발견하게 되는 특정 양식들도 가깝게 함이라는 성격을 띤다. 현존재 속에는 가까움에 대한 본질적인 경향이 숨어 있다. 우리가 오늘날 누구나 정도의 차이는 있어도 그것과 보조를 맞출 것을 강요

받는 모든 종류의 속도상승은 멂의 극복을 목적으로 재촉받는다. '라디오'를 예로 들어보자. 현존재는 오늘날 그것으로 일상적 환경세계를 확대해 나가면서, 현존재적 의미로는 아직 가늠이 되지 않는 '세계'의 거리를 없애고 있다.

거리 없앰이란, 어떤 도구적인 것이 현존재에 대해 반드시 거리를 분명하게 산정하는 것은 아니다. 멀리 있다, 거리를 없앤다는 것을 거리로 이해해서는 절대 안 된다. 거리가 분명히 산정되려 할 때에도, 그것은 일상적 현존재가 머물고 있는 그 거리와 연관되어 일어난다. 측량법적 견지에서 보면 이들 산정은 정밀하지 못하고 불안정하지만, 현존재의 일상성 안에서는 그 나름의 일관되고 이해할 수 있는 명확성을 지닌다. 예를 들면 우리는 '저기까지 잠깐 산책하자' '고양이가 한달음에 달려갔다' '엎어지면 코 닿을 데다'라고 말하는데, 이러한 척도의 표현은 그것을 '측정하지는 않음'을 표현할 뿐만 아니라, 그런 행위로 산정된 거리가 우리가 배려하며 '둘러보고' 접근해 가는 목적지의 존재자 그 자체에 고유한 거리를 표현한다. 하지만 일정한 단위를 이용하여, '그 집까지는 반 시간 걸린다'고 할 때에도 그 단위는 어디까지나 산정된 것으로서 받아들여야 한다. 그 '반 시간'이란 30분이 아니며, 또 본래 양적인 확장이라는 의미에서의 어떠한 '길이'가 아니라 하나의 지속이다. 이 지속은 그때마다 습관화된 일상적인 '배려'로서 이해된다. 이처럼 거리는 우선—그리고 '공식으로' 계산된 척도가 잘 알려져 있을 때에도—주변을 둘러봄으로써 산정된다. 거리가 없어지게 된 까닭이 이와 같이 주변을 둘러보고 산정된 도구적 존재에 의해, 세계내부에 있다는 그 고유의 성격을 유지하고 있다. 거리가 없어진 존재자가 있는 곳으로 가는 교섭적인 과정도, 그날그날에 따라 길이가 달리 여겨지는 것조차도 이 성격에 속한다. 그것도 환경세계의 도구적 존재자는 현존재로부터 초탈한 영원의 관찰자 눈앞에 객체적으로 있는 것이 아니라, 주변을 둘러보고 배려하는 일상성 속에서 만나게 되는 존재이다. 현존재가 길을 갈 때 현존재는 다른 물체사물들처럼 일정한 공간적 선분을 통과하는 것이 아니다. 자동차와 같이 '킬로미터를 먹어치우며' 질주하는 것도 아니다. 접근이든 거리 없앰이든, 각각 접근할 수 있고 거리를 없앨 수 있는 존재로 향하는 배려적 교섭존재이다. '객관적'으로 긴 길(路)이 '객관적'으로 매우 짧은 길보다도 한층 짧을 수가 있다. 이것은 아마도 '매우 힘든 길'이기 때문에 오히려 끝없이 멀게 여겨지는 그런 길이다. 이렇게 '여겨진다'는 때의 세계는 비로소 진정한 모습으로 존재하게 된다. 객체적으로 존재하는 사물 사이의 객관적인 간격은, 세계내부적인 도구적 존재자 사이의 거리와는 일치하지 않는다. 객관적 간격이 정밀하게 알려져 있을지라도 이 지식 그대로로는 맹목적이다. 환경세계를 둘러보고 발견하며 접근하는 기능을 갖고 있지 않다는 말이다. 이러한 지식이 도움이 되는 것은 그 사람에게 '관계되는' 세계에 대한 배려적인 관심과 관련이 있을 때뿐이며, 그럴 경우에 거리는 측정되지 않는다.

처음부터 '자연'을 목적으로 하거나 사물 간에 '객관적으로' 측량된 거리를 기준으로 하게 되면, 여기에서 논술한 거리의 이해와 측정은 '주관적'인 것이 된다. 하지만 그 주관은 아마도 세계의 '실재성' 중에서도 가장 실재적인 존재를 발견하는 '주관성'으로서, '주관적' 임의와는 다르다. 그리고 '그 주관적인 존재 자체에서'는, 다른 존재에 대한 주관주의적인 '견해'와는 전혀 다른 것이다. 현존재가 그 일상성에서 주변을 둘러보고 행하는 거리 없앰은 '진실된 세계', 바로 현존재가 실존할 때 언제나 이미 그 위에 있는 존재자 그 자체로서의 양상을 발견하는 일이다.

거리 없앰이라는 간격을 그저 측정된 거리라는 의미로 해석하고, 그것을 주된 기준, 유일한 기준으로 방향지어 버린다면 아니 전적으로 방향지어 버린다면, 내–존재의 근원적인 공간성은 은폐되고 만다. '매우 가깝게 있다'고 말할 수 있는 것이 '우리로부터' 가장 가까운 거리에 있다는 것은 아니다. '가장 가까운 것'은 손이 닿을 수 있고 눈이 닿을 수 있는 평균적인 도달범위에서 멀리 떨어져 있는 것 안에 숨겨져 있다. 현존재가 공간적이라는 뜻은 본질상 이러한 거리 없앰의 존재상태에서이기 때문에, 현존재의 교섭은 늘 그때마다의 어떤 활동범위 안에 있으면서도, 현존재로부터 멀어진 '환경세계' 안에 머물고 있다. 그래서 우리는 우선 거리상으로 '가장 가까운 것'을 지나쳐 들으며 지나쳐 보게 된다. 보는 것과 듣는 것은 멀리 떨어져 있는 것을 인지하는 감각이다. 그 감각이 그런 기능을 하는 것은 그 사정거리에 근거해서가 아니라, 오히려 현존재가 거리를 없애면서 그 멀리 떨어져 있는 것들 안에 주로 머물기 때문이다. 예를 들면 안경을 쓰고 있는 사람은 그 안경이 그의 '코 위에 있을' 만큼 가까이에 있지만, 이 도구는 환경적으로는 반대편 벽에 걸려 있는 그림보다도 훨씬 멀리 떨어져 있는 셈이다. 이 도구는 가깝기는커녕, 순간적으로는 그것이 보이지 않는 일까지 일어난다. 보기 위해 존재하는 이 도구, 또한 전화의 수화기처럼 듣기 위해 있는 도구 등은, 우리가 앞에 기술한 대로 가까이에서 도구로 이용되는 존재자 특유의, 눈에 띄지 않는 특징을 지닌다. 마찬가지로 예를 들면 도로—걷기 위해 있는 도구—에 대해서도 적용된다. 도로를 걸을 때 우리는 그 도구를 한 걸음 한 걸음 밟는다. 따라서 존재하는 도구들 가운데서도 가장 가깝고 실재적인 듯이 보인다. 도로는 마치 특정한 신체부분을, 즉 발바닥을 밀어주는 것 같다. 그렇지만 그 도로는 바로 그 위를 걷는데도 '도로 위에서' 스무 걸음 떨어진 '거리'에서 만나게 되는 어떤 아는 사람보다도 더 많이 떨어져 있다. 환경적으로 가까이에 존재하고 있는 것의 가까움과 멂에 관해 결정을 내리는 것은 주변을 둘러보는 배려이다. 이 배려가 처음부터 머물고 있는 대상이 가장 가까운 존재이며, 이것이 다양한 거리 없앰을 규제하고 있다.

현존재는 배려로서 뭔가를 가까이 불러들인다. 이것은 그 뭔가를 신체의 어떤 한 지점으로부터 가장 가까운 어떤 한 공간의 위치에 고정시킨다는 의미가 아니다. '가까이에'라는 말은, 둘러보고 우선 도구적으로 존재해 있는 것의 주변 안에라는 의미를 지닌다. 가까이 가는 것도 신체를 가진 자아사물을 기준으로 하는 것이 아니라 배려적으로 관심하고 있는 세계—내—존재를 향해, 다시 말하면 이 배려 속에서 가까이서 만나게 되는 존재를 기준으로 그것에 가까이 가는 것을 말한다. 따라서 현존재의 공간성도, 어떤 신체사물이 객체로서 존재하는 위치를 논해서는 규정되지 않는다. 우리는 현존재에 관해서도 그것이 그때마다 일정한 장소를 차지하고 있다고 말하기도 한다. 그러나 이 '차지한다'는 무엇인가가 하나의 방면에서 만나러 오는 형태로 일정한 장소를 배정받는 도구적인 존재와는 원칙적으로 구별되어야 한다. 현존재가 장소를 차지한다는 말은, 현존재가 환경적으로 도구적인 존재를 둘러보면서 앞서 발견한 방면에 의해 거리를 없앤다는 뜻으로 이해되어야 한다. 현존재는 자기가 있는 '여기'를 환경적으로 '저기'에 기초하여 이해한다. '여기'는 뭔가 객체적으로 존재하는 것의 '어디에'를 의미하는 것이 아니다. 오히려 '……곁에', 곧 거리 없앰의 존재상태인 '그 곁에'이며, 동시에 이 거리 없앰을 의미한다. 현존재는 그 공간성에 따라 먼저 '여기'에 있지 않고 '저기'에 있으며, 그 '저기'에서 자기의 '여기'로 돌아온다. 그리고 이렇게 돌아오는 것도, ……로 향하는 자신의 배려적 존재를 거기에 있는 존재자를 기초로 하여 이해하는 방법으로만 되돌아오는 것이다. 이것은 내-존재의 거리 없앰의 구조에 갖추어져 있는 하나의 현상적 특성을 보면 더욱 명료해진다.

세계-내-존재로서의 현존재는 본질적으로 하나의 (보고 듣는 감각에 의해, 멀리 있는 사물과의) 거리를 없애고 그 안에 스스로 머물고 있다. 이 거리 없앰, 즉 현존재로부터 떨어져 있는 도구적 존재자와의 거리를 현존재는 결코 가로질러 건널 수 없다. 어떤 도구적 존재자의 현존재로부터의 거리는 그 자체로서 현존재에 의해 거리로서 눈앞에 보이는 수도 있지만, 그것은 현존재 이전에 그 장소에 사물적으로 존재해 있다고 생각되는 사물과의 관계에 있어서 규정된 경우이다. 그리고 이 사이를 현존재는 나중에라도 횡단할 수 있다. 하지만 이 거리 자체가 멀어진 거리가 되는 상태로서만 횡단할 수 있다. 현존재는 스스로 다른 사물과의 거리를 없앨 때 그 거리를 가로지름으로써 없앤 적이 없을 뿐 아니라, 오히려 이 거리 없앰을 위한 거리를 지녀왔으며 또 부단히 지니고 있다. 그 까닭은 현존재는 본질상 거리 없앰, 바꾸어 말하면 공간적인 것이기 때문이다. 현존재는 자신이 행하는 여러 가지 거리 없앰으로 이루어지는 그때그때의 영역 안을 배회할 수 없고, 그러한 여러 가지 거리 없앰을 언제나 그저 바꾸어 놓을 뿐이다. 현존재는 주변을 둘러보고 공간을 발견하는 방식에 있어서 공간적이지만, 그것은 현존재가 이같이 공간적으로 만나게 되는 존재자와 끊임없이 거리를 없애며 꾸준히 관계 맺는 식에서 공간적 존재일 수 있다.

거리를 없애면서 속에 존재하는 현존재는, 동시에 방향의 부여라는 성격을 지닌다. 현존재는 거리를 없애며 뭔가를 접근시키더라도 늘 먼저 어떤 방면으로 하나의 방향을 잡고 있다. 그 방면에서 거리가 없어진 사물은 가까이 와서, 그 장소에 대해 눈으로 확인하게 된다. 둘러보는 배려에 의해 방향이 부여되면서 거리가 없어지는 것이다. 이러한 배려 속에서, 다시 말해 현존재 자신이 세계-내-존재로서 함께 있을 때 '기호'의 필요성이 주어진다. 이 도구는 방향을 확실하고 편리하게 명시하는 일을 맡는다. 그 도구는 둘러보고 이용되는 다양한 방면을 내세워, 즉 그 방면 속으로 속하거나 향하거나 가지고 들어가거나 그때그때 귀속해야 할 각각을 '어디에'로 명시한다. 현존재는 스스로 존재하는 한, 방향을 부여하고 거리를 없애어 스스로 세계-내-존재가 됨으로써, 언제나 이미 발견했던 방면의 존재로 있다. 이 방향의 부여도 거리 없앰도 세계-내-존재의 존재양식이기 때문에, 먼저 배려로 둘러봄으로써 인도된다.

이 방향의 부여를 근거로 좌우라는 일정한 방향이 생겨난다. 이러한 방향성도, 거리 없앰과 마찬가지로 현존재의 행동에 늘 대동된다. 현존재의 '신체성'의 공간화는 여기에서는 논할 수 없는 독자적 문제성을 안에 담고 있으며, 이와 같은 '신체성'이라는 형태로 공간화하고 있는 좌우 방향이 있다는 점에서 뚜렷한 특징을 갖는다. 예를 들면 장갑처럼 양손 운동을 함께해야 하는 신체용 도구는 오른쪽으로나 왼쪽으로라는 방향이 부여되어 있어야 한다. 그에 반해 손 도구는 손에 들고 손과 함께 움직이지만 손의 고유한 운동에 참가하는 것은 아니다. 그런 까닭에 손으로 조작되면서도 오른손 망치라든가 왼손 망치와 같은 것은 없다.

그런데 유의해야 할 점은 이처럼 거리를 없애고 접촉하려는 현존재의 행위에 동반되는 방향 부여라는 작용은 세계-내-존재에 근거해서 좌우가 정해진다는 것이다. 왼쪽과 오른쪽은 주관에 의해 나뉘고 느끼게 되는 '주관적인 것'이 아니라, 언제나 이미 존재하고 있는 실제 세계 속으로 방향 부여를 받고 있는 그런 방향이다. '나의 양쪽에 대한 구별이라는 단순한 감정만 가지고'[22]는, 나는 결코 세계 안에서 올바른 위치를 발견할 수 없을 것이다. 이러한 구별에 대한 단순한 감정만을 갖는 주관은, 주관의 본질적 구성을 놓치는 '구성적'인 발상이다. 현존재는 이 '단순한 감정'을 가지고 그때그때 이미 그 어떤 세계 안에 존재해 있으며, 오히려 존재하지 않을 수 없다는 그런 구성틀에는 주의를 기울이지 못하고 있다. 이 점은 칸트가 방향을 정한다는 현상을 해명하기 위해 실마리로 이용했던 실례를 보면 분명해진다.

익숙하긴 하지만 불이 꺼진 캄캄한 방에 들어가려 한다고 가정해 보자. 그 방은 내가 없을 때에 완전히 모양이 바뀌었다. 그래서 본래 오른쪽에 있던 것

---

22) 칸트 《사유에서 방위를 정한다는 것은 어떤 것인가》(1786년) 전집(아카데미판) 제8권 131~147쪽.

이 지금은 모두 왼쪽에 위치해 있다고 하자. 그 안에서 방향을 정해 나아가려 할 때 나의 양쪽 '구별이라는 단순한 감정'만으로는 아무런 도움이 되지 않는다. 발걸음을 내딛기 위해서는 어떤 특정한 대상이 파악되어야 한다. 칸트는 이 점을 지적하면서 '그 위치를 내 기억 속에 있는 대상'이라고 덧붙여 말하지만, 내가 방향을 정하는 일은 필연적으로 어떤 잘 알고 있는 세계에서 그때그때 이미 존재해 있는 사물에 의거해 행해지는 것이라고 한다. 그 세계의 어떤 도구에 접촉하려면 그 도구와의 연관성이 처음부터 현존재에 주어져 있어야 한다. 내가 언제나 어떤 세계 안에 존재하고 있다는 것 자체는, 방향을 정하는 가능성에 있어서 왼쪽과 오른쪽에 대한 느낌 못지않게 구성적(감정적)이다. 현존재의 이러한 (감정적) 존재구성을 모두 이해했다고 해서 그 현존재가 연기하는 존재론적 구성적 역할이 묵과되어서는 안 된다. 칸트도 그 존재론을 모르는 체하지는 않았다. 다른 어떠한 현존재 해석들도 마찬가지이다. 그러나 이 존재구성을 끊임없이 사용한다는 것은, 적절한 존재론적 설명을 거부하는 것이 아니라 그 이론적 설명을 요구하는 것이다. 칸트는 자아가 뭔가를 '기억 속에 가지고 있다'고 심리학적인 해석을 내리지만, 이 해석은 곧 근본적으로는 세계-내-존재라는 실존론적인 구성 속에서의 기억을 말한다. 그러나 칸트는 이 세계-내-존재라는 구조를 확인하지 않았기 때문에, 방향결정 일반의 구성적 연관성을 충분히 고려하지 못했다. 왼쪽과 오른쪽으로 방향이 부여되고 있다는 것은 현존재 전반의 본질적인 방향 부여를 말하며, 이는 또한 본질적으로 세계-내-존재들에 의해 규정되고 있다. 하지만 칸트의 관심사는, 방향 결정을 주제적으로 해석하는 일에 있지 않았다. 그는 단지 어떠한 방향 결정도 뭔가 '주관적 원리'를 필요로 한다는 사실을 보여주려고 했다. 여기에서 '주관적'이란 선험적이라는 의미일 것이다. 그러나 왼쪽과 오른쪽으로 방향이 부여되어 있는 선험적 이해는 세계-내-존재로서 '주관적'인 선험을 했어야만 가능하고, 이것은 선행적으로 무세계적인 (세계 밖의) 주체에 국한된 그런 규정성과는 아무런 관계가 없다.

거리 없앰과 방향 부여는, 내-존재의 구성적 성격으로 세계내부에서 발견되는 공간 안에서 배려적 둘러봄에 의해 상호관계적으로 존재하는 현존재의 공간성을 규정한다. 우리가 지금까지 세계내부적인 도구적 존재자의 공간성과 세계-내-존재의 공간성을 해명해 왔는데, 이로 인해 비로소 세계의 공간성이라는 현상이 부각되며, 이는 공간의 존재론적 (보이는 존재와 보이지 않는 기억 또는 잠재적 존재의 공간성) 문제를 제기하기 위한 전제가 된다.

24 현존재의 공간성과 공간

현존재는 세계-내-존재이기 때문에 언제나 하나의 '세계'를 발견한다. 이 발견은 세계의 세계성에 기초해 이루어지는 것으로, 우리는 이것을 어떤 취향 전체성을 향해 존재자를 해방시키는 일이라고 규정지었다. 이와 같이 해방하면서 취향성을 얻게 하는 활동은, 유의의성의 선행적 이해에 기초해 주변을 둘러봄으로써 지시하는 방식으로 이루어진다. 하지만 지금 분명히 밝혀졌듯이, 둘러볼 수 있는 세계-내-존재는 공간적인 존재들이다. 그리고 현존재가 다른 존재와의 거리를 없애고 방향을 부여하는 존재방식으로, 공간적이기 때문에 환경세계에서 도구적으로 존재하는 것과 그 공간성에 의해서 만날 수 있는 것이다. 어떤 취향 전체성의 해방은 근원이 같기 때문에 이루어진다. 어떤 방향으로 거리를 없애고 방향을 부여하면서 그쪽으로 취향하게 하는 것이다. 그리고 이러한 전체적 취향은 바로 공간적인 적당성을 자유로이 가능케 한다. 배려적 내-존재로서의 현존재가 친숙해 있는 유의의성은 이렇게 본질적으로 공간과 더불어 열려져 보이는 것이다.

이와 같이 세계의 세계성과 더불어 열려 보여지는 공간에는, 아직 삼차원의 순수한 다양성은 조금도 갖추어져 있지 않다. 이러한 의미에서의 공간은, 위치나 장소 배열이 측량적으로 규정되는 순수한 장소로서, 철저히 은폐된 채로 있다. 공간(세계와의 공통성)이 현존재 안에 선행적으로 발견되고 있다는 것을 우리는 이미 방면이라는 현상에서 보여주었다. 우리가 방면이라고 한 것은, 방향을 부여하고 거리가 없어짐으로 만날 수 있게 되는 도구적 연관성이 소속되어 있는 장소를 말한다. 이 도구적 소속성은 세계에 있어서 구성적인 유의의성을 기초로 해 규정되며, 그 소재 전반의 내부에서 가능성으로서 '어디에' 속의 '여기에'라든가 '저기에'가 명확한 형태를 취하며 조직되어 가는 것이다. 소재 전반은 배려의 주지(主旨)에 연결된 지시관계의 전반에 의해 예상되고, 이 전체의 내부에서 넘겨주면서 취향하도록 하는 활동의 자기지시가 이루어진다.

도구적 존재자로서 만나게 되는 것에는, 언제나 어떤 방면에 대한 취향이 있다. 환경세계에서 도구적 존재자의 존재를 구성하는 취향 전체성 속에는 방면이라는 공간적 취향성이 속해 있다. 그 공간적 취향성을 근거로 하여, 도구적 존재자를 그때그때의 형태와 방향으로 발견하거나 규정하는 일이 가능해진다. 현존재가 현사실적으로 존재함과 동시에, 배려적으로 주변을 둘러보고 다양한 투시성에 맞추어, 세계내부적인 도구적 존재자와의 거리를 다양하게 없애고 방향을 부여받는다.

세계—내—존재에 있어서 구성적(감정적)인 방법으로 세계내부적 존재자를 만나게 하려면, 어떤 의미로 그들에게 '공간을 주어야' 한다. 이 의미에서 '공간을 주는' 것을 우리는 공간적소성(空間適所性)이라고 칭한다. 그것은 도구적인 존재의 공간성을 가능케 하는 일이다. 이 공간적소성은 취향성에 의해 규정된다. 그리고 장소 전체성을 발견하는 즉시 공간의 적소성도 드러나게 되는데, 이로써 그때마다 현사실적인 방향 결정이 가능해진다. 현존재가 세계를 둘러보고 배려하면서 다양한 것의 모양을 바꾸거나 정리하거나 '수용'할 수 있는 까닭은, 먼저 그 세계—내—존재에게는—실존범주로 이해되는—공간적소성이 속해 있기 때문이다. 하지만 그때마다 먼저 발견되는 방면도, 또한 일반적인 그때마다의 공간성도 특별히 주목받고 있지는 않다. 이 방향성과 공간적소성은, 배려가 도구적 존재자를 배려하는 일에 몰두해 있을 때 눈에 띄지 않지만, 스스로 도구 존재자의 눈에 띄기 위해 주변에 존재해 있다. 세계—내—존재와 함께 공간은 먼저 이러한 공간성에서 발견된다. 이와 같이 발견되는 공간성을 토대로 이윽고 공간 자체가 인식으로서 규명된다.

공간은 주관 속에 있지 않으며 세계가 공간 안에 있는 것도 아니다. 공간은 오히려 세계 안에 있다. 즉 현존재를 구성하는 세계—내—존재의 공간을 열어 보인 이상, 공간은 세계 '안에' 있다. 공간은 주관 안에 존재하지 않으며, 또한 주관도 세계를 마치 하나의 공간 안에 있는 '것처럼' 관찰하지 않는다. 오히려 '주관'을 존재론적으로 바르게 이해한다면 그것이 바로 현존재일 수밖에 없는, 그야말로 공간적으로 존재하는 것이다. 그리고 이 존재론적 존재방식에서야말로 현존재가 공간적이기 때문에, 공간은 선험적인 원리를 통해 나타난다. 이 선험적이라는 명칭은, 처음에 아직 무세계적으로 존재하고 있는 주관에 공간이 속해 있다는 말은 아니며, 또한 주관이 그 공간을 자기의 경험적인 것으로서 내비치고 있다는 의미도 아니다. 공간의 선험성이란, 여기서는 도구적인 존재자가 그때그때 환경세계적으로 만나게 되는 일상적인 일 속에서, 공간 속에서 (방면으로서) 언제나 선행적으로 행해지는 경험들이다.

우선적으로 둘러보고 만나게 되는 사물의 공간성은, 이윽고 둘러볼 때 주관적이 되며, 예를 들면 가옥의 건축이나 토지를 측량할 때 계산이나 측량의 과제가 되는 경우가 있다. 환경세계 공간성을 다루는 이 주관화는, 아직은 주로 주변을 둘러보고서 생긴 주관이지만 여기에서도 공간 그 자체의 존재방식이 이미 어떤 방식으로 시야에 들어온다. 공간이 나타나기에 앞서 단 하나의 가능이었던 공간으로 접근시키는 방법, 곧 둘러보고 하는 계산을 포기한 순수한 관찰에 의해 그것을 추적해 나갈 수 있다. 이렇게 공간을 '형식적으로 직관'하면 공간적 관계에 있는 순수한 가능성의 여러 양상을 발견할 수 있게 된다. 여기서 순수한 동질적인 공간을 밝히는 데 공간적 여러 형상의 순수형태론에서 위치해석을 거쳐, 순수하게 계량적인 공간론에 이르는 일련의 단계가 있다. 이들 연관을 고찰하는 것은 우리의 탐구영역이 아니다.[23] 우리는 단지 당면한 문제설정 범위 안에서 순수공간의 주관적인 발견과 전개의 실마리가 되는 현상적 토대를 존재론적으로 확인하고자 할 뿐이다.

세계를 둘러봄으로써 가능해지는 공간발견, 그리고 주시하는 태도로 이루어지는 공간의 발견은 환경세계의 다양한 방면을 중성화하고, 순수한 차원으로 중립화시킨다. 그래서 주변에 있는 도구의 장소와, 주변을 둘러보고 위치와 방향을 예측한 장소 전체성이 무너지고, 임의의 사물이 차지하는 위치가 다양화되어 간다. 세계내부적인 도구적 존재의 공간성은, 이 도구적 존재자와 함께 각각의 취향성격을 상실한다. 세계는 그 특유한 '주변'적 성격을 잃어버리고, 환경세계는 자연세계가 된다. 주변에 존재하는 도구 전체로서의 '세계'는, 공간화되어 겨우 객체로서 존재하는 다양한 연장시키는 사물과 연관된다. 이렇게 동질적인 자연공간에서 존재자들이 만나 접하게 되면, 도구적 존재가 갖추고 있는 세계 적합성의 측면을 잃어버리고, 세계를 빠져나온 독특한 양상을 드러

---

23) 이에 대해서는 오스카 베커의 〈기하학 및 그 물리학적 응용의 현상학적 근거짓기에 관한 논고들〉《철학 및 현상학 탐구 연보》 제6권[1923년] 385쪽 이하) 참조.

내게 된다. 동질적인 자연공간이란, 이와 같이 특수한 탈세계화로서의 성격을 지닌 발견양식을 통해서만 비로소 모습을 보인다.

현존재에게는 그것의 세계–내–존재에 응하여, 언제나 발견되어 있는 공간이, 비주제적이긴 하지만 이미 주어져 있다. 이에 반해 공간 그 자체는, 그 안에 포장되어 있는 일반적이고 단순한 공간적 존재의 순수한 가능성이 담겨 있는데, 그 점에 관해서는 우선적으로 아직 은폐되어 있다. 공간이 본질상 어떤 세계 안에서 나타난다는 사실만으로는, 아직 공간의 존재양상에 대하여 아무것도 결정할 수 없다. 공간 그 자신이 공간적으로 존재하는 도구적인 존재나 객체적인 존재의 존재양식을 가진다고는 할 수 없다. 또한 공간의 존재는 현존재의 존재양상을 갖추고 있는 것도 아니다. 공간 그 자체의 존재를 사물의 연장(res extensa)이라는 존재양상에서 이해할 수는 없다고 해도, 공간은 존재론적으로 그러한 사물(res)의 '현상'으로서 규정되어야 한다(이 경우에는 공간은 존재에서 이들 레스(res)로부터 구별되지 않을 것이다)는 결론은 얻지 못한다. 더구나 공간의 존재를 레스 코기탄스의 존재와 동일시하여 단순히 '주관적'인 것으로 이해해도 좋다는 결론도(이러한 주관의 존재 문제는 불문에 붙인다 해도) 얻지 못한다.

공간의 존재에 대한 해석이 오늘날까지 이어지고 있는 근거는, 공간 자체의 사상적 실질에 관한 지식이 충분하지 않기보다 오히려 존재 일반의 다양한 가능성에 대한 원리적인 투명함과 그에 관한 존재론적 개념적 해석이 아직 이루어지지 않은 데에 기인한다. 존재론적인 공간문제를 이해하는 데에 있어서 결정적인 열쇠가 있다. 그것은 그저 이따금 손길이 닿는 지점에 있다는 것만으로 대략적이고 조잡한 존재개념의 편협성에서 공간의 존재를 묻는 물음을 해방하는 것, 공간이라는 존재의 문제설정을 현상 그 자체와 다양한 현상적 공간성에 주목하면서 존재 일반의 여러 가능성을 해명하는 쪽으로 이끌어 가는 것에 있다.

공간의 현상을 세계내부적인 존재자의 존재가 지닌 단 하나의 존재론적 규정이라든가, 수많은 규정 가운데 주된 것이라고는 볼 수 없다. 더구나 공간이 세계의 현상을 구성하는 것도 아니다. 공간은 우리가 세계로 돌아가는 것에 의해 비로소 이해될 수 있다. 공간은 환경세계의 탈세계화를 통해 비로소 접할 수 있는 공간일 뿐 아니라, 일반적으로 공간성은 세계를 기초로 해야만 발견할 수 있다. 그러나 여기서 발견되는 이 공간은 어디까지나 다른 계기와 더불어 세계를 구성하는 하나의 계기가 되며, 이것은 현존재 자신이 세계−내−존재라는 그 근본적 구성에서 본질상 공간성을 갖추고 있는 데에 상응한다.

제4장
공동존재와 자기존재로서의 세계–내–존재, '세상사람'

세계의 세계성에 대한 우리의 분석은 세계–내–존재라는 현상 전체를 끊임없이 시야에 넣고 이루어졌다. 그러나 그때 그 현상을 구성하는 모든 계기가, 세계 그 자체의 현상과 동등한 현상적 명료함을 가지고 부각되었던 것은 아니다. 우리는 세계를 존재론적으로 해석함에 있어서 세계내부적인 도구적 존재자를 경유하는 방법을 써왔다. 우리가 이러한 해석을 맨 처음에 했던 이유는, 현존재를 그 일상성에 맞춰 보는 것이 우리의 당면 주제이며, 그리고 이 일상성에서 현존재는 단지 하나의 세계 내에 존재하고 있을 뿐만 아니라, 어떤 우세한 존재양식으로 세계와 서로 관계하고 있기 때문이다. 현존재는 우선적으로 대개는 자기 세계에 마음을 빼앗기고 있다. 이렇게 그 세계에 몰입해 있다. 이와 같은 일상적 존재양식과 그 기초에 있는 내–존재 일반이야말로 현상을 본질적으로 규정한다. 지금 우리의 물음, 즉 '일상성에서 현존재는 누구인가' 하는 물음을 내걸고 추적하려는 현상을 본질적으로 규정하는 것이다. 모든 현존재의 존재구조는 그 현존재의 존재양상이다. 따라서 이 '누구인가' 하는 물음에 맞는 현상도 현존재의 존재방식이다. 그것을 존재론적으로 규정하는 일은 실존론적인 작업이다. 그런 까닭에 우리는 적절한 문제설정을 필요로 하며, 현존재의 일상성을 통해 새로운 현상적 영역을 시야에 넣을 방법을 먼저 적절하게 그려두어야 한다. '누구인가'라는 물음에 답을 제공하게 되는 현상의 방향으로 탐구를 진행시켜 나가면, 우리는 세계–내–존재와 함께 똑같이 근원적으로 존재하는 두 가지 현존재의 구조에 다다른다. 공동존재(일상적인 나)와 공동현존재(실체적·보편적인 나)가 그것이다. 그 공동현존재 안에 일상적인 자기존재의 상태가 근거하고 있으며, 이 양태의 해명으로 일상성의 '주체'라고 이름해도 될 그것, 곧 '세상사람'들을 인정하게 될 것이다. 이처럼 평균적 현존재의 '누구인가'에 대해 다루게 되는 4장은 다음과 같이 구분된다.

1. 현존재는 누구인가? 실존론적인 물음의 설정(제25절).
2. 타인의 공동현존재와 일상적 공동존재(제26절).
3. 일상적 자기존재와 세상사람(제27절).

25 현존재는 누구인가? 실존론적인 물음의 설정

도대체 누가 이 존재자(현존재)인가? 이 물음에 대해 우리가 현존재의 근본적인 성격을 형식적으로 제시했을 때(제9절 참조), 이미 대답이 주어졌던 것처럼 보인다. 그 대답에 따르면, 현존재란 언제라도 나 자신인 존재자이며, 그 존재는 언제라도 나라는 존재이다. 이 규정은 하나의 존재론적 구성을 제시하고 있지만, 그 이상을 보일 수는 없었다. 하지만 '현존재가 누구인가? 현존재는 곧 나다'라는 이 규정을 존재적으로 이해하면, 언제나 어떤 자아가 이 현존재이며, 다른 누구도 아니라는 언명이 대략적으로 개입되어 있다. 이렇게 '누구인가'라는 물음은 자아 그 자체, '주체', 그리고 '자기'로부터 자연스럽게 해답을 얻게 된다. 그 누구인가에 대한 답은 행동이나 체험이 변화하더라도 동일한 자아로서 지속되며, 이들의 다양한 행동이나 체험과 관련을 맺고 있는 바로 그 자아이다. 이 자아(自我)를 존재론적으로 보면 그것은 어떤 정리된 영역 안에서, 이 영역에 있어서 언제라도 처음부터 부단히 존재하고 있는 것, 더 탁월한 의미에서 밑바탕에 놓여 있는 것, 바로 기체(基體, das Subjectum)로서 해석한다. 기체는 다양한 다른 존재양식을 취한다고 해도 여전히 동일한 것이어서 '자기'(das Selbst)라는 성격을 지닌다. 사람들은 의식의 사물화, 인격의 객관화를 거부하듯이 영혼의 실체(객관적 견지)를 거부한다. 그러므로 존재론적인 견지에서는 여전히, 그 존재론적인 나의 존재가 음으로 양으로 (나 자신의) 객체적 존재의미를 갖는 무엇인가를 단서로 하고 있다는 점에서는 변함이 없다. 이렇듯 내 존재의 실체성을 존재론적 실마리로 하여, 누구인가라는 물음에 답할 수 있는 존재자가 규정된다. 그러니까 현존재는 암암리에 처음부터 객체적 존재자로서 이해하게 된다. 언제까지나 현존재의 존재(일상 속의 나)를 규정하지 않는다면, 언제라도 이 존재의미는 어두움에 감싸여 있게 된다. 하지만 저마다의 고유한 객체성을 현존재라고 하기엔 저마다의 객체성이 너무도 적합하지 못한 존재자의 존재방식(양상)이다.

나는 그때그때의 현존재인 바로 그런 존재이다,라는 이 언명의 존재적인 자명성에 이끌려서는 안 된다. 이와 같이 '주어진 것'에 관한 존재론적 해석 방향이 그때그때의 것으로 남김없이 모두 예시되었다고 하는 견해로 달려가서는 안 된다. 그뿐 아니라, 이 언명의 존재적 내용이, 과연 현존재의 일상적 현상의 실태를 적절하게 반영하고 있는지도 사실 의심스럽다. 어쩌면 현존재의 일상적 존재에 내재한 '실체'는 도리어 나 자신이 아닐는지도 모른다.

한편 존재적 언명이든 존재론적 언명이든, 그 언명을 획득하려면 그 존재자 자신의 존재양식에 의거해 현상적으로 제시되어야 한다. 그리고 이러한 현상적 (실물적) 제시방법은 이전부터 행해 온 가장 익숙한 해답에 대해서도, 또한 이들 해답으로부터 이끌어 낸 문제설정에 대해서도 우위에 있어야 한다. 그렇다면 우리가 지금 설정하려는 물음에 대해 현존재의 현상학적 해석이 문제설정의 착오에 빠지지 않도록 방비할 필요가 있다.

그러나 현존재는 누구인가라는 문제를 설정한 지금, 주관적 영역의 명증적인 여건에 근거해서 실마리를 찾지 않는다면 모든 건전한 방법론의 규칙에 위반되지 않을까? 그리고 자아가 주어졌다는 것만큼 의심의 여지가 없는 것이 또 있을까? 그리고 이 주어져 있음에서 자아를 근원적으로 끄집어내기 위해서는 그 밖의 다른 모든 '주어져 있음'을—존재하는 '세계'만이 아니라 다른 대부분의 '자아' 존재도—간과해야 한다는 지시가 내포되어 있는 것은 아닐까? 단적이고 형식적이며 반성적인 자아인지(das schlichte, formale, reflektive Ichvernehmen)라는 것이 내게 분명히 무언가를 주고 있음은 아마도 확실할 것이다. 이러한 통찰을 하면 더 나아가, '의식의 형식적 현상학'이라는 틀을 마련해 주는 원칙적 의의에 근거한 독립된 현상학적 문제영역으로의 길이 열린다.

하지만 사실적 현존재의 실존론적 분석을 행하고 있는 여기에서는, 앞에서 말한, 자아가 주어지는 방식이 근본적으로 현존재를 열어 보여주는지 어떤지, 만약 그렇다면 현존재를 그 일상성에서 열어 보여주는 것인지 어떤지 라는 문제가 생긴다. 현존재로 접근하는 통로는 작용주체인 자아로 이루어지는 자아를 솔직히 인식하면서 반성하는 식이어야 한다는 것, 이것은 선험적으로 분명한가? 현존재가 '자아를 부여하는' 이 방법이 실존론적 분석에 있어 하나의 유혹이 된다면 어떻게 될까? 더구나 그것이 현존재 자신의 존재에 기초했기 때문에 유혹이 되었다고 한다면 어떨까? 아마도 현존재는 순간적으로 자기 자신에게 호소할 때, 언제나 '그것은 나'라고 말할 것이다. 게다가 그것이 이 존재자가 아닐 때에 도리어 더 큰 목소리로 그렇게 말할 것이다. 언제나 내 것이라는 현존재의 구성이, 오히려 현존재가 우선적으로 자기 자신이 아니라고 하는 근거가 된다면 어떻게 될까? 앞에서 논술한 것처럼 자아의 소여성(주어짐)에서 실마리를 찾은 실존론적 분석론 때문에 현존재 자신이 혼란스러워지고, 그 자신에 대한 손쉬운 자기해석이 함정에 빠지고 있다면 어떨까? 이처럼 단적으로 내게 주어질 수 있는 것을 규정하기 위한 존재론적 지평이 원칙적으로 규정되지 않은 채 끝나버리게 된다면 어떻게 될까? 이 존재자에 대해 존재적인 '자아'가 바로 현존재라고 하는 것이 정당한 일로 될지도 모른다.

그러나 존재론적 분석론에서는 그러한 언명을 원칙적으로 보류할 필요가 있다. 즉 '자아'라는 말은, 구속력 없는 형식적인 제시의 의미로만 해석해야 하며, 그 자아는 그때마다 현상적인 존재연관 속에서 자신이 자신의 '반대'로서 드러내질 수 있음을 제시할 수 있다. 하지만 이런 경우에 '자아가 아닌 반대를 드러내는 것'이란, 결코 그 본질상 '자아성'이 결여된 현존재라는 의미가 아니라, '자아' 그 자신의 특정한 존재양식, 예를 들면 자기상실이라는 존재양식을 가리키게 되는 것이다.

그렇지만 우리가 지금까지 행해 온 현존재의 적극적인 해석에서 봐도, 현존재는 누구인가를 묻는 물음에 현상적으로 잘 정비된 해답을 찾기 위해서는, 자아의 형식적 소여성에서 출발할 수는 없다. 세계─내─존재에 대한 해명이 보여준 대로, 세계에 근거하지 않은 단순한 주관이란 '존재'하지도 않고 또한 결코 주어져 있지도 않다. 마찬가지로 우선 고립된 자아가 타인들 없이 주어지는 일도 절대로 없는 것이다.[1] 그러나 세계─내─존재에는 언제나 이미 타인들이 마침 거기에 함께 있다 해도 그리고 이것이 현상적으로 확인되었다고 해도, 이렇게 '주어진 것'의 존재론적 구조가 검토할 필요도 없이 뻔한 것이라고 하

---

1) 막스 셸러의 《동정심의 현상학 및 이론을 위하여》(1913년)의 부록 118쪽 이하에 서술된 현상학적 제시를 참조. 이 책의 제2판은 《동정심의 본질과 형태》(1923년)라는 제목으로 나왔는데, 여기서는 244쪽 이하를 참조하라.

는 견해에 말려들어 가서는 안 된다. 다시 말해 분명히 검토되어야 한다. 이렇게 마침 거기에 있었던 공동현존재의 존재양식을 친근한 일상성에서 현상적으로 분명히 하고, 그것을 존재론적으로 적절히 해석하는 일이 과제이다.

세계내부적인 존재자 자체로서의 존재양상이 존재적으로 분명하기 때문에, 이 존재의 의미도 존재론적으로 분명하다고 단정하는 잘못된 확신이 생기고 세계현상을 놓치게 되듯이, 현존재는 언제나 내 것이라고 하는 존재적 자명함도, 그것에 상당하는 존재론적 문제설정을 그르칠 수 있는 유혹을 그 자체 안에 품고 있다. 우선적으로 현존재의 주체가 누구인가는 존재론적으로 하나의 문제일 뿐만 아니라, 존재적으로도 은폐된 물음으로 남아 있다.

그렇다면 '누구인가'라는 물음에 대한 실존론적인 분석작업을 통해 대답하려는 계획에는 도대체 아무런 실마리가 없다는 말인가? 결코 그렇지 않다. 실마리 역할을 하는 것은 현존재의 존재구성으로서 앞에(제9절, 제12절) 보인 두 가지 형식적 제시 안에서 지금까지 논평해 온 사실들이라고 할 수는 없지만, 그래도 현존재의 '본질'은 현존재의 실존에 그 근거적 실마리가 제시되어 있다. '자아'가 현존재의 본질적 규정인 이상, 이 규정은 실존론적으로 해석되어야 한다. 그렇다면 누구인가라는 물음은 현존재의 특정한 존재양식을 현상적으로 제시하는 것에서 비로소 해답을 얻게 되는 것이다. 현존재가 언제나 실존하는 것에 의지해서만 자기 자신일 수 있다면, 이 경우의 자립성은 그 '비자립성'과 마찬가지로, 그 문제영역에 대한 하나의 적절한 통로로서 실존론적·존재론적인 문제설정을 요구한다.

하지만 이 존재자의 존재양식으로만 자기를 '단순하게' 파악하려 한다면, 진정한 '핵심'을 날려버리게 될 것이다. 이러한 걱정의 원인은, 해당 존재자 또한 근저에 각자의 객체적 존재양식을 가지고 있으리라는 잘못된 선입견 때문이다. 이러한 선입견은 주변 어디에나 존재하는 물체적 사물들의 허다한 성격들이 현존재와는 상관없다고 생각하려는 사람들에게서 볼 수 있다. 그러나 인간의 '실체'는 마음과 신체의 종합으로서의 정신이 아닌 실존이다.

26 타인의 공동현존재와 일상적 공동존재

우리는 일상적 현존재는 누구인가라는 물음에 대한 대답을 어디에서 얻으려 하는가? 현존재가 우선적으로 대개 머물고 있는 존재양식의 분석에서이다. 현존재의 존재양상, 곧 일상적 존재의 어떠한 상태도 세계-내-존재에 의해 규정되기 때문에 우리의 탐구 실마리는 이 현존재의 근본적 구성에서 얻을 수 있다. 앞서 보인 세계에 대한 해명에서, 세계-내-존재의 구조계기가 이미 우리 시야에 들어와 있다고 말했다. 만약 이 말이 정당하다면, 그 정당성에 대한 해명으로, 현존재란 누구인가에 대한 물음의 해답도 이미 어떤 방법으로든 준비되어 있을 것이다.

예를 들면 수공업자들의 세계와 같은 친근한 환경세계를 '기술'했을 때, 작업 중인 도구를 만나게 되고, 또 그 '제품'에 예정되어 있는 타인들과도 '함께 만나게 되는' 현상이 생긴다. 즉 이 도구적인 것의 존재양식 안에는, 다시 말해 그것의 취향 안에는, 그것을 착용할 사람들에 대한 본질적인 지시관계가 포함되어 있다. 그것은 착용자의 '몸에 맞게 재단되어야' 한다. 이와 마찬가지로 사용되는 재료에 있어서는, 그 재료의 제작자 또는 '공급자'가 서비스 좋은 사람, 서비스 나쁜 사람이라는 모습으로 비쳐지게 된다. 우리가 '밖에서' 누군가의 밭을 지날 때 그것은 누구누구의 소유로서 그가 손질을 잘하고 있다고 하거나, 지금 보는 책은 '누구'에게서 샀다거나 '누가' 보내왔다거나 하는 등이다. 호숫가에 매여 있는 보트는 그것을 타고 항해를 시도하는 지인을 처음부터 지시하고 있으며, 또한 그것이 '낯선 보트'인 경우에도 타인을 지시하고 있다. 도구적으로 존재하는 환경세계적인 도구연관 속에서 이렇게 '만나게 되는' 타인은, 우선 사물적인 것으로밖에는 존재하지 않는 사물에 반드시 연관시켜 생각할 수 있는 것은 아니다. 오히려 이들 '사물'은 세계 안에서, 자신이 타인들에게 도구적으로 존재하고 있는 그 세계 안에서 타인들을 만나게 된다. 그리고 그 세계는 또한 언제나 이미 처음부터 나의 세계이기도 한 것이다. 우리는 지금까지의 분석에서 세계내부에서 만나는 사물의 범위를 좁혀서, 주변에 있는 도구 또는 존재하는 객체적 자연, 요컨대 현존재가 아닌 성격의 존재자에게 한정시켜 왔다. 이렇게 분석의 영역을 좁혀 들어가는 한정은, 분석적 해명을 단순히 하기 위한 의미로서만 필요했던 것은 아니다. 그것은 무엇보다도 세계내부에서 만나게 되는 타인이라는 현존재의 존재양식이 도구성이나 객체성과는 구별되기 때문에도 필요했다. 따라서 현존재의 세계란 도구나 사물일반과는 다른 존재이다. 그뿐 아니라 현존재의 세계는 현현재로서의 존재양식에 맞게 세계-내-존재로서 존재하고 있는 존재자를 해방하며, 그때 이 존재자는 세계내부에서 만나면서, 세계-내-존재라는 존재양식에 의해 세계 '안'에 존재하게 되는 것이다. 이 존재자(현존재가 세계의 다른 존재들과의 교섭을 통해 내놓은 존재자)는 객체적으로 존재하지도 도구적으로 존재하지도 않고, 그 존재를 해방시켜 내놓는 현존재 자체와 마찬가지로 존재한다. 이 존재자 역시 함께 현재 거기에 존재해 있다. 그래서 사람들이 반드시 세계를 통틀어서 세계내부적인 존재자와 어떻게든 동일시하려 한다면, '세계'는 곧 현존재이기도 하다고 말해야 할 것이다.

그럼에도 불구하고 타인들과의 만남을 규정지어 본다면, 그 성격도 결국은 각자의 현존재를 기준으로 하여 결정된다. 이 규정지음으로 먼저 '자아'에게 특별한 지위를 주어 고립시키고, 이러한 고립된 주관을 출발점으로 하여 타인들에게 이행해 가는 방법을 찾아야 하지는 않을까? 오해를 막기 위해 먼저 어떤 의미로 '타인들'에 대해 논술하고 있는지 주목할 필요가 있다. '타인들'이란, 나를 제외한, 내가 그와는 구별이 되는 나머지 사람들 전체를 의미한다. 그 타인이란 오히려 사람들이 대개는 자기와 구별시키지 않는 사람들, 즉 그 안에 자기도 속해 있는 그런 공통부분을 지닌 사람들을 의미한다. 그런데 이렇게 그들과 같이 거기에 있음은, 하나의 세계내부에 함께 객체적으로 존재한다는 존재론적인 성격을 지니지 못한다. '함께'는 현존재적이며, '똑같이'는 주변을 둘러보는 배려적 세계-내-존재로서의 같은 존재양식을 가리킨다. 여기에서는 '함께'와 '똑같이'를 범주적으로가 아니라 실존적으로 이해해야 한다. 이러한 '함께'하는 세계-내-존재에 기초해, 세계는 그때마다 언제나 이미 내가 타인들과 함께 어울려서 알고 있는 세계이다. 현존재의 세계는 공동세계이다. 내(內)-존재는 타인들과의 공동존재이며, 타인들의 세계내부적인 자체존재(보편적 실체)는 공동현존재이다.

우리는 존재하는 자기주관을 눈앞에 있는 다른 주관들과 구별해 미리 파악하는 정도로는 타인들을 만나지 못한다. 자기 자신을 먼저 주목하고 난 뒤 그것으로 반대 측을 구별하고 확정하는 정도로는 타인들을 만나지 못한다. 그 타인들을 우리는 배려적이고 주변을 둘러보는 현존재가 본질상 머물러 있는 세계 안에서 만난다. 타인이 현실에 존재하고 있다는 것을 '설명'하는 일은 이론적으로 쉽게 여겨지는데, 이러한 '설명'에 대처하기 위해서는 여기서 지적한 대로 타인들의 환경적 만남의 현상적 실태를 잃어버리지 말아야 한다. 현존재의 이러한 친근하고 기본적인 세계내적인 만남의 양식은 여기에 그치지 않는다. 현존재가 자기의 현존재를 스스로 깨닫는 시점은, 우선적으로는 '체험'이나 '작용중심'을 도외시했을 때, 또는 처음부터 이들을 아직 '보지' 않았다는 태도를 취할 때이다. 현존재가 '자기 자신'을 찾아내는 곳은, 현존재가 종사하고 있는 것, 필요로 하는 것, 기대하는 것, 예방하는 당연한 것에서이며, 가까이에서 배려되고 있는 환경적인 도구적 존재자에서이다.

그리고 현존재가 자기 자신에게 분명하게 '여기에 있는 바로 나'라고 칭할 때조차, 이 장소적인 인칭규정은 현존재의 실존론적 공간성을 기초로 이해되어야 한다. 우리가 이 공간성의 해석을 위해 이미(제23절) 시사한 바대로, 이 '여기에 있는 바로 나'란 사물적 자아가 존재하고 있는 특별한 지점을 가리키는 것이 아니라 내(內)―존재로서 배려하는 현존재가 몸을 두고 있는 도구적 세계의 '거기'에서 이해된 자기 자신이다.

빌헬름 폰 훔볼트[2]는 '나'를 '여기'라는 말로, '너'를 '거기'라는 말로, '그'를 '저기'라는 말로 표현하는 몇 가지 언어, 즉 문법학적으로 표현하면 인칭대명사를 장소부사로 표현하는 언어가 있다고 지적한 바 있다. 이처럼 장소를 표현하는 말에는 장소부사적 의미와 동시에 인칭대명사적 의미가 있다는 사실과, 그어느 쪽이 근원적인 의미인가 하는 것이 논의의 대상이 되고 있다. 하지만 이들 장소부사가 현존재라는 의미에서의 자아에 관계한다는 사실을 주목한다면, 이 논쟁은 기반을 잃게 된다. 곧 '여기' '저기' '거기'는 원의미적으로는 세계내부에서 일정한 공간적 위치에 존재하고 있는 객체에 주어진 순수한 장소규정이 아니라, 현존재의 근원적 공간성의 모든 성격이다. 사람들이 장소부사로 생각하는 것은 사실 현존재의 규정이며, 또한 그 장소부사들은 범주적인 의의를 지니지 않고 실존론적인 의의를 갖는다. 그러나 그들은 단순한 대명사가 아니며, 그들의 의의는 장소부사와 인칭대명사가 서로 분화되기 이전 상태에 있

---

2) 《몇몇 언어에서 보이는 장소부사와 대명사의 유연성(有緣性)에 대하여》(1829년), 훔볼트 전집 (프로이센 과학아카데미판) 제6권 제1부 304~330쪽.

다. 이들 표현이 진정한 공간적인 현존재적 의의를 갖추는 까닭은, 이론적으로 틀림없는 현존재 해석을 할 때 현존재가 공간적으로, 즉 거리 없앰과 방향 부여를 하는 세계 '곁에 존재해 있다'는 데서 보고 있기 때문이다. 자기 세계에 몰입해 있는 현존재가 '여기에'라고 말할 때는, 자기를 지향해서가 아니라 자신을 통과해서, 주변을 둘러보면서, 도구로 이용되고 있는 '거기'를 향해 발언하는 것이며, 더구나 실존론적 공간성 내에서 자기를 가리킨다.

현존재는 우선적으로 대개는 자기 세계를 바탕으로 자기를 이해한다. 그리고 타인인 공동현존재도 대부분은 세계내부적인 도구적 존재자들 가운데서 만나게 된다. 하지만 타인이 그들의 현존재에 있어서 주관적이 되는 경우에도, 타인들은 단순히 존재하고 있는 인격적 사물이라는 모습으로 만나게 되는 것이 아니라 '일하는 중'인 그들을 만나게 된다. 즉 일차적으로 그들의 세계—내—존재에서 그들을 만나고, 또 타인이 '주위에서 어슬렁거리는' 것을 발견했을 때도, 그는 결코 단순히 존재하는 인간적 사물로서 파악되지 않는다. '주위에서 어슬렁거린다'는 것은 하나의 실존론적인 존재상태이다. 다시 말하면 모든 것 밑에 배려적인 관심도 받지 못하고, 주변에서 아무도 돌아보지 않는 채로 머물러 있다는 것, 따라서 어느 것 밑에도 머물러 있지 않음을 의미한다. 타인은 그의 세계—내—공동현존재 안에서 만난다.

그럼에도 불구하고 '현존재'가 나타내는 뜻은, 이 존재자가 '우선적으로는' 타인과 연관되어 있지 않은 상태에 있으며, 그 뒤 타인과 '함께' 존재할 수도 있다는 것이 아닐까? 하지만 여기에서 놓쳐서 안 되는 점이 있다. 우리가 공동현존재라는 용어로 지칭하는 바는, 타인이 그것을 기반삼아 세계내부적으로 해방되어 있는 바로 그런 공동현존재라는 점이다. 타인의 이러한 공동현존재는 세계내부에서 현존재에게, 공동으로 현존하는 사람에게도 열려 보여지고 있다. 이것은 다름 아니라, 현존재가 본질적으로 스스로가 공동존재이기 때문이다. '현존재는 본질상 공동존재'라는 현상학적 언명은 실존론적·존재론적 의미를 지니고 있다. 그것은 존재적으로 내가 사실적으로 혼자 존재해 있지 않고 오히려 나와 같은 타인이 그 밖에도 많다는 것을 존재적으로 확인하려는 것이 아니다. 만약 현존재의 세계—내—존재가 본질상 공동존재에 의해 구성되고 있다는 명제가 위에 기술한 바와 같은 의미였다고 한다면, 공동존재는 현존재의 존재양식에 의거해 그 존재양식 자체로서 현존재에게 부여되고 있는 실존론적 성격이 아니라, 타인들의 출현에 근거해 그때마다 상호교섭 속에서 일어나는 특성일 뿐일 것이다.

　공동존재는 타인이 사실상 현존하지 않고 지각되지 않는 경우에도 현존재를 실존론적으로 규정한다. 현존재의 고독함도 세계 안에서의 공동존재이기 때문이다. 상대가 없다는 것은 공동존재에 와서야 비로소 가능하다. 고독하다는 것은 공동존재의 결여적 상태이기에 그러하며, 그 고독이 가능하다는 것은 이미 그가 공동존재임을 증명하는 셈이다. 반면 사실상 고독한 존재상태는, 인간의 제2표본이 내 '곁에' 나타나거나 그 표본이 10명이 된다고 해서 제거되는 것이 아니다. 이러한 표본존재가 10명 존재하건, 더 많이 존재하건 현존재는 여전히 고독하다. 그러므로 공동존재와 상호존재의 사실성이란, 몇 가지 '주체'가 집합적으로 존재한다는 데에 근거하지 않지만, 한편 '많은 사람들 사이에서' 혼자 존재한다는 것도 이 많은 사람들이라는 존재에서 말하자면, 그들이 거기에서 단순히 객체적으로 존재한다는 말은 아니다. '그들 사이'에서 존재하는 경우에도, 그들은 현재 거기에서 함께 존재하고 있는 것이다. 즉 그들의 공동현존재는 무관심과 소외라는, 아무도 돌아보지 않는 양태에서 만나게 되는 존재이다. 누군가가 '부재'하거나 '외출'했을 때도 그는 공동현존재의 상태에 있다고 말한다. 그것이 가능한 것도, 현존재가 공동존재로서 타인들의 현존재를 스스로 자기 세계 안에 불러들여 경험하기 때문이다. 공동존재란 각자의 현존재의 성격이다. 공동현존재란 공동존재가 그의 세계에 의해 해방되는 한도 안에서 타인들의 현존재를 특징짓는 말이다. 각자의 현존재는 공동존재라는 본질적 구조를 갖추고 있는 경우에 한해서만, 타인을 만나는 공동현존재가 된다.

　앞에서 우리는 세계내부적인 도구적 사물과 주변을 둘러보는 교섭을 배려라는 명칭으로 기술했다. 세계-내-존재에 있어서 공동현존재도 실존론적으로 구성적(감정적)인 의의를 지니기 때문에, 이것도 앞서 논술한 배려와 마찬가지로 현존재 일반의 존재가 관심으로서 규정된다는 사실을 고려하여(본편 제6장 참조), 이 관심의 현상에 기초해 해석되어야만 한다. 공동존재라는 존재양식도 세계내부에서 만나게 되는 존재자에게 관여하는 존재라는 점에서 배려와 같다. 하지만 배려라는 존재성격은 공동존재로는 적합하지 않다. 현존재가 공동존재라는 존재상태에서 서로 관계하게 되는 존재자는 도구라는 존재양식을 갖추지 않았다. 그 존재자는 그 자체로 현존재이다. 이 존재자는 도구적 존재로서 배려되는 것이 아니라 관심을 받는 존재이다.

음식물과 옷이 해주는 '배려'도, 병든 몸의 간호도 관심이다. 그러나 우리는 배려라는 말의 사용법에 맞추어, 이 관심이라는 단어도 하나의 실존범주를 나타내는 용어로서 이해하기로 한다. 실제적인 사회제도로서의 복지사업도 공동존재로서의 현존재의 존재구성에 근거한다. 그러한 복지시설과 같은 것이 사실상 절실하게 요구되는 까닭은, 현존재가 대부분 관심의 결여적 상태 안에 머물고 있기 때문이다. 서로가 상대를 위해 존재하고, 서로 미워하며 존재하고, 서로 교제하지 않고 존재하고, 서로를 그냥 지나쳐 가거나 상대에게 무관심하게 존재하는 것도 관심의 다양한 양상들이라 하겠다. 그리고 특히 뒤에 열거한 결여태나 무관심의 모습들이 일상의 평균적인 상호존재를 특징짓는다. 이러한 존재양상들도, 날마다 배려되는 도구의 도구성을 부각시키기도 하고, 다른 사람들의 일상적·세계내부적인 공동현존재에 갖추어져 있는 눈에 띄지 않는 특징 또는 흔히 있는 뚜렷한 특징을 내보인다. 이들 상호존재의 이러한 무차별한 모습들이 존재론적 해석을 혼란에 빠뜨린다. 이 존재를 여러 주체들의 단순한 객체적 존재처럼 해석하도록 유혹한다. 임의의 사물이 '무관심하게' 함께 출현했을 때와, 상호존재자들이 서로에게 아무 관심도 보이지 않을 때의 사이에는, 근본적으로 같은 존재양식의 사소한 변종인 듯한 차이만 있는 것으로 보이지만, 사실 존재론적으로 본질적인 차이가 있다.

관심에는, 적극적인 양태에 대해 두 가지 극단적인 가능성이 있다. 바로 그중 하나인 관심은, 상대의 처지에서 말하자면 '고생'을 제거해 주는 것으로, 타인을 대신하여 배려하고 애를 쓴다. 이 관심은 상대가 배려해야 할 것을 그를 대신해 떠맡는다. 여기서 상대는 그 장소에서 밀려나 뒤에 대기하고 있다가, 배려되는 대상을 감당할 수 있게 되면 이 고생을 나중에 인수하거나 아니면 거기로부터 완전히 해방된다. 이러한 관심에서는 '신세를 진' 상대가 의존적이 되고, 암암리에 지배받게 되기도 한다. 이러한 지배는 그 지배를 받는 상대가 그 지배를 눈치채지 못해도 존재하게 된다. 이렇게 상대의 '고생'을 제거해 주는 '돌보기 좋아하는' 관심은 상호존재를 광범위하게 규정하고 있으며, 대개는 도구적인 것의 배려에 관계한다.

또 하나의 관심은, 상대를 대신해서 뛰어들기보다 오히려 스스로 그 실존적인 존재가능으로서 상대에게 솔선하는 것이다. 그것도 상대의 '고생'을 제거해 주기 위해서가 아니라, 오히려 그 고생을 진정한 의미에서 '배려'해야 할 것으로서 그에게 돌려주기 위해서이다. 이러한 관심은 본질상 본래적인 진정한 관심의 의의, 즉 상대가 배려하는 바가 아니라 그의 실존에 관계하는 것이기 때문에 그가 그 관심에 대해 투시적이 되며, 그에 대해 자유로워지도록 돕는다.

이렇게 보면 관심이란, 실은 그 다양한 가능성에서 현존재가 배려된 세계와 서로 관계하는 존재, 자기 자신과 상호 관계하는 본래적 존재와 서로 얽혀 있는 현존재의 존재구성을 말하는 것임을 알 수 있다. 상호존재는 우선적으로 이러한 존재 안에서 공동으로 배려되는 것에만 기초하는 경우가 많다. 동일한 일에 종사하기 때문에 생기는 상호존재는 대개 표면적인 데에 멈춰 있을 뿐 아니라, 소외와 사양이라는 양상으로 이동해 간다. 같은 업무에 고용된 사람들의 상호존재는 불신의 마음으로만 양성되는 현상이 흔히 있다. 그와 반대로 같은 일을 목적으로 하여 공동으로 진력할 때에는, 각자가 스스로 선택한 본래적인 현존재에 의거해 규정된다. 이러한 본래적인 연관성을 염두에 둔다면, 타인을 해방하고 그 자신을 자유롭게 한다는 진정한 사태도 가능하게 된다.

이와 같이 적극적으로 상대를 지배하는 관심과, 솔선해 상대를 해방되도록 돕는 적극적 관심, 이 두 개의 극단적 관심 사이에는 일상적 상호존재가 존재하며 거기에 다양한 혼합 형태가 생긴다. 이들을 기술하고 분류하는 것은 우리의 탐구영역 밖에 속한다.

배려에는 도구적인 것을 발견하는 방법으로 둘러보는 배려가 갖춰져 있다. 그와 마찬가지로 관심은 고려와 관용에 의해 인도된다. 이들은 관심과 더불어 그에 상당한 결여적·무관심적인 여러 양태를 거쳐 무정함과 무관심을 초래하는 무신경에까지 이를 수 있다.

세계는 세계내부에서 만나게 되는 도구적인 존재들을 해방할 뿐 아니라, 현존재를 즉 타인을 그들의 공동현존재로서 풀어준다. 그러나 이렇게 환경적으로 해방된 존재자는, 그 가장 고유한 존재의미에서 볼 때, 세계 안에서 타인들을 만나고 공동으로 현존하면서, 동시에 스스로 그 동일한 세계 안의 내(內)—

존재인 것이다. 우리는 앞에서(제18절) 세계성을 유의의성의 지시관계 전체로서 해석했다. 이러한 유의의성을 선행적으로 이해하고 친숙하게 있으면서, 현존재는 도구적 존재자를 그 취향성 안에서 발견된 것으로서 만나게 한다. 유의의성의 연관성에 대한 지시는, 자기라는 존재에 서로 관련되는 현존재의 존재에 고정되어 있다. 그래서 이 자기라는 존재는 혼자선 어떠한 취향도 가질 수 없고, 오히려 현존재가 존재하듯이 있는 그런 존재이다.

　하지만 지금 우리가 행한 분석에 따르면, 현존재가 관계를 맺고 있는 현존재 자신의 존재에는, 다른 사람들과 공동존재한다는 속성이 속한다. 따라서 현존재는 공동존재로서, 본질상 타인들을 이유로 '존재'하게 된다. 이것은 본질에 관계하는 실존론적 언명으로 이해할 필요가 있다. 특정한 현사실적 현존재가 타인들을 아랑곳 않고, 그들이 없어져도 상관없다고 생각하거나, 또는 그들이 없어도 참을 수 있다고 해도, 이 현존재는 공동존재의 양상으로 존재한다. 타인들을 위해서라는 실존론적 의미에서의 공동존재 안에서, 타인은 그 현존재로 이미 개방되어 보여지고 있는 것이다. 자신을 열어 보이는 타인의 본성은 공동존재에 의해 먼저 구성되고 있다. 따라서 이러한 타인의 열어 보이는 본성도 유의의성, 곧 세계성의 형성에 관계하고 있는 것이다. 그리고 이미 보았듯이 그 세계성은 실존론적인 목적 속에 고정되어 있다. 현존재가 언제나 속해 있는 세계의 세계성은, 이처럼 실존론적으로 구성되고 있다. 따라서 그 현존재가 환경에서 도구적인 존재를 만나게 될 때의 존재양식은, 주변을 둘러보며 배려했을 때 이 도구적인 것과 함께 타인들의 공동현존재가 마침 거기에 있는 그런 모습이다. 타인이 먼저 허공에 뜬 주체 같은 모습으로 나타나는 것이 아니다. 그들의 환경적 배려적 세계―내―존재 안에서, 이 세계의 도구적인 존재들 안에서 모습을 나타내는 타존재들은 세계의 세계성 구조에 근거한다.

　공동존재에게 다른 사람들의 공동현존재가 열어 보인 모양새가 갖추어져 있다는 것은, 바꾸어 말하면 현존재의 존재는 공동존재이기 때문에 현존재의 존재를 이해하는 데에는 타인들에 관한 이해도 처음부터 포함되어 있다는 말이다. 일반적으로 이해가 그러하듯, 이 이해도 이론적인 인식작용에서 만들어진 지식이 아니라, 한 가지의 근원적이고 실존론적인 존재양식이며, 이것이 비로소 인식이나 지식을 가능하게 하는 것이다. 서로가 상대에 대해 아는 것은 근원적으로 이해적인 공동존재에 근거한다. 그것은 우선적으로는 공동존재적인 세계-내-존재의 친밀한 존재방식에 따라, 현존재가 타인들과 함께 환경 안에서 주변을 둘러보고 발견하거나 배려하는 것에 관해 이해적으로 아는 범위 안에서 이루어진다. 자기가 배려하는 것에서, 그리고 이 이해와 함께 관심 있는 배려가 이해된다. 이렇게 상대는 우선 배려적 관심 안에서 열어 밝혀지게 되는 것이다.

하지만 관심이란 대부분이 결여적 여러 양상, 적어도 무관심한 여러 상태 안에 머물고 있으며, 서로 무시하는 무관심 속에 살고 있기 때문에, 친근하고 본질적으로 서로 알기 위해서는 먼저 서로를 알아야 할 필요가 있다. 더구나 교제가 수줍어하거나 자기를 숨기고 위장하거나 하는 상태에 멈춰 있을 경우에도, 상호존재는 계속 타인에게 접촉하거나 그 '본심을 타진하거나' 하기 위해 특별한 방법을 필요로 한다.

그러나 자신을 드러내거나 감추거나 서로 함께 있는 것이 그때마다의 존재양식 때문이듯이, 아니 사실 다른 것이 아닌 바로 이 존재양식 자체이듯이 특별히 상대를 위로하면서 그를 열어 보이게 하는 관심도 언제나 그와의 일차적인 공동존재 안에서만 싹이 튼다. 이와 같은 타인 인식은 말하자면 주제적인 개시성(開示性)이긴 하지만 아직은 이론적이고 심리학적인 인식은 아니다. 하지만 '타인의 심리활동' 이해라는 이론적 문제설정에서는, 어쨌든 이러한 개시성이 우선은 당장 눈에 들어오는 현상이 된다. 그런데 이렇게 현상에 맞추어 보면 '우선은' 이해적 상호 공동존재의 한 상태에 지나지 않는 반응현상이, 동시에 '본원적'이며 근원적으로 처음부터 타인에 대한 교섭적 존재일 수 있게 하고 구성하는 현상으로서 받아들여지게 된다. 사람들은 이 현상에 '감정이입'이라는 너무나도 부적당한 명칭을 붙이고, 먼저 단적으로 주어져 있는 자기주관에서 전적으로 닫혀져 있는 타자주관으로 통하는 다리를 이 현상에 의해 존재론적으로 놓으려고 하는 것이다.

타인들에게 서로 관계하는 존재양상은, 존재론적으로 객체적 사물에 관계하는 존재양상과는 분명 다르다. 그 '상대가 되는' 존재자는 현존재라는 존재양상을 띤다. 그렇다면 타인들과 함께 있는 존재, 타인들과 관계하는 존재 안에는, 어떤 의미에서 현존재가 스스로 현존재와 관계하는 존재관계가 포함된다. 하지만 이러한 관계는 본래 자기에 대해 존재이해를 가지고 있으며 그런 이유에서 현존재에 관계하고 있기 때문에, 사람들은 이 점을 지적하면서, 앞서 논술한 존재관계도 실은 이미 각각의 고유한 현존재에게 구성적인 존재관계나 다름없다고 말하는 것이다. 이렇게 되면 타인들에 대한 존재관계란, 자기 자신에게 관계하는 각각의 자기존재를 '또 다른 타인 안에' 투사하는 것이 된다. 그러므로 타인은 자기의 복제이다.

이 논지는 너무나도 당연해 보이지만, 그 기반은 너무나 약하다는 사실을 쉽게 알 수 있다. 이 논의에서는 현존재의 자기 자신에 대한 존재가 어떤 타인에 대해 존재한다는 것을 전제로 한다. 하지만 이 전제는 합당하지 않다. 이 전제가 정당하다는 것이 증명되고 판명되지 않는 한, 그것으로 현존재의 자기 자신에 대한 관계를 어떻게 타인으로서의 타인에게 열어 보일 것인가는 어디까지나 수수께끼로 남는다.

타인에 대한 자기존재는 하나의 독자적이며 환원 불가능한 존재관련일 뿐아니라, 그것은 공동존재로서 이미 현존재의 존재와 함께 존재한다. 하지만 공동존재에 근거해 교제하는 서로에 대해 얼마나 알고 있는가는, 각자의 현존재가 그때마다 자기 자신을 어느 정도 이해하고 있는가에 달려 있는 경우가 많다. 그러나 이것은 현존재가 타인들과 본질적으로 공동존재함을 어느 정도까지 투시했는지, 또는 왜곡하지 않았는지 하는 것에 지나지 않으며, 이것은 현존재가 세계-내-존재로서 언제나 이미 타인들과 함께 존재하고 있다는 데서만 가능하다. 공동존재는 '감정이입'으로 구성되는 것이 아니라, 오히려 '감정이입'이 공동존재를 근거로 해야 비로소 가능하다. 그리고 공동존재의 결여적인 상태들이 우세할 때 감정이입의 불가피함이 동기부여를 받는 것이다.

일반적 인식이 그렇듯이 '감정이입'도 결코 근원적인 실존론적 현상이 아니다. 그렇다고 '감정이입'에 아무런 문제가 없다는 것은 아니다. 감정이입의 특수한 해석학은, 현존재 자체의 다양한 존재양태가 상호 공동존재와 거기에서 이루어지는 서로 알게 됨을 잘못된 쪽으로 이끌거나 쓸데없는 이유로 그것을 보지 못한 결과, 진정한 '이해'가 억압당하고 현존재가 대용품으로 도피처를 찾게 된다. '감정이입'의 주제로 특화한 해석학에서는 그 경위가 명확하게 드러나야 한다. 또한 타인을 제대로 이해하기 위해서는 그 가능성의 조건으로서 어떤 적극적이고 실존론적 조건이 전제가 되어야 하는지를 나타내야 할 것이다. 지금까지의 분석에서는 공동존재는 세계—내—존재의 실존론적인 구성계기임을 명확히 했다. 공동현존재는 세계내부에서 만나는 존재자의 고유한 존재양상임을 알게 되었다. 현존재의 존재가 존재하는 한, 상호존재라는 존재양식을 갖추게 된다. 이 존재양식은 여러 '주체들'이 그 자리에 있는 종합적 결과로는 파악할 수 없다. 일정 수의 '주체'들을 눈여겨보는 것도, 실은 오직 공동현존재에서 만나게 되는 다른 사람들이 순전히 '수'로서 취급되어야만 가능해진다. 이렇게 '고려라고는 없는' 공동존재는 타인을 '계산에 넣지'만, 실제로는 그들을 '믿지 않거나' 그들과 진지하게 관계하려고 하지 않는다.

각자의 현존재도, 타인의 공동현존재도 우선은 대부분 환경 안에서 배려되고 있는 공동세계 안에서 만나게 된다. 그러나 현존재는 이렇게 배려된 세계에 녹아들어 가는 존재가 아니다. 다시 말해서 다른 사람들과의 공동존재에 녹아들어 가는 자신이 아니다. 그렇다면 일상적 상호 공동존재로서의 존재를 맡고 있는 것은 도대체 누구인가?

27 일상적 자기존재와 세상사람

앞에서 논술한 공동존재의 분석으로 얻게 된 성과 가운데 존재론적으로 중요한 점은, 각자의 현존재와 타인들과의 '주체적 성격'은 실존론적으로 규정되어야 한다는 것, 바로 일정한 존재양식을 근거로 규정되어야 한다는 통찰이다. 환경 안에서 배려될 때 타인은 있는 그대로의 모습으로 나타난다. 타인은 그들이 종사하고 있는 바로 그 존재로 존재한다.

타인과 함께, 타인들을 위해, 그리고 타인들과 채택한 일에 관계하는 배려 안에는, 타인과의 차별에 관한 염려가 깔려 있다. 그것은 그들에 대한 차별을 메우고 싶다는 배려이기도 하고, 또한 타인들에게 뒤떨어지고 있는 자기의 현존재를, 그 타인들과 균형이 맞을 때까지 끌어올리기 위한 배려이기도 하며, 현존재가 우월함 속에서 타인들을 억누르려는 목적으로 하는 배려일 수도 있다. 상호 공동존재는 스스로 그 배려라고 깨닫지 못하고 이러한 거리에 대한 염려로 불안해 하고 있다. 실존론적으로 표현하면 그것은 거리를 측정한다는 성격을 갖는다. 이러한 존재양식은 일상적인 현존재 자신에게는 눈에 띄지 않지만 실은 그만큼 집요하고 강력하게 작용하고 있다.

공동존재에게 이처럼 자신과 타인과의 거리를 측정하는 마음가짐이 포함되어 있는 것은 바로, 현존재는 일상적 상호존재로서 타인의 통치 아래 있음을 의미한다. 현존재가 스스로 존재하고 있는 것이 아니라, 타인들이 그 현존재로부터 존재(외면적·일상적 존재)를 빼앗아 버렸다는 것이다. 타인들의 의향에 따라 현존재에게 가능한 여러 일상적 존재양식이 좌우된다. 이때 '타인'이란 특정한 타인이 아니며, 오히려 타인이라면 누구라도 타인 일반을 대표해도 상관없다. 중요한 것은 공동존재로서의 현존재가 자기도 모르게 받아들이게 되는, 눈에 띄지 않는 타인의 지배라는 것이다. 누구나 모두 타인에게 속해 있으며 그들의 지배력을 강화한다. 그래도 사람은 자기가 본질적으로 그 타인에게 속해 있다는 사실을 숨기기 위해 '타인'이라고 말하지만, 그 타인이란 사실 일상적인 상호 공동존재에게 우선 대개 '거기에 있는' 사람들이다. 일상적인 현존재가 '누구인가'는 이 사람도 저 사람도 아니고, 자신도 몇몇 사람도 아니며, 모든 사람들의 총계도 아니다. 그 '누구인가'는 특별히 누구라고도 할 수 없는 중성적인(불특정의) 것, 바로 세상사람—세인(世人)이다.

우리가 앞서 보인 것처럼, 가장 친근한 환경세계 안에서는 언제나 이미 공공적 '환경세계'가 도구적으로 존재하며 배려되고 있다. 공공의 교통기관이나 보도기관(신문)을 이용할 때 타인은 모두 같은 타인이다. 이러한 상호 공동존재는 각자의 현존재를 '타인'의 중성적 존재양식 안으로 완전히 녹아들게 하며, '타인들'의 차이나 명확한 구별은 한층 더 소멸된다. 그리고 이 눈에 띄지 않음과 규명의 어려움 속에서 세상사람은 자신의 본격적인 독재권을 발휘한다. 우리는 남들이 하듯이 향락을 즐기고 오락을 찾으며, 남들이 하듯이 문학이나 예술을 읽고 감상하고 비평하고, 그리고 남들이 하듯이 '대중'으로부터 등을 돌리기도 하고 남들이 격분하는 것에도 역시 격분한다. 이 '세상사람'은 특정한 사람도 아니고 총계로서의 의미도 아닌, 모든 사람이다. 이 세상사람이 일상성의 존재양식을 지정해주고 있다.

'세상사람'은 나름의 고유한 존재양식을 갖는다. 앞에서 타인과의 거리를 측정하려는 경향이 있다고 했는데, 이러한 공동존재의 경향은 상호 공동존재가 본래 평균성을 배려하고 있다는 것에 근거를 둔다. 이 평균성은 세상사람에게 있는 실존론적인 성격의 하나이다. 세상사람은 그 존재에서 본질적인 이 평균성에 관심을 기울인다. 그런 까닭에 세상사람은 사실상 평균성 안에 살고, 그 집요하고 강력한 평균적 입장에서 그때마다 뭔가 타당한 대상을 정하고, 모든 평균적인 경향을 시인하고 호평하며 그렇지 않은 것은 잘못된 것으로서 거부한다. 이 평균성은 허락된 기획의 가능 범위를 미리 지도한다. 어떠한 예외도 머리를 들지 못하도록 감시한다. 그래서 아무리 고귀한 진가를 가진 것이라도 소리 하나 내지 못하고 억눌리게 된다. 이 평균성으로 인해, 모든 독창적인 것은 하룻밤 사이에 오래전부터 알고 있었던 것이 된다. 고군분투하여 얻게 된 것도 모두 흔한 것이 되고, 모든 신비스러움은 그 영험한 힘을 잃어버린다. 이로써 이 평균성의 배려는 또 다른 하나의 현존재의 본질적인 경향을 드러낸다. 그것을 이름하여 모든 존재가능성의 균등화라고 부른다.

　현격성, 평균성, 균등화는 세상사람의 존재양상으로서 이미 '공공성'으로 알려져 있는 것을 구성한다. 이 공공성은 세계와 현존재의 모든 해석을 우선 규제하고, 모든 것에서 권한을 가진다. 더구나 이렇게 공공화의 권한을 쥔 그러한 성격들은, 사물에 대한 각별하고 일차적인 존재관계에 근거하는 것도 아니고, 또는 현존재에 관해 미리 체득한 통찰이 뒷받침되어 있는 것도 아니다. 그것은 오히려 그때그때의 '사태에' 일일이 관여하지 않는 근거로 인해, 공공성의 수준과 진가의 구별에 무감각하기 때문에 그러하다. 공공성은 모든 것을 흐리게 하고서야, 이렇게 은폐된 것을 잘 알려진 것으로서 모두에게 접근 가능한 것으로 내어준다.

　'세상사람'은 어디에나 존재하지만 현존재가 결단을 촉구할 때에는 가장 먼저 모습을 감추어 버린다. 하지만 '세상사람'은 여전히 모든 판단과 결단을 이미 지시하고 있기 때문에, 그때마다의 현존재로부터 책임을 덜어준다. 세상사람은 '사람들'이 끊임없이 자신을 증인으로 끌어내는 일을 태연하게 감당한다. 세상사람은 참으로 손쉽게 모든 일의 책임을 질 수 있다. 왜냐하면 아무도 어떤 일을 개인적으로 책임질 필요가 없기 때문이다. 나중에는 누구나 한목소리로 그것은 세상사람이 한 짓이라고 말하지만, 또한 그 짓을 한 것은 누구 탓도 아니라고도 말할 수 있다. 현존재의 일상성에 있어서 대부분의 일들은, 나중에 보면 누구 탓도 아니었다고 말할 수밖에 없는 일로 말미암아 일어나게 된다.

이렇게 '세상사람'은 그 일상성에 있어서 그때마다의 현존재의 부담을 가볍게 덜어준다. 그뿐만이 아니다. 현존재에게는 모든 것을 가볍게 보는, 그리고 가볍게 보려는 경향이 있기 때문에, 존재부담을 가볍게 덜어주는 '세상사람'을 현존재는 환영한다. 그리고 세상사람이 부담을 가볍게 덜어주는 것으로 그때마다 현존재의 생각에 끊임없이 부합함으로써, 그 근성 강한 지배력을 유지하고 견고히 할 수 있는 것이다.

모두가 타인이며, 어느 누구이든 자기 자신이 아니다. 일상적 현존재란 누구인가라는 물음에 대한 대답은, '세상사람'이라 대답하고, 이 '세상사람'은 특정한 그 누구도 아니다. 모든 현존재가 서로 간에 존재하며, 그 누구도 아닌 자에게 이미 자기를 건네주고 있다.

이상에서 우리는 일상적인 사교생활의 존재성격인 거리를 측정하는 것, 평범하다는 평균성, 균등화, 공공성, 존재부담의 경감, 환영과 같이 일상적으로 서로 간에 존재하는 양상을 다루었다. 현존재는 이러한 형태를 지속해 오고 있다. 이 지속성이란 뭔가 객체적인 것이 계속 눈앞에 존재하고 있다는 말이 아니라, 공동존재로서의 현존재의 존재양식과 상관이 있다. 언급된 이러한 상태 속에서 존재할 때, 고유한 현존재의 자기와 타인의 자기는 자기 자신을 아직 발견하지 못했거나 아니면 이미 잃어버렸다. 세상사람은 비자립성과 비본래성의 (희미한) 양상으로 존재한다. 이 존재양식은 현존재의 사실성이 감소함을 의미하는 것은 아니다. 세상사람은 아무도 아닌 자이지만, 동시에 무(無)가 아닌 상태나 다름없다. 오히려 만약 '실재성'을 현존재 고유의 존재로 이해한다면, 이러한 존재양식에서 현존재는 그 실재성이 가장 충실한 존재자가 된다.

그렇지만 일반적으로 현존재가 그렇듯이, 세상사람도 객체적으로 존재하는 것은 아니다. 세상사람이 노골적으로 행동하면 할수록 그것은 차츰 파악하기 힘들어지며 더욱 은밀한 존재가 된다. 동시에 그렇다고 무(無)가 되는 것은 아니다. 아무 선입견이 없는 존재적, 존재론적인 눈으로 '보면' 그것은 일상성의 가장 '실존적인 주체'라는 사실이 분명해진다. 그리고 눈앞에 있는 돌처럼 우리가 그것을 향해 접근할 수 없다고 해도, 이것은 그 돌의 존재양식에 관한 어떤 결정을 내려서가 아니다. 우리는 그 돌을 무(無)라고 속단해서는 안 되며, 또한 몇 가지 주체가 집합적으로 존재함으로써 생기는 합성적 결과로서 그것을 '설명'하거나 이 현상이 존재론적으로 해석되었다는 견해를 따라서도 안 된다. 오히려 그 반대로, 거부할 수 없는 현상에 맞게 여러 가지 존재개념을 개발해야 한다.

세상사람이란 몇몇 주체 위에서 떠다니고 있는 '일반적 주체' 같은 것도 아니다. 이러한 견해가 생기는 까닭은, 개개의 '주체'의 존재를 현존재에 맞게 이해하지 못하고, 자연계에 존재하고 있는 유개념(類槪念)의 사실적 존재에 대한 사례로서 설정하기 때문이다. 그러면 존재론적으로는 개개의 사례가 아닌 모든 종개념과 유개념으로서 이해할 가능성만 남게 된다. '세상사람'은 각각의 현존재를 포섭하는 유개념이 아니며, 또한 존재자에게 보이는 지속적인 특성도 없다. 이러한 현상에 맞닥뜨리게 되면 전통적 윤리학도 도움이 되지 않는다. 그것은 이 윤리학의 기초가 아직 조잡한 객체 존재자의 존재론에 있다는 점을 고려한다면 이상할 것도 없다. 그런 이유로, 이 논리학에 아무리 많은 개선과 확장을 덧붙여도 원칙적으로는 더 이상 유연하게 할 수 없다. 이른바 '정신과학적' 방향에서 이루어진 이들 논리학 개혁운동은 존재론적인 혼란에 박차를 가할 뿐이다.

중성적 세상사람이란 하나의 실존범주이며 근원적 현상으로서, 현존재의 적극적인 체제를 구성하는 계기이다. 그리고 이 현상은 현존재에 맞게 구체화된 다양한 가능성들을 지닌다. 그리고 그 지배의 침투력과 현저함은 역사적으로 변하기도 한다.

일상적 현존재인 자기는 '세상사람'적 자기이기 때문에, 우리는 이것을 본래적 자기, 즉 스스로 선택당한 자기로부터 구별한다. 불특정 세상사람적 자기로서 그때마다의 현존재는 이미 세상사람 안에 흩어져 있으므로 특별히 찾아내야만 한다. 이 흩어져 있음으로 인해, 우리가 우선 만나게 되는 세계 속에 배려적으로 녹아들어 있는 그러한 존재양식의 '주체'가 성격 지어진다. 현존재가 불특정 세상사람적 자기로서의 현존재 자신에게 친숙하다고 한다면, 그것은 동시에 세상사람이 세계와 세계−내−존재에 관한 우선적 해석의 밑그림을 그린다는 의미이다. 현존재가 목적으로 삼고 일상적으로 존재하는 세상사람적 자기가 유의의성의 지시연관을 분류 및 파악하고 있다. 현존재의 세계는 그때마다 만나게 되는 존재자를 '세상사람'에게 익숙한 취향 전체성으로 향하게 하며,

세상사람이라는 평균성과 더불어 확정된 한계 내부에서 해방하는 것이다. 우선 사실적 현존재는 평균적인 형태로 발견되고 있는 공동세계 안에 존재한다. 우선 '존재한다'는 말은 자기 고유의 자기라는 의미에서의 '자기'가 아니라, '세상사람'이라는 존재양식으로 존재하는 타인을 의미한다. 나라는 존재는 우선 그들로부터, 또한 그들로서 나에게 '주어진다.' 현존재는 우선 세상사람이며, 그리고 대개는 세상사람으로 그친다. 현존재가 세계를 자기 눈으로 발견하고 판단하고, 또한 현존재가 자기 본래적 존재를 자기 자신에게 열어 보이려 할 때에는, 이렇게 '세계'를 발견하고 현존재가 스스로에게 열어 보이려면, 현존재가 자기를 자기 스스로 걸어 잠그기 위해 이용한 다양한 은폐와 장막을 걷어내고, 여러 왜곡을 타파해야만 한다.

그들 안에서의 공동존재와 자기존재를 해석해 봄으로써, 우리는 여기에서 상호 공동존재 일상성의 '누구인가'라는 물음에 답할 수 있게 된다. 이들 고찰은 그와 함께 현존재의 근본적 구성의 구체적 이해를 가져다주었다. 세계-내-존재는 그 일상성과 평균성으로 분명해졌다.

일상적 현존재는, 자기존재의 전(前) 존재론적 해석을 우선 세상사람에게 가까운 존재양상에서 찾는다. 존재론적 해석은 우선 이 해석경향에 따라 현존재를 세계 쪽에서 이해하고, 그것을 하나의 세계내부적 존재자로서 재발견하게 된다. 그뿐 아니라 이들 존재적인 '주체'가 이해되는 존재의 의미도, 현존재의 '가장 친근한' 존재론은 '세계'가 이끄는 지시에 따라 받아들인다. 이러한, 세계에 대해 몰입하는 방법을 세계현상 자체는 그냥 지나치게 되지만, 그 대신에 세계내부적인 객체적 사물, 즉 사물이 현존하게 되므로 이것을 참조할 수 있게 된다. 그래서 거기에 함께 있는 존재자의 존재(공동현존재)는, 단순한 객체적 존재로서 파악된다. 그렇게 생각하면 친근하고 일상적인 세계-내-존재의 적극적 현상을 제시하는 방법에 의해, 이 존재구성의 존재적 해석이 끊임없이 빗나가게 되는 근원을 간파하는 일도 가능해지는 것이다. 세계-내-존재라는 이 존재 체제를 파악하지 못하고 그것을 은폐하고 있는 것은, 실은 스스로의 일상적인 존재양상에 안주하는 이 존재 체제 자신이다.

하지만 얼핏 존재론적으로는 단순한 객체적 존재와 가까운 듯 보이는 일상적 상호 공동존재조차, 이미 눈앞에 있는 객체성과 원칙적으로 다른 형상이라고 한다면, 본래적 자기존재는 더욱더 눈앞에 있는 객체성으로서는 파악할 수 없을 것이다. 본래적인 자기존재란 세상사람으로부터 벗어난 주체의 예외적 상태에 머무는 것이 아니라, 하나의 본질적인 실존범주로서의 '세상사람'을 실존적으로 변용하는 것이다.

그렇다면 본래적으로 실존하는 자기의 자기 동일성은, 다양한 체험 속에서 존속하는 자아의 동일성과는 완전히 다른 것이며, 양자는 하나의 단층에 의해 단절된 것이다.

28 내-존재의 주제적 분석 과제

현존재의 실존론적 분석론은, 예비적 단계에서는 세계-내-존재로서의 이 존재자의 근본기구를 주도적인 주제로 삼고 있다. 이 분석론이 지향하는 가장 가까운 목표는, 현존재의 존재의 통일적이며 근원적인 구조를 현상적으로 돋보이게 하려는 것인데, 그러한 구조에 의거해 현존재의 모든 가능성과 '존재하는 방식'이 존재론적으로 규정된다. 세계-내-존재를 현상적으로 규정짓기 위해서 이제까지 지향해 온 것은 세계의 구조계기와, 현존재라는 이 존재자는 일상성에 있어서 누구인가, 하는 물음에 대한 해답이었다. 그러나 이미 현존재의 예비적 기초적 분석의 여러 과제를 맨 처음 특색 지었을 때, '내-존재 자체'에 대한 하나의 방향규정이 전제되어 있고,[1] 더구나 그 방향규정은 세계인식이라는 구체적인 양식에 의해 그것을 검증했다.[2]

이러한 함축된 구조계기를 앞질러서 논의한 의도는, 처음부터 개개의 구조계기에 대한 분석을, 거기에 일관된 전체적 구조에 의해 예비적 시야 안에 끌어넣음으로써 통일적 현상의 파열과 분열을 모두 막는다는 것이었다. 이제 우리가 해야 할 긴요한 일이 있다면, 그것은 세계 및 '누구인가'에 대해 구체적인 분석을 해서 획득한 사실들을 보호하면서 그 철학적 해석을 내-존재라는 현상으로 이끌어 가는 데 있다. 더욱이 내-존재라는 현상을 한층 철저하게 고찰해서 새로이, 또 이제보다 더욱 안전하게 세계-내-존재의 구조 전체성을 미리 현상학적 시점에서 정확하고 자세히 조사하고 싶을 뿐만 아니라, 현존재 자체의 근원적 존재인 관심의 경향을 포착하는 길도 개척해야 한다.

---

1) 본서 제12절 참조.
2) 본서 제13절 참조.

그러나 세계 근원에 있으며 그것과 관련된 존재(배려), 공동존재(고려) 및 자기존재('누구인가')의 본질적인 여러 관계를 초월해서 과연 그 무엇이 세계-내-존재에 의해 제시될 수 있을까? 고작해야 배려와 살펴보기, 고려와 뒤돌아보기, 이러한 사물의 여러 변종의 성격규정을 더욱 날카롭게 규명함으로써, 현존재와 현존재라고 하기에 합당치 않은 존재자를 대조시켜 보면 세계 속의 그 존재들이 '누구인가'가 밝혀질지도 모르겠다. 이러한 방향에는 의심할 바 없이 아직 미지의 과제가 남아 있다. 이제까지 밝힌 것은 철학적 인간학의 실존론적인 선험적 원리(아프리오리)를 철저하게 정리해 마무리한 것이라는 점에서 실마리를 얻는다면, 여러 가지로 보충할 것이 있다. 그러나 그러한 것은 지금의 조사 연구에서 목표하는 바가 아니다. 그 의도는 어디까지나 기초적 존재론과 연관된 것이다. 그렇다면 내-존재를 주제적으로 따져 물을 때에, 우리는 이 현상의 근원성을 다른 여러 현상으로부터 이끌어 냄으로써, 곧 해체를 의미하는 적절하지 못한 분석으로 이 현상의 근원성을 괴멸시킬 수는 없다. 그러나 근원적인 사물을 연역해 낼 수 없다고 해서, 그 사물을 위한 구성적인 몇몇 존재성격의 다양성이 배제되지는 않는다. 어떤 근원적 사항을 구성하는 존재성격이 다양성을 나타낼 때, 그것은 실존론적으로 똑같이 근원적이다. 구성적인 여러 요소의 '동일근원성'이라는 현상은 기존의 존재론에서는 때때로 하찮게 여겨져 왔는데, 그 까닭은 온갖 사물들이 하나의 단순한 '근본원인'에서 유래한다고 이끌어 내려 한 방법적으로 무절제한 경향에 따랐기 때문이다.

　내-존재 자체의 성격을 현상적으로 규정짓기 위해서는 어떤 방향에서 보아야 할까? 그 대답은 내-존재의 현상을 시사할 때, 현상학적으로 시선(視線)에 맡겨진 대로 생각해야 한다. 즉 내-존재란 어떤 사물적 존재자가 다른 사물적 존재자 '안'에 사물적으로 존재하고 있다는 의미에서의 내측에 있는 것과는 다르다는 점, 이 점을 떠올리면 된다. 내-존재란 '세계'의 사물적 존재에 의해 끌려나올 수 있는, 또는 끌려나오기만이라도 하는, 그렇게 사물적으로 존재하는 어떤 주관의 성질이 아니라, 오히려 주관이라는 이 존재자 자신의 본질적 존재양식임을 잊어서는 안 된다. 그렇다면 내-존재라는 이 현상이란, 사물적으로 존재하는 어떤 주관과 객관 사이에서 사물적으로밖에 교류할 수 없는가? 이러한 해석이 주장하는 바가 '현존재'란 바로 이 '사이'의 존재라 한다면, 현상적인 실상에 더욱더 접근해 있을지도 모른다. 그럼에도 이 '사이'를 기본으로 삼는 것은 잘못된 생각이다. 이 '사이' 그 자체가 존재자 사이에 '존재'한다고 생각하지만, 그 존재자에 대해 존재론적으로 애매한 채로 두고 있는 발상에 아무 검토도 하지 않고 편승해 있기 때문이다. 이 '사이'는 두 객체적 존재자의 만남의 결과로 해석한다. 이처럼 객체적 존재자를 미리 상정하는 발상은 이미 중요한 현상을 파열해 버리므로 그때마다 파열된 단편으로부터 다시 현상을 조립할 가망은 없다. '접합제(接合劑)'가 없을 뿐 아니라, 접합할 표준이 될 '도식'이 날아갔거나, 또는 다시 모습을 나타내지 않기 때문이다. 존재론의 관점에서 결정적으로 중요한 점은 적극적인 현상적 실상을 보전해 두는 것이다. 그를 위해 상당히 귀찮은 절차를 밟을 필요가 있다. 존재적으로 뻔한 사실도 '인식 문제'의 전승적(傳承的)인 취급방법에서는 위장되는 바람에, 존재론적으로 거듭거듭 왜곡되어 마침내는 알아볼 수 없을 정도가 되어 있을 수 있기 때문이다.

본질상 세계-내-존재에 의해 구성된 존재자는, 그때마다 자신의 '현(現, Da)'으로 (거기에 현으로 나타나) 있다. 친숙한 말뜻으로 보면 '현(Da)으로'는 '거기'와 '여기'를 동시에 가리킨다. '여기의 나'라고 할 때의 '여기'란 '거기', 거리를 제거하면서 존재한다는 뜻으로, 하나의 객체의 '거기'로서 이해되고 있다. 현존재의 실존론적 공간성은 현존재에게 그 '장소'를 규정하고 있는데, 현존재의 이 같은 실존론적 공간성은 그 자체로 세계-내-존재에 근거를 두고 있다. '저기'란 세계내부에서 만나게 되는 사물의 특성이다. '여기'와 '저기'는 어떤 '현(現, Da, 거기에 존재)'에 있어서만 가능하다. 바꾸어 말하면 '거기에' 있는 존재양식으로 공간성을 이미 공개한 어떤 존재자가 존재해 있을 때에만 가능하다. 이러한 존재자는 자신의 가장 고유한 존재 속에 '폐쇄되어 있지 않다'는 성격을 지니고 있다. '거기에'라는 표현은, 이처럼 본질상으로 열어 보여 공개하는 성질을 가리킨다. 이 성질에 의해 현존재라는 이 존재자는 세계의 거기에서 존재와 하나가 되어 그 자신에 대해 '현재 거기에' 존재하는 것이다.

인간 안의 '자연의 빛'이라는 존재적 비유는, 존재 자체의 '현'이라는 존재방식에 의해 '존재하고 있다'는, 바로 이 존재자의 실존론적=존재론적인 구조 그것을 의미한다. 이 존재자가 '조명(照明)된다'는 것은 자기 자신에 의거해서 세계—내—존재로서 밝게 비추어 준다는, 즉 다른 존재자에 의해 상호관계적으로 비추어진다는 말이 아니라 자기 자신이 스스로 밝음이라는 그런 의미로 비추어진다는 의미이다. 실존론적으로 그렇게 밝게 비춰지고 있는 존재에게만, 사물적 존재라는 눈앞에 보이는 빛 속에서 접근할 수 있으며 또 어둠 속에서 그 존재는 은폐된 채 존재하는 것이다. 현존재는 자신의 '현'을 처음부터 가지고 있다. 그런 '현'을 가지지 못할 경우, 현존재는 현실적으로 그러한 본질을 가지는 존재자가 아닐 뿐만 아니라, 애초부터 그런 본질을 지닌 존재가 아니다. 현존재는 현존재 스스로의 개시성이다.

개시성이라는 이러한 존재의 구성이 밝혀져야 하는 것이다. 본래 이 존재자의 본질이 실존인 이상, '현존재는 현존재 자신의 개시성이다'라는 실존론적인 명제는, 동시에 이 존재자 스스로의 존재에게 향해 가는 바, 바로 그 존재가 자신의 '거기에' 있는 존재임을 의미한다. 열어 밝힘이란 존재의 일차적 구성을 특징짓는 일 말고도, 분석의 진행에 따라 이 존재자가 '거기에'로서 '일상적으로' 자신의 '존재'인, 그 같은 존재양식에 대한 해석이 필요해진다.

내—존재 그 자체의 설명, 다시 말하면 '거기에'의 존재에 대한 설명을 맡은 이 장(章)은 다음의 두 부분으로 나누어진다.

A. 현(現)의 실존론적 구성

B. 현(現)의 일상적 존재와 현존재의 퇴락(사물적이 아닌, 이론적·사유적 존재의 미로의 퇴락)

'거기에(존재)'라는 것을 구성하는 두 가지 동등한 근원적 구성양식을 우리는 '심경(心境, Befindlichkeit)'과 '이해(理解, Verstehen)'에서 볼 수 있다. 이들 두 가지 구성계기의 분석을 현상적으로 뒷받침하기 위해 하나씩 구체적인 양상을 해석하는데, 그러한 양상은 이 뒤에 이어지는 문제구성에서도 모두 중요하다. 심경과 이해란 동일근원적으로 '이야기'에 의해 규정된다.

따라서 A '현(Da, 거기에)의 실존론적 구성'에서 논의되는 것은 다음과 같은 사항이다.

심경으로서의 현—존재(제29절).

심경의 한 양태로서의 공포(제30절).

이해로서의 현—존재(제31절).

이해와 해석(제32절).

해석의 파생적 양태로서의 진술(제33절).

현-존재와 이야기. 언어(제34절).

현-존재라는 여러 가지 존재의 성격분석은 실존론적인 분석이다. 이것은 그러한 성격 객체적 존재자의 특성이 아니고, 본질적으로 실존론적인 존재 양태임을 의미한다. 따라서 일상성에 있어서의 그러한 존재양식이 밝혀져야 하는 것이다.

B '현(Da)의 일상적 존재와 현존재의 퇴락'에서는 구성적인 현상으로서의 이야기, 이해 속에 함유되어 있는 견해에 대응해서, 또 이해에 귀속하는 해석에 대응해서, '현(Da, 거기에)'의 일상적(공간적) 존재가 취하는 세 가지 실존론적인 양태로서 다음 사항이 분석된다.

빈말 또는 잡담(제35절).

호기심(제36절).

애매함(제37절).

이들 세 가지 현상에 의거해서 '현'존재의 하나의 근본양식을 우리는 퇴락(퇴락적 존재)이라 해석한다. 이 퇴락에 함유된 '떨어짐(落)'은 실존론적으로 고유의 동적 성격을 나타내고 있으며, 여기서는 별개의 항목을 하나 만들었다.

퇴락(제38절).

A. 현(現)의 실존론적 구성

29 심경으로서의 현-존재

우리가 '존재론적으로' 심경이라는 명칭에서 시사하는 바는 '존재적으로는' 가장 익히 알며 가장 일상적인 것, 즉 기분이라든가 그날의 상태 같은 것으로 규정되어 있는 것이다. 기분에 대한 모든 심리학적 연구는 아직도 완전히 미개척 상태이지만, 기분이라는 이 현상을 기초적인 (일상생활의) 실존범주로서 파악하고, 그 구조의 윤곽을 그려볼 필요가 있다.

일상적인 배려에는 아무 이유 없이 마음이 평안하고 고요할 때도 있고, 우울해서 기분이 가라앉을 때도 있다. 혹은 평안하고 고요함에서 불쾌감으로,

불쾌감에서 평안하고 고요함으로 바뀌거나 기분이 들뜨다 착 가라앉아 버리기도 한다. 이러한 현상이 현존재 안에서도 아주 하찮은 것으로 여겨져 전혀 주목받은 적이 없다 하더라도, 존재론적으로 아무 의미도 없는 것이 아니다. 기분을 망쳤다든지, 갑자기 기분 전환했다든지 하는 것은 현존재가 그때그때마다 이미 언제나 기분적으로 그렇게 되어 있다는 사실을 엄연히 표시하고 있을 뿐이다. 단조롭고 지루하며 아무것도 하고 싶지 않다는 기분이 길게 이어질 때가 있다. 이것을 상태가 나쁜 것과 혼동되면 안 된다. 이러한 지루함은 아무것도 아닌 것이 아니라 도리어 그 안에서 현존재가 자기 자신에게 싫증을 내고 있는 것이다. 존재가 짐이 되어 겉으로 드러난 것이다. 그것이 무엇 때문인지 사람들은 알지 못한다. 또 현존재는 그런 까닭을 알 수도 없다. 왜냐하면 이러한 기분 속에서 현존재가 '거기에'로서의 자기 존재에 맞닥뜨리게 되는데, 이러한 기분이 근원적으로 열어 보이는 작용인 데 대해, 인식에 의한 열어 보임의 가능성이 미치는 범위는 그보다 훨씬 좁고 도저히 상대할 수 없기 때문이다. 그리고 고양된 기분은 존재의 무거운 짐으로부터 해방되는 수가 있다. 이 같은 기분의 양태 또한 해방될 수 있다 하더라도 짐을 지고 있다는 현존재의 성격을 여전히 열어 보이고 있다. 기분에 따라 '오늘은 어떤 상태에 있는가, 또 어떤 상태가 되는가'를 드러낸다. 오늘은 어떤 상태인가 하는 형태에서 기분에 의한 조율이 있다는 점이 존재를 그 '거기에' 속으로 끌어들인다.

기분에 의한 조율 속에서 현존재는 늘 이미 자기가 실존하면서 존재해야 할 존재로서 스스로 거기에 인도되었으며, 그러한 존재자임을 언제나 기분적으로 열어 보이고 있다. '열어 보이고 있다'는 것은 그 자체로 인식된다는 말은 아니다. 그뿐만 아니라 가장 무관심하며 가장 무해한 일상성에 있어서 바로 현존재의 존재는, 적나라한 '나는 존재한다, 존재해야 한다'는 사실로서 열릴 수가 있다. 순전한 '나는 존재한다'는 사실만 모습을 나타내며, 그것이 어디로부터 유래하며 어디로 귀속하는가는 여전히 어둠에 싸여 분명치 못한 채 있다. 현존재가 마찬가지로, 일상적으로 이러한 여러 가지 기분에 '귀속되는' 일이 없다는 것, 다시 말해 그러한 기분을 열어 보이는 일을 추종하지 않는다는 사실, 또한 열어 보여진 것에 직면할 생각이 없다는 점, 이것은 '거기에'의 존재가 기분에 따라 '……이 존재한다'는 드러난 사실로서 열어 보여진 존재라는 현상적 사태를 부정하는 것이 아니다. 도리어 그것을 증명하는 하나의 증거이다. 현존재는 기분 속에서 열어 보여지는 존재를 대개는 존재적·실존적으로는 회피하고 있다. 이 사실이 존재론적·실존론적으로 의미하는 바는, 그 같은 기분이 마음 쓰지 않는 '거기에' 현존재가 맡겨져 있음을 뜻한다. 회피하고 있다는 자체에 있어서 '거기에' 열어 보여진 '거기에'로 존재한다.

이상과 같이 현존재는 자신이 '어디로부터' 유래했으며 '어디로' 귀속되는가 하는 점에서는 은폐되어 있으나, 그만큼 자기가 여기에 존재한다는 것에 대해 한층 선명하게 열어 보여진 존재성격을 띠게 된다. '나는 존재한다'고 하는 현존재의 존재성격을 우리는 이 존재자가 그의 '거기에'로 '내던져져 있다'고 부른다. 즉 그것은 현존재가 세계-내-존재로서 '현(Da, 거기에)' 존재한다고 할 그런 '피투성(被投性, 내던져짐)'이다. '피투성'이라는 표현은 맡겨진 일의 사실성을 뜻한다. 현존재의 심경(心境) 속에서 열어 보여진 '나는 존재한다. 존재해야 한다'의 '……이 존재한다'는, 존재론적=범주적으로 '눈앞에 있는 것'에 속하는 실제성을 나타내는 그 '사실'로서 '……이 존재한다'가 아니다. 사물적 존재성에 귀속해 있는 사실성은 바라보면서 확인함으로써만 손이 닿을 수 있는 것이다. 오히려 심경에 있어서 열어 보여진 '……이 존재한다'는 사실은 세계-내-존재라는 존재방식에 의해, '바로 그' 존재자의 실존론적 자기규정성으로 파악되어야 한다. 사실성이란 눈앞에 있는 사물의 '드러난 사실'이 사실로서 존재하는 존재양상이 아니다. 그것은 설령 우선은 배제되더라도 실존 속으로 도입되는 현존재의 하나의 존재성격이며, 실존 속에서 받아들이고 있는 존재성격이다. 사실성의 '……이 존재한다'는 직관이라는 것 속에서는 결코 발견되지 않는다.

현존재라는 성격을 지닌 존재자는 명시적이건 아니건, 신경을 쓰면 자기가 어떤 장소에 던져져 있음을 발견해 내는 형태로서의 심경이 자기의 '거기'에 존재한다. 심경(心境)에 있어서 현존재는 언제나 이미 신경을 쓰면 자기가 어떠한지를 찾아내는 자기 자신에게 직면해 있다. 자기가 눈앞에 있음을 지각함으로써 발견하는 것이 아니라, 어떤 기분으로 조율되어 자기가 일정한 심경에 있음을 발견하는 것이다. 자신의 존재에 맡겨진 존재자로서, 현존재는 자기를 언제나 이미 발견해 내지 않을 수 없다는 사실에 여전히 맡겨져 있다. 그것은 직접적인 탐구에 의한 발견이라기보다도 도망(逃亡)에 의해 찾아낸 발견이다. 기분은 '피투성(被投性, 세계 내에 던져져 존재함)'을 응시하는 형태로 그것을 열어 보이는 것이 아니라, 그것으로 다가가거나 돌아섬으로써 열어 보이는 것이다. 무거운 짐을 지고 있다는 현존재의 성격은 기분 속에서 드러난다. 대체로 기분은 그러한 현존재의 성격에 관심이 없으며, 고양된 기분 속에서 그 무거운 짐으로부터 벗어났을 때조차 조금도 관심을 두지 않는다. 그러나 이렇게 관심이 없고 관심을 두지 않는다 해도 그것은 어디까지나 심경이라는 존재방식에 있어서이다.

기분에 의해 열어 보인 것을, 기분으로 조율되고 있는 현존재가 그와 '동시에' (직접경험으로 전체적으로 파악하여) 인정하고, 내용적으로 알고, 게다가 믿는 것들과 함께 두려고 한다면, 기분이 무엇을 또 어떻게 열어 보이는가를 현상적으로 아예 오인하게 될 것이다. 이를테면 현존재가 신앙 속에서 자기 자신이 '어디로 귀속하는가'를 믿고 '확신'하며, 또 '어디로부터 왔느냐'를 알고 있다고 생각하여 기분이 현존재를 자기 현(現)의 '그것이 존재한다'는 사실에 맞닥뜨리게 하고, 자기 현(現)도 '그것이 존재한다'는 사실로서 현존재를 사정없이 의심하는 눈으로 바라볼 때, 이 현상적 사태 앞에서는 그러한 확신도 지식도 이미 소용이 없다. 순전히 '눈앞에 있는 것'에 대한 이론적 인식이 필연적으로 확실해야 함을 생각하면, 심경의 '분명함'을 저하시키려는 일은 실존론적=존재론적으로 보아 조금도 정당화할 수 없다. 그렇다고 해서 이 '심경이라는' 현상을 비합리적인 피난처로 추방하는 일, 곧 모든 현상의 '바로 그' 위조도 있어선 안 된다. 비합리주의는 합리주의의 반대로서 합리주의의 맹목 대상에 대해 곁눈질을 하면서 논의할 뿐인 것이다.

현존재란 사실적으로 지식이나 의지를 통해 기분을 지배할 수 있으며, 지배해야 하고, 지배하지 않으면 안 된다. 실존한다는 사실에 있어서는 어떤 가능적 의욕이나 인식이 우위를 의미할지도 모른다. 그렇다고 해서 기분이 현존재의 근원이 표출된 존재양식임을 존재론적으로 부정한다는 그런 과오에 떨어져서는 안 된다. 현존재는 모든 인식이나 의욕 이전에, 또 인식이나 의욕이 열어 보이는 범위를 훨씬 넘어서 자기 자신에게 열어 보여져 있기 때문이다. 그뿐만 아니라 우리가 기분을 지배한다고 하지만, 결코 아무런 기분 없이 기분을 지배하는 것이 아니라, 늘 반대의 기분에 의해 그것을 지배하고 있다. 이상에서 우리는 심경이 현존재를 그 피투성에서 열어 보이지만, 우선 대개는 피투성을 회피하고 그것에 등을 돌리는 형태로 열어 보인다는 것에서, 첫 번째로 심경의 존재론적인 본질성격을 얻을 수 있게 된다.

이 한 가지만 보더라도 신경을 쓰면 자기가 어떠하다는 것을 찾아내는 심경은, 어떤 심적 상태를 눈앞에서 발견해 낸다는 것과는 인연이 멀다. 심경이란 파악이나 천천히 방향을 바꾸어 자기 쪽을 돌아보게 하는 성격을 지닌 것이 아니라, 오히려 이러한 내재적 반성이 체험을 눈앞에서 발견해 내는 것도 '현(現)'이 심경에 있어서 이미 열려보여져 있기 때문이다. 어떠한 지견의 작용보다도 '단순한 기분' 쪽이 '현'을 한층 더 근원적으로 열어 보이지만, 또한 그에 따라서 어떤 무지각(無知覺)보다도 한층 더 집요하게 '현'을 은폐한다.

그것을 나타내는 것이 기분의 부진함이다. 이 상태일 때 현존재에게는 자기 자신이 보이지 않게 되고, 자기가 배려하는 환경세계도 은폐되며, 배려하여 둘러봄도 빗나가게 된다. 심경이란 대개 반성적이지 않으며, 자기가 배려하는 '세계'에 바로 아무 반성 없이 몸을 던져 몰두하는 사이에 불현듯 현존재를 습격한다. 기분이 습격해 온다. '바깥'에서 오는 것도 아니고, '안'에서 오는 것도 아니다. 세계-내-존재의 한 존재양태로서 세계-내-존재 그 자체에서 피어오른다. 따라서 우리는 심경에 대해 단순히 '내면'의 반성적인 파악과는 다르다 하여 부정적으로 구별할 뿐만 아니라, 그것이 갖추고 있는 개시 성격의 적극적인 통찰에 다가가게 된다. 기분은 이미 세계-내-존재를 전체적으로 열어놓고 있으며, 그렇게 해야 비로소 어떤 관심을 갖게 하는 태도도 생겨난다. 어떤 기분에 조율당하고 있을 때, 당장은 어떤 하나의 심적인 것과 관련되어 있지 않으며, 또 그 자체는 어떤 내면의 상태이므로 이상한 방식으로 바깥으로까지 도달해 있는 다양한 사물과 사람을 자기 색깔로 물들이지도 않는다. 여기에서 심경의 두 번째 본질성격이 모습을 드러낸다. 심경이란 세계와 공동현존재와 실존이 저마다 동등하게 근원적으로 열어 보이고 있는 실존론적인 근본양상인데, 이것은 그 자체가 본질적으로 세계-내-존재이기 때문이다.

지금까지 심경의 본질규정으로 피투성을 열어 보인다는 것, 그때마다 세계-내-존재 전체를 열어 보인다는 것 이 두 가지 규정을 다루어 왔는데, 그 외 또한 가지, 특히 세계의 세계성에 대해 더 개입해서 이해에 도움이 되는 세 번째 본질규정에 주목할 필요가 있다. 먼저 세계가 미리 열어 보이고 있으므로, 세계내부적 존재자가 드러나며 그와 만날 수 있다고 서술했다. 내-존재에는 세계가 이렇게 미리 열어 보이고 있음이 내포되어 있는데, 심경도 이 개시성을 구성하는 하나의 계기이다. 뭔가를 드러내 보이고 그것과 만나는 작용은 주로 환경세계를 둘러보는 것이며, 그저 단순하게 느끼거나 바라보는 것이 아니다. 그리고 지금 심경 쪽에서 보면 더욱 선명하게 보이는데, 둘러보면서 배려함으로써 뭔가를 만날 때 그곳에는 허를 찌르는 성격이 수반되고 있다. 도구가 도움이 되지 않아 불에 손을 데여 위험해짐으로써 허를 찔려 당황하는 일이 존재론적으로 가능해지는 것은, 오로지 내-존재 자체가 세계내부에 나타나 있음으로써 이런 식으로 작용하도록 미리 실존론적으로 규정되어 있기 때문이다. 이 작용하게 한다는 특성은 심경에 근거를 두고 있으며, 이 심경은 세계를 이를테면 뭔가 위험한 일이 일어날 것 같다는 쪽으로 열어 보이고 있다. 두려움 내지 두려워하지 않는다는 심경 속의 존재자일 뿐, 환경세계에서 도구적 존재자가 떠들썩하게 발견되지는 않는다. 현존재가 세계에 열어 보이고 있는 사태는 심경에 의한 기분조율에 의해 실존론적으로 구성된 것이다.

또 '감각'도 존재론적으로는 심경적인 세계-내-존재라는 존재양식을 지닌 존재자에 귀속되어 있으므로 그러한 감각은 '맞닿거'나 '무엇에 대한 느낌을 가지게' 되며, 또 뭔가 맞닿은 것이 모습을 드러내면 그것이 자극받기도 한다. 세계내부적 존재자로부터 나오는 작용이므로, 여러 기분에 따라 미리 그 밑그림을 대략적으로 그려놓아야 하고, 또 심경적인 세계-내-존재도 그것에 의거하도록 자기를 그쪽으로 향하게 해야 한다. 예컨대 그렇게 하지 않으면 압력이나 저항이 아무리 강해도 드러남은 성립되지 않을 것이고, 저항이라는 것도 본질적으로 발견조차 되지 않는다. 실존론적인 관점에서 보면, 심경에는 각자에게 배당되고, 또 각자가 의거하는 세계를 열어 보이는 작용이 내포되어 있다. 이 점에 의해 뭔가 작용하는 것도 세계에서 모습을 드러낼 수 있다. 사실상 우리는 '존재론적'으로, 원칙적으로 세계를 거의 먼저 드러내는 발견의 작용을 '단순한 기분'에 맡길 수밖에 없다. 이것이 뭔가 순수한 직관의 작용이 되면, 예컨대 그 직관이 '하나의 눈앞 존재'의 내면적인 혈관 속에까지 파고들어가 있다 하더라도, '위협을 주는 그런 원인'을 결코 발견하지 못할 것이다.

일차적으로 열어 보이는 작용을 하는 심경을 기초로 하여 일상적인 둘러봄을 자칫 잘못 보거나, 나아가 착각에 빠지거나 한다. 이것은 절대적으로 '세계' 인식이라는 이념에 비추어 보면, '존재한다고 말할 수 없는 것'이라는 의미에서의 결여이다. 그러나 착각할 수 있다는 것이 실존론적으로 적극적인 성격의 역할을 완수할 수 있는 것을, 존재론적으로 부당한 그러한 평가에 의해 완전히 잘못 보게 된다. 확실치 않고 기분에 따라 동요하는 '세계'를 보고 있을 때에만, 도구적 존재자는 날마다 모습을 바꾸는 독자적인 세계성에서 자기 모습을 드러낸다. 이론적으로 지그시 바라볼 때 세계는 늘 이미 그저 가까이 있기만 하는 것이라는 단조로운 일상성에 초점을 맞추어 보고 있다. 그러한 일상성의 내부에는 순수한 규정 속에서 새로 발견될 수 있는 사물이 풍부하게 포함되어 있음은 말할 것도 없다. 단지 가장 순수한 테오리아(theoria)로서의 이론적, 관상적인 태도로 말한다 해도 기분을 모두 가려낼 수는 없다. 테오리아에 의한 주시에 대해 겨우 사물적으로밖에 존재하지 않는 존재도, 가장 순수한 형상이라는 모습으로 나타내는 것은 테오리아(관상)가 뭔가에 얽매여 그 사물 밑에 평온하게 머무르면서, 유유자적이나 한적함 속에서 앞으로 그것을 자기 쪽으로 다가오게 할 때뿐이다.[3] 인식하면서 규정하는 사항들이 세계-내-존재의 심경 속에서 실존론적·존재론적으로 구성되어 있다고 지적하더라도, 이것이 과학을 존재적으로 '감정'에 맡기려는 시도와 혼동해서는 안될 것이다.

우리의 근본적 탐구의 문제 제기 범위 안에서는, 심경의 여러 상태와 그들속에서 무엇이 어떤 기초를 이루고 있는가 하는 연관성을 해석할 수는 없다. 그들 현상은 격정(激情, 정념)이나 감정의 명칭 아래 존재적으로는 훨씬 이전부터 익히 알려졌고, 철학에서도 늘 고찰되어 왔다. 최초로 전승적·체계적으로 완성된 여러 '격정'에 대한 해석이 '심리학'의 테두리 안에서 논의되지 않았다는 사실이 우연이 아니다. 아리스토텔레스는 그의 《변증론》 제2권에서 격정에 대해 고찰하고 있다. 전통적으로 변증론과 수사학의 개념은 '학과목(學科目)'으로 보는 경향이 있는데, 오히려 아리스토텔레스의 《변증론》은 상호 공동존재

---

3) 아리스토텔레스 《형이상학》 제1권 제2장 982 b 22 이하 참조.

의 일상성에 대한 최초의 체계적인 해석학이라고 이해해야 할 것이다. '사람'의 존재양식으로서 공공성(제27절 참조), 즉 남 앞에 서는 것에는 단순히 그 기분적 규정성을 갖추었을 뿐만 아니라, 기분을 필요로 하며, 그 자체로써 기분을 '만들어 낸다'는 면이 있다. 연설자가 기분에 맞춰 말을 걸거나, 기분에 맞춰 이야기하기도 한다. 바르게 기분을 환기하여 조종하려면 기분의 여러 가능성을 이해해 둘 필요가 있다.

정념의 학술적 해석은 스토아학파가 계승했다. 이는 그것이 교부신학(敎父神學)과 스콜라철학을 통해서 근대에 전승된 사실처럼 누구나 다 아는 일이다. 정념적인 것의 일반에 대한 원칙적이며 존재론적인 해석이, 아리스토텔레스 이래로는 거론할 가치가 있을 만큼의 진전을 거의 보이지 않았다는 점은 주목되지 않은 채로 남아 있다. 그 반대로 여러 정념이나 감정은, 주제적으로는 심리적인 모든 현상의 제3류로서, 대개는 표상과 의지(意志)와 나란히 그 역할을 다하고 있다. 이리하여 격정이나 감정은 수반현상(隨伴現象)으로까지 격하되고 말았다.

이러한 모든 현상을 전망하는 한층 자유로운 시야를 지금 다시 한번 열어놓는 일은, 현상학적 연구의 공적이라 하겠다. 그뿐만 아니라 셸러는 특히 아우구스티누스와 파스칼[4]에게 자극을 받고, '표상'하는 작용과 '마음을 쓰는' 작용 사이의 기초적인 연관에 문제설정의 초점을 두었다. 물론 이 경우에도 작용이라는 현상의 실존론적·존재론적인 모든 기초는 아직도 어둠에 덮여 있다.

현존재가 존재하는 것으로도 이미 세계가 열려 있는데, 심경은 현존재가 이러한 세계에 몸을 던지고 또 그 세계에 의거하고 있는 것을 열어 보인다. 게다가 심경 그 자체가 실존론적인 존재양식이며, 이 존재양식으로 현존재는 자기를 부단히 '세계'에 넘겨주고 있고, 자기 스스로 어떤 방식을 통해 회피하듯 '세

---

4) 앞서 소개한 《팡세 및 다른 소품들》 참조. "여기서 다음 결과가 도출된다. 즉 사람들은 인간에 대해 이야기할 때에는 그것을 사랑하기 전에 먼저 알아야 한다고들 말하는데(실제로 그런 격언도 있다), 성인들은 신에 대해 이야기할 때에는 그것을 알려면 먼저 사랑해야 한다고 말한다. 다시 말해 사랑의 문을 통해서만 진리 안으로 들어갈 수 있다는 것이다. 성인들은 이것을 그들의 가장 유익한 격언 가운데 하나로 만들었다." 이에 관해서는 아우구스티누스 저작집(미뉴 판 《라틴 교부 전서(教父全書)》 제8권), 《파우스투스를 반박함》 제32권 제18장 '사랑에 의하지 않고서는 진리에 들어갈 수 없다'를 참조하라.

계'와 관련을 맺고 있다. 이렇게 회피하는 실존론적인 근본체제는 퇴락 현상에서 분명히 했다.

심경은 현존재가 스스로의 '현(現)'이 존재하는 하나의 실존론적 근본양태이다. 심경은 현존재가 존재론적으로 규정지을 뿐만 아니라 동시에 열어 보이는 작용을 근거로 하여, 실존론적 분석론 작업에서 방법면에서 근본적으로 중요하다. 대개 모든 존재론적인 해석과 마찬가지로, 실존론적인 분석 작업으로 미리부터 열어 보여진 존재자를 상대로 그 존재에게 귀를 기울일 수밖에 없다. 또한 이 분석론은 두드러지게 가장 넓은 범위에 걸쳐 현존재가 열어 보이는 여러 가지 가능성(開示可能性)에 의지함으로써, 그 가능성으로부터 이 존재자에 대한 정보를 얻으려면, 현존재가 갖춘 그러한 가능성에서 결코 눈을 떼서는 안 될 것이다. 현상학적으로 해석을 하면 근원적으로 열어 보여질 가능성이 현존재 자체에 생기며, 현존재는 이를테면 자기 자신을 해석하게 될 것이다. 현상학적인 학술적 해석에 이러한 열어 보이는 작용이 필요한 것도, 열어 보여진 사물의 현상적 내용을 실존론적으로 개념 속으로 끌어당기기 위해서이다.

뒤에서 현존재의 근본적인 심경의 하나로, 실존론적·존재론적으로 중요한 의미를 지닌 불안이라는 심경을 해석하게 될 텐데(제40절 참조), 여기서는 이 점을 고려해 심경 현상을 공포라는 특정한 상태로서 더욱더 구체적으로 밝혀야 할 것이다.

30 심경의 한 양태로서의 공포[5]

공포라는 현상은 세 가지 관점으로 고찰할 수 있다. 바로 무서움의 대상, 무서워함 자체, 그리고 무서움의 이유에서이다. 이들 세 가지 시점을 우리는 분석한다. 서로 연관되어 하나가 되고 이들이 합쳐져 전체를 이룬다는 것은 우연이 아니다. 이 세 가지 관점에 의해 심경 일반의 구조도 표면으로 나오게 된다. 구조계기 어딘가에 변화가 생기면 공포가 다양하게 변화된 양상으로 일어날 수 있는데, 이 모든 변화상을 지적하면서 완벽하게 분석하고자 한다.

공포란 무엇인가를 전제로 하여 두려워하는 것인데, 그 무엇인가 즉 '무서운

---

5) 아리스토텔레스 《수사학》 제2권 5장 1382 a 20부터 b 11까지 참조.

것'이란 도구적 존재라든가 가까이 있는 존재양상, 또는 공동현존재라는 존재 양상으로 세계내부에서 그때마다 우리가 만나게 되는 것을 말한다. 존재자는 다양한 형태로 '무서운 것'이며, 거기에 어떤 것이 있는지, 무엇이 가장 '무서운 것'인지에 우리가 존재적으로 보고하려는 것이 아니다. 무서운 것을 그 무서움 이라는 가능성에 대해 현상적으로 규정하려는 것이다. 무서워함에 있어서 우리가 만나게 되는 무서운 것 자체에는 무엇이 속해 있는 것일까? 무서움의 대상은 위협한다는 성격을 가지고 있다. 그곳에는 어떤 계기가 포함되어 있다.

1. 만나게 되는 것은 유해(有害)하다는 양식의 적소성(適所性)을 가지고 있다. 그것은 적소성의 맥락 안에서 모습을 드러낸다.

2. 이 유해성은 애당초 유해성이 미칠 수 있는 곳 가운데 어느 특정 범위만을 말한다. 유해함의 가능성 그 자체가 특정하며 또 특정한 방향에서 찾아온다.

3. 방향 자체와 그 방향에서 오는 것은 모두 뭔가 '좋지 않은 것'으로서 잘 알려져 있다.

4. 이 유해함이 미칠 수 있다는 것은 어디까지나 다가오고 있다는 것이며, 아직 제압할 수 있을 만큼 접근하지는 않았지만 그래도 접근해 온다. 그 단계에서 유해성은 빛을 발산하는데, 바로 이 점에 위협을 끼치는 성격이 있다.

5. 여기서 말하는 이 다가옴이란 가까운 범위 안에서 행해지는 접근해 오는 것이다. 물론 최고도로 유해할 수 있을 뿐만 아니라, 더욱더 부단히 접근해 오고 있어도 그것이 멀리 있는 한 그 무서움이란 점에서는 여전히 은폐되어 있다. 그러나 가까이 접근해 오는 유해한 사물은 언제 어느 때 습격해 올지 알 수 없다. 습격해올 수도 있고 또 그렇지 않고 끝날 수도 있다. 접근해 오면 '올지도 모르지만 결국은 역시 오지 않을지도 모른다'는 체감현상이 증대한다. 그래서 우리는 무섭다고 하는 것이다.

6. 이 현상 속에 숨겨져 있는 바는, 가까이에서 접근해 오는 유해한 일은 실제로는 일어나지 않은 채 통과해 버릴 가능성을 띠고 있는데, 그렇다고 해서 무서움이 감소되거나 사라지는 것이 아니라 오히려 늘어난다.

'무서워함 자체'는 위협적 성격을 자신에게 접근시키면서 그 위협하는 대상으로 하여금 위협하는 일을 가능케 해준다. 예컨대 먼저 어떤 장래의 재난

(malum futurum)이 확인되고, 이어서 그것을 무서워하게 되는 것이 아니다. 또한 무서워함으로써, 접근해 오는 것을 천천히 확인하지도 않고 그것을 미리 무서움으로 발견한다. 그리고 무서움은 무서워하면서 미리 가만히 보는 것으로 무서운 것을 확실하게 밝힐 수가 있다. 둘러봄은 무서움이라는 심경 속에 있으므로 무서운 것을 알아차린다. 심경적인 세계-내-존재의 하나의 가능성으로 깜박 졸기, 무서워하는 태도, '두려워함'은 세계 속에서 무서운 것이 접근해 올 수 있음을 처음부터 미리 내다보고 세계를 열어 보는 것이다. 접근할 수 있다는 것 자체는 세계-내-존재의 본질적 실존론적 공간성에 따라 언제라도 개방되어 있다.

무서움은 뭔가를 걱정하고 두려워하는 것인데, 무엇을 걱정하고 있는가 하면, 바로 존재자 자체 즉 현존재 자체이다. 그 존재에 의해 자기 존재 자체인 존재자, 그러한 존재자만이 무서워할 수 있다. 무서워함은 위험에 당면하고 있을 때의 존재자, 그 위험에 인도되어 있을 바로 그때의 존재자를 열어 보인다. 무서움은 설령 그 명확성에 변화가 있더라도 현존재를 그 '현(現)'의 존재에서 늘 드러낸다. 우리가 집이나 저택을 보고 무서워할 수도 있는데, 이것은 무서움이 무엇을 걱정하는가에 대해 위에서 규정한 반증은 아니다. 왜냐하면 현존재는 세계-내-존재로서, 그때그때마다 어떤 사물 밑에서 배려적 존재로 있기 때문이다. 무엇보다 먼저 현존재는 대체적으로 자기가 배려하는 뭔가에 의거하여 존재하고 있다. 이것이 위험에 맞닥뜨려 있다는 것은 곧 '어떤 사물 밑에 있는 자기 존재'가 위협받고 있음을 의미한다. 무서움은 현존재를 주로 결여적인 방식으로 열어 보인다. 무서움 때문에 현존재는 혼란스러워하고 '당황'하게 된다. 무서움 때문에 자기의 내-존재가 위험에 노출되어 있는 것을 보게 되는 동시에 그것을 닫아 보이지 않게 하므로, 무서움이 가라앉은 뒤 현존재는 다시 주위의 모습을 이해할 필요가 있다.

뭔가를 걱정하고 무서워하는 것은 다른 뭔가에 대해 공포를 품는 것일 수도 있고, 그 점에서 늘 결여적이거나 적극적인가와는 별도로 세계내부적 존재자가 위협에 노출되어 있는 점과, 내-존재가 위협에 노출되어 있는 것을 똑같이 근원적으로 열어 보인다. 공포는 심경의 한 양태이다. 뭔가를 걱정하고 무서워하는 것은 다른 사람을 향할 수도 있는데, 그때 우리는 그들 때문에 무섭다고 말한다.

이처럼 누군가의 일을 염려하고 무서워한다고 해서 이것이 타자(他者)에게서 무서움을 제거하는 일은 아니다. 대체로 우리가 어떤 사람을 위해 생각하고 무서워하고 있어도, 그 당사자는 반드시 무서워하고 있다 할 수 없으므로, 이미 이런 이유로 무서워할 수 없다. 도리어 우리는 그 타자가 무서워하지 않으며 위협을 주는 사물을 향해, 앞뒤를 생각하지 않고 돌진하는 바로 그 경우 그를 위해 가장 많이 무서워한다. 누구를 위해 걱정하고 무서워한다는 것은 타자와 함께 나누는 공동 심경의 한 존재양식이지만, 반드시 함께 무서워하거나, 더구나 함께 서로를 걱정하여 무서워할 일도 아니다. 자기 일은 무서워하지 않더라도 누구건 무슨 일이건 걱정하고 무서워하는 경우가 있다. 그러나 면밀하게 음미해 보면, 누구건 무슨 일이건 걱정하고 무서워한다는 것은 역시 자기 일로 무서워하는 것이다. 그 경우 무서움의 대상은, 공동존재로서 함께 있는 타자가 자기로부터 멀어질지도 모른다는 데 있다. 여기서 무서운 것, 이 무서운 사물은 함께 무서워하는 본인의 몸과는 직접 관련이 없다. 누군가의 일을 걱정하고 무서워하고 있을 때, 어떤 의미에서 그것이 자신과 관계없음을 알고 있어도 여기 함께 있다는 것을 걱정하고 무서워하는 것이며, 또한 이 공동현존재와 서로 관련되어 있으므로 역시 자기도 함께 그 영향을 받고 있는 것이다. 따라서 누군가의 일을 걱정하고 무서워한다고 해서 자기 일을 염려하고 무서워하는 마음이 누그러진 것은 아니다. 여기서 문제되는 것은 '감정의 강약' 정도가 아니라 실존론적인 상태의 차이이다. 누군가의 일을 걱정하고 무서워하는 게 '본래적'으로는, 비록 자기 일로 무서워함이 아니라 하더라도 그 독자적인 의미에서의 진실성을 잃어버리는 것은 아니다.

공포라는 현상을 구성하는 여러 계기는 다양하게 변할 수도 있다. 이로써 무서워함에도 그 존재양상에서 다양한 차이점이 생기게 된다. 위협이 불쑥 나타나는 구조에는 그것이 가까이 있고 접근해 온다는 계기가 포함되어 있다. 하나의 위협이 '아직 오지 않았지만 언젠가 올지도 모른다'는 형태 그 자체가 느닷없이 배려하고 있는 세계–내–존재 속으로 밀치고 들어올 경우에 공포는 '경악(驚愕)'으로 변한다. 위협에 관해 구별해야 할 점은, 다가오는 것이 주변에 접근해 있다는 점과, 접근해 있던 것 그 자체가 눈앞에 불쑥 나타나 만나게 되는 구조로서의 돌연성이다. 경악할 때 무엇에 대해 소스라치게 놀라는가 하면, 지금 당장은 잘 알고 있는 친숙함이다. 그러나 위협을 주는 것이 전혀 친근하지 않은 성격을 지니고 있으면 그 공포는 '전율(戰慄)'이 된다. 또한 위협을 주는 사물이 전율시키듯 불쑥 나타나면서 동시에 경악시키는 형태로 느닷없이 나타날 때 공포는 하늘과 땅을 움직일 만큼 무시무시한 공포가 된다. 무서움이 바뀌는 것으로는, 이것 말고도 주눅, 겁먹음, 두려움, 기겁 등이 알려져 있다. 이런 무서움의 모든 변종은 심경적인 여러 가능성으로서, 현존재가 세계-내-존재로서 '무서워하는 경향'을 나타낸다. 이 '무서워하는 경향'은 사실적인 '개개인 사이에서만 보이는' 소질이라는 존재적인 의미로 해석되어서는 안 되며, 현존재 일반의 본질적 심경의 실존론적 가능성으로 이해되어야 한다. 본래 이것이 심경의 유일한 가능성이 아님은 더 말할 것도 없다.

31 이해로서의 현-존재

심경(心境) 속에는 '현(現)'의 존재가 유지되어 있다. 심경이란 실존론적인 여러 구조(감정) 가운데 '하나'이다. 심경과 더불어 이러한 존재를 등근원적(等根源的)으로 구성하고 있는 것이 바로 '이해'이다. 심경은 비록 그것을 억제하고 있을 뿐이나, 그때그때마다 자기의 이해내용을 가지고 있다. 이해도 늘 기분에 따라 조율된다. 우리는 이해를 기초적인 실존규정으로 해석하는데, 그 점에서 이 현상이 현존재의 '존재'의 근본상태로서 파악되어야 한다. 이에 대해 수많은 인식 양태 중 하나의 양태로 예컨대 '설명'과는 구별되는 '이해'는, '설명'과 더불어 '현'의 존재 일반을 구성하는 계기로서 본래 이해에서 생겨난 그 실존론적인 파생태로 해석되어야 할 것이다.

지금까지의 고찰에서 이미 우리는 이 근원적인 이해와 만나왔으나, 그것을 명확한 형태를 갖춘 주제로서 거론하지는 않았다. 현존재는 실존하면서 자신의 '현'이라는 점, 이것은 한편으로는 세계가 '현재 거기에' 존재해 있고 그 세계가 '현재 거기에 존재해 있는 것'이 내-존재임을 의미한다. 또 이 내-존재역시 마찬가지로 '현재 거기에' 존재해 있는 존재이며, 현존재가 존재해 있는 '궁극목적성'이다. 그러한 목적을 위해 실존하고 있는 세계-내-존재 자체가 열어 보여져 있는 셈인데, 이런 목적성을 가지고 열어 보이는 일을 이해라고 우리는 불러 왔다.[6] 그것에 의거해 유의의성(有意義性)이 함께 열어 보여지는 것인 이상, 세계-내-존재의 총체와 관련된다. 세계는 이 유의의성 쪽으로 열어 보이는 성질로서, 바로 세계로 열어 보이는 것이다. '그러한 목적성을 가지고 있으므로'라고 말할 때의 바로 그것과 유의의성이 현존재 안에서 열어 보여진다는 것은, 현존재가 세계-내-존재로서 자기 자신에게 관련해 있는 존재자임을 의미한다.

존재적인 말로서 우리는 가끔 '무엇인가를 이해한다'는 표현을 '어떤 일을 다스릴 수 있다' '그럴 만한 힘이 있다' '어떤 일을 할 수 있다'는 의미로 사용한다. 이해를 실존규정으로 생각할 경우, 이해하는 것으로 무엇을 할 수 있는가 하면, 그것은 뭔가 있는 구체적인 사항이 아니라, 실존하는 것으로서의 존재이다. 이해 속 실존론적으로 이해하는 작용에는, 마땅히 있어야 할 존재양상으로서의 현존재의 존재양상이 잠재해 있다. 현존재는 어떤 일을 할 수 있는 능력을 '덤으로' 가지고 있는 '눈앞의 것'이 아니라, 일차적으로 가능한 존재이다. 이런 현존재는 존재한다. 현존재는 그때그때 스스로 그 자신일 수 있는 당사자이며, 스스로 가능성 그대로의 사물이다. 현존재의 본질적인 가능존재는 우리가 지금까지 그 성격을 규정해 온 '세계'를 배려하는 방식, 다른 사람들을 위해 배려하는 방식에 대해 말할 수 있으며, 또한 모든 것에서 이미 자기 자신과 관련해 물으며, 자기라는 목적을 위해 존재할 수 있다는 점에도 관계하고 있다. 현존재가 실존론적으로 그때그때에 가능존재지만, 이것은 공허한 논리적 가능성과는 구별되듯이, 눈앞의 존재자와 함께 이러저러한 일이 아무렇게나 우연적으로 '생겨날' 수 있는 이상, 눈앞의 존재자의 우연성과도 구별된다. 객체적 존재의 양상범주(樣相範疇)로서의 가능성은, '아직' 현실적인 것이 아닌 것과, 또 '언제나' 필연적인 것이 '아닌' 것을 의미한다. 그러한 (양상적 범주의) 가능성은 다만 가능적인 것에 지나지 않는다는 성격을 지니며, 존재론적으로는 현실성이나 필연성보다는 낮다. 이에 반해서 실존범주로서의 가능성은, 가장 근원적이며 최종적인 적극적 존재론적 현존재의 규정성이다. 실존성 일반에 대해 이렇게 말할 수 있는데, 이에 대해서도 당장은 그저 문제로서만 준비될 수 있다.

---

6) 본서 제18절 참조.

그러한 가능성을 애초에 확인할 수 있도록 현상적 기반을 제공하는 것은, 열어 보이면서 존재할 수 있는 이해작용이다.

실존범주로서의 가능성은, '어떻게 선택하건 아무래도 괜찮다(무관심의 자유)'라는 의미에서 허공에 뜬 존재가능성을 의미하는 것이 아니다. 현존재는 본질상 정신을 차려보니 그렇게 되었다는 형태에서 심경적(心境的)인 것으로, 그때마다 이미 특정한 여러 가능성 속에 빠져들어 있으며, 자기가 머무르는 곳에 존재해야 할 본연의 모습을 지니고 있는 이상, 어떤 일정 가능성을 빤히 보고도 놓치거나, 자기가 존재할 수 있는 가능성을 끊임없이 단념하고 있다. 그러한 가능성을 포착하기도 하고 미처 포착하지 못하기도 하는 것이다. 그렇다고 한다면 현존재란 어떻게 존재할 것인가를 자기 자신에게 맡기는 것이 가능한 존재이며, 철두철미하게 던져넣는다는 의미에서 피투적인 가능성이 된다. 현존재는 자신의 가장 고유한 존재가능성을 향해 언제나 자유로운 그런 가능성이다. 이 가능존재가 어떠한 방식으로 어느 정도까지 현존재 자체를 통찰할 수 있는가에 대해서는 여러 가지 가능성이 있다.

이해란, 이와 같은 존재가능을 존재케 하는 상태이지만, 그 존재가능은 객체적인 의미에서 아직 찾아오지 않은 것이 아니라, 또 본질상 결코 객체적으로 앞에 나타날 수 없는 것으로서, 현존재의 존재와 함께 이미 실존이라는 의미에서 '존재하고 있는' 것이다. 현존재는 이러저러하게 존재하고 있음을 그때그때마다 이미 이해하고 있는, 또는 아직 이해하지 못한 존재양식으로 존재하고 있다. 그러한 이해 상태에서 현존재는 자기 자신이, 바꾸어 말하면 자기 존재가능성의 존재양상에 대해 무엇이 중요한지를 '알고 있다.' 이 '알고 있다'라는 인식은 내재적인 자기 지각에서 생겨난 것이 아니라, 본질적으로 이해라는 '현'의 존재 일부로 그 속에 속해 있다. 더구나 현존재가 이해하면서 스스로의 '현'을 존재시키기 때문에, 현존재는 길을 잘못 들거나 자신을 잘못 보거나 하게 되는 것이다. 또한 이해가 심경적이고, 실존론적으로 세계 현실 속에 던져진 이해인 이상, 현존재는 이미 자기 길을 잘못 들거나 자신을 잘못 보거나 하게 된다. 따라서 현존재는 존재가능성에 있어서 스스로의 모든 가능성에 의해 다시금 자기를 발견하게 된다는 그런 가능성에 맡겨져 있는 것이다.

이해란 현존재 자신의 고유한 존재가능성이 실존론적으로 존재해 있는 상태인데, 그때 이 존재는 스스로 자기 자신의 근거지(자기 자신이 무엇과 관련되어 존재하게 되었는가)를 열어 보이게 된다. 이러한 실존범주의 구조를 한층 더 분명하게 포착할 필요가 있다.

이해는 어떤 목적성을 가지고 열어 보인다는 의미이며, 언제나 세계-내-존재의 근본구조 전체와 관계한다. 여기서 말하는 내-존재는 존재가능성으로서, 어디까지나 세계 안에서의 존재가능성이다. 이 세계는 단순히 존재 가능한 유의의성으로서의 세계로서 열어 보여져 있을 뿐 아니라, 세계내부적인 존재자들을 내어주는 일 자체는, 곧 이들 존재자를 저마다의 가능성을 향해 내어주는 일이다. 도구적인 것들은 저마다 유용'가능성'과 이용'가능성' 및 유해'가능성'에 있어서 발견되고 있는 것으로, 도구자로서 발견되고 있다. 이렇게 보면, 적소전체성(適所全體性)은 도구자 관련 '가능성'의 범주적 전체에 불과함을 알 수 있다. 그러나 다양한 객체적 존재자의 '통일'로서의 자연도, 그 어떤 가능성이 열어 보여져 있다는 것을 근거로 해서만 발견될 수 있다. 자연의 '존재'에 대해 물으면 자연이 가능하기 위한 여러 조건을 목표로 하는 것은 우연일까? 그렇게 묻는 근거는 어디에 있는 것일까? 그 같은 물음 자체에 대해서는 이렇게 묻지 않을 수 없다. 즉 현존재가 아닌 존재자는 그 가능성의 모든 조건을 기반으로 열어 보여질 경우에, 왜 그것이 어떻게 존재하는가에 대해 이해되고 있는 것일까? 하는 물음이다. 칸트가 그러한 여러 제약(존재조건의 모순과 한계)을 전제로 하고 있음은 그 나름대로 정당한 일일 것이다. 그러나 이 전제 자체가 정당하다는 점이 증명되지 않은 채 남겨질 수 있다.

이해 속에서 열어 보일 수 있는 모든 것이 본질적으로 어떠한 차원에 속하건, 이해작용이 그 어떤 차원으로 향하건 간에 언제나 가능성 속으로 밀고 들어가는 까닭은 무엇일까? 그것은 우리가 '투사(投射)'라 부르는 실존론적 구조를 이해 자신이 지니고 있기 때문이다. 이해는 현존재의 존재를 현존재의 그것이 마음에 걸리기 때문에 바로 그쪽으로 투사하는 동시에, 이와 마찬가지로 근원적으로, 그때그때 세계의 세계성으로서의 유의의성 쪽으로 투사하고 있다. 이해의 투사 성격은 세계-내-존재의 현(現)이 존재가능성의 '현'으로서 열어 보여져 있다는 점에서 그 세계-내-존재를 구성하고 있다. 투사란 사실적인 존재가능성의 활동범위에 대한 실존론적인 존재 기구이다. 그리고 현존재는 피투적인 존재인 이상, 투사라는 존재양식 속으로 내던져져 있다. 투사라는 것은 현존재가 자기 존재를 정비하기 위해 생각해 낸 하나의 계획, 그 계획에 대해 어떤 태도를 취하는 일과는 아무런 관계도 없다. 현존재인 이상 본래부터 이미 자신을 투사해 오고 있으며 또한 투사하면서 존재해 있다. 현존재는 존재하는 한 언제나 이미, 모든 가능성에 의거해서 자기를 이해하고 있으며, 그것은 지금도 변함이 없다. 이해가 투사의 성격을 갖는다는 것은, 이해가 그것을 기반 삼아 먼저 투사할 가능성을 그 자체가 주제적으로 파악하지 못하고 있음을 뜻한다. 그처럼 파악한다면 그것은 투사된 것에서 오히려 그 가능성으로서의 성격을 빼앗아 버리고, 그것을 일정량의 주어진 지향 대상으로 끌어내리게 된다. 한편 투사는 그 던진다는 점에 있어서 가능성을 가능성으로서 자기를 위해 던진 다음, 가능성으로서 자신을 '존재'케 하는 것이다. 이해는 그것이 투사하는 작용인 한은, 현존재가 그 속에서 자기의 다양한 가능성을 가능성으로서 존재하는 것이 현존재의 존재양식이다.

현존재는 투사라는 실존범주에 의해 구성되어 있는 존재양식이므로, 현존재를 하나의 객체적 존재자로서 그 존재량을 굳이 기록하려 한다면, 또는 임시로 기록하려 한다면 사실적으로 존재해 있는 것보다도 (잠재적으로) '한층 더 많이' 존재해 있는 것이다. 그러나 또 현존재의 사실성에는 고유한 존재가능성이 본질적으로 포함되어 있으므로 현존재가 사실적으로 존재해 있는 것보다 한층 더 많이 존재해 있는 것은 결코 아니다. 하지만 현존재란 가능적으로 존재하므로 더욱 적게 존재하는 것도 결코 아니다. 바꾸어 말하면 현존재는 고유한 존재가능성으로서 '아직' 존재하지 않더라도, 실존론적으로는 이미 존재하고 있다. 또 '현'의 존재는 이해와 그 투사로서의 성격에 구성되어 있으므로, 그리고 그것이 되려고 목적하는 바로 그것, 또는 목적하지 않는 바로 그것이 이미 존재하므로, 현존재는 이해하면서 자기 자신에게 '네가 존재하는 바 그 자체가 되라'고 말하고 있다.

투사는 늘 세계―내―존재의 완전한 개시성에 관계한다. 이해는 고유한 존재가능성으로서 그 자체로 모든 가능성을 갖춘 것인데, 그러한 가능성은 이해에 있어서 본질상 열어 보여질 수 있는 것의 범위에 의해 미리 묘사되어 있다. 이해는 주로 세계의 열어 보이는 성질 속에 몸을 둘 수가 있다. 다시 말해 현존재는 무엇보다 먼저, 대개는 자기가 존재하는 세계 중에서 자기를 이해할지도 모른다. 그러나 이해는 스스로 그것이 신경 쓰이기 때문에 바로 그 자체 쪽으로 자기를 던져버리는, 즉 현존재는 자기 자신으로서 실존하는 것이다. 바꾸어 말하자면 현존재 자체로서 실존하는 것이다. 이해는 이처럼 고유한 자신으로부터 발원해 나오는 본래적인 이해이거나 또는 비본래적인 이해 가운데 그 어느 쪽이다. 여기서 '비(非)'란 현존재가 스스로 자기로부터 연결을 끊고, 오로지 세계'만'을 이해한다는 의미가 아니다. 세계는 세계-내-존재로서의, 현존재의 자기 존재'만이' 그 일부로 속해 있다. 본래적인 이해와 비본래적인 이해는 모두 각각 진정한 것과 진정한 것이 아닐 수도 있다. 이해작용이 고유한 존재가능성인 이상 그곳에는 구석구석까지 가능성이 깃들어 있다. 이해가 이들 근본적인 가능성 가운데 어느 하나 속으로 자신을 넣음으로써 다른 하나가 배제되는 것은 아니다. 이해는 도리어 그때마다의 세계-내-존재로서의 현존재의 완전한 개시성(열어 보이는 성질)에 해당하므로, 이해가 하나의 가능성에 자신을 던져넣는다는 것은, 투사가 전체적으로 실존론적으로 변형했음을 의미한다. 세계를 이해할 때, 그곳에서 내-존재는 언제나 함께 이해되고 있으며, 실존 그 자체의 이해는 세계(현실세계)를 어떻게든지 이해함을 의미하는 것이다.

현사실적인 현존재로서의 현존재는, 자신의 존재가능성을 그때그때마다 이미 어떤 이해가능성 속으로 넣어버리고 있다.

이해는 그 투사의 성격에 있어서 우리가 현존재의 '시야'라고 부르는 것을 실존론적으로 구성한다. 현(現)의 개시성과 함께 실존론적으로 존재하고 있는 이 견해를 다양한 견해로 지니고 있다. 우리가 먼저 배려의 둘러보기, 고려의 돌아보기로서 특징지어 서술한 현존재의 기본적인 존재양상에 따라서, 현존재가 그때마다, 이렇게 존재하는 것처럼 존재하는 것도 그것이 마음에 걸리므로 존재 그 자체를 바라보는 견해로서 근원을 같게 하여 존재한다. 일차적으로 또 전체로서 실존에 관계하는 이 시야를 우리는 '투시성(透視性)'이라고 부른다. 우리는 충분히 이해된 '자기 인식'을 표시하기 위해 이 술어를 택한 것인데, 그것은 자기 인식이라는 것이, 자기라는 점을 지각함으로써 짐작하거나 관조하는 것이 아니라, 세계-내-존재의 완전한 개시성을, 그 체제를 구성하는 본질적인 계기를 빠짐없이 훑어보면서 이해하고 파악하는 일이 중요함을 보여주기 위해서이다. 실존하면서 존재자가 '자기'를 확인할 수 있으려면, 자신이 세계 근원에 있으며 그와 관련되어 있다는 점, 타자들과 공동존재로 연루되어 있다는 점을, 등근원적으로 자기의 실존 구성 계기 속에서 자기를 투시할 수 있어야 한다.

　반대로 현존재가 자기에 대해 투시하지 못하는 것은, 단지 주로 '자기중심적'인 자기기만에 그 뿌리가 있는 것이 아니라, 세계를 식별하지 못한다는 데에 있다.

　'견해'라는 말이 오해받지 않도록 신경 써야 한다. 이 말은 우리가 현(現)의 개시성을 특징지은 바 있는 '밝게 비쳐지는 것(Gelichtetheit)'과 일치한다. '견해'에 포함된 '본다'는 것은 육안(肉眼)으로 지각하는 것을 가리키지 않음은 물론이고, 뭔가 객체적 존재자를 그것이 가까이 있는 그대로 순수하게 비감각적으로 감지하는 것을 가리키지도 않는다. 대개 본다는 것에는 그것이 접근할 수 있는 존재자를, 그 자체에 은폐하지 않은 채 만나게 한다는 것이 갖춰져 있는데, 여기서 말하는 견해의 실존론인 의미에는 본다는 이 특성만을 염두에 두고 있다. 분명히 존재자를 은폐하지 않고 드러낸다는 것은, 모든 감각이 각각 발견해서 나타내는 고유 영역 범위 내에서 이루어지는 작용이다.

　그러나 철학의 전통은 처음부터 존재자뿐만 아니라 존재에 접근하는 통로로서 무엇보다 먼저 '보는' 것을 기준으로 삼아왔다. 그러한 전통과의 연관성을 유지하기 위해 보는 일을 대폭적으로 형식화하고 존재자와 존재로 통한다면, 어떤 통로건 하나의 '보는 것'으로 여긴다면 그러한 통로 일반을 특징짓는 하나의 보편적 용어(用語)를 얻을 수 있다.

　배려적인 둘러보기를 상식적인 분별로 이해하는 것처럼, 모든 견해는 우선적으로 이해에 근거를 두고 있는데, 이것이 뚜렷해짐에 따라 순수한 직관에서는 그 우위가 제거된다. 이 우위는 존재론의 전통에서 객체적 존재자가 차지해 온 우위로, 감지하는 측에 대응하고 있다. '직관'과 '사색'은, 양자가 다 이해에서 멀리 떨어져 있다고 할 수 있으며, 이 이해의 파생태(派生態)에 지나지 않는다. 현상학적(現象學的)인 '본질', 즉 '본질직관(本質直觀)'의 근거는, 실존론적 이해에 바탕을 두고 있다. 존재와 존재구조만이 현상학적인 의미에 있어서의 현상이 될 수 있는데, 이런 종류의 '직관'에 대해 존재와 존재구조에 대한 뚜렷한 개념을 획득해야 비로소 결정을 내릴 수 있다.

현(現)이 이해작용에서 열어 보이고 있다는 것은, 그 이해작용 자체가 현존재의 존재가능의 한 방법이다. 현존재의 존재는 궁극목적을 겨냥해서 투사되는 동시에, 또한 유의의성(세계)을 향해 투사되며, 이렇게 투사되는 것 속에 존재 일반이 열어 보이려는 성질이 잠재해 있다. 모든 가능성을 향한 투사작용 속에 존재이해가 이미 선취되어 있다. 존재는 투사작용에서 이해되고 있지만, 존재론적으로 파악되어 있지는 않다. 세계-내-존재의 본질상의 투사작용이라고 하는 존재양식을 지닌 존재자는, 그 존재의 구성요소로서 존재이해를 갖추고 있다. 앞서[7] 독단적으로 설정된 존재양식은, 현존재가 이해작용으로 자기의 현(現)을 존재시키는 그 존재의 구성에서 새삼스럽게 나타나 보이게 된다. 현재의 근본적 탐구 전체에 한계가 있음을 자각하고 이러한 존재이해의 실존론적인 의미를 만족할 만큼 해명한다는 일은, 존재시적(存在時的)인 존재해석의 기술 위에서만 달성할 수 있을 것이다.

심경(心境)과 이해는 실존범주로서 세계-내-존재의 근원적인 개시성의 성격을 규정하고 있다. 현존재는 일정한 가능성에 의거해 존재하고 또 거기서부터 시작되는데, 이러한 가능성을 기분에 따라 조율하면서 '보고 있다.' 이러한 가능성을 투사하면서 열어 보이는데, 현존재는 이미 일정한 기분에 조율되고 있다. 본래 자기 고유의 방식으로 존재가능한 투사도 현(現) 속으로 던져넣은 투사성이라는 기성 사실에 맡겨져 있다. 현의 존재의 실존론적 구성을 피투적인 투사로 해명함으로써, 현존재의 존재는 한층 더 신비스러운 것이 되지 않을까? 바로 우리가 먼저 이 존재의 신비스러움을 아주 명확하게 눈앞에 나타내 보여주어야 한다. 그렇다. 본래 그러한 점에서 우리는 그 '해결'에서 진정한 의미로 좌절할 수밖에 없고, 피투적으로 투사하는 세계-내-존재의 존재를 묻는 물음을 새삼스럽게 제기하게 될지도 모른다. 무엇보다 당면 문제로서 심경적 이해의 일상적인 존재양식, 즉 현(現)을 완전히 열어 보이는 일상적인 존재양식을 현상적으로 충분히 시야 속에 끌어넣기 위해서라도 이러한 실존범주를 더욱더 구체적으로 개발해 둘 필요가 있다.

---

7) 본서 제4절 참조.

32 이해와 해석

현존재는 이해작용이므로 자기 존재를 모든 가능성 쪽으로 투사하고 있다. 이해하면서 자기의 온갖 '가능성에 관련하는' 이 '존재'는 이러한 가능성이 개시된 가능성으로 현존재 속으로 되돌아옴으로써 그 자체가 하나의 고유한 존재가능성이 된다. 이해의 투사작용은 자기를 완성하려는 독자적 가능성을 지니고 있다. 이해가 이처럼 자기완성을 하려는 것을 우리는 '해석'이라 부른다. 이 해석 속에서 이해란 스스로가 이해한 것을 이해하면서 자기 것으로 만든다. 해석에서 이해는 뭔가 다른 어떤 것으로 되는 것이 아니라, 이해 그 자체가 된다. 해석이란 실존론적으로 이해 속에 있지만, 이해가 해석을 통해 생겨나는 것은 아니다.

해석이란 이해하고 있는 것을 알아두는 것이 아니라, 이해 속에 투사되어 있던 모든 가능성을 개발하는 일이다. 일상적인 현존재를 예비적으로 분석하려는 방침에 따라, 우리는 해석이라는 현상(현실)을 세계 이해에 즈음하여, 즉 비본래적인 이해, 그것도 진정한 모습을 취하는 비본래적인 이해에 즈음해서 추적해 보자.

배려하면서 도구적 존재자 밑에 존재하며 그와 관련되어 있는 존재는 그때마다 만나는 것과 각각 들어가야 할 적소성(適所性)이 어디에 있는지 세계를 이해하는 작용 속에 개시된 유의의성으로 스스로 이해시키고 있다. 배려가 발견하고 나타낸다는 것은 이미 이해되고 있는 '세계'가 해석됨을 의미한다. 도구적 존재자는 명확하게 이해하고 있는 견해 속에서 또다시 다루어지게 된다. 준비하고 정비해 수리하고 개량하며 보충하는 것, 이러한 모든 일이 둘러보는 가운데 도구적 존재자가 각각 '무엇을 하기 위해' 존재하는가가 풀리게 되고, '거기에' 보이게(現) 된 하나의 해석 관계에 따라 그것을 준비해 두도록 배려하는 방식으로 일이 이루어진다. 둘러봄으로써 각각이 '무엇을 하기 위한' 것인가에 대해 해석하고 미리 이해될 때 바로 그곳에서 '무엇인가를 이러이러한 것으로'라는 구조를 갖추게 된다. 이 특정한 도구적 존재자가 무엇인가 하고 주변을 둘러보며 묻는 물음에 대해서, 주변을 둘러보고 해석하면서 대답하자면 그것은 '어떤 용도를 위한 것'이라고 답하게 된다. 이처럼 '무엇을 위해'라는 용도를 거론한 것은 단순히 어떤 사물을 가리킨다기보다, 문제가 되고 있는 것이 무엇

으로 받아들여져야 하는지에 대해, 그곳에서 가리키고 있는 것이 그것'으로서'
이해되고 있는 것이다. 이해가 열어 보인, 즉 이해된 사물은 그 사물에 의거해
서 그 사물의 '무엇으로서'라는 점이 분명하게 눈에 띄도록, 언제나 이미 접근
할 수 있는 사물로 되어 있다. 그 명시성의 구조를 이루고 있는 것이 이 '……으
로서'이며, 이것이 해석을 구성한다. 둘러보면서 해석하고 환경 내부에서 도구
적 존재자 사이에서 행해지는 교섭은 그 도구적 존재자를 책상, 문, 다리(橋)로
서 '보고' 있다는 말인데, 그러한 교섭에서는 주변을 둘러보고 해석된 사물을
규정적인 어떤 진술 속에서 재빨리 판별해 낼 필요는 없다. 도구적 존재자를
언어로 뭔가를 서술하기 이전에 보고 있을 뿐이라 해도, 그곳에는 늘 그 자체
로 이미 이해·해석 작용이 관여하고 있다.

그러나 이 '으로서'가 그곳에 결여되어 있다는 점이 바로 어떤 사물을 순수
히 지각하는 솔직성을 형성하는 것이 아닐까 하는 의문이 생길 것이다. 이러한
견해로 보는 것에도 이미 이해와 해석이 작용하고 있다. 이 보는 일, 그 자체
속에 간직되어 있는 것은 '무엇무엇을 하기 위해'라는 식으로 지시되는 맥락으
로 미리 명시화되기도 하지만, 이 맥락은 적소전체성(適所全體性)에 속해 있다.
단적으로 불쑥 나타나는 것도 이 적소전체성으로 해석되고 있다.

'무엇인가를 이러이러한 것으로서'라는 것을 단서로 존재자를 해석하면서
존재자를 접근시킬 경우 이미 이해되고 있는 것이 분절된다. 이것이 먼저 나
온 뒤 그 점에 대한 주제적인 언명이 나온다. '……으로서'는 이 주제적인 언명
속에서 비로소 떠오르는 것이 아니다. 처음으로 입으로 말했을 뿐이다. 말하
는 것이 가능해진 것도, '으로서'가 표현할 수 있는 것으로 미리부터 있었기 때
문이다. 뭐라 말하지 않고 바라보는 것만으로는 그곳에 아직 새삼스럽게 언명
할 만한 명시성이 없을지도 모른다. 그렇다고 해서 이 뭐라 말하지 않고 본다
는 것에는 분절을 수반하는 해석이 전혀 없고, 더 나아가 '으로서'라는 구조를
부인해도 좋다는 말은 아니다. 아무 말 없이 바라보는 것 속에도 해석구조(解
釋構造)가 실제 근원적인 형태로 잠재해 있으며, 어떤 것을 '으로서'로부터 면
제시켜 파악하려 한다면, 오히려 어떤 태도의 전환을 필요로 한다. 뭔가가 그
저 앞에 있다는 것은 아무 이해 없이 오로지 응시할 때 생겨난다. 이 '으로서'
가 빠진 파악은 솔직히 이해하면서 보는 일의 하나의 결여태(缺如態)로서, 이보

다 더 근원적이지 않고 오히려 이 보는 일에서 파생된 것이다. '으로서'가 존재적으로 입으로 말해지지 않았다고 해서, 그것이 이해작용에 본래부터 갖춰져 있는 실존론적 기구(實存論的機構)임을 간과하는 일이 있어서는 안 된다.

그러나 손안에 있는 도구를 지각할 때 그 모든 지각은 이미 이해적·해석적이며, 둘러봄으로써 '이러이러한 것으로서' 그것을 내보인다는 것은 바로 다음 일을 말하는 것이 아닐까? 즉 먼저 순수한 도구적 존재자 하나를 경험하고, 이어서 그것이 문으로서, 집으로서 파악되는 것이 아닐까? 만약 그렇게 본다면 해석 특유의 개시기능(開示機能)을 오해해 버리게 될 것이다. 객체적 존재자가 먼저 드러난 채로 존재하고, 그것에 해석이 어떤 하나의 '의미'를 덮어씌우거나 가치라는 것을 붙여주는 것이 아니다. 세계내부에서 만나는 것 자체에는 이미 세계를 이해하는 가운데 개시되고 있는 그것이 들어가야 할 적소성이 수반되어 있으며, 해석은 이 적소성을 드러나게 해준다.

손안의 것은 언제나 이미 적소전체성(適所全體性)을 근거로 이해되고 있다. 이 적소전체성은 어떤 주체적인 해석에 의해 명시적으로 포착되어 있을 필요는 없다. 그러한 해석이 적소전체성을 관철시켰다 하더라도, 그것은 다시 막연한 이해 속으로 이끌려 들어가게 된다. 그리고 막연한 이해 양태 속에서 적소전체성은 일상적이고 주변을 둘러보는 해석의 본질적인 바탕이 된다. 이 해석은 그때마다 '예지(豫指)'에 그 근거를 두고 있다. 해석이란 이해하고 있는 것을 다시 스스로 받아들이는 것이므로, 분명히 이미 이해하고 있는 적소전체성을 이해하면서 관여한다는 존재양식을 보여주지는 않는다. 이미 이해되고 있으나 아직 뭔가에 은폐되어 있는 것같이 막연한 것에 대해 스스로 받아들여 그 은폐를 벗길 때 그것은 언제나 하나의 관점으로 이끌고 간다. 이해하고 있는 것을 이해하려면 어디에 주목해야 하는가, 그 목표를 정하는 것이 이 관점이다.

해석은 그때마다 하나의 '예시(豫視)'에 근거를 두고 있다. 이 예시는 예지(豫指) 속에 도입된 사물에, 어떤 특정한 해석가능성(解釋可能性)을 기반 삼아 섬세하게 '눈금이 새겨진다.' 이해된 사물이 예지 속에서 유지되고 '예시적'으로 조준이 맞추어지면, 그 이해된 사물은 해석을 통해 개념적으로 파악될 수 있는 것이 된다. 해석은 자기가 해석하고자 하는 존재자에게 귀속하는 개념구조를 존재자 자체로부터 가져올 수도 있고, 또는 이 존재자에게는 그 존재양식부터 익숙지 않은 일련의 개념 속으로 그 개념구조를 억지로 밀어넣을 수도 있다. 그 어느 쪽이든 해석은 그것이 최종적으로 결정된 것이건, 잠정적으로 보류된 것이건 어떤 특정한 개념성을 이미 결정하고 있다. 해석은 '앞서 잡음'에 근거를 두고 있는 것이다.

'어떤 것을 어떤 것으로서' 해석하는 것은, 본질적으로 '예지(豫持, 앞서 가짐)', '예시(豫視, 앞서 봄)', '예파(豫把, 앞서 잡음)'에 의거하고 있다. 해석이란 미리 눈앞에 주어진 것을 아무 전제 없이 파악하지는 않는다. 해석한다는 것을 특히 텍스트의 정확한 해석이라는 의미에서 구체화할 때 '그곳에 쓰여 있는 것'이 잘 배합되어 나오는데, 당장 '그곳에 쓰여 있는 것'이란, 실제로 당연히 아무 검토도 거치지 않은 해석자의 선입견일 수밖에 없다. 아무래도 해석을 시작하는 단계에 오면 이러한 선입견이 해석과 더불어 이미 '조정되어 있는 것'이며, 앞서 가짐, 앞서 봄, 앞서 잡음 속에 미리 주어진 것으로, 그 시도 속에 모두 포함되어 있는 것이다.

이 '앞서'라는 성격은 어떻게 파악해야 좋을까? 형식적으로 '아프리오리(선험적)'라 한다면 그것으로 해결될 것인가? 우리는 이해를 현존재의 기초적인 실존범주로 규정했는데, 이해에는 왜 이 구조가 갖추어져 있을까? 그리고 해석된 그 자체에 고유한 '으로서'의 구조는 이 '앞서'라는 구조에 어떻게 관계하고 있을까? 이 현상을 토막토막으로 분해할 수 없다는 것은 분명하다. 그러나 그렇다고 해서 이것을 근원적으로 분석할 수 없다는 것일까? 이런 현상을 '최후적인 것'으로서 그대로 감수해야만 할 것인가? 그렇다면 왜 그런가? 하는 의문이 여전히 남게 된다. 그렇지 않다면 이해가 지닌 '앞서'라는 구조와 해석이 지니고 있는 '으로서'라는 구조는 투사 현상과의 어떤 실존론적·존재론적 연관을 나타내고 있는가? 또 이 현상은 반대로 그것이 원인이 되어 현존재의 어떤 근원적인 존재체제를 시사하는 것일까?

이 같은 물음에 답하려면 이제까지 준비해 온 것만으로는 부족하지만, 그 물음에 답하기 앞서 다음 사항을 검토해야 한다. 즉 그것은 이해가 지닌 '앞서'라는 구조 및 해석이 지닌 '으로서'라는 구조로 보아온 것이, 그 자체가 이미 어떤 하나의 통일적 현상을 나타내고 있는 것이 아닐까 하는 점을 검토해야 한다. 본래 철학적인 문제를 논할 때 이것은 통일적인 현상이라는 점을 분명하게 말할 수 있지만, 이런 말투가 이만큼 널리 이용되려면 그 존재론적인 해명이 잘 대응하지 못하는 것이 현 실정이다.

이해에 의한 투사작용 속에서 존재자가 그 가능성을 열어 보이고 있다. 이 가능성이라는 성격은 그때그때에 이해된 존재자의 존재양식에 대응한다. 세계내부적인 존재자는 세계를 기반 삼아, 바꾸어 말하면 유의의성이라는 하나의 총괄에 의거해 투사되고 있다. 세계-내-존재로서의 배려는 그 유의의성에 포함된 다양한 지시 맥락 속에 처음부터 확립되어 있던 것이다. 세계내부적인 존재자가 현존재의 존재에 걸맞는 존재로서 발견되었을 때, 곧 완전히 이해되었을 때 우리는 '이 존재하는 것에는 의미가 있다'고 한다. 그러나 이해되는 것은 엄밀하게 해석하면, 의미가 아니라 존재자 내지는 존재이다. 뭔가를 알았을 때, 그 가능성이 의거하고 있는 바가 바로 의미이다. 이해하면서 열어 보이는 작용 속에서 분절될 수 있는 것, 이것을 우리는 의미라 부른다. 의미라는 개념에 포함된 것은 이해하면서 해석하는 것으로, 뭔가가 분절될 때 이 분절된 것에 반드시 갖춰져 있는 것이 형식적인 틀이다. 의미란 예지, 예시, 예파의 구조를 가진 투사의 기반이며, 그 기반에 의거해서 어떤 것이 어떤 것으로서 이해될 수 있다. 이해와 해석이 현존재의 실존론적 기구를 이루고 있는 이상, 의미는 이해에 속하는 개시성의 형식적 실존론적인 틀로서 파악되어야만 한다. 의미란 현존재의 하나의 실존범주이지, 존재자에 부착해 있다든지 존재자의 '배후'에 숨어 있다든지, 또는 '중간 영역'으로서 어딘가를 떠돌고 있는 그런 속성은 아니다. 의미를 '가지는' 것은 현존재뿐이다. 그것도 세계-내-존재의 개시성이, 그 속에서 발견될 수 있는 존재자에 의해 '충실(充實)해질 수' 있는 경우에만이다. 그러므로 오직 현존재만이 유의미하거나 무의미할 수 있다. 이것은 현존재의 고유한 존재와 이 존재와 더불어 개시되어 있는 존재자란 이해되고 받아들여질 수도 있지만, 이해되지 않고 닫혀버릴 수도 있다는 뜻이다.

'의미'의 개념을 이렇게 원칙적으로 존재론적·실존론적으로 해석하는 일을 고집한다면, 현존재와 다른 존재양식을 지닌 모든 존재자는 의미를 단절한 것, 본질적으로 의미 전반이 결여된 것으로 파악될 수밖에 없다. 여기서 '의미를 단절한'다는 것은, 가치평가로서가 아니라 하나의 존재론적 특성을 표현하고 있는 것이다. 그리고 의미를 단절한 것만이 반(反)의미적인 존재일 수 있다.

사물적 존재자는 현존재 속에서 만나게 되는 것으로, 예컨대 돌발적이며 파괴적인 자연변이(自然變異)와 같이, 현존재의 존재에 대해 이를테면 충돌할 수도 있다.

또 우리가 존재의 의미를 물을 경우, 이 고찰은 의미심장한 것도 아니고 존재의 배후에 있는 것을 무언가 이것저것 묻는 것도 아니며, 현존재가 이해할 수 있는 범위로 들어오는 한 존재 자체를 묻는 것이다. 존재의 의미라는 것을 존재자와 대립하는 것, 또는 존재자를 '근거'로 지탱하는 존재와 대립하는 것으로 생각해서는 안 된다. '근거'는 그것이 비록 무의미의 나락이더라도 어디까지나 의미로만 다가갈 수 있기 때문이다.

이해는 현(現)의 개시성으로서 언제나 세계-내-존재의 전체에 관계한다. 어떠한 형태로건 세계를 이해할 때는 반드시 실존도 함께 이해되고 있고, 반대 또한 그렇다. 나아가서 모든 해석은 앞에서 말한 '앞서'라는 구조 속에서 행해지고 있으며, 그곳에서 나오지 않는다. 대개 해석이란 이해를 성립시키기 위한 것인데, 자기가 해석하고자 하는 바를 이미 완전히 이해하고 있어야 한다. 이 사실은 이해와 해석의 파생적 방식의 여러 영역, 즉 문헌학적(文獻學的)인 해석에 국한되기는 했을망정, 늘 이미 주목해 왔다. 문헌학적인 해석은 학문적 인식의 영역에 속한다. 학문적 인식은 확실한 근거에 의한 엄밀한 입증을 요구한다. 학문적 증명을 하려면 근거를 들어 뭔가를 증명하려 할 때, 증명하고자 하는 바로 그 문제를 전제 삼아서는 안 된다. 그런데 해석이 이미 이해되고 있는 것 속에서 행해지고, 그곳에서 양분을 취할 수밖에 없다고 한다면, 어떻게 해석이 순환 속에서 맴도는 일 없이 학문적 성과를 가져올 수 있겠는가? 그곳에서 전제되고 있는 이해가 인정이나 세속적인 지견의 영역에 머문다면 더욱 그러하다. 그러나 순환은 논리학의 가장 기본적인 규칙에서도 악순환으로 되어 있다. 그래서 역사학적 해석의 임무는, 엄밀한 인식의 영역에서는 애초부터 추방되었다. 우리가 이해에 있어서 순환하며 맴도는 일을 없애지 않는 이상, 역사학은 엄밀성이 부족한 인식가능성에 만족하는 수밖에 없다. 우리는 역사학의 '대상'에 '정신적 의의'가 있으므로 그것이 이러한 결함을 조금이나마 보충하는 일이 허용되고 있다. 본래 역사학 연구자 스스로가 생각해도 이 순환론을 뛰어넘을 수는 없으며, 세상이 자연 인식에 대해 착각하는 것처럼, 관찰자의 견해에 좌우되지 않는 역사학을 만들어 내는 날이 언젠가 오리라 희망하는 쪽이 이상적이라 생각한다.

이 순환을 뭔가 나쁜 것으로 여기고 그것을 회피하기 위한 방법을 찾거나 또는 처음부터 그 순환을 피할 수 없는 불완전성으로만 '느낀다'는 것은, 이미 그만큼 이해한다는 것을 근본부터 오해하고 있음을 의미한다. 중요한 것은 이해와 해석을 어떤 특정한 인식이상(認識理想)에 동화시키려는 것이 아니다. 그러한 인식이상도 실은 이해에서 유래하는 것이며, 객체적 존재자를 본질적으로 이해에 익숙하지 않은 그 존재양태 그대로 파악하려고 하는 그 나름의 정당한 과제 속으로 파고든 하나의 변종에 지나지 않는다. 해석 활동을 가능케 하는 여러 근본조건을 충족시키는 요건은, 오히려 해석의 본질적인 수행조건에 대해 미리 오인하지 않아야 한다는 점에 있다. 결정적인 일은 순환(악순환) 속으로부터 탈출하는 것이 아니라, 순환(악순환) 속으로 올바른 방법을 통해 파고드는 일이다. 이해의 이러한 순환은 임의의 인식양식이 당당하게 순환하고 있다는 말이 아니다. 그것은 현존재 자체의 실존론적인 '앞선 구조'의 표현이다. 이 순환이 어쩔 수 없는 필요악일지라도 뭔가 나쁜 것으로 끌어내려서는 안 된다. 이 순환 속에는 가장 근원적인 인식을 성립시키기 위한 하나의 적극적인 가능성이 숨겨져 있다. 본래 해석은 '예지', '예시', '앞서 잡음'을 그때마다 즉흥적 생각이나 통속적 개념에 의해 미리 받아들이는 것이 아니라, 상황 그 자체 속에서 완성해 감으로써 학문적 주제를 확보해야 한다. 이것이 해석의 시작이며, 일관되게 변하지 않는 그리고 마지막 과제임을 이해해야만 순환이 갖추고 있는 그 적극적인 가능성을 진정으로 파악할 수 있다. 이해는 그 실존론적 의미로 말하자면, 현존재 자체의 존재가능성을 말하는 것이므로, 역사학적 인식의 존재론적인 모든 전제는 가장 정밀한 모든 과학의 엄밀성이라는 이념을 원리적으로 초월하고 있다. 수학은 역사학보다 더 엄밀하지는 않다. 다만 수학에서 중요한 실존론적 기초 범위가 역사학의 경우보다 협소할 따름이다.

이해에 있어서의 '순환'은 의미의 구조에 속해 있는 것으로, '순환'이라는 현상은 현존재의 실존론적 체제이며, 해석을 수반하는 이해에 뿌리를 두고 있다. 세계-내-존재로서 자신의 존재 자체와 관련되어 존재한다는 것은, 하나의 존재론적인 순환구조를 갖추고 있다. 그러나 '순환'이 존재론적으로는 '눈앞에 있는 것(성립 내용)'이라는 존재양식(존립)에 속한다는 점에 주의한다면, 이 현상으로 현존재와 같은 자의 존재론적 성격을 규정하는 일은 일반적으로 피해야 할 것이다.

33 해석의 파생적 양태로서의 진술

모든 해석은 이해에 바탕을 두고 있다. 해석 속에서 분절(分節)된 것 자체와, 그런 이해 속에서 대체적으로 분절될 수 있는 것으로 어렴풋하게 윤곽을 나타내고 있는 것이 의미이다. 진술(판단)이 이해에 바탕을 두는 동시에 해석의 한 파생적인 수행형식(遂行形式)을 표시하는 이상, 진술 또한 의미를 '갖게' 된다. 그러나 이 의미란 판단에 곧바로 응해서, 판단을 내리는 일과 나란히 출현한다고 정의할 수는 없다. 당면한 연관에 있어서 진술을 분명하게 분석하는 데에는 몇 가지 목적이 있다.

첫째로, 이해와 해석을 구성하고 있는 '으로서'라는 구조가 어떤 방법으로 변화해 가는가를 검증할 수 있다. 이로서 이해와 해석은 더욱더 강한 빛을 받게 된다. 둘째로, 기초적 존재론의 문제성 제기의 범위 안에서 진술에 대한 분석은 하나의 두드러진 위치를 차지하고 있다. 그 까닭은 고대존재론(古代存在論)의 결정적인 초창기에, 로고스(이성적 이야기)가 본래적인 존재자에게 접근해 오는 이 존재자의 존재를 규정하기 위한 유일한 길잡이로서 그 진술에 대한 분석 기능을 수행하고 있었기 때문이다. 끝으로 진술은 예부터 진리가 깃들어 있는 본래의 '장소'로 생각해 왔다. 이 진리, 진실이라는 현상은 존재문제와 밀접하게 관련되어 있으며, 본서의 고찰도 앞으로의 전개 속에서 진리 문제와 부딪힐 수밖에 없다. 그래서 우리의 고찰은 명시적인 형태는 아니더라도 이미 진리문제의 차원 속에 서 있다. 그래서 진술에 대한 분석은 이 문제구조 준비의 한 단면을 맡게 될 것으로 기대하고 있다.

이하에서 우리는 '진술'이라는 명칭에 세 가지 의의를 부여할 것이다. 그 세 가지는 진술이라는 명칭에 의해 표시된 현상으로부터 이끌어 낸 것으로서 서로 연관되어 있으며, 이 삼자(三者)의 통일에서 진술의 구조 전체 범위를 남김없이 정의할 것이다.

1. 진술은 일차적으로 제시(提示)를 의미한다. 이 진술은 아포판시스(꺼내 보

이는 것), 즉 '존재하는 것을 그 자신 측에서 볼 수 있게 하는 것'으로 로고스의 근원적인 의미가 견지되어 있다. 예컨대 '이 망치는 너무 무겁다'라는 진술에서, 시야(視野)에게 발견된 것은 '의미'가 아니라 그 도구적 존재성이라는 존재양식에 있어서의 존재자이다. 또한 이 존재자(망치)를 잡을 수 있는, 또 볼 수 있는 거리에 있지 않을 때도, 그러한 말에 의해 뭔가를 제시할 때, 그곳에서 말해지고 있는 것은 존재자 그 자체이지 그에 대한 단순한 표상이 아니다. 이를테면 단순히 표상된 것이라든가 진술하는 사람의 심리적 상태, 이 존재자를 표상하는 기능을 말하는 것이 아니다.

2. 진술은 '단정(斷定)한다'는 것을 의미한다. 하나의 '주어'에 대해 하나의 '술어'가 '진술'되며, 주어가 술어에 의해 규정된다. 진술의 이러한 의미에 의해 진술되는 사물은 결코 술어가 아니며, '망치 자체'이다. 이와 반대로 진술자, 즉 규정하는 것은 '너무 무겁다' 쪽이다. 진술의 이 두 번째 뜻에서 진술된 것, 곧 규정된 사물 그 자체는 진술이라는 명칭의 첫 번째 의미에서 진술된 것에 비해 내용적으로 협소해진 셈이다. 어떠한 단정도 그것이 단정인 까닭은 무엇인가를 제시(提示)하기 때문이다. 진술의 두 번째 뜻은 첫 번째 의미를 기초로 하고 있다. 단정에 의해 주어와 술어로 분절되는데, 어느 항목이나 사물을 제시하는 속에서 생겨난다. 이러니저러니 규정함으로써 비로소 발견하는 것이 아니다. 규정하는 것도 사물을 제시하는 양태이다. '보는 일', 즉 '자기를 표시하는 것(망치)' 그 자체로 제한하고, 뒤이어 시선의 제한을 다시 완화시키는 것으로, 그 나타난 것이 이러이러하다고 규정된 형태로 다시 뚜렷한 모양이 되게 하는 것이다. 규정하는 작용은 이미 나타나 있는 것, 여기서는 너무 무거운 망치에 직면해서 우선은 한 걸음 후퇴한다. '주어설정(主語設定)'은 존재자를 '거기에 있는 망치'라고 제한하고, 뒤이어 제한을 풀어줌으로써 이 드러나 있는 것을 이러이러하게 규정된 도구로 보이게 하는 것이다. 주어설정이건 술어설정이건, 또는 주어에 술어를 덧붙이건 간에 모두 철저하게 언어의 엄밀한 의미에서 '명제적(命題的)'이다.

3. 진술은 전달, 공언(公言)을 의미한다. 이 전달로서의 진술은 첫째 및 둘째 의미에 있어서의 진술과 직접적으로 관련된다. 전달이란 규정한다는 방식에 있어서 제시된 것을 타인에게 함께 보게 하는 것이다. 함께 보게 한다는 것은

그 규정된 형태로 부각시킨 존재자를 타인과 함께 나누는 일이다. '나누어지는' 존재자란 제시된 존재로서 모두가 그 존재를 함께 보게 되는 존재이다. 무언가를 함께 본다는 그 존재양태 또한 세계-내-존재라는 점, 부각된 것이 그곳에서 모습을 드러내고 그와 같은 세계 속에 존재하는 것임을 확인해야 한다. 전달을 이처럼 실존론적 의미로 해석하고, 진술이 그와 같은 전달에 의한 공유라고 말할 때, 그곳에는 겉으로 드러내 말한다는 것이 포함된다. 전달을 통해 공유되는 것으로 부각되고 규정된 존재자에게 스스로 접촉하거나 볼 수 있을 만큼 가까이 있지 않은 타인들도 진술된 사항을 진술한 자와 '서로 나눌' 수 있다. 진술된 것은 '더 설명될' 수도 있다. 보고 서로 함께 나누면서, 전달하는 범위는 확대되어 간다. 그러나 동시에 그처럼 말로 전해지면서 제시되어야 할 사항이 오히려 또다시 은폐되어 버릴 수도 있다. 비록 그같이 전해 듣는 진술 속에서 생기는 지식도 여전히 그 존재자 자체를 염두에 두고 있는 것이며, 유통되어 '타당한 의미'를 '긍정하는' 것은 아니다. 전해들은 것을 말하는 것도 역시 세계-내-존재이며, 전해들은 사항과 관련된 존재임에 틀림없다.

　오늘날에 있어 '타당'한 현상으로 방향을 정한 '판단' 이론에 대하여 여기서 상세히 논할 생각은 없다. '타당'이라는 이 현상은 로체 이래로, 더 이상 환원될 수 없는 '근원적 현상'으로써 즐겨 말하고 있는데, 이 '타당' 현상에는 여러 가지로 의문점이 있다고 지적해 두는 것만으로 충분하다. 이 '타당이라는' 현상이 그 같은 의심을 받는 것도, 이 현상이 존재론적으로 명료한 형태로 정리되지 못했기 때문이다. 타당이라는 우상(偶像)적인 어휘 주위에 기생(寄生)하고 있는 '문제성'도 그에 못지않게 불투명하다는 점이다. 첫째, 타당은 '현실성의 형식'을 뜻하지만, 이 '형식'은 판단내실(判斷內實)이 가변적인 '심리적' 판단과정에 대해 불변적(不變的)으로 성립해 있는 이상, 그 판단내실로 귀속한다고 한다. 즉 '타당'이란 '형식' 및 '형상'이며 그에 한해 '이념적인 존재'가 되는데, 이 《존재와 시간》 서론에서, 존재문제 일반 현상으로 보아 '타당'이 존재론적인 명료성에 의해 '이상적 존재'로서 특기(特記)된다는 것은 거의 기대할 수 없는 일이다. 타당은 동시에 판단 의미가 그곳에서 논해지고 있는 '대상'에 대해서도 타당하다고 할 때의 타당이라는 의미도 있고, 그럼으로써 객관적 타당성이라든가 객관성 일반이라든가 하는 의미가 된다. 이같이 존재자에 대해 '타당하며',

그것 자체로서 '무시간적'으로 타당하다는 것인데, 한 걸음 나아가서 이성적으로 판단하는 자 누구나가 타당하다는 의미에서 '타당'하다. 그러니까 타당이란 구속성(拘束性), '보편타당성(普遍妥當性)'을 의미한다. 그뿐만 아니라 주관이 만일 '본래' 객관으로 '나아가는' 일이 없다고 주장하는 비판적 인식론(批判的 認識論)을 지지한다면, 타당성은 객관에 의한 타당, 즉 객관성으로서의 타당성, 진정한(!) 의미의 타당적 성립내용(존립)에 기초를 두게 된다. '타당하다'는 말에 대해 밝혀진 세 가지 의미, 이념적인 존재의 존재방식, 객관성 및 구속성은 그 자체로서는 불투명할 뿐만 아니라, 서로 끊임없이 언제나 얽혀 있다. 방법적으로 신중하려면 이러한 불투명한 개념을 해석·검토의 길잡이로서 택하지 않기를 바란다. 의미라는 개념을 미리 '판단내실'이라는 의미로 제한하는 것이 아니다. 그 개념을 우리가 이해하는 것은 아래와 같이 이해에 의해 열어 보여질 수 있다. 이해로서 열어 보여주고 해석으로 분절될 수 있는 것, 그 형식적인 틀이 애당초 보여주는 것은 의미라는 실존론적인 현상에서라고 앞서 서술했는데, 우리는 의미를 그러한 실존론적 현상으로 이해한다.

우리가 '진술'에 대한 분석에서 얻은 세 가지 의미를, 그 전체적인 현상을 통일적인 시선 속에서 정리해 본다면, '진술이란 전달하고 규정하면서 제시하는 것이다'라고 정의된다. 본래 우리는 진술이란 해석이 그 모습을 바꾼 것이라 서술했는데, 도대체 무슨 이유로 진술을 해석의 양태로 파악할 수 있는가 하는 점을 물을 필요가 있다. 진술이 그러한 것이라면, 그곳에서도 역시 해석의 본질적 구조가 모습을 드러내야 한다. 진술이라는 형태로 뭔가를 제시할 때 이해에서 이미 개시되어 있는 것, 또는 둘러봄으로써 발견되는 것에 의거해 제시를 수행한다. 진술이란 자기 쪽으로 맨 먼저 열어 보일 수 있는 그런 허공에 뜬 방식이 아니라, 이미 언제나 세계-내-존재라는 토대 위에 자리잡고 있다.

세계인식과 관련해서 표시되는 일은[8] 진술에서도 똑같이 해당된다. 진술은 본래 열어 보여진 것을 '예지'할 필요가 있고, 그렇게 열어 보인 것을 이러이러하다고 규정함으로써 제시한다. 또한 이러이러하다고 규정하는 데 주어나 술어를 설정하려 할 때, 그곳에는 이미 진술되어야 할 것(망치)을 목표로 하는 주

---

8) 본서 제13절 참조.

시(注視)가 포함되어 있다. 눈앞에 주어져 있는 존재자로 목표를 정할 때 어느 쪽을 바라보고 있는가 하는 방향성이 그 존재자를 규정하는 단계에서 규정자로서 역할을 계승한다. 존재자로부터 술어가 될 만한 특성을 부각시키는 동시에, 그 존재자에게 그러한 특성이 있다고 하여 이 특성을 그것에 할당하게 되는데, 그와 같은 술어는 그 존재자 자체 속에 막연하게나마 갇혀 있다. 진술에는 그것을 풀어주는 '예시'가 필요하다. 진실이 이것은 이러이러하다고 규정하고 전달하는 데는 그에 의해 부각된 것을, 거기에 포함된 의미가 확실히 드러나도록 분절해 가는 것이 포함된다. 진술은 늘 일정한 개념 구조 속에서 수행된다. 이 '망치는 무겁다' '무게는 이 망치에 귀속한다' '망치는 무게라는 속성을 지닌다' 등등이다. 진술 속에는 아직 명확한 개념에 의해 파악되지 않은 '앞서 잡음'이 늘 포함되어 있는데, 언어는 그 속에 언제나 이미 하나의 완성된 개념 구조를 감추고 있으므로 그 앞서 잡음은 대부분 눈에 띄지 않는다. 진술은 해석 일반과 마찬가지로 실존론적 기초는 예지(미리 가짐), 예시(미리 봄), 예파(앞서 잡음)에 있다.

그러나 어떤 이유로 진술은 해석의 '파생적' 양태가 되었을까? 해석의 무엇이 모습을 바꾼 것일까? 진술의 극단적인 사례에서 단서를 찾아본다면 그 변한 모습을 다시 부각시킬 수 있겠지만, 그러한 사례는 논리학에서는 보통의 사례, '가장 단순한' 진술현상의 예로서 기능을 수행한다. 논리학이 극단적 가정을 하여 예컨대 '이 망치는 무겁다'고 한 정언적(定言的) 진술명제(陳述命題)에 관해서 주제로 삼을 때, 논리학은 아무 분석 없이 이 문장을 애초부터 '논리적'으로 이해하고 있다. 조사하지도 않고 이 명제의 '의미'로서 이미 전제되어 있는 것은, '망치라는 사물에는 무게라는 성질이 있다'는 점이다. 배려하여 둘러봄에는, 이러한 진술 내용은 '우선' 없다. 그 같은 둘러봄에도 독특한 해석 방법이 있는데, 앞에서 말한 '이론적' 판단과 관련시킨다면, '이 망치는 너무나 무겁다' 또는 차라리 '너무 무겁다', '다른 망치 좀!' 그렇게 표현할 수 있다. 근원적 해석은 이론적 진술명제에서가 아니라, '한마디도 누설하지 말고' 단지 부적당한 작업도구를 있는 그대로 둘러보고 또 배려하면서 옆으로 비켜 놓아보기도 하고, 조심스레 바꿔보기도 하는 일을 하는 데 있다. 말로 표현하지 않았다 해서 해석도 하지 않는다고 생각해서는 안 된다. 한편 주변을 둘러보는 가운데 해석이 말로 표현되었다고 해서 반드시 정의된 의미에서의 진술이라 할 수는 없다. 그럼 둘러봄에 의한 해석에서 어떤 실존론적·존재론적 변모를 통해 진술이 생겨나는 것일까?

예지 속에서 유지되고 있는 존재자, 예컨대 망치는 처음부터 도구로서 손안에 존재하고 있다. 이 존재자가 어떤 진술의 '대상'이 될 때, 진술의 시작과 함께 미리 짐작하는 가운데 하나의 전환이 일어난다. 이 손안에 있고 우리가 그와 관련되거나 그것으로 뭔가 정리했다는 것은 '그것에 대하여' 진술하고 부각시킨 것이 된다. 앞서 가지고 있는 도구적 존재자에 대해 하나의 눈앞의 사물을 목표로 삼는다. 가만히 보는 것을 통해, 또 그처럼 가만히 보는 견해로, 도구적 존재자가 도구적 존재자로서 가려지고 은폐된다. 이처럼 손안의 존재성을 덮어버리면서 눈앞의 존재성을 발견하는 작용의 범위 내에서 불쑥 나타나는 객체적 존재자는 이러저러하게 눈앞에 있는 존재양태로 규정되게 된다. 여기서 비로소 성질이라는 것에 접근하는 통로가 열리는 셈이다. 진술이 객체적 존재자를 이러저러한 것으로서 규정할 때 그 존재는 객체적 존재자 자체로부터 얻어진다. 해석의 '으로서=구조'가 하나의 변화된 양상을 얻는 것이다. 그러한 '으로서'는 이해된 것을 미리 자기 것으로 만드는 기능을 갖지만, 그때는 이미 적소전체성(適所全體性)에까지 손을 뻗는 일은 하지 않는다. 환경세계 고유의 세계성은 유의의성의 다양한 지시관련으로 구성되어 있는데, 이 '으로서'는 그곳에 있는 것을 주어와 술어로 분절해 가는 가능성에서 이 환경세계로부터 단절되어 있다. 그러한 '으로서'는 단순히 눈앞의 것을 보유하는 균등한 평면 속으로 밀려난다. 그리고 눈앞의 것을 '규정하면서 단지 보일 뿐'이라는 구조로 하락한다. 둘러보기에 의한 해석의 근원적인 '으로서'를, 눈앞의 것에 대한 존재성 규정의 '으로서'로 이렇게 평준화하는 것이 진술의 이로운 특색이다. 진술은 이렇게 해야 비로소 순수하게 관망하면서 제시하는 가능성을 획득한다.

이렇게 생각하면 진술이 존재론적으로는 이해하고 해석하는 작용에서 유래한다는 것은 부정할 수 없다. 주변을 둘러보고 이해하고 해석하는 것(헤르메네이아)에 갖춰져 있는 근원적인 '으로서'를, 즉 실존론적·둘러보기에 의한 해석이라는 근원적인 '으로서'를 우리는 진술의 명제적인 '으로서'와 구별해 실존론적=해석학적인 '으로서'라고 명명한다.

배려하면서 이해하는 작용 중에서 아직 완전히 은폐되어 있는 해석과, 눈앞에 있는 것에 관한 이론적 진술이라는 극단적인 그 반대 예와의 사이에는 몇 겹의 중간단계가 있다. 환경세계에서 생겨난 사건에 관한 진술, 손안의 것에 대한 묘사, '상황보고(狀況報告)', '실정'의 기록과 확정, 상황의 기술, 돌발사의 설명 등이다. 그러한 '명제'가 이론적인 진술명제로 오면 그 의미가 본질적으로 전도되어 버린다. 그러한 명제는 이론적인 진술명제와 마찬가지로, 그 '기원(起源)'을 주변을 둘러보는 해석 속에 가지고 있다.

로고스 구조의 인식이 전진함에 따라서, 명제적인 '으로서'라는 이 현상이 어떤 형태로 시선 속으로 들어왔다. 이 현상이 먼저 알아챈 존재양식은 우연적인 것이 아니며, 따라서 그 뒤 논리학의 역사에도 영향을 끼치게 되었다.

철학적 고찰을 위해서 로고스 자신이 하나의 존재자이며, 게다가 고대존재론(古代存在論)의 방향을 따르자면 하나의 '눈앞의 존재자'인 것이다. 처음부터 눈앞에 있는 것, 즉 사물과 마찬가지로 눈앞에서 볼 수 있는 것은 여러 가지 어휘이며 어휘의 연결이다. 그런데 이 어휘와 어휘의 연결 속에서 로고스가 말로 표현되고 있다. 이와 같이 눈앞에 있는 로고스의 구조를 조사해 보면, 최초 탐구의 여러 말들이 모여서, 사물이 눈앞에 있다는 것을 재발견한다. 무엇이 이 연결의 일체성을 만들어 내는가. 플라톤이 인식한 바, 그 일체성은 로고스가 언제나 '어떤 사물에 대한 로고스'라는 점에 있다. 로고스 속에서 드러나 있는 존재자를 바라보면서, 여러 어휘들이 하나의 말 전체로서 합성된다. 아리스토텔레스는 한층 근본적으로 표현했다. '모든 로고스는 종합인 동시에 분석이다.' 이를테면 어느 한쪽이 긍정적 판단이고 다른 한쪽은 부정적 판단이라는 의미는 아니다. 모든 진술은 긍정적이든 부정적이든, 참이든 거짓이든 똑같이 근원적으로 대신 통합하는 일인 동시에 분리하는 일이다. 물론 아리스토텔레스는 이 분석적인 물음에서 한 걸음 더 나아가, 로고스의 구조에 합의된 어떠한 현상이건 모든 진술은 통합하고 분리한다고 규정할 것을 허용 또는 요구할 것인가 하는 물음에까지 이르지는 못했다.

'결합'과 '분리'라는 형식적인 구조에 의해, 보다 정확하게 말하자면 양자의 일체성이라는 점에서 아리스토텔레스가 알고자 했던 것은, '뭔가를 이러이러한 것으로'라는 현상이다. 이 구조에 따라 뭔가는 뭔가에 의해 이해된다. 더구나 그때 그와 같이 이해하면서 대조하는 것은, 이해하면서 분절하고, 취합한 것을 동시에 분리한다. '⋯⋯으로서'의 현상이 은폐된 채 있다면, 더구나 해석학적인 '으로서'로부터 출발하는 그 실존론적 근원에 있어서 은폐된 채 있다면 아리스토텔레스가 로고스의 분석을 위해 수립했던 현상학적 실마리는 붕괴하고, 판단을 표상과 개념의 결합 및 분리로 보는 표면적인 '판단론'으로 전락해 버린다.

이렇게 되면 결합과 분리는 더 형식화되어 그저 그런 '관계'가 되고 만다. 기호논리학에서 판단은 '귀속'의 체계로 해소되고, '계산'의 대상은 되지만 존재론적인 해석의 주제가 될 수는 없다. '결합'하고 '분리'한다는 것과 판단 일반에 있어서의 '관계'에 대해 분석적으로 이해할 수 있는가 없는가는, 원칙적인 존재론적 문제구조의 그때그때 수준과 긴밀하게 결부되어 있다.

이 존재론적 문제구조는 로고스를 둘러싼 해석에 실제로 많은 영향을 미치며, 거꾸로 또 그것이 기묘하게 반전하는 형태로 '판단'의 개념도 존재론적 문제구조 속에서 깊이 영향을 미치고 있다. 상호 영향 관계가 얼마나 중대한가는 '연어(連語)'라는 현상이 보여주고 있다. 연어라는 이 '유대(紐帶)'에서 우리는 먼저 종합구조가 뻔한 것으로 설정되고, 그것이 로고스의 해석상에서 기준으로 계속 유지해 왔음을 읽어낼 수 있다. 본래 '관계'와 '결합'이라는 형식적 성격이 현상적으로 구체적인 내실을 수반하는 로고스라는 구조분석에 아무 도움이 안 된다면, 연어(코풀라)라는 명칭이 지적하는 현상도 유대나 결합과는 아무런 관계가 없는 셈이 된다. 그러나 그렇다고 한다면 '⋯⋯이다'와 그 해석은, 언어적으로 명확하게 말해지느냐, 또는 단순히 동사 어미의 형태로 시사될 뿐인가는 문제 삼지 않더라도, 진술이나 존재이해가 현존재 자체의 실존론적인 존재가능성일 경우에는 실존론적 분석작업의 문제연관 속으로 들어올 수 있게 된다. 존재문제에 대한 검토를 하다 보면(제1부 제3편[9] 참조), 결국 로고스에 함유된 이 특유한 존재현상과 다시 부딪치게 되기도 할 것이다.

여기서 당면 과제는 진술이 해석과 이해로부터 파생한 것임을 증명하고, 로고스의 '논리학'이 현존재의 실존론적 분석작업에 뿌리내리고 있음을 분명히

---

9) 제1부 제3편은 한 번도 출간된 적이 없다.

하는 일이었다. 로고스의 해석이 존재론적으로 불충분하다는 것을 확인했고, 동시에 고대존재론이 육성된 방법적 토대도 근원적인 것이 아니라는 점을 예리하게 통찰하게 되었다. 로고스는 그 자체가 하나의 눈앞의 것으로 경험하게 되고 또한 눈앞의 존재자로 해석되고 있다. 마찬가지로 로고스가 제시하는 존재자도 '눈앞에 있는 것'을 뜻한다. 눈앞에 있는 것으로서의 존재의미는, 그 자신, 존재, 있다는 것을 제외한 여러 가능성에 대해 두드러진 적이 없고, 그 때문에 형식적인 어떤 것=존재라는 의미에서 융합되어, 이 양자의 순수한 영역적 구별조차도 획득될 수 없었다.

34 현-존재와 이야기. 언어

'현(現)'의 존재, 즉 세계-내-존재의 열어 보이는 성질을 구성하는 기초적인 실존범주(實存範疇)는 심경과 이해이다. 이해는 해석의 가능성, 곧 이해된 바를 자기 것으로 하는 가능성을 포함하고 있다. 심경은 그것이 이해 작용과 똑같이 근원적인 이상, 어떤 이해 속에 자리해 있다. 그렇게 되면 역시 심경에도 그에 대응하는 어떤 해석가능성이 갖춰지게 된다. 우리는 진술이 해석의 하나의 극단적인 파생태(派生態)임을 부각시켰다. 진술의 세 번째 의미가 전달(이야기함)임을 명확히 한 점에서, 우리는 사물을 이야기하거나 말하는 것이라는 개념을 세웠다. 이 개념에는 지금까지 주목하지 않았지만, 그것은 의도적으로 그렇게 해왔던 것이다. 오늘에 이르러 비로소 언어를 주제로서 받아들인 것은, 이 현상이 현존재의 열어 보이는 성질에 의거한 실존론적 체제에 뿌리를 두고 있음을 시사하기 때문이다. 언어의 실존론적·존재론적 기초는 이야기이다. 우리는 이 이야기의 현상에 대해 지금까지 심경성(心境性), 이해, 해석 및 진술을 해석하는 가운데 이미 언제나 이 현상을 이용해 왔는데, 주제적 분석(主題的分析) 안에서는 이것과 접촉하는 것을 억제해 왔던 것이다.

이야기(Rede)는 심경 및 이해와 함께 실존론적으로는 등근원적이다. 이해가능성은 해석이 그것을 스스로 명확하게 받아들이기 전부터 늘 이미 분절(分節)되어 있다. 이해가능성을 분절하는 것이다. 그러므로 해석과 진술의 뿌리에는 이미 이야기가 내재되어 있다. 해석 속에서, 더 근원적으로는 이야기 속에서 분절 가능한 것 자체를 우리는 의미라고 불렀다. 이야기에 의한 분절로 분절되어 생긴 것 자체를 우리는 의의전체(意義全體)라고 부른다. 이 의의전체는 여러 가지 의미로 분해된다. 그 의미는 분절 가능한 것이 분절된 것이므로 언제나 의미를 띤다. 이야기란 '현(現)'이라는 자리에 있던 이해가능성이 분절된 것이며, 또 열어 보이는 성질의 근원적인 실존범주이다. 이 열어 보이는 성질이 세계-내-존재에 의해 일차적으로 구성되어 있다면, 그 이야기도 본질상 하나의 특수한 세계로서의 존재양식을 가지고 있을 게 틀림없다. 세계-내-존재의 심경적인 이해가능성은 이야기로서 겉으로 드러내 말하게 된다. 이해가능성을 구성하는 의미 전체는 말이 된다. 개개의 의미에 말이 실제로 나오게 되는 것이다. 그러나 개개의 단어라는 것이 먼저 있다고 해서 그것들에 의미가 부여되는 것은 아니다.

이야기가 말로 표현되는 것이 언어(Sprache)이다. 이야기는 그러한 말의 통합이라는 형태로 어떤 고유의 '세계적' 존재양상을 지니고 있는데, 이 말의 통합은 하나의 도구적 존재자처럼 어떤 세계내부에서 존재자로서 눈앞에 보여지게 된다. 이 언어가 분쇄되고 개개의 단어가 저마다 하나의 눈앞의 존재자가 되어 흩어지기도 한다. 이야기는 실존론적으로 언어이다. 왜냐하면 그 이야기가 열어 보이는 성질을 의의에 맞게 분절하는 그 존재자는, 피투적으로 세계 속으로 던져진, '세계'에 의존하고 있는 세계-내-존재라는 존재양식을 가지고 있기 때문이다.

이야기는 현존재의 열어 보이는 성질에 의한 실존론적 기구로서, 현존재의 실존을 구성하는 하나의 계기이다. 이야기가 언어로서 말해질 때 그곳에는 '듣는다는 일'과 '침묵한다는 일'이 가능성으로 속해 있다. 실존의 존재론적 체제에 대한 이야기가 완수하고 있는 구성적인 기능도, 이러한 현상에서 생각하지 않는 한 전면적으로 명확해질 수 없다.

무엇보다 중요한 것은 이야기 자체의 구조를 완성해 그 윤곽을 부각시키는 일이다.

이야기란 공동존재가 속해 있는 세계-내-존재의 이해가능성을 '의미가 되도록' 분절하는 것이다. 저마다 특정 방식으로 배려하면서 서로 함께 있는 존재 양상을 자신의 거처로 삼고 있다. 이 상호공존성은 보증하고, 거절하고, 요구하고, 경고하는 일로써 발표하거나 의논하거나 중재하거나 하며, 또는 '증언'

이나 '연설'이라는 방식으로 이야기를 한다. 말한다는 것은 무엇에 관한 이야기이다. 이야기가 말하고자 하는 이 무엇인가에 대해 반드시 규정적인 진술의 주제라는 성격을 띠지 않으며, 대략적으로도 갖고 있지 않다. 명령도 무엇에 관해 내려지는 것이고, 소망도 그 무엇에 관해 바라는 것이다. 중재도 이 '무엇인가에 대해'서가 빠져서는 안 된다. 이야기는 필연적으로 '그 무엇에 대하여'라는 구조요소(構造要素)를 지니는데, 그 이유는 이야기가 세계-내-존재의 열어 보이는 성질을 구성하는 하나의 계기이며, 그것을 구조로 해 현존재의 근본기구를 통한 윤곽이 결정되기 때문이다. 이 '무엇인가에 대해' 즉 이야기가 '이 무엇인가라는' 식으로 받아들인 사항은, 늘 어느 특정한 관점에서 특정한 한계 내에서 화제가 되어 있다. 이야기에는 각각 어떤 말해지고 있는 것 자체가, 곧 그때그때의 무엇인가에 관한 바람, 물음을 던짐, 의견이 있고 말하고 있는 것 자체가 담겨 있다. 이렇게 말해진 내용을 통해 이야기는 전달되는 것이다.

전달이라는 현상은 이미 진술에 대해 분석할 때 언급했듯이, 존재론적으로 넓은 의미로 이해되어야 한다. 진술에 의한 전달, 이를테면 뭔가를 알리는 것은 그 특별한 사례의 하나로 실존론적 의미를 원론적으로 해석해서 전달한 특수한 형태이다. 이해하면서 서로 함께 있다고 하는 상호공동존재는 넓은 의미의 전달에서 분절되고 구조화된다. 이것이 분절되는 것으로, 공동의 심경성 및 공동존재의 이해의 '서로 함께 나눔'이 행해진다. 전달이란, 예컨대 견해라든가 소망이라든가 하는 모든 체험을, 한 사람의 주관(主觀) 내면으로부터 다른 사람의 주관 내면으로 옮겨놓음을 의미하는 것이 결코 아니다. 공동현존재는 그 본질부터 공동의 심경이나 공동의 이해 속에 이미 노출되어 있다. 공동존재는 이야기에서 다시 '명시적으로' 서로 나뉜다. 즉 공동존재는 이미 존재하고 있지만, 포착되지도 자기 것이 되지도 못한 공동존재이며, 그에 한해서 나누어져 있지 않다.

그 무엇에 대한 이야기는 모두 이야기에 의해 말해지는 것에 의해 전달되고 동시에 속마음을 털어놓는다는 성격을 지니고 있다. 현존재는 말하는 것으로 자기를 밖으로 드러낸다. 말하는 것으로 자기를 밖으로 드러내는 것은 이 현존재가 미리 외부로부터 격리되어 있는 '내부'이기 때문이 아니라, 세계-내-존재로서 이해하면서 이미 '외부'에 있기 때문이다. 말해지는 것은 이 바깥에 있는 존재양태 즉 그때마다 어떤 모습으로 있는가 하는 심경성(기분)의 모습인데, 앞서 말한 것처럼 이 심경성은 내-존재가 완전히 열어 보임과 관련되어 있다. 그에 따라 내-존재가 심경적으로 어떤 모습인지를 스스로 알고 있는 면이 함의되어 있고, 그것을 알리는 언어적 지표로서 소리의 억양, 어투, 논술의 속도, '말하는 태도' 등이 있다. 심경의 다양한 실존론적 가능성을 타인에게 전달하는 것은, 다시 말해 실존의 개시는 '시적(詩的)'인 이야기의 고유한 목표가 될 수도 있다.

이야기는 세계-내-존재의 심경적 이해가능성을 의미적으로 판단할 수 있게 분해하는 것이다. 이야기에는 구성적(감정적 소재들)인 여러 요소로서의 이야기 대상, 이야기한 사항 자체, 전달 및 표출이 있다. 이들은 단순히 경험적으로 언어에서 긁어모은 특성들이 아니라, 현존재의 존재구성에 바탕을 두고 있는 실존론적 성격이며, 이 성격이 비로소 언어를 가능하게 한다. 어떤 특정한 이야기의 사실적인 언어 형태 속에는 이러한 계기 가운데 어떤 것이 결여되어 있거나 또는 존재해도 느끼지 못하기도 한다. 이런 것이 때때로 '언어로서' 표현되지 않는다는 것은 단지 그 이야기가 특정한 양식임을 나타내는 지표에 지나지 않으며, 이야기는 그것이 존재하는 이상, 어떤 이야기도 위에 열거한 일련의 구조를 그 전체로 갖추고 있어야 한다.

'언어의 본질'을 포착하려는 시도는 언제나 이들 실존론적 요소(소재) 가운데 어느 하나로 방향을 잡고, 언어를 각각 '표현', '상징 형식', '진술'로서의 전달, 체험의 '표명' 또는 삶의 '형성' 등의 이념을 이끌어 내는 길잡이로서 파악해 왔다. 그러나 이러한 여러 규정의 단편을 절충적으로 맞추어 보아도 언어에 대한 완전하고 만족할 만한 정의는 아무것도 얻을 수 없을 것이다. 중요한 것은 무엇보다도 이야기 구조의 존재론적·실존론적인 구조 전체를 현존재 분석작업의 기초 위에서 개발하는 일이다.

이야기가 이해작용 및 이해가능성과 어떻게 연관되어 있는지는, 이야기 자체에 속하는 실존론적 가능성, 즉 듣기로 인해서 분명해진다. 우리가 '올바르게' 들을 수 없었을 때 '이해할 수 없었다'고 말하는데, 그것은 우연이 아니다. 듣기는 말하는 것을 구성한다. 그리고 언어적인 발성이 이야기에 기초를 두고 있듯이 청각에 의한 지각도 듣기에 바탕을 두고 있다. 무엇인가에 귀를 기울이는 것은 타자에 대한 공동존재인 현존재가 실존론적으로 열려 있음을 의미한다. 그뿐만 아니라 듣기란 모든 현존재가 자기 자신이 갖고 있는 친구(또는 양심)의 소리를 듣는 것으로서, 현존재가 그 근원적 존재가능에 대해 일차적으로 본래적인 현존재를 개방한다. 현존재는 이해하기 때문에 듣는 것이다. 타자와 함께 이해가능한 세계-내-존재로서, 현존재는 공동현존재와 그 자신을 스스로 '말하는 것을 들으면서 따른다.' 그리고 이 듣고 따름, 곧 청종성(聽從性)에서 공동현존재 및 자기 자신에게 귀속된다. 공동존재는 서로 귀를 기울이는 가운데 형성되는 것이며, 그것은 또 따르다, 같은 길을 걸을 가능성이 있다, 또한 듣지 않는다, 저항한다, 거스른다, 배반한다와 같은 결여적인 여러 양상을 지니고 있다.

실존론적으로 먼저 주축이 되는 이 들을 수 있는 작품에 의거해서 경청(傾聽)도 가능하게 된다. 이 경청은 우리가 심리학에서 '우선' 듣는 일이라고 규정한 것보다 더 근원적이다. 즉 음향(音響)을 감각적으로 받아들이거나 음성(音聲)의 지각작용보다도 한층 근원적이다. 우리가 '우선' 듣는 것은 결코 잡음이나 복합음이 아니라 삐걱거리는 차량(車輛) 소리나 오토바이 소리이다. 행진하는 군대, 북풍, 나무를 쪼는 딱따구리, 타오르는 불길의 소리를 듣고 있는 것이다.

'순수한 잡음'을 '듣기' 위해서는, 미리 그만큼 아주 번거롭고 복잡한 태도가 필요하다. 우리가 우선 오토바이 소리나 차량 소리를 듣는다는 사실은, 현존재가 세계-내-존재로서 머무는 곳이 이미 세계내부에서 도구적 존재자 밑에 자리잡은 것이지, 결코 '감각' 밑에 있는 것이 아니라는 점을 현상적으로 뒷받침하고 있다. 아무 정리도 되지 않은 소리의 감각에 먼저 모양을 부여하고, 뒤이어 도약대를 마련하고 그곳에서 천천히 주관이 도약해 이윽고 하나의 '세계'에 다다르는 것이 아니다. 현존재는 본질적으로 이해하는 것으로, 당장 이미 이해되는 것을 토대로 존재하며 그것과 관련되어 있다.

타인의 이야기를 분명하게 듣고 있을 때에도, 우리가 우선 이해하는 것은 이야기된 내용이다. 좀 더 정확하게 말하자면, 우리는 처음부터 타자와 더불어 이야기가 화제 삼고 있는 존재자 옆에 이미 존재해 있다. 바꿔 말하면 우리가 우선 듣는 것은 음성화를 통해 발음된 것이 아니다. 발음이 분명하지 않다거나, 언어가 익숙지 않은 외국어인 경우에도 우선 우리가 듣는 것은 이해되지 않는 낱말이지, 단지 다양한 음향 자료가 아니다.

이야기가 화제로 삼고 있는 것을 '자연스럽게' 들으면서 우리는 동시에 그것이 어떻게 말해지고 있는가, 말하자면 그 '말투'에도 귀를 기울일 수 있는데, 이것도 말하는 것을 미리 이해하고 있기 때문에 가능하다. 그렇게 해야 어떻게 말하고 있는지, 그 표현은 이야기 주제로 삼기에 적절한지에 대해 판정할 수 있다.

그와 마찬가지로 대답으로서의 응수도 공동존재에 의해 이미 '서로 나누고 있는' 화제를 이해할 때 곧장 나오는 것이다.

말함과 들음의 실존론적 가능성이 부여되어 있을 경우에만 누구나 경청할 수 있다. '들을 수 없기' 때문에 '느낄 수밖에 없는' 사람은 분명, 바로 그 때문에 경청할 수 있게 된다. 단지 듣고만 다니는 것은, 들으면서 이해하는 하나의 결여양상이다. 말하는 것과 듣는 것은 이해에 뿌리를 두고 있다. 이 이해활동은 많은 것을 이야기하는 데서 나오는 것도 아니며, 바쁘게 듣고 다닌 데서 생기는 것도 아니다. 이미 이해하고 있는 사람만이 귀를 기울여 들을 수 있는 것이다.

말하기의 또 하나의 본질적인 가능성, 즉 '침묵'도 똑같은 실존론적인 기본을 바탕으로 한다. 서로 이야기를 나누고 있을 때 침묵하고 있는 사람은 말을 끝없이 하는 사람보다 더욱 본래적으로 이해하고 있다. 즉 이해내용을 마무리할 수 있다. 어떤 일에 대하여 말을 많이 한다고 해서, 그것으로 이해가 증진된다는 보증은 조금도 없다. 그 반대로 횡설수설 말이 많은 탓에 기껏 이해하고 있는 사항도 은폐되고, 겉으로 보기에 명쾌하지만 알기 쉽게 흔해빠진 구도로 들어가 결국 알 수 없게 되어버리기도 한다. 그러나 침묵하고 있는 것은, 언어장애가 있기 때문에 말하지 않는 것과는 다르다. 언어장애인은 도리어 '말하고 싶다는' 경향을 지니고 있다. 언어장애가 있는 사람은 그가 침묵할 수 있다는 것을 증명한 적이 없을 뿐만 아니라, 그러한 일을 증명하는 모든 가능성마저 결여되어 있다. 이렇게 해서 언어장애가 있는 사람과 마찬가지로 천성적으로 말수가 적은 사람도, 자신이 침묵하고 있고 또 침묵할 수 있다는 것을 주변에 드러내지 않는다. 평상시에 아무 말도 하지 않는 사람은, 다급한 순간에는 침묵할 줄을 모른다. 진정으로 이야기할 경우에만 본래적인 침묵이 가능한 것이다. 침묵할 수 있기 위해서는, 현존재가 말해야 할 그 무엇을 가지고 있어야 한다. 바꾸어 말하면 자신의 본래적인 풍부한 열어 보이는 성질을 가지고 있어야 한다. 그때서야 뭔가를 명확히 하고 '공허한 달변'을 타도한다. 침묵은 이야기의 상태로서, 현존재의 이해가능성을 근원적으로 분절하기 때문에 그 침묵에서부터 진정한 '들을 수 있음'과 투명한 상호공동존재가 생겨나는 것이다.

현(現)의 존재, 즉 심경과 이해를 구성하는 것이 이야기이고, 한편 현존재란 세계–내–존재를 의미하므로, 현존재는 이야기하는 내–존재(안에–있음)라고 이미 표명된 바 있다. 현존재는 언어를 갖고 있다. 그리스인들은 일상적인 실존을 대개 서로 이야기하는 것 속에 두고 있었으며, 동시에 '관찰하는 눈'을 가지고 있었다. 그 같은 그리스인들이 철학 이전의 현존재 해석이나 철학적인 현존재 해석에서 인간의 본질을 '로고스를 가진 동물'로서 규정한 것은 우연이었을까? 인간에 대한 이 정의를 후세에서 '이성적 동물'이라는 의미로 해석한 것이 오류라 말할 수 없다 해도, 현존재에 대한 이 정의가 추출되는 현상적 기반을 은폐하고 만다. 인간은 이야기는 존재자로서 자신을 드러낸다. 그것은 인간이 음성에 의한 발화가능성을 갖추고 있다는 것이 아니라, 이 존재자가 세계와 현존재 자체를 발견한다는 존재양식에 의해 존재한다는 의미이다.

그리스인은 언어에 해당되는 단어를 가지지 못했으며, 언어라는 이 현상을 '우선' 이야기로 이해했다. 그러나 철학적 성찰을 위해서 로고스가 주로 진술로서 시야 속으로 들어왔기 때문에, 이야기의 여러 형식과 구성 요소의 근본구조를 끄집어내는 일은 이 진술로서의 로고스를 길잡이로 해서 완성되었다. 문법학은 자기의 기초를 로고스학, '논리학' 속에서 구했다. 하지만 논리학은 눈앞의 존재자의 존재론에 기초를 두고 있다. 그 뒤 언어학으로 계승되어 기본적으로 오늘날에도 여전히 원칙이 되어 있는 '의의범주(意義範疇)'의 근본부분은, 진술로서의 이야기를 근원으로 하고 있으며, 여기에서 규범을 취했다. 이에 대해 만일 이야기라는 현상을 하나의 실존 범주에 어울리는 원칙적인 근원성과 확장성을 바탕으로 거론한다면, 언어학을 존재론적으로 한층 더 근원적인 기초 위로 옮겨놓을 필요가 생기게 된다. 문법을 논리학에서 '해방한다'고 하는 과제에서는, 그에 앞서 실존규정으로서의 이야기 전반의 선험적인 근본구조를 적극적으로 이해할 필요가 있고, 전통으로 전해져 오는 것에 사후적으로 개량과 보충을 더하는 미봉책으로는 그것을 실시할 수는 없다. 이 점을 염두에 둘 경우, 이론적 고찰에 의해 인식되고 명제(命題)로서 표현된 세계내부적 존재자뿐만 아니라 적어도 이해될 수 있는 분명한 의미형태로 분절하는 것이 가능하다면, 그 근본형식이란 어떤 것인가를 묻지 않을 수 없다. 의미론은 되도록 많이 떨어진 모든 언어를 포괄적으로 비교함으로써 저절로 얻어지는 것이 아니다. 또 예컨대 W. 폰 훔볼트가 그 범위 내에서 언어를 문제 삼았던 철학적 지평을 답습했다 해서, 그것으로 충분하다고 할 수도 없다. 의미론은 현존재의 존재론 속에 깊이 근거하고 있다. 의미론의 성쇠는 현존재의 존재론과 운명을 같이한다.[10]

결국 철학적 연구를 하려면, 언어란 도대체 어떤 존재양식에 속해 있는가를 한번은 단호하게 물어야 할 것이다. 언어는 세계내부에서 손안에 있는 하나의 도구인가, 현존재라는 존재양식을 지니는가, 또는 이들 양자 중 그 어느 것도 아닌 것인가? '사어(死語)'가 될 가능성이 있다는 것은 언어의 존재가 어떤 양식으로 있기에 그런가? 하나의 언어가 성장하고 괴멸한다는 것은 존재론적으로 무엇을 의미하는가? 우리는 언어학을 소유하고 있지만, 그 언어학이 주제로 하고 있는 존재자의 존재는 어둠에 덮여 있다. 심지어 언어의 존재를 탐구하고 따져 묻기 위한 시계(視界)조차 은폐되어 있다. 의미란 우선 대개는 '세속적'인 것이며, 세계의 유의의성에 의해 미리 밑그림이 그려진 의미이다. 그뿐만 아니라 주로 '공간적'인 의미마저 있는 것도 간혹 있다. 이것은 단순한 우연일까? 아니면 이 '사실'은 실존론적·존재론적으로 필연적일까? 만약 그렇다면 그것은 무슨 까닭일까? 철학적 연구는 '사상 자체(事象自體)'를 따져 묻기 위해 '언어철학'을 단념할 수밖에 없을 것이다. 그리고 개념적으로 해명된 문제를 제기하는 단계로 철학적 연구 자체를 옮길 수밖에 없을 것이다.

이상 언어에 대해 해석해 왔는데, 이것은 오로지 현존재의 존재기구 내부에서 이 현상이 차지하는 존재론적인 '소재(所在)'를 제시한다. 그리고 무엇보다

---

10) 의미론에 대해서는 에드문트 후설의 《논리 연구》 제2권 제1 연구 및 제4~6 연구 참조. 그리고 이 문제 설정의 보다 철저한 표명에 대해서는, 앞서 소개한 《순수 현상학 및 현상학적 철학의 이념들》 제1권 123절 이하, 255쪽 이하를 참조하라.

이야기라는 기본적 존재양상을 실마리로 하여, 다른 여러 현상과 연관하여 현존재의 일상성을 존재론적으로 더욱 근원적 시야 속에 끌어넣으려는 시도는 아래와 같은 분석을 준비하기 위함이었다.

B. 현의 일상적 존재와 현존재의 퇴락

세계−내−존재의 열어 보이는 성질은 실존론적인 구조로 돌아가는 가운데 우리의 해석작업은 현존재의 일상성을 얼마간 놓치고 말았다. 분석에서 주제로서 실마리가 되었던 이 현상적 지평을 다시 돌이켜 획득해야 한다. 그곳에서 지금 다음과 같은 물음이 제시된다. 즉 세계−내−존재도 일상적으로 '사람'이라는 존재양식 속에 스스로 융화되어 있는 이상, 이 사람이라는 세계−내−존재의 개시성(열어 보이는 성질)으로서의 실존론적 성격은 어떤 것일까, 하는 물음이 그것이다. '사람'에게는 그 고유의 심경, 특별한 이해작용, 이야기 및 해석이 갖추어져 있는가? 이러한 물음에 대한 해답으로서, 현존재는 우선 대개 사람 속에 몰두하고 '사람'에 종속되어 있다는 사실을 우리가 떠올린다면 그 물음에 대한 대답은 더욱 긴급한 과제가 된다. 현존재는 세계 속에 던져진 세계−내−존재라는 것은, 우선 절대적으로 '사람'의 공공성 속으로 던져져 있는 것이 아닐까? 또 이 공공성은 '사람' 고유의 열어 보이는 성질 이외에 무엇을 의미하겠는가?

이해가 일차적으로는 현존재의 존재가능이라고 해석될 수밖에 없다면, '사람'으로서의 현존재가 그 존재의 어떤 가능성을 열어 보여 자기 것으로 만들었다는 사실은 '사람'에게 속하는 이해와 해석의 분석에서 끄집어 낼 수 있다. 그러나 그렇다고 하면, 이러한 가능성 자체가 일상성이 본질적으로 지니고 있는 하나의 존재경향을 밝히게 된다. 그리고 이 일상성은 존재론적으로 충분히 해명됨으로써 현존재의 근원적인 존재양식을 밝혀낼 것이 틀림없고, 게다가 그 일상성에서, 앞에서 말한 세계 속으로의 투입 현상이 그 실존론적으로 구체화한 형태로 제시될 수 있게 된다.

무엇보다 먼저 '사람'의 개시성을, 이야기와 견해, 해석의 일상적인 존재양식을 특정한 현상을 통해 보게 하는 것이 요구된다. 그러한 현상에 관련해서 다음과 같은 주의를 해두는 일도 부질없지는 않을 것이다. 즉 여기서의 검토는 순수하게 존재론적인 의도를 담고 있지, 일상적 현존재에 대한 도덕적 비판이나 '문화철학적(文化哲學的)'인 야망과는 관계가 없다는 점이다.

35 빈말

'빈말(Gerede, 또는 잡담)'이라는 표현을 여기서 '깎아내릴' 뜻으로 쓰는 것이 아니다. 이 표현은 술어적으로 하나의 적극적인 현상을 의미하는 것으로, 일상적인 현존재가 이해하며 해석하는 존재양식이다. 대개 이야기는 말로 표현되며, 언제나 이미 말로 이야기되어 왔다. 이야기는 언어이다. 그런데 말로 표현된 것 속에는 이해내용과 해석이 이미 잠재해 있다. 밖으로 표현된 것으로서의 언어는, 현존재가 지닌 이해내용의 해석된 바를 그 언어 자체 속에 간직하고 있다. 이 해석된 바는 언어처럼 단순히 눈앞에 존재하는 것만이 아니라, 그 존재 자체가 현존재적이다. 현존재는 이 해석된 이해에 우선 그리고 일정한 범위에서 부단히 맡겨져 있다. 이 피해석성(해석되는 바)에 의해 평균적인 이해와 그에 딸린 심경의 어떤 것이 가능한지 규제하고, 또 그것에 가능성을 분배하고 있다. 말로 표현된다는 성격은, 그 분절된 의미연관이 전체 속에 열어 보여진 그런 세계의 어떤 이해를 보존함과 동시에, 이와 똑같이 근원적으로 타자의 공동현존재(共同現存在)와 각자의 내―존재의 이해마저 보존되어 있다. 이렇게 이해내용은 말로 표현된 성격 속에 이미 보관되어 있지만, 존재자에 대해 그때마다의 시점에서 달성되거나 전달되고 있는 발견뿐만 아니라, 존재에 대한 그때마다의 이해, 나아가 새로 시작하게 되는 해석과 개념적 분절의 수단이 되어야 할 여러 가능성과 지평도 포함되어 있다. 그러나 현존재의 해석에 의거하고 있다는 사실을 단순히 지적만 할 것이 아니라, 여기서는 그에 더하여 말로 표현된, 또 자신을 말로 표현하는 이야기가 실존론적으로 어떻게 존재하는가를 물어야만 할 것이다. 이야기가 눈앞의 존재자로 파악될 수 없다면 그것은 어떠한 존재양식을 하고 있을까? 또 이야기의 존재는 현존재의 일상적인 존재양식에 대해 원칙적으로 무엇을 말하는가?

말로 표현하는 이야기란 전달이다. 이 전달의 존재경향은, 이야기가 주제로 다루는 것에 열어 보이며 자리하고 있는 존재양식, 듣는 사람으로 하여금 이야기가 말하고 있는 개시적 존재에 참가하도록 하는 것을 목표로 삼는다.

사람들이 발언할 때 말하는 언어 속에는, 이미 평균적인 이해가능성이 담겨 있다. 이에 따르면 듣고 있는 사람이 이야기의 주제를 향해 근원적으로 이해하는 태도를 취하지 않더라도, 전달되는 이야기는 대략적으로 이해할 수 있다. 사람들은 화제에 오른 존재자를 이해한다기보다 이미 이야기되고 있는 자체만을 듣고 있을 뿐이다. 발언된 말은 이해되지만 이야기가 화제로 삼은 것은 대충 표면적으로밖에 이해되지 않는다. 사람들은 말해진 것을 공통으로 똑같은 평균성으로 이해하고 있기 때문에 같은 의견을 갖게 된다.

청취나 이해는 말한 내용 그 자체에 선행적으로 밀착되어 있다. 전달은 이야기가 거론한 존재자와 진지하게 마주 보고 연관될 만한 존재양상을 '서로 나눌 수' 없다. 상호공동존재는 이미 함께 이야기하고 있는 것에 관해 서로 이야기하거나 배려하는 것으로 그 영역에서 움직이고 있을 뿐이다. 어쨌든 이야기를 하고 있다는 것이 중요하다. 말해지거나 표어, 경구가 되기도 한다면, 이제 이야기와 그 이해가 진짜이고 사물에 입각한 것이라 보증받게 된다. 이야기는 자기가 거론한 존재자와 진지하게 마주 보고 연관될 만한 존재양상을 잃어버리든가, 애초부터 획득한 적도 없으므로, 전달한다 해도 화제가 되고 있는 존재자를 근원적으로 미리 자기가 받아들일 형태로 서로 나눌 수 없으며, '널리 또는 뒤쫓아 가서 이야기한다'는 방법에 의해서 전달한다. 이렇게 해서 이야기된 내용이 서서히 넓은 범위에 미치면 그것은 권위적인 성격을 띠게 된다. 그렇게 말하는 것이므로 그렇다는 말이 된다. 이와 같은 구전이나 도용에 의해 처음부터 확실한 근거도 없던 것이 차츰 완전히 아무 근거도 없는 것이 된다. 그런 속에서 구성된 것이 빈말(떠도는 말)이다. 이 빈말은 구전에 의해 도용될 뿐 아니라, '문서'라는 형태를 취해서 '아무렇게나 써놓은 것'으로 유포될 수도 있다. 이 경우 도용은 전해 듣는다기보다 오히려 읽는 데서 힘을 얻게 된다는 말이다. 독자가 평균적으로 이해하고 있을 경우, 무엇이 근원적으로 만들어지며 달성되는지, 무엇이 번갈아 이야기되고 있는지는 결코 판별할 수 없을 것이다. 그뿐만 아니라 평균적으로 이해된 바는 그러한 구별을 전혀 원치 않으며 필요로 하지조차 않는다. 왜냐하면 평균적으로 이해된 것은 실로 모든 것을 이해하고 있기 때문이다.

빈말이 근거가 없다고 해서 공공성 속으로 빈말이 들어가는 것을 가로막지는 않으며, 오히려 이를 조장한다. 빈말이란 미리 사항을 스스로 받아들이지 못해도 모든 것을 이해하는 가능성이다. 굳이 스스로 받아들이려다 좌절하는 위험에 빠지지 않도록 이미 보호해 주는 것이 빈말이다. 누구나 쉽게 수집할 수 있는 빈말은 진정한 이해라는 귀찮은 과제를 면제해 줄 뿐만 아니라, 자기 앞에서는 어떤 비밀이나 수수께끼도 없고, 모두 일률적으로 알기 쉽게 이해할 여지를 만든다.

이야기는 현존재의 본질적인 존재 체제의 일부로서 그 열어 보이는 성질을 함께 구성하고 있는 하나의 계기이지만, 이 이야기에는 또 빈말이 되어버리고 세계-내-존재를 하나의 분절된 명석한 이해 상태로 열어두기보다, 오히려 그것을 폐쇄해 세계내부적 존재자를 은폐해 버릴 가능성이 있다. 그러므로 빈말 쪽에서 특히 그때는 기만하려는 의도가 없다. 빈말은 뭔가 있는 것을 그와 다른 뭔가라고 의식적으로 꼬집어 주장하는 것이 아니다. 근거 없이 말해지고 있고 그것이 다시 말로 전해지는 것만으로도 이미 열어 보여진 내용을 거꾸로 은폐할 위험성이 있다. 왜냐하면 말해지고 있는 것은, 우선 언제나 뭔가 '말해 준 것', 즉 나타나 준 것으로 이해되고 있기 때문이다. 따라서 '빈말'은 화제에 오른 존재자의 터전으로 되돌아가 보는 일을 스스로 멈춘다고 하는 고유의 존재양상과 마찬가지로 하나의 폐쇄에 지나지 않는다.

이야기가 화제로 삼은 사항에 대해 빈말은 자기가 충분히 이해한다고 생각하며, 그 때문에 새로 묻거나 대결하려는 것을 모두 억누르고, 독특한 방식으로 그것들을 억압하거나 방해하기 때문에 폐쇄성은 더욱 심해진다.

현존재 속에는 해석된 빈말의 양상이 그때마다 이미 확정되어 있다. 많은 사물을 우리는 우선 이런 방식을 통해 알게 되며, 그러한 평균적인 이해내용의 수준을 뛰어넘을 수 있는 사물도 결코 적지 않다. 이처럼 일상적으로 해석된 존재양상 속으로 현존재는 먼저 성장해 들어가는데, 현존재는 거기서 결코 탈출할 수 없다. 이 일상적으로 해석된 존재양상 속에서, 이것을 기반으로 그곳에서 생겨나며, 또 거기에 항거해서, 모든 진정한 이해와 해석, 전달과 재발견 및 새로운 획득이 성취된다. 개개의 현존재가 이 해석된 존재양상에 의해 어떤 감화도 유혹도 받지 않은 채 하나의 세계 그 자체라는, 자기 앞에 불쑥 나타난 사람의 발길이 닿지 않은 미지의 땅을 그저 바라만 보고 있다는 것은 아니다. 기분에 따라 상태가 다양하게 달라지게 되는 여러 가능성, 말하자면 현존재가 세계에서 작용하게 되는 그 기본적인 양상마저 이미 공공적인 기존 해석에 의한 지배에 좌우되고 있다. '사람'은 먼저 심경의 표본을 보이고 나서 남이 무엇을 어떻게 '보는가'를 규정한다.

빈말은 앞에서 말한 방식에 의해 폐쇄적으로 작용하는데, 현존재의 이해내용이 뿌리째 뽑힌 채로 존재하는 존재양식이다. 그러나 빈말은 어떤 '눈앞의 존재자'에게서 생기는 가까운 상태가 아니다. '빈말' 그 자체가 부단히 근원을 없애므로 실존론적으로 뿌리가 뽑혀 있다. 이것을 존재론적으로 말하자면, 빈말 속에 자기를 던지고 있는 현존재는, 세계-내-존재로서 세계와 공동현존재, 내-존재와 일차적이며 근원적인 진정한 여러 존재관련으로부터 단절되어 있음을 뜻한다. 현존재는 부초처럼 흔들리고 떠다니면서 이러한 존재방식을 취하고 언제나 '세계' 밑에서, 타인과 함께 자기 자신과 서로 마주 보며 존재하고 있다. 현재 심경적으로 이해하고 있는 이야기가 열어 보인 존재자, 다시 말하면 이 존재론적 기구에서 스스로의 현(現)이자 '세계-내-존재'인 존재자만이 뿌리째 뽑히게 되는 존재가능성을 지니고 있다. 뿌리가 제거된다고 해서 현존재가 없어지는 것은 아니다. 오히려 그것은 현존재의 가장 일상적이고 가장 집요한 '실태'라 할 수 있다.

평균적인 기존의 해석은 너무도 뻔하고 자신에 차 있다. 그러나 그곳에는 그 자명성과 자신에게 비호되고 있는 현존재가 바람에 날려 더욱 기반을 잃을 우려가 있는데도, 그러한 떠도는 불안감은 그때그때의 현존재 자체에 대해 아예 은폐되어 알 수 없게 되는 사태가 잠재되어 있다.

36 호기심

이해와 현(現)의 개시성(열어 보이는 성질) 일반을 분석했을 때 '자연의 빛'에 대해 지적하고, 내-존재의 개시성을 현존재의 '광명'이라고 불렀다. 현존재의 이 광명 속에서 비로소 '본다는 것'도 가능해진다. 이해는 현존재 고유의 열어 보이는 성질의 근본 양식이었지만, 우리는 이 이해를 염두에 두면서 본다는 것을 현존재가 자기의 다양한 본질적인 존재가능성에 입각해 서로 관련될 수 있는 존재자임을 스스로 받아들이는 작용이라는 의미로 다루었다.

현존재에게 본다는 것이 그 근본 체제임은 일상성에서 인정한 '본다'는 것에 대한 어떤 독특한 존재 경향에서 엿볼 수 있다. 이 경향을 우리는 '호기심'이라는 용어로 부르기로 한다. 이 용어의 특징적이고 흥미로운 점은 그저 단순히 보는 기능에만 제한되는 것이 아니라, 세계를 특유한 방법으로 인식하면서 만나게 되는 경향을 표현하고 있다. 그런데 우리가 '호기심'이라는 현상을 해석하는 것은 원칙적인 실존론적·존재론적 의도에서이지, 인식을 표준으로 하는 좁은 견지에서가 아니다. 일찍이 그리스 철학에서 인식도 이미 '보고 싶다는 욕망'에 의거해서 파악되었다는 것은 우연이 아니다. 존재론에 관한 아리스토텔레스의 논문집 첫머리에 있는 논문은 '모든 인간은 본성상 보려는 욕구가 있다'는 문장으로 시작된다.[11] 인간의 존재 속에는 본질상 보고 싶다는 기분이 잠재해 있다는 말이다. 존재하는 것과 그 존재에 대한 학문적 탐구의 기원을 현존재의 그와 같은 존재양상에서 찾으려는 고찰은 이러한 첫머리에서 시작되었다. 그리스인이 학문의 실존론적 생성을 이와 같이 해석한 것은 우연이 아니다. 일찍이 '감지하는 것과 존재하는 것은 같기 때문이다'라고 한 파르메니데스의 명제 속에서 대략적으로 그려졌던 것이, 여기서는 명확한 이해의 영역에 이르러 있다. 존재란 순수하게 직관적인 감지 작용 속에서 모습을 나타내는 것이며, 이러한 보는 기능만이 존재를 드러낸다. 근원적이며 참다운 진리는 순수직관(純粹直觀) 속에 잠재해 있다. 이 테제는 그 뒤 줄곧 서양철학의 기초가 되어 왔다. 헤겔의 변증법도 이 테제에 자극받았으며, 이 테제를 기초로 삼지 않았다면 그의 변증법도 있을 수 없다.

'보는 기능'의 이 기묘한 우위성을, 특히 아우구스티누스는 욕정(concupiscentia)의 해석과 연관해서 이렇게 말하고 있다.[12]

본다는 것은 본래 눈 고유의 기능이다. 그러나 우리는 '본다'라는 이 어휘를 다른 감각에 대해서도 그것으로 인식하고자 할 때 '본다'는 말을 쓴다. 실제 우리는 그것이 얼마나 반짝이고 있는지 들어보라든지, 냄새 맡아 보라, 얼마나 비치고 있는지 맛보라, 또는 어떻게 빛나는지 만져보라고 말하지 않는다. 이들

---

11) 아리스토텔레스 《형이상학》 제1권 제1장 980 a 21.
12) 아우구스티누스 《고백록》 제10권 제35장.

모두에 대해 우리는 '자, 한번 좀 봐'라든가, 그것들이 보인다고 한다. 우리는 눈만이 느낄 수 있는 것에 대해 그것이 비추는 것을 보라고 말하는 것은 아니다. 우리는 어떤 소리가 나는가 '보라', 어떤 냄새가 나는가 '보라', 어떤 맛이 나는가 '보라', 얼마나 딱딱한가 '보라'고도 말한다. 그런 까닭에 각 감관의 경험을 통틀어 '눈의 욕망'이라 부른다. 왜냐하면 사물 인식에 대해 눈의 작용이 우월하며, 다른 감각도 뭔가 인식하고자 할 경우 어떤 유사성에 바탕을 두고 보는 작용을 제 것으로 삼기 때문이다.

오로지 감지하고자 하는 이 경향은 대체 무엇일까? 호기심의 현상에서는 현존재의 어떤 실존론적 체재를 알 수 있을까?

세계-내-존재는 처음부터 자기가 배려하는 세계 속에 몰두해 있다. 배려는 주변을 둘러봄에 따라 인도되는데, 이 둘러봄은 눈앞에 존재자를 또 발견하고, 발견된 상태로 그것을 보존하고 있다. 무엇을 손에 넣고 무엇을 행하건, 그것을 추진하는 여정이나 실행하기 위한 수단과 기회, 적당한 시기는 언제나 둘러봄이 가르쳐 준다. 배려는 휴식을 위해 일을 멈춘다든가 일이 정리되었다는 의미에서 기능을 멈추고 휴식하는 경우가 있다. 이러한 정지 상태에서 배려가 소멸하는 것은 아니며, 주변을 둘러보는 일이 자유롭게 해방되어 이미 작업세계에 구속되지 않는다. 휴식할 때 걱정도 자유로워진 둘러봄 속으로 들어가게 된다. 작업세계에서 둘러보고 발견한다는 것은 거리를 없애는 성격을 지니고 있다. 자유로워진 둘러보기의 주변에는 꼭 가까이 접근하며 배려해야 할 것은 이제 아무것도 없다. 주변을 둘러보는 일의 본질이란 거리를 없애는 것인데, 자기 나름으로 거리를 없앨 수 있는 새로운 가능성을 손에 넣는 것이다. 무슨 말인가 하면, 둘러봄은 주변의 손안의 것으로부터 떠나서, 머나먼 알지 못하는 세계에 매료된다는 것이다. 염려는 휴식하고 한가롭게 머물고 조용히 바라보면서, 세계를 오로지 그 겉모습으로만 보는 가능성을 요구하며 여러 가지로 배려하게 된다. 현존재는 단순히 멀리 있는 것을 외견상 자기에게 접근시키기 위해 멀리 있는 것을 추구한다. 현존재는 오로지 세계의 겉모습에만 마음이 이끌린다. 이것은 세계-내-존재로서의 자기 자신으로부터, 또한 처음부터 일상적인 '손안의 존재자' 옆에 있던 존재자로부터 해방되어 여러 가지로 배려하는 존재양상이다.

자유로워진 호기심이 여러 가지를 보고자 배려하는 것은 자기가 본 것을 이해하기 위해서, 즉 그와 어떤 형태로 서로 관련된 존재양상에 이르기 위해서가 아니라 다만 보기 위해서이다. 호기심이 새로운 것만을 찾는 까닭은, 오직 새로운 것으로부터 다시 또 새로운 것을 향해 비약하기 위해서이다. 이렇게 보기 위한 마음 씀에 있어서 중요한 것은 진리 속에 존재하는 것을 알려고 하는 일도, 파악하고자 하는 일도 아니며, 자기를 세계에 내맡기려는 모든 가능성이다. 따라서 호기심은 친근한 것에 자리잡고 앉아 조용히 바라보려 하지 않고 묘하게도 안정되지 않은 특성을 지닌다. 그래서 또 호기심이 찾는 것은, 잠시 앉아 관찰하거나 바라보기 위한 한가함이 아니라 끊임없는 동요와 흥분이다. 호기심은 안정되어 있지 않지만, '기분전환'이라는 끊임없는 가능성을 배려하고 있다. 호기심은 존재자를 감탄하면서 관찰하는 일, 즉 경이($\theta\alpha\upsilon\mu\zeta\epsilon\upsilon$)와는 아무런 관계도 없다. 감탄에 의해 자기가 모르고 있던 것을 깨닫는다는 기분이 호기심에는 애초부터 없다. 그 나름 앎을 획득하고자 배려하기는 해도 그것은 그저 알아두기 위한 앎이다. 기존의 것으로 하기 위함일 뿐이다. 호기심을 구성하고 있는 두 가지 요소, 즉 자기가 배려하는 환경세계 속에서 결코 머물러 있지 않는 일과 새로운 가능성을 지향하는 안정되지 않은 '기분전환'이 이 현상의 제3의 성격을 규정짓고 있는데, 우리는 그것을 '거처상실(居處喪失)'이라고 부른다. 호기심은 어디에나 있으나, 또 어디에도 없다. 세계-내-존재의 이러한 양상은 일상적인 현존재의 새로운 존재양식을 밝혀내는 것인데, 그 존재양식에 의해 현존재는 끊임없이 자신의 근원을 잃어 가고 있다.

　빈말은 호기심의 진로도 지배한다. 다시 말해 빈말은 사람들이 무엇을 읽어야 하는지, 무엇을 보아야 하는지를 이야기한다. '어디에나 있으면서 어디에도 없는' 호기심은 빈말에 맡겨져 있다. 빈말과 호기심이란 이야기와 보는 것에 의한 일상적인 존재양상인데, 이 두 가지는 모두 뿌리 뽑혀 있다는 경향을 띤 점에서, 단지 나란히 눈앞에 존재하는 것이 아니라, 저마다 한편의 존재양식이 다른 한편의 존재양식을 잡아끄는 관계에 있다. 자기가 폐쇄당하는 것을 허용하지 않는 호기심과 무엇이건 이해하지 않고서는 못 배기는 빈말은 그것이 서로 자신에 대해, 즉 현존재의 그와 같은 존재양상이 진정 '생생한 삶'이라 생각한다고 보장한다. 이런 믿음 때문에 일상적인 현존재의 개시성을 규정짓는 제

3의 현상(호기심)이 나타난다.

37 애매함

　일상적인 상호공동존재 속에서 누구에게나 손이 닿고 누구나 무슨 말이라도 할 수 있는 존재를 만나게 되면, 거기에서 무엇이 진정한 이해 속에서 열어 보여지며, 무엇이 그렇지 않은가 하는 것은 이미 결정할 수 없게 된다. 이러한 존재의 애매성은 세계를 향해 파급되어 있을 뿐만 아니라, 상호공동존재 그 자체로, 나아가서는 자기 자신에게 관련하는 현존재의 존재로도 파급되어 있다.

　모든 것이 진정으로 이해되고 요점을 파악한 다음 말하는 것처럼 보이면서도 그렇지 못하기도 하고, 그렇게 보이지 않는데 사실은 그런 것도 있다. 이처럼 어느 쪽이라 말할 수 없는 애매함은 자기가 쓰거나 즐기는 형태로 관련되어 있는 것을 잘 받아들이거나 분별해 내는 역량의 유무라는 점만을 이야기하는 것이 아니다. 현존재의 존재해야 할 존재양상으로서의 이해 속에서, 즉 현존재가 스스로의 가능성을 어떻게 투사하고 또 그것을 자기 앞에 주어진 것으로 어떤 형태로 받아들이는가 하는 속에도 이미 그러한 애매함이 확실하게 뿌리를 박고 있다. 누구나 당장의 사태나 사건에 대해 알고 있으며, 그에 대해 이야기한다. 그뿐만 아니라 누구나 앞으로 해서는 안 되는 일, 아직 행해진 적이 없는 일, 그러나 본래 이미 이루어져야 할 일에 대해 일가견을 갖고 있다. 타인들이 예감하고 감지하는 것을, 누구나가 처음부터 예감하고 감지하고 있다는 말이다. 진정한 방법으로 일을 '감지하고 그 뒤를 추적하는' 사람은, 절대로 그 일에 대해 발언하지 않는 법이지만, 이런 식으로 소문을 전해 들음으로써 그것을 감지하고 추적하는 것은, 애매함의 가장 독특하고 치명적인 방법이 된다. 그러한 방법을 통해 애매성은 현존재의 모든 가능성을 늘어놓고 보면서 결국 또 그들 가능성의 힘을 무력화시켜 버린다.

　그런데 이를테면 우리가 예감하고 감지한 그것이 어느 날 실제로 실천에 옮겨졌다고 하자. 그러면 애매성은 그 실천된 일에 대한 흥미와 관심이 이내 상실되듯이 이미 그 일이 애매하도록 개입되어 있다. 그러한 관심이 호기심과 빈말의 형태로 성립되어 있는 것은, 무성의하고 그저 평범하게 느끼는 정도에 지나지 않는다. 우리가 어떤 일에 대해 감지하고 뒤를 밟을 때 우리는 그 자리에 함께 있다 하더라도, 예감된 일이 수행되기 시작하면 그 뒤를 따르는 것은 거절당한다. 실행에 이르러 현존재는 우리에게 저마다 돌아갈 것을 강요하기 때문이다. 그래서 빈말과 호기심은 그 위력을 잃고 만다. 그러나 빈말과 호기심은 재빨리 복수한다. 누구나 부화뇌동해 '함께 예감한 것'이 실행되는 것에 맞닥뜨리면 빈말은 이내 다음과 같이 확정한다. '그것은 누구나 할 수 있었을 것이다. 왜냐하면 모두가 다 분명히 예감했던 일이니까. 그럴뿐더러 빈말은 예감하고 부단히 요구했던 일이 실제로 이루어지면 흥미를 잃고 만다. 예감을 계속 이야기할 기회를 빼앗기기 때문이다.'

한마음으로 일을 처리하던 현존재가 묵묵히 실행하고 진정한 의미에서 좌절할 때 현존재의 시간은 '어수선하고 숨 가쁘게 생성되는' 빈말의 시간과 다른 시간이며 공공적으로 보면 본질적으로 더욱 완만한 시간이다. 그러므로 이 빈말 쪽은 결국 또 다른 것, 그때마다의 시점에서 최신의 것과 관련되어 있다. 이전에 예감되었고 어느덧 수행되어 버린 사물은 가장 새로운 사물과 비교하면 이미 늦게 왔다고 할 수 있다. 빈말과 호기심은 애매한 것을 좋은 것으로, 참으로 새로이 창조된 사물이 겨우 무대에 등장하는 단계에서는 세상에서는 이미 오래되어 버린 것처럼 획책하고 있다. 진실로 새롭게 창조된 사물이 그 적극적인 여러 가능성에 있어서 자유로워질 수 있으려면, 은폐된 빈말이 효력을 잃고 '세속적인' 흥미가 소멸되어야만 한다.

공공적인 기존 해석의 애매함은, 앞질러서 화제 삼거나 호기심으로 예감한 것을 진짜 사실이라고 떠벌리고, 실제로 일을 행하거나 행위가 이루어지는 것에 대해 때늦고 하찮다는 낙인을 찍는다. '사람'이라는 형태를 취한 현존재의 이해는, 다양한 투사에서 진정한 존재가능성을 끊임없이 잘못 보게 된다. 현존재가 언제나 '현(現)'에서, 즉 그와 같은 상호공동존재의 공공적인 열어 보임에서 애매하게 존재하고 있으며, 가장 시끄러운 빈말과 빈틈없는 호기심이 쉬지 않고 '가동'해, 날마다 모든 일이 일어나면서도 실은 아무 일도 일어나지 않는다.

호기심이 요구하는 것을 이 애매함이 넌지시 넘겨주며, 빈말 또한 이 애매함 덕분에 모든 일을 스스로 결정한 것처럼 시늉을 하고 있다.

세계-내-존재가 열어 보여지는 이러한 존재양식은, 상호공동존재 그 자체에도 골고루 미치고 있다. 타인이 우선 '현(現)'에 있다는 것은, 들은 것, 말하거나 알고 있는 것에 의거한다. 처음 얼굴을 내밀 때, 말하자면 근원적인 상호공동존재 사이로 먼저 빈말이 파고든다. 누구라도, 첫째로는 타인이 어떤 태도를 취하며 무슨 말을 할 것인가, 하고 타인을 감시하고 있다. '사람'에 있어서의 상호공동존재는 절대로 떨어져서 무관심하게 나란히 있지 않고, 긴장해서 애매하게 서로 감시하고 있으며, 비밀리에 서로를 탐색하고 있다. 서로가 호의를 보이는 체하면서도, 그 가면 아래서 서로에 대한 적의가 벼르고 있다.

여기서 이 애매성은 결코 뭔가 일부러 위장하거나 왜곡할 의도에서 생겨나거나, 현존재에 의해 환원되는 일이 없다는 점에 주의할 필요가 있다. 애매성은 어떤 세계 속에 '던져진' 상호공동존재로서의 상호공동존재 속에 이미 내포되어 있다. 그러나 공공적으로 그것이 오히려 은폐되어 있고, '사람'에 의한 기존 해석의 존재양상을 이렇게 해석하는 것이 타당하다고 한다면 '사람들'은 언제나 거부할 것이다. 이 애매성이라는 현상에 대한 설명이 '사람'들의 찬성을 얻어 실증되기를 바란다면 그것은 잘못된 생각이라고 할 수밖에 없다.

이상 우리는 빈말과 호기심, 애매성이라는 현상을, 그들 사이에서 이미 서로 존재연관을 엿볼 수 있는 형태로 다루어 왔다. 계속해서 지금 이 연관의 존재양상을 실존론적·존재론적으로 다룰 필요가 있다. 그러려면 일상성의 근본적인 존재양상을, 이제까지 취득한 현존재의 여러 존재구조의 지평에서 이해해야만 한다.

38 퇴락과 피투성(被投性)

빈말과 호기심 그리고 애매성은 현존재가 자기의 '현(現)' 즉 세계-내-존재의 개시성이 일상적으로 어떻게 존재하는가 하는 그 존재양식을 특징짓는다. 이 세 성격은 실존론적인 규정성이므로, 현존재에 붙어서 눈앞에 있는 것이 아니라 다른 계기와 더불어 현존재의 존재를 구성하고 있다. 이들 가운데 또 그들의 존재 고유의 연관 속에서, 우리가 현존재의 '퇴락(頹落)'이라고 부르는 일상성의 근본적인 하나의 존재양식이 나타난다.

이 명칭은 뭔가 부정적인 평가를 말하는 것이 아니다. 현존재가 우선 대개는 자기가 배려한 '세계' 밑에 존재해 있고 그와 관련되어 있음을 나타내려는 것이다. 이렇게 무언가에 몰입해 있다는 것은, 대부분이 세인(世人)의 공공성 속에서 자기를 잊고 그곳에 매몰되어 있다는 성격을 지닌다. 현존재는 본래 자기 자신의 당연한 존재양상으로서의 자기 자신으로부터 우선 언제나 이미 탈락해서 '세계' 속으로 퇴락해 있다. '세계'로 퇴락해 있다는 것은, 빈말과 호기심과 애매성의 인도를 받는 이상 상호공동존재 속에 몰입해 있음을 뜻한다. 우리가 현존재의 비본래성이라고 부른 것이,[13] 지금 이 퇴락의 해석을 통해 더욱더 선명하게 규정받게 된다. 비본래적이니 본래적이 아니니 하는 것은, 그와 같은 존재양상에 의해 현존재가 자기 존재를 잃은 것처럼, 결코 '본래적으로 존재하지 않는다'를 뜻하는 것은 아니다. 그러므로 비본래성이란 이미 세계내부에서 존재하지 않는다는 말이 아닐뿐더러, 바로 어떤 두드러진 세계-내-존재에 해당한다. 그 세계-내-존재는 '세계'와 '사람'이라는 형태로 타인의 공동존재에 의해 완전히 마음을 빼앗긴 존재양상을 가리킨다. 자기 자신으로 존재하지 않는 이 상태는, 본질상 배려적으로 하나의 세계 속에 몰두해 있는 존재자의 적극적인 가능성으로서 작용한다. 자기 자신이 아닌 비(非)존재는, 현존재의 가장 친근한 존재양식으로 파악되어야 하며, 현존재는 대체로 그런 방식으로 몸을 지탱하고 있다.

그렇기에 현존재의 퇴락성은 순수하고 고차적인 어떤 '근원적 상태'로부터의 '추락(墜落)'으로 해석되어서는 안 된다. 그러한 점에 대해서 우리는 존재적으로 어떠한 경험도 하지 못했을뿐더러, 존재론적으로도 그렇게 현존재가 추락했다고 해석할 어떠한 가능성도 단서도 갖고 있지 않다.

퇴락한 것으로서의 현존재는, 사실적인 세계-내-존재로서의 자기 자신으로부터 이미 탈락해 버렸다. 그뿐만 아니라 현존재는 자기 존재의 진행에 따라 비로소 부딪치거나 또는 부딪치지 않는 그러한 존재자로 퇴락하는 것이 아니라, 그 자체가 현존재 일부인 '세계'로 퇴락한다. 퇴락이란 현존재 자체의 하나의 실존론적 규정으로, 눈앞의 존재자로서의 현존재에 관해서는 아무것도 진술되지 않는다. 즉 현존재가 '파생시키는' 근원이 된 존재자와, 나중에 어떤

---

13) 본서 제9절 참조.

형태로 '서로 관련하게' 되는 존재자와 어떤 식으로 가까운 관계에 있는가에 대해 아무것도 진술되지 않는다.

퇴락이라는 존재론적·실존론적 구조는 사람들이 이 구조에 대해, 인류문화의 발전적 각 단계에서는 분명 제거될지도 모른다고 생각해 졸렬하고 한심한 존재적인 성질이라는 의미를 덧붙이려 했다면, 이 구조는 오해를 받았을 것이다.

현존재의 기본적인 체제란 세계-내-존재라고 최초로 지적했을 때에도, 또한 마찬가지로 그것을 구성하는 구조 계기의 성격을 규정했을 때에도 존재 '기구'의 분석을 중시한 나머지 이 존재양상은 현상적으로는 주목받지 못하고 말았다. 내-존재의 기본적인 존재양상인 배려와 고려에 대해 서술했지만, 이들 존재양상이 일상적으로 어떻게 존재하는가에 대한 문제를 검토한 바는 없었다. 또한 내-존재는 그저 관찰하거나 행위하면서 대립하는, 즉 주관과 객관이 각각 눈앞의 존재자와 완전히 다른 것이라는 것도 알게 되었다. 그럼에도 불구하고 세계-내-존재는 확고부동한 장치로서 그 기능을 다했으며, 현존재가 자기 세계에 다양한 형태로 관여할 때 그것은 어디까지나 그 장치 속에서 이루어지면서 그 '장치' 자체의 존재양상은 조금도 바뀐 것이 없다는 생각은 무너뜨릴 수 없었다. 이 '장치'로 생각되는 것은 그 자체도 현존재의 존재를 함께 이루고 있다. 퇴락 현상은 세계-내-존재의 '실존론적 양상'을 하나 나타낸 것이다.

빈말은 현존재에게 자기 세계와 타인들, 나아가 자기 자신을 이해하면서 그것과 관련되어 있는 존재양상을 열어 보여주는 존재인데, 이것은 어딘가에 근거를 두는 일 없이 터전을 잃고 허공에 떠 있는 양상을 지니고 있다. 호기심은 내-존재가 어디에나 존재하면서도 또한 어디에도 존재하지 않는다는 듯이 온갖 사물을 열어 보인다. 현존재의 이해내용이 애매성에 의해 전혀 은폐되지 않지만, 그로 인해 세계-내-존재는 '어디에나 있으면서 어디에도 없다'는, 근원이 없는 상태로 억제되어 있게 된다.

이러한 현상에서 들여다 볼 수 있는 일상적인 세계-내-존재의 존재양상을 존재론적으로 명확히 하지 않는 한, 현존재의 기본적인 체제를 실존론적으로 충분한 형태로 규정할 수 없다. 퇴락의 '동적 성격'은 어떤 구조를 나타낼까?

빈말과 그 속에 포함된 공공적(公共的)인 기존의 해석은 상호공동존재 속에서 이루어진다. 빈말이란 상호공동존재에서 떨어진 산물로서, 세계의 내부에서 독립해 눈앞에 존재해 있는 것은 아니다. 그렇다고 해서 빈말이란 누구에게도 귀속되어 있지 않으므로 '본래' 아무것도 아니고, '실제로' 이야기하는 개별 현존재로밖에 나타낼 수 없는 뭔가 '보편적' 것이라는 식으로 일반화해 버리면, 알맹이가 없어 아무것도 말한 것이 없게 된다. 빈말은 상호공동존재 자체의 존재양식이지, '밖으로부터' 현존재에게 영향을 미치는 어떤 종류의 사정에 의해 비로소 생겨나는 것은 아니다. 그러나 현존재 자체가 빈말과 공공적인 기본 해석에 의해 세인(世人) 속에 매몰되어 뿌리 없는 상태로 퇴락할 가능성을 자기 자신에게 미리 부여하고 있는 이상, 이것은 현존재가 자기를 퇴락시키기 위해 끊임없이 유혹을 준비하고 있음을 뜻한다. 세계-내-존재는 그 자체로 유혹적이다.

이처럼 현존재는 자기 자신에게 이미 유혹이 되어버림으로써, 공공적인 기존 해석은 현존재를 그 퇴락성 속에 단단히 잡아매게 된다. 빈말과 애매성에 덧붙여 모든 일을 경험해 보고 이해해 버림으로써 현존재에게 이처럼 손에 닿는 곳에 있고 지배적인 개시성은, 현존재의 모든 존재적 가능성이 갖는 확실함과 진정함과 충실을, 현존재에 대해 보증할 수 있다고 억측하게 된다. '사람'이 제멋대로 자신에 차서 단정하게 되므로 본래 심경적 이해가 필요없게 된다. 자기는 충실하고 진정한 '삶'을 살아가고 있다고 '사람'이 확신하는 탓에 현존재도 무엇이건 '절호의 상태'다, 무엇을 하건 성공한다는 착각으로 안심한다. 퇴락하고 있는 세계-내-존재는 스스로를 유혹하는 동시에 또 안심시키려 한다. 가장 비본래적인 존재양상 속에서 이처럼 휴식에 의해 안심하게 되었다고 해서, 그것이 고유한 평온함이나 무위(無爲)로 가득 차게 되는 것이 아니라, 오히려 제지할 수 없는 '가동' 속으로 몰려간다. '세계' 속으로 퇴락함은 결코 안정되고 조용한 휴식상태로 들어가는 것이 아니다. 유혹에 의한 휴식인 탓에 퇴락은 더욱 기세를 떨친다. 현존재에 관한 해석을 특별히 고려해 이제 이러한 견해가 나타날지도 모른다. 즉 자신과 가장 관련이 먼 여러 문화를 이해하고 그것과 자기 문화를 '종합'함으로써 현존재는 자기 자신에 관해 남김없이 해명하게 되고, 결국에는 진정으로 해명할 수 있게 된다는 견해가 나오게 된다. 다면적인 호기심과 쉼 없이 무엇이건 알고자 하는 욕구는 자기가 마치 뭔가 보편적인 현존재의 이해내용인 것처럼 꾸민다. 그러나 본래 무엇을 이해해야 하는가에 대해서는 전혀 규정하지도 않고 또 물은 적도 없다. 이해 자체가 하나의 존재해야 할 존재양상이며, 이것은 자기에게 가장 고유한 현존재로서만 자유로워질 수 있다는 것을 이해하지 못하고 있다. 기분 좋게 모든 것을 이해하면서 그 모든 것과 자기를 비교하는 가운데 현존재는 자기에게 가장 고유한 존재해야 할 존재양상이 은폐되어 보이지 않게 되는 소외로 밀려가게 된다. 퇴락하는 세계-내-존재는 유혹적이고 안도감을 주는 동시에 자기소외적이기도 하다.

그러나 이 소외는 현존재가 자기 자신으로부터 사실적으로 분리되어 있음을 뜻하지는 않는다. 그 반대로 현존재를 극단적인 '자기분석'을 중대시하는 존재양식으로 몰아넣는다. 이 '자기분석'이 또 있을 수 있는 모든 해석의 가능성을 시도하기 때문에, 그 결과에 의해 제시된 '성격학'이나 '유형학'에 매몰되어, 자기와 주변의 일은 이미 예측할 수 없게 된다. 현존재에게는 자기의 본래성과 가능성이라 해도 당장은 진정으로 좌절할 가능성 정도일지도 모른다. 그러나 소외는 그것마저도 현존재에게 막혀버린다. 본래 소외되었기 때문에 현존재는 실격이 되지만, 그 자체가 현존재가 아닌 뭔가 다른 존재로 떨어뜨리는 것은 아니다. 오히려 스스로의 비본래성 속으로 몰아넣어지게 되는데, 이 비본래성이란 어디까지나 '현존재 자체'가 지닌 하나의 가능적인 존재양식이다. 유혹하며 안도감을 얻게 하는 퇴락에 의한 소외는, 그 독특한 동적인 성격으로 인해 또 현존재가 자기 자신 속에서 사로잡히는 데까지 이르게 한다.

위에 제시한 유혹, 안도감, 소외, 자기속박 등의 현상들은, 퇴락의 특수한 존재양식의 성격이다. 현존재가 자기 자신의 존재 속에서 나타내는 이 '동적 성격'을 우리는 타락이라 부른다. 현존재는 자기 자신으로부터 자기 자신 속으로, 즉 현존재의 비본래적인 일상성의 무근거와 허무 속으로 타락해 간다. 자기가 떨어져 내려가는데, 공공적인 기존의 해석 때문에 현존재에게는 그것이 은폐되어 보이지 않고, 오히려 이 낙하는 '상승(上昇)'이나 '구체적인 생활'로 해석될 정도이다.

'세상사람' 속의 비본래적 존재의 근거 없음, 그 속으로 그리고 그 속에서 타락해 간다는 독특한 기능 때문에 이해는 자기의 본래적인 가능성을 투사하는 것으로부터 이해를 부단히 분리시키며, 무엇이건 손길이 미치고 있다는 기분 좋은 생각으로 밀려들어 가게 된다. 이와 같이 본래성으로부터 부단히 분리시키면서도 본래성인 것처럼 늘 착각하게 하는 것은, '사람들' 속으로 끌려들어 가는 것과 하나가 되어 퇴락의 동적 성격을 '소용돌이'로 규정짓는다.

퇴락은 세계—내—존재를 그저 단순히 실존론적으로 규정하는 것만은 아니다. 현존재의 심경 속에서 피투적인 것이 현존재 자신에게 때로 물밀듯이 다가오기도 하지만, 소용돌이는 동시에 또한 이 피투성이 갖추고 있는 투척의 성격과 동적 성격을 드러내게 한다. 피투성은 '기성의 외적 사실'도 아니며 하나의 완결된 의미에서의 사실도 아니다. 현존재 고유의 현사실성에는 자신이 현존재인 이상, 던짐 속에 머물며 '사람'의 비본래성이라는 소용돌이 속으로 말려들어 가게 된다는 것이 내포되어 있다. 자기가 존재하는 것에서 자신의 존재 자체를 깨닫는 현존재는 현상적으로 현사실성을 엿보게 하는 이 피투성이 대개 구성 계기로 포함되어 있다. 현존재는 현사실적으로 실존하는 것이다.

그러나 퇴락의 움직임을 이렇게 제시함으로써, 실존의 형식적인 이념을 시사할 때 서술한 규정을 직접적으로 부정하는 것이 되지 않을까? 현존재라는 존재자가 그 일상성 속에서 바로 '자기를 상실해 버리고', 퇴락 속에서 '자기로부터 떨어져 나가' '살아 있다'고 한다면, 그 현존재를 그것이 존재하는 것에서 존재 가능한 존재양상이 모처럼 신경 쓰는 문제인 존재자로서의 파악이 가능할까? 본래 세계로의 퇴락이 현존재의 실존성을 부정하는 현상적인 반증이 되는 것은 이 현존재가 고립된 자아 주체, 자기라는 하나의 점(點)으로 설정되며, 타락도 그 점에서 멀어져 가는 작용으로 생각하고 있기 때문이다. 그렇다면 세계로의 퇴락도 존재론적으로는 세계내부에 존재하는 것과 마찬가지로 눈앞에 있다는 의미에서 곡해되게 된다.

그러나 우리가 현존재의 존재를 '세계—내—존재'라고 제시된 기구 속에 붙잡아 놓는다면, 퇴락은 '이러한 내—존재의 존재양식'으로서, 오히려 현존재의 실존성을 뒷받침하는 가장 기본적인 증거라는 것이 확실해진다. 퇴락에 있어서 어쨌든 신경 써야 할 점은 역시 다름 아닌 세계 내에서 존재해야 하는 존재양상이다. 다만 그것이 비본래성이라는 상태를 취할 뿐이다. 현존재가 이해적·심경적으로 존재하는 세계—내—존재의 일이 신경 쓰이기 때문에 현존재는 퇴락할 수 있다. 반대로 '본래적 실존'은, 퇴락하는 일상성 위에 떠돌고 있는 것이 아니며, 실존론적으로 이 일상성이 모양을 바꾸어 포착된 데에 지나지 않는다.

퇴락이라는 현상은 뭔가 현존재의 '어두운 견해' 같은 것, 말하자면 이 존재자의 무해한 외관만으로 부족한 부분을 채우는 데 도움이 될 만한 존재적인 하나의 특성인 것도 아니다. 퇴락은 현존재 자체의 '본질적인' 존재론적 구조를 드러내는 것으로, 이 구조는 어두운 측면을 규정하기는커녕 오히려 현존재의 나날을 모두 그 일상성에서 구성하고 있다.

따라서 실존론적·존재론적인 해석은 '인간 본성의 타락'에 대해 아무런 존재적 진술도 하지 않는다. 그 까닭은 필요한 증명 수단이 없어서가 아니라, 그 문제성이 타락했다 안 했다 하는 진술 '이전'에 놓여 있기 때문이다. 퇴락이란 하나의 존재론적인 운동개념이다. 인간은 '죄악 속에 빠져' 있는가, '퇴폐 상태' 속에 있는가? 그렇지 않으면 '완전의 경지'를 걸어가고 있는가, 또는 그 중간 단계인 '은총의 경지'에 있는가? 이러한 점에 대해 무언가 존재적 결정을 내리려는 것이 아니다. 본래 신앙과 세계관 쪽은 그들이 어떤 진술을 행하는 이상 또 세계―내―존재로서의 현존재에 관해 진술하는 이상, 그 진술이 동시에 어떤 개념적인 이해내용으로 칭해지므로, 우리가 지금까지 다룬 실존론적인 구조로 되돌아가 의존할 수밖에 없다.

이 장을 견인할 중심적인 물음은 현존재를 목표로 삼아왔다. 즉 현존재에 본질적으로 속해 있는, 열어 보이는 성질의 존재론적 구성이 탐구의 주제가 되었다. 이 열어 보이는 성질의 존재는 심경과 이해 및 이야기로 구성되어 있다. 이 열어 보이는 성질의 일상적인 존재방식은 '빈말'과 호기심 및 애매성으로 특징지어진다. 이들 성격 자체는 퇴락이라는 동적 성격을 나타내고, 그곳에는 유혹과 안도감, 소외와 유폐라는 본질상의 여러 성격이 갖추어져 있다.

이상의 분석에 의해, 현존재의 실존론적 기구 전체가 개략적으로 밝혀졌고, 현존재의 존재를 관심사로 하여 '총괄적'으로 해석하기 위한 현상적 기틀이 획득되었다.

제6장
현존재의 존재로서의 관심

39 현존재 구조 전체의 근원적인 전체성에 대한 문제

세계-내-존재는 근원부터 끊임없이 일관되게 하나의 '전체적인' 구조이다. 앞의 몇 장(제1편 제2장~제5장)에서 이 구조를 하나의 전체로서 현상적으로 명확히 했는데, 그때 언제나 이 점에 근거를 두고 여러 구성 계기로서 이 구조를 명확히 하려 시도했다. 최초로 드러난[1] 이 현상 전체에 대한 전망을 대략적으로 보여주었지만, 지금은 그와 같은 일반론의 공허한 성격을 버렸다. 그런데 이번에는 구조 전체와 그 일상적인 존재양식의 현상적 기구가 다종다양해짐으로써, 전체 그 자체를 하나의 시야에 넣어야 할 현상학적 시야가 자칫 혼란스러워질 수 있다. 그렇지만 대부분 여기에 이르기까지 현존재의 준비적 기초분석은, '먼저 드러내 보인 구조 전체의 전체성이 실존론적·존재론적으로 어떻게 규정되어야 좋은가' 하는 물음으로 거슬러 올라갈 것을 목표로 해온 것이다. 우리가 이 물음을 제기하고 있는 지금, 구조 전체를 하나로 전망하는 시선이 더욱 예리하고 확실하게 초점을 맞추도록 마음을 써야 한다.

현존재는 현사실적으로 실존하고 있다. 묻고 있는 것은 실존성과 현사실성이 존재론적 통일을 이루고 있느냐, 혹은 현사실성이 실존성에 본질적으로 귀속되어 있느냐 하는 점이다. 현존재는 자신에게 본질적으로 귀속되어 있는 심경을 근거로 하여, 스스로 자기 앞에 이끌려 나와서 자기가 이러한 곳에 던져져 있다는 피투성에서 자기 스스로가 열어 보이는 존재양식을 지닌다. 그러나 세계 속에 던져진다는 것은 저마다 자신의 모든 가능성 자체인 존재자의 존재양식으로 존재하는 일인데, 그러한 모든 가능성에 있어서, 또 그러한 모든 가

---

1) 본서 제12절 참조.

능성에 의거해서 자기를 이해하듯이—그러한 모든 가능성을 향해 자기를 기투하듯—그렇게 그때그때 자신의 가능성이 되는 것이다.

손안의 존재자 밑에 있으며 그와 관련되어 있는 존재도, 타자와 함께 존재하는 것도 모두 근원적으로 갖추고 있으면서 세계-내-존재에 속해 있다. 또 언제나 자기 자신(도구적 존재)을 위해 존재한다. 자기란 우선 대개는 비본래적이며, '세인(世人)-자기'이다. 세계-내-존재는 이미 퇴락해 버렸다. 따라서 '현존재의 평균적 일상성'은 '세계' 아래 그와 관련되는 속에서, 또한 타인과 더불어 있는 가운데, 가장 자기적인 존재가능 자체를 느끼면서 퇴락적·개시적 또는 피투적·기투적인 세계-내-존재로서 규정될 수 있다.

현존재의 일상성의 이 같은 구조 전체를 그 전체성에 있어서 있는 그대로 포착할 수 있을까? 현존재의 존재가 통일적으로 추출되어, 그 결과 현존재의 존재가 그 통일 구조에 귀속하는 실존론적 변화의 두 가지 가능성(본래적 존재와 비본래적 존재)이 하나가 되어 이해 가능하게 될까? 실존론적 분석작업을 위해, 현재에 놓여진 지금 현재의 발단(실마리)을 기반 삼아, 현상에 입각해 포착할 어떤 방법이 있는 것일까?

부정적으로 말하면, 모든 요소를 하나하나 얽어 맞추어 가지고는 구조 전체의 전체성에 현상적으로 다다를 수는 없다. 얽어 맞추기 위해서는 어떤 설계도가 필요하기 때문이다. 존재론적으로 구조 전체를 지탱하고 있는 현존재의 존재가 우리에게 접근할 수 있으려면, '하나의' 근원적인 통일적 현상을 향해 이 전체를 꿰뚫어 보는 완전한 통찰이 가능해야 한다. 이 근원적으로 통일적인 현상은 그 전체 속에 이미 잠재해 있으며, 그 결과 모든 구조계기에서 각 구조적으로 가능하기 위한 존재론적 기초가 되고 있다. 그러므로 이제까지 획득된 것을 주워 모은 집합적인 통계로는 '포괄적'인 해석을 내릴 수 없다. 현존재의 실존론적인 근본 성격에 대한 물음은, 사물적 존재 아래에 있는 존재에 대한 물음과는 본질적으로 다르다. 일상적인 환경적 경험은 존재적으로 세계 내부적인 존재자를 향하고 있으며, 그 같은 경험을 현존재는 존재론적 분석을 위해 존재적·근원적인 형태로 제시할 수는 없다. 마찬가지로 여러 체험의 내재적 지각에도, 존재론적으로 충분한 길잡이가 될 만한 것이 없다. 그렇다고 해서 현존재의 존재는 인간의 그 어떤 이념에서 연역적으로 도출될 성질의 것은 아니다. 현존재에 다다르는 존재적·존재론적 통로 가운데 어떠한 것을 유일하고 적절한 통로로써 '자기 자신으로부터' 요구하고 있는가? 이 문제에 대한 답을 현존재의 이제까지의 해석에서 답을 찾을 수 있는가?

현존재의 존재론적 구조에는 존재이해가 속해 있다. 존재하고 있는 것으로 현존재는 자신이 어떻게 존재하느냐에 대해 스스로 자기 존재 속에서 열어 보이고 있다. 심경과 이해가 이 같은 열어 보이는 존재양식을 이루고 있다. 현존재가 두드러진 방식으로 자기 자신에게 열어 보이고 있는, 그같이 이해적인 심경이 현존재 속에 있는 것일까?

현존재의 실존론적 분석작업은 그것의 기초적 존재론에서 자신에게 요구하는 기능에 대해 원칙적인 명료성을 지녀야 한다. 그러려면 먼저 현존재의 존재를 끌어내는 당면 과제를 잘 정리해야 한다. 그것을 위해 현존재 자체 속에 잠재해 있는 '가장 광범하고 가장 근원적인', 여러 열어 보이는 가능성의 하나를 찾아볼 필요가 있다. 현존재를 자기 자신에게 직면하게 하는 열어 보이는 양태란 그 속에서 현존재 자체가 어떤 의미에서 단순화된 형태로 접근할 수 있어야 한다. 그렇게 되면 그와 같이 열어 보이는 것과 더불어, 우리가 요구하는 존재의 구조 전체가 그 본래 모습을 분명히 밝힐지도 모른다.

그 같은 방법상의 요건을 만족시켜 주는 심경으로서, 여기서는 '불안' 현상을 분석의 기초로 삼게 된다. 이 근본적인 심경을 부각시키고 그 속에서 개시된 것 자체의 성격을 존재론적으로 규정하는 작업은 퇴락으로 인한 불안감 같은 내적 상태와는 구별되어야 한다. 퇴락이라는 현상으로부터 출발해, 불안은 여기서 분석한 공포라는 비슷한 현상과는 구별한다. 불안은 현존재의 존재 가능성으로서, 불안 속에서 열어 보이는 현존재 자체와 하나가 되어, 현존재의 근원적인 존재 전체성을 명시적으로 포착하기 위한 현상적 기반을 부여한다. 현존재의 존재는 관심에 의해 밝혀진다. 관심이라는 이 실존론적인 근본현상을 존재론적으로 검토하려면, 무엇보다 먼저 관심과 동일시되기 쉬운 모든 현상에 대해 구별할 필요가 있다. 그러한 모든 현상은 의욕, 욕망, 경향, 충동 등인데, 관심을 그러한 모든 현상으로부터 끌어낼 수는 없다. 왜냐하면 이것들 자체가 관심에 기초를 두고 있기 때문이다.

현존재를 관심으로서 존재론적으로 해석할 때 자기가 그곳에서 획득한 것을 가지고 행하는 모든 존재론적 분석과 마찬가지로, 전(前) 존재론적인 존재 이해나 존재자에 대한 존재적 지식을 위해 접근할 수 있는 분석으로부터는 멀리 떨어져 있다. 상식적인 견지가 자신이 유일하게 익숙해 있는 존재적 지식을 근거로 하여 존재론적인 인식에 대해 미심쩍은 생각을 드러내는 것은 이상할 게 없다. 그럼에도 불구하고 여기서 시도한 바와 같이, 현존재를 관심으로 하여 존재론적으로 해석하기 위해 시도된 존재적인 해석에 대한 존재적 단서도, 이미 여러 번 다루어져 이론적으로 장난치고 있다고 느낄지도 모른다. 하물며 전승되고 확증되어 온 인간의 정의(定義)를 제외한다면, 사람들이 그것을 횡포라고 볼지도 모르지만 그것은 당연한 조치일 것이다. 따라서 현존재를 관심으로 하여 실존론적으로 해석하는 일을 전 존재론적(이론 이전의 사실적 현상)으로 확증해 둘 필요가 있다. 그 같은 확증을 위해서는 현존재가 이미 자기 자신에 관해 의견을 털어놓은 바로 말미암아, 비록 전 존재론적인 것에 지나지 않더라도 자신을 '관심(Cura)'으로 해석해 왔음이 확인되는 것이다.

현존재의 분석작업은 관심이라는 현상에까지 진전하고 있다. 이 작업은 본래 기초적인 존재론적 문제 제기로서 '존재 일반의 의미에 대한 물음'을 준비하려는 것이다. 이제까지 획득된 바로부터 존재의미에 대한 물음을 명확히 보여주기 위해, 실존론적 아프리오리(선험적인)한 인간학이라는 특별과제를 넘어서야 한다. 여기서 미리 주도적인 존재 문제와 가장 긴밀하게 연관되어 있는 모든 현상을 돌이켜 보고, 더욱더 철저하게 핵심을 파악해야만 한다. 그러한 모든 현상은 우선 이제까지 해명해 온 존재양식, 즉 도구적으로 존재하는 것과 사물적으로 존재하는 존재양상 곧 현존재로서의 성격을 지니고 있지 않은 세계내부적인 존재자를 규정하고 있다. 지금껏 존재론적 문제에서는 존재를 주로 사물적 존재성(실재성, '세계' 현실성)이라는 의미로 해석했다. 한편 현존재의 존재에 대해서는 존재론적으로 무규정인 채 버려두었기 때문에 관심과 세계성, '손안의 존재성' 및 '눈앞의 존재성(실재성)' 사이의 존재론적인 연관을 검토할 필요가 있다. 이렇게 하면 실재성의 개념을 한층 예리하게 규정하게 되는데, 실재론과 관념론에 의한 인식론적인 문제 제기는 모두 이 실재성의 이념에 입각하고 있으며, 그러한 문제 제기를 검토함으로써 실재성의 개념보다 더 날카로운 규정으로까지 이끌고 간다.

존재자는 존재자를 열어 보이고 발견하고 규정하는 경험이나 지식, 파악하는 기능에서 독립해 있다. 그러나 존재는 이해작용 속에서, 그 존재가 속해 있는 존재자의 이해 속에서만 존재해 있다. 따라서 존재가 개념적으로 파악되지 못하는 일은 있지만, 존재가 완전히 이해되지 않은 적은 결코 없다. 존재론적 문제 제기에 있어서 옛날부터 '존재와 진리'는 동일시되지 않았을망정 약간 섞여 논해지기는 했다. 이것은 비록 본래 이유는 어쩌면 은폐되어 명확하지 않다 하더라도, 존재와 이해 사이의 필연적인 연관이 있음을 살필 수 있는 흔적이 있다. 존재 문제를 충분히 준비하기 위해서는 '진리, 진실'이라는 현상을 존재론적으로 해명할 필요가 있다. 지금까지의 해석이 개시성과 피발견성, 해석과 진술이라는 모든 현상에 대해 얻은 성과를 토대로 진행된다.

따라서 현존재에 대한 예비적인 기초 분석의 결과는 다음과 같은 주제로써 맺어진다.

현존재의 두드러진 개시성으로서의 불안이라는 근본심경(제40절).

관심으로서의 현존재의 존재(제41절).

현존재의 전(前) 존재론적 자기해석에 의거해 관심으로서의 현존재의 실존론적인 철학적 해석을 확증하는 일(제42절).

현존재, 세계성 및 실재성(제43절).

현존재, 열어 보임 및 진리(제44절).

40 현존재의 두드러진 개시성으로서의 불안이라는 근본심경

현존재의 어떠한 존재가능성이, 존재자로서의 현존재 자체에 대해 존재적인 '정보'를 취득해 주어야 할 것이다. 정보란 현존재가 갖추고 있는 개시성 속에서만 열어 보여질 수 있는 것으로, 그 같은 개시성은 심경과 이해에 근거하고 있다. 어떤 점에서 불안은 각별한 심경이 될까? 어떻게 해서 현존재는 불안 속에서 자신의 고유한 존재에 의해 자기 자신에 맞닥뜨리게 되는가? 그것도 불안 속에서 열어 보여지는 존재자 그 자체가 세계 속의 존재로서 현상학적으로 규정될 수 있는가? 또는 이 규정이 충분히 준비될 수 있는 것일까? 이 일련의 기능은 어떻게 성립되는 것일까?

구조 전체의 전체성에 근거한 존재로 밀고 나가기 위해, 우리는 최후에 수행된 퇴락의 구체적인 분석에 출발점을 두기로 하자. '사람' 또는 자기가 배려한 '세계' 속에 몰입한다는 것은, 본래 자기 존재의 가능으로서의 자기 자신에 맞닥뜨리게 되고, 거기로부터 현존재가 세계 속으로 도피하고 있음이 밝혀진다. 그러나 현존재가 자기 자신과 본래적으로 자기의 존재 가능에서 도피하는 이 현상은, 그것을 앞으로 고찰할 현상적인 기반으로 하기에는 적합하지 못하다는 생각이 든다. 이렇게 도피한다면 현존재는 결코 자기 자신과 맞닥뜨릴 수 없지 않겠는가. 배반하는 것이므로 마치 퇴락 본래의 작용과 호응해 현존재로부터 떨어져 나가게 하고 만다. 본래 이러한 현상에 대해 고찰할 때는, 존재적·실존적인 성격 규정을 존재론적·실존론적인 해석과 혼동하지 않도록 주의해야 하며, 전자 속에도 후자의 이론을 진행하는 데 적극적인 역할을 할 현상적인 기초가 내재되어 있음을 간과하지 않도록 신경 써야 한다.

자기 존재의 본래성이 실존적인 견지에서 보면, 퇴락에 있어서 폐쇄되고 배제되고 있다. 그러나 이 폐쇄성은 개시성의 '결여태'에 지나지 않는다. 이 결여태는 현존재의 도피가 자기 자신으로부터의 도피라는 점에서 현상적으로 드러난다. 도피 곧 도망치려는 것, 이를테면 그것에 직면하여 쩔쩔 매고 있는 점에서 현존재는 바로 현존재 자신의 '뒤를' 쫓아간다. 현존재가 존재론적으로 본질상 자기에게 귀속해 있는 개시성에 의해, 자기 자신에 직면해 있는 한에서만 현존재는 거기서부터 도피할 수 있게 된다. 이같이 퇴락하면서 돌아서게 되면, 자기가 도대체 무엇으로부터 도망쳤는지 파악할 수 없게 된다. 본래 그것과 친숙해지려 한다고 해서 경험할 수 있는 것이 아니다. 오히려 거기에서 돌아서는 현상 속에서 그것은 개시되어 '현(現)'에 있는 것이다. 현존재, 즉 자신의 실체로부터 실존적·존재적으로 돌아서는 현상은, 도대체 무엇으로부터 도피하려는 것인지를 실존론적·존재론적으로 포착할 가능성을, 그것이 지닌 열어 보이는 성격을 근거로 해서 현상적으로 부여하게 된다. 현상학적인 해석에 의해 '친해지려' 한다면, 돌아섬 속에 잠재해 있는 존재적인 '멀어지려고 하는' 기능 속에서도 도피가 무엇에 직면하고 어디서부터 도피하려는 것인지 이해되어 개념화될 수 있다.

그러면 분석할 때 퇴락 현상에 입각한다고 해서, 그 퇴락 속에서 열어 보여지는 현존재에 대해 존재론적으로 무엇인가 경험할 가망이 없다고 원칙적으로 규정되어 있는 것은 아니다. 오히려 그 반대로 해석은 바로 이 경우에 현존재의 인위적인 자기포착으로 오도되는 위험에서 가장 멀어진다. 이런 해석은 현존재 자체가 존재적으로 열어 보인 것을 그냥 다시 명시적으로 드러낼 뿐이다. 어떠한 심경적 이해의 내부에서 해석을 통해 동행하고 그 뒤를 쫓아가면서 현존재의 존재에 접근해 갈 가능성은, 열어 보이는 심경으로서의 기능을 방법적으로 수행하는 현상이 근원적이면 근원적일수록 높아진다. 불안이 이와 같은 기능을 수행한다는 것은 우선은 하나의 주장에 지나지 않는다.

불안의 분석에 대해 우리가 아무 준비도 하지 않은 것은 아니다. 확실히 불안이 존재론적으로 공포와 어떻게 연관되어 있는지에 대해 아직도 밝혀지지 않았다. 다만 양자 사이에 현상적인 친근성이 있는 것만은 분명하다. 이 점에 대한 증거는, 두 현상이 대개는 구별되지 않은 채 있고 두려워하는 것이 불안으로 불리며 불안의 성격을 가진 것이 공포로 불린다는 사실이다. 한 걸음 한 걸음 불안이라는 현상을 향해 접근해 보도록 하자.

'사람'에서, 배려적인 '세계' 속에서 현존재가 퇴락하는 것을 우리는 현존재 자체로부터의 '도피'라 불렀다. 그러나 무엇에 맞닥뜨려 쩔쩔매거나, 무엇으로부터 돌아서는 것을 모두 도피라 할 수 없다. 공포가 열어 보이는 것, 곧 위험에 맞닥뜨려 두려움으로 쩔쩔맬 때 그것은 도피라는 성격을 갖는다. 공포를 심경적으로 해석함으로써 두려워한다는 것이 각각 하나의 세계내부에 존재하는 것, 근처에 있으면서 그 속으로 특정 방면에서 접근해 와서 위해를 미칠지도 모르며, 어쩌면 오지 않을지도 모르는 존재자임을 분명히 했다. 하지만 퇴락에 있어서 현존재는 자기 자신으로부터 돌아선다. 이 같은 도피의 상대와 대상은 위협한다는 성격을 갖추고 있어야 한다. 그러나 그 같은 도피의 대상은 누구인가 하면 바로 도피하는 존재자 자신, 그것도 존재양식을 가진 존재자로서, 현존재 자체이다. 이같이 뭔가에 직면하여 쩔쩔매게 하는 것이 어떤 '무서운 사물'이라고 파악할 수는 없다. 왜냐하면 그러한 사물은 언제나 세계내부적인 존재자로서 만날 수 있기 때문이다. 단지 '무서워'할 수밖에 없는 위협, 공포 속에서 발견되는 위협은 늘 세계내부적인 존재자로부터 오는 것이다.

따라서 퇴락이라는 돌아섬은 세계내부적인 존재자에 대한 공포에 기초를 둔 도피가 아니다. 그러한 공포에 따른 도피의 성격은 돌아섬이 세계내부적인 존재자에게 몰입하는 형태로 바로 그들과 친해지는 것이므로 여기에는 어울리지 않는다. 퇴락이라는 돌아섬은 오히려 불안에 근거를 두고 있으며, 공포도 이 불안에 의해 비로소 가능해진다.

퇴락하고 있는 현존재가 자기 자신으로부터 도피한다는 표현이 이해되기 위해서는, 이 존재자의 근본기구로서의 세계-내-존재가 상기되어야 한다. 불안의 상대와 대상은 세계-내-존재 그 자체이다. 불안해할 때 그 불안이 직면해 있는 대상은 공포가 직면해 있는 대상과 비교하여 현상적으로 어떻게 구별되는 것일까? 불안이 직면해 있는 대상은 세계내부에 존재하는 것이 아니다. 그러므로 불안이 직면해 있는 대상에 대해 본질상 어떠한 적소성(適所性)도 얻을 수 없다. 위협은 어떤 특수한 사실적인 존재가능성을 명확하게 겨누면서 위협받는 대상을 습격하는 특정한 유해성을 갖추고 있지 않다. 불안이 직면해 있는 대상은 완전히 불특정적이다. 불특정적이기 때문에 세계내부에 존재하는 존재자 가운데 어떤 것이 위협을 미치는가를 사실로서 결정할 수 없다. 불특정이란 것은 본래 세계내부적인 존재자에게는 아무런 '중요성'도 없다는 것을 의미한다.

세계내부에서 손안에 있거나 눈앞에 있는 것은, 그것이 무엇이든 혼자서는, 불안이 불안해하는 상대나 대상으로서 작용하지 못한다. 세계내부에서 발견되고 있는 '손안의 것'이나 '눈앞의 것'의 적소전체성(適所全體性)은, 그 자체로서는 애당초 중요성이 없다. 그것은 스스로 붕괴된다. 세계는 완전한 무의의성(無意義性)이라는 성격을 지니고 있다. 불안 속에는 어떤 위험한 것, 그에 대해 어떤 적소성이 될 만한 특정한 것은 하나도 나타나지 않는다.

그러기에 불안은 위협하는 것이 그쪽에서 접근해 오는 특정한 '여기'나 '거기'가 '보이지' 않는다. 위협이 될 만한 것이 어디에도 없다는 것이 불안이 직면한 대상의 특징이다. 불안은 자신이 불안해하는 대상이 무엇인지를 '모르는' 것이다. 그러나 그 '어디에도 없음'이 '아무것도 없음'을 의미하는 것이 아니라, 그 속에는 방위(方位) 일반, 즉 본질상 공간적인 내-존재를 위한 세계의 열어보이는 성질 일반이 잠재해 있다. 그러므로 위협은 어떤 특정한 방향으로부터 가까운 범위의 내부에서 접근해 올 수도 없다. 위협은 이미 '현재 거기에' 있지만, 그래서 어디에도 없다. 가슴이 답답하도록 숨이 막힐 만큼 가까이에 있지만, 그래서 어디에도 없는 것이다.

불안이 직면해 있는 대상, '그것은 아무것도 아니며 어디에도 없다'는 사실이 분명해진다. 불안의 대상은 세계내부적으로 아무것도 아니며 어디에도 존재하지 않는다는 것, 그런데도 이 불안이 직면해 있는 대상이 저항해 옴이 느껴진다는 것은, '불안이 직면해 있는 대상은 세계 자체'라는 것을 현상적으로 의미한다. 아무것도 아니면서 어디에도 존재하지 않는다는 것으로 인정하게 하는 전면적인 '유의의성의 결여'는 '세계의 부재'를 의미하는 것이 아니다. 세계내부적인 존재자는 그 자체가 전혀 중요하지 않기 때문에 세계내부적인 존재자의 유의의성의 결여를 근거로 하여, 세계가 그 세계성에 있어서 홀로 가까이 다가오고 있음을 의미한다.

가슴 답답하게 하는 것이란 이러저러한 것들이 아니며, 눈앞의 것 전부를 합친 총계도 아니며, 손안에 있는 것의 가능성, 결국 세계 그 자체이다. 불안이 사라졌을 때, 우리는 흔히 '애당초 아무것도 아니었다'라고 말한다. 이 표현은 실제로 정확하다. 그 불안이 무엇이었는지를 존재적으로 정확히 말한 것이다. 일상적인 이야기는 손안의 존재자에 대해 배려하거나 그에 대해 이야기하는 것으로 다가간다. 불안이 불안해하는 대상은, 세계내부적인 손안의 존재자 가운데 '그 어느 것도 아닌' 것이다. '아무것도 아니다'라는 것은, 일상적이고 주변을 둘러보는 이야기만이 이해하고 있는 손안의 존재자는 아무것도 아니라고 하지만 결코 전부가 아무것도 아닐 수는 없다. '어떠한 손안의 것도 아니다'라는 의미에서의 '아무것도 아니다'는, 가장 근원적인 '뭔가 있는 것' 즉 '세계'에 기초를 두고 있다. 본래 이 세계는 존재론적으로는, 본질적으로 세계-내-존재로서의 현존재의 존재에 속해 있다. 따라서 불안이 직면해 있는 대상이 아무것도 아니다라는, 곧 세계 자체라는 점이 명확해진다면, 이것은 불안이 직면하여 불안해하는 대상은 세계-내-존재 자체임을 의미한다.

사람이 불안해한다는 것은 근원적이고 직접적으로 세계를 세계로서 개시한다. 우선은 생각에 의해 세계내부적인 존재자가 도외시되면서 약간의 세계만 사고하게 되고, 이어서 이 세계에 대한 불안이 생기는 것은 결코 아니다. 불안은 심경의 상태로서 무엇보다 먼저 '세계를 세계로서' 열어 보인다. 본래 이것이 의미하는 바는 불안에서 세계의 세계성이 파악된다는 말은 아니다.

불안은 무엇에 대한 불안일 뿐만 아니라, 심경으로서, 동시에 '무엇으로 인한 불안'이기도 하다. 무엇으로 인해 불안이 불안해하는 이유는, 현존재의 어떤 특정한 존재양식이나 가능성 때문은 아니다. 불안에 포함되는 위협은 그 자체가 불특정적이며, 따라서 사실적으로 구체적인 이것저것의 존재가능을 위협하면서도 습격하지는 못한다. 불안이 불안해하는 '무엇 때문에' 세계-내-존재 자체인 것이다. 불안 속에서 환경적으로 손안에 있는 존재자, 나아가 세계내부적인 존재자 전반이 무너져 내린다. '세계'는 이미 아무것도 드러내지 못하며, 타인의 공동현존재도 마찬가지이다. 그리하여 불안은 세계와 공공적으로 해석되는 성질에 의거해서, 퇴락하면서 자신을 이해하는 가능성을 현존재로부터 빼앗아 버린다. 현존재는 자기가 본래적으로 세계 속에서 존재 가능한 존재양상으로 인해 불안해하는데, 불안은 현존재를 그곳으로 도로 던져버린다. 불안은 현존재를 가장 고유한 세계-내-존재로서 독립시키지만, 그러한 세계-내-존재는 이해하면서 있는 것이므로 자기를 본질적으로 모든 가능성을 향해 투사하고 있다. 따라서 불안해한다는 이유로 불안은 현존재를 '가능 존재로서' 열어 보이며, 더구나 고립화 속에 고립된 것으로 오로지 자기 자신에 의해서만 존재 가능한 존재로서 열어 보인다.

불안은 현존재 중에서 가장 고유한 존재가능성과 관련된 존재를, 다시 말하면 자기 자신을 선택하고 파악하는 자유를 향해 열려 있는 자유로운 존재 양상이 내재되어 있음을 드러내게 된다. 불안에 의해 현존재는 자기가 늘 이미 그렇게 존재하는 가능성으로서, 자기 존재의 본래성을 직면하게 한다. 이 자기 존재란 동시에 현존재가 세계-내-존재로서 그곳에 맡겨져 있다.

불안이 '그 때문에' 불안해하는 이유는, 불안이 '그것에 대해' 불안해하는 '대상', 즉 세계-내-존재 때문임이 밝혀진다. 불안이 직면한 대상과 불안의 '무엇 때문에'가 이처럼 같다는 것은 더욱 불안해하는 자신에게까지 미치고 있다. 불안해한다는 것은 심경으로서, 세계-내-존재의 하나의 근본양식이기 때문이다. 열어 보이는 기능과 그에 의해 열어 보여진 것이 실존론적으로 동일하며, 그곳에서 열어 보이고 있는 가운데 세계가 세계로서, 내-존재가 독립하여 순수하게 세계 속에 던져진 존재가능성으로서 열어 보여져 있다는 점에서 불안이라는 현상에 의해 하나의 두드러진 심경이 해석의 주제가 되어 있음을 분명히 보여준다. 불안은 사람을 고립시키고, 그러한 것으로 또 현존재를 '유일한 자기'로서 개시한다. 본래 이 실존론적 '독아론(獨我論)'은 고립화된 주관이라는 사물을 무(無)세계적으로 출현한, 즉 분별없는 공허 속으로 옮겨놓지는 않는다. 도리어 현존재를 바로 극한적인 의미에서 자기 세계에 직면하게 하며, 그리하여 현존재 자체를 세계-내-존재로서의 자기 자신에 직면하게 한다.

불안은 근본적 심경으로서 이상과 같은 방식으로 개시되는데, 이 일에 대한 가장 공정한 증거 또한 일상적인 현존재 해석이나 이야기 속에서 찾을 수 있다. 앞에서도 말한 바와 같이, 심경은 '사람이 어떤 상태로 있는가'를 명확히 해준다. 사람은 불안해지면 자기도 모르게 '으스스하다'고 한다. 그곳에는 현존재가 그 자체로 불안이라는 특유의 불특정 지점에 처해 있음이 표현되어 있다. 아무것도 없고 어디에도 없는 곳에 있는 것이다. 그러나 '어쩐지 으스스하다'는 것은 동시에 '내 집에 있는 것처럼 편안하지 않다'는 의미도 있다. 현존재의 근본기구를 최초에 현상적으로 암시함과 아울러, 실존론적 의미로서 내-존재를 범주적인 의미로서의 '안의 존재'로부터 구별한 형태로 명확히 했을 때, 내-존재는 무엇무엇 곁에서 산다(住), 무엇무엇과 친숙하다, 이렇게 규정되었다.[2] 내-존재의 이러한 성격은 그 뒤에 세인(世人)의 일상적 공공성에 의해 더욱 구체적인 모습으로 볼 수 있게 되었다. 즉 세인은 현존재의 평균적 일상성 속으로, 편히 쉴 수 있는 안도감이나 당연한 편안함을 끌어들인다.[3] 이에 반해 불안은, 현존재가 '세계' 속으로 몰입하면서 퇴락하는 것으로부터 현존재를 되돌아서게 한다. 일상적인 친밀성은 무너지게 된다. 현존재는 독립하기는 했지만 그것은 세계-내-존재'로서'의 독립이다. 내-존재는 '편안하지 않다'라는 실존론적인 '양상'에 이르게 된다. '으스스하다'는 표현도 바로 이 상태를 가리키는 말이다.

이제 도피로서의 퇴락이 무엇에 직면하여 거기서부터 도피하는지가 현상적으로 분명해진다. 세계내부적 존재자로부터 도피하는 것이 아니라 바로 이 세계내부적 존재자에게로 도피하는 것이다. 세계내부적인 존재자는 배려적인 관심이 '사람들' 속으로 들어와, 그야말로 안심하고 기꺼이 그 곁에 머무를 수 있

---

2) 본서 제12절 참조.
3) 본서 제27절 참조.

는 존재자이며, 퇴락은 바로 이와 같은 곳으로의 도피다. 공공성이라는 안정감 속으로 퇴락하면서 도피한다는 것은 안정감이 없는 그 으스스함으로부터 도피함을 의미하는 것이다. 이러한 으스스함은 자기가 어떻게 존재하는가에 대해 자기 자신에게 맡겨놓고 있는 세계 속에 던져진 세계-내-존재로서의 현존재 속에 잠재해 있다. 이러한 으스스함은 현존재를 부단히 추적하고, 현존재가 일상적으로 '사람들' 속으로 매몰되어 있는 것을 방해하는 형태로 위협하고 있다. 이 위협은 사실적으로 일상적인 배려적 관심의 완전한 안정성 또는 충족성과 관련되는 수가 있다. 특히 어떻다고 말할 수 없는 상황 속에서 불안이 밀려올 수도 있다. 불안이 생기는 데 반드시 암흑이 필요하지는 않지만, 일반적으로 어두운 곳 쪽이 으스스한 느낌이 드는 것은 확실하다. 암흑은 문자 그대로 아무것도 볼 수 없는 것인데, 그것만으로도 세계는 여전히 더욱더 억척스럽게 '현재 거기에' 존재하게 된다.

우리는 현존재의 으스스함을 실존론적·존재론적으로 해석한다. 현존재의 으스스함을 현존재 자체 쪽에서 현존재 자체를 습격해 오는 위협으로 해석했는데, 그렇다고 해서 으스스함이 사실적인 불안에서도 언제나 같은 의미로 해석된다고 주장하는 것은 아니다. 현존재가 무시무시함을 이해하는 일상적인 양식은 퇴락하면서 안정감이 없다는 것에서 '눈을 떼고' 거기서 등을 돌리는 것이다. 그러나 이런 도피의 일상성은 현상적으로 다음과 같은 것을 의미한다. 즉 세계-내-존재라는 본질상의 현존재 기구는 실존론적 기구로서 결코 사물적으로 존재해 있는 것이 아니라, 현재 거기에 사실적으로 개시되어 있는 현존재의 존재양상으로 있다. 심경성이라는 상태 그 자체로 항상 존재한다. 도피하는 것이 일상적이라는 점은, 본질상의 현존재 기구에는 불안이 근본적 심경으로 속해 있음을 나타내고 있다. 세계-내-존재가 안심하고 기분 좋게 있다는 것은, 현존재의 으스스함의 한 상태이며 그 반대는 아니다. 실존론적·존재론적으로는 불안정감이 더욱 근원적인 현상으로써 파악되어야만 한다.

또 불안이 잠재적으로 세계-내-존재를 언제나 이미 규정하고 있기 때문에 세계-내-존재는 '세계' 곁에서 그와 관련되어 배려하면서 심경적으로 존재한다는 점에서 무서워할 수 있다. 공포란, '세계' 속으로 퇴락하고 있는 비본래적 존재의 불안이며, 그 자신에게는 그것이 불안이라는 것이 은폐되어 있다.

그래서 사실적으로 으스스하다는 기분이 대개는 실존적으로 이해되지 않고 있다. 게다가 퇴락과 공공성이 만연해 있기 때문에 '본래'의 불안은 드물다. 불안의 발생에는 이따금 '생리학적'인 조건이 관여하고 있다. 그러나 불안이라는 이 사실은 단지 존재론상 그것이 어떠한 원인으로 야기되고, 또 어떠한 경과를 거치는가 하는 점에서 문제가 되는 것이 아니라, 그것이 사실로서 존재하는 점에서 보면 이미 하나의 존재론적인 문제이다. 불안이 어떤 생리적 조건을 계기로 생겨날 수 있다는 것을 오로지 현존재가 자기 존재의 어떤 근본에 있어서 불안해하기 때문이다.

실존적 사실로서의 본래적인 불안도 드물지만 이 현상을 그 원칙적인 실존론적·존재론적 구성 또는 기능에서 해석하고자 시도하게 되면 더욱 드물다. 그 이유는 총체적으로 현존재의 실존론적 분석작업을 등한히 하는 데 있지만, 특히 심경 현상을 오인하는 데 있다.[4] 본래 불안 현상이 사실적으로 드물게 드러나는 것이라 하더라도, 실존론적 분석작업을 위해 하나의 원칙적인 방법적 기능을 떠맡을 만큼 자격이 없다는 것은 아니다. 오히려 반대로 이 현상이 드문 것은 다음과 같은 점에 대한 지표가 된다. 즉 현존재는 세인(世人)들이 공공적으로 해석함으로써, 현존재 자신의 본래성이 대개 은폐되어 있지만, 불안이

---

4) 지금까지 불안과 공포라는 현상은 늘 구별되지 않은 채 뒤섞여 있었다. 그런데 이들이 존재적으로, 또 (매우 좁은 한계 안에서나마) 존재론적으로도 그리스도교 신학의 시야에 들어온 것은 우연이 아니다. 신을 향하는 인간의 존재라는 인간학적인 문제가 우위를 차지한 결과 신앙, 죄, 사랑, 회오 등의 현상이 문제설정의 길잡이 역할을 할 때에는, 언제나 위와 같은 일이 일어난다. 아우구스티누스의 해석적 저술 및 그의 편지에서 가끔 등장하는 '경건한 공포와 비굴한 공포(timor castus et servilis)' 설을 참조하라. 그리고 공포 전반에 대해서는 《여든세 가지 다른 질문들(De diversis quaestionibus octoginta tribus)》 가운데 제33문 '공포에 대하여(de metu)', 제34문 '공포를 느끼지 않는 것 말고 또 사랑할 만한 일이 있을까(utrum non aliud amandum sit, quam metu carere)', 제35문 '사랑해야 할 대상은 무엇일까(quid amandum sit)'를 참조하라. 미뉴 판 《라틴 교부 전서》 제7권 23쪽 이하.

루터는 공포 문제를 참회(poenitentia)와 통회(痛悔, contritio)의 해석이라는 전통적 연관에 있어 논했을 뿐만 아니라, 《창세기 주해》에서도 이를 다루었다. 물론 이것은 대단히 개념적이지 못하지만, 그래도 그만큼 강한 교화적 힘을 지니고 있다. 《창세기 강해(講解)(Enarrationes in genesin)》 제3장(에를랑겐 판 《라틴어 해의(解義) 전집》 제1권 177쪽 이하) 참조.

불안현상을 가장 심도 있게 분석했던 사람은 키에르케고르이다. 그의 분석도 마찬가지로 원죄 문제의 '심리학적' 제시라는 신학적 연관에 있어서의 해석이다. 《불안의 개념》(1844년) 전집(디더리히스 판) 제5권 참조.

라는 근본적 심경에서 근원적인 의미로 내보여질 수 있다는 하나의 지표인 것이다.

어떠한 심경이든 그 본질에서는 분명 각각이 세계—내—존재의 총체를 그 구성적인 모든 계기(세계, 내—존재, 자기)에 따라 열어 보이는 일이 내재되어 있다. 그러나 불안 속에는 그것이 현존재를 고립시키고 있는 만큼, 하나의 각별한 열어 보이는 가능성이 잠재해 있다. 이 고립에 의해 현존재는 그 퇴락으로부터 되돌아서게 되며, 본래성과 비본래성이 자기 존재의 가능성임을 깨닫게 된다. 누구에게나 자기 자신의 것인 현존재의 이 두 가지 근본 가능성, 불안 속에서는 현존재가 우선 대개는 매달려 있는 세계내부적인 존재자에 의해 왜곡됨이 없이 있는 그대로 그 모습을 드러낸다.

본서의 고찰을 견인하는 주도적인 물음은, 현존재의 구조 전체의 전체성의 존재양상을 묻는 것인데, 불안에 대해 이상의 실존론적 해석에 의해, 이 물음에 대답하기 위한 현상적인 기반이 얼마만큼 획득되고 있었을까?

41 관심으로서의 현존재의 존재

구조 전체의 전체성을 존재론적으로 파악하려고 의도할 경우에, 우리는 우선 다음과 같이 묻지 않을 수가 없다. 즉 불안이라는 (심경적) 현상과 불안 속에서 열어 보여진 사건은 현존재의 전체를 똑같이 근원적 현상으로 나타낼 수 있을 것인가, 아니면 전체성을 지향해 탐구하는 시선이 그곳에 주어진 것으로 받아들여질 것인가, 하는 점이다. 불안 속에 잠재해 있는 요소들의 총체를 형식적으로 열거하면 다음과 같이 기록할 수 있다. 첫째로 불안에 휩싸이는 것은 심경이므로 세계—내—존재의 한 존재양식이다, 둘째로 불안의 대상은 세계 속으로 던져진 세계—내—존재이다, 셋째로 불안의 이유는 세계—내—존재의 가능성이다. 따라서 불안의 완전한 현상은 현존재를 현사실적으로 실존하고 있는 세계—내—존재로 표시하고 있다.

이 존재자의 기본적 존재론적인 성격이란 실존성, 현사실성 그리고 퇴락성이다. 이 세 가지 실존론적인 규정은 단편적으로 하나의 합성물을 구성하고 있으며, 때로 그중 하나가 이 구성에서 결여되었을지도 모를 그런 것이 아니다. 그들 속에는 하나의 근원적인 맥락이 생생하게 활동하고 있어서, 이것이 우리가 구조 전체로서 탐구하고 있는 전체성을 이루고 있다. 여기서 열거한 현존재의 이 세 가지 존재규정을 통일시켜 봄으로써, 현존재의 존재 자체가 존재론적으로 파악 가능하게 된다. 이 통일성 그 자체의 성격에 대해 어떻게 규정해야 할 것인가?

현존재는 스스로 존재하면서 그 존재 자체를 문제 삼는 그런 존재자이다. 이해란 자기에게 가장 고유한 존재가능성으로서의 자신을 세계 속에 투사하고 있는 것인데, 이 이해 구조 속에서 '무엇을 문제 삼는다'고 하는 것이 어떠한 것인지 분명해졌다. 가장 고유한 존재가능성이란, 있는 그대로의 현존재가 그때그때마다 궁극목적으로 삼고 있는 그것이다. 현존재는 자신의 존재에 있어서 본래 이미 자신의 어떤 가능성과 병존해 왔다. 자기의 가장 고유한 존재가능성을 '향하여', 따라서 본래성과 비본래성의 가능성을 향하여 자유롭게 열려 있다는 것은, 불안이 어떤 근원적 기본적인 원인에 따라 구체적인 양상으로 모습으로 나타내는 것이다. 그러나 자신에게 가장 고유한 존재가능성을 향한 존재란, 존재론적으로는 현존재가 자기 존재에 있어서 그때마다 이미 자기 자신에 앞서 있음을 의미한다. 현존재는 언제나 이미 '자기를 초월해' 있다. 이 것은 현존재가 아닌 다른 존재자에 대한 태도로서가 아니라, 현존재 자신인 존재가능을 향한 존재로서이다. 본질적으로 '무엇을 문제 삼는다'는 존재구조(세계, 자신)를, 우리는 현존재가 '자기를 앞질러 존재하는 것'으로 파악하고자 한다.

그러나 이 구조는 현존재 기구 전체에 관계한다. '자기를 앞질러 존재한다'는 것은 무세계적인(세계 속에서 보이지 않는) '주관' 속에 있는 어떤 고립화된 경향을 의미하는 것이 아니라, 세계-내-존재의 성격을 규정하는 것이다. 그런데 이 세계-내-존재에는 자기 자신에게 맡겨졌으며, 이미 하나의 세계 속으로 내던져져 있다는 것이 계기로 포함되어 있다. 현존재가 자기 자신에게 맡겨져 있다는 것은, 불안이라는 심경적 현상에 의해 근원적으로 또 구체적으로 표시되고 있다. '자기를 앞질러 존재한다는 것'은, 더욱 완벽하게 설명하자면, '이미 세계 속에서 존재하는 나 자신을 앞지른다'는 것을 의미한다. 본질적으로 통일적인 구조가 있음이 현상적으로 확인되면, 앞서 세계성의 분석을 할 때 밝혀진 것 또한 분명해진다. 그 분석으로 세계성이란 유의의성으로 구성되어 있으며, 이 유의의성의 지시 맥락 전체가, 하나의 '그것이 마음에 걸리기 때문에'에 고정되어 있음을 밝혔다. 지시 맥락 전체, 즉 '……를 하기 위해' 있는 다양한 관련이 현존재에게 마음 쓰이는 부분과 서로 얽혀 있다는 것은, 눈앞의 존재 대상인 '세계'가 어떤 주체와 용접되어 있다는 말이 아니다. 오히려 그것은 현존재의 근원적인 완전한 구성 전체가 현상적으로 표현되어 있다. 현존재의 전체성이란 어떤 '사물 속에 이미 존재해 자기를 앞지르고 있는 것'으로써 이제 명시적으로 두드러지게 된 셈이다. 바꾸어 말하면, 실존한다는 것은 언제나 현사실적이다. 실존성은 본질상 현사실성에 의해 규정되어 있다.

또 나아가서, 현존재의 현사실적 실존이란, 단지 일반론으로 무차별적으로 내던져진 세계 속에서 존재할 수 있는 것으로 그치는 것이 아니다. 그것은 언제나 이미 자기가 배려한 세계 속에 융합되어 있다. 세계 속에 융화되어 어떤 사물 곁에서 그것과 관련되면서 퇴락하고 있는 존재임을 엿본다는 것은, 명료하게 또는 은밀하게 이해되었느냐 또는 이해되지 않았느냐를 불문하고, 으스스함에서 도피하는 작용이다. '사람'의 공공성은 익숙하지 않은 것을 모두 억제해 버리므로 으스스함도 대개 잠재적인 불안과 더불어 은폐되어 있다. '이미 세계 속에 존재하면서 자기를 앞지르는 것' 속에는, 퇴락하면서 자기가 배려하는 세계의 내부에 존재하는 도구 밑에서 그와 함께 존재한다는 것이 본질적으로 포함되어 있다.

따라서 현존재의 존재론적 구조 전체에 따른 형식적 실존론적인 전체성은, 다음과 같은 구조로서 파악되어야 할 것이다. 즉 현존재의 존재란 '세계내부적으로 만나게 되는 존재자'의 곁에서, 존재로서 자기를 앞질러 '세계' 속에 이미 존재해 있음을 의미한다고 파악되어야 한다. 이 같은 존재가 관심이라는 명칭이 의미하는 바이며, 이것은 어디까지나 순수하게 존재론적·실존론적으로 쓰이고 있다. 이 의미로부터 걱정, 염려 또는 무사려, 태평이라는 존재를 존재적으로 해석하는 모든 경향은 관심이라는 의미에는 전혀 포함되지 않는다.

세계-내-존재가 본질적으로 관심이라는 그 이유로 인해서, 이제까지의 분석에서도 '손안의 것' 곁에서 그와 관련되어 있는 존재양상을 '배려'로서, 세계내부적으로 만나게 되는 타인과의 공동현존재와 함께인 존재를 '고려'로서 파악할 수 있었다. '어떤 사물 곁에 있는 존재'가 배려인 것은, 그것이 내-존재의 존재양식으로서, 이 내-존재의 근본구조인 관심에 의해 규정되어 있기 때문이다. 관심이란 사실성과 퇴락으로부터 분리된 실존성만을 규정짓는 것은 결코 아니며, 이들 존재규정을 전체적으로 포함하고 있다. 그러므로 관심은 자아가 자기 자신과 관련된 것을 그만큼 떼어내서 가리키는 것은 아니다. 오로지 그와 같은 자신과의 관련만을 의미하는 것이 아니다. 배려와 고려의 유추에서 '자기에 대한 관심'이라는 식으로 표현된다면 같은 말을 되풀이하는 격이 될 것이다. 자기란 존재론적으로는 이미 '자기를 앞질러서 존재한다'는 성격으로 규정되어 있으므로, 관심도 자기와 어떤 특별한 형태로 관련되어 있음을 가리킬 뿐이다. 다만 이 '자기를 앞질러서 존재한다'는 규정 속에는 '이미 어디어디 속에 존재한다'와 '어떤 사물 속에서 이미 존재해 있다는 것'과 '어떤 사물 곁에 있다'고 하는 관심을 구성하는 다른 두 가지 구조적인 계기도 이미 포함되어 있다.

자기에서 가장 고유한 존재가능성의 존재로서 '자신을 앞지르는 존재'란, 본래 실존적인 여러 가능성을 향해 자유롭게 열려 있는 것이 실존론적·존재론적으로 가능하기 위한 조건이 포함되어 있다. 따라서 현존재가 그때마다 사실적으로 존재하고 있기 때문에 존재 가능하다. 그러나 존재가능성 자체에 관련되는 이 존재가 자유에 의해 규정되어 있는 이상, 현존재는 스스로의 여러 가능성에 대해 '비자발적'으로도 태도를 취할 수 있게 된다. 다시 말하면 현존재는 비본래적으로도 존재할 수 있지만, 사실적으로는 우선 대개 이러한 존재양식에 의해 존재하고 있다. 그 경우 본래적인 '……때문에'라는 처음 지점은 포착되지 못하고 있으며, 자기 자신의 존재가능성의 투사도 세인의 재량에 맡겨진다. 그러므로 '자기를 앞지르는 존재'라 할 때, 그곳에 포함되는 '자기'는 세인-자기라는 의미에서의 자기를 그때그때마다 가리키는 셈이다. 비(非)본래성에 있어서도 현존재는 본질상 어디까지나 자기를 앞서고 있는 존재임에는 변함이 없다. 마침 퇴락하며 자기 자신으로부터 도피하고 있는 현존재라 하더라도, 역시 자기가 존재하는 것을 걱정하는 존재자로서의 존재 체재를 나타내는 것과 같다.

관심은 그것이 근원적인 구조전체성(構造全體性)인 이상, 실존론적으로나 선험적으로 현존재의 모든 현사실적 '태도'나 '경우'에 앞서고 있다. 곧 이들 속에 언제나 이미 포함되어 있다. 따라서 결코 '실천적' 태도가 이론적 태도에 대해 우위에 서는 것을 표현하는 것은 아니다. 눈앞의 사물을 단순히 직관하면서 규정하는 것도, '정치 활동'이나 여가 활동에 못지않게 관심이라는 성격을 지니고 있다. '이론'이나 '실천'도 그 존재가 관심으로써 규정될 수밖에 없는 존재자의 존재가능성이다.

그러므로 본질상 분단될 수 없는 전체성을 이루고 있는 관심이라는 현상을, 의욕이나 소망, 충동(Drang)이나 성향(性向) 같은 그때그때의 특수한 작용이나 본능(Trieb)으로 환원하거나 그러한 것들로 합성하려는 시도도 성공할 수 없다.

의욕이나 소망은 존재론적으로는 필연적 관심으로서의 현존재 속에 뿌리박고 있으며, 뭔가 그저 단순히 존재론적으로는 거의 무색투명하며, 그 존재의미에 관해서는 완전히 불특정한 '흐름' 속에서 나타났다 사라지는 체험 같은 것이 아니다. 충동이나 성향에 대해서도 마찬가지라 할 수 있다. 이 양자 모두 대부분 현존재 속에서 순수한 형태로 검출된다면 역시 관심에 근거를 두고 있다. '살아 있을' 뿐인 존재자도 존재론적으로 충동과 성향에 따라 구성되어 있는 것이 아니라는 말은 아니다. 그러나 '살아 있다'는 것의 존재론적인 근본기구는 하나의 고유한 문제이며, 이것은 현존재의 존재론에서 공제해 가는 순서로만 전개되어야 할 주제이다.

과연 앞에 열거한 일련의 현상은 반드시 완전한 존재론적 지평이 보이지 않더라도, 또한 그와 같은 지평조차 알지 못하더라도 일정한 범위 내에서 적절한 형태로 '기술'될 수 있다. 하지만 존재론적으로는 그것들보다 역시 관심 쪽이 '⋯⋯보다 전'이다. 우리의 기초적인 존재론적 탐구는 뭔가 주제적으로 완벽한 존재론을 얻으려고 애쓰는 것도 아니며, 하물며 구체적인 인간학을 목표로 삼는 것도 아니므로, 이 고찰에서는 이러한 현상이 실존론적으로 어떠한 형태로 관심에 의거하고 있느냐를 지적하는 일로 충분하다고 해야 할 것이다.

현존재는 자기 존재가능성의 양상이 신경 쓰이기 때문에 존재하는데, 이 존재가능성은 그 자체가 세계-내-존재라는 존재양식을 지니고 있다. 따라서 존재양상 속에는 존재론적으로 세계내부적인 존재자와의 관련이 포함되어 있다. 관심이란 설사 결여적인 형태라 하더라도 언제나 배려와 고려이다. 의욕 작용에서는 언제나 어떤 하나의 존재자가 이해된다. 말하자면 그 가능성 쪽으로 투사되고 또 배려되어야 하는 것, 고려에 의해 존재하도록 되어 있는 것으로 파악되어 있다. 이 때문에 의욕에는 반드시 '의욕된 사물'이 하나 달라붙어 있으며, 이 의욕된 사물은 이미 '그것이 염려되기 때문에'라는 점으로 규정되어 있다. 의욕의 존재론적인 가능성을 구성하는 요소들에는, '……때문에' 전반이 미리 개시되어 있는 것(자신을 앞지르는 존재), 이어서 배려될 수 있는 것이 열어 보이고 있는 것('이미 존재'하는 것이 '어디에서' 존재하는가 하는 그 '어디'로서의 세계), 마지막으로 '의욕된' 존재자의 어떤 가능성으로 향하는 존재가능성을 향해 현존재가 이해하면서 스스로를 투사하는 그러한 사실들이 있다. 의욕이라는 현상 속에는 이처럼 그 근저에 잠재해 있는 관심의 전체성을 대체로 들여다볼 수 있다.

현존재가 이해하면서 자신을 투사할 때, 그 투사는 또한 현사실적인 투사이기도 하므로 늘 이미 발견된 세계 밑에 존재하며 그와 관련되어 있다. 투사는 이 세계로부터 그리고 우선은 '세인(世人)'에 의한 기존 해석에 따라 자신의 모든 가능성을 받아들이고 있다. 이러한 해석은 자유롭게 선택할 가능성의 범위를 미리 제한하고 있으며, 숙지의 사물, 쉽게 손에 넣을 수 있는 사물, 간단한 것, 적당히 어울리는 것과 같이 제한되어 있다. 현존재의 가능성이 이처럼 일상적으로 먼저 손에 닿는 것만큼 평준화되면 그 때문에 동시에 가능적인 사물 그 자체가 뒤엉켜 주위에 눈이 미치지 않게 된다. 배려의 평균적인 일상성은 다양한 가능성이 보이지 않게 되고 안심하여 단지 '현실적인 것'에만 만족하게 된다. 안심하는 것으로 배려적인 광범한 활동성이 배제되는 것이 아니라 오히려 그 활동성이 환기된다. 그렇게 되면 원하는 것은 적극적인 새로운 모든 가능성이 아니라 차라리 사물이 '전략적으로' 변경되어 마치 무슨 일이 일어날 것 같은 겉모양이 된다는 것이다.

'세인'에게 통솔되고 있는 '의욕'이 안심하고 있으면 존재가능성에 관련된 존재가 소멸되었음을 의미하는 것이 아니라, 조금 변형될 뿐이다. 그 경우에는 모든 가능성과 관련되는 존재가 대개 단순한 소망이라는 형태로 나타난다. 소망에 있어서 현존재는 배려로는 파악되지 않을 뿐만 아니라, 거의 충족되었다는 생각도 기대도 되지 않을 만한 가능성에 자기 존재를 투사하게 된다. 또한 그 반대로 자기를 앞질러서 존재한다는 것이 이처럼 단순한 소망이라는 양태로 우세해지면 현사실적인 모든 가능성이 이해되지 않게 된다. 자기 세계를 주로 소망의 세계로서 투사하고 있는 세계-내-존재는, 의지할 데도 없이 자기를 잃어버리고 도구적 존재자로 말하면 이러한 손에 닿는 것밖에 없으므로, 자기가 소망하고 있는 것에 비해 그것으로는 결코 만족할 수 없다. 소망이란 이해하면서 자기를 투사하는 실존론적인 변형의 하나인데, 이 경우 투사는 피투성에 퇴락해 있으면서도 오로지 모든 가능성을 추모하고 그것에 집착하는 데 지나지 않는다. 이와 같은 집착은 모든 가능성을 폐쇄한다. 소망하면서 집착하는 가운데 '현재 거기에' 있는 것이 '현실적 세계'가 되고 만다. 이러한 소망의 작용도 존재론적으로는 관심을 전제하고 있다.

집착 속에는 '어떤 사물 밑에 존재해 있다'는 것이 우위를 차지한다. 이에 대응해 '어떤 사물 속에서 이미 존재한다는 것에 있어서 자기보다 앞선다'는 것에도 변형이 생긴다. 퇴락하면서 집착하는 것은 현존재 속에서 자기가 그때그때 존재해 있는 세계에 의해 '살아지도록' 하는 성향이 잠재되어 있는 것을 엿볼 수 있다. 이 성향은 '어떤 사물을 찾고 있는' 성격을 나타낸다. '자신을 앞지르는 존재'는 '오직 언제나 이미 어떤 것 밑에 있으며 그것과 관련'된다는 것 속에서 자기를 상실해 버린다. 성향이 나타내는 '무엇을 향해 간다'고 하는 작용은, 성향이 집착하는 것에 따라 끌려다니게 되는 것이다. 현존재가 어떤 성향 속에 탐닉해 있을 경우에는 거기에 전적으로 성향만이 있는 것이 아니라, 관심의 모든 구조가 변형되어 있다. 주변의 것이 보이지 않게 된 현존재는 모든 가능성을 그 성향에 종속시키고, 그것을 위해서만 이용하게 된다.

이와는 반대로 '살려고 하는' 충동은 '무엇을 향해 간다'는 기능은 있지만, 그것을 구사할 힘을 자기 속에 갖추고 있다. 충동은 다른 모든 가능성을 배제하려고 한다. 여기서도 '자기를 앞지르는 존재'는 충동의 습격을 받는다는 것은, 충동하는 자기 자신 속에서 찾아온다 하더라도 역시 비본래적일 수밖에 없다. 충동은 그때그때의 심경과 이해를 억압하는 면이 있다. 그러나 그런 경우에도 현존재는 결코 '오직 충동'이 되며, 그곳에 때로 억압이나 유도 같은 다른 행동이 끼어드는 것은 아니다. 충동의 습격을 받은 현존재라 해도 어디까지나 세계-내-존재의 총체가 변형을 초래한 것이며, 언제나 이미 관심임에는 변함이 없다.

현존재가 자기 자신 속에서 충동이 일어나는 것도 관심이 있기 때문에 존재론적으로 가능한 것이다. 왜냐하면 순전한 충동 속에서 관심은 아직 자유롭지 않기 때문이다. 한편 성향의 경우라면 관심은 언제나 이미 구속되어 있다. 성향과 충동은 현존재의 피투성(세계 속에 던져짐) 속에 뿌리박고 있는 가능성이다. '살려고 하는' 충동은 없앨 수 없다. 세계에 의해 '살아지도록' 하는 성향도 뿌리 뽑을 수 없다. 그러나 양자는 존재론적으로 관심에 의거하고 있으므로, 또 그것에 근거를 두고 있기 때문에 본래적인 것으로써의 관심에 의해 존재적·실존적으로 변형될 수 있는 것이다.

'관심'이라는 표현은 하나의 실존론적·존재론적인 근본현상을 가리키지만, 이 현상 구조는 단순하지 않다. 대개 존재를 존재자로부터 '설명'할 수 없는 이상, 관심의 구조에 갖춰져 있는 존재론적으로 기본적인 전체성은 어떤 존재적인 '근원적 요소'로는 환원될 수 없다. 최종적으로는 존재 전반의 이념도 현존재의 존재도 모두 결코 단순하지 않다는 것이 판명될 것이다. 배려를 '자신을 앞지르면서 어디어디 속에 이미 존재하는 가운데, 무엇 밑에 존재하는 것'으로 규정함으로써, 이 현상 또한 그 자신 속에서 구조적으로 '분절(分節)되어' 있음을 분명히 한다. 그렇다고 한다면 이 점은 관심의 구조적 다양성의 통일과 전체성을 지탱하고 있는, 한결 더 근원적인 현상을 이끌어 내기 위해 존재론적인 물음이 더욱더 추진되어야 한다는 것에 대한 현상적인 지표가 아닐까? 우리의 고찰이 이 물음을 추적하기 전에, 존재 일반의 의미에 대한 기초적인 존재론적 물음을 목표로 하여 이제까지 해석된 것을 돌이켜 보고, 더욱 예리하게 자기 것이 되도록 할 필요가 있다. 그러나 그러기에 앞서, 이 해석이 지닌 존재론적 '새로움'은 존재적인 사실에 비해 매우 낡은 것이라는 점을 명확히 해야 할 것이다. 현존재의 존재를 관심으로서 해명한다는 것은, 현존재를 어떤 의심스러운 이념 아래 무리하게 밀어붙인 것이 아니라, 존재적·실존적으로 이미 열어 보여져 있는 사실들을 실존론적으로 개념화했을 뿐이다.

42 현존재의 전(前) 존재론적 자기해석에 의거해 관심으로서의 현존재의 실존론적인 철학적 해석을 확증하는 일

우리가 이제까지 해온 해석에 의해 현존재의 존재가 배려로 도출되었는데, 그러한 해석은 모두 우리 한 사람 한 사람이 스스로 당사자이며, 동시에 우리가 '인간'이라 부르는 존재자에게 어울리는 존재론적 기초를 획득하려는 데 있었다. 그러기 위해 분석은 처음부터, 인간에 대한 전통적인 정의에 의해 제공되고 있고, 예부터 전해 오고 있는 것이나 존재론적으로 분명치 못하며 원리적으로 의심스러운 관점에서 어떻게든 벗어날 필요가 있었다. 전통적인 정의에 비추어 보면, 실존론적·존재론적인 해석은 어딘가 기이한 느낌을 줄지도 모른다. 특히 관심이 존재적으로 '걱정'이나 '우려'로 해석될 경우에는 특히 그렇다. 따라서 오로지 증명할 힘은 '다만 역사적'인 것에 지나지 않으면서, 전(前) 존재론적인 증언이 되는 것을 한 가지 인용하기로 한다.

하지만 우리는 다음과 같은 점을 고려해 두어야겠다. 본래 이 증언은 현존재가 자기 자신에 대해서 '근원적'으로 말하고 있으며, 이론적 해석에 의해 규정되지도 않으며, 또 그러한 해석을 의도한 적도 없다. 우리는 다시 다음과 같은 점도 주의하기로 하자. 현존재의 존재는 역사성에 의해 규정되어 있지만, 이것은 먼저 존재론적으로 검증되어야만 한다. 만일 현존재가 자기 존재의 근본에 있어서 '역사적'이라고 한다면, 현존재의 역사로부터 나왔다가 다시 그 속으로 돌아가는 일뿐만 아니라 모든 학문에 앞서는 진술이 결코 순수하게 존재론적이지는 않겠지만, 어떤 특별한 무게를 지니고 있다고 하겠다. 현존재 자체 속에 잠재해 있는 존재이해가 전(前) 존재론적으로 언어가 되어 그곳에 나타나는 것이다. 다음에 인용한 증언에서는 실존론적인 해석이 단순한 허구가 아니라 존재론적인 '구성'으로서 그 나름의 기반을 마련해 놓았으며, 또한 그것과 함께 자기의 기본적인 소묘(素描)를 가지고 있다는 사실이 분명해질 것이다.

'관심'으로서의 현존재에 대한 자기소개는 어떤 옛 우화 속에 기록되어 있다.[5]

쿠라(관심)는 강을 건너 진흙땅을 발견했었다
생각에 잠겨 그녀는 그 한 덩이를 떼어내 빚기 시작했다

---

5) 현존재를 관심으로 보는 실존론적·존재론적 해석을 위해 이하에 인용하는 전(前) 존재론적 증거는, 필자가 K. 부르다흐의 논고 〈파우스트와 걱정〉《문예학과 정신사를 위한 독일 잡지》 제1권[1923년] 1쪽 이하)에서 우연히 발견한 것이다. 부르다흐는 이렇게 말했다. 괴테는 히기누스의 우화 220번으로서 전해 내려오고 있는 '걱정'의 우화를 헤르더에게서 이어받아, 《파우스트》 제2부를 위해 그것을 개작했다고. 특히 이 논고의 40쪽 이하를 참조하라. 위에 소개한 본문의 출처는 F. 뷔헬러《라이니쉐스 뮤제움》 제41권[1886년] 5쪽)이며, 이 인용문을 부르다흐(위의 논고 41쪽 이하)가 번역한 것이다.

빚어진 것을 옆에 놓고 곰곰이 생각하고 있노라니

유피테르(收穫)가 찾아왔다.

쿠라가 빚어진 덩어리에 정신을 부어넣어 달라고 유피테르에게 부탁했더니

유피테르는 기꺼이 그 소원을 들어주었다

그런데 그 형상에 쿠라가 자기 이름을 붙이려고 하자

유피테르는 그것을 말리고 자기 이름을 붙여야 한다고 주장했다

쿠라와 유피테르가 이름 문제로 승강이를 하고 있는 동안에

텔루스(大地) 또한 일어서더니

자기 육체의 한 부분을 그것에 제공했기 때문에

자기 이름이 붙여지길 희망했다

그들이 사투르누스(時間)에게 심판해 줄 것을 요청하자

그는 다음과 같은 그럴싸한 판결을 내렸다

유피테르여, 그대는 정신을 넣어준 것인즉

이 형상이 죽을 때엔 그 정신을 받을 것이며

텔루스여, 그대는 육체를 떼어준 것이니

그 육체를 받도록 하라

하지만 쿠라는 이것을 처음으로 만들었으니

그것이 살아 있는 동안만은 그것을 소유하도록 하라

그러나 그 이름에 대해 너희가 서로 다투는 이상

그것은 분명 후무스(흙)로 만들어진 것인즉,

호모(인간)란 이름을 붙여줌이 옳을 것이다.

이 전(前) 존재론적인 증언은, '관심'이란 것이 인간적 현존재가 '살아 있는 동안' 속해 있는 것이라고 여기고 있을 뿐만 아니라, 관심의 이 같은 우위가 인간을 육체(흙)와 정신의 복합체라고 해석하는, 이미 알려진 견해와의 연관을 뚜렷이 밝혀주기 때문에 특별한 의미를 갖는다. '쿠라가 이것(인간)을 (처음으로) 만들었다'는 것은, 바로 인간이라는 이 존재자가 자기 존재의 '근원'을 관심 속에 가지고 있다는 것을 의미한다. 그것이 살아 있는 동안만은 쿠라가 그것(인간)을 소유함이 옳을 것이라고 할 때, 이 인간이라는 존재자는 이(관심) 근원으

로부터 풀려나지 못하고 도리어 구속되며, 이 존재자가 '세계 안에서 존재하고 있는' 이상은 그 근원에 의해 끝까지 지배받게 된다는 뜻이다. 세계-내-존재는 존재에 적합한 '관심'이라는 각인(刻印)을 받은 것이다. 그 이름(인간, homo)을 이 존재자가 가지게 된 것은 자기존재를 고려해서가 아니라 이 존재자를 구성하고 있는 그 당사자(흙)와의 관련성에 있다. 이 형상(인간형상)의 '근원적'인 존재를 어디에서 확인할 것인가? 이 점에 관한 결정은 사투르누스, 즉 '시간'에 의해 내려진다.[6] 따라서 이 우화 속에서 표현된 인간의 전 존재론적인 본질규정은, '세계 안에서' 인간의 '시간적인 흐름'을 끝까지 지배하고 있는 것, '바로 그' 존재양식을 처음부터 눈여겨보고 있었던 것이다.

'쿠라(관심)'라는 존재적 개념에 대한 어의(語義)의 역사는, 현존재의 또 다른 몇 가지 근본구조를 엿보게 해준다. 부르다흐[7]는 '쿠라'라는 술어에 대한 이중적 의미를 주의하라고 했다. 그에 따르면 이 술어는 '불안에 빠진 고심'을 의미할 뿐만 아니라, '정성' 또는 '헌신' 같은 의미도 가졌다고 한다. 그래서 세네카도 그 마지막 서한(서한 124)에서 다음과 같이 기술했다. 즉 "생존하는 네 가지 생물(식물, 동물, 인간, 신) 가운데서 마지막 두 가지만이 이성(理性)을 갖추고 있는데, 둘 가운데 신은 불사(不死)이고, 인간은 죽을 수밖에 없다는 점에서 서로 구별된다. 그런데 이들 양자에 있어서, 한편인 신의 선(善)이 신의 본성을 완성하고, 다른 한편인 인간의 관심(Cura)이 인간의 본성을 완성한다."

인간의 완성, 다시 말해 인간이 그의 가장 고유한 모든 가능성을 향하는 자유(기투)에 의해 존재 가능한 것이 되게 하는 것은, '관심'의 '성취'이다. 그러나 관심은, 이 존재자(인간)가 어딘가로부터 이 배려한 세계로 인도되어 있다고 하는, 이 존재자의 근본양식(피투성)마저 똑같이 근원적으로 규정하고 있다. '쿠라'의 '두 가지 의미'가 지시하는 것은, 어딘가로부터 세계 속으로 투사되어 있다는 그 본질상의 이중구조를 취하는 '하나의' 근본기구를 의미한다.

---

6) 헤르더의 시 〈걱정하는 아이〉(즈판 판 전집 제29권 75쪽) 참조.
7) 위의 논고 49쪽. 스토아학파에서는 $\mu\varepsilon'\rho\mu\nu\alpha$가 이미 일반적인 용어로 쓰이고 있으며, 신약성서에서도 (라틴어 sollicitudo로서) 자주 등장하고 있다. 필자가 현존재의 실존론적 분석론에서 살펴본 '걱정'에 대한 시선은, 아리스토텔레스의 존재론에서 달성된 원칙적 기초를 고려해 아우구스티누스—즉 그리스 및 그리스도교 입장—의 인간학을 해석하려 한 몇 가지 시도와 관련해 획득된 것이다.

실존론적·존재론적인 해석은, 존재적인 해석에 비하면 단순히 이론적·존재적인 보편화 같은 것은 결코 아니다. 그런 것에 지나지 않는다면, 그것은 인간의 모든 태도가 존재적이라고 하기에는 '걱정이 태산' 같으며 그 어떤 '헌신'에 이끌려진다는 것밖에 되지 않을 것이다. '보편화'는 어떤 '선천적·존재론적인' 보편화를 말한다. 그러한 보편화가 지향하는 바는 부단히 출현하는 존재적인 성질이 아니라, 그때그때마다 이미 근저에 있는 하나의 존재기구를 뜻한다. 이 같은 (보편화의) 존재기구가, 인간이라는 존재자가 존재적으로 쿠라로 여겨질 수 있음을 비로소 존재론적으로 가능하게 한다. '생활상의 걱정'이나 '헌신'의 가능성에 대한 실존론적인 제약은 근원적인 의미, 곧 존재론적인 의미에 있어 관심으로서 파악되어야만 한다. 한편 관심이라는 현상과 모든 기초적인 실존 범주(實存範疇)와의 선험적인 '보편성'은 폭이 넓다. 예컨대 존재적·세계관적인 현존재 해석이 현존재를 '생활의 걱정'이나 비참, 또는 그 반대로 해석한다 하더라도, 그 같은 모든 현존재 해석이 움직일 기반을 미리 부여할 만한 넓이를 가지고 있다.

실존론적인 여러 구조 가운데에서 존재적으로 자기주장을 하는 '공허(아무것도 보이지 않는 상태)'나 '보편성'도, 그 자체의 고유한 존재론적인 자기 규정성과 충실성(充實性)을 지닌다. 그러므로 현존재 기구(자기)의 전체는 그 통일성에 있어서 단순한 것이 아니라 어떤 구조에서 그때그때마다 분절을 보이는 것으로, 그 같은 분절(또는 파생현상)이 관심의 실존론적인 개념 속에서 표현되기에 이르는 것이다.

현존재의 존재론적인 해석은, '관심'으로서의 이 존재자의 전(前) 존재론적(사실적)인 자기해석을 관심의 '실존론적인 개념'으로까지 끌어들였다. 그러나 현존재를 이론적으로 분석하는 목적은 인간학을 존재론적 기반으로 규정하려는 것이 아니라, 기초적인 존재론적 목적을 가지려는 것이다. 이 목적은 암암리에, 이제까지의 여러 고찰 과정과 여러 현상의 선택 및 분석을 확실히 말해 두지 않더라도 규정되고 있었다. 하지만 이제는 존재 의미에 대한 주도적인 물음과 이 물음의 완성에 눈을 돌리면서, 근본적 탐구로써 이제까지 획득된 것을 명료하게 확인해 보아야 할 것이다. 그러나 그러한 일은 규명된 것을 외면적으로 총괄한다고 해서 이루어지는 것은 아니다. 차라리 실존론적 분석론의 시작에 즈음해서 대략적으로 암시되었던, 이제까지 획득된 바의 도움을 얻어 문제에 대한 이해를 더욱 깊게 하기 위해 날카로워져야 할 것이다.

43 현존재, 세계성 및 실재성

존재의 의미에 대한 물음은 원칙적으로 존재이해(存在理解, 이성적 제한)가 '존재해 있을' 때에만 가능하다. 우리가 현존재라고 부르는 존재자의 존재양식에는 존재이해가 속해 있다. 이 존재자에 대한 설명이 적절하게 근원적으로 성공하면 성공할수록, 기초적인 존재론적 문제를 완성해 가려는 이제부터의 걸음은 더 확실한 목표에 다다를 것이다.

현존재의 예비적인 실존론적 분석론의 여러 과제를 추구하는 가운데, 이해작용과 그 의미 및 명시(明示)에 대한 해석이 생겨났다. 그리고 현존재의 열어 보이는 성질에 대해 분석함으로써, 이 성질과 더불어 현존재가 세계−내−존재라는 스스로의 근본기구에 따라서, 세계와 내−존재(안에−있음) 및 자기가 똑같이 근원적으로 드러난다는 점이 밝혀졌다. 또한 세계의 사실적인 개시성(열어 보이는 성질)에서는 세계내부적인 존재자(잠재적 본체)도 함께 발견되었다. 이것은 비록 존재론적으로 적절하게 파악되지는 못했을지언정, 현존재(본질, 실체)라는 이 존재자의 존재가 어떤 방식에 의해서 언제나 이미 이해되었음을 의미하는 것이다. 물론 전(前) 존재자를 포괄하고 있는 것이지만, 그 존재이해 자체는 갖가지 존재양상에 따라서 아직 그때그때 분절되지 못하고 있다.

이해에 대해 해석하는 가운데 다음과 같은 점이 밝혀졌다. 즉 퇴락(頹落, 또는 타락)이라는 존재양식에 따라서 이해는, 우선 대개는 '세계'에 대한 이해로 잘못 놓여져 있다. 존재적인 경험뿐만 아니라 존재론적인 이해가 문제되는 경우조차, 존재해석은 그 방향을 우선 세계내부적인 존재자의 존재에서 취한다. 그대 가장 가까이 있는 손안의 것이 그 존재를 뛰어넘어 존재한다는 사실은, 가장 먼저 눈앞의 사물 연관(사물)으로서 파악된다. 그래서 '존재'는 '실재성(實在性)'이라는 의미를 지니게 된다.[8] 그리고 존재의 근본적인 자기규정은 실체성(實體性)이 된다. 이렇게 존재이해가 잘못 놓여짐에 따라, 현존재의 존재론

---

8) 본서 117쪽 이하와 131쪽을 참조하라.

적 이해도 이 같은 존재개념의 시계(視界) 속으로 옮겨진다. '현존재'도 다른 존재자와 마찬가지로 실재적으로 눈앞에(존재적으로) 있게 된다. 말하자면 '존재일반'이 '실재성'이라는 의미를 지니게 되는 셈이다. 따라서 실재성이라는 개념이 존재론적 문제 제기에 있어서 어떤 특유한 우위를 차지하게 된다. 그런데 이 실재성의 우위는 현존재의 순수한 실존론적 분석론에 다다르는 길을 막아버린다. 그뿐만 아니라 세계내부적으로 아주 가까운 손안의 존재를 보는 시선조차도 막아버린다. 이 실재성의 우위는 마침내 존재 문제의 제기조차도 잘못된 쪽으로 밀어붙인다. 그 밖의 여러 가지 존재양상도 실재성을 고려해, 소극적 또는 결여적(缺如的)으로 규정된다.

그러므로 현존재의 분석론뿐만 아니라 존재 일반의 의미에 대한 물음의 완성도, 실재성이라는 의미에서의 존재를 일방적으로 방향 짓는 데서부터 탈출시켜야 한다. 그러기 위해서는 다음과 같은 것이 증명될 필요가 있다. 실재성은 다른 존재양식 가운데 하나의 존재양식에 지나지 않을뿐더러, 존재론적으로는 현존재와 세계 및 '손안의 존재성'과의 어떤 특정한 기초적 연관 속에 있다. 이 점을 증명하기 위해서는 '실재성의 문제'를, 즉 이 문제의 여러 조건이나 한계를 원칙적으로 규명해야 한다.

'실재성의 문제'라는 명칭 밑에는 갖가지 물음이 뒤섞여 있다. (1)과연 '의식초월적(意識超越的)'이라고 생각되는 이 같은 존재자(경험적 존재자)가 존재하는가? (2)이러한 '외적 세계(外的世界)'의 실재성은 충분히 증명될 수 있는가? (3)이 존재자가 만일 실재적이라면, 그 자체존재는 얼마만큼이나 인식될 수 있는가? (4)이 존재자의 의미인 실재성이란 도대체 무엇을 의미하는가? 실재성의 문제에 대한 고찰은, 기초적인 존재론적 물음을 고려해서 다음의 세 가지 문제를 다루기로 한다. 즉 (A)외부 세계의 존재와 증명가능성 문제로서의 실재성, (B)존재론적 문제로서의 실재성, (C)실재성과 관심.

A. '외부 세계'의 존재와 증명가능성 문제로서의 실재성

실재성에 대한 물음을 차례로 정리하면, 실재성이란 도대체 무엇을 의미하는가 하는 존재론적인 물음이 그 첫째이다. 그러나 순수한 존재론적 문제 제기와 방법론이 결여되었던 만큼, 이 물음은 처음에 명확하게 설정되었을 때부터 '외부 세계의 문제'를 우선 규명하는 일과 얽혀 있었다. 왜냐하면 실재성의 분석은, 실재적인 사물로 접근하는 적절한 통로를 근거로 해야만 가능하기 때문이다. 그런데 실재적인 것을 포착하는 양식으로서 예전부터 통용해 온 것은 직관적 인식(直觀的認識)이었다. 직관적으로 인식한다는 것은 마음, 곧 의식의 행위이다. 실재성에는 그 자체라는 성격과 독립성이라는 성격이 속해 있는 이상, 실재성의 의미에 대한 물음에는 실재적인 것이 우리 '의식에서' 독립해 외부 세계에 존재할 수 있느냐 아니냐 하는 물음, 또는 의식이 움직여 실재적인 사물의 '권역' 속으로 들어가 초월하는 일(실재사물을 경험해 선험적으로 의식 속에 지니고 있는 일)이 가능하냐 아니냐 하는 물음이 결부되어 있다.

실재성의 충분한 존재론적 분석가능성은, 독립적인 그 실재의 당사자, 즉 초월(선험)되어야 할 그 당사자 자신의 존재가 얼마만큼 그 자체로서 우리의 의식에 밝혀졌는가에 달려 있다. 이렇게 함으로써만 초월의 존재양식(우리 의식 속에 선험적으로 존재해 있는 사물에 대한 인식)도 실재의 존재론으로 포착될 수 있게 되는 것이다. 그리고 끝으로 실재적인 것에 접근하는 통로의 일차적인 양식은, 본래 인식이 이 같은 접근 기능을 할 수 있느냐 없느냐 하는 물음을 결정한다는 의미에서 확립되어 있어야만 한다.

이 조사 연구는 실재성에 대해 우리가 존재론적으로 물을 수 있는가에 선행해, 앞서 설명한 실존론적 분석론에서 이미 완성되었다. 그 분석론에 따르면 인식은 실재적인 것으로 접근하는 통로가 취하는 하나의 '기초적인' 양상이다. 실재적인 사물은 본질상 세계내부적인 존재자로서만 접근할 수 있다. 그 같은 존재자에 접근하는 모든 통로는, 존재론적으로는 현존재의 근본기구인 세계-내-존재 속에 기초를 두고 있다. 이 세계-내-존재는 관심이라는 한층 근원적인 존재기구——세계내부적인 존재자 곁에서의 존재로서, 자기를 앞질러 이미 어떠한 세계 안에 존재해 있는——를 지니고 있다.

도대체 세계라는 것이 존재하는지 어떤지, 또 세계라는 존재가 증명될 수 있는지 어떤지 하는 물음은, 이미 세계 내에 존재하고 있는 현존재로서는 무의미한 물음이다. 하지만 그 현존재 말고 누가 이 같은 물음을 설정할 수 있단 말인가. 그뿐만 아니라 이 물음에는 어디까지나 이중의 뜻에서 오는 애매성이 뒤따르고 있다. 내-존재의 장소로서의 세계와 세계내부적인 존재자로서의 '세계', 즉 배려적인 몰입으로 '그 곁에' 존재하는 세계와 함께 뒤섞여 있거나 아니면 전혀 구별되어 있지 않다는 말이다. 그러나 세계는 현존재라는 '존재와 함께' 본질상 이미 열어 보여지고 있다. 한편 '세계'는 세계의 열어 보이는 성질과 더불어 역시 언제나 발견되어 있다. 그렇기는 하지만 실재적인 사물이라는 의미에서의, 바로 그 같은 '눈앞에 보이는 것'이라는 뜻만으로는 세계내부적인 존재자는 아직도 은폐된 채 있는 수가 있다. 그러나 실존하는 사물은 이미 열어 보여진 세계를 근거로 해서 발견된다. 또 그것을 근거로 해서만 실재적인 사물은 아직도 은닉된 채 있을 수 있다. 사람들은 세계 현상을 세계 현상으로서 미리 밝히지 않고, 무엇보다도 먼저 '외부 세계'의 '실재성'에 대해 질문하고 있다. 사실적으로 외부 세계의 문제는 언제나 세계내부적으로 존재하는 것(사물이나 객체)을 향하고 있다. 이 같은 규명을 하자면, 존재론적으로는 거의 해결할 수 없는 문제성 속으로 휩쓸려 들어가기 마련이다.

몇 가지 물음의 혼란, 곧 증명될 필요가 있는 것, 증명될 수 있는 것, 증명을 가능케 하는 수단 간의 혼동은 칸트의 '관념론에 대한 반박'에 의해 표명되었다.[9] 칸트는 '우리의 외부적 사물의 현존재'를 위한 증명이 결여되어 있음에 대해, 즉 강제력 있고 모든 회의(懷疑)를 물리치게끔 하는 증명이 여전히 결여되어 있음에 대해 '철학 및 일반적인 인간이성(人間理性)의 추문(醜聞)'[10]이라고 일컬었다. 그 자신은 그러한 증명을 제출하기는 했지만, 이러한 '정리(定理)'의 증명으로서 제출했다. 다시 말해 나의 현존재에 대한 단순한 의식이기는 하나 경험적으로 규정된 의식은, 내 외부 공간에 있는 여러 대상의 현실적 존재를 증명[11]하는 '정리' 역할을 한다.

우선 똑똑히 주의해야 할 점은, 칸트는 '현존재'라는 술어를 우리의 근본적 탐구에 있어 '눈앞에 있는 것'이라고 일컫는 존재양식을 표시하기 위해 썼다는 것이다. '나의 현실적 존재라는 의식'이란, 칸트에 있어서는 데카르트의 의미에 있어서의 '나의 눈앞의 존재에 대한 의식' 바로 그것을 뜻했다. '현실적 존

---

9) 《순수이성비판》 제2판 274쪽 이하 참조. 그리고 제2판 '머리말' 39쪽의 수정·보충된 부분과, '순수이성의 오류 추론에 대하여'(같은 책 399쪽 이하, 특히 412쪽)도 참조.

10) 같은 책 '머리말'의 주석.

11) 같은 책 275쪽.

재'라는 술어는 의식되는 눈앞의 존재, 눈앞의 사물적 존재마저 가리키는 셈이 된다.

'나의 외부에 있는 사물의 현실적 존재'를 위한 증명에는 시간에 따른 사물의 변화가 개입된다. 즉 시간의 본질에는 변화와 지속이 똑같이 근원적으로 속해 있다는 것을 근거로 삼고 있다. 나의 눈앞의 존재, 바꾸어 말하면 내적 감관(感官)에 의해 주어진 모든 표상의 다양성을 지닌 눈앞의 존재는, 눈앞의 존재적인 변화이다. 그러나 시간규정에서 전제로 삼는 사물은 어떤 지속적인 '눈앞의 것'이다.

그런데 이 사물은 '나의 내부에서' 존재할 수는 없다. '왜냐하면 시간의 흐름 속에 있는 나의 현존재야말로 이 지속적인 (눈앞의) 것에 의해 맨 먼저 규정될 수 있기 때문이다.'[12] 그러므로 경험적으로 규정된 존재의 변화, '나의 내부'에 경험적으로 설정된 '눈앞의 존재적' 변화와 함께, '나의 외부'에 사물적으로 존재하고 있는 지속적인 것이 필연적·경험적으로 함께 설정되어 있다. 이 지속적인 것이 바로 '나의 내부' 변화, 즉 눈앞 존재의 (변화) 가능성의 그 전제조건이다. 여러 표상(表象)이 시간 안에서 존재하고 있다는 경험에 의해, '나의 내부'의 변화라는 것과 '나의 외부'의 지속적인 것이 똑같이 근원적으로 규정된다.

말할 것도 없이 이 증명은 원인과 결과로부터 따져 묻는 추론(推論)이 아니기 때문에, 여기에는 인과추론이 지니고 있는 불이익이 따르지 않는다. 우선 칸트는 시간적인 존재라는 이념에 의거해서, 말하자면 하나의 '존재론적 증명'을 했다. 무엇보다도 칸트는 고립적으로 눈앞에 보이는 주관이라는, 데카르트적 단서를 잡는 것을 포기한 듯하다. 그러나 이는 겉으로만의 포기에 지나지 않는다. 칸트가 처음부터 '나의 외적 사물의 현실적 존재'를 위한 증명을 요구한다는 사실이, 이미 그가 문제 설정의 발판을 주관 속에, 즉 '나의 내부'에 잡고 있다는 것을 말해 준다. 이 증명 자체도 '나의 내부'의 경험적으로 주어진 변화로부터 출발점을 잡고 수행되고 있다. 왜냐하면 '나의 내부'에서 이 증명을 밑받침하고 있는 '시간'은, 단지 '나의 내부'에서만 경험되고 있기 때문이다. 증명하면서 '나의 외부'로 뛰어넘기 위한 터전을 시간이 마련해 주는 셈이다. 그

---

12) 같은 곳.

뿐만 아니라 칸트는 또 다음과 같이 강조했다. "개연적(蓋然的, 미확정적)" 관념론은 우리의 현존재를 제외한 어떤 현실적 존재가 직접적 경험에 의해 증명되는 게 불가능하다고만 주장하는 것으로, 합리적이며 또한 충분한 증명이 발견되어야만 어떠한 결정적인 판단을 허용한다는,[13] 철저함을 주된 뜻으로 삼는 철학적 사고방식으로 이루어졌다.

그러나 고립화된 주관과 내적 경험의 존재적 우위가 포기되었다고 가정하더라도, 데카르트의 입장은 존재론적으로 여전히 보존되고 있을지도 모른다. 칸트의 증명은—이 증명과 그 근거 일반의 정당성이 승인된다고 치고—변화하는 존재자와 지속적인 존재자가 함께 필연적으로 눈앞에 (똑같이 근원적으로) 공존(共存)하고 있다는 것이다. 그러나 두 눈앞의 존재자의 이러한 동위관계는 주관과 객관이 함께 사물적으로 존재하고 있다는 말은 결코 아니다. 이것이 증명되었다 하더라도 존재론적으로 결정적인 것, 다시 말해서 '주관'의 근본기구, 즉 현존재의 근본기구로서 세계-내-존재라는 점은 여전히 은폐된 채 남아 있다. 물리적인 것과 심리적인 것이 함께 눈앞에 존재하고 있을 때, 그런 존재는 존재적으로나 존재론적으로 본 세계-내-존재의 현상과는 완전히 다른 존재이다.

'나의 내부'와 '나의 외부'를 구별하고 연관지어야 한다고 칸트는—사실적으로는 정당하지만 그의 증명 경향의 의미로는 너무도 부당하게—전제하고 있다. 변화하는 것과 지속적인 것이 눈앞에 공존한다는 것이 시간을 길잡이로 해서 구성된다는 점과, '나의 내부'와 '나의 외부'와의 연관을 위해서도 해당된다는 점은 충분히 입증되지 못하고 있다. 그러나 이 증명에 있어서 전제된 '내부'와 '외부'의 구별 및 연관의 전체를 알아챘더라면, 다시 말해서 무엇이 이 같은 전제에 의해 전제되어 있는가를 존재론적으로 파악했더라면 '나의 외부 사물이 나의 현존재'를 증명하는 일은 아직 없었을 것이고, 따라서 그것이 필요하다고 여겨질 가능성도 자연히 무너지고 말았을 것이다.

'철학의 추문(醜聞)'은, 사물이 나의 현존재를 증명해 주는 일이 이제까지 없었다는 점에 있지 않다. 또 그 같은 증명이 오늘날까지 아직 끝나지 않았다는

---

13) 같은 곳.

점에 있는 것도 아니다. 철학의 추문은 그러한 증명을 몇 번이고 되풀이해 기대한다는 점에 있다. 그와 같은 기대나 기획 및 요구는, 그 사물 자체에서 독립적으로, 또한 '외부'에서 하나의 '세계'라는 것이 눈앞의 것으로서 증명되어야 하는 '그 당사자'를 존재론적으로 불충분하게 계기로 삼는 데서 생겨난다. 증명이 불충분하다는 것이 아니라, 증명을 하며 증명을 요구하는 존재자의 존재양식이 불충분한 채로 (현존재를 사물을 통해 증명하려) 기대하거나 요구한다. 따라서 두 사물적 존재자가 함께 필연적, 사물적으로 존재하고 있음이 증명된다면, 세계-내-존재로서 현존재에 대해 무엇인가 입증되고 있다는 가상(假象), 혹은 증명 가능하게만이라도 되어 있다는 그런 가상이 생겨날 수 있게 된다. 옳게 해석된 현존재는 그러한 (불충분한 존재양식에서의 가상적) 증명은 반대한다. 왜냐하면 현존재는 자기존재에 있어서 그때마다 이미 존재하고 있고, 나중에 오는 (사물을 통한) 증명이 현존재를 위해 비로소 증명해 보일 필요가 있다고 생각하기 때문이다.

우리 외부 사물의 눈앞에 있는 존재를 증명하기가 불가능하다는 점에서, 그 같은 사물적 존재는 '다만 신앙으로 받아들여야 한다'[14]고 사람들이 결론지으려 한다 해도, 틀림없이 문제의 전도(顚倒)는 극복될 수 없을 것이다. 결국은, 또 관념적인 방법에 따른다면 어떤 증명이건 할 수 있을 것이라는 선입견이 존속될 것이다. '외부 세계의 실재성에 대한 신념'이라는 것에 국한해 본다 해도, 이 같은 신념에 그 고유의 '정당성'을 굳이 되돌려 줄 때조차, 이 적절하지 못한 문제(관념적 방법에 의존하는 선입견)의 단서는 역시 인정된다. 비록 준엄한 증명이라는 방법과는 다른 방법에 의해 증명의 요구를 만족시키려 하더라도, 사람들은 그 증명을 요구하는 일에 참가할 것이다.[15]

주관은 '외부 세계'가 눈앞에 존재하고 있다고 전제할 수밖에 없으며, 또 무의식적으로 언제나 재빨리 전제하고 있다. 이 점을 사람들이 거론하려 하더라

---

14) 같은 책 '머리말'의 주석.

15) W. 딜타이 《외계의 실재성에 대한 우리 신념의 근원과 그 권리에 관한 물음을 해결하기 위한 기여》(1890년) 전집 제5권 1, 90쪽 이하 참조. 딜타이는 이 논문 첫머리에서 오해의 여지없이 이렇게 말하고 있다. "사람에게 있어 보편타당한 진리가 있어야 한다면, 사유는 데카르트가 처음으로 밝힌 방법에 따라야 한다. 즉 사유는 의식의 사실로부터 외적 현실로 향하는 길을 개척해야만 한다."(같은 책 90쪽).

도, 고립화된 주관이라는 구성적 단서가 여전히 설정되어 있을 것이다. 세계-내-존재라는 현상은 그 같은 전제에 의해 적절하게 설명되지는 못했으며, 그것은 물리적인 것과 심리적인 것이 함께 객체적으로 서로 존재하고 있다는 것을 증명해 보았자 이 현상이 적절하게 설명되지 못한 것과 마찬가지이다. 현존재는 이러한 여러 전제를 가지고서는 언제나 이미 '너무 늦은 것이다.' 왜냐하면 현존재는 존재자로서 전제를 수행하는 한—또 이것 말고는 이 전제는 불가능한 것인데—그때마다 이미 존재하고 있는 하나의 존재이기 때문이다. 어떤 현존재적인 전제나 태도보다도 '이전에' 있는, 즉 관심이라는 존재양식으로서 존재기구의 '아프리오리적(선험적) 원리'는 있는 것이다.

옳건 그르건 '외적 세계'의 실재성을 믿는다는 것, 충분하건 불충분하건 실재성을 증명한다는 것, 명료하건 불명료하건 이 같은 실재성을 전제한다는 것 따위의 시도는 그 고유의 기반을 완전히 통찰하면서 제어하지도 못한다. 또한 이 시도들은 우선은 무세계적인 (세계 속에서는 보이지 않는) 주관 또는, 자신의 세계에 확신을 갖지 못하는 주관을 전제하고 있지만, 이 주관이야말로 먼저 세계를 근본적으로 확인해야만 하는 것이다. 그때 세계-내-존재는 처음부터 파악한다, 사념한다, 확신한다, 믿는다 등의 작용 위에 세워지게 되는데, 이들은 그 자체로서 이미 세계-내-존재에 기초를 둔 하나의 상태일 뿐이다.

과연 외부 세계는 눈앞에 존재하는가, 또 증명될 수 있는가, 이를 묻는 의미에서의 '실재성의 문제'에 대한 답은 불가능하다. 불가능한 막다른 길에 부딪치기 때문은 아니며, 이 문제에 있어서 주제가 된 존재자 자신이 그 같은 문제 설정을, 말하자면 거부하기 때문이다. '외적 세계'가 사물적으로 존재하고 있다는 '사실'이나 그 '방식'이 증명되어야 하는 것이 아니라, 왜 세계-내-존재로서의 현존재가 '외부 세계'를 우선은 '인식론적(認識論的)'으로 무(無, 보이지 않음)라고 무시해 버리고 나서야 새삼 '외부 세계'를 증명하려는 경향을 가지는가 하는 점이 제시되어야 한다. 그 이유는 현존재의 퇴락(頹落, 본래의 현존재와 연락이 끊긴 상태로 제멋대로 타락한 현존재의 존재) 속에 잠재해 있음과 동시에, 또한 이 퇴락에 의해 동기를 얻어, 그 일차적인 존재이해가 사물적 존재성으로서의 존재(타락한 존재)로 옮겨 놓여진 데 있다. 이러한 존재론적 방향설정에서의 문제 제기가 '비판적'일 경우에는, 우선 유일하게 확실한 눈앞의 존재자로서의 단순히 '내적인 것'을 발견하게 된다. 세계-내-존재라는 근원적인 현상이 무너진 뒤로는 (즉 타락하고 나면) 아직 잔존해 있는 고립된 주관을 근거로 해서 하나의 '세계'와의 접합이 수행된다.

'실재성의 문제'를 해결하려는 시도는, 실재론과 관념론의 여러 변종 및 그 이론들의 조정(調停)에 의해 형성되었는데, 그 같은 시도의 다종다양성은 당면한 조사 연구에서는 상세히 논의될 성질의 것은 아니다. 그러한 모든 다종다양한 시도에서 진정한 물음의 핵심이 발견될 수 있음은 매우 확실하겠지만, 사람들이 이 문제에 대해서 그때그때 옳은 것만을 계산함으로써 문제의 영속적 해결을 얻으려고 한다면, 앞뒤를 뒤바꾸는 처사라고 해야 할 것이다. 오히려 필요한 것은 다음과 같은 원칙적인 통찰이다. 갖가지 인식론에 있어서 서로 다른 방향을 지닌다는 것은 곧, 인식론적 방향으로서 길을 잘못 들어섰다고 하기보다 현존재의 실존론적 분석론을 등한시함으로써 현상적으로 확증된 문제 제기를 위한 기반조차도 전혀 획득하지 못하고 있음을 뜻하는 원칙적인 통찰이 필요하다. 이 같은 (현상적) 기반은 주관개념이나 의식개념을 나중에 현상학적으로 개선한다고 해서 얻어지는 것이 아니다. 그러한 개선을 통해 적절한 '문제 제기'만이 성립되리라는 보증은 할 수 없는 것이다.

'세계-내-존재로서의 현존재와 더불어 세계내부적인 존재는 그때그때마다 이미 열어 보여져 있다.' 이 실존론적·존재론적 진술은 외적 세계가 실재적으로 눈앞에 존재하고 있다는 '실재론'의 주장과 일치하는 듯이 보인다. 실존론적 진술에 있어서는 세계내부적인 존재자의 '존재'가 부정되지 않는 한, 그 진술은 결과적으로—이를테면 학설사적(學說史的)으로—실재론의 주장과 맞아떨어진다. 그러나 실존론적 진술이 모든 실재론과 원칙적으로 구별되는 점은, 실재론은 '세계'의 실재성이 증명할 필요가 있는 동시에 증명 가능한 것이라고 생각하고 있다는 점이다. 하지만 (실재성을 증명하려는) 이 두 가지는 실존론적 진술에서는 분명히 부정되고 있다. 실존론적 진술을 실재론으로부터 완전히 분리하는 것은 곧 실재론이 존재론적으로 전혀 이해되지 않는다는 뜻이다. 왜냐하면 실재론은 실재적인 사물 사이에서의 실재적인 작용연관에 의해, 어떻게든 실재성을 존재적으로 설명하려고 시도하기 때문이다.

실재론에 비하면 관념론은, 비록 그것이 결과적으로는 아무리 대립적이고 지지받을 수 없다 하더라도, '심리학적' 관념론이라고 자기 자신을 오해하지 않는 한, 어떤 원칙적인 우위를 차지한다. 존재나 실재성은 '의식의 내부'에만 있다고 관념론이 강조할 경우, 여기서 말하려는 것은 존재란 존재자에 의해서는 설명될 수 없다는 점에 대한 이해이다. 그런데 이러한 존재이해 자체가 존재론적으로는 무엇을 의미하는지, 그것이 어떻게 가능한지, 또 현존재의 존재기구에 어떻게 속해 있는지가 설명되지 않은 채 머물고 있는 한, 관념론은 실재성의 해석을 공중누각처럼 세우는 셈이 된다. 이렇듯 (관념론적) 존재는 존재자에 의해서는 설명될 수 없으며, 또 실재성은 존재이해 속에서만 가능하다고 해도, 의식의 존재 즉 사색하는 것 자체의 존재에 대한 물음이 사라지는 것은 아니다. 관념론적인 의견의 귀결 속에는, 의식 자체의 존재론적인 분석이 불가피한 선행과제로서 미리 제시되어 있다. (관념론적인) 존재는 '의식의 내부'에 있으므로, 곧 현존재에 있어서 이해 가능하기 때문에, 현존재는 독립적이라든가, '그 자체'라든가, 적어도 실재성이라는 존재의 여러 성격을 개념으로 하여 표명될 수 있다. 이런 이유 때문에 '독립적으로' 존재하는 존재는 세계내부적으로 만날 수 있는 존재로서 주변 가까이에서 접근할 수 있게 된다.

관념론이라는 명칭이 의미하는 바가, 존재는 결코 존재자에 의해서는 설명될 수 없으며, 모든 존재자에 대해서 그때마다 이미 '선험적인 것'이라는 이해와 같은 것을 뜻한다면, 관념론 속에는 철학적 문제 제기에 있어 유일하게 옳을 가능성이 잠재해 있다. 그렇다면 아리스토텔레스도 칸트 못지않게 관념론자였다는 말이 된다. 만일 관념론이 모든 존재자를 하나의 주관이나 의식으로 환원하는 것을 의미한다면, 더구나 그 주관이나 의식이 그들 존재에 있어서 무규정적인 채 겨우 소극적으로 '비사물적'(즉 관념적) 성격규정에 의해서 특징지어질 수밖에 없다면 이러한 관념론은 가장 조잡한 실재론에 못지않게 방법적으로 너무나 소박한 이론이다.

이제 다음과 같은 가능성이 남아 있다. 모든 주관은, 어떠한 객관을 위해서만 주관일 수 있으며 또 그 반대일 수도 있다는 테제를 내거는 가능성이며, 사람들이 실재성 문제를 모든 '입장에서' 방향을 선정하기에 '앞서' 정한다는 가능성이 그것이다. 그러나 이렇게 실재성을 선행시킨다는 형식적인 단서를 두어본다 하더라도, 주관과 객관이라는 상관관계의 각 항들은 이 상관관계 자체와 마찬가지로 존재론적으로는 무규정적인 채로 남는다. 그럼에도 불구하고 근본에 있어서 이 상관관계의 전체는 '어떠한 방식에 의해' 존재하는 것으로, 따라서 존재의 어떤 특정한 이념에 주목하면서 필연적으로 고찰되고 있는 것이다. 물론 세계-내-존재를 제시함으로써 실존론적·존재론적 기반이 미리 확보된다면, 앞에서 말한 상관관계는 존재론적으로 무차별적인 (사물현상과 평등한) 형식화된 관계로서 나중에 인식된다.

실재성 문제를 해결하려는 단순한 '인식론적' 시도가 암암리에 전제하고 있는 바를 검토해 보면, 이 실재성의 문제는 존재론적 문제로서, 현존재의 실존론적 분석론 속으로 환원되어야 한다는 것을 알 수 있다.[16]

B. 존재론적 문제로서의 실재성

실재성이라는 명칭이 세계내부적이며 사물적으로 눈앞의 존재자(res)를 의미한다면—그 명칭 아래에서 이해되는 것은 그것밖에 없다—그 실재성이 이런 존재양상의 분석에 대해 의미하는 바는, 세계내부적 존재자는 세계내부성이라는 현상이 밝혀졌을 때에만 존재론적으로 이해될 수 있다는 사실이다. 그러나 이 세계내부성은 '세계'라는 현상에 근거하고, 세계는 세계대로 세계-내-존재의 본질적인 구조계기(構造契機)로서 현존재의 근본기구에 속해 있다. 세계-내-존재는 다시 현존재의 존재의 구조전체성(構造全體性) 속에 존재론적으로 묶여 있고, 그 구조전체성으로서 성격 지어진 것이 배려이다. 이렇게 해서, 그것의 해명을 통해 실재성의 분석을 비로소 가능하게 하는 여러

---

16) 최근 니콜라이 하르트만은 셸러의 선례에 따라, "인식은 '존재관계'다"라는 테제를 자신이 존재론적으로 정립한 인식론의 기초에 두었다. 《인식의 형이상학》 증보 제2판(1925년)을 참조. 셸러와 하르트만이 각자의 현상학적 출발점으로 삼은 지반은 전혀 다르지만, 결국 두 사람 다 똑같은 오해를 했다. 즉 전승되어 온 근본적 전망에 바탕을 둔 '존재론'은 현존재와 닿으면 무력해진다는 점, 그리고 인식에 담겨 있는 '존재관계'(59쪽 이하 참조)가 단순히 비판적 수정뿐만 아니라 그 존재론의 원칙적인 개정마저 수행한다는 점을 오인한 것이다. 하르트만은 이런 존재관계를 존재론적으로 해명하지 않은 채 설정할 경우 일어나는 암묵적 효과의 범위를 과소평가했다. 그래서 그는 자신이 전개하고 있는 문제 영역의 수준과는 근본적으로 무관한 '비판적 실재론'에 의해 들이몰리고 말았다. 존재론에 대한 하르트만의 견해에 관해서는, 〈비판적 존재론 일반은 어찌하여 가능한가〉(《파울 나토르프에게 바치는 기념 논문집》에 수록, 1924년) 124쪽 이하를 참조하라.

가지 기초와 시계(視界)의 특징이 제시된 것이다. 이러한 연관 속에서 마침내 그 자체라는 성격 또한 존재론적으로 이해된다. 이 같은 문제연관의 방향설정에 의거해서, 이전의 여러 분석에서 세계내부적 존재자의 존재가 해석된 것이다.[17]

게다가 일정한 한계 안에서는 (즉 사물의 일부 현상들은 아직 은폐되어 있지만), 실재적인 것의 실재성의 현상학적인 성격규정이, 뚜렷한 실존론적·존재론적인 토대 없이도 주어질 수 있다. 이 점을 딜타이는 앞에서 소개한 논문에서 시도했던 것이다. 딜타이에 의하면, 실재적인 것은 충동이나 의지를 통해 경험된다. 실재성은 '저항'이며, 좀 더 정확하게는 '저항성'이다. 이 저항현상(실재성의 표출과 동시에, 그 표출에 대한 방해현상)을 분석적으로 검토한 일이 바로 위의 논문의 적극적인 점이며, '기술적·분석적 심리학'이라는 이념에 대한 최선의 구체적인 확증이다. 그러나 저항현상 분석에서 올바른 성과를 얻고자 할 때, 실재성의 인식론적 문제가 제기되어 방해를 받게 된다.

'현상성(現象性)'의 명제에 의해, 딜타이는 의식존재의 존재론적인 해석에까지는 다다르지 못했었다. '의지와 그 억제(抑制)는 같은 의식의 내부에 나타난다.'[18] 이 '나타난다'는 존재양식, '내부에'라는 존재의미, 의식과 실재적인 것 자체와의 존재관계, 이러한 모든 것은 존재론적 규정을 필요로 한다. 이 존재론적 규정이 행해지지 않았다는 것은, 요컨대 딜타이가 '삶'을 그 '배후'로는 물론 소급해 갈 수 없는 생으로서, 존재론적으로 (삶과 그 배후를 관련지어 주지 않은 채) 무차별인 채로 방치해 놓았기 때문이다. 그러나 현존재의 존재론적 해석은, 그 어떤 다른 존재자에게로 존재적으로 소급해 감을 뜻하는 것은 아니다(다른 존재자를 닮아가는 것이 아니고 자기 현존재에게로 소급되는 것이다). 딜타이가 인식론적인 반박을 받았다고 해서, 이해되지 못했던 그의 분석의 적극적인 성과가 활용되지 못하는 것은 아니다.

---

17) 특히 제16절 세계내부적 존재자로부터 환경세계의 세계 적합성을 살피다, 제18절 취향성과 유의의성, 세계의 세계성, 제29절 심경으로서의 현-존재를 참조하길 바란다. 세계내부적 존재자의 자체 존재에 대해서는 쪽 이하를 참조하라.

18) 위에서 소개한 논문 《외계의 실재성에 대한 우리 신념의 근원과 그 권리에 관한 물음을 해결하기 위한 기여》 134쪽 참조.

그래서 최근 셸러는 딜타이가 시도했던 실재성의 해석을 계승하게 되었다.[19] 그는 '의지적 현존설(現存說)'을 주장한다. 그 경우 현존재는 칸트적인 의미에 있어서 눈앞의 존재라고 해석되고 있으며, 여러 대상의 존재는 충동이나 의지와 관련됨으로써만 직접적으로 부여된다. 셸러는 딜타이와 마찬가지로 실재성은 결코 일차적인 사고를 포착하는 데 있어서는 부여되지 않는다고 강조할 뿐만 아니라, 특히 인식 자체는 판단작용이 아니라는 점, 또 지식은 하나의 '존재관계'라는 점을 지적했다.

원칙적으로는 이 이론에 대해서도, 딜타이의 여러 가지 기초가 존재론적으로 무규정성을 가졌다고 말했어야 했던 점을 지적할 수 있다. '삶'에 대한 존재론적인 기초적 분석을 나중에 하부구조로서 슬그머니 끼워넣을 수는 없다. 왜냐하면 그 같은 기초적 분석은 실재성의 분석, 즉 저항성이나 그 현상적인 모든 전제의 완전한 설명의 밑받침 또는 조건이 되고 있기 때문이다. 저항은 뚫고 나갈 수 없는 일 속에서, 뚫고 나가려는 욕구를 방해함으로써 부딪치게 된다. 그러나 이 뚫고 나가려는 욕구와 더불어, 충동이나 의지가 노리고 있는 것들이 이미 열어 보여져 있다. 그런데 이 노리고 있는 목표의 존재적인 무규정성(無規定性)이 존재적으로 간과되어서는 안 되며, 하물며 무(無)로 해석되어서도 안 된다. 무엇을 노린다는 것, 이것이 저항에 부딪치는 것이며 이것만이 '부딪칠' 수 있는 일인데, 이것은 그 자체가 이미 어떤 적재전체성(適在全體性) 밑에 존재해 있다. 그러나 이 적재전체성이 발견되었다는 근거는 유의의성(有意義性)이라는 지시전체(指示全體)의 개시성(開示性, 열어 보이는 성질) 속에 있다. '저항경험', 곧 저항하는 사물을 온 힘을 기울여 찾아내는 일은, 존재론적으로는 세계의 개시성을 근거로 해야만 가능하다. 저항성은 세계내부적 존재자의 존재를 특징짓는 셈이다. 저항경험은 세계내부적으로 만나는 존재자의 발견이 어디까지 미치는가, 또는 어느 쪽으로 방향을 잡게 되는가 하는 것만 현사실적으로 규정할 뿐이다. 그러한 모든 저항경험이 총계됨으로써 비로소 세계의 열

---

19) 〈지식의 여러 형식과 교양〉 강연(1925년) 주석 24와 25 참조. 교정 단계의 주석, 셸러는 그의 최신 논문집인 《지식 형태와 사회》(1926년)에서, 그가 전부터 예고했던 '인식과 노동'에 관한 연구를 발표했다. 이 논문의 제6편(455쪽)에서 그는 딜타이에 대한 평가 및 비판과 관련하여 '주의주의적(主意主義的) 현존재 이론'을 상세히 서술했다.

어 보임이 시작되는 것이 아니라, 도리어 그 저항이 총력으로 기울여지기 위해서는 전제적으로 세계가 열어 밝혀져 있어야 하는 것이다. '저항한다'느니 '거역한다'느니 하는 것의 존재론적인 가능성은, 이미 열어 밝혀진 세계-내-존재에 의해 지탱되고 있다.

저항은 충동이나 의지 그 자체만 '나타나'서는 경험되지 않는다. 충동이나 의지는 관심이 여러 가지로 변한 모양으로써 입증되는 것이다. 관심이라는 존재양식을 지닌 존재자만이, 관심을 통해 세계내부적인 것으로서 저항하는 사물에 부딪칠 수 있는 셈이다. 따라서 실재성이 저항성에 의해 규정될 경우에는 다음 두 가지를 주의해야만 한다. 첫째, 제대로 설명하면 저항성은 곧 실재성의 다른 성격 가운데 하나일 뿐이라는 것. 둘째, 저항성을 위해서는 이미 열어 보여진 세계가 필연적으로 전제되어 있다는 것. 저항은 '외부 세계'를 세계내부적 존재자라는 의미에서 규정짓지만, 결코 세계라는 의미에서는 아니다. '실재성 의식'은 그 자체로 세계-내-존재의 하나의 존재양식이다. 세계 속에 존재한다는 이 실존론적인 근본현상에, 모든 '외부 세계의 문제성'이 필연적으로 귀착되는 셈이다.

'코기토 숨', 즉 '나는 생각한다. 그러므로 나는 존재한다'가 현존재의 실존론적 분석론의 출발점으로서 도움이 된다면, '존재함으로써 사색한다'로 역전할 필요가 있을 뿐만 아니라, 그 내실을 새로이 존재론적·현상적으로 다시 확증해 볼 필요가 있다. 그 경우 맨 처음 진술은 '숨', 곧 '존재한다'이며, 그것도 '나는 어떤 세계 안에 존재하고 있다'는 의미에서이다. 이러한 점으로 보아 세계내부적인 존재자 아래 존재양식으로서 취하는 갖가지 태도(cogitationes, 사색)에 관련되는 존재가능성 속에서 '나는 존재하고 있다'는 것이다. 이와는 반대로 데카르트는 다음과 같이 말하고 있다. 코기타티오네스, 즉 '모든 사색이 사물적으로 존재하며 그 속에 에고(ego), 곧 자아(自我)라는 것이 무세계적인(세계 속에서 보이지 않는) 사색하는 존재자로서 함께 존재하고' 있다.

C. 실재성과 관심

실재성이란 존재론적인 명칭으로서는 세계내부적 존재자에 관련되어 있다. 이 실재성이라는 명칭이 세계내부적이라는 이 존재양식 일반을 표시하는 데

도움이 된다면 '손안에 있는 것'과 '눈앞에 있는 것'은 실재성의 양상으로서 기능을 수행하는 것이 된다. 반대로 이 어휘의 전통적인 의미를 허용한다면, 실재성은 '사물의 눈앞의 존재성'이라는 의미에서의 존재를 가리킨다. 그러나 모든 손안의 것의 존재성이 사물의 존재성인 것은 아니다. 우리를 '둘러싸고 있는' '자연'은, 물론 세계내부적 존재이기도 하다. 그렇지만 '자연'은 손안의 존재자의 존재양식이나, '자연사물성(自然事物性)'이라는 양식에서의 눈앞의 것이 어떻게 해석되든, 세계내부적 존재자의 '모든' 존재양상의 존재론적 세계성 속과, 그와 동시에 세계─내─존재라는 현상 속에 그 기초를 두고 있다. 여기에서 다음과 같은 통찰이 생겨난다. 실재성은 세계내부적 존재자의 모든 존재양상 범위 내에서 우위를 차지하는 것도 아니며, 하물며 이 실재성이라는 존재양식은 세계나 현존재 같은 것을 존재론적으로 적절하게 규정짓지도 못한다.

실재성은 존재론적 기초 설정이라는 여러 연관의 순서에 있어서, 그리고 가능한 범주적·실존적 입증의 순서에 있어서 관심이라는 현상으로 소급해서 지시를 받는다. 실재성이 존재론적으로 현존재의 존재 속에 있다는 것은, 현존재가 실존하는 경우, 또 실존한다는 조건에서만 실재적인 사물이 '그 자체 존재로서 존재할 수 있음'을 의미하는 것이 아니다.

말할 나위도 없이 현존재가 '존재하고 있는' 한에서만, 바꾸어 말하면 존재이해의 존재적인 가능성이 '존재하고 있는' 한에서만 존재는 '부여되어 있다.' 현존재가 실존하지 않는다면 (실재적인 것의) '독립성'도 '존재하지' 않으며, '그 자체'라는 것도 '존재하지' 않는다. (나 자신의 본질적 현존재가 없다면) 이러한 일들은 이해될 수도 없고 안 될 수도 없다. 그러한 경우에는 세계내부적 존재자도 발견할 수 없거니와 은폐된 채 있을 수도 없다. 또 존재자가 존재한다고도, 존재하지 않는다고도 말할 수 없다. 존재이해가 존재하며, 따라서 객체성의 이해도 존재하는 한, 존재자는 여전히 존속할 것이라고 말할 수 있다.

위에서 말한 바와 같이 존재자가 아니라 존재가 존재이해에 의존한다는, 즉 실재적인 것이 아니라 실재성이 배려에 의존한다는 그 의존성이, 실재성의 이념을 실마리로 하여 거듭거듭 밀고 들어오는 무비판적 현존재 해석으로부터 앞으로의 현존재 분석론을 보호해 줄 것이다. 존재론적, 적극적으로 해석된 실존성을 안내함으로써, 비로소 다음과 같은 보증을 얻을 수 있다. 다시 말해

'의식'이나 '삶'의 분석을 현실적으로 진행함에 있어, 비록 무차별적(사물현상과 평등)일망정 어쨌든 실재성이라는 의미를 기초에 놓지 않게 된다는 것이 보증된다.

현존재라는 존재양식으로 있는(보이지 않는) 존재자는 실재성이나 실체성(實體性)을 바탕으로 해서는 파악될 수 없다. 이것을 우리는 '인간의 실체는 실존이다'라는 테제로 표현해 왔다. 그러나 실존성을 관심을 통해 비로소 드러나는 실존으로서 해석하고, 또한 이 관심을 실재성과 경계 짓는 일은 실존론적 분석론이 끝났음을 의미하는 것은 아니라, 존재와 그 가능한 모든 상태, 그리고 그 같은 모든 변형의 의미에 대한 물음 속에 포함되어 있는 문제의 갖가지 뒤얽힘을 한층 더 예리하게 부각시킬 따름이다. 다시 말해서 존재이해가 존재하는 경우에만 존재자는 존재자로서 접근할 수 있고, 존재자가 현존재라는 존재양식을 가지고 있는 경우에만 (현존재라는 존재양식을 지닌) 존재자로서 존재이해가 가능하다.

44 현존재, 열어 보임 및 진리

철학은 옛날부터 진리를 존재와 나란히 다루어 왔다. 파르메니데스는 존재자의 존재를 최초로 발견한 사람인데, 그는 존재란 곧 존재를 받아들이면서 이해하는 작용과 '동일'하다고 말한다.[20] 다시 말해서 "그런고로 사유(思惟)와 존재는 동일한 것이다"라고 말했다. 아리스토텔레스는 그가 아르카이(모든 원리)[21]의 발견 역사를 훑어보았을 때, 그 이전의 철학자들은 "사상(事象) 자체"의 인도를 받았으며 한층 깊은 탐구를 강요당했다고 강조했다.[22] 같은 사실을 그는 또한 다음과 같은 말로 특징짓고 있다.

"그(파르메니데스)는 자기 자신에 즉응해서 자기를 나타내도록 강요당했다."[23] 다른 대목에서도 이렇게 말했다. "진리 자체"에 강요되어 그들은 연구했다.[24]

---

20) 딜스 《소크라테스 이전의 철학자들 단편집》 파르메니데스 단편 5.
21) 아리스토텔레스 《형이상학》 제1권.
22) 같은 책 984 a 18 이하.
23) 같은 책 986 b 31.
24) 같은 책 984 b 10.

아리스토텔레스는 이 같은 연구를 "진리"에 대해 철학하며[25] 또 그 권역(圈域) 안에서 제시하면서 보게 하는 것이라고 표현했다.[26] 철학 자체는 "진리의 학문" 으로서 규정되었다.[27] 그러나 동시에 철학은 "존재자를 존재자로서, 바꾸어 말하면 그 존재자의 존재에 대해서 고찰하는 학문"으로서 규정지어져 있다.[28]

이 경우 '진리에 관한 연구'란, 즉 '진리'에 관한 학문이란 무엇을 의미하는 가? 이 같은 연구에 있어서 '진리'는 인식론이나 판단론이라는 의미로서 주제 가 되어 있는가? 분명히 그렇지는 않다. 왜냐하면 여기서 '진리'란 '사상', 곧 '자 기 자신을 나타내는 생각'을 의미하고 있기 때문이다. 그렇다면 '진리'라는 표현 을 술어적으로 '존재자' 및 '존재'로서 사용할 수 있는 경우에 진리는 무엇을 의 미하는가?

그러나 진리가 존재와의 근원적인 연관 속에 서 있다는 사실이 옳다고 한 다면, 그때는 진리현상이 기초적인 존재론적 문제성의 권역 안으로 밀고 들 어오게 된다. 그렇게 되면 이 진리현상은 현존재의 분석론이라는 예비적인 기 초적 분석의 내부에서 이미 존재와 만나고 있을 것이 아니겠는가? '진리'는 우리가 존재이해라고 일컫는 현존재의 존재적인 자기규정에 대해 어떤 모양 으로 존재적·존재론적으로 연관 지어져 있는가? 도대체 존재는 왜 진리와 일 치하는가, 또 진리는 왜 존재와 필연적으로 일치하는가, 라는 이유가 이 존재 이해(현존재가 존재하기 위해 스스로 내부에 지니고 있는 자기규정)에서 제시될 수 있는가?

이러한 물음들은 회피할 수가 없다. 존재는 사실상 진리와 제휴하고 있으며, 그 결과 진리현상은 예컨대 이 같은 명료한 명칭으로서는 아니었다 하더라도 이전의 여러 분석에 있어서 이미 주제가 되어 있었던 것이다. 이제는 존재문제 가 첨예화되었음을 고려해 진리현상을 뚜렷하게 한계 짓고 이 현상에 담겨져 있는 여러 문제를 확정하는 일이 중요하다. 그 경우 이전에 해석 판별된 사항 들을 단순히 총괄하는 일만으로써는 부족하며, 조사 연구를 위해서는 어떤

---

25) 같은 책 983 b 2. 988 a 20 참조.
26) 같은 책 993 b 17.
27) 같은 책 제2권 제1장 993 b 20.
28) 같은 책 제4권 제1장 1003 a 21.

새로운 단서를 두어야 한다.

분석은 '전통적 진리개념'에서 출발, 그 존재론적인 여러 기초를 보여주려고 시도한다(A). 그러한 여러 존재론적 기초로부터 진리의 '근원적' 현상을 볼 수 있게 된다. 이 근원적인 현상에 의거해서 전통적 진리개념의 '파생적 성격'을 제시할 수 있다(B). 조사 연구를 하면서, 진리의 '본질'에 대한 물음에는 진리의 '존재양식'에 대한 물음이 필연적으로 함께 속해 있다는 점이 분명해진다. 이 점과 아울러, '진리가 부여되어 있다'고 할 때의 존재론적 의미와, 진리가 '부여되어 있다'고 '우리가 전제할 수밖에 없는' 필연성의 양식에 대해 설명이 이루어진다(C).

A. 전통적 진리개념과 그 존재론적 기초

다음의 세 가지 테제가 진리의 본질에 대한 전통적 견해와 진리의 최초의 정의에 관한 견해를 규정짓는다. (1) 진리의 '장소'는 진술(판단)이다. (2) 진리의 본질은 판단과 그 판단 대상과의 일치에 잠재해 있다. (3) 논리학의 아버지인 아리스토텔레스는, 진리를 그 근원적 장소인 판단에다 지정하기도 하고 마찬가지로 진리의 정의를 (사물현상과의 조화로운) '일치'로서 유포시키기도 했다.

진리개념의 역사는 존재론의 역사를 기반으로 해서만 서술될 수 있겠지만, 여기서 우리 목적은 그런 게 아니다. 잘 알려져 있는 몇몇 사실만을 특징적으로 지적하면서 분석적인 여러 고찰의 실마리로 삼으려 한다.

아리스토텔레스는 "마음의 여러 체험, 즉 여러 표상(表象)들은 사물을 모방한 형상이다"라고 했다.[29] 이 진술은 결코 진리의 명료한 본질에 대한 정의로서 제시된 것은 아니지만, 후세에 이르러 진리의 본질을 '지성과 사물의 일치'로서의 정식화(定式化)를 표명하는 방식이 형성되었다. 토마스 아퀴나스[30]는 진리에 대한 이 정의의 근거로서 아비켄나[31]를 들었다. 아비켄나의 정의는 이삭 이스라엘리[32]의 《정의(定義)의 책》에서 이어진 것이지만, 토마스는 아데콰티오

---

29) 아리스토텔레스 《명제론》 제1장 참조.
30) 《진리에 대한 토론문제》 문제1 참조.
31) 아비켄나(Avicenna, 980~1037)는 아라비아의 철학자·생리학자.
32) 이삭 이스라엘리(Isaak ben Salmon Israeli, 845~940)는 이집트의 가장 오랜 중세 유대인 철학자.

(adaequatio), 즉 일치(동화) 대신에 코레스폰덴티아(correspondentia, 대응)나 콘베니엔티아(convenientia, 합치)라는 술어를 쓰고 있다.

19세기 신(新)칸트학파의 인식론은 이러한 진리의 정의를 방법적으로 구식이 되어버린 소박한 실재론의 표현이라고 강조한다. 그리고 그러한 진리는 칸트의 '코페르니쿠스적 전환'[33]을 이미 통과해 온 문제설정과는 양립할 수 없는 것이라고 선언한다. 그 경우 사람들은 다음과 같은 점을 그냥 지나쳤던 것이다. 즉 브렌타노[34]가 주의를 촉구한 진리개념을 칸트 또한 고집했으며 따라서 칸트가 이 진리개념을 비로소 처음으로 고찰한 것은 결코 아니라는 점이다. 칸트는 이렇게 말했다. "사람들이 논리학자를 궁지로 몰아넣을 수 있다고 생각한 오래된 유명한 문제가 있는데…… 그것은 '진리란 무엇인가?' 하는 물음이다. 이 경우 진리에 대한 정의, 곧 '진리란 인식과 그 인식대상과의 일치'라는 정의가 부여되고 전제되어 있다……."[35]

"진리가 인식과 그 인식대상과 일치한다면, 이로써 그러한 인식대상은 다른 모든 대상으로부터 구별되어야 할 것이다. 왜냐하면 어떤 인식이 그 인식이 관련될 수 있는 대상과 일치하지 않는다면, 예컨대 그 인식이 다른 모든 대상에 대해서 타당할지도 모르는 그 무엇을 포함하고 있다 하더라도 그 인식은 허위이기 때문이다."[36] 또 칸트는 '선험적 변증론(先驗的辨證論)'의 서론에서 다음과 같이 말했다. "진리와 가상(假象)은 직관할 수 있는 한 대상 속에 있지 않고, 사색할 수 있는 한 그 대상에 대한 판단 속에 있다.[37]

'일치'로서의 진리에 대한 성격규정은 지극히 보편적이며 공허하다. 그럼에도 불구하고 이 성격규정은 어떻든 간에 진리의 인식이라는 두드러진 술어를 띠고 있는 인식에 대한 더없이 다종다양한 해석들에 구애받지 않고, 그 '일치'라는 진리의 성격에 의해 고스란히 유지되는 한에서는 어떤 정당성을 가질 수

---

33) '코페르니쿠스적 전환'이란 인식의 보편타당성의 근거를 객관에서 주관으로 뒤엎은 칸트 자신을, 천동설을 지동설로 뒤엎은 코페르니쿠스에 비해서 한 말이다.

34) 브렌타노(Franz Brentano, 1838~1917)는 독일의 심리학자·철학자. 정신현상의 지향성이라는 그의 견해는 하이데거의 스승인 후설에게 영향을 주었다.

35) 《순수이성비판》 참조.

36) 같은 책 참조.

37) 같은 책 참조.

있을 것이다. 이제 우리는 일치라는 이 '관계'의 여러 기초를 규명해야 하겠다. '이 관계 전체'—'지성과 사물의 일치'—에서 무엇이 함께 은밀하게 정립되어 있는 것일까?

대개 '일치'라는 술어는 무엇을 가리키는 것일까? 어떤 사물과 어떤 사물의 일치란 어떤 사물과 어떤 사물의 관계라는 형식적인 성격을 지니고 있다. 모든 일치와 마찬가지로 진리도 하나의 관계이다. 그러나 모든 관계가 일치인 것은 아니다. 기호라는 것은 그 기호에 의해 표시되는 사물을 가리킨다. 표시는 하나의 관계이지, 기호와 그 기호에 의해 표시되는 사물과의 일치를 뜻하는 것은 결코 아니다. 하지만 모든 일치가 진리의 정의 속에서 확정된 합치를 가리키는 것이 아님도 분명하다. 6이라는 수는 16-10과 일치한다. 두 개의 수는 일치한다고 말하지만, 양자가 얼마나 많은가 하는 점에서는 동등하다고 말한다. 동등성은 일치의 '한' 존재양식이다. 이 존재양식에는 구조상 '어떤 관점에서 (……과 비교해서)'라는 것이 속해 있다. 어떠어떠한 점에서 동등한 관계에 있는 것이 일치한다고 할 때 그 일치하는 점이란 무엇일까? '진리관계'를 밝힐 때는 관계항들의 특이성도 함께 검토해야 한다. 지성과 사물은 어떤 점에서 일치하는가? 지성과 사물은 서로가 일치할 수 있는 그 무엇을, 그들의 존재방식과 그들의 본질내용으로 보아 어떤 계기로서 제시할 수 있는가? 양자 (지성과 사물) 사이에는 동종성(同種性)이 없으므로 서로가 동등할 수 없다고 한다면, 닮기라도 했다는 것일까? 그러나 인식은 어쨌든 사상(事象)을 그것이 존재하고 있는 '그대로' 주어야' 한다. '일치'는 '……그대로'라는 관계 성격을 지니고 있다. 어떤 방식에 의해 이 '그대로'의 관계는 지성과 사물 사이의 관계로서 가능해질 수 있을까? 이러한 물음에서 분명해지는 사실은, '진리구조를 해명하기 위해서는 이 관계 전체를 단순히 전제로 삼는 것으로는 충분하지 않으며, 그 전체를 전체로서 지탱하고 있는 존재연관(연관적 전체구조) 속으로 소급해서 규명해야 한다는 것이다.

그러나 그러기 위해서는 '인식론적' 문제성의 주관·객관 관계에 대해서 전개할 필요가 있겠는가? 아니면 분석을 '내재적인 진리의식(眞理意識)'의 철학적 한계에 제한함으로써 주관의 '영역 내부에' 머물 수 있겠는가? 일반적인 견해를 따르자면 '참'인 사실은 인식이다. 그러나 인식은 판단이다. 판단할 때에는 실재적인 심리적 과정으로서의 판단작용과 관념적인 내용으로서의 판단된 사물을 구별해야 할 것이다. 이 관념적인 내용에 대해 그것은 '참'이라고 말한다. 이와는 반대로 실재적인 심리적 과정은 눈앞에 존재하느냐 존재하지 않느냐이다. 따라서 관념적인 판단내용이 일치관계 위에 서게 되는 셈이다. 그러므로 일치관계는, 관념적 판단내용과 '그 무엇에 관해' 내려지는 판단, 즉 실재적인 사물 사이의 어떤 연관에 관계된다. 그 존재양식이 일치하는 것은 실재적인 일치일까, 관념적인 일치일까, 아니면 둘 가운데 어느 쪽도 아닌가? 관념적인 존재자와 실재적인 눈앞의 존재자 사이의 관계는 존재론적으로는 어떻게 해석되어야 하는가? 그러한 관계는 아무래도 성립되어 있으며, 사실적 판단에 있어서는 판단내용과 실재적인 객체(客體)와의 사이에 성립되어 있을 뿐만 아니라, 또한 동시에 관념적 내용과 실재적 판단실행과의 사이에도 분명히 '더욱더 긴밀하게' 존재론적 관계가 성립되고 있는 것이 아닐까?

아니면 실재적인 것과 관념적인 것과의 관계(분유(分有)[38])의 존재론적 의미는 묻지 않아도 무방할까? 이 관계는 어떻든 간에 성립되어 있다. 그러나 성립이란 존재론적으로 무엇을 의미하는가?

도대체 무엇이 이러한 물음의 정당성을 방해하고 있는가? 이 문제가 2천 년 전부터 진척을 보지 못하고 있는 것이 과연 우연일까? 이 물음이 엎어져 버린 까닭은 이미 그 양쪽 실마리가, 즉 실재적인 것과 관념적인 것이 서로 존재론적(존재연관적)으로 해명되지 않은 분리 속에 잠재해 있는 것일까?

또 사물의 '현실적'인 판단작용을 하려면 실재적인 수행과 관념적인 내용을 분리해서는 안 되는 것일까? 현실적으로 인식하고 판단해 두 개의 존재양식이나 '층(層)'으로 분열된다면 그 둘을 다시 접합하더라도 인식작용은 존재양식을 결코 설명할 수 없게 되지 않을까? 그렇다면 심리주의에서도, 사색된 사물을 사색한다는 존재양식(사색도 존재양식이므로)이 존재론적으로 해명되지도, 문제로서 식별되지도 못하고 분리될 수 없다는 일이 정당하지 않을까?

일치라는 존재양식에 대한 물음에서 판단작용과 판단내용의 분리로 소급해 본다 하더라도, 모호한 것을 설명해 주기는커녕 기껏해야 인식된 존재양식

---

38) '분유(methexis)'란 플라톤의 용어로, 감각적 개체는 이를테면 아름다움의 이데아를 '분유'할 경우에 '아름답다'는 것이다.

에 대한 해명이 불가피하다는 점이 드러날 뿐이다. 그러하기에 요구된 분석은 인식을 규정짓는 진리의 현상을 동시에 시야에 포착하도록 애써야 한다. 인식 작용을 할 때 진리가 현상적으로 명료화되는 것은 어떤 경우에서일까? 그것은 인식작용이 자신을 '참된 인식으로서' 증명해 보일 때이다. 이 자기를 증명해 보이는 인식현상만이 인식작용에 대해 그 진리를 보증한다. 따라서 정당성이 부여된 현상적 연관에 있어서 일치관계는 볼 수 있게 될 것이 틀림없다.

누군가 벽에다 등을 돌리고 '벽에 걸려 있는 그림이 비스듬하다'고 참된 진술을 했다 하자. 이 진술이 참인지 거짓인지는, 진술하는 사람이 돌아보고 비스듬히 걸려 있는 벽의 그림을 지각함으로써 스스로 증명해 보이게 된다. 이 일에서는 어떤 현상을 증명해 보이는 것일까? 이 진술을 확증하는 의미란 무엇일까? 이를테면 '인식' 또는 '인식된 것'과 벽에 걸려 있는 사물과의 일치가 확증될 수 있는가? '인식된 것'의 표현적 의미가 현상적으로 적절히 철학적으로 해석되느냐에 따라서 인식과 사물이 일치하기도 하고 그렇지 않기도 하다. 진술하는 사람이—그 그림을 지각하면서가 아니라 단순히 표상(表象)하면서—판단을 내릴 경우, 그는 무엇과 관련짓고 있는 것일까? 예컨대 '여러 가지 표상'에 대해서일까? 여기서 표상이 '심리적 과정으로서의 표상작용'을 의미한다면, 그렇지 않다는 것이 확실하다. 또한 표상된 것이 벽에 걸려 있는 실재적인 사물에 대한 '심상(心象)'을 뜻하는 경우, 표상된 것이라는 의미에서 여러 가지 표상에 관련된 것도 아니다. 차라리 '단순히 표상하면서' 진술한다는 것은, 그 가장 고유한 의미에서 볼 때 벽에 걸려 있는 실재적인 그림에 관련지어져 있다. 이 실재적인 그림이 나타내는 바는, 그 밖의 아무것도 아닌 것이다. 이 경우 어떤 다른 사물을 개입시켜 그 다른 사물이 단순히 표상하면서 진술하는 바에 의해 나타나고 있다고 여기는 모든 학설은, 그에 관해 이미 진술되어 있는 현상적인 성립 사실의 내용을 속이는 것이 된다. 진술이란 존재하고 있는 사물 자체로 관련되는 존재작용이다. 그러나 지각에 의해 증명되어 내보여지는 것은 무엇일까? 그것은 다름 아닌 진술에서 나타난 것은 존재자 자체라는 '사실'이다. 그러므로 확증할 수 있는 것은, 진술된 바에 대한 진술적 존재작용은 오직 존재하는 현상을 제시할 뿐이라는 점, 진술된 존재는 자신이 지향하는 존재자를 발견한다는 점이다. 증명해 보인다는 것은 진술을 통해 무엇이 발견딤을 의미한다.[39] 그 경우, 이 같은 증시를 수행할 때의 인식작용은 오직 다만 존재 자체에만 관련된다. 이 존재자 자체에 의거해서 이를테면 확증이 행해지는 셈이다. 나타난 존재자 자체는 자기 자신에 의거해서 존재하는 '그대로' 자신을 표시한다. 바꾸어 말하면 '그 존재자'는 현재 존재하는 그대로, '스스로'가 그 진술에서 제시되고 발견된 대로 자기동일성(自己同一性)에 있어서도 존재하는 것이다. 몇 가지 표상들이 서로 비교되는 것도 아니며, 실재적인 사물과의 '관계'에 있어서 비교되는 것도 아니다. 인식작용과 대상과의 일치도 아니고, 심리적인 것과 물리적인 것과의 일치도 아니며, 심지어 '몇 가지 의식내용(意識內容)'의 서로 간의 일치도 아니다. 증명되는 것은 오직 존재자 자체가 발견되고 있다는 사실뿐이며, 자신이 어떤 상태로 발견되어 있는가를 표시하고 있는 '그 존재자'뿐이다. 존재자가 발견되고 있다는 사실은, 바로 그 존재자 자체인 진술된 사물이 '동일한 사물로서' 자신을 스스로 발견한다는 점에서 확증된다. '확증'이란 '존재자가 자기동일성에 있어서 자신을 표시'함을 의미한다. 확증이란 존재자가 자신을 표시함을 근거로 해서 수행되는 셈이다. 이것은 진술하면서 자기를 확증하는 인식작용이, 그 존재론적 의미에 따라 실재적인 존재자 자체에 대해 '발견'하는 일이기 때문이다.

진술이 '참되다'는 것은 그 진술이 존재자를 그 존재자에 의거해서 발견함을 의미한다. 진술은 존재자가 발견됨으로써 존재자를 진술하고 제시하고 '보이게 한다(아포판시스).' 진술이 참이라는 것(진리)은 현재 '발견하고 있는 일'이라고 이해되어야 한다. 그러므로 진리는 한 존재자(주관)가 다른 존재자(객관)에 동화한다는 의미에서의 인식작용과 대상 사이의 일치라는 구조를 전혀 갖추지 않았다.

---

39) '동일화'로서의 증시하는 이념을 위해서는 후설 《논리 연구》 제2권 제2부 제6연구 참조. '명증과 진리'에 관해서 같은 책 36~39절. 현상학적 진리이론의 통례에 대한 서술은 '비판적' 서설 (제1권)에서 언급된 것에 국한되었으며, 볼차노의 숙명론과의 연관을 기술하고 있다. 이와는 반대로 볼차노의 이론과 근본적으로 다른 적극적이며 현상학적인 모든 철학적 해석은 설명되지 않았다. 현상학적 연구와는 상관없이 위에서 말한 여러 근본적 연구를 적극적으로 거론한 유일한 사람은 E. 라스크(Lask)로, 그의 《철학의 논리학》은 후설의 전기, 제6연구(감성적 직관과 법주적 직관에 관하여)에서 강력히 규정되었는데 그것은 라스크의 '판단론'이 '명증과 진리'에 의해 규정된 것과 마찬가지이다.

발견되고 있는 것으로서 참인 진리존재는, 나아가서 존재론적으로는 세계—내—존재를 근거로 해서만이 가능하다. 우리가 현존재 자신의 근본기구(근본적 자기)로서 인식하고 있었던 이 현상이 진리라는 근원적 현상의 '기초'이다. 이 근원적 현상은 이제 더욱더 철저하게 추구되어야 할 것이다.

B. 진리의 근원적 현상과 전통적 진리개념의 파생적 성격

참(진리)이란 발견적인 일이면서 동시에 존재하는 일이다. 그러나 이것은 너무 섣부른 정의가 아닐까? 이러한 강행적인 일치개념 규정에 따른다면 일치관념(발견된 사실과 존재하는 사물과의 일치)을 진리개념에서 몰아내고 말지도 모른다. 이 같은 의심스러운 이득은 옛날의 '훌륭한' 전통을 무효로 만들어 버릴지도 모른다. 하지만 언뜻 보기에 제멋대로인 이 정의도, 고대철학의 가장 오랜 전통이 근원적으로 예감하고 또 전(前) 현상학적으로(즉 사실적으로) 이해했던 바로 그 당사자의 '필연적인' 해석만을 포함하고 있다. 아포판시스(ἀπόφανσις, 이야기하여 꺼내 보임)로서의 로고스의 참이라는 것은, 아포파이네스타이(ἀποφαί νεσθαι)라는 방식에 있어서의 아레테웨인(ἀληθ-εύειν, 진리의 발견)이다. 다시 말해서 '존재자를—숨겨진 상태 속에서 꺼내면서—그 숨김없는 상태에서 보여줌'을 의미하는 것이다. 앞서 인용된 대목에 따르자면 알레테이아(ἀ'-λήθεια, 진리)는 아리스토텔레스가 프라그마(πρᾶγμα, 사람들이 배려적 교섭에서 관계하는 사물)나 파이노메나(φαινό-μενα, 보여지는 사물)로 발견했다. 그러므로 진리란 '사상(事象) 자체', 즉 자기를 스스로 표시하는 그 당사자, 다시 말하면 '자신이 어떻게 발견되어 있는지를 표시하는 존재자'를 의미한다. 또 헤라클레이토스의 한 단편에서,[40] 피발견태(비은닉성)라는 의미에 있어서 밝혀진 진리현상을 엿볼 수 있음은 과연 우연일까? 로고스 및 로고스를 말하며 이해하는 사람들에 대해 여기서는 무분별한 사람들이 대립하고 있다. 로고스는 프라존(φράζων)·호포스(ὅπ ως)·엑세이(ἔχει)로, 곧 '존재자들이 서로 어떤 태도를 취하고 있는가'를 의미한다. 이에 반해서 무분별한 자들(로고스적으로, 즉 이성적으로 이야기하지 않는 사람들)이 행하는 일은 란타네이(λανθάνει), 곧 '은폐 속에 머무는' 것이다. 에피란타논

---

40) 딜스 《소크라테스 이전의 철학자들 단편집》 헤라클레이토스 단편 1 참조.

타이(ἐπιλανθάνονται), 즉 그들은 망각한다. 다시 말하면 그들이 행하는 일은 그들에게는 다시 숨겨진 곳으로 빠져드는 것이다. 그러므로 로고스에는 비은닉성 '알레테이아'⁴¹⁾가 속해 있다. 알레테이아라는 이 그리스어를 '진리'라는 말로 번역한다면, 또 이 그리스어에 대해 이론적으로 규정을 내린다면 그리스인들이 전(前) 철학적으로 이해된 것으로서 알레테이아의 술어적 사용에 기초를 두고서 '자명하다고' 전제했던 것들의 뜻이 은폐되고 만다.

이러한 증거를 인용하더라도, 끝없는 언어의 신비주의로 빠져들어 가는 것은 스스로 경계해야 한다. 그럼에도 불구하고 현존재가 표현되어 있는 가장 기본적인 언어의 힘을, 그러한 언어들이 상식에 의해 이해 불가능하게 수평화됨으로써 알 수 없게 되는 한편, 그렇게 알 수 없는 까닭에 겉치레 문제를 낳게 하는 원천이 되지 않도록 보호해 주는 일은 결국 철학의 임무이다.

앞서 로고스와 알레테이아에 대해서 독단적인 철학적 해석 형태로 설명한 것이, 이제 그 현상적인 증명을 얻은 셈이다. 제출된 진리의 '정의'는 전통을 떨쳐버리는 것이 아니라 전통을 근원적으로 자기 것으로 만드는 일이다. 이 점은 이론이 근원적 진리현상을 근거로 하여 일치라는 이념을 지향할 수밖에 없었던 사실과 방식을 증명하는 데 성공할 경우에는 더욱 그렇다.

진리는 발견되어 존재한다든가, 발견되면서 존재한다고 하는 진리의 '정의'는 단순한 언어의 설명은 아니며, 우리가 우선 언제나 '참되다'고 부르는 현존재의 그러한 여러 태도의 분석에서 생겨난다.

발견되면서 존재한다는 의미에서 참이라는 것은 현존재의 하나의 존재양식이다. 이러한 발견 자체를 가능하게 하는 것이 있다면, 그것이 필연적으로 더욱더 근원적인 의미에 있어서의 '참'이라고 일컬어질 수밖에 없다. 발견 자체의 실존론적·존재론적인 모든 기초가 비로소 진리의 가장 근원적인 현상을 보여준다.

발견은 세계-내-존재의 한 존재양식이다. 주변을 둘러보는, 또는 체류하면서 바라보는 배려도 세계내부적 존재자를 발견한다. 이 세계내부적 존재자는

---

41) '알레테이아'는 일반적으로 '진리'로 번역되는 그리스어인데, 하이데거는 이 어휘가 부정 접두사인 '아'와 망각을 의미하는 '레테이아'의 결합으로 해석, 말하자면 '망각의 부정'이라는 의미를 이 어휘에 포함시켰다.

발견된 사물이다. 이 발견된 사물은 두 번째 의의로서의 '참'이다. 바꾸어 말하면 현재 발견하고 있는 것은 바로 현존재이다. 두 번째 의의로 진리는 현재 발견하면서 존재하는 사물(발견)이 아니라, 발견되어 존재하는 사물(被發見性)[42]이다.

그러나 세계의 세계성과 세계내부적 존재자에 대해 앞에서 행한 분석이 제시한 바에 따르면, 세계내부적 존재자가 발견되는 근거는 세계의 개시성 속에 있다. 개시성은 현존재의 근본양식이며, 이 근본양식에 따라서 현존재는 자기의 현(現)으로 존재한다. 개시성은 심경(心境), 이해 및 설명으로 구성되어 있고, 세계, 내-존재 및 자기에 대해 등근원적(等根源的)으로 관계한다. 세계내부적 존재자 밑에 존재하지만 '이미 자기를 앞질러서 어떤 세계 안에 존재한다'는 관심의 구조 속에 현존재의 개시성이 감추어져 있다. 피발견성은 이 개시성과 함께, 그리고 이 개시성을 통해 존재하며, 따라서 현존재의 개시성에 의해 비로소 진리의 가장 근원적인 현상에 다다르는 것이다. 현(現)의 실존론적 구성에 대해서, 또 현의 일상적인 존재에 대해서 앞서 제시되었던 것은 바로 진리의 가장 근원적인 현상이다. 현존재가 본질상 자기의 개시성으로 있고, 개시된 현존재로서 개시하며 스스로 발견하는 한, 그 현존재는 본질적으로 '참'이다. 현존재는 '진리 안에서' 존재한다. 이 진술은 존재론적 의미를 지니고 있다. 이 진술이 의미하는 것은 현존재는 존재적으로 언제나 또는 적어도 언젠가는, '모든 진리 속으로' 끌려들어 가는 것이 아니라 현존재의 실존론적 기구(자기)에는 현존재의 가장 고유한 존재의 개시성이 속해 있다는 것이다.

앞서 획득한 바를 채택한다면, 현존재는 진리 속에 존재하고 있다는 명제의 완전한 실존론적 의미는 다음과 같은 여러 규정으로 표현될 수 있다.

1. 현존재의 존재기구에는 본질상 '개시성 일반'이 속해 있다. 이 개시성 일반은 관심에 의해 명시적으로 존재구조 전체를 포괄한다. 이 관심에는 세계-내-존재뿐만 아니라 세계내부적 존재자 밑의 존재도 속해 있다. 현존재의 존재와 현존재의 개시성과 더불어 세계내부적 존재자의 피발견성, 즉 발견되는

---

42) '피발견성'의 원어는 이 대목의 본문에 의해서도 알 수 있듯이 피동을 나타낸다. 마찬가지 현상은 예컨대 '개시성' 기타에서도 볼 수 있는데, 피동을 나타내는 '피'를 그때마다 덧붙이는 것은 번거로운 일이라서 생략한 경우가 많음을 말해 둔다.

속성도 등근원적으로 존재한다.

2. 그뿐만 아니라 현존재의 존재기구에는 그 현존재의 개시성의 구성요소로서 피투성(세계 속에 자신을 던지는 속성)이 속해 있다. 이 피투성에서 밝혀지는 것은, 현존재는 그때마다 이미 자기 소유로서 존재하며, 일정한 세계 안에서 또한 일정한 세계내부적 여러 존재자의 일정한 넓이 속에서 존재하고 있다는 사실이다. 개시성은 본질상 현사실적이다.

3. 현존재의 존재기구에는 '기투(企投)'가, 즉 자신의 존재가능성을 열어 보이려는 존재가 속해 있다. 현존재의 존재구성은 세계 속으로 자기를 '기투'한다. 그것은 자신의 존재 가능을 향해 자신을 열어 보이는 존재이다. 현존재는 이해하는 자로서 '세계'와 타인들 편에 서서, 또 그들과의 교제를 통해 자기를 이해할 수도 있고, 자신의 가장 고유한 존재 가능에 입각해서 자기를 이해할 수도 있다. 여기서 후자의 가능성이란 현존재가 자기의 가장 고유한 존재 가능에 있어서, 그리고 가장 고유한 존재 가능으로서 자기를 자기 자신에게 열어 보인다는 뜻이다. 이러한 '본래적인' 개시성은 본래성이라는 양상에 있어서 가장 근원적인 진리의 현상을 보여준다. 현존재가 그 속에서 존재 가능으로서 존재할 수 있는 가장 근원적이며 더욱이 가장 본래적인 개시성은 '실존의 진리'이다. 이 실존의 진리는 현존재의 본래성의 분석과 연관해서 비로소 그 실존론적·존재론적 규정을 얻게 될 것이다.

4. 현존재의 존재구성에는 퇴락이 포함된다. 우선 대부분 현존재는 이해하는 것으로서 자기를 '세계'에 상실하고 있다. 모든 가능성을 지향하는 기투로서의 이해가 세계로 옮겨진 셈이다. '사람' 속에 몰입해 있다는 것은, 공공적으로 '해석되어 있는 것'이 지배함을 의미한다. 발견된 것과 개시된 것은 빈말, 호기심 및 애매성에 의해 위장되고 은폐된다는 양상 속에 있다. 존재자를 향한 존재는 말살된 것은 아니지만 그 존재자로부터 뿌리째 뽑힌 셈이다. 존재자는 완전히 은폐된 것이 아니고 발견되어 있기는 하나 동시에 위장되어 있다. 존재자는 자기를 드러내기는 하지만, 가상(假象)이라는 양상을 취하고 있다.

마찬가지로 이전에 발견된 사물도 위장과 은폐 속으로 돌아가 가라앉아 버린다. 현존재는 본질적으로 퇴락하기 때문에 자신의 존재기구에서 보면 '비진리(非眞理)' 안에 존재한다. 이 표현(비진리)은 여기서는 '퇴락'이라는 표현과 마찬가지로 존재론적으로 쓰이고 있다. 이 표현을 실존론적·분석론적으로 사용할 경우에는, 존재적으로 소극적인 (사실성이 적은) 모든 '평가'는 배제되어야 한다. 현존재의 현사실성에는 폐쇄성과 은폐성이 속해 있다. '현존재는 진리 안에 존재한다'라는 명제의 완전한 실존론적·존재론적 의미는, 등근원적으로 '현존재는 비진리 안에서 존재하고 있다'는 것이다. 그러나 현존재가 열어 보여진 한에서만, 현존재는 또한 은폐되어 있다. 그리고 현존재와 더불어 그때마다 이미 세계내부적 존재자가 발견되어 있는 한, 그 존재자는 세계내부적으로 만날 수 있는 것으로서 은폐되거나 위장되는 것이다.

따라서 현존재는 본질상 이미 발견된 사물이 가상적으로 되거나 위장되지 않도록 뚜렷하게 자기 소유로 만들어야 하며, 발견된 것을 몇 번이고 되풀이하여 자신에게 보증해야만 한다. 본래 새로운 발견은 모두 완전히 은폐된 것의 기반 위에서 실현되는 것이 아니라 가상이라는 상태를 취하는 피발견성을 출발점으로 하여 수행된다. 존재자가 어떤 겉모습을 보여준다는 것은, 존재자가 어떤 방식으로 이미 발견되어 있으면서도 여전히 위장되고 은폐된 점이 있다는 뜻이다.

진리(피발견성)는 언제나 먼저 존재자로부터 쟁취되어야 한다. 존재자는 은폐성으로부터 탈취된다. 그때그때의 현사실적 피발견성이란 말하자면 언제나 하나의 약탈이다. 그리스인들이 진리의 본질에 대해 결여적 표현(알레테이아)[43]으로 말한 것은 우연한 일일까? 현존재가 그와 같이(진리는 드러내는 일이므로) 자기를 드러내는 데에는 이미 자신에 대한 어떤 근원적인 존재이해가 알려져 있지 않은가? 비록 그 존재이해라는 것이 비진리-내-존재(非眞理內存在, 퇴락 속의 존재)는 세계-내-존재의 한 본질적 규정을 이룬다는 점에 대한 전(前) 존재론적 이해에 지나지 않는다 하더라도 말이다.

진리의 여신이 저 파르메니데스를 인도해서 발견의 길과 은폐의 길이라는 두 가지 길에 직면케 한 것은, 현존재는 그때마다 이미 진리와 비진리 안에서 존재하고 있음을 의미하는 것이라 하겠다. 발견의 길은 크리네인 로고(κρίνειν λόγω)에 있어서만, 즉 두 가지 길을 이해하면서 구별하고 그 한편을 취하는 결단

---

43) 주41에서 지적한 바와 같이 '알레테이아'는 부정 접두사 '아'가 붙어 있기 때문에 '결성(결여)을 나타내는 표현'이라고들 한다.

에 있어서만 획득되는 것이다.[44]

세계-내-존재는 '진리'와 '비진리'에 의해 규정되는데, 이 같은 사실에 대한 실존론적·존재론적 조건은 우리가 세계 속에 던져진, 곧 기투라고 규정지은 바 있는 현존재의 '바로 그' 존재기구(자기) 속에 잠재해 있다. 이 존재기구는 관심 구조의 한 구성요소이다.

진리의 현상에 대한 실존론적·존재론적 해석은 다음과 같은 점을 밝혀주었다. (1) 가장 근원적 의미에서의 진리는 현존재의 개시성이며, 이 개시성에는 세계내부적 존재자의 피발견성이 속해 있다. (2) 현존재는 진리와 비진리 가운데 등근원적으로 존재하고 있다.

이들 두 명제는 진리현상에 대한 전통적 해석의 시야 안에서 완전히 통찰될 수 있다. (1) 일치(一致)라고 해석된 진리는 사물현상이 열어 보여짐으로써 확인되고 파생되는데, 그러면서도 어떤 특정한 변화된 모습에 의해 생긴다. (2) 개시성이라는 존재양식 자체는—우선은 그 파생적인 변화된 모양이 시야 속으로 들어옴으로써—진리구조의 이론적 설명을 이끌어 가게 된다.

진술과 그 구조, 즉 명제적인 '……으로서'는 해석과 그 구조, 곧 해석학적(解釋學的)인 '……으로서' 속에 기초를 두고 있으며, 나아가서는 바로 현존재의 개시성인 이해 속에 기초를 두고 있다. 진리는 이처럼 파생적 진술의 특징을 나타내는 규정으로 여겨지고 있다. 따라서 진술의 진리의 뿌리는, 소급해서 이해의 열어 보이는 속성에까지 이르러 있는 셈이다.[45] 그러므로 진술의 진리의 유래에 대한 이 같은 암시를 초월해 일치된 현상은, 파생된 현상일 것이라고 명료하게 제시되어야 할 것이다.

세계내부적 존재자 밑에서의 존재, 즉 배려는 발견적으로 존재한다. 그러나 현존재의 열어 보이는 속성에는 본질상 이야기가 속해 있다.[46] 현존재는 자기를 발언(發言)한다—존재자를 향해 있는 존재를 발견하고, 그 존재가 자기를 의

---

44) K. 라인하르트는 파르메니데스의 교훈시에서 두 부분의 연관에 대해 자주 논쟁되는 문제를 비로소 파악하고 해결했지만, 알레테이아(진리)와 독사(억측의 소견)의 연관에 있어서 존재론적인 기도와 그 필연성을 명료하게 제시하지는 않았다. 《파르메니데스와 그리스 철학사》 참조.

45) 본서 제33절 참조.

46) 본서 제34절 참조.

미한다고 말한다. 또 현존재가 자신을 그 같은 사물로서 발언하는 것은, 발견된 존재자와 관련해서이다. 존재자가 어떤 상태로 발견되어 있는가, 하는 점에서 진술은 그 존재자를 전달하게 되는 셈이다. 현존재는 전달된 내용을 들으면서, 언급된 존재자와 관련해 발견된 존재 속으로 자신을 인도한다. 발언된 진술은, 그 진술이 진술하고 있는 화제 속에 그 존재자의 피발견성을 지니고 있는 셈이다. 이 피발견성은 발언된 내용 속에 보존되어 있다. 발언된 내용은 이를테면 세계 속에서 하나의 도구적 존재자가 되며, 이것이 이야기로서 전승된다. 피발견성은 이 같은 이야기를 통한 보존을 근거로 하여 발휘된다. 도구적으로 존재하는 발언된 내용은 존재자와의 어떤 관련을 그 자체 속에 지니고 있는데, 존재자에 관한 그 진술이 바로 그때마다 발언된 내용으로서 관련성을 지니고 있는 것이다. 피발견성은 그때그때에 무엇인가 발견되고 있음을 의미한다. 남의 말을 전승하는 경우에도 전승하고 있는 현존재는 거론되고 있는 존재자 자체와 관련된 어떤 존재 속에 스스로 머문다. 그러나 그러한 현존재는 발견하는 일을 근원적으로 모방하는 일에서는 면제되었고, 또 면제된 것으로 생각한다.

현존재는 '원초적인' 경험을 통해 존재자 자체와 마주 보고 있을 필요는 없지만 그래도 여전히 존재자와 관련되는 어떤 존재 속에 머물러 있다. 피발견성(발견된 사실)은 대대적으로는 그때그때에 고유한 발견에 의해 자기 소유가 되는 것이 아니라, 발언된 내용을 듣고 전달함으로써 자기 소유가 되는 것이다. 발언된 내용 속으로의 몰입이 '사람들'의 존재양식이다. 발언된 내용은 진술 속에서 발견된 존재자와 관련되는 존재를 떠맡는다. 그러나 이 같은 존재자가 자신의 피발견성에 관해 명료하게 자기 소유가 되어야 한다면, 진술은 발견하는 진술로서 증명되어야 함을 의미한다. 하지만 발언된 진술은 하나의 손안의 존재자라고 할 수 있으며, 더구나 이 손안의 존재자는 피발견성을 보존하는 것으로서 발견된 존재자와의 어떤 관련을 자기 자체에 갖추고 있다. 발언된 진술이 현재 어떤 진리를 발견하고 있음을 증명한다면, 그것은 이제 곧 피발견성을 보존하는 진술이 존재자와 관련지어져 있음을 증명하는 일과 다름없게 된다. 진술은 하나의 손안의 존재자이다. 이 진술이 발견하는 존재자와 관련지어져 있는 존재자는, 세계내부적 손안의 존재자 혹은 눈앞의 존재자다. 이렇게 눈앞에 나타난 존재자와 관련되어 있다. 그러나 이 관련은 '진술 속에 보존되어 있는 피발견성이 그때마다 무엇인가에 대한 피발견성이다'라는 식으로 되어 있다. 판단은 '대상에 대해 타당한 무엇인가를 포함하고 있다'(칸트). 하지만 그 관련 자체가 여러 사물적 존재자들 사이의 어떤 관계로 변환됨에 따라서, 이제 그 자체가 눈앞의 존재성이라는 성격을 얻기에 이른다. 무엇인가 발견되고 있다는 것은, 발언된 진술이라는 하나의 눈앞의 존재자가 지금 거론되고 있는 존재자라는 사물적 존재자에게 적합해진다는, 즉 사물적으로 존재하면서 그 진술에 적합해진다는 결과가 된다. 또 이 같은 일치 적합성이 사물적 존재자들 사이의 관계로서 여겨지지 않고, 관계항의 존재양식이 사물적으로만 존재하는 것이라고 구별 없이 해석된다면, 그 경우의 관련은 두 사물적 존재자가 그저 단지 눈앞의 사물적 존재로서 일치한다고 자신을 표시하게 되는 셈이다.

발견된 존재자는 진술이 발언하고 있는 존재자와 함께, 세계내부적 손안의 존재자라는 존재양식 속으로 침입한다. 그런데 무엇이 발견되고 있다는 것으로서의, 그 같은 피발견성은 사물적 존재자와의 어떤 관련을 지속적으로 가지고 있는 한, 이 피발견성(진리) 그 자체로서는 눈앞의 존재자(지성적 사물)들 사이의, 눈앞에 존재하는 하나의 관계이다.

현존재가 스스로 열어 보이는 속성, 즉 현존재의 기초 지어진 피발견성이라는 실존론적 현상은 아직 (사물과의) 관련이라는 성격을 자체 속에 지니고 있는 고유성이긴 하지만, 사물적으로 존재하는 고유성이 되어버린다. 그래서 이 같은 고유성의 존재로서 사물적으로 존재하는 하나의 관계라는 형태로 분열되고 만다. 개시성으로서의 진리, 또는 발견된 존재자와 관련된 발견을 하는 존재로서의 진리가 참인 진리가 된다. 세계내부적 사물적 존재자 사이의 일치로서의 진리가 된다. 이렇게 해서 전통적 진리개념의 존재론적 파생성이 제시된다.

실존론적·존재론적 기초 설정의 각 연관의 순서에서 맨 끝이 되는 단서가, 존재적·사실적으로는 최초이자 가장 친근한 사실로 여겨지고 있다. 그러나 이 같은 사실은 필연적으로 역시 현존재라는 존재양식 자체 속에 근거를 두고 있다. 현존재는 배려적으로 마음 쓰면서 세계 속에 몰입할 때, 세계내부적으로 존재하는 사물에 의거해서 자신을 이해한다. 발견된 사실로서 여겨지는 피발견성(발견되는 사실)은, 먼저 세계내부적으로는 밖으로 발언된 내용 속에서 발견된다. 하지만 진리만이 눈앞의 것으로서 만나게 되는 것이 아니라, 존재이해 일반이 우선은 모든 존재자를 눈앞의 존재자로서 이해하고 있다. 가장 먼저 존재적으로 만나는 '진리'에 대한 즉각적인 존재론적 성찰(省察)에서는, 로고스(진술)를 로고스 티노스(무엇에 관한 진술, 무엇인가의 피발견성)로서 이해하고 있는데, 이 진리라는 현상을 눈앞의 존재자로서 가능한 눈앞의 존재성에 의해 해석한다. 그러나 이 눈앞의 존재성은 본래 존재의미와 동일시되기 때문에, 과연 진리의 이 같은 존재양식과 가장 가까이 만나게 되는 구조가 근원적 구조냐 아니냐 하는 물음은 처음부터 활발해질 수는 없는 것이다. 우선 현존재의 존재이해(현존재가 자신의 존재를 위해 정한 자기규정)가 지배적이며, 오늘날에도 원칙적으로 뚜렷하게 극복되지 못했으므로 스스로 진리의 근원적 현상을 은폐하고 있다.

하지만 동시에 이 같은 가장 친근한 존재이해를 최초로 학문적으로 형성하고 지배한 그리스인들 사이에서는, 전(前) 존재론적(현상적) 진리의 근원적 이해가 활발했었으며, 그뿐만 아니라 그들의 존재론에 잠재해 있는 은폐경향에 거역하면서조차―적어도 아리스토텔레스에게는―자기를 스스로 주장했다는 점을 지나쳐서는 안 된다.[47)]

아리스토텔레스는 진리가 근원적으로 있을 '자리'는 판단이라는 테제를 결코 주장하지 않았다. 차라리 그는 "로고스야말로 현존재의 존재양식이며, 이 양식은 발견적 또는 은폐적일 수 있다"고 말했다. 이 이중 가능성이 로고스의 참인 것에 대한 특징이며, 로고스란 이야기를 하되 은폐적일 수도 있는 작용이다. 그리고 아리스토텔레스는 이 테제를 주장한 적이 없었으므로 로고스(이성적 이야기)의 진리개념을 순수한 노에인($\nu o \varepsilon \hat{\iota} \nu$), 즉 사색하는 일로 확대하는 입장에 이르지도 않았다. 감각적 지각과 '여러 관념'을 보는 '진리'가 바로 근원적 발견을 하는 작용이다. 그리고 사고(思考)가 일차적으로 발견하기 때문에 인식작용으로서의 로고스도 발견 기능을 가질 수 있게 된다.

진리가 있을 진정한 '장소'는 판단이라고 하는 테제는, 이를 위해 부당하게

---

47) 《니코마코스 윤리학》 제6권 및 《형이상학》 제9권 제10장 참조.

도 아리스토텔레스를 끌어들였을 뿐만 아니라, 그 내용에 있어서도 진리구조를 잘못 보고 있다. 진술은 진리의 제일의적(第一義的) '장소가 아니라, 그 반대로 피발견성을 자기 것으로 만드는 양상으로서, 또 세계-내-존재의 양식으로서 발견작용을 하거나 또는 현존재의 열어 보이는 속성을 근거로 진술할 수 있다. 가장 근원적인 '진리'가 바로 진술의 '장소'이며, 진술이 참일 수도 거짓일 수도—발견적일 수도 은폐적일 수도—있음이 (존재)가능성의 존재론적 조건이다.

가장 근원적 의미로 해석된 진리는 현존재의 근본기구에 속해 있는 한편, 진리라는 이 명칭은 하나의 실존범주를 가리킨다. 이렇게 해서 진리의 존재양식에 대한 물음과 '진리는 (현상적으로) 존재한다'고 전제하는 필연성의 의미에 대한 물음에 답할, 해답의 밑그림은 이미 그려져 있는 셈이다.

C. 진리의 존재양식과 진리의 그 전제

현존재는 개시성에 의해 구성되어 있으므로, 본질상 진리 안에 존재하고 있다. 개시성은 현존재의 본질적 존재양식이다. 진리는 현존재가 존재하고 있는 한에서만, 또 그런 동안에만 '존재한다.' 존재자는 대체로 현존재가 존재하고 있는 동안에만 발견되며 개시된다. 뉴턴의 법칙이라든지 모순원리 같은 모든 진리 일반이 참인 것은 현존재가 존재하고 있는 동안뿐이다. 현존재가 존재하기 이전과, 또 현존재가 근본적으로 이미 존재하지 않게 될 이후에는, 어떠한 진리도 존재하지 않았으며 또 존재하지 않을 것이다. 왜냐하면 진리란 곧 열어 보이는 속성이자 그 발견이며, 또 피발견성으로서 그같이 현존재가 부재인 경우에는 존재할 수 없기 때문이다. 뉴턴의 법칙들이 발견되기 전에는 그러한 법칙들은 '참'이 아니었다. 그렇다고 해서 그것들은 거짓이었다든가, 더욱이 어떤 피발견성도 존재적으로 이미 가능하지 않을 경우엔 거짓이 될 것이라든가, 같은 결론을 내릴 수는 없다. 그와 마찬가지로, 위의 '제한' 가운데에는 '여러 진리'가 참이라는 사실을 축소할 이유가 있을 수 없다.

뉴턴의 법칙이 그 이전에는 참도 거짓도 아니었다고 할 때, 그러한 법칙들이 발견적으로 제시하고 있는 존재자가 이전에는 존재하지 않았다는 것을 의미할 수는 없다. 그러한 법칙들은 뉴턴을 통해 참이 되었고, 그러한 법칙들과 함께 존재자가 현존재를 위해 스스로 접근할 수 있는 것이 된 셈이다. 존재자가 발견되어 있다면, 그것은 그 존재자가 바로 이전에도 이미 존재했던 존재자라고 자기를 스스로 표시하는 것이다. 이렇게 발견하는 것이 바로 진리의 존재양식이다.

'영원한 진리'가 존재한다는 것은 영원히 현존재가 존재해 있었고, 또한 영원히 존재할 것이라는 점이 성공적으로 증명되었을 경우에 비로소 충분히 입증될 것이다. 이 증명이 이루어지지 않는 한, 이 명제는 공상적 주장에 그친다. 철학자들이 흔히 믿었다고 해서 그 주장이 정당화되는 것은 아니다.

모든 진리는 본질적 현존재에 적합한 존재방식으로서, 현존재의 (세계 속) 존재에 대해 상대적이다. 이 상대성이란, 모든 진리는 '주관적'이라는 말과 같은 뜻일까? '주관적'을 '주관대로 한다'고 해석한다면, 결코 그렇지는 않다. 왜냐하면 발견한다는 것은 그 가장 고유한 의미에 따르면, 진술을 '주관적' 자의(恣意)로부터 떼어내서 발견하는 현존재를 존재자 자체 앞에 직면시키기 때문이다. 또 본질적으로 '진리'는 발견하는 속성으로서 그 속성이 또한 현존재의 한 존재양식이기 때문에, 진리는 현존재의 자의로부터 독립해서 존재할 수 있다. 진리의 '보편타당성'도, 현존재가 존재자를 그 존재자 자신 그대로를 발견하고서 독립시켜 넘겨줄 수 있다는 데에 근거를 두고 있다. 오로지 이런 식으로만, 존재하는 자는 자기에 대한 모든 가능한 진술, 즉 제시를 자기 자신에게 결부시킬 수 있다. 그런데 옳게 해석된 진리는 존재적으로는(현존재로부터 옳게 독립한 존재의) '주관' 속에서만 가능하며 주관의 존재와 운명을 함께한다고 말한다면, 옳은 진리가 조금이라도 손상당하는 것일까?

한편 실존론적으로 파악된 진리의 존재양식에 입각해서 이제 '진리를 전제한다'는 의미도 이해된다. 왜 우리는 진리가 주어져 있다고 전제할 수밖에 없는가? '전제한다'는 것은 무엇을 의미하는가? 이 물음에서 '할 수밖에 없다'느니 '우리'라느니 하는 말은 무엇을 가리키는 것인가? '진리가 존재한다'는 것은 무엇을 의미하는가? '우리'가 진리를 전제하는 것은 '우리'가 현존재라는 존재방식으로 존재하면서 '진리 안에' 존재하고 있기 때문이다. 우리는 진리를 우리 '밖'이나 우리를 '넘어서 있는' 어떤 것으로서 전제하지 않는다. 그런 것들에 대해서는 우리는 '다른 가치들'을 대하는 것과 같은 태도를 취하는 것이다. 우리가 진리 자체를 전제하는 것이 아니라 진리가 우리로 하여금 어떤 것을 전제하는 자로서 있을 수 있도록, 그렇게 존재론적으로 일반적으로 가능하게 하는 것이다.

'전제한다'는 것은 무엇을 의미하는가? 그것은 어떤 사물이 다른 어떤 존재자의 존재의 근거로서 이해하는 것이다. 그렇게 존재자를 그 존재연관 속에서 이해하는 것은 개시성, 즉 '현존재가 발견적 존재'임을 근거로 해서만 가능하다. 그렇다면 진리를 전제한다는 것은, 그 진리 때문에 현존재가 존재자로서 자기를 이해하고자 하는 것을 의미한다. 현존재는—이것은 관심으로서의 존재기구에 속해 있다—그때마다 이미 자기를 앞질러 존재한다. 현존재는 자기존재에 있어서 가장 자기적인 존재가능성에 관련해 존재한다. 세계–내–존재로서의 현존재의 존재와 존재가능성은 본질상 개시성과 발견하는 작용을 지니고 있다. 현존재에게 문제되는 것은 자신의 세계–내–존재로서의 존재가능성이며, 그 속에서 (현존재는) 주변을 둘러보고 세계내부적 존재자를 발견하면서 배려한다. 관심으로서의 현존재의 존재기구 속에는, 즉 자기를 앞질러서 존재한다는 일에는 가장 근원적 '전제성(前提性)'이 잠재해 있다. 현존재의 존재에는 이러한 자신을 앞서는 전제성(자신의 현존재로부터의 존재적 자기규정)이 속해 있기 때문에, '우리'도 우리를 개시성에 의해 규정된 자로서 전제하지 않을 수 없다. 현존재의 존재 속에 잠재해 있는 이러한 '전제성'은, 그 밖에 존재하는 현존재적이지 않은 다른 존재자에 대한 태도가 아니라, 오로지 현존재 자신에 대한 태도이다. 전제된 진리 내지는 진리의 존재를 규정하고 있어야 할 그 '주어져 있음'은 현존재 자체의 존재양식 또는 존재의미를 지니고 있다. 진리 전제는 '우리'의 존재를 우리가 세계 속에 표출하기 전에 이미 (우리의 현존재 속에) '행해져' 존재하므로 우리가 진리 전제를 '행해야만' 한다.

반드시 진리가 전제되어야 한다. 진리는 현존재의 열어 보이는 속성으로서 존재할 수밖에 없다. 이는 현존재 자체가 반드시 있어야만 하는 것과 마찬가지이다. 현존재는 과연 스스로가 '현존재'라는 상태가 되기를 바랐는지 어떤지를, 그때마다 자기 스스로 자유롭게 결정한 적이 있는가? 또 언제 결단하기에 이를 것인가? 왜 현존재의 존재자는 발견되어 있어야 하는가? 왜 진리와 현존재가 존재할 수밖에 없는가? 이러한 물음들은 그 자체로서는 전혀 통찰할 수가 없다. '진리'의 존재 또는 (진리의) 인식가능성을 부인하는 회의주의(懷疑主義)에 대한 통례적인 논박은 흐지부지되고 말았다. 그것은 (진리의 존재나 그 인식가능성은 분명히 있다고 한) 이 논박이 형식적 논거에 의해 표시된 근거, 판단에 앞서 언제나 진리는 전제되어 있다고 생각한 데에 있다. 이는 진술에는 '진리'가 속해 있다는 점, 그리고 (진술에 의한) 제시는 그 의미로 말하면 하나의 발견이라는 점을 시사한다. 그 경우 명료화되지 않는 것은 왜인가, 즉 진술과 진리의 필연적인 존재연관의 존재론적 근거는 어디에 잠재해 있는가, 하는 점이다. 마찬가지로 진리의 존재양식도, 전제의 의미도, 현존재 자체 속에 있는 전제성의 존재론적 기초의 의미도 완전히 밝혀지지 않은 채 방치되어 있다. 게다가 아무도 판단을 내리지 않을 경우에조차, 적어도 현존재가 존재하고 있는 한은 진리가 이미 전제되어 있다는 사실이 간과되어 있다.

(진리의 존재나 그 인식가능성이 없다고 말하는) 회의론자가 논박당할 수 없는 까닭은 진리의 존재가 '증명'될 수 없다는 데에 있다. 회의론자가 진리의 부정이라는 방식으로 현사실적으로 존재하고 있을 경우에는, 그는 논박당할 필요조차 없다. 회의론자가 존재해 있고 게다가 진리의 부정이라는 존재로서 있는 자신을 이미 이해하고 있는 이상, 그는 자살의 절망 속에서 현존재를 진리와 함께 말살해 버린 것이다. 진리는 그 필연성으로서는 증명될 수가 없다. 왜냐하면 현존재는 자기 자신을 위해서 새삼스럽게 입증 같은 것 따위를 할 수 없기 때문이다. '영원한 진리'가 충분히 입증되지 않은 채로도 존재하는 것과 마찬가지로, '진정한' 회의론자라는 것은 결코 '있었던' 적이 없다는 것—이것은 회의론에 대한 여러 논박에도 불구하고 근본적으로는 회의론자란 결코 없다고 믿어지고 있는 일이지만—이 점도 충분히 입증되지 않고 있다. '회의론'을 형식적·변증법적(辨證法的)으로 기습하려 했다가 결국 순진하게 승인할지도 모르는 경우보다도, 아마 훨씬 더 흔하게 회의론자가 있었을지도 모른다. 그래서 (이렇게 회의론자들이 흔할 경우에) 일반적으로 진리의 존재와 진리를 전제할 필연성을 규명할 때에는, 인식의 본질을 물을 때와 마찬가지로, 어떤 '관념적 주관'이 단서로서 설정된다. 진리의 단서가 명료해야 하는 동기, 또는 은밀한 동기는 정당한 요구임에도 불구하고 일단은 존재론적으로 근거가 되어야 한다는 요구 속에 잠재해 있다. 즉 철학의 주제는 '아프리오리한(선험적인) 것'이지 '경

험적 사실'은 아니라는 요구 속에 놓여 있다. 그러나 이러한 요구를 '관념적 주관'이라는 계기로 만족시킬 수 있을까? 그것은 어떤 공상적으로 관념화된 주관이 아닐까? 그 같은 주관의 개념으로는 오직 '사실적' 주관, 곧 현존재의 아프리오리한 것은 놓치게 되는 것이 아닐까? 사실적 주관의 아프리오리한 것에는, 다시 말하면 현존재의 사실성에는 현존재가 등근원적으로 진리의 안과 비진리의 안에 존재하고 있다는 자기규정성이 속해 있지 않을까?

'순수자아(純粹自我)'나 '의식일반(意識一般)' 같은 이념에는 '현실적' 주관성의 아프리오리한 것이 들어 있지 않다. 그뿐 아니라 그러한 이념은 현존재의 사실성과 존재기구의 존재론적 성격을 흘려 버리거나 또는 처음부터 알아채려 하지도 않는다. '의식일반'에 대한 거절이 곧 아프리오리한 것에 대한 부정은 아니다. 이는 관념화된 주관이라는 것을 계기로 삼음이 곧 현존재의 사상적 근거인 아프리오리한 성격을 보증하지는 않음과 같다.

'영원한 진리'를 주장함은, 현존재의—현상적 근거인—'관념성'을 관념화된 절대적 주관과 혼동하는 것과 같이, 철학적 문제성의 내부에서 아직도 철저하게 추방되지 못한 그리스도교 신학의 잔재에 속한다.

진리의 존재는 현존재와 근원적으로 연관되어 있다. 또한 현존재는 개시성에 의해 존재하고 있다. 바꾸어 말하면 이해로 구성된 것으로서만 존재하므로, 일반적으로 이해될 수 있으며 존재이해가 가능해진다.

진리가 존재하는 한에서만, 존재는—존재자가 아니라—'존재한다.' 그리고 현존재가 존재하는 한에서만, 또 그 동안에만 진리는 존재한다. 존재와 진리는 등근원적으로 '존재한다.' 존재는 또한 모든 존재자로부터 구별되어야 함에도 불구하고, 존재가 '존재한다'는 것은 무엇을 의미하는가는 존재의미와 존재이해의 범위가 해명되었을 때에야 비로소 구체적으로 물어볼 수가 있다. 그때서야 비로소 '존재 그것에 대한' 학문이라는 개념에, 즉 존재의 모든 가능성이자 모든 변화에 대한 학문이라는 개념에 무엇이 속하는지도 근원적으로 밝혀 낼 수 있다. 이 같은 연구(존재의미와 존재이해[자기규정]에 대한 연구)와 그 진리가 한정될 때, '존재자를' 발견하는 일로서의 연구도, 또 그러한 연구의 진리도 존재론적으로 규정될 수 있을 것이다.

존재의미에 대한 해답은 아직 끝나지 않았다. 이제까지 수행된 현존재의 기초적 분석은 지금 꺼낸 물음을 완성하기 위해 무엇을 준비했든지 관심이라는 현상에서 밝힘으로써, 존재이해가 속해 있는 존재자의 존재기구가 관심과 관련되어 있음이 분명히 밝혀졌다. 이것에 의해 현존재의 존재는 현존재가 아닌 존재자를 특징짓게 하는 여러 존재양태—손안의 존재성, 눈앞의 존재성, 실재성—로부터 한계가 그어졌다. 이해 자체가 (현존재의 존재에 관련되어 있음이) 분명해진 셈인데, 이로써 존재해석의 이해적·해석적 취급의 방법적인 전망도 보증된 셈이다.

　관심이라는 단서를 통해 현존재의 근원적 존재기구가 무엇인지를 이해하게 되었다면, 이를 근거로 관심 속에 잠재해 있는 존재이해도 개념화시켰어야 할 것이다. 바꾸어 말하면 존재라는 의미에 한계가 세워져야 한다. 그러나 관심이라는 현상에 의해 현존재의 가장 근원적인 실존론적·존재론적 기구가 열어보여져 '존재하고 있는' 것일까? 관심이라는 현상 속에 놓여 있는 구조적 다양성은 현사실적 현존재의 존재에 대해, 가장 근원적인 전체성을 부여하는 것일까? 이제까지의 조사 연구는 과연 현존재를 '전체로서의' 시야 속에 끌어넣고 있었던 것일까?

제2편
현존재와 시간성

45 현존재의 예비 기초분석 성과 및 이 존재자에 대한 근원적인 실존론적 철학 해석의 과제

지금까지 현존재에 대한 예비적 분석을 해왔다. 이를 통해 우리는 무엇을 얻었고, 또 무엇을 밝히려 하는가? 우리가 발견한 것은 주제인 존재자의 근본구조, 즉 존재자란 세계–내–존재가 될 수 있는 가능적 구조를 지니고 있다는 사실이며, 이 세계–내–존재가 본질상 지니고 있는 여러 구조의 핵심은 개시성(열어 보이는 성질)에 있다는 점이다. 또 이 구조는 전체성(세계전체에 관련된 보편적·전체적 구조)으로 되어 있으며, 관심이라는 형태로 드러난다. 관심 속에 현존재의 존재가 포함되어 있는 것이다. 우리가 이러한 존재를 분석하기 위한 길잡이로 삼았던 것은 무엇인가? 그것은 바로 현존재의 본질이다. 다시 말해 미리 규정되어 가능적으로 존재해 있었던 본질의 '실존'이다.[1]

실존이라는 명칭이 형식적으로 가리키는 것은, 현존재가 그 자신의 존재에 있어서 그 존재 자체와 관련해 포괄적인 존재가능(存在可能)으로서 존재한다는 점이다. 이 존재자는 그런 방식으로 존재하면서, 동시에 늘 자기 자신으로 존재한다. 우리는 관심이라는 현상을 뚜렷이 밝힘으로써, 실존의 구체적인 연관구조, 곧 실존이 현존재의 현사실성 및 퇴락(頹落)과 근본적으로 연관되어 있음을 깨닫게 되었다.

우리의 목표는, 존재 전반의 의미에 대한 물음에 대답하고, 또한 답하기 전에 모든 존재론의 기본 문제를 근본적으로 개발하는 가능성을 얻는 일이다. 그런데 애초에 존재라는 것을 이해할 수 있는 새로운 지평을 개척하는 일은

---

1) 본서 제9절 참조.

곧 존재를 이해할 수 있게 하는 전반적 가능성을 해명하는 일이다. 이 존재이해라는 것 자체는 우리가 현존재라 부르는 존재자에게 속해 있는 요소이다.[2) 존재이해가 현존재의 본질적 존재 요소인 한, 존재자는 자신의 존재 안에 존재이해라는 요소를 끌어안고 있는 셈이다. 그러므로 존재자 자체의 존재부터 근원적으로 해석해 놓아야만 비로소 존재이해를 근본적으로 해명할 수 있다.

우리는 현존재란 존재론적으로 관심으로서 존재한다고 규정지어 보았다. 그런데 이것을 과연 존재자를 근원적으로 해석한 결과라고 봐도 되는 것일까? 현존재의 실존론적 분석론을 심사할 때는 대체 무엇을 기준으로 그것이 근원적이냐 아니냐를 따져야 한단 말인가? 애당초 존재론적 해석의 '근원성(根源性)'이란 무엇인가?

존재론적 탐구는 곧 모든 사물현상들에 대한 하나의 해석이다. 해석이란 이미 밝힌 바와 같이, 어떤 이해를 개발해 사물의 이치를 깨닫는 행위다.[3) 모든 해석에는 저마다 예지(豫持), 예시(豫視), 예파(豫把)가 필요하다. 다시 말해서 해석을 하려면 무언가를 미리 가지고, 봐두고, 마련해 놓아야 한다. 우리는 이런 '전제조건'을 통틀어 '해석학적 상황'이라고 부른다. 어떤 연구의 명확한 과제를 철학적으로 해석할 때, 그 해석학적 상황은 연구 대상과 관련된 근본적 경험에 입각해서 미리 분명하게 정립되어 있어야 한다. 우리는 존재론적 해석을 할 때, 존재자의 고유한 존재구조에 착안해 그 존재를 밝혀내야 한다. 그러므로 주제인 존재자의 현상적 성격, 즉 '미리 가지고 있는' 성격을 준비하고, 그에 따라 한 걸음 한 걸음씩 분석해 나가야 한다. 그와 함께 우리는 그 존재자의 존재양상과 관련해 '미리 보아둔' 등불을 따라 분석을 해야 한다. 그러면 '미리 확보하는 일'과 '미리 보아두는 일'을 통해 밝혀질 존재구조를 받아들일 만한 개념조직, 곧 '미리 마련해 놓은' 틀도 차츰 분명해지고 튼튼해질 것이다.

그러나 존재론적 해석을 근원적으로 수행하기 위해서는 현상적 사태만 바탕으로 해석학적 상황을 확정하는 것만으로는 불충분하다. 근원적 해석을 하려면, 주관적 존재자의 '전체'가 모두 미리 확보되었는지를 제대로 확인해 둬야만 한다. 또 그 존재자의 존재를 현상에 의거해 그려보는 것만으로는 부족하

---

2) 본서 제6절, 제21절, 제43절 참조.
3) 본서 제32절 참조.

다. 우리가 그 존재에 대해 '미리 보아둔' 사실들이, 그 존재에게 갖춰진 온갖 구조계기(契機)의 통일성이라는 관점에서 그 존재와 딱 들어맞아야 한다. 이런 조건이 갖춰져야만 그 전체적 존재자의, 존재 전체의 통일성의 의미에 관한 물음이 현상적으로도 정확함이 증명된다. 우리는 이러한 상황에서 비로소 해답을 얻을 수 있다.

우리가 이제까지 수행한 현존재의 실존론적 분석은 어떠했는가? 그것은 기초적인 존재론에서 필요한 근원성을 보증하는 해석학적 상황에서 비롯되었는가? 지금까지 얻은 성과('현존재의 존재는 관심이다')를 바탕으로, 이 구조 전체의 근원적 통일성에 대한 물음을 던져도 되겠는가?

지금까지 우리의 존재론적 고찰을 이끌어 오던 '미리 보아둔다'는 일의 정체는 대체 무엇이었을까? 우리는 실존의 이념을 규정하고, 그 규정을 우리 존재 자체와 관련된 포괄적 존재가능성으로서 생각해 왔다. 그런데 이 가능성이 각자 자기 자신으로서 존재한다는 점에서, 우리의 해석은 (본질적 현존재로부터의) 본래성이나 비본래성, 또는 양자의 형태적 무차별이라는 방향으로 자유롭게 열려 있다.[4] 이제까지의 해석은 평균적 일상성을 바탕으로 실시되었으므로, 결국 지금 단계에서는 (현존재와의 연계가 끊겨) 본래적이지 못하거나 무차별적인 (사물현상 그대로인) 실존분석에 지나지 않다. 물론 우리는 이런 방법으로나마 실존의 실존성을 구체적으로 규정할 수 있었다. 그러나 우리가 규정한 실존구조의 존재론적 성격은, 하나의 본질적 결함을 지닌 채 제자리걸음을 하고 있다. 실존이란 존재가능한 존재성이긴 하지만, 본래적 성격을 잃지 않은 존재가능이기도 하다. 본래적 존재가능의 실존론적 구조가 실존의 이념에 포함되지 않는 한, '실존론적' 해석을 이끌어 가는 예시(豫視) 자체의 근원성이 부족한 셈이다.

그럼 지금까지의 해석학적 상황 중에서 '미리 확보한다'는 일은 어떠했는가? 우리가 했던 실존론적 분석은 일상성에서 비롯되었다. 그런데 그 분석이 전체적인 현존재—그 존재자의 처음부터 끝까지의 모습—를 현상학적 시야 속에 확실히 인식한 채 주제를 제시했다는 사실을, 우리는 대체 언제 어떤 식으로

---

4) 본서 제9절 참조.

확인했단 말인가? 하기야 우리는 관심이 현존재를 구성하는 구조 전체의 전체성이라는 점을 주장하기는 했다.[5] 그러나 우리가 해석을 일상성에서 시작하던 그 순간, 우리는 현존재를 전체로서 인식하는 가능성 자체를 포기해 버린 것은 아닐까? 왜냐하면 일상성이란 탄생과 죽음 '사이'의 존재에 지나지 않기 때문이다. 여기서 실존이 현존재의 존재를 규정하며, 그 실존의 본질에 존재가능의 계기가 속해 있다고 가정해 보자. 그렇다면 현존재는 실존하는 동안 언제까지나 존재가능이라는 상태에 머무를 것이다. 즉 무언가가 되지 못하는 것이다. 실존이 본질을 이루는 이 존재자는, 자신을 전체적 존재자로 보려는 시도를 본질적으로 거부한다. 현재 우리의 해석학적 상황을 보자면 전체적 존재자를 지녔는지 여부를 확인하지 않았을 뿐 아니라, 애초에 그런 존재자를 지닐수 있는지 없는지조차 모르고 있는 상황이다. 결국 현존재의 근원적인 존재론적 해석은, 바로 이 주제적 존재자 자체의 존재양상에 부딪쳐서 좌절될지도 모를 문제다.

어쨌든 한 가지는 이론의 여지가 없다. 우리가 지금까지 해왔던, 현존재의 실존론적 분석으로는 근원성에 대한 권리를 주장할 수 없다. 지금까지 사용되었던 '미리 확보한' 사물현상들은, 어디까지나 현존재의 비본래적 요소에 지나지 않았다. 게다가 전체적이지 못하기까지 했다. 현존재의 세계 속 존재를 해석해 그것을 존재론의 근본적 문제 개발 기초로 삼으려면 근원적인 해석을 해야 한다. 그러기 위해서는 무엇보다 먼저 현존재의 존재를 그 가능한 본래성과 전체성에 있어 실존론적으로 살펴보아야만 한다.

과제는 이제 분명해졌다. 현존재를 전체적인 것으로서 '미리 확보해' 두어야 한다. 그러나 이 과제를 해결하려면, 이 존재자가 애초에 전체적으로 존재할 수 있는지부터 따져보아야 한다. 현존재가 존재하는 동안에는, 현존재 자신은 앞으로 존재할 수도 있는 무언가가 되지 못한다. 또 이윽고 존재할 무언가가 영원히 되지 못하는 상태를 유지한다. 그와 마찬가지로, 현존재의 '종말'도 영원히 이루어지지 못한다. 세계-내-존재의 종말이란 곧 죽음인데, 죽음이라는이 종말은 존재가능—실존—속에 있던 종말로서, 현존재에게 가능한 전체

---

5) 본서 제41절 참조.

성은 이 종말(그 전체성 속에 속했던 하나의 세계 속 존재의 종말)에 의해 제한되며 규정된다. 그런데 현존재도 죽음을 통해 종말에 다다르며, 이로 말미암아 하나의 전체로서 존재한다고 생각해 볼 수 있다. 현재 문제가 되고 있는 '전체 존재(세계 속 전체존재)의 가능성'에 위의 생각(현존재적 죽음의 전체성, 보편성)을 적용할 수는 없을까? 하지만 그러기 위해서는 먼저 죽음에 대한 존재론적 개념, 즉 죽음의 실존론적 개념을 알아두어야 한다. 그러나 죽음을 현존재에 비추어 생각해 보면, 사실상 죽음에 임하는 실존적 존재에게만 '죽음'이 존재한다. 그리고 이 죽음에 임하는 존재의 실존론적 구조야말로, 실은 현존재의 전체적 존재가능을 입증하는 존재론적 구성일 뿐이다. 이 방법을 통해 우리는 전체적으로 실존하는 현존재를, 우리가 미리 확보해 둘 실존론적 자료 속에 끌어들일 수 있다. 그런데 현존재는 본래적 상태일 때에도 전체적인 모습으로 실존할 수 있을까? 본래적 실존을 규정하지 않고 대체 무슨 수로 실존의 본래성을 규정한단 말인가? 게다가 본래적 실존을 판별할 기준을 어디에서 구해야 한단 말인가? 본래적 실존이라는 것은, (눈앞의 것을 보는) 존재적 입장에서 '그것이 바로 현존재'라고 억지로 밀어붙이거나 존재론적 입장에서 날조할 만한 것이 아니다. 만약 그렇다면 그것은 명확하게 현존재 스스로 자신의 존재를 통해, 자신의 본래적 실존가능성과 양상을 드러낼 것이다. 이러한 본래적 존재가능을 증명하는 것이 바로 양심(良心)이다. 죽음과 마찬가지로 양심이라는 현존재의 현상 역시, 진정한 실존론적 관점(진정한, 즉 실존론적 세계 속 존재의 관점)에서 해석되어야 할 것이다. 이 해석을 통해 우리는 현존재의 본래적 존재가능은 '양심을 가지려는 의지'에서 스스로 확인할 수 있음을 알 수 있다. 더구나 이 실존적 가능성은 그 고유의 존재의미에 비추어 볼 때, 죽음에 임하는 존재(인간 존재)를 통해 실존적으로 규정되고자 하는 방향성을 지니고 있다.

현존재의 '본래적 전체가 존재가능함'을 분명하게 제시한다면, 그것은 곧 우리의 실존론적 분석론이 현존재의 세계 속 존재의 근원적 구성을 확실히 설명할 수 있음을 확인하는 행위이다. 또 그와 함께 그 본래적 전체 존재가능이 관심의 한 형태라는 점도 분명해진다. 현존재의 존재의미를 근원적으로 해석하고자 하는 우리는, 이렇게 해서(죽음이나 양심 등의 인간적 현상을 실존론적 입장에서, 즉 그런 현상들 이전의 본질적 현존재로 소급해 해석해 봄으로써) 이 해석에 필요한 현상적 토대를 마침내 확보한 셈이다.

그런데 현존재의 실존성을 근원적이고도 존재론적으로 증명하는 근거는 바로 '시간성(時間性)'이다. 다시 말해 현존재의 존재가 관심으로서—앞서 설명한 바와 같이—분절된 형태로 구조적 전체성을 지닌다는 것은, 시간성을 바탕으로 생각해야만 비로소 실존론적으로 이해할 수 있다. 그러나 현존재의 존재의미를 해석하려면 위 사실을 입증하는 데에 그쳐서는 안 된다. 이 존재자의 실존론적·시간적 분석은 구체적인 검증을 받아야 한다. 우리는 지금까지 밝혀낸 현존재의 존재론적 구조로 되돌아가, 각각에 시간적 의미를 부여해 한눈에 보이도록 해야만 한다. 이를 통해 우리는 일상성이 사실은 시간성의 모습을 지닌다는 것을 깨달을 수 있다. 그리고 반대로 현존재의 예비적 기초 분석을 되풀이함으로써 시간성의 현상 자체도 보다 분명해진다. 더 나아가 우리는 시간성을 바탕으로 현존재가 존재 근거에 있어서 역사적임을 깨닫고, 그것이 역사적일 수 있는 이유도 이해할 수 있다. 또 현존재가 '역사적으로 존재하기 때문에' 역사의식이 형성될 수 있다는 점도 이해하게 된다.

시간성이 현존재의 근원적 존재의미라고 한다면, 그리고 이 존재자가 '자신의 존재 자체에' 관련되어 있다면 관심은 '시간'을 필요로 한다. 따라서 시간을 고려할 수밖에 없다. 현존재의 시간성 때문에 '시간 계산'이 발달되고, 그 발달 과정에서 경험되는 시간은 우리가 볼 수 있는 시간성의 가장 친근한 현상적 형태이다. 이를 통해 우리는 일상적·통속적으로 시간을 이해한다. 그리고 이 이해가 더욱 발전되어 전통적 시간개념이 된다.

세계내부에 존재하는 모든 사물현상들은 '시간 속'에서 나타난다고 한다. 이런 의미에서의 시간, 곧 시간내부성(時間內部性, 모든 것이 시간 속에 존재함)에서 시간의 근원을 해명해 보면, 시간성이 본질적으로 성숙해 시간화될 가능성으로서 있는 가능적 시간 가운데 하나가 분명하게 드러난다. 이는 시간성의 보다 근원적인 성숙한 시간화를 이해하기 위한 준비 과정이다. 현존재의 존재를 구성하는 존재이해는 이 근원적이고 성숙한 시간화에 근거를 두고 있다. 이처럼 존재 전반적 의미를 세계 속에 기투하는 일은, 시간을 바탕으로 수행된다.

따라서 본편에서는 다음과 같은 단계를 거쳐 근본적 탐구를 할 것이다.

현존재의 가능한 전체존재와 죽음을 맞는 존재(제1장).

본래적 존재가능의 현존재적 증명과 결의성(제2장).

현존재의 본래적 전체존재가능성과, 관심의 존재론적 의미로서의 시간성(제3장).

시간성과 일상성(제4장).

시간성과 역사성(제5장).

시간성과 통속적 시간개념 근원으로서의 시간내부성(제6장).[6]

---

6) 19세기에 키에르케고르는 실존의 문제를 실존적인 문제로서 명확하게 포착해 철저한 고찰을 가했다. 그러나 실존론적 문제성은 그에게는 낯선 것이었기 때문에 그는 존재론적 관점에서, 말하자면 헤겔 및 헤겔을 통해서 볼 수 있었던 고대철학의 지배 밑에 전면적으로 서 있다. 그러므로 키에르케고르의 이론적 여러 저작보다도 '교화적(敎化的)'인 여러 저술에서 철학적으로 배울 만한 것이 많다고 하겠다. 다만 《불안의 개념》에 관한 논술은 예외이다.

제1장
현존재의 가능한 전체존재와 죽음을 맞는 존재

46 현존재적 전체존재를 존재론적으로 파악 규정하는 행위의 표면적 불가능성

우리는 지금까지 해왔던 현존재의 분석에서 파생된 해석학적 상황의 불충분한 점을 극복해야 한다. 전체적 현존재를 '미리 확보하는' 자료에 포함시켜야 하며, 이를 위해서는 실존하는 존재로서의 이 존재자에게, 처음부터 전체존재로서 접근할 수 있는지를 먼저 살펴봐야 한다. 현존재 자체의 존재 구성에 잠재된 여러 가지 유력한 근거로 보건대, 우리에게 필요한 미리 가질 자료를 현존재로부터 얻기란 불가능한 듯싶다.

현존재의 구조 전체에서 전체성을 형성하는 것은 관심이다. 그런데 이 관심의 존재론적 의미는, 이 존재자의 전체존재라는 것과 분명하게 모순된다. 왜냐하면 관심의 일차적 계기인 '자기를 앞지르는' 것에 따르면, 현존재는 언제나 자기 자신이라는 목적을 위해 존재하기 때문이다. 현존재는 현존재로서 존재하는 한, (본래성을 잃고) 종말을 맞이할 때까지 오직 자신의 존재가능 상태로서 있다. 그런데 현존재가 아직 실존하고는 있지만 이미 '앞날에' 아무것도 남기지 않고 자신을 '총결산'해 버렸을 경우에도, 현존재의 존재는 여전히 '자기를 앞지르는' 의미로 규정된다. 예를 들어 절망한 상태도 현존재를 그 온갖 가능성으로부터 완전히 떨어뜨려 놓는 것은 아니다. 절망 또한 단지 그런 가능성으로 '향하는 존재'의 특별한 상태에 불과하다. 마찬가지로 환상을 버리고 '만반의 준비를 하겠다는 결단'을 내릴 때에도 '자기를 앞지르는' 마음이 숨어 있다. 관심의 구조계기가 이렇기 때문에 현존재 내부에는 언제까지고 '아직 끝나지 않은 무언가'가 존재하게 된다. 즉 자신의 존재가능으로서 아직 '현실적'인 것이 되지 못한 무언가가 언제까지고 미완성 상태로 남아 있다. 따라서 현존재의 근본적 구성의 본질에는 언제나 '미완결성(未完結性)'이 담겨져 있다. 이처럼 완결되지 못한 무언가가 현존재의 존재가능에 남아 있기 때문에 현존재는 전체성이 결여되어 있다.

그런데 현존재가 이제는 완결되지 못한 요소 따위는 없다는 듯 '실존'한다면 어떻게 될까? 그런 수준에 이르는 순간, 현존재는 그 즉시 현실에 존재하지 않는 것이 되고 만다. 현존재에게서 미완성된 요소를 모조리 없애면 그 현존재는 완전히 사라져 버린다. 현존재는 존재자로서 '존재하고 있는' 동안에는 결코 자신의 완벽한 '전체'[1]를 손에 넣을 수 없다. 만약 그 전체성을 손에 넣는다면 세계-내-존재를 전면적으로 잃게 된다. 이렇게 하나의 세계-내-존재가 없어지면 현존재를 '존재자로서' 경험하는 것은 이미 불가능하다.

현존재를 '존재하는 전체'로서 존재적으로 경험하고, 그에 따라 현존재의 전체존재를 존재론적으로 규정하는 일이 불가능한 이유는, 인식능력의 불완전성 때문이 아니다. (이 하나의 존재가 세계 전체의 보편적 존재의미를 지닐 수는 없는 일이므로) 오히려 이 존재자의 존재에 그 까닭이 숨어 있다. 우리는 현존재를 '완결되지 못한 요소가 없는 전체'로서 경험을 통해 파악하고자 했지만, 사실 현존재는 그런 전체로서는 존재조차 할 수 없으므로, 우리는 전체존재를 원칙적으로 경험할 수도 없다. 그런데 위 말이 사실이라면, 현존재를 통해 그것의 존재론적 존재전체성을 파악하는 것은 애초부터 불가능한 시도라는 말이 된다.

'자기를 앞질러서'란 관심의 본질적 구조계기이다. 그러므로 이 관심을 없애 버릴 수는 없다. 그런데 우리가 이 관심을 통해 이끌어 낸 결론은 정말로 확고한 것일까? 전체적 현존재의 파악이 불가능하다는 결론은 형식적 논법에 따른 판단에 지나지 않을지도 모르겠다. 근본적으로는 현존재를 하나의 객체적 존재자로 보고, 그 하나의 존재자 앞에는 아직도 존재하지 않는 다른 가능적 존재자들이 언제나 (현존재 속에서) 들끓는다고 생각했던 건 아닐까? 우리는 '아직 존재하지 않는' 것이나 '자기를 앞지르는' 것을 과연 '진정한 실존론적' 의미로 파악한 상태에서 논의했던 것일까? '종말'이니 '전체성'이니 하는 단어를

---

1) 원어는 die Gänze인데, 이 어휘가 의미하는 바는 미진(未盡)으로 남아 있는 부분의 전체를 가리킨다. 따라서 '다하지 못한' 부분의 전체, 곧 die Gänze가 충족되어 '전체(das Gänze)'로 되는 것이다.

현존재의 현상에 적합한 형태로 쓰기는 한 것일까? '죽음'이라는 단어는 생물학적 의미로 쓰였을까, 아니면 실존론적·존재론적 의미로 쓰였을까? 아니, 애당초 죽음이란 충분히 정확하고 제한된 의미를 지닌 단어로 쓰였는가? 또 우리는 현존재의 전체성에 접근할 모든 가능성을 정말로 잃어버린 것인가?

위 질문에 하나하나 대답해 보라. 현존재의 전체성 문제를 쉽게 포기해 버리기 전에 꼭 대답해 봐야 할 질문들이다. 현존재의 전체성에 대한 물음, 즉 전체존재가능에 대한 실존적 질문이자 현존재의 '종말'과 '전체성'의 존재구성에 대한 실존론적 질문은, 사실 우리가 지금까지 살펴본 몇 가지 실존현상을 적극적으로 분석한다는 과제에도 포함된다. 이러한 여러 고찰들의 중심에 존재하는 것은 무엇인가? 바로 '현존재가 종말에 도달해 있는 상태'의 존재론적 성격을 규정짓고, 죽음의 실존론적 개념을 밝히는 문제이다. 이 과제에 대한 우리의 근본적 탐구 과정은 다음과 같이 나뉜다.

타인의 죽음의 경험가능성과 전체적 현존재의 포착가능성(제47절).

미완성, 종말 및 전체성(제48절).

죽음의 실존론적 분석과, 그 현상에 대한 다른 철학적 해석의 대조적 구별(제49절).

죽음의 실존론적 존재론적 구조의 밑그림(제50절).

죽음을 맞는 존재와 현존재의 일상성(제51절).

죽음을 맞는 일상적 존재와 죽음의 완전한 실존론적 개념(제52절).

본래적 '죽음을 맞는 존재'의 실존론적 기투(제53절).

47 타인의 죽음의 경험가능성과 전체적 현존재의 포착가능성

현존재가 죽는 순간 완전체가 된다는 것은, 결국 현실에서의 존재(이를테면 현존재의 분신)를 잃는다는 뜻이다. 현존재는 이미 현실에 존재하지 않는 것이 되어버리므로, 현존재가 자신의 실현을 스스로 경험하고 그 경험을 이해할 가능성은 배제된다. 어느 현존재이든 자기 자신에게 이런 일이 일어나기를 바라지 않는다. 그렇기 때문에 현존재는 저마다 다른 사람의 죽음을 심각하고도 강렬하게 경험한다. 따라서 우리는 현존재의 종결(終結)에 '객관적으로' 접근할 수 있다. 현존재는 본질상 다른 사람들과의 공동존재이므로 죽음이라는 경험을 얻을 수 있는 것이다. 죽음이 이처럼 (완전히 타인의 일로서) '객관적으로' 우리에게 주어져 있다면, 우리는 이를 바탕으로 현존재의 전체성을 존재론적으로 명확하게 밝힐 수도 있을 것이다.

이는 엄밀히 말해 편법이다. 다른 사람들의 현존재가 종말을 맞이하는 순간, 이것을 현존재의 전체성 분석을 위한 대용(代用) 주제로 쓰는 방법이다. 이 방법은 현존재의 존재양식이 상호존재라는 점에 기인한 타개책이므로 신빙성이 꽤 높아 보인다. 하지만 이 방법을 통해 기대했던 목적을 정말로 이룰 수 있을까?

다른 사람들의 현존재도 죽음에 의해 전체성을 얻는다. 그 순간 더 이상 이 세계에 존재하지 않음으로써, 말하자면 이미 현존재가 아닌 것이다. 죽음이란 이 세상을 떠난다는 것, 즉 세계-내-존재를 잃는다는 뜻이 아닐까? 그러나 죽은 사람이 더 이상 이 세계에 존재하지 않는다 해도, 죽음이란 여전히 어떤 의미로는 존재현상의 경험이다. 극단적으로 말하자면, 사람이 죽은 뒤에도 육체라는 사물은 여전히 객체로서 남아 있다. 우리는 다른 사람들의 죽음을 통해, 한 존재자가 현존재(본질적 포괄적 존재)라는 존재양식으로부터 현존재가 아닌 무언가로 급변하는 존재현상을 경험할 수 있다. 이 현상은 주목할 만하다. 존재자가 현존재로서의 종말을 맞이하는 순간, 이 존재자는 객체적 존재(본래적 현존재로부터 독립된 존재)로서 첫발을 내딛는 것이다.

그러나 죽음에 다다른 현존재가 단순한 사물로밖에 존재하지 못한다는 식으로 죽음을 해석하는 것은, 현상적 실태를 무시한 행위이다. 이 해석에서는 잔존하고 있는 존재자가 결코 단순한 사물(객체적 육체)이 아니라는 점을 무시하고 있다. 우리 눈에 보이는 단순한 시체조차도, 이론적으로 보면 생명의 이념을 중심으로 죽음을 이해하려는 병리해부학적 대상으로서 생각될 수 있다. 그것은 이미 객체적 존재에 지나지 않지만 그래도 '생명이 없는 물질적 사물'보다는 한 차원 높은 존재이다. 우리가 다른 사람들의 죽음에서 마주하는 존재는, '생명을 잃어버린' 살아 있지 않은 무엇이다.

그러나 그곳에 남아 있는 존재를 이렇게 분석한들, 우리가 현존재에 들어맞는 현상적 실상을 완전히 파악했다고는 할 수 없다.

단순히 죽은 사람과는 달리 '고인(故人, verstorbene)'은 특별한 존재이다. 고인은

'유족(遺族)'들이 잃어버린 존재이므로 장례식이나 매장이나 성묘 등 여러 형태를 지닌 '배려'의 대상이 된다. 왜냐하면 고인은, 환경세계에 존재하는 단순한 배려의 대상인 도구보다도 한 차원 높은 존재이기 때문이다. 고인 곁에서 그의 죽음을 애도하며 추억을 되새길 때, 유족들은 경건한 태도로 고인을 대우하는 형식으로 죽은 사람과 함께 있다(공동존재). 그러므로 죽은 사람과의 존재관계를 도구적인 '배려적 존재'관계의 하나로 해석해서는 안 된다.

죽은 사람과 유족이 함께 있음(공동존재)에도 불구하고, 사실상 고인 자신은 더 이상 현실적으로 존재하지 않는다. 그러나 공동존재는 언제나 같은 세계에서의 상호존재를 뜻한다. 고인은 우리의 '세계'를 남겨두고 떠난 것이다. 결국 뒤에 남겨진 사람들은 '이 세계에 존재해야만이' 계속해서 그와 함께 존재할 수 있다.

고인이 이미 현실적으로 존재하지 않는다는 상황을, 위 내용에 맞춰 현상적으로 파악하려 할수록 다음 사실이 분명해진다. 죽은 사람과 함께 존재한다고 해서 그것이 곧 고인 자신이 본래적으로 '종말에 이르렀음'을 경험하는 것은 아니다. 물론 죽음은 상실이라는 형태로 드러나긴 하나, 솔직히 말해 그것은 남아 있는 사람들이 경험하는 상실에 지나지 않는다. 또한 남겨진 사람들은 임종하는 사람이 경험하는 존재상실 그 자체에는 접근할 수 없다. 우리는 진정한 의미에서 다른 사람들의 죽음을 경험하는 것이 아니고, 고작 그 자리(죽음의 현장)에 '입회할' 뿐이다.

그 자리에 입회해서 다른 사람이 죽어가는 것을 심리학적으로 설명하는 일이 가능하고 또 받아들여진다 하더라도, 다른 사람의 죽음으로 생각되는 존재양식, 곧 (죽은 사람 자신의) '종말에 이름'은 결코 이해될 수 없을 것이다. 왜냐하면 우리가 규명하려는 것은 고인이 남겨진 사람들과 여전히 함께 존재한다는 존재양식이 아니라 죽어가는 사람의 존재가 혹여 존재가능성 가운데 하나로서 파악될 수 있을지도 모른다는, 그의 죽음이 가지는 존재론적 의미이기 때문이다. 이렇게 다른 사람들을 통해 경험한 죽음을 주제 삼아 현존재의 종말과 정체성을 분석하려는 시도는, 우리가 원하는 바를 존재적으로나 존재론적으로나 우리에게 안겨주지 못한다.

지금까지 타인의 죽음을 대용 주제로 삼으면 현존재의 종결과 전체성을 존재론적으로 분석할 수 있다는 발상에 대해 알아보았다. 그런데 그 발상의 바탕이 되는 전제는, 애초부터 현존재의 존재양상이 완전한 오인(誤認)이었다고 입증할 수 있는 전제이다. 그 전제란 하나의 현존재가 다른 임의의 현존재로 대체될 수 있다는 것이다. 다시 말해 '나'라는 현존재로서는 도저히 경험할 수 없는 일이라도, '타인'이라는 현존재를 통해 접근할 수 있다는 견해이다. 그런데 이 전제는 정말 그토록 근거가 없는 것일까?

세계 속 상호존재의 다양한 존재가능들에는, 어떤 현존재가 다른 현존재를 대신할 가능성이 분명히 포함되어 있다. 배려의 일상성에서는 위와 같은 대리가능성(代理可能性)이 자주 쓰이고 있다. 어디로 외출한다든가 뭔가를 가져오는 행위 등은, 가장 가까운 배려가 이루어지는 '환경'의 범위 안에서는 얼마든지 대신하는 일이 가능하다. 세계-내-존재가 대신할 수 있는 양식은 매우 다양하다. 공공적 상호존재의 흔한 형태는 물론이고 직업, 지위, 나이 등 서로 대신할 수 있는 범위가 한정된 배려의 형태로도 대리(代理) 현상은 일어나고 있다.

그러나 엄밀히 말해 이와 같은 대리는 언제나 무언가에 '있어서', 무언가의 '곁에서'의 대리이다. 다시 말하자면 어떤 일을 대신 처리한다는 의미에서의 대리이다. 그런데 일상적 현존재는 자신이 평소에 '무엇'을 배려하고 있는지에 근거해서 스스로를 이해하는 경향이 짙다. '사람'이야말로 사람이 관심을 두는 대상이다. 이런 일상적 존재에 관한 한 즉 배려되고 있는 '세계' 안에 일상적으로 서로 녹아들어 있는 존재에 관한 한 대리가능성은 단순한 일반적 가능성 이상의 의미를 지닌다. 말하자면 대리가능성은 상호존재를 성립하게 해주는 구성계기인 셈이다. 이런 상황에서는 어떤 현존재가 다른 현존재가 될 수 있다. 아니, 될 수 있는 정도가 아니라, 그런 현상이 어느 수준까지는 필연적으로 일어난다.

하지만 현존재가 종말을 맞이하고 그에게 그 자체로서 전체성을 주는 그런 존재가능성의 대리가 문제될 때는 이야기가 완전히 달라진다. 이 경우 대리가능성은 의미를 잃는다. 누구도 다른 사람으로부터 그의 죽음을 제거해 주지는 못한다. 물론 누군가가 다른 사람을 대신해 사지(死地)로 나아갈 수는 있다. 그러나 이 행위는 어디까지나 '어느 특정한 일'과 관련해서 다른 사람을 위해 스스로를 희생하는 것일 뿐이다. 이처럼 대신 죽어주는 행위는, 다른 사람의 죽음을 그 다른 사람 자신에게서 조금이라도 제거해 주는 일이 결코 아니다. 죽음이란 어느 현존재이든 결국 스스로 떠맡을 수밖에 없는 과제이며, 죽음이라는 것은 그것이 '존재'하는 한, 본질적으로 나의 죽음이다. 게다가 죽음은 그때마다 자기의 독자적 현존재의 존재 자체가 절대적으로 내걸려 있다는, 그런 독특한 존재가능성을 의미한다. 죽음이 독립성—각자의 문제라는 점에서—과 실존(가능적 존재로서 실존함)에 의해 존재론적으로 구성되어 있다는 사실은 죽음(현상)을 통해 드러난다.[2] 죽음은 결코 하나의 사건이 아니라 실존론적으로 이해되어야 할 현상이고, 그것도 한층 더 파고들어 규명해야 한다는 점에서 두드러진 현상이다.

그런데 죽는다는 의미로 '끝남'으로써 현존재의 전체성이 구성된다면, 그 전체성 자체의 존재는 곧 고유한 현존재의 실존론적 현상이라고 보아야 할 것이다. 이 '끝나는' 일과 그(세계 속 존재로서의 끝)에 의해 구성되는 현존재의 전체존재라는 것은 본질적으로 대리가능성이 없다. 다시 말해 그 무엇도 그것을 대신하지는 못한다. 이 전체성을 분석하기 위해 다른 사람의 죽음을 대용 주제로 삼는다는 타개책은, 위에서 설명한 실존론적 사태를 잘못 이해했기 때문에 얻을 수 있었던 방안에 불과하다.

현존재의 전체존재에 현상적으로 적절히 접근하려던 시도는 이로써 또 한번 좌절되었다. 그러나 우리가 고찰한 결과가 부정적인 것만은 아니다. 지금까지 우리가 한 고찰은 정밀성은 부족할지언정 현상과의 모순 없이 제대로 수행되었다. 우리는 죽음이 실존론적 현상이라는 점을 지적했으며, 그 덕분에 우리의 근본적 탐구는 저마다 존재하는 현존재에 대해 순수하게 실존론적 방향으로 나아갈 수 있게 되었다. 죽음을 죽는 현상으로서 분석할 때 남겨지는 가능성은 단 하나이다. 이 죽음의 현상을 순수한 실존론적(사물적으로는 존재하지 않는 존재가능성) 개념으로 보든지, 아니면 이 현상을 존재론적(사물의 보이지 않는 구조, 또는 사물적 실체이론)으로 이해하기를 완전히 포기하든지 하는 것이다.

게다가 현존재가 '더 이상 현존하지 않는' 상황으로 이행하는 변화를 '더 이상 세계—내—존재가 아니다'라는 의미로 규정지었을 때, 다음과 같은 사실이

---

2) 본서 제9절 참조.

드러난다. 죽음이라는 의미에서 '현존재(존재의 본질)가 세상을 떠나는 현상'은 '단순히 생명이 있는 존재가 세상을 떠나는 현상'과 구별되어야 한다는 것이. 생명이 '끝나는' 것을 우리는 술어상 '절명(絶命)'이라는 말로 표현한다. 이 절명과 현존재(존재의 본질)의 죽음은 어디가 다를까? 그 차이를 분명히 하려면, 현존재에 속한 종말을 생명의 종말에 비추어 보아야만 한다.[3] 물론 죽음은 생리학적·생물학적으로 이해될 수 있지만, 의학적인 '죽음(exitus)'의 개념은 절명의 개념과는 사실 일치하지 않는다.

지금까지 죽음을 존재론적으로 파악하는 일이 가능한지 알아보았다. 이 과정에서 밝혀진 바와 같이, 현존재와는 다른 존재양식(객체적 존재나 생명)을 취하는 존재자로 현존재를 대신하려는 경향이 심하면, 죽음이라는 현상에 대한 해석이 흐지부지될 우려가 높다. 그뿐만 아니라 그 해석을 하기 위해 세웠던 최초의 방침조차 불분명해질 수 있다. 이런 혼란을 막으려면 죽음을 분석하기 전에 먼저 해둘 일이 있는데, 그것은 바로 (세계 속 존재의) 종말과 동시에 (현존재의) 전체성이 구성되는 현상을 존재론적(즉 세계 속 사물들 전체의 실체적 현상을 묻는 이론)으로 깊고도 명확하게 파악하는 것이다.

48 미완성, 종말 및 전체성

종말과 전체성에 대한 존재론적 성격규정은, 이 근본적 탐구 영역에서는 잠정적인 수준을 넘어설 수 없다. 양자의 성격을 충분히 규정하려면, 종말 일반과 전체성 일반과의 '형식적' 구조를 명확히 하는 것만으로는 부족하다. 그와 더불어 그들 양자가 보여줄 수 있는 영역적 변화 형태를 전개해 보아야 한다. 즉 종말과 전체성의 구조는 형식을 뛰어넘어 저마다 특정한 '실질적' 존재자와 관련되며, 이 같은 각 존재자들의 존재에 의해 구조적으로 규정되고 변화한다는 것이다. 이러한 영역적 구조 변화를 전개하기 위해서는, 여러 존재양식에 대한 명료하고도 적극적인 해석이 필요하다. 이런 전제조건을 충족하려면 존재자 전체를 영역적으로 구분해야 한다. 한편, 이런 존재양식을 이해하려면 가장 먼저 존재전반의 이념부터 분명히 밝혀두어야 한다.

---

3) 본서 제10절 참조.

결국 종말과 동시에 되찾아지는 전체성을 존재론적으로 완벽하게 분석하는 일은 여기서는 불가능하다. 첫째로 주제가 너무 광범위하며, 둘째로 순서가 반대이기 때문이다. 이 과제를 해결하기 위해서는 우리가 이 근본적 탐구를 통해 얻으려는 것(존재전반의 의미)을 이미 알고 있어야만 하므로, 위 과제는 원칙적으로 해결할 수 없다.

다음의 고찰들은 종말과 전체성에 수반되는 여러 가지 '변화형태' 중에서도, 현존재의 존재론적 규정과 관련해 이 존재자의 근원적 해석을 도와주는 단서가 되는 '변화형태'에 중점을 두고 있다. 이제 우리는 지금까지 밝혀낸 현존재의 실존론적 구성에 부단히 주목하면서 종말과 전체성에 대해 연구할 것이다. 우리는 종말과 전체성의 개념들—개념들을 모두 어떤 범주에 집어넣기에는 너무나 어수선하겠지만—을 하나하나 찾아내면서, 그것이 존재론적으로 얼마나 현존재에 들어맞는지 또는 아예 들어맞지 않는지를 차근차근 알아봐야 할 것이다. 우리는 이러한 개념들을 물리치기도 할 뿐만 아니라 저마다의 고유영역에 적극적으로 인도해야 한다. 이를 통해 우리는 종말과 전체성에 따르는 변화형태들의 실존범주를 이해할 수 있으며, 그 실존하는 변화형태들로 인해 죽음의 존재론적 해석이 가능해질 것이다.

우리는 현존재의 종말과 전체성을 이처럼 광범위한 전망을 바탕으로 분석할 예정이다. 하지만 그렇다고 해서 종말과 전체성과의 실존론적 개념을 (여러 가지 변화형태들로부터) 연역 방식으로 이끌어 낼 생각은 없다. 오히려 그 반대이다. 현존재가 종말에 이르는 것의 실존론적 의미를 현존재 그 자체로부터 추출해서, 그러한 '종말'이 실존하는 존재자의 전체존재를 어떤 식으로 구성할 수 있는지를 밝히는 것, 그것이 우리의 목표이다.

지금까지 우리는 죽음에 대해 고찰했다. 그 내용은 크게 세 가지로 정리할 수 있다. 첫째로 현존재가 존재하는 이상, 현존재는 앞으로 존재할 '아직 존재하지 않음(미완성)'—즉 부단한 미결 요소—을 내포하고 있다. 둘째로 언제까지고 종말에 다다르지 않는 이 같은 현존재자가 종말에 이르는 것은, 그 현존재의 단서가 더 이상 현실에 존재하지 않음을 뜻한다. 셋째로 종말에 다다른다는 양태는 다른 무언가가 대신해 줄 수 없는 양태이며, 각 현존재에게 절대적으로 속하는 존재양태이다.

죽음에 이르러서야 종말을 고하는 '부단한 비전체성(非全體性)'은 현존재로부터 지워버릴 수가 없다. 그러나 현존재가 존재하는 동안에는 이러한 '아직 존재하지 않음'이 계속 존재한다는 현상적 실상을, 과연 미완성이라는 뜻으로 해석해도 되는 걸까? 우리는 대체 어떤 존재자를 상대로 미완성이라는 어휘를 쓰는가? 미완성이라는 표현은, 어떤 것에 본래 속해 있으면서도 아직 부족한 무언가를 가리키는 말이다. 미완상태에 있다는 것은 곧 결여를 의미한다. 그러므로 미완성은 미래의 귀속성에 바탕을 두고 있다. 예를 들어 당신이 남에게 빌려준 돈을 아직 덜 받았다고 한다면, 그 돈이 바로 미완성이다. 미완성의 요소는 아직 쓸 수 없는 상태이다. 미완성의 요소를 거두어들이는 방식으로 서로 간의 '빛'을 없애 나간다는 것은, 남은 돈을 속속 받는다는 뜻이다. 이를 통해 '아직 부족한' 아직 존재하지 않는 일이 차츰 보충된다. 그 결과 빌려줬던 돈이 한데 모이게 된다. 그런 의미에서 미완성이란, 본래 한데 모여 있어야 하는 무언가가 아직 모이지 못했음을 뜻한다. 이를 존재론적으로 해석하면, 이제부터 한데 모아야 할 부분을 아직 손안에 넣지 못했다는 뜻이다. 이 모아야 할 부분은 이미 손에 넣은 부분과 같은 존재양식으로 있으며, 남은 부분이 회수되어도 본래 있던 것의 존재양식이 변하지는 않는다. 지금은 그 표면이 울퉁불퉁하다 해도, 앞으로 그 위에 다른 것들을 더해 가면 차츰 고른 모습으로 변할 것이다. 말하자면 아직 미완성의 요소를 지니고 있는 존재자는, 도구적 존재자의 존재양식을 (잠재적으로) 지니고 있다. 그 미완의 요소들이 한데 모인 것과, 그에 바탕을 둔 불완전한 것을 우리는 총계(總計)라 규정한다.

그런데 총계라는 모습으로 한데 모여야 할 불완전한—아직 모이지 못한—것들, 즉 미완성된 모임으로 '아직 존재하지 않음'을 설명할 수 있을까? 그렇지 않다. 가능적 죽음으로 현존재에 담겨져 있는 '아직 존재하지 않는' 죽음을, 미완성으로서의 결여를 통해 존재론적(육체적 실체이론)으로 규정하기란 불가능하다. 현존재라는 이 존재자는 애초부터 세계내부적인 도구적 존재자라는 존재양식을 지니고 있지 않다. 현존재가 자기 생애를 마칠 때까지 자신의 경력을 쌓아가는 것으로서 '존재자를 함께 모으는 것은, 어떻게든 또 어디에서든, 본질적으로 이미 도구적으로 하나하나 차례로 존재하고 있던 것들이 모여서 구성되는 총합에 불과하다.

완벽하게 '아직 존재하지 않음'으로 있을 때 현존재가 비로소 완전하게 있다고 생각하는가? 그렇지 않다. 오히려 그 순간 현존재는 더 이상 존재하지 않게 된다. 현존재는 처음부터 자신의 아직 존재하지 않는 형태로 스스로 실존하고 있는 것이다. 그럼 현존재라는 존재양식이 아니라 본래부터 아직 존재하지 않는 형태로 존재하는 존재자는 혹시 없을까?

달을 예로 들어보자. 우리는 차지 않은 달을 보고, 보름달이 되기까지는 마지막 4분의 1이 아직 부족하다고 표현할 수 있을 것이다. 이 같은 '아직 존재하지 않음'은 달을 뒤덮고 있는 그늘이 사라지면서 차츰 감소한다. 하지만 달은 그동안에도 이미 전체적인 사물로 존재하고 있다. 물론 우리는 구름이 모두 걷히고 달이 보름달이 된다 해도 그 전체적 존재를 파악할 수는 없지만, 그 점은 일단 제쳐두자. 어쨌든 이 경우 '아직 존재하지 않음'이란 본래 한데 모여야 할 부분이 아직 전부 모이지 못했음을 가리키는 것이 아니다. 이는 단순히 지각하지 못한 탓에 미완성으로 보이는 것일 뿐이다. 그런데 현존재의 '아직 존재하지 않음'은 이와 다르다. 현존재가 아직 존재하지 않는 일은 현재 접근이 불가능해서 지각할 수 없기 때문이 아니라, 실제로 아직 '현실적'으로 존재하지 않기 때문에 발생한다. 우리가 주목할 문제는 현존재적, 즉 '아직 존재하지 않는' 가능적 존재임을 지각하고 포착하는 일이 아니다. 그것은 현존재적이고 아직 존재하지 않는 가능적 존재이냐 아니면(현존재 속에 가능적으로조차 있지 않은) '비존재'이냐와 관련된다. 현존재는 아직 스스로를 완전하게 갖추지 못한 채로도, 현존재 자신이 되어야만 한다. 다시 말해 그대로 자신인 것처럼 스스로 존재해야 한다.

그리하여 '현존재적, 즉 가능적 존재로서, 아직 현실세계에는 존재하지 않는 존재'를 다른 것(가능적으로조차 존재하지 않는 존재)들과 비교해 규정하기 위해서는, 생성(生成)하는 요소를 담은 양식으로 존재하는 존재자를 살펴보아야만 한다.

덜 익은 과일을 예로 들어보겠다. 이 과일은 성숙을 향해 간다. 그것이 성숙해 가는 과정을 보라. 그 과일은 아직 불완전한 존재이다. 그런데 그 과일이 자신에게 아직 존재하지 않는 것을 덧붙여 나가면서 성숙해 가는가? 그렇지 않다. 과일 자신이 스스로의 힘으로 성숙한 상태에 다다른다. 이 자연 성숙이 과

일이라는 존재의 특징이다. 만약 이 존재자가 자기 힘으로 익어가지 않는다면, 과일에 다른 무언가를 아무리 덧붙여도 그 과일의 '아직 존재하지 않는' 결여성을 없애지는 못할 것이다. 미숙한 과일의 '아직 존재하지 않는' 요소란, 과일과는 아무 관계없이 그 과일에 부착되어 공존하는 외부적 객체요소를 가리키는 말이 아니다. 그것은 과일 그 자체의 고유한 존재양상으로 존재했어야만 하는 요소의 결여이다. 한편 아직 한데 모이지 못한 돈은 도구적 존재자로서, 회수하지 못한 일과는 전혀 관계없이 존재한다. 아니, 엄밀히 말하자면 돈 문제에서는 관계가 있다느니 없다느니 말하는 것이 불가능하다. 그러나 과일 문제는 다르다. 현재 익어가고 있는 과일은 과일 자신의 타자로서의 미숙과 무관하지 않을뿐더러, 성숙해 가면서도 여전히 미숙하다. 그 '아직 존재하지 않는' 결여성은 과일 자체의 존재 안에 이미 포함되어 있다. 그것도 섣부른 규정이 아닌 구성 요소로 말이다. 이와 마찬가지로 현존재도 존재하는 동안에는 언제나 스스로의 '아직 존재하지 않는' 결여성을 내포하고 있다.[4]

현존재로부터 떼려야 뗄 수 없는 '비전체성(非全體性)'을 형성하는 것―즉 끊임없이 자기를 앞지르는 것―은 총계적(總計的) 집합의 미완성도 아니고, 더구나 아직 (현실세계 속에서) 접근이 불가능하다는 의미에서의 미완성도 아니다. 그것은 각 현존재가 현존재로서 존재하는 한 언제나 스스로 그렇게 있어야만 하는 비전체성, 곧 아직 다 완벽하게 존재하지는 못하는 미완성의 상태이다. 그럼 이런 '아직 다 존재하지는 않는' 상태를 과일의 미숙과 비교하면 어떨까? 과일과 현존재, 이 둘은 일치하는 구석이 좀 있다. 그러나 본질적으로는 분명히 다르다. 이 차이점에 주목함으로써, 우리가 지금까지 종말과 종결을 고찰하면서 썼던 방법이 얼마나 미숙하고 무질서했는지를 깨닫게 된다.

과일의 고유한 존재로서의 성숙을 미연(未然, 즉 미숙)의 존재양식이라고 생각해 보자. 이는 형식적으로는 현존재와 합치한다. 다시 말해 둘 다 한정된 의미에서 스스로 존재하는 미연을 언제까지고 지니고 있다. 하지만 이런 해석에

---

4) 전체와 총계 사이의 구별은 플라톤과 아리스토텔레스 이래로 널리 알려져 있다. 물론 그것만으로는 이 구별 속에 이미 담겨져 있는 범주적(範疇的) 변화의 체계성은 여전히 '인식되고' 개념으로까지 높여지지는 못했다. 좀 더 상세한 분석은 E. 후설 《논리 연구》의 〈전체와 부분에 대한 교설(教說)에 붙여〉 참조.

는 한계가 있다. '종말'과 동시에 이루어지는 완숙(현실세계 속의 개인적 존재가 죽음으로써 본질적 현존재의 전체성이 완숙된다는 뜻)과 '종말'로서의 죽음이, 즉 완숙과 죽음이 각자의 존재론적 종말구조에 있어서는 합치하지 않기 때문이다. 완숙 상태에 다다른 과일은 스스로를 완성한다. 그럼 현존재도 죽음에 이르는 순간 과일과 마찬가지로 완성에 이르는 것일까? 물론, 현존재는 죽는 순간 스스로의 경력을 완성하기는 한다. 하지만 현존재는 이를 통해 반드시 자기 고유의 가능성을 남김없이 발휘할까? 혹시 그런 가능성이 현존재로부터 모두 홀연히 떠나가 버리는 것은 아닐까? 사실 (완숙하지 않은) '미완성'의 현존재라도 종말에 다다르게 마련이다. 게다가 현존재는 죽음을 통해 비로소 완전히 성숙하기는커녕, 종말에 다다를 무렵에는 이미 성숙기를 끝마친 지 오래인 경우도 있다. 현존재는 대개 미완성인 채로 끝나든지 아니면 힘을 다 써서 초췌해진 모습으로 죽음을 맞이한다.

끝난다는 것이 꼭 자기 완성을 의미하지는 않는다. 그렇다면 죽음은 대체 어떤 의미에서 현존재의 종말로서 파악되어야 하는가? 우리는 이 물음에 답해야 한다.

끝난다는 것은 '그치는 것'을 의미한다. 하지만 그친다는 것의 존재론적 의미 역시 다양하다. 비가 그친다. 비는 더 이상 존재하지 않는다. 형식적 조사에 그친다. 하지만 이때 조사할 내용이 소멸했다는 것은 아니다. 이 경우 그쳤다는 것은 한정의 의미다. 다시 말해서 '여기에' 존재하는 것이 전부라는 뜻이다. 즉 그친다는 의미로 끝나는 것은 완전하게 다 존재하지는 않는 무언가로 변하는 현상이기도 하고, 또는 종점을 지닌 채 현실에 존재하는 현상이기도 하다. 후자의 경우 끝난다는 것은 존재자가 미완성인 채로 존재하는 현상일 수도 있다. 공사 중이라서 도중에 끊겨 있는 도로라든가, 마지막 붓질 한 번으로 완성될 그림을 떠올려 보라. 이 경우 끝남의 현상은 그 존재자의 '마무리'를 구성한다.

그러나 마무리로서 끝나는 현상에, 그 존재자의 완성이라는 요소가 꼭 포함되는 것은 아니다. 반대로 완성돼 있어야 하는 것은 그 나름대로 마무리가 지어져 있어야 한다. 완성은 '마무리'를 전제로 하고 있으며 마무리의 한 형태에 지나지 않는다. 그리고 마무리 그 자체는 객체적 존재자 또는 도구적 존재자라고만 규정할 수 있다.

또한 끝난다는 것을 사라진다는 뜻으로 볼 수도 있지만, 각 존재자의 존재 양식에 따라 온갖 변화가 나타난다. 비가 그쳐서 사라지기도 한다. 또 빵이 소비되어서 사라지기도 하고, 이 경우 빵은 더 이상 도구적 존재자로 쓸 수 없게 된다.

위에 소개한 '끝나는 양상'들로는, 현존재의 종말로서의 죽음을 제대로 규정할 수 없다. 만약 위에 소개한 방식으로 끝나는 것이 곧바로 죽음을 뜻한다고 가정한다면, 그로써 현존재가 곧 객체적 존재자 또는 도구적 존재자라고 규정되어 버린다. 그러나 현존재는 죽음에 이르러 완성되는 것이 아니며, 또 단순히 사라져 버리는 것도 아니다. 죽음으로 마무리되는 것도 아니고 도구적 존재자로서 사용이 불가능해지는 것도 아니다.

현존재는 존재하는 동안 스스로의 미연(미숙)을 언제나 지니고 있으며, 그와 마찬가지로 스스로의 종말 또한 지니고 있다. 즉 (현존재의 가능존재들 가운데 하나가 세계 속으로 나감으로써) 현존재의 전체성이 '끝나는' 종말로서 존재하는 것이다. 그러므로 세계 속 존재의 죽음이라는 단어가 의미하는 '끝나는 것'이란 현존재가 종말에 이르러 있는 현상이 아니라, 그 존재자가 종말에 임하는 것을 말한다. 현존재는 세계 속에 존재하자마자 죽음을 떠맡는 하나의 존재양식이 된다.

"인간은 태어나자마자 죽을 나이에 다다라 있다."[5]

(즉 현존재의 가능적 존재들 가운데 하나가 세상 속으로 나오자마자 현존재의 본질은 불완전한 본질이 되고 만다.)

말하자면 이런 셈이다.

세계 속 존재로서 죽는다는 것은, 현존재의 존재양식에 의거해서 존재론적으로 해명되어야 한다. 끝난다는 것(죽음)을 실존론적으로 규정했을 때, 우리는 그제야 '종말 이전'에 가로놓인 '아직 존재하지 않았던' 실존적 존재 가능성들을 이해할 수 있을 것이다. 그리고 종말에 임하는 존재를 실존론적으로 해명했을 때, 우리는 비로소 (종말'로서의 죽음에 의해 구성된다고 하는) '현존재 전

---

5) A. 베른트 및 K. 브르다흐 편저 《보헤미아 출신 농부》 제20장.

체성(완전성)'의 의미를 확정하기 위한 충분한 토대를 다질 수 있을 것이다.

우리는 지금까지 미연(미숙함)의 해명에서 출발해 끝나는 것의 성격을 규정함으로써, 현존재적 전체성을 이해해 보고자 노력했다. 그러나 이 노력은 결실을 맺지 못했다. 우리가 이 시도로 얻은 것은 소극적 성과뿐이다. 각 현존재가지닌 스스로 존재하는 미연을, 미완성(전체성을 잃은 상태)으로 해석해서는 안된다는 부정적 성과이다. 결국 현존재가 (세상 속에) 실존하면서 '임하게 되는'(완전성의) 종말을, 종말에 다다라 있다는 의미로 해석하는 것은 부적절하다. 하지만 그와 함께 우리는 분명한 사실을 깨달았다. 이번에는 지금까지의 방식과 반대되는 방향으로 고찰해 나가야 한다는 점이다. 현재 문제가 되고 있는여러 현상(미연 존재, 끝나는 것, 전체성)의 성격을 적극적으로 규정하기 위해서는, 현존재의 존재구성을 확실하게 길잡이로 삼아야 한다. 이 확실한 길잡이가 엉뚱한 쪽으로 향하는 일을 막으려면, 존재론적으로 현존재에 부응하지 않는 종말구조와 전체성구조가 저마다 어떤 영역에 있는지를 통찰해 두어야 한다.

그다음에는 지금까지의 고찰을 통해 얻은 현존재의 근본적 구성—관심이라는 현상—을 길잡이 삼아, 죽음과 그 종말이라는 성격을 실존론적으로 분석해서 적극적 해석을 내려야 할 것이다.

49 죽음의 실존론적 분석과, 그 현상에 대한 다른 철학적 해석의 대조적 구별

먼저 죽음에 대한 존재론적 해석의 명료성을 확고히 다지는 일이 중요하다. 그러려면 먼저 이 존재론적(사물적 실체론) 해석으로서는 문제 삼을 수 '없는 분야', 또 이 해석으로 설명하거나 지시할 수 '없는 분야'를 확실히 밝혀야 한다.

죽음이란 무엇일까. 가장 넓은 의미로서는 생명의 한 현상이다. 생명은 세계–내–존재를 지니고 있는 하나의 존재양식이라고 이해해야 한다. 이는 현존재를 기준으로 결여되어 있다고(즉 세계 속에 존재한다고) 볼 때에만 존재론적으로 확정될 수 있다.

이렇게 해서 현존재 또한 단순한 생명으로 고찰할 수 있다. 그리고 생물학적·생리학적 관점에서 현존재도 동물계니 식물계니 하는 존재구역 안에 포함될 수 있다. 이러한 학문 분야에서는 존재적 사실 인식이 이루어진다. 우리는 그인식을 통해, 식물이나 동물이나 인간의 수명에 대한 각종 자료와 통계를 얻을 수 있다. 또 수명과 생식과 성장(가능존재, 요소들) 사이의 온갖 관계를 인식할 수 있으며 죽음의 '종류', 원인, 죽음의 '장치', 양식 등을 연구해 밝히는 일도 가능하다.[6]

죽음에 관한 이 같은 생물학적·존재적 연구의 근저에는 존재론적 문제가 하나 존재한다. 즉 생명의 존재론적 본질을 바탕으로 죽음의 본질이 어떻게 규정되느냐는 문제이다. 죽음의 존재적 연구는 이 점에 대해 언제나 이미 결론을 내리고 있다. 이러한 연구에서는 삶과 죽음에 대해 조금이나마 밝혀진 예비개념이 기본적으로 쓰인다. 우리는 우선 그 예비개념들을 현존재의 존재론을 통해 명확히 해야 한다. 현존재의 존재론은 사실 생명의 존재론보다 앞서야 한다. 그러나 죽음의 실존론적 분석은, 현존재의 근본적 구성의 성격규정보다 내부적으로는 뒤에 위치해야 한다.

생명이 있는 존재가 끝나는 것을 우리는 앞서 '절명'이라 불렀다. 현존재 또한 생리학적으로 죽음을 맞이하기는 한다. 그러나 그런 생리학적 죽음은 존재적으로 외따로 나타나지 않고 근원적 존재양식에 의해 규정된다. 그리고 현존재는 본래 죽음에 임하지 않고 끝나는 경우는 있어도, 현존재인 이상 단순히 절명하는 일은 없다. 이 같은 중간적 현상을 여기서는 '사망(死亡)'이라 부르겠다. 한편 현존재가 스스로의 죽음에 임하면서(전체성, 완전성을 잃으면서) 동시에 세상 속에 스스로 투사해 존재하는 존재양식은 임사(臨死)라고 부르겠다. 이 정의에 따르면 현존재는 결코 절명하지 않는다. 그리고 현존재는 임사하고 있는 상태에서만 사망할 수 있다.

그런데 의학적·생물학적으로 사망을 연구하는 행위가 존재론적(사물적, 육체적 실체 연구)으로 완전히 소용없는 것은 아니다. 죽음의 실존론적 해석을 위한 기본 전망이 확보되어 있다면, 그런 연구를 통해 존재론적으로 의미 있는 성과를 거둘 수 있을 것이다. 아니면 일반적 병이나 죽음은 의학적으로든 무엇으로든, 우선 실존론적(가능존재의 실존 연구) 현상으로 보아야 하는가?

죽음의 실존론적 해석은 모든 생물학 및 생명의 존재론에 선행된다. 그뿐만 아니라 그것은 죽음에 대한 온갖 전기적(傳記的)·역사학적 연구나 민속학적·심

---

6) E. 코르시엘트 《수명과 노화 및 죽음》 참조.

리학적 연구의 토대를 제공한다. 이른바 '임종'의 '유형론(類型論)'이란 사망을 체험하는 상태나 양식을 규정하는 이론인데, 여기서는 죽음의 개념이 이미 전제되고 있다. 게다가 '임종'의 심리학이란 죽음에 임하는 것 자체를 해명하기보다는, 오히려 '죽음에 임하는 사람'의 '생명'에 대해 이해하는 데에 도움되는 자료를 우리에게 제공해 준다. 결국 현존재는 실제적 사망(현실세계 속에 자기존재를 투사하지 않은 채 죽음)을 체험할 때 처음으로 죽음에 임하는 것은 아니며, 본래 의미로 임사(현실세계 속에 자기존재를 투사함과 동시에 죽음)하는 것도 아니다. 실존론적 해석은 이러한 사실들을 반영한다. 원시인들의 삶과 죽음에 대한 견해나 주술, 종교의식 등에서 드러나는 죽음을 대하는 태도 등도 사실 마찬가지이다. 이 또한 현존재 이해를 일차적으로 해명하는 데 도움이 된다. 그 이해내용을 해석하기 위해서라도 일정한 실존론적 분석론과 이에 맞는 죽음의 개념이 필요하다.

한편 종말에 임하는 존재(인간)에 대한 존재론적(육체적) 분석은, 죽음에 대한 어떤 실존적 태도가 정해지기도 전에 규정될 수는 없다. 죽음이 현존재(진리적 본질)의 '종말'이라고 규정된다고 해도, 모든 관련 사항이 존재적으로 규정되지는 않는다. 예를 들어 현존재가 '사후(死後)'에 또 다른 고차원적이거나 저차원적인 존재로 존재하는 것은 가능한지, 과연 현존재는 계속 살아가는 것인지, 아니면 스스로를 뛰어넘어 '영생하면서 죽지 않는'지는 여전히 존재론적으로 규정되지 못한다.

우리는 죽음에 임하는 태도의 규범이나 규칙을 왜 분석해서 밝히려 하는가? 그 목적은 '교화'가 아니기 때문에 우리는 분석을 통해 '피안(彼岸)'이나 '세속세계'를 해명하지는 않는다. 다만 우리는 각 현존재의 존재가능성으로서 그 현존재에게 나타나는 모습만큼은 주목하여 해석한다. 그런 의미에서 죽음에 대한 우리의 분석 태도는 순수한 '세속세계' 수준에 머무른다. '사후에 무엇이 존재하느냐'라는 물음을 의미 있고 정당한 문제로 만들기 위해서조차, 우리는 우선 죽음의 존재론적 본질을 충분히 이해해야 한다. 그러지 않으면 방법적 적절성을 얻을 수 없기 때문이다. 애초에 위와 같은 물음이 '이론적' 문제로서 성립하는지 여부를 여기서는 단언하지 않겠다. 우리의 세속세계적이고도 존재론적인 죽음의 해석은, 그 어떤 피안적이고도 존재적인 사유보다 선행한다.

끝으로 사람들이 '죽음의 형이상학'이라는 이름으로 논하는 내용을 살펴보자. 이 또한 죽음의 실존론적 분석이라는 분야에 포함되지 않는다. 죽음이 언제 어떤 식으로 '이 세계'에 들어왔는가, 재앙이나 고뇌로서의 죽음이 존재자 전체에게 어떤 '의미'를 지니며 또 그것을 꼭 지녀야만 하는가. 이 같은 물음에 답하려면 필연적으로 죽음의 존재성격에 대한 이해가 전제되어야 할 뿐만 아니라, 전체로서 존재하는 모든 것의 존재론과, 특히 재앙과 부정성 일반의 존재론적 해명도 전제되어야 한다.

죽음을 연구하는 학문은 생물학, 심리학, 변신론, 신학 등 상당히 많다. 그런데 죽음의 실존론적 분석은, 그런 학문들의 분석보다 방법적으로 앞쪽에 위치한다. 존재적으로 말하자면 이 실존론적 분석의 성과는, 모든 존재론적 성격 기술 특유의 '형식성(形式性)'과 '공허성(空虛性)'을 나타낸다. 그러나 이 때문에 죽음이라는 현상의 풍성하고도 복잡한 구조를 간과해서는 안 된다.

현존재의 존재양식에는 가능존재가 (세속세계와는 달리) 특별한 모습으로 속해 있기 때문에, 현존재를 객체적 존재자로 이해하기란 애초부터 불가능하다. 하물며 죽음은 (사물적이지 않은) 현존재가 지닌 뚜렷한 가능성이므로, 죽음의 존재론적 구조를 쉽게 밝혀낼 수 있으리라는 기대는 버려야 한다.

한편으로 우리는 죽음의 엉터리 개념을 근거로 분석을 시도해서는 안 된다. 그런 일을 막으려면 현존재의 평균적 일상성에서 드러나는 '종말'의 존재양식을 존재론적으로 미리 특징지어야 한다. 이를 위해서는 앞서 밝혔던 일상성의 여러 구조를 남김없이 돌이켜 볼 필요가 있다. 죽음의 실존론적 분석 속에는, 죽음에 임하는 존재의 실존적인 모든 가능성이 숨 쉬고 있다. 이는 모든 존재론적인 근본적 탐구의 본질에 근거한 사실이다. 그런 만큼 우리는 실존론적 개념을 규정할 때, 그 어떤 실존적 태도에도 얽매이지 않도록 유의해야 한다. 특히 현존재의 가능성의 성격을 가장 선명하게 나타내는 죽음(의 현상)을 연구할 때는 더욱 그렇다. 실존론적 문제설정의 취지는, 어디까지나 현존재의 완전성을 '종말에 임하게 하는 존재(세계 속 존재)'의 존재론적 구조를 밝히는 것이다.[7]

---

7) 그리스도교 신학에 형성된 인간학은 언제나 이미—바울부터 칼뱅의 내세(來世)의 삶에 대한 성찰에 이르기까지—'생'의 철학적 해석에 즈음해서 죽음도 함께 고찰해 왔다. W. 딜타이의 철학적 경향은 '생(生)'의 존재론을 지향했던 것인데, 그는 삶과 죽음의 연관성을 오인할 까닭

W. 딜타이의 여러 가지 제기를 루돌프 융거는 그의 평론 〈헤르더, 노발리스 및 클라이스트. 질풍노도시대로부터 낭만파에 이르는 사색과 시작(詩作)에 있어서의 죽음의 문제 발전에 관한 연구〉 속에 도입했다. 융거는 그의 문제설정에 대한 원리적 성찰을 강연 〈문제사(問題史)로서의 문학사. 정신적 종합의 문제에 대하여. 특히 W. 딜타이에 관련해서〉 속에서 행했다. 융거는 '삶의 여러 문제'를 더욱 철저하게 기초 짓기 위한 현상학적 연구의 의의를 명료하게 알아채고 있다.

50 죽음의 실존론적·존재론적 구조의 밑그림

지금까지 미완성, 종말 및 전체성(완전성)에 대해 고찰해 보았다. 그 결과 다음 사실이 분명해졌다. 죽음의 현상은 '종말에 임하는 존재'로서 현존재의 근본적 구조를 바탕으로 해석되어야 한다는 점이다. 이로써 '존재(세계 속 존재)가 종말에 임함으로써' 구성되는 전체존재라는 것이, 현존재 자체 속에서 현존재의 존재구조에 따라 어떤 식으로 가능한지를 분명히 밝힐 수 있게 되었다. 우리는 현존재의 근본 구성이 관심이라는 점을 이미 알아냈다. 관심이라는 이 표현의 뜻은 '(세계내부에서) 만나는 존재자의 곁에 존재하고, 스스로를 앞질러 존재하는 동시에 세계 안에 이미 존재하는 것'이다.[8] 이러한 '정의(定義)'가 곧 관심이 나타나는 존재론적 의의이다. 이 관심이라는 말이 곧 현존재의 존재의 기본 성격을 보여준다. 즉 '스스로를 앞지름'은 실존을, '안에 이미 존재함'은 사실성을, '……의 곁에 존재함'은 퇴락을 표현하고 있다. 만약 죽음이 뚜렷한 의미에서 현존재의 존재에 속한다면, 죽음(또는 종말에 이르는 존재)은 이러한 성격

___

이 없었다. 그리고 끝으로 우리의 생존감정을 가장 깊고도 가장 보편적으로 규정하고 있는 관계—그것은 죽음에 대한 삶의 관계이다. 왜냐하면 우리의 실존이 죽음에 의해 한계 지어져 있다는 점이 삶에 대한 우리의 양해와 평가에 있어서 언제나 결정적인 것이기 때문이다. 《체험과 시작(詩作)》에서, 이어 최근에는 G. 지멜도 죽음의 현상을 '삶'의 규정 속에 명확히 도입했는데 물론 생물학적·존재적 문제성과 존재론적·실존론적 문제성을 뚜렷이 구별하지는 않았다. 《인생관, 형이상학적 사장(四章)》 참조. 당면한 근본적 탐구를 위해 특히 참조해야 할 것은 K. 야스퍼스 《세계관의 심리학》이다. 야스퍼스는 그에 밝혀진 '한계상황'이라는 현상을 길잡이로 죽음을 포착했는데, 이 현상의 기초적 의의는 모든 '태도'나 모든 '세계상(世界像)'이라는 온갖 유형론을 초월한 것에 있다.

8) 본서 제41절 참조.

에 근거해 규정될 것이다.

따라서 우리는 먼저 죽음의 현상을 그려내, 그곳에서 실존과 사실성과 퇴락이 어떤 모습으로 나타나는지 분명히 밝혀야 한다.

우리는 미연(未然, 미숙)을 미완성이라는 의미로 해석하려는 시도가 부적절하다는 점을 앞서 논했다. 가장 극단적인 미연, 즉 현존재의 종말(진리 본질의 완전성 훼손) 역시 미완성과 같은 것으로 해석할 수는 없다는 뜻이다. 왜냐하면 그런 해석에는 현존재를 객체적 존재자와 동일시하는 존재론적 착오가 있기 때문이다. 종말에 이르는 존재란 실존론적 '종말에 임하는 존재'이다. 가장 극단적 미연에는, 현존재란 본래 스스로 성숙해질 수 있는데(결여로 인해) 그렇지 못한 어떤 사물이다, 라고 보는 성격이 존재한다. 종말은 현존재의 바로 곁에서 그것을 덮치고 있는 존재이다. 죽음은 아직 실재하지 않는 것이 아니며, 최소한으로 줄여도 끈질기게 남아 있는 최후의 미완성상태도 아니다. 오히려 죽음이란 눈앞에 닥쳐오는 것이다.

그런데 세계-내-존재인 현존재의 눈앞에 닥쳐오는 것은 상당히 많다. 그러므로 닥쳐온다는 성격만으로 죽음을 분명하게 할 수는 없다. 그것은 도리어 위험한 시도이다. 위 해석 때문에 죽음을 '주변세계에서 출현해 현존재의 눈앞에 닥쳐오는 사건'이라는 의미로 이해해야 한다고 억측하는 사람이 생길지도 모르기 때문이다. 눈앞에 닥쳐온다는 말로 표현할 수 있는 것들을 생각해 보라. 폭풍우, 집 공사, 친구의 도착 등등……. 이들은 객체적·도구적으로 존재하거나 공동현존재로서 존재하는 존재자이다. 눈앞에 닥쳐온다는 표현은 이런 존재자를 가리키는 말로도 쓰인다. 그러나 눈앞에 닥쳐오는 죽음은 객체적·도구적 또는 공동현존재로서의 존재양식을 지니지 않는다.

그런데 여행이나 다른 사람과의 대결 등이 현존재의 눈앞에 닥쳐오는 경우도 있다. 또는 무엇이 되려던 꿈을 단념해야 할 일이 닥쳐오기도 한다. 이러한 것들은 다른 사람들과의 공동존재에 바탕을 둔 고유한 존재가능성이다.

이 모든 것과는 달리, 죽음이란 그때마다 현존재가 스스로 떠맡아야만 하는 존재가능성이다. 죽음은 바로 현존재 자신에게 가능한 존재가능에 의해 현존재의 눈앞에 닥쳐온다. 이 가능성에 의해 현존재는 단적으로 자신의 세계-내-존재 그 자체에 관련된다. 현존재의 죽음은 곧 그가 더 이상 현실적으로 존재할 수 없어진다는 가능성이기도 한 것이다. 현존재가 이러한 스스로의 가능성으로서 현존재 자신의 눈앞에 닥쳐올 때, 현존재는 자신의 고유한 존재가능에 전적으로 마음쓰고 몰입한다. 현존재가 이런 식으로 자신에게 닥쳐와 스스로의 모습을 볼 때, 그 현존재는 다른 현존재와 교류할 여지를 완전히 잃어버린다. 그의 이 고유한 가능성은 다른 무엇에도 얽매이지 않는 몰교섭적(沒交涉的) 가능성인 동시에 가장 극단적인 가능성이다.

존재가능으로서의 현존재는 죽음의 가능성을 뛰어넘을 수 없다. 죽음은 현존재가 반드시 불가능해질 가능성이기 때문이다. 이로써 죽음이란 가장 고유하고 몰교섭적이며 뛰어넘을 수 없는 가능성임이 밝혀졌다. 죽음은 이런 가능성으로서 현존재의 눈앞에 뚜렷하게 닥쳐온다. 이 죽음의 실존론적 가능성은 현존재가 본질적으로 스스로를 열어 보이기 때문에, 더욱이 '스스로를 앞지르는' 방식으로 열어 보이기 때문에 확인된다. 관심에 따른 이러한 구조계기(자기를 앞지름)는, 죽음에 임하는 존재를 통해 가장 근원적으로 구체화된다. '종말에 임하는 존재'는 지금까지 설명한 바처럼, 뚜렷한 현존재의 가능성에 임하는 존재로서 현상적으로 더욱더 명료해진다.

그런데 가장 고유하고 몰교섭적이며 뛰어넘을 수 없는 이 존재의 종말의 가능성은, 현존재가 자기 존재의 경력을 더듬어 나아가는 과정 중에서 나중에 또는 수시로 만들어 내는 것이 아니다. 도리어 현존재가 실존할 때, 그 현존재는 이미 처음부터 그 가능성 안으로 '내던져진' 셈이다. 현존재는 자신이 죽음에 내맡겨져 있다는 사실, 그리고 죽음이 세계-내-존재에 속해 있다는 사실을 대개 잘 모른다. 그뿐만 아니라 그에 대한 이론적 지식도 없다. 그러나 자신이 죽음 속으로 내던져진 상태라는 사실은, 지식보다 더 근원적이고 더 통렬한 모습으로 현존재를 괴롭힌다. 그 사실은 바로 불안한 심경이라는 형태로 현존재에게 나타난다.[9] 죽음에 임하는 불안이란, 스스로에게 가장 고유하고 몰교섭적이며 뛰어넘을 수 없는 존재가능과 맞닥뜨리는 불안이다. 이것은 대체 무엇에 임하는 불안인가? 바로 세계-내-존재에 임하는 불안이다. 왜 불안한가 하면, 그로써 단적으로 현존재 그 자체의 존재가능이 위협당하기 때문이다.

---

9) 본서 제40절 참조.

다시 말해서 죽음에 임하는 불안을 사망(세계 속 존재와 현존재 둘 다 소멸함)에 대한 공포와 혼동해선 안 된다. 죽음에 임하는 불안은 개개인에게 우연히 나타나는 '나약한 심정'과는 다르다. 이 불안은 현존재(본질)로부터 비롯된 근본적 심정의 표출이자, 현존재가 스스로의 종말(완전성의 종말)에 임하도록 내던져진 대가로 세계 속 존재로서 실존하고 있다는 점에서 비롯된 불안이다. 이로써 임사(臨死, 현존재만의 죽음)의 실존적 개념은 명확해졌다. 그래서 그것은 가장 고유하며 몰교섭적이고 뛰어넘을 수 없는 존재가능에 임하도록 내던져져 있다. 이를 단순한 소멸이나 절명, 또는 사망의 '체험' 등과 비교해 보면 그 개념이 더욱 분명해진다.

'종말에 임하는 존재'는 때때로 떠오르는 어떤 심경에서 비롯되거나 또 그런 심경으로서 생겨나는 것이 아니라, 본질적으로 현존재의 내던져진 성격에 속해 있으므로, 그 성격을 그때그때의 심경(기분)에서 이런저런 방식으로 드러낸다. 현존재는 이 고유한 '종말에 임하는 존재'에 대해 사실 알기도 하고 모르기도 한다. 아는 상태와 모르는 상태가 현존재를 그때그때 지배하는 것이다. 그러나 '앎'과 '무지(無知)' 가운데 어느 상태가 지배적이든 간에, 현존재가 이 '종말에 임하는 존재' 안에 자리해 있다는 온갖 실존적 가능성이 있음을 나타낼 뿐이다. 많은 사람들이 죽음에 무관심한 것은 사실이지만, 이를 근거로 '죽음에 임하는 존재'가 현존재에 '보편적'으로 속하는 요소가 아니라고 주장해서는 안 된다. 그 현상은 다만 대부분의 현존재가 자신이 '죽음에 임하는 고유한 존재'라는 점에서, 죽음에 임하면서도 도망치고 있으며 스스로를 은폐하고 있다는 증거에 불과하다.

현존재는 실존하는 한 죽음(미완성 상태)에 임하고 있다. 그러나 사람들은 대개 퇴락(頹落, 본질과 연락이 단절된 상태, 곧 타락)이라는 방식으로 죽는다. 왜냐하면 현사실적 실존은 단순히 일반적이고 무차별적으로 내던져진 세계—내—존재의 가능성일 뿐 아니라, 언제나 이미 배려되어 있는 '세계' 안에 녹아들어 있기 때문이다. 이처럼 '……에 근거하면서 퇴락하는 존재' 가운데, 불안—죽음에 임하는 고유한 존재—으로부터 도망치려는 시도가 발생한다. 지금까지 살펴본 바와 같이 실존, 사실성, 퇴락이란 종말에 임하는 존재의 성격을 규정하는 요소이다. 그러므로 이들 요소는 죽음의 실존론적 개념의 구조계기이다.

임사란 그 존재론적 가능성에서 볼 때 현존재의 관심에서 비롯된다.

그런데 '죽음에 임하는 존재'가 근원적이고도 본질적으로 현존재의 존재에 속해 있다고 한다면, 그런 존재를 일상성에서도—일단은 비본래적 형태로라도—발견할 수 있을 것이다. 게다가 '종말에 임하는 존재'가 현존재의 실존적 전체존재를 가능하게 하는 (완전한) 실존론적 가능성을 제공해야 하는데, 이 죽음에 임하는 존재에게 관심이야말로 현존재 구조 전체의 전체성을 나타내는 존재론적 명칭이라는 명제를 입증할 만한 현상적 검증을 해줄 수 있을 것이다. 그러나 이 명제를 관심의 현상에 맞춰 충분히 정당화하려면, '죽음에 임하는 존재'와 관심의 연관성을 그려내는 것만으로는 부족하다. 우리는 이 둘의 연관성을 현존재와 가장 가까운 구체적 모습—일상성—에서 제일 먼저 확인해 보아야 한다.

51 죽음을 맞는 존재와 현존재의 일상성

일상적이고 평균적인 '죽음에 임하는 존재'를 확인하기 위해, 우리는 앞서 파악했던 일상성의 여러 구조를 사용할 것이다. '죽음에 임하는 존재'에 있어 현존재는 뚜렷한 존재가능으로서 자기 자신에 대해 태도를 취한다. 그런데 일상성에서의 '자기'란 곧 세인(世人)이고,[10] 세인은 공개적 피해석성(被解釋性)에 의해 구성되며, 이 해석은 세인, 곧 사람들의 흔한 빈말(잡담) 속에서 그 모습을 드러낸다. 따라서 빈말을 통해 우리는 일상적 현존재가 '죽음에 임하는 자기존재'를 어떻게 스스로 해석하고 있는지를 본다. 그리고 해석의 기초를 이루는 것은 그때그때의 이해이다. 이러한 이해는 언제나 심경, 다시 말하자면 그때의 기분에 따른 이해이다. 그러므로 우리는 여기서 다음 질문을 던져야 한다. 세인의 빈말 밑바닥에 깔려 있는 심정적 이해는 '죽음에 임하는 존재'를 어떻게 열어 보이고 있는가? 세인은 현존재의 가장 고유하고 몰교섭적이며 뛰어넘을 수 없는 가능성에 대해 어떻게 이해하면서 대응하고 있을까? 죽음에 내맡겨진 상태를 세인에게 가르쳐 주는 심경은 대체 어떤 심경이며, 그 심경은 그것을 어떤 방식으로 보여줄까?

---

10) 본서 제27절 참조.

일상적 상호존재의 공공성은 죽음을 끊임없이 발생하는 재난, 즉 '사망 사건'이라 알고 있다. 나와 가까운 사람이나 먼 사람들이 '죽는다.' 모르는 사람들이라면 날마다 매시간 '죽어 나간다.' '죽음'은 세계내부에서 일어나는 지극히 당연한 사건이다. 이처럼 죽음은 일상적 만남에서도 특징적인 은밀한 영역에 머물러 있다.[11] 게다가 세인은 이 사건을 설명할 해석을 이미 하나 준비해 두고 있다. 죽음에 대한 이 해석을 어떤 세인은 분명히 말하기도 하지만, 대부분은 머뭇거리며 둘러맞추듯 말한다. 그 내용을 간단히 말하자면 이렇다. 사람은 언젠가 반드시 죽지만, 내 차례는 당분간 오지 않을 것이라고.

'사람은 죽는다'라는 말을 분석해 보자. 그러면 죽음에 임하는 일상적 존재의 모습이 분명하게 드러난다. 세인은 언젠가 어딘가에서 죽음이 자신을 덮쳐 올 것이라고 막연히 생각한다. 그러나 그 죽음은 자기 자신에게는 아직 실존적으로 존재하지 않으며, 앞으로도 당분간 그럴 것이라고 생각한다. 그래서 죽음을 걱정하지 않아도 된다고 이해하고 있다. '사람은 죽는다'라는 말을 잘 살펴보라. '사람'이라는 단어 자체가, 죽음을 세인의 신상에 일어나는 '남의 일'처럼 여기고 있다는 느낌을 준다. 현존재는 '사람은 죽는다'라고 공개적으로 해석한다. 다른 사람들 또는 나 자신조차 이(남의 일처럼 여기는) 말을 써서 나를 안심하게 만든다. 죽는 존재는 사람일 뿐 나 자신은 아니라는 것이다. 여기서 '사람'이란 그 누구도 아닌 세인이기 때문이다. '죽는다는 것'과 죽음에 임하는 일은 현존재를 습격하는 사건이긴 하지만, 딱히 누군가에게 속해 있지는 않은 단순한 사건일 뿐이라고 생각한다.

빈말이란 본래 애매하기 마련인데, 죽음에 관한 이 이야기는 그야말로 애매함 덩어리다. 죽음에 임한다는 일은 본질적으로 대리 불가능하다. 그 일은 오롯이 나에게 속한다. 그런데 빈말에서는 죽음이 이 같은 본래 의미와는 정반대로, 공공적으로 출현해서 세인을 습격하는 사건으로 바뀌고 만다. 이 설명에서 죽음은 끊임없이 발생하는 '사례(事例)'로 다루어진다. 이 설명은 죽음을 언제나 이미 '현실적인 것'이라고 떠든다. 그러면서 죽음이 지닌 가능성으로서의 성격을 감추고, 동시에 죽음에 속하는 두 가지 계기—몰교섭적이고 뛰어넘

---

11) 본서 제16절 참조.

을 수 없다는 점—마저 은폐해 버린다. 이처럼 죽음에 대한 설명은 언제나 애매하게 언급되기 때문에, 사람들은 자신에게 속한 가장 고유하고 뚜렷한 (죽음의) 존재가능성을 눈앞에 두고도 알지 못한다. 그 애매함을 써서 자신을 세인 가운데 한 사람으로 가려버리는 것이다. 세인은 '죽음에 임하는 고유한 존재'를 세인 안에 은폐할 권리를 사람들에게 준다. 그로 인해 사람들의 은폐하고 픈 유혹은 더욱 커지고 만다.[12]

죽음에 임하면서도 그것을 은폐하고 회피하는 것은 일상생활을 매우 강하게 지배하고 있는 태도이다. 그래서 상호존재들 가운데 '가까운 사람'은 '임종하는 사람'에게 이처럼 말하는 것이다. 너는 죽지 않을 거라고. 너는 너를 배려하는 세계의 안온한 일상성으로 곧 돌아올 수 있을 거라고. 이런 '배려적 관심'은 그러한 죽음을 은폐하는 말을 통해 '임종하는 사람'을 위로하고 있는 셈이다. 하지만 임종하는 사람은 사실 자신의 가장 고유하고도 몰교섭적 (죽음의) 존재가능성을 이 지경이 되어서까지도 스스로에게 숨기고 있으며, 가까운 사람들은 그런 그를 도우며 현존재로 되돌리려고 노력하는 것일 뿐이다. 세인은 이처럼 '죽음에 대한 부단한 안온'을 배려한다.

그런데 이 안온은 '임종하는 사람'을 위로해 줄 뿐만 아니라 위로해 주는 사람에게도 위안을 준다. 자신이 남을 배려하고 있다는 이 안온한 상태는 상대가 죽었을 때조차 유지된다. 자신의 안온한 상태가 죽음이라는 사건 때문에 흐트러지거나 뒤흔들리는 일이 없도록, 공공성이 작용하기 때문이다. 실제로 어떤 사람들은 타인이 죽었을 때, 그 죽음을 민폐라고 생각하거나 죽은 자 본인이 부주의해서 죽은 거라고 생각한다. 이처럼 다른 사람의 죽음이 공공성에 폐를 끼치거나 흠을 냈다고 비난하는 행위는 위와 같은 (즉 죽음은 나 자신에게 닥친다는 사실을 은폐하고 공공성으로 돌리려는) 이유에서 비롯된다.[13]

그런데 세인은 이러한 안온을 통해 현존재를 자신의 죽음으로부터 밀어내는 데에서 그치지 않는다. 세인은 애초에 '사람'이 죽음에 어떤 식으로 대처해야 할지 암묵의 규제를 만들어 냄으로써 권위와 위신을 얻는다. '죽음을 생각

---

12) 본서 제38절 참조.
13) 톨스토이는 《이반 일리치의 죽음》이라는 작품에서 이 '사람은 죽는 것이다'라는 관념이 일으키는 동요와 붕괴의 현상을 그려 보였다.

하는 행위' 그 자체가 공개적으로는 부정적 행위로 여겨진다. 다시 말해 겁 많은 공포심과 생활에 대한 불안감에서 비롯된 음습한 현실도피로 여겨진다. '세인'은 죽음에 임하는 불안에 대한 용기가 솟아오르지 못하도록 막는다. 세인의 공개적 피해석성에 의해, 우리가 죽음에 임하는 태도로서 갖춰야 할 (공적인) 심경(心境)이 이미 결정되어 버린 것이다. 현존재는 죽음에 임하는 불안을 통해, 뛰어넘을 수 없는 (죽음의) 가능성에 내맡겨진 자기 자신과 맞닥뜨리게 된다.

그런데 세인은 이 같은 불안을 뒤집으려고 노력한다. 곧 그것을 닥쳐오는 사건에 대한 공포로 바꾸려 한다. 이로써 불안은 공포가 되어버리고, 세인은 그에 대해 '자신감 넘치는 현존재라면 그 공포를 두려워해선 안 된다'고 말한다. 그 공포는 약한 마음에서 비롯된다는 말이다. 세인은 소리 없이 이렇게 포고한다. '사람은 죽는다'라는 '사실'을 태연히 받아들일 수 있는 무관심이야말로 온당한 행위라고. 그러나 사실 이런 '초연한 무관심' 때문에, 현존재는 그 자신의 고유하고도 몰교섭적인 (죽음의) 존재가능성으로부터 소외되는 것이다.

유혹과 안온과 소외는 '퇴락(타락)'의 존재양상이 지니는 특징이다. '죽음에 임하는 일상적 존재'란 퇴락한 존재로서, 죽음으로부터 끊임없이 도망치는 존재이다. 여기서 '종말에 임하는 존재'는, 종말에 임하면서도 그것을 애매하게 해석하고 비본래적으로 이해하여 그 본질을 은폐해 버린다. 말하자면 이런 방식으로 종말을 회피한다. 사실 각 현존재는 언제나 죽음에 임하고 있으며, 스스로의 종말에 임하는 존재 속에 존재하고 있다. 그러나 현존재는 이 사실을 은폐해 버린다. 죽음을 다른 사람들의 신상에 발생하는 사망 사례로 바꿈으로써 은폐하는 것이다. 그리고 다른 사람들의 사망과 마주하면서 그 생각을 더욱 굳게 다진다. 타인의 죽음을 보며 '나 자신'은 아직 '살아 있다'고 다시금 깨닫고는 보다 확실하게 안심하게 된다.

그러나 이처럼 퇴락한 방식으로 죽음에게서 달아나 봤자 소용없다. 현존재의 일상성은 세인 그 자체도 언제나—딱히 죽음에 대해 생각하지 않을 때조차도—'죽음에 임하는 존재'라는 숙명을 지고 있음을 보여준다. 현존재는 평균적 일상성에 있어서조차, 이 가장 고유하고 몰교섭적이며 뛰어넘을 수 없는 존재가능성과 관련을 맺고 있다는 말이다. 비록 그 관련이 자기 실존의 가장 극단적 가능성에 등 돌리고서 태평한 무관심을 얻기 위한 배려의 양상밖에 띠지 못한다 해도 그 죽음의 가능성은 뛰어넘을 수 없는 존재로 있다.

이제 우리는 일상적 '죽음에 임하는 존재'를 해명함으로써 지침을 하나 얻었다. 그것은 '죽음에 임하는 퇴락한 존재'를 더 철저하게 고찰해, 그런 퇴락한 존재는 죽음에 맞닥뜨려 그로부터 도피하는 존재라고 해석하라는 지침이다. 우리는 그러한 해석을 통해 '종말에 임하는 존재'의 완전한 실존론적(존재가능의 실존) 개념을 확정해 보려 한다. 여기서 '도피의 대상'이 무엇인지 현상적으로 충분히 밝혀낼 수 있다면, 우리는 도피적 현존재가 스스로의 죽음을 어떻게 이해하고 있는지를 현상학적으로 기투할 수 있을 것이다.[14]

52 죽음을 맞는 일상적 존재와 죽음의 완전한 실존론적 개념

우리는 '종말에 임하는 존재'를 이미 실존론적으로 밝혔다. 그것은 가장 고유하고 몰교섭적이며 추월할 수 없는, 이미 정해진 죽음의 존재가능에 임하는 존재로서 규정되었다. 그런데 사실 이 가능성에 임하면서 실존하는 존재는, 이러한 운명적 실존의 절대적 불가능성에 맞닥뜨리게 된다. 이것이 우리가 지금까지 해왔던 '죽음에 임하는 존재'에 관한 성격규정이다. 이런 공허해 보이는 결과를 바탕으로 우리는 더 깊은 고찰을 시도해서, 이 존재가 일상적으로 구체화한 모습을 밝혔다. 그 모습은 일상성의 본질을 이루는 '퇴락으로 흐르는 경향'에 맞춰져 있었다. 그로써 '죽음에 임하는 존재'는 죽음을 은폐하고 그로부터 도피하고 있다. 우리의 근본적 탐구는 죽음의 존재론적 구조를 형식적으로 그려내는 것에서 출발, 일상적 '종말에 임하는 존재'에 대한 구체적 분석에 이르렀다. 그럼 이번에는 진로를 바꾸어, 일상적 '종말에 임하는 존재'에 몇몇 해석을 더함으로써 죽음에 대한 완전한 실존론적 개념을 밝혀내자.

앞서 우리는 세인의 빈말을 근거로, 일상적 '죽음에 임하는 존재'를 해석했다. 빈말의 전체 내용은 '사람은 언젠가 반드시 죽지만, 지금 당장 그런 것은 아니다'라는 것이었다. 그런데 우리는 여기서 '사람은 죽는다'라는 부분만 따로 떼서 사용해 왔다. 이번에는 '언젠가 반드시, 하지만 지금 당장은 아니다'라는 부분에 주목해 보자. 이 부분은 죽음의 확실성 비슷한 것이 일상적으로 인정

---

14) 이 방법적 가능성에 관해서는 불안의 분석을 위해 설명한 본서 제40절 참조.

되고 있음을 보여주고 있다. 사람이 죽는다는 사실은 아무도 의심하지 않는다. 그런데 이 의심하지 않는다는 말이, 앞서 규정했던 뚜렷한 가능성으로서의 죽음이 현존재 속에 나타나는 모습과 상응하는 확실성을 뜻한다고 단정할 수는 없다. 일상성은 이처럼 죽음의 '확실성'을 애매하게 인정하고 있을 뿐이다. 일상성은 그런 식으로 죽음에 임하는 것을 더욱 은폐하고 그 확실성을 흐려서, 죽음에 내던져져 있다는 부담감을 가볍게 만든다.

죽음을 은폐하고 그로부터 도피하는 것은 사실을 외면하기 위한 행위이다. 따라서 도피하는 이상 죽음을 본래적으로 확인하고 확실히 깨달을 수는 없다. 그런데 실제로는 어떤가? 우리는 그것을 확실하다고 '깨닫고' 있다. 이 '죽음의 확실한 깨달음'이란 대체 무엇일까?

무언가를 확실히 깨닫는 행위란 무엇일까? 그것은 그 무언가를 참된 존재이자 진리라고 견지(堅持)하는 행위이다. 그런데 진리란, 존재자가 완전히 밝혀져—발견되어—있다는 뜻이다. 여기서 완전히 밝혀진다는 것은, 존재론에 있어서 가장 근원적 진리를 나타내 주는 현존재의 열어 보이는 성질에 근거하고 있다.[15] 현존재는 열어 보여지면서 스스로를 나타내고 밝혀내는 존재자로서, 본질적으로 '진리 속에' 존재하고 있다. 그런데 확실성은 진리에 바탕을 두고 있거나, 근원이 같은 진리에 귀속하고 있으므로, '확실성'이라는 표현은 '진리성'이라는 말처럼 이중적 의미를 지닌다. 즉 근원적으로 말하자면 진리성이란 현존재적 가능성이 열어 보이는 태도를 취함을 의미한다. 이에서 파생된 의미로는, 진리성이란 존재하는 것이 완전히 밝혀져(발견되어) 있는 존재양식을 가리킨다. 이에 따라 '확실성'도 근원적으로는, 현존재의 존재양식으로서 확실하다고 깨달음을 의미한다. 그러나 파생적 의미로는, 현존재가 확실하다고 깨달을 수 있는 것도 '확실한 것'으로 불릴 수 있다.

확실하다고 깨닫는 것은 여러 형태로 나타난다. 그 가운데 하나가 확신(소신)이다. 무언가를 확신할 때 현존재는 완전히 밝혀진 (참된) 것 자체만을 증거 삼아, 그것을 이해하는 태도를 스스로 결정해 버린다. 무언가를 참이라고 견지하는 태도는 완전히 밝혀진 사실 자체에 근거한다. 그리고 이렇게 완전히 밝혀져

---

15) 본서 제44절 참조.

있는 사실에 임하는 존재로서 스스로가 그것에 잘 따르고 있음을 순수하게 자각하고 있다면, 이처럼 견지하는 태도는 진리의 분야에 속할 만한 태도가 된다. 대충 만든 허구나 단순한 관측에서는 이런 점을 찾아볼 수 없다.

참되다고 견지하는 일이 충분한지 어떤지는, 이러한 견지가 어떤 진리를 요구하는지에 따라 결정된다. 이렇게 진리를 요구하는 일은 열어 보이려는 존재자의 존재양식과, 그 열어 보이는 방향성을 바탕으로 정당화된다. 이러한 존재자가 달라짐에 따라, 또는 열어 보이는 방향을 제시하는 경향 및 깊이에 따라 진리의 모습은 변한다. 그리고 확실성의 성격도 변한다. 이번에는 진리를, '죽음에 대한 확실한 깨달음'이라는 한정된 범위에서 고찰을 해볼 터인데, 실은 죽음에 대한 깨달음이야말로 '현존재'의 가장 뚜렷하고도 확실한 깨달음이다.

일상적 현존재는 자신의 가장 고유하고 몰교섭적이며 뛰어넘을 수 없는 어두운 가능성을 대개는 은폐하고 있다. 이러한 현사실적 은폐 경향에 의해서는, 현존재의 현사실적 존재는 '비진리(非眞理)'에 속한다는[16] 명제가 증명된다. 따라서 '죽음에 임하는 존재'라는 사실을 은폐하려는 확실성이란, 의심한다는 의미에서의 불확실성이 아님과 동시에, 부적절한 방식으로 참으로서 견지하는 것임이 분명하다.

이처럼 부적절한 깨달음에서는, 확실하다고 깨달은 내용이 여전히 은폐된 채로 남겨진다. 세인인 '사람'이 죽음을, '환경적으로 마주치는 사건'이라고 이해할 경우, 그런 깨달음은 '종말에 임하는 존재'와는 맞지 않는다.

사람들은 보통 이렇게 말한다. 죽음이 닥쳐오는 일은 확실하다고. 그러나 세인, 즉 사람들은 중요한 사실을 간과하고 있다. 죽음을 확실히 깨닫기 위해서는, 각 현존재가 자신의 가장 고유하고 몰교섭적인 죽음의 존재가능을 언제나 확실하게 깨닫고 있어야 한다는 사실을 말이다. '죽음은 확실하다'고 사람들은 말한다. 이 말 때문에 사람들은 착각에 빠진다. 현존재가 자신의 죽음을 스스로 확실하게 깨닫고 있다는 환상, 그런 환상이 현존재 속에 자리 잡는 것이다. 그런데 이 일상적 깨달음의 근거는 대체 무엇일까? 이 현존재의 죽음에 대한 깨달음은 단순한 상호설득(相互說得)에서 비롯된 것은 분명 아니다. 사람들은

---

16) 본서 제44절 B. 참조.

타인의 죽음을 실제로 경험하고 있지 않은가? 이렇게 죽음이란 부정할 수 없는 '경험적 사실'이다.

'죽음에 임하는 일상적 존재'는 이런 근거에서 비롯된 확실성을 어떻게 이해하고 있는가? 그것은 사람들이 새삼 비판적이고도 신중한—나름대로 적절한—태도로 죽음에 대해 '생각해 보려' 할 때 확연하게 드러난다. 사람들이 아는 한 모든 인간은 '죽고', 죽음은 모든 인간에게 최고 높은 확률로 발생한다. 그러나 죽음은 '무조건' 확실하지는 않다. 엄밀히 말해 죽음이란 '그저' 경험적 확실성에 지나지 않는다. 이런 확실성은 우리가 이론적 인식을 통해 얻는 최고의 확실성, 곧 반박의 여지가 없는 확실성에 비해 아무래도 열등하다.

죽음, 그리고 죽음이 닥쳐온다는 확실성에 대한 이 같은 '비판적' 규정을 살펴보면 한 가지 사실이 드러난다. 여기서도 일상성은 매우 특징적인 태도로, 현존재와 그 현존재로부터 비롯된 '죽음에 임하는 존재' 사이의 존재양식을 오인하고 있다는 점이다. 발생하는 사건으로만 인식되는 '사망'은 단순한 경험적 확실성밖에 지니지 못한다. 그러므로 이 점은 죽음의 확실성에 대한 결정적인 요소가 못 된다. 현존재가 일반적으로 죽음에 우선 주목하는 까닭은 경험적 사망 사례 때문인지도 모르지만 지금까지 논한 바와 같이 단지 경험적 확실성 수준에 머무르는 한, 현존재가 죽음을 본질적 존재양상으로 확실히 깨닫는 일은 결코 불가능하다.

현존재는 세인의 공개성을 통해, 죽음의 이 같은 '경험적' 확실성만을 화제 삼는 듯 보인다. 그런데 사실 근본적으로는 그렇지 않다. 일상적 현존재라 해도 발생하는 사망 사례에만 주목하는 것은 아니다. 일상적 '죽음에 임하는 존재'도 스스로의 죽음으로부터 도피할 때, 순수한 이론적 성찰로 자신을 설득하려는 것과는 다른 태도로 죽음을 깨닫는다. 그런데 일상성은 이 '다른 태도'를 대개 은폐하고 있다. 일상성은 스스로를 똑바로 바라볼 용기를 내지 않는 것이다. 우리가 앞서 밝힌 바처럼 죽음에 대처하는 일상적 심경이란, 죽음이라는 확실한 '사실'에 대해 초연한 태도를 가장한다. 일상성은 이 걱정 없어 보이는 초연한 태도를 조심스럽게 배려하고 있다. 사실 이 초연한 태도는 단순한 경험적 죽음의 확실성보다도 더욱 '수준 높은' 확실성을 죽음으로 인정하는 행위이다.

사람들은 보다 확실한 죽음에 신경 쓴다. 게다가 그것을 본래적으로 깨닫지 못하고 있다. 현존재의 퇴락하고 있는 일상성은, 죽음의 확실성을 '알면서도' 그 죽음의 가능성을 자기 존재에 적용하여 확인하지는 않는다. 그럼 무엇에 임하기가 두려워서 이렇게 도피하는가? 그 해답이야말로, 죽음이 가장 고유하고 몰교섭적이며 뛰어넘을 수 없는 '확실'한 가능성으로서 파악되어야만 한다는 점을 현상적으로 증명한다.

사람들은 흔히 말한다. 죽음은 반드시 닥쳐온다고. 그러나 당장 닥쳐오지는 않는다고. 이 '그러나'에 의해, 세인은 죽음이 확실하다는 사실을 지워버린다. '당장 닥쳐오지는 않는다'라는 말은 단순한 부정문이 아니다. 그 말에는 세인의 또 다른 자기 해석이 숨겨져 있다. 즉 세인은 죽음을 당장 닥쳐오지는 않는다고 해석함으로써, 아직 자기 손안에 있는 분야, 자신이 종사할 수 있는 분야로 스스로의 관심을 돌린다. 다시 말해 일상성은 사람들의 관심을 급한 배려로 돌리고 수지가 안 맞는 '죽음에 관한 쓸모없는 상념'을 멀리 쫓아내 버린다. 죽음에 대해서는 '언젠가' 생각하면 된다고 나중으로 미루는 것이다. 그리고 그 '언젠가'에까지는, 이른바 '일반적 추측과 계산'[17]에 의지한다.

이렇게 세인은 죽음의 확실성의 독특한 성격, 즉 죽음은 어느 순간에나 가능하다는 점을 은폐해 버린다. 죽음의 확실성에는 언제나 닥쳐오는 시기가 정해져 있지 않다는 사실이 따라붙는다. 이러한 시기의 '무규정성(無規定性)'으로부터 도망치기 위해, 일상적 '죽음에 임하는 존재'는 그것에 규정성을 부여한다. 그런데 그 시기를 어떻게 규정할 수 있을까? 죽음이 닥치는 시각을 계산해서 정하는 방법은 쓸 수 없다. 오히려 현존재는 그런 규정성으로부터 도망친다. 일상적 배려를 통해 죽음의 확실한 무규정성에 규정성을 부여하려면, 가까운 일상생활에서 해야 할 일이나 기회 등을 죽음 앞에 끼워 넣는 방법을 쓸 수 있다. 다시 말해 자신이 보고 파악할 수 있는 일이나 기회 등을, 언제 닥쳐올지 알 수 없는 죽음의 무규정성 앞에 놓아두는 것이다.

그런데 무규정성이 은폐되면 확실성도 그 영향을 받아 은폐되고 만다. 무규정성과 확실성은 죽음의 가장 고유한 가능성의 특징이다. 그래서 죽음은 어느

---

17) 예컨대 평균 수명이 그 예이다.

순간에든 가능하다는 이 같은 특징은, 위 방법을 통해 은폐되고 만다.

지금까지 죽음에 관한 세인의 일상적 설명, 또 죽음이 현존재 속에서 나타나는 존재양식에 관한 세인의 일상적 설명을 남김없이 해석해 보았다. 그 결과 우리는 (죽음의) 확실성과 동시에 (그 시기의) 무규정성이라는 성격을 손에 넣었다. 그럼 여기서 죽음에 대한 완전한 실존론적·존재론적 개념을 밝혀보자. 그것은 여러 규정으로 한정할 수 있다. 즉 현존재의 (완전성 또는 전체성) 종말로서의 죽음이란 현존재의 가장 고유하고 몰교섭적이며 확실한 죽음의 가능성이고, 게다가 (그 죽음의 시기는) 무규정적인 동시에 건너뛸 수 없는 가능성이다. 죽음은 현존재의 종말이므로, 이 경우 죽음은 스스로의 종말에 임하고 있는 이 현존재자 안에 존재하고 있다.

그럼 여기서 우리가 '종말에 임하는 (이 세계 속) 존재'의 실존론적 구조를 한정하려 했던 이유를 돌이켜 보자. 그것은 현존재가 '현존재의 전체성으로 존재할 수 있는' 현존재의 존재양식을 발견하기 위한 고찰에서였다. 이제 일상적 현존재도 언제나 이미 스스로의 (전체성, 완전성의) 종말에 임하면서 존재하고 있다는 점, 말하자면 언제나 이미 스스로의 죽음과—도피적 형태로 어수선하게나마—관계를 맺고 있다는 사실이 분명해졌다. 이 사실은 무엇을 보여주는가? 현존재가 임종하는 순간에야 비로소 전체존재를 싸잡아 규정하고 있는 이 종말에 이르는 것이 아니라는 점을 보여준다. 스스로의 (완전성의) 죽음에 임하며 존재하는 현존재 안에는 그 자신의 가장 극단적 미연(미숙, 혼자서 완성할 수 있지만 아직 완성되지 않음)이 언제나 이미 존재하고 있다. 이 극단적 미연은 다른 온갖 미연들 뒤에 존재하는 것이다. 우리는 앞서 현존재의 미연을, 존재론적으로 부적절하게도 미진(미완성, 즉 혼자서는 완성할 수 없는 속성)이라고 해석했다. 게다가 이를 논거로 삼아 현존재의 비전체성을 형식적으로 추론했다. 그러나 이 형식적 추론은 성립될 수 없다는 점이 여기서 분명해졌다. 스스로를 앞질러 존재한다는 계기에서 비롯된 미연(미숙, 아직 덜 존재함)이라는 현상은, 관심의 구조 일반과 마찬가지로 실존적 전체존재가 가능하지 않다는 증거가 되지 못한다. 아니, 오히려 스스로를 앞질러 존재한다는 사실이야말로 이런 '종말에 임하는 존재'를 비로소 가능하게 하는 계기이다. 우리는 저마다 바로 그러한 미연의 존재자인데, 이런 존재자는 과연 전체로서 완전하게 존재할 수 있는가? 이 문제는 현존재의 근본적 구성인 관심이, 이 존재자의 가장 극단적 가능성인 죽음과 '연관'되어 있는 한은 정당하게 성립한다.

하지만 정말로 이 문제가 지금까지의 고찰을 통해 제대로 개발되었는지는 여전히 의문이다. '죽음에 임하는 존재'는 관심에 근거하고 있다. 현존재는 자신의 여러 존재가능들 가운데 하나가 내던져진 세계-내-존재로서, 언제나 이미 자신의 (완전성, 전체성의) 죽음에 내맡겨져 있다. 죽음에 임해 존재하는 현존재는, 그 죽음에 이르기 전까지 사실상 끊임없이 임사(臨死), 곧 죽음에 임하고 있는 것이다. 그리고 현존재가 끝없이 임사하고 있다는 것은 결국 현존재가, 죽음에 임하는 스스로의 존재에 대해 언제나 어떤 태도를 취하고 있다는 뜻이다. 죽음을 퇴락하는 형태라며 회피하는 일상적 태도는, 비본래적 '죽음에 임하는 존재'이다. 이러한 비본래성의 밑바닥에는 가능적 본래성이 존재하고 있다.[18] 비본래성이란 현존재가 그 안에 스스로의 몸을 옮겨놓을 수 있고, 또 대개는 이미 그 안에 옮겨가 있는 존재양식의 성격을 의미한다. 현존재가 반드시 비본래성에 자기 몸을 옮겨놓아야 하는 것은 아니지만, 현존재가 실존하는 한, 현존재는 그때그때 존재하면서 이해하고 있는 가능성을 기초로, 자신이 어떤 모습의 존재자인지를 스스로 규정한다.

현존재는 가장 고유하고 몰교섭적이며 뛰어넘을 수 없는, 게다가 확실하면서도 무규정적인 자신의 가능성을 본래적으로 이해할 수 있을까? 또 현존재는 자신의 종말에 임하는 본래적 존재 영역에 머무를 수 있을까? 이 본래적 '죽음에 임하는 존재'를 뚜렷하게 규정해야만, '종말에 임하는 존재'에 대한 우리의 실존론적 해석은 본질적으로 완전해질 수 있다.

본래적 '죽음에 임하는 존재'란 현존재의 실존적 가능성 가운데 하나이다. 이 존재적 존재가능은 그 자체가 존재론적으로 가능해야만 한다. 이 존재론적 가능성의 실존론적 조건이란 대체 어떤 것일까? 이 가능성 자체에는 어떻게 해야 접근할 수 있을까?

---

18) 현존재의 비본래성에 대해서는 제9절, 제27절, 특히 제38절에서 설명했다.

53 본래적 '죽음을 맞는 존재'의 실존론적 기투

사실상 현존재는 대개 후천적 '죽음에 임하는 존재' 안에 머물러 있다. 만약 현존재가 자신의 종말에 대해 본래적 태도를 끝끝내 취하지 않는다면, 또는 이 본래적 존재가 그 취지상 다른 사람에게 자기 존재를 들켜서는 안 된다고 한다면 본래적 '죽음에 임하는 존재'의 존재론적 가능성을 알아보고자 하는 우리는 대체 이 가능성의 성격을 어떻게 '객관적'으로 규정할 수 있단 말인가? (진리의 본질, 즉 현존재로부터) 본래적이지 않고 이토록 의심스러운 실존적 존재 가능을 바탕으로, 그 실존론적 가능성을 기투하는 것은 허황된 모험에 지나지 않을까? 이런 기투가 단순한 허구적·자의적 구성으로 끝나는 일을 막으려면 무엇이 필요할까? 현존재 스스로가 이 기투를 위한 지침을 우리에게 내려주는 것일까? 우리는 현존재 자체에서 이 기투가 현상적으로 정당하다는 근거를 찾아낼 수 있을까? 위와 같은 존재론적 과제들을 해결하려면 이 계획을 올바른 궤도에 올려놓기 위한 밑그림이 필요하다. 그런데 우리가 이제까지 현존재를 분석해서 얻었던 내용들 가운데 그 밑그림으로 쓸 만한 것이 과연 있는가?

우리는 죽음의 실존론적(죽음의 가능성은 실존한다는) 개념을 이미 확정했다. 그리고 이를 바탕으로, (진리로부터) 본래적으로 유래한 '종말에 임하는 존재'가 무엇과 연관될 수 있는지도 확정했다. 또한 우리는 후천적 '죽음에 임하는 존재'의 성격을 규정지었으며, 또 그것을 근거로 본래적으로 '죽음에 임하는 존재'가 어떤 모습으로 존재해서는 '안 되는지' 부정적으로 그려보았다. 우리는 이 적극적 지침과 부정적 지침을 써서, 본래적 '죽음에 임하는 존재'의 실존론적 구조를 기투할 수 있을 것이다.

현존재는 개시성(開示性), 곧 심경적(心境的)으로 나타내 보이는 이해로 구성되어 있다. 본래적 '죽음에 임하는 존재'는, 가장 고유하고 몰교섭적인 가능성 앞에서 도피할 수도 없고, 이렇게 도피하면서 그 가능성을 은폐할 수도 없으며, 세인의 상식에 맞춰 해석을 바꿀 수도 없다. 그러므로 본래적 '죽음에 임하는 존재'를 실존론적으로 기투할 때에는 다음을 목표 삼아야 한다. 즉, 우리는 죽음을 제대로 이해하는 '죽음에 임하는 존재'를 구성하는 여러 계기를 명확히 밝혀야 한다. 여기서 죽음을 제대로 이해하는 존재란, 이미 규정지어진 이

가능성으로부터 도망치지도 않고 그것을 은폐하지도 않는 존재를 뜻한다.

우선 필요한 것은 '죽음에 임하는 존재'란 '하나의 가능성에 마주 대하는 존재'라고 규정짓는 일이다. 그것도 현존재 자신의 어떤 두드러지는 가능성에 마주 대하는 존재로서 말이다. 어떤 가능성을 마주 대하는 존재란, 어떤 가능적 사항의 실현을 배려하는 형태로 그 사항을 추구한다는 뜻을 지니기도 한다. 도구적 존재자나 객체적 존재자에게는 이러한 가능성이 끊임없이 일어난다. 손에 넣을 수 있는 것, 처리할 수 있는 것, 실행 가능한 것 등이 그 예이다.

그런데 이런 가능한 사물들을 배려적으로 추구해서 그 사물들이 지닌 가능성을 손에 넣으면, 그 가능성은 단순히 '소멸되는' 경향이 있다. 그러나 우리가 주위의 도구에 대해 실현하는 배려(이를테면 제작, 정비, 재배치 등)는 어디까지나 상대적인 것에 지나지 않는다. 왜냐하면 실현된 사물이 여전히 경향성(傾向性)이라는 존재성격을 띠고 있기 때문이다. 그런 사물들은 실현되었을 때에도, 무언가를 위한다는 용도(用途) 비슷한 성격을 여전히 지닌다. 말하자면 현실적 존재자이면서도 계속 무언가를 위해 가능한 도구로서 존재하는 것이다.

그러나 현재 우리가 분석을 통해 밝히려는 것은, 배려적 추구가 가능한 사물에 대해 어떤 태도를 취하고 있는가 하는 점이다. 다시 말해 이 추구는 가능적 사물을 가능적 사물로서, 즉 가능성 자체에 주목해 주제적·이론적으로 고찰하는 것이 아니다. 오히려 가능적 사물로부터 주변을 둘러보고 시선을 돌려, 가능적 사물이 무엇을 위해 가능한지 알아보는 쪽에 주목한다.

그럼 현재 우리가 문제시하고 있는 '죽음에 임하는 존재'는 어떤가? 그것은 죽음의 실현의 배려적 추구라는 성격을 결코 지닐 수 없다. 첫째로 죽음은 가능한 것이기는 하지만, 무슨 도구나 객체로 존재하지는 않으며, '현존재' 속에 존재가능성으로서 있다. 둘째로 이 죽음이라는 가능한 것을 실현하고자 배려함은 곧 죽음을 자초하는 태도이다. 이는 현존재가, 실존하면서 죽음에 임하고 있는 존재를 위해 배려한다기보다는 그 존재의 지반을 스스로 없애버리는 행위와도 같다.

이처럼 '죽음에 임하는 존재'가 죽음의 '실현'을 추구하는 것이 아니라면, 그것은 또한 종말의 가능성에 대해 이리저리 생각해 보는 일도 아니다. 그런 태도 또한 '죽음을 생각하는' 일에 속하기 때문이다. 이러한 태도로는 이 가능성이 언제 어떻게 실현될지 끊임없이 생각하고 걱정하게 할 뿐이다. 죽음에 대해 이렇게 생각한다 해도, 죽음으로부터 가능적 성격을 제거하지는 못한다. 이 경우 죽음은 언젠가 반드시 닥쳐오는 것으로 여겨져 있다. 그러나 죽음에 대해 생각하는 것은 죽음을 예측해 대처하려는 태도이므로, 죽음의 가능적 성격을 완전히 없애버린다. 죽음은 본래 가능적인데도, 그렇게 죽음에 대해 생각하고 대처하려 함으로써 죽음의 그 가능성이 최대한 발휘되지 못하도록 애를 쓰는 것이다. 그런데 '죽음에 임하는 존재'가 (본래적으로) 이미 성격 지어진 이 가능성을 그대로 이해하고 열어 보여야만 한다면, 본래 이 가능성은 억눌려서는 안 되며, 가능성으로서 그대로 이해되고 발휘되어야 한다. 이 가능성은 그에 임하는 태도에 의해 소멸되는 일 없이, 하나의 가능성으로서 끝까지 살아남아야 한다.

그러나 현존재는 어떤 가능한 것의 가능성과 관련될 때, '기대한다'는 형태를 취한다. 어떤 가능한 것을 긴장하면서 기대한다는 것은, 그 대상이 '올까, 안 올까, 하지만 결국에는……'이라는 성격을 띤다. 그 대상은 어떤 것에도 방해받지 않고 언젠가는 눈앞에 생생하게 나타날 것이다. 하지만 그렇다면 이처럼 기대하는 현상을 분석할 경우, 우리가 이미 성격적으로 규정해 둔 내용에 마침내 다다르는 게 아닐까? 즉 무언가의 배려적 추구에 대해 이전에 밝혀둔 내용과 똑같은, 가능한 것에 향하는 존재양식이 분석 결과로 나오지 않을까? 모든 기대는 그 기대의 대상인 가능한 것이 대체 언제, 어떻게 실현되는지에 대해 이해하고 또 소유하는 성질을 지닌다.

기대한다는 것은, 그 가능적 존재로부터 때때로 눈을 떼서 그 존재의 가능적 실현을 바라보는 것뿐만 아니라, 본질상 그 존재의 가능성이 실현되기를 기다리는 행위이다. 그렇다면 사람들이 기대를 할 때에는, 가능적 존재를 뛰어넘어 현실적 존재의 영역에까지 발을 들이미는 셈이다. 여기서 말하는 현실적 존재란 무엇일까? 기대받고 있는 존재는 미래의 '무언가'를 위해 기대받는데, 그 '무언가'가 바로 현실적 존재이다. 다시 말해 이 현실적 존재를 바탕으로 그 현실적 존재를 지향하면서, 어떤 가능적 존재를 현실 안으로 끌어들이려는 것이 기대하는 행위의 정체이다.

그러나 '죽음에 임하는 존재'로서 가능성을 대하는 존재는, 이 존재에 있어서, 죽음이 '가능성'으로서 분명해진다는 방식으로 죽음과 관련될 것이다. 이런 방식으로 가능성을 대하는 존재를 '가능성 속으로 미리 가봄'이라 부르기로 하자. 하지만 이런 태도에는 가능적 존재 쪽으로 접근하는 행위가 포함되어 있지 않을까? 그리고 그 가능적 존재에 가까워질수록 그 실현되는 순간도 가까워지는 것이 아닐까? 하지만 이 접근은, 어떤 현실적인 것을 배려하는 식으로 가까워지지는 않으며, 이해하는 태도에 의해 그 가능성에 가까워진다. 이렇게 접근할수록, 그 가능적 존재의 어떤 가능성이 차츰 '커지는 것'일 뿐이다. 가능성으로서의 '죽음에 임하는 존재'가 가장 가까이 닥쳐왔을 때의 거리는, 그 모든 현실적인 것과 여전히 가능한 멀리 떨어져 있다. 이 (죽음의) 가능성이 은폐되는 일 없이 분명하게 이해될수록, 그 이해는 갈수록 순수해지며 실존 전반의 불가능성이 가능성 안으로 나아가게 된다.

가능성으로서의 죽음은, 그 어떤 '실현될 것'도 현존재에게 보여주지 않는다. 그리고 그 가능성은 현존재가 실존적 존재로서 스스로 죽음으로서 어떻게 나타날지도 현존재에게 제시하지 않는다. 죽음이란 무언가에 대한 태도와 실존이 모두 불가능해지는 가능성이다. 이 가능성으로 선험할수록 그 가능성은 더욱 커진다. 말하자면 그때 그 가능성은 그 어떤 제한도 뛰어넘는 가능성으로서, 즉 실존의 무한한 불가능성의 가능성을 뜻하는 가능성으로서 우리 눈앞에 드러난다. 이 가능성은 우리가 무언가를 기대하고 가능적 현실 존재를 마음속에 그려보고 신경 쓰느라, 가능성을 잊어버릴 만한 여지를 본질적으로 조금도 주지 않는다. '죽음에 임하는 존재'는 '가능성으로 미리 가보았을' 때, 비로소 이 가능성을 가능하게 만들며 그것을 가능성으로서 발휘한다.

'죽음에 임하는 존재'가 미리 가보았다고 할 경우, 그것은 어떤 다른 존재자의 존재가능 속으로 미리 가서 보았다는 말이다. 그런데 이렇게 미리 가서 간접적으로 겪는 일은, 사실 그 존재자 자체의 존재양식이다. 이 존재양식은 미리 가봄에 있어, 현존재가 타인에게 스스로를 향하게 하고 열어 보임으로써 스스로의 가장 극단적 가능성을 타자를 통해 보는 방식으로 드러난다. 그리고 가장 고유한 자신의 존재가능을 향해 스스로를 기투한다는 것은, 이처럼 분명해진 존재자의 존재로써 자신을 이해함을 뜻한다. 이는 곧 실존하는 것이다. 그러므로 미리 가봄이란 고유하고 가장 극단적인 존재가능을 이해하는 가능성,

다시 말해 본래적 실존의 가능성이다. 이렇게 해서 '죽음으로 미리 가봄'의 구체적 구조를 밝혀낸다면, 이 본래적 실존의 존재론적 구성을 확인할 수 있을 것이다. 그럼 이 구조(죽음으로 미리 가보는 구체적 구조)를 현상적으로 한정하려면 어떡해야 할까? 그 과정은 분명 다음과 같아야 할 것이다. '미리 가보는' 일에 스스로 접함으로써 가장 고유하고 몰교섭적(결국은 자기 혼자 짊어져야 하는)이며 추월할 수 없는 확실한, 그러면서도 무규정적인 가능성을 제대로 이해할 일이다. 따라서 미리 가서 자신을 열어 경험해 보는, 그런 목적에 어울리는 특정한 성격들을 지니고 있음이 분명하다. 그러므로 우리는 그 성격들을 규정함으로써 '(타인의) 죽음으로 미리 가서 보는 (간접적) 선험' 구조를 현상적으로 밝힐 수 있을 것이다. 그런데 그 과정에서 반드시 다음 사실에 유의해야 한다. 이해란 본래 어떤 의미를 뚫어져라 바라보는 것이 아니라, 기투를 통해 드러나는 존재가능을 스스로 이해하는 것[19]이라는 점이다.

죽음은 현존재 자신의 '가장 고유한' 가능성이다. 이 가능성에 임하는 존재는, 현존재의 존재 자체가 걸려 있는 그 '가장 고유한' 존재가능성을 현존재에게 열어 보인다. 그 존재 속에서, 현존재에게는 스스로의 뚜렷한 가능성이 세인으로부터 분리되어 있다는 점이 드러난다. 이는 현존재가 언제든 선험하면서 스스로를 세인으로부터 분리할 수 있다는 뜻이다. 이 '할 수 있다'의 의미를 이해하는 것이야말로 세인으로서 자신의 일상성에서, 사실상 자기를 상실했음을 비로소 폭로하는 것이다.

이 가장 고유한 가능성은 '몰교섭적' 가능성이다. 이 존재가능에는 현존재의 가장 고유한 존재 그 자체가 걸려 있다. 현존재는 이 존재가능을 단 한 사람, 곧 자기 자신이 능동적으로 떠맡아야 한다는 점을 깨달아야 한다. 이 사실을 현존재가 이해하도록 해주는 것이 바로 선험이다. 죽음은 각 현존재에게 그저 막연하게 '속해 있기만' 하는 존재가 아니라, 현존재를 '개별적' 현존재로 만든다. 선험을 통해 이해되는 죽음의 몰교섭적 특성은, 현존재 자신을 고독하게 만든다. 이런 현상은 실존에 대해 '현(現, 거기에 있음)'이 열어 보여지는 모습이다. 다시 말해 가장 고유한 자신의 존재가능이 걸려 있을 때에는, 우리가 배려

---

19) 본서 제31절 참조.

하고 있는 존재나 다른 사람들과 공존한다는 일이 아무 소용없어지는 것이다.

현존재가 '본래적 자기 자신'으로서 존재할 수 있는 것은, 스스로 자신의 가능성을 그처럼 실현시키기 때문이다. 그러나 배려적 관심이나 고려된 관심이 소용없어진다는 것을, 현존재의 이러한 양태가 본래적 자기 존재로부터 분리되어 버리는 현상이라고 생각해서는 안 된다. 그 두 가지 관심은 현존재를 이루는 본질적 구조이므로, 그런 관심들은 실존 전반의 가능성의 조건에 속해 있다. 현존재가 본래적 자기 자신으로 존재하기 위해서는, 어디까지나 '무언가의 밑에 있는 배려적 존재'이자 '누군가와 함께 있는 고려하는 존재'로서 존재해야 한다. 다만 이러한 상태에서 세인의 자기 가능성으로부터 눈을 돌려, 가장 고유하고 중요한 자신의 존재가능을 향해 스스로를 기투하는 것이다. 몰교섭적 가능성을 선험함으로써, 선험하는 존재자는 자신의 가장 고유한 존재를 자발적으로 떠맡는 가능성으로 스스로를 밀어넣는다.

가장 고유하고 몰교섭적 가능성은 '뛰어넘을 수 없는', 반드시 겪게 되는 가능성이다. 이 같은 가능성에 임하는 존재는 실존의 가장 극단적 가능성으로서, 자기 자신을 포기하는 것이 눈앞에 닥쳐오고 있다는 점을 현존재로 하여금 이해하게 한다. 그러나 선험은, 비본래적 '죽음에 임하는 존재'처럼 이 '뛰어넘을 수 없음'을 회피하지 않고 오히려 그것을 향해 자신을 열어놓는다. 자신의 죽음을 타인을 통해 간접적으로 선험하고 죽음을 향해 스스로를 개방함으로써, 현존재는 우연하게 밀어닥치는 모든 가능성에 대한 자기상실 상태에서 벗어난다. 그리고 뛰어넘을 수 없는 가능성 앞에 펼쳐진 여러 가지 현사실적 가능성을, 비로소 본래적으로 이해하고 선택할 수 있게 된다.

간접 선험을 통해, 자신의 가장 극단적 가능성이 자기포기(自己抛棄)로서 실존함을 알게 된다. 그리고 이를 통해, 사람이 그때그때 달성한 실존에 대한 고집을 때려 부순다. 현존재가 선험할 때, 현존재는 자기 자신이 이해된 존재가능보다 뒤처지는 일이 없도록 경계한다. 즉 니체의 말처럼 '너무 늙어서 내 승리를 감당할 수 없다'는 상황이 일어나지 않도록 경계하는 것이다. 종말로부터 규정된, 다시 말해 유한한 것으로[20] 이해된 가장 고유한 가능성에 대해 활짝

---

20) 하이데거에 있어서 '유한적(endlich)'이라는 것은 현존재로서의 인간이 그것에 관련되는 종미(Ende)를, 즉 죽음을 지니고 있다는 것인데, 아직 오지는 않았으나 머지않아 올 것인 그러한

열린 현존재는, 더 이상 다음과 같은 실수를 하지 않는다. 다시 말해 스스로를 뛰어넘는 타인의 실존가능성을 자신의 유한한 실존이해의 관점에서 오인하지도 않고, 그런 실존가능성을 오해해서 자신의 고유한 실존가능성에 족쇄를 채울 위험도 물리친다. 그런 오해와 고집은 결국 자기 자신의 현사실적 존재를 위협하는 요소이다. 그리고 몰교섭적 가능성인 죽음이 현존재를 고독하게 만드는 이유도, 공동존재인 현존재가 이 뛰어넘을 수 없는 가능성을 통해 타인의 존재가능을 이해할 수 있도록 하기 위함이다. 뛰어넘을 수 없는 가능성으로서 선험하는 일은, 그 가능성 앞에 펼쳐진 온갖 가능성을 전부 열어 보이는 일이다. 그러므로 이 선험 속에는, '전체적 현존재'를 실존적으로 선취할 가능성이 숨겨져 있다. 즉 그곳에는 '전체적 존재가능으로서 실존할 가능성'이 잠재해 있다.

가장 고유하고 몰교섭적이며 뛰어넘을 수 없는 가능성은, '확실한' 가능성이다. 이 가능성의 존재를 확신하는 방식은, 그 가능성에 상응하는 진리성(개시성)을 바탕으로 규정된다. 그러나 현존재가 죽음의 확실한 가능성을 가능성으로서 열어 보이는 일은, 그 가능성을 선험하면서 그것을 가장 고유한 존재가능으로서 스스로를 위해 가능하도록 해야지만 이루어질 수 있다. 이 가능성의 열어 보이는 속성은, 선험하는 일을 '가능하게 하는' 데에 바탕을 두고 있다. 하물며 이 진리성 안에 머무르려면, 다시 말해 그곳에서 열어 보여지는 존재들을 확실히 깨닫고 있으려면 가능성의 선험이 꼭 필요하다. 우리가 접하는 사망 사례를 보고 확인한 일을 바탕으로, 죽음의 확실성을 산정할 수 있다는 생각은 잘못이다. 죽음의 확실성은 애초부터 객체적 존재자에 대한 진리성 범위 밖에 존재한다. 객체적 존재자의 경우, 진리성이란 그 존재자가 완전히 밝혀져 있음을 의미하므로, 그 존재자를 그저 있는 그대로 바라보고 접할 때 가장 순수한 진리성을 얻을 수 있다. 이처럼 순수한, 반박할 수 없는 성질을 얻기 위해서는, 현존재는 스스로를 지워버린 채 그런 사태에 접해야 한다. 이는 관심에 대한 하나의 고유한 과제이자 가능성이 될 수도 있다. 하지만 죽음을 확실히 깨닫는 일은 이런 관심의 성격과는 상관이 없으므로, 그 수준이 깊으니 얕으니 하는

죽음에 의해 인간의 삶이 한정되어 있다는 뜻은 아니다. 죽음과 삶의 한복판에서 임박해 있는 종말로서의 그러한 죽음에 관련되는 그 자체가 '유한적'이라는 의미이다.

문제가 아니다. 그 수준은 객체적 존재자에 대한 증명 기준으로는 잴 수 없다. 그런 분야에 속해 있지 않기 때문이다.

죽음은 언제나 저마다의 죽음으로서 '존재'한다. 이 죽음을 참으로서 견지한다는 일은, 세계내부에서 만나는 존재자에 대한 확실성이나 형식적 여러 대상에 관한 모든 확실성과는 다른 양식을 띠며, 그보다 더 근원적 성격을 지닌다. 왜냐하면 그것은 세계-내-존재를 확실하게 깨닫는 일이기 때문이다. 그러므로 죽음을 확실하게 깨달으려면, 현존재의 어느 특정한 작용은 물론이고 현존재 속에 본래 가능적으로 존재해 있다는, 곧 실존의 완전한 본래성이 필요하다.[21] 현존재는 선험하면서 비로소 가장 고유한 자기 존재가 그 뛰어넘을 수 없는 전체성 속에 있음을 확실하게 깨달을 수 있다. 따라서 선험을 통해 얻는 이 확실한 깨달음에 비하면, 체험이나 자아나 의식 등에 의해 직접적으로 주어진 깨달음은 필연적으로 뒤처질 수밖에 없다. 그런 것들을 파악하는 방법이 엉성하다든가 하는 문제가 아니라 보다 근본적 오류가 있다. 그 방법들이 근본적으로 참이라고 파악하려 하는 대상은, 나 자신으로 '존재'하는 존재가 능으로 미리 가봄에 따라 비로소 존재할 수 있는 현존재이다. 그런데 그런 현존재를 그 방법들을 통해 참이라고(열어 보여졌다고) 견지하는 것은 원칙적으로 불가능하기 때문이다.

가장 고유하고 몰교섭적이며 뛰어넘을 수 없는 확실한 가능성은 '확실성'이라는 점에서 그 시기가 규정되어 있지 않다. 즉 '무규정적(無規定的)'인 확실성을 지닌 가능성이다. 현존재의 두드러지는 가능성이 띠는 이 성격을, 선험은 대체 어떤 식으로 열어 보이는 걸까? 이 확실한 가능성은 언제든 가능하면서도 규정되어 있지는 않다. 그 가능성에 의해 실존의 절대적 불가능성이 가능해지는 때가 대체 언제인지는 정해져 있지 않은 것이다. 선험적으로 이 존재가 능을 이해하고 나면, 이러한 존재가능에 대해 스스로를 어떻게 기투하는 것일까? 현존재는 무규정적인 채로 확실한 죽음을 향해 선험하면서, 자신의 현(現) 자체로부터 끊임없이 비롯되는 위협을 향해 스스로를 열어놓고 있다. '종말에 임하는 존재'는 이 위협 속에서 자기를 보존해야 한다. 그래서 그 위협이 다가

---

21) 본서 제62절 참조.

오는 것을 막기는커녕 오히려 (죽음의) 확실성의 무규정성을 형성해 내지 않으면 안 된다.

이 끊임없는 위협을 완전히 열어 보인다는 것은 실존론적으로 어떡해야 가능할까? 모든 이해는 심경적 이해이다. 기분(심경)은 현존재를 인도하여, 스스로가 '현실에 존재한다'는, 곧 현실로 내던져졌다(피투성)는 사실과 직면하게 한다.[22] 그러나 현존재 자신의 가장 고유하고 고독한 존재로부터 끊임없이 솟아오르는, 나 자신에 대한 절대적 위협을 개방할 수 있는 심경은 바로 '불안'이다.[23] 현존재는 이러한 불안에 잠긴 상태에서, 자기 실존의 가능적 불가능성이라는, '무(無)'에 임하는 자신'을 발견한다. 이런 운명을 짊어진 존재자의 존재가능에 대한 염려 때문에 불안이 발생하며, 이로써 불안은 더욱 극단적 가능성을 열어 보인다.

선험함으로써 현존재는 철저히 고독해지며, 이 과정에서 현존재는 스스로에게 자신의 존재가능의 전체성을 확실히 깨닫게 해준다. 이처럼 현존재는 자기를 근거로 자신을 이해한다. 그러므로 현존재의 이해에는 불안이라는 근본적 심경이 본래부터 속해 있다. 죽음에 임하는 존재는 본질적으로 불안한 것이다. 이 점에 대한 간접적이기는 하지만 틀림없는 증거가 있다. 그 증거를 보여주는 것이 바로 '죽음에 임하는 존재'의 성격인데, 우리는 그 성격을 이미 규정한 바 있다. '죽음에 임하는 존재'는 불안을 나약한 공포심으로 바꾸고 나서 이 공포심을 극복한다. 그런데 이렇게 극복한다는 점이 실은 불안을 두려워하고 있다는 사실을 나타내 준다.

우리는 이 절(節)에서 본래적 '죽음에 임하는 존재'를 실존론적으로 기투해 보았다. 그 결과는 다음과 같이 요약할 수 있다. 선험은 현존재에게 세인으로서의 자기상실을 폭로한다. 또한 선험함으로써 현존재는, 일차적으로는 배려적 추구에 기대지 않고 자신으로서 존재하는 일의 가능성과 맞닥뜨리게 된다. 그런데 여기서 '자신'이란 세인의 온갖 환상으로부터 벗어난, 정열적이고 현사실적이며 스스로를 확실히 깨닫고 있는, 불안 앞에 노출되어 있는 '죽음에 임하는 자유'에서의 자신이다.

---

22) 본서 제29절 참조.
23) 본서 제40절 참조.

우리는 현존재의 가장 극단적 가능성의 내용을 이미 충분히 규정지어 두었다. '죽음에 임하는 존재'는 이런 내용과 연결되어 있다. 그 가능적 내용과의 연결은 모두 선험으로 집중되어 있으며, 가능적 내용과 연결되어 그곳으로 가서 선험함으로써, 이 극단적 가능성이 가능화(可能化)로 드러나고 발휘되며 견지된다. 우리는 선험을 실존론적으로 기투하여, 실존적이고 본래적인 '죽음에 임하는 존재'의 존재론적 가능성을 밝혔다. 이로써 현존재의 본래적 전체 존재가능의 가능성이 떠오르게 되었지만, 그것은 겨우 하나의 '존재론적 가능성'에 지나지 않는다.

물론 선험의 실존론적 기투는, 우리가 앞서 밝혔던 현존재의 여러 구조에 따라 이루어졌다. 말하자면 우리는 현존재 자신으로서 이 가능성에 대해 스스로를 기투한 셈이다. 우리는 어떤 '내용적' 실존사상을 현존재에게 가르치거나 '외부'로부터 강요하거나 하지 않았다. 하지만 그렇다 해도 이 실존론적으로 가능한 '죽음에 임하는 존재'는 실존적으로 보자면 공상에 가깝다. 즉 무리한 요구에 지나지 않는다. 본래적 전체 존재가능의 존재론적 가능성이 드러났다 하더라도, 그 가능성에 대응하는 존재적 존재가능이 현존재 자신으로부터 입증되지 않는 한 존재론적 가능성은 아무 의미가 없다. 현존재는 과연 이런 '죽음에 임하는 존재' 속으로 사실상 스스로를 던지는가? 현존재는 선험을 통해 규정되는 본래적 존재가능을, 그 고유한 존재의 근거로부터 하다못해 요구만이라도 하는가?

위 질문에 대답하기 전에 검토해 볼 과제가 있다. 현존재는 일반적으로 가장 고유한 자신의 (이를테면 죽음의) 존재가능 속에서 자기 실존의 가능적 본래성을 어느 정도까지 그리고 어떤 방식으로 입증하는지 알아보아야 한다. 더욱이 이때 현존재는 이 본래성이 단순히 실존적으로 가능하다는 점만을 입증하는 데에서 그치지 말고 그 본래성을 스스로에게 요구할 만큼 증거를 제시해야 한다.

우리의 목표는 현존재의 본래적 전체존재와 그 실존론적 구성을 밝히는 일이다. 그러나 이 문제는 아직 해결되지 못했다. 이 문제를 튼튼한 현상적 기반 위에 올려놓으려면, 우선 현존재 자신에 의해 입증되는 현존재의 존재 가능적 본래성을 철저히 밝혀 그것을 기준 삼아야 한다. 만약 이런 증거와 이를 통해 입증된 것을 현상학적으로 들추어낸다면, 우리는 새로운 문제와 마주하게 될 것이다. 즉 지금까지는 단순히 '존재론적' 가능성으로 기투된 것에 지나지 않던 죽음으로의 (가능성의) 선험과, 그 존재론적 선험에서 '증명되는' 본래적 존재가능이 본질적으로 어떤 관련을 지니는지를 밝히는 새로운 문제가 주어 진다.

제2장

본래적 존재가능의 현존재적 증명과 결의성

54 본래적인 실존적 가능성을 증명하는 문제

현재 우리가 밝히려는 것은, 현존재의 본래적 존재가능이다. 그것도 그 존재가능이 실존적으로 가능하다는 점을 현존재 자신이 증명한다는 본래적 존재가능이다. 이를 뚜렷이 밝히기 위해서는 우선 증명 자체부터 찾아내야 한다. 이 증명을 통해서 현존재가 본래적으로 실존할 수 있다는 점이 현존재 자신에게 알려지는 셈이다. 그러므로 그 증명은 현존재의 세계 속 존재에 근거해야 한다. 따라서 이런 증명을 현상학적으로 제시할 때, 우리는 그 증명이 현존재의 존재구조에 기반을 두고 있음을 함께 입증해야만 한다.

이 증명은 '본래적 자기 존재의 가능성'이 이미 존재해 있었음을 보여줄 것이다. '자기'라는 표현을 통해, 우리는 현존재 가운데 '누군가'의 물음에 대답한 바 있다.[1] 현존재의 자기성(自己性)은 형식적으로는 실존하는 모습으로써 규정된다. 다시 말해 객체적으로 존재하는 무언가로 규정된 것은 아니었다. 현존재 가운데 '누군가'란, 주로 나 자신이 아닌 세인, 즉 다른 사람으로서의 자신을 가리킨다. 본래적 자기 존재는 이러한 세인의 실존적 변용에 의해 규정된다. 이 실존적 변용을 실존론적으로 한정하는 것이 우리의 과제이다.[2] 이러한 변용에는 대체 어떤 모습들이 잠재해 있을까? 또 그 잠재된 모습들의 존재론적 가능 조건은 무엇일까?

현존재가 세인 속에 섞여 들어가 자신을 잃어버리면, 그 주위의 사실적 존재가능—배려하고 고려하는 세계-내-존재의 과제, 규칙, 표준, 깊이, 행동범위 등—은 이미 결정된 채로 존재하게 된다. 현존재는 이런 존재가능과 스스

---

1) 본서 제25절 참조.
2) 본서 제27절 참조.

로 선택할 자주성을 세인에게 늘 빼앗기고 있다. 다시 말해서 현존재는 본래 이런 가능성을 특별히 선택해야 한다는 부담을 지고 있는데, 그 부담을 세인이 암묵적으로 대신해 주고 있는 것이다. 아니, 실은 그뿐만이 아니다. 세인은 부담을 대신함으로써 제거할 뿐 아니라, 그 일 자체를 현존재가 눈치 못 채도록 은폐하고 있다. 누가 '정말로' 선택했는지는 늘 뚜렷하지가 않다. 이처럼 특정한 그 누구도 아닌 세인의 무선택(無選擇)에 휩쓸린 현존재는 비본래성(퇴락 또는 타락)의 늪으로 빠져든다. 이 현존재를 정상 궤도로 되돌려 놓기 위해서는, 세인 속에 파묻혀 있는 현존재를 자기 자신의 모습으로 되돌리는 수밖에 없다. 그런데 현존재가 비본래성 속에 빠져들어 자기를 잃어버린다는 것은, '어떤 존재양식'을 무심히 내버려 뒀다는 뜻이다. 그러므로 자기 자신을 되찾으려면 지금까지 소홀히 했던 '그 존재양식'이 꼭 필요하다. 즉 세인으로부터 자신을 되찾는 일, 다시 말해 실존적 관점에서 세인으로서의 자신을 본래적 자기 존재로 변화시키는 일은, 그동안 게을리 했던 선택들을 만회하는 형식으로 이루어져야 한다. 이처럼 선택을 만회한다는 것은, 이 선택을 스스로 택한다는 뜻이다. 이는 곧 자기 자신을 바탕으로 어떤 존재가능에 대해 결단을 내린다는 의미이다. 현존재는 선택을 선택함으로써 처음으로 자신의 본래적 존재가능을 스스로를 위해 가능하게 한다.

그렇지만 현존재는 이미 세인 속에 섞여 있는 상태이므로, 우선 그 안에서 자기 자신을 찾아내야 한다. 그러기 위해서는 현존재의 그 가능적 본래성이 현존재 자신에게 드러나 있어야만 한다. 따라서 현존재는, 가능적으로는 언제나 이미 스스로 존재하고 있는 자신의 존재가능을, 여기서 다시 한번 증명 받아야 한다.

우리는 다음 해석에서 그 증명을 해볼 것이다. 그것은 일상적 현존재의 자기 해석에서는 '양심의 소리'라고 알려져 있다.[3] 양심의 '사실성'에 대해서는 많은 논란이 있으며, 현존재의 실존을 판단하는 수단으로 쓰이는 양심의 기능 또한 여러 가지 평가를 받고 있다. 또 그 '발언 내용'에 대한 해석도 갖가지이다. 그래서 아마 이 현상(현존재의 본래성)을 다루기 싫어질지도 모른다. 하지만 이 사실

---

3) 앞에서의 고찰과 이 뒤의 고찰은 시간의 개념에 대해 마르브르크에서 행한 공개강의(1924년 7월)에서 테제 형식으로 진행된 것이다.

이나 이에 대한 해석의 '의심스러운 구석' 따위는, 오히려 이 구석에 현존재의 근원적 현상이 숨겨져 있다는 증거일지도 모른다. 지금부터 하는 분석은 기초적 존재론적 의도에 맞는 순수한 실존론적 탐구에 대비, 양심을 주제적 예지(미리 가짐)에 끌어들이기 위한 것이다.

우리는 우선 양심을 그 실존론적 기초와 구조에까지 거슬러 올라가 연구해 볼 것이다. 그리고 지금까지 밝혔던 현존재의 존재구조를 견지하면서, 양심이 이 존재자의 현상임을 확인할 것이다. 지금부터 실시할 양심의 존재론적 분석은 위와 같은 의도에 따른다. 그런데 이런 존재론(사물의 실체론)적 분석은 양심 체험의 심리학적 기술이나 분류보다 앞서며, 양심에 대한 생물학적 설명의 영역 밖에 속한다. 게다가 이 존재론적 분석은 양심에 대한 신학적 해석과도 거리가 멀다. 또한 이것은 양심 현상을, 신의 존재를 증명하거나 신에 대한 '직접적' 의식(神意識)을 입증하는 데 적용하기 위한 분석도 아니다.

지금까지 양심에 대한 우리의 근본적 탐구 범위를 한정해 보았다. 하지만 그렇다고 해서 위 분야들의 성과를 부풀리거나, 엉뚱한 해석을 덧붙여서 그 의의를 과소평가해서는 안 된다. 양심은 현존재의 현상(본래성)이다. 그것은 때때로 출몰하는 객체적 '사실'이 아니다. 양심은 어디까지나 현존재라는 존재양상에 의해서만 '실존'한다. 그리고 그때그때 현사실적 실존과 더불어, 또 현사실적 실존에 의해 이것이 사실로 드러난다. 양심의 '사실성'과 '소리'의 정당성을 '귀납적 또는 하나의 경험으로부터' 증명하라는 것은, 이 현상을 존재론적으로 잘못 이해한 결과이다. 그런데 양심은 때때로 출현할 뿐이며, 보편적으로는 확인할 수 없고 확인될 수도 없는 사실이라고 그럴싸하게 비판하는 사람 또한 있다. 이런 비판도 위와 같은 잘못에서 비롯된 것이다. 애초에 위 방식으로는 양심에 관한 사실을 증명도 반증도 못한다. 이는 양심에 결함이 있어서가 아니다. 그것은 양심의 존재론적 성격이 환경세계의 존재자와는 다르다는 점을 보여 줄 뿐이다.

양심은 '무언가'를 알아차리게 한다. 다시 말해 양심은 '열어 보인다.' 이 형식적으로 규정한 성격을 바탕으로 우리는 하나의 지침을 얻는다. 즉 이 현상을 현존재의 열어 보이는 속성에 포함시켜야 한다는 것이다. 우리 각자가 스스로 존재하고 있는 이 존재자는 근본적으로 심경, 이해, 퇴락 및 이야기로 구성되어 있다. 양심을 보다 자세히 분석해 보면 그것이 '호소의 소리'임을 알 수 있다. 호소한다는 것은 이야기의 한 형태이다. 양심이 호소하는 소리는 현존재의 가장 고유한 자기 존재가능을 현존재에게 불러일으킨다. 또한 그 소리는 현존재를 가장 고유한 책임 있는 존재로서 불러일으키는 성격을 지니고 있다.

이러한 실존론적 해석은 통속적 양심 해석의 한도 내에서 이해되고, 양심의 '이론'으로서 개념적으로 표명돼 온 것의 존재론적 기초를 보여준다. 그러나 이 해석은 일상적·존재적 상식과는 필연적으로 동떨어져 있다. 따라서 우리는 통속적 양심 해석에 대한 비판을 통해 이 실존론적 해석을 검증해야 한다. 여기서 드러나는 양심의 현상에 주목하면, 양심이 어떤 의미에서 현존재의 본래적 존재가능을 입증하는지가 밝혀질 것이다.

양심이 호소하는 소리에는 가능한 '청취(聽取)'가 대응한다. 호소하는 소리를 듣고 이해하는 것은 '양심을 지니려는 의지'로서 드러난다. 그리고 이 현상(양심을 지니려는 의지) 속에는, 우리가 원하는 답이 숨어 있다. 즉 자기 자신으로 존재하기 위한 선택을 실존적으로 고르는 선택이 이 현상에 포함되어 있다. 이를 그것의 실존론적 구조에 따라서 '결의성(決意性)'이라 부르기로 하자. 이제 이 장에서 실시할 분석을 절(節)에 따라 다음과 같이 나눠 보겠다.

양심의 실존론적·존재론적 기초(제55절).

양심의 호소하는 성격(제56절).

관심에 호소하는 양심(제57절).

호소의 이해와 책임(제58절).

양심의 실존론적 해석과 통속적 양심 해석(제59절).

양심을 통해 증명되는 본래적 존재가능의 실존론적 구조(제60절).

55 양심의 실존론적·존재론적 기초

우선은 양심이라는 현상에서 볼 수 있는 중성적(무차별적, 즉 사물현상과 똑같은) 실상에 주목해 보자. 이를 양심 분석의 출발점으로 삼는 것이다. 양심은 어떤 식으로든지 무언가를 누군가에게 알려준다. 그것이 바로 양심의 중성적 실상이다. 양심은 열어 보이는 것이므로, '현실의 존재'를 개시성(열어 보이는 속성)으로서 구성하는 실존론적 여러 현상의 영역에 속해 있다. 우리는 심경, 이해,

이야기, 퇴락의 가장 일반적 구조에 대해서는 이미 분석을 해보았다. 우리는 이러한 현상적 연관 속으로 양심을 끌어들일 것이다. 하지만 그것은 우리가 앞서 밝혔던 여러 구조를, 현존재의 개시 가운데 특정 '사례'인 양심에 도식적으로 적용한다는 뜻은 아니다. 오히려 이제부터 실시할 양심 해석에서는, 현실의 개시성에 대해 앞에서 했던 분석을 더욱 밀고 나갈 것이다. 그리고 더 나아가 현존재의 본래적 존재에 주목해, 이 개시성을 보다 근원적으로 밝힐 것이다.

우리가 현존재라고 부르는 존재자는 개시성에 의해 '스스로의 현(現)인 가능성' 속에 존재한다. 현존재의 세계가 존재함과 더불어 현존재도 스스로에 대해 현존하고 있다. 게다가 현존재는 대개, 이미 배속되어 있는 세계를 바탕으로 자신의 존재가능을 스스로 열어 보이고 있다. 이것이 현존재의 존재양식이다. 현존재는 존재가능으로서 실존하고 있으나, 이런 존재가능은 언제나 특정한 가능성으로 자신을 이미 인도해 버린다. 그것은 현존재가 세계 속에 내던져진 존재자이기 때문이다. 이렇게 내던져진 성질은 기분적 심경에 따라 크든 적든 온갖 방식으로 개시된다. 심경(기분)에는 등근원적으로 이해가 속해 있다. 현존재는 이 이해를 통해 스스로의 온갖 가능성에 대해 자신을 기투한다. 또는 세인에 녹아들어서 그 공공적 피해석성(被解釋性)이 자신의 가능성을 전도(轉倒)하게끔 만들기도 한다. 이를 통해 현존재는 언제나 어떤 형태로든 자기 신상의 '요소(要所)'가 무엇인지 알고 있다. 그런데 이렇게 여러 가능성을 지니는 일이 가능해지는 이유는, 현존재가 포괄적 공동존재로서 다른 사람들의 이야기를 '들을 줄' 알기 때문이다. 세인의 공공성과 빈말 속에 스스로 녹아들어 버릴 경우, 현존재는 세인으로서의 자신에게만 귀를 기울인다. 그리고 고유한 자신의 말은 듣지 못한다. 이처럼 자신을 듣지 못하는 자기상실로부터 현존재를, 그것도 현존재 스스로의 힘으로 되돌리려면 우선은 현존재가 자기를 발견할 줄 알아야 한다. 여기서 자기란 자신을 듣지 못하고 있었던, 그것도 세인의 말은 경청하면서 자신은 듣지 못하던 자기 자신을 뜻한다. 이와 같이 세인에게만 귀 기울이는 행동을 타파해야 한다. 즉 그 행동을 멈추게 할 다른 듣기 방법의 가능성을, 현존재 스스로를 통해 현존재에게 부여해야만 한다. 이 가능성은 갑작스런 호소에 포함되어 있다.

호소는 세인에게만 귀를 기울이고 자기를 듣지 않는 현존재의 듣기 방식을 깨부순다. 말하자면 그것은 호소의 성격에 따라, 자기상실을 유발하는 듣기 방식과는 모든 면에서 정반대 성격을 지니는 새로운 듣기 방식을 일깨워서 기존 방식을 타파한다. 세인에게만 귀 기울이는 듣기 방식은, 날마다 '새로운' 빈말의 잡다하고도 애매한 '소음'에 정신을 빼앗기는 방식이다. 반대로 호소하는 소리는 소음도 없고 애매하지도 않으며 호기심을 불러일으키지도 않는다. 그러면서도 현존재에게 호소를 한다. 이런 식으로 현존재에게 호소하면서 알려주는 것은 무엇일까? 바로 '양심'이다.

우리는 호소를 이야기의 한 형태라고 해석한다. 이야기란 이해 가능한 것을 그때그때 (파생적으로) 분절한다. 양심을 호소라고 성격을 규정짓는 일은, 칸트가 양심을 법정(法廷)이라고 한 것과 같은 단순한 비유가 아니다. 다만 여기서 그냥 지나쳐서는 안 될 점이 있다. 소리 내어 표현하는 일이 이야기의 본질적 조건은 아니라는 사실이다. 이는 이야기의 하나인 호소도 마찬가지이다. 아니, 실은 반대이다. 소리 내어 말하는 표현이나 절규 등은 모두 이야기를 전제로 삼는다. 일상적 해석도 양심의 '소리'에 대해 논하지만, 그때 꼭 발성(發聲)을 염두에 두는 건 아니다. 사실상 양심의 소리에서 그런 발성은 전혀 발견할 수 없다. 여기서 말하는 '소리'란 일깨워 주는 것, 즉 알려주는 존재를 가리킨다. 양심이 호소하는 소리가 지닌 열어 보이는 경향에는 어떤 충격적 계기, (세인에 대한 자기상실적 경청을) 단속적으로 흔들어 깨우는 것 같은 계기가 담겨져 있다. 호소하는 소리는 먼 곳까지 울려 퍼진다. 되돌아올 준비가 된 사람이라야 그 소리에 반응한다.

그러나 양심의 성격을 이렇게 규정지은 결과, 우리가 얻을 수 있는 것은 양심의 실존론적 구조 분석을 위한 현상적 지평의 윤곽뿐이다. 우리는 이 현상을 호소하는 소리라고 말하려는 것이 아니고, 그것을 이야기로 여겨서 현존재의 구성적 개시성(열어 보이는 속성)을 바탕으로 이해하려는 것이다. 사람들은 양심을 오성(悟性)이니 의지니 감정이니 하는 심적(心的) 능력 가운데 하나로 보거나, 이런 능력들의 혼합물이라고 말한다. 하지만 우리의 고찰은 다르다. 우리는 양심을 해석할 때 이런 쉬운 길로 달아나지 않을 것이다. 양심이라는 현상에 실제로 접해 보면, 적당히 분류한 심적 능력이니 인격적 작용이니 하는 뭉뚱그린 정의가 존재론적·인간학적으로 얼마나 불완전한지를 쉽게 알 수 있다.

56 양심의 호소하는 성격

모든 이야기에는 화제가 있다. 이야기는 무언가에 대해 특정한 관점에서 정보를 준다. 이야기란 이처럼 화제가 된 무언가를 바탕으로, 이야기로서 말하는 내용을 그때그때 받아들이면서 구성된다. 이렇게 전해지는 내용은 그곳에서 언급되고 있는 이야기 그 자체이다. 언급된 이야기 그 자체는 전달이라는 형태를 지니고 다른 사람들과 공동현존재에게 다가갈 수 있다. 그런데 이 현상은 주로 언어적 표명을 통해 일어난다.

양심의 호소에서 화제가 되는 소재, 다시 말해 호소되는 대상은 무엇일까? 그것은 분명 현존재 자체이다. 이 대답에는 논쟁의 여지가 없다. 그런데 문제는 이 현존재가 규정되지 않았다는 점이다. 만약 양심이 호소하는 소리가 이처럼 막연한 목표밖에 세우고 있지 않다면, 그것은 기껏해야 현존재가 스스로에게 주의를 돌릴 기회를 제공하는 것에 지나지 않는다는 말이리라. 그러나 현존재는 자기 세계의 개시성과 함께 자기 자신에게 개시되는 성질을 지니므로, 현존재는 언제나 이미 자신을 이해하고 있다. 이는 현존재의 본질적 성질이다. 양심은, 이렇게 일상적·평균적 배려 가운데 언제나 이미 자신을 이해하고 있는 현존재와 마주친다. 서로 배려하면서 다른 사람들과 함께 있는 세인으로서의 자신이 양심의 소리와 마주치는 것이다.

그렇다면 호소하는 소리는 세인으로서의 자신을 대체 어디로 인도하는 것일까? 답은 '각자의 고유한 자신에게로'이다. 현존재의 공공적 상호존재 속에 존재하는 세력이나 능력 또는 직무 등으로 인도하는 것이 아니고, 이런 현존재가 우연히 파악하거나 전력을 다하거나 관여하고 있는 운동으로 이끌어 주는 것도 아니다. 현존재가 다른 사람들이나 자기 자신에게, 세인의 눈을 통해 어떤 사람으로 인식되고 있든 상관없다. 이 호소하는 소리는 그것을 무시하며 돌아보지도 않는다. 호소하는 소리는 세인으로서의 자신 내부에 존재하는 '자기'만을 부르며, 그 '자기'만이 호소하는 소리의 청자가 될 수 있으므로 세인으로서의 자신은 저절로 무너져 내린다. 그러나 양심이 호소하는 소리가 세인과 현존재의 공공적 피해석성을 무시한다는 말은, 그 소리가 공공적 피해석성에 영향을 전혀 안 끼친다는 말은 아니다. 오히려 호소하는 소리는 그 공공적으로 해석되는 이야기들을 무시함으로써, 공공적 명성에 집착하는 세인을 무의의성(無意義性)으로 (그것이 무의미하다고) 밀어붙이는 것이다. 그러면 호소를 들은 자기 자신은 더 이상 달아날 곳을 잃고 마침내 스스로에게 돌아가게 된다.

세인으로서의 자신은 자기 자신을 향해 호소를 받는다. 그러나 여기서 말하는 자신은 도덕적 평가 대상이 될 만한 자신이 아니며, 호기심 때문에 자신의 '내면생활'을 무신경하게 분석하는 자신도 아니고, 그렇다고 심적 상태나 그 심층부의 '분석적' 관찰에 푹 빠진 사람이 염두에 둘 법한 자신도 아니다. 그럼 세인으로서 자신 속에 있는 자신을 불러 세우는 양심의 소리는, 자기 자신을 내면 속에 몰아넣어서 바깥 세계를 무시한 채 안으로만 파고들어 가라고 현존재에게 권하는 소리일까? 물론 그것도 아니다. 양심의 소리는 이 모든 것들을 뛰어넘는다. 양심의 소리는 끊임없이 자신에게 호소하는 소리이기 때문이다. 게다가 여기서 말하는 자신이란, 어디까지나 세계-내-존재로서 존재하는 자신을 가리킨다.

그런데 양심이 호소하는 소리라고 말하는 이 이야기의 내용을, 우리는 어떻게 규정하면 좋을까? 양심은 '호소되는 자'를 향해 대체 무슨 이야기를 하고 있는 것일까? 엄밀히 말하자면 아무것도 없다. 양심이 호소하는 소리는 아무것도 진술하지 않으며, 세상일에 대한 정보를 제공하지도 않고, 아무 이야깃거리도 가지고 있지 않다. 또한 양심은 호소되는 자신의 내면에서 '자기대화'를 시작하려고 애쓰지도 않는다. 호소하는 소리가 호소받는 자신에게 전달해 주는 것은 아무것도 없다. 다만 호소되는 자신이 자기 자신을, 즉 가장 고유한 자신의 존재가능을 불러서 깨우는 것뿐이다. 말하자면 양심이 호소하는 소리는 그 대상인 자신과 '절충'하려고 자신을 부르는 것이 아니다. 그 소리의 목적은 가장 고유한 자신의 존재가능을 불러 깨우면서, 현존재를 가장 고유한 자기 가능성 속으로 전진하게끔 한다.

호소하는 소리는 사실 어떤 소리도 내지 않는다. 그 소리를 언어로 표현하기는 불가능하다. 그럼 호소란 명료하지 않은 막연한 존재일까? 그런데 그렇지가 않다. 양심은 오직 부단한 침묵이라는 형태로 이야기한다. 양심이 침묵 형태를 띤다고 해서 양심의 청취 가능성이 낮아지지는 않으며, 양심은 그 호소를 듣고 깨어난 현존재마저 자신의 침묵으로 제압한다. 여기서 호소되고 있는 내용이 언어로서 표명되지 않는다는 사실을, 양심 현상의 신비로운 소리라는 무규정성으로 대충 해결해 버리고 넘어가서는 안 된다. 그 사실은 '호소되고 있는 내용'을 이해하려 할 때, 그 호소의 목적을 정보 전달이라고 착각해서는 안 된다는 점을 우리에게 가르쳐 준다.

호소하는 소리는 각 현존재에게, 저마다의 이해가능성에 따라 온갖 방식으로 해석될 수 있다. 하지만 그렇다고는 해도, 그 호소하는 소리가 개시하고 있는 내용은 일의적으로 명료하다. 호소하는 소리의 내용은 언뜻 막연해 보이지만, 그 때문에 호소하는 소리가 올바른 '진행 방향'을 잃어버리는 일은 결코 없다. 호소하는 소리는 자신이 호소하려 하는 당사자를 애써 찾아내지 않아도 되며, 또 그 상대가 진짜 본인인지를 식별할 표식도 필요로 하지 않는다. 양심은 그런 '착오'를 일으키지 않기 때문이다. 양심에 '착오'가 발생한다면 그것은 호소를 잘못해서가 아니라, 그 호소하는 소리를 청자가 제대로 못 들었기 때문이다. 즉 그 소리를 청자가 본래적 의미로 이해하지 못하고, 세인으로서 자신이라는 위치에 서서 절충적 자기 대화를 시작해 그 개시 경향을 왜곡할 경우에 양심의 착오가 일어난다.

그런데 주의할 점이 있다. 우리가 호소하는 소리라고 특징지은 양심은, 세인으로서 자기 내부의 자신을 불러 세우는 호소이다. 그리고 이 호소는 자신을 자기 존재가능으로 불러 깨워서, 그에 의해 현존재가 자신의 가능성을 향하도록 일깨운다. 이것이 우리가 지금까지 살펴본 내용이다.

그러나 양심을 존재론적으로 충분히 해석하려면, 이 호소하는 소리가 부르는 '대상'을 밝히는 일만으로는 부족하다. 그 대상에게 호소하는 자신은 '누구'인지, 호소받은 자는 호소한 자와 어떤 관계가 있는지, 존재연관으로서의 이 '관계'를 존재론적으로는 어떤 연관으로 해석해야 하는지 등등, 우리는 이 많은 사항을 명확히 밝혀야 한다.

57 관심에 호소하는 양심

양심은 세인 가운데 파묻혀 있는 현존재의 자기를 불러 깨운다. 이 호소를 들은 자기는 그것의 정체가 무엇인지는 알지 못한다. 그것을 막연한 존재로 내버려 두는 것이다. 아마 현존재는 자신이 평소에 배려라는 형태로 마음쓰고 있는 것들을 중심으로 자기를 해석하고, 그에 따라 자기를 이러저러한 존재로 이해하고 있을 것이다. 그러나 양심이 호소하는 소리는 그것을 무시해 버린다. 그런데도 그 호소하는 소리는 일의적으로 완벽히 자기에게 다다른다. 호소되는 자가 '자신이 이해한 자기 존재를 무시당한 상태에서' 불러 세워지는 것뿐만 아니라, 호소하는 자 또한 대단히 막연한 모습을 띠고 있다. 호소하는 자에게 이름이나 신분이나 출신, 지위 따위를 물어봤자 소용없다. 물론 그가 호소하면서 스스로를 위장하는 것은 결코 아니다. 다만 대답하지 않는 것이다. 호소하는 자는 침묵한 채, 세인으로서의 한정된 시야를 통해 규정된 현존재 이해에 매달릴 기회를 현존재에게 전혀 주지 않는다. 호소하는 자는 그 어떤 접근도 거부한다. 이는 호소하는 자의 현상적 성격 때문이다. 즉 고찰이나 논의에 말려드는 일은 호소하는 자의 존재양식에 어긋나기 때문이다.

그러나 호소하는 자의 대단히 막연한 성격 및 규정 불가능성을, 단순한 무(無)라고 생각해서는 안 된다. 오히려 그 성격은 호소하는 자의 '적극적' 특수성이다. 이 특수성은 호소하는 자가 그저 무언가를 불러 깨우려고 노력한다는 점, 자신이 그런 존재로서만 받아들여지기를 원하며 그 이상의 존재로 언급되기를 바라지 않는다는 점을 드러낸다. 그렇다면 호소하는 자에게 당신은 누구냐고 따지는 일은, 이쯤에서 그만두는 것이 이 현상에 어울리는 태도가 아닐까? 확실히 현사실적 양심의 호소를 실존적으로 듣는 경우라면 더 이상 묻지 않는 것이 옳으리라. 그러나 호소하는 소리의 현사실성 및 그것을 듣는 행위의 실존성을 실존론적으로 분석하려 할 때는 사정이 달라진다.

그런데 호소하는 사람이 '누구'냐는 질문을 굳이 또 꺼낼 필요가 있을까? 이 질문은 호소하는 소리에서 호소되는 자가 누구냐는 질문과 마찬가지로, 그에 대한 일의적 대답이 현존재 속에 이미 존재하는 것은 아닐까? 다시 말해 현존재는 양심 속에서 자기 자신을 부르고 있다. 이 해석에 따르면 현존재가 호소하는 소리를 실제로 듣고 있을 때, 현존재가 어느 정도는 깨어 있다는 말이 된다. 그러나 현존재가 호소하는 자인 동시에 호소받는 자라는 이 해석은 존재론적으로 볼 때 충분치 못하다. 호소하는 자로서의 현존재와 호소받는 자로서의 현존재는, 과연 똑같은 모습으로 현재 그곳에 존재하고 있는가? 어쩌면 가장 고유한 자기 존재가능이 호소하는 역할을 맡고 있는 건 아닐까?

사실 호소란 우리 자신이 계획하거나 준비해서 자발적으로 실행할 수 있는 것이 결코 아니다. 호소는 예상치 못했을 때, 자신의 의도를 거스르면서까지 스스로를 부른다. 그럼 그 호소하는 소리는 사적 또는 공적인 세계에 존재하는 다른 사람이 내는 소리일까? 물론 그것도 아니다. 양심이 호소하는 소리는 내 안에서 일어나면서도 나를 초월하여 들린다.

이 현상적 소견은 어떤 논의로도 부술 수 없다. 그래서 사람들이 이 소견을 바탕으로, 양심의 소리를 현존재 안에 파고드는 초인간적 힘으로 해석하게 되었다. 사람들은 이 소견을 발전시켜 여러 가지 해석을 내놓는다. 예를 들어 그 힘을 한군데에 고정한 뒤 그곳에 그 힘의 소유자가 존재한다고 상정하여 이를 신의 의사표시라고 말하는 사람도 있다. 반대로 호소하는 자야말로 외부에서 온 힘의 발로라고 보고, '생물학적 설명'을 통해 양심을 깨끗이 없애버리려고 시도하는 사람도 있다. 이 같은 해석들은 둘 다 비약이 좀 심하다. 현상적 소견을 너무 성급하게 뛰어넘는 해석들이다. 사람들이 이런 식으로 해석하기 쉬운 이유는, 존재론적으로 독단적인 테제가 그런 해석을 암암리에 유도하고 있기 때문이다. 그 테제란 다음과 같다.

'존재하는 모든 것은 객체적으로 존재해야 한다. 호소하는 소리도 현사실적으로 존재하는 존재이므로 객체적으로 존재할 것이다. 만약 호소의 소리가 객체적으로 존재한다는 사실이 객관적으로 입증되지 않는 경우, 그 호소의 소리는 애초부터 존재하지 않는 것이다.'

이처럼 성급한 방법으로 해석해 버리는 일을 막으려면, 현상적 소견(호소하는 소리는 내 안에서 일어나 나를 초월해 나에게 들려온다)을 전체로서 견지할 뿐 아니라, 그 안에 숨겨져 있는 존재론적 요소도 확보해 두어야 한다. 말하자면 그 안에는, 양심이라는 현상이 현존재에 속한 현상임을 존재론적으로 그려낸 밑그림이 이미 존재하고 있다. 이 존재자의 실존론적 구성이야말로 호소하는 '본체'의 존재양식을 해석할 단 하나의 실마리를 우리에게 제공해 준다.

우리는 지금까지 현존재의 존재구성을 분석해 왔다. 이 분석이 호소하는 자의 존재양식, 더 나아가 호소하는 것 자체의 존재양식을 존재론적으로 이해하는 방법을 우리에게 이미 가르쳐 주고 있는 건 아닐까? 확실히 양심의 호소는 나의 호소가 아니다. 나라기보다는 오히려 '무언가'의 호소이다. 그러나 이것만으로는, 현존재가 아닌 존재자들 사이에서 호소하는 자를 찾아내려는 행위를 정당화할 수 없다. 생각건대 현존재는 그때마다 언제나 '현사실적'으로 실존하고 있다. 다시 말해 현존재는 허공에 붕 떠 있는 자기 기투가 아닌, 내던져진 존재로서 규정되어 있다. 그러므로 현존재는 자신이 존재하고 있는 존재자의 현사실로 규정된 셈이며, 처음부터 이런 성격을 지닌 채 실존에 내맡겨졌고, 또 언제까지나 그렇게 내맡겨진 상태이다. 그런데 현존재의 현사실성은 객체적 존재자의 '사실성'과는 본질적으로 구별된다. 실존하는 현존재가 자기 자신과 만나는 모습은, 현존재가 세계내부에서 객체적 존재와 만나는 모습과는 엄연히 다르다. 그리고 세계 속에 내던져진 현존재의 성격이란, 실존에 영향을 주기도 하고, 접근할 수 없는 성격으로서 현존재를 따라다니는 것만은 아니다. 그 성격은 현존재가 실존 안에 내던져진 상태를 뜻한다. 현존재는 자신이 지금 어떤 존재이며 어떻게 될 가능성이 있는 존재든 간에, 결국 그 상태로 존재해야만 하는 존재자로서 실존하고 있다.

현존재가 현사실적으로 존재하고 있다는 '사실'의 이유는 아직 밝혀지지 않았을지도 모르지만, 그것이 실제로 존재한다는 사실 그 자체는 현존재에게 열어 보여져 있다. 이 현존재의 내던져진 성격은 현(現)의 개시성에 담겨져 있으며 그때그때의 심경에서 늘 드러난다. 이 심경은 현존재를 조금이나마 확실하게, 또 조금이나마 본래적으로 어떤 사실과 마주하게 한다. 그것은 바로 스스로가 존재한다는 사실, 그리고 스스로 존재하고 있는 존재자로서 존재가능하도록 존재해야 한다는 사실이다. 그런데 그때그때의 기분이 이 내던져진 성격을 뒤덮어서 숨겨버린다.

현존재는 이 내던져진 성격에 임할 때, 세인으로서 자신이 지닌 거짓된 자유로 도피한다. 그 편안함 속으로 도망친다. 우리는 이 도망에 대해 이미 기술한 바 있다. 그것은 고독해진 세계-내-존재를 근본적으로 규정하고 있는 불안감으로부터의 도망이다. 불안감은 불안이란 근본적 심경에서 본모습을 드러내며, 내던져진 현존재의 가장 생생한 개시성으로서 세계-내-존재를 세계의 무(無) 앞에 데려다 놓는다. 현존재는 이 세계의 무에 임하면서, 가장 고유한 자신의 존재가능을 느끼고는 불안에 휩싸인다. 그렇다면 자신의 불안감 밑바닥에 심경적으로 존재하는 현존재야말로, 양심이 호소하는 소리를 내는 자의 정체가 아닐까?

위 해석을 뒤엎을 만한 증거는 어디에도 없다. 그리고 호소하는 자와 그 호소의 성격을 파악하기 위해 우리가 지금까지 언급했던 모든 현상이, 위 해석을 긍정해 주고 있다.

호소하는 자가 누구인지를 세인적(世人的)으로 규정하기는 불가능하다. 호소하는 자란 자신의 불안감 속에 존재하는 현존재이며, 타향에 있는 존재로서 내던져진 근원적 세계-내-존재이고, 세계의 무 앞에 끌려 나온 벌거벗은 '사실'이다. 호소하는 자는, 일상적 세인으로서의 자신에게는 낯선 존재로 느껴진다. 그래서 세인으로서의 현존재는 그런 자신의 세인적 호소를 외부에서 들려오는 소리라고 생각한다. 배려되고 있는 잡다한 '세계'에 녹아들어 있는 세인에게, 불안감 속에서 고독해진 채 무(無)로 내던져진 자신만큼 낯선 존재가 또 있겠는가?

'무언가'가 우리에게 호소를 한다. 그러나 그 호소가 공개적 담론 주제가 될 만한 내용을 말하지는 않는다. 그리고 자극적이고 수선스럽게 호소하는 것도 물론 아니다. 그렇다면 현존재는 세계 속에 내던져진 자신의 존재로서의 불안감 속에서, 도대체 어떤 소식을 스스로에게 전하려는 걸까? 불안을 통해 드러난 자기 자신의 존재가능 이외에, 대체 무엇을 호소할 수 있단 말인가? 또 그 호소는 현존재의 유일한 존재가능으로 현존재를 불러 깨우는 일 외에, 대체 어떤 방식으로 현존재에게 호소할 수 있단 말인가?

호소하는 소리는 어떤 사건을 보고하는 소리가 아니다. 그 소리는 아무 소리도 내지 않고 호소한다. 호소하는 소리는 '침묵'이라는 불안한 모습으로 우리에게 이야기한다. 왜냐하면 호소하는 소리는 호소되는 자를 세인의 공개적 빈말로 불러들인다기보다, 오히려 그 안에서 현존재를 끌고 나와 실존적 존재가능의 침묵으로 도로 불러들이기 때문이다. 게다가 호소하는 자는 호소되는 자를 냉엄하고도 확실하게 사로잡는다. 이 적확한 현상은 불안하며 결코 보통이 아니다. 만약 자기 불안함의 밑바닥에서 홀로 고독해진 현존재가 자신에게 절대로 오인될 리 없다는 점에 근거하고 있지 않다면, 대체 그 보통이 아닌 적확함은 어디에 근거해 있는 걸까? 설마 현존재 자체에 맡겨져 있는 고독감에 근거한 것일까? 그게 아니라면 대체 무엇이 현존재로부터, 남에게 기댔을 때 생겨나는 자기 오해 및 오인의 가능성을 그토록 철저히 빼앗고 있는 걸까?

불안감은 일상적으로 은폐되어 있기는 하지만 분명 세계—내—존재의 근본적 양상이다. 현존재 자신이 이 불안감이라는 존재의 밑바닥에서 양심의 모습을 하고 스스로에게 호소를 한다. '나를 부르는 소리가 들린다'는 것은 현존재의 두드러진 언설(言說)이다. 불안이라는 감정을 띠고 호소하는 소리 덕분에, 현존재는 자신의 가장 고유한 자기 존재가능에 스스로를 기투하는 일이 처음으로 가능해진다. 그리고 양심이 호소하는 소리를 이처럼 해석함으로써, 우리는 앞서 했던 주장을 비로소 뒷받침할 수 있다. 불안감이 현존재의 뒤를 쫓아 그 현존재의 자기 망각적(忘却的) 상실성을 위협한다는 바로 그 주장이다.

현존재는 호소하는 자이면서 호소받는 자이기도 하다. 우리의 고찰로 인해 이 명제는 이제 형식적 공허성과 동시에 자명성을 잃었다. 양심은 '관심이 곧 호소하는 소리'라는 점을 스스로 드러내고 있다. 호소하는 자는 피투성 속에서 자기의 존재가능을 깨닫고 스스로 불안해하고 있는 현존재이다. 호소되는 자는, 자기의 가장 고유한 존재가능(자기를 앞지름)을 향해 불러일으켜진 바로 그 현존재이다. 그리하여 현존재는 이 호소를 듣고, 세인으로의 퇴락(배려되고 있는 세계에 이미 존재하고 있음)에서 깨어나는 것이다. 현존재가 자기 존재의 근저에서 마음 쓴다는 것, 그것이 양심이 호소하는 소리, 곧 양심 그 자체의 존재론적 가능조건이다.

그러므로 양심의 현상을 해석하기 위해, 현존재의 범주를 벗어난 힘에 굳이 의지할 필요까지는 없다. 또 그런 힘을 바탕으로 양심을 설명해 봤자, 이 호소하는 소리의 불안감은 해명할 수 없다. 아니, 이 경우에는 오히려 불안감 자체가 절멸되어 버릴지도 모른다. 양심에 대한 설명이 이런 잘못된 길로 빠지고 마는 이유는 무엇일까? 그 이유를 극단적으로 말하자면, 호소하는 소리의 현상적 소견을 확정할 때 사람들이 애초부터 극히 근시안적 견해에 사로잡힌 채, 현존재를 그저 적당히 존재론적으로 규정된 모습(또는 규정되지 않은 모습)으로 성급하게 전제하기 때문이 아닐까?

사람들이 분석을 시작할 때 현존재의 존재를 과소평가하지는 않았는가? 즉 현존재라는 존재를 그냥 어찌어찌 출현하는, 인격적 의식을 갖춘 대단치 않은 주관이라고 생각한 것은 아닐까? 그렇지 않다는 점을 확인하기도 전에, 어째서 외부적 힘 따위로 해석해 버리는가? 그쪽으로 도망칠 이유가 있는가?

호소하는 자는 세인이라는 관점에서 보면, 그 누구도 아니게 되어버린다. 그래서 호소하는 자를 어떤 힘이라고 여기는 해석에서도, 역시 '객관적으로 밝혀진 사실'에 대해서는 솔직히 승인하는 듯 보인다. 하지만 그 해석들을 자세히 살펴보면, 그 해석들이 양심으로부터의 도피이자 현존재가 도망칠 길에 지나지 않는다는 사실을 알 수 있다. 현존재는 이 길을 통해, 세인을 그 존재의 불안감에서 떨어뜨려 놓는 얇은 벽으로부터 살금살금 도망친다. 방금 소개한 양심의 해석들에서는, 양심은 단순히 주관적으로만 발언하는 소리가 아니라 보편적 구속력을 지닌 소리라고 말한다. 그렇게 말함으로써, 스스로 양심이 호소하는 소리를 적극적 의미로 인정하고 있다고 자부한다. 더 나아가 이 보편적 양심을 세계적 양심으로 추어올리는 경우도 있다. 하지만 이 같은 보편적 양심조차 그 현상적 성격을 살펴보면 실은 '무언가의 소리'이자 '누구도 아닌 자'에 지나지 않는다. 그러므로 양심은 각각의 '주관'을 바탕으로 이처럼 막연한 무언가로서 발언하고 있을 뿐이다.

하지만 이런 '공공적 양심'이야말로 세인의 소리가 아니겠는가? 이렇게 현존재가 '세계의 양심'이라는 수상쩍은 존재를 만들어 내버린 까닭도, 실은 양심이 근본적·본질적으로 저마다 다른 성질을 지니고 있기 때문이다. 즉 양심은 각자가 지닌 양심이다. 그리고 이 사실은 양심에 따라 저마다의 가장 고유한 존재가능이 호소되고 있다는 것뿐만 아니라, 호소하는 소리가 늘 나 자신이라는 존재자에게서 발생됨을 뜻한다.

우리는 지금까지 호소하는 소리의 현상적 성격에 순수하게 따르면서 양심을 해석해 왔다. 이 해석에 의해 양심의 힘이 약해지는 일은 없으며, 양심이 단순한 주관적 존재가 돼버리는 일도 없다. 아니, 오히려 반대이다. 호소하는 소리의 엄격성과 확실성은 이런 해석에서 비로소 그 힘을 유감없이 발휘한다. 호소의 '객관성'은, 우리가 호소의 '주관성'을 존중하면서 해석할 때 처음으로 정당성을 얻는다. 여기서 말하는 '주관성'이란, 어디까지나 세인으로서 자신이 제멋대로 지배하는 일을 막는 성격이다.

현재 우리는 양심을, 관심이 호소하는 소리라고 해석하고 있다. 그런데 어떤 사람들은 이렇게 질문할지도 모른다. 이 해석은 '자연적 경험'과 이토록 동떨어져 있는데, 이것이 과연 음미할 만한 양심 해석인가? 양심은 대개 질책하거나 경고할 뿐인데, 어떻게 그것이 우리를 가장 고유한 자기 존재가능으로 불러 일깨울 수 있단 말인가? 양심은 가장 고유한 존재가능에 대해 이야기하는, 막연하고 공허한 존재일 뿐인가? 아니, 오히려 양심은 이미 저질렀거나 미수에 그친 과오 및 불이행을, 명확하고도 구체적으로 지적하면서 발언하는 존재가 아닐까? 위 해석에서 주장하는 '호소'란 양심의 '가책'에서 비롯되었는가, 아니면 양심의 '만족'에서 태어났는가? 애초에 양심이란 어떤 적극적 지시를 내리는 존재인가, 아니면 단순한 비판적 존재에 지나지 않는가?

이러한 의문은 말할 나위 없이 정당하다. 양심에 대한 해석을 내놓을 때는 이 정도 공격은 각오해야 한다. 곧 양심이라는 현상이 일상에서 어떤 식으로 경험되는지, '사람'이 그 일상적 양심 현상의 해석을 통해 알 수 있어야 한다. 이는 사람들이 할 수 있는 당연한 요구이다. 그러나 이 요구를 해결한다는 것이, 통속적이고 존재적인 양심 이해를 존재론적 해석의 최고 법정으로 인정한다는 뜻은 아니다. 그런데 한편으로, 위에서 소개한 여러 의문은 너무 앞서 간 질문이다. 왜냐하면 우리의 양심 분석은 아직 목표에 다다르지 못했기 때문이다. 따라서 그런 불완전한 분석을 상대로 위와 같이 질문하는 일은 시기상조이다. 우리가 지금까지 시도한 것은, 양심을 현존재의 현상으로서, 현존재자의 존재론적 구성에 되돌려 놓는 일에 지나지 않았다. 그리고 그 시도는 다음 과제를 해결하기 위한 준비 과정이었다. 즉 양심이 현존재의 가장 고유한 존재가능에 대한, 현존재 자체가 지닌 증거라는 사실을 이해하기 위한 과정이었다.

그런데 양심이 무엇을 입증하는가를 제대로 명확하게 규정하려면 먼저 해야 할 일이 있다. 그것은 바로 이 호소하는 소리에 진정으로 응답하는 '청취'가 어떤 성격을 지녀야만 하는지를, 충분히 명료하게 규정짓는 일이다. 호소하는 소리에 '따르는' 본래적 이해는, 양심 현상에 잇닿아 있기만 하는 부록이 아니다. 곧 생기기도 하고 생기지 않을 수도 있는 어떤 과정이 아니다. 호소에 대한 이해를 바탕으로 하면서, 동시에 그 호소적 이해와 하나가 되었을 때 우리는 비로소 완전한 양심 체험을 할 수 있다. 호소하는 자도 호소받는 자도 둘 다 각자의 현존재라고 한다면, 호소하는 소리에 대한 여러 반응에는 현존재의 특정한 존재양식이 숨어 있을 것이다. 즉 호소하는 소리를 어떻게 놓쳐버리고 어떻게 잘못 들든, 거기에 현존재의 어떤 존재양식이 드러난다. 그러므로 '아무 대답도 없다'는 식의 허공에 붕 떠 있는 호소란 실존론적으로는 있을 수 없는 허구이다. 아무 대답도 '없다'라는 것도, 현존재에 따라 해석하면 하나의 적극적 결과라 볼 수 있다.

자, 이로써 다음에 할 일이 정해졌다. 양심이 호소하는 소리가 무엇을 알리고 있는지를 명확히 밝히려면, 우선 호소에 대한 이해부터 분석해 보아야 한다. 우리는 지금까지 양심의 존재론적 성격을 일반적으로 규정했다. 이 규정이야말로 우리에게, 양심 속에서 호소되고 있는 '책임'의 선고를 실존론적으로 이해할 가능성의 문을 열어준 열쇠이다. 모든 양심 경험과 해석은, 양심의 '소리'가 어떠한 '책임'을 알려준다는 점에서 일치한다.

58 호소의 이해와 책임

현존재는 호소를 이해할 때 대체 무엇을 듣는가? 그것의 정체를 현상적으로 밝히려면 여기서 다시 호소를 되돌아보아야 한다. 세인으로서의 자기에 대한 호소는, 가장 고유한 각자의 자신을 그 존재가능으로 불러 일깨움을 의미한다. 게다가 그 호소는 현존재로서, 즉 배려적 세계-내-존재이자 다른 사람들과 공동존재로서의 존재가능으로 불러 일깨움을 뜻한다. 따라서 이 호소하는 소리가 무엇을 향해 불러 일깨우는가를 실존론적으로 해석하려 할 때, 우리는 먼저 이 일의 방법적 가능성과 과제를 올바르게 이해해야 한다. 그렇게 하지 않으면 저마다 구체적 실존가능성을 한정할 수 없기 때문이다. 그때그때의 현존재에게 그때마다 무엇이 실존적으로 호소되는지는, 이론적으로 확정할 수 없으며 확정할 만하지도 않다. 우리가 풀어야 할 과제는 그게 아니다. 그보다는 그때그때의 현사실적·실존적 존재가능의 실존론적 가능조건에 해당하는 현상을 확정하는 일이 우리의 과제이다.

호소가 실존적 청취(청취현상)를 통해 이해되고 있을 때를 생각해 보자. 이때 현존재가 스스로에게 호소되고 있는 내용을 뭔가에 얽매이는 일 없이 자유롭게 듣고 이해할수록, 그리고 세인의 평판이나 세간의 통념으로 호소하는 소리의 본뜻을 왜곡하는 일이 줄어들수록 그 이해는 본래적 이해에 점점 가까워진다. 그러나 호소가 본래적으로 이해되는 일에는 본질적으로 무엇이 함축되어 있을까? 호소하는 소리는 그때마다 무엇을—설령 현존재가 현사실적으로 이해하지 못하는 내용이라도—본질적으로 알리고 있는가?

그런데 우리는 이 질문에 대해 이미 다음의 테제를 통해 대답한 바 있다. 즉 호소란 이야깃거리가 될 만한 것은 아무것도 말하지 않는다. 그 호소는 세간에서 일어나는 일에 대해서는 그 어떤 정보도 주지 않는다. 호소하는 소리는 현존재를 불러내서 스스로의 존재가능으로 향하게 한다. 그것도 불안감 속으로부터 들려오는 호소하는 소리로서 말이다. 호소하는 자가 누구인지는 여전히 규정되지 않은 상태지만, 그래도 그 소리의 출처는 그 호소와 무관할 리 없다. 이 '출처'란 곧 세계 속에 내던져져 있는 현존재의 고독(세인 속에 있으면서, 세인과 동시에 현존재 자신과 떨어져 있는 고독)에서 오는 불안감이다. 이 출처(불안감)는 호소하는 소리 속에 포함되어 있으며, 그 소리를 통해 드러나고 열어 보여진다. '어딘가를 향해 불러내는' 소리가 들려오는 출처는, 말하자면 그 호소하는 소리가 상대를 다시 불러들이려는 장소인 셈이다(즉 현존재가 현존재 자신을 불러 자신(양심, 책임)을 보게 하고 있다). 이 호소하는 소리가 말하는 것은 이상적이거나 보편적인 존재가능 같은 게 아니다. 그것은 각 현존재의 그때그때 고독해진 존재가능으로서의 존재가능이다. 양심이 호소하는 소리의 개시성은, '불러내면서 불러들임'(양심의 호소는 자신을 열어 보이고 나서 상대를 자기에게로 끌어들이는 속성이다)이라고 이해할 때 비로소 완전히 규정된다. 호소하는 소리를 이처럼 이해하고 대할 때, 우리는 처음으로 그 호소하는 소리가 '무엇'을 알리고 있는지 논의할 수 있게 된다.

양심이 호소하는 소리가 무엇을 알리는가? 온갖 양심 경험을 통해 일반적으로 듣는 소리와 못 듣는 소리를 '솔직히' 지적한다면, 이 물음에 대해 좀더 쉽고 확실하게 대답할 수 있지 않을까? 다시 말해 이런 경험에 의하면, 양심이 호소하는 소리는 현존재에게 '책임'이 있다고 선고한다. 또는 그것이 경고에 가까운 양심의 호소라면, 앞으로 일어날지도 모르는 '책임'에 대해 현존재의 주의를 환기한다. 만약 그것이 양심의 '만족'에서 비롯된 호소라면, 그것은 나에게는 아무 '책임'도 없다는 사실을 인증해 준다. 다만 난처한 사실은, 온갖 양심 경험이나 양심 해석에서 경험되는 이 '책임'이라는 것이 실은 천차만별로 규정되어 있다는 점이다. 혹시라도 이 책임의 의미에 대한 견해가 일치한다 해도, 이 책임이 있다는 것의 실존론적 개념은 여전히 어둠에 싸인 채로 남는다. 그러나 현존재가 스스로에게 '책임'이 있다고 말하는 이상, 현존재의 존재 해석에서가 아니면 대체 어디에서 책임의 이념을 이해할 수 있겠는가?

결국 여기서 새로운 물음이 제기된다. 대체 누가 우리에게 책임이 있다고 말하며, 책임이란 무엇을 의미하는가? 책임의 이념을 제멋대로 만들어 내서 현존재에게 억지로 강요할 수는 없는 노릇이다. 그러나 애당초 책임의 본질을 이해한다는 일이 가능하다면, 이 가능성의 형태는 처음부터 현존재 속의 무언가에 그려져 존재하고 있을 것이다. 이 현상을 밝히기 위한 수단을 어떻게 얻어야 하는 걸까? 책임이니 양심이니 죽음이니 하는 모든 현상의 존재론적 탐구를 할 때, 우리는 일상적 현존재 해석이 그 현상에 대해서 언급하는 '이야기'를 언제나 수단으로 삼아야 한다. 하지만 현존재는 퇴락한 존재양식도 동시에 지니기 때문에, 그런 현존재가 실시하는 해석은 대개 비본래적 지침에 따른다. 즉 일상적 현존재 해석은 '본질'을 꿰뚫지는 못한다. 그 해석을 수단으로 삼을 때에는 이 점을 고려해야 한다. 왜냐하면 근원적으로 적절한 존재론적 문제 설정은, 일상적 현존재에게는 낯선 일이기 때문이다. 그러나 일상적 현존재가 저지르는 모든 착오에는, 실은 현존재의 근원적 '이념'에 대한 지시가 슬며시 드러나 있다. 그렇다면 '책임이 있다'는 것의 근원적인 실존론적 의미를 판별하는 기준은 대체 어디에서 구하면 좋을까? 그 기준은 이 '책임이 있다'는 것이, '나는 ……이다'의 서술어를 통해 모습을 드러낸다는 사실에서 구할 수 있다. 비본래적 해석에서 '책임'이라 이해되고 있는 것은, 애당초 현존재의 존재 그 자체 내부에 숨어 있지 않을까? 그런 의미에서 현존재는 현사실적으로 존재하는 한, 언제나 이미 책임을 지닌 채 존재하고 있지 않을까?

만약 그렇다면 일치해서 들려오는 '책임이 있다'를 끌어다가 써봤자 소용없다. 그것만으로는 양심이 호소하는 소리에서 호소되고 있는 내용의 실존론적 의미가 무엇이냐는 질문에 대답할 수 없다. 우선은 호소하는 소리가 호소하는 내용을 실존론적으로 파악하는 일이 중요하다. 호소받은, '책임이 있다'는 내용이 도대체 무엇을 말하려 하는 건지, 그리고 그 의의가 일상적 해석에서 어떤 근거와 방식을 통해 왜곡되고 있는지 이해하기 위해서는 말이다.

일반 상식에서는 '책임이 있다'는 말이 무엇을 뜻할까? 그것은 주로 채무(債務)가 있다, 누군가에게 빚을 지고 있다는 뜻으로 통한다. 이는 어떤 사람이 상대에게 무언가를 변제해야 한다는 말이다. 왜냐하면 그 무언가에 대한 정당한 청구권이 상대에게 있기 때문이다. 이처럼 '빚을 지고 있다'라는 의미의 '책임이 있다'는, 다른 사람들과 함께 존재하는 공동존재가 조달 및 제공이라는 배려적 분야에서 취하는 하나의 양상이다. 다시 말해 이 채무란 배려의 형태를 띤다. 그런데 이런 형태의 배려에는 빼앗다, 꾸다, 갚지 않다, 훔치다, 가로채다 등도 포함된다. 즉 어떤 의미로든 다른 사람들의 소유권을 제대로 존중해 주지 않는 형태 또한 존재한다는 말이다. 이런 의미에서 책임이 있다고 할 때의 '책임'은, 배려 가능한 무언가와 관계된다.

'책임이 있다'라는 말에는 또 다른 의미도 있다. '무엇에 대한 의무가 있다'라는 의미이다. 이는 어떤 것의 원인이다, 장본인이다, 또는 무언가의 유인(誘因)이다라는 더 폭넓은 뜻을 가지고 있다. '의무가 있는' 경우에는, 어떤 사람이 누군가에게 빚을 지지 않고서도 어떤 이유로 인해 '책임이 있을' 수도 있다. 반대로 자신에게는 아무런 의무가 없는데도, 누군가에 대해 어떤 채무를 지는 경우도 있다. 언제 이런 일이 일어날까? 바로 제삼자가 내 이름으로 다른 사람들에게 빚을 질 때이다.

지금까지 책임이 있는 상황을 크게 둘로 나눠서 살펴보았다. '누군가에게 빚이 있는' 경우와 '무엇에 대한 의무가 있는' 경우인데, 이 두 가지 '책임이 있는 상황'의 통속적 의의가 서로 연합하기도 한다. 또 보통 '죄를 범하다'라고 표현되는 행위에도 위의 두 가지 뜻이 포함될 수 있다. 채무와 관련된 이유로 법을 위반해서 처벌받는 경우가 그 예다. 그런데 '죄를 범하다'라는 의미에서 '책임이 있는' 경우, 그 사람이 제대로 충족시키지 못한 요구는 소유권과 관련된 요구가 아닐 수도 있다. 그 요구가 공공적 상호존재 일반을 규제하는 요구라면 위와 같은 상황이 성립된다. 또한 이처럼 정의된, 법 위반이란 의미에서의 '죄를 범하는' 행위는 동시에 '타인에게 미안한 짓을 하다'라는 성격을 지니고 있다. 그 행위가 법에 위배되기 때문에 이런 성격을 띠는가? 아니다. 이 성격은 내가 상대의 실존을 위협하고 혼란스럽게 하거나, 그를 아예 파멸시켜 버렸을 경우 나타난다. 이런 의미로 다른 사람들에게 미안한 짓을 하는 일은, '공공적' 법률을 위반하지 않은 상황에서도 일어난다. 그러므로 '상대에게 미안한 짓을 하다'라는 뜻을 지니는 '책임 있는 존재'의 형식적 개념은, '다른 사람의 현존재 속에 어떤 결핍을 일으키는 원인(존재근거)'이라고 규정할 수 있다. 그리하여 이 원인(근거존재) 자체는 '무엇을 일으키는 데 대해' 결여적이라고 규정된다. 이러한 결여성(결여된 존재의 성질)이란, 다른 사람들과 함께 실존하는 공동존재에게서 일어나는 요구를 만족시키지 '못하는' 것이다.

이 같은 요구는 어떤 근거에서 발생하는가? 그리고 이 근거를 바탕으로, 그것들의 요구 성격이나 법칙 성격을 어떻게 파악해야만 하는가? 이 문제에 대해서는 여기에서 단정하지 않겠다. 어쨌든 마지막에 설명한 의미를 지니는 '책임 있는 존재'는, 어떤 '인륜적 요구'를 위배한다. 그러므로 이것도 현존재의 한 존재양식이다. 물론 '죄를 범하다' 또는 '채무가 있다'는 의미에서, 책임 있는 존재에 대해서도 같은 말을 할 수 있다. 그 밖의 모든 '무엇에 대한 책임이 있는' 존재도 마찬가지이다. 그들 또한 현존재가 취하는 태도이기 때문이다. 그들과 구별하기 위해 '인륜적 책임이 있다'는 점을 현존재의 특질로 해석한다 해도 소용없는 일이다. 그렇게 규정지어 봤자, 현존재의 이런 '존재규정성'을 앞서 설명한 태도를 갖고 존재론적으로 한정할 수는 없다는 사실이 더 명료해질 뿐이다. 따라서 인륜적 책임이라는 개념은 아직 존재론적으로 거의 해명되지 않았으며, 그렇기 때문에 이 인륜적 현상을 해석할 때 다음 같은 현상이 일어난다. 즉 많은 사람들은 이 개념에 형벌 상당성(相當性)의 이념이나 대인 채무의 이념마저 갖다 붙이며, 심지어는 처음부터 그런 이념을 바탕으로 인륜적 책임의 개념을 규정하려 한다. 실제로 이 해석은 지금까지도 우위를 차지하고 있다. 그러나 이런 해석에서는, '책임이 있다'는 것은 또다시 배려의 영역으로 되돌아가고 만다. 다시 말해 상호 청구권의 정산 및 결제라는 견지에서 고찰되어 버린다.

책임 현상이 꼭 채무나 위법과 관련된다는 법은 없다. 그러므로 그 현상을 해석하려면, 우선 현존재의 책임 있는 존재가 무엇인지 원리적으로 알아야 한다. 바꿔 말해 '책임이 있다'는 이념을 현존재의 존재양식을 바탕으로 파악해야 한다.

이를 위해서는 다른 사람들과의 배려적 공동존재에 관한 통속적 책임 현상이 전부 제거될 때까지, '책임이 있다'의 이념을 형식화하지 않으면 안 된다. 우리는 책임 현상을 청산(淸算) 형태의 배려라는 영역에서 더 높은 곳으로 끌어올려야 할 뿐 아니라, 그것을 어김으로 해서 누군가가 책임을 지게 되는 당위

(當爲)나 법률에 대한 관계도 잘라야만 한다. 왜냐하면 이 같은 경우에도 책임은 필연적으로 '결여'라는, 곧 존재해야 하며 존재할 수 있는 무언가가 빠져 있는 상태로서 규정되어 있기 때문이다. 그런데 여기에서 빠져 있다는 것은 객체적 비존재를 의미한다. 있어야 할 것이 눈앞에 실존해 있지 않다는 뜻의 결여는, 객체적 존재자의 존재규정 가운데 하나이다. 그런데 이런 의미를 지닌 결여는 실존에서는 본질상 있을 수 없는 일이다. 실존 자체가 완전하기 때문일까? 아니, 그게 아니다. 실존의 존재성격이 모든 객체적 존재와 본질적 차이점을 지니고 있기 때문이다.

그럼에도 불구하고 '책임이 있다'라는 이념에는 사실 '없다(無)'라는 성격이 숨어 있다. 따라서 만약 '책임이 있다'로 실존의 성격을 규정할 수 있어야 한다면, 이와 함께 무(無)가 가지고 있는 무적(無的) 성격을 실존론적으로 해명해야 한다는 존재론적 문제가 생긴다. 게다가 '무엇에 대한 의무가 있다'라는 뜻을 지닌 책임의 개념에 무차별적으로 표현되어 있듯이, 책임이라는 이념에는 '무엇의 근거가 된다'는 뜻이 포함되어 있다. 여기서 우리는 '책임이 있다'의 형식적·실존론적 이념을 규정할 수 있다. 그 '있다'란 어떤 무(無, '있다'에 대해 상대적인 '없다')에 의해 규정된 존재의 근거존재, 바꿔 말하자면 어떤 무성(無性)의 근거존재이다.

그런데 이처럼 실존론적으로 이해된 책임의 개념에 속해 있는 무(無)의 이념은, 가능한(혹은 요구되고 있는) 객체적 존재자와의 연관을 배제하는 이념이다. 따라서 현존재는 일반적으로, 객체적 존재자나 타당적 존재자 등을 기준 삼아서 규정할 수는 없다. 즉 현존재 자신이 아닌 것, 현존재의 양상으로 존재하는 않는 것—다시 말해 실존하지 않는 것—을 기준으로는 현존재를 성격지을 수 없다. 이런 까닭에 책임의 실존론적 개념에는 다음과 같은 관점도 존재하지 않는다. 책임이 어떤 결여의 근거라는 점을 고려, 근거인 존재자 자신도 '결여된 것'으로 추측하는 관점 말이다. 만약 어떤 요구가 충족되지 않았다는 식의 결여가 현존재에 의해 생겨난다 해도, 그것을 바탕으로 그 '원인'에도 결여가 존재한다고 추리하는 건 불가능하다. 근거가 되는 존재가, 그 존재를 바탕으로 일어난 결여 사태와 같은 무적(無的) 성격을 지녔다고 단정할 수 없다. 어떤 근거가 그로 인해 일어난 존재에게서 반대로 영향을 받아야만 비로소 무적 성격을 지니는 건 아니다. 무슨 과오의 결과로서 책임 있는 존재가 태어난 다고 생각하는가? 아니, 오히려 반대이다. 어떤 근원적 책임 있는 존재에 '근거' 할 때 비로소 과오를 저지르는 일이 가능해진다. 그렇다면 이런 근원적 책임 있는 존재를 현존재의 존재 속에 제시하는 일이 가능할까? 또 그 일은 대체 실존론적으로 어떻게 가능한가?

현존재의 존재는 관심이다. 관심 내부에는 현사실성(피투), 실존(기투), 퇴락이 포함되어 있다. 존재하는 것으로서 현존재는 내던져져 있는 존재이다. 다시 말 해 현존재는 스스로의 현(現)에 자발적으로 들어오지는 않은 존재이다. 존재 하는 것으로서 현존재는 존재가능으로 규정되어 있다. 그런데 이 존재가능은 현존재 자신에게 속하지만, 현존재가 이를 자신에게 스스로 건네준 것은 아니 다. 실존한다고 해도 현존재에게는 한계가 있다. 현존재가 자신이 내던져진 상 황 이전으로 거슬러 올라가 '스스로가 현재 존재하고 있으며 또 존재할 수밖 에 없다'는 사실을 자신의 자기존재로부터 끄집어내서 자주적으로 현(現)에 끌 어들이는 일은 현존재에게는 언제까지고 불가능하다. 하지만 그렇다고 해서 내 던져진 성격이 현존재의 과거가 되어버린 건 아니다. 그것은 '사실'로서 현존재 를 갑자기 덮쳤다가 이윽고 현존재로부터 멀리 떨어져 나간 사건 따위가 아니 다. 내던져진 성격은 현존재 안에 여전히 존재한다. 현존재는 자신이 존재하 고 있는 동안에는, 관심을 통해 자신의 내던져진 성격상의 사실[4]로서 끊임없 이 존재한다. 현존재는 이 존재자에 내맡겨져 있기 때문에, 그야말로 현존재라 는 존재자로서 실존할 수 있다. 그리고 현존재가 실존하면서 자기 존재가능의 근거이기도 하다는 사실 역시 전적으로 같은 이유이다. 비록 현존재가 (자기의) 근거를 스스로 구축하지는 않았다 하더라도, 현존재는 (자신이 자기 존재가능의 근거라고 하는) 자신의 짐을 짊어지고 있다. 그리고 그 짐의 무게가 기분에 의해 현존재에게 무거운 짐으로 나타난다.

그럼 어떤 존재양상에서 현존재는 내던져진 근거로서 있게 될까? 그것은 오 직 현존재 자신이 이미 내던져져 있는 곳에 모든 가능성을 스스로 기투하는 존재양상에서이다. 현존재가 자기인 이상 자기 자신의 근거를 스스로 마련해

---

4) 이 '피투적인 사실(Dass)'은 본문 바로 앞에 있는, 현존재는 존재해 있으며 또 존재할 수밖에 없다는 사실을 가리키며 현존재가 피투성(被投性)에 의거하는 사실을 말한다.

야만 하는데, 이 현존재인 자기는 결코 그 근거를 자신의 뜻대로 다루지 못한다. 그런데도 자기는 계속 실존하면서 자신이 근거가 되는 일을 떠맡아야 한다. 스스로의 내던져진 성격적 근거를 존재하도록 하는 것, 이것이야말로 (현존재의 밑바탕에 있는) 관심이 관련돼 있는 존재가능이다.

현존재는 내던져진 존재로서 실존하면서, 즉 자신의 근거가 되면서 스스로의 모든 가능성 뒤에 부단히 서 있다. 현존재가 스스로의 근거를 앞질러서 현실적으로 존재하는 일은 결코 없다. 그는 어디까지나 그저 이 근거 덕분에, 또 이 근거로서 존재하고 있는 데에 지나지 않는다. 그러므로 현존재가 근거라는 말은, 가장 고유한 자신의 존재를 근본적 의미에서 뜻대로 움직일 힘이 그에겐 결코 없다(無)는 말이다. 여기서 말하는 '없다', 곧 무(無)는 내던져진 성격의 실존론적 의미에 포함되어 있는 요소이다. 현존재는 자신의 근거가 되면서, 자기 자신의 무성(無性)으로서 스스로 존재한다. 무성이란 객체적 비존재나 비존립을 가리키는 말이 절대 아니다. 무성은 현존재의 이 존재(내던져진 성격)를 구성하고 있는 무(無)를 가리킨다. 이 무(無)의 무적 성격(가능적 성격)은 실존론적 의미에서는 '현존재는 자기 존재이면서 그 자기로서 (동시에) 내던져져 있는 존재자이다'라고 규정된다. 다시 말해 현존재는 자기 자신에 의해서가 아니라, 근거로부터 나 자신에게 맡겨져, 스스로 그 근거로서 존재한다. 현존재는 자신의 기투를 바탕으로 그 존재근거를 만들어 냈다는 의미에서, 스스로 자신의 존재근거가 되는 것이 아니다. 오히려 현존재는 자기존재로서 근거의 존재인 셈이다. 바꿔 말해 근거란, 어디까지나 자기 존재에게 근거가 되는 것을 떠맡아야만 하는 존재자의 근거이다.

현존재가 자신의 근거가 되는 것은 자신의 실존을 통해서이다. 다시 말하자면 모든 가능성에서 스스로를 이해하고, 그런 이해를 통해 내던져진 존재자로서 존재함으로서이다. 그러나 여기에는 숨은 뜻이 있다. 즉 현존재는 존재가능성으로서 언제나 어느 한 개의 가능성을 취하고 있으며, 이때 다른 가능성으로는 존재하지 않고 실존적 기투에서조차 그 다른 가능성들을 포기하고 있다는 뜻이 포함되어 있다. 기투는 어디까지나 내던져진 성격을 지닌 기투이므로 근거존재의 '무성'에 따라 규정되어 있기는 하지만, 실은 그게 전부가 아니다. 기투는 그 자체로서도 본질적으로 무적(無的)인 것이다. 이 무성의 규정 역시 '효과가 없다'느니 '가치가 없다'느니 하는 존재적 성질을 가리키는 건 절대로 아니다. 이는 기투의 존재구조를 실존론(가능성)적으로 구성하는 계기이다. 여기서 말하는 '무성'이란 현존재가 스스로의 실존적 가능성을 향해 개방되어 있는 자유존재에 속한다는 말이다. 생각하건대 하나의 가능성을 끝까지 선택하는 것, 다시 말해 다른 가능성을 선택하지 않았다는 점과 다른 가능성을 선택할 수 없다는 사실을 견뎌내는 것이야말로 자유일 것이다.

내던져진 성격의 구조와 기투의 구조에는 본질적 공통점이 존재한다. 바로 그 안에 어떤 '무성'이 숨어 있다는 점이다. 그리고 이것은 현존재가 언제나 이미 현사실적으로는 퇴락으로서 존재하고 있을 때, 이 비본래적 현존재에게 무성이 있다는 가능근거가 되기도 한다. 이렇게 무성은 관심의 본질 밑바닥까지 침투해 있는 셈이다. 따라서 현존재의 존재로서의 관심이란, 내던져지는 식의 기투이므로 어떤 무성의 (무적인) 근거가 존재함을 의미한다. 자 그럼 여기서, 책임은 무성의 근거존재(무언가가 결여되어 있다는 사실의 근거존재)라는 형식적·실존론적 규정이 성립한다고 해보자. 위 두 가지 사실에 따르면, 현존재는 현존재인 이상 이미 책임 있는 존재라는 뜻이 된다.

실존론적 무성을, 현존재가 어떤 이상을 이루지 못할 때 생기는 '결여'로 봐서는 안 된다. 실존론적 무성은 그런 성격을 절대로 지니지 않는다. 현존재가 무엇을 기투하고 어떤 것을 달성하든 그 모든 것에 앞서서, 이 존재자의 존재 자체가 애초부터 '기투'로서 이미 무성을 지닌다. 그러므로 무성이란 때때로 현존재를 덮쳐 그 주위를 맴도는 어두운 성질 같은 게 아니다. 또 현존재가 충분히 진보하면 자연스럽게 없앨 수 있는 것도 아니다.

그런데 이 실존론적 무성이 지니고 있는 무(無)의 존재론적 의미에는 아직 불명확한 부분이 있다. 그렇지만 이것은 무(無)와 관련된 것들 전반의 존재론적 본질에 들어맞는 해석이다. 확실히 존재론과 논리학에서는 무(無)에 수많은 주석을 달면서, 그것의 온갖 가능성을 어느 정도 파악해 왔다. 그러나 그런 이론들은 무(無) 자체를 존재론적으로 나타내지는 못했다. 존재론은 우연히 무(無)에 주목하고 그것을 이용해 왔을 뿐이다.

그런데 모든 무(無)가 결여라는 의미에서 부정형태(否定形態)를 보인다는 것은 정말로 자명한 사실일까? 무(無)의 적극적 의의는, 그것이 '이행'을 구성하는 요소라는 점에서밖에 찾을 수 없는 걸까? 온갖 변증법은 부정의 도움을 구한다. 그런데 왜 그런 것 자체의 근거를 변증법적으로 살펴보려 하진 않을까? 아니, 심지어 그런 것을 문제로 정착시키는 일조차 못하는 이유가 뭘까?

애초에 사람들이 지금까지 무성의 존재론적 근원을 문제 삼았던 적이 과연 있을까? 또는 최소한 그 전에, 무(無)와 무성과 그들의 가능성에 대해 문제를 제시하기 위한 기반이 될 조건들만이라도 지금까지 생각해 본 적이 있을까? 그리고 만약 이 조건들을 구하려 한다면, 그 가능성을 존재 전반의 의미에 대한 주관적 해명 이외에 대체 어디에서 찾아낼 수 있을까?

결여라는 개념은 (충분히 형식화하면 사용범위가 넓지만) 사실 뚜렷하지 못한 개념이다. 그러므로 이는, 이미 책임 현상을 존재론적으로 해석하는 데조차 도움이 안 된다. 하물며 선(善)의 결여가 곧 악(惡)이라는 식의 이념을 길잡이로 삼으려 드는 사람들은, 책임이라는 실존론적 현상을 제대로 해석할 수 없다. 왜냐하면 선이니 뭐니 하는 것은 그 존재론적 계보를 따라 올라가 보면, 그로부터 나온 '가치'의 이념과 마찬가지로 처음부터 객체적 존재자의 존재론에서 유래된 것이기 때문이다.

현존재의 세계 속 존재는 곧 관심인데, 이 현존재는 단순히 현사실적 책임을 지는 일뿐만 아니라, 그 존재의 근거에 이미 책임을 지닌 채 존재하고 있다. 그리고 이런 책임이 있기 때문에, 이를 존재론적 조건으로 삼아 현존재가 그 현사실적 실존에 있어서 책임지는 일이 가능하다. 본질적으로 책임 있는 이 존재는 같은 맥락에서 '도덕적' 선과 악, 즉 도덕성 일반과 그 현사실적으로 가능한 형식화의 실존론적 가능조건이다. 따라서 도덕성 자체가 있으려면 그 전에 근원적으로 '책임 있는 존재'가 전제되어야 하므로, 도덕성을 통해 책임 있는 존재를 규정하는 일은 불가능하다.

그런데 도대체 어떤 경험이 현존재에 속하는 이 근원적 '책임 있는 존재'를 밝혀주는가? 당연히 이런 의문이 떠오를 것이다. 하지만 우리는 여기서 잊지 말고 반문해야 한다. 책임이란 책임 의식이 깨어 있을 때에만 현실에 존재하는 걸까? 아니면 오히려 책임이 잠들어 있을 때에야말로, 근원적 책임 있는 존재가 드러나는 건가? 이 책임 있는 존재가 보통은 개시되지 않는 상태로 있으며 현존재의 퇴락한 존재에 의해 갇혀 있다는 점은, 앞서 언급한 무성을 드러내는 것일 뿐이다. 책임 있는 존재는 이 사실에 대한 '자각'을 뛰어넘는, 보다 근본적인 존재이다.

양심이 호소하는 소리는 책임이 있다는 점을 근본적으로 알린다. 그러므로 애초에 양심이 가능한 것도 현존재가 자기 존재의 밑바닥에 책임을 지니고 있으며, 내던져진 퇴락한 현존재로서 스스로에게서 자신을 숨기고 있기 때문이다.

양심이 호소하는 소리는 곧 관심의 호소이다. 책임 있는 존재는 우리가 관심이라고 부르는 존재를 구성하고 있다. 현존재는 그 불안감 속에서 자기 자신과 근원적으로 만난다. 불안감은 이 존재자를, 자신의 가장 고유한 존재가능의 가능성에 속해 있는 진정한 무성 앞에 데려다 놓는다. 관심으로서의 현존재가 자신의 존재에 관련되고 있는 한, 현존재는 그 불안감 속에서 자신에게 호소한다. 즉 퇴락한 현사실적 세인으로서의 자신을, 자기 존재가능을 향하도록 불러 일깨운다. 이 호소는 자신을 불러내는 일이자 다시 불러들이는 행위이다. 불러낸다는 것은, 현존재가 스스로 존재하기 위해 투사한 자신의 존재자를, 자신이 실존하면서 떠맡는 가능성에게로 불러냄을 뜻한다. 그리고 다시 불러들인다는 것은, 내던져진 성격을 향해 불러들여서 현존재가 이 성격을 실존 속으로 받아들여야 할 무적 근거로 이해하게끔 하는 것이다.

이처럼 양심이 호소하는 소리는 불러내고 불러들인다. 그럼 이 소리는 현존재에게 무엇을 알리고 있는 것일까? 바로 현존재가 책임 있는 존재라는 사실이다. 현존재는 자신의 무적 기투의 무적 근거로서 자기 존재가능성 속에 머무르면서, 스스로를 '세인에 파묻혀 (현존재의 무성을) 잃어버린 자신'으로부터 자기 자신에게로 불러들여야 한다. 이것이 바로 현존재가 지닌 책임이다.

그런데 위 설명이 옳다면, 현존재가 이처럼 스스로에게 알리는 내용은 현존재 자신에 대한 하나의 정보라는 이야기가 되지 않을까? 그럼 이런 호소에 대응하는 청취는 '책임이 있다는 사실'을 깨닫는 행위가 아닐까? 또 호소하는 소리가 불러 일깨우는 성격을 지니고 있다면, 이러한 양심의 해석이 양심의 기능을 완전히 뒤엎어 버리는 건 아닐까? 현존재를 책임 있는 존재로 불러 일깨운다는 것은, 악(惡)을 향해 불러내는 것과 다름없는 게 아닐까?

이건 너무 억지스러운 해석이다. 양심이 호소하는 소리에 이런 호소 방식을 억지로 떠넘겨서야 되겠는가. 그렇다면 '책임 있는 존재로 불러 일깨운다'는 진정한 의미는 대체 무엇일까?

양심이 호소하는 소리의 의미를 밝히려면 어떡해야 할까? 우선은 행위나 불이행으로 인해 발생한 과오를 뜻하는 개념, 즉 '책임의 파생적 개념'을 배제해야 한다. 실존론적 의미를 중심으로 책임 있는 존재를 고찰하는 것이 중요하다. 이런 해석은 결코 불가능한 일이 아니다. 왜냐하면 호소하는 소리는 현존재 자신에게서 들려오며, 오직 이 존재자에게만 호소를 하기 때문이다. 이렇게 해석하자면 책임 있는 존재를 향해 불러 일깨운다는 것은, 내가 현존재인 이상, 언제나 존재하고 있는 존재가능을 향해 스스로를 새삼 불러내는 행위가 된다. 이 존재는 자신이 저지른 과오나 불이행 때문에 책임을 지게 된 것이 아니다. 그저 처음부터 책임을 가지고 존재하게 된 것뿐이다. 따라서 이 존재자가 해야 할 일은, 그 책임을 본래적으로 짊어진 채 존재하는 일이다.

위 해석에 따르면 양심이 호소하는 소리를 올바르게 듣는다는 것은, 스스로의 가장 고유한 존재가능을 바탕으로 자신을 이해하는 행위를 뜻한다. 바꿔 말하자면 가장 고유한 자신의 본래적 책임을 지면서 존재하는 일에 대해, 스스로를 기투하는 행위이다. 이 가능성을 향해 불러내는 소리를 이해하면서 대답하는 일은, 현존재가 양심이 호소하는 소리를 향해 자신을 개방해 자유로워지는 것, 곧 호소를 받아들이기 위한 준비를 내포하고 있다. 현존재는 호소하는 소리를 이해할 때, 가장 고유한 자신의 실존가능성을 듣고 따르는 셈이다. 즉 현존재는 자기 자신을 올바로 선택한 것이다.

이렇게 선택함으로써 현존재는 세인으로서의 자신에게 숨겨져 있던, 가장 고유한 자신의 '책임 있는 존재'가 될 수 있다. 세인의 상식으로 식별할 수 있는 것은, 간편한 규칙이나 공공적 규범이 지켜지느냐 그렇지 않느냐 하는 정도뿐이다. 세인은 그런 것들을 어긴 사실을 장부에 적어 넣고 정산을 요구한다. 세인은 가장 고유한 책임 있는 존재로부터 살짝 발을 빼고는, 그것을 덮어버리려는 양 한층 시끄럽게 과실이나 오점에 대해 떠든다. 그런데 양심이 호소하는 소리의 경우는 다르다. 이 경우에는 세인으로서의 자기가, 가장 고유한 자신의 책임 있는 존재를 향해 불러 일깨워진다. 이 호소하는 소리를 이해한다는 것은 바로 선택이다. 그러나 양심을 선택한다는 뜻은 아니다. 양심은 본래 선택될 수 없는 존재이기 때문이다. 현존재가 선택하는 대상은 '양심을 가진다.' 다시 말해 호소를 이해한다는 것은, 양심을 가지려는 의지를 가리킨다.

호소를 이해하는 일은, '양심의 만족'을 얻고자 하는 행위와는 다르다. 또 호소하는 소리를 일부러 갈고닦는 행위도 아니다. 그것은 단지 양심의 호소를 받기 위한 준비를 뜻한다. 양심을 가지려는 의지는 현사실적 범죄를 찾아내려는 태도와도, 책임 있는 존재로서의 본질적 책임에서 벗어나려는 경향과도 거리가 멀다.

도리어 양심을 가지려는 의지는, 현존재가 현사실적 책임을 질 가능성에 대한 가장 근원적이고도 실존적인 전제라 할 수 있다. 현존재는 양심이 호소하는 소리를 이해하면서, 여러 존재가능들 가운데 스스로 선택한 존재가능을 바탕으로 가장 고유한 자기가 자신의 내부에서 움직이게끔 한다. 이렇게 함으로써 현존재는 처음으로 책임을 자각하며 존재할 수 있게 된다. 그런데 모든 행위는 어쩔 수 없이 현사실적으로 '비양심적(非良心的)'이다. 모든 행동은 현사실적·도덕적 과오를 피할 수 없기 때문일까? 그게 아니다. 모든 행동이 무(無)적인 기투의 무적 근거에 의지하고 있는 이상, 현존재는 그때마다 이미 다른 사람들과의 공동존재로서 그들에게 잘못을 저지르고 있는 셈이기 때문이다. 그러므로 양심을 가지려는 의지는, 이 본질적 비양심성에게 가보는 결과로 이어진다. 그리고 이 비양심성의 내부에서만, 현존재가 '선량한 인간'으로 존재할 실존론적 가능성이 비로소 성립한다.

양심이 호소하는 소리는 사실 어떤 정보도 제공하지 않는다. 하지만 그 소리는 단순히 비판적일 뿐 아니라 적극적이기도 하다. 왜냐하면 그 소리는 현존재의 가장 근원적 존재가능을, 책임 있는 존재(결여의 근거존재)로서 개시하기 때문이다. 이로써 양심은 현존재의 존재에 속하는 하나의 '증거'임이 밝혀졌다. 즉 양심은 현존재가 그 양심을 통해 자신을 가장 고유한 자기 존재가능으로 불러내고 있다는 증거이다. 그렇다면 이처럼 입증된 본래적 존재가능을 실존론적으로 보다 자세히 규정할 수 있을까? 그 전에 하나의 의문부터 풀어야 한다. 혹시 우리는 통속적 양심 해석의 모든 소견을 성급하게 무시한 채, 양심을 일방적으로 현존재 구성에 갖다 붙여서 해석해 버린 게 아닐까? 지금까지의 해석에는 이런 의혹이 남는다. 우리는 지금 현존재 자체의 내부에서 입증된 존재가능에 대한 분석을 얻었다. 하지만 위 의혹을 말끔히 없애지 않는 한, 이 분석이 명료하다고 자부하기는 어려울 것이다. 우리의 해석을 보고, 그것이 '현실에' 본모습대로 존재하는 양심 현상에 대한 해석임을 그 누가 눈치채겠는가? 어쩌면 우리는 너무 자신만만하게 현존재의 존재구성으로부터 양심의 이념을 연역해 버렸는지도 모른다.

양심 현상에 대한 우리의 해석에는 마지막 과정이 필요하다. 우리는 양심에 의해 입증되는 본래적 존재가능의 실존론적 한계 규정을, 세계 속 현실에서 통속적 양심 해석을 통해서도 이해할 수 있도록 만들어야 한다. 이 작업을 위해서는 준비가 필요하다. 다시 말해 우리가 해온 존재론적 분석의 여러 성과와 일상적 양심 경험 사이에 어떤 연관성이 있는지부터 확실히 밝혀야 한다.

59 양심의 실존론적 해석과 통속적 양심 해석

양심은 세계-내-존재의 불안감에 자리 잡은 관심이 호소하는 소리이다. 또한 양심은 현존재를 가장 고유한 책임 있는 존재가능으로 불러 일깨우는 호소이기도 하다. 그리고 이 호소에 답하면서 이해하려는 행위는 바로 '양심을 가지려는 의지'이다.

문제는 위와 같은 규정이 통속적 양심 해석과 잘 맞아떨어지지 않는다는 점이다. 오히려 두 해석은 정면으로 대립하는 듯 보인다. 여기에서 양심 해석을 통속적이라고 부르는 까닭은, 양심 현상을 규정지어서 그 성격의 기능을 기술하는 행위가 '세상 사람들이 양심이라 부르는 것'에 대한 세인의 의견에 의거하고 있기 때문이다.

그런데 존재론적 해석이 통속적 해석과 꼭 일치할 필요가 있을까? 우리는 존재론적 견지에서 통속적 해석에 원리상의 의문점을 묻고 있는 것일지도 모른다. 현존재는 대개 배려되고 있는 것을 바탕으로 스스로를 이해하고, 자신의 행동을 전부 배려로서 해석한다. 이렇다 보니 현존재가 양심을 해석할 때, 은폐하려는 태도와 퇴락한 자세를 지니는 것도 당연하지 않은가? 현존재는 세인의 모든 배려 속에 파묻혀 자신을 잃어버린 상태이다. 그런 자신을 불러 일깨우려는 현존재의 존재양식, 즉 양심이 호소하는 소리를 세인으로서의 현존재가 정당하게 해석하는 건 어려운 일이다. 일상성은 현존재를 배려해야 할 존재, 다시 말해 관리하고 계산해야 할 것으로 만들어 버린다. 이 경우 '인생'이란 수지가 맞든 안 맞든 하나의 '사업'인 셈이다.

이 같은 현존재 자신의 통속적 존재양식을 고려할 때, 현존재가 실시한 양심 해석과 그 재료로 쓰인 양심 이론은 신빙성이 떨어진다. 그들이 쓴 양심 이론이 양심 해석에 적합한 존재론적 지평을 열었다는 보증은 어디에도 없는 것이다. 그러나 통속적 양심 경험에도 분명히 의의는 있다. 그 경험은 어떤 식으로든 양심 현상에 접해 있을 것이다. 비록 그 방식이 전(前) 존재론적이더라도 말이다.

이상의 고찰을 통해 우리는 이중적 결론을 얻을 수 있다. 우리는 일상적 양심 해석을 존재론적 분석의 '객관성'을 판단하는 궁극적 기준으로 삼을 수 없다. 그러나 우리의 존재론적 분석도 일상적 양심 이해를 무시해선 안 된다. 즉 일상적 양심 이해에 의거한 인간학적, 심리학적, 신학적 양심 이론을 무시할 권리는 우리에겐 없다. 우리의 실존론적 분석이 양심 현상을 그 존재론적 근거를 통해 밝혀냈다면, 우리는 오히려 이 분석을 바탕으로 모든 통속적 해석을 이해할 수 있을 것이다. 특히 통속적 해석이 어떤 점에서 양심 현상을 무시하고, 그 현상을 어떻게 은폐하는지를 말이다. 그런데 이런 자세한 고찰은 이 논문에서 다루는 문제의 범위를 벗어난다. 우리가 한 양심 분석은, 실은 존재론적 기본 문제를 풀기 위한 보조적 고찰이다. 그러므로 우리는 실존론적 양심 해석과 통속적 양심 해석 사이의 연관성을 규정할 때에도, 본질적 문제를 지적하는 선에서 만족해야 한다.

우리는 양심을, 현존재를 책임 있는 존재로 불러 일깨우는 '관심이 호소하는 소리'라고 해석했다. 그런데 앞서 말했듯이 통속적 양심 해석은 우리의 해석에 이의를 제기한다. 이의 내용은 크게 네 가지이다. 첫째, 양심은 본질상 비판적 역할을 수행한다. 둘째, 양심은 이미 실행되었거나 현재 의도하고 있는 특정한 행위에 관해 발언하는 존재이다. 셋째, 그 '소리'는 경험에 비추어 볼 때 현존재의 존재와 근원적으로 관련되어 있지는 않다. 넷째, 이 해석은 양심 현상의 기본 형태를 고려하지 않는다. 다시 말해 '질책하는' 양심이나 '경고하는' 양심, 양심의 '가책'과 양심의 '만족' 같은 현상을 무시하고 있다.

이러한 문제들을 해결해 보자. 우선 마지막 문제부터 시작하겠다. 모든 (통속적) 양심 해석에서는 '꺼림칙한 양심'이나 '질책하는 양심'이 우위에 선다. 양심이 일차적으로는 '질책하는 것'으로 해석되고 있다는 뜻이다. 이런 해석만 봐도, 온갖 양심 경험이 '책임이 있다'고 느낄 만한 일에서 시작됨을 알 수 있다. 그러나 양심의 '가책'이 있을 때, 양심이 가책의 대상이 되는 악(惡)을 알리는 것은 통속적으로 어떻게 해석되고 있을까? 양심 체험은 실천 또는 불이행이 있은 뒤에 일어난다. 양심의 소리는 과오에 뒤따르며, 현존재가 책임을 느끼게 된 이유를 과거로 거슬러 올라가서 지적해 준다. 이 양심이 '책임 있는 존재'를 알려준다 해도, 그것은 '무엇을 향해 불러 일깨우는' 방식의 알림이 아니다. 스스로 불러온 책임을 현존재가 기억해 내도록 촉구하는 알림일 뿐이다.

그런데 양심의 소리가 뒤에서 촉구한다는 이 '사실'이, 호소하는 소리가 근본적으로 앞에서 불러내는 것이라는 이론을 과연 철저히 배제할 수 있을까? 그 소리가 후속적 양심 활동으로 해석한다 해도, 그것만으로는 양심 현상을 근원적으로 이해했다고 증명하기 어렵다. 현사실적 과오는 양심의 현사실적 발언을 유도하는 데 지나지 않는다고 해석할 수도 있지 않을까? 양심을 '꺼림칙한 양심'으로 보는 해석은 어중간한 과정에서 고찰을 멈춰 버린 결과라고 볼 수 있다. 위 해석에서 양심 현상이 어떤 존재론적 예지(豫持, 미리 가짐)에 속해 있는지만 봐도 그렇게 꺼림칙한 양심이라고 한 해석은 완벽하지 못한 해석임을 알 수 있다. 다시 말해 이 해석은 객체적으로 존재하는 여러 체험이 이어지는 도중에 양심의 소리가 불쑥 나타나 자리를 차지하며, 또 그 소리는 어떤 행위의 체험에 뒤이어 일어난다고 말한다. 그러나 호소하는 소리도, 실행된 행위도, 짊어지게 된 책임도 그처럼 순서에 따라 지나가 버리는 객체적 존재자로서의 성격은 지니지 않는다. 호소의 소리는 관심이라는 존재양식을 갖추고 있다. 그 가운데 현존재는 스스로를 앞질러서 존재하고 있으며, 게다가 동시에 자신의 내던져진 성격을 되돌아보고 있다. 연속해서 일어나는 여러 체험의 교환 및 연관이라고 현존재를 해석하면, 양심의 소리는 무언가의 뒤에서 촉구하는 것이자 현존재를 과거의 행위로 불러들이는 소리라고 해석돼 버릴 수밖에 없다. 물론 양심의 소리가 현존재를 도로 불러들인다는 말은 맞다. 그러나 그것은 이미 저지른 행위를 초월해 어떤 과오보다도 앞서 존재하는, 내던져진 '책임 있는 존재' 속으로 되부르는 행위이다. 그리고 이러한 되부르는 소리는,

자신의 실존에 있어 장악해야 할 존재인 '책임 있는 존재'를 향해 불러내는 소리이기도 하다. 그러므로 본래적이고 실존적인 '책임 있는 존재'는 단순히 과거를 향해 스스로를 질책하는 존재가 아니라, 오히려 앞을 향하도록 지시하면서 세계에 내던져진 성격 속으로 현존재를 되부르는 존재라 할 수 있다. 지나가 버리는 여러 체험의 연속된 순서라는 관점으로는, 실존한다는 것의 현상적 구조가 무엇인지 보여줄 수 없다.

이처럼 양심의 가책에 대한 성격 기술이 근원적 현상과 들어맞지 않는다면, 양심의 만족에 대한 기술도 마찬가지일 수밖에 없다. 양심의 만족을 독립된 한 형태로 보든, 양심의 가책에 바탕을 둔 의존적 형태의 양심으로 보든 말이다. 질책하는 양심이 현존재의 악(惡)을 일깨우는 존재라면, 만족하는 양심은 그에 대응해 선(善)을 일깨우는 존재에 지나지 않는다. 이렇게 해석하면 양심의 가치는 추락한다. 앞서 우리가 했던 해석에서는 '신에 가까운 힘의 발로'였던 양심이 이제는 위선의 노예가 돼버린 것이다. 그것은 인간에게 '나는 선량하다'라고 속삭이는 양심이다. 하지만 정말로 선량한 인간이 아니고서는 대체 누가 선량하다고 자부할 수 있단 말인가? 또 정말로 선량한 사람이 과연 자신의 선함을 자각할 수 있단 말인가? 양심의 만족이라는 사상은 이처럼 불가해한 결론에 이른다. 그러므로 양심의 만족에 대한 해석 역시 옳지 않다. 이 불가해한 해석은, 양심이 책임 있는 존재를 부르고 있다는 사실을 우리에게 더 확실하게 가르쳐 줄 뿐이다.

그런데 일반 사람들은 방금 소개한 불가해한 해석을 그럴싸하게 다듬어 쓰고 있다. 위 같은 결론을 피하기 위해, 사람들은 '양심의 만족'을 '양심의 가책'이 결여된 상태라고 해석한다. 즉 양심의 만족을 '양심의 가책이 결여된 사실을 체험하는 일'이라고 상정한다.[5] 이 해석에 따르면 그것은 양심이 호소하는 소리가 발생하지 않는 상태, 스스로를 돌아봤을 때 아무 거리낌 없는 상태를 경험함을 의미한다. 그런데 이 '결여'는 대체 어떤 식으로 체험된단 말인가? 여기서 말하는 체험이란, 양심이 호소하는 소리를 듣는 경험은 결코 아니다. 현존재는 이때 아무것도 듣지 못한다. 그것은 그저 자신이 책임지게 된 행위는

---

5) M. 셸러 《윤리학에 있어서의 형식주의와 물질적 가치윤리학》 제2부 참조.

사실 자기가 저지른 일이 아니므로, 자신에게는 책임이 없다고 스스로에게 말하는 자기 설득에 지나지 않는다. 자신이 어떤 일을 저지르지 않았다고 확신하는 태도는 애초부터 양심 현상이라고 부를 수 없다. 아니, 오히려 양심과는 거리가 먼 현상이다. 왜냐하면 이 같은 확신은 양심을 잊는 행위이기 때문이다. 그것은 양심의 호소를 받을 가능성으로부터 도망쳐 버리는 행위이다. 위에서 말한 '확신'이란 양심을 가지려는 의지를 은근슬쩍 억누른다. 바꿔 말하자면 확신은, 가장 고유한 자신의 끊임없이 책임 있는 존재를 이해하는 일을 방해하는 셈이다. 양심의 만족이란 양심의 독립된 형태도 아니고, 다른 양심에 바탕을 둔 형태도 아니다. 양심의 만족은 애초부터 양심 현상이라고 할 수 없다. 양심의 만족이라는 표현이 일상적 현존재의 양심 경험에서 비롯되었다면, 이 일상적 현존재가 양심의 가책을 언급할 때에도 비슷한 심리 작용이 일어날지 모른다. 다시 말해 그들이 말하는 양심의 가책은, 양심 현상의 근본적 부분에서 벗어나 있다고 볼 수 있다. 왜냐하면 '질책하는 양심'이라는 개념은 현사실적으로 '양심의 만족'을 기초로 삼고 있기 때문이다. 즉 일상적 양심 해석은 책임이 있느니 없느니 하는 문제를, 배려하는 관점에서 판단해 결정하는 차원에 머무른다. 그리고 이런 지평에 머무르며 마침내 양심의 소리를 '체험' 한다.

지금까지 양심의 가책과 양심의 만족이라는 해석의 뿌리가 어느 정도 튼튼한지 살펴보았다. 그러므로 미래를 향해 '경고하는 양심'과 과거를 향해 '질책하는 양심' 사이의 구별도 충분히 가능해졌다고 본다. 그런데 경고한다는 표현은 무언가를 향해 불러 일깨운다는 표현과 매우 비슷해 보인다. 경고하는 것은 불러 일깨우는 것과 마찬가지로 앞을 향하도록 앞에서 지시하는 성격을 지니고 있는 까닭이다. 그러나 이러한 공통점은 사실 겉보기에 지나지 않는다. 경고하는 양심을 느끼는 경험에서도, 현존재는 의도된 행위만을 기준으로 양심의 소리를 받아들이기 때문이다. 이는 당사자가 특정한 일을 저지르지 않도록 경고하는 소리이다. 그런데 의도된 일을 하지 말라고 경고할 수 있는 이유는, 호소의 소리가 근본적으로는 현존재의 존재가능—책임 있는 존재로서 자신을 이해하는 일—을 향하고 있기 때문이다. 그리고 이러한 존재가능에 의해 '의도된 일'은 비로소 좌절된다. 경고하는 양심에는, 사람이 죄를 저지르지 않고 살아가도록 순간순간 조절해 주는 기능은 없다.[6] 사람들은 경고하는 양심을 경험할 때에도, 결국 양심이 호소하는 소리가 가리키는 대상을 세인의 상식 범위 안에서밖에 인식하지 못한다.

이번에는 세 번째로 들었던 의문을 한번 살펴보자. 우리는 양심이 현존재를 불러 일깨운다고 해석했다. 즉 책임 있는 존재를 향해 불러 일깨운다고 해석했다. 그러나 사람들은 일상적 양심 경험에서 그런 현상을 겪은 적이 없다는 이유로 우리의 해석에 이의를 단다. 이 점은 확실히 인정해야 하지만, 잘 생각해 보라. 사람들이 일상적 양심 경험을 통해, 양심이 호소하는 소리를 전부 듣고 그 의미를 이해할 수 있다는 보증이 어디 있는가? 이 질문에 답해 보면, 통속적 양심 경험에 바탕을 둔 양심 이론이 양심 현상의 분석을 위한 존재론적 지평을 제대로 확보하고 있지 못하다는 결론이 나온다. 우리는 퇴락이 현존재의 본질적 존재양식이라는 점을 알고 있다. 그 점을 생각하면 이 존재자가 스스로를 존재적으로는 배려의 지평에 의거해 이해하면서, 존재론적으로는 존재를 객체성이라는 의미로 상정하고 있음이 분명해지지 않을까? 만약 그렇다면 양심 현상에 대한 이중적 은폐가 생기게 된다. 다시 말해 이러한 양심 이론은 모든 체험이나 '심리적 과정'의 연속을 목격하고, 이 연속된 존재양식을 전혀 규정되지 않은 상태로 받아들인다. 한편 이 이론에서 양심 경험은, 우선 양심이 재판관이 되며 현존재는 그 재판관의 발언에 따라 생각하는 식으로 이루어진다.

칸트가 양심을 해석할 때 그 양심이 법정을 상징한다는 이론을 중심으로 해석한 것은 우연이 아니다. 이는 윤리법칙이라는 이념이 가르쳐 주는 데에서 착상한 해석이다. 비록 칸트의 도덕성 해석은 공리주의나 행복주의와는 거리가 멀지만 말이다. 그리고 윤리학의 여러 가치이론 또한 그 구상이 형식적이든 실질적이든 간에 저마다의 '도덕 형이상학', 다시 말해 현존재와 실존의 존재론을

---

6) 제1판의 '가지지 않는다(hat nicht)'는 제7판과 제2판에서는 '가졌다(hat)'이다. 이 부분에서 문제되는 것은 예컨대 의도된 범죄를 양심이 지지할 수 있는지의 여부이다. 일반적으로는 '경고하는' 양심이 그러한 기능을 '가지고 있다'고 하는데, 하이데거의 관점에서는 '책임 있는 존재에 있어서의 자기이해'에 의거하지 않는 한, 통틀어 양심은 그러한 기능은 '가지지 않았다.' 후자의 견해를 존중해서 제1판에 따른다.

암암리에 전제로 삼고 있다. 즉 여기에서도 현존재는 배려의 대상이 되어야 할 존재자로 여겨지고 있다. 여기서 배려란 가치의 실현 또는 규범의 완수라는 의미를 지닌다.

일상적 양심 경험을, 양심 해석을 판정하는 유일한 법정으로 삼아도 되는가? 양심 해석의 모든 내용을 양심 경험으로만 판정해도 된단 말인가? 그렇다고 주장하는 사람은, 우리가 양심 경험의 범위 안에서 양심과 본래적으로 접촉하는 일이 가능한지부터 생각해 봐야 할 것이다. 그 문제를 해결하지 않으면 일상적 양심 경험을 유일한 법정으로 내세울 수 없다.

같은 이유로 다음 이론도 힘을 잃는다. 양심이 호소하는 소리가 언제나 특정한 행위—이미 이루어졌거나 앞으로 하려는 행위—에 대해 호소한다는 사실을, 우리의 실존론적 해석에서는 무시하고 있다는 이론 말이다. 물론 양심이 호소하는 소리가 특정 행위를 지적하는 듯이 들리는 경우도 있다. 이런 경험 자체를 부정할 생각은 없다. 다만 우리가 이처럼 호소하는 소리를 들을 때, 과연 호소하는 소리를 완벽하게 듣고 있는지가 문제이다. 상식적 양심 해석을 하는 사람들은 자신이 '현사실'을 바탕으로 해석하고 있다고 믿어 의심치 않으리라. 그러나 알고 보면 그들은 상식에 사로잡힌 순간, 호소하는 소리가 들려올 수 있는 사정거리를 스스로 줄이는 셈이다.

'양심의 만족'을 위선의 노예로 만들어서는 안 되듯이, '양심의 가책'의 기능 또한 왜곡해서는 안 된다. 저지른 과오를 적발하거나 앞으로 일어날 잘못을 제지하는 단순한 감독자로서 양심의 가책을 해석하는 것은, 그 가치를 깎아내리는 행위이다. 그런 식으로 해석하면 현존재는 하나의 '회계(또는 가계부)'가 되어 버리지 않는가? 왜냐하면 이 경우 빚을 제대로 갚기만 하면 책임이 사라지므로, 현존재는 양심 체험의 옆쪽으로 비켜서서 속 편한 방관자가 돼버릴 수도 있기 때문이다.

그런데 '현존'하는 잘못이나 사실상 의도했던 행위를 언급하는 것은, 양심이 호소하는 소리의 일차적 기능이 아니다. 그러므로 '나무라는 또는 질책하는 양심'과 '경고하는 양심'이 호소의 근원적 기능을 표현하는 양심이 아니라면, 이것으로 우리의 실존론적 양심 해석을 비판할 수는 없다. 통속적 양심 해석에서는 우리의 해석이 본질적 비판 기능을 수행하지 않는다고 비판했지만

(첫 번째 이의), 위와 같은 이유로 그 비판은 힘을 잃는다. 이런 이의도 양심 현상을 제한된 범위 내에서 정면으로만 바라보았기 때문에 생긴 것이다. 왜냐하면 양심이 적극적으로 권장하거나 명령하는 내용은, 사실 호소하는 소리 자체에서는 전혀 드러나지 않기 때문이다. 그러나 양심의 적극적 기능이 이처럼 눈에 보이지 않는다면, 대체 우리는 그 적극성을 어떤 식으로 이해하고 있단 말인가? 양심의 적극성을 직접 볼 수 없다고 해서, 양심의 성격은 소극적이라고 잘라 말하는 게 과연 가능할까?

양심의 소리가 호소하고 있는 내용에서 적극적 내용을 찾아내지 못하는 이유는, 그 내용과 사람들의 기대가 다르기 때문이다. 사람들은 활용할 수 있고 계산 가능하며 확실한 '행동방침'을, 필요할 때마다 양심이 통보해 주기를 기대한다. 하지만 이것은 현존재의 실존을, 규제 가능한 사업을 운영하는 방식으로 통제하려는 상식적 배려 해석에 바탕을 둔 기대이다. 이러한 기대는 단순한 형식적 윤리학뿐만 아니라 실질적 가치 윤리학을 원하는 심리의 밑바닥에도 어느 정도 존재하게 마련이다. 그러나 이런 기대는 실제 양심과 크게 어긋난다. 양심이 호소하는 소리는 그런 '실제적' 지침을 내리지 않는다. 왜냐하면 이 소리는 현존재를 실존으로, 그리고 가장 고유한 자기 존재가능 쪽으로 촉구해 일깨우는 존재이기 때문이다. 만약 양심이, 사람들의 기대에 따라 명확한 계산이 가능한 지침을 준다면, 그것은 실존에게 '행동할 가능성(가능성 그대로)'을 주지 않는다는 뜻이 된다. 이런 의미에서의 양심은 분명 그렇게 적극적이지 못하다. 그럼 양심은 철저히 소극적인가? 아니다. 양심이 그저 소극적이기만 하다고 생각해서는 안 된다. 양심이 호소하는 소리는 우리가 배려할 수 있는 것의 범주 안에서는, 적극적인 것은 물론 소극적인 것도 열어 보이지 않는다. 양심이 가리키는 대상은 그런 게 아니라, 존재론적인 매우 다른 존재, 다시 말해 '실존'을 지향하고 있다.

실존론적 견지에서 보자면, 올바르게 이해된 양심의 '호소'야말로 가장 적극적인 것을 현존재에게 준다. 즉 양심은 현존재가 스스로에게 보여줄 수 있는 가장 고유한 가능성을 주는 것이다. 양심은 그때마다 현사실적 자기 존재가능을 향해 현존재를 불러내면서 되부른다는 적극적 기능을 수행한다. 그 호소하는 소리를 본래적으로 듣는다는 것은, 스스로를 현사실적으로 행동하게 한다는 뜻이다. 그러나 호소하는 소리에서 호소되고 있는 내용을 충분히 해석하기 위해서는, 그 호소를 본래적으로 듣는 행위 자체에 포함되어 있는 실존론적 구조부터 밝혀야 한다.

그 전에 지금까지의 고찰을 정리해 보자. 우리가 이 절에서 밝히고자 한 것은 무엇인가? 첫째, 통속적 양심 해석의 바탕이 되는 일상생활의 양심 현상도 존재론적으로 적절히 이해한다면, 그것이 양심이 호소하는 소리의 근원적 의미를 지향한다는 사실을 알 수 있다는 점이다. 둘째, 통속적 해석은 현존재의 퇴락한 자기 해석의 좁은 시야에서 비롯되었으며, 퇴락 자체도 관심에 속하므로, 통속적 해석은 아무리 자명하더라도 (현존재의 가능성으로부터의 필연이며) 결코 우연한 결과는 아니라는 사실이다.

우리는 일상적 양심 경험이, 실존론적 관점에서 볼 때 근원적이지 못하다는 점을 입증했다. 그리고 이렇게 근원적이지 못하다는 데서, 통속적 양심 해석을 존재론적 견지에서 비판했다. 그런데 이 비판은 오해를 살 여지가 있다. 그런 일상적 양심을 경험하며 살아가는 현존재의 실존적인 '도덕적 품성'마저 이 비판 때문에 의의를 잃고 비판받는 것이 아닌가 하는 오해 말이다. 그러나 누군가의 양심 이해가 존재론적으로 불충분하다고 해서, 그 사람의 실존이 꼭 직접적 위협을 당하는 건 아니다. 또 양심을 실존론적으로 적절히 해석했다고 해서, 그 해석이 호소의 실존적 이해를 보증해 주지도 않는다. 통속적 양심 경험의 범위 안에서 이루어진 해석에도 성실함이 존재할 수 있고, 반대로 근원적 양심 해석에도 불성실함이 존재할 수 있다. 그런데 존재론적 이해는 존재적 경험과 따로 떼어놓을 수 없다. 따라서 실존론적으로 한층 근원적인 해석을 얻는다는 것은, 보다 근원적인 실존적 이해의 갖가지 가능성도 열어 보인다는 뜻이다.

60 양심을 통해 증명되는 본래적 존재가능의 실존론적 구조

양심의 실존론적 해석이란 현존재의 가장 고유한 존재가능에 대한 증거를, 현존재 자신의 내부로부터 끄집어내서 밝히는 행위이다. 양심은 그 존재가능을 증명할 때 무관심하게 보도하는 것 같은 태도는 취하지 않는다. 양심은 책임 있는 존재를 추궁해 불러내면서 불러 일깨우는 방식을 취한다. 이런 식으로 증명되는 내용이 현존재에게 받아들여지는 경우는, 현존재가 그 양심의 호소를 호소 자체의 본뜻에 따라 청취하면서 올바르게 이해할 때뿐이다. 양심이 호소하는 소리를 통해 증명되는 내용은, 호소를 현존재의 존재양태로서 이해할 때 비로소 현상적 실재를 드러낸다.

앞서 우리는 호소의 본래적 '이해'를 '양심을 가지려는 의지'라고 규정했다. 이는 가장 고유한 자신을, 책임 있는 존재를 통해 자발적으로 자기 안에서 행동하도록 하는 것이다. 그리고 이것은 곧 현존재 내부에서 입증된 본래적 존재가능의 현상적 표현이다. 이제는 이것의 실존론적 구조를 밝힐 차례이다. 이런 절차를 밟아야만, 현존재 자신 속에 개시되어 있는 그 실존의 본래성의 근본적 구성을 밝힐 수 있다. 양심을 가지려는 의지란 가장 고유한 자기 존재가능에서의 자기이해이다. 그러므로 이러한 의지는 현존재의 개시성이 지니는 하나의 존재양식인 셈이다. 이 개시성은 이해 말고도 심경과 이야기로 구성되어 있다. 실존적으로 이해한다는 것은, 세계-내-존재 가능의 그때마다 다른 가장 고유하고 현사실적인 가능성을 향해 스스로를 기투함을 뜻한다. 그리고 존재가능은 이러한 가능성 속에 실존해야만 이해될 수 있다.

이러한 이해에 대응하는 심경이란 대체 어떤 기분일까? 양심이 호소하는 소리에 대한 이해는, 저마다의 현존재를 자신의 고독에서 비롯된 불안감 속에서 개시한다. 양심의 호소를 이해할 때 덩달아 모습을 드러내는 불안감은, 이 이해와 연결되어 있는 불안한 심경에 의해 고스란히 개시된다. 양심 때문에 불안을 느낀다는 현사실은, 현존재가 호소하는 소리를 이해함으로써, 자기 자신의 불안감에 맞닥뜨리고 있다는 점을 현상적으로 증명한다. 양심을 가지려는 의지란 불안을 받아들이기 위한 준비이다.

개시성을 구성하는 제3의 본질적 계기는 이야기이다. 양심이 호소하는 소리는 곧 현존재의 근원적 이야기이다. 그럼 이 근원적 이야기에 대응하는 존재는 '대답'일까? 아니, 실은 대답이 아니다. 양심이 말하는 내용을 화제로 삼아 그것에 대해 협의하려는 식의 대답이라면 더욱 그렇다. 그러나 호소하는 소리를 이해하면서 들을 때 스스로 대답하지 않는 까닭은, 우리를 짓누르는 '어두운 힘'에 굴복했기 때문이 아니라, 호소하는 소리의 본뜻을 우리가 온전하게 이해하고 있기 때문이다. 양심이 호소하는 소리는 현존재를 부단히 책임 있는 존재 앞에 데려다 놓는다. 즉 양심은 상식으로 뒤범벅이 된 소란스러운 세인의 빈말에 파묻힌 자기 자신을 데리고 나온다. 그러므로 양심을 가지려는 의지에 가장 어울리는 이야기 방식은 바로 '침묵'이다.

침묵하는 것은 이미 이야기의 본질적 가능성으로 규정된 바 있다.[7] 침묵한 채 무언가를 알리려는 자는 뭔가 말할 내용을 갖고 있어야 한다. 현존재는 호소를 통해 가장 고유한 자기 존재가능을 스스로에게 알린다. 그래서 이 호소는 묵언(默言)의 형태를 띤다. 양심은 결코 소리 내어 이야기하지 않는다. 양심은 한결같이 침묵으로만 호소한다. 다시 말해 양심이 호소하는 소리는 불안감의 소리 없는 경계선에서 들려온다. 이 소리에 불려 일깨워진 현존재는 숙연한 존재로서 자기 자신의 정적으로 도로 불려온다. 따라서 양심을 가지려는 의지는, 이 침묵의 말을 오로지 묵언 속에서만 적절하게 이해할 수 있다. '침묵의 말'은 세인의 상식적 빈말의 입을 틀어막는다.

그런데 상식적 양심 해석은, 엄밀한 사실에 입각한다는 태도를 표면적으로 고수하고 있다. 이 해석에서는 양심이 침묵한 채 이야기한다는 점에 착안하여, 양심은 애초에 '현사실'로 확인할 수 없으므로 객체적으로 존재하지 않는다고 주장한다. 시끄러운 빈말만 듣고 이해하는 세인이, 양심이 호소하는 소리를 확인할 수 없다고 해서 그 이유를 양심 탓으로 돌리는 것이다. 즉 양심은 아무 말도 하지 않으니까, 실은 애초부터 존재하지 않는 것이라고 주장한다. 그러나 실상은 전혀 다르다. 세인은 이 해석을 이용해서, 세인 자신이 양심이 호소하는 소리를 못 듣고 있다는 점을 숨긴다. 그리고 세인의 청취 범위가 넓지 않다는 사실 또한 은폐하고 있을 뿐이다.

양심을 가지려는 의지에 포함되어 있는 개시성의 세 가지 구성 요소를 지금까지 살펴보았다. 첫째 요소는 불안한 심경이다. 둘째 요소는 가장 고유한 책임 있는 존재를 향한 자기 기투로서의 이해이다. 마지막 셋째 요소는 침묵을 지키는 이야기이다. 이 세 가지로 이루어진 개시성은, 현존재 자신에게 있어 그의 양심에 의해 증명되는 본래적 개시성이다. 이 두드러지는 본래적 개시성은, 가장 고유한 자기 자신의 책임 있는 존재를 향해, 침묵을 지키고 불안을 받아

---

7) 본서 제34절 참조.

들이면서 자신을 기투함을 뜻한다. 이 두드러지는 개시성을 이제부터 결의성
(決意性, Entschlossenheit)[8]이라 부르겠다.

결의성은 현존재의 개시성이 지닌 하나의 두드러진 모습이다. 우리는 앞서
개시성을 실존론적으로 해석한 끝에 그것을 근원적 진리성으로 이해했다.[9] 진
리성이란 본래 '판단' 속성도 아니고, 어떤 특정한 태도의 속성도 아니다. 그것
은 세계-내-존재 자체의 본질적 구성계기이다. 진리성은 근본적 실존범주로
파악되어야 한다. 또 우리는 '현존재는 진리성 안에 있다'는 명제를 존재론적
으로 해명해 진리성의 근원적 개시성을 실존의 진리성으로서 암시했으며, 이
실존의 진리성을 한정하려면 현존재의 본래성을 분석해야 한다는 방침까지 미
리 마련해 두었다.[10]

현재 우리는 결의성의 분석 단계에까지 이르렀다. 결의성은 현존재의 본래
적 진리성이므로, 말하자면 우리는 가장 근원적인 진리성에 다다른 셈이다. 현
(現)의 개시성은 그때마다 전체로서 존재하는 세계-내-존재의 전체를 개시
한다. 다시 말해 세계와 내-존재 및 자기를 등근원적으로 개시하는 것이다.
여기서 자기란, 나는 존재한다고 하는 존재자(현존재)이다.

세계가 개시되어 있으면 언제나 세계내부적인 존재자도 이미 발견되어 있다.
도구적 존재자와 객체적 존재자가 발견되어 있다는 사실은, 세계의 개시성에
바탕을 두고 있다.[11] 왜냐하면 도구적 존재자의 그때그때에 따른 적소 전체성
(適所全體性)이 발견되려면, 그것의 유의의성(有意義性)이 우선 이해되어 있어야
하기 때문이다. 배려적 존재는 도구적 존재자의 유의의성을 이해하면서 눈앞
에 있는 그 존재자에게 배려적 관심을 둔다. 그리고 그때그때에 따른 세계의

---

8) '결의성(Entschlossenheit)'은 그 독일어 자체가 표시하듯 현존재가 그 주체에 얽매여 있던 매듭
(-schlossenheit)을 풀고(Ent-) 현존재의 현에 있어서 개시하는 존재 그 자체로 향함을 뜻하는
데, 이런 의미에서는 존재를 향해 주체적 입장에서 벗어남을 말하는 것뿐이지만, 또 한편으
로는 현존재가 바로 그렇게 결의하는 실존론적·존재론적 근거이기도 함은 부정할 수 없다.
차라리 주체적 입장의 고집을 생각하게도 할 우려가 있는 '결의성'이라는 역어를 굳이 선택한
것도 이 점과의 연관성에서이다. 그리고 이 '결의성'은 구체적으로 내려지는 개개의 실제의 '결
의(Entsclouss)'와는 엄밀히 구별되어야 할 것이다.

9) 본서 제44절 참조.

10) 본서 제44절 참조.

11) 본서 제18절 참조.

개시성으로서의 유의의성을 이해하는 것은, 적소 전체성의 온갖 발견이 귀착되는 곳인 '……이란 취지에서' 또는 '……을 위한'에 대한 이해에 근거하고 있다. 집을 마련하고 생계를 꾸려 나가고 입신출세하는 등 '생활을 위한 것'은, 현존재 대부분과 얽혀 있는 부단한 가능성으로서의 존재자이다. 이런 존재자는 이러한 가능성을 향해 언제나 이미 자신을 기투하고 있다. 스스로의 현(現) 속에 내던져진 모든 현존재는, 현사실적으로 늘 특정한 자신의 '세계'로 돌아오게 마련이다. 그와 함께 현존재와 가장 가까운 현사실적 기투는, 세인 속으로의 배려적 자기상실에 의해 인도된다. 이러한 자기상실은 그때그때 고유한 현존재의 호소를 받고 멈추며, 이 호소가 결의성의 모습을 띤 채 이해되는 경우가 있다. 그러나 이때 이 본래적 개시성은, 그것에 바탕을 두고 있는 '세계'가 발견되는 모습과, 다른 사람들과의 공동존재가 지닌 개시성을 등근원적으로 변형한다. 그렇다고 현존재의 주위를 둘러싼 '세계'가 하루아침에 내용상 완전히 바뀌어 버리지는 않으며, 다른 사람들과의 교제 범위가 바뀌는 것도 아니다. 다만 도구적 존재자에 대해 이해하고 배려하는 존재와 다른 사람들과의 배려적 공동존재가, 지금은 이 두 존재의 가장 고유한 자기 존재가능을 바탕으로 새롭게 규정된다.

결의성은 본래적 자기존재라고 해서 현존재를 그 세계로부터 따로 떨어뜨려 놓지도 않고, 공중에 붕 뜬 자아로 고립시키지도 않는다. 결의성은 본래적 개시성이며 세계-내-존재로서 본래적으로 존재하므로, 위와 같은 일을 할 리 없다. 오히려 결의성은 도구적 존재자에 종사하는 그때그때의 배려적 존재 속으로 자신을 끌어들이며, 다른 사람들과의 배려적 공동존재 안으로 자신을 밀어 넣는다. 결의하는 현존재는 스스로 선택한 존재가능의 '취지'를 바탕으로, 스스로의 세계를 향해 자신을 열어놓는다. 자기 자신에 대한 결의성이야말로 그와 공동존재인 다른 사람들을, 가장 고유한 그들 자신의 존재가능에 '존재' 하도록 만들 수 있고, 본보기를 보이면서 해방시켜 주는 배려 속에서 그들의 존재가능을 함께 개시할 수 있다.

결의한 현존재는, 다른 사람들의 '양심'이 되기도 한다. 본래적 상호성은, 결의성의 본래적 자기 존재로부터 비로소 시작되는 것이지, 사람들이 도모하는 일이나 세인의 애매하고 시기심 섞인 약속과 수다스러운 친목 등으로부터 나오는 것이 아니다.

존재론적 본질로 말하자면, 결의성은 늘 그때그때의 현사실적 현존재가 지닌 결의성이다. 그런데 이 존재자의 본질은 그것의 실존이다. 결의성은 포괄적으로 스스로를 기투하는 결의로서만 실존할 수 있다. 그럼 현존재는 그 결의성으로 어디를 향해 스스로를 개시하는가? 현존재는 무엇을 하려고 결의를 하는가? 그 해답은 결의 자체에서만 얻을 수 있다. 결의성이란 이미 제시되고 권유된 몇몇 가능성을 적당히 골라서 채용하는 일과는 다르다. 결의성을 그렇게 생각하는 사람은 결의성 현상에 대해 완벽하게 오해하고 있는 셈이다. 결의란 처음으로, 그때그때의 현사실적 가능성을 개시하면서 기투해 결정함을 가리킨다. 결의성에는 온갖 내던져진 성격의 현사실적 존재가능을 특징짓는 무규정성(無規定性)이 반드시 포함되어 있다. 결의성에 존재하는 단호한 자신감은 그저 스스로 결의하는 것에만 관계된다. 결의성은 그때마다 결의를 하면서 자신을 비로소 규정하는 '실존적 무규정성(시간이 정해져 있지 않은 속성)'을 지니고 있긴 하지만, 그 무규정성도 실존론적으로 보자면 역시 명확한 규정성을 갖추고 있다.

현존재가 자신을 단호하게 내보이는 모습, 즉 결의성은 무엇을 위한 결의성일까? 이는 존재론적으로는 현존재의 실존성 일반 속에, 배려적으로 고려하며 대우하는 존재양식에서의 존재가능으로 예시(미리 보아둠)된다. 그런데 현존재는 관심으로서, 현사실성과 퇴락에 의해 규정된다. 현존재는 자신의 '현(現)' 속에서 개시되며, 등근원적으로 진리성과 비진리성 사이에 위치한다.[12] 이 점은 본래적 진리성으로서의 결의성에 그야말로 '본래적'으로 들어맞는다. 결의성은 비진리성을 본래적으로 취득한다. 현존재는 지금까지 이미 비결의성 안에 존재했으며, 아마 또다시 그곳으로 돌아갈 것이다. 그런데 이 비결의성이라는 명칭은, (현존재가) 세인의 지배적 피해석성에 맡겨져 있다고 해석되는 그 현상을 표현할 뿐이다. 현존재는 공공성의 상식적 애매함에 이끌려 세인으로서 '살아가게' 된다. 공공성 속에서는 아무도 스스로 결의한 바 없건만 언제나 (모든 것이) 이미 결정되어 있다.

---

12) 본서 제44절 B 참조.

이처럼 세인 속에 녹아들어 있던 현존재가, 자신을 불러 일깨우는 소리를 듣고 그에 따르는 것이 바로 결의성이다. 그래도 세인의 비결의성은 여전히 지배력을 휘두를 테지만 말이다. 하지만 그것도 결의한 실존을 아래로 끌어내리지는 못한다. 여기에서 우리가 비결의성이라고 부르는 것은, 실존론적 의미에서 이해된 결의성의 반대 개념이다. 결정을 못하고 우물쭈물하는 존재적·심리적 개념을 비결의성이라고 착각해서는 안 된다. 결의라고는 해도, 세인 및 세인의 세계에 여전히 의존하고 있다. 이 사실을 이해하는 것도, 결의가 개시하는 내용 가운데 포함된다. 왜냐하면 결의성이야말로 현존재에게 비로소 본래적 투명성을 부여하기 때문이다.

결의성을 통해 현존재는 가장 고유한 자기 존재가능에 접한다. 그러나 그것은 어디까지나 내던져져 있는 존재가능이므로, 특정한 현사실적 가능성을 향해 스스로를 기투할 수밖에 없다. 결의는 '현실'로부터 도피하는 것이 아니라, 오히려 현사실적으로 가능한 것을 비로소 발견한다. 심지어 그때 결의는 현사실적으로 가능한 것을, 마치 가장 고유한 존재가능으로서 세인 속에서 가능한 것처럼 파악한다. 그때마다 가능한 결의하는 현존재의 실존론적 규정성은 이제까지 우리가 그냥 지나쳤던 '상황'이라 부르는 실존론적 현상의 구성적 여러 계기를 포괄한다.

상황이란 무엇인가? '……하는 일이 가능한 경우에 처해 있다'라는 표현의 '경우'가 곧 상황이다. 이 말은 공간적 의미를 지니고 있다. 우리는 이 공간적 의미를 실존론적 개념에서 제거하지는 않을 것이다. 왜냐하면 그 의미는 이미 '현존재'란 단어의 '현(現)'에 함축되어 있기 때문이다. 세계-내-존재는 어떤 고유한 공간성을 갖추고 있다. 이 공간성은 벌리고 띄우는 현상을 통해 규정지어진다. 마침내 현존재는 현사실적으로 실존하고 있는 한, 공간을 허용하고 있는 셈이다.[13] 그러나 실존은 현존재가 지닌 공간성에 근거해 자신의 '소재(所在)'를 규정하고 있으며, 이 현존재적 공간성은 세계-내-존재의 구성에 바탕을 두고 있다. 이 구성의 가장 중요한 구성요소는 개시성이다.

이처럼 현(現)의 공간성이 개시성에 바탕을 두고 있듯이, 상황은 결의성에 근

---

13) 본서 제23절, 제24절 참조.

거하고 있다. 즉 상황이란 결의성에 개시되어 있는 현(現, 거기에 있음)을 가리킨다. 실존하고 있는 존재자는 이러한 현(現)으로서 존재한다. 그러므로 상황을 이해할 때에는, 현존재가 나타나거나 들어올 수 있는 '틀에 둘러싸인 공간'으로 생각해서는 안 된다. 상황이란 그런 객체적 틀 같은 것이 아니다. 우리가 마주치는 온갖 사정이나 우연한 사건 등 객체적 혼합물 따위를 상황이라고 오해하지 말라. 상황은 오직 결의성에 의해서만, 또 결의성에서만 존재할 수 있다. 실존하면서 스스로 현(現)으로 존재하는 자신이 그 현(現)을 향해 결의하고 있을 때에만, 온갖 사정이 지닌 그때그때의 현사실적 적소성(適所性)이 비로소 자신을 향해 개시된다. 우리가 우연이라고 부르는 것이 공동세계(共同世界)와 환경세계로부터 때가 되었다는 듯이 우리 앞에 뚝 떨어지는 일도, 그 우연을 받아들일 결의성에서만 가능한 일이다.

그럼 세인에 대해서는 어떨까? 위와는 반대로, 상황이 세인에 대해서는 본질적으로 굳게 닫혀 있다. 세인은 고작 '일반 정세'밖에 인식하지 못한다. 세인은 눈앞의 '기회'에 정신이 팔려, 온갖 '우연'을 조합해 현존재를 요리한다. 이때 세인은 이러한 우연의 본질을 오해, 우연한 것을 전부 그 현존재의 업적이라고 자타가 공인해 버린다.

결의성은 현(現)의 존재를 상황의 실존 속으로 가져온다. 그런데 양심에 의해 증명된 본래적 존재가능의, 다시 말해 '양심을 가지려는 의지'의 실존론적 구조를 한정해 주는 것이 바로 결의성이다. 우리는 이 '양심을 가지려는 의지'가 호소에 응답하는 적절한 이해라는 점을 밝혔다. 이를 통해 명확히 알 수 있는 사실이 있다. 양심의 소리는 우리를 불러 일깨울 때 공허한 실존의 이상(理想)을 우리 앞에 들이밀지 않는다는 사실이다. 대신 양심은 우리를 상황 속으로 불러낸다. 현존재가 올바르게 이해한 양심이 호소하는 소리에는 이런 실존론적 적극성이 존재한다. 그러므로 이미 저질렀거나 앞으로 저지를 과오만을 양심이 지적한다는 해석은, 양심의 개시성을 크게 오해한 해석이라 할 수 있다. 그런 해석은 양심의 소리를 수박 겉핥기 식으로밖에 이해하지 않은 결과이다. 우리는 호소에 대한 이해를 결의성으로 해석했다. 이러한 실존론적 해석은 양심을, 현존재의 근거에 포함되어 있는 존재양식으로 파악한다. 그리고 현존재는 이 존재양식에 있어 가장 고유한 존재가능을 증명하면서, 자신의 현사실적 실존을 스스로에게 가능하도록 한다.

우리가 결의성이라는 명칭으로 밝혀낸 이 현상을, 공허한 '생활태도'나 막연한 '마음가짐'과 혼동해서는 안 된다. 결의성은 정보를 접하는 순간부터 그 상황을 인식하는 것이 아니다. 결의성은 상황 속에 이미 몸담고 있으며, 현존재는 결의하는 현존재로서 이미 '행동'하고 있는 것이다.

사실 '행동'이라는 말은 되도록 쓰고 싶지 않다. 이유는 크게 두 가지이다. 첫째로, 행동이라는 말을 쓰려면 우선 그 뜻을 확대 해석, 행동성의 의미에 저항적 수동성까지 포함되도록 해두어야 하기 때문이다. 둘째로, 결의성을 이론적 능력이 아닌 실천적 능력의 발동이라고 보는, 현존재의 존재론적 오해를 불러 일으킬 가능성이 있기 때문이다. 그러나 관심은 배려적으로 고려하는 관심으로서, 현존재의 존재를 전체로서 근원적으로 포괄하고 있다. 이런 관심을 두고 이론적 태도니 실천적 태도니 따져선 안 된다. 관심은 언제나 전체로서 전제되어야 한다. 또 이러한 두 능력을 바탕으로, 근거 없는 변증법을 통해 통합할 수는 없다. 그리고 결의성이야말로 관심 속에서 존재하며 관심으로서 가능한, 관심 그 자체의 본래성에 지나지 않는다.

현사실적 실존적 가능성의 갖가지 모습을 특성이나 상호 연관 등을 중심으로 서술하고, 그 모습들의 실존론적 구조에 대해 해석하는 것. 그것은 주제적인 실존론적 인간학이 맡아야 할 과제이다.[14] 우리가 하려는 근본적 탐구의 기초적 존재론적 의도를 잊어서는 안 된다. 우리는 양심에 있어서 현존재 자신의 내부로부터 현존재 자신을 향해 입증된 본래적 존재가능을 실존론적으로 한정하기만 하면 된다.

결의성은 가장 고유한 책임 있는 존재를 향해, 침묵 속에서 불안을 받아들일 자세를 갖춘 채 스스로를 기투하는 것이다. 이 사실을 분명히 밝힘으로써 우리의 근본적 탐구는 한 걸음 나아갔다. 즉 우리가 탐구하려 했던, 현존재의

---

14) 이 같은 문제성의 방향에 있어서는 K. 야스퍼스가 비로소 뚜렷하게 세계관론이라는 과제를 포착 수행했다. 그의 《세계관의 심리학》 참조. 이 저작에 있어서는 '인간이란 무엇인가'라는 점이 인간이란 본질적으로 무엇이 될 수 있는가 하는 것부터 추구되고 또 규정되었다. 이에 '한계상황'의 원칙적인 실존론적·존재론적 의미가 분명해진다. 우리가 《세계관의 심리학》을 전적으로 '세계관의 유형'을 위한 참고서로만 이용한다면, 이 저작의 철학적 의도는 완전히 오인될 것이다.

본래적 전체 존재가능의 존재론적 의미를 한정할 수 있는 단계에 이르렀다. 현존재의 본래성은 이제 공허한 명칭도 아니고, 즉흥적 이념도 아니다. 그런데 아직 준비가 덜 된 부분이 있다. 우리가 본래적 전체 존재가능으로서 실존론적으로 연역해 둔 '죽음에 임하는 존재'는, 여전히 순수한 실존론적 기투에 머물러 있을 뿐이다. 말하자면 그것에 대한 현존재적 증명이 부족한 상태이다. 우리는 현존재에 적합한 증명을 우선 찾아야 한다. 그래야 근본적 탐구의 문제 설정이 필요로 하는 모든 전제 조건을 비로소 만족시킬 수 있다. 문제 설정이 완벽해지면 이제 진짜 탐구에 들어가, 실존론적으로 검증되고 해명된 현존재의 본래적 전체 존재가능을 제시할 수 있게 된다. 생각건대 이 존재자가 그 본래성과 전체성에 있어 현상적으로 파악될 때에만, 이 존재자의 존재—자신의 실존 속에 존재 전반의 이해를 지니고 있는 현존재의 존재—의미에 대한 질문이 튼튼한 기반을 얻을 수 있을 것이다.

제3장
현존재의 본래적 전체존재가능성과, 관심의 존재론적 의미로서의 시간성

61 현존재의 본래적 전체존재에 대한 한정설정으로부터 시간성의 현상적 방해물 제거에 이르는 방법적 과정에 대한 밑그림

현존재의 본래적 전체 존재가능은 실존론적으로 기투되었다. 우리는 이 현상을 펼쳐 본래적 '죽음에 이르는 존재'가 '선험(先驗)'임을 밝혔다.[1] 한편 현존재의 본래적 존재가능은 실존적 증명을 마친 모습으로 제시되었으며, 그것이 동시에 결의성으로서 실존론적으로 해석되었다. 선험과 결의성이라는 이 두 가지 현상을 대체 어떤 식으로 조합해 생각해야 할까? 우리는 본래적 전체 존재가능의 존재론적 기투를 통해, 결의성 현상과는 거리가 먼 현존재의 변두리까지 달려가 버린 건 아닐까? 죽음은 행동의 '구체적 상황'과 도대체 어떤 관련이 있단 말인가? 만약 우리가 결의성과 선험을 억지로 연관짓는다면, 눈뜨고 봐줄 수 없는 비현상학적 '구성'이 탄생해 버릴 것이다. 그런 것에 현상적 근거를 지닌 존재론적 기투의 성격이 존재한다고 말할 수 있겠는가?

이 두 가지 현상을 외면적으로 연관지어서는 안 된다. 우리에게 남겨진 방법적으로 가능한 단 하나의 길은, 실존적으로 가능한 것이라고 증명된 결의성 현상으로부터 출발해 다음과 같이 묻는 것이다. 결의성은, 그 가장 고유한 실존적 존재경향 자체에 있어서, 선험적 결의성을 자기의 가장 고유한 본래적 가능성으로서 제시하고 있지 않은가? 결의성이 가까이에 있는 적당한 가능성을 향해 자신을 기투하지 않고, 현존재의 모든 현사실적 존재가능에 앞서고 있는 가장 극단적 가능성을 향해 기투한다면 어떨까? 다시 말해 현존재가 현사실

---

1) 본서 제53절 참조.

적으로 선택해서 얻는 모든 존재가능 속에, 어김없이 나타나는 죽음의 가능성을 향해 자신을 기투한다면 어떨까? 이처럼 자신을 기투할 때, 결의성은 처음으로 그 고유한 의미에 따라 본래성을 발휘하지 않을까? 현존재의 본래적 진리성으로서의 결의성은, 죽음으로 선험하는 것이 처음으로 그에 걸맞은 본래적 승인에 도달한다고 보면 어떨까? 죽음으로의 선험에서 처음으로, 결단의 온갖 현사실적 '잠정성(暫定性)'이 본래적으로 이해된다면, 즉 실존적으로 되돌려진다면 어떨까?

우리의 실존론적 해석에서 해석되어야 할 주제적 존재자는 현존재라는 존재양상을 띠고 있다. 이미 존재하고 있는 단편을 이어서 하나의 객체적 존재자를 만들어 내는 방식으로는, 이러한 존재자를 만들어 낼 수 없다. 이 점을 잊지 않는 한, 우리는 매번 실존 이념을 따르면서 한 걸음씩 해석을 진행해 나가야 할 것이다. 선험과 결의성 사이에 존재하는 연관성을 찾아내려는 우리에게 위 사실이 어떤 의미를 지닐까? 그것은 우리가 이런 실존론적 현상을 그것들 안에 그려져 있는 실존적 가능성을 향해 기투하고, 그것들의 가능성을 실존론적으로 '끝까지 고찰'해야 함을 뜻한다. 그러면 선험적 결의성을 실존적으로 가능한 본래적 전체 존재가능으로 보는 우리의 분석에서 억지스러움이 사라진다. 즉 억지스러운 '구성'이라는 성격이 떨어져 나가는 것이다. 그것은 곧 현존재를 해석, 그것의 가장 극단적 실존 가능성을 향해 현존재를 해방하는 것이다.

이 한 걸음을 내딛음으로써, 우리의 실존론적 해석은 가장 고유한 방법적 성격을 밝히게 된다. 우리는 지금까지 갖가지 방법적 고찰을 뒤로 미뤄 두고 전진했다. 우선은 온갖 현상과 정면으로 마주보는 것이 중요했기 때문이다. 현존재의 근본적인 현상적 존재양식은 이런 식으로 드러났다. 그러나 이 존재자의 존재의미로부터 방해물을 없애기에 앞서, 우리의 근본적 탐구는 잠시 발걸음을 멈춰야 한다. 이는 휴식하기 위해서가 아니라, 앞으로 할 근본적 탐구에 박차를 가하기 위해서이다.

진정한 방법이란 우리가 개시하려는 '대상' 또는 대상 영역의 근본적 구성을 적절히 꿰뚫어 보는 것에 바탕을 둔다. 그러므로 진정한 방법적 성찰—기법에 치중하는 공허한 논의와는 다른 성찰—은, 이 탐구의 주제가 되는 존재자의 존재양식에 대해서도 분명히 밝혀준다. 우리는 여기에서 실존론적 분석론 전반의 방법적 가능성, 요건, 한계 등을 확실히 밝혀두어야 한다. 다시 말해 이 분석론의 기초를 설정하는―관심의 존재의미를 밝히는―작업이 필요하다. 왜냐하면 이를 통해 분석에 필요한 투명성을 처음으로 확보할 수 있기 때문이다. 그런데 관심의 존재론적 의미에 대한 해석은, 지금까지 우리가 밝혀온 현존 재의 실존론적 구성과 대립해서는 안 된다. 즉 전자는 후자를 언제나 완벽하 게 현상학적으로 확인하면서, 그것을 바탕으로 수행되어야 한다.

존재론적 관점에서 볼 때, 현존재는 어떤 객체적 존재자나 실재적 존재자와 도 그 원리부터 다르다. 현존재의 '존립'은 어떠한 실체의 실체성에 근거하는 것 이 아니라, 실존하는 자신의 '자립성'에 바탕을 두고 있다. 우리는 이러한 그 자 신의 존재를 관심이라고 파악했다. 우리는 관심 속에 숨겨져 있는 '자기'란 현 상을, 앞서 비본래적 세인으로서의 자기에 대해 사전 준비식으로 제시했던 현 상과 대조해서, '자기'란 현상에 대해 근원적이고도 본래적인 실존론적 한정을 지어야 한다. 우리는 이 한정을 통해, 실체도 아니고 주관도 아닌 '자기'를 향해 존재론적 질문을 어떻게 던져야 할지 확정할 수 있을 것이다.

지금까지 관심이라는 현상을 충분하게 밝혀보았다. 이제 슬슬 관심 현상의 존재론적 의미를 살펴보자. 그 의미를 규정하면 시간성이 저절로 드러날 것이 다. 어쩌면 이 고찰은 현존재의 한쪽 변두리만 살펴보는 작업처럼 느껴질지도 모른다. 하지만 실은 그렇지 않다. 우리는 어디까지나 현존재의 근본적 실존론 적 구성의 현상적 전체 내용을, 그것이 존재론적으로 이해될 수 있도록 궁극 적 기초부터 차근차근 파악하고 있는 것이다.

시간성이 현상적·근원적으로 경험되는 일은 현존재의 본래적 전체존재에 따라 이루어진다. 바꿔 말하자면 선험적 결의성 현상에 따르는 셈이다. 시간 성이 이 점에서 근원적으로 밝혀진다면, 선험적 결의성의 시간성은 시간성 자 체의 특별한 존재양식 가운데 하나라고 상정해도 좋을 것이다. 시간성은 여러 가능성에 있어서 갖가지 모습으로 '시간적 발현(發現)'을 할 수 있다. 실존의 근 본적 가능성, 다시 말해 현존재의 본래성과 비본래성은 존재론적으로 볼 때 시간성의 가능한 시간적 발현 모습에 근거하고 있다.

세상에서는 퇴락한 존재이해(존재=객체성이라고 보는 이해)가 우위를 차지하고 있으므로, 현존재는 자기 존재의 존재론적 성격조차 낯설게 느낄지도 모른다. 그러니 이 존재의 근원적 기초는 오죽 낯설겠는가. 그런 까닭에 우리의 해석에서 등장하는 시간성 또한 사람들에게는 낯설게 느껴질 것이다. 이 해석의 시간성은 통속적 '시간'과는 많이 달라 보인다. 그러므로 통속적 시간 경험에 의한 시간 개념이나 그 경험에서 비롯된 문제 설정을 먼저 음미해 봐야 한다. 그런 통속적인 것들을 음미하지 않고 그냥 시간 해석을 판단하는 기초로 삼아서는 안 된다. 우리의 근본적 탐구를 위해서는, 시간성의 근원적 현상과 친숙해지는 일부터 시작해야 한다. 그러면 그 현상을 바탕으로 통속적 시간 이해의 필연성과 탄생 양식, 그리고 그 지배력의 근거를 밝힐 수 있을 것이다.

우리가 지금까지 살펴본 현존재의 근본적 여러 구조의 가능적 전체성과 통일성과 전개 모습을 주목해 보자. 그러면 이런 구조 모두가 근본적으로는 '시간적'임을 알 수 있다. 따라서 우리는 이 구조들을 시간성이 시간적으로 발현하는 여러 모습이라고 이해해야 한다. 우리는 이 사실을 증명함으로써 시간성의 근원적 현상을 확인할 수 있다. 이제부터 우리는 시간성으로부터 방해물을 제거한 뒤, 그것의 본질적 여러 구조를 각각의 시간성에 따라 해석할 것이다. 그리고 그 방식에 따라 지금까지의 현존재 분석을 거듭하는 것이, 우리의 실존론적 분석론 앞에 놓인 과제이다. 이 작업을 위해 필요한 분석의 기본 방침은 시간성 자체가 이미 가르쳐 주고 있다. 그러므로 이 장은 다음처럼 구분된다.

선험적 결의성으로서의 현존재의 실존적·본래적 전체존재가능성(제62절).

관심의 존재의미의 철학적 해석을 위해 획득된 해석학적 상황과, 실존론적 분석론 일반의 방법적 성격(제63절).

관심과 자기성(自己性)(제64절).

관심의 존재론적 의미로서의 시간성(제65절).

현존재의 시간성과 거기서 발현하는 실존론적 분석의 더 근원적인 되풀이 과제들(제66절).

62 선험적 결의성으로서의 현존재의 실존적·본래적 전체존재가능성

결의성을 그 가장 고유한 존재경향에 따라 '끝까지 고찰'하면 본래적 '죽음에 임하는 존재'에 다다르게 된다. 그럼 그 까닭은 무엇일까? 실존론적으로 기투된 현존재의 본래적 전체 존재가능과, 양심을 지니려는 의지 사이의 연관. 우리는 이를 어떻게 파악할 수 있을까? 이러한 두 현상을 하나로 용접하면 새로운 현상이 탄생하는 것일까? 아니면 우리의 해석은 실존론적 가능성이 증명된 결의성 수준에서 계속 머무르고, 그 결의성이 '죽음에 임하는 존재'를 통해 어떤 실존적 모습을 띠게 되는 것뿐은 아닐까? 아니 그보다도, 결의성 현상을 실존론적으로 '끝까지 고찰'한다는 것은 대체 무엇일까?

우리는 앞서 결의성의 특징을 살펴보았다. 그것은 가장 고유한 자기 자신의 책임 있는 존재를 향해, 침묵을 지키고 불안을 받아들이면서 자신을 기투하는 것이다. 여기에서 책임 있는 존재란 현존재의 존재에 본래부터 속해 있는 존재로서, 어떤 무성(無性)의 무적(無的) 근거임을 뜻한다. 현존재의 존재에 속해 있는 이 '책임'은 늘어나거나 줄어들지 않는다. 예컨대 이를 어떻게든 계량할 수 있다 해도, 이 책임은 온갖 측정보다 선행하므로 의미가 없다. 현존재는 본질적으로 책임이 있다. 그러므로 때로는 책임이 있다든가, 언젠가는 책임이 사라진다는 식으로 생각해선 안 된다. 양심을 가지려는 의지는 이 책임 있는 존재를 향해 결의적으로 자기를 활짝 열어 보인다. 이러한 결의성의 본래 취지를 생각해 보자. 결의성은 현존재가 존재하는 한 지니고 있어야만 하는 책임 있는 존재를 향해, 자신을 기투하는 것이어야 한다. 마침내 우리가 결의성 속에서 이 '책임'을 실존적으로 받아들이는 일이 본래적으로 이루어지려면, 그 결의성은 반드시 투명성을 띠어야 한다. 즉 현존재의 개시에 있어, 책임 있는 존재를 늘 있는 존재로 이해할 만큼 자신에게 투명해져야 하는 것이다.

그렇다면 이런 투명한 이해는 언제 가능할까? 바로 현존재가 자신의 존재가능을 '최후의 종말에 이르기까지' 개시할 때 비로소 가능해진다. 그런데 현존재가 종말에 이르러 있다는 것은, 실존론적으로 볼 때 '종말에 임하고 있는 존재'를 가리킨다. 따라서 결의성이 진짜 능력을 발휘하는 순간은 그것이 '종말에 임하는 이해적 존재', 곧 죽음 속으로의 선험일 때이다. 그럼 결의성은 자신과는 별개인 선험과 우연히 연관된 것뿐일까? 실은 그렇지 않다. 결의성은 애초부터 '죽음에 임하는 본래적 존재'를, 자기 본래성의 가능한 실존적 존재양식으로서 포장하고 있었던 것이다. 이 '연관'을 현상적으로 확실히 파악하는 것이 중요하다.

가장 고유한 자신의 책임 있는 존재를 향해 불러내는 호소를 듣고 응하는 것, 그것이 결의성이다. 책임 있는 존재란 현존재의 존재에 속해 있는데, 우리는 이 존재를 일차적으로는 존재가능이라고 규정해 두었다. 현존재에는 언제나 책임이 존재한다. 이는 곧 현존재가 본래적으로든 비본래적으로든 실존하는 이상, 이 책임 있는 존재 속에 늘 머무르고 있음을 뜻한다. 책임 있는 존재를 짊어지고 존재한다는 것은, 언제나 존재하는 객체에 속하는 식의 지속적 속성을 뜻하진 않는다. 그것은 그때마다 본래적 또는 비본래적으로 책임을 지니고 존재한다는 것의 실존적 가능성을 의미한다. 그것이 본래적이든 비본래적이든 간에, 책임은 단지 그때그때의 현사실적 존재가능에 존재할 뿐이다. 따라서 책임 있는 존재는 현존재의 존재에 속하므로, '책임 있는 존재가능'으로 파악되어야 한다. 결의성은 이 존재가능을 향해 자신을 기투한다. 즉 그 존재가능 안에서 자신을 이해한다. 그러므로 이 이해는 현존재의 근원적 가능성에 자리하고 있는 셈이다. 그것이 이 가능성 속에 본래적으로 자리하려면, 결의성이 자신의 존재경향에 근원적으로 철저해야만 한다. 그런데 자신의 존재가능을 향한 현존재의 근원적 존재를 우리는 '죽음에 임하는 존재', 곧 앞에서 규정지은 바와 같이 현존재의 두드러지는 가능성을 향한 존재라고 밝혀놓았다. 선험은 이 가능성을 가능성으로서 개시한다. 결의성은 이렇게 '선험하는 결의성'이 되었을 때 처음으로 현존재의 가장 고유한 가능성을 향하는 근원적 존재가 된다. 결의성이 '죽음에 임하는 존재'로서 스스로 자격을 갖출 때, 그것은 비로소 책임을 지는 존재가능에 포함되어 있는 '가능'의 의미를 이해하는 수준에 다다르게 된다.

현존재는, 그가 자기 무성의 무적 근거로 존재한다는 것을, 결의를 통해 자신의 실존 속에서 본래적으로 받아들인다. 앞서 규정한 바를 잠시 떠올려 보자. 우리는 죽음을 실존 불가능성의 가능성으로서 실존론적으로 파악해 두었다. 그것은 바로 현존재의 단적인 무성이다. 죽음이란 '종말'에 이르렀을 때 현존재에게 덧붙여지는 속성 같은 게 아니다. 현존재는 관심이 있는 한, 자기 죽음의 내던져진 (곧 무적) 근거인 셈이다. 현존재의 존재를 완전히 지배하고 있는 무성은, 본래적 '죽음에 임하는 존재'에 있어서 현존재 자신에게 그 모습을 드러낸다. 선험이 현존재의 전체적 존재의 근거에서 처음으로 '책임 있는 존재'를 겉으로 드러내는 것이다. 관심은 죽음과 책임을 등근원적으로 포함하고 있다. 우리는 선험하는 결의성을 통해 비로소 책임 있는 존재가능을 본래적이고도 전체적으로, 다시 말해 근원적으로 이해할 수 있게 된다.[2]

양심의 호소가 이해될 때, 세인에 녹아들어 사라진 현존재가 드러난다. 결의성은 현존재를 가장 고유한 자기 존재가능을 향해 도로 데려온다. 그리고 현존재가 죽음에 임하면서 그것이 가장 고유한 자신의 가능성임을 이해할 때, 저마다의 존재가능은 본래적이고 전체적인 투명성을 띠게 된다.

양심은 현존재의 세인으로서의 권세나 능력을 전부 무시하면서 호소한다. 그 호소하는 소리는 현존재를 자신의 책임 있는 존재가능을 향하도록 가차 없이 고독하게 만들며, 현존재가 본래 책임 있는 존재일 수 있도록 한다. 가장 고유한 자기 존재가능을 향해 본질적으로 고독해지도록 만드는 그 엄격함은, 몰교섭적 가능성으로서의 죽음으로 선험하는 일에서 개시된다. 선험하여 결의성은 책임 있는 존재가능을, 가장 고유하고 몰교섭적인 존재가능으로서 자신의 양심에 완전하고 깊숙하게 새겨놓는다.

양심을 지니려는 의지란, 가장 고유한 책임 있는 존재를 향해 불려나가기 위한 준비를 뜻한다. 그런데 이 책임 있는 존재는 그 어떤 현사실적 과오보다도 앞서며, 또 그런 과오에 대한 어떤 보상보다도 뒤에 남아서 현사실적 현존재를 언제나 규정해 온 존재이다. 이렇게 늘 존재하는 선행적 책임 있는 존재가, 그 선행적 성격을 완전히 드러내는 것은 언제일까? 그것은 그 선행적 성격이 절대로 뛰어넘을 수 없는 가능성 속에 들어갈 때이다. 결의성이 선험해 죽음의 가능성을 자기 존재가능 내부로 받아들였을 때, 현존재의 본래적 실존은 이미

---

2) 현존재의 존재기구에 근원적으로 속해 있는 책임 있는 존재는 과학적으로 이해된 추락의 상태와는 완전히 구별되어야 한다. 과학은 실존론적으로 규정된 책임 있는 존재 속에, 이 타락 상태의 현사실적 가능성의 그 어떤 존재론적 조건을 발견해 낼지도 모른다. 이 상태의 이념 속에 포함되어 있는 책임은 완전히 독자적 양식을 가진 하나의 현사실적 과오인 것이다. 그러한 과오도 그에 고유한 증명을 가지고는 있지만, 그 증명은 모든 철학적 경험에는 원칙적으로 폐쇄된 것이 되고 만다. 책임 있는 존재에 대한 실존론적 분석은 죄의 가능성에 대해서는 이를 '긍정하는' 논거도, '부정하는' 논거도 결코 제공하지 않는다. 엄밀히 말하자면 현존재의 존재론이, 철학적 설문으로 죄에 대해서는 원칙적으로 아무것도 '알지' 못하는 한, 현존재의 현재론은 죄의 가능성 일반을 '자기 자신으로부터' 미결정인 채 둔다고조차도 사람들은 말할 수 없는 것이다.

무엇으로도 뛰어넘을 수 없게 돼버린다.

우리는 결의성이라는 현상을 통해 실존의 근원적 진리성에 맞닥뜨렸다. 결의하는 현존재의 경우 그때그때 자신의 현사실적 존재가능에서 현존재 자체가 드러난다. 게다가 이때 현존재 자신이 드러내는 경우와 함께 드러나는 경우도 있다. 모든 진리성에는 그때그때의 진리에 대응하면서 그것을 참이라고 견지하는 태도가 존재한다. 열어 보여지거나 발견된 내용을 명확히 파악하고 보유하는 것은, 곧 확실하게 깨닫는 행위를 의미한다. 실존의 근원적 진리성은 이와 등근원적인 '확실히 깨닫는 일'을 필요로 한다. 여기에서 확실히 깨닫는 일이란, 결의성에 의해 열어 보여진 것 속에 머무르는 일을 뜻한다.

결의성은 그때그때 현사실적 상황을 보여주면서 우리를 그 안으로 끌어들인다. 상황이란 누군가가 발견해 주길 기다리는 객체적 존재 같은 게 아니다. 그러므로 상황을 예측해 제시하기란 불가능하다. 상황은 자유로운 자기 결의를 통해 비로소 열어 보여진다. 다시 말해 미리 규정되지 않는, 그러면서도 그때그때 규정되는 자기 결의에서 개시되는 것이다. 그렇다면 이런 결의성에 어울리는 확실성이란 무엇일까? 그것은 결의를 통해 열어 보여진 내용 속에 제대로 자리 잡은 확실성일 것이다. 이에 따르면 확실성은 상황을 고집할 수 없다. 그리고 결의는 그것의 고유한 개시 의미로 볼 때, 그때그때의 현사실적 가능성을 향해 늘 자유롭게 개방되어 있어야 한다는 점을 잘 알고 있음을 뜻한다.

결의의 확실성이란 자기를 언제든지 철회하는 가능성과, 그때그때 철회하는 것의 현사실적 필연성을 향해 자신을 개방하고 있음을 뜻한다. 실존의 진리성으로서의 결의성에는 이런 태도를 지닌 '참으로서 견지하는 일'이 속해 있다. 그러나 이 점이 우리를 비결의성으로 끌어내리는 것은 아니다. 아니, 오히려 반대이다. 이처럼 결의적으로 자신을 개방하며 철회를 두려워 않는 태도로 '참으로서 견지하는 일'이야말로, 자기 자신의 반복을 향한 본래적 결의성이기 때문이다. 그리고 이를 통해, 현존재를 비결의성 속에 녹아들게 만드는 지반이 실존적으로 파괴된다. 결의성에 속해 있는 '참으로서 견지하는 일'은 그 의미로 보자면, 자신을 현존재의 전체적 존재가능에 있어—즉 부단히—자유롭게 개방하는 일을 지향하고 있다. 이 부단한 확실성을 결의성이 지니고 있다고 보증할 수 있는 경우는, 결의성이 절대로 확실하다고 깨닫고 있을 수 있는 가능성에 관련될 때뿐이다. 현존재가 스스로를 절대적으로 '철회'할 수밖에 없는 경우가 있다. 바로 죽음에 관련될 때이다. 이 사실을 부단하게 확신하면서, 다시 말해 선험하면서, 결의성은 그 본래적이고 전체적인 확실성을 얻는다.

하지만 현존재는 등근원적으로 비진리성 안에 존재한다. 선험하는 결의성은 현존재로 하여금 자기가 닫혀 있다는 사실을 근원적으로 확실하게 깨닫도록 한다. 세인의 비결의성 속에 묻혀서 자신을 상실하는 것은, 현존재 자신의 존재에서 비롯되는 부단한 가능성이다. 그런데 선험적으로 결의하는 현존재는, 이 부단히 가능한 자기상실 상태를 향해서도 자신을 개방한다. 따라서 비결의성도 현존재의 부단한 가능성으로서 결의성의 확실성 안에 포함되는 것이다. 자기 자신을 투명하게 바라볼 수 있게 된 결의성은, 존재가능에 따라붙는 무규정성은 그때그때의 상황에 대한 결의를 통해 그때그때 규정될 수밖에 없음을 이해하게 된다. 결의성은 실존하는 존재자를 완전히 지배하고 있는 무규정성을 잘 파악하고 있다. 그러나 이러한 파악 내용이 본래적 결의성에 어울릴 만한 수준이 되려면, 하나의 본래적 개시로부터 출발해야만 한다. 그런데 그때그때 내리는 결의를 통해 확실해지면서도 어디까지나 규정되지 않은 상태로 존재하는 자기 존재가능의 무규정성은, '죽음에 임하는 존재'에 있어 비로소 전체적 무규정성으로서 드러난다.

죽음은 부단히 확실한 가능성이다. 그것도 그 가능성이 언제 불가능성이 되느냐는 점에서는 모든 순간마다 무규정인 채로 남아 있는 가능성이다. 그리고 선험은 현존재를 이 가능성 앞에 데려다 놓는다. 이러한 가능성은, 이 현존재라는 존재자가 자기 '한계상황'의 무규정성 속에 내던져져 있다는 사실을 보여준다. 현존재는 이 '한계상황'을 향해 결의함으로써 자신의 본래적 전체 존재가능을 얻는다.

죽음의 무규정성은, 근원적으로는 불안 속에서 열어 보여진다. 그리고 결의성은 이 근원적 불안을 일부러 떠맡으려 한다. 이러한 불안은, 현존재가 자기 혼자에게 떠맡겨졌다는 참모습을 뒤덮는 온갖 은폐를 제거한다. 현존재가 불안을 통해 직면하는 무(無)는, 현존재를 그 근거로써 규정하고 있는 무성(無性)을 드러낸다. 그 근거 자체도 죽음 속으로 내던져져 있는 것으로서 존재하기 때문이다.

이제까지 우리는 결의성이 그 자체에서 지향하는 '형태화의 여러 계기'를 순서대로 살펴보았다. 그런데 이 계기들은 가장 고유하고 몰교섭적이며 뛰어넘을 수 없는 확실한, 그러면서도 규정되지 않은 가능성인 '죽음에 임하는 본래적 존재'로부터 일어나는 계기들이기도 하다. 결의성은 선험하는 결의성일 때에만 본래적이고도 전체적으로 그 특성을 발휘한다.

한편 결의성과 선험 사이의 '연관'이 이처럼 해석됨으로써, 선험 그 자체도 처음으로 완전히 실존론적으로 이해된다. 지금까지 선험은 단순히 존재론적 기투로서 인정되어 왔을 뿐이다. 그러나 이제는 선험의 본질이 밝혀졌다. 선험은 밖에서 현존재를 향해 들어오는 가공의 가능성이 아니라, 현존재 안에서 증명된 실존적 존재가능의 '상태'이다. 현존재는 결의하는 존재자로서 자신을 존재적으로 이해하는 이상, 이 선험이란 상태를 스스로 취할 수밖에 없다. 선험은 허공에 붕 뜬 모습으로 존재하는 것이 아니다. 선험은 결의성의 가능한 상태이다. 그것도 실존론적으로 증명된 결의성 내부에 포함되어 있는 덕분에, 결의성과 함께 증명된 본래성의 가능한 상태이다. 우리는 선험을 이런 모습으로 파악해야 한다. 본래적 '죽음에 대한 생각'이란, 실존적으로 자신을 투명하게 바라볼 수 있게 된 '양심을 지니려는 의지'인 것이다.

본래적 결의성은 선험을 통해서 한정된 상태를 지향한다. 한편 선험은 현존재의 본래적 전체 존재가능을 결정한다. 그러므로 결의성이 실존적으로 증명됨에 따라, 현존재의 본래적 전체 존재가능 또한 증명된 셈이다. 이로써 전체 존재가능에 대한 질문은 현사실적·실존적 질문임이 밝혀졌다. 그것은 결의하는 현존재를 통해 대답할 수 있는 질문이다. 우리가 현존재의 전체 존재가능에 대한 질문을 처음으로 던졌을 때에는, 그 질문은 현존재의 분석론에 전체적 현존재의 완벽한 '주어져 있음'을 부여하기 위해 필요한 이론적·방법적 질문에 지나지 않은 듯 보였다. 그러나 지금은 다르다. 이제 이 질문은 그런 첫인상을 완벽하게 떨쳐버렸다. 현존재의 전체성에 대한 질문은, 처음에는 단순히 존재론적·방법적 견지에서 논술되었다. 그러나 그것은 나름대로 정당한 권리를 차츰 가지게 되었다. 그 까닭은 사실 그런 권리의 근거가 현존재의 존재적 가능성에 귀착하기 때문이다.

선험과 결의성 사이의 '연관'은 무엇인가. 후자가 전자에 의해 형태화되는 것이 곧 둘 사이의 연관이다. 이러한 우리의 해명을 통해, 현존재의 본래적 전체 존재가능이 현상적으로 드러나게 되었다. 이 현상은 현존재가 스스로 자기 자신을 향해 임하는 존재양식이다. 그렇다면 세인의 일상적·상식적 현존재 해석에 사로잡힌 사람들이, 이 현상을 존재적으로나 존재론적으로나 이해하지 못하는 것도 당연하다. 이 실존적 가능성을 절대 증명할 수 없다며 무시하거나, 반대로 이론적으로 증명하려 드는 것은 잘못된 일이다. 어쨌든 사람들이 이 현상을 지나치게 곡해하는 일만큼은 막아야 할 것이다.

선험적 결의성은 죽음을 '극복'하기 위해 고안된 방법이 아니라, 양심이 호소하는 소리에 따르는 이해이다. 이 이해가, 현존재의 실존을 지배해서 모든 덧없는 자기 은폐를 근본적으로 없애 버릴 가능성을 죽음에게 열어주는 것이다. '죽음에 임하는 존재'로서 규정된 '양심을 가지려는 의지' 또한 염세적 은둔을 의미하는 게 아니라, 오히려 현존재의 환상을 타파하고 그를 '행동'의 결의성으로 인도하는 것이다.

선험적 결의성은 실존과 그 가능적 모습을 뛰어넘은 '이상주의적' 요구로부터 태어난 것도 아니다. 그것은 현존재의 현사실적인 근본적 가능성에 대한 냉철한 이해에서 비롯되었다. 고독해진 존재가능에 임하는 숙연함으로서의 불안에는, 이 같은 가능성에 접하는 막연한 기쁨이 뒤따른다. 이 기쁨을 통해 현존재는, 성급한 호기심이 세간의 이런저런 일들로부터 조달해 오는 환락의 '우연성'에서 벗어나 자유로워진다. 하지만 이런 근본적 기분의 여러 형태를 분석하는 것은, 우리의 기초적 존재론적 목표로 정해진 탐구 범위를 뛰어넘는 일이다.

그런데 우리가 현존재의 실존에 대해 실시해 왔던 존재론적 해석을 여기서 잠깐 돌아보자. 혹시 이 해석의 배후에는 본래적 실존에 대한 어떤 특정한 존재적 견해, 즉 현존재의 현사실적 이상(理想)이 숨겨져 있는 게 아닐까? 실은 바로 그렇다. 우리는 이 사실을 부인할 순 없다. 하지만 그렇다고 완전히 항복해서도 안 된다. 우리는 이 근본적 탐구의 주제적 대상을 바탕으로, 위 사실이 지닌 적극적 필연성을 이해해야만 한다. 철학은 자신의 모든 '전제'들을 결코 감추려 하지 않으면서도, 그것을 그냥 쉽게 인정해 버리지도 않는다. 철학은 그런 전제들을 이해하고, 이해한 내용을 바탕으로 전제들을 더욱 뚜렷하게 밝힌다. 우리에게 현재 필요한 방법적 성찰도 바로 이런 것이다.

63 관심의 존재의미의 철학적 해석을 위해 획득된 해석학적 상황과, 실존론적 분석론 일반의 방법적 성격

우리는 이제 선험적 결의성을 통해, 현존재를 그 가능적 본래성과 전체성에 대해 현상적으로 파악할 수 있게 되었다. 이전에는 관심의 존재의미를 해석하기 위한 해석학적 상황이 불충분했다.[3] 그러나 지금은 이 상황에 필요한 근원성이 갖추어졌다. 현존재는 근원적 모습으로, 다시 말해 그 본래적 전체 존재가능이라는 관점에서 예지(豫持, 앞서 가짐)에 속하게 된 것이다. 그리고 분석을 인도해야 할 예시(豫視, 앞서 봄) 즉 실존의 이념은 가장 고유한 존재가능을 해명함으로써 명확히 규정되었다. 현존재의 존재구조가 구체적으로 완성되었으므로, 모든 객체적 존재자와 비교할 때 현존재의 존재론적 특성이 명료해졌다. 그 결과 현존재의 실존성에 대한 예파(豫把, 앞서 잡음)는, 지금은 온갖 실존 범주의 개념적 완성을 정확히 선도하기에 충분해졌다.

우리가 지금까지 지나온 현존재 분석론의 발자취를 더듬어 보자. 처음에는 우연히 나온 주제를[4] 구체적으로 실증하게 되었다. 그것은 우리가 그때마다 스스로 그것인 존재자가, 존재론적으로는 가장 먼 존재라는 주제였다. 이 현사실에 대한 근거는 관심 자체에 숨겨져 있다. '세계' 속에서 매우 가깝게 배려되고 있는 것에 종사하고 있는 퇴락한 존재가, 일상적 현존재 해석을 인도하고 있다. 이 퇴락한 존재는 현존재의 본래적 존재를 존재적으로 감추어 버린다. 이처럼 은폐 현상이 일어난 결과, 이 존재자를 지향하는 존재론은 적절한 지반을 얻지 못한다. 그러므로 존재론은 일상적 현존재 해석을 따르는 이상, 이 존재자를 근원적이고도 현상적으로 제시하는 방법을 확실하게 밝히진 못한다. 오히려 현존재의 근원적 존재로부터 방해물을 제거하기 위해서는, 퇴락한 존재적·존재론적 해석 경향에 역행해야만 한다.

우리는 이제까지 세계—내—존재의 가장 기본적인 여러 구조를 밝혀냈다. 다

---

3) 본서 제45절 참조.
4) 본서 제5절 참조.

시 말해 세계개념을 한정했으며, 이 존재자의 가장 가깝고도 평균적인 누군가 (세인으로서의 자기)를 해명했다. 그리고 현(現)을 해석하면서 관심, 죽음, 양심, 책임 등을 분석했다. 그 과정에서 우리는 현존재 자신의 내부에 존재하는 배려적 상식성이, 존재가능과 그 개시 및 폐쇄를 어떻게 억누르고 있는지 밝혔다.

따라서 현상적 제시의 근원적 성질을 얻으려 하는 우리의 존재론적 해석은, 이 존재자의 존재를 그 자신의 은폐 경향에 거스르는 방식으로 획득해야 한다. 이는 현존재의 존재양상 때문에 발생한 과제이다. 그래서 일상적 해석의 결론 (또는 자기만족이나 분명함)에 비추어 봤을 때, 우리의 실존론적 해석은 늘 폭력적 성향을 띠는 것이다. 이 성격은 현존재의 존재론에서 특히 두드러지지만, 이것은 사실 어떤 해석에도 존재하는 고유한 성격이다. 왜냐하면 해석에서 이루어지는 이해는 기투란 구조를 지니기 때문이다.

그런데 이런 것들은 특정한 방법으로 지도되고 규제될 필요가 있지 않을까? 존재론적 기투는, 그것이 저마다의 '실상(實狀)'에 현상적으로 꼭 들어맞고 있다는 증거를 어디에서 얻어야 할까? 존재론적 해석이란 미리 주어져 있는 존재자를 그 고유한 존재를 향해 기투하여, 그 존재자를 그 구조라는 관점에서 개념적으로 표명하는 것이다. 그런데 그 존재자의 존재에 딱 맞춰서 기투하는 방향을 정하려면 어떻게 해야 할까? 그 방향을 정할 도표는 어디에 있는가? 게다가 실존론적 분석의 주제가 되는 존재자가 자신에게 속해 있는 존재를, 그 자신의 존재방식을 통해 은폐하고 있다면 대체 어떻게 해야 한단 말인가? 이런 질문에 대답할 때에는, 질문 주제인 현존재의 분석론에 대한 해명이라는 영역 내로 해답 범위를 제한해야 한다.

현존재의 존재에는 자기해석이 속해 있다. 둘러보며 배려하는 태도로 '세계'를 발견할 때에도 이 배려를 함께 목격하게 된다. 온갖 기투가 세간의 상식에서 비롯된 것일지라도, 현존재는 현사실적으로 언제나, 특정한 실존적 가능성속에서 이미 스스로를 이해하고 있다. 실존은 명확하든 불명확하든, 적절하든 부적절하든 간에 어떤 방식으로든 이해되고 있는 것이다. 모든 존재적 이해에는 (존재의 이해와 관련된) '함축'이 존재한다. 그것이 단순한 전(前) 존재론적인, 바꿔 말해 이론적·주제적으로 개념화되지 못한 상태인 '함축'이라 하더라도. 그리고 우리가 현존재의 존재에 존재론적 물음을 던질 때, 이 물음은 이미 현존재의 존재양식에 의해 준비된 질문이다.

상황이 이러한데 우리가 과연 현존재의 '본래적' 실존을 결정하는 기준이 무엇인지 파악할 수 있을까? 대체 무엇으로 그 기준을 판별할 수 있을까? 어떤 실존적 이해가 없다면, 실존성에 대한 모든 분석은 기반을 잃어버린다. 혹시 현존재의 본래성과 전체성에 대해 우리가 해왔던 해석의 배후에도, 실존에 대한 어떤 존재적 견해가 숨어 있는 게 아닐까? 그 견해는 가능하긴 하지만, 모든 사람을 구속할 만한 힘은 못 갖추었는지도 모른다.

우리의 실존론적 해석은, 실존적 가능성이나 구속성에 관한 권위적 절대명령을 내리는 해석은 결코 아니다. 그러나 그것이 존재론적 해석을 위한 존재적 지반으로서 어떤 실존적 가능성을 제공하고 있는지에 대해선, 역시 스스로 해명해야 하지 않을까?. 현존재의 존재가 본질상 존재가능이고 가장 고유한 자신의 온갖 가능성을 향해 열려 있는 자유 존재라고 한다면, 또 현존재는 그때그때 이러한 가능성을 향할 자유 또는 그와 반대되는 부자유 속에서 실존할 수밖에 없다고 한다면 어떨까? 이 경우 우리는 특정한 존재적 가능성(존재가능의 갖가지 존재양식)을 바탕으로, 이들을 저마다의 존재론적 가능성을 향해 기투하는 방식으로 존재론적 해석을 할 수밖에 없지 않을까? 그리고 현존재가 대개 '세계'의 배려 속에 녹아들어 자신을 상실한 채 스스로를 해석하고 있다면, 그것에 역행해 얻은 존재적·실존적 가능성의 규정 및 이에 바탕을 둔 실존론적 분석이야말로 이 존재자에 어울리는 개시 방식이 아닐까? 그렇다면 기투의 폭력적 성향이, 오히려 현존재 본연의 현상적 실상을 깨끗이 해명하는 열쇠는 아닐까?

그러나 의문은 여전히 남는다. 실존의 가능성을 폭력적으로 게시한다는 것은 확실히 방법적으로는 필요한 일일지도 모른다. 하지만 혹시 임의 선택에 의해 제멋대로 게시하는 일이 생기면 어찌할 것인가? 그럴 가능성을 배제할 수 있는가? 우리의 분석론이 실존적이고 본래적인 존재가능으로서, 분석의 기초에 둔 것은 바로 선험적 결의성이다. 그런데 이 선험적 결의성은 현존재 자신이, 그것도 그 실존의 근거로부터 우리를 불러 일깨우는 가능성을 뜻한다. 그렇다면 이 가능성은 '임의의 섣부른' 가능성일까? 현존재의 존재가능이 죽음이라는 자신의 두드러진 가능성에 임해 태도를 결정하는 이 존재양식은, 과연 우연히 획득한 존재양식인가? 현존재의 존재가능에 대해 죽음보다 더 차원 높은 법정(法廷)이 세계-내-존재 내부에 존재하는 걸까?

여기에서 한 발짝 양보, 현존재를 본래적 전체 존재가능을 향해 존재적·존재론적으로 기투하는 것이 임의적인 일이 아니라 부득이한 일이었다고 치자. 하지만 그렇다고 해서 우리가 이 현상에 의거해 수행한 실존론적 해석이 정당화되는 것일까? 이 해석이 이미 '전제되어' 있던 실존 전반의 이념에 따르지 않는다면, 대체 무엇을 길잡이 삼아 앞으로 나아가고 있는 것일까? 비본래적 일상성을 분석하는 과정이 우리 주위에 이미 있는 실존 개념을 통해 규제되어 있지 않았다면, 그것은 대체 무엇으로 규제되고 있었단 말인가? 그리고 우리가 현존재를 '퇴락한 존재'라고 말하면서, 그런 까닭에 존재가능의 본래성은 현존재의 존재 경향에 역행하면서 얻어야 한다고 주장할 때, 우리는 어디를 향해서 이런 이야기를 하고 있는 것인가? 이러한 질문들의 해답은 어디 있는가? 어쩌면 우리는 처음부터 '전제되어' 있던 실존이념의 빛에서 그 해답을 찾을 수 있을지도 모른다. 이러한 실존이념의 빛이 희미하게나마 우리의 해석을 비추고 있었던 것이다. 이 이념은 무엇을 근거로 권리를 얻은 것일까? 우리가 이 이념을 암시하기 위해 실시했던 최초의 기투는 근거 없는 엉터리였을까? 아니, 결코 그렇지는 않다.

실존이념의 형식적 암시는, 현존재 자신의 내부에 숨겨져 있던 존재이해를 통해 인도되고 있었던 것이다. 그 존재이해는 존재론적으로 볼 때 결코 투명한 이해는 아니었지만, 어쨌든 몇 가지 현사실적 이해는 보여준다. 즉 우리가 현존재라고 이름 붙인 존재자는 그때마다 나 자신이라는 점, 내가 이 존재자라는 점에 관련되어 있는 존재가능으로서 그때마다 나 자신으로 존재한다는 것이 존재이해에서 이미 드러나 있다. 현존재는 충분한 존재론적 명확성이 없어도, 자신이 세계-내-존재라는 사실을 이해하고 있다. 이런 식으로 존재하고 있는 현존재는, 도구적 존재자나 객체적 존재자라는 존재양식을 갖춘 존재자를 만난다. 실존과 실존성을 구별하기에는 존재론적 개념이 아직 많이 모자라지만, 아니 그 정도가 아니라 대부분의 현존재는 실존마저 실존성이란 의미로 이해하고 있지만 그래도 현존재는 단순히 객체적으로 존재하고 있는 것이 아니다. 현존재는 신화적이거나 주술적인 해석에서조차 언제나 이미 자신을 이해하고 있다. 만약 그렇지 않다면, 현존재가 신화 속에서 '생활'하거나 종교의식 및 예배를 통해 주술에 배려적 관심을 갖는 일도 없었을 것이기 때문이다. 우리가 처음에 설정했던 실존이념은 이러한 현존재 이해 전반의 형식적 구조에 대한 그림으로, 실존적 관점에서는 아무런 구속력도 없다.

가장 친근한 일상성에 관한 예비적 분석은, 이 실존이념을 길잡이 삼아 진행되어 마침내 관심의 개념을 최초로 한정하기에 이르렀다. 이 관심 현상을 통해, 우리는 실존 및 그에 속하는 현사실성과 퇴락 사이의 연관을 보다 선명하게 밝힐 수 있게 되었다. 그리고 관심 구조를 한정함으로써, 실존과 실존성을 존재론적으로 구별하기 위한 기초가 비로소 마련되었다.[5] 그 결과 우리는 '인간의 실체는 실존이다'라는 테제에 다다르게 된 것이다.

그러나 실존적으로는 구속력이 없는 이 형식적 실존이념에도 이미 특정한 존재론적 '내실'이 숨겨져 있다. 비록 그것이 겉으로 드러나지 않는다 해도 말이다. 이 내실은 그와는 대조적으로, 한정된 실재성 이념과 마찬가지로 존재 전반의 이념을 전제하고 있다. 우리는 이 이념의 지평에서만 실존과 실존성을 구별할 수 있다. 실존도 실존성도 둘 다 존재를 가리키는 말이 아닌가.

그런데 우리는 존재론적으로 해명된 존재 일반의 이념을, 현존재에 속해 있는 존재이해를 발전시키면서 얻으려 하지 않았던가. 그리고 이 존재이해를 근원적으로 얻기 위해서는, 실존이념에 따라 현존재를 근원적으로 해석하는 일을 바탕으로 해야 한다. 그렇다면 우리가 여기에서 전개한 기초적 존재론적 문제는 '순환논증'의 오류에 빠져 마침내 제자리에서 맴돌 뿐이지 않은가.

물론 우리는 이해 전반의 구조를 분석할 때, 순환이라는 부적당한 표현으로 비난받는 내용이 사실은 이해 그 자체의 본질적 특징임을 이미 밝혔다.[6] 하지만 우리는 여기에서 다시 한번 순환논증을 구명해 봐야 한다. 기초적 존재론적 문제 구성의 해석학적 상황을 해명하기 위해 필요한 일이기 때문이다. 실존론적 해석이 순환논증을 범하고 있다고 사람들이 비판하는 까닭은 무엇일까? 그들의 말에 따르면, 우리가 실존 및 존재 일반의 이념을 '전제'하고 '그에 따라' 현존재를 해석한 뒤, 그 해석을 바탕으로 존재이념을 얻으려 하기 때문

---

5) 본서 제43절 참조.
6) 본서 제32절 참조.

이라고 한다.

하지만 여기에서 '전제'한다는 표현은 대체 무엇을 가리키는 걸까? 우리가 실존의 이념을 '전제'하고 있다는 것은, 실존에 관해 어떤 명제를 설정한 뒤 그로부터 형식적 정합성(무모순성)의 규칙에 따라 현존재의 존재에 관련된 다른 명제들을 연역하는 것일까? 아니, 오히려 우리가 말하는 '전제'란 이해적 기투의 성격을 지니고 있는 게 아닐까? 다시 말해 그러한 이해를 발전시켜 나가는 해석은, 해석되어야 할 대상(현존재)에게 스스로 발언할 기회를 처음으로 주려는 의도를 갖고 있지는 않을까? 그 해석이 이 존재자로서, 우리의 기투에서 형식적·암시적으로 개시되어 있는 존재구성을 과연 드러내 줄지 아닐지는, 언젠가 그것이 이 해석을 통해 스스로 결정할 사항이다. 존재자로 하여금 그 존재에 대해 발언하도록 하는 방법은 솔직히 이것뿐이지 않을까?

우리는 실존론적 분석론에서의 순환논증을 피할 수 없다. 왜냐하면 이 분석론에서는 '정합적 논증'의 규제에 따른 증명을 애초부터 하지 않기 때문이다. 우리는 학문적 탐구를 할 때 가장 높은 엄밀성을 얻기 위해 상식적으로 '순환'을 피하고 없애고자 하는데, 상식의 이런 활동은 다름 아닌 관심의 근본 구조이다. 모든 현존재는 근원적으로 관심에 의해 구성되어 있으므로, 그것은 언제나 이미 자기를 앞지른다. 현존재는 존재하면서 언제나 이미 자기 실존의 가능성을 향해 자기를 스스로 기투한다. 또 이런 실존적 기투를 통해 전(前) 존재론적으로, 실존이니 존재니 하는 것을 모두 끌어안고 기투하고 있다. 그리고 실존에 속해 있는 존재이해를 발전시켜서 개념적으로 표현하려는 연구도, 모든 연구와 마찬가지로 그 자체가 개시적 현존재의 존재양식 가운데 하나이다. 그러한데 현존재에게 본질적으로 속해 있는 기투란 방식을, 이 연구에는 써서는 안 된다는 법이 대체 어디 있단 말인가.

그런데 순환논증이라며 어떤 이론을 공격하는 반박 행위는, 현존재에 속해 있는 존재양식 가운데 하나에서 유래한다. 배려적으로 세인 속에 녹아들어 있는 상식의 관점에서 보면 기투는, 하물며 존재론적 기투는 이해하기 어려울 수밖에 없다. 상식은 '이론적'이든 '실천적'이든 둘러보며 파악할 수 있는 존재자에게만 배려적 관심을 기울이기 때문이다. 상식의 특징은 '현사실적으로' 존재하는 것만을 경험하고, 굳이 존재이해를 할 필요는 없다고 착각한다는 점이다.

실은 존재가 개념화까지는 못 되더라도 최소한 이해는 되어 있어야지만, 존재 자에 대한 '현사실적 경험'도 가능해지는 것이다. 상식은 이 점을 간과하고 있다. 상식은 이해를 오해하고 있는 것이다. 이런 오해 때문에 상식은, 자신의 이해 범위를 이미 뛰어넘었거나 앞으로 뛰어넘으려고 하는 것을 폭력적이라고 몰아세우는 것이다.

이해의 순환은 두 가지 오인을 드러낸다. 첫째는 이해 그 자체가 현존재의 근본적 존재양식을 이루고 있으며, 둘째는 이 존재가 관심으로 구성되어 있다는 점이다. 순환은 이 두 오인의 표현이다. 순환을 부인하거나 숨기거나 극복하거나 하는 태도는 이 오인에 결정적 힘을 실어준다. 우리는 현존재의 분석에 착수하기 전에 먼저 이 순환 속에 근원적·전체적으로 뛰어들어, 현존재의 순환적 존재를 완벽하고 정확하게 파악해야 할 것이다.

만약 우리가 현존재의 존재론에 있어 무세계적(無世界的) 자아로부터 '출발'해서 어떤 객관과 이 객관 사이의 존재론적 근거가 없는 관계를 자아에게 조달하려 한다면, 우리는 현존재의 존재론을 위해 지나친 '전제'를 한 게 아니라 오히려 너무 적은 '전제'를 했다고 볼 수 있다. '삶'을 문제 삼고서 그에 따르는 '죽음'까지 부차적으로 고려하는 것은 너무나 근시안적인 생각이다. 고찰 범위를 '이론적 주관'으로 한정하고 '실천적 측면'을 '윤리학'으로 보충하는 고찰은, 주제가 되는 대상을 인위적이고 독단적인 방식으로 재단하는 일과도 같다.

현존재의 근원적 분석론의 해석학적 상황이 지니는 실존론적 의미에 대한 해명은, 지금까지의 논술로 충분히 이루어졌다고 본다. 우리는 선험적 결의성을 밝힘으로써 현존재를 자신의 본래적 전체성에 관한 예지(豫持) 속으로 들여놓았다. 자기 존재가능의 본래성은 근원적 실재성에 대한 예시(豫視)를 보증하며, 이것이 적절한 실존론적 개념 형성의 각인을 확보하고 있다.

또 선험적 결의성 분석에 의해, 우리는 근원적이고 본래적인 진리성 현상에 이르렀다. 앞서 설명했듯이 현재 지배적인 존재이해에서는 존재를 객체성이라는 의미로 파악한다. 그로써 진리성의 근원적 현상을 은폐하고 있는 것이다.[7] 그러나 진리성이 존재하고 있어야만 존재가 주어질 수 있다면, 또 진리성의 양

---

7) 본서 제44절 B 참조.

상에 따라 존재이해도 그때그때 바뀐다면 근원적이며 본래적인 진리성은 현존재의 존재 및 존재 일반에 대한 이해를 보증해야 할 것이다. 실존론적 분석의 존재론적 '진리성'은, 근원적인 실존적 진리성을 토대로 형성된다. 하지만 근원적인 실존적 진리성에 존재론적 진리성이 꼭 필요한 건 아니다. 기초적 존재론적 문제 설정이—존재 문제 일반을 준비하면서—지향하고 있는 가장 근원적이며 근거 설정적인 존재론적 진리성이란, 바로 관심의 존재의미의 개시성이다. 이 의미를 드러내기 위해서는 관심 구조의 전체 모습을 완벽하게 정돈해 둬야 한다.

64 관심과 자기성(自己性)

관심을 구성하는 계기인 실존성과 현사실성 및 퇴락성을 통일함으로써, 현존재 구조 전체의 전체성을 비로소 존재론적으로 한정할 수 있게 되었다. 우리는 관심의 구조를 '자기를 앞질러 이미 어떤 세계 안에 존재하는, 세계내부에서 만나는 존재자의 아래에 있는 존재'라는 실존론적 구조식으로 표현한 바 있다. 이러한 계기를 하나로 합친 것이 관심 구조의 전체성인 건 아니지만, 그럼에도 그것은 분절된 전체성이라 부를 수 있다.[8] 우리는 이 존재론적 성과를 얻은 뒤, 그것이 현존재의 근원적 해석을 위한 요건을 얼마나 만족시키고 있는지 평가해야만 했다.[9] 성찰 결과 분명해진 사실은, 우리가 아직 전체적 현존재 및 그것의 본래적 존재가능을 주제로 삼지 않았다는 점이다.

그런데 전체적 현존재를 현상적으로 파악하려는 시도는 바로 관심의 구조 때문에 좌절하는 듯했다. 다시 말해 그 구조에 포함되어 있는 '자기를 앞지른다'는 계기를 하나의 미연(未然)이라고 보는 관점이 그 시도를 좌절케 한 것이다. 그러나 처음엔 끝나지 않았다는 의미로 규정되었던 '자기를 앞지른다'는, 순수한 실존론적 고찰을 통해 실은 '종말에 임하는 존재'임이 밝혀졌다. 그리고 모든 존재자는 자기 존재 밑바닥에서는 바로 이 '종말에 임하는 존재'이다. 또 우리는 양심이 호소하는 소리에 있어, 관심이 현존재를 가장 고유한 자기 존재가능을 향해 불러 일깨운다는 점을 밝혔다. 이 호소가 이해되는 모습을

8) 본서 제41절 참조.
9) 본서 제45절 참조.

근원적 의미로 파악한 결과, 그 이해는 선험적 결의성임이 분명해졌다. 그리고 선험적 결의성은 현존재의 본래적 전체 존재가능을 자신 안에 포함하고 있다. 그렇다면 관심의 구조는 전체존재의 가능성에 대한 반증이 아니라, 오히려 그런 실존적 존재가능을 가능하게 하는 조건인 셈이다. 이러한 분석을 실시하는 과정에서 판명된 것처럼, 죽음과 양심과 책임이라는 실존론적 여러 현상은 관심 현상에 닻을 내리고 있다. 관심 구조 전체가 지닌 전체성의 분절은 더욱 풍부해졌다. 또 그와 더불어 이 전체성의 통일성에 대한 실존론적 질문은 보다 절실해졌다.

이 통일성을 어떻게 파악하면 좋을까? 현존재는 위에서 설명한 존재양식과 가능성 속에서 어떻게 통일적으로 존재할 수 있을까? 그 해답은 분명하다. 현존재가 그 모든 본질적 가능성에서 스스로 이 존재자로 있는 방식이면 된다. 바꿔 말하자면, 내가 언제나 이 존재자로 있는 방식이다. 이 경우 '자아(自我)'가 이 구조 전체의 전체성을 '통합'하고 있는 듯 보인다. 예부터 '자아'와 '자기'는 이 존재자의 '존재론'에서 지지적(支持的) 근거(실체 혹은 주관[10])로서 파악되어 왔다. 그런 까닭에 우리의 분석론도 일상성에 대한 예비적 성격을 기술할 때, 현(現)에 존재하는 자는 누구냐는 물음에 이미 부딪쳤던 것이다. 그때 명확해진 것처럼, 대부분의 현존재는 자기 자신이 아닌 세인이라는 자기 속에 녹아들어 있다. 이 세인−자기는 본래적 자기가 실존적으로 변화한 모습이다. 자기성의 존재론적 구조에 대한 질문의 해답은 아직 얻지 못했다. 그런데 이 문제의 길잡이는 이미 원리적으로 확정된 상태이다.[11] 곧 자기가 현존재의 본질적 규정 가운데 하나라면, 또 현존재의 '본질'이 실존에 있다고 한다면 자아성과 자기성은 '실존론적으로' 파악되어야만 한다는 것이다. 우리는 이 방식에 따라 부정적 해답을 얻은 바 있다. 다시 말해 세인에 대한 존재론적 성격을 기술할 때

---

10) 여기서 '주관'으로 번역한 Subject가 어원적으로는 '아래에 던져둔 것'을 의미하는 '기준(Subjectum)'에서 유래한다는 데 대해서는 본서에서도 앞서 언급한 바 있다. 이 Subject는 인식론적 관점으로는 '주체', 그리고 논리학적·문법적 관점으로는 주어로 분간할 수 있지만, 이하의 본문도 포함해서 그러한 관점이 미묘하게 뒤바뀌어 뚜렷하게 구별해 번역할 수 없는 경우가 많다. 또 '실체'로 번역한 Substanz도 라틴어 어원으로 하자면 '아래에'를 뜻하는 sub와 '선다'를 뜻하는 sto의 결합으로 Subject 내지는 Subjectum과 거의 같은 뜻을 가진 어휘이다.

11) 본서 제25절 참조.

에는 객체적 존재(실체)의 범주를 써서는 절대 안 된다는 점을 밝혔다. 관심을 존재론적으로 실재성을 통해 밝힌다든가, 실재성의 범주에서 해석한다든가 하는 것은 불가능함이 원리적으로 분명해졌다.[12] 만약 다른 사람들을 위한 관심인 고려적 관심(즉 심려)에 대응하는 '자기관심(自己關心)'이라는 말이 곧 동어반복이라는[13] 테제가 성립한다면, 관심은 이미 자기 현상 속에 포함되어 있을 것이다. 그렇다면 현존재의 자기성을 존재론적으로 어떻게 규정하느냐는 물음은, 압축하자면 관심과 자기성 사이의 실존론적 '연관'에 대한 물음이라 할 수 있다.

우리가 자기 실존성을 해명할 때 자연스러운 출발점으로 삼는 것은, 바로 '나는……이다'라는 발언을 통해 '자기 자신'을 밝히는 현존재의 일상적 자기 해석이다. 그런데 이 발언이 꼭 입 밖으로 소리 내어 나와야 한다는 법은 없다. '나는……'이라고 말할 때, 이 존재자는 자기 자신을 염두에 두고 있다. 이런 발언의 의미내용은 매우 단순한 것으로 여겨진다. 그것은 언제나 오직 '나'만을 가리킬 뿐 다른 것은 가리키지 않는다. '나'라는 이 단순한 표현은 다른 무언가를 규정하는 것이 아니다. 게다가 '나' 자신은 술어가 아닌 절대적 '주어'이다. '나는……'이라는 발언에서 표명되고 지칭되는 대상은 늘 똑같이 지속되는 것이다. 예를 들어 칸트가 '순수이성의 논리적 과오'[14]에 관한 이론에서 기초로 삼은 성격들―단순성, 실제성, 인격성―은 분명 진정한 전(前) 현상학적 경험에서 비롯된 것들이다. 다만 존재적으로는 이러한 형태로 경험되는 것들이, 과연 앞서 설명한 '범주'를 통해 존재론적으로 해석될 수 있는지가 문제이다.

확실히 칸트는 '나는……'이라는 발언에 제공되어 있는 현상적 실태에 엄격하게 따랐다. 칸트는 그에 따라, 영혼실체(靈魂實體)에 대해 위의 성격들을 바탕으로 추론한 존재적 테제가 부당하다는 점을 지적했다. 그러나 이것만으로는 자아에 대한 그릇된 존재적 설명을 배제할 수 있을 뿐이다. 이를 통해서는 자기성의 존재론적 해석을 얻기는커녕, 얻기 위한 적극적이고도 정확한 준비조차 할 수 없다. 칸트는 선인들보다도 엄격하게 '나는……'이라는 발언의 현상적

---

12) 본서 제43절 C 참조.
13) 본서 제41절 참조.
14) 《순수이성비판》 참조.

의미내용을 견지하려 했다. 하지만 그는 실체적 사항에 대한 존재론의 존재적 기초가 자아에게는 들어맞지 않음을 이론적으로 밝히면서, 한편으로는 그것과 똑같은 부적절한 존재론으로 다시 돌아가고 있었던 것이다. 지금부터는 이 점을 보다 분명히 밝힐 것이다. 그리고 이를 통해 자기성 분석의 단서가 지니는 존재론적 의미를 '나는······'이라는 발언에서 확정할 것이다. 그 과정에서 우리는 '나는 생각한다'에 대한 칸트의 분석도 사용할 것이다. 단, 이 분석은 여기에서 소개한 문제 설정을 해명할 때 필요한 경우에만 예시적으로 인용할 예정이다.[15]

'자아'는 모든 개념에 따라붙는 단순한 의식에 지나지 않는다. 자아는 모든 사상의 초월적 주어일 뿐, 그 밖에는 무엇도 표상하지 않는다. 이 의식 자체는, 하나의 표상이라기보다는 오히려 표상 일반의 형식이라고 볼 수 있다.[16] 그러므로 '나는 생각한다'는 말은 '모든 경험에 속하면서 그것을 앞지르는 통각(統覺)의 형식'인 것이다.[17]

칸트는 '자아'의 현상적 의미내용을, 정당하게도 '나는 생각한다'라는 방식으로 표현하고 있다. 혹은 그가 '실천적 인격'을 '지성'의 일부로 보았다는 점을 고려한다면 '나는 행동한다'라는 표현 방식을 쓰고 있기도 하다. 어쨌든 여기에서는 '나는 생각한다'에 초점을 맞춰 보자. 여기에서 '나는······'이라는 발언은, 칸트의 의도에 따르면 '나는······이라고 생각한다'라는 말로 보아야 한다. 칸트는 자아의 현상적 의미내용을 사유하는 실체(res cogitans)로서 파악하려 했다. 그 과정에서 그가 이 자아를 '이론적 주어'라고 부른 것도, 자아 일반이 그저 논리적 방법으로 얻어진 개념에 지나지 않음을 뜻하진 않는다. 그렇기는커녕 자아는 논리적 조작, 즉 결합작용의 주체(기체)이다. '나는 생각한다'는 '나는 결합한다'와도 같다. 모든 결합작용은 곧 '나는 결합한다'인 것이다.

무언가를 통합하거나 관계 짓는 모든 작용의 밑바닥에는 언제나 이미 자아(나)가 숨어 있다. 다시 말해 자아는 그런 작용들의 히포케이메논, 즉 기체(基

---

15) 초월론적 통각과 그 존재론적 의미에 대한 구체적인 현상학적·비판적 분석은, 본서의 구상인 제2부 제1편이 이를 제시할 것이다.

16) 《순수이성비판》 참조.

17) 《순수이성비판》 참조.

體)인 것이다. 그러므로 이 주체는 '의식 자체'이다. 또 이것은 어떤 표상도 아니며 표상의 '형식'이라고 볼 수 있다. 이 사실은 무엇을 의미할까? 바로 '나는 생각한다'가 무언가의 표상이 아니라 표상작용 자체의 형식적 구조이며, 표상되는 대상은 이 구조를 통해 비로소 가능해짐을 뜻한다. 표상의 형식이란 어떤 틀이나 보편적 개념 같은 게 아니다. 그것은 형상적 본질로서 저마다의 표상작용을 표상작용이게 하며, 표상된 것을 표상된 것으로 만듦을 의미한다. 표상의 형식으로 해명된 자아는 '논리적 주어'와 같다.

칸트의 분석에서 볼 수 있는 적극적 요소는 두 가지이다. 첫째로, 그는 자아를 어떤 실체적 존재로 환원하는 일이 불가능함을 밝혔다. 둘째로, 그는 자아를 '나는 생각한다'라고 견지했다. 그런데도 칸트는 이 자아를 다시 주체로 보면서 존재론적으로 부적절하게 파악했다. 왜냐하면 주체라는 존재론적 개념이 규정짓는 것은 '자기로서의 자아의 자기성'이 아니라, 언제나 이미 존재하는 객체의 자동성(自同性)과 항상성(恒常性)이기 때문이다. 자아를 '주체'로서 존재론적으로 규정하는 행위는, 자아를 언제나 이미 존재하고 있는 객체로 보는 것과 똑같다. 이런 과정을 통해 자아의 존재는 사유하는 실체(res cogitans)의 실재성이라는 뜻으로 이해돼 버린 것이다.[18]

칸트는 '나는 생각한다'를 현상에 따라 올바르게 고찰하면서 얻은 단서를 존재론적으로 활용하지 못했다. 그는 마침내 그것을 '주체'로, 다시 말해 실체적인 것으로 전락시키고 말았다. 왜 이런 일이 일어난 것일까? 자아는 단순한 '나는 생각한다'가 아니라 '나는 무엇을 생각한다'인 것이다. 그러나 칸트는 '자아는 그것의 표상과 관련되어 있으며, 이러한 표상 없이는 아무것도 아니다'라고 스스로 거듭 강조하지 않았는가? 하지만 그는 이런 표상을 자아에 수반되는 '경험적인 것'이자 자아가 '부속해 있는' 현상에 지나지 않는다고 보았다. 그런데 칸트는 이 '부속'이나 '수반'이라는 존재양식을 어디에서도 제시하지 않았

---

18) 칸트가 인격의, 자기의 존재론적 성격을 근본적으로는 아무래도 세계내부적인 사물적 존재자의 부적절한 존재론이라는 지평 속에서 '실체적인 것'으로 포착하고 있었다는 것은, H. 하임죄트가 〈칸트철학에서의 인격성의 의식과 사물 자체〉라는 소론에서 구사한 자료를 보면 분명해진다. 하임죄트는 이 소론의 경향이 역사학적 보고의 영역을 벗어나서 인격성의 '범주적' 문제를 지향하고 있다고 말했다.

다. 이는 근본적으로는 자아가 그것의 모든 표상과 더불어 부단히 객체적으로 존재하고 있다는 의미에서 해석되고 있다. 칸트는 자아가 생각으로부터 분리되는 일을 막기는 했지만, '나는 생각한다' 그 자체를 '나는 무엇을 생각한다'라는 본질적 전체 모습으로서 보지는 못했다. 특히 이것을 자기의 근본적 특징이라고 보기 위한 존재론적 '전제'를 파악하지 못했다. 예컨대 '나는 무엇을 생각한다'부터 고찰을 시작한다 해도, 그 '무엇'이 규정되지 못한 상태면 이 단서는 제대로 쓸 수 없다. 왜냐하면 그것은 충분히 규정되지 못한 단서이기 때문이다. 그 '무엇'이 세계내부에 존재하는 것으로 해석된다면, 그곳에는 '세계'라는 전제가 암묵적으로 숨어 있는 셈이다. 그리고 이 세계라는 현상이야말로 자아의 존재구성을 규정하는 열쇠이다. 그것이 자아의 존재구성 규정에 더해져야지만, 그 자아는 '나는 무엇을 생각한다'라는 형태로 규정될 수 있다. '나는……'이란 발언은 '나는 세계내부에 존재한다'는 형식으로, 내가 그때마다 그것인 존재자를 가리킨다. 칸트는 세계라는 현상을 살펴보지 않았다. 그러므로 그가 '나는 생각한다'의 선험적 의미내용으로부터 경험적 '표상'을 분리해 낸 것은 그럭저럭 앞뒤가 맞는다. 그러나 이로 인해 자아는 또다시 고립된 '주체'로 되돌아가고 말았다. 이 주체는 존재론적으로는 전혀 무규정적인 방식으로, 표상에 따르는 존재로서 해석되는 신세가 되었다.[19]

'나는……'이라는 발언을 통해 자기를 드러내고 있는 자는 세계-내-존재로서의 현존재이다. 그런데 일상적인 '나는……'이란 발언은 과연 자기를 세계내부에 존재하는 것으로서 지향하고 있을까? 이 두 가지는 확실히 구분지어 생각해야 한다. 현존재는 '나는……'이라고 발언할 때, 저마다 존재하고 있는 현존재를 분명 염두에 두고 있다. 하지만 일상적 자기 해석에는, 배려되고 있는 '세계'를 중심으로 자기를 해석하는 경향이 있다. 현존재는, 존재적으로는 자신을 지향하면서도 현존재가 스스로 그것인 존재자의 존재양식은 못 보고 지나친다. 그리고 이 사실이 현존재의 근본적 구성에 딱 들어맞는 것이다.[20]

'나는……'이라는 이 임시변통 같은 발언은 어떤 동기에서 비롯된 것일까? 그것은 자기 자신에 임해 세인 속으로 달아나 버리는 현존재의 퇴락에서 나

---

19) 칸트의 〈관념론에 대한 논박〉, 본서 제43절 A 참조.
20) 본서 제12절 및 제13절 참조.

왔다. '나는……'이라는 '자연스러운' 이야기 방식을 취하고 있는 자는 바로 세인으로서의 자기이다. 다시 말해 '나'에 대해 발언하고 있는 자는 대개, 본래적 자신이 '아닌' 자기인 것이다. 배려되고 있는 것들의 일상적 다사다망함에 섞여들어 생활하면서 '자기'를 잃어버린 '나는 생각한다'의 자기는, 늘 자동적(自同的)이면서도 무규정적이고 공허하며 단순한 자로서 나타난다.

그도 그럴 수밖에 없다. 사람은 배려하는 당사자이니까. '나는……'이라는 '자연스러운' 존재적 이야기 방식은, 자아에서 염두에 두고 있는 현존재의 현상적 의미내용을 간과하고 있다. 하지만 그렇다고 해서 자아를 존재론적으로 해석하려는 우리마저 이런 방식에 참가해서, 자기의 문제 영역에 부적당한 '범주적' 지평을 억지로 끌어들이는 것은 옳지 못하다.

물론 '나는……'이라는 일상적 발언을 따르지 않는다고 해서 문제가 곧바로 해결되는 건 아니다. 그렇지만 고찰을 진행해 나갈 방향의 밑그림은 어느 정도 그릴 수 있게 되었다. 자아란 우리가 세계-내-존재로서 존재하고 있는 존재자를 뜻한다. 그런데 세계내부적인 도구적 존재자와 관계하는 존재로서 이미 세계내부에 존재하고 있다는 것은, 등근원적으로 자기를 앞질러서 존재하고 있음을 뜻한다. '자아'란 그 자신이 존재하고 있는 존재자의 존재에 관련되어 있는 존재자를 가리킨다. '자아'라는 단어에 있어, 관심이 자신을 드러내고 있는 것이다. 물론 이 표명 방식은 배려하는 가운데 '나는……'이라고 임시변통처럼 말하는 방식이 대부분이지만.

세인으로서의 자기가 큰 목소리로 '내가, 내가……'라고 끊임없이 말한다. 그 까닭은 세인으로서의 자기가 근본적으로는 본래적 자기 자신으로 존재하지 않으면서, 본래적 존재가능을 회피하고 있기 때문이다. 자기의 존재론적 구성은 자아실체(自我實體)로도 '주체'로도 환원되지 않는다. 도리어 일상적·도피적인 '내가, 내가……'란 발언은 본래적 존재가능을 바탕으로 이해되어야 한다. 하지만 그것으로부터 자기가 곧 관심 속에 늘 존재하는 근거라는 결론을 얻을 수 있는 것도 아니다.

자기성은 오히려 실존론적으로 본래적인 자기 존재가능에 따를 때에만, 바꿔 말해 관심으로서의 현존재의 본래성에 따를 때에만 해석될 수 있다. 자기의 상주성(常住性)은 보통 주체의 지속성으로 해석되는데, 이것도 관심을 바탕으로 올바르게 해명된다. 동시에 본래적 존재가능 현상은, 입장이 분명해져 있다는 의미에서 자기 상주성에 눈뜨게 해준다. '항상(恒常)의 확고함'이라는 이중적 의미에서의 자기 상주성은, 비결의적 퇴락의 비자립성과 본래적으로 반대되는 가능성이다. 자립성이란 실존론적으로는 다름 아닌 선험하는 결의성을 뜻한다. 이 선험적 결의성의 존재론적 구조가 자기 자기성의 실존성을 드러낸다.

현존재는 침묵하면서 불안을 받아들이는 결의성을 통해 근원적으로 고독해짐으로써 본래적 자기가 된다. 본래적 자기존재는 침묵하는 것이므로 '내가, 내가……'라고 시끄럽게 떠들지 않는다. 그 존재는 침묵한 채 자기 스스로 그것으로서, 본래적으로 존재할 수 있는 내던져진 존재자인 것이다. 결의하는 실존의 침묵이 드러내는 자기야말로, '자아'의 존재에 대해 질문하기 위한 근원적인 현상적 지반이다. 본래적 자기 존재가능의 존재의미에 현상적인 단서를 구하려 함으로써, 실체성과 단순성 및 인격성을 자기성의 성격으로 보는 것이 존재론적으로 얼마나 정당한지를 비로소 고찰할 수 있게 된다. '나는……'이란 발언이 꾸준히 우위를 차지하고 있으므로, 우리가 자기 존재에 대해 질문할 때에도 그 발언이 계속 우리를 괴롭힐 것이다. 즉 자기 존재를 지속적으로 존재하는 객체적 자기라고 보는 예지(豫持)가 끊임없이 암시될 것이다. 그러나 자기 존재를 존재론적으로 묻기 위해서는, 이러한 암시를 주는 예지로부터 벗어나야만 한다.

관심은 어떤 자기에게 바탕을 두어야 할 필요가 없다. 오히려 관심의 구성요소인 실존성이 현존재에 대한 자립성의 존재론적 구성을 부여하고 있다. 그리고 이 자립성에는 관심의 완전한 구조 내용에 따라, 비자립성을 향해 현사실적으로 퇴락하고 있다는 점도 포함되어 있다. 우리가 관심의 구조를 완전히 이해한다면, 이 구조에는 이미 자기성의 현상이 내포되어 있을 것이다. 그리고 현존재의 존재 전체성을 구성해 규정된 관심의 의미 해석을 통해, 자기성의 현상에 대한 해명이 진행될 것이다.

65 관심의 존재론적 의미로서의 시간성

앞서 관심과 자기성(自己性) 사이의 '연관'을 살펴보았다. 그런데 이 고찰은 자아성(自我性)이라는 특별한 문제를 해명하기 위해서만 이루어진 것이 아니라, 현존재 구조 전체의 전체성을 현상적으로 파악하기 위한 마지막 준비이기도 했다. 우리가 현존재를 존재론적으로 바라보고 있는 동안, 그것의 존재양식이 객체성의 한 양식으로—아무리 미분화된 양식이라도—되돌아가 버리는 일이 생겨서는 안 된다. 그래서 미리 준비해 두는 것이다. 선험적 결의성으로서 구성되는 본래적 실존 속에서 현존재는 '본질적 현존재'가 된다. 관심의 본래성의 이러한 상태는, 현존재의 근원적 자립성(自立性)과 전체성을 포함하고 있다. 우리는 그것을 향해 실존론적 이해의 시선을 계속 보내면서, 현존재의 존재론적 의미로부터 방해물을 제거해야 할 것이다.

우리가 관심의 의미를 물을 때 존재론적으로 얻고자 하는 것은 무엇일까? 여기에서 의미란 무엇을 가리키는 것일까? 우리의 근본적 탐구는 이해와 해석에 대한 분석과 관련, 이미 의미라는 현상과 마주한 바 있다.[21] 의미란 어떤 것의 이해 가능성이 자리하고 있는 '장소'인데, 그 장소 자체는 주제적으로 주목받지 못한다. 무언가가 그 가능성에 있어서 이러저러한 것이라고 개념적으로 이해될 수 있는 까닭은, 그것이 처음부터 어떤 것을 향해 기투되어 있기 때문이다. 이때 이 원리적 기투는 어떤 장소를 멀리 내다보면서 이루어지는데, 이 장소가 바로 '의미'이다. 기투는 가능성, 즉 가능하게 하는 것을 열어 보인다.

어떤 기투가 이루어질 때 그것이 멀리 내다본 장소를 드러내 보이는 일은, 곧 기투된 것을 가능하게 하는 것을 열어 보이는 일이다. 이렇게 드러내 보이기 위한 방법적 요건은, 해석의 기초인 (주로 불분명한) 기투—대개는 노골적이지 않다—를 추적해 가는 것, 그리고 그 기투에 있어서 기투되어 있는 것을 그 기투의 예측으로 주목하고 표시해서 파악이 가능하도록 만드는 것이다. 따라서 관심의 의미를 추려낸다고 하는 것은 현존재의 근원적인 실존론적 해석의 기초가 되어 이것을 이끌고 있는 기투의 뒤를 추적하는 것, 그리고 거기서 기투되는 사항에 따라 그 기투의 예측을 밝히는 것을 의미한다. 여기서 기투되는 것이란, 현존재의 존재가 있으며 그것이 이 기투에 있어서 이 존재를 본래적인 전체적 존재가능으로서 구성하는 여러 조건에 관해서 개시되어 있다.

---

21) 본서 제32절 참조.

이처럼 구성되어 있는 존재가 그것을 넘겨다보고 기투되는 장소란, 이 존재가 관심으로 구성된 것을 가능하게 하는 여러 조건을 말한다. 따라서 우리가 관심의 의미에 대해 가져야 할 의문은, 관심의 분절된 구조 전체의 전체성을 그것이 전개된 분절의 통일에 있어서 가능하게 하는 것은 무엇일까 라는 것이다.

엄밀히 말하면 의미란, 존재이해의 근본적 기투가 그것을 예측하고 이루어지는 장소를 가리킨다. 자기 자신에게 개시되어 있는 세계-내-존재는 자기 자신인 존재자의 존재를 이해함과 동시에, 그것과 같은 근원적이며 세계내부적으로 발견된 존재자의 존재도 이해하고 있다. 처음부터 이들 존재이해는 주제적 이해가 아니라 실존과 실재성이라는 존재의 근본적 상태에 대해서조차 분화되지 않은 채로 머물러 있다. 그렇다 하더라도 존재자에 대한 온갖 존재적 경험은 (도구적인 것을 둘러보며 계산하건, 객체적인 것을 실증과학적으로 인식하건), 각각의 존재자의 존재에 대해 조금이라도 예측가능한 기투에 바탕을 둔다. 그리고 이들 기투 안에는 그 기투가 그것을 예측해서 이루어지는 장소가 숨어 있어서, 저마다의 존재이해는 말하자면 그것이 양육하고 있는 것이다. 여러 존재자가 '의미를 갖고 있다'고 할 때, 우리는 그 존재자가 그것의 존재로 다가갈 수 있게 되었음을 가리킨다. 하지만 실은 이 존재 자신이 무언가를 예측하고 기투됨으로써 본래의 뜻대로 '의미를 갖는' 것이다. 존재자가 의미를 '갖는' 것도 그것이 처음부터 존재로서 개시되어 있고 그 존재의 기투에 있어서, 즉 그 기투를 예측할 때 이해가 가능하기 때문이다. 현재 이해의 근본적 기투가 의미를 '부여하는' 것이다. 어느 존재자의 존재의미를 묻는 것은, 그 존재자에게 접하는 온갖 존재적 태도의 근저에 있는 존재이해의 예측을 주제로 한다.

현존재는 현존재 자신에게 자신의 실존에 관해서 본래적으로나 비본래적으로 열어 보여져 있다. 현존재는 실존하면서 자신을 이해한다. 더욱이 이 이해란 단순히 사물을 파악하기만 하는 것이 아니라, 현사실적 존재가능의 실존적인 존재를 구성하고 있는 것이다. 거기서 열어 보여진 존재는 이 존재와 관계지어진 존재자의 존재이다. 이 존재의 의미, 곧 관심의 의미는 관심을 그 구성에 있어서 가능하게 하는 것을 말하며, 이것이 존재가능의 존재를 근원적으로 형성하고 있다. 현존재의 존재의미란 현존재와 떨어져서 공중에 떠 있는 타자나 현존재 자신의 '외부' 등이 아니라 자기를 이해하는 현존재 자신이다. 이러한 형태로 현존재의 존재를, 그리고 이와 함께 현존재의 현사실적 실존을 가능하게 하는 것은 무엇일까?

실존의 근원적인 실존론적 기투에서 기투되는 것은 선험적 결의성으로 드러났다. 현존재의 이 본래적 전체 존재를, 그의 분절된 구조전체의 통일이라는 점에서 가능하게 만드는 것은 무엇일까? 이제 구조의 전체 내용을 계속해서 빠짐없이 말하는 것을 피해서 형식적·실존론적으로 방식화해서 말하면, 선험적 결의성이란 자신만의 두드러진 존재가능으로 향하는 존재이다. 이러한 일이 가능한 것은 오직, 일반적으로 현존재가 자신만의 가능성에서 자신을 찾아올 수 있고, 이처럼 자신이 자신에게 찾아오는 것을 맞이하며 가능성을 가능성으로서 견뎌내기 때문이다. 다시 말하면 실존하기 때문이다. 이 두드러진 가능성을 견디고 그 안에서 자신이 자신에게 찾아오는 것을 맞이하는 것이 '도래(到來, Zukunft)'[22]의 근원적 현상이다. 현존재의 존재에는 본래적 또는 비본래적 '죽음으로 향하는 존재'가 속해 있으나 이 존재는 지금 시사된 (그리고 또한 개입해서 규정되는) 의미에서의 도래적 존재로서만 가능하다. 여기서 '도래'라고 하는 것은, 아직 실현되지는 않았지만 언젠가는 곧 존재하게 될 지금을 가리키는 것이 아니라, 현존재가 자신만의 존재 가능에 있어서 자신에게 찾아오는 것인 '래(來)'를 말하는 것이다. 선험은 현존재를 본래적으로 도래적이게끔 하는데, 이 선험이 본래 가능한 것은 오로지 현존재가 존재하는 자로서 일반적으로 이미 언제나 자신에게 찾아오기 때문이다. 즉 선험은 현존재가 본래 그 존재에 있어서 도래적일 때에만 가능하다.

선험적 결의성은 현존재를 본질적으로 '빚이 있는 존재'로 이해한다. 이처럼 이해하는 것은 이 빚이 있는 존재를 실존하면서 떠맡는 것, 곧 무성(無性)한 내던져진 근거로서 존재하는 것을 의미한다. 그런데 피투성을 떠맡는다는 것은 현존재가 그때마다 이미 존재했던 상태로 본래적으로 존재한다는 것이다. 그러나 피투성을 떠맡는 것은 도래적 현존재가 가장 고유하게 '그때마다 이미 존재했던 상태'대로, 즉 자기의 '기재(旣在, Gewesen)'[23]로 존재할 수 있음으로써

---

22) 이 '도래(Zukunft)'는 통속적 시간개념의 '미래'에 대응한다. 또 본서에서는 Zukom-men도 '도래한다'로 번역했다.

23) 이 '기재(Gewesen)'는 통속적 시간개념의 '과거'에 대응한다.

만 가능하다. 일반적으로 현존재가 '나는……으로 있어 왔다'는 상태로 존재하고 있을 때에만, 현존재는 돌아온다는 상태로 자신을 향해 도래적으로 찾아올 수 있다. 본래적으로 도래적인 현존재는 본래적으로 기재적으로 존재한다. 가장 극단적이고 가장 고유한 가능성 안으로 선험하는 것은, 자신만의 기재로 이해하면서 돌아오는 것이다. 현존재는 도래적으로 있을 때에만 본래적으로 기재로 존재할 수 있다. 기재성은 어떤 상태에서는 도래로부터 발원한다.

선험적 결의성은 '현(現)'의 그때마다의 상황을 열어 보이고, 이에 따라 실존은 행동해 현실적·환경세계적인 도구적 존재자를 둘러보며 배려하게 된다. 상황 속 도구적 존재자 아래서 결의하며 존재하는 것, 즉 환경세계에 현존하는 자(Anwesenden)에게 행동하며 대처하는 것은 이러한 존재자를 현재화(Gegenwärtigen)할 때에만 가능하다. 현재화라는 의미의 현재(Gegenwart)[24]에서만, 결의성은 그 본질을 발휘해 스스로 행동하면서 파악하는 것을 왜곡하지 않고 그것에 대처할 수 있는 것이다.

결의성은 도래적으로 자신에게로 돌아오며 자신을 현재적인 상황 안으로 끌어들인다. 기재성은 도래에서 발원하고, 이에 따라 현재할 수 있는 (기재하고 있는)[25] 도래가 그 안에서 현재를 발현한다. 이렇게 '기재하면서 현재화하는 도래'라는 통일적 현상을 우리는 시간성(Zeitlichkeit)이라 부른다. 현존재는 시간성으로 규정되어 있을 때에만 앞에서 특징지은 바대로 선험적 결의성의 본래적 전체 존재가능을 자기 자신에게 가능하게 한다. 시간성이야말로 본래적 관심의 의미로서 숨김없이 이야기된다.

이 의미에 포함되는 현상적 내실은 선험적 결의성의 존재구성으로부터 받아들여진 것이며 이것이 시간성의 말뜻을 이룬다. 이 표현을 말로써 사용할 때 우리는 먼저 통속적 시간개념에서부터 닥쳐오는 '장래', '과거', '현재' 등의 의의를 모두 멀리해야 한다. 이것은 '주관적 시간'과 '객관적 시간'이나, '내재적 시간'과 '초월적 시간' 등의 여러 개념에 대해서도 들어맞는다. 현존재가 우선 대개는 비본래적으로 자신을 이해하고 있다는 점에서 보면 통속적 시간이해에

---

24) 이 '현재화(Gregenwärtigen)'로서의 '현재(Gegenwart)'는 통속적 시간개념의 '현재'에 대응한다.
25) 여기서 '기재하고 있다'로 번역한 어원 gewesend에 있어서 gewesen은 과거분사를, gewesend는 현재분사를 표시하고 있는 점에 주의한다.

있어서의 '시간'도, 진정한 현상을 나타내고는 있으나 파생적 현상을 나타내는 데 지나지 않는다는 것을 추측할 수 있다. 그것은 비본래적 시간성에서 발원하는 현상이며, 이 시간성 자체도 독특한 근원을 갖고 있다. '장래'나 '과거'나 '현재'라는 개념은 우선 비본래적 시간이해에서부터 생겨난 것이다. 저마다에 대응하는, 근원적이고 본래적인 여러 현상을 용어적으로 확정하려고 하면 우리는 온갖 존재론적 용어법에 따라다니는 어려움과 마찬가지인 어려움과 싸우게 된다. 폭력적 표현법은 이 연구 분야에서는 자의(恣意)에 의한 것이 아니라 사상에 뿌리를 둔 필연이다. 하지만 비본래적 시간성이 근원적인 본래적 시간성에서 발원하는 과정을 빠짐없이 열거할 수 있으려면 그 전에 아직 대강으로만 표시된 근원적 현상을 구체적으로 개발해 둘 필요가 있다.

결의성은 본래적 관심 상태를 이루는 것이지만 이 관심 자체는 시간성에 의해서만 가능하다고 한다면, 결의성에 주목해서 얻은 시간성의 현상 자체는 일반적으로 관심을 관심으로서 가능하게 하는 시간성의 한 가지 상태를 보여주는 데 지나지 않을 것이다. 관심으로서의 현존재의 존재 전체성은 '자신을 앞질러—이미 어떤 세계 안에—세계내부적으로 만나는 존재자 아래 있는 것'을 의미한다. 이 분절된 구조를 비로소 확인했을 때에, 이미 지적해 둔 것처럼 우리의 존재론적 물음은 이 분절을 염두에 두고 이 구조적 다양성의 전체성 통일을 타개할 때까지 더욱더 추진될 필요가 있다.[26] 그런데 이 관심 구조의 근원적 통일은 시간성에 포함되어 있다.

'자신을 앞질러'는 도래에 의거한다. '이미……안에 있다'는 스스로 기재성을 나타낸다. '……아래 있다'는 현재에 있어서 가능해진다. 이때 '앞질러'에 포함되어 있는 '앞'이나, '이미' 같은 것을 통속적 시간이해에 의거해서 파악할 수는 없다. 이것은 위에서 말한 사실에서도 자연히 밝혀진다. '앞'이란 '아직은 아니지만, 나중에는……'이라는 의미에서의 '앞질러'가 아니며, 마찬가지로 '이미'도 '이제는 없지만 전에는……'이라는 뜻이 아니다. '앞'이나 '이미'가 이런 의미로 쓰일 때도 있으나, 그것들이 여기에서 그런 시간적 의의를 지닌다고 한다면 관심의 시간성이란 관심이 '이전에'와 '나중에', '아직 없다'와 '이제 없다' 어느 쪽

---

26) 본서 제41절 참조.

에나 있다고 해야 될 것이다. 그러면 관심은 '시간 안에서' 일어나고 경과하는 존재자로서 파악될 것이다. 즉 현존성이라는 성격을 지닌 존재자의 존재는 객체적인 것이 되어버릴 것이다. 이런 일이 도저히 있을 수 없다고 한다면 앞에서 말한 표현의 시간적 의의는 지금 말한 것과는 다른 것이어야 한다.

'앞'이나 '앞질러'는 도래를 나타내고 있으며, 그 도래는 일반적으로 현존재가 자신의 존재가능에 관계되는 상태로 존재할 수 있는 것을 비로소 가능하게 한다. '장래에 근거하면서 자기 자신을 위해'를 향해서 자신을 기투하는 것은 실존성의 한 본질적 성격이다. 실존성의 일차적 의미는 도래이다.

마찬가지로 '이미'는, 존재하는 한 언제라도 이미 내던져진 존재자의 실존론적·시간적인 존재의미를 가리킨다. 오로지 관심이 기재성에 의거하기 때문에 현존재는 자신이 존재하는 내던져진 존재자로서 실존할 수 있다. 현존재가 현사실적으로 실존하는 '동안은', 현존재는 결코 과거로 지나간 것이 아니라, 언제나 이미 '나는……으로 있어 왔다'는 뜻에서 기재적으로 존재하는 것이다. 그리고 현존재는, 그가 존재하는 동안만 기재적으로 존재할 수 있다. 이에 반해서 우리가 과거적이라고 부르는 것은 더 이상 객관적으로 존재하지 않는 존재자이다. 따라서 현존재는 실존하는 한 자신을 결코 단순한 객관적 '사실'로서, 즉 '시간과 더불어' 생성 소멸하고 얼마간은 이미 과거가 된 것 같은 눈앞의 '사실'로서 발견할 수가 없다. 현존재는 언제나 그저 내던져진 현사실로서만 '나를 발견한다'[27] 그것은 심경 안에서 일어나는 것이며 거기서 현존재는 문득 자기 자신에게 습격을 받고 지금 존재하고 있는 자신이 이미 존재해 왔다는 것, 곧 어디까지나 기재적으로 존재하는 자라는 것을 깊이 깨닫는다. 현실성의 일차적 실존론적 의미는 기재성에 포함되어 있다. 관심 구조의 정식화는, '앞' 및 '이미'라는 표현으로 실존성과 현사실성의 시간적 의미를 표시하는 것이다.

이에 반해 관심의 세 번째 구성적 계기, 즉 '……아래에서의 퇴락적 존재'에 대해서는 이러한 시간적 표시가 눈에 띄지 않는다. 이것은, 퇴락만은 시간성에 의거하지 않는다는 의미가 아니다. 오히려 배려되는 도구적인 것이나 객관적인 것으로의 퇴락이 근본적으로는 현재에 의거하며, 이 현재는 근원적 시간성의

---

27) 여기서의 '나를 발견한다'는 바로 뒤의 내용을 보아도 알 수 있듯이, 자기를 어떤 정상성 속에 있는 존재로서 발견한다는 의미이다.

상태에 있어서는 도래와 기재성 안에 담겨 있음을 시사하려는 것이다. 현존재는 결의함으로써 마침내 퇴락으로부터 자기를 되돌려오는 것이며, 그만큼 더 본래적으로 열어 보여진 상황을 향한 순간 속에서 현존재한다.

시간성은 실존, 현실성 및 퇴락의 통일을 가능하게 하고, 이렇게 해서 관심 구조의 전체성을 근원적으로 구성한다. 관심의 여러 계기는 (분절된) 단편들을 차례로 쌓아서 합쳐진 것이 아니며, 마찬가지로 시간성 자체도 '시간과 더불어' 장래, 기재성, 현재가 모여서 비로소 합성된 것이 아니다. 시간성은 본래 어떠한 존재자도 아닌 '것이다.' 시간성은 존재하는 것이 아니라 자신을 시간화(sich zeitigen)한다. 그럼에도 우리가 '시간성은 관심의 의미……이다'라거나, '시간성은 이러저러하게 규정되어……있다'고 말할 수밖에 없는 이유는, 존재와 '이다' 일반 이념의 해명을 밝힘으로써 비로소 (시간성이) 이해될 수 있기 때문이다. 시간성은 시간화하고 나아가 시간성 자체의 가능적 여러 상태를 시간화한다. 그리고 이들 상태가 현존재의 다양한 존재상태를, 특히 본래성과 비본래성이라는 근본적 가능태를 가능하게 한다.

도래, 기재성, 현재는 '자신을 향해', '……으로 되돌아가서', '……에 대처해서'라는 현상적 성격을 갖추고 있다. '……을 향해서', '……으로', '……아래서'라는 여러 현상은 시간성이 단적으로 έχστατιχόν(탈자脫自)라는 것을 드러낸다. 시간성은 그 자체에 있어서 근원적 '탈자'(Ausser-sich)이다. 그래서 우리는 앞에서 규정한 도래, 기재성, 현재의 여러 현상을 시간성의 탈자태(Ekstase)라고 부르게 된다. 시간성이란 우선 존재하고 있다가 나중에 자기 밖으로 빠져나오는 것이 아니다. 시간성의 본질은 이들 탈자태의 통일에서 시간화하는 데 있다. 이에 대해서 통속적 이해를 파악할 수 있는 '시간'의 특징은, 특히 그 시간이 시작도 끝도 없는 순수한 지금의 연속이며 거기서 시간성의 탈자적 성격이 단조로워졌다고 하는 점에 있다. 하지만 이 단조로워짐 자체가 실은 그 실존론적 의미에서 말하면, 특정한 가능적 시간화에 의거하고 있으며 이 시간화의 양상에 응해 비본래적 시간성으로서의 시간성이 앞에서 말한 '시간'을 시간화한다. 이처럼 현존재의 상식에서 통용되는 '시간'은 근원적인 것이 아니라 오히려 본래적 시간성에서 파생된 것임이 입증된다면—명칭은 더 우세한 것으로부터 나온다(a potiori fit denominatio)는 원칙에 따라서—지금 밝혀진 시간성을 근원적 시간이라고 부르는 것은 정당하다.

탈자태를 열거할 때 우리는 언제나 도래를 첫째로 들었다. 이것은 예컨대 시간성이 세 탈자태의 축적이나 교체에 의해 비로소 성립하는 것이 아니라 언제나 이들 탈자태의 등근원성에 있어서 시간화한다고 해도, 근원적인 본래적 시간성의 탈자적 통일에 있어서는 도래가 어떤 우위를 차지한다는 것을 시사하려고 한 것이다. 그러나 세 탈자태의 등근원적성 내부에서는 시간화 상태들이 서로 다르다. 그리고 이 차이는 시간화가 저마다 다른 탈자태로부터 일차적으로 규정될 수 있다는 점에 있다. 근원적인 본래적 시간성은 본래적인 도래로부터 시간화하고, 도래적으로 기재하면서 비로소 현재를 일깨운다. 근원적이고 본래적인 시간성의 일차적 현상은 도래이다. 도래의 우위는 비본래적 시간성의 변형된 시간화에 응해 그 자신도 변화하겠지만, 파생적 '시간' 속에서 또한 그 우위를 보게 될 것이다.

관심은 죽음으로 향하는 존재이다. 죽음이란 앞에서 특징지어진 것처럼 현존재가 절대로 불가능해질 가능성이다. 우리는 선험적 결의성을 이러한 가능성으로 향하는 본래적 존재로서 규정해 두었다. 이러한 형태로 자신의 종말로 향하는 존재에서 현존재는, '죽음 안으로 던져져' 존재할 수 있는 존재자로서 본래 전체적으로 실존하는 것이다. 현존재는 그곳에 이르면 자기가 사라진다는 의미의 종말(극한)을 지니고 존재하는 것이 아니라, 유한적(종말적)으로 실존한다.[28] 본래적 도래는 선험적 결의성의 의미를 이루는 (본래적) 시간성을 근본적으로 시간화하는 것이므로, 그 자신도 유한적 장래로서 나타나기 시작한다. 그럼에도 우리는 다음과 같은 질문을 받을 것이다. 나 자신이 더 이상 실제로 존재하지 않게 되더라도 '시간은 여전히 계속 진행'하지 않을까? 그리고 무제한으로 많은 것들이 '도래 안에 숨어 있다가' 이윽고 그곳에서 도래해 오는 것이 아닐까?

이러한 물음은 긍정해야 한다. 하지만 그것들은 근원적 시간성의 유한성에 대한 반박을 포함하는 것이 아니다. 더 이상 이 시간성을 전혀 주제로 삼지 않기 때문이다. 문제는 '계속 진행하는 시간 속에서' 앞으로 대체 어떤 일이 일어

---

28) 현존재가 '유한적(endlich)'이다는 점에 대해서는 본서 앞에서 설명한 바 있다.

나고 도래의 마중에 있어서 '이 시간 속에서부터' 어떤 일이 출현해 오는 것일까 하는 것이 아니다. 문제는 자신에게로 찾아오는 것 자체가 본래 근원적으로 어떠한 성격을 띠었느냐는 것이다. 그것의 유한성이란, 근본적으로 정지(중단)를 뜻하는 것이 아니라 시간화 자체의 성격을 가리킨다. 근원적인 본래의 도래는 '자신을 향해 오는' 것, 즉 무성(無性)이 앞지를 수 없는 가능성으로서 계속 존재하는 자신을 향해 오는 것이다. 근원적 도래의 탈자적 성격이란 바로 이 도래가 존재가능을 제한하는 것, 곧 이 도래 자체가 극한되어져 있으며 이러한 완결된 도래로서 무성의 결의적인 실존적 이해를 가능하게 한다는 점에 있다. 근원적인 본래적 '자신을 향해 오는' 것은 자신만의 자기 무성에 있어서 실존함을 뜻한다. 시간성의 근원적 유한성을 나타내는 우리의 테제에 의해서 '시간이 계속 진행한다'는 것이 부인된 것은 아니다. 다만 이 테제는 현존재 자신의 근원적인 실존론적 기투에 의해 기투되어 있는 사항 안에 나타난 근원적 시간성의 현상적 성격을 확인하려고 하는 것이다.

근원적이고 본래적인 도래의—나아가서는 시간성의—유한성을 간과하고 또는 그것을 '선천적으로' 불가능하다고 간주하려는 유혹은 통속적 시간이해가 끊임없이 머리를 쳐들기 시작하는 곳에서 일어난다. 이 통속적 이해가 종말이 없는 시간을—그것도 이 시간만을—알고 있는 것은 당연한 일이지만, 그렇다고 해서 이 시간과 이른바 '무한성'을 이미 이해하고 있음이 증명된 것은 아니다. 시간이 '걸음을 멈추지 않고 점점 경과해 간다'는 것은 무슨 뜻일까? 일반적으로 '시간 속에서'라는 것, 특히 '도래 속에서'나 '도래 속에서부터'라는 것은 무엇을 의미할까? '시간'은 어떠한 뜻에서 끝이 없는 것일까? 근원적 시간의 유한성에 대한 통속적 반박이 지반이 없는 채인 것을 원하지 않는 한 이러한 점들은 해명을 요구한다. 하지만 그 해명을 효과적으로 수행하기 위해서는 유한성과 무한성(비-유한성)에 관해 적절한 문제 설정을 마련해 두어야 한다. 그리고 그 문제 설정은 우리가 시간의 근원적 현상을 이해적으로 직시할 때에만 발원할 수 있다. 문제는 객체적 존재자가 '그 안에서' 생성하고 소멸하는 '파생적인' 무한한 시간이, 어떻게 해서 근원적인 유한한 시간이 되는가 하는 형태를 알 수 없다는 것이다. 오히려 거꾸로 유한한 본래적인 시간성에서 어떻게 해서 비본래적 시간성이 발원하는 것인지, 그리고 이 비본래적 시간이 본래성의 결여로서 어떻게 해서 유한한 시간성으로부터 비유한적인 (무한한) 시간을 시간화시키는지 의문을 품어야 한다. 근원적 시간이 유한적이기에, '파생적 시간'이 무한한 '비유한적' 시간으로서 시간화할 수 있다. 시간의 유한성을 이해적으로 파악하기 위해서는, 파악 순서부터 말하면 그것과 대조되는 '끝없는' 시간이 끄집어 내졌을 때 시간의 유한성도 비로소 전면적으로 밝혀진다.

근원적 시간성에 대한 이제까지의 분석을 다음 테제에서 요약해 두겠다. 시간은 근원적으로는 시간성의 시간화이며, 이 시간성의 시간화로서 시간은 관심 구조의 구성을 가능하게 한다. 시간성은 본질적으로 탈자적이다. 시간성은 근원적으로는 도래에서 시간화한다. 근원적 시간은 유한하다.

관심을 시간성이라고 보는 해석은 현존재의 근원적 본래적인 전체 존재를 바라보면서 첫 몇 걸음을 내디뎠으나, 그 해석을 지금까지 얻은 좁은 지반 위에 국한시켜 둘 수는 없다. '현존재의 의미는 시간성'이라는 테제는 이 존재자에 대해 이제까지 끄집어 내왔던 근본적 구성의 구체적 양상에 대해 실증될 필요가 있다.

66 현존재의 시간성과 거기서 발현하는 실존론적 분석의 더 근원적인 되풀이 과제들

우리가 앞 절에서 밝힌 시간성 현상은 그 구성적 세력을 한층 광범위하게 걸쳐 검증할 것을 요구한다. 그뿐만 아니라 그 검증을 받음으로써 실은 시간성 현상 그 자체도 다양한 시간화의 근본적 가능태에 관해서 비로소 눈에 들어온다. 현존재의 존재구성이 시간성에 의거해서 가능함을 입증하는 것을 우리는 우선 단순히 '시간적' 해석이라 부르겠다.

당면 과제는 현존재의 본래적 전체존재가능의 시간적 분석과 관심이 시간성에 대한 일반적 기술 단계를 넘고, 다음으로 현존재의 비본래성을 그 특유의 시간성에 대해 명료하게 하는 것이다. 이 결의성은 개시성의 본래적 양태이지만 이 개시성은 주로 세상의 퇴락적 자기 명시(明示)의 비본래성 안에 머물러 있다. 개시 상태 일반의 시간성을 규정짓는 중에 우리는 이윽고 자기와 관계 깊은 배려적 세계-내-존재의 시간적 해석으로 인도되고, 이리하여 우리의 실존론적 분석론의 시작점이었던 현존재의 평균적 무차별 형태의 시간적 이해에 다다를 것이다. 우리는 현존재가 우선 대개 그것에 몸을 두고 있는 현존재의 평균적인 존재상태를 일상적이라고 이름 지어 두었다.[29] 앞에서 실시한 분석에 반발함으로써 우리는 일상성을 그 시간적 의미에서 밝혀야 한다. 그리고 이것에 의해 시간성 안에 함축되어 있는 문제 범위가 밝은 곳으로 나와서, 우리의 준비적 분석을 아직 따라다녔던 허울 좋은 '자명성'은 완전히 사라지게 될 것이다. 우리는 시간성을, 현존재의 근본적 구성을 이루는 온갖 본질적 구조에 대해 검토하게 된다. 하지만 이것은 이미 실행된 분석을 본서에서 서술된 순서로 외면적·도식적으로 다시 늘어놓게 되지는 않는다. 우리가 앞으로 실시할 시간적 분석은 그것과는 다른 길을 걷는다. 이것에 의해 이전 여러 고찰의 상호연관이 더욱더 판명되고, 그것들을 따라다녔던 우연성이나 허울 좋은 자의성이 불식될 것이다. 하지만 우리가 반복적 분석을 지금까지와는 다른 순서로 분절하는 것은, 이들 방법적 필요사항을 고려하기 위해서만이 아니다. 현상 자체에 내재하는 동기에서 보아도 이 새로운 분절이 필요하다.

　우리가 그때마다 스스로 존재하는 존재자의 존재론적 구조는, 실존의 자립성 안에 그 중심을 갖고 있다. 자기는 실체로서도 주관으로서도 파악될 수 없는 것이며 오히려 실존에 의거하는 것이다. 그 때문에 우리는 비본래적 자신으로서의 세상의 분석을 지금까지 현존재의 준비적 해석 체재인 채로 머무르게 두었다.[30] 지금 자기성(自己性)이 명확하게 관심 구조 속으로, 즉 시간성의 구조 속으로 되돌아갔으므로 자립성과 비자립성의 시간적 해석에는 각별한 무게가 더해진다. 그것은 그것대로 나눠서 주제적으로 실시할 필요가 있다. 하지만 자립성의 시간적 해석은 자아의 잘못을 논하거나, 일반적으로 자아의 존재를 향한 존재론적으로 부적당한 물음 등을 막기 위한 효과적인 보증을 비로소 부여하는 것만이 아니다. 그것은 동시에 이 해석의 중심적 기능에 상응해서 시간성의 시간화 구조를 향한 더욱 근원적인 통찰도 부여하는 것이다. 곧 시간성은 현존재의 역사성으로서 드러난다. '현존재는 역사적이다'란 명제는 실존론적·존재론적인 기본적 언명이라는 것이 검증된다. 이 언명은 현존재가 어떤 '세

---

29) 본서 제9절 참조.
30) 본서 제25절 참조.

계사' 안에서 출현한다는 것을 단순히 현사실로서 존재적으로 확인하는 것에서는 아득히 떨어져 있다. 그런데 현존재의 역사성은 가능한 역사인식적 이해의 근거이며, 이 이해가 다시 역사인식을 학문으로서 특별히 발달시키는 가능성을 동반해 온다.

일상성과 역사성을 시간적으로 해석함으로써 근원적 시간에 대한 통찰이 확실해지기 시작하면, 다음으로 근원적 시간 자체를 일상적인 시간 경험의 가능성과 필연성의 조건으로서 발견할 수 있게 된다. 현존재는 그 존재에 관계되는 존재자로서 분명한지 아닌지는 문제 삼지 않고, 근본적으로는 자기 자신을 위해 자신을 유용하게 쓴다. 우선 대개, 관심은 둘러보는 배려이다. 자기 자신을 위해 유용하게 쓰면서 현존재는 자신을 '소비하고' 있다. 자신을 소비하면서 현존재는 자기 자신을, 즉 자신의 시간을 쓰고 있다. 시간을 쓰면서 현존재는 시간을 계산에 넣는다. 시간은 우선 둘러봄으로 계산에 넣는 배려의 태도에서 발견되고, 이러한 배려가 이윽고 어떠한 시간 계산법을 형성한다. 시간을 계산에 넣는 것은 세계-내-존재에게 구성적 의의가 있다. 둘러봄의 배려적 발견은 자신의 시간을 계산에 넣으면서 발견되는 도구적인 것이나 객관적인 것을 시간 속에서 만나게 한다. 이리하여 세계내부에 존재하는 것은 '시간 속에 존재한다'는 모습으로 접할 수 있게 된다. 우리는 세계내부에 어떤 존재자의 시간적 규정성을 시간내부성(Innerzeitigkeit)이라고 부르기로 한다. 그에 따라 우선 존재자에게 발견된 '시간'이 통속적인 또한 전통적인 시간 개념의 정형화를 위한 지반이 된다. 그런데 시간내부성으로서의 시간은 근원적 시간성의 본질적인 시간화 상태에서 발현하는 것이다. 이 근원은 객체적인 것이 '그 안에서' 생성 소멸하는 '시간'은 어디까지나 진정한 시간현상에 있음을 알리고, 존재론적으로는 전혀 규정이 없고 철저하지 않은 베르그송의 시간해석이 설명하는 것처럼 '질적 시간'을 공간으로 외면화한 형태가 아님을 나타낸다.

현존재의 시간성을 일상성, 역사성 및 시간내부성으로 개발함으로써 비로소 현존재의 근원적 존재론의 뒤섞임을 향한 가차 없는 통견이 주어진다. 현존재는 세계-내-존재로서 현사실적으로는 세계내부에서 만나는 존재자와 함께 또한 그 존재자 아래서 실존하고 있다. 따라서 현존재의 존재는 현존재적이 아닌 존재자의 존재—즉 도구적 또는 객체적인 것뿐만이 아니라 그 밖에 단순히 '존재하고 있는' 존재자의 존재—를 밝힌 뒤에, 이 밝혀진 지평 속에서 비로소 그 포괄적인 존재론적 투명성을 얻을 수 있다. 그렇지만 거기에 대해서 '그것은 있다'라는 모든 존재의 여러 변형의 선택은 우선 충분히 해명된 존재 전반의 이념을 필요로 한다. 이 이념을 얻지 못하는 동안은—사상 자체에서 오는 어려움에 대해서는 여러 말을 하지 않더라도—현존재의 시간적 분석은 아무리 반복해서 해 본들 여전히 불완전하고 불명석한 채로 머문다. 한편 현존재의 실존론적·시간적 분석도 존재개념의 원리적 토의의 틀 안에서 다시 되풀이될 필요가 있다.

제4장
시간성과 일상성

67 현존재의 실존론적 구성틀의 근본 구성과, 그 구성의 시간적 해석에 대한 밑그림

우리는 예비적 분석[1]을 통해 다양한 현상을 접했다. 그것들을 기초 삼게 하는 관심의 구조적 전체성으로 주의를 집중할 때에도 우리는 이들 현상을 현상학적 시야에서 놓치지 말아야 한다. 현존재 구성의 근원적 전체성은 분절을 갖춘 전체성이므로, 이러한 다양성을 배제하기는커녕 오히려 그것을 요구한다. 존재구성이 근원적인 것은 궁극의 구성요소가 유일하고 단순하다는 것이 아니다. 현존재의 존재구성의 존재론적 근원은 거기서부터 발원하는 것에 비해 '열세'인 것이 아니라, 오히려 그 세력에 있어서 처음부터 후자를 능가한다. 그리고 존재론의 영역에서 모든 '발원'은 쇠퇴이다. 존재론적으로, '근원'으로 진출하는 것은 '상식'에 있어서 자명한 존재적 지식에 다다른다는 것이 아니고 오히려 거기서 온갖 자명한 것이 품고 있는 문제적 성격이 열리기 시작한다.

예비적 분석으로 얻은 여러 현상을 우리의 현상학적 시야 안으로 데려오기 위해서는 이 분석이 거쳐온 여러 단계를 지적하는 것으로 충분할 것이다. 관심의 확정은 '현(現)'의 존재를 구성하는 개시성을 분석한 결과 얻어진 것이었다. 이 현상의 해명은 현존재의 기본적 구성인 세계-내-존재의 대강의 해석을 의미했다. 이 세계-내-존재의 표시에서 우리의 연구가 시작된 것인데, 그것은 현존재의 존재론적 성격에 대하여—대개는 그것이라고 의식하지 않고—부적절한 존재론적 예단을 내리는 것을 막기 위해서 처음부터 철저한 현상적 지평을 확보해 둘 필요가 있었기 때문이다. 그 세계-내-존재는 우

---

1) 본서 제1편 참조.

선 세계의 현상에 대한 통찰에서 규정된다. 더 깊이 파고들어 말하자면, 우리의 해석은 우선 환경적 세계 '안'에서 존재하는 도구적 또는 객체적인 존재자를 존재적·존재론적으로 표시하고, 세계성 일반의 현상을 보기 위해 세계내부성에서 그것들을 끌어내는 데까지 나아가려고 했다. 그런데 세계성의 구조(유의의성)는 개시성에 본질적으로 따르는 이해가 자신을 그곳을 향해 기투할 때, 현존재가 자신을 위해 실존하는 것─현존재의 존재가능─과 서로 연관되어 있음이 판명됐다.

일상적 현존재의 시간적인 해석은, 그 안에서 개시성이 구성되는 여러 구조로부터 시작하기로 한다. 그것은 이해, 심경, 퇴락 및 이야기이다. 우리는 이들 현상에 대해 시간성이 시간화되는 여러 상태를 밝히려 한다. 그리고 이들 상태가 드러나게 됨으로써 세계-내-존재의 시간성을 규정하기 위한 지반이 주어질 것이다. 그것은 우리를 다시금 세계의 현상으로 데려와서, 세계성의 특수한 시간적 문제권을 확정할 수 있게 할 것이다. 이 확정은, 가장 가까운 일상적 세계-내-존재인 퇴락적이고 둘러보는 배려의 성격기술을 통해 검증되어야 한다. 이 배려의 시간성은 둘러봄으로 인해 주시적 깨달음과 이에 따른 이론적 인식으로의 변화를 가능하게 한다. 이러한 형태로 나타나는 세계-내-존재의 시간성은, 동시에 현존재의 특수한 공간성의 기초임이 판명된다. 벌어짐과 늘어놓음의 시간적 구성이 나타난다. 이들 분석 전체는, 현존재의 비본래성의 존재론적 근거를 이루는 시간성의 시간화 가능성을 보여준다. 따라서 그것은 일상성의 시간적 성격을 어떻게 이해해야 하는가라는 물음에 우리를 직면시킨다. 우리가 지금까지 끊임없이 써왔던 '우선 대개는'이라는 것의 시간적 의미는 어떻게 이해하면 좋을까? 이 문제를 정면에서 받아들임으로써 이제까지 이루어진 현상의 해명이 충분하지 않으며, 어디에 불충분한 점이 있는지가 명료해질 것이다.

이렇게 해서 본장은 다음 분절을 포함하게 된다.

열어 보임 일반의 시간성(제68절).

세계-내-존재의 시간성과 세계 초월 문제(제69절).

현존재적 공간성의 시간성(제70절).

현존재 일상성의 시간적 의미(제71절).

68 열어 보임 일반의 시간성

앞 장에서 그 시간적 의미에 대해 규정한 결의성은 현존재의 본래적 개시성을 표현한다. 개시성이란 어떤 존재자가 실존하면서 스스로 자신의 '현(現)'을 존재할 수 있도록 그 존재자를 구성하는 것이다. 앞 장에서 관심을 그것의 시간적 의미에 관해서 특징지어 두었는데 그것은 아직 대략적 표시에 그친다. 관심의 구체적인 시간적 구성을 제시하기 위해서는 그것의 구조계기로서의 이해, 심경, 퇴락 및 이야기를 자세한 조목에 걸쳐 시간적으로 해석할 필요가 있다. 어떠한 이해에도 그에 어울리는 기분이 있고 어떠한 심경도 이해적이다. 심경적 이해는 퇴락이라는 성격을 갖추고 있다. 퇴락적이고 기분적인 이해는 그 이해가능성에 관한 이야기에서 자신을 분절한다. 여기서 언급한 여러 현상 각각의 시간적 구성은 저마다 단 하나의 시간성으로 거슬러 올라간다. 그리고 이것이 단 하나의 것으로서 이해, 심경, 퇴락 및 이야기의 가능한 구조적 통일성을 보증한다.

(a) 이해[2]의 시간성

우리가 이해라는 말로 가리키는 것은 하나의 기본적 실존범주이다. 예를 들어 설명이나 개념적 이해로부터 구별된 특정 인식양식이 아니며, 또한 일반적으로 주제적 파악이라는 의미의 인식도 아니다. 하지만 이해는 현(現)의 존재를 구성해서 현존재가 이해에 의거해 실존하면서—'주위에 신경을 쓴다'거나 '그저 바라본다'는—시(視)의 다양한 가능성을 형성할 수 있게 한다. 모든 설명은 이해 불가능한 것의 이해적 발견으로서 현존재의 원초적 이해에 근거하는 것이다.

근원적인 실존론적 의의에서 파악하면 이해란 현존재가 그때그때 그것을 위해 실존하는 존재가능을 향해서 기투적으로 존재한다는 것이다. 이해는 현존재에게 자신의 존재가능을 개시함으로, 그 때문에 현존재는 이해하며 자기 자신의 존재가 어디에 놓여 있는지를 그때마다 어떠한 방식으로 알게 된다. 하지만 이 '지(知)'는 어떤 '사실'을 이미 발견했다는 것이 아니라 어떤 실존적 가능성 안에 자신을 두고 있다는 것이다. 이에 대응하는 '무지(無知)'는 다만 이해

---

2) 본서 제31절 참조.

가 일어나지 않았다는 것이 아니라 존재가능의 기투가 결여된 상태로 여겨야 한다. 즉 실존이 문제가 되기도 하는 것이다. 하지만 이러한 문제적 상황 안에 서는 것이 가능해지기 위해서도 어떠한 개시성이 필요하다. 현존재가 어떠한 실존적 가능성에 있어서 기투적으로 자신을 이해할 때 이 이해의 밑바닥에는 도래가 있다. 이 도래는 그때마다의 가능성으로부터 자신을 향해 오는 것으로서 이해할 수 있다. 그리고 현존재는 언제나 이러한 가능성으로서 실존하고 있다. 자신의 존재가능에 있어서 이해적으로 실존한다는 모습으로 존재하는 존재자를, 존재론적으로 가능하게 하는 것은 도래이다. 기투는 근본에 있어서 도래적이다. 그것은, 본래적으로는 기투된 가능성을 주제적으로 지향해서 파악할 뿐만 아니라 가능성으로서의 가능성 안으로 자신을 던지고 있다. 현존재는 이해하면서 자신이 존재할 수 있는 가능성에 언제나 미리 존재한다. 이미 밝혀졌듯이 근원적이며 본래적으로 실존하는 것은 결의성이다. 하지만 현존재는, 우선 대개는 결의하지 않은 상태에 머물고 있다. 다시 말하면 그때마다 단독화를 통해서만 도달할 수 있는 가장 고유한 존재 가능에 있어서는 닫힌 채이다. 이것은 시간성이 끊임없이 본래적 장래에서 시간화하는 것이 아니기 때문이다. 하지만 이러한 비지속성은 시간성이 때로 도래를 결여할 때도 있다는 것이 아니라 도래의 시간화가 변화할 수도 있다는 뜻이다.

우리는 본래적 도래를 표시하는 용어로서 선험이라는 말만을 쓰기로 한다. 이 표현은, 현존재는 본래적으로 실존하면서 자기를 가장 고유한 존재가능으로서 자기 자신을 향해 오게 한다는 것, 곧 도래는 먼저 현재로부터 획득되는 게 아니라 비본래적인 도래로부터 쟁취하지 않으면 안 된다는 것을 시사한다. 도래를 나타내는 형식적·무차별적 용어는 관심의 첫째 구조계기인 '자신을 앞질러' 안에 포함되어 있다. 따라서 현존재는 현사실적으로 끊임없이 '자신을 앞지른다.' 그러나 실존적 가능성에서 보면, '늘' 선험하면서 있는 것은 '아니다.'

이에 대조해서 비본래적 도래를 어떻게 뚜렷이 드러내면 좋을까? 본래적 도래가 결의성에 따라 겉으로 드러난 것에 대응해서, 이 비본래적 도래라는 탈자적 상태도 일상적으로 배려하는 비본래적 이해에 따라서 겉으로 드러나야 한다. 우리는 이 일상적 이해에서 거슬러 올라가 그것의 실존론적·시간적 의미를 존재론적으로 밝혀내야 한다. 현존재는 관심이므로 본질적으로 자신을 앞지른다. 우선 대개는, 배려적 세계-내-존재는 자신이 늘 무엇을 배려하고 있는가라는 점에서 자신을 이해한다. 비본래적 이해는 일상적인 일에 있어서 배려되는 것, 실행해야 하는 것, 긴급한 것, 불가피한 것을 향해 자신을 기투한다. 하지만 배려되는 것은, 그것이 있는 그대로 배려하는 존재가능을 위해 존재하는 것이다. 현존재는 이 존재가능을, 배려되는 것 아래서 배려함으로써 자신을 향해 오게 한다. 현존재는 일차적으로는 자기의 가장 고유하고 몰교섭적인 존재가능에 있어서 자신을 향해 오는 것이 아니라, 배려되는 것이 초래하거나 거절하는 결과에 의거해서 배려하면서 자기를 예기(豫期, Gewärtigen)하는 것이다. 즉 배려되는 것에 의거해서 자신에게로 오는 것이다. 이렇게 해서 비본래적 도래는 예기라는 성격을 갖추고 있다. 자신이 종사하는 일에 의거해서 자신을 세인-자기로서 배려적으로 이해하는 것은 그 가능성의 '근거'를, 이 예기라는 도래의 탈자적 상태 속에 갖고 있다. 그리고 현사실적 현존재는 그와 같이 배려되는 것에 의거해서 자신의 존재가능을 예기한다. 오직 그 때문에 현존재는 ……을 기대하거나 기다릴 수가 있다. 무언가를 기대할 수 있으려면 그것이 거기서부터 기대되는 지평과 방면이 늘 미리 예기되어 개시되어 있어야 한다. 기대는 예기에 기초를 둔 도래의 한 양상이고, 도래는 본래적으로 선험으로 시간화한다. 그러므로 '선험'에서 보면 죽음을 배려적으로 기대하는 것보다 '죽음으로 향하는 존재'가 더 근원적이다.

이해하는 것은 실존하는 것이므로, 그것은 어떠한 형태로 기투되는 존재가능에 있어서도 근본적으로는 도래적인 것이다. 하지만 만약 이해가 시간적이지 않다면, 즉 등근원적으로 기재성과 현재에 의해 규정되어 있지 않다면 그것은 시간화하지 않을 것이다. 여기서 마지막으로 언급한 탈자태(현재)가 어떻게 해서 비본래적 이해 구성에 관여하고 있는지는, 대강은 이미 밝혀졌다. 곧 일상적 배려는, 그때마다 배려되는 일이 결과적으로 성공할 것인가 실패할 것인가를 고려, 자신을 향해 오는 존재가능에 의거해서 자신을 이해한다. 이 비본래적 도래로서의 예기에는 그것에 대응한 특수한 상태에 있어서 '배려되는 일 아래의 존재'가 있다. 이 현재[3]의 탈자적 상태는 이것을 본래적 시간성 상

---

3) '현재화라는 의미에서의 현재'의 원어는 Gegenwart 이다.

태에 있어서 현재의 탈자성과 비교해 보면 대조적으로 뚜렷해진다. 결의성의 선험에도 현재가 속해 있지만 이것은 결의[4]가 그것에 따라서 상황을 열어 보이는 현재이다. 결의성에 있어서는, 현재는 우선 배려되어 있는 것을 향한 산실(散失)로부터 회복되었을 뿐만 아니라 도래와 기재성 안에 포함되어 있다. 이처럼 본래적 시간성 안에 들어 있으며, 따라서 본래적인 현재를 우리는 순간이라고 부른다. 이 말은 능동적 의미에서 탈자성으로 이해되어야 한다. 상황 안에서 만나는 배려 가능한 기회나 사정 등을 향해 일어서는 현존재의 결의성은 어디까지나 결의성 안에 들어 있는 탈루(脫漏, Entrückung)를 가리킨다. 순간이라는 현상을, '지금'을 기초로 해명하기란 원리적으로 불가능하다. '지금'이란, 시간내부성으로서의 시간에 속하는 시간적 현상이며 무엇인가가 '그 안에서' 생성 소멸하거나 또는 객체적으로 '현존한다'는 그 '지금'이다. '순간에 있어서'는 무언가가 출몰한다는 것은 있을 수 없다. 순간이란 본래적 현재(die eigentliche Gegenwart)로서 도구적 또는 객체적으로 '시간 속에서' 존재할 수 있는 것을 비로소 만나게 하는 것이다.[5]

한편 본래적 현재로서의 순간과 구별해서, 비본래적 현재를 우리는 현재화(Gegenwärtigen)[6]라고 부르기로 한다. 형식적으로 이해하면 모든 현재는 현재화한다. 그러나 모든 현재가 '순간적'인 것은 아니다. 우리가 현재화라는 표현을 부가어 없이 쓸 때는 언제든지 비본래적 현재화를, 즉 순간을 결여한 비결의적 현재화를 가리킨다. 현재화는 배려된 '세계'로의 퇴락이 시간적으로 해석될

---

4) '결의'란, '결의성'을 그 존재론적 근거로 삼아 내려지는 실제 결의를 의미한다고 앞서 언급했었다.

5) 키에르케고르는 순간의 '실존적' 현상을 틀림없이 가장 예리하게 고찰한 것 같은데, 이것은 그가 그 실존론적인 철학적 해석에도 그만큼 성공했음을 반드시 의미하지는 않는다. 그는 어디까지나 통속적 시간개념에 구애되어 순간을 지금과 영원의 도움을 빌려 규정한다. 키에르케고르가 '시간성'에 대해 발언할 경우, 그는 인간의 '시간-내-존재'를 가리키고 있다. 시간내부성으로서의 시간은 지금만을 식별하는 것으로, 순간 같은 것을 결코 구별하지는 않는다. 그러나 이 순간이라는 것이 실존적으로 경험되었다면, 예컨대 실존론적으로는 명확하지 못할망정 한층 근원적인 그 어떤 시간성이 전제되고 있는 셈이다. '순간'에 관해서는 K. 야스퍼스의 《세계관의 심리학》, 특히 같은 책의 〈키에르케고르 보고〉 참조.

6) '현재화하는 것'이란 두 가지 의의를 지닌다. 하나는 비본래적 현재로서의 현재화이고 또 하나는 이 비본래적 현재와 본래적 현재인 '순간'으로 통하는, 이를테면 현재 일반으로서의 현재화이다. 그리고 비본래적 도래는 '예기'이며, 비본래적 기재는 '지각'이다.

때에 비로소 뚜렷한 모습으로 떠오를 것이다. 왜냐하면 퇴락은 현재화 안에서 그 실존론적 의미를 가지고 있기 때문이다. 그런데 비본래적 이해가 배려될 수 있는 것을 기초로 존재가능에 기투하는 한, 그 이해는 현재화에 의거해서 시간화하는 것임을 나타낸다. 이에 반해 순간은 거꾸로 본래적 도래에서부터 시간화한다.

비본래적 이해는 현재화하는 예기로서 시간화하는데, 그것의 탈자적 통일성에는 그에 대응한 기재성이 갖추어져 있을 것이다. 선험적 결의성에서 일어나는 자신을 향한 본래적 도래는, 즉 자신의 단독화 속으로 던져진 자신의 자기로의 복귀이다. 이런 탈자태로 인해 현존재는, 자신이 이미 존재해 왔던 존재자를 결의적으로 떠맡을 수 있다. 현존재는 선험에 있어서 자신을 다시 한번 되찾아 자기의 존재가능에 직면시킨다. 이렇게 본래적이고 기재적으로 존재하는 것을 우리는 반복(Wiederholung)이라고 부른다. 이에 대해 비본래적 기투에서는, 현존재는 자신이 배려하는 것을 현재화해서 거기서부터 퍼내온 가능성을 향해 자신을 기투한다. 이러한 기투가 가능한 것은 현존재가 자기 자신의 고유한, 내던져진 존재가능에서 자신을 망각하고 있기 때문이다. 이 망각은 아무것도 아니거나 단순히 회상이 결여된 상태가 아니라, 기재성의 특별한 '적극적인' 탈자적 상태이다. 망각의 탈자태(탈루)는 자신의 자기 기재성으로부터의 탈주─더욱이 자기 자신에게 닫혀진 탈주─라는 성격을 갖추고 있다. 따라서 이 탈주는 자신이 거기서부터 탈주하는 '장면'을 탈자적으로 폐쇄하고 그리고 자기 자신도 폐쇄하는 것이다. 이렇게 해서 비본래적 기재성으로서의 망각성(Vergessenheit)은 내던져진 자기 존재에 관계한다. 그것은 우리가 우선 대개 기재적으로 존재하는 그 존재상태의 시간적 의미이다. 그리고 오직 이 망각에 의거해서 배려적·예기적인 현재화는 무언가를 (현존재적이 아니라 환경세계적으로 만나는 비현존재적 존재자를) 보유(behalten)할 수 있다. 이 보유에는 그에 따른 부정태로서 비보유가 대응해 있으며, 이것이 파생적 의미로는 보통 '망각'이라고 불린다.

기대가 예기에 의거해서 비로소 가능해지듯이 회상(Erinnerung)도 망각에 의거해서 비로소 가능해진다. 왜냐하면 배려되는 '외면적인' 일에 섞여 있는 현존재가 무언가를 회상할 수 있는 것은, 기재성이 망각성의 상태에서 근본적으로

'개시하고' 있는 지평 속으로 회상이 현존재를 데려가기 때문이다. 망각적·현재화적 예기는 독특한 탈자적 통일이며, 비본래적 이해는 그 시간성에 대해 말하자면 이 통일을 따라서 시간화하는 것이다. 이들 탈자태의 통일은 본래적 존재가능을 폐쇄하므로, 그것은 비결의성의 실존론적 가능조건이다. 비본래적인 배려적 이해는 자신이 배려하는 것의 현재화에 기초해서 자신을 규정한다. 그렇지만 이해의 시간화는 근본적으로 역시 도래에서 일어난다.

(b) 심경(心境)[7]의 시간성

이해는 결코 허공의 뜬구름이 아니다. 그것은 심경에 근거한다. 이해되는 '현(現)'은 그때그때 기분에 따라 등근원적으로 개시되기도 하고 폐쇄되기도 한다. 이러한 기분에 젖어 현존재는 자기의 피투성에 임하게 되지만, 이 피투성은 그 자체로서 인식되지 않고 사람의 인식 수준을 뛰어넘어 '이런 기분이 든다'라는 데에서 훨씬 근원적으로 열어 보여진다. 내던져진 채 존재한다는 것은, 실존론적으로 볼 때 이러저러한 심경에 있다는 뜻이다. 따라서 심경은 피투성에 바탕을 두고 있다. 내가 그때그때 내던져진 존재로서 존재하는 일차적 양식을 나타내는 것이 바로 '기분'이다. 그럼 기분의 시간적 구성은 어떤 형태로 나타날까? 그때그때의 시간성의 탈자적 통일을 바탕으로, 우리는 심경과 이해의 실존론적 관련성을 어떻게 발견할 수 있을까?

기분이 무언가를 열어 보이는 양식은 두 가지이다. 자신의 현존재를 향해 가거나 그것으로부터 멀어지려는 양식이다. 기분이 현존재를 자신의 피투성이라는 사실 앞으로 끌어내는 일은, 애초에 현존재가 그 의미상 이미 부단히 존재하고 있을 때에만 실존론적으로 가능해진다. 그 결과 자신의 피투성이라는 사실이 본래적 또는 비본래적으로 나타난다 해도 말이다. 현존재가 스스로 존재하고 있는 이 피투적 존재자 앞에 자신을 임하게 하는 일이, 비로소 그를 '기재(旣在)' 상태로 만드는 건 아니다. 오히려 그 반대이다. 현존재는 기재의 탈자태를 통해 비로소 '심경적 존재감'이란 형태로 자기 발견을 할 수 있게 된다. 이해는 일차적으로 도래에 근거하는 반면, 심경은 일차적으로 기재성에서 시간화

---

7) 본서 제29절 참조.

한다.

기분은 시간화한다. 이 말은 기분 특유의 탈자태가 특정한 도래와 현재에 속해 있다는 뜻이다. 물론 기재성은, 그것과 등근원적인 이런 탈자태들을 변화시킨다.

앞서 강조했듯이 기분의 모습은 우리에게 존재적으로 잘 알려져 있지만, 그 근원적인 실존론적 기능은 인식되지 않고 있다. 기분은 보통 '심리상태' 전체를 '물들이는' 단순한 체험으로 여겨진다. 그러나 관찰하는 입장에서 볼 때는 단순히 그런 성격을 띠고 있다 해도, 기분은 사실 실존의 근원적 상주성에 속한다.

그런데 기분은 '시간'과 대체 어떤 관계일까? 이런 '체험'은 과거와 미래라는 '시간 속에서' 경과한다. 이 사실 하나는 분명하다. 이것은 존재적·심리학적 사실로서 확인되었다. 하지만 정작 중요한 과제는 따로 있다. 기분의 존재론적 구조가 실존론적·시간적으로 어떻게 구성되어 있는지를 밝히는 일이 바로 그것이다.

먼저 기분 일반의 시간성을 알아보자. '심경은 일차적으로 기재성에 근거한다'라는 테제는, 기분의 근본적 실존론적 성격이 '……으로 되돌려 놓는 것'임을 가르쳐 준다. 되돌려 놓는 일을 통해 비로소 기재성이 탄생하는 것은 아니다. 심경은 그때그때 하나의 기재성 상태를, 실존론적 분석을 통해 드러낸다. 그러므로 우리가 심경을 시간적으로 해석하는 것은, 모든 기분을 시간성에서 연역해 기분의 모습을 순전한 시간화 현상으로 해소하려는 의도가 아니다. 우리가 입증하려 하는 것은 단순하다. 기분이 무엇을 어떻게 실존적으로 유의미하게 만드는지에 착안해서, 그 작업이 시간성 없이는 불가능함을 입증하는 일. 다만 그것이 우리의 목적이다. 이제부터 시간적 해석을 해볼 터인데, 해석 범위는 이미 준비삼아 분석해 둔 공포와 불안 현상에만 국한하겠다.

먼저 '공포'[8]의 시간성을 제시해 보자. 우리는 공포를 비본래적 심경이라고 성격지었다. 그것을 가능하게 하는 실존론적 의미가 기재성이다. 그 까닭은 무엇일까? 대체 이 기재성이라는 탈자태의 어떤 모습이 공포에 특유의 시간성이

---

8) 본서 제30절 참조.

나타나도록 하는 것일까? 공포란 어떤 위협에 임해서 두려움을 느끼는 것을 뜻한다. 이는 현존재의 현사실적 존재가능을 해칠 수도 있다. 그리고 공포는, 우리가 배려하고 있는 도구적·객체적인 것들의 범위 안에서, 앞서 기술한 바와 같은 모습으로 접근해 온다. 공포는 그 위협을 '일상적인 둘러봄'이란 양식으로 개시한다. 그저 직관만 하고 있는 주관은, 이런 것을 도저히 발견하지 못한다.

그런데 이처럼 '……에 임하여 두려워할' 때 실시되는 '개시'는, 어떤 의미에선 자신을 향해 도래하는 무언가를 맞이하는 행위처럼 보인다. 사람들은 공포를 이렇게 정의했다. '도래하는 재앙(malum futurum)에 대한 기대'라고. 이 말이 정답이지 않을까. 그렇다면 공포의 일차적인 시간적 의미는 '기재성'보다도 오히려 '도래'가 아닐까.

확실히 공포는 '시간 속에서' 이제부터 도래하리란 의미로 '도래적인 것'과 '관계되어' 있다. 게다가 이처럼 '관계되어' 있다는 상황 자체도, 근원적인 시간적 의미에서 볼 때 도래적이다. 이는 의심할 수 없는 사실이다. 공포의 실존론적·시간적 구성에는 분명 하나의 '예기(豫期)'가 섞여 있다. 하지만 이 사실은, 공포의 시간성이 비본래적 시간성임을 보여줄 뿐이다. 애초에 '……에 임하여 두려워한다'는 행위는, 언젠가 도래할 위협적인 것을 기대하는 일만을 가리키는가? 아니, 그렇지 않다. 언젠가 도래할 위협적인 무언가를 기대하는 것만으로는 '공포'가 성립되지 않는다. 오히려 그런 기대에는, 공포 특유의 기분적 성격이 결여되어 있다. 공포에 수반되는 예기가 그 위협적인 무언가를, 현사실적으로 배려하고 있는 존재가능 쪽으로 되돌려 버리는 것, 그것이 공포 특유의 기분적 성격이다. 그 위협적인 대상은 외부의 존재가 아닌 바로 '나'라는 존재자를 향해 돌아와야만 예기될 수 있고, 그렇게 해서 현존재가 위협당할 수 있는 것인데, 그러자면 '……으로 되돌아갈' 방향이 처음부터 이미 탈자적으로 열려 있어야 한다.

두려워하면서 예기한다는 것은 '내 신변'을 걱정한다는 뜻이다. 다시 말해 '……에 임하여 두려워한다'는 것은, 그때마다 '……을 걱정하여 두려워한다'는 의미이다. 공포의 기분적·감수적(感受的) 성격은 이 점에서 비롯된다. 위협을 느낀 세계-내-존재는 당황해서 자신의 현사실적 존재가능으로부터 일탈한다. 즉 현존재는 공포에 맞닥뜨렸을 때 이런 일탈한 모습으로 신변의 모든 것을 배려한다. 바꿔 말해 공포의 실존론적·시간적 의미는, 이러한 자기 망각으로 구성된다.

아리스토텔레스는 공포를 하나의 압박감 또는 당혹감($\lambda\acute{v}\pi\eta$ $\tau\iota\varsigma$ $\acute{\eta}$ $\tau\alpha\rho\alpha$-$\chi\acute{\eta}$)이라고 정의했다.[9] 지극히 옳은 말이다. 압박감은 현존재를 자신의 피투성으로 되돌려 놓고야 마는데, 바로 이때 그 피투성은 폐쇄되어 버린다. 당혹감은 어떤 망각에 바탕을 둔다. 현사실적으로 열어 보여진 존재가능으로부터 망각적 일탈을 시도할 때, 현존재는 그때까지 둘러보며 이미 발견되어 있는 온갖 탈출이나 회피의 가능성에 매달린다. 공포에 쫓긴 배려는 자신을 잃어버린다. 따라서 어떤 특정한 가능성도 제대로 장악하지 못하고, 가까이 있는 가능성부터 차례로 붙잡고 본다. 눈앞에는 갖가지 가능성이 펼쳐진다. 심지어 불가능한 가능성까지도. 공포에 사로잡힌 사람은 그 어떤 가능성에도 안주하지 못한다. '환경'은 사라지지 않지만, 이제는 그것조차 파악할 수 없는 형태로 다가온다.

공포에 사로잡혀 자신을 잃는 현상에는, 이처럼 당황한 모습으로 가장 가까운 것부터 닥치는 대로 붙잡아 현재화하는 일이 포함된다. 이를테면 불이 났을 때 집주인이 정말 하찮은 물건을 급한 대로 들고 뛰어나오는 경우가 있다. 이처럼 자아를 잃어버린 채 눈앞에 나타난 온갖 가능성을 마구잡이로 붙잡아 현재화하는 것. 그 행동이 공포의 기분적 성격인 '혼란 상태'를 가능하게 만든다. 당황스러움의 망각성은 예기에도 영향을 미친다. 그것은 압박감이 강한 예기, 또는 당황한 예기로 변모한다. 이런 예기는 단순한 기대와는 분명 다르다.

'자신을 걱정하는 공포'를 실존론적으로 가능하게 만드는 특수한 일탈적 통일은 무엇일까? 그것은 위에서 규정한 망각에서 일차적으로 시간화하는 것이다. 그런데 이 망각은 기재성의 한 모습으로서, 그것에 귀속하는 현재와 도래에 영향을 준다. 즉 망각은 이때의 시간화로써, 현재와 도래의 모습을 바꾼다. 공포의 시간성이란, 곧 예기하고 현재화하는 망각이다.

상식적 해석은 세계내부에서 만날 수 있는 것들을 표준으로 삼는다. 그러니 공포의 해석에도 그런 방법을 써보자. 현존재가 임하여 두려워하는 대상을 우선 '도래하는 재앙'으로 규정하고, 이에 따라 그 재앙과의 관계를 '기대'라고 규

---

9) 《수사학》 제2권 제5장 참조.

정하자. 공포 현상에 포함되는 요소는 사실 이 정도이다. 그 밖의 요소가 있다면 유쾌함이나 불쾌함 정도일까?

지금까지 공포의 시간성을 살펴봤다. 그럼 불안의 시간성이란 무엇일까? 앞서 우리는 이 '불안'이란 현상을 근본적 심경[10]이라고 부르기로 했다. 불안은 현존재를, 가장 고유한 자신의 내던져진 존재에 임하도록 한다. 그리하여 그가 일상적으로 익숙하게 여겨왔던 세계-내-존재의 무서움을 겉으로 드러나게 만든다. 형식적으로 보자면, 불안도 공포처럼 두 가지 계기(契機)로 규정된다. 곧 무언가에 임해서 불안감을 느끼고, 또 무언가를 걱정해서 불안해하는 것이다. 그런데 우리의 분석에서 볼 수 있듯, 불안의 경우에는 이 두 가지 현상적 계기가 합치한다. 그러면 '……에 임하여'와 '……를 걱정하여'라는 구조적 성격이 융합해서, 불안은 더 이상 무엇에도 임하지 않고 무엇도 걱정하지 않은 채, 그저 이유도 없이 불안해하는 상태를 뜻하는 것일까? 물론 그렇지는 않다. 불안이 임하는 것과 불안이 걱정하는 것이 합치한다는 말은, 이러한 구조 계기들의 내용을 구성하고 있는 존재자가 같다는 뜻이다. 그 존재자란 바로 현존재이다.

좀 더 자세히 살펴보자. 불안이 임하는 대상은, 무언가 특정한 배려가 가능한 상황에서 만날 수 있는 존재자가 아니다. 불안이 느끼는 위협은, 도구적 또는 객체적으로 존재하고 있는 것으로부터 오는 것이 아니다. 오히려 모든 도구적·객체적인 존재자들이 우리에게 더 이상 아무 말도 하지 않는다는 사실이야말로 진정한 위협이다. 환경적 존재자는 이제 적소성(適所性)을 잃었다. 내가 실존하고 있는 세계는 무의함의 바다 밑에 잠겨버렸다. 이렇게 열어 보여진 세계는 무적소성(無適所性)이라는 방식으로만 존재자를 해방시킨다. 불안은 '세계의 무(無)'에 임할 때 불안감을 느낀다. 그러나 이것은, 불안 속에서 일반적인 세계 내적 존재자들의 부재를 경험한다는 뜻은 아니다. 오히려 현존재는 세계 내적 존재자들을 틀림없이 만나게 되어 있다. 다만 이런 만남에서 현존재는, 그 존재자들이 더 이상 아무런 적소성도 갖고 있지 않다는 사실을 온갖 방식으로 깨닫는다. 적소성을 잃어버린 존재자는 공허한 비정함으로서 현존재에게 다가

---

10) 본서 제40절 참조.

온다. 이때에는 배려적 예기가 그 안에서 자신을 이해하려 해도, 그러기 위한 단서가 전혀 없다. 세계내부로 손을 뻗어 단서를 찾아봐도 아무 소용없다. 그런데 이 공허한 세계에서 '이해'는, 불안을 통해 마침내 세계-내-존재 그 자체와 맞닥뜨리게 된다. 따라서 불안이 최종적으로 임하는 대상은 바로 세계-내-존재이다. 그리고 이 세계-내-존재야말로, 불안이 '……를 걱정하여' 불안을 느끼는 대상이다. '……에 임하여 불안감을 느끼는' 현상에서는, 기대의 성격은 물론이고 예기의 성격도 거의 찾아볼 수 없다. 왜냐하면 불안이 임하고 있는 대상은 이미 '현(現)'에 있는 '현존재 자체'이기 때문이다. 그렇다면 불안은 하나의 도래로 구성되어 있는 것은 아닐까? 확실히 그렇기는 하다. 하지만 '예기'라는 비본래적 도래로 구성되어 있는 것은 아니다.

불안은 세계의 무의미성(無意味性)을 열어 보인다. 이 무의미성은 배려 가능한 것들의 무성(無性)을 나타낸다. 다시 말해 "자신이 배려해 온 일에 일차적으로 바탕을 두었던 실존의 존재가능을 향해, 자기를 기투하는 행위는 이제 불가능하다"라는 사실을 나타내는 것이다. 그렇지만 이 불가능성이 나타난다는 말은, 본래적 존재가능의 희미한 가능성을 목격하게 된다는 뜻이기도 하다.

그렇다면 이런 현상은 어떤 시간적 의미를 지닐까? 불안이 불안을 느끼는 이유는, 섬뜩함 속으로 내던져진 존재로서의 '적나라한 현존재'를 걱정하기 때문이다. 불안은 자신을, 가장 고유한 자기의 '고독해진 피투성'의 노골적인 사실 앞으로 다시 불러들인다. 이 불러들이는 현상은 회피적 망각이 아니다. 그렇다고 회상이라는 성격을 지닌 현상도 아니다. 또한 불안 속에는, 실존을 되찾으면서 그것을 결의 속으로 받아들인다는 일이 미리 내포되어 있는 것도 아니다. 다만 불안은, 반복 가능한 피투성을 향해 자신을 불러들인다. 그리고 이 방식을 통해 불안은 본래적 존재가능의 가능성도 아울러 나타낸다. 왜냐하면 존재가능이 되풀이될 때에는, 그것은 도래로서의 성격을 띠고 내던져진 '현(現)'으로 복귀해야만 하기 때문이다. 반복 가능성 앞으로 끌어내는 것이, 불안이라는 심경을 구성하는 기재성의 '특수한 탈자적 상태'이다.

공포를 구성하는 망각은 현존재를 당황하게 만든다. 그리하여 현존재는 미처 장악하지 못한 갖가지 '세계적' 가능성들 사이에서 갈팡질팡하게 된다. 이런 마구잡이식 현재화에 비해, 불안의 현재는 안정적이다. 그것은 가장 고유한 피투성으로 자신을 불러들이는 일 내부에 안정되어 있다. 불안의 실존론적 의미를 보자면, 불안은 배려 가능한 것 속에서 자기를 상실하는 일이 불가능하다. 만약 불안과 비슷한 심경 속에서 그런 일이 일어난다면, 그것은 불안이 아닌 공포일 것이다. 일상적 오성은 이런 공포를 불안과 혼동한다. 불안의 현재는 안정되어 있는 현재지만, 그렇다고 '결의에 있어 시간화하는 순간'이라는 성격을 지니는 것은 아니다. 불안은 그저 '가능한 결의'로 기분을 끌어들일 뿐이다. 불안의 현재는 그 자신이 순간이고, 그 현재만이 순간일 수 있어서, 그 불안의 현재는 이 순간을 바야흐로 도약시키려 하고 있다.

불안은 근원적으로 기재성에 바탕을 두며, 그 안에서 비로소 도래와 현재가 시간화한다. 이러한 불안 특유의 시간성을 주목하면, 불안의 기분을 불러일으키는 세력이 어떻게 가능해지는지를 밝힐 수 있다. 불안에 있어 현존재는 완전히, 자기의 적나라한 섬뜩함 속으로 다시 불려간다. 그리고 이 섬뜩함은 현존재를 온통 사로잡는다. 하지만 이렇게 사로잡힌 덕분에, 현존재는 온갖 '세계적' 가능성으로부터 탈환된다. 게다가 본래적 존재가능의 가능성까지 부여받는다.

그러나 공포든 불안이든, '체험의 흐름' 속에서 그저 고립된 기분으로서 불쑥 '출현'하는 것은 아니다. 둘 다 어떤 이해를 심경적으로 규정하든지(bestimmen), 아니면 반대로 그런 이해로서 규정된다. 공포는 환경 속에서 배려되는 존재자에 의해 촉발된다. 반면 불안은 현존재 그 자체에서 생겨난다. 공포는 세계내부에 존재하는 것들로부터 이쪽으로 습격해 온다. 하지만 불안은, 죽음을 향해 내던져져 있는 존재로서의 세계-내-존재로부터 솟아난다. 이처럼 불안은 현존재의 내부에서 '피어오른다.' 이 현상을 시간적으로 해석하면, 불안의 도래와 현재는 '반복 가능성으로 다시 끌어온다'라는 의미의 근원적 기재성에서 시간화하는 셈이다. 그런데 오직 결의할 줄 아는 현존재만이, 불안이 본래적으로 피어오르는 경우를 경험할 수 있다. 결의할 줄 아는 사람은 공포를 전혀 모른다. 그래서 그는 자신을 당황하게 만들지 않는 기분인, 불안의 가능성을 잘 알고 있다. 불안은 현존재를 온갖 '쓸데없는' 가능성으로부터 해방하고, 본래적 가능성을 향해 자유로이 개방한다.

심경의 두 모습인 공포와 불안, 둘 다 일차적으로는 '기재성'에 근거하고 있다. 하지만 관심 전체의 내부에서 두 상태가 독자적 형태로 시간화한다는 점을 볼 때, 공포와 불안은 근원적으로 다르다. 불안은 결의성의 '도래'로부터 발현하고, 공포는 자기상실적 '현재'로부터 발현한다. 현존재는 그 현재를 너무 무서워한 나머지, 갈수록 더 심해지는 공포 속에서 퇴락해 간다.

그런데 이런 의문이 든다. 혹시 기분의 시간성이라는 테제는, 우리가 분석을 위해 선출한 공포와 불안이라는 두 현상에만 들어맞는 건 아닐까? 이를테면 우리의 '잿빛 일상'을 지배하는 퇴색한 기분 등에서도, 과연 시간적 의미를 찾아낼 수 있을까? 또 희망·기쁨·감격·유쾌함 등의 기분이나 감동이 지닌 시간성이란, 대체 어떤 것일까? 공포와 불안뿐만 아니라 그 밖의 여러 가지 기분도 기재성을 실존론적 기초로 삼는다. 이 사실은 권태·비애·우울·절망 등의 현상만 봐도 알 수 있다. 물론 이 기분들을 해석하려면, 충분히 개발된 현존재의 실존론적 분석론이 필요하다. 즉 좀 더 넓은 토대부터 다져야만 한다.

그러나 희망 같은 현상도 실은 공포와 같은 방법으로 분석되어야 한다. 설령 희망이 전적으로 '도래'에 바탕을 둔 것처럼 보여도. 사람들은 지금까지 공포와 희망을 다음처럼 규정해 왔다. 공포는 '도래하는 재앙(malum futurum)'에 관한 감정인 반면, 희망은 '도래하는 선(bonum futurum)'에 대한 기대라고. 하지만 희망이라는 이 현상의 구조에서 결정적 요소는, 희망이 바라보고 있는 대상의 '도래적' 성격이 아니다. 그보다는 오히려 희망하는 일 자체의 실존론적 의미가 더 결정적이다. 이 경우에도 기분으로서의 성격은, 일차적으로 '스스로를 위해 열망하는' 일로서의 희망 속에 내포되어 있다. 희망하는 사람은 그 희망 속에 스스로를 집어넣고, 자신이 희망하는 대상을 향해 스스로를 데려간다. 그런데 이때 그는 이미 자신을 획득한 상태여야 한다.

마음을 무겁게 짓누르는 근심 걱정과는 달리, 희망은 마음을 가볍게 만든다. 이 사실은 희망이라는 심경이 '기재하는 존재'라는 양상으로, 끝없이 무거운 부담과 관련되어 있다는 사실을 보여준다. 결국 고양된 기분—마음을 들뜨게 하는 기분—이 존재론적으로 가능한 것도, 실은 현존재가 자기 자신의 내던져져 있는 근거를 향해 탈자적·시간적으로 관계하고 있기 때문이다.

그 무엇에도 흥미가 없고 아무것도 원하지 않으며 그저 하루하루 되는 대로 살아가면서도, 결국 그 나름대로 모든 일과 관계하는 것. 이런 '무관심'이라는 퇴색한 무규정성은, 친근한 관심에서 생겨나는 일상적 기분 속에 뒤엉켜 있는 '망각'의 위력을 가지각색으로 강렬하게 실증해 준다. 될 대로 되라는 식으로 하루하루를 보내는 '자포자기'는, 망각하면서 스스로를 피투성에 내맡기는 데 기인한다. 이 같은 자포자기에는 '비본래적 기재성'이라는 탈자적 의미가 존재한다. 그런데 이런 무관심은 정신없이 바쁜 상황과 양립하는 것이지, 안정된 기분과는 무관하다. 이 둘을 혼동해서는 안 된다. 안정된 기분은, 죽음으로 선험하는 도중에 개시되는 전체 존재가능의 가능적인 모든 상황을 순간적으로 포착하는 결의성에서 발현한다.

존재의미상 심경적으로 존재하고 있는 존재자. 다시 말해 실존하면서 언제나 이미 기재적으로 존재하는, 부단한 기재성의 양상으로서 실존하는 존재자. 이런 존재자만이 감동을 받을 수 있다. '감동'은 존재론적으로는 현재화를 전제한다. 즉 현존재가 현재화를 통해, 기재적 존재로서 스스로 앞에 끌려 나와야 한다.

그럼 단순한 생명체의 감각 능력에 따른 자극이나 감촉은, 존재론적으로 어떻게 한계지어져야 하는가. 이를테면 동물의 존재도 하나의 '시간'에 의해 구성되고 있는가. 이런 의문을 '일반적으로, 과연, 어떻게'라는 관점에서 살펴보는 것은 사실 어디까지나 별개의 문제이다.

(c) 퇴락[11]의 시간성

지금까지 이해와 심경을 시간적으로 해석해 보았다. 그 과정에서 우리는 각 현상의 일차적인 탈자태와 만났을 뿐만 아니라, 동시에 '전체적인 시간성'에도 부딪쳤다. 도래가 일차적으로 이해를 가능하게 하고, 기재성이 기분을 가능하게 만든다. 이와 마찬가지로 관심을 구성하는 제3의 구조 계기인 퇴락은, 실존론적 의미를 '현재'에 두고 있다. 우리는 먼저 '빈말'과 '호기심'과 '애매함'을 살펴봄으로써 퇴락에 대한 예비 분석을 실시했다.[12] 퇴락의 시간적 분석도 실은 그런 과정에 따라 진행되어야 한다. 그러나 여기서는 탐구 범위를 호기심으로 국한하겠다. 왜냐하면 퇴락 특유의 시간성은 호기심에서 가장 쉽게 발견되기

---

11) 본서 제38절 참조.
12) 본서 제35절 참조.

때문이다. 이에 비해 빈말과 애매함을 분석하려면, 그 전에 이야기와 해석의 시간적 구성부터 해명해야 한다.

호기심은 현존재의 뚜렷한 존재경향 가운데 하나이다. 호기심에 있어 현존재는, 어떤 식으로 볼지 배려하고 궁리한다.[13] 여기서 본다는 개념은, 육안(肉眼)으로 지각(知覺)하는 일만 뜻하는 것이 아니다. 넓은 의미에서의 지각은, 도구적·객체적으로 존재하고 있는 것의 외견을, 있는 그대로 생생하게 현존재와 만나게 해준다. 이처럼 만나게 해주는 일은 '현재'에 바탕을 둔다. 이 현재가 일반적으로 탈자적 지평을 제공한다. 덕분에 그 지평 내부에서 존재자가 생생하게 '현존하면서' 존재할 수 있는 것이다.

그러나 호기심은, 눈앞에 존재하는 것을 현재화함으로써 그 존재자를 이해하려 드는 행위와는 상관없다. 호기심이 무언가를 보려고 할 때는, '그저' 보려고 할 뿐이다. 어쨌거나 한 번 봐두자는 식이다. 이처럼 그 자신의 내부로 휘말려 들어가는 현재화로서, 호기심은 그에 상응하는 도래 및 기재성과 탈자적 통일을 이루고 있다. 호기심은 신기한 것을 갈망한다. 그래서 아직까지 못 본 무언가를 향해 돌진한다. 다만 이때 현재화는, 예기하는 것을 회피하려고 애쓴다. 호기심은 어디까지나 비본래적으로 도래적이다. 다시 말해 호기심은, 이 비본래적 도래성(到來性)에 있어서도 거의 모든 가능성을 예기하지 않는다. 즉 처음부터 그 가능성을 단순히 현실적인 것으로 여겨서 갈망할 뿐이다. 호기심은 흐리멍덩한 현재화로 구성되어 있다. 바꿔 말하자면 이 현재화는 흐리멍덩하긴 해도 역시 예기 내부에서 안정되어 있으나, 그저 현재화하기만 하면서 그것을 통해 끊임없이 예기로부터 달아나려 하고 있는 것이다.

이 호기심의 현재는, 그에 속하는 예기로부터—뛰쳐나온다는 강한 의미에서—'발현'한다. 그러나 이렇게 뛰쳐나오듯이 '발현하는' 호기심의 현재화는, 자기가 보고 싶어 하던 '사상(事象)'에 전념하기는커녕 재빨리 다음에 올 대상에게로 눈을 돌린다. 특정한 가능성을 예기하는 일로부터 끊임없이 탈주하며 뛰쳐나오는 이 현재화는, 호기심의 존재론적 특색인 '불안정성'을 가능하게 만든다.

---

13) 본서 제36절 참조.

방금 이 현재화가 예기로부터 달아나듯 '발현해서' 뛰쳐나온다고 말했는데, 그렇다고 현재화가 예기로부터 존재적으로 분리돼서 예기를 그냥 놔두고 나와 버리는 건 아니다. 이처럼 뛰쳐나오는 '발현'은 오히려 예기의 탈자적 변형 가운데 하나이다. 이 경우 예기는 뛰쳐나가는 현재화를 뒤쫓아 간다. 말하자면 예기는 자기 자신을 포기하는 셈이다. 이때 예기는 자신이 배려하고 있는 것으로부터, 배려의 비본래적 가능성을 자신에게 도래하게끔 만들지도 않는다. 이 예기가 초래하는 가능성은 이제 '고삐 풀린 현재화를 위한 기회'에 지나지 않다. 이처럼 탈주하는 현재화의 영향으로 변모한 예기가 현재화를 뒤쫓는 현상은, '기분전환'의 실존론적·시간적 가능조건이다.

　한편 이처럼 현재화를 뒤쫓는 예기는, 현재화를 더욱 고삐 풀린 상태로 만든다. 그리하여 이것은 그저 현재화를 위해 현재화하게 된다. 이렇게 자기 자신 속에 휘말려 들면서, 혼란에 빠진 불안정성은 '머물 곳을 잃고' 만다. 현재의 '머물 곳을 잃은' 상태야말로 '순간'에 대한 가장 극단적인 반대 현상이다. 전자(머물 곳을 잃은)의 경우, 현존재는 어디에나 존재하지만 동시에 어디에도 존재하지 않는다. 반면 후자(순간)는 실존을 상황 속으로 끌어들여 그곳에서 본래적 '현'을 개시한다.

　현재가 비본래적으로 변할수록, 곧 현재화가 독립하면 할수록, 현재화는 특정한 존재가능성에 직면, 그로부터 달아나면서 그것을 폐쇄하려 든다. 더불어서 도래가 내던져진 존재자에게 돌아오는 일도 차츰 어려워진다. 그렇기에 현재의 도피적 '발현'은 망각을 더욱 심해지게 만든다. 호기심은 언제나 가장 빨리 다가오는 대상을 바라보면서 그 전의 것을 잊어버린다. 이는 호기심에서 비롯되는 결과가 아니라, 호기심 그 자체의 존재론적 조건이다.

　앞서 우리는 퇴락의 성격을 밝혔다. 그 성격이란 유혹, 평온, 소외, 탐닉이다. 이런 성격들을 시간적 의미에서 살펴보자. 그러면 뛰쳐나가는 현재화가 그 탈자적 경향에 따라 자기 자신으로부터 시간화하려 한다는 사실이 드러난다. 현존재가 자기를 스스로 농락해서 자신에게 빠져든다는 이 규정은 '탈자적 의미'를 지니고 있다. 그런데 현재화에서 실존이 탈출하려 한다는 것은, 현존재가 자아 또는 자신으로부터 분리되려 한다는 뜻은 아니다. 가장 극단적인 현재화에서도 현존재는 어디까지나 시간적이다. 따라서 현존재는 늘 예기하고 망각하면서 존재하고 있다. 그 어떤 현재화에서도 현존재는 자기를 이해하고 있다. 물론 본래적 도래와 기재성에 바탕을 둔 가장 고유한 자신의 존재가능으로부터는, 일차적으로 소외되어 있긴 하지만 말이다.

그러나 현재화는 현존재에게 계속해서 '새로운 것'을 제공한다. 즉 현재화는 현존재가 자기를 향해 돌아갈 기회를 주지 않는다. 그리하여 현존재는 끊임없이 새로운 평온을 얻는다. 그리고 이 평온이 또 '뛰쳐나가는 경향'에 박차를 가한다. 아직까지 본 적 없는 대상이 저 먼 곳에 무한히 존재한다는 사실이 호기심을 '자극'하는 게 아니라, 뛰쳐나가는 현존재의 퇴락적 시간화가 호기심을 '낳는' 셈이다. 이것저것 다 본 뒤에도 호기심은 멈추지 않는다. 이때 호기심은 새로운 것을 발명하기까지 한다.

현재가 뛰쳐나가 달아난다는 시간화의 양상은, 유한한 시간성의 본질에 근거한다. 죽음에 임하는 존재 속으로 내던져져 있는 현존재는, 조금이나마 드러나 있는 피투성과 맞닥뜨렸을 때 대개 달아난다. 현재는 자기의 본래적 도래 및 기재성으로부터 뛰쳐나가 달아난다. 따라서 현존재가 본래적 실존으로 다시 돌아오기 위해서는, 언제나 이런 현재를 경유해야만 한다. 현재가 도망치는 근원, 다시 말해 자기상실로 퇴락하는 일의 근원은, '죽음에 임하는 내던져진 존재'를 가능하게 만드는 근원적인 본래적 시간성 그 자체이다.

현존재는 '본래적으로는' 피투성 '앞에' 끌려와, 그 안에서 스스로를 본래적으로 이해할 수 있다. 그러나 피투성의 존재적 유래와 귀추는 현존재를 상대로 폐쇄되어 있다. 하지만 이러한 폐쇄성은, 결코 현사실적으로 존속하고 있는 무지(無知) 같은 것이 아니다. 그것은 오히려 현존재의 현사실성을 구성하는 본질적 사태이다. 이 폐쇄성은, 실존이 자기 자신의 무적(無的) 근거에 내맡겨져 있다는 '탈자적' 성격 규정과 관련되어 있다.

세계 속으로 내던져졌다고 할 때의 '내던지다'는, 대체로 현존재가 본래적으로 받아들일 수 없는 일이다. 이 '내던지다'에 내포된 '움직임'은, 현존재가 '현존하고 있다'는 사실 때문에 '정지'되거나 하진 않는다. 현존재는 내던져져 있는 상황에서 그 움직임에 계속 끌려가고 있다. 즉 현존재는 세계 속에 내던져져 있는 자로서, 자신이 배려해야 할 것에 현사실적으로 의존하는 방식으로, '세계'에 녹아들어 자신을 상실한다. 이처럼 계속 끌려간다는 것의 실존론적 의미를 구성하는 현재는, 그 자신으로부터는 결코 다른 탈자적 지평을 얻지 못한다. 다만 이 현재가 결의를 통해 자기상실 상태에서 벗어나 돌아오고, 지속적으로 안정된 순간으로서 그때그때의 상황을 개시하며, 그와 더불어 죽음에 임하는 존재라는 근원적 '한계상황'을 개시한다면 새로운 탈자적 지평을 얻을 수 있다.

(d) 이야기[14]의 시간성

이해와 심경과 퇴락으로 구성되어 있는 현(現)의 완전한 개시성은 이야기에 의해 분절된다. 따라서 이야기는 일차적으로, 어떤 특정한 탈자태에서 시간화하지는 않는다. 그런데 이야기는 현실적으로 대개 언어로 표명되고, 대체로 '환경 세계'의 무언가에 관해 배려적으로 말하는 형식을 취한다. 그러므로 이야기에서는 현재화가 우선적인 구성적 기능을 지닌 셈이다.

여러 가지 동작태(動作態)니 시간 단계[15]니 하는 시간적인 언어 현상이, 이야기가 '시간적인'(즉 '시간 속에 출현하는') 사상(事象)에 관해 발언하는 일도 있다는 점에서 생겨난 것은 아니다. 또한 그 현상은, 발언이 '심리적 시간 속에서' 경과한다는 사실에 근거를 둔 것도 아니다. '……에 관해', '……에 대해', '……을 향해' 이야기하는 것은, 모두 시간성의 탈자적 통일에 바탕을 두고 있다. 그러므로 이야기는 '그 자체에 있어서' 시간적이다. 배려가 시간내재적(時間內在的)인 것에 관계하든 안 하든, 동작태(Aktionsarten)는 배려의 근원적 시간성에 바탕을 둔다. 언어학은 이 현상을 이해하고자 할 수 없이 통속적·전통적 시간 개념을 채용했다. 하지만 이 같은 시간 개념에 의존하는 한, 동작태의 실존론적·시간적 구조 문제는 아예 설정되지도 못한다.[16]

그런데 이야기가 비록 일차적으로(또 주로) '이론적 설명'을 뜻하지는 않는다 해도, 언제나 존재자에 대해 말하는 것이기는 하다. 그러므로 이야기의 시간

---

14) 본서 제34절 참조.

15) '동작태'란 동작의 개시, 계속, 종료 등을 표시하는 표현수단을 뜻하며, '시간 단계'란 시제를 의미한다.

16) 특히 야콥 바커나겔 《구문론 강의》 제1권 참조. 그리고 G. 헤르비히 〈동작태와 시제〉 〈인도-게르만어 연구〉 제6권 참조.

적 구성을 분석하고 언어 형상의 시간적 성격들을 해명하려면, 먼저 존재와 진리성의 원칙적 연관 문제를 시간성의 문제 영역에서 전개해 봐야 한다. 그러면 외면적 명제론(命題論)과 판단론(判斷論)이 '계사(繫辭, copula)'라는 형태로 왜곡해 버린 '……이다'[17]의 존재론적 의미도 확정될 것이다. 이때 이야기의 시간성, 다시 말해 현존재 일반의 시간성을 바탕으로 '의의'의 '성립'도 비로소 해명되고, 개념 형성의 가능성도 존재론적으로 이해할 수 있게 된다.

이해는 일차적으로 도래(선험 또는 예기)에 근거한다. 심경은 일차적으로 기재성(반복 또는 망각)에서 시간화한다. 시간적으로 볼 때 퇴락은 일차적으로 현재(현재화 또는 순간)에 바탕을 둔다. 그런데도 이해는 늘 '기재하고 있는' 현재이며, 심경은 늘 '현재화하는 도래'로서 시간화하고, 또 현재는 언제나 기재하고 있는 도래로부터 튀쳐나오거나 그 안에 계속 안정된 채로 발현된다. 이 사실로 보아 알 수 있듯이, 시간성은 모든 탈자태에 있어 전체적으로 시간화한다. 즉 시간성이 그때그때 이루는 완전한 시간화의 탈자적 통일에, 실존과 사실성과 퇴락의 구조 전체성이, 다시 말해 관심 구조의 통일성이 근거하고 있는 것이다.

시간화란 이런 탈자태가 '잇따라 일어나는 것'을 의미하지는 않는다. 도래는 기재성 이후에 일어나는 것도 아니고, 기재성은 현재보다 이전에 일어나는 것도 아니다. 시간성은 기재와 현재화의 성격을 띤 도래로서 시간화한다.

현(現)의 개시성과 현존재의 근본적인 실존적 가능성(본래성과 비본래성)은, 시간성에 근거를 두고 있다. 그런데 개시성은 언제나 등근원적으로, 완전한 세계-내-존재와 관련된다. 곧 내-존재와도 세계와도 관계한다. 그러므로 개시성의 시간적 구성을 길잡이 삼으면, 세계-내-존재로서 실존하는 존재자가 존재할 수 있는, '존재론적 가능조건'도 밝힐 수 있을 것이다.

69 세계-내-존재의 시간성과 세계 초월 문제

시간성의 탈자적 통일, 즉 도래와 기재성과 현재라는 세 가지 탈출에서의 '탈자'의 통일은, 자기의 '현(現)'으로서 실존하는 존재자가 존재하기 위한 가능

---

17) 'S는 P이다'라는 명제 또는 판단에서 '이다'는 문법적·논리학적으로는 연어(連語)라고 하는데, 하이데거는 그것을 존재론적 관점에서 해석하려고 한 셈이다.

조건이다. 현존재(現存在)라는 명칭을 지닌 존재자는 밝게 비춰지고 있다.[18] 이처럼 현존재가 밝게 비춰지는 현상을 구성하는 '빛'은, 이 존재자가 가끔씩 퍼뜨리는 밝음의 힘이나 광원과 같은 '객체적 존재'는 아니다. 이 존재자를 본질적으로 밝게 비추는 그것, 다시 말해 현존재가 자기 자신을 향해 '열려 있도록' 함과 동시에 '밝게 비춰지도록' 하는 그것. 우리는 그것을 '시간적으로' 해석하기 전에 이미 '관심'으로 규정해 두었다. 현(現)의 개시성 전체는 이 관심에 바탕을 두고 있다. 이같이 밝게 비춰지고 있으므로, 조명(照明)이니 해명(解明)이니 지각(知覺)이니 뭔가를 보거나 소유하느니 하는 행동들이 비로소 가능해지는 것이다.

이 밝게 비추어지는 것을 구성하는 '빛'을 이해하려면, 우리 내부에 심어진 어떤 힘을 찾아내려고 애쓰는 태도를 버리고, 오히려 현존재의 완전한 존재구성으로서의 '관심'을 그 실존론적 가능성의 통일적 근거와 관련지어 살펴봐야 한다. 탈자적 시간성이 현(現)을 근원적으로 밝게 비춰주는 것이다. 이것이야말로 현존재의 온갖 본질적인 실존론적 구조의 통일성을 일차적으로 규제하는 원리이다.

현존재가 시간성에 근거하고 있다는 점에서, 우리가 현존재의 분석론을 펼치기 시작할 때, 현존재의 근본적 구성으로서 제시해 두었던 '세계-내-존재'란 현상의 '실존론적 가능성'을 비로소 통찰할 수 있게 되었다. 처음에는 이 현상의 분리될 수 없는 구조를 확보하는 것이 주안점이었다. 그래서 이 분리된 구조의 '가능한 통일의 근거'가 무엇인지는 밝혀지지 않았다. 더할 나위 없이 명확해서 더없이 위험스러운 분산 경향으로부터 이 현상을 지켜내기 위해, 우리는 우선 세계-내-존재의 가장 친근한 일상적 양상을 좀 깊이 있게 해석해 두었다. 즉 세계내부적인 도구적 존재자의 밑에서 배려적으로 존재한다는 것이다. 이제는 '관심' 그 자체가 존재론적으로 한계지어지고, 그 실존론적 근거로서의 시간성에 환원되었다. 이로써 우리는 '배려'도 관심 또는 시간성을 바탕으로 다시 파악할 수 있게 되었다.

우리는 배려의 시간성 분석에 앞서, 도구적 존재자와의 둘러보는 배려가 변

---

18) 본서 제28절 참조.

모해서 (과학적 연구의 한 가능성이라는 의미에서) 세계내부의 존재자를 '단순히' 바라보면서 폭로한다는 상태로 바뀌는 것의 실존론적·시간적 가능성을 추적할 것이다. 이렇게 세계내부의 도구적·객체적 존재자와 관련된 배시적·이론적 존재의 시간성을 해석해 가다 보면, 이러한 시간성이 처음부터 '세계' 내부적 존재자 밑에서 존재 근거를 얻는, 세계-내-존재의 가능조건이 되어 있었단 사실도 분명해질 것이다.

세계-내-존재의 시간적 구성을 분석 주제로 삼으면 다음 문제들이 등장한다. 세계라는 것은 애당초 어떤 방식으로 가능한가. 세계는 어떤 의미로 존재하는가. 세계가 무엇을 어떤 식으로 초월하는가. '독립하여 존재하고 있는' 세계내부적 존재자는, 초월하는 세계와 어떻게 '연관'되어 있는가.

이 문제들을 존재론적으로 제시한들 그것이 꼭 해답이 되는 것은 아니다. 그래도 우리는 위 과정을 통해, 초월 문제를 설정할 때 마땅히 고려해야 할 구조에 대해 미리 필요한 해명을 얻을 수 있다. 이제 우리는 세계-내-존재의 실존론적·시간적 해석에서 다음 세 가지 고찰을 할 것이다.

(a) 둘러보는 배려의 시간성.

(b) 둘러보는 배려에서, 세계내부적인 객체적 존재자의 이론적 인식으로 바꾸어짐의 시간적 의미.

(c) 세계를 초월하는 시간적 문제.

(a) 둘러보는 배려의 시간성

배려의 시간성을 분석하기에 알맞은 착안점은 어떻게 찾아낼 수 있을까? '세계'의 밑에서 배려하는 것을 우리는 '환경세계 안에서의, 또는 환경세계와의 교섭'[19]이라 부르기로 했다. 이러한 '……밑에서의 존재'의 예로서 우리가 선택한 것은, 도구적 존재자를 사용하거나 조작하거나 제작하는 현상, 또한 이것들의 결여된 상태나 무차별적인 상태였다. 요컨대 일상생활의 수요에 따르는 일과 관련된 존재였다.[20] 현존재의 본래적 실존도 이런 배려 속에 몸담고 있다. 이 배려가 현존재의 본래적 실존과 별 상관없을 때조차 마찬가지이다. 배려되

---

19) 본서 제15절 참조.
20) 본서 제12절 참조.

는 도구적 존재자가 그 '배려적 관심'을 불러일으키는 것은 아니므로, 현존재가 세계내부적 존재자의 작용을 받았을 때 비로소 배려가 생기는 것도 아니다. 도구적 존재자 밑에서의 존재가 도구적 존재자에 의해 존재적으로 설명될 수도 없거니와, 반대로 배려적 존재에 의해 도구적 존재자가 존재적으로 밝혀질 수도 없다. 그렇다고 현존재의 존재양식으로서의 배려와, 세계내부적인 도구적 존재자로서 배려되는 대상이, 단순히 한곳에 모여서 객체적으로 존재하는 것만도 아니다. 그럼에도 불구하고 이들 사이에는 어떤 연관이 존재한다. 현존재가 무엇과 교섭하고 있는가를 적절히 이해하면, 배려적 교섭 그 자체에도 한 줄기 빛이 던져질 것이다. 반대로 교섭 대상의 현상적 구조를 파악하지 못하면, 결국 우리는 교섭하는 것의 실존론적 구성을 오인하게 될 것이다. 우리가 가장 친밀하게 만나는 존재자를 분석할 때, 이런 존재자 특유의 도구적 성격을 무시하지만 않는다면 그것만으로도 충분한 수확이다.

그러나 우리는 한 발 더 나아가, 배려적 교섭은 결코 개개의 고립된 도구 밑에 머물러 있지 않는다는 사실을 이해해야만 한다. 무언가 특정한 도구를 사용하고 조작하는 일은, 애초부터 어떤 도구연관(道具聯關)을 파악하는 것에 근거해서 실시된다. 예컨대 우리가 어딘가에 '두고 잊어버린' 도구를 찾을 때, 우리는 찾고 있는 대상만을—또는 그것을 중점적으로—염두에 두고 고립된 '활동'을 하지는 않는다. 그 전에 도구연관의 전체적 범위가 이미 발견되어 있는 것이다. '일에 착수한다'든지 '손댄다'든지 하는 행위는, 무(無)에서 튀쳐나와서 주어진 단 하나의 도구에 부딪치는 것이 아니다. 우리는 무언가를 손에 들 때, 그 시점에서 이미 열어 보여진 일의 세계 안에서 그 도구로 돌아온다.

지금 우리는 교섭이 관계하고 있는 대상을 살펴봄으로써 교섭 그 자체를 분석하려 하고 있다. 그런데 방금 이야기한 사실에서 하나의 지침이 밝혀졌다. 이 분석에서 우리는 배려되는 존재자 밑에서 실존하고 있는 존재를, 주위에 있는 개별적 도구를 지향하면서 분석하지 말고, 오히려 도구연관 전체를 지향하며 분석해야 한다는 것이다. 주변에 있는 도구의 특징적 존재성격인 적소성(適所性)[21]을 상기해 봐도, 교섭이 관계하고 있는 대상은 이런 식으로 파악할 수밖

---

21) 본서 제18절 참조.

에 없다. 우리는 이 적소성이라는 말을 존재론적으로 받아들이고 있다. "무언가에는 어떤 곳으로 향하는 경향이 있다"는 말은, 어떤 사실을 존재적으로 인식하려 한다는 게 아니라, 도구적 존재자 일반의 존재양식을 표시하려 한다는 뜻이다. 이처럼 무언가'에는' 어떤 '곳으로' 향하는 경향이 있다는 '적소성의 연결성(連結性)'은, '개별적 도구'란 것이 존재론적으로 불가능하다는 사실을 암시한다.

물론 주위에 단 하나의 도구만 준비되어 있고, 다른 도구가 '발견되지 않는' 경우도 있을 것이다. 하지만 이 경우야말로 우리에게 다음 사실을 알려 준다. 지금 우연히 내 주위에 있는 도구는, 사실 다른 도구와 짝을 이룬다는 것을. 우리의 배려적 교섭이 도구적 존재자와 둘러봄으로 만날 수 있는 까닭은, 우리가 그 교섭에 임할 때 이미 적소성—어떤 것(도구)을 가지고 어디에 (쓸모 있게) 있다—이란 것을 이해하고 있기 때문이다. 따라서 배려에 있어 배시적으로 발견하는 '······밑에서의 존재'란, 무언가가 적소를 얻게끔 하는 일인 것이다. 이는 곧 적소성을 이해하면서 기투하는 일이다. 이처럼 '적소를 얻게 하는 일'이 배려의 실존론적 구조이며 그 배려는 '······밑에서의 존재'로서 관심의 본질적 구성에 속해 있다면, 게다가 이 구성이 시간성에 근거한다면 우리는 '적소를 얻게 하는 일'의 실존론적 가능조건을 '시간성의 시간화의 한 상태'에서 찾아야만 할 것이다.

매우 단순한 도구 사용 속에도 적소를 얻게 하는 일이 들어 있다. 이때 적소는 '······을 위해'라는 용도적 성격을 지닌다. 이 용도성(用途性)에 따라 그 도구는 이미 쓰이고 있거나 이제부터 쓰일 수 있다. 적소성의 '······을 위해', 곧 '어디에'를 이해하는 일은, 예기(비본래적 도래)라는 시간적 구조를 갖추고 있다. 용도성을 예기할 때 배려는, 그곳으로 향하는 경향을 지닌 도구로 돌아올 수 있게 된다. 적소성이 지향하는 곳을 '예기하는 일'과 그런 경향을 지닌 것을 '보유하는 일'이 합쳐짐으로써, 이 탈자적 통일에서 '도구의 특성에 따른 사용'이라는 현재화가 가능해지는 것이다.

'······을 위해'라는 용도성을 예기한다는 것은, '목적'을 고찰하는 일도 아니고 제작될 제품의 임박한 완성 시기를 기대하는 일도 아니다. 이런 예기는 애당초 무언가를 주제적으로 파악한다는 성격을 지니지 않는다. 마찬가지로 이러저러한 적소성을 지닌 것을 보유하는 일도, 어떤 주제적 확보는 아니다. 조작적 교섭이란 그에 맞는 적소성을 지닌 대상하고만 관계하는 것이 아니며, 또 그것이 지향해 가는 곳하고만 관계하는 것도 아니다. 무언가가 적소를 얻게 하는 일은, 차라리 예기적 보유라는 통일에서 구성되므로 거기서부터 발현하는 현재화는, 배려가 자기의 도구세계 속으로 몰입한다는 성격을 가능하게 한다. 다시 말해 우리가 무언가에 진정으로 '몰두'할 때, 우리는 단순히 제작품의 밑이나 도구 밑에 있는 게 아니다. 또 그것들을 '하나로 합친' 것 아래에 있는 것도 아니다. 시간성에 바탕을 둔 '적소를 얻게 하는 일'은, 배려가 그 안에서 배시적으로 활동하고 있는 온갖 관계('어디에' '무엇을 가지고' '무엇을 위해')의 통일을 이미 수립하고 있는 것이다.

적소를 얻게 하는 일을 구성하는 시간성은, 독특한 '망각'을 본질적 특징으로 지닌다. 도구세계에 '몰두해서' '참으로' 일에 착수하고 무언가에 손대기 위해선, 자기를 스스로 망각하고 있어야만 한다. 하지만 배려의 시간화의 통일에서는 언제나 어떤 '예기'가 그 길을 인도하므로(나중에도 표시하듯이), 이런 배려에서도 배려하는 현존재 자신의 존재가능이 관심 대상이 된다.

예기적·보유적 현재화는 세계-내-존재의 친밀성을 구성한다. 이 친밀성 때문에 현존재는 상호존재로서, 공공적 환경세계 안에서 '자기 분별을 한다.' 우리는 적소를 얻게 하는 일을, 실존론적 의미에서 '존재하게 하는 일'이라고 이해한다. 이 '존재하게 하는 일'에 의해, 주변에 있는 도구적인 것이 그처럼 어떤 '존재자'로서 둘러봄에 있어 만나지게 되는 셈이다.

그러므로 무언가의 만남에서 둘러봄으로 접하는 태도 가운데 우리가 미리[22] '눈에 띄는 것', '강제성', '저항성'으로 규정해 두었던 양상들을 주목함으로써, 배려의 시간성을 더욱 뚜렷하게 할 수 있을 것이다. 우리가 사물을 주제적으로 지각할 때에는, 우리 주변에 존재하는 도구를 '참다운 그 자체'로서 만날 수 없다. 그런 도구는 오히려 매우 '당연한' 것으로서, '객관적으로' 눈에 보이는 평범함 속에서 우리와 만나게 된다. 그런데 이런 존재자의 전체 가운데 무언가가 눈에 띄게 될 때에는, 그에 따라 도구연관 전체도 불쑥 겉으로 드러날 가능성

---

22) 본서 제16절 참조.

이 숨어 있다. 적소를 얻게 하는 일이 무언가 눈에 띄는 것과 마주치려면, 실존론적으로 어떤 구조를 갖춰야만 할까? 우리가 이 물음에서 알아내려는 대상은, 이미 주어져 있는 것에 주의를 돌리게 하는 현사실적 유인(誘因)이 아니다. 이 물음의 목표는, 이런 주의를 돌리게 할 수 있는 가능성 그 자체의 존재론적 의미를 찾는 것이다.

무언가가 용도를 잃었을 때, 이를테면 어떤 도구가 사용자의 뜻대로 움직이지 않을 때 그것은 우리 눈에 띈다. 이 현상은 어디까지나 조작적 교섭 안에서, 그 교섭에서만 일어난다. 사물을 어떻게 '지각'하고 '표상'하든 간에, 도구의 고장과 같은 현상을 발견할 수는 없다. 도구를 다루는 일을 방해받아야만, 우리는 비로소 다루기 힘든 도구와 만날 수 있다. 그런데 이 현상은 '존재론적으로는' 어떨까? 이때 예기적·보유적 현재화는 뜻밖의 무언가로부터 방해받아서, 더 이상 적소성의 연결관계 속으로 녹아들 수 없게 된다. 이처럼 그것을 방해하는 무언가는 뒷날 '고장'으로 판명된다.

주변에 있는 것을 현재화하고 있다는 이야기는, 그와 등근원적으로 그것이 향하는 적소를 예기하고 있다는 뜻이다. 그런데 이 현재화가 사용 중인 도구 밑에 정체할 때 비로소 그것이 향하는 적소와, 그것이 '……에 쓰이는'지가 확실히 밝혀진다. 하지만 현재화가 '……에 부적합한 것'과 만날 수 있는 것도, 현재화 그 자체가 애초부터 어딘가를 향해 가는 것을 예기적으로 보유하고 있기 때문이다. 현재화의 움직임이 '방해를 받는'다는 것은, 보유적 예기와의 통일에서 현재화가 차츰 더 현재 속으로 몰두하여, 그곳에서 검토(檢討)─고장 검사나 제거 등을 의미함─란 태도를 구성한다는 뜻이기도 하다. 만약 배려적 교섭이 단순히 '시간 속에서' 경과하는 '체험'의 연속에 지나지 않는다면, 설령 이런 체험이 아무리 긴밀하게 '연합'하고 있다 해도, 아무 쓸모도 없어 거치적거릴 뿐인 도구와의 만남이 존재론적으로 가능할 리가 없다. 적소를 얻게 하는 일 자체는, 그 어떤 도구연관과 교섭 차원에서 접한다 해도 근본적으로는 예기적·보유적 현재화의 탈자적 통일에 바탕을 두고 있다.

그렇다면 주변에 있지만 사용 불가능한 도구가 아니라, 애초부터 주변에 없는 것─즉 분실된 것─을 '확인'하는 일은 어떻게 가능한 것일까? 주변에 없는 도구가 둘러봄으로 발견되는 순간은, 우리가 그것이 없다는 사실을 깨달았을 때이다. 무언가가 그 장소에 존재하지 않는다는 사실을 '확인'하는 일은, 그러한 깨달음에서 비롯된다. 그리고 이와 더불어 특유의 실존론적 전제 조건을 지닌다. 무언가가 없다는 점을 깨닫는 일은, 결코 그것을 현재화하지 않았다는 것이 아니라 현재의 결여 상태의 하나이다. 즉 지금 기대되고 있는 도구나 여태까지 계속 도움이 되어 왔던 도구가 '현재화되지 않았음(Un-gegenwärtigen)'을 뜻한다. 만약 둘러봄으로 적소를 얻게 하는 일이 배려되고 있는 대상을 '처음부터 예기하지' 않았다면, 그리고 이 예기가 '현재화와의 통일에 있어서' 시간화하는 것이 아니라면 현재화가 무언가의 분실을 '깨닫는' 일은 절대 불가능할 것이다.

반대로 무언가로 인해 깜짝 놀라게 될 가능성은, 우리가 도구적 존재자를 예기적으로 현재화하고 있을 때, 그 존재자와 어떤 적소성의 연관 속에 존재하는 다른 도구를, '예기하고 있지 않았다'라는 사실에 바탕을 둔다. 자기도 모르는 새에 무언가를 현재화하고 있단 사실을 예기하지 못하는 것이, 일정한 '지평적' 가능 영역을 개시해 준다. 그렇기에 그 안에서 '생각지 못했던 무언가'가 현존재의 의표를 찌르면서 출현할 수 있는 것이다.

배려적 교섭이 제작하거나 조달하거나, 또 예방하거나 멀리하거나 그로부터 자기 몸을 지키거나 하면서도 미처 완벽하게 처치하지 못하는 대상이 존재한다면 어떨까? 그것은 처치 곤란한 모습으로 나타난다. 배려는 그것에 대한 처치를 포기한다. 하지만 이렇게 처치를 포기하는 일도, 실은 배려적 처치의 특수한 양상 가운데 하나이다. 배려는 이러한 발견 양상을 바탕으로 부적당한 것, 거치적거리는 것, 귀찮은 것, 위험한 것 등 일반적 의미에서 저항적인 대상과 우연히 만나게 된다. 처치하지 않겠다는 의미로 포기하는 일의 시간적 구조는, 예기적으로 현재화하는 '비보유(非保有, Unbehalten)'이다. 다시 말해 이 예기적 현재화는, 주변에 존재하고는 있지만 부적당한 대상을 더 이상 '계산에 넣지 않는다.' 이처럼 '……를 계산에 넣지 않는다'는 것은, 부적당한 대상에 대처하는 고려(考慮)의 한 모습이다. 사실 이 경우에도 그 대상을 나름대로 계산에 넣고 있는 셈이다. 그 도구는 결코 망각되어 있지 않다. 그것은 분명 보유되어 있다. 이에 따라 그것은 그야말로 그 '부적당함'에 있어 주변에서 끝없이 도구적으로 존재한다. 이런 도구적 존재자도, 현사실적으로 개시되어 있는 환경세계의 일상적 내용을 구성하는 요소이다.

배려의 탈자적 시간성을 바탕으로 처치 곤란한 대상이 발견되어 있기 때문에, 현사실적 현존재가 결코 완전히 지배하지 못할 '세계'로 인도되어 있는 자신의 처지를 이해할 수 있는 셈이다. 우리의 배려 대상이 일상적으로 당장 꼭 필요한 것에 한정되어 있을 때에도, 배려는 결코 단순한 현재화에 그치지 않고 예기적 보유로부터 발원된다. 이를 근거삼거나 아예 그런 '근거'로서, 현존재는 세계내부에서 실존하고 있다. 그렇기에 현사실적으로 실존하는 현존재가 '미지의 세계'의 상황도 어느 정도 알고 있는 것이다.

배려에 있어 무언가가 적소를 얻게끔 하는 일은, 시간성에 근거한다. 그것은 대개 적소성과 도구적 존재성에 대한 전(前) 존재론적이고도 비(非)주제적인 이해이다. 하지만 시간성은 이러한 존재 규정 자체를 주제로 삼는 이해에도 바탕을 두고 있다. 그 경위는 나중에 설명하겠다. 그 전에 세계-내-존재의 시간성을 좀 더 구체적으로 입증하는 일이 먼저이다. 그러기 위해 지금부터는 도구적 존재자의, 둘러봄의 배려를 기초로 삼아 '세계'에 대한 이론적 태도가 '성립해 가는' 경위를 추적할 것이다. 세계내부적 존재자의 둘러보는 발견도 이론적 발견도, 둘 다 세계-내-존재에 근거를 두고 있다. 이에 대한 실존론적·시간적 해석은, 세계-내-존재라는 현존재의 근본적 구성을 시간적으로 규정하기 위한 준비라고 할 수 있다.

(b) 둘러보는 배려에서, 세계내부적인 객체적 존재자의 이론적 인식으로 바꾸어짐의 시간적 의미

우리는 현재 '실존론적·존재론적 분석'의 진행에 따라, '둘러보는' 배려에서 '이론적' 발견이 '성립'되는 경위를 문제 삼고 있다. 그러므로 과학의 존재적 역사와 발전, 그와 관련된 현사실적 유인(誘因)과 직접적인 목적 등은 우리가 고려할 대상이 아니다. 이론적 태도의 '존재론적 생성'을 밝히려 하는 과정에서 우리가 문제 삼는 것은 다음과 같다. 즉 현존재가 과학연구라는 방식을 통해 실존할 수 있기 위해 (현존재의 존재구성에 내포되어 있는) 실존론적으로 필연적인 가능조건이 무엇이냐는 점이다.

이러한 문제설정은 '과학의 실존론적 개념'을 지향한다. 과학의 의미를 성과에 비추어 이해하고, 과학을 '진정한(타당한) 명제의 논증 연관'으로서 규정하는 '논리적' 과학 개념은, 과학의 실존론적 개념과 별개이다. 실존론적 개념은 과학을 실존 양식으로서 이해해서 존재자 또는 존재를 발견하거나 개시하는 세계–내–존재의 상태로서 이해한다. 그러나 과학에 대한 충분한 실존론적 해석이 이루어지려면, '존재의 의미'와 '존재와 진리성 사이의 연관'[23]이 실존의 시간성에 의거해 이미 해명되었어야 한다. 이하의 고찰은 이 '중심적 문제 영역'을 이해하기 위한 준비 단계라 할 수 있다. 그리고 이 문제 영역 내부에서 현상학의 이념도, 서론에서 밝힌 예비개념[24]과는 다른 형태로 전개될 것이다.

우리가 현재 다다른 고찰의 단계에 따라, 이제부터 실시할 이론적 태도의 해석에는 또 다른 제한이 가해진다. 우리의 주요 목표는 세계–내–존재 전반의 시간적 구성에 파고드는 것이다. 그러므로 여기서는 도구적 존재자의 둘러보는 배려에서, 세계내부적으로 발견되는 객체적 존재자의 탐구로 변화하는 과정만을 검토하겠다.

조작이나 사용 등의 '실천적' 둘러봄의 태도에서 '이론적' 탐구로 전화(轉化)하는 것을 규정할 때, 우리는 흔히 다음과 같은 견해를 지닌다. 즉 존재자를 그저 바라보기만 하는 관조는, 배려가 모든 일에서 손을 뗄 경우에 성립된다는 견해이다. 이에 따르면 이론적 태도의 '성립'에서 결정적 요소는 '실천의 소멸'이다. 일반적으로 '실천적' 배려야말로 현사실적 현존재의 일차적이고도 지배적인 존재양식으로 여겨진다면, '이론'은 그 존재론적 가능성을 실천의 부재—곧 하나의 결여 상태—에 바탕을 두고 있는 셈이다. 그러나 배려적으로 교섭할 때 그 대상에 관한 특유의 조작이 멈춘다 해도, 그것을 선도하던 둘러봄만이 단순히 남겨지는 건 아니다. 오히려 배려는 그때야말로 '멈춰 서서 둘러보는' 태도를 새로이 갖춘다. 하지만 이것만으로는 결코 과학에 특유의 '이론적' 태도를 부여할 수 없다. 도리어 그 반대이다. 일에서 일단 손을 뗄 경우, 그것은 '검토'한다든가, 완성된 대상을 음미한다든가, '일시 중지 상태인 일'을 점검한다든가 하는 형식으로, 보다 깊이 있는 둘러봄의 성격을 띠게 된다. 도구의 사용을 멈추는 일 자체만으로 '이론적' 태도가 성립되는 건 아니다. 오히려

---

23) 본서 제44절 참조.
24) 본서 제7절 참조.

이때 멈춰 서서 '사색하는' 둘러봄은, 자신이 배려하고 있는 주위의 도구에 전면적 관심을 쏟게 된다.

'실천적' 교섭에도 그 나름의 관조 방식이 있다. 그리고 실천이 특유의 시(視)(이론)를 갖추고 있는 것처럼, 이론적 연구에서도 특유의 실천이 빠질 수 없다. 실험 결과의 측정 수치를 읽으려면 복잡한 실험 절차의 '기술적' 구성이 전제되어야만 하는 경우도 드물지 않다. 현미경으로 관찰하기 위해서는 '표본'부터 제작해야 한다. 출토품을 해석하려면 먼저 고고학상 발굴이 이루어져야 하는데, 이때에는 더없이 거친 작업이 수행되어야 한다. 심지어 매우 '추상적'인 문제의 전개 및 성과를 확정하는 일에도, 이를테면 펜을 손에 드는 작업이 필요하다. 과학 연구를 구성하고 있는 이러한 요건은, 딱히 '흥미'를 끌지 못하는 '당연한 일'에 지나지 않을지 모른다. 그러나 이런 요건은, 존재론적으로는 결코 시시한 것이 아니다. 과학적 태도는 세계–내–존재의 한 모습이지, 단순한 '순전히 정신적인 활동'이 아니라는 점을 굳이 지적하는 일은 번거롭고도 쓸데없는 짓처럼 느껴질지 모른다. 하지만 이 당연한 사실로 인해, '이론적' 태도와 '비(非)이론적' 태도 사이의 존재론적 경계선을 대체 어디에 그어야 할지는 자명하지 않다는 점이 밝혀졌다.

어떤 사람은 이렇게 주장할 것이다. 과학에서의 조작은 전적으로 '사상(事象) 그 자체'를 순수하게 고찰하고, 탐구적으로 발견하고 열어 보이는 데 봉사할 뿐이라고. 가장 넓은 의미에서의 '본다'는 행위가, 갖가지 '기도(企圖)'를 규제하면서 우위를 지키고 있는 것이다. "인식이 설령 어떤 방식으로 어떤 수단을 써서 대상에 관계한다 해도, 인식이 대상에 직접 관계하는 일은 '직관(intuitus)'을 통해 일어나며, 모든 사고(思考)는 수단으로서 그 직관을 목표 삼는다."[25] 이 직관의 이념은 그리스의 존재론이 생겨난 이래 오늘날까지, 현사실적 달성 여부는 차치하고라도 인식에 대한 모든 해석을 선도하고 있다. '본다'의 이 같은 우위를 고려한다면, 과학의 실존론적 생성을 제시하려는 우리 역시 '실천적' 배려를 이끌고 있는 둘러봄의 성격부터 규정해야 할 것이다.

둘러봄은 자기 주위에 있는 도구연관 적소성의 연결 속에서 작용한다. 이러

---

25) 칸트 《순수이성비판》 참조.

한 둘러봄 자체는, 그때그때의 도구세계 및 거기에 속하는 공공적 환경세계의 도구 전체에 대해 많든 적든 분명하게 전망하는 데 따라 이끌리고 있다. 이러한 전망은, 그저 눈앞에 존재하는 것을 한데 모아 바라본다는 뜻이 아니다. 이 전망에 속하는 본질적 특징은 '적소 전체성의 일차적인 이해'이며, 이 적소 전체성 내부에서 현사실적 배려가 그때그때 활동하기 시작한다. 배려를 밝게 비추고 있는 이러한 전망은, 현존재의 존재가능으로부터 그 '빛'을 받아들인다. 그리고 그 존재가능을 '궁극 목적'으로 삼아, 배려가 관심으로서 실존하고 있는 것이다. 배려가 그때그때의 사용이나 조작에서 이처럼 '전망'을 통해 둘러보는 성격을 띨 때, 이 둘러봄의 전망은 도구적 존재자를 (이미 신경 쓰던 것을 해석한다는 방식으로) 현존재 가까이로 끌어와서 더 자세히 보이도록 만든다. 배려되고 있는 대상을 이런 특유의 방식으로 둘러보고 해석해 현존재에 접근시키는 일을, 우리는 '숙고(熟考, Überlegung)'라고 부른다.

숙고의 고유한 도식은 '만약 ……라면, ……이다(wenn……, so)'다. 이를테면 특정한 무언가를 제작하거나 사용하거나 예방하거나 하기 위해서는, 이러저러한 수단이나 방책이나 조건이나 기회가 필요하다는 식이다. 둘러보는 숙고는, 배려되고 있는 환경세계 속에서 현존재가 그때그때 처해 있는 상황을 밝게 비춰준다. 따라서 그것은 어떤 존재자의 객체적 존재나 그 특질 등을 단순히 '확인하는' 데 그치지 않는다. 둘러봄으로 접근되는 대상이 손닿을 거리에 존재하지 않는 경우나, 내 눈에 보이는 영역에 마련되어 있지 않을 때에도 이 같은 숙고가 발생한다. 둘러보는 숙고에 있어 환경세계를 접근시켜 자세히 밝히는 일은, '현재화'라는 실존론적 의미를 지닌다. 눈앞에 존재하지 않는 무언가를 머릿속에 떠올리는 것(Vergegenwärtigung)도 현재화의 한 양상이기 때문이다. 이런 떠올림에서도, 숙고는 현재 주위에 없는 필요한 무언가를 직접 찾아낸다. 이렇게 생생히 떠올리는 둘러봄도 결코 '단순한 표상(表象)'과 관계된 것은 아니다.

그런데 이 둘러보는 현재화는 여러 겹으로 이루어진 바탕을 지닌 현상이다. 첫째로, 이 현상은 그때그때 시간성의 완전한 탈자적 통일에 속한다. 이 현재화는 현존재가 어떤 가능성을 '예기하면서' 배려하고 있는 도구연관을 '보유하고 있다'는 사실에 근거한다. 예기적 보유에 있어서 이미 열어 보여져 있는 것은, 숙고를 통한 현재화 및 생생한 떠올림을 통해 좀 더 현존재에 접근된다.

둘째로, 숙고가 '만약 ……라면, ……이다'라는 도식에 따라 작용할 수 있으려면, 배려는 이미 일정한 적소성의 연관을 '전망하면서' 이해하고 있어야 한다. '만약 ……라면'이란 표현의 대상은, 이미 '이러저러한 것으로서' 이해되어 있어야 한다. 그러기 위해서는 도구의 이해내용이 그 어떤 술어 규정으로 표현되어 있을 필요는 없다. '이러저러한 존재로서의 어떤 존재'라는 도식은, 술어 규정에 앞서 이미 이해의 구조 속에 밑그림 그려져 있다. '로서'의 구조는, 존재론적으로는 이해의 시간성에 의거한다.

셋째로, 현존재가 어떤 가능성(여기서는 어떤 '……을 위해')을 예기하면서 '그러기 위해서는……'(어떤 도구적 존재자)으로 되돌아오기만 하면, 즉 그것을 보유하기만 하면 '반대로' 이 예기적 보유에 속하는 현재화는 이처럼 보유되어 있는 대상에서 출발, 그것이 일정한 용도성('……을 위해')을 향하고 있다는 점을 더 분명하게 접근시켜 밝힐 수 있다. 이것을 접근시키는 숙고는 현재화의 도식에서, 접근되어 밝혀지는 대상의 존재 양상에 적합해야만 한다. 도구적 존재자의 적소성은 숙고를 통해 비로소 발견되는 것이 아니라 단지 가까워질 뿐이고, 그리하여 숙고는 어디에 어떤 것을 가지고 적소하는 것을, 바로 그것으로서 둘러봄으로 보이도록 할 뿐이다.

둘러보는 이해에서 이미 기투되어 있는 대상은 이러한 현재화를 통해 접근되어 밝혀지는데, 이때 이 현재가 예기적 보유의 지평에 나타나 있는 대상에 적합해야(즉 그것을 '로서'의 구조 도식으로 해석해야) 한다. 이 사실은 그 실존론적·시간적 가능조건으로 볼 때, 현재가 도래 및 기재성에 뿌리박고 있다는 사실에 근거한다. 이로써 우리는 이전에 설정했던 문제, 곧 '로서'의 구조가 과연 기투현상과 실존론적·존재론적으로 관련되어 있는가[26] 라는 문제의 해답을 얻었다. 요컨대 '로서'는, 이해 및 해석 일반과 마찬가지로 시간성의 탈자적·지평적 통일에 바탕을 두고 있다. 나중에 존재의 기초 분석을 실시할 즈음, 좀 더 자세히 말하자면 '무엇을 이러저러한 것으로서' 말하는 계사(繫辭)로서의 '표현'을 부여하고 있는 '……이다'의 해석과 관련지어, 우리는 '로서'의 현상을 다시 한번 주제로 삼고 '도식'이라는 개념을 실존론적으로 한계지어야 할 것이다.

---

26) 본서 제32절 참조.

하지만 우리의 현안은 '이론적 태도의 성립'과 관련된 문제이다. 지금까지 둘러보는 숙고와 도식의 시간적 성격에 대해 살펴봤는데, 그것이 이 현안을 해결하는 데 얼마나 도움이 될까? 그 도움은 오직 한 가지, 둘러보는 배려에서 이론적 발견으로 변화한다는 현존재적인 상황이 위의 고찰로써 뚜렷해졌다는 점이다. 그럼 이제 둘러보는 숙고의 기본적 언명과 그것의 가능적 변형을 길잡이 삼아, 이러한 변화 과정 자체를 분석해 보자.

우리는 둘러보는 도구를 사용할 때, 이를테면 이 망치는 너무 무겁다거나 너무 가볍다는 말을 가끔 한다. 또 "이 망치는 무거워"라는 명제도, 배려적 숙고로 인해 "이건 가볍지 않아"("이건 다루기 힘들어", "이걸로 일하기는 쉽지 않아")라는 의미를 지닐 수도 있다. 하지만 전자와는 달리 후자의 명제는, 우리가 둘러봄으로 이미 망치라는 사실을 알고 있는 이 존재자에 대한 여러 가지 함축을 지니기도 한다. "이것은 중량을 지닌, 즉 무게라는 '성질'을 띤 존재자이다", "이것은 밑에 있는 물건에 압력을 가하고 있으며, 밑의 물건을 치우면 낙하한다"와 같은 함축을 말이다.

이렇게 이해된 이야기는 더 이상, 어떤 도구 전체와 그 적소성의 관련들을 예기적으로 보유하는 지평에서 발언된 것은 아니다. 그 명제에서 이야기되는 내용은, '중량 있는' 존재자 자체에 속한 성질을 보고 헤아린 것이다. 이런 식으로 눈에 보이는 성질은 도구로서의 망치에 속하는 것이 아니라, 중력의 법칙 아래에 있는 물체로서의 망치에 속하는 것이다. 너무 무겁다든가 너무 가볍다든가 하는 둘러보는 이야기 방식에는 더 이상 아무 '의미'도 없다. 왜냐하면 여기서 목격되는 존재자는, 그 자체로서는 너무 무겁다든가 너무 가볍다든가 하는 '계산'에 쓸 만한 표준이 없기 때문이다.

이처럼 변형된 이야기 방식에서 그것의 '화제'가 되는 무거운 망치가, 전과는 다른 모습으로 나타나는 까닭은 무엇일까? 그것은, 우리가 단지 망치의 조작을 단념했기 때문도 아니고, 우리가 이 존재자의 도구 성격을 그저 '도외시(度外視)'하고 있기 때문도 아니다. 그 까닭은 오히려, 우리가 그곳에서 만나는 존재자를 '새로운 눈으로', 다시 말해 객체적 존재자로서 주시(注視)한다는 데 있다. 세계내부적인 존재자와의 배려적 교섭을 이끌고 있던 존재이해 내용이 변화한 것이다. 그런데 우리가 도구적 존재자를 둘러봄으로 숙고하는 대신 객체적 존재자로서 '받아들인다면', 이미 과학적 태도가 구성되었다고 할 수 있을까? 사실 도구적 존재자도 어떤 경우에는, 이를테면 환경을 역사학적 전기(傳記)와 관련지어 조사할 때에는 과학적 탐구나 규정의 주제가 될 수 있다. 일상생활에 존재하는 도구연관의 역사적 발생과 이용 상태, 현존재에 있어서의 그 현사실적 역할 등은, 경제학의 대상이 된다. 즉 도구적 존재자는 그 도구적 성격을 상실하지 않아도, 과학의 '객관'이 될 수 있는 것이다. 존재이해 내용의 변형이, '사물'에 대한 이론적 태도의 성립에서 꼭 구성적 의의를 지니는 것은 아니라고 생각된다. 여기서 말하는 '변형'이, 우리가 당면한 존재자를 이해할 때 그에 속하는 것으로서 이해되고 있는 '존재양상의 변화'를 의미한다면, 위의 생각이 바로 정답일 것이다.

우리는 둘러봄으로부터 이론적 태도가 생성되는 과정을 나타내기 위해, 우선은 세계내부적 존재자(물리적 자연)를 이론적으로 파악하는 하나의 양상을 표준으로 삼았다. 이 양상에서 존재이해의 변형은 변화와 같았다. "이 망치는 무겁다"라는 '물리학적' 설명의 경우, 목격된 존재자의 도구적 성격이 간과됨은 물론이고, 그와 더불어 주변의 도구에 속해 있는 것—즉 그것의 장소—도 간과되어 버린다. 그 장소는 아무래도 상관없어진다. 그곳에 존재하고 있는 것이 '장소'를 완전히 상실해 버리는 것은 아니다. 다만 그 장소는 하나의 공간적·시간적 위치로 변해, 다른 것들에 비해 아무 특색도 없는 '세계의 점(點)'이 된다. 곧 주변의 도구에 속하는 '환경적으로 한정된 장소'의 다양성이 단순한 위치의 다양성으로 변형될 뿐만 아니라, 환경세계의 존재자에 대한 전체적 '한계규정'이 제거된다. 이때에는 객체적 존재자의 전체가 주제가 된다.

위의 예에서, 존재이해 내용의 변형에는 환경의 한계규정 제거가 속해 있다. 그런데 이처럼 한계규정을 제거하는 것은, 한편으로는 주도적인 일이 된다(객체성이라는 의미에서). 이것은 존재이해를 길잡이 삼아 객체적 존재자의 '영역'을 한정 짓는다. 탐구되고 있는 존재자의 존재가 선도적인 존재이해 내용 속에서 적절히 이해되고, 이에 따라 존재자 전체가 과학의 가능한 사상(事象) 영역으로서 근본적 규정에 의해 적절히 분절되어 갈수록, 방법적 의문의 전망은 갈수록 확실해진다.

과학의 역사적 발전을 밝힐 때 쓰이는 고전적인 사례는, 수학적 물리학의 성립이다. 그런데 이것은 과학의 존재론적 성립의 이해를 도와주는 사례이기도 하다. 이 과학의 형성에서 결정적 의미를 지니는 것은, '사실'의 관찰을 전보다 더 존중했다는 점도 아니고, 자연의 과정을 규정할 때 수학을 '응용했다'는 점도 아니다. 가장 결정적인 것은 '자연 그 자체의 수학적 기투'이다. 이런 기투가 부단히 존재하는 객체(물질)를 선행적으로 발견, 그 존재자의 양적(量的)으로 규정될 수 있는 구성적 계기들(운동, 힘, 위치 및 시간)에 우리가 선도적으로 착안할 수 있도록 새 지평을 열어 보여주는 것이다.

이런 식으로 기투된 자연의 '빛 속에서' 비로소 '사실'이라는 것이 발견된다. 그리고 이 '사실'은, 기투에 의거하여 규제적으로 한정 지어진 실험에 이용될 수 있게 된다. '사실과학'이 '수립'될 수 있었던 이유는, '단순한 사실'이라는 것은 원칙적으로 존재하지 않는다는 점을 연구자들이 이해했기 때문이다. 게다가 자연의 수학적 기투에서도 결정적인 점은 수학성(數學性) 그 자체가 아니라, 이 기투가 어떤 아프리오리(선천적) 원리를 열어 보인다는 사실이다. 따라서 수학적 자연과학이 지니는 모범적 성격도, 특유의 정밀함이나 '만인'에 대한 구속성에서 비롯된 것은 아니다. 그것은 수학적 자연과학에서 주제가 되는 존재자가, 일반적으로 존재자가 발견될 수 있는 유일한 방식으로 발견되고 있다는 점에, 즉 존재자의 존재구성을 선행적으로 기투한다는 점에 있다. 선도적 존재이해 내용이 기초개념 조직으로서 개발되면 다음의 여러 사항이 결정된다. 온갖 방법의 길잡이, 개념 조직의 구조, 그 구조에 적합한 진리성과 확실성의 가능성, 논증과 증명의 양식, 구속성의 양상과 전달 양식 등이 정해진다. 그리고 이 같은 계기들 전체가 과학의 완전한 실존론적 개념을 구성한다.

우리가 언제나 이미 어떤 방식으로 만나고 있는 존재자를 과학적으로 기투하면 그것의 존재양식이 뚜렷이 이해되며, 이에 따라 세계내부적 존재자를 순수하게 발견하는 방법도 분명해진다. 이러한 기투 전체에는 존재이해의 분절, 그 존재이해의 인도를 받은 사상 영역의 한계설정 및 그 존재자에 적합한 개념조직의 밑그림도 속해 있다. 여기서는 이 전체를 주제화(主題化, Thematisierung)라고 부르겠다.

이 주제화가 지향하는 일은, 세계내부에서 만나는 존재자를 그것들이 순수한 발견을 '향해 투사되어' 객관이 될 수 있도록—즉 기투할 수 있도록—해방하는 것이다. 주제화는 객관화하는 일이다. 주제화는 존재자를 비로소 '정립 (定立)'하는 것이 아니라, 존재자가 '객관적으로' 추구되고 규정될 수 있는 모습 으로 존재자를 해방하는 것이다. 세계내부에서 객체적으로 존재하고 있는 것 이 객관화될 때, 그와 관련된 것은 '두드러지는 현재화'[27]의 성격을 지닌다. 이 두드러지는 현재화가 둘러봄의 현재와 특히 다른 점은, 당면한 과학의 발견이 오직 객체적 존재자의 '발견되는 모습'만을 예기함으로써 이루어진다는 사실 이다. 존재자가 발견되는 모습만을 예기하는 것은, 실존적으로는 '진실성' 안에 서의 존재가능을 향해 자신을 기투하는 현존재의 결의성에 바탕을 두고 있다. 이런 기투가 가능한 것도 이 진리-내-존재가 현존재의 실존 성격을 구성하고 있기 때문이다. 과학의 근원이 어떤 식으로 본래적 실존 속에 자리하게 되었는 지는, 여기서는 이 이상 자세히 살펴볼 수 없다. 지금 우리가 이해해야 할 것은 그저 세계내부적 존재자의 주제화가 현존재의 근본적 구성인 세계-내-존재 를 전제로 삼는다는 사실과, 그 전제 방식이다.

객체적 존재자의 주제화, 다시 말해 자연의 과학적 기투가 가능해지려면, '현존재'는 주제화된 존재자를 '초월'해야만 한다. 객관화를 통해 초월이 이루 어지는 게 아니라, 객관화가 초월을 전제하고 있는 것이다. 그런데 둘러봄으로 발견되는 배려로부터 변화된 것이 바로 세계내부적 존재자의 주제화라면, 도 구적 존재자와 관련된 '실천적' 존재의 밑바닥에도 이미 현존재의 초월이 숨겨 져 있을 터이다.

게다가 주제화가 존재이해 내용을 변형하고 분절하는 것이라면, 주제화하 는 존재자인 현존재는 실존하는 이상, 존재라는 것을 이미 이해하고 있음에 분명하다. 이러한 존재이해는 아직 중성적이고 미분화된 이해일 수도 있다. 이 경우 도구적 존재와 객체적 존재는 아직 구별되지 않았으며, 당연히 존재론 적으로 이해되지도 않은 상태이다. 하지만 현존재가 어떤 도구연관과 교섭하

---

27) 모든 인식의 '직관'을 지향한다는 테제는, 모든 인식작용은 현재화하는 것이라는 시간적 의 미를 가지고 있다. 따라서 모든 학문이 철학적 인식조차도 어떤 현재화를 지향하는가 않는 가 하는 점은 여기서는 결정하지 않은 채 두기로 하자. 후설은 감성적 지각을 규정짓기 위해 '현재화'라는 표현을 쓰고 있다. 《논리 연구》 참조. 지각과 직관 일반의 '지향적' 분석이 이 현 상을 이렇게 '시간적으로' 특색 지음을 암시했음이 분명하다. '의식'의 지향성이 현존재의 탈 자적 시간성에 의거하고 있다는 사실과 그 방식에 대해서는 다음 편에서 제시될 것이다.

려면, 현존재는 적소성이라는 것을 (주제적이지 못하게나마) 이해하고 있어야 한다. 다시 말해 세계가 현존재를 향해 열어 보여져 있어야만 한다. 그리고 애초부터 이 존재자가 세계—내—존재로서 실존하고 있는 한, 세계는 현존재의 현사실적 실존과 더불어 이미 열어 보여진 상태이다. 또 현존재의 존재가 시간성에 근거한다면, 시간성은 세계—내—존재뿐만 아니라 현존재의 초월까지도 가능하게 만들 터이다. 그리고 이런 식으로 가능해진 초월이, 세계내부적 존재자 밑에서의 배려적 존재를—그것이 이론적이든 실천적이든—지탱하고 있는 것이다.

(c) 세계를 초월하는 시간적 문제

둘러보는 배려 안에는 적소성 전체에 대한 이해가 포함되어 있다. 또 이런 이해는 '……에 사용되는', '……을 위한', '그러기 위해서는……', '……을 목적으로'라는 관련에 대한 선행적 이해에 근거한다. 이 같은 관련은 앞서[28] 유의의성으로 밝혀졌다. 그 유의의성의 통일이, 우리가 세계라고 이름붙인 것을 구성하고 있다. 여기서 생겨나는 문제는 다음과 같다. 세계라는 것은 현존재와의 통일에 있어 존재론적으로 어떻게 가능하며, 또 현존재가 세계—내—존재로서 실존할 수 있으려면 세계가 어떤 모습으로 '존재'해야만 하는가 하는 것이다.

현존재는 자기 자신의 존재가능을 목적으로 실존하고 있다. 현존재는 실존하면서 내던져져 있으며, 이렇게 내던져진 탓으로 온갖 존재자에 떠맡겨져 있다. 다시 말해 현존재가 현존재로서—자기 자신을 '목적으로 삼아'—존재하기 위해서는, 이러한 존재자가 있어야 한다. 현존재는 현사실적으로 실존하고 있는 이상, 자기 자신이라는 '목적'과 그때그때의 '……하기 위해 필요한 것' 사이의 이러한 연관을 통해 자기를 이해하고 있다. 실존하는 현존재의 이 같은 '자기이해'가 이루어지는 내부적 장소는, 현존재의 현사실적 실존과 함께 '현 (現)에' 존재하고 있다. 일차적인 자기이해가 이루어지는 내부적 장소는, 현존재와 같은 존재양상을 지닌다. 현존재는 실존하면서 자신의 세계'를 존재하고 있는' 것이다.

---

28) 본서 제18절 참조.

우리는 현존재의 존재를 관심으로 규정했다. 관심의 존재론적 의미는 시간성이다. 이 시간성이 현의 개시성(開示性)을 구성하고 있다는 사실과 그 구성 방식은 이미 밝혀졌다. 현의 개시성 속에는 세계도 함께 열어 보여져 있다. 그렇다면 유의의성의 통일, 즉 세계의 존재론적 구성도 시간성에 근거하고 있어야 한다. 세계의 실존론적·시간적 가능조건은, 시간성이 탈자적 통일로서의 어떤 지평을 갖추는 것이다.

탈자태는 단순히 '……로 탈출하는 것'이 아니다. 오히려 탈자태에는 탈출의 목적지가 속해 있다. 우리는 이런 탈자태의 목적지를 '지평적 도식(地平的圖式)'이라고 부른다. 세 가지 탈자태는 저마다 다른 탈자적 지평을 가지고 있다. 현존재가 본래적이든 비본래적이든 '도래적으로' 자신을 향해 온다는 도식은, '자신을 목적으로'이다. 현존재가 내던져져 있는 존재로서 심경 안에서 자기 자신에게 열어 보여져 있다는 도식을, 우리는 피투성이 '임하고 있는 대상' 또는 인도에 의해 '내맡겨져 있는 대상'이라고 해석했다. 이런 대상이 '기재성'의 지평적 구조를 밝혀준다. 자신을 목적으로 삼아 실존하면서, 내던져진 존재로서 자기 자신에게 인도되어, 현존재는 '……밑에서의 존재'로서 동시에 현재화하며 존재한다. 현재의 지평적 도식은 '……하기 위해서'에 의해 규정된다.

도래와 기재성 및 현재의 지평적 도식의 통일은, 시간성의 탈자적 통일에 근거한다. 전체적 시간성의 지평은, 현사실적으로 실존하고 있는 존재자가 그것에 의거해서 본질적으로 '개시되어 있는 기반'을 규정한다. 현사실적 현존재와 더불어 그때마다 도래의 지평에는 어떤 존재가능이 기투되어 있고, 기재성의 지평에서는 '이미 존재한다'가 열어 보여져 있으며, 현재의 지평에는 배려되는 대상이 발견되어 있다. 이러한 세 가지 탈자태 도식의 지평적 통일이, '……하기 위해서'(수단성)와 '……을 목적으로'(목적성) 사이의 근원적 연관을 가능하게 만든다. 따라서 시간성의 탈자적 통일의 지평적 구성을 바탕으로 그때그때 자신의 현(現)으로서 존재하는 존재자에게는, 이미 열어 보여진 세계라는 것이 속해 있는 셈이다.

시간성의 시간화 통일에 있어 현재가 도래 및 기재성으로부터 발원하는 것처럼, 도래 및 기재성의 두 지평과 함께 현재의 지평도 등근원적으로 시간화한다. 현존재의 시간화와 더불어 세계도 '존재하고 있는' 것이다. 현존재는 그 시간성으로서의 존재에서 시간화하면서, 시간성의 탈자적·지평적 구성에 근거해 본질적으로 '세계내부'에 존재하고 있다. 세계는 객체적으로 존재하거나 도구적으로 존재하며, 시간성 속에서 시간화한다. 세계는 세 가지 탈자태의 '탈자'와 함께 '현존(現存)'한다. 어떠한 '현존재'도 실존하지 않는다면, 그 어떤 세계도 '현(現)에' 존재하지 않는 셈이다.

도구적 존재자 밑에 있는 현사실적인 배려적 존재, 객체적 존재자의 주제화, 그리고 이 존재자를 객관화하는 발견은 모두 '이미 세계를 전제하고' 있다. 즉 이들은 세계-내-존재의 모습으로서만 가능하다. 세계는 탈자적 시간성의 지평적 통일에 근거하므로 초월성을 지닌다. 세계 안에서 세계내부적 존재자와의 만남이 이루어지려면, 그 전에 세계가 탈자적으로 개시되어 있어야 한다. 시간성은 탈자적으로, 이미 세 가지 탈자태의 지평 속에 자리하고 있다. 이 시간성은 시간화하면서 현(現) 속에서 만나게 되는 존재자 쪽으로 되돌아간다. 현존재의 현사실적 실존과 더불어, 세계내부적 존재자도 곧 만나게 되는 것이다. 이러한 존재자가 실존 자체의 '현(現)'과 더불어 이미 발견되었다는 사실은, 현존재가 임의로 좌우할 수 있는 것이 아니다. 현존재가 뜻대로 할 수 있는 일이라고는, 그때그때 '무엇을 어떤 쪽으로 어느 정도까지 어떻게' 발견하고 열어보이는가 하는 것이다. 그것도 어디까지나 현존재의 피투성의 한계 내에서 이루어지지만 말이다.

그러므로 세계의 구조를 규정하고 있는 유의의성의 연관은, 무세계적(無世界的) 주관이 어떤 소재 위에 덮어씌운 '온갖 형식의 그물 세공' 따위가 아니다. 오히려 현사실적 현존재는 탈자적으로 자신과 자신의 세계를 현(現)의 통일에 대해 이해하면서, 이들의 지평으로부터 찾아와 그 안에서 만나는 존재자에게로 되돌아간다. 이처럼 '……를 향해 되돌아가는' 것이, 이러한 존재자와 현재화를 통해 만나는 일의 실존론적 의미이다. 그렇기에 이 존재자는 세계내부적 존재자라고 불린다.

예컨대 어떤 객관이 '외부'에 존재한다 해도, 세계는 이미 그보다도 더 '외부'에 존재한다. 객체의 총체를 세계의 이념과 동일시하여 "주관은 어떻게 객관이 있는 곳까지 찾아가는가?"라고 묻는 것만으로는, '초월 문제'를 표명할 수 없다. 우리가 물어야 할 것은 따로 있다. "존재자가 세계내부에 출현하여 그 상태로 객관화될 수 있는 것은, 존재론적으로 어떻게 가능한가?"라는 물음이다. 우리는 탈자적·지평적으로 기초를 얻은 세계의 초월까지 거슬러 올라감으로써 그 해답을 얻을 수 있다.

실존하는 현존재의 존재는 시간성에 바탕을 두고 있다. 만약 우리가 '주관'을 이런 현존재로서 존재론적으로 파악한다면, 세계는 '주관적'이라고 말해야 할 것이다. 하지만 이때 이 '주관적' 세계는, 시간적·초월적 세계로서 모든 '객관'보다도 한층 '객관적'으로 존재한다.

세계—내—존재를 시간성의 탈자적·지평적 통일로 환원함으로써, 이제는 현존재의 근본적인 구성의 실존론적·존재론적 가능성을 이해할 수 있게 되었다. 그와 함께 분명해진 사실이 또 있다. 세계 구조 일반과 그것의 가능한 변화들의 구체적 개발에 착수하려면, 우선 가능한 세계내부적 존재자의 존재론이, 충분하고도 확실하게 존재 일반의 이념을 해명하는 쪽으로 향해 있어야 한다. 그런데 존재 일반의 이념을 해석하기 위해서는, 그 전에 현존재의 시간성을 뚜렷이 밝혀야 한다. 여기서 이루어진 세계—내—존재의 성격 규정도 그 준비의 하나이다.

70 현존재적 공간성의 시간성

'시간성'이란 표현이 가리키는 대상은, 우리가 평소 '공간과 시간'이라고 둘을 합쳐서 말할 때 이해되고 있는 시간이 아니다. 하지만 공간성도 시간성과 마찬가지로 현존재의 근본적 성격을 이루는 듯 보인다. 따라서 우리가 지금까지 해온 실존론적·시간적 해석도, 이 현존재의 '공간성'으로 인해 어떤 한계에 다다른다. 그러므로 우리가 현존재라고 부르는 이 존재자는, '시간적인 동시에' 공간적이기도 하다고 병렬적으로 여겨야 될 것 같다. 확실히 우리는 앞서 한 분석에서 현존재의 공간성과 접했으며, 이것을 세계—내—존재에 속하는 계기로서 제시해 두었다.[29] 그러나 과연 이 현상 때문에 현존재의 실존론적·시간적 분석이 정지 명령을 받게 된 것일까?

실존론적 해석을 진행하는 과정 속에서 현존재는 '공간적·시간적' 성격을 띤

---

29) 본서 제22~24절 참조.

다고 말할 때, 현존재가 '공간 속에서, 또 시간 속에서도' 존재하고 있다는 것은 아니다. 이 점은 이론의 여지가 없다. 시간성이란 곧 관심의 존재의미이다. 현존재가 '시간 속에서' 출현하는지 않는지 여부와 상관없이, 이 존재자의 구성 및 존재양식은 존재론적으로 시간성에 근거해야만 가능해진다. 그렇다면 현존재 특유의 공간성도 시간성에 근거해야만 할 것이다. 하지만 이 공간성이 실존론적으로는 시간성에 의해서만 가능해진다는 것을 입증할 때, 우리는 공간을 시간으로부터 연역하거나 단순한 시간 속으로 해소시키거나 해서는 안 된다. 또한 현존재의 공간성이 시간성으로—실존론적으로 기초가 다져졌다는 의미에서—'포괄'된다 해도, 우리가 앞으로 해명할 이 연관은, 칸트가 말했던 '공간에 대한 시간의 우위'와도 다르다. 즉 '공간 속에서' 존재하는 사물에 대한 경험적 표상이 심적 현상(現象)으로서 '시간 속에서' 경과하고 있다는 것, 그리고 이를 통해 '물질적인 것'이 간접적으로 '시간 속에서'도 출현한다는 것은, 하나의 직관 형식을 갖춘 공간의 실존론적·존재론적 해석이 아니다. 이것은 심적 현상이 '시간 속에서' 경과한다는 사실에 대한 존재적 확인일 뿐이다.

이제 우리는 실존론적 분석을 통해 현존재적 공간성의 시간적 가능조건을 알아볼 것이다. 그런데 이 공간성 자체는, 세계내부적으로 어떤 공간의 발견을 가능하게 해준다. 이에 앞서 우리는 현존재가 어떻게 공간적으로 존재하는지에 주의해야 한다. 현존재는, 현사실적·퇴락적으로 실존하고 있다는 의미에서 관심으로서만, 공간적으로 '존재'할 수 있다. 이 사실을 소극적으로 표명하자면, 현존재는 지금 당장도 결코 공간 속에서 객체적으로 존재하는 것이 아니라고 할 수 있다. 현존재는 실재적 사물이나 도구와는 달리, 공간의 한 부분을 채우는 존재자가 아니다. 그러므로 현존재를 둘러싼 공간과 그것 사이의 경계 자체가, 단순히 공간의 공간적 규정에 불과한 것은 아니다.

현존재는—문자 그대로의 의미로서—공간을 점유한다. 이는 결코 물체적 육체가 채우고 있는 공간의 일부에 존재하고 있다는 의미만은 아니다. 그것은 실존하면서, 언제나 이미 자신의 활동공간을 허용하고 있다. 그리고 현존재가 자기의 소재(所在)를 정할 때, 현존재는 이미 허용되어 있는 공간으로부터 자신이 점유하고 있는 '장소'로 되돌아오는 방식으로 그것을 정한다. "현존재가 공간 내부의 어느 위치에 객체로서 존재하고 있다"라고 말할 수 있으려면, 우리는 먼저 이 존재자를 존재론적으로 부적절하게 파악해야만 한다.

게다가 넓이를 지닌 사물의 '공간성'과 현존재의 '공간성' 사이의 차이는, 현존재가 공간을 의식한다는 점에서 비롯되는 것도 아니다. 왜냐하면 현존재의 공간 점유는, 공간적인 무언가를 '표상하는' 일과 같지 않을뿐더러, 도리어 이런 표상이 이미 그러한 공간 점유를 전제로 삼기 때문이다. 또 현존재의 공간성은, '정신과 육체의 결합'이라는 숙명에 따라 실존과 붙어 다니는 불완전성 같은 것으로 해석되어서도 안 된다. 오히려 현존재가 '정신적'인 까닭에, '바로 그렇기 때문에' 현존재는 넓이를 지닌 사물에게 본질적으로 불가능한 방식을 통해 공간적으로 존재할 수 있는 것이다.

현존재의 자기 허용(Sicheinräumen)은 '방향 잡기'와 '거리 없앰'으로 구성된다. 현존재의 시간성을 바탕으로 생각할 때, 이것은 실존론적으로 어떻게 가능할까? 여기서 우리는, 현존재의 공간성의 기초를 다져주는 시간성의 기능을 간단히 고찰해 볼 것이다. 하지만 이 고찰은, 나중에 공간과 시간 '연결'의 존재론적 의미를 살펴볼 때 필요한 범위에서만 이루어질 것이다. 현존재의 허용에는, '방면(方面)'이라는 것의 방향을 잡는 발견이 속해 있다. 이 '방면'이란 표현을 통해 우리가 현재 나타내려는 것은, 환경적으로 존재해 소재지가 지정될 수 있는 도구가, '어디에' 적절히 속할 수 있겠는가 할 때의 '장소'다. 우리가 도구를 발견하거나 조작하거나 옮겨놓거나 정리하거나 할 때에는, 이미 그것에 적합한 방면이 발견되어 있다. 배려적 세계-내-존재는 언제나 무언가를 향하고 있으므로 늘 방향을 잡고 있는 셈이다.

소속성(所屬性)은 적소성과 본질적으로 관련되어 있다. 그것은 현사실적으로는 언제나 배려되고 있는 도구의 적소성 연관을 바탕으로 결정된다. 그리고 적소성의 연관은 이미 열어 보여진 세계의 지평 속에서만 이해될 수 있다. 또한 이 같은 세계의 지평적 성격은, 방면의 성격을 지닌 소속성이 향해야 할 장소의 특수한 지평을 비로소 가능하게 한다. 방면의 방향을 잡는 발견은, '저쪽으로'나 '이쪽으로' 등을 탈자적으로 파악해 예기하는 일에 근거한다. 허용이란 이처럼 방면의 방향을 잡는 예기와 더불어, 등근원적으로 도구적·객체적 존재자를 접근시키는 일(거리 없앰)인 것이다. 배려는 미리 발견되어 있는 방면에 의거해서, 거리 없앰을 통해 가까운 존재자가 있는 곳으로 되돌아온다. 접근한다는 것은, 그와 마찬가지로 거리 없앰을 당한 세계내부적 존재자 사이의 간격을 짐작하고 측정한다는 것은 현재화에 바탕을 두고 있다. 그리고 이 현재화는 시간성의 통일에 속해 있으며, 방향을 잡는 일도 이 통일에서 가능해진다.

현존재는 시간성으로서 그 존재에 대해 탈자적·지평적이다. 그러므로 현존재는 현사실적으로 부단히, 허용된 공간을 함께 데리고 갈 수 있다. 이처럼 탈자적으로 점유되어 있는 공간에 관해 말하자면, 그때그때의 현사실적 상태나 상황에서의 '이곳'이란 일정한 공간적 위치를 뜻하는 것이 아니다. 이것은 친근하게 배려되는 도구 전체 범위에서의, 방향 잡기와 거리 없앰에 대해 개방된 활동공간을 뜻한다.

접근함으로써 '일에 몰입하여' 조작하고 종사하는 것이 가능해지지만, 이런 접근 속에서 발견되는 것은 관심의 본질적 구조 가운데 하나인 퇴락이 발견된다. 이러한 퇴락의 실존론적·시간적 구성의 특징은, 이 안에서—더 나아가 '현재화적으로' 기초가 다져진 접근 속에서—예기적 망각이 현재의 뒤를 추적해 온다는 것이다. 무언가를 그것이 차지하고 있는 '저편으로부터' 접근시켜 현재화하면, 그 현재화는 '저편'을 망각하고 자기 자신 속으로 몰입해 버린다. 그래서 세계내부적 존재자의 '고찰'이 그런 현재화에서 시작될 경우, '당장은' 존재하고 있는 것이 단 하나의 사물뿐인 듯이 위장되어 보이는 것이다. 이때 이 사물은 확실히 이곳에 존재한다고 설명되겠지만, 여기서 말하는 '이곳'이란 공간 일반 속의 무규정적 위치로만 파악된다.

탈자적·지평적 시간성을 근거로 해야지만 현존재가 공간 속에 침입할 수 있다. 세계가 공간 속에서 객체적으로 존재하는 것이 아니라, 오히려 공간이 어떤 세계내부에서만 발견된다. 그리고 현존재적 공간성의 탈자적 시간성이야말로, 공간이 시간에 대해 가지고 있는 독립성을 이해할 수 있게 만든다. 또 그런 탈자적 시간성이, 반대로 현존재가 공간에 '의존하고 있다는' 사실도 이해 가능하게 한다. 이 '의존성'은 잘 알려진 현상, 즉 현존재의 자기해석 및 언어 일반의 의의(意義)가 '공간적 표상'에게 샅샅이 지배되고 있다는 저 현상 속에 나타나 있다. 이렇게 공간적인 것은 온갖 어의(語義)나 개념의 분절에 대해 우위를 차지하고 있다. 그런데 이 우위는 공간이 뭔가 특수한 힘을 지니고 있기 때문이 아니라, 오히려 현존재의 존재양상 때문에 얻어지는 것이다. 다시 말해 시간성은 본질적으로 퇴락하면서 자기상실적 현재화에 푹 빠지는데, 그 결과 배려되는 도구적 존재자를 통해 둘러보며 자기를 이해하게 된다. 그뿐만 아니라 시간성은, 그 자체에 있어서의 존재자로서 끊임없이 현재화와 만나는 것―즉 공간적 관계들―을 기준으로, 이해 일반에 있어 이해되어 해석이 가능해진 것들을 분절하기 위한 여러 가지 길잡이를 이 관계들로부터 이끌어 낸다.

71 현존재 일상성의 시간적 의미

우리는 시간성을 밝히기 '전에' 그것의 한 과정으로서, 현존재의 존재구성의 본질적 구조를 해석해 두었다. 이 장에서 실시한 배려의 시간성 분석에 의해, 그러한 구조 자체가 실은 실존론적으로 '시간성 속으로 되돌려져야 할' 필요성이 있다는 점이 분명해졌다. 이 분석에서 우리는 처음부터 현존재의 어떤 특정한 두드러진 실존가능 모습을 주제로 택하는 대신, 우선은 눈에 띄지 않는 평균적 실존의 모습을 밝혔다. 그리고 현존재가 당장은 대체로 그곳에 머무르는 존재양식을 '일상성'이라고 이름 붙였다.[30]

이 표현의 의미를 존재론적으로 한정 지을 때 그것이 근본적으로 어떤 것이 될지는 불분명한 채로 남겨져 있었다. 그리고 이 근본적인 탐구를 시작할 무렵에는, 일상성의 실존론적·존재론적 의미를 문제 삼으려 해도 그 방법을 찾을 수 없었다. 하지만 이제 현존재의 존재의미는 시간성으로서 뚜렷이 밝혀졌다. 그런데도 '일상성'이라는 명칭의 실존론적·시간적 의미에 대한 의문이 남아 있을까? 그렇다 해도 우리는 여전히 이 현상을 존재론적으로 충분히 이해하지 못한 상태이다. 실은 지금까지 실시된 시간성의 해명이 일상성의 실존론적 의미를 한정 짓기에 충분한지 아닌지조차 아직 의심스럽다.

일상성이란 분명 현존재가 '매일' 그곳에서 머무르는 실존양상을 가리킨다. 그럼에도 불구하고 이 '매일'은, 그의 '생애' 가운데 현존재에게 주어진 '나날'의 총계를 의미하지는 않는다. 달력 보듯이 '매일'의 의미를 이해해서는 안 된다. 하지만 '일상'이란 단어의 뜻이 그런 시간적 성격을 띠고 있음은 틀림없다. 그

---

30) 본서 제9절 참조.

러나 일상성이라는 표현이 일차적으로 가리키는 것은, 현존재를 '평생 동안' 지배하고 있는 특정한 실존 '양상'이다. 우리는 지금까지의 분석 과정에서 '당장은 대체로'라는 표현을 이따금 사용해 왔다. 여기서 '당장은'이란, 현존재가—예컨대 '근본적으로는' 일상성을 실존적으로 '극복해' 버렸다 해도—공공적 상호존재 속에 '나타나 있는' 존재양식을 가리킨다. 그리고 '대체로'는, 현존재가 '반드시'는 아니지만 '일반적으로' 모두에게 나타나 있는 존재양식을 뜻한다.

일상성이란 현존재가 그 태도 전체에 있어서든, 상호존재로 인해 구속된 특정한 태도에 있어서든 간에 '하루하루를 보내고 있는' 방식을 가리킨다. 이러한 일상적 존재양상에는, 습관에 푹 잠겨 편안히 지내는 것도 포함된다. 이를테면 습관 때문에 번거롭고 귀찮은 일을 어쩔 수 없이 하게 되더라도, 일상생활에는 익숙한 편안함이 깃들어 있다. 일상적 배려가 언제나 예기하고 있는 대상인 '내일의 일'은 결국 '영원히 어제의 일'인 것이다. 일상성은 천편일률적이다. 게다가 그날그날이 가져다주는 무언가 덕분에 나름대로 기분전환도 된다. 사람이 세인을 '주인공'으로 선택해 두지 않은 경우에도, 일상성 또한 현존재를 규정한다.

그러나 일상성의 이같이 다양한 성격은, '사람'이 인간들의 생활 모습을 옆에서 '바라볼' 때 일상적 현존재가 제공하는 단순한 '외관'을 기술한 것은 아니다. 일상성은 우리가 '존재하고 있는 양상'이자 공공적인 모습을 갖추고 있지만, 결코 단순한 외관은 아니다. 그리고 각자의 실존 양상으로서 저마다의 '개별적' 현존재에게도 조금이나마, 그것도 회색의 무미건조한 심경에 따라 알려져 있다. 현존재는 일상의 무기력함을 참지 못하게 되거나, 아예 그 안에 푹 빠지거나, 저마다의 잡일에 몰두해서 기분을 바꾸기 위해 새로운 소일거리를 찾거나 한다. 그러다가 실존은 어느 순간, 실은 대개 '그 순간뿐이긴 해도' 일상성을 제어할 수 있게 된다. 그러나 일상성을 소멸시키는 일은 어느 순간에나 불가능하다.

현존재의 현사실적 기존 해석을 바탕으로 '존재적으로는' 잘 알려져 있으므로 사람들이 신경을 안 쓰는 대상에도, 실존론적·존재론적으로는 커다란 수수께끼가 감춰져 있다. 현존재의 실존론적 분석론에 처음으로 이용되었던 '자연적' 지평은, 그저 겉보기에만 자명할 뿐이었던 것이다.

그런데 지금까지 시간성을 해석해 온 우리는, 일상성의 구조를 실존론적으로 한정 짓는 일에 대해 조금은 유망한 지점에 이르러 있는 것일까? 아니면 일상성이라는 이 복잡한 현상 때문에, 시간성에 대한 해명의 불충분한 점이 새삼 분명해진 것일까? 이제까지 우리는 현존재를 늘 특정한 상태나 상황에 붙들어 놓고는, '그 결과' 현존재가 하루하루를 살아가면서 그 하루하루의 연속 안에서 '시간적으로 신장(伸長)해 나간다는' 사실을 소홀히 여겨버렸던 것은 아닐까? 천편일률이니 습관이니 '어제처럼 오늘도 내일도'니 '대체로'니 하는 표현들의 의미는, 우리가 현존재의 '시간적' 신장까지 거슬러 올라가지 않는 한 파악될 수 없다.

그리고 실존하는 현존재는 자신의 시간을 보내면서 날마다 '시간'을 '계산에 넣고', 그 '계산'을 천문학·역법에 따라 규제하고 있다는 점도, 또한 현존재의 사실이 아닐까? 우리가 현존재의 일상적 '경력' 및 그 안에서 배려되는 '시간' 산정을 현존재의 시간성 해석 안으로 끌어들일 때, 우리는 비로소 충분히 포괄적인 전망을 얻어 일상성 그 자체의 존재론적 의미를 문제 삼을 수 있게 된다. 그런데 일상성이라는 명칭이 근본적으로 가리키는 대상은 바로 시간성이며, 이 시간성은 현존재의 '존재'를 가능하게 만든다. 그러므로 일상성의 개념을 충분히 한정 짓는 일은, 존재 전반의 의미와 그것의 가능한 변화에 대해 원칙적으로 고찰하는 범위 안에서 비로소 이루어질 수 있다.

시간성과 역사성

72 역사 문제의 실존론적·존재론적 전망

실존론적 분석의 모든 노력은 단 하나의 목표를 지향한다. 바로 '존재전반의 의미'에 대한 물음에 대답할 가능성을 발견하는 일이다. 이 '물음'을 개발하려면 먼저 '존재이해'라는 현상을 한정 지어야 한다. 왜냐하면 존재이해 그 자체의 내부에, 존재라는 것을 향한 통로가 열려 있기 때문이다. 그런데 이 존재이해는 현존재의 존재구성에 속해 있다. 우선 이 존재자가 근원적으로 충분히 해석되고, 그 존재자의 존재구성 안에 포함되어 있는 존재이해 자체도 이해되어야 한다. 이때 우리는 세계 속 존재를 이해하기 위해, 그 안에서 이해되고 있는 존재 및 그 존재의 이해를 가능하게 하는 '전제들'에 대해 비로소 물음을 던질 수 있게 된다.

현존재의 구조는 (시간적으로 연결되지 않은) 개개의 점 상태일 때에는 여전히 어둠 속에 감춰진 부분이 많다. 그러나 관심(또는 걱정)의 근원적 가능성으로서의 시간성이 천명됨에 따라, 우리가 추구해 왔던 현존재의 근원적 해석은 이미 이루어진 듯 보인다. 시간성은 현존재의 본래적 전체 존재가능에 착안해 밝혀졌다. 이 관심의 시간적 해석은, 그 뒤 배려적 세계–내–존재의 시간성을 입증함으로써 확인되었다. 본래적인 전체 존재가능에 대한 분석은, 죽음과 책임과 양심의 등근원적 상호연관이 근본적으로 관심에 의해 이루어진다는 사실을 보여주었다. 그럼 우리는 이렇게 기투된 본래적 실존(관심)을 통해, 현존재를 좀 더 근원적으로 이해할 수 있는 것일까?

현재로서는 실존론적 분석론을 더 이상 철저히 추진할 방법이 없다. 그런데 바로 앞 절(節)에서 실시했던 일상성의 존재론적 의미 고찰은 중대한 의문을 낳았다. 지금까지는 현존재 전체가 그 본래적 전체존재에 관해 실존론적 분석의 예지(豫持) 속으로 들어와 있다고 보았는데, 과연 이것이 정말일까? 물론 현존재의 전체성에 대한 문제 설정은, 나름대로 진정한 존재론적 일의성(一義性)을 지니고 있는지도 모른다. 게다가 위의 물음, 즉 보편적 전체존재에 대한 실존론적 해명이 과연 임박했느냐는 물음은, 애초부터 '종말에 임하는 존재'에 관해서는 이미 해결되었는지도 모른다. 그러나 죽음은 누가 뭐라 해도 현존재의 '종말'에 지나지 않는다. 그것은 형식적으로 볼 때, 현존재의 전체성 그 '한쪽' 끝에 지나지 않는다. 다른 한쪽의 '끝'은 바로 '발단', 바꿔 말하자면 '탄생'이다. 그리고 이 탄생과 죽음 '사이'의 존재자가 (우리가 원했던) 전체의 모습을 보여준다.

그러므로 지금까지 우리가 해왔던 분석론의 방향 설정은, 그것이 아무리 명확하게 '실존하는' 전체존재를 지향해 왔고 또 본래적·비본래적 '죽음에 임하는 존재'를 일의적으로 해석해 왔다 해도, 마침내 한쪽으로 치우쳐 있었던 셈이다. 즉 현존재는 지금까지, 이른바 '앞을 향해서' 실존하고 있는 모습이었다. 따라서 현존재는 이미 있었던 모든 것을 '돌아보지 않는' 모습으로 주제화(主題化)되어 왔을 뿐이다. 그 결과 (최초의) 발단과 관련된 존재가 고려되지 않았을 뿐만 아니라, 무엇보다도 탄생과 죽음 '사이의' 현존재의 연계적 신장(伸長, Erstreckung)이 고려되지 않았다. 현존재는 언제나 그 어떤 방식으로 '삶의 연관' 속에서 스스로를 유지하는데, 우리는 전체존재를 분석할 때 이 '삶의 연관'을 간과해 왔던 것이다.

그렇다면 (탄생과 죽음 사이의 '연관'이라 불리는 것의 존재론적 의미는 매우 불분명하지만) 시간성을 현존재 전체성의 존재의미로 보는 우리의 설정은 여기서 철회해야만 하는 것일까? 아니면 우리가 밝혀낸 이 '시간성'이 오히려, 지금 언급한 '연관'에 대한 실존론적·존재론적 물음의 정확한 방향 설정에 필요한 '지반'을 비로소 제공해 주는 것일까? 아마 이러한 탐구 분야에서는, 자신이 접하는 문제를 너무 쉽게 생각하지 않는 태도를 배우는 일만도 이미 하나의 수확일 것이다.

탄생과 죽음 사이의 '삶의 연관' 성격을 규정하는 일은 얼핏 보기에 참 '간단하게' 느껴진다. 삶의 연관이란, '시간 속에서' 교체되는 온갖 체험의 연속으로 이루어질 테니까. 하지만 삶의 연관을 이렇게 파악하고, 이를 지지해 주는 존재론적 예단(豫斷, 미리 판단한 내용)에 파고들어서 연구하다 보면 기묘한 결과가 나와버린다. 즉 이런 체험의 연속 안에서는 사실 '그때그때의 현재'에서 존재하고 있는 체험만이 그 순간 '현실적'으로 존재하는 셈이고, 반대로 이미 끝난 체험이나 앞으로 하게 될 체험은 더 이상—또는 아직—'현실적으로' 존재하지 않는다는 것이다. 현존재는 양쪽의 한계 사이에서 자신에게 주어진 시간 사이를 통과해 간다고 여겨지는데, 그 주어진 시간은 언제나 '바로 지금'에서만 '현실적'으로 존재하고 있다. 그러므로 현존재는 자신에게 주어진 '시간'의 현재 연속을 차례로 껑충껑충 건너뛰어 가고 있다. 그래서 우리는 현존재를 '시간적'이라고 말한다. 이런 체험의 부단한 교체 안에서, 자신은 하나의 자동성(自同性)으로써 스스로를 유지한다고 여겨진다. 이 지속적인 것의 성격을 어떻게 규정하면 좋을지, 또 체험들의 교체와 이 시간의 지속적 성격이 어떤 관계를 가지는지에 대해서는 여러 의견들이 있다. 이런 의견들이 오가는 사이에, 이 같은 체험의 지속적·교체적 연관의 '존재'는 규정되지 않은 상태로 버려져 있다. 그러나 실제로는, 삶의 연관을 이런 식으로 규정짓는 동안 (우리가 승인하건 말건) 사람들은 '시간 속에서' 존재하고 있는 어떤 객체적 존재자를—물론 '사물적이지 않은 어떤 존재자'로서—이미 염두에 두고 있는 셈이다.

하지만 우리가 앞서 시간성이라는 명칭을 부여하고 밝혀냈던 관심의 존재 의미를 고려하면, 위의 통속적인 현존재 해석은 그 나름대로의 한계 안에서는 정당하고 유효하지만, 탄생과 죽음 사이의 현존재 '신장'을 존재론적으로 분석하는 데에는 적합하지 않다. 그런 분석에서 통속적 해석을 길잡이로 삼는다면, 진정한 분석을 수행하기는커녕 그것을 문제로서 확정조차 못한다.

현존재의 전체성이란 체험들의 총계가 아니다. 즉 연이어 도래해서 이윽고 소멸해 가는 체험들의 '순간적 현실의 총계'로서 실존하는 것이 아니다. 또 이러한 체험들이 어떤 테두리 안을 차츰 채워 나가는 것도 아니다. 왜냐하면 그 때그때 '당면한' 체험만이 '현실성'을 띠며, 그 테두리의 한계를 구성하는 탄생과 죽음은 이미 지나갔거나 앞으로 다가올 체험이므로 현실성이 없다고 여겨지기 때문이다. 그러니 어떻게 그 테두리를 가리켜 현존하고 있다고 말할 수 있겠는가? 하지만 근본적으로는 '삶의 연관'에 대한 통속적 견해에 있어서도, 사람들은 현존재 '외부에' 둘러쳐져 현존재를 감싸고 있는 테두리 같은 것을 염두에 두지 않고, 오히려 이 연관을 정당하게도 현존재 자신의 내부에서 얻으려 하고 있다. 그러나 이때 이 존재자는 암암리에 '시간 속에서 존재하는 객체적 존재자'로 설정되어 있다. 그래서 탄생과 죽음 '사이' 존재의, 존재론적 성격을 규정하려는 시도가 번번이 좌절된다.

현존재는 어떤 형태로든 객체적으로 존재하고 있는 '삶'의 궤도나 도로를, 자신의 순간적 현실의 모든 국면으로 차츰 채워 나가는 건 아니다. 현존재는 '자기 자신을 신장시킨다.' 그러므로 현존재 자신의 존재가 처음부터 신장으로서 구성되어 있는 셈이다. 탄생 및 죽음과 관련된 '사이'는, 사실 현존재의 '존재'에 이미 포함되어 있다. 그리고 이 현존재의 '존재'는, 어느 시점에서만 현실적이고 자신의 탄생과 죽음이라는 비현실에 '둘러싸여' 있는 것은 결코 아니다. 실존론적 의미에서 보자면 탄생이란 이미 '현존하지 않는다'라는 의미에서의 과거는 절대 아니며, 또 죽음은 아직 '현존해 있지 않은' 것이나 언젠가는 도래할, 아직 건너지 않은 미완의 존재양식을 취하는 것도 아니다.

현사실적 현존재는 탄생할 수 있는 것으로서 실존하며, 또 탄생할 수 있는 것으로서 이미—'죽음에 임하는 존재'라는 의미에서—죽음에 이르러 있다. 탄생과 죽음이라는 이 '양끝'과 그 '사이'는, 현존재가 현사실적으로 실존하고 있는 이상 현실에 '존재'한다. 또한 그것들은, 다름 아닌 '관심'으로서의 현존재의 존재에 근거할 때에만 가능해지는 단 하나의 방식으로 존재하고 있다. 세계 속으로 자기존재를 내던지는 피투성과 (도피적 또는 선험적) '죽음에 임하는 존재'와의 통일에 있어, 탄생과 죽음은 이미 현존재적 '연관'의 형태를 이루고 있다. 현존재는 관심으로서 그 '사이'에 '존재'하고 있는 것이다.

그런데 관심 구성의 전체성은, 그 통일성의 가능한 '근거'를 시간성 속에 두고 있다. 그러므로 이른바 '(시간의 흐름에 따른) 삶의 연관'—즉 현존재 특유의 신장성(伸長性)과 동성(動性)과 지속성—을 존재론적으로 해명함에 있어, 우리는 그 실마리를 이 존재자의 시간적 구성의 지평 속에서 찾아야 할 것이다. 실존의 동성(動性)은 객체적 존재자의 운동과는 다르다. 그 동성은 현존재의 신장성에 의해 규정된다. 여기서는 '신장된 자기 신장(das erstreckten Sicherstrecken)' 특유의 동성을, 현존재의 '발현(Geschehen)[1]—곧 역사적 발생—'이라고 부르겠다.

---

1) '발현'의 독일어인 Geschehen으로부터 '역사'로 번역되는 Geschichte가 유래한다는 점에 유의한다. 따라서 '발현'이란, 이를테면 역사적 발현을 가리키는 것이다.

현존재의 '연관'에 대한 물음은, 현존재의 발현 또는 발생을 묻는 존재론적 문제이다. 그리고 이 '발생의 구조'와 그 실존론적·시간적 가능조건을 밝히는 일은, '역사성의 존재론적 이해(ein ontologischen Verständnis der Geschichtlichkeit)'를 획득하는 일이기도 하다.

현존재의 발현에 따르는 특유의 동성과 지속성을 분석하다 보면, 우리의 근본적 탐구는 시간성으로부터 방해물을 없애기 직전에 언급했던 문제로 돌아가게 된다. 다시 말해 우리가 현존재의 가능존재들 가운데 '아무개'로서 규정해 두었던 자신의 상주성(常住性)—즉 현존재로부터의 자립성—에 대한 물음이다.[2] 이 자립성은 현존재 존재양상들 가운데 하나로, 시간 특유의 시간화에 바탕을 두고 있다. 따라서 현존재의 발현의 분석은, 시간화 그 자체의 주제적 탐구라는 문제와 직결된다.

역사성에 대한 물음이 이처럼 '근원'으로 거슬러 올라가는 이상, 역사 문제의 '소재(所在)'에 관해서도 이미 결정이 내려져 있는 셈이다. 그런데 이 소재를 역사 과학으로서의 역사 연구 속에서 찾아서는 안 된다. 이를테면 '역사' 문제를 과학론적으로 논할 때, 단순히 역사학적 파악의 '인식론적' 해명(지멜)이나 역사학적 서술 개념 구성의 논리학(리케르트)을 지향할 뿐만 아니라, 역사 인식의 '대상(對象) 측면'을 본위로 삼는다 해도 역사 문제가 어디에서 비롯되는지는, 과학적 연구로는 찾을 수 없다. 만일 문제를 그런 식으로 설정한다면, 사람들은 역사를 원리적으로 일정 과학의 객체로서만 파악하게 된다. 역사학에 의한 주제화보다 앞서 존재하며 또 그런 주제화의 밑바닥에 숨어 있는 역사의 근본 현상은, 위의 접근 방법을 쓸 경우 완전히 저 먼 곳으로 밀려나 버린다. 역사가 어떻게 역사학의 대상이 될 수 있는가 하는 문제를 명확히 밝히기 위해서라도, 우리는 역사적인 것의 존재양상으로부터, 즉 역사성 및 시간성에 뿌리박고 있는 일련의 현상적 사건들의 모습을 살펴보아야 한다.

역사성의 해명은 시간성에 의거해서, 또 근원적으로는 '본래적' 시간성에 의거해서 이루어져야 한다. 그렇다면 이 과제는 본질상, 현상학적 '구성'을 통해서만 수행될 수 있을 것이다.[3] 역사성의 실존론적·존재론적 구성은, 현존재의 역

---

2) 본서 제64절 참조.
3) 본서 제63절 참조.

사에 대한 통속적 해석 때문에 은폐되어 있다. 그러므로 우리는 이러한 은폐에 대항해서 그 구성을 탈취해야 한다. 이제 우리는 먼저 통속적인 현존재 이해에서 적확한 출발점을 찾아내고, 지금까지 획득해 둔 실존론적 구조를 길잡이 삼아 역사성의 실존론적 '구성'을 살펴볼 것이다.

우리는 근본적 탐구를 위해 우선 역사에 대한 통속적 개념을 밝히고, 보통 어떤 계기들이 역사에서 본질적인 것으로 여겨지고 있는지 살펴볼 예정이다. 그러면 그 결과를 바탕으로, 근원적 의미에서 역사적이라고 불리는 것이 무엇인지를 밝힐 수 있을 터이다. 이로써 역사성의 존재론적 문제를 밝히기 위한 출발점(즉 역사의 통속적 개념과 역사의 본질적 계기의 우선적 연구)이 표시된 셈이다.

그 뒤 우리는 역사성의 실존론적 '구성'을 훑어볼 것이다. 이를 위한 길잡이는 다음의 두 가지, 곧 현존재의 본래적 전체 존재가능에 대한 우리의 해석과 이 본래적 전체성 해석에 의거, 현존재의 관심이 어떤 현상으로 발현되는지를 시간성으로 밝혀낸 분석에서 얻을 수 있다. 따지고 보면 현존재 역사성의 실존론적 기투란, 이미 시간성의 시간화 속에 포함되어 있는 함축을 그저 두드러지게 개시하는 데에 지나지 않다. 역사성이 관심에 뿌리박고 있다는 사실에 따라, 현존재는 그때그때 본래적이거나 비본래적인 양상으로서 역사적으로 실존하고 있다. 앞서 현존재의 실존론적 분석론에서 일상성이라는 명칭 아래 가장 친근한 지평으로서 우리 눈앞에 등장했던 것은, 실은 현존재의 비본래적 역사성(진리의 본질인 현존재로부터 멀어져 분리된 역사성)이었음이 여기서 판명된다.

현존재의 발현에는 본질적으로 개시(開示)와 해석이 속해 있다. 역사적으로 실존하는 이 존재자(현존재)의 존재양상으로부터, 역사를 뚜렷이 개시하고 파악할 실존적 가능성이 생겨난다. 역사의 '주제화', 다시 말해 역사의 '역사학적' 개시는, '정신과학의 역사적 세계 구성'[4]을 위한 전제조건이다. 우리는 여기서 과학(정신과학)으로서의 역사 연구를 실존론적으로 해석해 볼 것이다. 다만 그 유일한 목적은, 역사학이 존재론적으로 현존재의 역사성에서 유래하는 경위를 입증하기 위해서이다. 사실상의 과학(정신과학)적 연구 활동을 표준으로 삼

---

4) 딜타이가 설정한 역사철학적 과제.

는 과학 이론이 그때그때의 문제 설정 우연성에 노출되는 일이 과연 어디까지 허용되는가 하는 '한계의 문제'도, 이 점에 입각할 때 비로소 결정될 수 있다.

현존재의 역사성 분석을 통해 우리가 제시하려는 바는 다음과 같다. 즉 이 존재자는 '역사 속에 놓여 있기' 때문에 '시간적'으로 존재하지 않고, 반대로 그 존재가 근본적으로 시간적이라는 오직 그 이유 때문에 역사적으로 실존하고, 또 역사적으로 실존할 수 있다는 사실이다.

그럼에도 불구하고 현존재는, '시간 속' 존재라는 의미에서도 '시간적' 존재자라고 불리는 일이 분명히 있다. 현사실적 현존재는 달력이나 시계를 필요로 하며, 발달한 역사학 없이도 그것들을 사용하고 있다. 현존재는 '자신에 관해' 일어나는 일을 '시간 속에서' 일어나는 일로서 경험하고 있다. 그리고 이와 마찬가지로 무생물이나 생물에서 일어나는 자연현상도 '시간 속에서' 만난다. 이런 일들은 시간내부적(innerzeitig)이다. 그렇다면 역사성과 시간성 사이의 연관을 고찰하기에 앞서, 시간내부성이라는 의미에서의 '시간'의 근원을, 시간성에서 발견하는 분석을 먼저 해두는 편이 자연스러운 순서일 것이다. 그래서 다음 장[5]에서는 이 분석을 논하겠다. 실제로 통속적 관점에서는, 시간내부성이라는 시간의 도움을 빌려 역사적인 것을 규정짓는 방식이 전적으로 쓰이고 있다. 그러나 이런 시간적 견지에서의 외견상의 것은, 자명성이든 배타성이든 모두 배제하기 위해, 우리는 먼저 역사성을 순수하게 현존재의 근원적 시간성으로부터 이른바 '연역해' 둘 것이다. 이는 '사상(事象)' 그 자체의 연관이 요구하는 순서이기도 하다. 그런데 시간내부성이라는 시간도 현존재의 시간성에서 '파생되는' 것인 이상, 역사성과 시간내부성은 등근원적이다. 그래서 역사의 시간적 성격에 대한 통속적인 해석도, (현존재의 시간성과 근원이 같은 이상) 그 한계 안에서는 정당성을 보유하고 있다.

시간성에 근거해 역사성을 존재론적으로 밝히는 일은 대체로 위와 같이 진행될 것이다. 이로써 우리가 근본적 탐구에 있어 역사 문제를 단숨에 해결할 생각이 아니라는 점은 분명히 밝혀졌다. 역사 문제를 그 '근원적 뿌리' 쪽으로 몰고 갈수록, 우리가 이용할 수 있는 '범주적' 수단의 빈곤함이 더 크게 느껴질

---

5) 본서 제80절 참조.

것이다. 또한 일차적인 존재론적 지평이 불확실한 사실일 뿐이라는 느낌이 더욱 커질 것이다. 그러므로 다음의 고찰에서는, 역사성 문제의 존재론적 소재(所在)를 일단 암시하는 것으로 만족하겠다. 사실 이하의 분석에서 단 한 가지 관심사는, 요즘 세대가 짊어진 '딜타이의 연구 체득'이라는 과제를 개척하면서 추진하는 데에 일조하는 것이다.

역사성의 실존론적 문제를 제시하는 일은, 우리의 기초적 존재론적 목표 설정에 의해 한정될 수밖에 없다. 그러므로 이 한계를 바탕으로 다음과 같이 절을 나누겠다.

역사의 통속적 이해와 현존재의 발생(제73절).

역사성의 근본 구성(제74절).

현존재의 역사성과 세계사(제75절).

현존재의 역사성에 의거한, 역사학의 실존론적 근원(제76절).

역사성 문제에 대한 위의 논술과, W. 딜타이의 연구 및 요르크 백작의 이념과의 연관성(제77절).

73 역사의 통속적 이해와 현존재의 발생

우리의 현재 목표는 역사의 본질에 대한 근원적 물음을 위해, 즉 역사성의 실존론적 '구성'을 위해 적절한 출발점을 찾아내는 일이다. 우리는 무엇이 근원적으로 역사적인지를 밝힘으로써 이 출발점을 찾아낼 수 있다. 그러므로 우리의 고찰은, 현존재에 대한 통속적 해석에서 쓰이는 '역사'나 '역사적'이라는 표현이 무엇을 가리키는지 규정짓는 데에서 시작된다. 이 표현들은 여러 가지 뜻으로 쓰이고 있다.

누구나 쉽게 눈치채겠지만, '역사'라는 말에는 이중적 의미가 있다. 이는 자주 지적되어 온 사실인데 결코 '우연'은 아니다. 그것은 이 표현이 '역사적 현실'을 가리킴과 동시에, 그것에 대해 성립될 수 있는 '역사적 학문'마저 가리킨다는 점에서 드러난다. 역사에 대한 학문(역사학)이라는 의미에서의 '역사'의 어의(語義)는 여기서는 일단 제외하겠다.

역사에 대한 학문이나 객관으로서의 역사를 가리키는 것이 아니라, 반드시 객관화되었다고는 할 수 없는 그 존재자 자체를 가리키는 '역사'라는 표현의 여러 어의들 가운데에서도, 이 역사라는 존재자를 '과거의 것'으로 이해하는 어의가 특히 자주 쓰인다. 이 어의는 "이러저러한 것은 이미 역사에 속해 있다"라는 식의 문장에 나타나 있다. 여기서 '과거의 것'이란, 더 이상 존재하지 않는다거나 여전히 존재하지만 '현재'에는 '영향'을 미치지 않는다는 의미이다. 그런데 과거의 것이라는 의미로 해석되는 역사적인 것에는, 그와 반대되는 어의도 있다. 즉 "사람은 역사로부터 벗어날 수 없다"라는 말로도 쓰인다. 여기서 '역사'는 과거의 것이기는 해도, 지금까지 영향을 미치고 있는 대상을 가리킨다. 어쨌든 과거가 된 역사는, '지금' 현실적인 것이거나 '오늘' 현실적인 것이라는 의미에서의, 즉 '현재'에 적극적·결여적 작용 연관이 있다는 관점에서 이해되고 있다. 이 경우 '과거'는 더욱 주목해야 할 이중적 의미를 포함하고 있다. 과거의 것은 돌이킬 수 없는 방식으로 이전 시대에 속해 있다. 그것은 그 무렵의 사건에 속해 있었던 것이다. 그럼에도 불구하고 그것이 '지금'까지 존재하고 있는 경우도 있다. 그 하나의 예가 그리스의 신전 유적이다. '과거의 그림자'는 그 유적과 함께 여전히 현재적이니까 말이다.

또한 역사는, 이미 지나갔다는 의미에서의 '과거'보다도 오히려 과거로부터의 '유래'를 가리키기도 한다. '역사를 지닌' 물건은 어떤 생성의 연관 속에 위치해 있다. 이때 그것의 '발전'은, 향상일 수도 있고 쇠퇴일 수도 있다. 이 같은 역사를 지니는 것은, 동시에 역사를 '만들어 낼' 수도 있다. 그것은 '시대에 획을 그으면서' '현재에서' '미래'를 규정하고 있다. 여기서 역사는 '과거', '현재', '미래'를 관통하는 사건 및 작용의 '연관'[6]을 가리킨다. 이럴 때의 과거는 어떤 특별한 우위를 차지하지 않는다.

더 나아가 역사는, '시간 속에서' 변하는 존재자 전체를 의미하기도 한다. 마찬가지로 역사는 '시간 속에서' 운동하고 있는 자연과는 구별되며, 인간이나 인간 집단이나 그들의 '문화' 등의 변화와 운명을 가리킨다. 여기서 말하는 역사는, 존재자가 존재양식으로서 발현됨을 의미한다기보다는, 오히려 위와 같은 존재자의 영역(인간집단, 문화의 운명)을 의미한다. 사람들이 이 영역을 자연으로부터 구별하는 것은(그야 자연도 이런 의미에서의 역사에 어떤 양상으로 소속되

---

6) 딜타이의 용어이다.

어 있지만), 인간의 실존이 '정신'과 '문화'에 의해 본질적으로 규정되어 있다는 점을 고려하기 때문이다.

마지막으로 전승되어 온 존재자의 영역을 살펴보자. 이러한 영역은 역사학적으로 인식되어 있든, 아니면 당연한 일로서 그 유래가 감춰진 채로 사람들에게 답습되어 왔을 뿐이든, 어쨌든 전승되어 온 이상 '역사적' 영역이라 여겨진다.

지금까지 소개한 역사의 네 가지 어의를 종합해 보면 다음과 같은 결론이 나온다. 우선 역사란 현존재의 실존하는 가능성의 발현, 시간 속에서 일어나는 특수한 발생을 가리킨다. 그중에서도 상호존재 속에서 '과거가 되어가면서' 동시에 '전승되어서' 현재까지 영향을 주고 있는 것이야말로, 특히 강한 의미에서의 '역사'로 여겨지고 있다.

위의 네 가지 어의는 전부 사건의 '주체'인 인간과 관련되어 있다는 점에서, 일련적으로 연관되어 있다. 그런데 이 사건들의 발생적 성격은 어떻게 규정하면 좋을까? 여기서 발생이란, 모든 과정이 교체되는 계속적인 발생일까? 갖가지 사건들의 흥망일까? 역사의 이런 발생은 어떤 식으로 현존재에 속해 있을까? 현존재는 미리 현사실적(가능성의 현사실)으로 '현존하고' 있다가, 그 뒤 이따금 '역사 속으로' 빠져드는 것일까? 현존재는 온갖 사정이나 사건에 휘말림으로써 비로소 역사적 '존재가 되는' 것일까? 아니면 반대로 이 발생에 의해 비로소 현존재의 존재가 구성되며, '현존재가 그 자신의 존재에 있어 역사적이기 때문에' 갖가지 사정이니 사건이니 운명이니 하는 것들도 존재론적으로 가능해지는 것일까? '시간 속에서' 발생하는 현존재의 '시간적' 성격을 기술할 때, 어째서 과거가 두드러지는 역할을 맡게 되는가?

역사가 현존재의 존재에 속하고 또 이 현존재가 시간성에 바탕을 두고 있다면, 역사성을 실존론적으로 분석할 때에도 우선 뚜렷한 시간적 의미를 지닌 근원적 역사적 사실의 성격부터 밝혀야 할 것이다. 이것이 자연스러운 순서일 터이다. 그럼 역사성의 근본적 구성을 나타낼 준비 과정으로, 역사의 개념에서 '과거'가 차지하고 있는 주목할 만한 우위를 보다 분명하게 밝혀보자.

박물관에 보존되어 있는 가구 같은 골동품은, 어떤 '지나간 시대'에 속해 있는 것이면서도 '현대'에 존재하고 있다. 그 자체는 '아직' 사라지지 않았는데도 이 도구가 지나간 역사적 사실로 여겨지는 이유는 무엇일까? 그것이 역사학적 흥미나 역사적 기념물의 보관이나 풍토지(風土誌) 등의 대상이 되었기 때문일까? 하지만 이런 도구가 '역사학의 대상'이 될 수 있는 것도, 그것이 본래 그 자체에 있어 특정한 의미로 '역사적으로 존재하고 있기' 때문일 뿐이다.

여기서 한 가지 의문이 되풀이된다. 그 존재자는 과거로 사라지지도 않았는데, 우리는 무슨 권리로 그것을 역사적이라고 부르는 것일까? 혹시 이런 '사물'들은 현재까지 존재하고 있지만, 여전히 '어떤 과거의 그림자'를 '품고' 있기 때문일까? 그 사물은 현재 존재하지 않으면서도, 여전히 과거의 '그 사물인가?' 분명히 이런 '사물'들은 변화했다. 그 옛 가구는 '시간이 흐르는 동안' 파손되고 벌레 먹어버렸다. 그러나 이런 변화는 박물관에 있는 동안에도 꾸준히 진행된다. 박물관에서의 변화는, 이 도구를 역사적인 것으로 만드는 특유의 과거적 성격을 띠지 않는다. 그렇다면 이 도구의 어떤 점이 과거적으로 변했는가? 이런 '사물'들이 과거에는 이러저러했지만 지금은 더 이상 그렇지 '않게 되었다'는 것은 대체 무슨 의미일까? 당연한 소리지만 그 사물들은 지금도 특정한 도구이다. 다만 더 이상 쓰이지는 않는다. 그렇다면 선조 대대로 전해 내려온 물건들 대부분과 마찬가지로 그 사물들이 아직도 쓰이고 있다면, 그 사물들은 아직 역사적인 것이 되지 못한 셈인가? 하지만 현재의 사용 여부를 떠나서, 그 사물들은 이미 옛날의 그것이 아니게 되었다. 대체 그 사물의 무엇이 '과거로 사라져 버렸단' 말인가?

사라져 버린 것은 다름 아닌 '그 사물의 세계'이다. 그 세계 안에서 그 사물들이 과거에 하나의 도구연관에 속하며 도구적 존재자로서 만나게 되었고, 배려적 세계-내-존재로서의 현존재에 의해 쓰였던 바로 그 '세계'가 사라져 버렸다. '이 세계'는 더 이상 존재하지 않는다. 그러나 과거에 그 '세계내부에 속해 있었던 것'은 지금도 존재하고 있다. '지금'까지 존재하고 있는 사물도 '그 세계'에 속해 있었던 것으로서, 현재에 존재하는데도 불구하고 '과거'에 속할 수도 있다. 그런데 세계가 더 이상 존재하지 않는다는 말은 무슨 뜻인가? 세계의 '존재'는, 세계-내-존재로서 '현사실적으로' 존재하고 있는, 즉 '실존하는' 현존재의 존재양식에 의해서만 존재한다.

그러므로 지금까지 보존되어 있는 골동품들의 역사적 성격은, 그들이 속해 있던 세계를 살아갔던 현존재의 '과거성(過去性)'에 바탕을 둔 것이다. 그렇다면 '과거로 사라진' 현존재만이 역사적이며, '현대'의 현존재는 역사적이 아니라는 결론이 나오는 걸까? 만약 우리가 '과거로 사라졌다'라는 표현을 '지금은 더 이상 객체적으로도 도구적으로도 존재하지 않는다'라는 의미로 규정한다면, 진리적 본질인 현존재도 애초에 '과거적'인 것이 될 수 있기는 한 걸까? 분명히 현존재는 '결코 과거적인 것이 될 수 없다.' 그것은 현존재가 불멸하기 때문이 아니라 본질상 결코 객체적(또는 도구적)으로 존재할 수 없으며, 오히려 그 존재(가능존재)로서 '실존하는 것'이기 때문이다. 그리고 더 이상 실존하지 않는 현존재는, 존재론적으로 엄밀히 말하자면 과거가 된 것이 아니라, '과거에 현존하고 있었던(nicht vergangen, sondern da-gewesen)' 것이다. 지금까지 존재하고 있는 기념물이 지니는 과거적 성격(역사성)은, 그것이 과거에 현존하고 있었던 현존재의 기재적(旣在的) 세계에 도구적으로 소속되었으며 그 세계로부터 유래한다는 사실에 바탕을 둔다. 이처럼 과거에 현존하고 있었던 현존재가 일차적으로 역사적이다. 그런데 현존재는 더 이상 현(現)에 존재하지 않게 됨으로써 비로소 역사적'이 되는' 것일까? 오히려 현존재는 현사실적으로 실존한다는 바로 그 이유 때문에 역사적으로 '존재하고' 있지 않은가? 현존재는 과거에 현존하고 있었다는 의미에서만 기재적인가? 오히려 현존재는 현재화적·도래적 현존재로서—다시 말해 자신의 시간성의 시간화에 있어—기재적으로 존재하고 있지 않은가?

아직 존재하면서 어떤 방식에 의하여 '과거로 사라진' 역사에 속해 있는 도구에 대한 분석은 위와 같다. 이 분석으로 밝혀졌듯이 이런 존재자가 역사적으로 존재하는 일은, 오직 그 존재자의 세계 소속성에 근거할 때에만 가능하다. 또 한편으로 그 세계가 역사적 존재양상을 지니고 있는 까닭은, 그 역사가 현존재의 존재론적 성격을 발현시키고 있기 때문이다. 게다가 이 분석은 다음 사실도 밝혀준다. 즉 '과거성'이라는 시간적 규정에는 아직 일의적 의미가 부족하다는 사실, 그리고 우리가 이미 현존재의 시간성에 대한 탈자적 통일(현존재로부터 이탈하면서도 유지하는 통일성)의 구성 계기로서 살펴보았던 '기재성'과, 이 '과거성'은 엄밀히 말하면 좀 다르다는 사실이다. 그렇다면 다음의 수수께끼가 더욱 깊어진다. 기재성은 현재 및 도래와 똑같이 근원적으로 시간화하는데도, 왜 역사적인 것을 규정할 때에는 '특히 과거성'이—좀 더 적절히 말하자면 기재성이—우세해지는 것일까?

우리의 주장에 따르면 '일차적으로' 역사적인 것은 현존재이다. 그러나 '이차적' 의미에서는 세계내부적으로 만나게 되는 사물도 역사적이다. 그것도 좀 더 넓은 의미에서 주변에 있는 도구적 존재자뿐만이 아니라, '역사의 지반'으로서의 환경적 '자연'도 이차적 의미에서 역사적이다. 이처럼 현존재적이지 않으면서도 저마다의 세계 소속성에 근거해서 역사적으로 존재하는 도구존재나 자연 등을, 우리는 세계사적인 것(das Welt-geschichtliche)이라고 부른다. 앞으로 밝혀지겠지만, '세계사'라는 통속적 역사 개념은 바로 이 이차적 의미에서의 역사적인 것을 본위로 삼아 발원했다. 우리가 말하는 세계사적인 것은, 역사학적 객관화에 근거함으로써 비로소 역사적으로 존재한다기보다, 오히려 세계내부에서 만나게 되는 모습 그 자체로서 이미 역사적으로 '존재하고 있는' 것을 가리킨다.

아직 존재하고 있는 도구의 역사적 성격을 분석함으로써, 우리는 일차적으로 역사적 존재로서의 현존재 앞까지 되돌아왔다. 게다가 이번 분석의 결과, 역사적인 존재 일반의 시간적 성격 기술에서 객체적 존재자의 시간–내–존재성을 일차적 표준으로 삼는 일이 허용되는지 여부도 의심스러워졌다. 다시 말해 존재자는 더욱 먼 과거로 떠나감에 따라 한층 '역사적'이 되지는 않는다. 그러므로 가장 오래된 것이 가장 본래적 의미에서도 역사적이지 않다. 본래적 의미에서 역사적으로 존재하는 것의 역사성에서는, 지금 및 현재로부터의 '시간적' 거리는 어떤 일차적인 구성적 의미도 갖지 않는다. 그렇다고 이 존재자가 '시간 속에서' 존재하지 않고 무(無)시간적으로 존재하고 있기 때문은 아니다. 오히려 그 이유는 이렇다. 즉 이 존재자는 '시간 속에서' 존재하고, 또 과거로 떠나가는 일이 존재론적으로 본질상 결코 가능하지 않을 만큼, '근원적 의미에서 시간적으로' 실존한다.

지나치게 에두른 고찰이라고 생각하는 사람들도 있을 것이다. "근본적으로 볼 때 현존재가 역사의 일차적 '주체'라는 점은 그 누구도 부인하지 않으며, 이 사실은 위의 통속적 역사 개념이 충분히 밝히고 있다"라고 그들은 말할 것이다. 하지만 "현존재는 역사적이다"라는 테제는, 인간은 단순히 세계사의 부침

(浮沈) 속에서 갖가지 사정 및 사건의 흐름에 희롱당하는 얼마쯤 중요한 '원자 (原子)'라는 존재적 사실만을 뜻하는 것이 아니다. 오히려 이 테제는 이러한 문제를 제시한다. 즉 '역사적' 주체의 주체성에 본질적 구성으로서의 역사성이 속해 있다는 사실은, 어떤 의미에서 그런지 또 어떤 존재론적 조건에 근거하는지를 묻는다.

74 역사성의 근본 구성

현존재는 사실상 그때마다 스스로의 '역사'를 지닌다. 그럴 수 있는 까닭은, 현존재자의 존재가 역사성으로 구성되어 있기 때문이다. 지금부터 이 테제를 중심으로 그 근거를 밝혀보겠는데, 그 목적은 역사의 '존재론적' 문제가 실은 실존론적 문제임을 나타내는 일이다.

우리는 현존재의 존재를 관심으로서 한정 지어 두었다. 관심은 시간성에 바탕을 두고 있으므로, 우리는 실존을 역사적인 것으로서 규정하는 발원을 이 시간성의 범위 안에서 찾아내야 한다. 말하자면 현존재의 역사성에 대한 해석은, 근본적으로는 시간성을 더욱 구체적으로 개발하는 일인 셈이다. 앞서 우리는 본래적 실존의 양태에 주목하면서 시간성을 밝히고, 이 양상을 선험적 결의성으로서 규정해 두었다. 그런데 이 선험적 결의성 속에 어째서 현존재의 본래적 발원이 잠재해 있을까?

결의성이란 침묵하면서 불안을 각오하고 스스로의 책임 있는 존재를 향해 자신을 기투하는 일로서 규정되었다.[7] 이 결의성은 '선험적' 결의성으로서, 고유의 본래성을 띤다.[8] 현존재는 이 선험적 본래성 안에서 스스로 존재 가능했었다는 점으로부터 자기를 이해하고, 이 세계 속에서 죽음을 응시해야 하는 고통을 견뎌내면서, 자기 자신인 존재자를 그 세계 속으로의 피투성에서 완전히 받아들이게 된다. 자신의 현사실적 '현(現)'을 결의적으로 받아들인다는 것은 곧 상황에 대한 결의를 뜻한다.

현존재가 그때그때 '현사실적으로' 무엇에 대해 결의하는가 하는 문제는, 실존론적 분석의 원리로는 논할 수 없다. 게다가 당면한 근본적 탐구를 할 때

---

7) 본서 제60절 참조.
8) 본서 제62절 참조.

에는, 실존의 현사실적 여러 가능성을 실존론적으로 기투하는 일마저 배제되고 있다. 그럼에도 불구하고 현존재가 자신을 현사실적으로 기투하는 온갖 가능성이 '일반적으로' 어디에서 포착되어 오는가 하는 문제는 살펴보지 않을 수없다. 실존의 뛰어넘을 수 없는 가능성, 즉 죽음을 향해 선험적으로 스스로를 기투하는 일은, 결의성의 전체성과 본래성을 보증하는 데에 지나지 않다. 현사실적으로 개시되는 실존의 가능성은 죽음에서 이끌어 낼 수 없다. 더구나 가능성을 향한 선험은 가능성에 대한 사유(思惟)가 아니라, 오히려 현사실적 현(現)으로 되돌아오는 일이므로 위의 일은 더더욱 불가능하다. 그렇다면 자신의세계 속에 자기가 내던져져 있다는 사실을 받아들였을 때, 열어 보여지지 않는지평(또는 경지)은 무엇일까? 그리고 그 열리지 않는 지평으로부터 실존은 스스로의 현사실적 가능성을 이끌어 내는 것이 아닐까? 게다가 현존재는 결코자신의 세계 속에서의 피투성 뒤편으로 돌아가지 못한다고 말하지 않았던가? 현존재가 자신의 본래적 실존가능성을 세계 속에서의 피투성으로부터 포착해오는지 어떤지에 대해 성급히 결정하기 전에, 먼저 피투성이라는 관심의 근본적 규정성의 완전한 개념부터 확실히 해두어야 할 것이다.

현존재는 피투성에 있어, 자기 자신과 자신의 존재가능에 내맡겨져 있다. 하지만 '그것은 어디까지나 세계—내—존재로서' 내맡겨져 있다. 현존재는 내던져져서 어떤 '세계'에 의존하여, 현사실적으로 다른 사람들과 함께 실존하고 있다. 우선 대체로는, 자기는 세인 속으로 상실되어 있다. 자기는 그때그때마다'평균적'인, 현존재의 공공적 기존 해석에서 '통용되고 있는' 실존가능성들에의거해서 자신을 이해하고 있다. 이러한 가능성들은 대개 애매함에 가려져 있어 분간하기 어렵지만, 어쨌든 친숙한 가능성들이다. 그리고 본래적인 실존적이해라고 해도, 기성 해석의 영향을 아예 안 받을 수는 없다. 오히려 본래적인실존적 이해는, 기성 해석으로부터 출발해 그것에 반항하다가도, 마지막에는그 해석을 위해서 스스로 선택한 가능성을 결의하며 포착한다.

현존재는 결의성 속에서 자기 자신으로 되돌아온다. 그 결의성은, 본래적 실존의 그때그때의 현사실적 가능성들을 개시한다. 그리고 결의성은 이런 가능성들을, 그것이 피투적 결의성으로서 스스로 '떠맡고 있는 유산(遺産) 속에서'열어 보인다. 결의를 통해 피투성으로 되돌아오는 일 속에는, 전해져 내려온 가능성을 '스스로 전승(傳承)한다'는 뜻이 포함되어 있다. 이때 그런 가능성들이 전해져 내려온 것들'로서' 이해될 필요는 없다. 모든 '선(善)한 것'이 상속재산이고 또 그것의 '선함'이 본래적 실존을 가능하게 하는 일에 내포되어 있다면, 유산의 계승은 그때그때의 결의성 안에서 성립하는 셈이다. 현존재의 결의가 본래적일수록, 바꿔 말해 가능한 죽음으로의 선험에 있어 현존재가 가장 고유한 두드러지는 가능성 속에서 스스로를 완전히 이해할수록, 그 자신의 실존 가능성의 선택적 발견에서는 그만큼 애매함과 우연성이 줄어든다. 죽음(가능하고 필연적인 죽음)으로의 선험만이 모든 우연한 '잠정적' 가능성들을 몰아낸다. 죽음 '을 향해 열려 있는 자유'만이 현존재에게 단적인 목표를 주며, 실존을 스스로의 유한성 속으로 돌입하게 한다. 스스로 선택한 실존의 이 유한성은, 다양한 방식으로 유혹해 오는 안락함이나 경솔함, 도피 같은 친근한 가능성들의 무한한 덩어리로부터 현존재를 끌어내어, 그것을 자기 '운명(Schicksal)'의 단순함 속으로 끌어들인다. 여기서 운명이라는 것은 본래적 결의성 속에 숨어 있는 현존재의 근원적 발생을 가리킨다. 그 안에서 현존재는 죽음을 향해 자유로우면서, 상속되고, 게다가 스스로 선택한 가능성에서의 자기 자신에게 스스로를 전승해 간다.

현존재가 다양한 운명의 변화에 타격을 받곤 하는 이유도, 현존재가 그 존재의 근거에서 위와 같은 의미의 운명'으로 존재하기' 때문이다. 전승하는 방식으로 자신을 부탁하는 결의성에 있어 현존재는 운명적으로 실존하며, 세계–내–존재로서는 '운 좋은' 사정의 '마중'과 우발적 일의 가혹함 모두를 향해 열려 있다. 잡다한 사정이나 사건의 충돌로 인해 운명이 비로소 발생하는 것은 아니다. 결의하지 않은 사람도 이런 사정이나 사건에 의해 쫓긴다. 아니, 이 경우 그는 스스로 선택한 사람보다도 더 심하게 쫓겨 다닌다. 그러면서도 운명을 진짜로 '갖지는' 못한다.

가능성을 선험하면서 자기 내부에서 죽음의 위력을 키워 나갈 때, 현존재는 죽음을 향해 자유로워지며 그 유한한 자유에 깃드는 자신의 '압도적 힘'에서 자신을 이해한다. 그리고 그때그때의 선택이 스스로 선택한 것 안에서만 '존재하는' 이 유한한 자유에 있어, 현존재는 자기 자신에게 떠맡겨져 있는 '무력(無力)'을 받아들이고 그곳에 개시되어 있는 상황의 모든 우연을 꿰뚫어 짐작하게 된다. 그러나 운명적 현존재는 세계–내–존재인 이상, 본질적으로 다른 사람들과의 공동존재에서 실존한다. 그러므로 이 현존재의 발생은 공동발생이며, '공동운명(Geschick)'의[9] 성격을 지닌다. 다시 말해 그것은 공동체의 운명적 발생, 민족의 발생이다. 공동운명이란 여러 가지 개별적 운명의 합성체가 아니다. 이는 우리들 상호존재가 몇 가지 주관의 집합적 출현이 아닌 것과 마찬가지이다.[10] 동일한 세계 안에서의 우리들 상호존재에 있어, 그리고 특정 가능성에 대한 결의성에 있어 개개인의 운명은 이미 처음부터 인도되고 있었다. 그 공동운명의 위력은 상호 전달 및 투쟁 속에서 비로소 발휘된다. 자기 '세대'[11] 안에서의, 또 그것과 함께하는 현존재의 운명적 공동발생이야말로, 현존재의 완전한 본래적 발생을 구성한다.

침묵하면서 불안을 각오하고 스스로의 책임 있는 존재를 향해 자기를 기투하는 일에는, 온갖 역경을 각오하는 무력하고도 압도적인 힘이 존재한다. 이것이 운명으로서 존재하는 것이다. 이 사실은 자신의 존재론적 가능 조건으로서 관심이라는 존재구성, 즉 시간성을 요구한다. 생각건대 관심과 마찬가지로, 어떤 존재자의 존재 안에 죽음과 책임, 양심, 자유, 유한성이 등근원적으로 동거하고 있을 때에만, 그 존재자가 운명이라는 양상으로 실존할 수 있다. 다시 말해 이 경우 존재자는 실존의 근거에 있어 일관성 있게 역사적으로 존재할 수 있는 셈이다.

본질상 자기 존재에 있어서 '도래적'이며 그렇기에 자신의 죽음을 향해 자유롭게 열려 있는, 또 죽음에 부딪쳐 부서짐으로써 자신의 현사실적 현(現)에 도로 내던져질 수 있는 존재자, 다시 말해 도래적이면서 등근원적으로 '기재적'인 이런 존재자만이 상속된 가능성을 자기 자신에게 전승하도록 하면서, 자신의 피투성을 떠맡고 '자기 시대'를 향해 '순간적'으로 존재할 수 있다. 본래적인 동시에 유한적이기도 한 시간성만이 운명이라는 것을, 즉 본래적 역사성을 가

---

9) 이하의 본문을 봐도 알 수 있듯 '숙명(Schicksal)'은 한 사람 한 사람의 개인에 관련되고, '운명(Geschick)'은 공동체 내지는 민족에 관련되는데, 《존재와 시간》 이후의 하이데거는 '운명'에 이와는 다른 술어적 의미를 부여했다.

10) 본서 제26절 참조.

11) '세대'의 개념에 대해서는 W. 딜타이 〈인간, 사회 및 국가에 관한 과학의 역사에 대한 연구〉 참조.

능하게 한다.

결의성(곧 현존재 개시성의 두드러진 모습)을 향해 자신을 기투하는 가능성이 어디에서 유래하는지를, 결의성은 언제나 '명확히' 알고 행하지는 않는다. 하지만 결의성을 향해 자기를 기투하는 실존적 존재가능을, 전승된 현존재의 이해 속에서 명확히 끌어낼 가능성은 현존재의 시간성에 달려 있다. 정확히는, 결의할 실존가능을 오직 그 현존재의 시간성(시간에 따른 사건의 경위)에서만 이끌어낸다. 이럴 경우 자신에게 돌아와서 자신을 전승하도록 부탁하는 결의성은, 계승되어 온 어떤 실존가능성의 '반복(反復)'이 된다. 여기서 말하는 반복이란, 명확한 자각 아래에서 이루어진 전승(예로부터 있어온 실존가능성의 반복)을 가리킨다. 그것은 과거에 현존하고 있었던 현존재의 갖가지 가능성들 속으로 귀환하는 일을 뜻한다. 기재적 실존가능성을 본래적(근본을 잃지 않고)으로 되풀이하는 일, 다시 말해 현존재가 스스로 자신의 영웅을 선택하는 일은, 실존론적으로는 가능성의 선험적 결의성에 근거한다. 왜냐하면 반복 가능한 일에 대한 충성스러운 순종의 투쟁을 향해 우리를 자유롭게 만드는 것은 선택이지만, 이 선택이 처음으로 스스로 선택되는 것은 바로 결의성 속에서이기 때문이다.

그러나 어떤 기재적 가능성을 되풀이해서 그 가능성이 자신에게 전승되게끔 하는 일은, 과거에 현재하고 있었던 현존재를 다시 현실화하기 위해 그 가능성을 개시하는 것은 아니다. 가능한 반복이란, '과거로 사라진 것'을 다시 데려오는 일이 아니며, 이미 '시대적으로 뒤떨어진 것'에 '현대'를 결부시키는 일도 아니다. 반복은 결의성에 있어서의 자기 기투에서 발원한다. 그러므로 반복은, '과거로 사라진 것'에 설득되어 그 사라진 것을 과거 현실적이었던 모습 그대로 재현하라는 권유를 받을 수는 없다. 오히려 반복은 과거에 현존하고 있었던 실존의 가능성에 대한 '응답(erwidern)'이다. 그런데 결의하면서 그 가능성에 응답하는 일은 순간적 응답으로, 이는 현재에 '과거'가 아직 영향을 미치고 있는 사실에 대한 반역(反逆)이다. 왜냐하면 반복은 스스로를 '과거로 사라진 것'에 내맡기지도 않고, 진보를 지향하지도 않기 때문이다. 모든 반복은 순간적인 본래적 실존이기만 하다면 아무래도 좋은 일인 것이다.

반복이란 우리가 앞서 말했듯이, 자신을 전승하면서 부탁하는 결의성의 양상인데, 현존재는 이 반복에 의해 뚜렷하게 운명(진리의 본질로부터의 근원적, 본래적 운명)으로서 실존한다. 그러므로 운명은 현존재의 근원적 역사성을 구성한다. 따라서 역사의 본질적 무게는 과거로 사라진 것에 있지 않고, 오늘날 및 과거로 사라진 것과 오늘날 사이의 '연관' 속에 있지도 않으며, 현존재의 '도래', 즉 진리적 본질의 도래로부터 발원하는 실존의 본래적 발현 속에 있는 것이다. 역사는 현존재의 존재양상으로서 본질적으로 도래에 뿌리박고 있다. 그렇기에 (미리 성격 지어 두었던) 현존재의 가능성으로서의 죽음이, 그 죽음의 가능한 선험적 실존을 세계 속에서 인식한다. 이렇게 죽음을 스스로의 '현사실적 세계 속으로의 피투성' 쪽으로 다시 던지고, 이를 통해 비로소 미리 존재하던 '기재성'이라는 것이 (과거의) 역사적인 것 속에서도 독특한 우위를 차지한다고 여기기 때문이다.

죽음에 임하는 본래적 존재, 곧 시간성의 유한성이야말로 현존재 역사성의 은폐 근거가 된다. 현존재는 반복을 통해 비로소 역사적이 되지는 않는다. 오히려 현존재 자신이 시간적인 것으로서 역사적이기 때문에, 자신의 역사에 있어 시간이 흐름에 따라 반복적으로 자기를 떠맡을 수 있다. 현존재가 이렇게 스스로 시간성과 역사성을 띠니까 현존재(진리의 본질)를 위해서는 아직 어떤 역사학도 따로 필요치 않다.

결의성 속에는 선험하면서, 또 자신을 순간의 현(現)에 전승하면서 부탁하는 일이 포함되어 있다. 우리는 이러한 결의성의 일을 운명이라고 부른다. 또한 그 안에는, 다른 사람들과 함께인 공동존재에서의 현존재 공동운명이 근거하고 있다. 이 운명적 공동발생은 그것이 전래되어 온 유산과 연대하고 있다는 점에 착안하면, 반복 속에서 명확하게 개시될 수 있다. 이리하여 반복은 현존재에게 현존재 자신의 역사를 비로소 나타내 준다. 발생 자체와 그 발생에 귀속하는 개시성 및 이 개시성을 획득하는 일은, 실존론적으로 보자면 현존재가 시간적인 것으로서 탈자적으로 (독립해서) 열어 보여진다는 점에 근거하고 있다.

지금까지 우리가 선험적 결의성 속에 잠재되어 있는 발생에 의거해 역사성으로서 논해 온 것을, 여기서는 현존재의 '본래적' 역사성이라고 부르겠다. (옛 실존가능의) 도래 속에 뿌리내리고 있는 '전승 부탁'과 '반복'이라는 두 가지 현상을 살펴본 결과, 본래적 역사성의 발생 무게가 왜 기재성 속에 두어져 있는지가 판명되었다. 그런데 이러한 운명으로서의 발생이 대체 어떤 식으로, 탄생에서 죽음에 이르기까지의 현존재 '연관' 전체를 구성하는가? 이 수수께끼는 더욱 깊어졌다.

우리는 역사성의 문제를 연구하기 위해 결의성으로 돌아왔다. 이 사실이 역사성 문제에 어떤 해답을 줄 수 있을까? 결단이니 결의니 해도, 그것은 어디까지나 전체적 체험연관(體驗聯關)의 경과 속에서 나타나는 개별적인 '체험'에 불과한 게 아닐까? 그런 결의를 가지고 과연 끊임없이 이어진 하나의 연속으로부터 본래적 발생의 '연관'이 성립된다고 말할 수 있을까? '삶의 연관'의 구성을 묻는 물음에 우리가 충분히 만족스럽게 대답하지 못하고 있는 이유는 대체 무엇일까? 혹시 우리는 근본적 탐구에 있어 답을 찾으려고 너무 서두른 나머지, '물음' 자체의 정당성은 제대로 검토해 보지도 않았는지 모른다.

실존론적 분석론이 지금까지 거쳐 온 과정을 돌아보면, 현존재의 존재론이 통속적 이해의 유혹에 거듭해서 빠지고 있다는 기정사실만큼은 매우 분명하다. 그런 일을 방법적으로 막으려면, 현존재의 연관 구성을 향해 던져지는 지극히 '자명한' 물음의 '근원'을 추적하고, 그 물음이 어떤 존재론적 지평 (또는 경지) 속에서 움직이고 있는가를 규정해야 한다.

현존재의 존재에 역사성이 속해 있다고 한다면, 비본래적 실존도 역사적일 것이다. 만약 현존재의 '비본래적' 역사성이 '삶의 연관'에 대한 물음의 방향을 규정함으로써, 본래적 역사성과 그 고유한 '연관' 사이의 통로를 막고 있다면 어떨까? 그 사정이야 어떻든 간에, 역사의 존재론적 문제를 충분히 완전한 모습으로 제출하기 위해서는, 아무래도 현존재의 비본래적 역사성을 고찰하지 않고 넘어갈 수는 없다.

75 현존재의 역사성과 세계사

당장 대체로 볼 때 현존재는, 환경세계 내부에서 만나게 되며 배시적(주변과 관계적)으로 배려되는 존재자를 통해서 스스로를 이해하고 있다. 이 같은 이해는, 그저 현존재의 여러 행동들에 수반될 뿐인 단순한 자기 인식과는 다르다. 이해란 세계-내-존재의 그때그때의 가능성을 향해 자신을 기투하는 일이며, 또 그러할 가능성으로서 실존하는 일을 의미한다. 이리하여 이해는, 세인이라는 비본래적 실존(진리의 본질인 현존재로부터 멀어져 본래성을 잃은 채 세계 속에 있는 실존)조차도 상식성(常識性)이라는 양태로서 구성하고 있다. 그런데 일상적 배려가 공공적 상호존재 속에서 만나는 대상에는, 도구나 제품뿐만이 아니라 그와 관련되어 '일어나는 일', 다시 말해 '장사'니 사업이니 사고(事故)니 재해니 하는 것들도 포함된다.

'세계'는 위와 같은 대상들의 지반인 동시에 무대이며, 이런 무대로서 일상생활의 갖가지 일들에 속해 있다. 이 공공적 상호존재 내부에서는, 그 자신(현존재의 비존재적 자신)과 더불어 헤엄치고 있는 다른 사람들도 이 영위(營爲) 안에서 만난다. 그 사람들은 그런 '세인(세인화된 현존재의 존재)'의 움직임을 잘 알고 있으며, 그것을 화제로 삼거나 찬성 혹은 반대하거나, 또 신경 쓰거나 잊어버리거나 한다. 하지만 이 경우, 사람들은 언제나 그에게서 '무엇이' 영위되고 어떤 '결과가 나올지'를 주로 염두에 두고 있다. 우리는 개별적 현존재의 성공·부진·신상의 변화·'총계' 등을, 당장은 배려되고 있는 대상의 진전·정체(停滯)·변화·효용 등으로부터 산출하고 있다. 이런 일상적 상식성의 현존재 이해에 대한 지적은, 매우 평범하긴 해도 존재론적으로 보면 결코 투명하지는 않다. 그렇다면 현존재의 '연관'을 규정할 때, 왜 배려되고 '체험되는' 것들을 바탕으로 생각해서는 안 된다는 것일까? 도구나 제품 및 현존재가 관련하고 있는 모든 사물도, 그 나름대로 '역사'에 속해 있지 않을까? 그게 아니라면 혹시 역사의 발생이란, 개별적 주관의 내부에 있어서 '체험의 흐름'이라는 고립된 경과에 불과한가?

확실히, 역사라는 것은 온갖 객관의 변화들로 이루어지는 운동의 연관이 아니며, 또 '주관'의 허공에 붕 뜬 체험의 연속도 아니다. 그렇다면 역사의 발생은, 주관과 객관의 '연쇄' 같은 것인가? 이를테면 역사의 발생을 주관·객관 관계와 관련되었다고 생각한다 해도, 그 연쇄야말로 근본에서 '발생하는' 일인 만큼 우리는 당연히 그 연쇄 자체의 존재양상을 문제로 삼아야 할 것이다. "현존재는 역사적이다"라는 테제는, 무세계적 주관이 역사적이라는 의미가 아니라, 세계–내–존재로서 실존하고 있는 존재자가 역사적이라는 뜻이다.

역사적 발생은 곧 세계–내–존재의 발생이다. 현존재의 역사성은 본질적으로 세계의 역사성이다. 그리고 세계는 탈자적·지평적 시간성(현존재로부터 독립해서 세계 속에 피투된 장소 한계와 시간적 배경)을 바탕으로 이 시간성의 시간화에 속해 있다. 현존재 속의 가능존재가 현사실적으로 실존하고 있는 이상, 그 실존의 존재는 언제나 세계내부에서 발견되는 존재들과 만나고 있다. 역사적인 세계—내—존재의 실존과 더불어, 도구적 존재자나 객체적 존재자가 처음부터 세계의 역사 속에 편입되어 있는 셈이다. 도구나 제품, 이를테면 책 등도 저마다의 '운명'을 가지고 있으며, 건조물이나 제도도 그 나름의 역사를 가지고 있다. 그런데 이와 마찬가지로 자연도 역사적이다. 물론 이것은 '자연사(自然史)'라고 말할 때의[12] 자연이 '아니라', 차라리 풍토·식민지·개척지로서나 전쟁터·예배소로서의 자연을 의미한다. 이러한 세계내부적 존재자들은 근재(根材)적이다. 다시 말해 존재자란 세계내부에서 만나게 되는 이상 미리 처음부터 역사적으로(근재적으로) '존재하고' 있다. 이 존재자들의 역사는, '마음'의 '내면적' 역사에 단순히 수반될 뿐인 '외면적인 것'은 아니다. 이런 세계내부적 존재자를 우리는 세계사적인 것(본질성 재(材))이라고 할 수 있다. '세계사(Welt-Geschichte)'라는 이 표현은, 여기서는 존재론적 의미를 지니는 것으로서 특별히 선택된 표현이다. 그러므로 이 표현의 이중적 의미에 주의할 필요가 있다. 이것은 첫째로, 세계가 현존재와의 본질적 실존적 통일을 이루고 나서 세계 그 자체를 발생시킴을 의미한다. 그리고 현사실적으로 실존하는 세계와 더불어 그때마다 어떤 세계내부적 존재자가 발견되어 있다는 점으로 볼 때, 세계사라는 표현은 두 번째 뜻을 지닌다. 즉 그것은 도구적·객체적 존재자의 세계내부적 '생기(生起)'도 의미한다.

역사적 세계는 현사실적으로 세계내부적 존재자의 세계로서만 존재한다. 도구나 제품 자체에서 '생기'하는 것은 특유의 동성(動性)을 지니고 있는데, 이 성격은 아직도 완전히 불명료한 채로 남아 있다. 예컨대 '건네어져' '손가락에 끼워져' 있는 반지는, 그 존재에 단순히 위치 변화만을 겪은 것이 아니다. '무언가에' 어떤 일이 '일어났다'고 말할 때의 발생이 지니는 동성은, 결코 위치 변화로서의 운동에 의거해 파악될 수는 없다. 이는 온갖 세계사적 '경과'나 사건에 대해서도, 어떤 의미로는 자연의 참사에 대해서까지도 마찬가지이다. 그러나 세계사적 발생의 존재론적 구조 문제를 여기서는 더 깊이 살펴볼 수 없다. 아무래도 현재 주제의 한계를 넘어가게 되기 때문이다. 게다가 우리의 문제 제시

---

12) 역사의 동성(動性)과 구별해서 '자연 발생'을 존재론적으로 한정한다는 문제는 오랫동안 충분히 평가받지 못했다. F. 고틀《역사의 한계》(1940년)에서의 고찰을 참조.

의도는 '발생 일반의 동성에 관한 존재론적 수수께끼' 앞으로 향하는 것이니, 더욱 위 문제에 매달릴 수는 없는 노릇이다.

여기서 중요한 일은, 현존재의 역사성이라고 말할 때 존재론적으로 이 역사성에 함축될 수밖에 없는 현상들의 범위를 한정하는 일이다. 세계의 초월은 시간성에 의거하고 있지만, 이 초월을 근거삼아 실존하는 세계-내-존재의 발생에서는 언제나 이미 세계사적인 것이 '객관적으로' 현존하고 있다. 이 경우 세계사적인 것이 반드시 역사학적으로 파악되고 있을 필요는 없다. 그리고 현사실적 현존재는 배려되는 존재자 속으로 퇴락하면서 몰입해 있으므로, 자신의 역사를 당장은 세계사적인 것으로 이해하고 있다. 게다가 통속적 존재이해에서는 '존재'라는 것이 무조건 객체적 존재성으로 이해되고 있으므로, 세계사적인 것의 존재는 도래하고 현재하고 소멸해 가는 객체적 존재라는 의미로 경험되고 해석된다. 마지막으로 존재 전반의 의미는 매우 자명한 것으로 여겨지고 있으므로, 세계사적인 것의 존재양상 또는 발생 일반의 동성에 대한 물음은 쓸모없고 번거롭기만 한 탐색에 지나지 않게 된다.

일상적 현존재는 날마다 '일어나는' 무언가 속에 흩어져서 존재하고 있다. 배려가 처음부터 '빈틈없이' 예기하고 있는 여러 가지 기회나 사정이 쌓이고 쌓여 '운명'이 되는 셈이다. 이처럼 배려된 것들에 의거해서 비본래적으로 실존하는 현존재는, 나중에 자신의 역사를 계산한다. 그리고 '사업' 때문에 바쁜 현존재가 자신의 역사를 계산해서 스스로에게 돌아가려 할 경우, 그때그때의 '사건'의 혼란스러움과 무관함 속으로부터 다시금 자신을 주워 모아야 한다. 그러므로 애당초 위와 같은 비본래적 역사성의 이해 지평 속에서만 다음 문제가 생긴다. 즉 '그 나름대로' 객체적으로 존재하고 있는 주관적 체험들의 총합처럼 계산되는 현존재와의 '연관'이 어떤 식으로 '이루어지는가' 하는 문제이다. 이런 현존재와의 연관성에 대한 물음의 영역이 힘을 발휘하는 까닭은, 대개 사람이 결의하지 못하고 현존재와의 연관성에 집착하기 때문이다.

탄생과 죽음 사이의 여러 체험들을 연쇄적 연관적으로 통일시킨다는 의미에서 현존재 '연관'에 대한 물음은, 지금까지 설명한 내용에 의해 그 '근원'이 밝혀졌다. 이런 유래를 보면, 현존재의 발생의 전체성에 대해 근원적인 실존론적 해석을 시도하려는 우리에게 위의 질문 방식이 얼마나 부적절한지를 깨달을 수 있다. 그러나 한편으로는 '삶의 연관'에 대한 물음이 근본적으로 지향하는 대상을 '존재론적 근거를 지닌 문제'라는 형태로 표명하려 할 때, 현존재의 본래적 역사성(운명과 반복) 등이 그것을 위한 현상적 지반을 도저히 제공하지 못하는 것처럼 보이는 이유도, 위의 '자연스러운' 물음의 지평이 지배적이라는 사실로써 설명할 수 있다.

이미 일어났고 또 현(現)에 있어서도 일어나고 있는 '체험'들의 교체를 나중에 하나의 '연쇄'로 만들기 위해서는, 현존재는 무엇으로부터 그 연관의 통일을 얻어야 할까? 이런 형태로 질문해서는 안 된다. 오히려 문제는 다음과 같다. 즉 현존재가 흩어진 것들 속에서 나중에서야 자신을 주워 모으고, 또 그러기 위해 포괄적 통일을 스스로 고안해 내야만 할 정도로 자신을 상실하는 것은, 현존재 자신의 어떤 존재양상에 있어서인가가 문제이다. 앞서 우리는 현존재의 세인 및 세계사적인 것 속으로의 자기상실이, 죽음에 임하면서 행하는 도피임을 밝혔다. 이 '······에 임하면서 행하는 도피'는, 죽음'에 임하는' 존재가 관심의 근본적 규정성 가운데 하나라는 점을 나타내고 있다. 그리고 선험적 결의성은 이 '죽음에 임하는 존재'를 본래적 실존 속으로 끌어들인다. 그런데 이 결의성의 발생이란, 곧 계승된 온갖 가능성들을 선험하면서 자신에게 전승하고 되풀이하는 일이다. 우리는 이 발생을 본래적 역사성이라고 해석해 두었다. 어쩌면 이 본래적 역사성 속에는 연관을 필요로 하지 않는, 자기상실적이지 않은 완전한 실존의 근원적 신장(伸長)이 잠재해 있지는 않을까? 흩어짐의 비자립성과 대립하는 자신의 결의성은 그 자체에 신장된 항상성(恒常性)이며, 그 안에서 현존재는 운명으로서 존재하며 탄생과 죽음과 그 '사이'를 이미 자신의 실존 속으로 '끌어들여' 보유하고 있다.

그리고 이런 자립성에서, 현존재는 자신의 그때그때에 따른 상황의 세계사적인 것을 향해 순간적으로 존재한다. 현존재는 여러 가지 기재적 가능성들을 운명적으로 반복하면서, 자기 이전에 기재하고 있었던 가능존재들에게로 자신을 '직접적으로' ─즉 시간적 의미에서 벗어나 탈자적으로─ 다시 불러들인다. 그리고 여기서 발생하는 유산의 자기 전승(自己傳承)과 더불어, '탄생'도 이윽고 죽음이라는 추월할 수 없는 가능성으로부터 다시 불러오고, 실존 속으로 '편입된다.' 물론 현존재는 이렇게 죽음과 탄생의 운명을 반복시키면서, 동시에 실존이 어디까지나 자기 현(現)의 피투성을 좀 더 환상 없이 받아들이게끔 하려 한다.

결의성은 실존이 자기 자신에 대해 가지는 충실성을 구성한다. 이 충실성은 '불안'을 받아들이는 결의성이기 때문에, 자유로운 실존이 가질 수 있는 유일한 권위인 반복될 수 있는 실존가능성들을 경외(敬畏)하는 것이다. 결의성이라는 것은 결의의 '작용'이 '지속되고' 있는 동안에만 '체험'으로서 현실적으로 존재할 뿐이라고 생각하는 사람도 있을지 모른다. 하지만 그는 결의성의 존재론적 의미를 오해하고 있다. 결의성 속에는 실존적 항상성이 포함되어 있는데, 이 항상성이란 결의성으로부터 발원되는 온갖 순간들을 언제나 미리 가능적으로 갖추고 있는 본질을 말한다.

운명으로서의 결의성이란, 상황에 따라 특정한 결의를 '포기하는 일'이 요구될 때에도 그 요구에 따를 수 있는 자유이다. 실존의 항상성은 이 때문에 단절되기는커녕 오히려 순간적으로 발휘된다. 이 항상성은 갖가지 '순간'의[13] 연결에 의해 비로소 형성되는 것이 아니라, 오히려 이런 순간이 도래적으로 현재 기재하고 있는 반복이라는 '이미 신장된' 시간성 속에서 발원한다.

반면에 비본래적 역사성 안에서는 운명의 근원적 신장이 은폐되어 있다. 본래 현존재는 세인으로서의 자기가 되지 못한 채, 즉 (완전한 세인으로서) 자립하지 못한 채 자신의 '오늘'을 현재화한다는 의미에 당면하고 있다. 그런데 이 현존재는 다음의 새로운 것이 즉시 예기되면서, 그 낡은 것이 빨리 잊혀버리고 있다. 세인이 옛것의 선택을 회피하기 때문이다. 세인은 가능성을 보지 못하므로, 기재적인 것(옛것)을 되풀이할 능력이 없다. 그래서 세인은 그저 기재적인 세계사적인 것 중에서 잔재해 있는 '현실적인 것', 다시 말해 남아 있는 유물과 그에 관해 '현존하는' 지식만을 보유 및 유지하고 있을 뿐이다. 세인은 현재를 현재화하여 그에 대응하는 일에만 몰두하고 있으므로, 이런 자기상실 속에서 '과거'를 이해하되, (본질적 근원적 존재가능의 과거로부터가 아니라) '현대'로부터 이해하게 된다. 반면 '본래적' 역사성의 시간성은 선험적으로 되풀이하는 순간이므로, '오늘에 반발하는 탈현재화(eine Entgegenwärtigung des Heute)'이자 세인

---

13) '순간(瞬間)'이란 통속적 시간개념의 관점에서 파악된 '순시(瞬時)'를 말하는 것이다.

의 습관으로부터의 탈각이다. 이에 반해 '비본래적'으로 역사적인 실존은, 자신으로서 분간할 수 없게 된 '과거'의 유물을 짊어지고 현대적인 것을 추구하고 있다. 본래적 역사성은 역사를 가능한 것의 '재귀(再歸)'로서 이해하고 있다. 또한 실존이 결의적인 반복을 통해서, 가능성을 향해 운명적인 동시에 순간적으로 열려 있을 때에만 그 가능성이 재귀한다는 사실을, 본래적 역사성은 잘 알고 있다.

현존재의 역사성에 대한 실존론적 해석은 모르는 새 끊임없이 어둠 속으로 빠져든다. 그 어둠은 간단히 밝힐 수가 없다. 그에 대해 적절한 물음을 던질 수 있는 가능한 차원조차 아직 밝혀지지 않았다. 또 어느 차원 안에서나 '존재의 수수께끼'와, 지금 판명된 바와 같은 '운명의 수수께끼'가 복잡하게 얽혀 있다는 점을 생각하면, 그 어둠을 몰아내는 일은 더욱 어려워진다. 그래도 우리는 다음 절에서, 학문으로서의 역사학이 현존재의 역사성으로부터 존재론적으로 성립해 가는 과정을 기투해 볼 것이다. 이 기투는 이윽고 실시할 철학 역사의 역사학적 해체와 관련된 과제를[14] 명료화하기 위한 준비이기도 하다.

76 현존재의 역사성에 의거한, 역사학의 실존론적 근원

어느 학문이나 그렇듯 역사학도 현존재의 존재양식 가운데 하나이다. 따라서 역사학이 현사실적으로 그때그때의 '지배적 세계관'에 '의존'해 있는 것은 당연하다. 이에 관해서는 더 말할 여지가 없다. 그러나 이 사실을 확인하는 데에 그치지 말고, 여러 과학이 현존재의 존재구성을 바탕으로 발원한다는 존재론적 가능성을 살펴보아야 한다. 이 근원은 아직 투명하지 못하다. 지금의 연관에서 우리는 역사학의 실존론적 근원을 분석할 테지만, 여기서는 역사학의 근원을 그 윤곽만 그리는 선에서 그치겠다. 즉 현존재의 역사성 및 그 역사성이 시간성에 근거하고 있다는 점을 더욱 뚜렷하게 밝히는 정도로만 분석 범위를 한정하겠다.

현존재의 존재가 그 원리상 역사적이라면, 이 현존재의 원리적 역사적 발현에는 모든 현사실적 과학이 연대되어 있음에 틀림없다. 그러나 역사학은 조금

---

14) 본서 제6절 참조.

더 특별한 의미에서 현존재의 역사성을 전제조건으로 삼고 있다.

사람들은 이 사실을 설명하기 위해 대개 이렇게 말할지도 모른다. 현존재의 역사에 대한 학문으로서의 역사학은, (눈앞의 사실보다는) 그 '가능한 객관'으로서의 근원적 역사적인 존재자를 '전제'하고 있다고. 하지만 역사란 역사학의 대상을 제공하기 위해서만 존재하는 것은 아니다. 또 역사학적 인식만이, 현존재의 발생적 행동으로서 역사적이지는 않다. 오히려 역사를 역사학적으로 개시하는 일은, 그 자체에서 현사실적으로 수행되느냐 마느냐와 상관없이 존재론적 구조상 현존재의 역사성에 뿌리박고 있다. 우리가 내건 표제, '현존재의 역사성에 의거한 역사학의 실존론적 근원'이라는 표제는 위의 연관을 가리킨다. 이 연관을 해명하는 일은, 방법적으로 볼 때 현존재의 역사성에 근거해서 역사학의 '이념'을 존재론적으로 기투하는 일이다. 이와 반대로 오늘날 현사실적으로 이루어지고 있는 학문 연구의 실상에서 역사학의 개념을 '추상(抽象)'하거나, 그 실상에 이 개념을 끼워 맞추거나 하는 일은, 우리에게 문제가 되지 않는다. 왜냐하면 원리상 이런 현사실적 연구 방법이, 근원적인 본래적 가능성으로부터 본 역사학을 실제로 대표하고 있다는 보증은 없기 때문이다. 우리는 이 점에 대해 어떤 단정도 함부로 내리지 않을 터이다. 다만 현사실적 방법이 역사학의 개념을 대표한다고 가정하더라도, 그런 개념은 대개 이미 이해되어 있는 역사학 개념의 도움 없이는 사실에 따라 '발견'되지 못한다. 하지만 역사학에 대한 실존론적 이념은, 역사학자가 자신의 현사실적 방법과 그 이념이 일치함을 확증한다고 해서 그만큼 높은 권위를 얻게 되거나 하지는 않는다. 또한 그가 그런 일치를 부인한다고 해서 그것이 '가짜'가 되는 것도 아니다.

학문으로서의 역사학 이념 속에는, 역사학이 역사적 존재자의 '개시'를 자기 고유의 과제로서 떠맡았다는 점이 포함되어 있다. 모든 학문은 일차적으로 주제화 작업에 의해 구성된다. 즉 개시된 세계—내—존재로서의 현존재에게 전(前) 학문적으로 이미 알려져 있던 것이, 이 주제화를 통해 저마다 특유의 존재에 따라 기투된다. 그리고 이 기투로써 존재자의 영역이 한정된다. 그 존재자에게 접근하는 여러 통로는 방법적 '지침'에 따르게 되며, 존재자를 해석하는 개념조직의 구조가 그려진다. 그럼 여기서 '현대사(現代史)'가 가능한지 어떤지는 잠시 제쳐두고, 역사학의 과제는 '과거'를 개시하는 일이라고 가정해 보자.

이 경우 우리가 역사를 역사학적으로 주제화할 수 있는 이유는, 애초부터 언제나 '과거'가 이미 어떤 모습으로 개시되어 있기 때문이다. 과거를 역사학적으로 서술하기에 충분한 자료가 갖춰져 있는지와는 전혀 별개로, 어쨌든 과거 속으로 거슬러 올라가려면, 어떤 방식으로든 '과거로 향하는 길이 열려 있어야' 한다. 그런데 그 길이 과연 열려 있는가, 그리고 그 길의 열림이 어떻게 가능해지는가 하는 점은 결코 명확하지 않다.

현존재의 존재가 역사적이라는 것은, 그 존재가 탈자적·지평적 시간성에 근거해서 자기 자신의 기재성을 열어 보인다는 뜻이다. 현존재가 그런 존재인 이상, 실존에서 수행되는 '과거'의 주제화라는 작업은 일반적으로 열린 궤도를 가지고 있다. 그리고 현존재가—또 현존재만이—근원적으로 역사적이므로, 역사학적 주제화가 제시하는 역사 연구의 가능한 대상은 '과거에 현존하고 있었던 현존재'라는 존재양상을 지닐 수밖에 없다. 현존재가 세계—내—존재로서 현사실적으로 존재함과 더불어, 그때마다 세계사도 '존재한다.' 현사실적 현존재가 더 이상 현존하지 않게 되면, 세계도 과거에 현존했었던 기재적인 모습으로만 존재하게 된다. 그럼에도 불구하고 과거에 세계내부적으로 존재하고 있었던 도구적 존재자들이 아직 사라지지 않고, 과거에 현존했었던 세계에 속하는 '사라지지 않은 것'으로서 현대에 '역사적으로' 주목받는 경우가 있다. 하지만 이 경우는 위의 설명과 모순되지 않는다.

'현존하고' 있는 유적, 기념비, 기록 등은 '가능한 자료들'이다. 이들은 과거에 현존했었던 현존재를 우리에게 구체적으로 개시해 준다. 이런 존재자들이 '역사학'의 자료가 '될 수 있는' 이유는, 그들이 그 고유의 존재양상으로 볼 때 '세계사적' 성격을 띠고 있기 때문이다. 그리고 그 존재자들은 처음부터 그 세계내부적 성격에서 이해되고 있음으로써 비로소 '실제' 자료가 된다. 과거에 어떤 세계가 기투되어 있었는지는, 아직 '보존되어 있는' 세계사적 자료의 해석을 통해 확정된다. 그리고 그런 자료를 입수하고 선별하고 확정하는 과정을 거칠 때 처음으로 '과거'로 거슬러 올라가는 길이 열리는 게 아니다. 그런 작업 자체는 이미 과거에 현존하고 있었던 '현존재와의 역사적 관련'을 언급한다. 다시 말해 역사학자가 말하는 실존의 역사성을 전제하고 있는 셈이다. 이러한 역사학자의 실존의 역사성이, 학문으로서의 역사학 기초를 가장 소소한 '잔일' 처리에

이르기까지 실존론적으로 꼼꼼하게 다지고 있는 것이다.[15]

이처럼 역사학이 역사성에 뿌리박고 있다면, 이로써 무엇이 '진정한' 역사학의 '대상'인지도 결정될 수 있을 것이다. 역사학의 근원적 주제를 한정 짓는 일은, 본래적 역사성 및 과거에 현존하고 있었던 것에 대한 본래적 역사성에 따른 개시, 즉 반복을 표준으로 이루어져야 한다. 이 반복은 과거에 현존하고 있었던 현존재를 그 기재적인 본래적 가능성에 있어 이해하는 것이다. 곧 역사학이 본래적 역사성 속에서 '탄생'한다는 말은, 역사학 대상의 일차적 주제화가 과거에 현존하고 있었던 현존재를 그 고유의 실존가능성에 따라 기투한다는 뜻이다. 하지만 그렇다면 역사학은 '가능한 것'을 주제로 삼고 있는가? 오히려 역사학의 '본뜻'은 오직 '현사실'만을, '현사실적으로' 어떠했는지만을 목표로 삼고 있지는 않을까?

그런데 현존재와 관련된 현상이 '현사실적으로' 존재한다는 것은 대체 무슨 의미일까? 현존재가 실존에 있어서만 '진정한 의미에서' 현실적으로 존재한다면, 그 '현사실성'이라는 것도 스스로 선택한 존재가능을 결의하면서 자신을 기투하는 일 속에 구성되어 있을 터이다. 그렇다면 '현사실적으로' 진정한 의미에서 과거에 현존하고 있었던 것은 실존적 가능성이었다. 이 실존적 가능성이야말로 운명과 공동운명과 세계사를 결정했었다는 결론이 나온다. 실존은 언제나 그저 현사실적으로 내던져져 있는 실존으로서 존재한다. 그러므로 역사학은 과거의 세계-내-존재를 그 가능성에 따라 단순하고도 구체적으로 이해하고 '다만' 그런 (본래적) 가능성으로서 서술하면, 가능한 것의 조용한 힘을 그만큼 강렬하게 개시할 수 있게 된다.

역사학이 스스로 본래적 역사성으로부터 생겨나서, 과거에 현존하고 있었던 현존재를 그 가능성에서 되풀이하며 나타낼 때, 그것은 이미 일회적인 것 안에 '보편적인 것'을 나타낸 셈이다. 역사학이 일회성의 '개성적' 사건들로 된 연쇄만을 대상으로 삼는가, 아니면 '법칙'도 대상으로 삼는가 하는 물음은[16] 이미 근본적으로 잘못되었다. 역사학의 주제는, 단 한 번만의 발생이 아니며 또

15) 역사학적 이해의 구성에 관해서는 E. 슈프랑거 〈이해의 이론 및 정신과학적 심리학에 대하여〉《요한네스 폴켈트 기념논문집》1918, 357쪽) 참조.
16) 이와 같은 물음은 서남 독일학파, 특히 빈델반트나 리케르트가 세운 물음이다.

그 위에 떠올라 있는 보편적인 것도 아니다. 역사학의 주제란 과거에 현사실적으로 실존해 있었던 가능성이다. 이 가능성은 만약 초시간적(超時間的, 그 시대적 배경을 무시한) 범례라는 퇴색된 형태로 뒤바뀐다면, 더 이상 실존적 가능성으로서 거듭되지 않는다. 따라서 이런 가능성의 반복은 본래적 의미에서 역사학적으로 이해되지 않게 된다. 오직 현사실적인 본래적 역사성만이 결의할 수 있는 반복으로서, 과거에 현존하고 있었던 (그 세계의) 역사를 개시할 수 있다. 이때 가능한 것의 '힘'은 반복에 있어 현사실적 실존 속으로 끊임없이 전해진다. 즉 그 도래성에 있어서 현사실적 실존을 향해 다가오는 것이다.

따라서 역사학은, 비역사학적 현존재의 역사성과는 다르다. '현대' 및 지금에 있어서만 '현실적으로 존재하는 것'으로부터 출발해 그러한 지금의 존재에서 과거의 무언가를 더듬어 찾아내는 것은 결코 아니다. '역사학적 개시'도 과거로부터의 (본래적 가능성의) '도래로부터 시간화'한 것이다. 애초에 무엇을 역사 연구의 대상으로 삼아야 하느냐는 '선택' 문제는, 현존재의 역사성에 의해 이미 정해져 있다. 다시 말해 현사실적 실존적 '선택' 속에 '이미 결정되어' 있다. 이 현존재 안에서 역사학은 비로소 발원하며 오직 그곳에서만 '존재'하는 것이다.

'과거'에 대한 역사학적 개시는 운명적 반복에 근거한다. 그렇다고 해도 그 운명은 결코 '주관적'이지 않다. 오히려 이런 역사학적 개시만이 역사학의 '객관성'을 보증한다. 왜냐하면 학문의 객관성의 일차적 규준은, 그 학문에 해당하는 주제적 존재자를 그 존재자의 존재(도구적 존재)의 근원성이 숨김없이 이해되는 방향으로 불러들일 수 있는가 하는 점이기 때문이다. 판단 척도의 '보편타당성'이니 '보편성'에 대한 자격이니 하는 것은, 세인과 그 상식성이 요구하는 것일 뿐이다. 이런 규준은 다른 어떤 학문보다도 특히 본래적 역사학에서, '진리'의 규준이 '될 수 없다.'

역사학의 중심적 주제는, 과거 현존하고 있었던 각 실존의 '가능성'이다. 그리고 이 실존은 현사실적으로는 언제나 세계사적으로 실존한다. 그렇기에 역사학은 '현사실'에 대한 엄격한 '바로 응함(卽應)'을 스스로에게 요구하는 것이다. 또 현사실적으로 이루어지고 있는 연구가 여러 갈래로 갈라져서 도구사(道具史), 작품사(作品史), 문화사(文化史), 정신사(精神史), 사상사(思想史)를 저마다 대상으로 삼고 있는 까닭도 위와 같다. 그리고 역사는 스스로 전승하므로, 애초부터 그때그때 스스로에게 귀속하는 기성 해석 속에서 존재하는데, 이 해석이 또 고유한 역사를 가지고 있으므로, 역사학도 일반적으로는 우선 전승사(傳承史)를 거친 뒤, 과거에 현존하고 있었던 것 자체를 향해 돌진해 나간다. 이 때문에 구체적인 역사학적 연구가 그 본래의 주제에 대해 그때그때 멀고 가까운 온갖 장소에 서 있다. 역사학자들 가운데에는 처음부터 아예 어떤 특정 시대의 '세계관'에 '몸을 던지고 있는' 사람들이 있는데, 그런 방식은 그가 그 대상을 단순히 '미적(美的)'으로만이 아니라 진정한 의미에서 역사적으로 이해했다는 증거가 되지 못한다. 이와는 반대로 어떤 역사학자들은 사료를 교정하고 있는 데 '불과하다'는 평가를 받으면서도, 현사실적으로는 본래적 역사성을 잃지 않고 실존을 규정하고 있는 경우도 있다.

그러므로 매우 멀고 가장 미개한 문화권에까지 퍼져 있는 분화된 역사학적 관심이 많이 존재한다 해도, 그러한 관심만으로는 아직 그 '시대'가 본격적인 역사성을 갖추고 있다는 사실이 증명될 수 없다. 아마 '역사주의' 문제가 대두됨으로 해서, 현존재가 본래적 역사성으로부터 소외되는 현대 역사학의 경향이 가장 뚜렷하게 나타날 것이다. 본래적 역사성은 역사학을 꼭 필요로 하지는 않는다. 그러니까 비역사학적 시대가 곧 비역사적 시대는 아닌 셈이다.

역사학이 일반적으로 '삶'에 있어 '유익'하거나 '유해'하거나 할 가능성은, '삶'이 그 존재의 밑바닥에서 역사적이라는 점에 근거한다. 따라서 이것은 현사실적으로 실존하는 것으로서의 '삶'이, 언제나 이미 본래적 역사성이나 비본래적 역사성에 대해 스스로를 결정하고 있다는 점에도 근거하고 있다. '생에 대한 역사학의 이익과 해악'에 대해서는, '니체'가 그의 저서 《반시대적 고찰》 제2편 (1874)에서 그 주요한 점을 인식하고[17] 명확하게 잘 설명한 바 있다. 그는 역사학을 기념비적, 골동품적, 비판적이라는 세 가지 양식으로 구별했다. 그러나 그는 이 세 가지 성격의 필연성과 그 통일의 근거를 분명하게 제시하지는 않았다. 역사학의 이러한 삼중성(三重性)은 사실 현존재의 역사성 속에 미리 그려져 있다. 그리고 우리는 이 역사성에 근거, 본래적 역사학이 어떤 의미에서 이 세 가

---

17) 니체의 《반시대적 고찰》은 4편으로 이루어져 있는데, 〈생에 대한 역사학의 이익과 해악〉은 그 제2편의 표제다.

지 가능성의 현사실적인 구체적 통일이어야 하는가도 이해할 수 있게 된다. 니체의 이런 구분은 우연에 의한 구분이 아니다. 그의 '고찰'[18] 첫머리로 추측하건대, 그는 자신이 말한 수준보다 더 많은 것을 이해하고 있었을 것이다.

현존재가 역사적으로 존재하는 일은 오직 시간성에 근거해야만 가능해진다. 이 시간성은 스스로 탈출하면서 탈자적으로 지평적 경지를 통일해 시간화한다. 그리고 현존재는 스스로 선택한 가능성을 결의하면서 개시하는 데 있어, 도래적인 것으로서 본래적으로 실존한다. 결의하면서 자신에게로 돌아올 때, 현존재는 인간적 실존의 온갖 '기념비적' 가능성을 향해 반복적으로 열어 보여진다. 이런 역사성으로부터 생겨나는 역사학이 '기념비적' 역사학이다. 현존재는 기재적인 것으로서, 자기 자신의 피투성에 내맡겨져 있다. 가능한 것을 반복적으로 영유하는 일 안에는, 과거에 현존했던 실존을 경외하면서 보호하는 가능성이 처음부터 그려져 있다. 생각건대 스스로 선택한 가능성은 그 실존에서 드러나기 때문이다. 이리하여 본래적 역사학은 기념비적인 동시에 '골동품적'이다. 게다가 현존재는 도래와 기재성의 통일에서 현재로서 시간화한다. 이 현재는 순간으로서, 오늘을 본래적으로 개시한다. 그런데 여기서의 오늘은, 스스로 선택한 실존가능성의 도래적·반복적 이해를 통해 해석된다. 이 점에서 본래적 역사학은 '오늘에 반발하여 탈현재화'하게 된다. 즉 그것은 오늘의 퇴락적 공공성으로 인해 고통받으면서 스스로 빠져나오는 것이다. 이리하여 기념비적·골동품적 역사학은, 그것이 본래적 역사학인 이상 필연적으로 '현대'를 비판하게 된다. 본래적 역사성이야말로 역사학에 존재하는 세 가지 양식의 가능한 통일의 기초이다. 그리고 본래적 역사학의 기초 '근거'는, 관심의 실존론적 존재의미로서의 '시간성'이다.

역사학의 실존론적·역사적 근거에 대한 구체적 서술은, 이 학문을 구성하는 주제화를 분석하는 가운데 이루어진다. 역사학적 주제화의 중요 항목은, 역사적으로 실존하는 현존재가 과거에 현존하고 있었던 현존재를 반복적으로 개시하려고 결의할 때 열리는 해석학적 상황을 명확하게 형성하는 일이다. '역사적 실존의 본래적 개시(진리성)'를 바탕으로 '역사학적 진리'의 가능성과 구조를

---

18) 《반시대적 고찰》을 가리킨다.

전개해야 한다. 그리고 역사과학의 기초개념은, 그 객관에 관해서든 취급 방법에 관해서든 간에 전부 실존개념이다. 그러므로 여러 정신과학의 이론은, 현존재의 '역사성'을 주제로 하는 실존론적 해석을 전제하고 있는 셈이다. 이 해석이야말로 빌헬름 딜타이의 연구 활동이 부단히 접근하려 했던 목표이며, 요르크 폰 바르텐부르크 백작의 사상에 의해 좀 더 강렬하게 조명되는 대상이다.

77 역사성 문제에 대한 위의 논술과, W. 딜타이의 연구 및 요르크 백작의 이념과의 연관성

지금까지 우리가 실시해 온 역사 문제의 분석은, 딜타이가 해낸 일을 체득하는 과정에서 생겨났다. 그리고 그것은 요르크 백작이 딜타이에게 보낸 편지에서 제시되는 몇 가지 테제에 의해 뒷받침되고 확립되었다.[19]

오늘날에도 여전히 널리 퍼져 있는 딜타이에 대한 평가는 다음과 같다. 딜타이는 정신사, 특히 문학사의 '섬세한' 해석자로 활동하면서 자연과학과 정신과학의 구분에도 노력을 기울였는데, 이때 이런 과학의 역사와 더불어 '심리학'에도 특별한 역할을 부여하고 그 사상 전체를 상대주의(진리나 타당성을 상황에 따라 비교적·상대적으로만 인정하는 주의)적인 '생(生)의 철학' 속으로 얼버무리는 데 그쳤다. 표면만 바라보는 관찰자들이 보기에 위의 묘사는 '옳다.' 그러나 그것은 '실체'를 간과하고 있다. 이런 묘사는 실체를 밝히기는커녕 오히려 숨겨버리고 있다.

도식적으로 말하자면 딜타이의 연구 활동은 세 가지 영역으로 나눌 수 있다. 첫째는 정신과학의 이론 및 정신과학과 자연과학의 구분에 관한 연구이고, 둘째는 인간과 사회, 국가에 대한 여러 가지 과학 역사에 관한 연구이며, 셋째는 딜타이가 '인간이라는 전체적 사실'을 서술하려 했던 심리학을 위한 탐구이다. 과학이론, 과학사, 해석학적·심리학적 연구라는 세 분야의 탐구는 언제나 서로 침투하면서 교차하고 있다. 이 학문들 가운데 하나가 바라보는 방향이 우세해지는 경우에도, 다른 두 방향이 이미 그 첫 번째 학문의 동기가 되고 수단이 되어 움직이고 있다. 이때 얼핏 분열되고 또 불확실한 우연적 '잔재주 시

---

19) 《빌헬름 딜타이와 파울 요르크 폰 바르텐부르크 백작과의 왕복서한》(1877~1897년 할레안데 어잘레, 1923년) 참조.

험'처럼 보이는 것은, 실은 단 하나의 목표를 향하는 부단함이다. 그 목표란 '생'을 철학적으로 이해하고, 이런 '생 자체'로부터의 이해의 해석학적 근거를 확보하는 일이다. 이렇게 모든 것은 '심리학'으로 집중되어 있다. 딜타이에 의하면 이 '심리학'은 '생'을 그 역사적 발전 연관과 작용 연관에 있어 인간의 '존재하는 양상'으로서, 게다가 여러 정신과학의 가능한 '대상임과 동시에' 여러 정신과학의 '밑바탕'으로서 이해하려 한다는 것이다. 해석학이란 본래 이 같은 '해석의 자기(自己) 해명 작업'이며, 파생적 형태에서만 비로소 역사학의 방법론을 의미하게 된다.

동시대 사람들의 논의에 짓눌려, 정신과학의 기초를 마련하기 위한 딜타이 자신의 연구는 일면적으로 과학이론의 분야에 밀어넣어지게 되었다. 그리고 딜타이 자신도 그런 논의를 고려해서 그 방향에 맞춘 연구를 발표하기도 했다. 그러나 그의 '심리학'이 '단순히' 심리적인 것에 관한 실증과학의 개량만을 추구하지는 않았듯이, '정신과학의 논리학(실증적 논리학)'도 그의 주요 관심사는 아니었다.

딜타이의 친구 요르크 백작은 언젠가 딜타이와의 교류 중에, 딜타이 자신의 철학적 지향을 정확하게 표현해서, '역사성을 이해하려는 우리의 공통적 관심'이라고 지적했다.[20] 딜타이의 여러 연구는 오늘날 겨우 전면적인 모습으로 공개되었는데, 이를 체득하기 위해서는 원리적 대결의 강력함과 구체화가 필요하다. 과연 어떤 문제가 그를 움직였는지, 그것이 그를 어떤 식으로 움직였는지는 여기서 상세히 논의할 수 없다.[21] 그 대신 요르크 백작의 몇몇 중심적인 사상을, 편지에서 눈에 띄는 부분을 발췌함으로써 우선 특정지어 보겠다.

딜타이의 문제설정 및 연구와의 접촉에서 살펴볼 수 있는 요르크의 지향은 특히 기초론적 학과(學科), 즉 분석적 심리학의 과제에 대한 태도 표명에서 잘 드러나고 있다. 딜타이가 쓴 아카데미 논문 〈기술적 분석적 심리학에 관한 이념들〉(1894)에 대해 요르크는 다음과 같은 의견을 편지에 썼다.

---

20) 《왕복서한》 185쪽 참조.
21) 우리는 구체적이며 핵심적인 경향을 겨냥한 딜타이론을 G. 미쉬로부터 받았다. 그런 만큼 이 점에 관한 연구는 단념해도 무방하겠지만, 이 딜타이론은 딜타이 저작을 토론할 때 없어서는 안 되는 것이다. W. 딜타이 전집 제5항(1824년) 머리말 7~27쪽 참조.

"일차적 인식 수단으로서의 자기 성찰과, 일차적 인식 절차로서의 분석은 잘 나타나 있습니다. 또 이를 바탕으로, 저마다의 소견에 따라 검증되는 여러 명제들이 표명되어 있습니다. 그러나 구성적 심리학과 그 심리학의 여러 가설을 비판적으로 분해하고 설명함으로써 내면으로부터 반박하는 수준까지는 아직 이르지 못했습니다."《왕복서한》 177쪽) "……비판적 분해, 즉 심리학적 유래의 증명 문제에 깊이 파고들어 상세히 논하지 않은 원인은, 내 생각에는 당신이 인식론에 부여한 개념 및 위치와 연관이 있습니다."(177쪽) "그 인식론이 적용될 수 없다는 사실 자체는 명료하게 밝혀져 있지만, 그런데도 그 '설명(자기 성찰과 분석에 대한 설명)'을 부여해 주는 것은 인식론뿐입니다. 인식론은 과학적인 여러 방법의 타당성에 대해 해명하고, 그 방법론의 기초를 마련해 줄 책임을 짊어지고 있습니다. 그런데 지금까지는 갖가지 방법들이 저마다의 영역에서—딱 잘라 말해 엉터리로—차용되어 왔습니다."(179쪽 이하)

요르크가 위의 편지에서 한 요구는 근본적으로 볼 때 이러하다. 그것은 플라톤이나 아리스토텔레스의 논리학처럼, 솔선해서 여러 과학을 선도하는 논리학에 대한 요구이다. 그리고 이 요구에는, 자연으로서 '존재하는' 존재자와 역사로서 '존재하는' 존재자(현존재)의 서로 다른 범주적 구조를 적극적으로 철저히 밝힌다는 과제가 포함되어 있다. 요르크는 딜타이의 탐구에 대해, "존재적인 것과 역사적인 것의 유형적 차별에 대한 강조가 너무나 부족합니다"(191쪽)라고 했다. "특히 그 비교 절차가 정신과학의 방법으로 설명되어 있는데, 이 점에서 나와 당신의 견해가 달라집니다. ……비교는 언제나 미학적이고 늘 형태에 사로잡혀 있으며, 빈델반트는 역사에 형태를 부여하고 있습니다. 당신의 유형(類型) 개념은 그에 비해 철저하게 내면적입니다. 거기서 다뤄지고 있는 대상은 성격이지 형태가 아닙니다. 빈델반트에게 역사란 일련의 형태, 일련의 개별적 형태이고, 이것은 곧 미학적 요구입니다. 자연과학자의 관점에서는 과학을 제외하면, 하나의 인간적 진정제로서의 미학적 향수(享受)만이 남습니다. 그렇지만 당신의 역사 개념은 힘의 연결, 힘의 단체의 결합입니다. 그것에 형태라는 범주를 적용하는 일은 오직 변형하는 방법으로만 가능할 것입니다."(193쪽)

요르크는 '존재적인 것과 역사적인 것 사이의 차별'을 날카롭게 인식하면서도, 물질적·형태적인 것을 대상으로 삼는 '순수하게 시각적인 규정들'(192쪽)의 범위 안에 아직도 전통적 역사 연구가 강하게 구속되어 있다는 점을 간파했다. "랑케(Ranke)는 거대한 안경과도 같습니다. 그 안경과 같은 그로서는, 이미 과거로 사라진 것을 다시 현실로 만들 수는 없습니다. 랑케가 역사의 장소를 정치적 범위 안에 한정하고 있는 것도, 이러한 그의 태도(과거와 현실의 배경을 철저히 구별하는 태도)로 설명할 수 있습니다. 정치적인 것만이 극적이기 때문입니다."(60쪽) "시대의 흐름에 따른 여러 가지 변화는 본질적이지 않다고 생각합니다. 그런 까닭에 나는 다른 평가를 내리겠습니다. 이른바 역사학파를 예로 들자면, 그것은 내가 보기에는 같은 강바닥을 흘러가는 하나의 지류(支流)에 불과합니다. 이를테면 하나의 역사학파란, 오랜 옛날부터 일관되어 온 대립의 한 항목만을 대표할 뿐입니다. 역사학파라는 이름에는 뭇사람들을 속이는 어떤 요소가 있던 것입니다. 이 학파는 사실 역사적이지 않았습니다. 커다란 주류가 역학적(力學的) 구성의 운동이었던 데 비해, 역사학파는 미적 구성을 수단으로 삼는 골동품적(옛것 위주의) 학파였습니다. 그러므로 이 학파가 합리적인 방법에 덧붙인 요소는, 단순한 전체 감정에 지나지 않았습니다."(68쪽 이하)

"그야말로 진정한 문헌학자[22]입니다. 그는 역사학을 (미학적) 골동품 상자처럼 생각하고 있습니다. 손으로 만질 것이 없는 곳에는—다만 생생한 심적 전이(心的 轉移)만이 데려다 주는 곳에는—이런 분들은 오지 않으십니다. 그분들은 근본적으로 자연과학자인 데다가, 이곳에는 실험이란 것이 없으므로 이제는 회의파가 되어 있습니다. 이를테면 플라톤이 마그나 그라이키아[23]와 시라쿠사를 몇 번 방문했는가 하는 자질구레한 일에는 애초부터 관여해선 안 됩니다. 그런 곳에는 아무 생명도 깃들어 있지 않습니다. 내가 여기서 비판적으로 점검한 바처럼, 이런 외면적 흐름을 따르는 탐구방식은, 결국 커다란 의문부호에 부딪치게 됩니다. 그리고 이것은 호메로스나 플라톤이나 신약성서 등 위대한 실재에 부딪쳐서 힘없이 무너져 버립니다. 아무리 참으로 실재적인 것이라 해도, '물자체(物自體)'라고 여겨지기만 하고 실제로 체험되지 않는다면 단순한 그림자가 될 뿐입니다."(61쪽) "'과학자'들이 시대의 세력 앞에서 취하는 태도를 보면, 그것은 세련된 프랑스 사교계가 당시 혁명운동을 대하던 태도와도 비슷

---

22) '진정한 문헌학자'란 여기서는 K. F. 헤르만을 말한다.
23) 고대 그리스가 남이탈리아에 건설한 식민도시는 모두 '마그나 그라이키아'라고 불렀다.

합니다. 둘 다 형식주의, 형식예찬입니다. 적절한 절도만이 지혜의 마지막 언어라는 것이지요. 물론 이런 형식예찬적 사고방식에도 나름대로 역사가 있는데, 내가 보기에 그 역사는 아직 기술되지 않았습니다. 사유의 무지반성(無地盤性), 그리고 그런 사유—인식론적으로 보자면 형이상학적 태도—를 신봉하는 일의 무지반성은, 하나의 역사적 소산입니다."(39쪽) "4백년도 더 전에 하나의 신시대를 열었던 유다른 원리는 온갖 파동을 일으켰는데, 그것이 내게는 극단적으로 퍼져 평평해져 버린 파동처럼 보입니다. 인식의 진보는 마침내 인식 그 자체를 지양(止揚)하기에 이르러, 인간은 더 이상 자기 자신을 제대로 인지할 수 없을 만큼 자기 자신으로부터 일탈해 버리는 듯합니다. '근대인', 다시 말해 르네상스 이후의 인간은(이러한 생동감 없는 형이상학적 인식방식에 의해), 마치 이제는 매장되어도 좋을 시기처럼 보일 지경입니다."(83쪽)

그는 이런 말도 했다. "참으로 생명이 있는 역사학, 즉 단순히 생명의 빛을 반영하고 있기만 한 것과는 다른 역사학은 모두 비판입니다."(19쪽) "하지만 역사의 인식이란 가장 중요한 부분에서는, 감추어져 있는 원천(源泉)의 지식입니다."(109쪽) "역사에서 거창한 구경거리나 사람들의 눈길을 끄는 사건들은 중요한 문제가 아닙니다. 모든 본질적인 것이 눈에 보이지 않듯이, 무언가의 진수(眞髓)도 눈에 보이지 않습니다. 그리고 '너희가 조용히 하면 힘을 얻을 것이다'²⁴⁾라는 말이 있는데, 그것을 '너희가 조용히 하면 인지하여 곧 이해하기에 이를 것이다'라고 바꾼 말도 진리입니다."(26쪽) "이렇게 나는 조용한 자기 대화를 즐기고, 역사의 정신과의 교류를 즐기고 있습니다. 이 정신은 서재에 있는 파우스트 앞에도 출현하지 않았으며, 괴테의 생애 안에서도 출현하지 않았습니다. 그 출현이 얼마나 엄숙하고 심각하든지 간에, 이 정신 앞에서는 그들도 깜짝 놀라 달아나거나 하지는 않았을 것입니다. 왜냐하면 그 모습은 덤불이나 들판에 사는 일과는 다른, 좀 더 깊은 의미에서 형제같이 친근하고 친화적이기 때문입니다. 그 일을 추구하는 노력은 야곱의 씨름과도²⁵⁾ 비슷해서, 씨름하는 사람 자신에게 반드시 이익을 줍니다. 그리고 이 사실이 무엇보다 중요합니다."(133쪽)

---

24) 〈이사야서〉 제30장 15절.
25) 〈창세기〉 제32장 22~32절.

요르크는 역사의 근본적 성격이 '잠재세력'임을 정확히 통찰하고 있다. 그는 이 통찰을 인간적 현존재 그 자체의 존재성격의 인식으로부터 얻었을 뿐, 역사 고찰의 객관에 대한 과학 이론에 의해 얻지는 않았다. "심적·물적 소여(所與)의 전체는 '존재하고 있다'는 것이 아니라(여기서 '존재하고 있다'는 말은 자연의 객체성을 가리킨다) 살아 있다는 것, 그것이 역사성의 발아점(發芽點)입니다. 그리고 추상적 자아가 아닌 나 자신의 충실한 내용에 대한 자기 성찰은, 내가 역사적으로 규정되어 있다는 점을 발견해 낼 것입니다. 이는 물리학이 나를 우주적으로 규정된 것으로서 인식하는 경우와 같습니다. 나는 자연이듯이 마찬가지로 역사이기도 합니다. ……"(71쪽)

세상의 모든 거짓된 '절도'와 '지반 없는' 상대주의를 꿰뚫어 본 요르크는, 망설임 없이 현존재의 역사성에 대한 통찰로부터 마지막 결론을 이끌어 냈다.

"반면 자기의식의 내면적 역사성을 고려한다면, 역사학에서 분리된 체계성이라는 것은 방법론적으로 타당하지 않습니다. 생리학이 물리학을 도외시할 수 없듯이, 마찬가지로 철학도—비판적인 철학일수록 더더욱—역사성을 도외시하지 못합니다. ……자주적 실천과 역사성은, 마치 호흡과 기압 같습니다. 그리고—조금 역설적으로 들릴지도 모르지만—철학적 사색을 역사화하지 않는 일은, 내가 보기에는 방법적 면에서의 형이상학적 잔재입니다."(69쪽) "철학하는 일은 사는 일입니다. 따라서 내 의견으로는,—놀라지 마십시오—역사의 철학이라는 것이 있습니다. 과연 누가 그 역사철학을 써줄까요—이것은 지금까지 생각되고 시도되어 왔던 역사철학과는 확실히 다릅니다. 지금까지의 역사철학에 대해서는, 당신이 이론의 여지없이 분명하게 반대해 주었지요. 지금까지의 문제설정은 잘못되었습니다. 아니, 아예 불가능한 설정이었습니다. 하지만 그것이 유일한 문제설정은 아닙니다. 그러므로 역사적으로 보이지 않는 진정한 철학적 사색 따위도 존재하지 않습니다. 체계적 철학과 철학사적 서술이라는 구분은 본질적으로 옳지 않습니다."(251쪽) "실천적인 것으로 될 수 있다는 것은, 누가 뭐라고 해도 모든 학문의 본래적 권리 근거입니다. 하지만 수학적 실천만이 유일한 실천은 아닙니다. 우리 입장에서의 실천적 목적은, 가장 넓고 가장 깊은 의미에서 교육적인 성격입니다. 이것이 모든 진정한 철학의 영혼이며 또한 플라톤과 아리스토텔레스의 진리입니다."(42쪽 이하) "내가 학문으로서의 논리학의 가능성을 어떻게 생각하고 있는지는 당신이 잘 알고 계실 테지만, 그것을 어느 정도 개량하는 일은 가능할 터입니다. 대체 그 서적들은 누구를 위해 있는 걸까요? 그것들은 목록에 대한 목록일 뿐이지 않습니까? 거기서 단 하나 주목할 점이 있다면, 물리학에서 출발해 논리학에 이르고자 한 충동 뿐입니다."(73쪽) "철학을 생의 표명이라고 파악한다면, 그래서 철학을 무지반적 사색의 피력이라고 해석하는 일을 그만둔다면 어떻게 될까요? 그 사색이 무지반적으로 보일 때, 그것은 우리 시선이 의식의 지반에서 벗어나 있기 때문이지요. 어쨌든 이렇게 의식의 바탕에 근거해 있지 않다면, 우리가 아무리 뼈를 깎는 노력을 해도 그 성과는 철학의 과제든 성과든 간에 간소하기 때문에, 편견에 사로잡히지 않는 것이 전제조건인데도, 이미 이 편견을 멀리하는 일 자체부터가 힘듭니다."(250쪽)

요르크 자신이 역사적인 것을 존재적인(시각적인) 것과 대비함으로써 그것의 범주적 구조를 파악하려 했던 점, 그리고 '생'을 적절히 학문적 이해 수준까지 끌어올리는 작업을 시도했다는 점은, 이런 종류의 탐구가 얼마나 어려운지를 그가 지적했다는 사실로 볼 때 확실히 알 수 있다. 그에 의하면 미학적·역학적 사고방식은 다음과 같다. "이 방식은 직관의 배후로 거슬러 올라가는 분석에 비해, 언어 그대로의 표현을 발견하기 쉽습니다. 이 사실은 언어가 대개 시각적 성격에서 유래했다는 점을 통해 설명됩니다. ……이에 반해 생명성의 밑바닥까지 파고드는 사상은 통속적 서술을 거절합니다. 따라서 모든 용어가 필연적으로, 일반 사람들로서는 이해하기 어려운 상징적 언어가 되어버립니다. 철학적 사유의 특수성으로부터 그 언어적 표현의 특수성이 생깁니다."(70쪽 이하) "그러나 당신은 내가 역설을 매우 좋아한다는 사실을 알고 계십니다. 그에 대해서는 이렇게 해명하고 싶군요. 역설적인 것이야말로 진리의 징표이며, 통설(communis opinio)은 어떤 경우에도 결코 진리 속에 포함되지 않는다고 말입니다. 통설은 개괄적인 반쪽짜리 지혜의 물질적 침전물에 지나지 않으며, 그 통설과 진리의 관계는 번개가 남기고 간 유황 증기와 번개의 관계와도 같다고 말이지요. 진리는 결코 남겨진 물질적 잔해로는 파악되지 않습니다. 그런 물질적 세론을 물리치고, 직관과 감상(感想)의 개성을 최대한 가능하게 만드는 일이야말로 국가의 교육적 과제이겠지요. 그렇게 하면 이른바 '공적 양심'이라는 철저하게 외면화

(外面化)된 것 대신에, 개인의 양심이—진정한 양심이—다시금 힘을 얻을 것입니다."(249쪽 이하)

역사성을 이해하려는 관심도 마찬가지로, '존재적인 것과 역사적인 것 사이의 유형적 차별'을 밝힌다는 과제에 맞닥뜨리게 된다. 이렇게 '생의 철학'[26]의 기본적 목표는 확립되었다. 그러나 이 문제설정은 '원칙적' 근원화(根源化)를 필요로 한다. 역사성이라는 것을 존재적인 것과의 차별에서 철학적으로 파악하고 '범주적으로' 이해하려면, 우선 '존재적인 것'과 '역사적인 것'이 서로 비교되어 차별될 수 있는, '보다 근원적인 통일적 견지'로 그 둘을 끌어와야 한다. 그런데 이 일이 가능해지려면 다음 세 가지에 대한 통찰이 생겨나 있어야만 한다. 첫째, 역사성에 대한 물음은 역사적 존재자의 존재구성(세계, 내-존재, 자기)에 대해서 묻는 '존재론적' 물음이다. 둘째, 존재적인 것에 대한 물음은, 현존재가 아닌 존재자(가장 넓은 의미의 객체적 존재자)의 존재구성을 묻는 '존재론적 물음'이다. 셋째, 존재적인 것은 존재자의 '한 영역'이 세계 속에 발현된 것에 지나지 않으며, 존재의 이념은 '존재적인 것'과 '역사적인 것'을 둘 다 포괄하는 것으로, 이런 이념이야말로 '유형적 차별'로 분화되어야 하는 대상이다.

요르크가 역사적이지 않은 존재자를 단순히 '존재적'이라고 부르는 것은 우연이 아니다. 그는 전통적 존재론의 지배가 여전히 이어지고 있다는 사실을 반영하고 있을 뿐이다. 이 존재론은 존재에 대한 '고대적' 문제설정으로부터 유래했는데, 이 고대적인 것이 존재론적 문제 영역을 원칙적으로 좁히고 있다. 존재적인 것과 역사적인 것 사이의 차별이라는 문제를 연구 문제로 개발하기 위해서는, 아무래도 존재 전반의 의미에 대한 물음을 기초적 존재론적으로 해명하여 '미리 문제설정의 길잡이를 확보해 둘' 필요가 있다. 이리하여 우리가 현존재의 준비적인 실존론적·시간적 분석을 통해, 어떤 의미에서 딜타이의 작업에 봉사하기 위해 요르크 백작의 정신을 고취시키기로 결의했는지가 분명해진다.

---

26) 《생의 철학》은 제7판과 제2판에서는 격자체이다.

제6장
시간성과 통속적 시간개념 근원으로서의 시간내부성

78 앞에서 논술한 현존재의 시간적 분석의 불완전성

시간성이 현존재의 존재를 구성하고 있다는 것, 그리고 그 구성이 어떻게 이루어지는가 하는 것, 이를 입증하기 위해 우리는 앞 장에서 실존의 존재구성으로서의 역사성은 '근본에서' 시간성임을 표시했다. 그러나 역사의 시간적 성격을 위와 같이 해석할 때, 우리는 모든 역사적 발생이 '시간 속에서' 경과한다는 '사실'을 고려하지 않았다. 일상적 현존재의 이해에서는, 모든 역사는 전적으로 '시간내부적인' 발생으로서만 알려졌다. 그런데 역사의 실존론적·시간적 분석 과정에서는, 이런 일상적 이해에게 발언의 기회가 주어지지 않았던 것이다. 하지만 현존재의 실존론적 분석론의 목적은, 그야말로 현존재를 그 현사실성에서 존재론적으로 투명하게 만드는 것이다. 그러므로 지금 언급한 역사의 현사실적인 '존재적·시간적' 해석에도 나름대로의 권리가 있다는 점을 우리는 '명확하게' 승인해야 한다. 그뿐만 아니라 역사 이외의 자연현상도 '시간에 의해' 규정되어 있으므로, 존재자가 '그 안에서' 만나는 시간을 '원칙적'으로 분석해 두는 일은 더더욱 필요해진다. 그러나 역사와 자연에 대한 '모든 과학'에서 '시간적 요인'이 발견된다는 사정보다도 더 기본적인 것은, 이런 모든 주제적 연구에 앞서 현존재가 이미 '시간을 고려하고 시간에 맞춰' 생활하고 있다는 기성 사실이다. 그리고 이 경우에도 시간을 결정하기 위해 만들어진 측정기구의 사용이 결정적인 것이 아니라, 그 모든 것에 앞서서 현존재가 '자신의 시간을 계산에 넣어' 생활하고 있다는 점이 중요하다. 이 사실이 시간을 측정하는 기구의 사용보다도 성행하며, 이것이 있어야만 비로소 시계를 사용하는 일도 가능해지는 것이다.

현사실적으로 실존하는 현존재는 그때그때 '시간이 있다느니' '시간이 없다느니' 하는 식으로 시간과 관련되어 있다. 현존재는 무언가에 '시간을 들이거나', '도저히 그럴 시간을 못 내거나' 한다. 어째서 현존재는 자신에게 '시간'을 들이거나 '시간을 보내거나' 할 수 있는 것일까? 현존재는 어디에서 시간을 얻어오는 것일까? 그리고 이 시간은 현존재의 시간성과 어떻게 관계하고 있을까?

현사실적 현존재는 시간성을 실존론적으로 이해하지 않은 채 시간을 고려하고 있다. 시간을 고려하는 이 기본적 태도를 우선 해명해 두지 않으면, 존재자가 '시간 속에' 있다는 것의 의미를 물을 수 없다. 현존재의 모든 태도는 그것의 존재에 입각해, 다시 말해 시간성에 입각해 해석되어야만 한다. 시간성'으로서의' 현존재는, 시간을 고려한다는 방식으로 시간에 관계하는 태도를 어떻게 시간화시키는가? 이것을 나타내는 일이 매우 중요하다. 이렇게 보면 우리가 지금까지 시도해 본 시간성의 성격 규정은, 이 현상의 모든 차원에 주의를 기울이지 않았다는 의미에서 전체로서 불완전할 뿐만 아니라, 원칙적 결함도 가지고 있었던 셈이다. 왜냐하면 시간성 그 자체에 세계시간 같은 것이 속해 있기 때문이다. 우리는 이 세계시간을, 세계에 대해 이미 드러내 두었던 실존론적·시간적 개념에 따라 엄밀한 의미에서 생각한다. 세계시간이 속해 있다는 것, 이것이 어떻게 가능하며 왜 필연적인지를 다시금 이해되도록 해야만 한다. 그러면 존재자가 '그 안에서' 나타난다고 간주되는 통속적 '시간'도, 또 그와 더불어 이 존재자의 시간내부성도 해명될 것이다.

자신에게 시간을 들이고 있는 일상적 현존재가 우선 시간을 발견하는 것은, 세계내부적으로 만나는 도구적 또는 객체적 존재자에 입각해서이다. 일상적 현존재는 이렇게 '경험되는' 시간을 친근한 존재이해의 지평에서, 즉 이 시간 자체를 역시 하나의 객체적 존재자로서 이해하고 있다. 통속적 시간개념이 어떻게 왜 형성되는가를 분명히 밝히기 위해서는, 이러한 시간 배려 안에 있는 현존재의 존재구성이 시간적 기초에 근거한다는 점을 해명해야 한다. 통속적 시간개념은 그 유래를 근원적 시간의 수평화에 짊어지고 있는 것이다. 통속적 시간개념이 이런 근원을 가지고 있다는 사실이 입증되면, 앞서 시간성을 해석하여 그것을 '근원적 시간'으로 여겼던 일이 정당화될 것이다.

통속적 시간개념의 형성 과정을 살펴보자. 그러면 그 과정에서 시간의 '주관적' 성격을 인정할 것인지, 아니면 '객관적' 성격을 인정할 것인지 라는 점에서 주목할 만한 동요가 일어났음을 알 수 있다. 시간이 그 자체로 존재하는 것으로서 파악될 때에도, 사람들은 시간을 주로 '마음'에 소속시키고 있다. 반대로 시간이 '의식에 알맞은' 성격을 지닌다고 여겨질 경우에도, 시간의 '객관적' 기능이 인정되고 있다. 이 두 가지 가능성은 '헤겔'의 시간해석에서는 지양(止揚)되고 있다. 헤겔은 '시간'과 '정신'의 연관을 규정하고, 그것을 바탕으로 정신이 어째서 역사로서 '시간 속에 빠져드는지'를 설명하려 했다. 현존재의 시간성 및 그것에 세계시간이 속해 있다는 점에 대해, 우리가 여기서 보인 해석은 '결론적으로는' 헤겔과 합치하는 것처럼 보인다. 그러나 우리의 시간 분석은 이미 출발점에서부터 헤겔과 원칙적으로 다르다. 게다가 그 목표, 다시 말해 기초적 존재론적 의도는, 오히려 헤겔과 대립하는 방향에 따르고 있다. 그러므로 여기서 시간과 정신의 관계에 대한 헤겔의 견해를 요약해서 소개하는 까닭은, 현존재의 시간성·세계시간·통속적 시간개념의 근원에 대한 우리의 실존론적·존재론적 해석을 간접적으로 판명해 그 일을 일단락짓기 위함이다.

시간에는 과연 하나의 '존재'가 귀착해 있을까? 만약 그렇다면 그것은 어떻게 이루어지고 있을까? 우리가 시간을 '존재하는' 것이라고 부르는 이유는 무엇이며, 어떤 의미에서 그렇게 말하는 것일까? 이런 물음은 시간성 자체가 그 시간화의 전체에서 존재이해와 존재자의 호칭이라는 것을 어떤 한도까지 가능하게 하는가를 밝힐 때 비로소 해결된다.

그러면 이번 장의 분절을 소개하겠다.

현존재의 시간성과 시간의 배려(제79절).

배려되는 시간과 시간내부성(제80절).

시간내부성과, 통속적 시간개념의 발생(제81절).

시간성과 현존재 및 세계시간의 실존론적 존재론적 연관과, 시간과 정신의 관계에 대한 헤겔 견해와의 대조(제82절).

현존재의 실존론적인 시간적 분석론과 존재 일반의 의미에 대한 기초적인 존재론적 물음(제83절).

79 현존재의 시간성과 시간의 배려

현존재는 자신의 존재 속에 이 존재 자체와 관련되어 있는 존재자로서 실존하고 있다. 현존재는 본질상 자기 자신을 앞지르고 있으므로, 자신을 고찰하기 전부터 이미 자신의 존재가능을 향해 스스로를 기투하고 있다. 그리고 이 기투 안에서 현존재는, 내던져져 있는 것으로서 드러나 있다. 내던져져 '세계'에 맡겨진 현존재는 배려하면서 세계로 퇴락해 간다. 퇴락하고 내던져진 기투란 통일에 실존하는 것, 즉 관심으로서의 이 존재자는 이미 현(現)으로서 개시되어 있다. 그것은 다른 사람들과 더불어 존재하면서 평균적인 피해석성 속에 몸을 맡기고 있다. 이 피해석성은 이야기에서 분절되고, 언어에서 발언되고 있다. 세계-내-존재는 언제나 이미 '자신을' 이야기하면서 나타내고 있다. 그리고 그것은 세계내부적으로 만나는 존재자 '밑에서의' 존재이다. 따라서 언제나 세계-내-존재는 배려되고 있는 것을 가리키며, 그것에 대해 이야기한다는 방식으로 '자신을' 이야기하여 드러내고 있는 것이다. 이 둘러보는 상식적 배려는 시간성에, 그것도 예기적·보유적 현재화라는 시간성의 양상에 근거하고 있다. 그것은 배려적으로 계산하고 계획하고 준비하고 예방하는 생활 속에서, 음성으로 들리든 안 들리든 간에, 늘 이미 이렇게 말하고 있다. '그때에는' 저것을 하고, '그 전에' 그것을 정리해 두며, '지금에야말로' '저때' 잘 안 풀려서 실패했던 일을 만회하자고.

이처럼 배려는 '그때'에는 예기적으로, '저때'에는 보유적으로, '지금'에는 현재화적으로 자신을 이야기하여 드러내고 있다. 그런데 '그때' 안에는, 대개 겉으로 드러나지 않게 '지금은 아직 없다'라는 뜻이 숨겨져 있다. 다시 말해 '그때'는 예기적·보유적인, 또는 예기적·망각적인 현재화의 입장에서 이야기되고 있는 것이다. 그리고 '저때'는 '지금은 이미 없다'를 함축하고 있다. 바꿔 말하자면 그 안에서는 보유가 자신을 예기적 현재화로서 이야기하여 드러내고 있는 것이다. 이처럼 '그때'도 '저때'도, '지금'을 염두에 두면서 이해되고 있다. 즉 이것들에서 현재화가 독특한 무게를 지니고 있는 것이다. 하기야 이 현재화도 어디까지나 예기와 보유의 통일에서 시간화하는 것이며, 이 사실은 예기와 보유가 예기하지 않는 망각으로 변모한 경우에도 마찬가지기는 하지만 말이다. 이 양상에 있어서는 시간성이 현재 속으로 말려들고, 이것이 현재화에 의해 내세워져 '지금에야말로, 지금에야말로' 하고 이야기하는 것이다. 그런데 배려가 친근한 것으로서 예기하고 있는 대상은 '지금 당장' 이야기되며, 최근에 입수되거나 상실된 대상은 '지금 막' 이야기된다. '저때' 안에서 자기를 표명하고 있는 보유의 지평은 '이전에는'이고, 여러 가지 '그때'를 포함하고 있는 지평은 '앞으로'나 '이후에는'이며, 여러 가지 '지금'의 지평은 '오늘'이다.

그런데 모든 '그때'는 본래 '……할 그때'이며, 모든 '저때'도 '……했던 저때'이다. 그리고 모든 '지금'도 '……하는 지금'이다. 이처럼 '지금', '그때', '저때'에는, 무언가가 생겨나거나 일어나거나 하는 '……하는 동안'이라는 관계적 구조가 갖춰져 있다. 언뜻 보면 매우 당연한 듯 보이는 이 구조를 여기서는 '시점기록 가능성(Datierbarkeit)'이라고 부르겠다. 그런데 사실상 시점기록이 달력 날짜를 참조하면서 이루어지는지 어떤지 하는 문제는, 여기서는 아직 도외시할 수밖에 없다. 그런 달력 위의 '날짜'가 없는 경우에도 '지금', '그때', '저때'는 많든 적든 구체적 시점기록이 있는 것이다. 시점기록이 명확하지 않은 경우에도, 시점기록 가능성의 구조를 가리켜 그것이 결여되었다든가 엉터리라고 말할 수는 없다.

이런 시점기록 가능성을 본질적으로 갖추고 있는 것은 무엇일까? 그리고 이 가능성은 무엇에 근거하고 있을까? 아니, 이만큼 부질없는 질문이 제기될 수나 있을까? '……하는 지금'이란 '당연하게도' 하나의 '시점'을 가리킨다. '지금'은 시간이다. 확실히 우리는 '……하는 지금', '……할 그때', '……했던 저때'를 이해하고 있다. 또 그것들이 모두 '시간'과 연관하고 있다는 점도 특정한 방식으로 이해하고 있다. 이는 부정할 수 없다. 하지만 그것들이 '시간' 자체를 가리키고 있다는 사실과 그것이 어떻게 가능해지는지, 또 '시간'이 대체 무엇을 의미하는지는, '지금' 등이 '자연스럽게' 이해되고 있다 해서 반드시 이론적으로 이해되는 것은 아니다. 그뿐만 아니라 우리가 '지금'이니 '그때'니 '저때'니 하는 것을 '손쉽게 이해'하면서 '당연한' 일로서 이야기하여 드러내는 것은, 정말로 그렇게나 당연한 일일까? 대체 우리는 이 '……하는 지금'을 어디에서 가져오는 것일까? 우리는 그것들을 세계내부적 존재자, 객체적 존재자 사이에서 발견한 것일까? 아니, 절대로 그렇지 않다. 대관절 우리는 언제 그것들을 발견했을까? 애초에 우리는 그런 것들을 찾아내거나 확인하거나 할 생각을 떠올린 적이 있을까? 그런 것들은 우리가 일부러 맡지도 않았는데 '늘' 우리 주위에 있으며, 말로 표현하지 않아도 우리는 늘 그것을 이용하고 있다. '춥다'라는 매우 흔한 이야기를 예로 들어보자. 이 '춥다'처럼 날마다 소리 내어 말하는 이야기도, '……하는 지금은 (춥다)'를 함축하고 있다. 이같이 현존재가 배려하고 있는 것을 이야기할 때, 보통은 소리 내어 말하지 않아도 언제나 거기에 '……하는 지금', '……할 그때', '……했던 저때'를 집어넣어서 이야기해 드러내는 까닭은 무엇일까? 그것은 '……를 해석하면서 이야기하는 일'이 동시에 자신을 이야기하며 드러내고 있기 때문이다. 즉 도구적 존재자 밑에서 둘러보며 이해하는 존재, 그리고 도구적 존재자를 발견적으로 만나게 하는 존재('……밑에서의 존재')가 자신을 이야기하여 드러내고 있기 때문이다. 또 이처럼 자신을 해석하는 호칭과 발언이 '현재화'에 의거하며 현재화로서만 가능하기 때문이다.[1]

예기적·보유적 현재화는 자신을 '스스로' 해석한다. 그리고 이런 일이 가능한 것도 이 예기적·보유적 현재화가—자신으로부터 탈자적으로 개방되어—자기 자신을 향해 언제나 이미 열어 보여져 있어, 이해하면서 이야기하는 해석에서 분절 가능한 모습이기 때문이다. 시간성이 현(現)의 밝혀져 있는 일을 탈자적·지평적으로 구성하고 있기 때문에, 시간성은 근원적으로 현에서 언제나 이미 해석 가능하다. 또 그렇기에 시간성은 그것으로서 숙지되어 있는 것이다. 자신을 스스로 해석하는 현재화, 다시 말해 '지금' 이야기되어 해석되는 것을 우리는 '시간'이라고 부른다. 이것은 그야말로 시간성이 탈자적으로 개방되어 그것이라고 식별되고 있으며, 당장 대체로는 이 배려적인 피해석성에 있어 숙지되고 있을 뿐이라는 사실을 보여준다. 그러나 시간이 '직접' 이해되고 식별되기 쉽다는 것은, 근원적 시간성이 그것으로서는 인식적으로 이해되지 않고, 그 시간성에서 시간화하는 언명된 시간의 근원도 인식적으로 이해되어 있지 않다는 점과 모순되지 않는다.

'지금', '그때부터', '저때'에 의해 해석되는 것에 본질상 시점기록 가능성의 구조가 갖춰져 있다는 점은, 그렇게 해석된 것이 자기 해석적 시간성으로부터 유래하고 있다는 사실을 가장 단적으로 증명해 준다. 우리는 '지금'을 말하면서

---

1) 본서 제33절 참조.

언제나 이미, 반드시 덧붙여 말하지 않아도 '이러저러한 것이 있는 지금'을 이해하고 있다. 대체 어째서일까? '지금'이라는 것이 존재자를 '상대로 하는 현재화'를 해석하기 때문이다. '……가 있는 지금' 안에는 현존재의 '탈자적' 성격이 포함되어 있다. '지금', '그때부터', '저때'의 '시점기록 가능성'은, 시간성의 '탈자적 구성의 반영'이다. '그렇기 때문에' 그것은, 언명된 시간 자체에 본질적으로 속하는 구조인 것이다. '지금', '그때부터', '저때'의 시점기록 가능성의 구조는, 그것들이 '시간성의 줄기에서 자라났으며 그 자신이 시간임'을 증명해 준다. '지금', '그때부터', '저때'와 같이 해석하면서 언명하는 일은, 가장 근원적인 '시간고시(時間告示)'이다. 그리고 이 시점기록 가능성과 더불어 비(非)주제적으로, 또 그것으로서 식별되지 않은 채 이해된 시간성의 탈자적 통일에 언제나 이미 현존재가 자기 자신에게 세계-내-존재로서 열어 보여져 있으며, 또 그와 함께 세계내부적 존재자가 발견되어 있다. 그러므로 해석된 시간도 언제나 이미 '현(現)'의 개시성 속에서 만나게 되는 존재자에 근거한 시점기록을 갖추고 있는 것이다. 이를테면 '지금―문 여는 소리가 들리는 때……'라든가 '지금―나한테 그 책이 없는 때……'와 같은 식이다.

또한 마찬가지로 '탈자적' 시간성이라는 같은 근원에서 유래하기 때문에, '지금', '그때부터', '저때'에 속해 있는 지평도 '……가 있는 지금', '……가 있을 이후', '……가 있었던 이전'으로서 시점기록 가능성의 성격을 지닌다.

자기 이해적 예기가 '그때부터' 자기를 해석하고, 그때 현재화로서 자신이 예기하고 있는 것을 자신의 '지금'으로부터 이해한다면, '그때부터'라는 언명 속에는 이미 '그리고 지금은 아직 없다'가 함축되어 있는 셈이다. 현재화적 예기는 '그때까지'를 이해한다. 해석은 이 '그때까지', 즉 '아직 시간이 있다'를 '그때까지의 사이'로서 분절하는데, 이것이 또 시점기록 가능성의 연관을 가지고 있다. 이 시점기록 가능성의 연관은 '……가 있는 동안'에 표현되어 있다. 게다가 배려는 이 '동안'도, 더욱 자세한 '그때부터'의 언명에 의해 예기적으로 분절할 수 있다. '그때까지'는 몇 가지 '그때부터―그때까지'를 통해 구분되는데, 이것들은 최초의 '그때부터'의 예기적 기투에서 처음부터 '포괄'되어 있다. '……하는 동안'의 예기적·현재화적 이해와 함께 그동안의 '지속'이 분절된다. 이 지속 자체는 시간성의 '자기'해석에서 드러나 있는 시간이며, 이 시간이 그때그때 '잠시 동안'으로서 배려 속에서 비주제적으로 이해되는 것이다. 예기적·보유적 현재화가 이처럼 '신장성(伸張性)을 지닌 동안'을 해석하고 풀어서 벌여놓는 것은, 그 현재화가 그때 역사적 시간성의 탈자적 '신장(伸張)'으로서, 설령 그것으로 인식되지 않더라도 '자신에게' 열어 보여져 있기 때문이다. 그런데 여기에 '언명된' 시간의 또 한 가지 특성이 나타난다. 즉 '……하는 동안'이 신장성을 지녔을 뿐만 아니라, '지금', '그때부터', '저때'는 모두 시점기록 가능성의 구조와 더불어 저마다 다른 길이의 신장성을 갖춘 긴장성(緊張性)을 가지고 있는 것이다. '지금'이란 휴식 중이니 식사 중이니 저녁때니 여름날이니 하는 것들이며, '그때부터'는 '아침식사를 할'이니 '비탈길을 올라갈'이니 하는 것들이다.

예기하고 보유하고 현재화하는 배려는 이러저러한 방법으로 시간을 들이면서, 이 시간을 배려적으로 설명하고 있다. 그것에는 특별히 계수적(計數的)인 시간 규정은 필요 없으며, 그런 시간 규정 없이도 그것이 이루어지고 있다. 이 경우 시간은 배려적으로 시간을 들이는 태도의 그때그때 양상에 따라 환경세계 안에서 배려되고, 또 심경적 이해에서 열어 보여진 것을 바탕으로, 다시 말해 사람이 '하루 동안' 영위하고 있는 것을 바탕으로 기록된다. 현존재가 예기적으로 스스로 배려하는 것에 몰입해 자신을 예기하지 않고 망각함에 따라, 현존재가 자신에게 들이는 시간도 이 '시간을 들이는' 양식에 '은폐된 채' 있다. 일상적 배려에 쫓기면서 살아가는 현존재일수록, 자신이 단순한 '지금'의 연속적인 교체에 따라 달리고 있는 것이라고는 이해하지 않는다. 현존재가 자신에게 들이는 시간은 이 은폐에 근거해, 말하자면 여기저기 구멍투성이인 것이다. 우리는 '소비한' 시간을 되돌아볼 때 '그날 하루'를 어떻게 보냈는지를 떠올리지 못하는 경우가 자주 있다. 그러나 이처럼 구멍투성이가 된 시간의 정리되지 못한 모습은, 시간이 조각나 있는 일은 아니며, 언제나 이미 열어 보여져 탈자적으로 신장하고 있는 시간성의 한 모습이다. '들인' 시간이 '경과하는' 모습과, 배려가 그것을 조금이나마 뚜렷하게 설명하는 방식을 현상적으로 분석하기 위해서는 다음 두 가지가 필요하다. 첫째로 연속적인 지금의 흐름이라는 이론적 '관념'을 멀리해야 한다. 그리고 한편으로 현존재가 시간을 들이거나 틈을 내거나 하는 갖가지 양식은, 현존재가 그때그때의 실존에 따라 어떤 식으로 시간을 '가지고' 있는가 하는 점에서 본래 뜻대로 규정된다는 점을 이해할 필요가 있다.

앞서 우리는 본래적 실존과 비본래적 실존을, 각각의 기초를 제공하는 시간성의 시간화 양상이라는 관점에서 성격 지어 두었다. 그에 따르면 비본래적 실존의 비결의성은, 예기적이지 않으며 망각적인 현재화의 양상에서 시간화한다. 비결의적인 사람은, 이런 현재화 속에서 만나게 되며 밀려오는 친근한 일이나 우발 사건을 바탕으로 자기를 이해한다. 몹시 바쁘게 일 속으로 '자신을' 상실하면서, 그 일에 '자신의 시간을 빼앗긴다.' 그의 특징인, '나는 시간이 없다'라는 이야기 방식은 여기에서 비롯된다. 비본래적으로 실존하는 사람이 끊임없이 시간을 빼앗겨 늘 시간이 없는 데 비해, 본래적 실존의 시간성의 특징은, 결의성 속에서 결코 시간을 잃어버리지 않는 '늘 여유로운' 것이다. 결의성의 시간성은 그 현재에 대해 '순간'인 성격을 지니고 있다. 순간이 상황을 본래적으로 현재화할 때, 그 현재화는 스스로 주도하는 것이 아니라 오히려 기재적 도래 속에 간직되어 있다. 순간적(순시적) 실존은 본래적인 역사적 '자립성'이라는 의미에서, 운명적으로 전체적인 신장성으로서 시간화한다. 이처럼 시간적 실존은, 상황이 그것에 요구하는 바에 따라 '부단하게' 시간을 준비해 놓고 있다. 그런데 결의성은 '현(現)'을 이런 형태로 언제나 그저 상황으로서 열어 보이는 것이다. 그러므로 결의한 사람에게 열어 보여진 것은, 그가 결의하지 않은 채 열어 보여진 것에게 그의 시간을 빼앗기는 형태로 만나게 되는 일은 결코 없다.

현사실적으로 내던져져 있는 현존재가 자신에게 시간을 들이거나 시간을 잃어버리거나 할 수 있는 것은, 탈자적으로 신장한 시간성으로서의 현존재에게 그 시간성에 근거해 '현(現)'이 열어 보여졌으며, 이와 함께 '시간'이 배정되어 있기 때문이다.

현존재는 열어 보여졌기 때문에 현사실적으로는 다른 사람들과의 '공공존재'라는 양상으로 실존하고 있다. 현존재는 공공적인 평균적 이해가능성 속에 몸을 두고 있다. 일상의 상호존재에서 해석되고 언명되는 '……가 있는 지금', '……가 있을 그때부터' 등은 어느 한도까지만 일의적 시점기록을 지닐 뿐이라 해도 원칙적으로 이해되고 있다. '매우 친근한' 상호존재 속에서 몇몇 사람들이 '저마다' '지금'이라고 말하면서, 각자가 말한 '지금'을 각기 다른 시점으로 기록해 '이것과 저것이 일어나고 있는 지금'으로서 이해하고 있는 경우가 있다. 그렇게 언명된 '지금'은, 각자에 의해 애초부터 상호적 세계-내-존재의 공공성 속에서 말해지는 것이다. 그러니까 각 현존재의 해석되고 언명된 시간은, 그의 탈자적 세계-내-존재에 근거해 본래 처음부터 이미 '공공화되어' 있었던 셈이다. 그리고 일상적 배려는 배려된 '세계' 쪽에서 자신을 이해하므로, 그것은 자신에게 들이는 '시간'이 '자신의 시간임을 깨닫지 못하고', 오히려 그것을 자연스럽게 부여되어 있는 시간이자 '세간에서 목표할 수 있는' 시간으로 파악해 배려적으로 '차용하고' 있다. '시간'이 지니는 이런 공공성은, 현사실적 현존재가 유난히 시간을 고려해서 '노골적으로 배려할수록' 보다 선명해진다.

80 배려되는 시간과 시간내부성

우리가 앞 절에서 우선 이해하려 했던 것은 다음과 같다. 즉 시간성에 근거한 현존재가 실존하면서 어떤 식으로 시간을 배려하고 있는가, 그리고 이 시간이 해석적 배려에서 세계-내-존재에게 어떤 형태로 공공화되는가 하는 것이었다. 그때 언명되고 공공화되는 시간이 어떤 의미에서 '존재'하는가, 이 시간을 애초에 '존재하는 것'이라고 부를 수 있는가 하는 점은 아직 조금도 명확해지지 않았다. 여기서는 공공적 시간도 '주관적인 것에 지나지 않는지' 아니면 '객관적 현실성'을 가지고 있는지, 또는 둘 가운데 어느 쪽도 아닌지 하는 문제에 대해 섣부른 결정을 내리지는 않을 것이다. 그보다는 먼저 공공적 시간의 현상적 성격을 좀 더 분명하게 규정할 필요가 있다.

시간의 공공화는 추가적으로 이따금 실시되는 성질의 것은 아니다. 오히려 현존재는 탈자적·시간적인 것으로서 처음부터 열어 보여져 '존재하고 있으며' 그 실존에는 이해적 해석이 속해 있으므로, 시간은 배려에서 언제나 이미 공개되어 있는 셈이다. 사람들은 이런 시간'에 맞춰' 생활하기 때문에, 시간은 어쨌거나 모든 사람에게 눈에 띄지 않을 수 없다.

시간을 배려하는 것은, 앞 절에서 말했던 시점기록이라는 방식으로 환경세계의 이런저런 일을 기준삼을 수 있다. 그런데 이러한 시간 배려도 근본적으로는, 천문학적·역법적(曆法的) '시간 계산'으로서 알려져 있는 시간 배려의 지평속에서 처음부터 실시되고 있는 것이다. 이 시간 계산의 출현은 우연이 아니다. 그것은 관심으로서 존재하는 현존재의 근본적 구성에 근거하는 것으로, 실존론적·존재론적으로 보면 필연적인 것이다. 현존재는 그 본질상 내던져진 것으로서 퇴락하면서 실존하고 있으므로, 자신의 시간을 시간 계산이라는 방식을 통해 배려적으로 해석한다. 그리고 '이 시간 계산 내부에서' 시간의 '본격적 공공화'가 시간화하므로 다음과 같이 말할 수 있다. 현존재의 피투성이야말로, 공공적으로 시간이 '주어져 있다는' 것의 근거라고. 이처럼 공공적 시간이 현사실적 시간성을 근원으로 삼아 그곳에서 발원하는 것임을 입증하는 일이 당면 목적인데, 이 입증을 이해할 수 있게 만들기 위해, 우리는 먼저 배려의 시간성에서 해석된 시간을 일반적으로 규정해 두어야 했다. 시간 배려의 본질이 시점기록에서의 수적(數的) 규정의 적용에는 '없다는' 것을 분명히 밝히기 위해서도 위의 준비는 필요한 일이었다. 따라서 시간 '계산'에서 실존론적·존재론적으로 결정적인 것이, 시간의 수량화 속에 있다고 생각해서는 안 된다. 그것은 오히려 더욱 근원적으로, 시간을 고려하는 현존재의 시간성에 의거해서 이해되어야 한다.

'공공적 시간'이란 세계내부적인 도구적 존재자나 객체적 존재자가 '그 안에서' 만나게 되는 바로 그 시간을 가리킨다. 그러므로 우리는 이 현존재에 부적합한 존재자들을 시간내부적 존재자라고 이름 붙일 필요가 있다. 이러한 존재자의 시간내부성을 해석하면 '공공적 시간'의 본질을 보다 근원적으로 통찰할 수 있게 되며, 동시에 그것의 '존재'를 한정 짓는 일도 가능해진다.

현존재의 존재는 관심이다. 이 존재자는 내던져진 것으로서 퇴락하면서 실존하고 있다. 그것은 자신의 현사실적 '현(現)'과 함께 발견되어 있는 '세계'에 인도되어, 배려하면서 그것에 의존하고 있다. 이렇게 현존재는 자신의 세계-내-존재가능을 예기하면서 이 존재가능이란 목적을 위해, 근본적으로 각별한 '적소성'을 띠고 있는 것을 '계산에 넣고' 또 '목표로 삼아' 살아가고 있다. 다시 말해 일상적이고 둘러보는 세계-내-존재는 현실에 존재하는 것의 내부에서 도구적 존재자와 배려적으로 교섭할 수 있기 위해, '볼 수 있음'(밝음)을 필요로 하는 것이다. 자기 성격의 현사실적 개시와 함께, 현존재에게는 자연이 발견되어 있다. 현존재는 그 피투성에서 낮과 밤의 교체를 맡고 있다. 낮은 그 밝음으로 보는 것을 가능하게 하며, 밤은 그 가능성을 빼앗는다.

이처럼 현존재는 둘러봄으로 배려하면서 '볼 수 있음'을 예기하고 하루하루의 일에 의거해 자신을 이해하기 때문에, '날이 밝으면 그때부터'라고 말하면서 자신에게 시간을 부여한다. 여기서 배려되고 있는 '그때부터'는, 밝아오는 일과 관련된 어떤 가장 친근한 환경세계적 적소성, 즉 해돋이를 바탕으로 시점기록된 것이다. 해가 떠오르면 그때부터는 '⋯⋯할 시간'인 셈이다. 이렇게 현존재는 자신에게 들여야 할 시간을 시점기록한다. 그리고 그 시점기록은 세계에 인도되어 있는 일의 지평 속에서 이 세계내부에서 만나게 되는 것, 그것도 둘러보는 세계−내−존재가능에서 어떤 두드러진 적소성을 갖추고 있는 것으로서 만나게 되는 것에 근거해 실시된다. 배려는 빛과 열을 주는 태양의 '도구적 존재'를 이용한다. 태양이 배려 속에서 해석되는 시간에 시점기록을 부여하는 것이다. 이런 시점기록을 바탕으로 '가장 자연스러운' 시간 척도, 곧 하루가 생겨난다. 그리고 자신에게 시간을 들여야만 하는 현존재의 시간성은 유한하므로, 현존재가 살아가는 하루하루는 이미 세어지고 정해져 있다. '해가 떠 있는 동안에'라는 것이 배려적 예기에, 배려되어야 할 대상의 '그때'를 미리 배려하면서 규정할 가능성을, 다시 말해 하루를 구분할 가능성을 부여한다. 그리고 이 구분도 시간에 시점기록을 부여하는 것, 즉 태양의 움직임을 고려해서 수행된다. 해돋이와 마찬가지로 해넘이와 한낮도, 이 천체가 차지하는 특별한 '위치'를 가리킨다. 세계 속에 내던져져 시간화하면서 자신에게 시간을 주는 현존재는, 이 규칙적으로 되풀이되는 태양의 운행을 고려하고 있다. 따라서 현존재의 발생은 '현(現)' 속으로의 피투성에 의해 그려진 시점기록적 시간 해석을 근거로 하는, '날마다 수행되는' 발생인 것이다.

이러한 시점기록은, 빛과 열을 주는 천체 및 그것이 하늘에서 차지하는 특별한 '위치'에 의거해 수행된다. 이것은 '같은 하늘 아래'에 있는 상호존재의 경우에는 '모든 사람들'에게 언제나 같은 방식으로, 또 어느 범위 안에서는 우선 일제히 수행될 수 있는 시간고시이다. 시간에 시점기록을 부여하는 것은, 환경세계 안에서 언제든지 접할 수 있는 것이다. 게다가 이것은 각자가 배려하는 도구세계의 범위 안에 국한되어 있지 않다. 오히려 이 도구세계 안에서도 언제나 이미 환경세계적 자연과 공공적 환경이 함께 발견되어 있는 것이다.[2] 누

---

2) 본서 제15절 참조.

구나 이 공공적 시점기록으로써 자신의 시간을 알리고, 누구나 그 시점기록에 의지할 수 있다. 이 공공적 시점기록은 공공적으로 이용할 수 있는 '척도'를 쓴다. 이러한 시점기록은 '시간 측정'이라는 의미에서 시간을 배려한다. 따라서 그것은 시간 측정 도구, 즉 시계를 필요로 한다. 그러니까 내던져져 '세계'에 맡겨진 채 자신에게 시간을 들이고 있는 현존재의 시간성과 더불어, '시계'라는 것도 처음부터 이미 발견되어 있는 셈이다. 다시 말해 그 규칙적인 회귀에서 예기적 현재화에 접할 수 있도록 되어 있는 도구적 존재자도 이미 발견되어 있는 것이다. 도구적 존재자 밑의 내던져진 존재는 시간성에 의거하고 있다. 그래서 그 시간성은 시계의 근거이다. 시계의 현사실적 필요 가능조건으로서의 시간성은, 동시에 시계가 발견되는 일의 가능조건이기도 하다. 왜냐하면 세계내부적 존재자가 발견되어 있음과 더불어 만나지는 태양의 운행을 예기적·보유적으로 현재화할 때, 비로소 (이 현재화의 자기해석에 있어) 공공적·환경세계적인 도구적 존재자에 의거한 시점기록이라는 것이 가능해지고 또 요구되기 때문이다.

'자연적' 시계는 시간성에 의거하는 현존재의 현사실적 피투성과 더불어 처음부터 이미 발견되었는데, 이를 바탕으로 이윽고 더 적당한 시계를 제작 및 사용하는 일이 요구되고 또 가능해진다. 그때 이러한 '인공적' 시계도, 자연적인 시계에서 일차적으로 발견된 시간을 '다시금' 나타내야 하므로, 전자는 후자를 '표준삼아' 제작되고 사용되어야만 한다.

시간 계산과 시계 사용 발달의 줄거리를 그 실존론적·존재론적 의미에서 기술하기 전에, 먼저 시간 측정에서 배려되는 시간의 성격을 좀 더 완벽하게 기술해 놓도록 하자. 시간 측정이야말로 배려된 시간을 비로소 '본격적으로' 공공화하는 것이므로, 이런 의미에서 '계산하는' 시점기록에 있어 시점기록을 부여받은 것이 어떤 모습을 나타내는지를 깊이 파고들어 연구하다 보면, 우리는 분명하게 모습을 드러낸 공공적 시간이라는 것과 현상적으로 접할 수 있을 것이다.

배려적 예기에서 해석되는 '그때'에 시점기록이 되어 있다는 것은, 이를테면 '날이 새면, 그때는 하루 일을 시작해야 할 시간이다'라는 의미를 내포하고 있다. 배려에서 해석된 시간은 언제나 처음부터 '……해야 할 시간'으로서 이해되고 있는 것이다. 각각의 '지금'은 '이러저러한 것이 있는 지금'이므로, 그것은 다름 아닌 '……하기에 적합한 시간'이나 '……하기에 적합하지 않은 시간'이다. '지금'은 (해석된 시간의 다른 모든 양상도) 단순히 '……가 있는 지금'일 뿐만 아니라, 이렇게 본질상 시점기록을 가지고 있는 것으로서, 동시에 본질적으로 적합과 부적합이라는 구조에 따라 규정되어 있다. 해석된 시간은 애초부터 '……해야 할 좋은 시간'이니 '……하기 안 좋은 시간'이니 하는 성격을 지니고 있는 것이다. 배려가 실시하는 예기적·보유적 현재화는 이렇게 '……하기 위해'와의 연관에서 시간을 이해한다. 그리고 이 '……하기 위해'는 궁극적으로는 현존재의 존재가능의 '……를 목적으로'와 관련되어 있다. 공공화된 시간은 이와 같이 '……를 위해 있다'라는 연관에 의해, 우리가 앞서[3] '유의의성'으로 보아두었던 구조를 분명히 드러내고 있다. 이 구조는 세계의 세계성을 구성한다. 공공화된 시간은 '……해야 할 시간'으로서, 본질상 세계적인 성격을 지닌 것이다. 따라서 우리는 시간성의 시간화 속에서 공공화되는 시간을, 세계시간(Weltzeit)이라 부르겠다. 그 이유는 이 시간이 '세계내부적 존재자'로서 '객체적'으로 '존재하기' 때문이 아니다. 세계시간은 결코 이런 존재자가 아니다. 오히려 그 이유는, 이 시간이 실존론적·존재론적으로 해석된 의미에서의 '세계'에 속해 있기 때문이다. 예컨대 '……를 위해 있다'와 같은 세계구조의 본질적인 여러 연관들이 시간성의 탈자적·지평적 구성에 근거하여, 이를테면 '……가 있는―그때'와 같은 공공적 시간과 어떻게 연관되어 있는지는 다음에서 분명해질 것이다. 어쨌거나 우리는 배려된 시간의 구조를, 이 자리에서 비로소 완벽한 모습으로 표시할 수 있게 되었다. 즉 배려된 시간은 시점기록이 가능하며, 긴장하고 있고, 공공적이다. 그리고 그것은 이런 구조를 가진 것으로서 세계 자체에 속해 있다. 자연스러운 일상적 태도로 언명된 모든 '지금'은 위의 구조를 지니며, 또 그런 것으로서 현존재의 배려적 소식(消息) 안에서―주제적이지 않은 방식으로, 또 개념 이전의 모습으로나마―이해되고 있다.

내던져진 채 퇴락하면서 실존하고 있는 현존재에게는, 자연적 시계가 이미 열어 보여져 있다. 그리고 이 개시 속에는, 배려된 시간의 두드러지는 공공화가

---

3) 본서 제18절, 제69절 참조.

동시에 내포되어 있다. 이것은 현사실적 현존재에 의해 언제나 이미 수행되고 있는데, 시간 계산법이 발달하고 시계 사용이 세련되어짐에 따라 그 공공성은 갈수록 높아지고 확정되어 간다. 여기서 우리의 목적은, 시간 계산법과 시계 사용의 역사적 발전을 모든 변천에 걸쳐 역사학적으로 서술하는 것이 아니다. 여기서는 오히려 시간 계산과 시계 사용의 '발달 동향'에 비추어 볼 때, 현존재의 시간성의 어떤 시간화 양상이 드러나는가를 실존론적·존재론적으로 문제 삼으려 한다. 우리는 이 문제에 대답함으로써 '시간 측정'(즉 배려된 시간의 숨김 없는 공공화)이 현존재의 '시간성'에 근거한다는 점을, 그것도 이 시간성의 매우 특수한 시간화에 근거한다는 점을 좀 더 근원적으로 이해할 수 있을 것이다.

우리가 '자연적' 시간 계산의 본보기로 삼은 것은 '미개한' 현존재였다. 여기서 이런 현존재를 '발달한' 현존재와 비교해 보면, 후자에서는 낮이니 햇빛의 존재니 하는 것이 더 이상 특별한 기능을 발휘하지 못함을 알 수 있다. 왜냐하면 이 현존재에게는 밤도 낮으로 만들 수 있는 '장점'이 있기 때문이다. 그리고 '발달한' 현존재는 시간을 확인할 때 태양과 그 높이를 일부러 직접 바라볼 필요가 없다. 시간을 확인하기 위해 특별한 측정기구를 제작해 쓰고 있기 때문이다. 그러므로 자기 시계를 보면 시간을 직접 알아낼 수 있다. 시계가 가리키는 '몇 시'는, 시간이 얼마나 있는지를 나타낸다. 그런데 이처럼 시계를 통해 시간을 알아낼 때 미처 깨닫지 못하지만, 실은 시계라는 도구의 사용도 현존재의 시간성에 근거하는 것이다. 공공적 시간 계산법을 가능하게 하는 것으로서, 시계도 '자연적' 시계를 기준으로 규제될 필요가 있기 때문이다. 현존재의 시간성은 '현(現)'의 열어 보여짐과 더불어, 배려된 시간의 기록을 비로소 가능하게 한다. '자연'의 발견이 진보함에 따라 '자연적' 시계에 대한 이해도 발달한다. 그리고 이렇게 발달한 이해는, 밤낮이나 그때그때의 특별한 하늘 관찰로부터 상대적으로 독립한 시간 규정의 새로운 가능성에 나침반을 제공한다.

그러나 '미개한' 현존재도 어떤 의미에서는, 하늘을 보고서 직접 시간을 알아내는 일로부터 이미 독립해 있다. 이 현존재는 하늘을 직접 바라봐 태양의 높이를 알아내는 대신, 주변에 있는 존재자가 드리우는 그림자의 길이를 재기도 하기 때문이다. 이 일은 가장 단순한 형태로는, 고대의 '농민시계'라는 형식으로 실시되었다. 누구에게나 끊임없이 붙어 다니는 그림자를 보면, 하늘의 온갖 위치에서 자리를 옮겨 다니며 존재하는 태양과 만나게 된다. 우리는 낮 동안 여러 가지로 변하는 그림자의 길이를 '언제나' 걸음짐작할 수 있다. 키 및 다리의 길이는 사람마다 다르지만, 둘의 '비율'은 어느 정도 정확성의 범위 내에서는 일정하다. 그래서 이를테면 배려적 약속 시간을 공공적으로 정할 때 "그림자가 몇 걸음 길이가 됐을 때 거기서 만나자"라는 방식을 쓸 수 있는 것이다. 이때 친근한 환경세계의 비교적 좁은 한계 안에서 살고 있는 상호존재에는, 저마다 그림자의 걸음짐작을 실시하는 '지점'의 위도(緯度)가 같다는 것이 암암리에 전제되어 있다. 이런 시계라면 현존재가 일부러 몸에 지니고 다닐 필요조차 없다. 현존재 자신이, 말하자면 이 시계이기 때문이다.

공공적 해시계에서는, 한 줄기 그림자가 태양의 운행과 반대되는 방향으로 숫자판 위에서 움직인다. 이에 관해서는 자세히 기술할 필요는 없다. 그런데 그림자가 숫자판 위에서 그때그때 차지하는 위치를 보고, 우리가 그곳에서 시간이라는 것을 찾아내는 이유는 무엇일까? 그림자도, 구분된 숫자판도 시간 그 자체는 아니다. 그 둘 사이의 공간적 상호관계도 시간은 아니다. 그렇다면 우리가 이처럼 '해시계'를 보고 알아내는 시간, 하지만 또 어느 회중시계를 봐도 직접 알아낼 수 있는 이 시간은, 대관절 어디에 존재하는 것일까?

시간을 알아낸다는 것은 대체 무엇일까? '시계를 본다'는 것은, 이 도구적 존재자의 변화를 관찰해 시곗바늘의 온갖 위치를 살펴본다는, 그런 단순한 행동은 아닐 것이다. 시계를 사용해서 '몇 시'인지를 확인할 때, 우리는 분명히 표현하든 아니든 이렇게 '말하고' 있다. "'지금은' 몇 시이다, '지금은' ……할 시간이다" 또는 "지금은 몇 시이다, 아직 시간이 있다(즉 ……할 때까지는 '지금으로선' 아직 시간이 있다)"라고. 시계를 본다는 일은 이처럼 '자신에게 시간을 들이는' 것에 의거하며, 또 이것의 인도를 받고 있다. 시계를 보고 '자신을 시간에 맞추는' 것은, 본질적으로 '지금을 말하는 일'이다. 이는 매우 기본적인 시간 계산에서도 이미 드러난 사실이지만, 그것이 여기서 더욱 뚜렷해진 것이다. 이것은 너무나도 '자명하므로' 우리는 이 사실에 전혀 신경 쓰지 않는다. 더구나 여기에서, '지금'이 언제나 이미 시점기록 가능성, 긴장성, 공공성, 세계성이라는 풍부한 구조적 양상에서 이해되며 '해석되고 있다'는 것은 더더욱 의식되지 않고 있다.

그런데 지금을 말한다는 것은, 보유적 예기와의 통일에서 시간화하는 '현재화'를 이야기 속에서 분절하는 일이다. 그러므로 시계의 사용에서 수행되는 시점기록은, 실은 어떤 객체적 존재자에 대한 두드러지는 현재화임을 알 수 있다. 이러한 시점기록 작용은 단순히 객체적 존재자를 무언가와 비교하는 것이 아니라, 그 비교 자체가 '측정'이라는 성격을 지니고 있다. 확실히 측정 수치가 직접 확인되는 경우도 있다. 하지만 그것은 측정 척도가 측정되어야 할 길이 안에 포함되어 있음이 이해된다는 것, 즉 그 척도가 이 길이 안에서 몇 번 '현존하고 있는지'가 규정되어 있다는 일인 것이다. 측정이란 시간적으로 볼 때, 현존하는 척도를 현존하는 길이 속에서 현재화함으로 구성된다. 척도라는 이념에는 불변(不變)이라는 성질이 포함되어 있는데, 이 사실은 척도가 언제나 모든 사람에게 그 항상성을 유지하며 객체적으로 존재해야만 함을 의미한다. 배려된 시간을 '측정하면서' 시점기록을 하는 작용은, 척도 및 측정되어야 할 대상으로서 특별한 현재화에서 접할 수 있는 객체적 존재자를, 현재화의 입장에서 주목하면서 시간을 해석한다. 이처럼 측정을 통한 시점기록에서는, 현존하는 것을 현재화하는 일이 특별한 우위를 차지하고 있다. 그렇기에 시계를 보고 측정하면서 시각을 알아내는 일은, 조금 더 강한 의미에서 '지금'이라는 말로 이야기되는 것이다. 따라서 '시간 측정'에서 수행되는 시간의 '공공화'에서는, 시간은 그때그때 언제든지 누구에게나 '지금, 그리고 지금, 그리고 지금'이라는 단조로운 형태로 만나진다. 이처럼 시계를 단서로 '일반적으로' 접할 수 있는 시간은, 그 시간 측정이 주제적으로 시간 자체를 향해 있지는 않더라도, 마치 '현실에 존재하는 지금의 다양성'처럼 눈앞에 나타난다.

현사실적 세계─내─존재의 시간성은, 근원적으로 공간을 열어 보일 수 있게 한다. 그리고 공간적 현존재는 각각 발견된 '그곳'에 의거해서, 자신을 어떤 현존재적인 '이곳'으로 향하게 한다. 그러므로 현존재의 시간성에서 배려되는 시간은, 그 시점기록 가능성에 대해 언제나 현존재의 특정한 소재(所在)와 결부되어 있다. 그렇다고 시간이 어떤 장소에 묶여 있는 것은 아니다. 오히려 시점기록이 공간적·장소적인 무언가와 결부되고, 이 공간적·장소적인 것이 어느 사람에게나 구속력을 띠게 되는 일의 가능조건이야말로 시간성인 것이다. 시간은 나중에서야 공간과 결합되는 것이 아니라 시간보다 앞서는 듯 보이는 공간이, 실은 시간을 배려하는 시간성에 의거할 때에만 만나진다. 시계와 시간 계산은 현존재의 '시간성'에 의거하고 있으며, 이 시간성은 현존재를 역사적 존재자로서 구성하고 있다. 그러므로 이 사실에 따라 우리는, 시계 사용 그 자체가 어떤 존재론적 의미에서 역사적이며, 또 어떤 의미에서 모든 시계가 본래부터 '역사를 가지고 있는'지를 나타낼 수 있다.[4]

시간 측정에서 공공화되는 시간은, 공간적 측정 관계를 바탕으로 기록되기는 하지만 이 때문에 공간이 되는 것은 결코 아니다. 또한 시점기록된 '시각'이 '공간적' 길이나 공간적 사물의 '장소 변화' 등에 의거해 수치적으로 규정되어 있다는 점에서, '시간 측정'이 지니는 실존론적·존재론적으로 본질적인 의미를 찾으려고 해서도 안 된다. 존재론적으로 볼 때 결정적인 것은 오히려, 측정을 가능케 하는 특수한 '현재화' 속에 숨어 있다. '공간적인' 객체적 존재자에 의거하는 시점기록은, 시간을 공간화하는 것이 아니다. 오히려 이 공간화라고 생각되는 작용이야말로, 그 어떤 '지금'에나 어느 누구에게나 객체적으로 존재하고 있는 것을 그 현재성에 현재화하는 작용인 것이다. 시간 측정은 본질상 필연적으로 '지금을 말하는 것'이지만, 이 시간 측정에서 우리는 척도를 얻어내는 일에 정신이 팔려 있으며, 이때 측정되는 대상 자체는 말하자면 망각되어 있다. 그래서 길이와 숫자 말고는 아무것도 발견될 수 없게 되는 것이다.

시간을 배려하는 현존재에게 여유가 적어지면 적어질수록, 시간은 그만큼 '귀중'해진다. 이에 따라 시계도 그만큼 '편리'해져야만 한다. 시계는 시간을 더욱 '정확하게' 알려줘야 할 뿐만 아니라, 시간 규정 자체에도 되도록 시간이 안 걸려야 하며, 게다가 동시에 다른 사람들의 시보(時報)와도 일치해야 한다.

지금까지 설명한 내용은, 자신의 시간을 들이는 시간성과 시계 사용 사이의 '연관'을 일단 제시한 것에 지나지 않다. 발달한 천문학적 시간 계산법을 구체적으로 분석하는 일은, 자연 발견에 대한 실존론적·존재론적 해석의 범위에 속한다. 그리고 역법적(曆法的)·역사학적 '연대(年代) 결정법'의 기초도, 역사학

---

4) 시간 측정의 상대성 이론 문제에 대해서는 여기서 깊이 파고들 수 없다. 이 측정의 존재론적 기초 해명을 위해서는 이미 현존재의 시간성에 입각, 세계시간 및 시간내부성을 명료화하는 일과, 마찬가지로 자연폭로의 실존론적·시간적 구성과 측정 일반의 시간적 의미를 해명하는 일이 전제되어 있는 것이다. 물리학적 측정기술의 합리주의는 이러한 여러 탐구 위에 '입각'한 것이며, 그 자체로서는 시간의 문제 자체를 전개하는 일을 결코 할 수 없다.

적 인식의 실존론적 분석 과제 범위 안에서 비로소 명료해질 수 있다.[5]

시간 측정은 시간을 눈에 띄게 공공화하므로, 우리가 흔히 '시간'이라고 부르는 것은 이 과정에서 비로소 '주지(周知)'된다. 배려에 있어서는 모든 사물에 '저마다의 시간'이 배당된다. 모든 사물이 이런 시간을 '가지고' 있으며, 그 어떤 세계내부적 존재자와 마찬가지로 이런 시간을 '가질' 수 있는 까닭은, 오직 이 모든 사물이 애초부터 '시간 속에서' 존재하기 때문이다. 이처럼 세계내부적 존재자가 '그 안에서' 만나게 되는 시간은 세계시간이다. 이 세계시간은 그것이 소속하는 시간성의 탈자적·지평적 구성에 의거하여 세계와 '동일한 초월'을 지닌다. 세계가 열어 보여져 있음과 더불어, 세계시간이 공개되어 있다. 그렇기에 세계내부적 존재자 밑에서 시간적으로 배려하는 모든 존재는, 이 존재자를 '시간 속에서' 만나게 되는 것으로서 둘러봄으로 이해하는 것이다.

만약 '객관적'이라는 말이 세계내부에서 만나게 되는 존재자의 자체적인 객체 존재를 가리킨다면, 객체적 존재자가 '그 안에서' 운동하거나 멈추거나 하는 시간은 '객관적'인 것이 아니다. 하지만 만약 '주관적'이라는 말이 어떤 '주관' 속에서 객체적으로 존재하거나 출현하거나 하는 것을 가리킨다면, 시간은 '주관'인 것도 아니다. 세계시간은 거의 모든 객관보다도 더 '객관적'이다. 왜냐하면 그것은 세계내부적 존재자의 가능성의 조건으로서, 세계의 열어 보여짐과 함께 언제나 이미 탈자적·지평적으로 '객관화되어'[6] 있기 때문이다. 따라서 세계시간은, 칸트의 견해와는 달리, 심적인 것에 있어서와 마찬가지로 물적인

---

5) 연대기적 시간과 '역사 연수(年數)'와의 학술적 해석의 최초 시도로서는 필자의 프라이부르크 대학교수자격취득강의(1915년 여름학기) 〈역사학에 있어서의 시간개념〉(《철학 및 철학적 비판을 위한 잡지》 제161권, 1916년, 173쪽 이하) 참조. 역사 연수, 문학적으로 계정된 세계시간 및 현존재의 시간성과 역사성 사이의 여러 연관은 더욱 깊은 탐구를 해야 한다. 그리고 G. 지멜 〈역사학적 시간의 문제〉(칸트 협회 편 〈철학 강연집〉 제12호, 1916년) 참조. 역사학적 연대학의 발달에 관한 기초적인 두 저작은 요제프 유스투스 스칼리제르 《연대의 개선에 관하여》(1583년) 및 디오니우스 페타비우스(예수회) 《제연대론의 서(書)》(1627년) 참조. 고대의 시간계산에 관해서는 G. 빌핑거 《고대의 시각고시(時刻告示)》(1888년), 《상용적 고전적 고대와 기독교적 중심에서의 달력 날짜의 시작에 관한 연구들》(1888년) 155~232쪽, 《고대의 시계(時計)》. 근대의 연대학에 관해서는 Fr. 루엘 《중세 및 근대의 연대학》(1897년)이 다루고 있다.

6) '객관화되어'의 원어는 objiciert이며, '대하여'를 의미하는 앞 철자 ob―와 '던지다'를 의미하는 jacio가 합성된 라틴어 objicio 에서 유래하는데, 여기에서는 이 라틴어적 의미가 살아 있다.

것에 있어서도 직접적으로 눈에 띄는 것이지 심적인 것을 거치는 우회로에서 비로소 발견되는 것이 아니다. 오히려 '시간'은 먼저 '하늘'에서 나타난다. 사람들이 자연스러운 태도로 '시간에 순응할 때' 시간을 발견하는 장소가 바로 하늘이다. 그래서 '시간'은 이따금 하늘과 동일시되기조차 한다.

그러나 세계시간은 거의 모든 가능한 주관보다도 더 '주관적'이다. 왜냐하면 세계시간은, 현사실적으로 실존하는 자신의 존재가 곧 관심이라는 올바르게 이해된 의미에서, 이 존재를 비로소 가능하게 만들기 때문이다. '시간'은 '주관' 속에 있는 것도, '객관' 속에 있는 것도 아니다. 그것은 '내면'에도 '외면'에도 객체적으로 존재하지 않으며, 그 어떤 주관성이나 객관성보다도 '이전에 존재한다.' 그 이유는 시간이 '이전에'라는 것 자체의 가능조건이기 때문이다. 그렇다면 시간은 애초에 '존재'를 가지고 있는 것일까? 그게 아니라면 시간은 하나의 환상인 것일까? 아니면 그것은 거의 모든 존재자보다도 더 '존재적'인 것일까? 이 같은 물음의 방향으로 나아가는 탐구는, 앞서 진리와 존재의 연관에 대한 잠정적 구명(究明)의 앞을 가로막았던 한계와 같은 '한계'에 부딪칠 것이다.[7] 이러한 물음이 앞으로 어떤 해답을 얻게 되든지, 또는 물음 자체가 근원적으로 새롭게 제출되든지 간에, 여기서 일단 이해해 둬야 할 일은 다음과 같다. 즉 탈자적·지평적 시간성이 '세계'시간이라는 것을 시간화하게 한다는 점, 그리고 이 세계시간이 도구적·객체적 존재자의 시간내부성을 구성한다는 점이다. 결국 엄밀한 의미에서는, 도구적·객체적 존재자들은 결코 '시간적'이라고 불릴 수 없는 셈이다. 이 존재자들은 다른 모든 비현존재적 존재자와 마찬가지로 비시간적이다. 그것들이 실재적으로 출현하고 발생하고 소멸한다 해도, 또는 '이념적'으로 존립한다 해도 말이다.

세계시간이 시간성의 시간화에 속해 있다고 한다면, 우리는 세계시간을 '주관주의적으로' 날아 흩어지게 할 수도, 또 나쁜 의미에서 '객관화'하여 '물화(物化)'할 수도 없는 셈이다. 그렇다면 단순히 그것들의 가능성 사이의 불확실한 동요에 의거해서만이 아니라, 분명한 통찰에 근거해서 위의 두 가지 오류를 피하려면 어찌해야 할까? 그러려면 다음 사실들을 이해해야 한다. 우리는 우선

---

7) 본서 제44절 C 참조.

일상적 현존재가 자신의 친근한 시간이해를 바탕으로 '시간'을 어떻게 이론적으로 파악하고 있는지 알아야 할 것이다. 그리고 이 시간개념과 그것의 지배에 의해, 그것이 지향하고 있는 대상을 근원적인 시간으로부터 이해할 가능성, 즉 '시간성으로서' 이해할 가능성이 어느 만큼 막혀버리는지를 이해해야 한다. 자신에게 시간을 들이고 있는 일상적 배려는, '시간 안에서' 만나게 되는 세계내부적 존재자를 단서로 '시간'을 발견한다. 따라서 통속적 시간개념의 성립을 해명하려면 시간내부성에서부터 출발해야 할 것이다.

81 시간내부성과, 통속적 시간개념의 발생

일상적인 둘러보는 배려에서 '시간'이란 우선 어떤 모습으로 나타날까? 우리는 도구를 사용하는 교섭 가운데 어느 교섭에서 '두드러지는 방식으로' 시간과 접할 수 있을까? 앞서 우리는 세계가 열어 보여져 있음과 더불어 시간이 공공화되어 있다고 말했다. 또한 세계의 열어 보여짐과 함께 세계내부적 존재자도 이미 발견되어 있는데, 현존재가 '자신을 고려'하면서 시간을 계산하고 있는 이상, 세계내부적 존재자의 발견과 더불어 '시간'도 언제나 이미 배려되고 있다. 말하자면 '사람'이 새삼스럽게 '시간을 참고하는' 행동은 곧 시계의 사용 속에 숨어 있는 셈이다. 이 행동의 실존론적·시간적 의미는, 계속 움직이고 있는 시곗바늘을 현재화하는 것이다. 시곗바늘의 그때그때 위치를 현재화하면서 '추적'할 때 우리는 무언가를 '센다.' 그리고 이 현재화는 예기적 보유의 탈자적 통일에서 시간화한다. '현재화하면서' '저때'를 보유하고 있다는 것은, '지금'을 말하면서 '이전'(즉 '지금은 이미 없다')의 지평 쪽으로 열려 있음을 뜻한다. 그리고 '현재화하면서' '그때부터'를 '예기하고 있다'는 말은, '지금'을 말하면서 '이후'(즉 '지금은 아직 없다')의 지평을 향해 열려 있다는 뜻이다. 이런 현재화 속에서 자신을 드러내는 것이 바로 시간이다. 그렇다면 자신에게 시간을 들여 둘러보며 배려적으로 시계를 사용하는 행동의 지평 속에서 이처럼 드러나는 '시간'은 어떻게 정의될 수 있을까?

'시간'이란 계속 이동하고 있는 시곗바늘을 현재화하면서 수를 세며 추적할 때 나타나는 '세어진 것'이다. 그리고 이때 이 현재화는 '이전'과 '이후'를 향해 지평적으로 열려 있는 보유 및 예기와의 탈자적 통일에서 시간화한다. 그런데 이 정의는 아리스토텔레스가 시간에게 부여한 정의를 실존론적·존재론적으로 해석해 본 것이다. 아리스토텔레스는 "시간이란 '이전'과 '이후'의 지평 속에서 만나게 되는 운동을 단서로 세어진 것이다"라고 정의했다.[8] 이 정의는 얼핏 보면 매우 이상하다. 하지만 아리스토텔레스가 그것을 꺼내온 실존론적·존재론적 지평이 한정지어진다면, 이는 매우 '당연'하고도 정확해진다. 아리스토텔레스에게는, 이 분명한 시간의 근원이라는 것은 문제가 되지 않았다. 그의 시간 해석은 오히려 '자연적' 존재이해의 방향에 따라 움직이고 있다. 하지만 우리는 당면의 근본적 탐구에서 이 존재이해 자체를, 그리그 그 안에서 이해되고 있는 존재를 원칙적으로 문제 삼고 있다. 그래서 먼저 존재 문제를 해결한 '뒤에야' 비로소 아리스토텔레스의 시간 분석을 주제적으로 해석할 수 있게 된다. 이때 우리가 고대적 존재론 전반의 문제설정을 비판적으로 한계짓고 그것을 적극적으로 체득하면, 그 과정에서 이 아리스토텔레스의 시간 분석은 원칙적 의의를 지니게 될 것이다.[9]

후세에 이루어진 시간개념에 대한 모든 논의는, '원칙적으로는' 아리스토텔레스의 정의에 따르고 있다. 다시 말해 그 논의들은 모두 둘러보는 배려에서 현상(現象)한다는 식으로 시간을 주제 삼고 있다. 그것들에 따르면 시간은 '세어진 것', 다시 말해 '계속 움직이고 있는' 시곗바늘(또는 그림자)의 현재화에서 언명된 것, 비주제적으로나마 생각된 것이다. 운동하고 있는 것을 그 운동에 현재화하면서, 우리는 '지금 이곳에', '지금 이곳에'라고 말한다. 그렇게 세어지는 것이 '지금'이다. 그리고 이러한 지금들은 '어느 지금에도', '금세—지금은 이미 없다', '조금만 더—지금은 아직 없다'라는 형식으로 자신을 드러내고 있다. 이처럼 시계의 사용을 통해 '눈에 들어와 있는' 세계시간을 우리는 '지금—시간(Jetzt-Zeit)'이라고 부르겠다.

자신에게 시간을 들이고 있는 배려가 '자연스러운 태도'로 시간을 고려하면 할수록, 그것은 언명된 (세어진) 시간 그 자체에는 구애되지 않고 각각의 시간에 맞춰진 어떤 도구의 배려 속으로 자신을 상실해 간다. 그 시간 배려가 '자연스러운' 것일수록, 다시 말해 배려가 시간 자체를 주제적으로 바라보지 않

---

8) 《자연학》 제4권 제11장 참조.
9) 본서 제6절 참조.

은 채 시간을 정하거나 알리거나 할수록, 배려되고 있는 것 아래에서 현재화하고 퇴락하는 존재는 그만큼 더 쉽게 (소리 내어서 말하든 안 하든) '지금', '그때부터', '저때'라는 말을 쓰게 된다. 이리하여 통속적 시간이해에서, 시간은 '끊임없이' 존재하며 흘러감과 동시에 도래해 오는 지금의 연속으로서 나타나는 것이다. 수많은 지금의 연속인 시간은 곧 이 지금들의 '흐름'으로서, '시간의 경과'로서 이해된다. 그렇다면 배려된 세계시간에 대한 이런 해석 안에는 무엇이 숨겨져 있을까?

그 대답을 얻고자 한다면 다시 한번 세계시간의 '완전한' 본질적 구조로 돌아가서, 통속적 시간이해에서 식별되는 시간을 그것과 비교해 보면 된다. 우리는 배려된 시간의 첫째가는 본질적 계기로서 '시점기록 가능성'을 들었다. 이것은 시간성의 탈자적 구성에 근거하고 있다. '지금'은 본질상 '……하는 지금'이다. 배려에서 이해되는 지금은, 이런 것으로서 주제적으로 파악되지는 못했어도 어디까지나 시점기록 가능한 지금이다. 그리고 이런 지금은 언제나 '적당한 지금' 또는 '부적당한 지금'이다. 지금의 구조에는 이처럼 '유의의성'이 속해 있다. 그래서 우리는 배려된 시간을 '세계'시간이라고 이름 붙였던 것이다. 그런데 시간을 지금의 연속이라고 보는 통속적 시간 해석에서는, 시점기록 가능성과 유의의성이라는 두 가지 구조의 '출현'이 '저지되고' 만다. 통속적 시간이해는 그 둘을 '은폐하고' 있는 것이다. 지금의 시점기록 가능성과 유의의성은 시간성의 탈자적·지평적 구성에 바탕을 두고 있는데, 이 구성은 방금 설명한 은폐에 의해 '수평화'된다. 그리고 지금은 이런 연관들로부터 단절되어, 개별적 지금으로서 일렬로 죽 배치되어 단순한 '연속'이라는 형태를 만들게 돼버린다.

통속적 시간이해는 이런 식으로 세계시간을 은폐해 수평화한다. 그런데 이 현상은 우연이 아니다. 오히려 일상적 시간 해석은 전적으로 배려의 상식성의 분별 안에 머물면서, 그 지평 속에서 '나타나는' 것을 이해할 뿐이므로, 그것이 위에서 설명한 구조를 눈치채지 못하는 것도 당연하다. 배려적인 시간 측정 속에서 세어진 것은 지금이지만, 이 지금은 도구적·객체적 존재자를 배려하는 과정에서 아울러 이해되고 있다. 그런데 이처럼 아울러 이해되고 있는 시간 자체를 향해 이러한 시간 배려가 반성적으로 되돌아와서 그것을 '고찰'하게 되면, (이런 지금들도 어떤 의미에서는 '그곳에' 존재하고 있을 테니까) 이 배려는 끊임없이 자신을 이끌고 있는[10] 존재이해의 지평 속에서 이 지금들을 보게 된다. 이리하여 지금들은 어떤 의미에서는 객체적으로 존재하는 셈이 된다. 다시 말해 존재자가 만나지듯이 지금'도' 만나진다. 물론 이런 지금들이 사물과 같이 객체적으로 존재한다고 언명되지는 않지만, 존재론적으로 볼 때 역시 객체적 존재라는 이념의 지평 속에서 '보여지고' 있는 것이다. 지금들은 잇따라 '사라져 간다.' 그리고 사라져 간 지금들이 모여서 '과거'를 이루고 있다. 또 지금들은 차례로 '다가온다.' 그리고 계속 다가오는 지금들이 모여서 '미래'를 형성하고 있다.

이처럼 세계시간을 지금=시간이라 보는 통속적 시간 해석에는 세계, 유의의성, 시점기록 가능성이라는 것에 접근하기 위한 지평이 전혀 존재하지 않는다. 그런 구조들은 위의 해석 안에서 필연적으로 은폐되어 있다. 그리고 통속적 시간 해석이 그 시간 규정을 개념적으로 완성해 가는 태도에 따라, 이 은폐는 점점 더 고정되고 그런 구조들은 더욱 깊숙이 은폐된다.

우리는 지금의 연속을 '그 어떤 의미에서의 객체적 존재자'로 해석하고 있다. 왜냐하면 이 연속 자체가 '시간 속'에 놓이게 되기 때문이다. 우리는 흔히 말한다. '어느 지금에서도' 지금이 존재하며, '어느 지금을 놓고 봐도' 지금은 재빠르게 사라져 간다고. 지금은 '어느 지금'에 있어서도 지금이며, 따라서 끊임없이 '동일한 것'으로서 현존하고 있다. 비록 각각의 지금에 다가오면서 사라져 가는 것은 그때마다 다른 지금이긴 하지만 말이다. 지금은 이처럼 교체하는 것인 동시에, 지금으로서의 부단한 현존성(現存性)을 나타내는 것이기도 하다. 그렇기에 플라톤은 이렇게 발생하고 사라져 가는 지금의 연속으로서의 시간을 바라보면서, 시간에게 영원(永遠)의 모상(模像)이란 이름을 붙였던 것이다. "그러나 그는 영원한 것의 어느 움직이는 모상을 만들기로 했다. 그리고 하늘의 질서를 세우면서 수(數)에 따라 움직이는 영원한 모상, 하나인 곳에 존재하는 저 영원한 것의 모상을 만들었다. 이 모상에 우리는 시간이라는 이름을 부여했다."[11]

지금의 연속에는 끊어짐도 빈틈도 없다. 우리가 지금의 '분할'을 '어디까지 밀고 나아간들', 그것은 여전히 '지금'이다. 사람들은 시간의 이런 끊어짐 없는 성격을 분해 불가능한 객체적 존재자의 지평 속에서 바라보고 있다. 또 항구적

10) 본서 제21절 참조.
11) 《티마이오스》 37d 참조.

인 객체적 존재자를 존재론적인 표준으로 삼아, 그곳에서 시간의 연속성 문제에 대한 해답을 찾으려 하거나, 그곳에 이 문제를 아포리아로 남겨 놓는다. 이런 입장을 취한다면 세계시간 특유의 구조, 즉 탈자성에 근거한 시점기록 가능성과 그에 따르는 '긴장성'은 '은폐될' 수밖에 없다. 시간의 긴장성이 시간 배려에서 공공화된, 시간성의 탈자적 통일 속 지평적 신장(伸張)에 근거한다는 점이 여기서는 이해되지 않고 있다. 아주 순간적인 지금 속에도 '언제나 이미 지금이 존재한다'는 사실은, 그보다도 더 '이전의 것'에 의거해, 그러니까 갖가지 지금이 그곳에서 파생해 오는 시간성의 탈자적 '신장'에 의거해 이해되어야 한다. 이 신장은 어떤 객체적 존재자의 연속성과도 무관하며, 심지어 그 자신은 객체적으로 끊어짐이 없는 대상에 접하는 일의 가능조건이다.

시간은 '무한'하다는 것이 통속적 시간이해의 주요 테제이다. 이 테제야말로 이런 해석에 포함되어 있는 세계시간의, 더 나아가 시간성 일반의 수평화 및 은폐 경향을 가장 강렬하게 폭로한다. 시간은 우선 당장 '많은 지금의 끊임없는 연속'이라는 모습으로 나타난다. 어떤 지금도 '지금 방금'이며, 또는 '지금 곧'이다. 시간을 규정하기 위해서 일차적으로 '위와 같은 지금의 연속'에만 완전히 의지한다면, 이런 연속 자체 속에서는 원칙적으로 아무 시작도 종말도 발견할 수 없다. 그 어떤 최후의 지금도 그것이 지금인 이상 처음부터 '지금 곧—이미 없는 것'이다. 따라서 그것은 '이미 지금이 아닌 것'(과거)이라는 의미에서의 시간이다. 마찬가지로 그 어떤 최초의 지금도 그때그때 '지금 방금까지—아직 없었던 것'이며, 그래서 '아직 지금이 아닌 것'(미래)이라는 의미에서의 시간이다. 그러므로 시간은 '어느 쪽으로나' 한계가 없다. 시간에 관한 이 테제가 성립하는 이유는, 객체적으로 존재하는 지금의 경과라는 허공에 뜬 그 자체의 모습을 표준으로 삼아 생각하고 있기 때문이다. 이런 관점에서 볼 때, 지금이라는 완전한 현상의 시점기록 가능성, 세계성, 긴장성, 현존재적 소재성(所在性)이라는 구조계기는 은폐되어서 분간할 수 없는 단편으로 전락하고 만다. 객체적 의미에서의 존재니 비존재니 하는 방향만 바라보면서 생각하는 이상, 지금의 연속을 아무리 살펴보고 생각해 봤자 그곳에서 한계를 발견하는 일은 불가능하다. 그리고 이런 태도로 시간을 '생각'한다 해도 어디까지나 여전히 시간을 '생각할 수밖에 없다'는 위 사실을 근거로, 사람들은 시간이 무한하다는 결론을 내리는 것이다.

그런데 이러한 세계시간의 수평화 및 시간성의 은폐는 대체 무엇에 근거하고 있을까? 그것은 우리가 준비 삼아 '관심'으로서 해석해 두었던[12] 현존재 자신의 존재에 근거하고 있다. 피투성으로 퇴락하는 현존재는, 우선 대개는 스스로 배려하고 있는 것 속으로 자기를 상실하고 있다. 그리고 이 자기상실 안에는, 현존재가 자신의 본래적 실존(선험적 결의성으로서 성격 지어진 실존)에 임해 그것을 은폐하면서 달아나고 있다는 점이 암시되어 있다. 이처럼 배려적 도망 속에는 죽음에 '임해서의 도망'이, 즉 세계—내—존재의 종말'로부터' 눈을 돌리는 일이 포함되어 있다.[13] 이같이 눈을 돌리는 일은, 그 자체로, 종말'에 임하는' 탈자적·'도래적' 존재의 한 양상이다. 퇴락적·일상적 현존재의 비본래적 시간성은 이렇게 유한성으로부터 눈을 돌린다. 따라서 이 시간성은 본래적 도래성을, 더 나아가서는 시간성 전반을 보지 못한다. 하물며 통속적 현존재 이해가 세인의 지휘를 받게 된다면, 공공적 시간의 '무한성'이라는 자기 망각적 '관념'은 완전하게 굳어질 수밖에 없다. 세인은 결코 죽지 않는다. 왜냐하면 죽음이란 개개인의 것이며 본래적으로는 선험적 결의성 속에서 비로소 실존적으로 이해되기 때문이다. 그래서 세인은 죽을 '수가 없는' 것이다. 세인은 결코 죽지 않으며, 종말에 임하는 존재를 계속 오해하고 있다. 그런데도 이 세인은 '죽음에 임해서의 도망'에 특징적 해석을 부여한다. 종말까지는 '아직 시간이 있다'라는 해석이다. 여기서 표현되고 있는 '시간이 있다'란 말은, 소비할 수 있다는 의미를 지닌다. 말하자면 '지금은 아직 이것을, 그때부터는 저것을, 그리고 하다못해 저것만이라도, 그리고 그 뒤에 언젠가는……' 이런 식이다. 이래서는 시간의 유한성이 이해될 수 없다. 오히려 반대로 이 배려는 이제부터 도래해서 '좀 더 앞으로 나아갈' 시간으로부터 되도록 많은 것을 빼앗아 내려 하고 있다. 공공적으로 볼 때 시간은 누구나가 자기에게로 취해 오는 것, 또 취해 올 수 있는 것이다. 수평화된 지금의 연속은 일상적 상호존재 속에 있는 개개의 현존재의 시간성으로부터 유래하는 것인데, 여기서는 이 유래가 전혀 분간되지 못한다. 실제로 '시간 속에서' '현존'하고 있던 하나의 인간이 더 이상 실

---

12) 본서 제41절 참조.
13) 본서 제51절 참조.

존하지 않게 되었을 때, 그것은 '시대'의 흐름과 대체 어떤 연관이 있겠는가. 한 인간이 '이 세상에 태어났을' 때 이미 시간이 '있었던' 것처럼, 시간은 이후에도 계속 흘러가는 것이 당연하지 않겠는가. 이리하여 사람들은 그저 공공적 시간만을 식별하게 된다. 그것은 수평화되고 모든 사람에게 속하는, 결국 어느 한 사람에게도 속하지 않는 시간이다.

그런데 죽음을 회피하려 해도 그 죽음은 도망자의 뒤를 쫓아온다. 그리고 그는 죽음으로부터 눈을 돌리면서도 그것을 아무래도 직시할 수밖에 없다. 이처럼 그저 경과해 갈 뿐인 분별없는 무한한 지금의 연속도, 기묘한 수수께끼로 가득 찬 모습을 하고 현존재 '위로' 덮쳐온다. 우리는 '시간은 지나간다'고 말하면서도, 마찬가지로 '시간은 발생한다'라고 강조해 말하지는 않는다. 그 이유는 무엇일까? 순수한 지금의 연속을 염두에 두고 있다면, 둘 다 동등하게 말해야 하지 않을까? '시간이 지나간다'라는 말을 할 때, 현존재는 근본에서 스스로 인정하는 것보다 더 많은 것을 시간에 대해 이해하고 있다. 다시 말해 세계시간이 그 안에서 시간화하는 '시간성'은, 어떤 식으로 은폐되든 간에 '완전히 폐쇄되지는 않는' 셈이다. '시간은 지나간다'라는 말은 '시간은 붙들어 맬 수 없다'라는 '경험'을 표현한다. 또한 이 '경험'은 시간을 붙들어 매려는 의지가 있을 때에만 비로소 가능해지는데, 이 의지 속에 비본래적 예기가 숨어 있다. 미끄러지듯 떨어져 지나가는 '순간'을 빨리도 '망각'하고, 도래하는 '순간'을 기다리는 예기가 말이다. 말하자면 비본래적 실존의 현재화적·망각적 '예기'가 '시간은 지나간다'라는 통속적 경험의 가능조건인 것이다. 현존재는 '자기를 앞지른다'는 점에서 도래적이므로, 그것은 예기에서 지금의 연속을 '미끄러지듯 떨어져 사라지는 것'으로서 이해할 수밖에 없다. 현존재가 바쁘게 지나가는 시간을 인식하고 있는 까닭은, 그가 자신의 죽음에 '바쁘게' 신경 쓰고 있기 때문이다. '시간은 지나간다'라는 감개무량한 말 속에는, 현존재의 시간성의 '유한한 도래성'이 공공적으로 반영된다. 그리고 '시간이 지나간다'라는 이 이야기 속에서조차 죽음이 은폐되어 있는 경우가 있으므로, 시간은 '지나가는 사라짐 그 자체'로 나타나는 것이다.

그런데 이처럼 그 자체로서 지나가는 순수한 지금의 연속에서조차, 온갖 수평화와 은폐를 헤치고 근원적인 시간이 지금 드러나 있다. 통속적 시간 해석은 시간의 흐름을 '불가역적' 계속으로서 규정하고 있다. 왜 시간은 역류하지 못하는 것일까? 그 자체로서는, 그리고 특히 지금의 흐름이라는 점에만 주목한다면, 이런 지금의 연속이 언젠가 다시 역방향을 향해 개시되는 일이 왜 불가능하다는 것인지 이해하기 어렵다. 그러나 이런 반전이 불가능하다는 것은, 공공적 시간이 시간성이라는 근원에서 유래한다는 사실에 근거한다. 즉 시간성의 시간화는 일차적으로는 도래적이며 탈자적으로 그 종말을 '향하고', 게다가 이미 종말에 임해 '존재하고' 있는 것이다.

'시간이란 무한하고, 지나가는 불가역적 지금의 연속'이라는 통속적인 시간 규정은 퇴락적 현존재의 시간성으로부터 발원한다. 이런 통속적 시간개념에도 그 나름의 자연적인 권리가 있다. 그것은 현존재의 일상적 존재양식에 속하며, 우선 당장은 지배적 존재이해에 속해 있다. 그렇기에 '역사'가 우선 대체로는 '시간내부적' 생기(生起)로서 공공적으로 이해되는 것이다. 그러나 이 시간 해석이 시간의 '참된' 개념을 제공해 시간 해석 일반에 대해 단 하나의 가능한 지평을 한정 지을 수 있다고 자부한다면, 이 해석은 독점적인 우선적 권리를 잃어버리게 된다. 오히려 우리의 탐구 결과 다음과 같은 연관이 분명해졌다. 첫째로 현존재는 시간성과 그 시간화에 근거할 때 비로소, 그 시간성에 세계시간이 속해 있는 이유 및 방식을 이해할 수 있게 된다. 둘째로 시간성을 통해 이해된 세계시간의 완전한 구조를 해석하는 일을 통해 비로소, 통속적 시간개념 속에 포함되어 있는 은폐 일반을 '알아차리고', 시간성의 탈자적·지평적 구성의 수평화를 계산하기 위한 단서를 손에 넣을 수 있다. 그러나 또 이처럼 현존재의 시간성을 기준으로 삼으면, 그런 수평화를 하는 은폐의 유래와 그것의 현사실적 필연성도 함께 밝혀져서, 시간에 관한 통속적 테제의 권리 근거를 음미하는 일도 가능해진다.

그런데 '반대되는 길을 통해', 통속적 시간이해의 지평 속에서 '시간성에 접하는 일은 불가능'하다. 그리고 지금―시간은 단순히 해석의 순서상 일차적으로 시간성에 의거해 생각되어야 할 뿐만이 아니라, 애초에 그 자체가 현존재의 비본래적 시간성으로부터 시간화하므로, 이처럼 지금―시간이 시간성으로부터 파생한다는 사실을 고려해 시간성을 '근원적 시간'이라고 부르는 것이 정당함을 알 수 있다.

탈자적·지평적 시간성은 '일차적으로는 도래에서부터' 시간화한다. 그런데 통속적 시간이해는 시간의 근본현상을 '지금'이라고 보며, 심지어 그 완전한 구조를 절단돼 버린 단순한 지금, 그러니까 이른바 '현재'라고 생각한다. 이 점을 봐도 '이러한 지금을 바탕으로' 본래적 시간성에 속하는 '순간'이라는 탈자적·지평적 현상을 해명하거나, 하물며 연역하는 것은 그 원리상 헛된 시도임을 알 수 있다. 이에 따라 탈자적으로 이해된 도래와, 시점기록 가능하고 유의미한 '그때부터'와, 아직 다가오지 않았고 앞으로 다가오려 하는 단순한 지금이라는 의미에서의 통속적 '미래' 개념이라는 세 가지 요소는 서로 일치하지 않는다. 또 탈자적 기재성과, 시점기록 가능하고 유의미한 '저때'와, 지나가 버린 단순한 지금이라는 의미에서의 '과거'의 개념이라는 세 가지 요소 또한 일치하지 않는다. 지금은 '아직 지금이 아닌 것'을 내포하고 있지 않으며, 현재는 시간성의 시간화의 근원적인 탈자적 통일 속에서 도래로부터 발원하는 것이다.[14]

통속적 시간 경험이 우선 대체로 알고 있는 것은 '세계시간'뿐이다. 하지만 그것은 동시에 이 '세계시간'과 '마음' 및 '정신' 사이의 '특별한 연관'을 인정하고 있다. 그리고 이 사실은 '주관'을 일차적인 기준으로 삼아 철학적으로 묻는 공공연한 태도가 아직 없었던 시절부터 엿보이고 있었다. 그 예로서 두 가지 특징적인 인용을 들어보겠다. 아리스토텔레스는 "만약 마음 이외에, 모든 마음속에 있는 이성 이외에, 세는 것을 본성으로 갖는 것이 아무것도 존재하지 않는다면, 다시 말해서 마음이 없다면 시간은 존재하지 않을 것이다"라고 말했다.[15] 그리고 아우구스티누스는 이렇게 썼다. "이런 이유로 나에게는 시간은 연장 이외의 다른 것이 아니라고 생각됩니다. 그러나 그것이 무엇의 연장인지는 나는 아직 모릅니다. 하지만 그것이 마음의 연장이 아니라고 한다면 이상할 것입니다."[16] 이런 예들을 보면, 현존재를 시간성으로 해석하는 일도 원칙적으

---

14) '멈춰진 지금'이라는 의미에서 영원성의 전통적 개념이 통속적 시간이해 내용에서 참작된 것이며, 또 '끊임없는' 사물적 존재성의 이념에 정위(定位)하여 한계지어진 것이라는 점은 상세히 논의할 필요가 없다. '신(神)'의 영원성이 철학적으로 '구성된다'고 하면 그것은 더욱 근거적이며 '무한한' 시간성으로서만 이해되어야 할 것이다. 이 때문에 '부정의 길과 우월의 길'이 어떠한 가능한 길을 제공할 수 있는지는 결정하지 않게 되기도 한다.

15) 《자연학》 제4권 제14장 그리고 같은 책 제11장 218 b 29~219 a 1, 210 a 4~b 참조.

16) 《고백록》 제11권 제26장.

로는 통속적 시간개념의 지평의 범위에서 벗어나지 않은 듯 보인다. 그리고 이미 헤겔이 통속적으로 이해된 시간과 정신 사이의 어떤 연관을 밝히려고 두드러지게 노력하고 있다. 한편 칸트의 경우, 시간은 '주관적'인 것으로 파악되기는 하지만 '나는 생각한다'와 연결되지 않고 '줄지어' 있다.[17] 시간과 정신 사이의 연관에 대해 헤겔이 뚜렷하게 제시한 기초는, 우리가 위에서 해온 현존재의 시간성으로서의 해석과 그 시간성에서 나오는 세계시간의 유래의 제시를 간접적으로 더욱 뚜렷하게 해줄 것이다.

82 시간성과 현존재 및 세계시간의 실존론적 존재론적 연관과, 시간과 정신의 관계에 대한 헤겔 견해와의 대조

역사는 본질적으로 정신의 역사이지만, 이것은 '시간 속에서' 경과한다. 따라서 역사의 발전은 시간 안으로 떨어져 들어간다고 할 수 있다.[18] 그러나 헤겔은 정신의 시간내부성을 하나의 기존 사실로서 지적하는 데 만족하지 않고, 정신이 '비감성적(非感性的)인 감성적인 것'으로서의[19] 시간 속으로 떨어져 들어가는 일이 '어떻게 가능한지'를 이해하려고 애썼다. 시간은 이른바 정신을 받아들일 수 있는 것이어야 한다. 그리고 정신은 시간 및 그 본질과 친근한 것이어야 한다. 여기서 이중의 연구 과제가 생겨난다. 첫째, 헤겔은 시간의 본질을 어떻게 한정지었는가? 둘째, 정신이 '시간 속으로 떨어져 들어가는' 일을 가능하게 하는 조건으로서, 대체 무엇이 정신의 본질에 속해 있는가?

이 두 가지 물음에 대한 우리의 해답은 어디까지나, 위에서 설명한 시간성으로서의 현존재 해석을 '대조적으로 판명하기' 위한 것이다. 특히 헤겔에게는 다른 여러 문제들도 필연적으로 영향을 받을 테니, 그런 문제들을 상대적으로라도 완벽하게 논술해야겠다는 생각은 아예 품지도 않을 것이다. 게다가 여기서 헤겔을 '비판'할 마음도 전혀 없으니 더욱 그렇다. 우리가 전개해 온 시간성의 이념을 헤겔의 시간개념과 대조하는 것은, 헤겔의 시간개념이 통속적 시간

---

17) 반면, 칸트에게는 헤겔보다 얼마나 더 근본적인 시간이해 내용이 열려 있는가 하는 점에 관해서는 이 책의 제2부 제1편에서 제시할 것이다.

18) 헤겔 《역사 속의 이성 : 역사철학 입문》(G. 라손 판, 1917년)

19) 같은 책.

이해의 가장 근본적이면서도 지금까지 너무나도 주목받지 못했던 개념적 표명
이라는 점을 생각해 본다면 당연한 일이다.

(a) 헤겔의 시간개념

철학에서 시간 해석이 어떤 '체계적인 장소'에서 수행되고 있는가를 보면, 길
잡이 역할을 하는 근본적 시간관(時間觀)이 무엇인지를 판별할 수 있다. 통속
적 시간이해의 자세한 주제적 해석으로서 가장 오래전부터 전승되어 온 것은
아리스토텔레스의 《자연학》속에, 바꾸어 말하자면 '자연' 존재론의 문맥 속
에 존재한다. '시간'은 그곳에서 '장소' 및 '운동'과 연관하고 있다. 헤겔의 시간
분석은 이러한 전통에 충실하게 따른다. 그는 그 장소를 《철학적 학문의 엔치
클로페디(백과전서)》제2부의 '자연철학'이라는 부분에 두었다. 제2부 제1편은
역학(力學)을 다루고 있는데, 이 제1편의 제1절이 '공간과 시간'을 논의하는 데
사용되었다. 이 두 가지는 '추상적 상호외재(相互外在)'[20]이다.

헤겔은 공간과 시간을 일괄하고 있는데, 이것은 공간과 '그리고 또 시간도'
라는 식의 외면적 병렬만으로 이루어진 방식은 아니다. 그러한 '도 역시'라는
사고방식을 철학은 배격한다. 공간에서 시간으로의 이행이란, 이 양자를 논하
는 몇몇 장절(章節)의 접속을 의미하는 것이 아니다. 그것은 '공간 자체가 이행
하는' 것이다.[21] 공간을 '그것이 존재하는 바로 그것'으로서 변증법적으로 '사고
(思考)'하면, 헤겔에 따르면 이 공간의 존재는 시간으로서 나타나게 된다. 그렇
다면 공간은 어떻게 사고되어야 하는 것일까?

헤겔은 이렇게 말한다. 공간은 자연의 자기-외-존재(自己外存在)의 무매개
적(無媒介的)인 무관심성이라고.[22] 이것은 "공간이란 그 안에서 구별될 수 있는
많은 점의 추상적 다양성이다"라는 의미이다. 공간은 이런 점에 의해 중단되지
는 않는다. 그렇다고 공간이 이런 점에 의해, 또는 그 점들의 연결에 의해 성립
되는 것도 아니다. 공간은 구별될 수 있는 이 점들에 의해 구별되면서, 그 자체

---

20) 헤겔《철학적 학문의 엔치클로페디》(G. 볼란트 판) 참조. 이 판은 헤겔의 강의에서 채워 넣은
   글도 싣고 있다.
21) 같은 책 제257절 보충 글.
22) 같은 책 제254절.

로서는 여전히 무차별적 상태로 남아 있다. 말하자면 그런 점 자체가 공간인 셈이다. 그 점들의 구별 자체가, 그것에 의해 구별되는 것과 같은 성격을 띤다. 그렇다고는 해도 점이 공간 속에서 무언가를 구별하는 이상, 점은 역시 공간의 '부정(否定)'이기는 하다. 하지만 이 사실은, 이런 부정으로서의 점이 공간 속에 여전히 머물러 있는(점은 당연히 공간이니까) 상태에서 성립된다. 점은 공간의 타자(他者)이면서도 공간에서 벗어나진 않는다. 공간은 수많은 점의 무차별적 상호존재이다. 그렇지만 결코 점은 아니며, 헤겔의 표현을 빌리자면 '점성(點性)'[23]인 것이다. 이 사실을 근거로 하여 헤겔이 공간을 그 진리성에서, 즉 시간으로서 사고하는 다음 명제가 생겨난다.

"그러나 스스로 점으로서 공간에 관계하고 그 공간 안에서 자신의 여러 규정을 선과 면으로 전개해 가는 부정성(否定性)은, 더욱이 자기-외-존재의 영역 안에서는 '대자적(對自的)'이기도 하며 그 영역의 여러 규정으로서 존재한다. 하지만 그것은 동시에 이 규정을 자기-외-존재의 영역 안에서 정립하므로, 정지적(靜止的) 상호존재에 대해 무관심한 것으로서 나타나고 있다. 이 부정성을 대자적으로 정립한 것이 곧 시간이다."[24]

공간이 단순히 표상되면, 다시 말해 그 갖가지 구별의 무차별적 존립에서 단적으로 직관되면 그 여러 부정은 이른바 무매개적으로 주어져 있는 셈이다. 그러나 이런 표상은 아직 공간을 그 존재에서 파악하지 않는다. 공간을 그 존재에서 파악하는 일은, 정립과 반정립을 거쳐 여러 부정을 지양(止揚)하는 종합으로서의 사고에서 비로소 가능해지는 것이다. 여러 가지 부정이 단순히 무차별적으로 존립하는 일을 허락하지 않고 그 부정을 지양할 때, 바꿔 말하자면 그 부정을 부정할 때 공간은 처음으로 '사고'되고 그 존재에서 파악된다. 이러한 부정의 부정(점성의 부정)에서, 점은 자신을 '대자적'으로 정립하여 존립의 무차별성에서 벗어난다. 대자적으로 정립되면, 이 점은 자신을 다른 이러저러한 점들과 구별한다. 그것은 '이미' 이 점이 '아니고', '아직' 저 점이 '아닌' 것이 된

---

23) 같은 책 제254절.
24) 같은 책 제257절 참조. 이 대목의 《철학적 학문의 엔치클로페디》에서의 인용은 제1판에서는 볼란트 판이며, 제7판과 제11판에는 J. 호프마이스터 판이다. 따라서 양자 사이에는 인용 원문에 약간의 이동이 있으나, 여기서는 후자에 따라 번역했다.

다. 이처럼 자기를 대자적으로 정립함과 더불어, 점은 스스로 그 안에 머무르는 상호계기(相互繼起)를 정립한다. 이것 또한 자기-외-존재의 영역이긴 하지만, 이제는 부정된 부정의 영역인 것이다. 무차별성으로서의 점성의 지양은, 공간이라는 '마비된 정지(靜止)' 안에 이미 머물러 있지 않음을 의미한다. 점은 다른 모든 점들에 대해 '자기주장을 하게' 된다. 헤겔의 말에 따르면, 점성으로서의 부정을 부정하는 것이 곧 시간이다. 만약 이 논술에 입증 가능한 의미가 존재한다면, 그것은 다음 사실을 가리키는 것이어야 한다. 즉 각각의 점이 자기를 대자적으로 정립하는 일은, '지금 여기', '지금 여기' 등등을 말하는 것이다. 어떤 점이든 대자적으로 정립되면 지금-시점으로서 '존재'한다. "이리하여 점은 시간에서 현실성을 지니는 것이다." 점이 그때그때 여기에 있는 이 점으로서 대자적으로 자립할 수 있게끔 하는 것은 그때그때의 지금이다. 점이 대자적으로 자립하는 일의 '가능성의 조건'은 '지금'이다. 이러한 가능조건이 점의 '존재'를 이루는 것이다. 그리고 그 존재란 바로, 사고되고 있는 일이다. 이리하여 점성(=공간)에 대한 순수한 사고는 언제나 지금을 '사고'하고, 수많은 지금의 자기-외-존재를 '사고'한다. 그래서 공간이 '시간'인 것이다. 그렇다면 시간자체는 어떻게 규정되는 것일까?

"시간은 자기-외-존재의 부정적 통일로서, 동시에 단적으로 추상적이고 관념적인 것이다. 시간은 존재이기는 하다. 그러나 시간은 그것이 존재함으로써 존재하지 않으며, 그것이 존재하지 않음으로써 존재하는 존재, 즉 직관된 생성이다. 말하자면 단적으로 순간적이고 직접 자신을 지양하는 여러 구별이 외면적인 구별로서 규정되어 있지만, 그것이 자기 자신으로서 외면적 구별이라는 성격을 지니는 셈이다."[25]

이 해석에서 시간은 '직관된 생성'으로서 드러나 있다. 헤겔의 말에 따르면 이 생성은 존재에서 무(無)로, 무에서 존재로의 이행을 의미한다.[26] 생성은 발생도 소멸도 의미한다. 존재가 '이행'하거나 무가 '이행'한다. 그렇다면 이 사실은 시간에 관해서는 무엇을 의미하는가? 시간의 존재는 지금이다. 그러나 모든 지금은 '지금은' 벌써 이미 존재'하지 않는' 것, 또는 언제나 방금 전까지는

---

25) 《철학적 학문의 엔치클로페디》 제258절.
26) 헤겔 《대논리학》 제1권 제1편 제1장(G. 라손 판) 참조.

아직 존재'하지 않았던' 것이다. 그러므로 지금은 아직 비존재(非存在)로서도 파악될 수 있다. 시간이 '직관된' 생성이라는 말은, 그것이 사고되는 것이 아니라, 지금의 연속에서 단적으로 나타나는 이행임을 뜻한다. 시간의 본질이 '직관된 생성'으로 규정되어 있다면 다음과 같은 점이 드러난다. 즉 여기서는 시간이 일차적으로는 지금을 바탕으로 이해되며, 그것도 단순한 직관의 시야에 들어오는 지금에 의거해서 이해되고 있다는 것이다.

이처럼 헤겔이 그의 시간 해석에서 전적으로 통속적 시간이해의 방향에 따르고 있다는 점은, 굳이 번거롭게 논하지 않아도 명확한 사실이다. 헤겔이 지금을 바탕으로 시간의 성격을 규정하는 서술에는 다음 전제가 깔려 있다. 다시 말해 자신의 완전한 구조에 있어서 은폐되고 수평화된 지금이, 그 때문에 '관념적'으로나마 객체적으로 존재하는 것으로서 직관되고 있다는 전제가 존재한다.

헤겔이 수평화된 지금을 바탕으로 시간의 해석을 수행하고 있다는 점은 아래와 같은 명제들이 증명한다. "지금은 어떤 엄청난 권리를 지닌다. 그것은 개별적인 지금'인' 것에 지나지 않는다. 그러나 이처럼 거만하게 뽐내면서 배타적으로 존재하는 것은, 내가 그것을 말로 표현하기가 무섭게 분해(分解)되고 유실(流失)되고 날아 흩어져 버린다."[27] "시간이 지금으로서 존재하는 자연 속에서는, 앞서 설명한 (과거와 미래라는) 차원의 '존립에 관한' 구별은 성립하지 않는다."[28] "따라서 시간의 적극적 의미에서는 그저 현재만이 존재하며, 그 이전과 그 이후는 존재하지 않는다고 말할 수 있다. 하지만 구체적 현재는 과거의 성과이며, 그것은 또 장래를 잉태하고 있다. 그러므로 참된 현재는 영원하다."[29]

헤겔이 시간을 '직관된 생성'이라고 이름 지을 경우, 그런 시간에서는 발생도 소멸도 특별한 우위를 차지하지 않는다. 그런데도 그는 이따금 시간을 '소모(消耗)의 추상(抽象)'으로 성격 지어, 통속적 시간 경험 및 시간 해석에 가장 근원적인 표현을 부여했다.[30] 그러나 한편으로 헤겔은 그의 정의(定義)를 관철, 시간

---

27) 《철학적 학문의 엔치클로페디》 제258절 참조.
28) 같은 책 제259절.
29) 같은 책 제259절 참조.
30) 같은 책 제258절 참조.

의 본격적 정의에서는 소모나 소멸의 어떠한 우위도 인정하지 않았다. 일상적 시간 경험에서는 정당하게 유지되고 있는 이 우위를 헤겔이 인정하지 않은 까닭은 무엇일까? 그것은 이 우위에 대해서도, 또 점의 대자적 자립에서 지금이 떠올라 온다는(헤겔이 마치 당연한 것처럼 도입했던) '사태'에 대해서도 그가 변증법적인 기초를 세울 수 없었기 때문이리라. 그렇기에 헤겔은 시간을 생성으로서 규정할 때에도 이 생성을 '추상적' 의미로 해석하고, '시간의 흐름'이라는 관념을 더욱 초월적인 의미로 이용하고 있는 것이다. 따라서 헤겔의 시간관을 나타내는 가장 적절한 표현은, 시간을 '부정(점성)의 부정'으로서 규정했다는 사실 속에 숨어 있다. 이 규정에서 지금의 연속은 가장 극단적 의미에서 형식화되고, 더할 나위 없을 정도로 수평화된다.[31]

아리스토텔레스는 시간의 본질을 지금 속에서 보았고 헤겔도 지금 속에서 본다. 아리스토텔레스는 지금을 호로스, 즉 한계로 풀이했고, 헤겔도 지금을 '한계'로 풀이한다. 아리스토텔레스는 지금을 스티그마, 즉 점(點)으로 이해했고, 헤겔은 지금을 점(點)이라고 학문적으로 해석한다. 아리스토텔레스는 지금을 토데 치, 즉 이 어떤 것으로 특징지었으며, 헤겔도 지금을 '절대적인 이것'이라고 이름짓는다. 아리스토텔레스는 전승에 따라 크로노스, 즉 시간을 스파이

---

31) 수평화된 지금이 후기를 차지하고 있는 일에서 판명되는 것처럼, 시간에 대한 헤겔의 개념 규정도 통속적 시간이해 내용의 경향에, 다시 말하면 동시에 전통적인 시간개념에 따르고 있는 것이다. 그뿐 아니라 헤겔의 시간개념은 직접 아리스토텔레스의 《자연학》에서 참작한 것임을 알 수 있다. 헤겔이 교수자격을 취득할 무렵에 구상한 《예나 논리학》(G. 라손 판 참조) 속에 있는 《엔치클로페디》의 시간분석은, 모든 본질적 부분이 이미 형성되어 있었던 것이다. 시간에 관해 말하고 있는, 아주 대강 살펴보기만 해도 이미 아리스토텔레스의 시간론의 '대의의 요약'인 것이 드러난다. 헤겔은 이미 《예나 논리학》에서 그의 시간관을 자연철학의 테두리 속에서 전개하고 있으며 이 자연철학의 제1부에는 '태양계'라는 표제를 붙였다. 에테르와 운동과의 개념 규정에 이어 헤겔은 시간의 개념을 논하고 있다. 공간의 분석은 여기서는 아직 뒤에 놓여 있다. 비록 변증법이 벌써 나타나긴 했지만, 아직 후년의 경직된 도식적 형식을 지니지는 않으며, 여러 현상에 대한 유연한 이해가 여전히 가능하다. 칸트로부터 헤겔의 완성한 체계에 이르는 길 위에서 아리스토텔레스의 존재론과 논리학의 결정적 침입이 또 한번 행해지고 있는 것이다. 사실 이 일은 오래전부터 잘 알려져 있다. 그러나 이 영향이나 경로, 양식, 한계 등은 지금까지 역시 밝혀져 있지 않다. 헤겔의 《예나 논리학》과 아리스토텔레스의 《자연학》 및 《형이상학》의 이질적, 비교대조적, 철학적, 학문적 해석은 새로운 빛을 던질 것이다. 전술한 고찰을 위해서는 약간의 거친 지적이 있으면 충분하리라.

라, 곧 동질과 연관시켰고, 헤겔도 시간의 '순환'을 강조한다. 물론 헤겔에게서 없어져 버리고 있는 것은 아리스토텔레스의 시간분석의 중심적 경향, 즉 지금, 한계, 점(點) 및 이 어떤 것 사이에 하나의 기초부여의 연관(아쿠루틴)을 지어놓으려고 하는 경향이다. '공간은 시간'이라는 헤겔의 테제나 베르그송의 견해는 기초부여의 점(點)에서의 모든 상이함에도 불구하고 결과에서 일치하고 있다. 베르그송은 다만 '시간은 공간'이라고 거꾸로 말하고 있을 뿐이다. 베르그송의 시간관도 분명히 아리스토텔레스의 시간론의 어떤 학문적 해석에서 생기고 있다. 시간과 지속의 문제가 진술되어 있는 베르그송의 《의식의 직접 주어진 것들에 관한 시론(試論)》과 동시에 《아리스토텔레스는 장소에 관해 어떻게 생각했는가》라는 표제가 붙은 베르그송의 한 평론이 나타났다는 것은 다만 외면적, 문헌적으로 연관된 일은 아닌 것이다. 아리스토텔레스가 시간을 연동의 수라고 규정한 것을 고려하여 베르그송은 시간의 분석보다 수의 분석을 선행시키고 있다. 공간으로서의 시간(《의식의 직접 주어진 것들에 관한 시론》)은 양적인 연속인 것이다. 지속은 '이' 시간개념과 반대의 정위(定位)에 입각하여 '양적(量的)인' 연속으로서 기술되고 있다. 베르그송의 시간개념이나 현대의 그 밖의 시간관들과 비판적으로 대결하기에 여기는 적합하지 않다. 오늘날의 이러저러한 시간분석에서는 일반적으로 아리스토텔레스나 칸트를 뛰어넘음으로써 어떤 본질적인 것이 획득되는 한, 시간파악과 '시간의식'이 더욱 문제이다. 우리의 근본적 탐구는 제2부의 제1편 및 제3편[32]에서 이 문제로 되돌아갈 것이다. 헤겔의 시간개념과 아리스토텔레스의 시간분석 사이의 직접적 연관을 지적하는 일은 헤겔에 대해 하나의 '의존관계'를 세어 보이려고 하는 속셈이 아니라, 이 부자 관계가 헤겔의 논리학에 미치는 원칙적인 존재론적 영향력에 주의를 환기시키려고 하는 것이다. 아리스토텔레스와 헤겔에 관해서는 《독일 관념론 철학 논집》 제3권에 수록되어 있는, 니콜라이 하르트만의 같은 제목 논문을 참조하라. 그리고 헤겔은 오로지 이 형식적·변증법적 시간개념에 입각하여 시간과 정신 사이의 연관을 형성해 냈다.

---

32) 제2부는 완성되지 못했다.

(b) 시간과 정신의 연관에 대한 헤겔의 해석

정신은 자신을 스스로 실현하면서 부정의 부정으로서 규정된 시간 속으로 떨어져 들어간다. 이 사실이 정신의 본성에 들어맞는다고 할 때, 정신 자체는 어떻게 이해되는 것일까? 헤겔에 따르면 정신의 본질은 '개념'이다. 여기서 개념이란 사상의 형식으로서의 종류에서 직관된 보편적인 것이 아니라, 스스로를 사고하는 사고 자체의 형식, 즉 '자신을—비아(非我)의 파악으로서—' 개념적으로 파악하는 것이다. 비아를 파악하는 일은 어떤 의미에서는 구별하는 일이다. 그러므로 이런 의미의 구별을 파악하는 작용으로서의 순수한 개념 속에는, 구별을 구별하는 일이 포함되어 있다. 그래서 헤겔은 정신의 본질을 형식적·명제적으로 정의, 부정의 부정으로서 규정할 수 있었던 것이다. 이 '절대적 부정성'은, 데카르트가 의식(conscientia)의 본질을 그 속에서 깨달았던 '나는 내가 사물을 사고한다고 사고한다'(cogito me cogitare rem)에 대한 논리적으로 형식화된 해석을 부여한다.

따라서 개념이란 자기를 이해한다는 식으로 자기가 이해되고 있는 것이다. 자기는 이런 식으로 자기가 존재할 수 있는 대로 본래적으로 존재한다. 다시 말해 자기는 개념으로서 '자유롭게' 존재하는 것이다. "'자아(自我)'야말로 개념으로서 '현실존재'에 이르러 있는 순수한 개념 자체이다."[33] "그런데 자아는 이처럼 일차적으로 순수한, 자기에게 관련된 통일이지만, 직접적으로 이런 것은 아니다. 자아는 모든 규정성과 내용에서 추상되어 자기 자신과의 제한 없는 동일성의 자유로 귀환함으로써 이러한 통일이 된다."[34] 이리하여 자아는 '보편성'이면서도 직접적으로 '개별성'이기도 하다.

이 부정의 부정은, 정신에 속해 있는 '절대적으로 불안정한 성격'이며, 또한 그 본질에 속하는 정신의 자기 계시(啓示)이다. 역사 속에서 자기를 실현해 가는 정신의 '진보'는 '배제의 원리'[35]를 내포하고 있다. 그러나 이 배제는, 자신이 배제하는 것을 정신으로부터 따로 떼어내지는 않는다. 오히려 그 대상을 '극복'한다. 그것을 넘어서면서 참아낸다는 방식으로 자신을 자유롭게 만드는 것이

---

33) 헤겔《대논리학》제2권(G. 라손 판) 제2부 참조.
34) 같은 책.
35) 헤겔《역사 속의 이성 : 역사철학 입문》(G. 라손 판) 참조.

정신의 자유의 특징이다. 따라서 '진보'란 결코 단순한 양적 증가를 의미하는 것이 아니라, 본질적으로 질적인—그것도 정신의 질과 관련된—진보를 뜻한다. 그것은 자각되고 있는 '진보'이며, 그 목표에서 자신을 알고 있는 '진보'이다. 그 '진보'의 한 걸음마다 정신은 자기의 목적에 대해 진실로 적대적인 장해로서의 '자기 자신'을 극복해 나가야만 한다.[36] 정신의 발전 목표는 '자기 자신의 개념을 달성하는'[37] 일이며, 그 발전 자체는 '자기 자신을 상대로 벌이는 엄격하고 무한한 투쟁'[38]이다.

자신을 자신의 개념으로 이끌어 가는 '정신' 발전의 부단함은 곧 '부정의 부정'이다. 그렇기에 자신을 실현하는 과정에서, 직접적 '부정의 부정'으로서의 '시간 속으로 떨어져 들어가는' 일은 정신의 본성에 들어맞는다. 그 이유는 다음과 같다. "'시간'이란 '현존하는 개념 그 자체'이며, 공허한 직관으로서 의식에 표상(表象)되어 있는 개념 자체이다. 그러므로 정신은 필연적으로 시간 속에서 현상(現象)하며, 또 자기의 순수한 개념을 '파악하여' 시간을 말살하기에 이르기까지는 시간 속에서 계속 현상해 간다. 시간이란 '외적'인 직관된 자기이며, 자기에게 '파악되지 않은' 순수한 자기이다. 즉 단순히 직관된 개념이다."[39] 이로써 정신은 '자기의 본질상' 필연적으로 시간 속에서 현상한다. "이리하여 세계사란 일반적으로 시간에서의 정신의 전개이다. 이는 이념이 공간 속에서 자기를 자연으로서 전개·해석하는 것과 마찬가지이다."[40] 발전의 운동에 속해 있는 '배제'의 작용은 비존재로의 관계를 그 안에 간직하고 있다. 이 비존재가 바로 '자기주장이 강한' 지금을 바탕으로 이해된 시간이다.

시간은 '추상적' 부정성이다. 그것은 '직관된 생성'이므로, 우리 눈앞에 직접 보이는 자기 구별이자 구별된 자기 구별이다. 그리고 시간은 '현존하는' 개념, 다시 말해 존재적 개념이다. 시간은 이처럼 존재적인 것이며, 그렇기에 정신의 외적인 것이다. 따라서 시간에는 개념을 제어할 힘이 없다. 오히려 개념이야말

---

36) 헤겔《역사 속의 이성 : 역사철학 입문》(G. 라손 판) 참조.
37) 같은 책.
38) 같은 책.
39) 《정신현상학》(전집 제2권) 참조.
40) 《역사 속의 이성》 참조.

로 '시간을 제어하는 힘'이다.[41]

정신의 실현이 '시간 속에서' 역사적으로 실행되는 일의 가능성을 나타내기 위해, 헤겔은 정신과 시간이 부정의 부정이라는 형식적 구조가 같다는 점을 논거로 삼았다. 이리하여 정신과 시간은 가장 공허하고 형식적·존재론적인, 그리고 형식적·명제적인 추상형(抽象形)으로 외화(外化)되었다. 이 추상형이 정신과 시간 사이의 친근성 형성을 가능하게 만드는 것이다. 하지만 그런 반면 시간은 완전히 수평화된 세계시간이라는 의미로 파악되어 그 유래가 차츰 은폐되어 버리고 있으므로, 어떤 객체적 존재자로서 이유도 없이 정신과 대립하게 된다. 그래서 정신이 굳이 '시간 속으로' 떨어져 들어가야만 한다는 주장이 나오는 것이다. 게다가 이 '떨어져 들어간다'는 표현이나, 시간을 지배하므로 본래 시간 밖에서 '존재하고' 있어야 할 정신이 '실현된다'는 표현이, 존재론적으로 어떤 의미를 지니는지는 더더군다나 분명하지 않다. 헤겔은 수평화된 시간의 근원을 해명하지 않으며, 부정의 부정이라는 정신의 본질 구성이라는 것이 근원적 시간성에 의거하지 않고서 대체 어떻게 가능해지느냐는 물음을 전혀 음미하지 않는 것이다.

시간과 정신, 그리고 양자의 연관에 대한 헤겔의 해석은 정당한가? 그 해석이 애초에 존재론적으로 근원적인 기초에 근거하고 있는가? 이런 문제는 여기서는 아직 논의될 수 없다. 하지만 정신과 시간의 연관을 형식적·변증법적으로 '구성'한다는 모험이 애초부터 가능하다는 사실은, 양자의 근원적 친근성을 새삼 드러내 준다. 헤겔의 '구성'은 그 원동력을, 정신의 '구체화'를 이해하려는 고투에서 얻고 있다. 이러한 사정은 헤겔의 《정신현상학》 마지막 장에 나오는 다음 문장에서 엿볼 수 있다. "이리하여 시간은 자기 안에서 완성되지 않은 정신의 운명으로서, 그리고 그 필연성으로서 현상한다. 그것은 자기의식의 의식에 대한 관여를 풍요롭게 하고, '즉자(卽自)의 직접성'을—즉 실체가 의식에 대해 취하는 어떤 형태를—운동시키는 필연성이다. 또 한편 그것은 (즉자를 '내면적인' 것이라고 생각한다면) 아직 '내면적으로밖에 존재하지 않는 것'을 현실화하고 계시, 그것을 바로 그 자체의 확실함으로 되돌리는 필연성이다."[42]

---

41) 《철학적 학문의 엔치클로페디》 제258편 참조.
42) 《정신현상학》(전집 제2권) 참조.

이에 반해 위에서 설명했던 현존재의 실존론적 분석론은 처음부터, 현사실적으로 내던져져 있는 실존의 '구체화'에서 단서를 찾으려 한다. 즉 그 단서에 의거해서, 그것을 근원적으로 가능하게 하는 것으로서의 시간성을 나타내려 한다. 이에 따르면 정신은 일부러 시간 속으로 떨어져 들어가는 것이 아니라, 시간성의 '근원적 시간화로서 실존하고 있는' 것이다. 이런 시간성이 세계시간을 시간화시키며, 그 세계시간의 지평 속에서 시간내부적 발생으로서의 '역사'가 '현상'한다. '떨어진다'라고는 하지만 '정신'이 '시간 속으로' 떨어지는 것이 아니라, 현사실적 실존이 퇴락적 실존으로서 근원적인 '본래적 시간성으로부터 떨어지는' 것이다. 하지만 이런 의미로 '떨어지는' 일도, 실존론적으로 보자면 시간성에 속하는 그 시간화의 양상에 근거해서 가능해진다.

83 현존재의 실존론적인 시간적 분석론과 존재 일반의 의미에 대한 기초적인 존재론적 물음

우리가 지금까지 해온 고찰 과제는 무엇이었는가? 그것은 현사실적 현존재의 '근원적 전체'를, 그 본래적 실존과 비본래적 실존이라는 가능성을 주목하면서 실존론적·존재론적으로 '근원적 전체의 근거에서부터' 해석하는 것이었다. 그리고 이러한 근거이자 관심의 존재의미로서 '시간성'이 드러났다. 따라서 현존재의 준비적·실존론적 분석론이 시간성의 노출 '이전'에 준비해 둔 것은, 이제는 현존재의 존재 전체성의 근원적 구조 속으로, 다시 말해 시간성 속으로 '도로 빼앗긴' 상태이다. 근원적 시간의 여러 가지 시간화 가능성이 분석되었으므로, 전에는 '제시(提示)'되는 것이 고작이었던 여러 구조에도 이러한 시간화 가능성에 의해 '기초'가 부여된다. 그러나 현존재의 존재구성을 밝히는 일은 언제나 '하나의 과정'에 지나지 않다. '목표'는 존재문제 전반의 개발이다. 그리고 실존의 '주제적' 분석론은, 이미 존재 일반의 이념이 또렷해진 가운데 그 빛을 바탕으로 수행되어야 한다.

특히 서론에서 언명된 저 명제를 온갖 철학적 탐구의 규준으로 견지한다면 더더군다나 그렇게 해야 한다. 즉 "철학은 보편적인 현상학적 존재론이며 현존재의 해석학에서 출발한다. 그리고 이 해석학은 '실존'의 분석론으로서 모든 철학적 물음의 말단을, 그 물음이 '발원하고 되돌아가는' 곳과 단단하게 연결해 놓는다"라는 명제[43]를 견지한다면 말이다. 물론 이 테제를 도그마로서 무조건 받아들이는 것도 금물이다. 그것은 아직 '싸인 채 숨겨진' 원칙적 문제의 표명으로 여겨져야 한다. 그 원칙적 문제란 다음과 같다. 존재론은 '존재론적으로' 기초를 부여받는가, 아니면 그 때문에라도 무언가의 '존재적' 기초가 필요한가, 그리고 '어떤' 존재자가 이러한 기초 부여 기능을 맡아야 하는가.

실존하는 현존재의 존재와, 현존재에 적합하지 않은 존재자의 존재(이를테면 실재성)의 구별은 매우 분명해 보인다. 하지만 이 구별도 존재론적 문제설정의 '출발점'에 지나지 않으므로, 철학은 그곳에 안주할 수 없다. 고대의 존재론이 '사물적 개념'을 사용했다는 점, 그래서 '의식을 사물화(事物化)할' 위험이 있었다는 점은 모두가 잘 아는 사실이다. 그런데 사물화라는 것은 대체 무엇일까? 그것은 어디에서 발원하는 것일까? 객체적 존재자보다는 도구적 존재자가 좀 더 가까이에 있는데도, 존재가 '당장은' 이 도구적 존재자가 '아닌' 객체적 존재자에 의거해 '개념화'되는 이유는 무엇일까? 어찌하여 이런 사물화가 되풀이해서 지배적 세력을 가지게 되는 것일까? 사물화가 '의식'에 적합하지 않다고 여겨지는 이유는, '의식'의 존재가 '적극적 의미에서' 어떤 구조를 갖추고 있기 때문일까? 도대체 존재론적 문제들을 근원적으로 펼치기 위해서는, '의식'과 '사물'의 구별만으로 충분한 것일까? 이러한 물음에 대한 답은 과연 우리가 걷는 길 위에 놓여 있는 것일까? 그리고 존재 일반의 의미에 대한 '물음'이 아직 설정되지 않고 명료해지지 않은 채로 있는 한, 해답을 '구하는 일' 자체가 불가능한 것은 아닐까?

존재 일반 '이념'의 근원과 가능성에 대해 형식논리학적 '추상'을 써서 살펴보는 일은 절대 불가능하다. 그러기 위해서는 물음과 해답의 정확한 지평이 필요하기 때문이다. 존재론의 기본적 물음을 해명하는 '길'을 추구하며, 그 길을 실제로 '걷는 일'이 중요하다. 그것이 '단 하나의' 길인지 아닌지, 또 그것이 애초에 '제대로 된' 길인지 어떤지는, 그 길을 걸은 다음에야 비로소 결정할 수 있는 문제이다. 존재의 해석을 둘러싼 싸움은 조정에 의해 해결될 수 있는 것이 아니다. 왜냐하면 그 싸움의 불은 아직 붙지도 않았기 때문이다. 그리고 그 싸

---

43) 본서 제7절 참조.

움은 까닭 없이 시작되지 않는다. 싸움에 불붙이는 일 자체가 이미 상당한 준비를 필요로 한다. 우리의 근본적 탐구는 오로지 이를 위한 '길 위에 서 있는' 것이다. 우리는 대체 어디까지 온 것일까?

'존재'라는 것은 존재이해 안에 열어 보여져 있다. 그리고 존재이해는, 이해로서 실존하는 현존재에 속해 있다. 존재가 미리 비개념적으로나마 개시되어 있기 때문에, 현존재가 실존하는 세계−내−존재로서 '존재자에게'—세계내부에서 만나게 되는 존재자에게도, 실존하는 것으로서의 자기 자신에게도—'관계할' 수 있는 것이다. 존재의 열어 보여진 이해는 대체 어떻게 현존재적으로 가능한 것일까? 존재를 이해하고 있는 현존재의 '근원적 존재구성'으로 거슬러 올라감으로써 위의 물음에 대답할 수 있을까? 현존재 전체성의 실존론적·존재론적 구성은 시간성에 근거하고 있다. 그렇다면 탈자적 시간성 자체의 근원적인 시간화의 한 양상이, 존재 일반의 탈자적 기투를 가능하게 할 것이 틀림없다. 시간성 시간화의 이런 양상은 어떻게 해석되어야 할까? 근원적 '시간'에서 '존재'의 의미로 통하는 길이 과연 있을까? '시간' 자체가 '존재'의 지평으로서 자신을 스스로 밝히는 것일까?

하이데거 생애와 사상

함부르크

○베를린

독일민주공화국

독일연방공화국

본○　　　○
　　　　마르부르크

○튀링겐

○ 프랑크푸르트

룩셈부르크

○ 뮌헨

프라이부르크 ─○

토트나우 ─○　　콘스탄츠　　메스키르히
　　　　　　　　　　　　○
　　　　　　보덴호
취리히 ○

스위스

하이데거 관계도

I 하이데거가 걸어온 길

자신에 대해 침묵한 사람

하이데거의 성장 과정이나 그의 전기를 소개하기란 어려운 일이다. 그는 자신에 대해 이야기하기를 꺼리는 사람이었기 때문이다. 하이데거가 철학으로 승화시킨 글 말고 자기 자신의 체험이나 경력에 대해 이야기한 글은 단 두 편뿐이다. 그중 하나는 그가 1914년에 쓴 학위논문에 덧붙였던 경력이다. 그 무렵에는 학위논문에 자신의 상세한 경력을 적는 것이 관례였다. 하지만 하이데거는 그 논문에서조차 자신의 경력을 겨우 11줄로 요약해 버렸다. 청년시대까지의 하이데거에 대해 우리가 정확히 알 수 있는 사실은, 이 11줄에 기록된 내용이 전부라고 해도 과언이 아니다. 또 하나는 그가 프라이부르크대학교에서 교수로 지내던 시절에 쓴 글이다. 이때 그는 베를린대학교의 초빙을 두 번이나 거절했는데, 그 이유에 대한 글을 지방지(地方誌)에 실었던 것이다.

철학사적으로 이미 확정된 평가를 받은 옛날 사람의 경우에는 이런 사정이 그다지 문제되지 않는다. 이를테면 같은 실존주의 사상가 중에서도 키에르케고르나 니체의 전기에 대해서는 자세한 연구가 이루어져 있으므로, 우리는 그 자료를 통해 그들의 됨됨이 및 개인적 체험과 그들 사상 사이의 관련을 알 수 있다. 그러나 비교적 최근 사람인 하이데거의 전기는, 그의 친구들이나 제자들의 부분적·단편적 기술을 통해 알아내는 수밖에 없다. 같은 현대의 철학자라 해도, 자서전을 2권이나 써낸 야스퍼스처럼 자기 이야기를 잘하는 사람은 또 다르다. 우리는 자서전을 읽고 그의 사상이 생겨난 배경이나 상황, 그때의 체험과 심정을 알 수 있다. 하지만 하이데거는 그런 사람이 아니었다.

하이데거는 개인적 생활이나 체험은 철학과 전혀 무관하다고 생각했는지도 모른다. 아니, 어쩌면 반대로 그의 개인적 생활은 모두 그의 철학에 투영되었는지도 모른다. 실존철학이 자기 자신의 고유한 실존으로부터 철학하는 것이라면, 그 철학은 그가 살아왔던 현실과 무관할 리 없다. 게다가 우리는 하이데거의 저작을 접할 때, 분명히 하이데거 자신의 실존이 호소하는 소리를 들을 수 있다. 다만 하이데거가 그의 철학에서 단순히 자신의 실존적 체험이나 현실을 직접 이야기한 것은 아니었다. 그의 체험 및 현실들은 깊은 사색의 우회로를 통해 철학적으로 승화되고 응축되어, 그의 철학의 피와 살이 된 것이다.

그러므로 여기서는 하이데거가 걸어온 길과 그 역사적 배경을 되도록 자세히 살펴보겠다.

1. 철학으로의 길: 제1차 세계대전까지

하이데거가 태어난 시대

하이데거가 태어난 19세기 끝 무렵 독일은 광명으로 가득 찬 시대였다. 오랫동안 많은 소국으로 분열되어 있었기 때문에 정치적으로도 경제적으로도 유럽의 다른 나라들보다 뒤떨어져 있던 독일은, 1871년에 프로이센의 재상 비스마르크의 활약으로 겨우 민족적 통일을 이루었다. 그 뒤 독일의 국력은 비약적으로 증대하며, 이윽고 유럽 열강들과 어깨를 겨눌 정도가 되었다.

어쩌면 독일뿐만 아니라 유럽 전역이 광명으로 가득 차 있었다고 말할 수도 있을 것이다. 19세기 말에는 응용과학이 크게 진보해 수많은 발명과 개량이 이루어졌으며, 사람들은 그 혜택을 누리기 시작하고 있었다. 1856년에는 베서머가 새로운 제철법을 고안해 내 싼 가격으로 튼튼한 강철이 대량생산되었다. 이를 기반으로 모든 산업분야가 기계화되었고, 전기공업 및 온갖 화학공업이 탄생했다. 증기기관 이외에도 디젤엔진이나 가솔린엔진 등 석유를 연료로 삼는 새로운 동력기관이 발명되었으며, 또한 전기가 새로운 동력으로 쓰이기 시작했다. 그 모습은 가히 제2차 산업혁명이라 불릴 만했다. 이 시대에 프랑스·영국·벨기에·미국 등이 공업국으로 자리를 굳혔다. 독일이 공업국이 된 것도 바로 이 무렵이었다. 독일은 1870~71년에 일어난 프로이센–프랑스전쟁에서 승리를 거둔 결과, 엘자스(알자스)와 로트링겐(로렌)이라는, 자원이 풍부한 2개 주와 많은 배상금을 프랑스로부터 받아낼 수 있었다. 이와 더불어 타고난 근면함과 과학적 능력, 계획성, 조직화 능력, 또 저렴한 국내 노동력 등을 발판삼아 급속도로 자본주의적 발달을 이루었다.

게다가 전기기관차나 자동차처럼 새로운 교통수단이 탄생한 것도, 전화라는 새로운 통신수단이 발명된 것도 모두 19세기 말에 일어난 사건이었다. 이때 에디슨의 백열전구도 발명되었다. 이리하여 사람들의 생활은 편리해졌고, 부(富)는 차츰 축적되었으며, 국력은 증대했다. 하지만 이런 번영에는 분명 세기말적 퇴폐의 그림자와 함께, 기계문명에 의한 사람들의 대중화라는 현상도 따라붙었다. 이에 대해서는 니체가, 아니 그보다 더 전인 19세기 전반에 키에르케고르가 경고한 바 있다. 그리고 쇼펜하우어의 염세적 저작도 사람들 사이에 어느 정도 퍼진 상태였다. 또 후진국 독일의 빠른 자본주의적 발전은 유럽의 정치적인 균형에도 영향을 주었는데, 이에 지각 있는 사람들은 불길한 미래를 예감하기 시작했다. 즉 독일은 급속도로 발전해 다른 선진국들을 위협하고, 선진국들이 이미 적당히 분할해서 차지하고 있었던 식민지 경영에까지 끼어들기 시작했던 것이다. 그러나 대부분의 사람들은 과학기술이 뒷받침해 주는 인류의 진보와 밝은 미래를 굳게 믿고 있었다.

하이데거의 고향과 어린시절

1889년 9월 26일, 하이데거는 이런 시대에 독일 남서부의 바덴 주 메스키르히에서 태어났다. 메스키르히는 조그마한 시골 마을로, 도나우강 상류와 알프스 사이의 고원에 위치해 있었다. 로마시대의 오래된 성관(城館)을 중심으로 발전한 마을, 빙하시대에 알프스에서 흘러내려온 빙하가 퇴적물을 운반해 무수한 언덕을 만들어 낸 땅. 그 언덕에는 침엽수림과 목장과 밭이 펼쳐져 있었다.

하이데거의 아버지 프리드리히와 어머니 요한나는 가톨릭교도였다. 아버지는 성 마르틴 성당의 성당지기이자 술통을 만드는 장인이기도 했다. 신심이 깊고 자애로운 부모님 밑에서 어린 하이데거는 무럭무럭 자라났던 듯하다.

……숲 속 떡갈나무가 쓰러지면, 아버지는 서둘러 그곳으로 가셔서 자신에게 할당된 목재로 술통을 만드셨다. 아이들은 떡갈나무 조각으로 배를 만들었다. 앉을 자리와 노까지 갖춘 배를 만들어 시냇물이나 학교의 샘에 띄우며

놀곤 했다. 아이들은 공상을 펼쳤다. 그들에게 그 놀이는 곧 세계를 일주하는 여행이었다. 물론 어디에서 배를 띄우든, 그 아이들은 언제나 어머니의 눈과 손에 둘러싸여 안전하게 보호받고 있었다.

하이데거는 훗날 《들길 *Der Feldweg*》이라는 아름다운 글에서 이처럼 어린시절을 회상했다.

들길

들길이란 메스키르히의 성관에서 시작되어 보리밭 둑과 목장 사이를 지나고 언덕을 넘어 숲을 통과해, 다시 마을로 돌아오는 한 줄기 길을 가리킨다. 봄에는 보리밭 둑에서 푸릇푸릇한 싹이 트고, 초여름에는 앵초꽃이 피기 시작하는 길. 아침에는 종달새가 날고 저녁에는 알프스 산봉우리들이 숲의 어둠 속으로 사라져 가는 길. 그것이 바로 들길이었다. 그곳에서 낮에는 아이들이 뛰놀고, 저녁에는 나무꾼이 나뭇짐을 싣고 자기 집 난롯가로 돌아간다.

이러한 고향의 자연이 하이데거에게 준 영향을 어떻게 감히 헤아리겠는가. 청년시절에 그는 때때로 이 들길을 걸었다. 그러다가 길가의 커다란 떡갈나무 아래 놓인 벤치에 앉아, 위대한 사상가들의 책을 읽거나 사색에 잠기곤 했다. 그가 자신의 생애를 철학에 바치기로 결심한 것도 이 들길에서였다. 하이데거의 말에 따르면, 다른 사람의 책을 읽을 때에도 혼자만의 사색에 잠길 때에도 그를 이끌어 준 것은 이 고향의 들길이었다. 왜냐하면 하이데거는 떡갈나무 배로 놀던 그 어린시절부터, 이 들길에서 '존재'의 순수한 속삭임을 어렴풋하게나마 들어왔기 때문이다. 사계절에 따라 각양각색으로 변하면서도, 들길은 예나 지금이나 늘 존재의 진리라는 '변함없는 한 가지'를 호소해 왔던 것이다. 《들길》이라는 작품은 이처럼 그가 평생에 걸쳐 사색의 대상으로 삼고 끊임없이 추구해 온, 존재의 세계를 아름답고도 간결하게 표현해 놓은 주옥 같은 소품이다.

학창시절

소년시절부터 하이데거의 재능은 주위 사람들에게 인정받아 왔다. 그는 초등학교에서 4년간 공부한 뒤 성 마르틴 성당 신부의 도움을 받아, 1903년에 14살의 나이로 콘스탄츠의 예수회 신학교인 하인리히 스우스 김나지움에 입학하게 되었다. 콘스탄츠는 독일에서 가장 큰 호수인 보덴호(湖) 서안의 라인강 출구 쪽에 위치한, 옛

하이데거가 사색에 잠겼던 토트나우의 스키 산장

날부터 번영을 누렸던 마을이다. 그리고 김나지움이란 장래에 대학교 진학을 꿈꾸는 소년들이 입학하는 8년제 학교이다. 쉽게 생각하자면 오늘날 중학교와 고등학교를 합친 것이 독일의 김나지움이다. 참고로 독일에서 대학교에 진학하는 대신 직업을 얻으려 하는 소년들은, 하우프트슐레(Hauptschule)라는 4년제 중학교에 다니게 된다.

그로부터 3년쯤 지난 뒤, 하이데거는 프라이부르크의 베르톨트 김나지움으로 전학했다. 그리고 1909년에 그 학교를 졸업한 뒤 프라이부르크대학교에 입학했다. 20살 때의 일이었다.

프라이부르크는 바덴 주가 자랑하는 아름다운 풍광을 보유한 슈바르츠발트 기슭에 있는 도시이다. 그 역사는 1120년까지 거슬러 올라간다. 이 도시는 과거에는 시장을 중심으로 번영했지만 지금은 행정 및 대학 도시로서 발전하고 있다. 6년 동안의 마르부르크시대를 제외한다면, 이 도시야말로 하이데거가 철학 활동을 계속해 온 무대였다. 프라이부르크 가까이에는 스키장으로 유명한 토트나우라는 마을이 있다. 이 마을은 슈바르츠발트 산속에 자리하는데, 이곳의 작은 산장에서 《존재와 시간》을 비롯한 수많은 하이데거의 저작이 탄생했다. 뒷날 하이데거는 이 산장에 살면서 이따금 프라이부르크로 내려와, 몇몇 젊은 학생들에게 그의 사색을 들려주었다고 한다.

철학으로의 길

프라이부르크대학교는 1457년에 설립된 명문학교이다. 17~18세기에 그 대학교의 신학부는 예수회 신앙의 영향을 받고 있었다. 앞서 설명했듯이 하이데거는 예수회 신앙에 둘러싸여 자랐으며, 예수회의 교육을 받아왔다. 또 그때 그는 이미 예수회 수련생 자격도 취득한 상황이었다고 한다. 그러므로 그가 대학교에 입학한 이유는 신학을 배우기 위해서였는지도 모른다. 물론 입학 무렵 그는 철학 강의를 듣기도 했다. 하지만 그 시절에는 최소한, 철학자로서의 길을 갈 결심은 아직 하지 않았다. 하이데거의 친구이자 제자이기도 한 에곤 피에타가 말하기를, 하이데거는 1911년에 고향의 들길을 걸으면서 그런 결심을 했다고 한다. 확실히 1911년부터 하이데거가 공부하는 내용이 변했던 듯하다. 그 자신의 말에 따르면, 1911년 이후로 그는 철학, 수학, 자연과학, 그리고 마지막 학기에는 역사를 수강했다.

왜 하이데거는 철학의 길을 선택한 것일까? 이와 관련된 자세한 사정은 밝혀지지 않았다. 다만 《들길》에서 살짝 엿보이듯이 그는 어린시절에 이미 철학적 지향(志向)을 지니고 있었으며, 실제로도 소년시절부터 철학에 끌렸던 모양이다. 콘스탄츠의 김나지움시대부터 하이데거는 철학서를 읽었다. 어떤 사람의 말에 따르면, 하이데거는 프란츠 브렌타노의 저서에 영향을 받아 신학에서 철학으로 전향했다고도 한다. 게다가 그 무렵 프라이부르크대학교는 하인리히 리케르트가 취임한 지 이미 십수 년이 지나, 빈델반트가 있는 하이델베르크대학교와 더불어 서남독일학파(바덴학파)라는 신칸트학파의 일파를 형성해 독일 철학계의 중심을 이루고 있었다. 아마 프라이부르크대학교는 철학적 지향을 지닌 젊은 하이데거를 사로잡을 만큼 매력적인 분위기로 가득 차 있었을 것이다.

그때 철학의 상황

신칸트학파란 19세기 중반 무렵에 시작된 인식비판의 철학 학파를 가리킨다. 19세기 중반에 독일 철학자들 사이에서는, 자연과학의 비약적 발전에 압도되어 자연과학을 절대적으로 간주하고 모든 현상을 물질의 기계적 운동으로 설명하려는 기계적 유물론이 등장했다. 몰레스호트·포크트·부흐너 등이 그

대표적 인물이다. 그들의 말에 따르면, 예컨대 사상이나 정신도 뇌수가 만들어 낸 것에 지나지 않다. 물론 이런 소박하고도 독단적인 유물론에서 철학적 성과를 기대할 수는 없었다. 그러나 이러한 사상이 나타났으며, 게다가 유행하기까지 했다는 사실은 주목할 만하다. 이것은 과학만능주의, 과학적 지식을 유일한 지식으로 보는 사고방식, 또 넓은 의미에서의 실증주의적 경향이 사람들 사이에 퍼졌다는 사실을 의미하기 때문이다. 즉 철학은 스스로 철학으로 남기 위해, 과학에 대항해 자신의 영역을 확보하고 옹호해 나가야 할 처지에 놓인 것이다.

20세기 초, 제1차 세계대전이 일어나기 직전 독일 학계의 상황은 위와 같이 과학주의에 대한 동조나 반발로 특징지어진다. 한쪽에는 자연과학 앞에 넙죽 엎드려 그 노예가 되어 독자성을 잃어버린 일파가 있었고, 다른 한쪽에는 합리적·자연과학적 인식으로는 파악할 수 없는 생(生)의 직접적인 파악을 자신들의 사명으로 삼는 철학이 있었다. 후자가 바로 쇼펜하우어에서 니체로 이어진 '생의 철학'이다. 특히 하이데거가 철학 공부에 힘쓰고 있을 무렵에는, 1911년에 세상을 떠나기까지 정력적 활약을 펼쳤던 생의 철학자 빌헬름 딜타이의 영향이 아직 살아 있었다. 그리고 셋째로, 신칸트학파가 크게 번성하고 있었다.

신칸트학파

신칸트학파란 한편으로는 반실증주의, 다른 한편으로는 반형이상학의 관점에서, 과학의 본질을 밝히고 그에 근거를 부여하는 일을 철학적 사명으로 삼았던 학파이다. 이 작업은 18세기에 칸트가 이미 시도한 바 있다. 그러므로 그들은 칸트철학의 해석을 통해 이 문제에 도전했다. 그들에게 붙은 '신칸트학파'라는 이름은, 리프만이 《칸트와 그 계승자들》(1865)이라는 저작에서 각 장을 끝마칠 때마다 "그러므로 칸트로 돌아가야 한다"고 호소한 데에서 유래했다.

신칸트학파의 결실 있는 성과는 그들 가운데 두 개의 유력한 학파가 등장함에 따라 이루어졌다. 하나는 마르부르크학파로 코헨·나토르프·카시러 등이 대표적 인물이었다. 이 학파는 주로 수학적 자연과학의 기초를 세웠다. 그리고 다른 하나는 서남독일학파였는데, 위에서 설명했듯이 빈델반트와 리케르트가 그 대표자였다. 이 학파는 문화과학 및 역사과학의 기초를 세웠다. 그들의 말에 따르면, 자연과학과 문화과학(역사과학)의 차이는 그것들이 다루는 대상의 차이가 아닌 방법의 차이에서 비롯되는 것이다. 자연과학은 대상이 지니는 특수성이나 개성을 무시하고 '법칙을 정립하는 방법' 또는 '보편화 방법'을 쓰는 데 비해, 문화과학은 '개성을 기술하는 방법' 또는 '개성화 방법'을 쓴다. 즉 후자는 역사적 대상이 지니는 일회적 개성이나 가치를 파악하려 한다.

저작 활동 시작

하이데거는 리케르트의 지도 아래 철학 공부를 계속했다. 먼저 신칸트학파의 입장에 서서 인식 문제를 사색했던 것이다. 1912년부터 하이데거는 잡지에 소논문을 발표하기 시작했다. 그가 발표한 최초의 주요 저작은 1914년, 곧 제1차 세계대전이 시작되던 해에 프라이부르크대학교에 제출했던 학위논문《심리주의에서의 판단론》이다. 그리고 이듬해인 1915년 여름학기에 그는 교수 자격 논문으로《둔스 스코투스의 범주론과 의미론》을 같은 대학에 제출했다. 그 결과 하이데거는 프라이부르크대학교의 객원 강사로 채용되어 철학 교수로서 첫발을 내딛게 된다.

그의 학위논문은 19세기 이래 실시되어 온 논리학에서의 심리주의를 철저히 비판하고, 논리학은 순수하게 논리학적으로 확립되어야 한다는 점을 판단론과 관련해서 고찰한 것이었다. 교수 자격 논문은 1916년에 결론이 덧붙여져 출판되었는데, 제목 그대로 13세기 철학자 둔스 스코투스의 철학을 음미한 논문이었다. 이 논문들은 둘 다 신칸트학파의 관점에서 쓰였으며 이른바 논리학자로서의 사색을 담고 있다. 여기서는 실존철학자로서의 하이데거의 모습은 거의 찾아볼 수 없다.

다만 1916년 출판된 교수 자격 논문에 덧붙여진 결론에는 주목해야 할 것이다. 하이데거는 이렇게 주장한다. "논리학에는 논리를 초월한 원천이 있으며, 우리는 그 원천으로 인해 비로소 진정한 빛 속에서 볼 수 있게 된다. 따라서 철학에서는 이 빛에 대한 학문(형이상학)을 빼놓을 수 없다." 여기서 우리는 논리학적 문제설정을 뛰어넘어 그 근거를 파악하려 하는 그의 형이상학적 태도를 분명 찾아볼 수 있다. 게다가 하이데거는 그 원천이 있는 장소는 역사적 현실이며, 인식론적·논리적 주관 대신 살아 있는 역사적 정신이 포착해야 한다는 것을 주장했다. 하이데거가 훗날 《존재와 시간》에서 전개한 기초 존재론은, 역사적 일상 세계를 정립하면서 실존을 바탕으로 우리의 인식 및 사색뿐만 아니라 모든 학문의 기반을 새롭게 파악하려는 시도였다. 그렇다면 하이데거의 교수 자격 논문의 결론에는, 훗날 그의 사색이 나아갈 방향이 어렴풋하게나마 암시되어 있는 셈이다.

'후설'의 취임

1916년에는 하이데거의 철학에 큰 영향을 끼치는 사건이 일어났다. 리케르트가 서남독일학파의 창시자인 빈델반트의 후임으로서 하이델베르크대학교로 가고, 현상학을 주창한 에드문트 후설이 프라이부르크대학교로 온 것이다. 현상학은 신칸트학파와는 반대되는 입장에서 '사상(事象) 그 자체에'라는 표어를 내걸고, 직관적으로 본질을 파악한다는 선험적 의식(意識)을 기술하는 학문이다. 하이데거는 후설의 수업에 출석하는 등 차츰 그의 영향을 받게 된다. 《존재와 시간》은 방법적으로는 후설의 영향을 바탕으로 성립되고, '존경과 우정을 담아' 후설에게 바쳐진 저작이다.

이리하여 하이데거의 새로운 철학에 대한 사색이 시작되었다. 그러나 이 새로운 사색의 싹이 열매 맺기까지, 하이데거는 11년이라는 오랜 세월 동안 침묵을 지켜야만 했다.

2. 기초 존재론의 시대: 1929년까지

제1차 세계대전

새로운 철학에 대한 하이데거의 사색이 시작된 것은 제1차 세계대전이 한창일 때였다. 이 전쟁은 1914년 여름, 보스니아의 수도 사라예보에서 일어난 오스트리아 황태자 암살 사건을 계기로 발발했다. 7월 28일 오스트리아가 세르비아에 선전포고를 하자, 오스트리아를 지지하는 독일도 러시아 및 프랑스에 차례로 선전포고를 했다. 그 뒤 영국이 프랑스 편에 붙으면서 전화(戰火)는 마침내 유럽 전체로 확대되었다. 당초 독일군은 단기 결전을 목표로 삼고 있었다.

그러나 동부전선에서는 러시아군에 대승을 거둔 반면 서부전선에서는 프랑스군에 패배해, 개전 1개월 뒤에는 상황이 이미 장기전으로 바뀌어 있었다. 1917년이 되자 이러한 교착상태도 무너지기 시작했다. 미국을 필두로 그때까지 중립을 지키고 있었던 라틴아메리카의 여러 나라들과 중국 등이 연합국 편을 들며 참전한 것이다. 이로써 전황은 동맹국(독일 측)에 불리해졌다. 1918년 3월 독일군은 불리한 전세를 뒤집기 위해 서부전선에서 대공세를 펼쳤다. 하지만 이것도 실패로 돌아가고, 마침내 동맹국 측은 항복하고 만다. 1918년 9월에 먼저 불가리아가, 10월에 오스만 제국이, 11월에는 오스트리아가 항복했다.

독일의 경우 막시밀리안이 10월에 내각을 조직한 뒤 즉시 미국을 상대로 휴전 교섭을 벌였다. 그러나 힘든 전쟁으로 인해 국내 정세는 험악했다. 11월 3일 킬(Kiel) 군항에서 해군 수병들이 일으킨 폭동을 시작으로 혁명 운동이 전국에서 일어났다. 그 결과 황제 빌헬름 2세는 퇴위해 네덜란드로 망명했으며, 새로운 사회민주주의 정부가 탄생했다. 40여 년 동안 이어졌던 독일의 제정(제2제정)은 이렇게 붕괴되었다. 새 정부는 11월 11일 곧바로 휴전 조약을 맺음으로써, 지난 4년간 이어졌던 전쟁에 마침표를 찍었다. 그동안 1917년 러시아에서도 혁명이 일어나 역사상 첫 공산주의 국가가 탄생했는데, 이것도 제1차 세계대전이 낳은 세계사적 사건이다.

제1차 세계대전의 성격

제1차 세계대전이 전세계에, 그것도 승전국과 패전국을 불문하고 유럽 전역에 준 타격은 심각했다. 이 대전은 현대 자체를 상징하는 사건이요, 유럽의 붕괴와 몰락을 재촉하는 전환점이기도 했다.

이 대전의 인적, 물적 손해는 터무니없는 규모였다. 숫자를 한번 살펴보자. 이 대전에서는 연합국과 동맹국을 합쳐 6000만 명이 넘는 병력이 동원되었다. 그리고 그중 약 900만 명이 전사했고, 2000만 명 이상이 부상을 당했다. 이러한 인명 손실은 19세기에 일어난 모든 전쟁 전체 희생자의 2배가 넘는다고 한다. 게다가 기아, 인플루엔자, 학살 등으로 900만 명이 넘는 시민들이 죽었다. 한편 물적 손해는 1800억 달러가 넘는다고 추정된다. 총 전비(戰費)는 3300억 달러이며, 모든 교전국이 평균적으로 국부의 16%, 동맹국은 실로 25% 이상을 직접적인 전비로 썼다고 한다.

이러한 대규모 소모전이 가능했던 것도 과학기술의 진보 때문이었다. 교통, 수송, 통신수단의 개혁은 수많은 병사와 다량의 물자를 전쟁터로 옮길 수 있게 해주었다. 그리고 병사들이 쓰는 무기는 후방의 공장에서 대량생산되었다. 게다가 진보된 과학기술은 여러 가지 새로운 대량살상무기를 낳았다. 강력한 화약(노벨은 1867년에 다이너마이트를 발명했다), 거대한 대포, 기관총, 독가스, 전차, 비행기 등은 한꺼번에 많은 사람들을 기계적으로 공격한다. 과거의 전쟁은 자기 명예를 건 영웅들의 싸움이라는 인격적 색채가 강했는데, 오늘날의 전쟁은 그 색채를 잃고 물자전(物資戰)으로 변해 버렸다. 병사들 자체도 그런 물자를 구성하는 소모품에 지나지 않게 되었다.

이런 대규모 소모전은 후방에도 영향을 끼치게 마련이다. 전쟁터로 내몰리지 않은 사람들도 후방에서 군수물자의 생산 및 수송에 동원되었다. 전쟁은 이제 종전과는 달리, 단순한 전쟁터에서의 싸움만이 아니게 되었다. 즉 현대의 전쟁은 국민생활 구석구석까지 영향을 미치고, 모든 국력을 그러모아 싸우는 총력전 양상을 띠게 된 것이다. 게다가 막대한 전비를 조달하기 위해 각 나라들은 무거운 세금을 매겼다. 그 결과 생활비가 폭등했다. 세계대전 이전에는 국민소득에 대한 세금의 비중이 평균적으로 10% 안팎이었다. 그런데 전쟁 뒤에는 이 비중이, 이를테면 승전국 영국에서는 22%, 패전국 독일에서는 25% 이상으로 커졌다. 물가도 세계대전 직전에 비해 그 직후에는 이탈리아에서 250%, 프랑스에서 227%, 영국에서만 해도 137%, 독일에서는 무려 315%나 폭등했다. 특히 독일의 인플레이션은 패전 이후 수년간 무시무시한 기세로 진행되어, 1923년에는 마르크의 가치가 땅에 떨어지고 말았다. 세계대전 이전에는 1마르크가 25센트였는데, 1923년 1월에는 1달러가 5만 마르크, 같은 해 11월에는 1달러가 25억 2000만 마르크에 해당할 정도였다. 이처럼 마르크의 가치는 폭락하여, 우표 한 장 가격이 5000만 마르크에 이르렀다.

세계대전의 정신적 영향

국민에게 과도한 희생을 강요했던 이 전쟁에 대해, 그리고 이 전쟁을 초래한 유럽문명에 대해 사람들이 회의를 품고 절망하게 된 것도 당연한 이치이다.

"유럽은 그 사유의 중심의 모든 분야에 걸쳐, 더 이상 자신을 자신이라고 인정할 수 없다는 사실을, 스스로 자신이 되어 가려는 노력을 그만두었다는 사실을, 의식(意識)을 잃어버리고 있다는 사실을 느꼈다……" (폴 발레리《정신의 위기》)

게다가 유럽은 스스로 일으킨 이 전쟁을 자신들의 힘으로 끝내지 못했다. 이 전쟁에 종지부를 찍어준 것은 미국이었다. 또한 전후 처리도 미국의 주도 아래 진행되었다. 전쟁 이후 유럽 각국을 차례로 방문한 윌슨 미국 대통령은, 곳곳에서 '구세주처럼' 열광적인 환영을 받았다고 한다. 유럽은 무력해졌으며 예전처럼 세계사의 지도적 중심에 설 자격을 잃어버렸다. 사람들은 이 사실을 온몸으로 깨달아야 했다. 이처럼 세계대전이 유럽에 가져다준 결과는 모든 방면에 걸친 파괴였다. 그것은 단순한 인명 손실이나 국토의 황폐화, 경제적 타격뿐만이 아니었다. 독일·오스트리아·러시아 등 몇몇 제국의 혁명에서 상징적으로 드러나듯이 유럽 세계의 옛 질서 자체가 무너져 내렸다. 이는 곧 오랜 세월 동안 유럽인들이 의지해 왔던 가치질서의 붕괴를 의미한다. 그야말로 종말의 도래였다. 사람들이 위기의식을 느끼고 불안에 떨며 당황했던 것도 당연했다.

"태풍이 지나간 직후인데도, 우리는 마치 태풍이 이제부터 닥쳐오기라도 하는 것처럼 냉정을 잃고 불안에 떤다."

1922년 프랑스 시인 발레리가 한 말이다. 그는 이런 말도 남겼다.

"거의 모든 인간사가 여전히 무시무시한 불확실성 안에 놓여 있다. 우리는 잃어버린 것들을 바라보고 있으며, 파괴된 것들에 의해 대부분을 파괴당한 처지이다. 이제부터 무엇이 생겨날지 알 수 없으니, 우리가 그것을 두려워하는 것도 무리는 아니다. 우리는 막연하게 희망하면서 명확하게 두려워하고 있다." (폴 발레리《유럽인》)

세계대전 그 뒤의 독일

물론 패전국인 독일에서는 이러한 불안과 종말의 의식이 훨씬 심각했을 것이다. "철이 든 뒤로 군주제의 질서밖에 모르고 살았던 국민에게, 제정의 붕괴는 의식의 가장 깊은 곳까지 뒤흔드는 사건이었다." (크라우스니크, 《나치스시대》)

실제로 전후 독일의 혼란과 동요는 심각했다. 1919년 2월 바이마르에서 국민

의회가 열려 사회민주당의 에베르트가 대통령으로 선출되었는데, 그가 베르사유조약을 맺고 새 헌법을 채택함으로써 독일은 이른바 바이마르 공화국으로서 새로운 길을 걷기 시작했다. 그러나 그 앞날은 결코 밝지 않았다. 새 정부는 밖으로 연합국들의 거액 배상금 청구에 시달렸으며, 안으로는 무시무시한 인플레이션 때문에 생활고를 겪는 국민을 보살펴야 했고, 좌우 진영의 공격마저 받았다.

좌익분자들은 모처럼 일어난 혁명이 러시아와는 달리, 공산주의 국가를 낳지 못했다는 사실을 불만스러워했다. 이미 1919년 1월에는 카를 리프크네히트와 로자 룩셈부르크가 이끄는 스파르타쿠스단이 프롤레타리아 혁명을 목표로 폭동을 일으키고 있었다.

한편 우익으로서는 베르사유조약 자체가 견디기 힘든 굴욕이었다. 그들은 베르사유조약을 맺은 새 정부야말로, 패전 및 그로 인한 모든 고통의 책임자라고 여겼다. 1920년 3월에는 카프 박사가 이끄는 군대가 베를린에서 폭동을 일으켰다. 이것이 카프의 반란이다. 이 폭동은 정부군에 진압되었지만, 이를 계기로 전국 각지에서 극좌와 극우 양측의 폭동 및 암살이 잇따라 일어났다. 그리고 이 시기에, 뒷날 독일의 운명을 결정지을 히틀러의 나치스가 탄생하게 된다.

이러한 사회적 동요는 1924년 인민당의 슈트레제만이 수상 자리에 올라 인플레이션을 극복하고 사회 정세를 안정시킬 때까지 이어졌다.

위기에 대한 자각

이런 유럽문명에 대한 종말의식 및 위기의식이 꼭 제1차 세계대전의 결과로서 처음 일어난 것은 아니다. 이 점에 주목하자. 진보의 시대라고 불리는 19세기에도 몇몇 예민한 지적 통찰력을 갖춘 사람들은 일찍부터 그런 위기를 느끼고 있었다. 키에르케고르와 마르크스는 서로 다른 측면에서 그것을 꿰뚫어 보았으며, 19세기 말에는 랑케·부르크하르트·니체 등이 이미 유럽문화의 파국을 예감하고 있었다. 1918년 세계대전 직후 출판되어 시대 흐름을 타고 돌풍을 일으켰던 슈펭글러의 《서구의 몰락》—세계사에 등장한 여러 문화들의 형태를 비교·고찰하고 유럽문명의 몰락을 단정 지은 책이다—은 사실 세계대전이 일어나기 3년 전에 쓰인 작품이다. 이 사람들의 통찰에서 알 수 있듯, 유럽의 위기는 결코 전쟁의 뒤를 쫓아 우연히 일어난 것이 아니다. 그 위기는 유럽문명 자체의 내부에, 그리고 그 전통을 바탕으로 성립된 전세계의 현대문명 속에 내재해 있었던 것이다.

제1차 세계대전 및 이 대전으로 인한 정신적 황폐는, 유럽문명의 처지에서는 결코 우연한 사건이 아니었다. 하지만 이런 통찰을 한 사람은 극히 일부에 지나지 않았다. 일반인들은 제1차 세계대전이 시작되기 전까지는 자본주의가 가져다준 번영을 누리며, 유럽에서 평화롭고 안정된 나날이 영원히 이어지리라 믿었다. 대전이 일어났을 무렵의 이러한 상황은, 노벨 문학상을 수상한 로제 마르탱 뒤 가르의 《티보가의 사람들》에 상세히 그려져 있다. 스위스 제네바에 모인 사회주의자들조차 그 평화가 영원할 것이라 믿었으며, 6월 28일에 사라예보에서 오스트리아 황태자 부부가 암살되었을 때에도 그것이 전면적인 전쟁까지 확대되리라고는 누구도 예상하지 못했다. 그러나 세계대전은 일어났다. 그리고 당초 사람들을 사로잡았던 민족적 열광이 가라앉았을 때, 그들은 비로소 제국주의적 전쟁의 실체를 파악하고 현대문명에 숨어 있는 위기를 깨달았다. 반대로 우리가 살아가고 있는 현재를 생각해 보자. 제1차 세계대전으로부터 벌써 1세기가 흘렀다. 그런데 제1차 세계대전 뒤 사람들이 느꼈던 위기는 과연 극복되었을까? 오히려 그 위기의식은 더욱 심해져서 유럽뿐만 아니라 전세계에 퍼져 있는 것은 아닐까? 세계의 일체화가 더욱 긴밀하게 이루어졌고, 이미 또 다른 세계대전이 일어났으며, 인류를 파멸시킬 수 있는 핵폭탄마저 존재하고 있는 것이 오늘날의 현실이다.

현대의 위기와 불안을 명확히 포착하고 분석한 실존철학자 칼 야스퍼스가 《현대의 정신적 상황》을 쓴 것은 1930년의 일이었다. 그런데 제2차 세계대전 이후, 1946년에 간행된 제6판에 추가된 머리말에서 야스퍼스는 이렇게 말했다. "초판으로부터 현재의 신판이 나오기까지 수많은 사건들이 일어났다. 그러나 철학적 태도와 세계의 전망 전체에 대해서는, 이 책은 오늘날에도 그때와 마찬가지로 적용될 수 있다고 본다."

그는 내용을 변경하지 않았다. 그럴 필요성을 느끼지 못했기 때문이다. 아마 지금도 그 위기는 더 심각해지고 위험해졌을망정, 결코 사라지지는 않았으리

라. 현재는 여전히 위기의 시대이다.

새로운 철학의 태동

하이데거는 운 좋게도 징병을 면했다. 스키를 즐기는 스포츠맨임에도 불구하고 몸이 약한 덕분이리라. 어쨌든 새로운 사색을 시작했던 하이데거는, 당연히 이 위기를 감지하고 서양문명에 회의를 품게 되었다. 서양의 전통을 버리고 새롭게 자기 실존의 근원으로부터 고찰해 나가는 것, 그것이 그의 목표였다.

1920년에 쓴 편지에서 하이데거는 다음과 같이 말했다.

"나는 적어도 뭔가 다른 것을 원한다네. 많은 것은 아니야. 그러니까 내가 오늘날의 현실인 붕괴 현상 속에서 '좋든 싫든' 경험하고 있는 것을, 그것으로부터 '문화'가 태어날지 아니면 몰락을 재촉하는 것이 태어날지 하는 문제는 제쳐두고."

또 1921년에 쓴 편지에서는 이렇게 말했다.

"나는…… 내가 해야만 하는 일을, 그리고 내가 필요하다고 생각하는 일을 하겠네. 내가 할 수 있는 방식으로. 나는 내 철학적 임무를 현대 일반에 대한 문화 문제에 맞춰 재단하지는 않을 걸세…… 나는 '나 자신의 존재'를 바탕으로, 그리고 나에게서…… 유래된 사실을 바탕으로 내 일을 하겠네. 이 사실과 더불어 실존하는 것이 격동하는 것이라네."

여기서는 이미 자신의 실존으로부터 철학하는 자세를 엿볼 수 있다. '레비트'라는 하이데거의 제자에 따르면, 이 무렵 하이데거는 키에르케고르의 영향을 받았다고 한다. 그는 자신이 키에르케고르와 혼동되는 일은 원치 않았지만, 키에르케고르를 통해 자신이 나아갈 방향을 정했던 것이다. 그 시절 그의 책상 위에는 파스칼과 도스토옙스키의 초상이 장식되어 있었으며, 방 한쪽에는 십자가에 매달린 그리스도의 상이 걸려 있었다고 한다.

이처럼 새로운 실존적 사색은, 하이데거뿐만 아니라 위기 속에서 고뇌하며 새 길을 찾아 헤매는 유럽 정신계의 여러 분야에서도 태동하고 있었다. 이미 프랑스의 가브리엘 마르셀이 뒷날 간행될 《형이상학적 일기》를 1914년부터 쓰고 있었으며, 정신병리학자로서 훌륭한 업적을 남긴 야스퍼스는 1919년에 《세계관의 심리학》을 쓰면서 실존철학의 길을 걷기 시작했다. 이 책을 읽은 하이데거는 한 학생에게 "야스퍼스는 독자적인 아름다운 길을 나아가고 있다"라고 말했다고 한다. 그는 이 책에 대한 비평을 써서 야스퍼스에게 개인적으로 전달했다. 이를 계기로 현대를 대표하는 두 철학자의 교류가 시작되었다. 그리고 같은 해에 칼 바르트가 《로마서 주해》를 출간, 인간 존재에 본질적으로 따라붙는 불안과 위기를, 그러한 인간이 신의 구원에 의지하는 신앙을 밝혔다. 또 같은 해에 변증법적 신학자인 고가르텐이, 1921년에는 브루너도 저작을 발표하기 시작했다. 하이데거는 이 변증법적 신학에 강한 영향을 받았다고 한다. 특히 1923년에 마르부르크대학교로 간 그는 그곳의 동료인 신학자 루돌프 불트만과 세미나를 함께할 만큼 친해져서, 철학보다 오히려 변증법적 신학에 열정을 쏟았을 정도였다.

마르부르크시대

위에서 언급했듯이 1923년 하이데거는 마르부르크대학교에 교수로 전임해 갔다. 마르부르크는 헤센 주에 속하며, 란 강 연안에 그림 같은 성이 서 있는 대학 도시이다. 마르부르크대학교는 1527년에 설립되었으며, 1529년에는 이미 루터와 츠빙글리 사이의 논쟁인 '마르부르크 종교회담'으로 명성을 얻었다. 그리고 이 작은 도시를 더욱 세계적으로 유명하게 해준 것은, 코헨과 나토르프의 신칸트학파(마르부르크학파)였다. 그러나 코헨은 1918년에, 나토르프도 하이데거가 재임해 온 다음 해인 1924년에 세상을 떠났다. 그리고 재직 중이었던 니콜라이 하르트만도 존재론을 향해 새로운 길을 걷고 있었다.

하르트만의 존재론은 나중에 하이데거의 실존철학과 정면으로 대립하게 된다. 하지만 이 무렵의 두 사람은 존재론으로 돌아간다는 자세 측면에서 의견이 일치했으므로 친하게 지냈다. 그들의 제자 가운데 한 사람이 이사할 때, 하르트만과 하이데거가 사이좋게 짐차를 끌며 이사를 도와줬을 정도이다.

마르부르크에서 하이데거가 한 강의는 대단히 매력적이었다. 그래서 매 시간마다 많은 학생들이 몰려들었다. 교실 안에서 그는 강의가 아니라 그야말로 철학을 했다고 한다. 일단 교실에 들어가면, 학생들에게 눈길조차 안 주고 창가로 가서 작은 목소리로 이야기를 시작했다. 그 첫마디를 듣지 못하는 학생들도 많았다. 아니, 설령 들었다 해도 그들은 아마 이해하지 못했을 것이다. 왜냐하면 하이데거는 학생들에게 극단적 집중력을 요구했기 때문이다. 그는 먼저 학생들에게 정신 집중을 강요한 뒤, 그때부터 목소리를 높였다. 그의 목소리는 자주 귀청이 떨어질 만큼 쩌렁쩌렁해지곤 했는데, 때로는 조롱하듯이 다른 철학자를 비판하기도 했던 모양이다.

《존재와 시간》의 탄생

하이데거는 이러한 시대 환경에 둘러싸여 마르부르크에서 생활하면서, 그를 일약 유명인사로 만들어 준 《존재와 시간》을 집필하기 시작했다. 그 제1부는(사실 제2부는 끝내 집필되지 않았지만) 1926년 8월 8일 토트나우의 작은 산장에서 완성되었다. 이 저작은 이듬해인 1927년 봄에 간행되어 사람들에게 크나큰 충격을 주었다.

《존재와 시간》은 오랜 옛날 그리스시대부터 철학의 핵심 과제였던 '존재'의 의미를 밝히는 것을 궁극적 목표로 삼고 있다. 그런데 이를 위한 수단으로서 하이데거가 이 저작의 주제로 삼은 것은, 인간 존재를 실존에 근거해 분석하는 일이었다. 그 일에 투입된 사색의 근본적 힘은 사람들을 매료하기에 충분했다. 그리고 목표가 지닌 전통적인 낡은 느낌에도 불구하고, 그것을 바라보는 시점 및 인간 분석의 신선함은, 새로운 철학을 간절히 바라는 사람들의 기대에 부응했다. 게다가 이 저작은—하이데거 본인의 의지와 상관없이—현대 문명을 비판하는 측면도 내포하고 있었다. 《존재와 시간》에서 하이데거는, 주위의 이것저것에 마음을 빼앗겨 자기도 모르는 새 타인의 지배 아래에 들어가 자신을 잃어버리고 평균화되어 획일적으로 변하는 인간상을 그려냈다. 우리는 그 안에서 현대를 살아가는 자기 자신의 모습과 맞닥뜨리게 된다. 그러한 우리가 자기 자신을 되찾는 것은, 홀로 죽어가야 하는 고독하고 유한한 자신의 존재를 불안 속에서 자각했을 때이다. 하이데거는 이렇게 주장한다.

"타인의 지배 아래에 놓여 있는 일상세계로부터 떨어져 나온 유한하고 고독하며 불안으로 가득 찬 세계, 그곳이야말로 우리의 본래적 세계이며 그곳에서 비로소 우리는 존재의 의미를 밝힐 수 있다."

이 주장에서는 문명에 대한 부정적 태도가 진하게 배어나오고 있다. 아마 이런 점도 세계대전 이후 불안과 동요가 흘러넘치는 상황에서, 유럽문명에 대해 절망하고 있던 사람들을 매료하고 그들의 공감을 불러일으켰으리라.

베를린대학교 초빙을 거절하다

하이데거의 사색에서 일관적으로 드러나는 문명에 대한 부정적 자세를 잘 보여주는 일화가 있다. 모교로 돌아가 프라이부르크에서 교편을 잡고 있던 하이데거는, 1930년과 33년에 베를린대학교로부터의 교수직 제안을 두 번이나 거절했다. 베를린은 그때 독일의 수도였으며 독일에서 유일한 세계도시이기도 했다. 패전의 굴욕과 혼란을 딛고 겨우 다시 일어선 독일 국민에게 있어 베를린은, 독일 문화가 다시 세계에 통용되리라는 희망의 상징이었다. 그런 베를린대학교에, 그것도 현대문화의 사색에 힘썼던 트뢸치의 후임으로 초빙되었다는 것은 철학자로서 명예로운 일이었다. 그러나 일반인들은 하이데거를 베를린대학교로 초빙하는 일에 찬성하지 않았다. 어느 신문이 이 일을 보도했을 때 붙였던 '문화 반동자, 베를린으로!'라는 제목은 그런 사람들의 심리를 대변해 준다. 하지만 그런 사람들의 걱정은 기우에 그쳤다. 하이데거가 이 명예로운 초빙을 거절한 것이다. 하이데거는 그 이유를 1934년 〈알레만 사람〉이란 신문에서 밝혔다. 이것이 하이데거의 두 번째 개인적 발표였다.

그는 왜 거절했을까? 간단히 말하자면 슈바르츠발트의 자연 가까이에 머물고 싶었기 때문이다. 그의 말에 따르면, 도시 사람들은 시골의 풍경을 그저 즐기고 관찰하기만 한다. 하이데거는 그런 사람들을 높이 평가하지 않았다. 독일에는 옛날부터 전해 내려오는 이런 우화가 있다.

산꼭대기에 밭을 일구는 한 농부가 있었다. 그곳에 찾아온 사람들은 산의 아름다움에 감탄했지만, 그 농부는 산의 아름다움을 보려고도 하지 않았다. 그는 이미 산과 동화되어 있었기 때문이다. 그는 자연을 풍경으로, 즉 감상할 대상으로 보아 자연의 가치를 떨어뜨리는 일은 하지 않았다. 그는 주위의 세계와 하나가 되어 있었던 것이다.

이 농부의 모습이야말로 하이데거가 추구하는 것이었다. 하이데거에게 슈바르츠발트의 시골은, 그가 평생을 바쳐 추구했던 '존재의 진리'로 향하는 지름

길이었다. 그가 보기에 대도시 베를린은 존재를 잊어버린 현대문명의 상징에 지나지 않았다.

3. 존재의 사색시대: 1930년 그 뒤

전환의 시기

앞서 말했듯이 하이데거는 1929년 모교 프라이부르크대학교로 돌아가 1933년에는 총장이 되었다. 그의 철학은 이 무렵부터 변하기 시작한다. 인간 존재의 해명을 주제로 다루는 것을 그만두고 직접 존재 그 자체에 대한 사색을 기울이기 시작한 것이다. 예고했던 《존재와 시간》의 속편은 끝내 발간되지 않았고, 나중에는 《존재와 시간》의 표제로 붙었던 '제1부'라는 어구도 생략되었다.

어쩌면 이 변화는 '철학이 변했다'고 말할 일이 아닐지도 모른다. 《존재와 시간》의 궁극적 목적은 존재의 의미를 밝히는 것이었기 때문이다. 하이데거 자신도 나중에 이 사정에 대해 《존재와 시간》의 입장이 변경된 것은 아니라고 말하고 있다. 그에 따르면 이 변화는 이미 《존재와 시간》에서 예정되어 있었던 것이다. 즉 속편에 들어갔을 제1부 제3편(기존에 발행된 부분은 제1부 제2편까지이다)으로 《존재와 시간》이라는 표제가 예정되어 있었던 것처럼, 여기서는 전체가 '역전하는' 것이다. 이 예정되었던 속편이 쓰이지 않았던 것은, 그저 먼저 발행된 《존재와 시간》처럼 형이상학의 말을 써서는 이 전환을 표현할 수 없었기 때문이라고 한다.

그러나 레비트는 이 전환에 대한 논문에서, 분명 하이데거는 처음부터 존재를 문제로 해왔으나 현존재를 비롯해 《존재와 시간》에서 쓰인 용어의 의미는 1930년 뒤 전혀 제멋대로 해석·변화되어, 같은 말을 쓰는 경우에도 사상 내용이 완전히 역전되어 버렸다고 주장했다. 그 뒤 하이데거 철학의 전기에서 후기로의 변화를 이해할 때, 이 역전을 어떻게 해석할 것인가라는 문제로 하이데거 연구자들 사이에 큰 논란이 일어나게 된 것이다.

하지만 전환의 문제가 연구자들의 관심을 모은 것은 단순히 하이데거의 철학사상 내부만의 문제는 아니었다. 그는 이즈음 사색의 세계에서 벗어나 현실에 참여하는 자세를 보이기 시작해, 가끔 정치적 발언까지도 하게 되었다. 그러나 그 현실참여의 자세는 잠깐밖에 이어지지 않았다. 하이데거는 다시 사색의 세계로 돌아가 후기의 난해한 신비적 '존재의 사색'을 펴나가게 된다. 이처럼 전환은 하이데거의 현실체험 및 그 좌절의 체험과의 상호관계로부터도 문제시된 것이다.

그 무렵은 독일 전체에 걸쳐 하나의 전환기, 즉 제2차 세계대전으로 이어지는 어두운 시대, 바로 나치시대가 시작되는 시기였다. 하이데거는 분명 나치스의 동조자였다. 1933년 프라이부르크대학교 총장에 취임할 때 그는 '독일 대학의 자기주장'이라는 강연을 했다. 그 강연에서 그는 철학적 사색을 펼치면서, 대학의 사명은 전문화되고 폐쇄적이 된 상아탑에 갇히지 않고, 위기에 닥친 독일 민족의 운명에 참여해 그 중심에 서는 것이라며 학생들을 설득했다. 그는 그 방법으로 근로·방위·학술이라는, 민족에 대한 세 가지 봉사를 들었다. 거기에는 나치적 색채가 너무나 짙게 나타나 있다.

나치스의 대두

전후 혼란기에 태어난 나치스, 즉 국가사회주의 독일노동당은 1930년대에 들어서 비약적 진출을 보였다. 1928년 총선거에는 81만 표, 107의석을 얻어 제2당으로 약진했다. 그리고 1932년 7월 선거에서는 1374만 표, 총 의석 606석 가운데 230석을 획득, 이듬해 1933년 1월 드디어 당수 히틀러는 수상 자리에 올랐다. 세계사상 가장 민주적 헌법이라고 일컬어지는 바이마르 헌법 밑에서 대체 어떻게 나치스가 잉태되어 독일의 운명을 손아귀에 넣었을까?

바이마르 공화국을 반드시 온 독일 국민이 환영했던 것은 아니라고 앞에서도 말했다. 우익과 좌익은 저마다 다른 이유로 공공연히 공화국의 국가체제 그 자체를 반대했다. 게다가 바이마르 헌법은 자신을 부정하는 이 사람들조차도 받아들일 만큼 민주적인 것이었다. 좌익은 공산당이, 우익은 민주당 및 국가인민당이 저마다 국회의 의석을 차지하고 바이마르 헌법을 부정하면서, 그 헌법에 따라 주어진 보호만은 향유, 이용했던 것이다. 그리고 그때의 독일 정당은 과반 이상을 점유하는 정당이 한 번도 나타난 적이 없을 만큼 세력이 분산되어 있었다. 정부는 늘 몇몇 정당이 연립내각을 구성했고, 게다가 정권은 자주 교체되었다. 어떤 내각도 안정된 지지기반을 확보하지 못했으며, 따라서 야당과의 타협 없이는 정책을 실행할 수 없었다.

이러한 공화국 정부의 불안정은, 아마도 패전하여 외부의 강압으로 들어온 민주주의가 독일 일반 국민 사이에는 정착되지 않았기 때문일 것이다. 게다가 패전 뒤 독일의 곤궁은, 무엇보다도 거액의 배상과 재판의 부담을 안긴 베르사유조약 때문이라고 여겨졌다. 즉 그 조약을 맺은 바이마르 공화국이 사람들의 불만과 원한의 대상이 되었다고 할 수 있다.

슈트레제만의 능란한 외교 덕분에 전후 경제위기를 극복하고 일단 평화와 안정이 회복되자, 공화국에 대한 불만은 뒤로 숨어들었다. 그러나 1929년 미국 월가의 주식 폭락으로 시작된 세계공황이 독일 경제를 다시 파멸시켰을 때, 사람들은 이제 공화국의 앞길에서 희망을 찾아볼 수 없게 되었다. 전후의 독일 경제는 완전히 미국에 의존하고 있었다. 슈트레제만이 거두어들인 경제적 안정은 미국의 원조를 바탕으로 했기 때문에, 미국의 불황은 다른 어떤 나라의 불안정보다도 독일에 큰 충격을 안겨주었다. 게다가 불행하게도 마침 그 시기에 슈트레제만을 잃은 독일 정계는 이 위기를 극복할 강력한 지도자가 없었다.

국민들 사이에 혁명을 기대하는 기운이 높아져 갔다. 공황 이후 의석을 늘린 것은 나치스와 공산당뿐이었다는 사실이 이를 입증해 준다.

나치스 정책
독일 국민은 무엇 때문에 나치스에 기대를 걸게 되었을까?

나치스의 지지층은 봉급생활자나 중소기업자 등의 중산층이었다. 그들은 이른바 제1차 세계대전의 최대 희생자 계급이었고, 전후 인플레이션 탓에 저축을 잃거나 혹은 실업과 도산으로 몰락이라는 쓰라린 실패를 맛보았다. 더욱이 상대적 안정기에 겨우 생활을 재건하자마자 대공황이 그들을 기다리고 있어 다시 파멸의 위기에 맞닥뜨리게 되었다. 이 공황 아래에서 그들은 대자본의 압력에 고통당하는 데다 생활수준이 떨어졌기에 반자본주의적 경향을 달렸으나, 다른 한편으로는 마르크스주의에도 반감을 품고 있었다. 왜냐하면 마르크스주의는 자본주의사회에서 중산층의 몰락을 필연적으로 보고 긍정했지만,

그들이 희망했던 것은 자신들을 몰락에서 구해 줄 무언가였기 때문이다. 또 그들은 사유재산을 고집하고, 또 자신의 사업이나 생활이 어려워질수록 자신이 고용한 사람들에게 지불해야 하는 임금 부담에 허덕이기 때문에 노동자계급과는 이해를 달리했던 것이다.

나치스의 주장은 중산계급의 요구에 따른 것이었다. 나치스는 한편으로는 부르주아를 공격해 자본주의사회의 혁명을 주장했다. 이런 점에서, 악명 높은 유대인 배척운동도 중산계급의 요구와 일치한 것이었다. 독일의 대자본가나 금융업 가운데 많은 부분을 유대인이 차지하고 있었기 때문이다. 다른 한편으로 사유재산제나 기업의 사유를 긍정하는 부분에서 나치스는 마르크스주의와 대립했다. 이상의 이유로, 기존의 정치에 불신을 품고 있던 중산계급이 나치스에 마음이 끌린 것은 어쩌면 당연한 일일지도 모른다.

그런 한편 나치스는 철저한 농업보호를 주장, 공황 전부터 부채에 괴로워하던 농민층으로부터도 지지를 얻었다. 또 베르사유조약의 파기, 배상 중단, 식민지 획득 등을 내걸어서 약간의 부르주아계급들에게도 지지를 받았다. 게다가 노동자계급의 일부에서도 나치스 지지자가 나타났다. 나치스의 정책으로 정체된 독일 경제가 타개되어 힘든 생활에서 벗어나리란 희망 때문이었다.

이 정책들은 편협하고 광신적인 민족주의로 채색되어 있었음을 잊지 말자. 패전이 떠맡긴 가혹한 베르사유조약 아래에서 생활고에 허덕이며 정부를 신뢰할 수 없었던 독일 국민의 울적한 굴욕감은, 나치스의 민족적 로맨티시즘에서 해방의 길을 발견한 것이다. 민족 공동체나 국토에 대한 애정과 봉사라는 말, 지배자에 대한 헌신과 희생정신, 선정적이고 교묘한 슬로건, 정연한 군대조직, 제복을 입고 질서정연하게 가두행진을 함으로써 과시된 힘은 많은 젊은이들을 매료시켰다.

제3제국의 탄생

1933년 1월, 정권을 잡은 히틀러는 곧 국회를 해산하고 그 신임을 국민에게 물었다. 같은 해 3월에 치러진 총선은 그 뒤 독일의 운명을 암시한 것이었다. 나치스는 테러리즘을 앞세워 반대당을 습격하거나 모략을 써서 탄압했다. 특히 2월 27일부터 28일에 걸쳐 일어난 국회 방화사건(공산당 탄압의 평계를 만들기 위한 나치스의 방화였다)을 명목으로, 공산당원과 좌파의 유력자를 체포하고 공산당을 비합법화했다.

이러한 상황에서 치러진 총선거에서 나치스는 전체 투표수의 47%에 해당하는 1727만 표와 288의석을 확보하는 대승을 거두었다. 히틀러는 포츠담에서 새 의회를 열었지만, 81명의 당선자를 낸 공산당은 한 사람도 출석하지 않았고 또 20여 명의 사회민주당 당원도 결석했다. 그들 대부분이 체포되어 투옥되었기 때문이다. 남은 의원들도 의회장 창가에 몰려, 강압적 태도로 그들을 감시하는 돌격대원(나치스 사설군대 대원)들의 무언의 압력을 온몸으로 받아야만 했다. 히틀러는 이 의회에서 정부는 앞으로 4년간 국회의 동의 없이도 법률(헌법 개정을 위한 법률 포함)을 발표하고, 예산을 세우고, 외국과의 조약을 체결하는 등의 권한을 행사한다는 내용의 법률을 제출했다. 이른바 전권부여법이다. 이것은 물론 바이마르 헌법을 부정하고 나치스의 독재를 의도한 것이었다. 이 법률이 압도적 다수의 찬성으로 가결되었을 때 바이마르 공화국은 완전히 몰락했다. 그리고 그 자리에서는 제3제국이 틔운 파멸의 싹이 자라났다.

독재자의 지위에 오른 히틀러는 엄중하게 사상을 통제하면서, 다른 당을 해산시키고 반대자는 투옥하거나 숙청했다. 유대인에 대한 박해도 이때부터 시작되었다. 히틀러는 국내적으로는 연방제를 폐지하고 '나치스는 국가와 불가분하다'는 법률을 제출해 중앙집권화를 도모했으며, 국외적으로는 재군비 요구를 거절당하자 국제연맹을 탈퇴하고 강경외교를 취했다. 이듬해인 1934년 힌덴부르크 대통령이 죽자 히틀러는 대통령제를 폐지하고, 대통령과 수상직을 결합한 총통제를 만들어 스스로 총통 지위에 올랐다. 명실상부한 독일 최고 주권자가 된 것이다.

사상통제와 지식인

나치스가 행한 사상통제는 단순히 정치뿐만 아니라 학문과 예술에까지 행해졌다. 총선거로부터 2개월 뒤인 5월에는 반나치스적 정신이 담긴 서적이 베를린·뮌헨·드레스덴 등에서 축제의 소란 속에 불태워졌다. 마르크스나 프로이트의 학문서를 시작으로 문학에서는 하이네·하인리히 만·브레히트·츠바이크를 비롯해 많은 사람들의 서적이 불태워졌고 괴테나 니체의 작품까지 삭제되거나 파기되었다. 정신의 자유를 추구했던 다수의 지식인은 국외로 탈출했다. 망명자 중에는 아인슈타인과 연로한 게오르규, 일찍이 나치스에 저항해 온 하인리히 만, 토마스 만 형제 등이 있었다. 국내에 남은 사람들은 나치스에 충성을 맹세하지 않으면 공직에서 추방당하고 강제수용소에 보내지거나, 또는 집필 금지처분을 받아 입막음되기 일쑤였다.

철학자들도 예외는 아니었다. 바르트는 공공연히 나치스에 반대했고, 야스퍼스는 교직에서 쫓겨났으며, 레비트는 망명했다. 그런 와중에 하이데거는 나치스에 공명(共鳴)하는 자로서 나치스의 정신적 지도자가 될 수 있었겠지만 그렇게 되지는 않았다. 프라이부르크대학교 총장직을 겨우 1년 만에 그만두고, 나치스적 발언은 전혀 하지 않게 되었다. 그리고 사람들로부터 '존재신비설'이라고 불리는 난해하고 심원한 작품을 내놓게 되었다. 하이데거는 여기서 분명 자신의 현실참여의 잘못을 인식하고 다시 사색의 세계로 돌아간 것이리라. 《사색의 경험으로부터》라는 작품 안에서 하이데거는 다음처럼 말했다.

발걸음에 짊어지는
과오와 질문을
그대의 작은 길 하나만을 따라서

그렇지만 이 잘못이 어떻게 자각되었는지, 또 현실의 나치스 체험과 관련하여 철학상의 전환을 완수한 것인지 어떤지 우리는 충분히 밝혀낼 수 없다. 그러나 적어도 다음과 같이 말할 수는 있다.

첫째로, 하이데거가 그의 전기 사색이 다다른 실존적 형이상학적 세계를, 위기적인 상황 속에서 나치스의 혁명에 설득된 현실 세계와 혼동했다는 것이다.

둘째로, 나치스의 이데올로기는 하이데거의 설명하기 어려운 철학을 받아들이기에 너무나 단순하고 야만적이었다는 것이다. 나치스의 이데올로기에 철학적 세계관이 뒷받침되었을 리 있겠는가. 높은 권력에 대한 의지를 설명한 니체의 철학마저도 대폭 삭제해 자신에게 유리한 부분만을 약삭빠르게 이용하는 나치스에 기대를 걸었으니, 보답을 못 받은 것은 당연한 절차였을 것이다.

하이데거는 총장을 그만두고 1940년대에 이르기까지, 시인 횔덜린에 대한 강연집 한 권 말고는 아무것도 출판하지 않았다. 1930년대 그가 행한 사색은 1940년대에 가서 겨우 발표되었다. 그리고 그때 독일은 나치스의 지배 아래에서 다시 한번 세계대전에 돌입하게 된다.

제2차 세계대전으로

정권을 장악한 나치스는 강력한 경제 통제를 시행하고 증세를 단행했으며 은행이나 재벌들로부터 헌금을 강요했다. 그 결과 1935년에는, 공업생산이 거의 공황 전으로 회복되었고 실업자 수도 감소했다. 또 농업에 대해서도 여러 정책을 펼쳐 경제기반을 단단히 하는 한편, 베르사유조약을 전부 파기하고 재무장을 선언했다. 1937년에는 일본과 이탈리아와 방공협정을 맺어 1938년에는 유럽 제일의 무력을 갖추게 되었다. 이처럼 착착 준비를 진행한 나치스 독일은 1938년 무력 침공해 오스트리아를 합병, 다음 해에는 체코슬로바키아를 합병했다. 또 폴란드에도 촉수를 뻗어 단치히 할양을 요구했다. 그러나 이를 거부당하자 독일은 1939년 9월 1일 폴란드로 진군을 감행한다. 그에 대해 폴란드와 원조협정을 맺은 영국과 프랑스가 9월 3일 독일에 선전포고를 하여, 마침내 제2차 세계대전의 막이 오르게 된 것이다.

공군과 기계화부대를 주력으로 한 독일의 전격작전(電擊作戰)은 눈 깜짝할 사이에 전유럽을 짓밟았고, 1940년 6월에는 프랑스도 어이없이 항복하고 말았다. 그러나 처칠의 지도 아래 완강히 맞선 영국을 정복하지 못하자 히틀러는 공격방향을 돌려, 2년 전에 맺은 불가침조약을 파기하고 1941년 6월 소비에트로 진격했다. 그러나 이때부터 독일의 좌절은 시작되었다. 게다가 6개월 뒤 미국도 본격적으로 참전했다.

미국은 이미 연합국 측에 무기를 제공하고 있었지만 아직 직접 전투에 참가하지는 않았었다. 그러나 1941년 2월 일본군의 진주만 기습공격이 모든 것을 결정했다. 미국은 일본에 대해서만이 아니라 전쟁 주축국에 대해 선전포고를 했다. 풍부한 경제력과 생산력을 보유한 미국의 참전이 제1차 세계대전과 마찬가지로 연합군의 승리를 결정짓는 최대 요인이 된 것이다.

1945년 5월 5일 베를린까지 쫓겨간 나치스 독일은 마침내 항복했다. 또 일본도 8월 15일 항복, 제2차 세계대전도 종전을 고하게 된다.

사색의 세계에 되돌아온 하이데거는 이 격동의 틈에서도 그 신비적 존재의 사색을 향한 걸음을 멈추지 않았다. 종전 뒤 나치스에 협력했다는 이유로 추방당한 그는 토트나우 산의 오두막에 칩거했지만, 추방이 해제되자 프라이부르크대학교에 돌아와 상급학생과 교수들을 모아 연습과 강의 또는 강연 등을 하는 공적 활동을 다시 시작했다. 하지만 그의 나치스 협력은 여전히 많은 철학자들의 비판과 비난의 대상이었으며, 영미의 분석철학을 시작으로 그의 사상과 대립하는 새로운 사상들이 세계적으로 확대되어 나타났다. 독일 국내에서도 그의 존재 사색의 신비성은 받아들여지기보다 오히려 차츰 과거의 것으로 폄하되었다. 그러나 하이데거는 개인적 비난에는 한 마디도 변명을 하지 않고 세상의 흐름에도 흔들리지 않으며 시종일관 존재와 사색에만 힘을 기울였다.

1976년 5월 26일 하이데거는 고향 메스키르히에서 영면에 들어갔다. 향년 86세. 마침 70여 권에 이르는 그의 전집이 발간되기 시작한 직후였다.

4. 현대의 특징

위기의 시대

하이데거가 태어나고 살아온 시대는 어떠했는지 더욱 구체적으로 들어가보자. 19세기 말부터 현재에 이르는 기간은 그야말로 현대라고 할 수 있다. 그가 태어나 소년시절을 보낸 19세기 말부터 20세기 초에 걸친 시대는 단순한 세기의 변환기에 불과한 것이 아니라, 근대에서 현대로 넘어가는 시대의 전환기였다. 그렇다면 이 시대를 규정하고 특징짓는 것은 무엇이고, 그것은 우리 생활을 어떻게 지배하고 있는 것일까? 다시 한번 하이데거가 살았던 시대를 되돌아보자.

이 시기는 위기의 시대였다. 그러나 제1차 세계대전에서 드러난 이 위기의식은 현대에는 세속화하여 널리 유포됨으로써 오히려 상식으로 굳어졌다는 느낌마저 있다. 인류 자체를 절멸시킬 핵전쟁의 위협이 사라지지 않고 있을 뿐만 아니라, 평화로운 일상생활 자체가 이미 위기를 내포하고 있다. 현대인은 조직화된 거대한 기구 속에 편입되어, 그것을 움직이고 있는 하나의 톱니바퀴에 지나지 않게 되었다. 자기 자신을 잃어버리고 대중이 되어버렸다는 말은, 우리가 현대를 얘기할 때마다 으레 등장하는 주제가 되어 있다. 그렇다면 이 현대의 위기는 어디서 유래한 것일까?

기술의 시대

현대는 또한 기술의 시대라고도 한다. 기술이란 지금은 보통 과학을 실제로 응용하여 자연력을 개발하고 이용하는 행위로 해석되고 있다. 이러한 근대기술로 특징지을 수 있는 시대가 시작된 것은 하이데거가 태어난 19세기 후반이었다. 근대기술은 풍부한 생활재(生活材)를 낳았고, 따라서 우리의 생활은 매우 풍요로워지고 편해졌다. 그러나 앞에서 말한 현대의 위기는 바로 이 근대기술과 무관하지 않다. 오히려 기술에서, 또는 모든 것을 기술화하려는 현대의 정신에서 발생했다고 할 수 있지 않을까?

물론 근대과학이 성립한 것은 16~17세기의 일이며, 이로써 생산기술의 혁명이 도래하고 자본주의 사회가 출현했다는 것은 말할 나위도 없는 사실이다. 몇몇 선각자들은 과학기술에 내포되어 있는 위기를 이미 꿰뚫어 보고 있었다. 하지만 그 무렵 과학을 응용한 여러 가지 기술상의 발명과 개량은 일상적 경험과 현실적 필요에서 산발적으로 이루어졌을 뿐이다. 18세기 후반의 산업혁명도 단순히 섬유공업이라는 한 부문에 한정되어 있었고, 동력기관도 증기기관이 발명된 정도에 지나지 않았던 것이다. 그러나 19세기 후반에 이르러, 발명과 개량이 과학 자체에서 도출되어 새로운 동력기관이 탄생했고, 모든 산업부문이 기계화하고 새로운 교통수단과 통신수단이 발명되기에 이르렀다. 말하자면 과학은 이전처럼 일부 지식인 계층의 전유물이 아니라, 완전히 세속화하여 우리 생활 구석구석까지 파고든 지배자가 된 것이다. 현대의 인간은 누구나 과학의 혜택을 입고 있다. 그것도 단순히 공업이나 농업에 과학이 응용됨으로써 그 성과를 누리는 것뿐만 아니라, 행정·사회·교육·경영 또는 일상생활의 곳곳에 걸쳐 과학적 지식을 응용하는 것이다.

그러나 이는 우리가 위기에 처해 있음을, 일찍이 몇몇 사람들만이 느꼈던 위기의식을 인식할 수밖에 없음을 의미한다. 그것을 집약적으로 드러낸 것이 두

번에 걸친 세계대전이었다.

세계의 일체화

왜 현대에 들어와서 전쟁이 두 번씩이나 세계적 규모로까지 확대된 것일까? 그것은 전세계가 같은 역사 세계로 일체화되었기 때문인데, 그 동일화는 근대 기술을 통해 가능해졌다. 정치적으로는, 물론 식민지를 획득하려는 제국주의적 침략이 전세계에 퍼진 것이 원인이다. 그러나 그것은 산업의 기계화에 따르는 고도자본주의의 성립과 교통, 운수, 통신수단이 비약적으로 진보함으로써 비로소 가능해졌다.

지금 이 세계의 일체화는 더욱더 강고하게 진행되고 있다. 달러가치 하락과 국제유가 폭등, 자유무역협정과 그에 따른 영향 등, 우리는 자신의 의지와는 상관없이 전세계에서 일어나는 격한 변화의 흐름과 무관할 수가 없다. 그러므로 자신의 운명이 자신과 상관없이, 또 자기가 어떻게 할 수 없는 사건으로 결정되어 버리는 것에 대한 불안을 지울 수가 없는 것이다.

세계의 평균화

세계의 일체화는 또 각지의 고유성을 잃고 문화의 평균화를 초래했다. 전세계에 같은 소재, 같은 형식의 건물들이 즐비하고, 서울에 앉아서 세계 각국의 요리를 즐길 수 있다. 프랑스 파리에서 시작된 패션 유행이 당장 전세계 여성을 사로잡는다. 한국 전통음악은 국적을 알 수 없는 무분별한 발라드, 힙합, 댄스음악에 밀려 차츰 사라져 간다.

평균화한 것은 문화뿐만 아니라 우리 자신도 마찬가지이다. 오히려 문화의 평균화가 인간의 평균화에 뿌리내리고 있다 해도 지나친 말이 아니리라. 오래전 미니스커트가 한국에 처음 소개되었을 때 그것은 엄청난 문화충격이었으나, 지금은 어디서든 볼 수 있는 옷차림이 되었다. 통이 넓은 이른바 나팔바지도 한동안 유행하다가 촌스럽다며 사라졌으나, 최근 복고 바람에 따라 다시 유행하기도 했다. 즉 우리 자신의, 주체적이어야 하는 미적 판단이 어느새 유행의 지배를 받아 세상 사람들의 판단에 동화해 버린 것이다. 그것은 반드시 옷의 유행에만 국한되지 않는다. 오락·취미·정치·사상 등 모든 영역에서 우리가 관심을 기울이는 사항은 대부분 신문·주간지·라디오·텔레비전 등 매스컴을 통해 퍼진 세상 사람들의 화제이다. 또 그러한 것들에 대해 품는 의견도 사실은 매스컴을 통해 해설과 함께 전달된 세상 사람들의 의견, 이른바 여론의 내부에서 형성된 것에 지나지 않는다. 이 평균화한 인간의 집단, 앞에서 세상 사람(세인)이라고 부른 것이 바로 대중이다.

기계와 대중

인간의 대중화는 또한, 기술에 따른 집단의 기구화 및 체제화와 떼어놓을 수 없다. 기계화된 기업체에서 볼 수 있듯이, 근대기술은 수많은 사람들을 필요로 하고, 또 많은 사람들을 동원하는 것을 가능하게 했다. 거대한 인간집단을 소수자가 지배하고 관리하기 위해서는 하나의 기구로 조직화해야만 한다. 그러므로 기계화는, 기업체뿐만 아니라 자치체와 국가를 비롯, 다수의 인간 집단이 구성되는 곳에서는 어디서나 일어나고 있다. 사람들은 이 기구 전체가 어떠한 방향으로 어떻게 움직이고 있는지 알지 못한 채, 주어진 부서에서 주어진 일만 하는 부품이 되어버리는 것이다. 거기서는 자기 자신의 고유한 존재는 필요하지 않으며, 사람의 가치는 주어진 부서에서 실수 없이 해내는 일의 양으로 결정된다. 그러므로 '나'는 그 일을 할 수 있는 사람이면 누구와도 교체될 수 있고, 또 내가 불량부품이면 언제라도 교환되고 만다. 기구에서 문제가 되는 것은 전체적 일의 양이다. 말하자면 거기서는 사람이 물량화되어 버리는 것이다. 이러한 점을 비극적으로 드러낸 것이, 바로 총력전으로 확대된 세계대전이었다.

그리하여 현대의 우리는 대중으로 변하고 있다. 분명히 우리 한 사람 한 사람을 보면, 누구나 저마다 고유한 생각과 삶을 지닌, 대중이라 부를 수 없는 존재이다. 대중은 말하자면 개개인에게는 꼭 누구라고 지명할 수 없는 타인 같은 것이다. 그런데도 지금까지 살펴본 것처럼 우리는 누구나 동시에 대중이며, 대중의 지배 아래에서 자기 자신을 잃어버리고 있다. 평균화되고 물량화된 대중으로서의 우리 사이에는 더 이상 인격적 접촉은 없다. 현대인은 타인에게 무관심한, 이기적이고 차가운 인간이 되어가고 있다.

위기의 극복

이러한 현대를 우리는 어떻게 평가하고 어떤 위치에 두어야 할까? 현대가 위기에 처했다면, 우리는 이 위기를 어떻게 극복해야 할까?

현대가 위기의 시대라는 것은 오래전부터 익숙하게 써왔던 제목처럼 우리 사이에서 얘기되고 있고, 소외감과 불안감이 실감으로 퍼져 있다. 그러므로 예술 작품에서 이러한 대중사회에 대한 저항과 반역이 자주 다뤄지고 있을 뿐만 아니라 그것은 하나의 사회현상이 되었다. 사회 내부에서도 욕망의 충족을 추구하는 것이 인정되고, 그것에 성공한 자가 영웅이 된다. 현대는 과학적이고 합리적인 것과 함께, 비합리적이고 생명적인 감정과 욕망이 척도가 되기도 하는 시대이다.

평균화되고 물량화되어 소외된 현대인은, 생명적 감정의 고양 속에서 주체로서의 자신을 되찾을 수 있다고 느낄지도 모른다. 분명히 생명적 감정과 욕망은 합리적 지성의 정반대에 있다. 그러나 과연 우리는 단순히 비합리적인 것을 주장하고 그것에 의지함으로써, 기술시대에 저항하고 그것이 탄생시킨 위기를 극복한다고 생각할 수 있을까? 왜냐하면 첫째로, 자연을 이용하고자 하는 기술은 다름 아닌 자신의 욕망을 채우려고 하는 의지에서 시작되는 듯 생각되기 때문이다. 두 번째로, 따라서 기술의 성과는 욕망의 충족 여부에 따라 평가되기 때문이다. 합리적 기술시대는 비합리적인 욕망을 받아들일 뿐만 아니라, 그것을 부추김으로써 성립되고 있다. 욕망은 분명히 개인적인 것이다. 그렇지만 현대에는 그 욕망조차 평균화되어 매스컴을 통해 그때그때 유행되고 있다.

매스컴은 자신을 적대하는 것조차 입안에 넣고 잘게 씹어서 부드럽고 무해한 것, 오히려 자신에게 이익을 주는 것으로 만들어 대중에게 제공한다. 그것은 현대가 위기의 시대라는 것까지 일반적인 지식으로서 대중에게 제공하여, 우리가 안심하고 자신의 이기적 욕망 충족을 지향하도록 부채질하고 있다.

근대기술의 기반

현대의 위기를 극복하고자 한다면, 적어도 근대기술이 내세우는 전제와 사상적 기반을 확인하고, 그것을 넘어서는 새로운 사상적 기반을 찾아내야 한다. 위기의 극복을 근대기술, 나아가서는 과학을 포기해야 한다는 주장으로 설득하려는 것은 어리석은 일이다. 과학과 기술은 현대인에게 주어진 운명이며, 우리는 그것으로부터 결코 벗어날 수 없다. 그러나 다음과 같이 질문할 수는 있을 것이다. 기술에서 발생한 이 위기가 기술과 마찬가지로 우리에게 피할 수 없는 운명인가? 거기서의 출구는 완전히 닫혀 있는 것인가? 또 위기는 우리가 근대기술에 사상적으로 지배되며, 그것이 토해 내는 격류에 휩쓸려 가야 할 방향을 잃어버림으로써 일어난 것인가? 근대기술을 넘어서는 새로운 사상적 기반을 찾을 수는 없는 것인가?

이 새로운 기반을 찾아내는 과제는 엄격하고 철저한 사색만이 해낼 수 있는 일이다. 이제부터 하이데거의 철학을 이러한 시점(視點)에서 살펴볼 것이다. 그러기 위해서는 미리 기술의 본질과 기반에 대해 어느 정도 이해해 둘 필요가 있다.

근대기술이 자연과학에서 발생했다는 것은 이미 설명했다. 그러나 그것은 근대기술이 단순히 자연과학을 응용하거나 자연과학에서 파생한 것에 지나지 않는다는 얘기는 아니다. 양자는 오히려 그 본질과 기반이 같다고 해도 무방하다. 과학은 이 동일한 것의 인식과 이론 쪽이고, 기술은 의지와 실천 쪽이라고 할 수 있다. 이 동일한 기반이란 무엇일까? 이해하기 쉽게 먼저 과학에 대해 생각해 보자.

우리는 흔히 과학적 인식이란 자연현상을 객관적으로 아는 것이고, 객관적으로 아는 것은 있는 그대로 아는 것이라고 생각한다. 과학적 인식이 객관적 인식임은 분명하다. 그러나 그것은 '있는 그대로' 아는 것은 아니다. 오히려 과학은 일정한 틀을 만들어, 말하자면 그 틀을 안경으로 삼아 그것을 통해 눈앞에 세워놓은 자연을 본다. 더욱 분명하게 말하면, 그 틀에 자연을 끼워 맞춤으로써 인식하는 것이다. 이를테면 과학은 자연현상을 인과관계(원인과 결과의 관계)와 양적 관계라는 틀을 통해 파악한다. 기하학은 현실에는 존재하지 않는 점과 선을 바탕으로, 뉴턴 물리학은 같은 질점(質點)이나 강체(剛體) 등을 근거로 성립되어 있음을 생각하면 된다. 과학적 인식이란 그러한 틀을 통해 자연을 아는 것이다. 그리고 그 틀을 구성하는 것이 수학이다. 객관적으로는 이러한 수학적 틀에, 인식된 자연현상이 합치하고 있는 것에 지나지 않는다.

과학은 이렇게 자연을 있는 그대로 아는 것이 아니라 객관적으로 안다. 아니, 오히려 과학은 자연을 '객관화한다'고 할 수 있다. 그리고 그 객관화하는 것이 주관이다. 주관이 늘 인식해야 하는 것을 자신에게서 떼어내어 눈앞에 세워 놓고, 자신의 틀 속에 끼워 넣어 객관으로 만들어 냄으로써 인식이 이루어지는 것이다. 이 주관─객관의 관계가 모든 과학적 인식의 기반이다. 이 주객 관계에 근거하는 인식과 사고방식을 하이데거는 '주관주의'라고 불렀다.

하이데거에 따르면, 이러한 주관주의의 싹은 아득히 서구 문명이 발생한 고대 그리스시대에 시작되었다. 그러나 주객 관계를 사색의 기반에 두는 자각적 행위는 16~17세기 무렵, 즉 근대과학의 발흥과 함께 시작되었다고 해도 무방하다. 다시 말해 그것은, 현상적으로는 과학이 성격을 부여한 근세 이후의 역사를 뚜렷하게 특징짓는 가장 기본적인 표식이다. 하지만 근세 초기에는 이 과학적 사고는 일부 지식인만이 가지고 있었고 학문의 내부에서만 이루어지고 있었을 뿐이다. 주관주의가 일반화하여 힘을 발휘하게 된 것은 현대에 들어 기술을 통해서였다. 기술이 과학과 다른 점은, 과학은 지식의 효용을 일단 무시하고 나아가는 데 비해, 기술은 유익함을 추구한다는 것이다. 그러므로 기술에서, 객관으로서의 자연에 대한 주관의 작용은 더욱 적극적이고 노골적이 된다. 기술은 단순히 자연을 눈앞에 세워두고 객관화할 뿐만 아니라, 자연을 도발해 거기서 억지로 힘을 이끌어 낸 뒤, 그것을 적극적으로 유익한 것으로 만들어 낸다. 거기서는 주관주의가 과학의 경우보다 더욱 적나라하게 드러난다.

이리하여 우리는 근대기술의 전제와 사상적 기반을 주관주의, 곧 주객 관계에서 구할 수 있다. 현대의 위기를 극복하기 위해서는, 그것을 넘어서는 새로운 기반을 찾아내어 거기서 주객 관계를, 그리고 근대기술을 새롭게 바라보아야만 한다. 이제부터 그러한 사색의 하나를 하이데거가 사색한 발자취 속에서 살펴보자. 하이데거의 철학적 의의는 단순히 현대와 대결하는 세계관적 사상에 있는 것은 아니지만, 하이데거의 철학이 현대에 대한 깊은 통찰에서 태어난 것은 틀림없는 사실이다.

II 《존재와 시간》에 대하여

하이데거의 《존재와 시간》(1927)이 발표된 지 오랜 세월이 흘렀다. 《존재와 시간》은 세상에 나온 순간부터 번개처럼 빠르게 퍼져 사상계의 형세를 순식간에 바꾸어 버렸다고 한다. 그 뒤의 독일 철학의 동향을 논하자면 《존재와 시간》의 감화를 빼놓을 수 없다. 게다가 그 영향은 독일 사상계에만 미친 것이 아니다. 이 책은 유럽 철학 전반에도, 또 우리나라의 철학계에도 일찍부터 전해져 깊은 감명을 주었다. 그러나 이 책의 커다란 영향이 처음부터 명쾌한 일의적 방향성을 띠었던 것은 아니다. 사람들은 그것을 갖가지 관점에서 해석했으며, 그에 대해 온갖 평가와 비판을 시도했다. 그러나 이 책의 '진의'는 그때마다 늘 애매함에 둘러싸여 있었다.

완성되지 못한 탁월한 저작은 완성된 저작과는 달리, 어떤 독특한 충동을 독자에게 선사한다. 《존재와 시간》도 바로 그러했다. 사실 이 책은 서론에서 예고되었던 전체의 전반부에 불과하다. 따라서 이미 발표되어 현존하고 있으면서도, 언제나 아직 보여주지 않은 사상을 약속하는 책으로서 존재해 온 것이다. 비교적 최근에 이르기까지 《존재와 시간》은 전반부에서 이미 수많은 획기적 통찰을 제시하면서, 다가올 미래를 품고 있는 미완료된 사태로서의 긴장감을 우리에게 선사해 왔다. 아마도 이 긴장감이 《존재와 시간》의 이해를 둘러싼 애매함을 한층 더하게 만들었으리라.

초판 이후로 약 사반세기가 지났을 무렵(1953) 이런 이상한 긴장감은 드디어 해소되는 듯 보였다. 이 책은 여전히 완결되지 않았지만, 사실 그것을 완결하려는 계획은 처음부터 단념된 상황이었다. 저자는 이 미완성된 책에서 '미완(未完)'이라는 표시를 지울 결심을 표명했다. 이리하여 《존재와 시간》은 하나의 커다란 단편(斷片)으로 고정되었다. 그러나 하이데거는 한편으로 "존재의 의미에 대한 물음은 《존재와 시간》이라는 논문에서, 철학 역사상 처음으로 분명한 물음으로서 설정되고 전개되었다"라고 지적했다. 또한 그는 이 물음에 따르자면 《존재와 시간》이란 한 권의 책을 가리키는 이름이 아니라, 사색에 부과된 임무를 일컫는 명칭이다"라고도 말했다. 그렇다면 《존재와 시간》은 책으로서는 고정되었지만, 임무로서는 여전히 미완료된 사태로 남아 있는 셈이다. 이 사태를 임무로 받아들이고 전세계 사상계의 주목을 받으면서, 하나하나의 작품에 영혼을 바치며 독자적 환경을 개척해 나간 이 강인한 사상가는, 지금도 여전히 '길 위에 서' 있다. 세상에 알려진 그 사색의 발걸음은, 확실히 현대 철학의 장엄한 경관이라 불릴 만하다.

어쨌든 단편으로서의 《존재와 시간》은 하이데거가 40년 동안 걸어간 사색의 길의 출발점으로서 기념비적 책이다. 그리고 저자 자신이 《존재와 시간》을 이런 기념으로 여겨, 이후의 저작 대부분에서도 늘 새롭게 현재의 자기 마음에 그것을 받아들였다(recordare). 그는 이미 발표된 부분과 같은 양식으로 후반부를 쓰는 작업은 하지 않았다. 하지만 더욱 깊어진 자신의 세계에서 얻은 사색의 경험을 바탕으로, 발표되지 않은 부분을 다른 방식으로 이야기해 왔다. 이와 함께 이미 발표된 부분의 환경에도 새로운 지평을 부여해 왔다. 이리하여 《존재와 시간》은 애매함에 둘러싸인 채 주위에 영향을 주는 직접적 생명력은 잃었지만, 대신 기념비적 의미에서 다시 읽혀야 할 역사로서 오늘날 그 모습을 드러내게 되었다.

책으로서의 《존재와 시간》은, 처음에는 저자의 은사인 '후설'의 현상학 연구 연보 제8권에 게재되는 형태로 공표되었다. 이 연구 연보에 따르는 현상학파는 체계적인 철학이 쇠락해 가는 풍조 속에서, 직관과 논리의 엄격한 훈련을 통해 철학의 엄격한 학문성을 견지하고 또 부흥시키고자 노력했다. 그런데 현상학파와 위의 연보는, 젊은 하이데거의 이 논문을 게재함으로써 돌연 방향을 바꾸었다. 그들은 인생을 견뎌내는 일의 어려움을 제일의로 삼고, 모든 철학적 개념을 오로지 이 험난한 인생 현실의 밑바닥에서 건져 올리고자 하는 마음가짐을 지니게 되었다. 오랜 전통과 제도의 보호를 받던 아카데미즘 철학자들은, 문화 이념과 가치 체계를 조직하거나, 이런 개념들의 안전한 기반이라 믿어지던 의식 현상의 반성적 분석에 종사할 수 있었는지도 모른다. 그 무렵에는 다음과 같은 방법론이 당연하게 전제되었으리라. 즉 대학 강좌 편성의 질서와 관습을 존중하면서 우선 철학적 고찰의 범위를—인식론적으로—이론적 주관과 객관의 관계로 한정하고, 인간생활의 실천적 측면에 대해서는 그 뒤 다른 장에서 윤리학적으로 논하는 방식 말이다.

그러나 인생의 현실 자체는, 이런 학구적 절도나 의식적 반성을 이미 앞질러서 인간을—그리고 그 철학도—포착한다. 사색하는 인간이란, 이미 '앞질러진 채' 인생의 역사 속으로 '내던져져', 이렇게 탈자적인 모습으로 '현(現)'에 존재하고 있는' 자신을 만나는 존재자이다. 이처럼 언제나 이미 현에 존재하고 있는 존재자를 자신으로서 떠맡고, 그것을 정열적으로 받아들여 그 '존재의 무게'를 견뎌내고자 하는 결단이 없었더라면 《존재와 시간》은 탄생하지 못했을 것이다. 하이데거는 우리 인간의 이러한 모습을 이 책에서 '현존재'라 부르고 있다. 이러한 현존재에 동의해 그것을 견뎌내려고 하는 각오가 이미 발표된 《존재와 시간》의 밑바탕에 깔려 있음은 분명한 사실이다. 이 책의 내용을 구성하는 제1부의 두 편은 각각 '현존재 준비적인 기초분석'과 '현존재와 시간성'이라는 표제를 내걸고 있다. 말하자면 둘 다 '현존재'를 불분명한 시간적 시계의 초점에 고정시키고 있는 것이다. 참으로 이 두 편의 12장은 제1부 전체의 표제가 말해주듯이, '내'가 현에 존재하고 있다는 것의 의미를—아니, 그보다는 오히려 '나'를 현에 존재하게끔 해나가는 것의 의미를—이 불분명한 시계 안에서 해석하여, 그것을 '시간성'에서 밝혀내고자 하는 모험적 사색의 여정이었던 셈이다. 어쨌든 《존재와 시간》이 밝히려 했던 시야 안에서 우선 모습을 드러내는 것은 바로 현존재이다.

이처럼 철학자의 주관적 의식으로부터 인간의 현존재에—궁극적으로는 세간의 잡담이나 호기심 내부에까지—발을 들이는 하이데거 사색의 움직임은, 주지의 철학사적 고사(故事)에 따라 말하자면, 데카르트가 보여주었던 '나는 생각한다'에서 '나는 존재한다'로의 이동으로 해설할 수 있다. 좀 더 형식화해서 말하자면, 그 움직임은 '인식론에서 존재론으로의 전환'으로서 지적될 수도 있다. '나는 생각한다'라는 최후의 근거지에 돌아감으로써 전세계를 다시 확보하려 했던 데카르트 철학의 전통은, 하이데거 자신이 지적했듯이 칸트의 초월적 통각(統覺) 사상을 거쳐 후설의 현상학적 환원 방법에까지 이르고 있다. 현존재로부터, 그리고 현존재로서 철학하고자 했던 하이데거는, 《존재와 시간》에서 이러한 전통과 몇 번이고 대결해야만 했다. 특히 현존재의 존재의미를 피력해 이것을 '시간성'으로 밝히려 하는 결정적인 단계 '직전'에(제64절), 그는 칸트의 '나는 생각한다' 사상의 해석학적 비판이라는 형식으로, 동시에 데카르트에서 후설로 이어지는 일관된 근본적 도그마를 문제 삼고 있다. 여기서 그가 보여준 칸트 비판 사상은, 사실 암묵적으로 후설의 현상학적 환원을 지지해 주던 의식의 지향성(指向性) 이론을 겨냥한 것이었다.

하지만 '나는 생각한다'에서 '나는 존재한다'로의 이동, 곧 인식론에서 존재론으로의 이동이라는 형식적 규정만으로는, 《존재와 시간》에서 하이데거가 시도한 새로운 출발을 충분히 설명할 수 없다. 이 철학사적 연관을 지적하는 첫 번째 자리에서 그는, 이러한 지적으로 인해 발생하기 쉬운 오해를 즉시 예방해야만 했다. 거기서 그는 다음과 같은 역사적 사태에 대한 주의를 환기했다. 즉 과거에 데카르트가 찾아낸 이 '나는 존재한다'라는 근원적 실마리의 경우, 데카르트 자신에게는—그리고 이후의 철학에서도—이 '존재'의 의미가 탐구되지 않고 있었으므로, 이윽고 그 실마리는 갈수록 쓸모없는 어딘가에 매몰되어버렸던 것이다. '나는 존재한다'라고 자인했던 '나'는, 자신이 현에 '존재'하고 있다는 것을 그 존재의미에 부합시켜 '스스로 수행하여 드러내는' 일은 하지 않았다. 여기서 '나'는 이 '나는 존재한다'라는 자기 확신을 세계적 현실의 인식적·기술적(技術的) 정복에 대한 발진 신호로 받아들였다. 그리고 이윽고 '나'는 이런 자기 자신을 마음으로서, 의식으로서, 정신적 실체로서, 인격적 주체로서 '바라보면서' 이론적으로 고정해 버렸다. 이래서는 물리적 자연이 '존재하고 있으면서', 다른 한편으로는 이것과—어떤 사상 공간 안에서?—더불어 전혀 다른 본질을 지닌 정신적 주체 '역시 존재하고' 있다는 견해가, 시계를 근본적으로 지배하게 된다. 물론 사람들은 의식이 어떤 의미에서든 비물질적인 것임을 힘주어 주장하면서, 인격의 객체화나 사물화에 대해 이론적·실천적으로 격렬히 항변할 것이다. 하지만 이렇게 물체와 주체의 실질적 본질(그것들이 저마다 무엇인지)에서의 차별이 열심히 논의되는 가운데, 사람들은—'나'의 본질을 규정하는 일에 정신을 빼앗겨—그것 특유의 존재양상을, 즉 '실존'을 망각하고 있었던 것이다.

인간 존재를 물체나 자연물로부터 아무리 뚜렷하게 구별한다 해도, 그것만 가지고는 인생의 깊이와 괴로움에 견뎌내는 철학을 형성할 수 없다. 그러기 위해서는 양자의 존재양상 사이의 차이가 정확하게 밝혀지고, '나는 존재한다'에 나오는 '존재'의 실존적 의미가 공공화되고 발휘되어야 한다. 이 점에서 전통적 철학은 '이미 그 존재론에서' 깊은 의미에서는 무자각이었던 셈이다.

그리고 이런 점에서 《존재와 시간》은, 옛날부터 서양 철학의 주류에 저항하는 저류(底流)로서 지금까지 전해 내려온 '생의 철학' 흐름의 참뜻을 이어받으려 했다. 하이데거는 현존재의 근본 구조를 '관심(걱정)'으로서 열어 보인 뒤, 그의 실존론의 이러한 지향이 위와 같은 저류의 계보에 속한다는 사실을 간단하게 밝혔다. 그렇기에 그는 이를테면 딜타이의 철학적 업적 가운데 체득되어야 할 '도래적인 것'을, 딜타이가 '인생'에 대한 물음으로 향하는 길 위에 서 있었다는 점에 근거해 인정하고 있는 것이다. '생의 철학'에서 근본적으로 염두에 두어진 '생(生)'이란, 당장은 '인생'을 가리킨다. 그리고 그것은 바로 '현존재의 실존'이다.

하이데거는 독일 대학교의 학문적 철학이 빚어낸 혼란스러운 상황 속에서 청년시대의 사상 형성기를 보냈다. 그런 그의 마음을 움직였던 것은, 위에서 알 수 있듯이 '생과 실존의 사상'이었다. 이와 관련된 하이데거의 자전적 추억의 한 구절을 보자.

"1908년에 나는, 지금도 간직하고 있는 레클람 문고의 시집 한 권을 통해 횔덜린으로 향하는 길을 발견했다. ……그 뒤 1910년부터 1914년 사이의 격동의 세월이 내게 가져다준 것들은 이루 다 설명할 길이 없다. 다만 그중 몇 가지 이름을 소개하고, 나머지는 상상에 맡기는 수밖에. 재판(再版)되면서 거의 2배로 커진 니체의 《권력에의 의지》 간행, 키에르케고르와 도스토옙스키의 작품 번역, 헤겔과 셸링에 대해 싹튼 관심, 릴케와 트라클의 시, 딜타이의 저작집……."

서양 철학의 정통 사상의 시선에 따라 살펴보면, 위에서 언급된 이름들 가운데에는 전통적 존재론에 반항하는 이단아들의 이름이 많다. 이른바 철학계의 유명한 아웃사이더들이다. 이런 사람들을 접했던 젊은 하이데거의 실존적 파토스는, 십 몇 년 동안의 침묵과 연구를 거쳐 세상에 발표된 《존재와 시간》

속에서도 여전히 살아 있었다. 개념적·방법적으로 튼튼히 무장한 채 등장한 듯 보이는 이 난해한 저작의 곳곳에서, 우리는 결코 학구적 태도에 순종한다고 보기 어려운 이단적 야취(野趣)가 드러난 부분을 발견할 수 있다. 그렇기에 《존재와 시간》과 이에 따른 2~3개 소론이 현대 '실존주의'의 중요한 원천이 될 수 있었던 것이다.

그러나 하이데거는 적극적 실존주의자가 되지도, 문화의 변두리에 요새를 쌓는 반항적 이단아가 되지도 않았다. 나치스 당원으로 1년간 지냈던 방황 시대를 제외한다면, 오히려 그는 유서 깊은 독일 대학교의 철학 교수로서 꾸준히 살아갔다. 이후의 저작 가운데 상당수는 그가 프라이부르크대학교에서 펼친 강의를 바탕으로 쓰인 것들이다.

얼핏 고요해 보이는 이러한 사색의 생활에서 대체 무슨 일이 일어났을까? 하이데거는 전통적 철학(존재론으로서의 형이상학)을—이른바 선인(先人)들의 가택수사를 통해 그들의 참뜻을 파헤치는 방식으로—내면에서부터 '해체'하려 했다. 정신사에서는, 충실한 계승자가 취할 수 있는 유일한 태도가 곧 반항인 경우가 있다. 그리고 이런 경우에 반항은 내적 필연이 된다. 하이데거는 자신이 실시하는 존재론의 해체 작업을 이러한 역사적 운명으로 이해했다. 《존재와 시간》의 주제는 이 자각 내부에 그려져 있다. 그것은 이윽고 자신의 사색을 '존재의 역사로부터' 이해하게 된다.

일방적 반항은 그 반항 대상을 기준으로 자신의 반항 기회 및 방법을 탐색한다. 예를 들어 '생의 철학'에 늘 붙어 다니는 비합리주의는, 주류인 합리주의에 대한 안티테제임을 자인한다. 즉 그것은 합리주의의 이성에 반항적으로 의존하고 있는 셈이다. 비합리주의는 이러한 반항적 자기주장의 기초를 세울 때 합리주의를 계속 참조해야만 한다. 고로 비합리주의는 합리주의에 얽매인 채 그것을 극복하지 못하는 것이다. 마찬가지로 키에르케고르는 실존 문제를 특별히 실존적으로 파악해 그 사고를 심화시켰다. 하지만 키에르케고르의 철학적 반성, 그가 꾸준히 공격했던 대상인 헤겔 체계의 기초개념을 본위로 삼고 있다. 다시 말해 키에르케고르의 실존론적 범주는 헤겔 및 헤겔을 통해 나타난 전통적 형이상학의 지배 아래 놓여 있다. 그래서 실존의 참모습은 밝은 곳으로 나오지 못했던 것이다.

'나는 존재한다'의 '존재'를 아무리 실존적 파토스를 가지고 수행하려 해도, 그 실존적 수행이 이루어질 수 있는 유일한 장면 전체가 사상의 빛을 받아 해명되고 이해되지 않는 이상, '실존철학'은 맹목적 역설과 부조리에 부딪쳐 좌절하든지 아니면 독단적 인간중심주의로서 공전(空轉)을 거듭할 수밖에 없다. '나는 존재한다'의 '나'는 '존재'로부터 이해되어야 한다. 이 '존재'는 언제나 이미 인생의 현실 속에 서서 끊임없이 다른 것들과 만나고 있는 존재이다. 실존으로서 인생과 세계내부에 있다는 것은, 이 세계 속으로 와서 나타나는 것들의 존재와 관련되어 있다. 그렇다면 '나'의 '실존'과 다른 것들의 '실재성'을 서로 만나게 하여, 그들을 저마다의 차별된 의미에서 드러나게 하는 이 '동일한 세계'는, 대체 어떻게 열리는 것일까?

현존재의 실존을 특별히 '세계―내―존재'로 각인해 시계의 초점 대상으로 삼았다는 사실에서, 하이데거가 단순한 실존 사상가의 수준을 뛰어넘었다는 점이 드러난다.

인간적 현존재의 실존도, 책이나 사원이나 도로나 산과 들 같은 것들의 실재성도 저마다 차별되면서도 전부 존재를 나타내고 있다. 이러한 근원적 차별을 감당하면서 동일성을 유지하는 '존재 일반(존재 그 자체)'의 진정한 의미는 대체 무엇인가? 그리고 그 의미를 지녔을 인생과 세계라는 장면은 대관절 어떤 식으로 밝혀지는가? 이처럼 《존재와 시간》은 글 첫머리에서 이미 단순한 실존 문제를 초월해, '존재 일반의 의미에 대한 물음'을 '새삼스레' 제시하고 있다. 그리고 '새삼스레'라는 표현 자체에서 이 물음 자체의 역사적 성격이 이미 드러나고 있다.

그렇다면 이 물음에는 어떤 적극적 실마리가 주어졌던 것일까?

우리 인간은 존재 일반을 막연하게나마 이해하고 있다. 현에 존재하고 있는 우리 앞에는 '나는 존재한다'의 '존재'도, '시간이 있다'의 '있다(존재)'도, '지금은 겨울이다'의 '이다(존재)'도, '길이 있다'의 '있다'도 막연하게나마 언제나 이미 드러나 있고, 우리는 이를 알고 있다. 우리가 '현에' 존재하고 있다는 것은, 그때 그때 '존재'의 온갖―심지어 전체로서 통일적인―'출현' 속에 서 있다는 뜻이다. 이때 우리는 그런 존재의 출현에 노출된 채 그것을 감당하며, 존재를 이해하고 있다. 그리고 존재 일반의 의미를 '노골적으로' 묻는 것은, 이러한 이해를 철저하게 만드는 일, 즉 인간적 현존재 내부에 살아 있는 '존재이해'를 근원적으로 개발하는 일이다. 이리하여 하이데거는 앞서 말했던 실존적 파토스를, 세계—내—존재의 환경에서 나타나는 이러한 존재의 의미에 대한 역사적 물음을 통해 받아들이려 했던 것이다.

　이러한 수용 방식을 분명히 하기 위해, 그는 《존재와 시간》에서 수행되는 사색의 성격을 '기초 존재론'으로 규정하고, 그 중심부에서 서술되고 있는 분석을 다른 '실존적' 사상가들의 분석과 구별했다. 그는 이 방식을 특히—기초 존재론에 봉사하는—'실존론적' 분석으로서 뚜렷이 만들고자 했다. 이 '실존론적'이라는 역어(譯語)에 들어가 있는 '론(論)'이란 글자는, 하이데거가 인위적으로 만든 원어(existenzial)에 직접적으로 함축되어 있지는 않다. 하지만 그가 처음으로 이 구별(existenziell-existenzial)을 도입했던 부분을 보면 다음과 같은 발언이 되풀이되고 있다. 실존의 실존 구조에 대한 이론적·실존론적 분명함이 실존적 자기이해에 반드시 요구되는 것은 아니며, 아무리 근원적인 실존적 이해라도 그 자체만으로는 아직 실존론적 이해가 아니라고. 그렇다면 겉으로는, 실존적이라는 것은 직접적 체험과 밀착되어 있는 것의 관점을, 실존론적이라는 것은 그 체험에 대한 이론적 반성의 성격을 가리킨다고 이해할 수 있다. 어쨌든 《존재와 시간》에서 전개되는 사상은 이미 실존 자체의 직접적 수행이 아니라, 오히려 그로부터 '하나의 이론적인 거리를 두고' 실존을 주제적으로 분석하는 반성인 셈이다. 이 사실은 '실존론적'이라는 용어를 통해 드러나 있다. 그것은 실존의 수행과 직결되는 '실존철학'이 아니며, 또 이런 관점에서 전통적 철학에 반항하는 '실존주의' 철학도 아니다. 그것은 실존의 '문제'를 기초 존재론이라는 특유의 '반성 차원'으로 옮겨와 분석하는 '실존론적' 해석학이다.

　그런데 이로 인해 실존은 다시금 이론가의 시선을 통해 관찰되게끔 되어 버린 것은 아닐까? 또한 실존하는 일이 지닌 의미는, 정열적으로 호소하는 박력을 빼앗기고, 분석 가능한 객관적 구조로 굳어버린 것이 아닐까? '실존론적 분석'이라는 이론과 실존과의 결혼은 과연 정당화될 수 있을까? 《존재와 시간》에서 시작된 하이데거의 시도에는 언제나 이런 주위의 염려가 붙어 다녔다.

《존재와 시간》이 처음 발표된 직후에 쓰인 게오르크 미쉬의 평론(《생의 철학과 현상학》—오늘날에 이르기까지 가장 뛰어난 평론)을 예로 들어보자. 이 평론은 하이데거의 논문에서 시도된 딜타이와 후설의 종합을 환영하면서, 동시에 다음과 같은 견지에서 앞서 소개한 하이데거의 문제성을 경고했다. 사실 후설은 존경과 우정의 이름으로 자신에게 바쳐진 《존재와 시간》 속에서, 유행하는 실존철학을 좇느라고 순수 이론에 반기를 든 사상가의 길밖에 발견하지 못했다. 그리고 실존철학 측에서 발표된 평론들 가운데 상당수(이를테면 야스퍼스)는, 하이데거가 생과 실존의 모티프를 흡수하면서도 마침내 그것을 존재론의 이론적 틀 안에 수용해 버렸다는 점에 대해 강한 불만을 표출했다. 그리고 현재에 이르기까지 실존철학 및 실존주의와 하이데거의 사색 사이에는, 이 점에서 이미 '유동적 거리감'이 존재하는 듯 보인다. 이러한 유동적인 면에는 여러 가지 오해도 섞여 있지만, 그에 대한 책임은 어느 정도 《존재와 시간》 자체로 돌릴 수밖에 없다. 왜냐하면 《존재와 시간》은 '실존론적' 사색이 띠고 있는 '특유의 이론적 성격'의 본질을, 본문 어디에서도 충분히 명쾌하게 밝히지 않았기 때문이다.

하지만 《존재와 시간》의 실존론적 분석이, 위에 소개한 평론이 염려했던 의미에서 실존 그 자체를 실존적이지 못한 방식으로 객관화해 버렸다는 지적은, 이 책을 잘못 이해했기 때문에 생겨난 견해이다. 이 사실은 《존재와 시간》을 읽어보면 저절로 분명해질 것이다. 《존재와 시간》의 성격에 대해 명쾌한 해명이 이루어지지 않았다는 결정적 문제점도, 저자 자신이 이를 반성하지 않았던 것은 아니다. 오히려 저자는 그 사실을 끊임없이 문제 삼으면서, 이 저작을 통해 그 해답을 제시할 준비를 꾸준히 해왔다.

애초에 《존재와 시간》은 이른바 실존론적 반성이 단순히 실존을 주제로 삼았을 뿐만 아니라, 그 반성의 구체적 수행 자체도 어디까지나 실존에 바탕을 두고 있음을 되풀이해서 강조하고 있다. 예컨대 현존재의 존재에 대한 실존론적 분석의 결정적으로 중요한 단계에서 파악된 어떤 문제에 관해, 하이데거는 이렇게 지적했다. "이 물음은 얼핏 단순한 이론적·방법적 문제로 보이지만, 실은 그 자체가 현사실적·실존적 물음이며, 그 대답은 결단할 수 있는 현존재를 통해 제시된다"고 말이다. 이는 위의 한 경우에만 적용되는 것이 아니라, 근본적으로는 실존론적 분석 전체에 걸쳐 분명히 기록되어야 할 지적이다. 요컨대 실존론적 이해는 '현존재로부터 초탈한 영원의 관객들'이라는 환상적인 입장에서 이루어지는 것이 아니라, 철두철미하게 실존적으로만 수행되는 것이다. 이 점은 이미 논란의 여지가 없다. 하지만 이러한 실존적·실존론적 반성의 성격, 그 반성의 고유한 기초 존재론적 문제 설정, 그에 대한 해답의 방법 및 양식에 대해서, 하이데거는 《존재와 시간》 속에서 끊임없이 깊은 반성을 하면서 일관적으로 최종 발언을 보류하고 있다.

우선 그는 서론에서, 《존재와 시간》이 채용할 수밖에 없는 해석학적 현상학적 방법에 대한 밑그림을 제시했다. 그것도 당장 필요한 예비 개념이자 잠정적 개념으로서 말이다. 게다가 그는 이 방법의 핵심을 이루는 해석학적 순환 문제를 처음부터 일부러 제출했으며, 특히 제63절 전체에 걸쳐 그 문제에 대한 묘사 및 해명을 시도했다. 그러나 존재에 대한 물음을 '되풀이'한다는 전권(全卷)의 주된 사색의 구체적 의미에 대한 이해는, 애초부터 (끝내 발표되지 않은) 후반부에서 다룰 대상으로서 보류된 상태였으며, 그러는 동안 '되풀이'의 의미도 몇 겹으로 깊어져 갔다. 또한 전통적 철학을 이끌어 온 인식 이념을 현재적인 것의 직관(현재화)으로 규정했을 때에도, 하이데거는 분명하게 후설을 지목하면서 일부러 "본래의 철학적 인식이 과연 그것과 같은 이론적 성격을 지녀야 하는가"라는 논의는 미결 상태로 남겨두겠다고 말했다. 마지막으로 그는 《존재와 시간》의 최후의 한 절에서, 초반에 제시된 물음으로 돌아갔다. 여기서 그는 그 물음이 부과해 준 목표와 지금까지 걸어 온 과정을 비교하면서, 양자 사이에 남은 거리를 일련의 물음에 투영했다. 이 자리에서 특히 그는 "존재론은 존재론적 기초를 얻을 수 있는가, 아니면 이를 위해서도 무언가 존재적 기초가 필요한가"라는 실존론적 철학의 성격을 규정하는 데 결정적인 문제를, '아직 베일에 싸인 문제'로서 물음표를 붙인 채 제시하고 있다.

지금까지 설명한 내용은 《존재와 시간》을 대강 살펴본 결과에 지나지 않다. 여기에서 당장 분명해지는 것은 '소극적 사실'뿐이다. 즉 하이데거가 《존재와 시간》에서 전개하기 시작한 사상은 일의적 실존철학은 아니라는 점과(물론 실존주의적 철학은 더더욱 아니다), 그렇다고 실존을 객관화해 바라보는 비실존적인 이론적 존재론도 아니라는 점뿐이다. 이리하여 《존재와 시간》이 현대 사상계에서 깊은 애매함에 둘러싸여 있으며, 스스로 그 애매함을 발산하고 있다는 사정이 더욱 또렷해졌다. 그리고 이 책이 끼친 커다란 영향도, 무엇이 그 원인이고 결과이든 간에, 역시 이 애매함의 영역 안에 머무를 수밖에 없었던 것이다. 그것은 하이데거 '자신의 그림자'이다.

《존재와 시간》의 방법론적 부분에서 문제 삼고 있는 해석학적 순환 문제나, 존재론 그 자체의 기초를 다지는 문제는, 저마다 개별적인 특수 문제가 아니다. 이 문제들은 분명 하이데거의 철학적 사색 자체의 '근거'와 관련된 '근본 문제'이다. 이에 관한 본격적 연구는, 앞서 말했듯이 발표되지 않은 후반부로 미뤄져 있었다. 그렇다면 발표되지 않은 부분이란 무엇일까? 《존재와 시간》은 본래 제1부와 제2부로 나뉘어, 각 부분이 3편으로 이루어지게끔 구성되어 있었다. 그중 1927년에 공표된 것은 제1부의 제1편과 제2편뿐이었다. 그리고 이 두 편이 '전반부'로 불리게 된 것이다. 한편 제1부 제3편과 제2부의 세 편은, 전반부에 이어지는 '후반부'로서 출판되어야 하는데도 보류 상태에 머물러 있었다. 그런데 우리가 여기서 주목하는 문제는, 사실 제1부의 제3편 '시간과 존재'에서 본격적 주제로 다루어질 예정이었다. 하이데거는 '전반부'의 몇몇 부분에서 이미 그런 예고를 했다. 그러므로 '후반부'가—최소한 '시간과 존재' 편이—처음 예정대로 순조롭게 발표되었다면, 현재 하이데거의 사상 및 그 영향을 둘러싸고 있는 유동적 애매함은 어느 정도 해소되었을지도 모른다.

처음에 저자는 '전반부' 발표에 이어 '후반부'도 공개할 생각이었다. 사실 후반부의 초고도 완성에 가까웠다고 한다. 실제로 이미 간행된 《존재와 시간》의 서론은 이 '후반부'도 포함한 '저작 전체에 대한 서론'으로 쓰인 것이다. 또 《존재와 시간》 제8절에는 이미 '후반부'의 각 편에도 알맞은 표제를 붙인 강요(綱要)가 실려 있으며, 제5절부터 제6절에 걸쳐서는 '후반'의 간단한 줄거리가 자신감 넘치는 어투로 소개되고 있다. 게다가 본론의 곳곳에서도 '후반부'에서 주제적으로 논술될 여러 문제들이 그려지고 있다. 더구나 하이데거가 1927년 여름 학기에 마르부르크대학교에서 했던 '현상학의 근본 문제'라는 강의는, 그의 강의록에 따르면 《존재와 시간》 제1부 제3편과 제2부 제3편에 해당하는 주제를 다루었다고 한다. 또한 그로부터 2년 뒤인 1929년에 출판된 《칸트와 형이상학 문제》라는 저서는, 《존재와 시간》 제2부 제1편으로 예정되어 있었던 역사적 문제를 독립된 관점으로 상세히 논술한 것이다.

그러므로 우리는 이런 '자료'들을 토대로, 《존재와 시간》 '전반부'가 발표되었을 무렵 하이데거의 생각 속에서 구상되었고 적어도 부분적으로는 이미 성립되어 있었던 '후반부'의 내용 및 성격을, 꽤 자세하게 추정해 볼 수 있다.

그중에서도 문제의 제1부 제3편은 일관적으로 "존재와 시간'에서 '시간과 존재'로의 자리바꿈"이라는 표어로 규정되어 있다. 즉 여기서는 존재하는 것을 초월해 존재 그 자체의 의미에 대한 물음으로서 출발한 하이데거의 사색이, 존재하는 것의 극한인 '무(無)'를 만나서 자기 자신을 향해 되돌려지며 이렇게 돌려보내짐으로써 비로소 자신의 근거를 얻는다는 '역사적 운명'의 경위를 설명할 예정이었다. 그리고 이 운명이 일단 '시간'이라 불렸던 것이다.

" '시간'은 존재 자체의 출현이 활발히 이루어지는 '탈자적' 장소로서 알려질 예정이었다. 이 밝음을 향한 탈자적 탈출이, 존재 그 자체가 그 존재양식에 폐쇄되어 가는 열린 장면으로서의 밝음의 기초를 다질 예정이었다. 이런 존재양식은 눈앞에 존재하는 객체처럼 실증될 수는 없다. 무엇보다도 먼저, 또 영원히 필요한 것은, 바로 이 밝음 속에서 기다릴 수 있다는 것이다.—이윽고 묵시(默示)가 찾아올 때까지."

그러나 사람들이 오랫동안 기다려 왔던 '후반부'는 마침내 공표되지 않기로 결정되었다. 그사이의 소식은, 1947년에 나온 《휴머니즘에 관하여》 등에서 간단히 암시되어 있을 뿐이다.

하이데거는 1920년대 말부터 30년대 초에 걸쳐 《존재와 시간》의 '후반부'가 시간화하기를 기다리는 동안, 자신이 당초에 생각했던 방식으로는 그 일을 실현할 수 없다는 사실을 차츰 깨닫게 되었다. 아마 나치스의 니힐리즘에 가까운 운동에 연루되었던 불운한 사건도, 그런 자각을 불러일으키는 계기가 되었을 것이다. 하지만 예정되었던 '후반부'를 단념했다고 해서, 그가 보류해 두었던 근본 문제 자체를 철회하거나 내던진 것은 아니다. 《존재와 시간》은 여전히 그의 사색에 맡겨져 있는 임무였다. 인간과 더불어 있는 존재이해에 근원적 근거를 부여하는 '존재의 발로'를 향해서 갈수록 자신을 노출해 나감에 따라, 하이데거의 사색은 변화하고 심화되었다. 저자의 '전반부'가 그의 손에서 떠나 '공공적 세계' 안에서 독자적인 운명을 겪는 동안, '후반부'는—특히 횔덜린의 시 속으로의 침잠과 니체의 철학, 즉 유럽 니힐리즘과의 내적 대결을 통해—그의 밑에서 성장해 새로운 환경에서 살아가고, 철학과 실존 자체에 근거를 부여하는 '존재의 사건'에 호응하게 되었다. 이런 의미에서 전쟁 뒤에 발표된 중요한 저작 가운데 대부분은, 과거에 발표되지 않았던 '후반부'의 개정판 또는 그에 따라 수정된 '전반부'라고 볼 수 있다.

이런 사정 때문에 《존재와 시간》의 독자들은 당장 커다란 난관에 부딪치게 된다. 이 책은 본질적으로 미완성인 것이다. 분량 문제로 논하지 못한 문제가 많이 남았다는 뜻이 아니다. 《존재와 시간》은, 자신의 참뜻을 충분히 밝히지 않고 끝난 책이란 의미이다. 그 첫머리에서 던져진 물음이 구체적으로 논의되어 감에 따라 그 물음이 차츰 심화되고, 그리하여 밝혀지는 문제적인 것들이 이윽고 물음을 던지는 사람 자신의 존재 자체에 관련되는 단 하나의 물음이 되어 그를 돌려보내는 것. 바로 이 부분에서 《존재와 시간》은 멈춰져 버렸다. 그렇기에 우리는 이 책을 가장 적절하게 읽는 방법이 무엇인지를, 처음부터 일의적으로 결정해 둘 수가 없는 것이다.

물론 그 뒤 하이데거가 쓴 저작들은 이 점에서 중요한 실마리를 제공해 준다. 이러니저러니 해도 《존재와 시간》은 그가 40년에 걸쳐 걸었던 사색의 길의 출발점이다. 그것은 젊은시절의 하이데거가 야심을 가득 품고 서 있었던 지점을 표시하고 있다. 아니, 그뿐만이 아니다. 이윽고 힘찬 물줄기로 변해 흘러갈 그의 사상의 원천이 그곳에서 시작되었던 것이다. 어느 누가 자기 자신의 원천을 기념하지 않겠는가. 그래서 하이데거는 이후의 많은 저작에서—그중에서도 그가 이 책의 신판 머리말에서 말하고 있는 《형이상학 입문》(1935)에서—특별한 마음을 담아 이 《존재와 시간》을 언급했던 것이다. 이럴 때 그는 대대적으로 《존재와 시간》의 본문을 해석하기도 했고, 암시적으로 그것을 살짝 지적하는 데 그치기도 했다. 또 《존재와 시간》에 대해 발생한 오해를 해소하자는 취지에서 그것을 언급한 적도 있으며, 스스로 책임감을 가지고 그 본문을 재고한 적도 있다. 어쨌든 하이데거는 오늘날에도 여전히 《존재와 시간》의 저자'

로 유명하다. 그의 사색이 끊임없이 깊어짐에 따라, 이 원천에서 솟구치는 물도 더욱 맑고 시원해진 듯하다.

《존재와 시간》은 하이데거 사상의 원천이다. 이런 의미에서 《존재와 시간》을 읽으려면, 여기에서 소개한 근본 문제를 염두에 두고 그의 저작 전체와 대조해 가며 읽어야 한다. 하지만 이 책은 1927년에 발표된 《존재와 시간》이라는 '문제의 책'을 번역한 것에 지나지 않는다. 그러므로 난관은 여전히 남아 있는 셈이다. 게다가 이 책을 읽지 않고서는 후반부에 관한 내용도 이해할 수 없을 것이다. 이 '책의 문제'와 친해지지 않고서는, 이것을 '문제의 책'으로 인식하는 일조차 불가능하다. 해석학적 순환은 여기서도 작용하고 있는 것이다.

그러므로 우리에게 주어진 단 하나의 실마리는, 전체를 총체적으로 바라보는 관점에서 쓰인 책의 첫머리와 서론뿐이다. 이 부분을 여러 번 숙독해 그곳에 그려져 있는 근본적 물음의 동향을 늘 염두에 두고, 여기에 미완성된 본문의 이해를 그때그때 비추어 확인하는 것. 이것이 유일한 길이다. 이 과정에서, 하이데거가 각 편 각 장의 앞부분에 적어놓은 향후 과정의 전망이 우리에게 큰 도움을 줄 것이다. 우리가 이 책의 여러 문제들의 서술로부터 바로 완결된 해답이나 결론을 얻으려 하지 않고, 그 움직임에 꾸준히 따라가다 보면, 그곳에서 우리는 아직 보지 못한 단 하나의 물음으로 집중되어 가는 문제들의 자기 초월을 지켜보게 될 것이다. 그때에는 "책과 문장은 제 역할을 다한 뒤 소멸하고, 단 하나의 과제가 남는다."

그러므로 여기서도 본문의 내용에 하나하나 사족을 붙이는 대신, '전반부' 발표 뒤로 그 최초의 반향을 겪었던 하이데거가 2년 뒤에 그 경험을 바탕으로 쓴 한 구절을 소개하고자 한다. 이 구절은 '전반부'를 읽는 사람들에게 지침이 되어줄 것이다.

여기서 지적해 둘 것이 있다. 《존재와 시간》에 관한 탐구 가운데 지금까지 발표된 부분은, 초월을 구체적으로 드러내면서 기획투사하는 것만을 과제로 삼고 있다는 점이다. 그리고 이 기획투사를 각별히 실시한 까닭은, 제1부 전체의 표제에서 뚜렷하게 예고한 바와 같이, '존재에 대한 물음의 초월적 지평'을 얻기 위한 단 하나의 주도적 의도를 실현하기 위함이었다. '전반부'에서 제출된 모든 해석, 특히 시간에 대한 해석은, 오직 존재 문제를 가능하게 하는 방향에 따라 쓰여져 할 것이다. 그 해석들은 오늘날의 '변증법 신학'과도, 중세의 스콜라 철학과도 전혀 무관하다.

우리는 그동안 현존재를 주제로 삼으면서, 현존재란 애초에 존재 문제를 자신의 실존에 속하는 문제로서 제출하는 일이 가능한 존재자라고 해석해 왔다. 그런데 이 현존재의 실존은 본래적일 수도 비본래적일 수도 있다. 따라서 우리가 현존재를 주제적으로 해석한다고 말할 때에도, 이 존재자만이 모든 존재자들 가운데 특별히 '본래적'으로 존재하며 그 밖의 존재자들은 전부 현존재의 그림자에 지나지 않는다고 주장하는 것은 아니다. 오히려 우리는 현존재의 초월을 해명함으로써, 존재개념에 (즐겨 인용되는 '자연적' 존재개념에도) 비로소 개념으로서의 철학적 근거를 부여할 수 있게 되는 지평을 얻으려 하는 것이다. 따라서 우리는 현존재의 초월에 있어, 또 현존재의 초월로부터 존재를 존재론적으로 해석하려 한다. 이런 시도는, 현존재 이외의 모든 존재자를 현존재라는 존재자로부터 존재적으로 파생되게끔 하려는 일과는 전혀 다르다.

게다가 사람들은 이런 종류의 오해와 관련, 《존재와 시간》은 '인간중심주의 입장'을 취한다며 비난한다. 이러한 이론(異論)이 최근에 자주 선전되고 있는데, 이것도 사람들이 제대로 이해하려는 노력을 게을리하는 이상 결국에는 의미 없는 이론에 지나지 않는다. 즉 그들은 《존재와 시간》에서의 문제 전개의 출발점과 전체 과정과 목표를 충분히 생각함으로써, 오히려 현존재의 초월에 대한 분석이야말로 '인간'을 '중심'으로 내세우며 모든 존재자 한가운데에서의 인간의 무성(無性)을 처음으로 문제화할 수 있게—또 문제화할 수밖에 없게—만든다는 점을 이해해야 한다. 이처럼 '중심'에 세워지는 현존재의 본질이 탈자적이라는 사실, 그러므로 이른바 '입장으로부터의 자유'라 불리는 고찰은, 그 본질상 유한한 실존의 가능성인 철학적 사색의 의미로 돌아가는 것이라는 사실. 이런 사실들을 드러내는 일에 모든 정력을 쏟아 붓고 있는 우리의 '인간중심주의 입장'에, 대관절 어떤 위험이 숨겨져 있는 것일까.[1]

---

1) M. Heidegger : Vom Wesen des Grundes, 2. Aufl. S. 39, Anm. 59.

III 하이데거의 사상

존재와 시간

1. 존재에의 의문과 현존재

이 책의 궁극적 과제

"우리가 '존재한다'는 말을 쓸 때, 그것이 본래 무엇을 의미하는지는 훨씬 오래전부터 이미 알았음이 확실하다. 우리는 과거가 '존재한다'는 것이 어떤 의미인지 분명히 알고 있다. 그러나 지금은 그것을 알 수 없게 되어 갈팡질팡하고 있는 것이다."

《존재와 시간》의 첫머리에 나와 있는 플라톤의 말이다. 2천 몇백 년 전의 이 말은 현대의 우리에게도 고스란히 적용된다. '존재'라는 말은 어렵게 들리지만 사실은 우리에게 매우 친근하고 익숙한 것들을 이른다. 지금 내 책상 위에는 책이 있다, 연필이 있다, 담배가 있다, 창문 밖에는 나무가 있다, 집이 있다, 도로가 있다, 자동차가 있다. 이러한 '……가 있다'는 것이 '존재'라 불리는 사물이다. 우리 주위의 것들은 모두 존재하고 있다. 이러한 나 자신도 존재하고 있다. 존재란 아주 오래전부터 우리에게 익숙하고도 잘 아는 것, 자명한 것이다. 그러므로 우리는 책이 있다, 집이 있다, 나 자신이 있다, 또는 새파란 하늘이 저기 있다, 그 집은 2층집이다라고 할 때, 그 '있다'는 말이 어떤 것인지 분명히 이해하고 있다.

그러나 우리는 존재한다는 말의 의미를 정말로 자신이 생각하는 것처럼 확실하게 이해하고 있을까? 새삼스레 존재의 의미에 대해 묻는다면 우리는 과연 명확하게 대답할 수 있을까? 예를 들어 '집이 있다'고 우리는 어떻게 말할 수가 있는가? 확실히 집이 있기는 하다. 우리는 창 밖의 지붕이 붉은 2층집을 두 눈으로 똑똑히 보고 있지 않은가? 만약 그렇게 대답할 수 있다면, 집이 존재한다는 것은 우리가 집을 보고 있다는 의미인 것일까? 그렇다면 우리가 눈을 감았을 때는 그 집은 존재하지 않게 되는 것일까? 더욱이 우리는 눈에 보이지 않는 것에 대해서도 존재한다고 할 수가 있다. 예를 들어 이 책 속에는 훌륭한 사상이 있다, 인간에게는 이성이 있다 등등. 이들 '있다'란 무슨 의미일까? 책이 있다는 것과는 다른 어떤 '있다'인 것일까? 아니면 우리는 존재를 두 경우 모두 같은 의미로 이해하는 것일까?

플라톤

이처럼 끊임없이 생겨나는 의문에 대해 우리는 이미 분명한 답을 내놓았을까? 그렇지 않다. 확실히 우리는 존재를 이해하기는 하지만 그것은 결코 명확하지 않으며 어렴풋하고 평균적일 뿐이다. 철학이 생겨난 뒤로 2천 수백 년 동안 존재에 대해 묻는 것은 철학의 주된 과제였다. 그럼에도 불구하고 지금도 여전히 존재의 의미는 어둠에 가려진 채, 결코 밝혀지지 않았다.

따라서 하이데거는 존재의 의미, 그것도 이것저것의 존재가 아니라 존재 일반의 의미를 묻는 것을 《존재와 시간》의 궁극적 목표로 삼는다. 더구나 그에 따르면, 단순히 존재를 모르기만 하는 것이 아니라 존재의 의미에 대한 물음 자체가 아직 확실한 궤도에 올라 있지 않다. 그러므로 이 의문 자체의 의미를 밝히고, 이 의문 자체를 구체적으로 마무리지어야만 한다. 따라서 표제로 되어 있는 시간을 해명하는 작업이 이 책의 당면 목표이다. 그에 따르면 시간이야말로 존재의 이해가 비로소 가능해지는 영역이기 때문이다.

존재에 대한 물음의 우위

존재의 의미가 아직 밝혀지지 않았다 해도 존재를 묻는 것은 우리에게 대체 어떤 의미가 있을까? 이를 알려면 하이데거가 존재를 어떤 것으로 파악하고 있는지를 살펴보아야 한다.

존재란 것을 우리는 지금까지 살펴본 것처럼 책, 나무, 집이나 우리가 존재하는 것으로서 이해하고 있다. 확실히 존재란 늘 책이나 나무, 집, 우리 등 '존재하는 것'(이하 줄여서 '존재자'라 한다)의 존재이다. 그러나 그렇다고 해서 이들 존재하고 있는 존재자와 이들 존재자의 존재를 혼동해서는 안 된다고 하이데거는 말한다. 우리는 때때로 둘을 혼동하고는 존재를 파악했다고 믿지만 사실은 존재자를 파악한 것에 지나지 않을 때가 있다. 하지만 하이데거에 따르면, 존재는 존재자로서는 파악할 수 없는 것이다. 예를 들어 집이 있다는 말의 의미는 우리가 집을 보고 있다는 것인가 하는 의문을 던졌었다. 실제로 우리는 창 밖에 집이 있다는 것을 설명하기 위해 많은 경우 그렇게 하는 것이다. 집은 붉은 지붕에 2층이고, 시멘트로 지어졌으며……라고 우리는 되도록 상세하게 그 집을 설명한다. 그러나 그럴 때, 우리가 설명하는 것은 집에 대해서이지 집이 있다는 것은 아니다. 우리 눈에 비친 것은 존재자이지 그 존재자가 존재한다는 것은 아니기 때문이다. 일반적으로 존재자가 존재할 때, 우리가 경험하고 인식할 수 있는 것은 존재뿐이다. 그 경험이나 인식을 아무리 그러모은들 그 존재자의 존재 자체를 파악하지는 못한다.

하이데거의 말로는, 존재자와 존재의 관계는 그 반대이다. 존재자가 존재를 규정하지는 않으며, 존재가 바로 존재자를 그 존재자로 규정하고 존재하게 하는 것이다. 집은 붉은 지붕에 2층 시멘트…… 운운하며 설명할 수 있는 것은 바로 그 집이 있기 때문이고, 그 '있다'는 것을 우리가 이미 이해하고 있기 때문인 것이다. 우리는 언제나 이미 존재의 이해 속에서 움직이고 있다. 비록 그것이 어렴풋하고 평균적이기는 해도, 우리는 사실 그 존재이해에 기반해 존재자를 파악하고 있는 것이다.

따라서 하이데거는 존재를 묻는 것이 다른 어떤 학문적 의문보다 더 우위에 있는 의문이라고 본다. 현대의 우리가 소유하고 있는 학문은 실증적 과학이다. 과학은 존재자를 밝히고 기술하는 학문이다. 존재가 존재자의 근거인 이상, 만약 존재의 의미가 밝혀지지 않으면 과학은 이른바 그 존립의 기반을 잃게 된다. 여러 과학은 분명 각기 기초론이라 불리는 존재론을 갖고 있다. 그러나 하이데거에 따르면, 그 존재론들도 만약 존재의 의미가 사전에 충분하게 밝혀지지 않았다면 이른바 근본에 있어서는 맹목에 지나지 않는 것이다.

이참에 존재론 및 '존재론적'이라는 말과, '존재적'이라는 말의 차이점을 기억해 두자. 존재자에 대한 해명과 기술을 하이데거는 존재적이라고 한다. 과학은 존재적 학문이며, 우리의 일상적 경험과 지식도 존재적이다. 그에 반해 그 존재자의 존재에 관한 해명을 존재론적이라고 한다. 물론 존재자가 아니라 존재를 밝히는 학문이 존재론인 것이다.

현존재

그러면 존재의 의미에 대한 의문은 어떤 방법을 통하여 가능할까? 존재는 늘 존재자의 존재이다. 그러므로 우리는 존재자를 단서로 하여 존재의 의미를 해독하는 수밖에 없다. 그렇지만 존재자에는 여러 가지가 있다. 존재 탐구의 출발점이 될 수 있는 존재자는 어떤 존재자일까? 하이데거는 이 존재자야말로 우리 자신, 즉 인간이라고 보고, 이것에 '현존재'라는 술어를 부여한다.

그러면 왜 우리 자신—현존재—이 존재의 의미를 묻는 출발점이 되는 것일까? 그것은 우리만이 존재를 물을 수 있는 존재자이기 때문이다. 우리는 존재하면서 나란 존재를 늘 문제 삼고 있는 특별한 존재자이다. 책·집·나무 등 우리 이외의 존재자는 그것이 무엇인지 애당초 정해져 있다. 우리는 존재하고, 이 나란 존재와 이리저리 관계하면서 내가 존재하는 방식에 따라 자신을 규정해 나가는 것이다. 이러한 우리 현존재의 존재, 곧 우리가 줄곧 존재하고, 여러 가지 것들과 언제나 관련되어 있는 나란 존재를 하이데거는 '실존'이라 하고, 자신의 존재와 관계한다는 존재방식을 '실존한다'고 했던 것이다.

이처럼 자신의 존재와 늘 관계하고 있기 때문에, 즉 실존하고 있기 때문에 우리는 그 존재이해를 늘 이미 지니고 있는 것이며, 또 존재에 대한 의문도 던질 수가 있는 것이다. 이 점이 하이데거가 우리에게 인간이라는 호칭이 아니라 현존재라는 특별한 단어를 부여한 까닭이다. 왜냐하면 인간이라는 단어는 집이라든가 책·개·고양이 같은 명칭과 마찬가지로 존재자가 무엇인지를 가리킨 이름에 지나지 않으며, 존재하면서 나란 존재에게 관련되고, 그것을 문제 삼는다는 우리의 특이성을 충분히 표현하는 것이 결코 아니기 때문이다.

현존재라고 번역된 독일어의 Dasein이란 '현재 그곳에 있다'는 말이다. 하이데거가 이 단어로 나타내려 한 것은 주관처럼 추상적인 것이 아니라, 나나 당신이 현실에 존재한다는 것이었다. Dasein이라는 독일어는 생존이라든가 생활

같은 의미도 지닌다. 그러므로 현존재라 할 때, 그것은 사실은 내가 존재한다, 또는 당신이 존재한다는 식으로 언제나 인칭을 수반한다고 보아야 한다. 현존재는 늘 '나'라는 성격을 지니며 자기 존재를 문제 삼는 존재자이다. 이 성격을 하이데거는 '각자성(各自性)'이라고 불렀다.

《존재와 시간》의 주제적 의도

이처럼 존재의 의미에 대한 의문을 던지려면 우선 현존재라는 하나의 존재자를 그 존재—실존—에 대해 적절하게 밝혀두어야만 한다는 것이 확실해졌다. 분명히 말하건대, 실존의 존재론적 구조부터 먼저 물어야 한다. 이 의문을 담당하는 존재론을 하이데거는 특별히 '기초 존재론'이라고 부른다. 왜냐하면 존재의 의미를 묻는 방법인 이 존재론은, 다른 모든 존재론의 모태를 이루는 것이기 때문이다. 실존을 구성하는 여러 규정을 하이데거는 '실존 범주'라 하여 현존재 이외의 존재자 규정인 '범주'와 구별하는데, 현존재를 분석해 여러 실존 범주를 골라내고, 그 의문들의 연관성을 밝히는 것이 기초 존재론이 할 일이라고 했다.

실존 범주를 골라내려 하는 이해의 방법은 우리가 현실 속에서 실존하면서 획득하는 '실존적' 이해와 구별하여 '실존론적' 이해라 불리지만, 이러한 기초 존재론의 전개야말로 《존재와 시간》이 이룩해야 할 당면 주제임은 두말할 필요도 없다.

존재의 의문 형식적 구조

지금까지 기술한 것을 하이데거가 분석하는 존재에 대한 물음의 구조에 따라 정리해 보자.

하이데거에 따르면, 의문은 우선 '물음을 당하는 것'을 지닌다. 이른바 의문의 궁극적 대상인데 이것이 '존재'인 것이다. 그러나 나아가 의문에는 '물음을 받는 것'이 속해 있다. 곧 물음을 당하는 것이 그것을 통해 물음을 받는 것의 단서, 또는 의문의 당면 대상이고, 이것이 '현존재'이다. 하지만 그에 따르면 물음은 '물음을 당하는 것'을 지닌다. 이론적 의문에서는 물음을 받는 것은 명확히 규정되고 개념이 되어 우리에게 알려져야만 하는데, 이렇게 물음을 당하는 것이 무엇인지를 우리가 뚜렷하게 알 수 있는 것이 물음을 받는 것이고, 이에 해당하는 것이 '존재의 의미'이다. 《존재와 시간》이 이해해 가는 것은 우리 현존재이다. 그러나 이 저서가 내거는 의문이 이 세 가지 계기를 포함하는 것임을 잊어선 안 된다.

2. 현존재의 일상성

일상성에 대한 주목

현존재의 분석은 일상성에 주목하는 것에서 시작된다. 일상성이란 우리가 생활하고 기뻐하고 괴로워하고 죽어가는 현실이 당장에 취하고 있는 모습이며, 우리 현존재는 대부분 우선 이 일상성이라는 모습을 취하고 있다. 분명히 우리는 일상성이 아닌 모습을 취할 때가 있지만, 하이데거의 말에 따르면, 어떠한 실존 방법이건 우리는 언제나 일상성에서 출발해 일상성으로 돌아오며, 일상성은 이른바 우리 모든 방식의 기초이다.

말할 것도 없이 일상성은 철학에 있어 가장 가까운 것이다. 그러나 우리는 그것에 지나치게 밀착해 있기 때문에 그 존재론적 의미를 늘 놓치고 있다. 하이데거에 따르면, 존재적으로 가장 가까운 것은 존재론적으로는 가장 먼 것이다. 우리는 주의 깊게 일상성 속에서 존재론적 의미를 끄집어 내야만 한다.

세계-내-존재

하이데거는 우선 현존재의 근본적 체제를 '세계 속에 있는 것(세계-내-존재)'이라 규정하고, 이것에 기초해 분석을 진행해 간다. 일상성에 주목한다는 것에서도 알 수 있듯이, 하이데거가 말하는 세계란 우리가 그곳에서 생활하고 있는 생생한 현실세계이다. 그런 세계 안에 있다는 것은 언뜻 보기에 더할 나위 없이 당연한 것처럼 생각된다. 그러나 하이데거가 이 말로 표현하려고 한 내용은, 보통 사람들이 이 말에서 느끼는 것과는 전혀 다른 새로운 통찰이었다.

세계라고 할 때 우리는 보통, 자연의 사물 총체를 생각한다. 이 경우, 세계란 범주이며 우리와 세계의 관계는 인간이라고 불리는 존재자와 그에 대한 사물 사이의 외적인 관계이다. 주객 관계란 그러한 관계이다. 그러나 현실세계란 우리가 그것에 친숙해져서, 그 안에 살고, 나와 일체가 된 것 같은 세계이다. 세계는 사물을 규정짓는 범주가 아니라 현존재의 성격을 나타내는 실존범주일 뿐이다. 세계-내-존재 자체를 의미하는 통일적 현상이며, 세계와 우리는 이 통일적 현상을 구성하는 내적인 관계로 파악해야 한다.

예를 들어 세계-내-존재의 '안에 있다'는 것은 '컵 속에 물이 있다'거나 '서랍 속에 연필이 있다' 같은 경우의 '안에 있다'가 아니다. 이 예는 컵과 물, 서랍과 연필이라는 두 개 사물의 공간에 있어서 위치관계를 나타내고 있을 뿐이다. 컵에서 물을 버려도 컵은 컵이고, 물은 물이지 아무런 변화가 없다. 서랍에서 연필을 꺼내 가도 마찬가지이다. 이 관계는 이른바 우연이며, 자신이 존재하기 위해 서로를 불가결로 하는 통일적 현상을 나타내는 것이 아니다.

그러나 우리가 세계-내-존재라고 할 때, 그것은 우리가 우연히 세계라는 통 안에 들어와 있으며 그 통에서 나오더라도 우리는 우리로서, 세계는 세계로서, 아무런 변화도 없이 존재한다는 것이 아니다. 우리는 언제나 이미 세계속 다른 존재자 아래 있는 것이다. 말하자면 우리는 언제나 자신 밖에 있으며, 다른 존재자와 친숙해져서 세계 안에 살고 있다. 그리고 그럼으로써 우리는 우리로서 존재한다. 우리가 현존재이며 세계-내-존재라는 것은 그 사실을 의미한다.

세계-내-존재와 주객 관계

이렇게 세계-내-존재의 사상은 주객 관계를 넘는 새로운 기반으로 제출된 것이라는 사실을 이해할 수 있을 것이다. 주객 관계란 이미 말했듯이 두 존재자 사이의 외적인 관계를 의미한다. 분명히 우리는 이러한 모습을 취할 때가 있는데, 과학적 견해가 바로 그것이다. 그러나 하이데거에 따르면 주객 관계는 결코 우리의 가장 기본적 모습이 아니며, 그렇기 때문에 우리의 모습을 둘러싼 불가사의한 사상을 모두 설명하기란 불가능하다. 예를 들어 인식이란 것을 보자. 주객 관계에 세워놓고 보면, 인식에는 주관으로서의 의식이 객관으로서의 외부 실재를 파악하는 것이다. 현대에는 그런 사고방식은 오히려 상식이며 사람들은 그 생각을 의심조차 하지 않을 것이다. 하지만 주관인지 객관인지를 파악하기 위해서는, 주관은 자신의 영역—의식의 영역—을 뛰어넘어 외부의 실재에 이르러야 한다. 그러나 그것은 불가능하지 않을까? 왜냐하면 우리는 외부의 실재로서 신뢰하는 것을 언제나 의식의 내용으로서밖에 가질 수 없기 때문이다. 우리는 어떻게 도약을 시도하건 언제나 의식 내부에 있으며, 그 영역을 넘어서 외부 영역에 다다를 수는 없다. 적어도 그 보증을 얻을 수는 없다. 그렇기 때문에 만약 우리가 실제로 외부의 실재를 파악하고 있는 것이 분명하다면 주객 관계에서는 그것을 설명할 수 없다. 주객 관계라는 입장은 결코 우리의 현실 자체를 파악하고 있는 기본적 입장이 아니다.

하이데거에 의하면, 인식이 가능한 것은 우리가 언제나 자신의 '바깥', 세계의 안, 존재자의 아래에 머물러 있기 때문이다. 실존(existenz)이라는 말은 어원을 거슬러 오르면 라틴어의 '밖에 서다(ek-sisto)'라는 말에 다다른다. 세계-내-존재란 이러한 밖에 있는 현존재의 모습을 집약적으로 표현한 것이며, 주관이 객관을 인식한다는 모습은 세계-내-존재에 근거한 하나의 모습, 세계-내-존재라는 모습이 가장 희박해진 모습이지만, 어디까지나 세계-내-존재의 하나의 변모된 모습일 뿐이다.

세 개의 시점

세계-내-존재는 통일적 현상이므로 부분으로 분리할 수는 없다. 그렇다고 해도 세계-내-존재가 다양한 계기를 포함하고 있음은 분명하며, 현존재를 분석하는 일은 이러한 계기를 끄집어 냄으로써 명석하게 이루어질 수 있다. 하이데거는 세계-내-존재를 다음의 세 시점에서 분석해 간다.

(1) 세계란 무엇인가?

(2) 일상성에서 세계-내-존재라는 모습을 하고 있는 자는 누구인가?

(3) 내-존재 자체, 즉 세계 안에 있다는 이 '안에 있다'는 어떠한 모습인가?

이들 문제를 존재론적으로 해명해 가는 것이다. 이 세 개의 시점에 따라 하이데거의 분석을 살펴보자.

세계

도구의 존재

일상성의 세계는 우리가 그 안에서 활동하고 생활하는 환경으로서의 세계이다. 그곳에서 우리는 존재자에게 특정한 방식으로 작용하며, 이 작용 안에서 존재자는 특정한 모습으로 우리에게 나타난다. 이 일상성에서 우리가 현존재가 아닌 존재자에게 관계하는 방식을 하이데거는 '배려(配慮)'라고 불렀는데, 이 배려에 있어서 우리가 만나는 존재자는 '도구'일 뿐이다. 이처럼 도구적인 모습을 하는 것은 망치(못을 박기 위한 도구)나 펜(글을 쓰기 위한 도구) 등 인간이 만든 것뿐만이 아니다. 하이데거에 따르면 온갖 자연조차 일상성에서는, 우선 배려에 있어서 도구적 존재자로서 보이는 것이다. 예를 들어 바다를 건너는 바람은 요트를 달리게 하는 것, 산골짜기를 흐르는 맑은 물은 부엌일하기 위한 것, 낚시하기 위한 것으로 보인다. 환경세계에 있어서 우리가 첫 번째로 만나는 존재자는 모두 도구적 존재자일 뿐이기 때문이다.

그런데 하나의 도구는 그것 하나만으로 도구로서 있을 수 있는 것이 아니다. 엄밀히 말하면 하나뿐인 도구라는 것은 있을 수 없다. 왜냐하면 도구는 언제나 '무언가를 위해 있는 것'이며 다른 도구를 지시하는 것이기 때문이다. 예를 들어 망치는 못을 박기 위해 있다. 그런데 못도 하나의 도구이며 목재를 짜맞추기 위해 있다. 목재 또한 하나의 도구이며…… 이처럼 도구는 모두 '……을 위해서'라는 것으로 서로 이어져 있고, 하나의 도구는 이 관계 전체 안으로부터 그 도구로서의 역할을 짊어지고 있는 것이다.

도구의 지시라는 것을 조금 더 생각해 보자. 지시란, 결국 그 도구가 무슨 도움이 되는가 하는 유용함을 의미할 뿐이다. 예를 들어 망치는 못을 박는 경우, 못에 대해서, 그것을 박기 위해서 쓰인다. 이처럼 도구는 무언가의 아래에서 어떠한 목적을 지향하나, 이것이 도구가 지시하는 것 또는 도구의 연관을 전체에서 지시받고 있는 것이다. 하이데거는 이 지시 내지, 지시받고 있다는 성격을 '취향성'이라고 술어화했으나, 이 취향성이야말로 도구를 그 도구로서 확정하고 존재하게 하는 것이다. 즉 취향성이야말로 도구적 존재자의 존재를 구성하는 것이다.

유의의성

　도구가 서로 연관해 전체를 형성하고 이 전체로부터 하나의 도구가 도구로서 지시된다는 것은, 취향성이 서로 관계하며 취향의 전체성을 형성하고, 나아가 하나의 도구 아래 이 취향 전체성으로부터 규정된다는 것이다. 앞에서 말했듯이 망치는 못을 박기 위해서, 못은 목재를 짜맞추기 위해서 있다. 이 연관이 전체를 구성한다면 그 마지막 항목, 즉 궁극목적은 무엇일까? 이 궁극목적은 물론, 더 이상 어떠한 존재자와의 사이에도 취향성을 형성하지 않는 것이다. 못은 목재를 짜맞추기 위해서, 목재는 집을 짓기 위해서, 집은 우리 현존재가 살기 위해서 있다. 연관은 이 이상 진행되지 않는다. 다시 말해 궁극목적은 현존재의 존재뿐인 것이다.

　취향성이 형성된다는 것은 어떤 도구가, 어떤 것 아래에서, 어떤 것을 위해서, 어떤 것에 대해서 쓰인다는 것을 현존재가 이해하는 것에 근거한다. 그러기 위해서 현존재는 이들 기초가 되는 연관 전체를 미리 이해하고 있어야 한다. 이 이해된 전체야말로 존재자를 찾아낼 수 있는 근거이며, 이것이야말로 세계이다. 하이데거는 이 세계의 세계성, 즉 세계를 세계로 만들고 있는 구조 연관을 '유의의성(有意義性)'이라고 부른다. 곧 우리의 일상세계는 유의의성이라는 성격을 지닌 세계인 것이다. 하이데거가 말하는 세계는 이처럼 무기적인 객관세계가 아니라, 궁극은 현존재의 모습에 환원되는 주체적인 세계이다. 하지만 그것 때문에 이 세계가 주관적이라고 생각해서는 안 된다. 이 세계는 결코 의식 내부에 세워진 허구의 세계를 말하는 것이 아니기 때문이다. 오히려 세계가 주체적이라는 것은 현존재가 세계 없이는 있을 수 없으며, 세계는 그야말로 세계-내-존재로서의 현존재를 구성한다는 점을 나타낸다. 현존재는 세계-내-존재로서 이 세계에 친밀하며, 존재이해에 있어서 언제나 세계를 미리 이해하고 있다. 이처럼 세계가 앞서 우리에게 개시되어 있기에 비로소 존재자와의 교섭도 이루어지는 것이다.

현존재의 공간성

　우리는 세계를 공간적인 것이라고 생각한다. 그러나 하이데거는 당연히 이 공간성도 현존재에서 이해하려 한다.

도구적인 것이 가지고 있는 공간성은 결코 객관적인 거리에서 잴 수 있는 공간이 아니다. 도구적인 것은 우리 가까이에 있다. 하지만 이 '가까움'은 거리로 재서 정할 수 있는 것이 아니다. 가까움은 배려적으로 보면서 도구를 쓴다는 움직임에서 정해진다. 다시 말해 도구적인 것이 차지하고 있는 장소는 그 존재자가 도구 연관 속에 귀속하고 있는 지점이다. 우리가 어떤 도구와 배려하면서 관련하는 경우, 미리 그 도구가 귀속하는 목적지를 간파하고 있는 것이며, 이 목적지가 바로 '방면'이라고 하이데거는 말한다. 방면이란 방향과 함께 그쪽에 있는 것의 주변을 말하며, 이 방면이 환경이라는 성격을 형성한다. 일상적인 도구적 세계에서는 처음부터 삼차원의 객관적 공간이 주어져 있는 것이 아니라, '위에'라는 것은 '천장에', '아래에'는 '바닥에', '뒤에'는 '문간에'라는 것처럼, 모든 장소는 일상적 관계를 영위함으로써 발견된다.

그런데 방면은 개개의 사물이 모임으로써 비로소 형성되는 것이 아니며, 그 것들은 미리 도구 전체의 공간성 안에 저마다의 장소를 찾아낸다. 도구 전체의 공간성을 통일하고 있는 것이 저 취향전체성이며, 나아가서는 유의의성이며, 우리가 미리 유의의성을 이해하고 있기에 방면이 형성된다. 즉 환경적 공간 속에서 우리가 도구적인 것을 발견하는 것은 세계―내―존재로서 현존재가 본래 공간적이기 때문이라고 할 수 있다. 현존재란 Dasein이라는 독일어의 번역어로, Da라는 것은 '현'이라고 번역했듯이 단순히 시간적 의미가 아니라, '그곳'이라는 공간적·장소적 의미를 가진 말이다. 그러면 현존재는 실존론적으로는 어떠한 공간성을 지닐까?

현존재는 우선 '간격을 없애는 것', 즉 접근시키는 것에 있어서 공간적이다. 책장에 놓인 책은 읽을 마음이 생기지 않는 한, 환경적으로 우리에게서 아득히 먼 곳에 떨어져 있다. 그러나 지금 읽으려고 배려된 경우, 그 먼 간격은 제거되고 책은 가까운 것이 된다. 그 책과의 거리조차, 이 '간격을 없애는 것'을 통해 발견되는 것이다. 물론 이 먼 간격이나 가까운 간격은 내 몸과의 간격을 말하는 것이 아니다. 자신이 안경을 쓰고 있다고 하자. 코 위에 놓여 있는 안경이, 내가 지금 감상하고 있는 맞은편 벽에 걸린 그림보다도 환경적으로는 훨씬 멀리 있다. 환경적으로 '접근시킨다'는 것은 신체를 향해 행해지는 것이 아니라, 배려하고 있는 세계―내―존재에게로, 따라서 세계 속에 있는 것이 있어 발견되는 도구적인 것을 향해 이루어지는 것이다. 분명 현존재도 언제나 '여기'에 장소를 정하고 있다고 우리는 말할 수 있다. 그러나 현존재는 세계–내–존재로서 환경적으로, 우선 배려에 있어서 '저기'에 있는 도구적인 것의 '아래로'이다. 즉 현존재는 결코 '여기'에 있는 것이 아니라 '저기'에 있으며, 그 '저기'에서 '여기'로 돌아오는 것이다.

현존재는 또한, '방향을 정한다'는 공간적 성격을 갖고 있다. 접근시킨다는 것은 이미 있는 방위 속으로 방향을 정했던 것이며, 배려란 '방향을 정하고 먼 간격을 제거한다'는 것이다. 현존재는 이처럼 '방향을 정해 먼 간격을 제거하는' 것으로서 자신의 방위를 갖는 공간적인 것이다.

자신과 타인

자기에 대한 물음

세계를 해명한 하이데거는 두 번째 문제, 세계–내–존재로서의 현존재는 '누구'인가라는 질문으로 이동한다. 이 질문의 대답은 이미, '현존재는 언제나 나 자신인 존재자이며, 그 존재는 언제나 나의 존재이다'라고 규정했을 때 주어졌다고 생각한다. 그러나 이 '누구'를 나라고 대답하는 것은 존재론적으로는 충분하지 않다. 왜냐하면 '나'라는 것은 타인과 구별되어, 타인과 대립하는 주관으로서의 자아라는 존재적 고시(告示)를 포함하고 있기 때문이다. 이 질문을 존재론적으로 받아들이는 한, 우리는 더욱더 나아가야 한다. 게다가 하이데거는 자기(自己)라는 것에서, 참된 자기(본래적 자기)와 참된 자기 자신을 잃은 비본래적 자기를 구별한다. 따라서 일상생활의 주체는 누구인가라는 물음에는 단순히 '나'라고 답하는 것 이상으로 질문을 해가야 한다. 결론을 말하면, 일상적 세계–내–존재는 비본래적 자기이다. 그것은 어떻게 주장되는 것일까?

그럼 자기를 묻는 것은 동시에 타인, 즉 다른 현존재를 묻는 일 없이는 행해질 수 없다. 왜냐하면 세계를 갖지 않는 단순한 주관이 우선 존재하는 것이 아니듯, '함께 현재에 존재하는' 타인이 없는 독립한 자아 따위는 주어지지 않았기 때문이다.

타인

이미 우리는 일상적 환경세계가 도구적인 연관을 갖고 있음을 보았다. 그러나 이 세계는 도구적 존재자뿐만 아니라, 동시에 타인을 개시해 주고 있다. 왜냐하면 도구라는 모습은 본질적으로 그것을 떠맡은 사람으로서의 타인을 지시하고 있기 때문이다. 예를 들어 양복은 그것을 입는 사람의 몸에 맞춰서 재단되고 있으며, 또는 그 옷감의 생산자나, 그 양복의 재봉사나 양복점도 지시한다. 교외를 산책할 때 길가로 펼쳐지는 밭은 어느 농부가 경작한 것으로서, 또한 강가에 묶여 있는 작은 배는 누군가가 건너편 강가로 건너기 위한 것으로서 우리에게 나타난다.

이처럼 타인도 다른 도구적 존재자와 마찬가지로 세계-내-존재로서의 우리의 것인 세계에서 개시되어 있다.

그러나 타인은 어떤 사물에 덧붙여서 생각할 것이 아니다. 도구는 우리에게만이 아니라 타인에게도 도구이다. 내가 입고 있는 옷은 단순히 나에게만 옷인 것은 아니다. 재봉사는 이것을 옷으로서 재봉했으며, 양복점에서는 이것을 양복으로서 우리에게 판 것이다. 밭도, 작은 배도 우리에게 있어서만 도구가 아니다. 타인 또한 밭을 곡물이나 채소를 재배하기 위한 것으로서, 작은 배는 강을 노저어 건너기 위한 것으로서 이해하고 있다. 따라서 이러한 도구가 도구로서 우리에게 발견되는 것이 유의의성으로서의 세계에 기초하는 한, 세계는 단순히 우리만의 것이 아니라 타인과의 '공동세계'라고 해야 한다. 그리고 타인이란, 이 세계 안에 나와 함께 현재 존재하는 '공동현존재'이며, 내가 이 세계 안에 존재한다는 것은 이 공동현존재와 함께 있다는 것이다. 즉 세계-내-존재로서의 현존재의 존재란 '공동존재'일 뿐이다.

주관주의에 있어서 타인의 문제

이러한 하이데거의 견해는 더할 나위 없이 당연하다는 느낌이 들 것이다. 그러나 철학적으로 타인의 문제는 결코 자명하지 않다. 여러 번 말해 왔듯이 근세 이래, 철학은 인간을 주관 또는 의식으로서 파악하고 주객 관계를 사색의 토대로 삼아왔다. 이 생각으로는 타인의 문제는 해결하기 어렵다. 왜냐하면 이 입장이 아닌 매우 도식적(圖式的)인 입장에서 모든 기반은 의식으로서의 주관이며, 다른 모든 존재자는 타인도 포함, 이 의식의 대상 내지 내용으로밖에, 주관에 대한 객관으로밖에 등장할 수 없기 때문이다. 타인이 나와 같은 인간이라는 것은, 이 입장에서는 타인 또한 의식주관임을 의미한다. 우리가 파악할 수 있는 것은 객관화되어 대상이 되었을 때의 타인이며, 결코 이 의식주관 자체가 아니기 때문이다. 눈앞에 나타난 자신을 많이 닮은 외관, 몸짓, 태도, 이야기 등을 통해 간접적으로 추리한 것에 지나지 않는다. 그러나 내가 만난 이 존재자가 정교하게 만들어진 인형이 아니라는 보장은 없다.

그러나 하이데거의 공동존재 사상은 이런 식으로 난점을 타파한다. 분명 하이데거에게 있어서도 우리는 세계 내에서 세계에 의거해 타인과 만나고 관계를 맺는다. 이 타인과의 관계를 그는 도구에 대한 배려라고 구별해 '고려(顧慮)'라고 부른다. 하지만 우리는 타인과 실제로 만나고 함께 있으므로 공동존재라고 하는 것이 결코 아니며, 반대로 공동존재이기 때문에 타인과 만날 수도 있는 것이다. 즉 공동존재란 우리가 타인과 만날 수 있기 위한 근거이며, 우리는 타인과 실제로 만나기 전에 언제나 미리 세계 안에 공동존재하고 있다. 따라서 여기서는 실제 만남에서 우리가 인형을 인간으로 잘못 볼 수 있다는 것이, 이론을 붕괴시킬 만한 결함이 아니다. 주객 관계에 입각하는 타인 문제에서 이 잘못 볼 가능성이 결정적이었던 것은, 이 경우의 이론이 모두 타인과의 만남을 토대로 하고 거기서부터 출발했기 때문이다. 우리가 인형을 인간으로 잘못 볼 리 없는 것은, 실은 그 이전에 이미 우리가 타인과의 어떠한 관계 안에 살아왔기 때문이다. 주객 관계에 의존해서는 우리는 그 사실을 설명할 수 없다. 그러나 공동존재의 이론 자체는 설명할 수 있다.

'세인'

그러면 일상성에 있어 현존재는 무엇일까?

우리는 이미 현존재가 배려한 것의 '거기'에서 '여기'로 돌아오는 것을 살펴보았다. 그것은 일상생활에서 현존재는, 배려하는 존재자로서의 자신의 존재를 배려된 것에서부터 이해하고 결정함을 의미한다. 즉 일상생활 안에서 우리는 환경세계에 몰입해 그 세계로부터 자신을 이해한다. 자신의 삶의 방식을 자기 스스로 정하지 않고 이 세계로부터 정하는 것이다. 그 말은, 우리는 타인과의 공동 상태에 몰입해 자기도 모르는 사이에 타인의 지배를 받아 자기 자신을 잃고 있다는 뜻이다. 앞 장에서 말한 사람들의 평균화라는 현상을 다시 생각해 보자. 이 현상은 여기서 말하는 타인의 지배를 여실히 말해 주고 있다.

이처럼 일상생활에서의 현존재는 타인의 지배 아래 자기 자신을 잃고 있다. 그러나 타인이라고 해도 우리를 지배하고 있는 이 타인은 특정한 타인이 아니다. 이 사람도 저 사람도, 아니면 몇 명의 사람도, 모든 사람도 아니다. 누구나, 나조차도 그 지배 아래서 그것을 향해 해소(解消)되는 중성자(中性者), 그것이 이 타인이며, 하이데거는 이 타인을 '세인(세상사람)'이라고 부른다. 우리는 자주 '세상사람들'이라는 의미에서 '사람은……'이라고 할 때가 있다. 그때의 '사람'이다. 타인과의 공동존재는 우리를 이 '사람'이라는 타인 안에 해소시킨다.

이 '사람'이 도구적 환경세계의 주체자이다. 공동세계로서의 이 환경세계는 공공적이며, 그 궁극목적은 결국 '사람'의 존재이다. 그 단적인 예를 우리는 신문, 라디오, 텔레비전 등 매스커뮤니케이션에서 볼 수 있다. 매스컴이 전달하는 상대는 특정한 누군가가 아니고, 누구나 그러할 것 같은 타인, 내가 그중 한 사람일 것 같은 타인이며, 게다가 여론이나 시청률 등에서 이 전달을 지배하는 것도 이 '사람'이다. 귀에 익은 말로 하면 '사람'이란 바로 존재적으로 '대중'이라고 불리는 것이다. '사람'은 대중의 존재론적 파악이라고 할 수 있다.

하이데거에 따르면 '사람'은 독특한 모습을 지니고 있다. 우선 차이성(差異性)이다. 일상생활 속에서 우리는 언제나 타인과의 차이를 신경 쓴다. 타인과의 차이를 없애려 하기 때문이거나, 타인과 차를 두어서 우위에 서려는 것이다. 우리는 언제나 타인과의 차이에 관심을 쏟고, 스스로 깨닫지는 못하더라도 그것 때문에 불안해한다. 그리고 이 차별성이야말로 현존재가 타인에게 지배되고 있음을 나타내는 것이다.

이 차별성이라는 성격은 공동존재가 평균성(平均性)을 배려하고 있다는 것에 근거한다. 평균성이 '사람'의 두 번째 성격이다. 우리는 일상생활에서 평균성을 기준으로 하고, 그것을 지킴으로써 안심한다. 따라서 일상성은 평균성을 넘어서는 예외적인 것을 참지 못하고, 그런 것이 나타나면 곧바로 균등화(均等化)한다. 아무리 뛰어난 것이라도 하룻밤이 지나면 곧 완만하게 길들어 버리는 것이 우리의 일상생활이다.

이들 차이성, 평균성, 균등화라는 '사람'의 모습이 우리가 공공성(公共性)이라고 부르는 것을 구성한다. 공공성은 세계나 공동생활에 대한 견해를 규제하여 그 정당성의 기준이 된다. 따라서 우리가 어떤 일을 판단하고 결정할 때에도 늘 '사람'이 얼굴을 내밀고 현존재로부터 책임을 제거해 준다. 왜냐하면 '사람'은 아무도 아니며, 따라서 책임을 지녀야 할 자가 아무도 없기 때문이다. 일상생활에 파묻혀 '사람'으로 해소되는 한, 우리는 모든 책임을 벗어나, 살아가는 것의 무게를 제거하고 여유롭게 안심하고 지낼 수 있다.

퇴락과 자기

세계에 몰입해 '사람'으로 해소되고 자기 자신을 잃고 있는 현존재의 일상적 모습을 하이데거는 '퇴락(頹落)'이라고 부른다. 다만 이 퇴락이란 결코 도덕적 가치가 낮다는 것이 아니다. 그것은 실존 범주로서 어디까지나 존재론적 규정이며, 우리 현존재가 우선 당장에 취하고 있는 모습, 이른바 현존재의 가장 기본적 모습을 나타내는 것이다.

그런데 자기를 잃고 있다고 해도, 퇴락에 있어 내가 나 아닌 다른 것이 되어 버리는 것은 아니다. 현존재는 언제라도 나이며, 자기를 잃는다는 것도 나의 가능한 모습 가운데 하나이다. 하이데거는 퇴락해 자기 자신을 잃은 자기를 '사람(세인)—자기'라고 부르며, 참된 자기, 즉 '본래적 자기'와 구별한다. 그러면 본래적 자신의 존재란 어떠한 것이며, 우리는 어떻게 해서 그것이 될 수 있을까? 하이데거에 따르면, 존재의 의미를 물을 수 있는 지평(地平)의 해명은 이 본래적 자기의 존재를 밝힘으로서 얻을 수 있다. 이 물음에 답하는 것은 나중으로 미뤄두겠다.

현존재의 존재

A. 현존재의 개시성
내–존재를 향한 물음

지금까지의 분석에 따라 세계–내–존재의 세계 및 현존재가 일상성에 있어 무엇인지가 밝혀졌다. 그러면 현존재가 세계 안에 있다고 하는, 그 '안에 있다'란 무엇인지를 밝혀야 할 것이다. 하이데거는 우선 이 현존재의 존재의 개개 모습을 해명한다. 그것들은 '기분' '이해' '이야기'이다. 다만 개개의 모습이라고는 해도 세계—내—존재는 통일적 현상이며, 현존재가 그때마다 다른 모습을 하는 것은 아니다. 이들 모습의 근원은 동등하며, 현존재라는 하나의 사태를 구성하고 있는 여러 계기 내지는 측면을 밝히는 것이라고 하는 편이 좋다. 따라서 하이데거는 이들 모습을 해명한 뒤, 나아가 이들을 통일하여 현존재의 존재 전체를 하나의 구조로 정리한다. 현존재의 존재란 이 전체성을 말하는 것인데, 미리 말해 두자면 하이데거는 그것을 '관심(마음씀)'이라고 부른다.

이러한 현존재의 존재 해명에 들어가기 전에, 먼저 이 해명이 어떤 의미를 지니는지를 이해해 보자. 현존재가 공간적이라는 것은 이미 말했다. '현(거기)'이란 보통의 말뜻으로는 '여기'나 '저기'를 의미한다. 그리고 우리는 '저기'가 도구적 존재자를 규정하는 것이며, 또한 '여기에 있는 나'라고 할 때의 '여기'가 언제나 '저기'에서 이해되고 있고, 이러한 '저기' '여기'는 현존재가 공간적이기 때문에 가능하다는 것을 살펴보았다. 바꾸어 말하면 '저기' '여기'는 현존재가 실존하며 언제나 '현'이기 때문에만, 또한 그 '현' 속에만 가능한 것이다. 그러므로 우리는 '저기'의 존재와 만날 수도 있다. 현존재란 거기에서 모든 것이 비추어 내지고 나타나는 밝은 곳이며, 그러한 것으로서 그것 자체가 비추어지고 밝혀지는 것이라고 할 수 있다. 현존재가 이러한 '밝혀지고 있는 밝은 곳'임을, 하이데거는 닫혀 있지 않다는 것에서 '개시성'이라고 불렀다. '내—존재'의 해명이란, 현존재가 이러한 '현'인 것, 즉 '밝은 곳'이며 '개시성'임을 실존론적으로 해명하는 것이다.

삼경과 현사실성

처음으로 채택되는 내—존재는 '심경'이다. 하이데거는 우리에게는 언제나 심경이 주어진다고 말한다. 일상생활의 배려가 방해를 받지 않을 때에는 침착하며, 방해를 받을 때에는 기분이 나빠진다. 미움·공포·불안이나, 기쁨·즐거움·사랑, 우리는 언제나 어떠한 심경으로 채워져 있다. 분명히 우리는 같은 상태로 지속되며 어떠한 고양도 침체도 느끼지 않는 상태, 이른바 아무런 기분도

들지 않은 허무한 상태에 빠질 때가 있다. 그러나 하이데거에 따르면 이러한 상태도 결코 심경이 없는 것이 아니며, 현존재는 자기 자신에게 싫증이 나 있어서, 오히려 이러한 심경 속에서야말로 자신의 존재가 무거운 짐임이 밝혀지는 것이다. 우리는 왜 그러한 심경을 느끼는지 모른다. 우리의 안다고 하는 활동은, 심경이 개시하는 것에 비해 훨씬 뒤떨어지기 때문이다. 기분이 고양되어 있을 때에는 우리는 이 무거운 짐을 느끼지 않는다. 그러나 이 고양된 기분도 무거운 짐을 제거한다는 식으로, 그야말로 현존재가 무거운 짐을 지고 있다는 성격을 개시하고 있다.

심경이 개시하는 것은, 앞에서 밝혔듯이 이유를 알지도 못한 채 '존재하고 또한 존재해야만 하는 사실'이다. '나'는 자신이 현존재로서 존재하는 것을 스스로 선택한 것이 아니다. 우리 현존재는 어디에서 와서 어디로 가는지 모르는 채 '현'을 향해 던져지는 것이다. 이러한 현존재의 존재성격을 하이데거는 '피투성(被投性, 내던져짐)'이라고 부른다. 피투성은 현존재가 그것을 향해 건네지는 자신이 존재한다는 적나라한 사실을 의미하는데, 이런 의미에서는 '현사실성'이라고 불릴 수도 있다. 심경은 언제나 이미 현존재를 그 피투성에 있어, 또는 현사실성에 있어 개시하고 있다.

이해와 실존성

심경과 근원을 똑같이 하여 현-존재를 구성하는 것이 '이해'이다. 심경은 언제나 자신의 이해를 가지며, 또한 이해에는 언제나 미리 심경이 주어져 있다. 존재이해라는 것 등에서 몇 번이나 이해가 언급되었는데, 그 존재론적·실존론적 해명이 지금 이루어지는 것이다. 이해한다는 것이 개시하는 활동인 것은 앞서 본 세계의 분석에서도 확실하다. 현존재의 이해는 궁극목적으로서 자신의 존재와, 그와 함께 세계가 그것에 근거하는 유의의성을 파악하고 있었다. 즉 이해에 있어서 세계-내-존재 전체가 개시되어 있는 것이다. 그러면 이해는 '현'의 존재를 어떻게 구성하고 있을까?

이해한다는 것은 '무언가를 할 수 있다'는 의미를 포함한다. 2+3이 5임을 안다는 것은 2+3의 연산도 할 수 있다는 뜻이다. 눈앞에 놓인 가늘고 긴 막대가 연필임을 이해했다는 것은, 그것으로 글자를 쓰거나 그림을 그릴 수 있다는 의미이다. '이해한다'는 활동 속에는 이처럼 '그러한 모습을 취할 수 있다'는 현존재의 모습이 실존론적으로 숨어 있다. 다만 이것을 우리가 흔히 생각하는 것처럼, 시력이나 청력 등과 마찬가지로 우리가 가지고 있으면서 적당히 발휘할 수 있는 하나의 능력으로 생각해선 안 된다. '존재할 수 있다'는 것은 현존재가 가진 사물적인 어떤 것이 아니라, 현존재가 세계–내–존재로서 존재함을 규정하는 실존 범주이며, 현존재가 무엇보다도 먼저 '……할 수 있다'는 존재라는 것, 즉 현존재가 본질적으로 자신의 가능성 자체임을 의미하는 것이다. 게다가 이해한다는 활동이 세계–내–존재라는 근본체제 전체를 파악하는 것도 잊어서는 안 된다. 현존재는 언제라도 '세계 안에 존재할 수 있는' 것이다.

이해한다는 것에서 개시되는 이러한 현존재의 존재성격을 만약 평소 우리가 잘 쓰는 말로 나타낸다면, 본질적으로 자유롭다는 뜻이라고 해도 좋을 것이다. 그러나 이 자유가 세계–내–존재 전체를 파악하고 있는 존재 규정이라고 해도 그것은 현존재가 무차별적으로 자유라는 뜻은 아니다. 현존재는 심경을 부여받는 것으로서 언제나 일정한 가능성 속에 빠져 있기 때문이다. 현존재는 가능존재로서 모든 가능성 속으로 헤치고 들어가 어떤 가능성을 붙잡거나, 놓치거나, 또는 버려둔다. 이것은 그야말로 현존재가 자신에게 넘겨진 가능존재이며, 어디까지나 피투된 가능성에 지나지 않음을 의미한다.

한편 이해한다는 활동이, 개시하는 것을 향해 가능성 속을 헤치고 나아가는 것은 '기투(企投)'라고 불리는 실존론적 구조를 갖추었기 때문이다. 우리는 이미 일상생활에서 현존재는 '저기'에 있는 도구적인 것 아래에 머물며, 이 '저기'에서 '여기'의 자신을 이해한다는 것을 알았다. 현존재는 이 경우, 유의의성에 근거해 자신의 존재를 저기의 도구 아래로 던져넣고 그것에 의하여 자신의 모습을 기획한 것이다. 그것은 단지 현존재가 미리 일정한 계획을 정하고 그에 따라서 자신의 모습을 정한다는 것이 아니다. 현존재는 언제나 자신을 던져 기획하고, 기투하면서 존재한다. 현존재는 언제나 이미 기투하고 있는 가능성에서 자신을 이해하고 있으며, 미리 가능성을 주제적으로 파악하는 것이 아니다.

처음, 현존재의 존재의 특징으로서 실존이라는 것, 즉 현존재는 이것저것 자신의 존재에 관계된 존재라는 것을 말했는데, 그 모습이 이 기투에 맞아떨어지는 것은 분명하다. 그러므로 하이데거는 심경이 열어 보이는 현존재의 현사실성에 대해, 이해가 개시하는 기투라는 존재성격을 '실존성(實存性)'이라고 부른다. 현사실성과 실존성은 근원을 동등하게 하여 세계—내—존재 전체를 구성하며, 그러므로 기투는 어디까지나 현사실적 활동영역을 구성하는 것이다. 또한 현존재는 기투된 것으로서, 기투라는 모습 속으로 피투된 것임을 잊어서는 안 된다.

우리가 여러 사물처럼 자연과학 등을 통해 인식되고 기술되는 것이 아님은 이 기투라는 모습을 지니는 것을 보아 확실하다. 현존재는 자연과학적 인식의 대상으로서 눈앞에 있는 것보다 언제라도 '더 많이' 있을 수 있다. 왜냐하면 현존재는 언제나 가능존재이며, '아직 존재하지 않는' 것이기 때문이다. 현존재는 그가 그것이 되거나, 아니면 되지 않는 것이며, 그러므로 '있는 그대로의 네가 되어라!'라는 도덕적 명령도 성립한다.

따라서 현존재가 본래성, 비본래성(퇴락)이라는 두 개의 모습을 가지고 있는 것도 확실하다. 기투는 언제나 세계—내—존재 전체의 개시성에 해당한다. 이해는 무엇보다도 먼저 세계의 개시성 속에 몸을 넣어둘 수 있으며, 그러므로 자신의 세계에서 자신을 이해할 수가 있다. 대부분 현존재는 이처럼 자신을 이해하고 있으며 이것이 비본래적 모습이다. 현존재는 첫 번째로, 궁극적 목적으로서의 자신의 가능존재를 향해 자기 존재를 기투하고 자기 자신으로부터 자신을 이해할 수가 있다. 즉 우리는 자기 자신으로서 실존할 수가 있으며 이것이 본래성이라고 불리는 모습이다. 물론 어느 모습이건 다른 쪽의 이해가 없어지는 것은 아니다. 이해의 활동은 세계—내—존재를 개시하는 것이므로 오히려 궁극목적을 향해 자신의 존재의 기투와 유의의성(세계)을 향해 그것과는 일체를 이루며, 거기에 존재 일반이 개시되어 개개의 가능성을 향한 기투에 앞서 저 존재이해가 성립하는 것이다. 요점은 단지 궁극목적과 세계, 어느 쪽으로의 존재기투가 첫 번째 인지에 달려 있다.

이야기와 말

하이데거는 이해에서부터 '해석'을 이끌어 내고, 나아가 해석에서 파생하는 것으로서 '진술'을 논한다. 그러나 진술이 말을 하거나 이야기를 해서 타인에게 어떤 사실을 전달한다는 것을 포함하는 한, 그것은 단순히 이해에서만 파생했다고는 할 수 없다. 하이데거에 따르면 심경이나 이해와 근원을 동등이 하는 개시성으로서 '이야기'라는 것이 있으며, 그것은 이해를 분절로 나누어 뚜렷하게 하는 활동이고, 그러므로 해석이나 진술의 근저에는 이미 이야기가 존재한다고 한다. 이해라는 활동 속에서 이처럼 분절화할 수 있는 것이 '의미'라고 불리는 것이다. 이해는 언제나 이 의미에 근거해 이루어지는데, 이야기는 이 의미를 뚜렷하게 하여 밝은 곳에 꺼내놓는 것이라고 할 수 있다.

이 이야기가 발언되면 '말'이 된다. 또한 이야기라는 것에는 '듣는다'는 것이나 '침묵한다'는 것이 속해 있다. 이야기하는 것은 공동존재로서의 현존재의 개시성이며, 우리는 교류 속에서 이야기하며, 서로 이해하는 것에 의미를 부여하며 서로를 아는 것이다. 우리는 이야기를 나누면서 타인에게, 또한 자기 자신의 말에 귀를 기울이면서, 그로 인해 서로에게 종속한다.

B. 퇴락

현의 일상적 모습

지금까지에서 세계─내─존재의 개시성의 실존론적 여러 구조가 심경(피투성·현사실성), 이해(기투 또는 실존성), 그리고 이야기로서 분명해졌다. 이들 해명에서는 현존재의 일상성이라는 시야는 도외시되고, 개시 자체가 주제가 되어 있다. 다시 한번 일상성이라는 시점으로 돌아가, 거기에서는 이들 개시성이 어떠한 모습을 취하는지를 살펴보기로 한다. 일상성에서는 이미 말한 것처럼 우리는 대개 '사람'에 몰입해, '사람─자기'가 되어 진정한 자기 자신을 잃고 있다. 이러한 모습을 하이데거는 퇴락이라고 불렀다. 퇴락에 있어서 '현'의 개시성은 어떠한 모습을 취하고 있을까?

빈말

현존재는 '이야기'라는 개시성을 가지고 있다. 그러나 일상생활에서 사람들은 유명인이나 타인에 대한 소문, 유행 따위의 금세 잊어버리는 화제에 열중하는 것이 보통이다. 과연 이러한 이야기가 정말로 우리의 존재를 개시한다고 말할 수 있을까? '사람'은 평균성이라는 성격을 지닌다. 그러므로 일상성에서는 이야기가 전달되어도 현존재는 단지 공통으로 평균적으로 말하는 것의 표면만을 이해하고, 모두와 같은 것을 생각할 뿐, 이야기되는 것을 진심으로 자신의 것으로 여기는 일은 없다. 전달이란 본래 이야기가 개시하는 이야기되는 것에 듣는 사람을 관여시키는 것이다. 그러나 일상성에서는 이야기되는 것에 대한 관계를 나누어 갖는 대신에 단지 이야기되는 그것만이 중요해진다. 분명히 평균적 이해를 따른 이러한 전달은 널리 수많은 사람들에게 전해진다. 또한 사람들은 그러한 이야기에 따라, 자기 이야기인 것처럼 이야기하기도 하고, 남들이 그렇게 말하니까 그렇다고 동조하기도 한다. 하지만 이야기되는 것을 향한 진정한 관계를 잃은 이러한 이야기는 뿌리를 잃은 헛된 이야기이며, 단순한 '빈말'일 뿐이다. 빈말에서는 이야기의 개시성은 흐려져서 닫혀 있다. 현존재의 일상적 교류를 지배하는 것은 바로 이 빈말이다.

호기심

이해에서 비롯되는 현존재의 개시성은 현존재의 밝은 곳이라고 불렸다. 이 밝은 곳 안에서 우리 현존재는 비로소 존재자와 관계를 맺고 그 존재자를 진정 자신의 것으로 만들 수 있다. 이러한 현존재의 모습을 하이데거는, 개시성을 밝은 곳이라고 한 것에 대응해, '본다'라는 것에 비교했다.

그런데 일상성에서는 '본다'는 것도 보여진 것을 이해하고, 정말로 자신의 것으로 만들기 위해서가 아니라 그저 보기 위해서만 보려고 한다. 현존재의 시선은 가까운 하나의 사물에 머물지 않고 새로운 것을 계속 추구하며, 변화에 따른 자극이나 흥분을 추구한다. 일상성에서 존재는 이렇게 정신을 흩트리고 기분을 달래며 기분 전환을 한다. 이러한 '본다'의 퇴락한 모습을 하이데거는 '호기심'이라고 불렀다.

빈말과 호기심은 언제나 손을 맞잡고 있다. 호기심은 빈말의 화제를 제공하고, 빈말은 호기심의 진로를 결정한다. 흥미 본위의 저속한 주간지나 신문, 잡지, 텔레비전 프로그램의 범람은 이것의 좋은 예이다. 그것들은 사람들의 호기심을 자극하고 빈말의 화제를 제공하는 동시에 사람들의 호기심에 아첨을 해 그 동향을 미리 파악함으로써 성립한다.

애매함

빈말이나 호기심이 이상과 같은 것이라면 거기에서 이해되어 드러나는 의미라는 것도 결코 진짜가 아니다. 의미를 분명하게 파악하는 작업은 '해석'이라고 불리는데, 평균적 표면적인 일상성의 해석은 '애매'하며 왜곡되어 있다. 사람에게서 사람으로 널리 전해지는 공공적 빈말 속에서는 온갖 것이 이야기되고, 사람들은 또한 이야기된 모든 것을 알고 있다고 생각한다. 그러나 사실은 전혀 모르고 있다. 이 애매함은 우리가 이미 손에 넣은 것에 대하여뿐만 아니라, 존재가능으로서의 이해 속에, 즉 기투라는 모습 속에 뿌리를 내리고 있다. 사람들은 누구나 지금 일어나고 있는 일뿐만 아니라, 지금 일어나지는 않았지만, 사실은 해야만 하는 것, 일어나야만 하는 일에 대해 빈말을 할 수 있다. 그러나 단순한 소문에서 시작되어 진정한 자기의 것으로 만들지 않는 이 빈말 속에서는 애매함이 그 내용의 진정성을 잃게 하여 현존재의 가능성을 질식시킨다.

퇴락하고 있는 현존재의 성격

이상의 세 가지 모습이 퇴락하는 일상적 현존재의 모습이다. 이때 주의해야 할 것은, 퇴락이라는 것이 현존재의 존재론적 규정이라는 것이다. 첫 번째로 앞에서 서술했듯이 퇴락이라는 것은 반드시 윤리적·종교적 가치가 낮음을 말하는 것이 아니다. 두 번째로 퇴락, 곧 빈말이나 호기심이나 애매함이라는 모습은, 무언가가 외부로부터 우연히 현존재에 작용해 성립한 우연적 현상 또는 실제 우리가 현실에 이러한 모습을 하고 있다는 단순한 사실을 지적했을 뿐 아니라, 우리 현존재의 존재를 구성하는 본질적 규정이라는 것이다.

빈말은 우리가 서로 교류를 맺고 있다는 것, 바로 그것의 모습이며, 현존재가 공동존재인 한, 퇴락으로 우리를 유혹하는 것은 다름 아닌 현존재 자신이다. 세계-내-존재로서의 현존재는 자기 자신에 대해 유혹적이다.

그러나 '사람'이라는 공공성으로의 퇴락은 앞에서 말한 것처럼 사람들을 온갖 책임에서 해방한다. 또한 '모든 것을 알았다'고 생각하게 하는 빈말이나 애매함은 우리에게 자신의 존재를 생각대로 지배할 수 있다고 생각하게 만들고, 또한 그것이 자기 가능성의 안전이나 진정성, 더 나아가 충실을 보장한다는 생각이 들게 한다. 이러한 생각은 현존재에게 위안을 준다. 현존재는 유혹적임과 동시에 그 자신이 위안적이다.

하지만 퇴락에 있어 우리는 참된 자신의 존재를 잃고 있다. 온갖 방면으로 향하는 호기심이나 애매한 이해는 무엇이 정말로 이해되어야만 할 것인지에 대해 결정하지 않고, 그것을 향해 가지도 않는다. 퇴락에 있어 현존재는 자신의 가장 고유한 본래적 존재의 가능성이 감추어진 자기소외로 쫓긴다.

그런데 이 자기소외란 우리가 실제로 자기로부터 멀어지는 것이 아니다. 오히려 여기서는 과도한 자기분석이 중요시되기도 한다. 퇴락에서는 우리 존재의 가능성은 열리지 않으며, 우리는 폐쇄적으로 비본래적 자기 자신에 사로잡힌다. 현존재는 유혹적, 위안적, 자기소외적인 동시에 자기에게 사로잡혀 있다.

C. '관심-현존재'의 존재 전체성
전체성을 향한 물음

이상에서 우리는 현존재의 존재방식을 '현'의 개시성으로서 여러 가지로 살펴보았다. 그러나 현존재는 세계-내-존재로서 하나의 통일적 현상이며, 따라서 앞에서 말한 모습은 결코 뿔뿔이 흩어진 것이 아니고 하나의 통일적 전체를 형성하는 것이어야 한다. 앞에서 말한 모습은 이 전체를 구성하는 요소이다. 그렇다고는 해도 이들 모습이 부분으로서 맞춰진 것에 지나지 않는다면 결코 통일적 현상이라고는 할 수 없다. 이것들 안에는 근원적 연관이 작용하고, 그것이 이것들을 전체답게 만들어야 한다. 우리는 여기에서 이러한 현존재의 존재 전체성(근원적 연관)을 실존론적·존재론적으로 물어야 한다. 그러므로 하이데거는 현사실성이나 실존 등의 현존재 모습을 단순히 표면적으로 결합하는 것을 피해, 이 전체성을 자기 자신에게 제시할 만한 뛰어난 현상의 체험을 추구한다. 이 뛰어난 현상이야말로 바로 불안이라는 심경이다. 그는 불안을 현존재의 존재의 하나의 뛰어난 개시성으로서 근본적인 심경이라고 말한다. 그러면 불안이란 어떠한 것이며, 우리의 존재를 어떻게 개시하고 있을까?

불안

우리는 가끔 불안을 공포와 혼동한다. 그러나 불안과 공포는 전혀 다른 심경이다. 우리가 두려워하는 것은 무언가 어떤 확실한 대상, 세계내부에 나타나는 어떠한 존재자에 대해서이다. 하지만 불안에는 확실한 대상은 없다. 불안의 대상은 세계 안에 나타나 도구적, 사물적으로 존재하는 무언가가 아니며 또한 어디에도 없다. 바꾸어 말하면 불안의 대상은 '무(無)'라고 할 수 있다.

이것은 무슨 뜻일까? 일상성에서는 세계내부에 나타나는 존재자는 유의의성으로서의 세계에 근거하고 있었다. 불안에 있어서는 이 유의의성이라는 구조가 무너져 세계는 오히려 무의미성이라는 성격을 갖게 된다는 것이다. 그러나 '무엇도 아니며, 어디에도 없다'라는 것에서 표명된 완전한 무의미성이란 결코 세계가 없어져 버린 것을 의미하지 않으며, 세계내부의 존재자가 전혀 중요하지 않게 되어 무의미해짐으로써, 세계가 단독으로 진실한 모습을 나타내기 시작했음을 뜻한다. 따라서 현상적으로는 불안의 대상은 세계 자체라고 해도 좋다. 하지만 세계란, 존재론적으로는 현존재의 존재에 속하며, 그러므로 현존재가 불안해하는 대상은 다름 아닌 '세계-내-존재' 자신, 우리가 이유도 모르고 세계 속에 던져져서 존재하고 있다는 것, 그것이다.

한편 불안은 무언가를 불안해할 뿐만 아니라, 동시에 무언가 때문에 불안해한다. 이러한 불안의 이유도 세계-내-존재 자신이다. 불안 속에서는 세계 속의 모든 존재자가 가라앉아 세계는 우리에게 더 이상 어떠한 것도 제공할 수 없다. 우리는 세계에 퇴락해 세계나 공공성으로부터 자신을 이해할 가능성을 빼앗겨, 자기 자신으로부터 자신을 이해시킬 수밖에 없다. 불안이 불안해하는 이유는 그것이다. 즉 불안은 현존재를 '사람'으로부터 떨어뜨려 단독화하고, 본래적으로 실존하는 것을 향해, 진정 자기 자신으로 세계 속에 존재할 수 있는 것을 향해 던지려는 것이다. 불안은 우리를 자기 자신으로, 자기 자신을 선택한다는 자유 앞에 세운다.

일상성에서 우리는 세계내부의 존재자에 친숙해져 거기에 살고 있었다. 세계는 이른바 내 집 같은 것이며, 우리는 거기에서 집에 있는 듯한 안락함을 느끼고 있었다. 그러나 불안에서는 이 집이 붕괴한다. 세계는 더 이상 내 집 같은 안락함을 주지 않으며, 우리는 진정되지 않는 까닭 모를 불안함을 느낄 수밖에 없다. 거꾸로 말하면 퇴락이란, 자기 자신일 때 느끼는 이 까닭 모를 불안함을 피하기 위해 본래적 자기로부터 도피하는 것이다. 그렇지만 자기 자신에게 이르기 위해서는 이러한 까닭 모를 불안함을 견뎌야만 한다.

관심

그러면 불안 속에서 어떠한 현존재의 존재의 전체성, 즉 현존재의 존재의 다양한 성격을 전체로 만들고 있는 근원적 연관이 나타났을까?

이상의 분석은 형식적으로 열거하면, 다음과 같은 사태가 불안 속에 숨어 있음을 밝힌다.

첫 번째로, 불안해한다는 것은 심경이며 세계-내-존재의 하나의 모습이라는 것. 두 번째로, 불안의 대상은 피투적 세계-내-존재라는 것. 세 번째로, 불안의 이유는 세계-내-존재가능이라는 것이다. 따라서 불안은 현존재를 현사실적으로 실존하는 세계-내-존재로서 개시한다. 다시 말해서 현존재를 실존성, 현사실성, 퇴락이라는 존재성격의 전체에 있어 통일적으로 나타내고 있는 것이다.

한편 현존재는 그 존재에 있어, 이 존재 자체에 관계하는 존재자이며 그것은 실존한다고 불렸다. 이 사실은 불안에 있어 근원적·구체적으로 가장 고유한 존재가능에 대하여, 또한 동시에 본래성과 비본래성이라는 가능성에 대하여 열린 자유라는 것으로 나타났다. 그러나 가장 고유한 존재가능에 관하여 존재한다는 것은 하이데거에 따르면, 존재론적으로는 현존재가 자신이 존재하는 것에 있어서, 그때마다 언제나 이미 자신을 넘어서 '자기에 앞서 존재한다'는 것이다.

그런데 세계-내-존재에는 현존재가 자기 자신에게 건네졌다는 것, 즉 하나의 세계 속에 던져져 있다는 것이 속한다. 이것이 현사실성이다. 그것은 또한 불안 속에서 근원적, 구체적으로 나타나는 것이다. 그러므로 '자기에 앞서 존재한다'라는 것은, 보다 완전하게 표현한다면 '자기에 앞서 이미 하나의 세계 속에 존재한다'고 해야 한다. 실존하는 것은 언제나 현사실적으로 실존하는 것이며, 실존성은 본질적으로 현사실성에 의해 규정된 것이다.

나아가서 피투된 세계-내-존재가능은 언제나 이미 배려된 세계에 사로잡혀 있었다. 즉 피투된 세계-내-존재가능에는 본질적으로 '배려된 세계내부의 도구적 사물 아래에 퇴락해 존재한다'는 것이 함께 개시되어 있는 것이다. 그러므로 현존재의 존재론적 전체성은 다음과 같이 파악할 수 있다.

'자신에게 앞서 이미 (세계) 속에 (세계내부적으로 발견되는 존재자) 아래의 존재로서 존재한다.'

이렇게 파악된 현존재의 존재를 하이데거는 '관심'이라고 부른다. 하이데거는 우리 인간이 어떻게 존재하는지를 그려낸 것이다. 우리는 이미 비슷한 말로서 '배려'와 '고려'라는 말을 알았는데, 이 두 가지는 '관심'의 하나의 특정한 모습일 뿐이다.

D. 현존재의 진리와 비진리
개시성과 전통적 진리관

이상과 같이 개시성으로서 특징지어지는 현존재의 존재(그것은 관심으로서 근원적 통일을 동반한다)는 어떠한 사태를 우리에게 가르쳐 주고 있을까? 알기 어려운 하이데거의 사상을 보다 잘 이해하기 위해 진리라는 관점에서 다시 한번 돌아보자.

개시성은 밝은 곳이라고도 불렸다. 거기서는 현존재 자신뿐만 아니라 세계내부에 존재자가 자체로서 처음으로 드러나기 때문이다. 이처럼 존재자가 은폐되지 않고 모습을 나타낸다는 것은 진리라고 해도 좋다. 본래 그리스어로 진리란 '알레테이아'라고 하는데, 그것은 '은닉되지 않은 것'을 의미했기 때문이다. 그렇다면 현존재의 개시성은 모든 세계내부 존재자의 진리를 가능하게 하고 근거를 부여하는 근원적 진리라고 해도 좋지 않을까?

전통적 견해는 진리의 장을 진술 또는 판단하는 데 있다고 하여, 그 판단과 대상의 '일치'를 가지고 진리의 본질이라고 생각해 왔다. 이 일치한 진리는 중세 이래 '마음과 사물의 일치'라고 불리며 온갖 진리관의 전제가 되어왔다. 주객 관계에 근거할 때, 우리는 이 진리관 이상으로 나올 수는 없다. 그러나 그 전통적 진리관에 대해 대체 마음과 사물의 관계가 어떻게 가능하냐고 물을 수는 있다. 즉 진리의 성격을 해명하기 위해서는 이 관계를 단순히 제공하는 것으로는 불충분하며, 이 관계를 떠맡는 존재연관이 되물어져야 한다.

벽에 등을 맞대고 앉아 있던 남자가 돌아보며 '벽의 그림은 삐뚤게 걸려 있다'고 말했다고 하자. 그리고 이 진술이 '참'이라고 하자. 대체 이 남자가 이렇게 말함으로써 무엇이 나타났을까? 대체 이 진술은 언제 '참'인 것이 되었을까? 진술이란 존재하는 사물 자체에 관계하는 하나의 모습이며, 그것이 제시하는 것은, 진술에서 의미된 것은 존재자 자체라는 것뿐이다. 진술 속에서 확인할 수 있는 것은, 진술이 진술되어진 것에 관계하는 모습은 존재자의 제시라는 것이며, 그 모습은 관계하는 존재자를 발견하고 있다는 것이다. 제시되는 것은 진술이 '발견하고 있다'는 것이다. 이처럼 진술이 '참'이라는 것은 그것이 '발견하며—있다'는 것으로 이해해야 한다고 하이데거는 말한다.

진리의 근원적 현상

진리란 발견하는 것을 말한다. 그러나 이 진리의 규정은 결코 제멋대로 행해지는 것이 아니다. 앞에서 말한 것처럼 진리란 본래 그리스어로 '은닉되지 않은 것', 즉 '발견된 것'을 의미했다. 그러므로 만약 우리가 발견 자체를 가능하게 하는 것, 다시 말해 발견 자체의 실존론적·존재론적 기초를 발견해낼 수 있다면 그것이야말로 진리의 가장 근원적인 나타남이라고 할 수 있다.

발견한다는 것은 세계—내—존재의 하나의 모습이며, 발견되는 것은 세계내부의 존재자이다. 곧 존재자의 배려나, 배려가 희박해진, 이른바 객관적으로 보는 것이 세계내부의 존재자를 발견한다. 발견된 것(세계내부의 존재자)도 말할 것도 없이 '참'이다. 하지만 그것은 두 번째 의미이다. 첫 번째 의미에서 '참'인 것은 발견하는 쪽, 즉 '현존재'이다.

세계의 분석에서는, 세계내부적 존재자가 발견되는 것은 세계의 개시성에 근거하고 있다는 것이 제시되었다. 그러나 세계는 세계—내—존재로서의 현존재의 구성계기이며, 개시성이란 그 현존재의 근본적 모습이고, 따라서 현존재가 현인 까닭임이 밝혀진 것이다. 그리고 이 개시성을 관심의 '자신에게 앞서—이미 세계 속에—세계내부의 존재자 아래의 존재'라는 구조가 그 자신 속에 내포했던 것이다. 이 현존재의 개시성과 함께, 또한 이 개시성에 의해 '발견된 것'은 존재한다. 그러므로 하이데거는 현존재의 개시성이야말로 진리의 가장 근원적인 나타남이라고 말하는 것이다.

진리(비진리) 속에 있는 현존재

그런데 현존재는 본질적으로 그 개시성이므로, 이상의 것을 한 마디로 하면 "현존재는 '진리 속에' 존재한다"는 것이 된다. 그렇다고는 하지만 이 말은 존재론적 의미에서 말해지는 것이며 우리는 존재론적으로, 즉 일상 타인이나 사물과의 관계의 장면에서 언제나 참인 것은 아니다. 오히려 이러한 장면에서는, 현존재의 존재구조에는 퇴락 또한 속해 있었다는 점이 주목되어야 할 것이다. 발견된 것이나 개시된 것은, 빈말이나 호기심이나 애매함 등에 의해, 잘못된 것으로 바뀌어 버리거나, 폐쇄적 모습에 빠져 뿌리를 잃은 것이다. 분명 거기서도 무언가는 발견되며, 완전히 은닉된 것은 아니다. 그러나 거기에서의 발견은 허구하는 방식일 뿐이다. 이처럼 현존재가 존재구성에 따라 본질적으로 퇴락이기 때문에 우리는 또한 "현존재는 '비진리 속에' 존재한다"고 해야 한다. 이것을 우리는 우리의 현사실성으로서 감수해야 한다. 다만 현존재가 개시됨으로써만 그것은 폐쇄적일 수 있으며, 세계내부적 존재자가 잘못된 것으로 바뀌거나 은닉되는 것도 본래 현존재와 함께 세계내부적 존재자가 발견되는 한에서만 가능한 것이다.

3. 존재의 본래성

선험적 결의성

이와 같이 현재 존재의 전체성이 관심으로써 확실히 드러났다. 하지만 하이데거에 따르면, 관심을 나타내는 것만으로는 아직 존재의 여러 모습 전체를 근원적으로 통일하고 있는 것이 확실히 드러나기란 불가능하다. 왜냐하면 지금까지 현존재의 분석은 평균적 일상성을 단서로 현존재의 비본래적 모습이 드러난 것뿐이고, 또 현존재의 전체를, 즉 현존재를 그 '처음'부터 '끝'까지 들여다본 것은 아니었기 때문이다. 관심은 일상성에 있는 현존재의 모습을 통일한 것으로서 드러날 뿐이고, 하이데거에 따르면 비본래성의 입장에서는 현존재의 존재 전체를 들여다볼 수는 없다. 현존재의 분석은 그 본래성과 전체성을 확실하게 했을 때, 그 근본에서 기인한 것이다. 그리고 그때, 우리는 처음으로 현존재의 존재 의미도 밝힐 수 있다.

죽음-현존재 궁극의 가능성

그러면 현존재의 존재 자체는 무엇일까?

현존재는 탄생과 죽음에 의해 한계가 지어진다. 즉 현존재의 끝은 '죽음'이다. 따라서 현존재의 전체성을 가지려면 우리는 자신의 죽음을 경험해야 한다고 생각되고, 그러한 것이 우리에게는 불가능하다고 생각한다. 살고 있는 한 우리에게는 아직 현실적이지 않은 것이 아직 끝나지 않은 채 남아 있다. 현존재가 실존으로서 '자신에게 앞장선' 것이라는 이야기이다. 다시 말해 늘 자신의 가능성 그 자체라는 것은 이를 의미한다. 현존재는 전체로서 이미 주어진 것은 아니라고 하면, 현존재는 자신의 전체성을 어떻게 경험할 수 있을까?

죽음은 언제나 자신의 죽음이다. 우리는 타인의 죽음을 대신할 수 없고, 자신의 죽음을 타인에게 대신해 달라고 할 수도 없다. 일상생활에서의 여러 행동과 달리 죽음은 바꿀 수 없고, 언제나 스스로 받아들여야만 한다. 하지만 죽음은 자신의 존재 자체가 문제가 되는 한 자신에게 고유한 존재가능성을 의미한다고 해도 좋을 것이다. 하이데거는 이렇게 주장하고 이른바 생의 마지막으로서, 죽음을 오히려 생의 가능성으로서 삶 자체로 끌어들인다. 하이데거에 의하면 현존재는 '아직……없다'라는 형태로 실존하고 있다. 그러나 '아직……없다'는 아직 전액을 갚지 않은 빌린 돈처럼 전체가 구성되어 있는 것이 아니라, 현존재는 '아직……없다'가 이미 존재계약으로서 받아들여진 전체이다. 현존재는 그러한 전체로서 존재하는 한 계속 없을 것이고, 계속 존재할 것이고, 이미 끝난 것이기도 하다. 죽음에 의해 생각되는 끝이란 현존재가 끝난 것이 아니라 현존재가 언제나 '끝에 관련되어 있는 존재'라는 것이다. 죽음은 현존재가 존재함과 함께 언제나 맡는 가능성으로서 현존재의 존재에 속하고, 현존재를 본질적으로 구성하는 것이다. 현존재는 언제나 '죽음에 관련된 존재'인 것이다.

죽음의 성격

그러면 죽음은 도대체 현존재의 어떠한 가능성일까?

실존성이라 하면 죽음은 자신에게만 관련된 가장 고유 가능성이다. 따라서 일상성 속에 현존재가 투입한 타인과의 관계가 끊어져 버린다. 죽음은 타인과는 전혀 협상이 없다. 또 죽음은 현존재의 궁극적 가능성으로서 뛰어넘을 수 없는 가능성이다.

현사실성이라 하면 현존재는 죽음의 가능성 속에 던져넣는 것이라 할 수 있다. 이 죽음에 대한 피투성이야말로 불안함 속에서 보다 절실하게 나타나는 것이고, 죽음에 관련된 존재는 본질적 불안인 것이다.

퇴락이라 하면 일상성 속에서 사람들은 당장은 거의 죽음에서 달아나고, 자신의 가장 고유한 가능성을 감추고 있는 것이다. 일상적 죽음에 관련된 존재는 끊임없이 일어나는 죽음으로부터의 도피이다.

확실히 '사람'은 '사람은 언젠가 죽는다'라고 말한다. 하지만 그것은 세계 속에서 하나의 사건으로서, 말하자면 다른 사람의 일로서 죽음을 생각하고 있기 때문이라 할 수 있고, 결코 자신의 죽음을 확신하지는 않는다. 따라서 '사람은 언젠가 반드시 죽는다'라는 말의 뒷면에는 '하지만 나는 아직 죽지 않는다'라는 뜻이 숨어 있고, 우리 자신만은 언제까지라도 죽지 않을 것처럼 살고 있다. 하지만 하이데거에 따르면, '사람'이 이처럼 죽음에서 달아나려는 마음속에는 오히려 현존재가 단순히 지식으로서 알고 있는 확실함보다 더 죽음을 인정함이 숨겨져 있고, 그러므로 현존재는 그것을 감추고 불안에서 달아나려고 한다는 것이다. 가장 큰 죽음의 확실성에는, 그것이 언제 다가올지는 정해져 있지 않다는 점이 따라온다. 그러나 일상적 죽음에 관련된 것은, 정해져 있지 않은 것을 먼 미래에 정해 버림으로써 죽음에서 도피하는 것이다.

죽음에 대한 선험

그러면 타락하지 않은 죽음에 관련된 것으로는 무엇이 있을까? 흔히 가능성에 관련된 것은 가능한 것을 실현하고자 배려하는 것을 말한다. 하지만 죽음에 관련된 존재라는 것에 의해 결코 죽음을 실현하는 것이라 생각되지는 않는다. 가능성에 목적을 두고 실현하고자 배려하는 것은, 가능성을 자유롭게 처리할 수 있도록 하는 것에 의해 오히려 가능성으로서의 성격을 약하게 하고, 헛수고로 만들어 버린다. 그러나 죽음은 도구적인 것이라도 사물적인 것은 아니고, 현존재를 뛰어넘을 수 없는 궁극적 가능성이기 때문에, 죽음에 관련된 존재로는 가능성이 가능성으로서 약해지지 않고, 이해되고 어디까지나 가능성으로서 유지되어야 한다. 죽음에 관련된 존재로는 죽음이 가능성으로서 드러남으로써 죽음에 관련된다. 하이데거는 이처럼 죽음에 관련된 것은 '죽음에 대한 선험'으로 이름 지었다. 죽음에 대한 선험은 우리 현존재가 몰입하던 타인과의 관계를 갈라놓는다. 따라서 그것은 우리에 대해 우리 '자신'을 상실하고 있음을 드러내고, 우리를 진정한 자신이라는 가능성으로도 가져온다. 죽음에 대한 선험은 우리가 본래적으로 실존하는 가능성을 나타내는 것이다.

위에서 어려운 형태로 말한 하이데거의 생각을 바꿔보자. 정말 우리는 평소에 하이데거가 말한 것처럼 자신의 죽음을 먼 미래의 일로 잊고, 여러 일들에 쫓기어 바쁘게 지낸다. 하지만 죽음에 대항할 수 있는 일이 과연 일상생활 속에 있을까? 사람은 보통 자신의 죽음에 맞닥뜨렸을 때 비로소 허무함과 두려움을 느낀다. 그러한 이야기는 지금까지 많은 문학자와 종교인과 사상가에게 수없이 들어왔다. 이른바 죽음은 많은 사람들에게 자신의 삶을 비추는 거울 같은 역할을 해왔고, 우리에게도 있을 수 있는 일이다. 따라서 우리가 순간순간을 죽음의 거울에 비추면서 살아간다면, 그 순간을 자신의 삶 전체를 살아나가는 것처럼 충실하게 보낼 것이다. 하이데거의 설명도 그러한 것이다.

양심-정말 있을 수 있는 일을 증언하는 것

그러나 하이데거는 우리가 실제로 본래 자신이 되려면 죽음에 대한 선험을 밝히는 것만으로는 충분하지 않다고 생각한다. 이것은 죽음에 대한 선험이 실재론-존재론의 가능성을 확실히 드러내는 것이고, 그것에 대응하는 실재적 존재의 가능성이 현존재 자신으로부터 증명되어야 한다는 의미를 지니지 않기 때문이다. 그것을 증언하는 것이 바로 '양심'이다.

일상생활에서 현존재의 '사람'에 대한 몰입은 현존재가 공동존재로서 타인에게 들을 수 있는 것을 통해 가능하게 된다. '사람'에 대한 자신을 상실한 현존재는 '사람'에게 듣는 것을 통해 자신을 듣지 못하고 있다. 본래 자신을 되찾으려면 이 '사람'에게 들은 것을 무시해야 하지만, 그것은 현존재가 '사람'이 부르는 것과는 정반대로 외치는 것을 들음으로써 가능해진다. 이렇게 외치는 것이 양심이다.

그런데 양심이라 불리는 것은 '사람—자신'이고, 그렇게 불리는 것이 고유한 자신이다. 그러면 '양심'으로서 부르는 자는 누구일까? 그것도 현존재이다. 하지만 양심이라 불리는 것은 우리가 계획하거나 준비한 것은 아니고, 또 생각해서 한 것도 아니다. 하이데거에 따르면 '부르는 자는 우리를 넘고 있다'고 한다. 그러면 언제 현존재가 부르는 자가 되는 것일까? 부르는 자가 우리를 넘는다는 것은, 부르는 자가 누군가는 세계 안의 어떠한 것을 통해서도 규정할 수 없다는 것이다. 즉 부르는 자는 세계에서의 친밀함을 잃은 현존재, 무의미함으로 불안해하는 현존재이다.

그러면 양심은 무엇을 전하는 것일까? 부르는 내용은 무엇일까? 여기에 대해서도 하이데거는 세계 안의 어떠한 것에 대해 말한 것은 아니라고 한다. 곧 내용은 아무것도 아니고, 양심은 침묵이라는 형태로 말하는 것이다.

책임

위에서처럼 양심은 본래 자신을 불러낸다. 그것은 어떻게 일어나는 것일까? 양심이 부르는 소리는 현존재를 '책임'으로서 부른다.

책임이 있다는 것은 일상적으로는 누군가에게 빚이 있다든지, 누군가에게 죄를 저질렀다든지, 무언가의 원인이라는 등의 의미로 쓰인다. 이들 사용방법에서 형식적으로 규정하면 책임은 다른 현존재에 있어서의 결여의 근거라고 하이데거는 말한다. 하지만 그에 따르면 책임의 이념은 타인과의 관계에서 설명되는 통속적 해석에서 벗어나 가장 형식화되고, 현존재의 태도에서 파악되어야 한다. 그리고 그는 책임의 이념에는 '……는 아니다'라는 부정적 성격이 있어서 책임이 있다는 형식적, 실재론적 이념을 '부정성의 근거'라 본다.

그러나 현존재가 이렇게 책임이라 말하는 것은, 현존재가 무언가 죄를 저질러서가 아니라 오히려 현존재가 책임이 있기 때문에 죄를 저지를 수 있다는 것이다. 즉 하이데거에 따르면, 현존재는 그 본질상 책임이 있다는 것이다.

실존한다는 것은 현존재 자신의 존재—가능의 근거이다. 확실하게 현존재는 이 근거를 스스로 둔 것은 아니다. 따라서 현존재는 스스로 이 근거를 지배할 수는 없지만, 계속 실존하면서 근거를 받아들여야 한다. 이러한 현존재의 존재성격이 현존재가 근거부터 부정성에 침투되어 있다는 것을 이야기하고 있다. 말하자면 현존재는 자신의 존재의 근거가 아닌 것으로, 곧 자기 부정성이다. 이것이야말로 피투성을 구성하고 있는 부정을 의미한다. 하지만 현존재는 실존하는 것으로서 근거의 존재이기도 하다. 즉 현존재는 자신의 가능성이다. 그렇지만 하나의 가능성을 선택함으로써 현존재는 이미 다른 가능성은 없다. 현존재는 실존적 기투에서 언제나 다른 가능성을 포기하고 있다. 다시 말해서 기투도 본질적으로 부정적이다. 이렇게 현존재는 그 본질에 있어서 부정성에 침해하고 있다. 바꿔 말하면 현존재는 그 자체에 본질적으로 책임이 있다.

양심은 우리에게 호소하고, 우리가 이렇게 책임이 있다는 것을 이해시킨다. 자세하게 말하면, 우리 현존재가 피투된 존재라는 것을 계속 받아들여야 한다는 것을, 또 우리 현존재가 실존 속에 받아들여야 하는 부정성의 근거라는 것을 이해시킨다. '사람'에 대한 퇴락은 우리가 타인의 지배에 몸을 맡김으로써 자신이 부정성의 근거라는 무거운 짐을 포기하는 것이고, 양심은 책임으로써 우리를 불러 자기상실에서 자신을 되돌려야 한다는 것을 우리에게 이해시킨다.

결의성

위에서처럼 양심의 소리는 책임으로서, 현존재의 가장 근원적인 존재가능성을 열어 보인다. 이 본래의 개시성을 하이데거는 '결의성'이라 부른다. 왜냐하면 부르는 소리를 이해하는 것은 하나의 결단이고 선택이기 때문이다. 나를 뛰어넘는 양심 그 자체를 우리는 고를 수 없다. 선택할 수 있는 것은 양심을 지닌다는 것뿐이다. 즉 이해는 '양심을 가지려는 것'을 의미하고 있다. 이 '양심을 가지려는 것'은 불안에 둘러싸여 침묵한 채 일어나는 우리 자신의 책임에 대한 기투라는 것이 되지만, 이것이 결의성인 것이다.

선험적 결의성

현존재의 본래적 가능성으로서 '죽음에 대한 선험'과 '결의성' 두 가지가 분명해졌다. 그러면 이 두 가능성은 어떻게 맺어져 있을까?

현존재가 책임 있는 것이란 말은, 어느 때에는 책임이 있고 어느 때에는 없다는 뜻이 아니다. 현존재는 존재하는 한 언제나 책임이 있다. 그것을 이해했을 때 비로소 우리는 결의성에 있어서 책임을 실존적으로 받아들일 수 있다. 하지만 그 일이 가능한 것은 현존재가 자신의 존재가능성을 '끝날 때까지' 개시하는 경우뿐이다. 즉 결의성은 죽음에 대한 선험으로서 마침내 그것이 된다. 결의성은 죽음에 대한 선험으로서 현존재의 근원적 모습이고, 반대로 선험 또한 결의성 속에서 함께 증언되는 것이다. 이를 하이데거는 '선험적 결의성'이라고 부른다.

'선험적 결의성'이야말로 하이데거가 설명하는 '본래성'이다. 우리는 거기서 비로소 진정한 자신이 될 수 있다.

시간성

현존재 존재의 의미

위와 같이 드러난 현존재의 본래적 모습, 선험적 결의성에 근거해 하이데거는 현존재의 존재(관심)의 존재론적 의미를 밝히고자 한다. 결론부터 말하면 이 현존재의 존재 의미가 '시간성'인 것이다. 하지만 도대체 그 '의미'는 무엇일까?

의미는 그 자신이 확실히 주제적으로 주목되지는 않지만, 거기에 근거한 것이 있는 대로 그 가능성에 있어서 이해되는 것이다. 이해에는 기투라는 것이 잠재해 있기 때문에 의미는 기투의 근거라 해도 좋고, 또 기투되는 것을 가능하다면 다잡는 것이라 해도 좋다.

따라서 현존재 존재의 의미를 묻는 것은 현존재의 현사실적 실존을, 혹은 관심이라는 이 존재의 구성 전체의 전체성을 가능하다면 다잡고 있는 것을 묻는 것이다. 혹은 다음과 같이 말할 수 있다. 우리는 현존재 존재의 근원적 해명을 지향하고 선험적 결의성에 있지만, 이 해명을 이끈 기투를 추구하고, 그 근거를 밝히는 것이다.

그리고 선험적 결의성은 자신의 가장 고유한 존재가능성에 관련된 것이다.

하이데거에 따르면, 이것이 가능한 것은 현존재가 가장 고유한 가능성에 있어서 자신에게 가거나 오거나 할 수 있기 때문이다. 이 현상을 그는 '도래'라 이름붙였다.

선험적 결의성은 또 현존재를 책임 있는 것으로서 이해하는 것이다. 이것은 현존재가 책임이 있지만, '언제나 이미 있었던 그대로의 방법으로 본래 존재하는 것'을 의미한다. 이 현상은 '기재(旣在)'로 이름 붙여진다. 현존재는 자신에게 돌아온다는 식으로 도래할 수 있고, 반대로 현존재는 도래적인 한 기재할 수 있다.

선험적 결의성은 현존재의 본래적·전체적 모습이지만, 세계내부의 도구적인 것을 배려한다는 것이 제외되지는 않았다. 오히려 선험적 결의성은 매번 상황을 배려한다는 것에 따라 개시하는 것이다. 이렇게 세계내부에 현존하는 것과 만나는 것은 현존재가 이 존재에 '나타난 것'에 의해서만 가능하다.

이 세 가지 현상 가운데 우위에 두는 것은 '도래(到來)'이다. 기재는 도래에서 출현하고, 이 기재하는 도래가 '현재화'를 만든다. 이 세 가지는 통일을 유지하고 있지만, '기재하고 현재화하는 도래'라는 통일적 현상이 시간성이다.

시간성의 성격

이 시간성이 현존재 존재 의미이고, 선험적 결의성은 이것에 의해 가능해진다. 관심의 구조의 근원적 통일도 시간성에 존재한다. 즉 '자신보다 앞서다'는 도래에 근거하고, '이미 (세계의) 가운데에'는 기재에 근거하며, '(존재자의) 곁에서 존재'는 현재화에 의해서 가능하다.

따라서 관심의 모든 계약은 결코 판단을 서로 잇게 하는 것은 아니다. 처음부터 시간성이라는 것은 존재하지 않는다. 곧 시간성은 존재하는 것이 아니다. 하이데거에 따르면 시간성은 존재하는 것이 아니라 '시간화하는' 것이다. 도래, 기재, 현재화라는 것은 시간화의 세 가지 모습이다. 그러면 시간화는 어떻게 이루어지는 것일까?

도래는 자신에게로 도래하는 것이고, 기재는 자신에게로 돌아가는 것이며, 현재화는 존재자와 만나는 것이다. 여기서 나온 ……에, ……로, ……와 라는 현상은 시간성이 밖으로 자기를 벗어나는 것을 보여준다. 시간성은 '자신을 벗어나는' 것이다. 도래, 기재, 현재화는 '시간성을 벗어난 상태'인 것이다. 우리는 실존한다는 말이 본래 밖에 선다는 의미이고, 현존재는 자신의 밖에, 세계 속의 존재자 곁에 나가 서는 것이다. 현존재의 이 존재성격은 현존재가 이렇게 시간적인 것이기 때문에 성립하는 것이다.

시간성의 성격으로서 또 하나 잊어서는 안 되는 것이 있다. 현존재는 죽음에 관련된 존재이므로 본래 시간성은 유한하다는 것이다.

시간성과 시간

앞에서 말한 시간성이 우리가 보통 시간이라는 말로 이해하는 것과는 전혀 다르다는 사실은 지적할 필요도 없을 것이다. 흔히 우리는 시간을 과거, 현재, 미래라는 형태로 생각하고 있다. 혹은 시계에 의해 계산되는 무제한으로 지속된다고 생각할 수도 있다. 또는 역사를 생각하는 사람도 있을지 모른다. 모든 경우에서도 시간은 무제한 지속되므로, 우리는 그 안에 아주 작은 부분을 차지하고 살아가는 존재에 지나지 않는다. 하지만 하이데거에 따르면 우리 현존재의 존재가 시간적인 까닭은 이러한 시간 속에 우리가 존재하기 때문이 아니라, 반대로 현존재의 존재 의미가 시간성이고, 우리 존재가 본래 시간적이기 때문이다. 그러므로 이러한 시간의 이해도 생기는 것이다. 즉 시간은 근원적으로 시간성의 시간화로서 나온 것이고, 따라서 하이데거는 시간성을 '근원적 시간'이라고 부르는 것이다.

예를 들면 하이데거는 시간성에 본래적 이해와 일상적인 비본래적 이해를 구별하고, 과거·현재·미래라는 통속적 시간은 비본래적 시간 이해에서 생긴다고 한다. 또 시간 계산은 세계내부의 존재에 관련된 시간 규정으로서 이것도 시간성에 근거하여 해명된다. 역사 또한 시간성에 근거하여 설명된다. 다시 말해서 탄생과 죽음 사이에 공간이 있지만, 이 공간의 특별한 움직임이 '현존재의 생기'라 불리고, 이 생기에서 역사가 태어난다. 생기의 해명이 시간성에 근거하여 일어난 것이다.

일상성과 시간성

그 밖에 제1편에서 일어난 현존재의 일상성 해명이 모든 시간성의 상태로서 다시 거론되고, 다시 설명된다. 예를 들면 공간을 생각해 보자. 일상성에 있어서 공간은 이른바 객관적 공간이 아니라 실존 범주로서 현존재의 모습에서 가질 수 있다. 따라서 지금의 공간도 시간적인 것이고, 시간성에 근거하여 성립하게 된다. 유의의성이라는 세계도 마찬가지이다. 세계는 결코 하나의 존재도, 존재의 총체도 아니다. 하이데거는 실존규범으로서의 세계를 지금과 시간성 속에서 시간화하는 것으로서 되풀이하여 설명한다.

존재탐구에 대한 길

이렇게 해서 시간성을 추려내고, 거기에 근거해 현존재의 모습을 검토하여 《존재와 시간》의 기간 부분은 끝난다. 그 마지막에 하이데거는 이 《존재와 시간》에서의 시도는 하나의 길에 지나지 않으며, 탐구는 아직 그 도중에 있다고 말하고 있다. 이것도 《존재와 시간》의 탐구목표는 존재의 일반 의미를 밝히는 것이고, 현존재 해명은 그 길이 유일한 길인지 혹은 바른 길인지를 결정할 수 있을 때까지라도 아직 존재하지 않기 때문이다. 특히 하이데거는 자신이 연 길을 걷고, 시간성, 즉 근원적 시간에서 존재 일반 의미에 다다르는 길을 계속 찾는다. 하지만 예정된 《존재와 시간》의 속편은 간행되지 않고, 존재 그 자체의 진리를 밝히는 일은 이른바 '회전'을 지난 후기 사색을 기다려야 한다.

형이상학

1929년의 저작

출판된 《존재와 시간》은 아직 완성되지 않은 상권뿐이었는데도 철학계에서 엄청난 성공을 거두었다. 그 뒤 하이데거는 하권을 발간하지 않은 채, 1929년 《칸트와 형이상학 문제》란 제목을 붙여 저작과 2편의 논문을 발표했다. 이들 저작은 기본적으로는 기초 존재론의 입장에 서면서도 자신의 입장을 '현존재의 형이상학'으로 규정하고, 《존재와 시간》에서는 물음의 궁극적 대상이 되면서 주제적으로는 문제가 되지 않았던 그 존재 자체에 물으려고 해, 한 걸음 나아간 입장에 서는 것이었다.

《칸트와 형이상학 문제》란 표제대로 칸트철학 《순수이성비판》 해석서이고, 이 철학을 모든 형이상학을 가능하게 하고 기초를 세우는 현존재의 형이상학, 즉 기초 존재론으로 규정한다. 지극히 독창적인 해석서인데, 여기서는 하이데거를 이해하는 데 중요한 논문을 살펴보겠다.

《근거의 본질에 대하여》

이 논문은 후설에 대한 축하 출판물에 싣기 위해 쓰였다. 독립해서 인각(印刻) 출판된 50페이지 남짓한 소론이며, 뒤에 말하는 《형이상학이란 무엇인가》와 자매 작품을 이루고 있다.

한편 옛날부터 근거율 내지 이유율(理由律)로 불리고 있는 철학상의 원리가 있다. 간단히 말해서 '어느 것도 근거 없이는 존재하지 않는다'는 원리이고, 긍정적으로 말해서 '존재하는 모든 것은 근거를 지닌다'는 것이 된다. 이 원리는 확실히 존재자를 초월한 근거라는 것에 대해서 말하는데, 무엇이 근거의 본질을 구성하고 있느냐에 대해서는 아무것도 정해져 있지 않다. 그러므로 근거의 본질을 통찰하는 것이 이 논문의 과제가 되는데, 하이데거에 따르면 근거의 문제는 진리의 문제와 근접해 있고, 우리는 진리의 본질을 물음으로써 근거의 본질까지도 명확하게 할 수 있는 것이다.

존재론적 차이

보통 진리는 표현상의 사항으로서 주어와 술어의 결합 속에 있는 것으로 생각된다. 그러나 하이데거에 따르면, 표현의 진리보다 근원적 진리가 있고 표현의 진리는 그것에 의거하는 것이다. 즉 표현의 진리가 성립하는 것은 존재자가 표현 이전에 명확해져 가기 때문이다. 하이데거는 이 진리를 '존재적 진리'로 부른다. 존재적 진리에는 두 종류가 있고, 사물적 존재자의 피발견성(被發見性)과 현존재의 개시성(開示性)이 가장 근원적 진리로 되어 있었던 것이다. 하지만 여기에서 현존재의 개시성은 존재적 진리에 짜 넣어지며 이 진리를 뛰어넘어, 보다 더 근원상적인 진리가 있는 것으로 주장되는 것이다.

하이데거에 따르면, 존재자의 현시성이라는 이 존재적 진리는 존재자의 존재의 이해에 의해서 미리 조명되고 도출되어 있어야만 한다. 즉 존재의 발현이

비로소 존재자의 현시(顯示)를 가능하게 하
는 것이고, 존재론적 진리는 존재자의 존재
에 들어맞는 것이다. 이 두 진리가 구별되
는 것은 결국 존재와 존재자가 다르기 때
문이며, 이 존재와 존재자의 구별을 하이데
거는 존재론적 차이라고 말한다. 두 진리는
이 존재론적 차이에 의거해 다르면서도 상
호연관이 되고 서로에 속해 있는 것이다. 존
재와 존재자가 다르다는 사고는 이미 《존재
와 시간》 속에서 볼 수 있었다. 그러나 지금

칸트

이 사고는 존재론적 차이라는 확실한 명칭
이 부여되고 이 뒤 하이데거의 사색을 이끌어, 그 핵심을 이루는 중요한 개념
이 되어가는 것이다.

초월

한편 우리가 현존재에서 특기해야 할 점은, 현존재가 존재를 이해함으로써
존재와 연관되어 있다는 것이다. 그러므로 존재와 존재자를 구별할 수 있다는
것은 현존재의 본질 깊숙이 뿌리내리고 있음이 틀림없다. 이렇게 주장한 하이
데거는 존재론적 차이의 근거를 현존재의 '초월'로 부르는 것에서 찾는다. 따라
서 근거의 본질이 진리의 본질과 내적인 연관을 지니고 있는 한, 근거의 문제
도 초월에 뿌리내리고 있는 것이 된다. 이렇게 해서 근거의 본질에 대한 물음
은 초월에 대한 물음이 되는 것이다.

초월이란 현존재가 존재자를 뛰어넘어 세계로 나아가는 것이다. 그러므로
초월이란 세계-내-존재라는 것에 다름 아니게 된다. 《존재와 시간》에서 세계
는 우선 환경세계로서 파악되었지만 하이데거가 이 논문에서 말하는 바에 따
르면 그것은 세계라는 현상을 최초로 명확히 하는 단서로서 뛰어나 있었기 때
문이고, 결코 세계를 도구의 존재적 연관과 동일시해서는 안 되는 것이다. 세
계란 결코 존재로서의 총체는 아니고 존재자의 존재 상태인 것이며, 그것이 선
행적으로 존재자를 전체에서 규정하고 있다. 현존재는 존재자의 전체를 알 수

는 없어도 존재자가 그곳에서 그것에 의해 규정되어 그 존재자로서 나타나게 되는 전체성은 이해하고 있는 것이고, 이 전체성을 미리 이해하는 것이 세계로 초월해 가는 것이다. 세계는 이처럼 현존재에 의해서 현존재로 가져오게 되는데, 그것은 현존재의 근원적 기투에 다름 아니다. 현존재는 언제나 세계를, 존재자를 초월하는 것이며, 이 선행적 초월이 비로소 존재자의 현시를 가능하게 한다.

이 기투를 초월하는 생기(生起)가 세계—내—존재인 것이다.

근거

그러면 초월은 왜 근거일까? 하이데거는 초월이 근거를 부여하는 작용으로서 설립, 지반—획득, 기초부여라는 세 종류를 구별한다. 설립이란 세계의 기투에 의해서 세계가 형성되는 것이다. 그러나 이 세계의 기투로서의 초월에는, 기투를 하는 현존재가 초월이라는 존재자에 의해서 동기부여가 되어 완전히 지배된다는 것이 속해 있다.

즉 초월에서 현존재는 존재자 속에 받아들여져 그것으로 지반을 획득하는 것이다. 이 두 작용에 의해서 존재자의 현지, 즉 존재적 진리가 가능해지는 것이다. 《존재와 시간》의 분석에 대응시키면 설립과 지반—획득은 제각기 실존과 현사실성의 계기에 상당하다고 해도 좋다. 그러나 하이데거는 이 논문에서 이에 더하여 세 번째로, 기초부여라는 근거부여의 작용을 하는 것이다.

하이데거에 따르면, 기초부여란 '왜'라는 물음을 가능하게 하는 것이다. 이 물음의 근원적 유형은 '왜 일반적으로 무언가가 존재하고 또는 존재하지 않는 것일까?'라는 물음인데, 세계 기투에서 존재자에게 심정적으로 사로잡혀 있는 현존재는 필연적으로 '왜?'냐고 이와 같이 묻는다. 그러나 이 왜냐는 물음에는 이미 무언가 어떻게 존재하는가 하는 것에 대한 이해, 일반적으로 말해서 존재와 비존재(무)에 대한 이해가, 개념화되어 있지는 않지만 존재하고 있다. 이 존재이해가 왜라는 물음을 비로소 가능하게 하는 것이다. 그것은 이 존재이해가 모든 물음에 대한 제1의 해답, 궁극적·근본적 해답을 포함하고 있음을 의미하고, 이와 같은 해답으로서 존재이해야말로 제1의 기초부여, 궁극적인 기초부여를 하는 것이다. 초월이란 존재이해로서 기초부여인 것이다. 더구나 이 초월의 기초부여는 그곳에서 근거가 발현되는 것이므로 바로 그 존재론적 진리가 된다. 이렇게 해서 근거의 본질은 초월에서 출현한 세계 기투, 존재 속에 사로잡혀 있는 것 및 존재자의 기초부여라는 근거부여의 세 확산이라는 것이다.

더욱이 하이데거는 초월이란 자유라고 말한다. 즉 근거의 근원은 자유이다. 그러나 자유는 근거로서 더 이상 자신의 근거는 가지고 있지 않다. 자유는 현존재의 심연(독일어로는 Abgrund라 하고, 근거가 탈락하고 있다는 의미를 지닌다)이고 모든 근거의 근거인 것이다.

존재는 시간이다.
하이데거가 주요 저작에 《존재와 시간》이라는 제목을 붙인 것은, 존재가 곧 시간이라는 결론을 이끌어 내기 위해서이다.

《존재와 시간》과의 관계

이상과 같이 이 논문은 근거의 본질을 초월(즉 세계―내―존재)에서 찾고 있다. 그 점에서는 《존재와 시간》에서 일관해 기초존재로의 입장에 서 있다고 해도 좋다. 그럼에도 불구하고 《존재와 시간》에서 보았을 때 하이데거의 사색에 하나의 진전을 엿볼 수가 있다.

그것은 현존재의 개시성이 존재적 진리가 되고 존재론적 진리와 구별되어 있다는 것, 거기에 따라서 기초부여가 궁극적 근거부여가 되어 세계 기투와 지반―획득으로 구별되어 있는 것에 확실하게 나타나 있다.

존재론적 진리 및 기초부여란 결국 '존재이해'를 말하는 것이었다. 《존재와 시간》도 이 존재이해를 가능하게 하고 있는 여러 기능을 탐지해 현존재 본연의 모습을 분석하는 시도였다고 말할 수가 있다. 그리고 적어도 이미 간행된 《존재와 시간》이 발견한 근거는 현존재의 개시성이었던 것이다. 그러나 이제 존재이해는 현존재의 개시성으로 초월한 것으로서 파악되었다. 따라서 존재의 탐구는 더 이상 현존재의 분석이라는 방법으로는 수정할 수 없다는 것이 이 논문에서 확실하게 표시된 것이다. 그런 의미에서 이 논문은 하이데거 철학의 후기 사색으로의 변화를 암시하고 있다.

《형이상학이란 무엇인가》

《형이상학이란 무엇인가》는 1929년 7월 24일 프라이부르크대학교에서 이루어진 강연을 간행한 것이다. 본문은 20페이지가 채 안 되었는데 그 뒤 1943년의 제4판에서 하이데거는 9페이지의 후서를 추가하고, 1949년 제5판에서 17페이지의 서문을 추가했다. 따라서 우리는 이 저작으로 전기의 입장에서 후기의 존재철학으로 하이데거 사색의 심화를 더듬을 수가 있다.

하이데거에 따르면 이 강연의 목적은 형이상학에 대해서 이야기하는 것은 아니고, 어느 일정한 형이상학적 물음을 해명하고 그것에 따라서 직접 형이상학 속으로 들어가는 데 있다. 그런데 형이상학의 물음은 어떤 물음이건 형이상학의 문제영역 전체를 포괄하고, 또 묻는 자 자신의 상황에서 세워지게 된다는 이중의 성격을 지니고 있다. 그러므로 하이데거는 이 강연에서 여러 과학이란 상황에서 출발한다. 그것은 이 강연의 청중이 교사나 학생들이고, 하이데거를 포함해 모두 과학에 의해서 규정되어 있기 때문이다.

한편 과학의 영역은 다양하다. 그러나 어느 과학이건 우리는 제각기 목적에 따라서 존재자에게 연관되고 있다. 이것을 하이데거는 세계관계로 이름을 붙인다. 이 세계관계는 인간실존의 자유로운 태도에 의해서 맡겨져 있고, 또 과학을 행함으로써 인간은 존재자 전체 속에 침입해, 이 침입으로 존재자는 존재자로서 나서게 되는 것이다.

무(無)에 대한 물음

이상과 같이 세계관계가 연관되는 것은 존재자 그 자체이고 그 밖에 아무것도 아니다. 또 실존이 인도되는 것은 존재자 그 자체에 의해서이며 그 이상의 아무것도 아니다. 또 침입에서 연구되는 것은 존재자 그 자체이고 그것을 초월한 아무것도 아니다. 그러면 '아무것도 아니다'라는 이 '무'는 어떻게 있는 것일까?

과학은 무를 알려고 하지 않고, 또 무는 논리학에서도 파악되지 않는다. 무는 불안하다는 기분 속에서 경험되는 것이다. 불안은 존재자 전체를 사라지게 하며, 우리는 아무런 버팀목도 없는 동요 속에서 무를 경험하는 것이다.

그러나 무의 경험이란 무가 존재자 전체와 떨어져서 독립한 대상으로서 파악된다는 것은 아니다. 오히려 불안에서 무는 존재자 전체와 일체가 되어 생기는 것이고, 무가 나타난다는 것은 존재자가 소실하고 마는 것도 아니다. 《존재와 시간》에서 불안한 경험에 의해 유의의성이 붕괴해 세계 그 자체가 드러나게 된다는 것을 상기하기 바란다. 다시 말해 불안에서는 우리의 일상세계를 구축하고 우리를 존재자 밑에 묶어두었던 여러 관계가 붕괴하는 것이고, 따라서 존재자는 오히려 존재자 그 자체로서 그 전체에서 발현되는 것이다. 무의 이 기능, 즉 무가 존재자 전체를 사라지게 하면서 지시한다는 것이야말로 하이데거는 무의 본질을 이루는 것이라 말하고 여기에 '무의 무화(無化)'라는 이름을 붙였다. 그리고 이 무의 무화에 의한 존재자 그 자체의 발현에 대해서 다음과 같이 말하고 있다.

"불안한 무의 밝은 밤에 비로소 존재자 그 자체의 근원적 열림이 생기는, 그것은 즉 존재자이고— 무는 아니라는 것을."

이렇게 해서 하이데거에 따르면 무는 현존재를 존재자가 비로소 존재자 앞에 가져오는 것이고, 오히려 현존재만 본래 '무 속에 유지되고 있는 것'을 말하는 것에 다름 아니다. 무 속에 유지되고 있는 것으로서 현존재는 언제나 이미 존재자 전체를 초월하고 있는 것이다. 즉 여기에서는 초월이 무 속에 유지되고 있는 것으로서 규정되는 것이다. 따라서 우리의 현존재가 무의 점유자로서 무 속에 유지되고 있기 때문에, 우리는 존재자와 연관이 되거나 자기 자신과 연관하거나 할 수가 있게 된다.

이렇게 해서 하이데거는 무에 대한 물음에 다음과 같이 대답한다. "무는 인간존재에 대한 존재자 그 자체의 개시를 가능하게 한다. 무는 존재자의 대립개념을 최초로 부여하는 것은 아니고 근원적으로 존재 그 자체에 속해 있다. 존재자의 존재에서 무의 무화가 생기(生起)하는 것이다."

무에 대한 물음과 형이상학

한편 무(無)에 대한 물음은 형이상학을 우리에게 가져오게 되어 있었다. 도대체 형이상학이란 말은 무엇을 의미하는 것일까? 형이상학이란 그리스어 meta-physica란 말에 유래한다. 하이데거는 이 용어는 나중에 존재자를 '넘어서 (meta)' 나아가는 물음을 의미하게 되었다고 한다. 즉 '형이상학이란 존재자를 초월하는 물음'이고 이것은 무에 대한 물음 속에서 생긴다. 따라서 무에 대한 물음은 바로 형이상학의 물음인 것이다.

그런데 현존재란 초월이고 무 속에 유지되고 있는 것이다. 곧 존재자를 초월해 가는 것은 현존재의 본질에서 생기는 것이고, 이 초월해 가는 것이 형이상학 그 자체에 다름 아니다. 형이상학이란 학교에서 가르치는 철학이라는 학문 가운데 한 부문은 아니며, 현존재에서 근본으로 생기는 것이다. 형이상학은 현존재 그 자체이다. 그러므로 하이데거는, 우리는 다음과 같은 형이상학의 근본적 물음을 던져야만 한다고 말하며 이 강연을 맺고 있다.

"왜 일반적으로 존재자는 존재하고 오히려 무가 아닌 것인가?"

존재의 사색으로

이 강연은 무를 문제로 삼고 인간을 무의 점유자로 규정하는 것이다. 하지만 그것에 따른 것만으로 하이데거를 허무주의자로 단정하는 것은 경솔한 판단일 것이다. 그는 《근거의 본질에 대하여》 제3판(1949)에 붙인 서문 가운데서 《형이상학이란 무엇인가》는 무를, 《근거의 본질에 대하여》는 존재론적 차이를 고찰한 것이라고 말한 뒤에 다음과 같이 말하고 있다.

"무란 전재자가 아니라는 그 '아닌' 것이고 따라서 존재자 측에서 경험된 존재를 말하는 것이며, 존재론적 차이란 존재자와 존재 사이가 '없는' 것이고 양자는 결국 같은 것이다."

두 논문 모두 하이데거가 파악하려고 한 것은 존재인 것이다. 이미 본문 가운데서도 우리는 무의 무화가 존재자의 존재로 생긴다는 것, 또 불안 속에서 존재자의 근원적 개시(開示)가 생긴다고 해 '그것은 존재자이다—그리고 무는 아니다'라고 말하고 있는 것을 보았다. 여기에서 이야기되고 있는 경험은 존재자가 존재한다는 무게의 경험이다. 일상적으로 우리는 이 무게를 경험하지 않는다. 왜냐하면 일상생활에서 존재자는 도구로서 우리의 뜻대로 되기 때문이다. 이 무게가 진정으로 경험되기 위해서는 일상적 세계관계가 붕괴되어야만 한다. 무의 경험은 바로 존재의 경험인 것이다. 그러므로 뒤에 추가된 《형이상학이란 무엇인가》의 후서에서 하이데거는 확실하게 '이 무는 존재로서 존재한다'라든가 '무는 존재의 베일이다'라고 단언하고 있다.

그리고 이 강연에서는 또 하나 주목할 만한 것이 있다. 그것은 여기에서 이야기되고 있는 형이상학이 이제는 《존재와 시간》에서와 같은 실존론적 분석은 아니고, 스스로 실존적으로 불안한 와중에 서서 무를 경험하는 그것을 의미한다는 것이다. 《존재와 시간》에서도 존재의 의미를 명확히 해야 할 차원이 선험적 결의성으로서 해명되고 있었다. 그러나 그때 하이데거 자신은 한 걸음 물러나 어디까지나 이 사태를 실존론적으로 분석하는 데 머물러 있었던 것이다. 그러나 이제야말로 하이데거는 그 본래성의 차원 그 자체에 실존적으로 파고들 자세를 취하고 있다. 여기에는 후기 사상으로의 전환이 명확히 예고되고 있는 것이다.

하지만 《형이상학이란 무엇인가》는 아직 후기의 존재 입장에는 이르지 않고 있다. 왜냐하면 여기에서 해명된 것은 현존재가 존재의 진리로 향하는 태도 그 자체이고, 현존재에서 존재로 향하는 자세는 무너지지 않았기 때문이다. 그러나 이제 우리는 하이데거의 사색이 전환점에 있음을 충분히 알 수는 있다.

존재의 사색

1. 전환 및 그 뒤 사상의 특징

《휴머니즘에 대하여》

이미 말한 바와 같이 《형이상학이란 무엇인가》 이후, 하이데거의 철학은 눈에 띄게 변했다. 이것은 1930년대의 긴 침묵으로도 알 수가 있다. 이 변화를 하이데거 자신이 1946년의 《휴머니즘에 대하여》라는 글에서 '전환'이라고 이름지어 논하고 있으므로, 보통 전환이라고 일컫는다는 것도 이미 말했다.

《휴머니즘에 대하여》는 본래 장 보프레라고 하는 프랑스 사람의 질문에 대답하여 쓴 편지이다. 보프레는 "어떻게 하면 휴머니즘이란 말에서 그 의미를 되찾을 수 있는가?"라고 묻고 있다. 하이데거는 이에 이렇게 대답한다. "인간의 본질은 존재의 진리에서 유래한다. 인간의 본질은 실존에 있다. 현존재의 '현'이란 존재의 밝음(존재의 진리)을 말하며, 실존이란 존재의 밝음 안에 서는 것이다." 인간의 일체의 업(業)은 존재의 운명에 의해서 규정되어 있다고 말한다. 따라서 인간성을 확보하려는 시도는, 존재의 진리로 향해야만 한다. 이에 대해서 이른바 휴머니즘이란, 이 방향에 역행하는 것이다. 하이데거에 따르면, 인간성이라고 하는 것이 분명히 그 이름으로 고찰되고 추구되기 시작한 것은, 로마 공화제시대부터이다. 그 뒤 인간성은 여러 가지로 고찰되어, 여러 가지 휴머니즘이 주창되어 왔다. 그러나 어느 경우나 휴머니즘에 관련되는 첫째 문제는, 인간은 식물·동물 또는 신과 어떠한 점에서 구별되는 생물인가 하는 점이고, 결국 인간은 동물성에서 고찰되어 온 것에 지나지 않는다는 사실이다. 인간성은 단순한 존재자의 차원에서 규정된 데에 지나지 않는다. 즉 휴머니즘은 이미 존재와 존재자의 차이를 사색하지 않고, 존재자에 사로잡혀 존재의 진리를 묻는 일이 없는 전통적 형이상학에 의해 주창되어 온 것이다. 휴머니즘이란, 이러한 존재를 망각한 전통적 형이상학이 규정한 인간중심주의, 곧 주관주의에 지나지 않는다. 따라서 우리는 바로 휴머니즘을 뛰어넘어야 하는 것이다. 하이데거는 이와 같이 말하고 있다. 《휴머니즘에 대하여》라는 표제 안의 '대하여(über)'라고 하는 독일어의 전치사는 '넘어서'라는 뜻도 내포한다. 이 표제에 하이데거는 분명히 '휴머니즘을 넘어서'라는 뜻을 포함시키고 있는 것이다.

전환

그런데 이 편지 안에서 하이데거가 《존재와 시간》의 완성되지 못한 부분을 언급하여 전환을 말하고 있다는 것은 이미 제1편에서 다루었다. 여기에서는 그것을 되풀이하지 않고, 전환이란 어떠한 상태인가를 생각해 보기로 한다.

첫째, 전기의 철학이 존재자, 특히 현존재를 매개로 하여 존재를 파악하려고 하는 데에 대하여, 후기의 철학에서는 존재의 진리가 직접 언급되어, 거기에서 역으로 존재자가 규정되는 것이다. 예를 들어 《휴머니즘에 대하여》안에서 하이데거는, 현존재의 존재양식을 존재의 진리로부터 새롭게 다시 규정하고 있다. 실존이란 존재의 밝음 속에 서는 일이었지만, 더 나아가 기투에 대해서도, 던지는 것은 인간이 아니라 인간을 실존으로 증여하는 존재 자신임을 밝힌다. 또 '어디에서 어디로'가 불명했던, 내던져진 뜻의 피투성도, 현존재를 세계 안에 던져넣는 것도 존재가 이를 행하며, 타락까지도 존재에서 인간으로 향하는 관계라고 본다. 전기(前期)의 존재자에서 존재로의 방향에 대해서, 후기(後期)의 존재에서 존재자로의 전환이야말로 무엇보다도 먼저 전환의 내용을 이루는 것이다.

둘째, 전환이 유럽 철학으로부터의 전환도 의미하고 있다는 것을 잊어서는 안 된다. 하이데거에 따르면, 유럽의 형이상학 역사는 존재를 망각한 주관주의의 역사이며, 그 존재의 망각은 이미 철학이 발생한 순간부터 시작하고 있는 것이다. 하이데거는, 주관주의를 버리고 유럽 사상의 전통으로부터 전환해서, 존재의 사색으로 향할 것을 주장한다. 이런 뜻에서 말하자면 주관주의의 극복은 이미 《존재와 시간》부터 의도되어 온 일이고, 전환은 이미 하이데거 철학 내부의 사항이 아니게 된다. 그러나 그의 후기 사색이, 특히 유럽의 정신사에 대한 통찰에 의해 심화되어 갔다고 하는 것은 의심할 수 없는 일이다. 또한 후기에서는 고대 그리스의 아낙시만드로스로부터 시작하여, 철학사상 이름을 남긴 유명한 철학자들의 사색에 대한 독자적 견해와 비판이 연이어 발표되고 있는 것이다.

덧붙이자면, 하이데거가 1929년대의 자기 철학에 부여한 형이상학이라고 하는 명칭은 후기 철학 안에서는 파기된다. 그것은, 자기 사색이 주관주의적인 전통적 형이상학의 말단에 위치 매겨지는 것을 거부하려고 했기 때문이었을 것이다. 여기에서부터의 전환을 말하는 하이데거는, 형이상학이라고 하는 명칭을 극복해야 하는 것으로 보고, 단순히 전통적 형이상학에만 사용하게 된다.

셋째, 기초 존재론의 실존론적 존재론적 분석으로부터, 실존적 경험의 장으로의 전환이 지적되어야만 한다. 실존적 분석은, 경험의 장에서의 실존적 이해에 이론적인 투시(透視)를 주어, 그것을 가능하게 하는 존재론적 구조를 끄집어 내려는 것이었다. 그러나 그러한 방법으로는 존재의 진리를 파악할 수가 없다는 것이 밝혀진 지금, 하이데거는 다시 실존적 경험의 장으로 되돌아간 것이다.

후기 사상의 특징

이와 같이 실존적 경험의 장에서 존재의 진리를 직접 말하는 하이데거의 후기 철학은 어떠한 특징을 보이는가?

먼저, 표현이 매우 시적이고 문학적이 되었다는 것을 들 수가 있다. 하이데거는 휠덜린이나 릴케를 비롯하여, 여러 시인들의 시를 단서로 사유를 전개하고 있고, 뿐만 아니라 그의 논문이나 표현 그 자체가 매우 시적인 것이 되어갔다. 예를 들어 《사유의 경험으로부터》라는 제목이 붙은 20여 페이지의 단편이 있다. 이 책은 각기 왼쪽 페이지에 2~3행의 표제와 같은 자연 정경이 묘사되고, 오른쪽 페이지에는 단락마다 행간을 비워 1~2행씩의 간결하고 수수께끼 같은 문장이 나열되며, 운율은 시와 같은 제체를 갖추고 있다.

여기에도 이유는 있다. 하이데거에 따르면, 말이란 본질적 의미에서 시작(詩作)이며, 사유 그 자체가 시작적인 것이기 때문이다. 《휴머니즘에 대하여》의 마지막 대목에서 하이데거는, "앞으로의 사유는 이미 철학이 아니다"라고 말한다. 존재로 향하는 사유는 형이상학보다도 근원적인 것으로, 이미 종래의 철학적 개념이나 방법으로는 수행되지 않기 때문이다. 그래서 하이데거는 시작적인 사유에서 그 장래의 사유를 발견한 것이리라.

그러나 시적인 표현은 아름답기는 하지만, 수수께끼처럼 난해한 점을 면할 수가 없다. 따라서 하이데거의 후기 철학은 '존재신비설'이라는 말까지 듣고 있다.

둘째로, 말의 독특한 취급법이 지적된다. 말을 소중하게 여기고 엄밀한 사용법에 따랐다는 것은, 이미 전기의 철학에서 볼 수 있는 일이다. 하지만 후기에서는 그 경향이 극단적으로 진행되어, 하이데거는 말의 원뜻으로 거슬러 올라가거나 어원을 찾거나, 하나의 말에 여러 접두어를 붙여 미묘한 의미전환을 꾀하거나 해서, 통상의 독일어를 넘은 독특한 어법을 사용한 것이다. 그것은 마치, 전기의 분석적·이론적 방법을 파기한 하이데거가, 말 그 자체의 전환을 좇는 것을 하나의 방법으로 삼고 있는 것처럼 여겨진다. 이러한 하이데거의 언어를 다루는 법은, 어떤 사람들로부터는 '말놀이'라는 비난을 받고 있다. 그러나 하이데거는 말을 가지고 멋대로 놀이를 하는 것이 아니다. 하이데거에게 언어는 결코 인간의 의사전달 도구가 아니라 존재의 발생을 형성하는 것이다. 하이데거의 유명한 말에 따르면, '말은 존재의 집'이다. 따라서 언어 그 자체의 본질적 전개를 더듬어 간다고 하는 것은, 하이데거에 필연적인 일이었을 것이다.

셋째로, 하이데거의 사색이 고대 그리스의 철학, 특히 플라톤이나 아리스토텔레스 이전의 발생기 철학에 마음을 두고, 그것에 입각하고 있음을 말해두고

자 한다. 물론 이들 철학에는 하이데거의 독특한 해석이 부여되고 있다. 어쨌든 그가 고대 그리스 철인들과의 사유적 교류 안에서 자기 사유를 심화시켜 갔다는 것은 의심할 수가 없다. 예를 들어 1953년에 출판된 《형이상학 입문》은 1935년의 프라이부르크대학교 강의를 바탕으로 한 것이지만, 고대 그리스인들의 존재에 대한 사유를, 생성이나 가상(假象)이나 사유나 당위(當爲)의 관계에서 고찰한 것이다. 그 밖에 그리스 철학에 대한 논문 몇 편이 있을 뿐만 아니라, 그것에 대한 언급은 여러 곳에 나타난다. 그뿐만이 아니다. 위에서 말한, 하이데거의 독특한 말 사용법이나, 말에 대한 사고방식은, 그 배후에 그리스의 말이 깔려 있다고 할 수 있다. 하이데거에 따르면 그리스의 말은, 현재 우리가 쓰고 있는 것과 같은 개념화된, 단순한 도구로서의 말이 아니다. 그는 이렇게 말한다. "그리스의 말은 그 자체가 로고스이다." 로고스란 그리스어로 말이란 뜻인 동시에 이성이라는 의미도 있다. 그리고 그의 말에 의하면, 로고스는 존재를 의미하는 것이다. 즉 말이 '존재의 집'일 수 있었던 것은, 고대 그리스의 말밖에 없었다고 그는 생각하는 것이다.

앞으로의 서술 방법

이제까지 우리는 하이데거의 철학을 연대순으로, 개개의 저작에 따라 이해해 왔다. 그러나 후기의 사상을 정리하기 위해서는 그 방법은 사용할 수가 없다. 왜냐하면 후기에는 작은 논문이 많이 출판되었고, 어느 것 하나 소홀히 다룰 수 없기 때문이다. 더욱이 그럼에도 불구하고, 체계적으로 정돈된 저작은 없는 것이다. 위에서 말한 바와 같이, 이들 대부분은 시적이고 간결한 표현 속에 사상이 응축되어 있다. 따라서 여기서는, 후기의 사상 전반을 《존재와 시간》을 참고로, 세계·인간·역사로 정리해 보기로 한다.

2. 존재와 세계

존재와 존재자

존재와 존재자는 서로 다르며, 존재는 그 어떤 존재자도 아니라는 것, 즉 존재론적 차이가, 하이데거의 존재에 대한 사유의 핵심이 되어 있다는 것은 이미 말한 바 있다. 그렇다고 해서, 존재와 존재자는 아주 분리되어 서로 관계가 없는 것은 아니다. 우리는 우선 양자의 관계를 알아야 한다.

하이데거에 따르면, 존재와 존재자는 본래 단순한 하나의 것으로, 다만 그것이 세계로 나타날 때, 존재자의 존재와 존재하는 존재자라고 하는 이중성으로 나타난다. 이 이중성을 하이데거는 '온' 또는 '에온'이라고 하는 그리스어를 빌려 말하고 있다. 온 또는 에온이라고 하는 것은, 존재한다는 뜻의 그리스어 분사(分詞)이다. 존재한다는 동사적 의미와, 존재자라고 하는 명사적 의미를 가지고 있다. 즉 온에는 존재와 존재자의 구별이 숨겨져 있는 것이다. 더욱이 온은 명사로서는 단수형으로, 모든 수에 앞선, 통일 원리인 단일의 일자(一者)를 의미하고 있는 것이다. 따라서 존재와 존재자의 구별을, 마치 양자가 공간적으로 단절되어 서로 별개의 것이 되어 있다고 생각해서는 안 된다. 양자는, 단일한 존재가 이중으로 나타난 것이며, 존재 그 자체가 바로 구별이 되어, 존재와 존재자의 차이로서 나타나는 것이다. 이것을 분명히 하기 위해서 하이데거는, 어떤 논문에서는 존재자의 존재를 표현하는 데에 Sein이라는 말을 사용하고, 존재와 존재자의 구별로서의 존재에 Seyn이라는 고어(古語)를 끌어와서 표현하고 있다.

운명

그렇다면 이 이중성에의 발현은 어떻게 해서 이루어지는가?《동일성과 차이》라고 하는 저작 안에서는 다음과 같이 말하고 있다.

존재자의 존재란, 존재자를 존재하게 하는 존재를 말한다. 보통 자동사로서 존재한다는 뜻으로 사용되는 말이, 여기에서는 '존재하게 한다'고 타동사적, 이행적(移行的)으로 말해지는 것이다. 즉 존재가 존재자로 이행하여, 존재자로서 나타나는 것이다. 단, 이행이라 해도, 존재가 그 장소를 떠나 존재자에게로 옮아가는 것은 아니다. 그러면 존재자는 그 이전에는 존재 없이 있었다고 하는 이상한 일이 되어버린다. 그렇지 않고, 존재는 자기를 감추고 있는 것을 걷어내면서 나타나게 되는데, 이에 의해서 존재자가 비(非)은폐적인 것으로서 도착하게 된다. 도착이란, 존재가 비은폐성 속으로 자신을 간직하는 것을 말하며, 그것이 존재자가 존재한다는 것이 된다. 이와 같이 존재가 구현하는 것은 어디까지나 존재자라고 하는 모습이므로, 그때 동시에 존재 그 자신은 오히려, 존재자의 배후에 자기를 숨기고 만다. 존재는, 항상 자기를 물러나게 함으로써 자기를 보내오는 것이다. 존재의 이행과 존재자의 도착에는, 이처럼 자기를 구현하고 동시에 감춘다는 존재의 작용이 숨어 있다. 이 작용을 하이데거는 '운명'이라고 부른다. 존재와 존재자를 구별하는 것은 이 운명이며, 존재는 운명으로서 세계를 지배하는 것이다.

존재의 진리

이 운명이라는 것이, 어떠한 사태를 말하고 있는가는 이미 알았을 것이다. 하이데거에게 진리란 그리스어의 알레테이아라고 하는 말의 원뜻인 비은폐성을 의미하는 것으로, 따라서 비진리(非眞理)란 은폐성이라는 것은 전에 말했다. 존재가 구현된다는 것은, 바로 알레테이아로서의 존재의 진리를 의미한다. 그 진리에 있어서, 존재자 또한 비은폐적인 것으로서 나타나는 것이다. 그런데 이 존재의 구현은 언제나 존재자의 그늘에 자기를 감춤으로써 성립된다. 존재의 진리는, 이처럼 은폐로서 비진리를 간직하고 있는 것으로, 말하자면 구현과 은폐의 싸움 속에서 나타나는 것이다.

그런데 하이데거는, 존재의 진리를 '존재의 밝음'이라고도 말하고 있다. 존재는, 구현하고 은폐하면서 밝게 한다. 존재는, 밝게 하는 것이다. 단, 이 말투에는 주의를 기울여야 한다. 밝아지는 것은 빛이 커지기 때문이지만, 이 경우 빛과 그것을 켜는 일이 별개의 것은 아니기 때문이다. 존재는, 이 빛이자 밝음 그 자체이다. 존재는 자기라고 하는 빛을 켜고 자기를 밝히면서, 비은폐성 안에 도달하는 것이다. 따라서 존재와 존재의 진리는 결코 별개의 것이 아니다. 존재가 진리이며, 알레테이아로서 스스로를 구현하는 것이다.

그런데 존재자는 존재자로서, 이 존재의 빛 속에 나타난다. 존재는, 자기를 밝히면서, 그 밝음 안에서 일체의 존재자를 생기게 하는 것이다. 이와 같이 거기에서 일체의 존재자가 생기는 장은, 하이데거의 철학을 상기시키지 않더라도 세계라고 말해도 좋다. '세계란 존재의 밝음이다' 또는 '세계란 존재의 열림을 의미한다'고 하이데거는 말한다.

피시스

여기서 고대 그리스인이, 더욱이 플라톤, 아리스토텔레스 이전의 그리스인이 존재를 가리킨 기본어의 하나로서, 하이데거가 자주 거론하고 있는 '피시스(physis, 자연)'에 대해서 살펴보겠다.

피시스라고 하는 말은 보통 자연이라고 번역된다. 그러나 그것으로 현재 우리가 이해하고 있는 자연, 즉 인위적인 것과 대립하는, 기계적으로 인과법칙에 따라서 생기는 자연현상으로서의 자연을 생각한다면 잘못이다. 그리스인은 피시스라고 하는 말로, 이른바 자연물뿐만 아니라 인간이나 인간의 역사, 신들, 간단히 말하자면 존재자 전체를 파악하고 있었던 것이다. 하이데거에 따르면 피시스는, '그 자신으로부터 나타나는 것' '자기를 여는 전개'를, 다시 '이와 같은 전개에서 현상 안으로 들어가, 거기에 자기를 유지하며 머무는 것'을 의미했다. 결국 간단히 말하자면, '나타나서 머무는 지배'라는 뜻으로 본다. 즉 피시스란 은폐된 것에서 자기를 꺼내어 비은폐성의 밝음 속으로 일체의 존재자로서 나타나, 그와 같은 것으로서 자기를 전개하고 유지함과 동시에, 그 일체의 존재자를 총괄해서 지배하는 것을 말한다. 피시스란 존재를, 운명을, 알레테이아를 뜻하는 것으로, 존재의 밝음으로서의 세계란 바로 이와 같은 피시스를 말하는 것이다.

네 가지 것

《존재와 시간》에서는, 세계는 환경세계이기는 했지만 유의의성의 구조 아래에서 그 내용이 파악되어 있었다. 그렇다면 이 존재의 밝음으로서의 세계에는 그 어떤 내용이 주어져 있는 것은 아닐까? 하이데거가 존재를 시적으로 아름답게 말하고 있는 '네 가지 것'이라는 사상이 거기에 해당된다.

이 네 가지 것이란, 1954년의 《강연논문집》에서 처음으로 언급되어, 2년 뒤의 〈존재문제에 대하여〉라는 논문 안에서는 Sein이라는 모양으로, 곧 존재라고 하는 말에 ×표를 붙여서 표현되었다. ×표는 보통 그 어떤 말을 없앨 때 사용되는 것으로, 이 경우에도 한쪽에서는 존재에 대해서 자칫 전통적 주관주의로 생각하기 쉬운 우리의 나쁜 습관을 없애기 위해 쓰인 것이기도 하다. 그러나 다른 한편으로는, 그것은 오히려 적극적으로 네 가지 것의 네 개 방위(方位)

와 그 교차 또는 모임을 의미하는 것으로 여겨지고 있다.

네 개라는 것은, '하늘'과 '땅'과 '거룩한 것'과 '죽어야 하는 것'의 사자(四者)가, 근원적 통일에 입각해서 서로 소속되고, 단일한 것으로 합일(合一)된 단일성(單一性)을 말한다. 하늘이란, 태양의 운행, 달의 만삭(滿朔), 떠도는 별의 반짝임, 세월의 변전(變轉), 낮의 밝음이나 밤의 어두움, 기후의 좋고 나쁨 등을 말한다. 땅이란, 꽃피고 열매맺는 것, 바위나 물, 식물이나 동물을 말한다. 거룩하다는 것은 신을 말한다. 그리고 죽어야 하는 것은 인간을 말한다. 죽는다는 것은 죽음을 죽음으로서 맞이하는 것을 말하며, 이것은 땅 위, 하늘 아래, 거룩한 것 앞에 머무는 인간만이 할 수 있는 일이다.

우리는 이들 네 가지 가운데 어느 하나에 대해서 말할 때, 언제나 다른 세 가지 것을 함께 생각하고 있다. 왜냐하면 4자는 단일성으로 해서 서로 결합되고 소속되며, 이들 각각은 저마다의 방식으로 나머지 3자를 반영하기 때문이다. 그리고 또 이 반영에서 4자는 각기 자기 자신을 다시 반영하여 자기 고유성을 획득하는 것이다. 이 반영을 하이데거는 '장난'이라고도 부른다. 서로 반영하고 서로 장난함으로써 각 4자는 밝아지고 생성된다. 이 '4자의 단일성이 생기게 하는 반영의 장난'을 하이데거는 세계라고 부르는 것이다.

물체

이상과 같이 4자 사상에서는 세계, 따라서 존재의 진리는, 하늘과 땅과 거룩한 것과 죽어야 할 것이, 단일한 것으로 결부되어 서로 반영하고 장난하면서 생기는 것으로 되어 있다. 그렇다면 존재자는 어떻게 여겨지는가? 하이데거는 이 4자를 말할 때, 존재자를 '물체'라는 말로 다루고 있다. 물체는 독일어로 Ding이라고 하는데, 그 고어인 thing은 '수집'을 의미한다고 한다. 물체는 저마다의 방식으로 네 가지 것을 모아 단일성 안에 머물게 하는 것이다.

다리를 예로 들어보자. 다리는 가볍고 힘차게, 물의 흐름 위에 걸려 있다. 단순히 두 강기슭을 연결하고 있을 뿐만 아니라, 흐름을 건널 수 있는 것으로서, 강기슭을 들어 올리고 있는 것이다. 또 다리는 강기슭과 함께 주위 풍경을 흐름 쪽으로 끌어당긴다. 즉 '땅'을 풍경으로 해서 흐름 주위에 모으는 것이다. 다리는 또한, 그 아래에 물이 지나가게 한다. 날씨가 좋은 날에는 물은 조용히 흘러간다. 폭풍우나 눈이 녹을 때에는 거친 파도를 뒤집어쓴다. 다리는 '하늘'의 날씨나 그 변하기 쉬운 본성에 대비하고 있는 것이다. 다리는 또한 흐름에 길을 내어, '죽어야 할 것'에 길을 제공한다. 또 죽어야 할 자가 언제라도 불행을 뛰어넘어 '거룩한 것'의 치유(治癒), 앞으로 이를 수 있는 마지막 다리에의 도상(途上)에 있다는 것을 알게 해준다. 이와 같이 해서 다리는 4자를 한데 모으고 있는 것이다.

또 하나, 단지를 예로 들어보자. 단지의 본질은 안에 담은 물이나 포도주를 따르는 데에 있다. 물에는 그것을 담아낸 샘이 깃들어 있고, 샘에는 바위가 깃들어 있다. 바위에는 '하늘'의 비나 이슬을 받은 '땅'의 졸음이 깃들어 있다. 샘물에는 하늘과 땅의 결혼이 깃들어 있다. 또 포도주는 포도의 열매에서 만든 것인데, 그 포도는 '땅'의 영양과 '하늘'의 태양이 맺어져서 이루어진 것이다. 그리고 이들은 '죽어야 할 것'의 음료이자, 불사(不死)의 '신들'에 바쳐지는 음료수이다. 따른다고 하는 단지의 본질에는 4자가 깃들어 있는 것이다.

이처럼 물체는 모으는 것이지만, 그렇다고 해서 물체가 우선 자립해 있고, 그러고 나서 4자를 모으는 것으로 해석해서는 안 된다. 다리나 단지로 존재할 수 있는 것은, 저마다의 방식으로 4자를 모으기 때문인 것으로, 수집에 의해서 물체는 성립되는 것이다. 존재란 존재자를 존재하게 한 것이었지만, 하이데거는 《철학이란 무엇인가》라는 책 속에서 이 타동사의 '존재시키다'는 '수집하다'와 같은 것을 나타낸다 말하고, '존재는, 그것이 존재자를 존재시키는 곳에, 존재자를 수집하는 것이다' 말하고 있다. 수집하는 것은 결국 존재이며, 물체는 바로 세계가 반영하는 '장난' 속에서 생기는 것이다.

근거

그런데 이 4자라는 것을 반영하는 '장난'이란 어떠한 일을 말하는 것인가? 그것은 단순한 시적, 문학적인 수사에 지나지 않는가? 우리는 마지막으로 그것을 근거의 문제에 관련해서 살펴보기로 한다.

하이데거는 1957년에, 이전의 《근거의 본질에 대하여》에는 잘못이 있었다 말하고, 《근거율(根據律)》이라고 하는 책을 냈다. 근거율이란 '그 어떤 것도 근거 없이는 존재하지 않는다'라고 하는 원리를 말한다. 이 원리는 17세기 철학자 라이프니츠가 정식화(定式化)한 것인데, 라이프니츠는 근거율을 정확하게는 '충분한 이유를 되돌려 주는 원리'라고 말했다. 하이데거에 의하면, 이유를 되돌려 준다고 하는 것은 주관의 대상인식 때의 문제인 것이다. 주관은 자기가 만나는 것을 눈앞에 세워서 대상화하고, 그 대상의 이유 또는 근거를 자기에게 되돌린다. 나아가 이 원리는 인식의 경우에 머물지 않고, 일체의 존재자 원리에 해당하는 원리로 확대되었다. 즉 여기에서는 근거율은 어디까지나 존재자에 대한 명제이며, 주관이 일체의 존재자를 대상화하여, 그 근거를 주관에 되돌려 줄 것을 요구하는 것이다. 이와 같이 라이프니츠가 해명한 근거율이야말로 근대주관주의의 원리가 된 것으로, 그 뒤 현대에 이르기까지의 형이상학을 지배해 왔고, 현대의 원자력시대도 그것에 입각해서 성립된 것이라고 하이데거는 주장한다.

하이데거가 이와 같은 근거율의 해석을 부정하는 것은 당연하다. 그는 안겔루스 질레지우스의 시를 단서로, 근거는 존재이며, 근거율은 존재자에 대한 명제가 아니라 '존재의 발언(發言)'이라고 주장, 우리가 라이프니츠적 해석에서 떠나 존재의 명제로서의 근거율로 비약하기를 주장하는 것이다.

질레지우스의 시는 다음과 같은 것이다.

장미는 이유 없이 있다
꽃이 피어나기 때문에
꽃을 피울 뿐이다
꽃을 피우기 때문에
장미는 자기를 바라보지 않고
사람이 자기를 보고 있느냐고
묻지도 않는다.

'장미는 이유 없이 있다'는 하이데거에 의하면, 이 어구를 설명하는 것이 제2의 시행(詩行)이다. 장미는 존재하기 위해서 자기 자신을 주시할 필요가 없다. 장미에게 이와 같은 주시는, 자기가 존재하는 근거를 부여하는 것은 아니기 때문이다. 그러나 이유가 없다는 것은 근거가 없음을 의미하지 않는다. 장미는

'피기 때문에' 피는 것이다. 장미가 존재하는 근거는 핀다는 것, 즉 장미의 존재 그 자체인 것이다. 그렇다면 장미를 주시함은 무엇을 말하는가? 그것은 무엇보다도 주관이 대상화, 객관화에 의해서 존재자에게 근거를 주는 것을 의미한다. 존재자가 존재한다는 것은, 주관이 주는 그 어떤 이유, 그 어떤 근거도 뛰어넘고 있다. 존재자는 단지 존재하기 때문에 존재하는 것이다.

이와 같이 해서 하이데거는 근거는 존재라고 말한다. 따라서 존재 그 자체는, 이미 자기 자신에게 기초를 부여할 근거는 가지고 있지 않다. 존재는 심연이며 근거가 결여되어 있는 것이다. 장미는 단지, 피기 때문에 피는 것이다. 핀다는 것은 다만 그 자신에 근거를 갖는 것이며, 이유가 없는 그 자신으로부터의 순수한 드러남인 것이다. 이 자유로운 현출은 바로 장난과 비유할 만한 것이 아닐까?

3. 존재와 인간

현존재

하이데거의 전기 철학에서 인간은 존재이해를 지닌 존재자로서 특별한 지위를 부여받았었다. 따라서 《존재와 시간》에서 현존재가 분석의 대상이 된 것이며, 《근거의 본질에 대하여》에서는 존재이해의 존재론적 기반이 초월로 파악되고 거기서 모든 근거가 발견된 것이었다. 그럼 후기 철학에서 인간은 어떠한 지위를 점유하고 있을까? 지금 본 것처럼 후기에서 근거는 존재이며, 더 이상 초월, 즉 존재이해가 아니다. 그러나 그 내용에 대해 말하자면, 전기에서 존재 이해라 불리는 상태는, 후기에서 존재의 빛이라 불리는 상태와 같은 것이라 보아도 좋다. 단지 존재이해는 현존재에서 존재로 향하는 관계 속에서 붙은 명칭이며, 존재의 빛이란 어디까지나 존재에서 존재자로 향하는 방향 속에서 이름 지어진 것이라 할 수 있다. 후기에도 인간은 여전히 높은 지위를 차지하는 존재자이다. 다만 인간도 존재의 진리 쪽에서 규정될 뿐이다.

후기에도 인간은 여러 차례 '현존재'로서 등장한다. 단, 전기와 달리 현과 존재를 분리한 형태로 나타난다. 왜냐하면 '현(現)'이란 존재의 빛을 의미하며, 현 존재란 인간이 그러한 현임을 뜻하기 때문이다. 이처럼 존재에 대해 열려 있는 존재자는 인간뿐이다. 다시 말해 인간이란 존재가 밝아지는 곳이며, 인간의 본질은 자기를 고집하지 않고 그 존재의 빛 속으로 나오는 것을 말한다. '현존재의 본질은 실존에 있다'고 《존재와 시간》에서 말했지만, 실존이란 자기로부터 나와 존재의 진리 속에 서는 것이다. 이 '밖에 선다'는 것을 강조하기 위해 후기 철학에서 하이데거는 실존(Existenz)을 탈존(Ek-sistenz)이라 바꿔 쓰기까지 했다. 이러한 사고를 따라, 기투나 피투성, 퇴락도 새롭게 재규정된다. 즉 기투에 있어 던지는 것은 인간이 아니라, 인간을 그 본질인 현존재의 실존으로 보내는 존재 자신이다. 또한 세계 속에 현존재를 던지는 것도 존재이다. 퇴락조차도 존재에서 규정된 것이 된다. 후기 사유에서 퇴락은 인간이 존재를 망각하여 존재자로서의 자기 자신에게 고집하고, 자신을 근거로 하고 모든 존재자를 헤아리는 주관주의를 의미하는 것이 된다. 그러나 이 존재망각은 인간의 사고에서 이루어지는 것이 아니라 존재의 본질에 속하는 것이며, 존재의 운명에 의해 정해진 것이다. 그러므로 인간의 모든 행위는 존재에서 보내진 것(존재의 운명)으로 결정된다. 따라서 인간은 다른 존재자보다 뛰어난 지위를 차지하는 것이다.

존재사건(Ereignis, 生起)

그럼, 이 존재와 인간과의 관계가 어떻게 생기는가? '존재사건' 사상을 검토해 보자.

인간이 하나의 존재자임은 말할 것도 없다. 존재자로서 인간은 나무와 돌, 새와 마찬가지로 존재의 전체에 속하며, 그 속의 일부이다. 그러나 인간만이 존재를 깨우치고 존재에 관여하며, 인간만이 존재에 응답한다. 따라서 존재는 인간에게 말을 걸어 요구하는 것에 의해, 또는 명령에 의해 처음으로 도래하고 존속한다. 그것은 인간이 존재를 깨우쳐야 비로소 가능한 것이므로 인간은 존재에 귀속하고, 존재의 요구를 듣고 그것에 응답한다. 하지만 실존 또한 인간에게 자신을 양도해 인간에게 귀속한다. 인간과 존재는 서로 양도하며, 서로 귀속한다. 하이데거는 이것을 '존재사건'이라 부른다.

물론 존재사건이란 우리가 일반적으로 말하는 사실이나 사건을 의미하는 것이 아니다. 존재사건이라는 독일어는 근원적으로는 '보다' '보는 것으로서 자신이 있는 곳으로 부르다' '내 것으로 하다'라는 의미이다. 하이데거는 그 특유의 언어유희를 곳곳에 박아놓았는데, 존재사건(Er-eignis)이란 결국 서로 마주보고, 자신(eigen)을 서로 양도하며(über-eignen) 서로 내 것으로 하고(an-eignen) 서로 적응(eignen)함으로써 처음으로 서로가 진정한 그것 자체가 되는 것을 말한다.

이상과 같이 인간은 존재와의 교류 속에서 그 본질을 획득한다. 더욱더 깊은 이해를 위해 자유, 언어, 사유라는 인간의 세 가지 본모습을 검토해 본다.

자유

《존재와 시간》에서는 실존이 자유로서 파악되었으며, 《근거의 본질에 대하여》에서는 초월이 자유로서 해석되었다. 후기에도 하이데거는 《진리의 본질에 대하여》에서 자유야말로 진리의 본질이라고 해명한다. 단지 이 논문의 첫 출판은 1943년이었지만, 1930년대에 강연했던 것을 수정해 완성한 논문이므로 1929년의 사유를 엿볼 수도 있다.

이 책에서 하이데거는 진리의 본질은 자유라고 한다. 왜냐하면 언어와 현상의 일치라는 진리가 성립하는 것은 '어떤 열린 것'에 있어서이며, 따라서 이러한 진리는 어떤 열린 것에서 현시되는 것에 대해 열려 있음으로써 가능하기 때문이다. 이 '열려 있는 것(Freisein)'이 하이데거가 말하는 자유(Freiheit)이다.

'어떤 열린 것' 또는 그 '열림'이라 불리는 사항이 무엇을 의미하는가는 짐작할 수 있을 것이다. 그것은 알레테이아로서의 진리, 즉 비은폐성으로서의 존재의 진리를 의미한다. 따라서 하이데거에게 자유란 아집을 버리고 존재의 진리 속으로 관여해 들어오는 것을, 탈존으로서의 실존을 의미한다.

흔히 우리는 자유를 인간이라는 존재자에게 소속한 고유한 능력, 인간이라는 존재자가 소유한 고유한 특성이라고 생각한다. 그러나 자유가 그 본질을 존재의 진리에서 받는다고 생각하는 하이데거로서는, 더 이상 자유는 인간이 특성으로 소유하는 것이 아니며, 그저 그 반대에 해당하는 것일 뿐이다. 다시 말해 자유가 인간을 소유하는 것이며, 그렇기 때문에 인간은 존재자 전체에 관여할 수 있고, 역사까지도 가질 수 있다고 여겨진다.

언어

하이데거의 후기 사유에서 언어가 '존재의 집'으로서 중시되고 있음은 이미 언급했다. 《존재와 시간》에서는 언어가 유래한다는 '이야기'가 현존재의 개시성의 하나로 거론되기도 했다. 그러나 관심의 구조 속에는 포함되어 있지 않으며, 언어에 대한 사고가 충분히 무르익었다고는 말하기 어려운 부분이 있었다. 하지만 후기에서 언어는 존재의 진리를 형성하는 중요한 요소가 되었으며, 하이데거는 다양한 저작 속에서 그것을 언급했을 뿐 아니라, 1959년에는 《언어로의 도상》이라는 제목의 언어에 관한 논문집까지 출판하게 된다.

언어는 존재의 집이라 한다. 하이데거의 이 언어는 무엇을 말하는 것일까?

일반적으로 언어는 인간이 소유하고 구사하는 의사전달 도구라고 여겨진다. 그러나 언어를 존재의 집이라 보는 사상이 이러한 사고를 부정하는 것임은 분명하다. 그에 의하면 '말하다(sagen)'라는 독일어는 본래 '나타내다 만 것, 우리가 세계라 이름 붙인 것을 밝게 하거나 은폐하면서 해방함으로써 제공하는 것'이라는 뜻이다. 즉 존재가 스스로를 은폐하면서 존재자로서 드러나는 빛의 세계를 언어가 야기하는 것이다. 언어에 의해 처음으로 존재자가 그것으로 빛 속에 나타난다. 이러한 언어는 이미 인간이 멋대로 할 수 있는 소유물이 아니다. 인간은 존재의 진리로부터 자신의 본질을 받으므로, 언어는 그것에 의해 인간이 인간다울 수 있는 까닭인 것이며, 그 반대가 아니다. 하이데거에 따르면, 언어는 이미 단순히 인간이 말하는 것이 아니라 '언어가 말하는' 것이다. 언어는 거기서 존재를 개시할 수 있고, 세계가 세계로서 열리는 영역이며, 존재와 인간이 서로 접촉하고 교류하는 영역이다. '생기' 사상을 되새겨 보자. 거기서는 존재가 인간에게 말을 걸면 인간은 그것을 듣고 응답함으로써 서로 귀속하고 서로 양도한다. 생기는 언어의 영역에서 성립하는 것이다. 존재와 인간은 언어를 통해 교착하여 저마다 자기의 고유성을 획득하고, 각각의 자신이 된다. 그러므로 언어는 '존재의 집'이다. 그러나 동시에 언어는 '인간존재의 주거'이기도 하다. 언어라는 집 안에서 인간은 존재와 만나는 것이다.

그럼 언어는 어떻게 무엇을 이야기할까?

언어는 먼저 존재자의 이름을 붙인다. 이 명명이 존재자를 처음으로 말로 데려오며, 존재자를 나타나게 한다. 즉 언어는 존재자를 그 존재로부터 명명하여 존재에 이르게 하는 것이다.

그런데 존재자는 '네 가지 요소' 사상에서는 '사물'로 파악되었었다. 하이데거는 이 언어의 작용에 대해, 《언어로의 도상》에서 트라클이나 게오르게의 시를 단서로 '사물'을 명명함으로써 상세히 검토하고 있다. 트라클의 어느 〈겨울 저녁〉이라는 제목의 시 제1절은 다음과 같다.

> 창가에 눈이 내리고
> 저녁 종이 은은히 울려 퍼지면
> 사람들을 위해 식탁이 차려지고
> 집 안은 평온하게 정돈된다.

언어는 명명하지만, 그것은 눈이나 종이 내린다든가 울린다든가 따위의 이미 알려진 대상이나 현상에 이름을 나누어 주는 것이 아니다. 명명이란 사물을 말로 '부르는 것'이다. 부르는 것은 사물을 그 존재의 빛으로 가져온다. 이처럼 부르는 것이란 사물에 다다르도록 '명령하는 것'이다. 명령하는 것은 '초래하는 것'을 말한다. 사물이 사물로서 인간에게 관여하도록 초래하는 것이다. 내리는 눈은 인간을 어스름한 '하늘' 곁으로 부른다. 저녁 종의 울림은 '죽어야 하는 것'으로서 '신적인 것'의 앞으로 부른다. 집과 식탁은 '죽어야 하는 것'을 '땅'과 결부시킨다. 지명된 사물은 불림으로써 하늘과 땅, 죽어야 하는 것과 신적인 것을 자신의 곁으로 모은다. 사물은 네 가지 요소를 자신의 곁에 머물게 하는데, 이처럼 수집하면서 머물게 함으로써 사물이 사물로 되는 것이다. 따라서 언어가 명명하는 것은 사물이 사물로 되는 것 속에 머물고 있는 네 가지 요소, 즉 세계를 이름 지어 부르는 것이기도 하다. 세계와 사물 사이의 밑바탕은 차이가 지배하고 있다. 그러나 세계는 사물에 그 본질을 부여하고, 사물은 세계를 모방하며 긴밀하게 연결되어 있다. 언어는 세계와 사물을 그 긴밀함 속으로 다다르게 하기 위해 부르는 것이다.

시작(詩作)

이상과 같이, 하이데거에게 있어 언어의 작용은 가끔 시를 통해 해명된다. 언어는 본질적 의미에서 '시작(詩作)'이기 때문이다. 물론 이 경우 시작이란 문학작품으로서의 시를 짓는 것이 아니라, 그것에 앞서는 더욱 근원적 인간의 본모습을 말하는 것이다. 하이데거가 트라클이나 게오르게, 횔덜린, 릴케, 질레지우스 등의 시를 단서로 자신의 사유를 펼치는 이유는, 이들 시인의 시가 근원적 시작에 기초해 노래되기 때문이다. 존재의 빛이 야기되는 언어세계에 봉사하는 인간의 본모습, 그것이 시작이다. 존재의 집인 언어 속에 사는 인간 본연의 모습이 바로 시작이다. 하이데거는 존재의 진리에 대한 인간의 가장 근원적인 본모습으로서 '살다'라는 말을 자주 쓰는데, '시를 짓는 것이 사는 것의 본질을 만들어 낸다' 혹은 '시작이야말로 근원적으로 사는 것이다'라고 분명하게 말한다. 시작이란 존재의 말에 대한 응답이라 보아도 좋다. 시작에 대해 더 자세히 서술하기 위해서는 먼저 시작과 밀접한 관계를 갖는 '사유'에 대해 고찰해야 한다.

사유

사고가 우리 인간을 특징지으며, 인간을 인간답게 하는 근본적 모습이라는 데 반대하는 사람은 아무도 없을 것이다. 그렇지만 일반적으로 합리적인 논리적 사고, 존재자를 눈앞에 세워 대상화하는 객관적·과학적 사고를 떠올릴 것이다. 그러나 사고란 본래 '존재의 사유' 말고는 있을 수 없다고 설명하는 하이데거의 그것은 이 같은 논리적·객관적 사고를 뜻하는 것이 아니다. 그럼 존재의 사유란 무엇일까?

하이데거는 1954년에 《무엇이 사유를 명령하는가》라는 책을 펴냈다. 이 작품은 근대과학적 사유를 부정하면서, '사유란 무엇인가'라는 물음을 '무엇이 사유하도록 명령하는가'로 정의하고, 그 사유를 배워야 함을 설명했다. 사유를 명령하는 것, 즉 사유해야 하는 것은 결국 존재자의 존재이다. 존재가 우리에게 말을 걸고 사고하도록 우리를 다그친다. 존재가 우리를 사고하게 하는 것이다.

하이데거는 앞에서와 마찬가지로 사유라는 단어의 어원을 거슬러 올라가, '추억'과 '감사'라는 두 가지 의미를 발견한다. 추억이란 우리의 생각을 수집하는 것이지만 과거의 기억만을 말하는 것이 아니다. 과거와 현재, 미래의 현전(現前), 곧 존재의 빛 속에 통일되어 나타나는 것이며, 결국 밝아지는 존재로의 추억이다. 따라서 사유란, 사유를 명령하는 존재를 향해 생각을 집중하며, 우리에게 본질을 부여하고 그 속에 유지시켜 주는 존재에 대해 경건한 감사를 올리는 것이다.

존재의 명령과 그것에 응하는 사유라는 관계는 '생기' 사상을 떠올리게 한다. 실제로 하이데거는 《철학이란 무엇인가》라는 책에서 사유는 '존재자의 존재로의 응답'이며, 이 응답을 '정하는(bestimmen)' 것은 우리에게 말을 거는 존재의 '목소리(Stimme)'라고 설명했다. 존재의 이야기는 우리에게 제멋대로의 응답을 허락하는 단순한 이야기가 아니다. 그것은 바로 응답이 이미 정해져 있는 명령인 것이다.

이상과 같이 존재의 사유란 우리가 존재를 사유하는 것을 의미하면서, 사유가 존재에 의해 명령되고 정해진 것이므로 사유가 곧 존재의 생기임을 의미하는 것이다. 그러므로 존재의 사유에서의 '의'라는 소유격은 이중의 의미를 지닌 소유격이다. 그것은 주격적 소유격으로서 존재가 사유를 지닌다는 것을 의미함과 동시에, 목적격적 소유격으로서 존재를 사유하는 것을 의미한다. 그러므로 존재의 사유가 우리 인간의 임의적 의사에 의해 일어날 수 있다고 자만해서는 안 된다. 우리는 존재의 이야기를 깨닫고 그 목소리를 들음으로써 비로소 사유할 수 있다. 단, 그 이야기를 깨닫는 것은 매우 어려우며, 오히려 기술 문명이 지배하는 현대에서 '우리는 아직 사유하고 있지 않다.'

시작적(詩作的) 사유

이처럼 사유가 존재의 이야기에 대한 응답이라면 언어와 밀접한 관계에 있음은 분명하다. 하이데거에 의하면 '존재는 사유를 통해 언어로 오고' 사유는 존재의 목소리를 듣고 따르며 존재의 진리가 언어로 보내는 이야기를 추구하는 것이다. 더욱 명료하게 말하면, '사유는 응답으로서 언어에 봉사하는' 것이다. 그렇다면 우리는 사유와 시작의 관계를 묻지 않을 수 없다. 시작 또한 언어에 봉사하는 것이며 존재의 이야기에 대한 응답이기 때문이다.

일반적으로 사유와 시작은 상반되는 것으로 여겨진다. 사유는 이성의 작용이며, 개념화하고 추상화하고 분석하고 체계화한다. 반면 시작은 정서나 상상력에 기초하며, 형상적이고 비유적이며 직관적이라는 것이다. 하이데거도 이통상적 견해와는 다른 의미에서기는 하지만, 양자가 반드시 같지는 않다고 했다. 그러나 근본적으로는 같은 것이다.

하이데거는 사유와 시작을 '말한다는 것의 두 가지 두드러진 본모습'이라 했다. 두 가지 본모습으로서의 양자는 나타나는 형태에 있어서는 차이가 있다. 시작은 존재자에 관여하며, 존재자를 명명한다. 반면 사유는 직접, 존재를 향해, 존재의 진리를 말로 부른다. 하지만 시작이 말로 부르는 것도 존재자와 세계와의 차이, 존재 그 자체이다. 이 둘이 공통의 지반으로 삼는 '말한다'는 것은, 밝히면서 스스로를 은폐하는 빛의 세계를 제공하는 것이다. 이것이 이들의 공통점이다. 따라서 '모든 사유는 시작이며, 모든 시작은 사유'인 것이다. 하이데거가 전통적·주관주의적 형이상학에서 방향을 바꾸어 되돌아오려고 한 사유, 종래의 철학을 대신하는 '장래의 사유'란 바로 이 '시작적 사유'를 말한다.

존재망각

그런데 현대의 우리 인간세계를 뒤돌아보자. 하이데거가 설명한 인간의 본모습과는 완전히 정반대의 상태가 지배하고 있다. 자유라는 것은 자신이 모든 행동의 기반이며, 사물과 타인을 포함한 모든 존재자의 주인인 상태라고 이해하고 있다. 언어는 인간이 자유자재로 다루며 창조하고 바꿀 수 있는 전달 도구로밖에 생각하지 않으며, 사유는 단순한 기술적·과학적 사고로 전락했다. 바로 하이데거가 말한 '우리는 아직 사유하고 있지 않은' 상태인 것이다.

이러한 현대인의 본모습을 사상으로서 규정하는 것을 하이데거는 '주관주의'라 부른다. 서문에서 기술했듯이 주관(Subjekt)의 유래인 라틴어 subjectum이란 본래 '아래에 놓인 것', 말하자면 기초나 토대를 의미한다. 주관주의란 인간을 주관으로 생각하는 사고이다. 즉 인간을 기반으로 하고 중심으로 하며, 거기서 모든 것을 파악하고, 인간을 만물의 주인이라 생각하는 인간중심적 사상을 말한다.

주관주의란 주관으로서의 인간이 현전하는 모든 것을 객관화하는 것을 의미한다. 따라서 주관과 객관이란 존재자 사이의 관계에 기초해, 존재하는 모든 것을 존재자와 존재자의 관계로 되돌린다. 그래서 존재의 존재와 존재자의 차이가 잊히고 버려지며, 마치 존재자가 존재인 것처럼 여겨진다. 주관주의는 '존재망각'에 기초하는 것이다. 우리는 지금 존재망각의 한복판에 있다. 존재를 우리가 유래한 근거인 고향이라 하면, 우리는 고향을 잃고 정처 없이 방황하는 불쌍한 나그네일 뿐이다.

집착

하이데거는 《진리의 본질에 대하여》에서 존재망각에 빠진 인간의 본모습을 '탈존(Ek-sistenz, 밖에 서다)'과 대비시켜 '집착(Insistenz, 안에 서다)'이라 설명한다.

존재는 존재자로 나타남으로써 자기를 은폐했다. 《진리의 본질에 대하여》에서는 존재의 열림 속에 나와서 존재자를 존재시키는 것이 자유로서의 탈존이었다. 그러나 존재의 나타남이라는 진리에는 언제나 존재의 은폐라는 비진리가 따른다. 인간은 끊임없이 존재자에게 관여하고 있으나, 대부분 언제나 이런저런 개개의 존재자나 그때마다의 개시로 만족한다. 결국에는 세계를 언제나 새로운 욕구나 목적으로 보충하고, 자신의 의도나 계획으로 가득 채우게 된다. 그로 인해 존재를 망각해, 그 자신의 의도와 계획에 집착하며, 자신만의 척도를 지니고, 그 속에서 자신의 안전을 고수하게 된다. 이러한 아집적 모습이 바로 집착이다. 현존재는 탈존과 동시에 집착인 것이다.

또한 하이데거는 집착으로서의 인간이 가까이 스쳐 지나가는 존재자에게 몸을 돌려, 존재가 은폐되어 있는 것조차 망각하게 되는 것을 '방황'이라 부른다. 인간은 방황한다. 그러나 그 방황은 인간이 가끔 빠졌다가 다시 빠져나오는 우연적인 것이 아니다. 방황은 인간에게 필연적인 것이며, 현존재의 내적 구조에 포함되어 있는 것이다.

그렇다면 존재망각이 무엇에서 유래하는가는 뚜렷해진다. 하이데거에 의하면 존재망각조차 인간의 태만이라기보다는 오히려 존재가 인간에게서 등을 돌리는 것에서 유래한다. 즉 존재가 나타나며 자신을 은폐하는 것, 뒤로 물러나면서 자신을 보내는 것에서 유래한다. 존재가 물러서면서 자신을 보내는(Zuschicken) 것을 하이데거는 '존재의 운명(Geschick)'이라 부르는데, 존재망각이란 바로 운명인 것이다. 그러므로 존재망각은 현대에 이르러 새롭게 발생한 사건이 아니라 존재의 역사와 함께 시작된 것이다. 인간의 역사는 존재망각의 역사이며, 현대는 그것이 극도에 이른 시대라고 할 수 있다.

존재의 목자

하이데거는 시작적 사유를 통해 이 존재망각의 역사, 전통적 형이상학으로 부터의 전환을 시도하려 했다. 그런데 그 존재망각이 우리의 태만에 의한 것이 아니라 존재의 운명에 속하는 것이며, 사유 또한 존재의 이야기에 대한 응답 이라고 한다면, 대체 우리가 할 수 있는 일은 무엇이란 말인가? 횔덜린의 시를 인용하여 '결핍된 시대' 또는 '세계의 밤의 시대'라 불리는 존재망각의 시대를 우리는 어떻게 살아야 하는가?

존재는 인간으로부터 등을 돌리고 멀어져 간다. 그러나 하이데거는 물러간 다는 것이 아무것도 없다는 뜻은 아니라고 한다. 물러가는 것이란 비록 인간 이 깨닫거나 깨닫지 못하더라도 실은 인간을 끌어당겨 함께 끌고 가는 것이며, 끌어당긴다는 방식으로 우리 앞에 나타나고 있는 것이다. 그리고 반대로 인간 은 이 물러서는 것을 나타냄으로써 존재한다. 인간은 물러서는 존재를 '나타 내는 것'이며, 그런 의미에서 '증거'인 것이다. 증거로서 우리가 해야 할 일은 단 하나, 존재가 우리에게 이야기할 때까지 기다리는 것이다. 확실히 우리는 아직 존재를 사유하고 있지 않다. 그러나 기다림으로써 우리는 사유로의 도중에 있 는 것이라고 하이데거는 말한다.

현대의 기술적 세계 속에서 우리가 취해야 할 본연의 모습을 설명한 《평정》 이라는 글 속에서도 하이데거는 '기다리는 것'을 설명한다. 기술문명이 지배하 고 존재망각이 극에 이른 현대에서 우리가 취해야 할 태도는 '사물에 대한 평 정'이다. 이 평정은 기술세계 밑바탕에 은폐되어 있는 비밀에 대해 몸을 여는 것이며, 뒤로 물러서면서도 다양한 것을 수집하고 머물게 하는 존재의 확대에 몸을 맡기는 것이다. 그것이 바로 기다리는 것이다. 우리는 자신을 은폐하고 있 는 존재에 몸을 열고, 언젠가 존재가 우리에게 말을 걸며 존재의 진리가 열리 는 것을 기다려야 한다고 하이데거는 설명한다.

또한 기다리는 것은 '망보는 것', '지켜보는 것'이다. 지켜보는 것은 '사는 것' 이다. 하이데거는 4자 사상에서 죽어야 하는 자가 지상에 있는 모습이 바로 사 는 것이라 했다. 사는 것의 근본적 특징은 네 가지 요소를 '돌보는' 것이다. 돌 본다는 것은 네 가지 요소의 본질을 '지켜보는' 것이다. 목장에서 목자(牧者)들 이 양 떼를 지켜보듯 말이다. 인간은 '존재의 목자'이며 '존재의 문지기'이다.

시인

　세계의 밤의 시대에 살며 존재의 진리를 지켜보는 자는 시인과 사색가이다. 하이데거는 횔덜린 해석을 통해 그것을 아름답게 설명하고 있다.

　결핍된 시대 또는 세계의 밤의 시대란, '가버린 신들은 이제 없고, 와야 할 신들은 아직 없는' 시대, 즉 신들의 부재의 시대를 말한다. 현대는 세계의 밤이 더욱 깊어져 한밤중의 암흑으로 덮여 있다. 가버린 신들의 흔적도 사라지고, 사라진 흔적의 흔적까지도 거의 사라지려 하고 있다. 시인이란 다른 누구보다도 먼저 이 점을 깨달은, 죽어야 하는 자이다. 이 결핍된 시대의 시인이란 노래하며 가버린 신들의 흔적을 주의하고 지켜보는 사람이다. 그래서 횔덜린은 성스러운 것, 곧 신성의 흔적을 노래했으며, 그에게 있어 세계의 밤은 성스러운 밤이다.

　여기서 말하는 신들을 존재라 해석해도 좋다. 존재는 망각되었을 뿐 아니라 존재가 망각되었다는 사실마저 망각되었으며, 새로운 존재의 진리는 아직 도착하지 않았다. 그러나 세계의 밤에 우리는 사라지려 하는 성스러운 흔적을 지켜보며, 새로운 존재의 빛이 세계를 밝히는 것을 기다려야만 한다.

　또한 하이데거는 〈헤벨가(家)의 친구〉라는 짧은 논문에서 향토시인 요한 페터 헤벨 해석을 통해, 시인을 '집의 친구'라 부르고 있다. 여기서 집이란 세계를 말한다. 죽어야 하는 인간은 하늘 아래, 땅 위에 살고 있다. 세계는 죽어야 하는 인간의 주거이다. 이 세계라는 집의 친구란 어떤 사람일까? 하이데거는 헤벨의 말을 따라, 그것을 지구에 대한 달에 비유한다. 달은 밤에 우리에게 부드러운 빛을 내려준다. 그 빛은 달이 스스로 밝히는 것이 아니라 햇빛을 반사해 보내는 것이다. 햇빛은 물론 지구도 비추고 있다. 그러나 친구인 시인은 세계의 밤에 혼자 깨어 있는 자이다. 그는 스스로 문장을 만들어 내는 것이 아니라 존재가 말하는 것을 듣고, 그것을 다시 지상에 사는 사람들에게 전함으로써 세계를 밝힌다. 그는 사람들이 존재로부터 받고 있으면서도 밤에 자는 동안 잊어버린 본질적인 것을 지켜보고, 주민들의 평온이 위협받지 않도록 감시한다.

　하이데거가 설명하는 시인은 이처럼 그가 들은 말을 전함으로써, 존재망각이라는 밤에 사는 사람들을 인도하는 자이다. 그러나 하이데거는 시인이라는,

단순히 문학작품으로서의 시를 만드는 독특한 재능을 지닌 일부 사람들에게만 해당하는 본모습을 나타내는 것이 아니다. 하이데거는 '……시인처럼 사람은 이 땅 위에 산다'는 휠덜린의 시구를 자주 인용하는데, 이 시구에서 나타나듯이 사람이 세계에 사는 본질적 모습, 존재의 목자로서의 본모습을 시인에게서 발견한 것이다. 확실히 세계의 밤의 시대에 시인처럼 사는 자는 드물 것이다. 하지만 우리는 그 시인의 말에 귀를 기울이고, 스스로 시인처럼 살아야 한다고 하이데거는 생각하는 것이다.

휠덜린

4. 존재와 역사

존재의 역사

역사라고 하면 보통 남겨진 사료를 기본으로 정리, 편집되어 서적으로 발표된 '글로 쓰인 역사'를 생각할 것이다. 그러나 인간존재가 역사적인 것이고 역사가 내적으로 형성하는 것이라면, 우리는 쓰인 역사의 배후에 '일어난 일로서의 역사'를 구별해야만 한다. 하이데거는 이미 《존재와 시간》 안에서 이 두 역사를 구별하고, 쓰인 역사는 일어난 역사를 바탕으로, 그리고 일어난 일로서의 역사는 현존재의 역사성, 나아가서는 시간성을 바탕으로 한다고 주장하고 있다.

후기의 사색에서도 하이데거에게 역사란 일어난 일로서의 역사이다. 하지만 일어난 일이 모두 존재자로서 나타나는 존재의 생기(生起)인 이상, 역사는 물러나면서 자신을 내보내는 존재의 보냄, 즉 존재의 운명에서 규정되는 것이다. 그것만이 아니다. 존재는 본래 나타나는 시간, 운명으로써 역사로서 밝혀져 오는 것이고, 그렇기 때문에 현존재는 본질적으로 역사적인 것이다. 이처럼 하이데거에게 있어서 역사란 '존재의 역사' 그 밖에는 아무것도 아니다.

하이데거는 이 존재의 역사를 서유럽 사유의 역사, 또는 형이상학의 역사로서 전개한다. 더욱 그 시작부터 현대까지 일관되게 서술한 역사책이 있을 리가 없다. 그렇지만 하이데거는 고대로부터 근대에 이르기까지 많은 철학자에 관한 해석을 책으로 펴내거나 작품 속 여기저기에서 언급하거나 했다. 또는 존재의 역사 그 자체에 접하고 있는 부분도 많다. 그것들을 모아보면 일관된 하이데거의 역사관이 떠오르는 것이다.

존재의 역사를 한 마디로 말하면 존재망각의 역사일 뿐이다. 분명 그 처음 단계에 있어서 존재는 자신을 은폐하면서 나타낸다는 그 진리에 의해서 지켜지고 유지되는 것이다. 그러나 형이상학의 개시와 함께 존재는 망각되어 버린다. 존재망각은 시대의 흐름에 따라 차츰 깊어지고 형이상학은 현대의 과학기술 문명에 있어서 종결되기까지 이르고 있다. 우리는 형이상학을 극복하는 과제를 맡아야만 한다. 하지만 존재망각의 역사의 종결은 와야만 할 새로운 날을 예고하기도 한다. 와야만 하는, 언젠가 이 시작점의 분명했던 존재의 진리가 다시 도래할 것이다. 우리는 세계의 밤의 시대에 있어서 물러나면서 자신을 내보내는 존재에게 몸을 열어 지켜보면서, 진리의 서광이 일어나 오르는 것을 기다려야만 한다. 하이데거는 그렇게 생각했다.

역사의 최초에 있어서 이 역사를 규정한 것이 역사의 종말에 되살아 나올 것이라는 역사관은 '종말론'이라고 불린다. 하이데거의 역사관은 이상과 같이 '존재의 종말론'인 것이다.

서유럽 사유의 역사

그러면 서유럽 사유의 역사는 기본적으로 어떻게 전개되었는가?

하이데거가 존재의 역사의 처음을 찾아낸 것은 소크라테스 이전의 철인 아낙시만드로스, 헤라클레이토스, 파르메니데스 등의 사유 안에서이다. 그들은 존재를 피시스(자연)로서 파악해, 숨는 것을 좋아하는 피시스의 출현을 지켜보고 그 이야기를 듣고 따랐다.

그러나 이 처음에서 분명했던 존재의 은폐적 출현이라는 진리는 플라톤, 아리스토텔레스가 행한 형이상학의 개시로 덮이기 시작했다. 피시스의 의미도

변해서 일면적이 되어, 진리도 비은폐
성이라는 본질을 잃고 인간과 존재자의
관계에 위치하게 되었다. 인간이 존재
자를 주시할 때의 올바른 시선이라는
주관주의적 진리가 성립하는 것이다. 여
기에서 존재의 망각이 시작되었다고 말
할 수 있다.

니체

　중세에 존재망각은 깊어져 간다. 말
할 것도 없이 중세는 그리스도교 신학
이 철학의 주인이던 시대였지만, '사물
과 마음의 일치'라는 주관주의적 진리
관이 확립된 것도 이 시대였다. 분명히
중세에 이 진리는 신을 토대로 성립되어 있었다. 즉 사물은 신의 마음속 개념
을 좇아 만들어진 피조물로서 신 안의 개념과 일치했을 때 참된 것으로, 이 진
리가 같은 피조물인 인간의 마음과 사물과의 일치라는 진리를 보증하는 것이
다. 그러나 어쨌든 주관주의적 형이상학이 이것을 지배하고 있었다는 것은 분
명하다.

　근대 형이상학은 이 신의 보증을 잃었다는 것이 성립한다. 그런 이유로 존재
망각은 이제 결정적이 된다. 여기서 인간은 확실히 주관적 위치를 부여받아 존
재자의 주인이 되고, 존재자는 주관의 표상에 의해서 눈앞에 세워진 대상으로
서 객관화해 버린다. 진리는 비은폐성이라는 본질을 완전히 잃어버려 주관과
객관이 일치되게 된 것이다.

　하이데거는 이 근대 형이상학의 역사를 데카르트에서 시작해 라이프니츠,
칸트 등에게 도착한다. 그리고 헤겔을 거쳐 니체에게서 그 완성을 알게 되는
것이다. 니체는 그의 저서 《차라투스트라는 이렇게 말했다》에서 '신은 죽었다'
고 선언한다. 하이데거는 이 말에서 초감성적 세계의 부정을, 그리고 형이상학
에의 반항을 눈치 챈다. 그러나 니체가 신 대신에 제출한 것은 '힘에의 의지'와
그 구현으로서 '철인'이었고, 거기에는 형이상학의 극복은커녕 인간을 주관으
로서 세계를 대상화할 시험이 극점까지 철저하게 준비되어 있는 것이라고 하

이데거는 주장하는 것이다.

이상과 같이 하이데거는 니체를 형이상학의 완성자로 보았다. 하지만 존재의 망각이 깊어져 형이상학이 종결될 만큼 극한에 다다른 것이 과학과 기술로 특징지어진 현대문명이다. 마지막으로 하이데거의 현대관을 고찰해 보겠다.

현대-세계상의 시대

하이데거는 《세계상(世界像)의 시대》에서 현대 비판을 하고 있다.

그에 의하면 근대과학의 성격은 다음과 같다. 우선 과학은 일정한 대상 영역을 미리 기획해서 개척하고 엄밀함을 척도로 하여 그 안에 돌진한다. 두 번째로 이 기획이나 엄밀함은 가설을 세우고 그것을 실험으로 검증하는 특별한 처치방법에 의해 전개된다. 세 번째로 근대과학은 기업의 성격을 가지고 통일적 연관성으로 일관되게 행해진다.

그런데 과학이 이러한 성격을 띠는 바탕에는 존재자의 대상화라는 본질이 숨겨져 있다. 대상화는 존재자를 눈앞에 세우는 것, 즉 표상하는 것에 따라 행해지고 따라서 진리는 표상의 확실성이 된다. 이러한 일은 또 동시에 인간이 주관이 되는 것, 곧 모든 존재자가 그것에 기초한 기반이 되는 것에 따라 이루어지는 것이다.

그러면 이러한 근대과학의 시점에서 지켜본 근대의 본질은 어떠한 것일까? 그것은 세계상이 성립되는 것이다. 여기서 세계상이라는 것은 단순히 세계에 관한 상(像)이 아닌 그 이상의 것을 의미하고 있다. 앞에서 서술한 것처럼 존재자의 존재는 주관에 의해서 표상되는 곳에 존재하고, 표상된 것은 통일적 연관 안에 체계화되고 있기 때문에, 세계 그 자체가 표상된 영상이 되는 것이다. 근대는 세계가 상이 되고 인간이 주관으로서 그 중심에 위치하는 시대, 세계상의 시대이다.

근대기술

근대기술에 대해서 하이데거는 〈기술에의 물음〉이라는 강연에서 다음처럼 말했다. 기술이란 보통, 인간이 어떤 목적을 위해서 쓰는 수단이라고 생각하고 있다. 하이데거는 이 규정은 정당하다고 하면서도, 아직 충분히 기술의 본질을

나타낸 것은 아니라 하고, 예로써 고대 그리스로 돌아가 그것을 나타내려고
했다.

하이데거에 의하면 목적과 수단이라는 것에는 그것에 따라 어떤 일이 일으
킨 원인과 결과의 관계가 숨겨져 있다. 그런데 원인이라는 것은 아직 현존하지
않은 것을 현존의 밝은 곳으로 꾀어내 출현시킨다는 것, 은폐된 것을 비은폐
성 속에 나타나게 한다는 것이다. 즉 기술이란 나타남의 한 양식이자 알레테이
아로서, 진리야말로 기술이 본질에 속한 장(場)인 것이다. 따라서 기술이란 이
제 단순히 인간의 행위도 수단도 아니게 된다. 그것은 존재가 스스로를 내보
내는 것을 통해 나타나는 존재의 운명의 한 양식이다.

근대기술도 나타남의 한 양식임에는 변함이 없다. 그러나 그것은 이제 예전
의 원시적인 것이 아닌 독특한 형태를 나타내고 있다. 근대기술을 지배하고 있
는 나타남은 자연에 대한 '강요'라는 형태를 취하고 있다고 하이데거는 말한다.
농업도 광업도 공업도 근대기술은 모두 자연을 강요하고 그것을 돕는 것으로
서 내세워져 성립되어 있다. 반대로 말하면 지금 일체의 현실이 근대기술에 의
해 내세워져 도움이 되는 것으로서 마련되어 있는 것이다.

그런데 이러한 자연을 강요하는 것은 인간이다. 그러나 인간이 자연을 강요
할 수 있는 것은, 하이데거에 의하면 인간 자신이 그렇게 하도록 강요당하고
마련되고 도움이 되도록 하여 기다리고 있기 때문이다. 이처럼 인간을 강요하
는 요구를 하이데거는 '몰아세움(Ge-stell)'이라고 불렀다. Ge-stell의 Ge란 독일어
에서 집합이나 수집 등을 의미하는 접두어이다. 즉 몰아세움이란 현실을 내세
워(bestellen), 도움이 되는 것(Bestand)으로서 발현시키도록 인간을 길러내고 있는
(stellen) 그런 '세움(stellen)'에 걸쳐 그것을 근원적으로 정리하는 것을 의미한다.
이렇게 하여 하이데거는 근대기술의 본질은 존재의 나타남의 한 양식으로서
몰아세움으로 존재한다고 생각한다.

이러한 근대기술에 관한 생각은 인간이 주관이 되어 모든 존재자를 대상화
한다는 근대과학에 대한 생각과 상통하는 것이다. 대상화한다는 것은 표상하
는(vor-stellen, 눈앞에 서 있다) 것이었다. 표상이란 세워놓음의 한 양식이고 몰아
세움에 속하는 것이라고 생각해도 좋다. 이 몰아세움의 지배에 있어서 인간은
내세워 온 도움되는 것에 시선을 빼앗겨, 몰아세움이라는 형태를 취한 발현해

온 근원의 존재를 잃고 망각해 버리는 것이다. 그리고 인간은 내세우는 것으로 자신을 지상의 주인이라 생각하고 있다.

몰아세움이라는 존재의 운명의 지배 아래에서 지금 인간은 최대 위기에 맞닥뜨려 있다고 하이데거는 말한다. 몰아세움은 그 밖의 발현 방법을 모두 추방하고 알레테이아의 빛을 은폐하고 말아, 내세우는 것이 된 인간은 오늘날 이제 다시는 진짜 자신을 만날 수 없다고 한다. 현대의 위기는 결코 기계나 기구의 사용에 기인해 생겨난 것이 아니라 인간의 본질 그 자체에 연관되어 있는 것이다.

그럼 대체 이러한 위기에서 구원받을 길이 우리에게 남아 있는 것일까?

위기가 있는 곳에
구원 또한 탄생한다.

이 횔덜린의 시구를 들어 하이데거는 기술의 본질에 눈을 돌릴 때 우리는 위험과 함께 구원이 생겨나는 것도 볼 수 있다고 말한다. 구원이란 하이데거에게는 존재이다. 그리고 이 구원을 지켜볼 수 있는 인간 본연의 모습이란 결국 시인으로서의 본연의 모습뿐이다. 일찍이 그리스에서는 진리를 아름다움에서 찾았던, 즉 예술은 기술(테크네)이라고 불렀다. 단, 그 예술을 현대처럼 단순한 인간의 작업은 아니었다. 거기서 예술은 인간의 문화 활동의 한 부문이 아니었고 예술 작품은 단순히 심미적으로 즐기기만 하는 것이 아니었다. 그것은 존재의 진리에 관계된 인간의 본질적 자세였다. 이 원시적 예술의 세계로 되돌아오는 것을 하이데거는 이렇게 설명했다.

……인간은 시인적으로 이 지상에 살고 있다.

이 횔덜린의 시구를 지금이야말로 이해해야만 한다고 하이데거는 생각하는 것이다.

이처럼 현대는 존재망각 역사의 정점에 서 있다. 인간 중심 또는 휴머니즘이라는 말에 숨겨진 감미로움을 하이데거는 엄격하게 부정하고, 존재의 진리를 끝까지 지켜보는 시인적 모습을 나아가야만 할 길로서 지시하는 것이다. 이런 독특한 사상에 반발하는 자가 있다 하더라도 이 사실만은 분명하다. 하이데거의 사상이 막다른 길에 다다른 인간의 역사와 현대문명에 엄격하게 대립해 그것을 넘어서는 하나의 길을 제시했다는 것이다.

하이데거 연보

1889년	9월 26일 독일 남서부, 바덴 주 메스키르히에서 태어남.
1903년(14세)	콘스탄츠의 김나지움에 입학.
1906년(17세)	프라이부르크의 베르톨트 김나지움으로 전학.
1909년(20세)	프라이부르크대학교 입학.
1911년(22세)	철학의 길을 걷기로 결심하고 리케르트의 지도를 받음.
1914년(25세)	학위 논문 《심리주의에서의 판단론》 간행.
1915년(26세)	프라이부르크대학교의 객원 강사가 됨.
1916년(27세)	객원 강사 취임 논문 《둔스 스코투스의 범주론과 의미론》 간행.
1923년(34세)	마르부르크대학교 교수가 됨.
1927년(38세)	《존재와 시간》 간행.
1928년(39세)	프라이부르크대학교 교수가 됨.
1929년(40세)	7월에 《형이상학이란 무엇인가》를 프라이부르크대학교 취임 강연에서 강의한 뒤 책으로 간행. 《칸트와 형이상학 문제》 간행. 《근거의 본질에 대하여》를 잡지에 발표.
1930년(41세)	《진리의 본질에 대하여》를 공개 강연(수정해서 1943년에 간행). 베를린대학교의 초빙 거절.
1933년(44세)	프라이부르크대학교 총장이 됨. 취임 강연은 〈독일 대학의 자기주장〉.
1934년(45세)	총장 사임.
1935년(46세)	《형이상학 입문》 강의(1953년에 책으로 간행). 11월에 〈예술 작품의 기원〉 강연(《숲 속의 길》에 수록). 《사물에 대한 물음》을 이듬해에 걸쳐 강의(1962년에 책으로 간행).
1936년(47세)	4월 《휠덜린과 시(詩)의 본질》 강연(이듬해인 1937년 간행, 뒷날

《횔덜린 시의 해명》에 수록).

1938년(49세) 6월 〈세계상(世界像)의 시대〉 강연(《숲 속의 길》에 수록).

1939년(50세) 《횔덜린의 시 '마치 축제일처럼……'》을 이듬해에 걸쳐 몇 차례 강연(1941년 간행, 뒷날 《횔덜린 시의 해명》에 수록).

1940년(51세) 《플라톤의 진리론》 집필(1942년에 잡지 발표, 47년에 《휴머니즘에 대하여》와 한 권으로 묶어 간행).

1942년(53세) 〈헤겔의 경험 개념〉을 이듬해에 걸쳐 강의(뒷날 《숲 속의 길》에 수록).

1943년(54세) 《진리의 본질에 대하여》 간행, 《형이상학이란 무엇인가》 제4판 (후기 추가) 간행, 〈횔덜린의 시 '추억'〉을 잡지에 발표(《횔덜린 시의 해명》에 수록). 〈니체의 말 '신은 죽었다'〉 강연(《숲 속의 길》에 수록). 〈횔덜린의 비가(悲歌) '귀향'〉 강연(《횔덜린 시의 해명》에 수록).

1944년(55세) 《횔덜린의 시의 해명》 제1판(〈귀향〉 및 〈횔덜린과 시작(詩作)의 본질〉이라는 2개 논문만 실려 있음) 간행.

1945년(56세) 강단에서 추방되다. 10월에 장 보프레에게 편지를 보내다(이것이 1947년에 《휴머니즘에 대하여》란 제목으로 간행됨).

1946년(57세) 〈시인은 무엇을 위해〉를 리케르트 사후 20년 기념 강연에서 강의(《숲 속의 길》에 수록). 〈아낙시만드로스의 말〉 집필(《숲 속의 길》에 수록).

1947년(58세) 《사유의 경험으로부터》 집필(1954년 간행).

1949년(60세) 《근거의 본질에 대하여》 제3판(서문 추가). 《형이상학이란 무엇인가》 제5판(서문 추가). 《들길》을 일요신문에 발표(1950년에 잡지 발표, 1953년에 간행).

1950년(61세) 《숲 속의 길》 간행. 7월에 〈사물〉을 강연(이듬해인 1951년에 잡지 발표, 뒷날 《강연논문집》에 수록). 10월에 〈말〉 강연(《언어로의 도상》에 수록).

1951년(62세) 《횔덜린 시의 해명》 증보 제2판(〈마치 축제일처럼……〉, 〈추억〉이 추가됨) 간행. 〈로고스〉를 잡지에 발표(《강연논문집》에 수록). 8월

〈세우다, 살다, 생각하다〉 강연(1952년에 잡지 발표, 《강연논문집》에 수록). 10월 〈……사람은 시인처럼 산다〉 강연(1954년 잡지 발표, 《강연논문집》에 수록).

1952년(63세) 5월 〈무엇이 사유를 명령하는가〉 강연(잡지에 발표한 뒤 《강연논문집》에 수록).

1953년(64세) 〈게오르크 트라클, 그 시의 해명〉을 잡지에 발표(《언어로의 도상》에 '시의 언어'라는 제목으로 수록). 5월 〈과학과 반성〉 강연(《강연논문집》 수록). 5월 〈니체의 차라투스트라는 누구인가〉 강연(《강연논문집》 수록). 11월 〈기술에 대한 물음〉 강연(《강연논문집》 수록).

1954년(65세) 《강연논문집》 간행.

1955년(66세) 《존재문제에 대하여》 잡지에 발표(1956년 간행, 뒷날 《도표(道標)》에 수록). 《평정》 강연(1959년 간행).

1956년(67세) 《철학이란 무엇인가》 간행.

1957년(68세) 《동일성과 차이》, 《근거율(根據律)》 간행. 《헤벨가(家)의 친구》 간행, 12월 〈말의 본질〉 강의(《언어로의 도상》에 수록).

1958년(69세) 《피시스(Physis)의 본질과 개념에 대하여》 잡지에 발표(《도표》 수록). 5월에 〈말〉 강연(《언어로의 도상》에 수록). 3월에 《헤겔과 그리스인》 강연(1959년 간행, 《도표》에 수록).

1959년(70세) 1월 〈언어로의 도상〉 강연 및 잡지 발표(《도표》에 수록). 《언어로의 도상》 간행. 6월 〈횔덜린의 땅과 하늘〉 강연(1960년 잡지 발표). 7월 《고향 메스키르히에 대한 감사》 강연(1961년 간행).

1960년(71세) 7월에 〈말과 고향〉 강연 및 잡지에 발표.

1961년(72세) 《니체》(2권) 간행.

1962년(73세) 〈존재에 대한 칸트의 테제〉 잡지 발표(《도표》에 수록). 《기술과 회전》 간행.

1966년(77세) 〈세계의 밤의 한밤중〉에 대하여 슈피겔지(紙)에 투고.

1967년(78세) 《도표》 간행.

1968년(79세) 〈시간과 존재〉 잡지에 발표.

1969년(80세)   《사유의 사상(事象)을 위하여》 간행, 《신학과 철학》을 파리에서
             간행, 《예술과 공간》 간행.
1970년(81세)   《현상학과 신학》, 《마르틴 하이데거의 대화》 간행.
1971년(82세)   《인간 자유의 본질에 대한 셸링의 논문》 간행.
1872년(83세)   《초기 저작집》 간행.
1875년(86세)   전집 간행 편찬이 시작되다.
1976년(87세)   5월 26일 메스키르히에서 세상을 떠나다.

전양범
성균관대학교 및 동대학원 졸업. 독일 보훔대학 독문과 수료.
문학박사. 성균관대학교 및 한양대학교에서 강의. 성결대학교 교수 역임.
지은책 연구논문집 다수. 옮긴책 디오게네스 라에르티오스《그리스철학자열전》이 있다.

Martin Heidegger
SEIN UND ZEIT
존재와 시간
마르틴 하이데거 지음/전양범 옮김
1판 1쇄 발행/1992. 12. 15
2판 1쇄 발행/1994. 8. 30
3판 1쇄 발행/2008. 10. 1
4판 1쇄 발행/2015. 6. 10
4판 6쇄 발행/2024. 9. 1
발행인 고윤주
발행처 동서문화사
창업 1956. 12. 12. 등록 16-3799
서울 중구 마른내로 144 동서빌딩 3층
☎ 546-0331~2 Fax. 545-0331
www.dongsuhbook.com
잘못된 책은 구입하신 곳에서 바꾸어드립니다.
✳
이 책의 출판권은 동서문화사가 소유합니다.
의장권 제호권 편집권은 저작권법에 의해 보호를 받는 출판물이므로
무단전재와 무단복제를 금합니다.
사업자등록번호 211-87-75330
ISBN 978-89-497-0920-8 04080
ISBN 978-89-497-0382-4 (세트)